KB055508

현대 정신분석

최근 주도적인 30인의 주요 논문

CONTEMPORARY PSYCHOANALYSIS
IN AMERICA

CONTEMPORARY PSYCHOANALYSIS IN AMERICA
Leading Analysts Present Their Work

최근 주도적인 30인의
주요 논문

현대 정신분석

Contemporary Psychoanalysis in America

Leading Analysts Present Their Work

아놀드 쿠퍼 편집 / 피터 포나기 서론

이만홍 강혜정 홍이화 강천구 이재호 김영은 김기철 이선이
현상규 송영미 문희경 김동영 김용민 여한구 김태형 공역

지혜와 사랑

CONTEMPORARY PSYCHOANALYSIS IN AMERICA

Leading Analysts Present Their Work

Edited by

ARNOLD M. COOPER, M.D.

Head & Heart
Seoul, Korea
2019

역자대표 서문

일은 그렇게 시작되었다. 필자가 속해 있는 한국목회상담협회에서 정신분석의 최근 흐름을 다룬 책들에 대해 얘기 나누다가 이 책이 추천되었다. 순전히 최근의 흐름을 짚어보고 소개하려는 동기에 한국목회상담협회의 여러 선생님들과 기독교 정신건강의학과 선생님들이 반응하면서 이 책의 작업이 시작되었던 것이다.

이 책은 최근까지 생존했거나 현재도 생존해서 왕성하게 활동하며 미국 정신분석계를 주도하는 30인의 주요 논문을 모은 것이다. 프로이트 이후 자아심리학, 대상관계이론, 자기심리학 등의 흐름으로 발달해온 정신분석은 최근에 와서 이 책에서 소개하듯이 상호주관성이론, 관계 정신분석, 현대 클라인주의, 그리고 영미 정신분석과는 다른 결을 보이는 프랑스 정신분석 등의 복잡한 변화를 겪고 있다. 이와 동시에 해석학, 현상학, 언어학 등 주변 학문들과의 활발한 대화를 통해서 정신분석은 더욱 풍성해지고 보다 다양한 스펙트럼을 형성하고 있다.

이러한 흐름은 그 주변부에 속하는 한국 땅에서 정신분석을 공부하고 실천하는 이들에게 결코 가볍지 않은 부담이 되었다. 그렇기에 그나마 최근의 흐름을 정리해주는 그럴 듯한 자료가 절실한 상황이지 않았을까. 이런 의미에서 바로 이 책은 적잖이 그 절실함을 해소 시켜줄 마른 가뭄에 단비와도 같은 책이 아닌가 싶다.

이 책의 번역은 책 표지에 소개된 역자의 순서를 따라서 1장부터 각각 두 장씩 이루어졌고 서론을 비롯한 나머지 부분과 전체적인 진행과 정리는 문희경이 맡아서 하였다. 번역은 가능하면 전체적인 통일성을 기하려고 상호 소통하는 가운데 이뤄졌지만 역자들 각자의 입장이 있기 때문에 각 장별로 번역자의 의도를 최대한 반영하는 방향으로 작업이 이루어졌음을 밝힌다. 시작은 좋았으나 여럿이 함께 작업을 하는 데는 어려움이 따르기 마련인 것 같다. 용어를 통일하는 일, 독자들이 읽기에 수월하도록 다듬고 정리하는 일, 빠지고 오역된 부분을 찾아내어 다시 수정하고 확인하는 일 등등. 정신분석의 최근 흐름을 소개한다는 보람과 자부심도 있지만 책을 읽다 여전히 남겨져 있을 오류를 발견하고 불편해 할 독자들을 생각하면 미리 마음에 죄송함이 일렁이는 것도 솔직한 심정이다.

이 책을 출판하기 위한 3년여의 작업은 새로운 배움의 기회이자 더 나은 방향으로 나아가기 위한 도전이었다. 글을 마무리 하며 역자들을 대신해서 그 배움과 도전의 길을 함께 했던 여러 분에게 감사를 전하고 싶다. 누구보다 먼저 이렇듯 좋은 책을 소개해주시고 도전해주신 이만홍 선생님께 감사드린다. 이 분의 도전과 자극이 없었다면 이 책의 번역은 시작되지 못했을 것이다. 작업을 하면서 시시콜콜한 주문에도 성심으로 참여해주신 번역자 일동께도 함께 할 수 있어서 기쁨이요, 영광이요, 힘이 되었다는 말을 전하고 싶다. 또한 바쁜 와중에도 흔쾌히 책에 대한 추천의 글을 주셔서 책을 더 돋보이게 해주신 노경선, 최영민, 정연득, 장정은, 이준호 박사들께도 깊은 감사의 마음을 전한다. 마지막으로 이 책이 세상의 빛을 볼 수 있기까지 물심양면으로 힘과 용기가 되어주신 박순희, 조영숙, 김태선, 박숙경, 박인구, 김성희(그 외 여러 익명의 분들)님께 감사의 마음을 전한다.

새로운 계절로 가는 길목에서 이 책과의 만남이 모두에게 배움과 성장의 기회가 되길 바라며...

2019년 여름이 지쳐가는 8월 끝자락에

역자 대표 **문희경**

추천의 글

“이 책은 가장 위대한 북미 정신분석가들의 최근 사고로 가는 관문을 열어준다. 이것은 새로운 생각들을 찾아내고, 감동적이고 도전을 주는 통합을 발전시키면서, 동요하고 있고, 급격한 변화의 과정에 있는 생생한 학문에 대한 흥미진진한 그림을 제시한다.”

–Peter Fonagy **박사**, 런던대학교 교수 역임, 영국왕립아카데미회원–

“30명의 전문가들의 이 논문들은 북미 상황에서 정신분석을 발달시켜온 강점과 창조성을 잘 보여준다. 지금 이 순간, 우리는 우리의 학문 그리고 다른 분석적 문화들과 더불어 살 수 있는 우리의 능력을 발달시키기 위해서 그 어느 때보다 다른 사람에게 귀를 기울일 수 있어야 한다. 이 책은 우리가 최근의 상호 이해를 추구하는 데 공헌하게 될 놀라운 성취이다.”

–Cláudio Laks Eizirik **박사**,
전 국제정신분석협회(IPA) 회장, 브라질 UFRGS 정신건강의학과 교수–

“현 미국 정신분석을 대표하는 30인의 분석가들의 대표적인 논문을 수록한 필독서이다. 이 책을 통해서 복잡하고 방대한 정신분석의 흐름을 조감할 수 있을 것이므로 정신분석에 관심을 가진 모든 분에게 일독을 권한다.”

–**노경선 박사**, 현 연세의대 정신건강의학과 외래교수, 노경선정신치료연구소 소장–

"현대 미국을 대표하는 저명한 정신분석가 30인의 업적을 소개하는 이 책은, 자아심리학으로부터 대상관계이론, 자기 심리학, 그리고 상호주관성이론 혹은 관계심리학에 이르기까지 현대 정신분석이론을 이해하고 치료적으로 적용하고자 하는 사람들에게 보물창고와도 같은 책이다."

-최영민 박사,
햇불트리니티신학대학원대학교 초빙교수, 전 인제대학교 상계백병원 정신건강의학과 교수-

"많은 이들에게 정신분석의 역사는 프로이트가 만든 놀이터와 게임의 룰을 벗어나지 못하는 제한된 놀이로 오해받고 있다. 독자들은 북미 정신분석학의 거장들의 글을 모아놓은 이 책을 통해서 현대 정신분석학자들이 얼마나 창조적으로 정신분석의 놀이터를 변형시켜 나가고 있는지 목격하게 될 것이다. 정신분석에 관심 있는 모든 독자들에게 유익한 참고문헌이 되리라 기대한다."

-정연득 박사, 서울여자대학교 기독교학과 교수-

"프로이트 이래로 다양한 발전을 거듭한 정신분석의 이론과 실제를 이해하는 것은 인고의 시간을 요하는 일이다. 하지만 이 책은 그 방대한 정신분석을 이해하는 효율적이고 체계적인 길로 독자들을 안내한다. 미국 정신분석 수련과정에서 빈번하게 읽혀지는 탁월한 정신분석가들의 논문들을 통해 독자들은 정신분석적 감각과 직관을 키울 수 있을 뿐만 아니라 깊은 자기 이해에 이르게 될 것이다."

-장정은 박사, 이화여대 기독교학과 교수/미국공인정신분석가(NCPsyA)-

"현대의 정신분석은 하나의 이론 혹은 학파에 머무르지 않는다. 이 책은 미국 정신분석의 다양한 흐름을 대변할 수 있는 30인의 거장들, 그리고 그들의 가장 창의적인 글들을 수집한 대작업의 결과물이다. 그런 점에서 현대 정신분석을 공부하는 학도에게는 귀중한 자료가 될 것이다."

-이준호 박사,
현대정신분석연구소 소장, 前한신대학교 정신분석대학원 교수-

목차

서문

이론적 다원주의라는 말은 미국 정신분석에 대한 토론에서 진부한 표현이 되었다. 이 책의 의도는 오늘날 미국 정신분석의 주요 학파, 운동, 혹은 경향을 대표하는 주도적인 인물들의 견해에 대해 각 분석가 자신의 말로 권위있는 설명들을 제공하는 데 있다. 반세기 동안의 지배가 낡기 때문에, 이제 자아심리학—그것이 에너지, 힘, 양에 대해 갖는 과학적 관심, 그리고 그것이 임상적으로 분석가의 중립성, 객관성, 및 익명성을 주장해온 것과 더불어—은 그 역할을 다했고 그 어떤 단일한 정신역동적 개념도 그것을 대체하지 못했다. 대신에, 우리에게는 대상관계이론, 자기심리학, 대인관계 및 관계 정신분석, 해석학, 유아관찰의 결과물들, 그리고 자아심리학의 최신판들이 있는데, 이 모든 것들은 공정하게 충성을 위해서 경쟁하고 있다.

정신분석에서의 몇몇 발달들 때문에 이렇듯 새로운 생각들이 꽃피우게 되었다. 정신분석이 성숙하고 프로이트의 죽음을 받아들이는 것은 때때로 새로운 생각들과 새로운 연구 노력들을 기꺼이 고려하고 수용하는 데 있어서 중요했다. 게다가, 미국정신분석협회가 비의료인들을 분석 훈련에 받아들이기로 동의하고 국제정신분석협회가 미국정신분석협회와 연관이 없는 미국의 개인들과 기관들을 회원으로 받아들이기로 결정하면서 엄청난 창조성이 분출하게 되었다. 정신분석 수행에서 이론적 및 임상적 변화의 속도가 빨라졌다. 결과적으로, 이 분야는 크게 확장되고 있다. 이러한 분위기에서, 그리고 그리 오래 전이 아닌 상황과는 대조적으로, 미국 정신분석에 관심이 있는 누군가가 이제 주류의 일부가 된 다양한 관점들에 대해 전문가가 되는 것은 불가능한 것은 아니더라도 매우 어렵다.

이제 수용될 수 있는 혁신과 실험의 규모는 그리 멀지 않은 과거의 소위 정통과 크게 대비가 된다. 불과 몇 년 전까지 이단적인 것으로 고려되었던 생각들과 임상 실제들이 이제는 주류에서 받아들여지거나 적어도 진지하게 고려되고 있다. 어떤 사례들에는 자기 노출, 실연, 전오이디푸스기 발달의 중요한 역할, 대상관계이론의 세분화, 분석가의 주관성의 중심적인 역할, 무의식 개념의 변화들 등등이 포함된다. 포스트모더니즘의 발흥과 뒤이은 쇄락은 객관성과 관련된 개념들－환자를 "정확하게" 관찰하는 것의 가능성을 포함해서－에 영향을 미치고, 환자의 정신분석적 행동을 이해하려는 모든 시도에서 역전이의 중요성을 새롭게 제기하면서, 정신분석적 사고에 강력한 영향을 미쳤다. 나는 이 책을 활용하는 중요한 하나의 방법이 기존의 편견들을 불식시키고 우리에게 현대 정신분석의 보다 넓은 개념을 제공하도록 하는 것이 되기를 기대한다.

새로운 생각들과 새로운 연구가 부상하면서 인문학에서 신경과학에 이르고 비분석적인 심리치료들을 포함하는 주변 학문들에서 정신분석에 대한 관심이 강하게 일어났다. 분석적 문헌은 방대하고, 우리 가운데 이러한 생생한 상황에 기여하고 있는 다양한 집단의 학술지들에 뒤처지지 않을 수 있는 사람은 거의 없다. 내가 묘사하고 있는 분석의 세계에서는, 주요 이론가들과 임상가들이 생각하는 것에 대해 상당히 분명한 개념을 가지는 것이 확실히 바람직하다. 어느 정도의 이론적 혼란은 불가피하거나 바람직할 수 있지만, 그것은 적어도 이차적인 해석에 근거하기 보다는 저자들의 실제 생각에 근거한 혼란이어야 한다.

여기에 나오는 저자들은 모두 이 분야에서 인정된 지도자들이고, 각자는 일반적으로 주요 관점을 대표하는 것으로 받아들여진다. 저자들에게는 각자가 생각하기에 자신의 현재 생각과 정신분석에 대한 자신의 기여를 가장 잘 나타내는 논문을 기고해달라고 요청이 되었다. 나는 그들이 그렇게 해주었다고 믿는다. 게다가, 이 논문들은 전문적인 용어가 많지 않고, 생생한 임상 사례들을 제시하고, 정신분석에 관심이 있는 어떤 누구도 쉽게 접근할 수 있을 것이다. 분석적인 기고자들을 어떤 항목－대인관계학파, 대상관계이론, 자아심리학 등등－에 해당되는 것으로 생각하는 것이 편리하겠지만, 이러한 저자들의 작품들을 읽으면서 그들이 우리가 기대할 수 있는 분명한 차이들뿐만 아니라 특히 임상 실제에서 얼마나 많은 공통점을 갖고 있는지 발견하는 것은 놀랄만한 일이다. 하지만, 상호주관성, 내러티브적 응집성, 그리고 역전이의 적절성과 같은 주제들에서 통일성을 기하려는 노력에도 불구하고, 이 저자들은 매우 다른 관점들을 나타낸다. 그들이 모두 현재 미국에 존재하는 정신분석의 스펙트럼을 반영하는 것으로 이해될 수 있다. 내가 바라는 바는 독자들이 저자들에게서 그들 자신의 목소리를 듣고 난 뒤 이론의 다양성과 관련된 대화에 더 잘 참여할 수 있게 되는 것이다.

나는 이 논문들을 어떻게 나눌 것인가에 대해 많이 생각했다. 공식적으로 한 "학파"를 대표하는 것으로 규정했던 저자들 가운데 많은 이들이 그러한 설명과 다른 논문들을 제출했기 때문에 학파에 따라서 그렇게 할 수는 없었다. 나는 책을 임상적, 이론적, 혹은 연구 기여에 따라서 나누는 것도 어렵다는 것을 발견했다. 논문들 가운데 많은 것들이 이러한 경계를 넘나들기 때문이다. 따라서 저자의 알파벳순으로 논문들을 제시하는 것이 가장 좋은 것으로 보였다. 각 장의 소개 부분에서는, 저자들이 그들의 많은 중요한 저작들 가운데 왜 이 특별한 논문을 선택해는지 간략히 설명한다. 또한 논문들에 앞서 정신분석계에서 저자의 위치에 대한 간략한 자서전적 혹은 전기적 요약(후자는 내가 씀)이 실렸다.

나는 이 책이 가능한 한 널리 대표하는 것으로 만들기 위해서 애썼지만, 나는 이런 일을 하고 있는 누군가는 매우 중요한 어떤 인물들이 누락되었다고 느낄 수 있음을 안다. 미국의 정신분석적 상황을 주시하는 사람이라면 이 책에 적절하게 포함될 수 있었던 중요한 분석가들의 이름들을 제안할 수 있었을 것이다. 그러나 출판자와 나는 책이 가장 유용하기 위해서는 적당한 크기로 유지하고 누락의 오류가 불가피하다는 것을 받아들이는 것이 중요할 것이라고 결정했다. 그러나, 나는 분석적 사고의 중요한 흐름 가운데 그 어떤 것도 누락되지 않았다고 믿는다. 나는 나를 포함해서(출판자의 주장에 따라) 30명의 저자들에게 논문을 요청했고, 각 저자가 기고에 대한 요청에 대해 성실하게 그리고 신속하게 반응해주었던 것은 매우 기분 좋은 일이었다.

나는 이 책을 편집함에 있어서 매우 귀중한 도움을 준 많은 이들에게 감사한다. 이 책은 기고한 저자들의 열정적인 협력에 빚을 지고 있다. 나는 그들의 논문들, 그들의 격려, 그들의 좋은 생각들에 대해 깊은 감사를 이루 표현할 수 없다. 피터 포나기는 그의 눈부신 연구와 엄청난 출판에도 불구하고 시간을 내서 깊은 통찰과 명료함으로 각 저자들의 입장을 설명하고 지적인 질서를 이 책에 부여해주는 훌륭한 서론을 써주었다. 이 책에 대한 생각은 정신분석적 선집을 제안했던, 시인이자 출판자인 나의 친구 스탠리 모스와의 대화에서 나온 것이다. 밥 헤일스와 미국정신건강의학출판사의 전 직원은 엄청난 지지와 도움이 되었고 함께 작업하는 기쁨을 주었다. 나의 조교 에밀리 터커와 멜라니 벤브뉴는 나와 나의 끝없는 요구들을 견뎌주었는데, 그들이 없었다면 이 책은 빛을 볼 수 없었다. 나의 아내, 캐서린 애들먼은 이 책을 시작하고 마치기까지 나에게 필요했던 사랑 넘치면서도 몹시 엄격한 비평가였다.

아놀드 M. 쿠퍼, M.D.

서론

거인들 사이를 거닐기

거인들 사이를 거닐기는 이 서론을 준비하면서 느꼈던 것이다.

내가 존경하고, 동경하고, 때로는 동의하지 않는 30명의 훌륭한 분들이 이 책을 위해서 그들이 좋아하는 논문들을 제공했다. 말하자면 최고 중에서도 최고의 것들이다. 나는 "이것은 정말로 수퍼 리그의 경기이다"라고 생각했다. 나는 또한 "아마도 조금은 현재보다는 과거에 초점을 두었다"고 생각했다. 그러나, 나는 어렵사리 논문들을 모으면서 내가 틀렸다는 것을 금방 알게 되었다. 논문들을 읽으면서, 나는 점차 이 책의 중요성을 인식하게(그리고 놀라게) 되었다. 논문집을 위한 특별한 논문들을 선정하면서, 북미 정신분석에 가장 중요하게 기여한 사람들은 오늘날 그 분야에 가장 중요한 기여로 인식했던 것을 확인시켜주고 있었다. 따라서 논문을 선정함에 있어서 그들은 과거보다는 현재, 그리고 어쩌면 미래에 대한 눈으로 이 작업을 했을 것이다. 아마도 이것은 그리 놀라운 일도 아니었을 것인데, 왜냐하면 여기에 선정된 저자들은 다른 어떤 30명의 개인보다도 미국의 정신분석의 현재와 미래를 규정하는 데 주된 역할을 했기 때문이다.

이 책은 미국 정신분석적 저술의 최첨단을 보여준다. 이 책은 메타심리학으로 가득하고, 그 개념화에 있어서 엄격하고 협소하며, 임상적인 세부사항이 충분치 않고, 경험과 사뭇 거리가 있는 유럽인들이 미국의 정신분석적 저술에 대해 그려내는 희화와는 거리가 멀다. 저자들에 의해서 그들이 좋아하는 논문으로 선정된 것들은 언제나 쉽게 이해할 수 있고, 항상 임상적 삽화들을 중심으로 구성되었고, 사이비 과학 모델들을 명백하게 의심스러워하고, 포스트모더니즘의 측면을 포용하는 경향이 있고, 클라인과 기타 유럽 계통의 개념들을 통합하고, 때때로 분석가의 주관성에 대한 치열한 검토를 포함하고, 임상적 정신분석에 대한 확고한 헌신을 유지하면서도 폭넓은 학문적 영향들에 열려있다.

독자를 위해서 논문들, 혹은 장들은 두 가지 유형으로 깔끔하게 나뉜다. 기고자들의 절반 정도는 대게 상대적으로 일반적인 용어들로 차이들을 구별하고 수렴점들을 확인하면서 이론의 체계화를 목표로 하는 논문들을 선정했는데, 특정한 발달적, 문화적, 임상적 관심사들에 초점을 맞춘 것은 상대적으로 숫자가 적다. 두 번째 논문들은 치료적인 요소들을 강조하거나 정신분석적 치료의 맥락을 포함한다는 측면에서 좀 더 분명하게 임상 실제에 초점을 맞추고, 보다 구체적으로 말하자면 분석 관계에서 정신분석가의 위치를 상술하는 데 집중하고 있다. 내가 보기에 이것은 그 주제의 성장점이 어디인가를 반영한다: 정신분석의 이론적인 틀을 재구성하고, 이것과 긴밀하게 관련하여 치료 상황에 대한 우리의 이해를 재구성하는 것.

이론들을 체계화하기

구별들과 분류들

기고된 논문들 가운데 두 편은 통합만큼이나 분류법을 제공한다는 의미에서 정신분석 이론들에 대한 직접적인 지도를 만드는 데 관심이 있다. 분명히 쓸 필요가 있지만 일단 분명하게 쓰고 나면 계속해서 언급될 수 있는 통합적인 논문이 있다. 정신분석의 4가지 심리학에 대한 프레드 파인의 논문(22장)은 이런 유형의 가장 적절한 예이다. 욕동에 대한 심리학 때문에 우리는 우리의 환자들에게 소망들, 무의식적인 환상들, 그리고 그것들에 대한 방어들에 대하여 질문할 수 있다. 자아에 대한 심리학은 적응을 위한 수단들이 발달하지 못한 환자들(예를 들면, 정서 조절의 실패)을 관찰하는 방법을 제공한다. 대상관계에 대한 심리학은 환자가 분석가와의 관계 혹은 대인관계에서 경험하는 역할에 대한 질문들을 제기한다. 그러한 역할은 아동기 관계들에 의해 분명하게 드러날 수 있다. 자기에 대한 심리학은 경계선, 내면화, 그리고 자존감과 관련된 경험적인 질문들을 제기한다.

4가지 심리학은 해석 작업의 다양한 유형들을 제시한다. 욕동심리학은 무의식적 소망들과 갈등들을 해석할 것을 제안하지만, 대상관계적인 해석들은 환자가 자유롭게 되어서 새로운 경험을 과거의 드라마의 일부로서가 아니라 있는 그대로 직면할 수 있도록 해주는 것을 목표로 한다. 자아 결함에 대한 심리학과 자기에 대한 심리학은 기술, 설명, 그리고 재구성을 강조하면서 해석에서의 주의와 신중함을 요구하지만, 모든 해석과 공통적으로 환자의 경험 범위에 있는 어떤 것을 다루는 것을 목표로 한다. 4가지 심리학은 치료 관계의 다양한 측면들을 강조하는데, 그것들은 잠재적으로 변화에 영향을 미친다. 여기에서 요점은 4가지가 모두 각각의 역할이 있다는 것이다. 따라서 분석가와의 관계를 통해서 흔히 초자아가 완화되고(욕동), 교정적 대인관계 경험이 제공되고(대상관계), 발달적인 방식으로 자아 결함들이 다뤄지고, 자기가 반영될 수 있는 기회가 조성된다. 파인은 진정한 정신분석이 4가지의 이론적 접근과 기술적인 개입을 모두 필요로 한다고 주장한다.

분류법은 오토 컨버그의 분석(15장)에서 확장되었다. 어떤 의미에서 과거 반세기 북미 정신분석의 역사에서 컨버그의 괄목할 만한 생산성이 한 편의 논문에 표현된다는 것은 공정하지 않다. 그러나, 편집자가 그에게 부과한 한계에 대한 그의 창조적인 해결책은 필연적으로 그 자신의 모든 공헌들을 포함해야만 하는 프로이트 이후 정신분석의 전체 학문 분야에 대해 감동적으로 개관하는 논문을 선정하는 것이었다. 이 논문은 중요한 차이점들을 여전히 존중하면서도 주요 공헌들을 확인하면서 기법에 대한 정신분석적 저술들을 모아낸다. 이러한 역사로부터, 컨버그는 20세기 말 정신분석학의 제대로 된 벽걸이 융단을 엮어낸다.

컨버그의 논문은 유럽뿐만 아니라 북미에서의 오늘날의 분석에 대해 깊이 있는 설명을 제공하고 있기 때문에 쉽지 않은 글이다. 3만여 건 이상의 학술논문이 발표된 전후(戰後) 정신분석은 3가지 전통으로 분류된다: 1) "주류"를 대표하는, 프로이트 학파, 클라인 학파, 그리고 독립파의 융합; 2) 상호주관적 관계적 접근법; 3) 프랑스의 정신분석적 접근법.

이 논문은 이 책에 포함될 수 있었던 모든 것을 위한 무대를 세웠다. 어떤 부가적인 서론에서와 같이 독자는 저자가 강조하기 위해서 선택한 것에 대해 실망할 수도 있겠지만, 이러한 전통들 사이에서 근본적인 대조가 나타나는 것은 지역적인 또는 전국적인 정신분석 기구의 어떤 모임만큼이나 실재적이고 뚜렷하다.

융합

이론화의 구심력은 모든 정신분석의 핵심 요소를 담고 있는 결정적인 특징을 밝히는 것을 목표로 한다. 여러 가지 방식으로 모든 논문들은 단일한 이론을 밝혀내기 위해서 노력한다. 찰스 브렌너(1장)는 이러한 노력을 대부분의 다른 이들보다 잘해낸다. 브렌너는 북미 정신분석의 훌륭한 교육자들 가운데 한 사람으로서 복잡한 생각들을 단순하고 강렬하고 결정적인 방식으로 진술할 수 있는 뛰어난 능력으로 그 역할을 감당해냈다. 공통점과 관련된 질문에 대한 그의 언급은 공통점이 실제로 존재하고 그것은 언제나 갈등을 겪고 끝없는 타협형성을 요구하는 아동기의 소망들이 성인기에 지속되는 것에 의해 규정된다는 단순하면서도 심오한 주장이다.

쾌락와 "불쾌" 사이의 타협은 모든 형태의 정신생활에 편재한다. 생애 두 번째 3년의 성적 및 공격적 소망들은 성인의 정신세계에 결정적으로 중요하다. 시간표는 신경발달에 의해 정해진다. 보다 초기의 경험들이 어떤 역할을 할 수는 있지만 분석 작업의 적절한 초점은 아니다. 왜냐하면 그것들은 3년에서 6년 사이의 시기에 성적 및 공격적 갈등 및 타협 형성에 영향을 미치기 때문이다. 이러한 견해는 일관되면서도 단순하기 때문에 그것에 깊이가 더해진다. 그것은 현재의 다중적인 정신분석적 개념들로부터 혼란을 최소화해주는 틀을 제공하는 것을 통해서 뿐만 아니라 (구조 이론의) 설득력 있는 증거에 직면했을 때 소중하게 지켜져 온 가정들을 포기할 수 있는 정신분석적 사상가의 모델을 세움에 있어서도 임상적 만남이라는 험한 바다에서 등대가 된다.

윌리엄 그로스만(11장)은 정신분석적 접근법들의 다원성이 정당함을 연구하고 그것이 부족하다는 것을 발견한 또 다른 기고자이다. 그로스만의 논문은 정신분석적 사고의 중요한 역사적 이분법들 가운데 하나를 다룬다. 자기-경험을 포착하기 위해서 두 가지 이론이 필요할까? 임상 현상학적 설명에 관한 한 정말로 자아심리학적 접근법에 부족함이 있을까? 이 논문은 정신분석적 사고의 두 측면, 즉 이유와 원인의 측면에서의 설명들(임상 이론)과 메타심리학 사이의 투쟁을 우아하게 묘사한다. 그로스만은 자기(self)가 이러한 관점들의 주안점이라는 사실을 보여준다. 그는 모든 프로이트적 메타심리학에는 주관적인 요소가 포함되어 있고 따라서 자기는 나머지 메타심리학과 질적으로 다르지 않다고 제안한다. 그는 자기가 환자에게 의미가 있게 되는 하나의 "개념-환상-이론(concept-fantasy-theory)"이라고 주장한다.

그로스만은 자아심리학적 관점에 자기를 통합할 수 있다. 그는 분석에서 자기를 다루는 문제들은 새로운 이론의 필요성이 아니라 오히려 시간, 양 및 기술에 대해 더 많은 관심을 갖도록 제안하는 것이라고 설득력 있게 주장한다. 자기의 개념은 복잡해진다. 왜냐하면 자기에 대한 환상에는 자기가 충분히 형성되기 전에 그것을 관찰하는 타자들이 그것에 속한다고 생각했던 복잡한 의미들이 포함되기 때문이다. 이런 의미에서 자기는 언제나 사회적 환상이다. 그로스만은 자아심리학적 모델에 관계적인 데카르트 이후적인 관점을 통합할 수 있다(Stolorow의 기고문을 참조하라).

아놀드 골드버그(9장)는 동일한 질문을 다루지만 경험 세계를 새롭게 강조하는 방향으로 무게중심을 좀 더 이동시킨다. 골드버그의 1997년 미국정신분석협회 총회 연설에 따르면, 정신분석 이론은 공감과 판단, 1인칭과 3인칭의 관점, 그리고 하인즈 하르트만과 하인즈 코헛 사이의 첨단에 있다. 그는 과거로부터 이끌어낼 수 있는 무의식적 내용에 대한 분석적인 초점이 환자가 수직적으로 분리된 것을 인지하도록 할 수 있는 분석적인 공감적 태도와 균형을 이루어야만 한다고 주장한다. 이 책에 수록된 논문은 매우 통합적인데, 고전적인 것과 자기심리학적인 것을 관계적인 변증법적 관점이라는 맥락에서 통합한다. 골드버그는 임상적 정신분석들이 공저되는 것이라고 주장한다: 그것들은 두 사람에 의해 쓰여진 자서전들이다.

이 구별은 정신분석을 위한 이론적 및 임상적 틀을 제공해주고 임상가들이 만나는 구체적인 임상적 문제들뿐만 아니라 임상 실제를 이해하기 위해서 1인칭 및 3인칭 관점 사이의 공간이 어떻게 사용될 수 있는지를 보여준다. 예를 들어 이분법은 다른 점에서는 정직한 사람의 부정직한 행위와 같은 고립된 행동의 문제들을 설명해준다. 용납할 수 없는 일을 하는 우리의 부분을 분리시키는 수직 분열(vertical split)을 다루기 위해서는 공감이 필요하다. 존재함으로 치유하는 분석가가 과거의 무의식을 해석하는 분석가이기 때문에 동일한 이분법은 치료적 행동을 설명해준다. 공감한다는 것은 우리가 환자에게 의미하는 것(과거로부터의 전이)과 우리가 환자에게 가져온 것(실제 대상으로서 분석가) 모두를 판단할 수 있다는 것이다. 임상 분석가에게는 해석적이고 공감적인 태도가 요구되며, 그 어느 것도 우리의 이론적인 설명에서 특권이 부여되어서는 안 된다.

다른 기고자들은 골드버그와 그로스만이 그들의 논문에서 다루는 이분법을 넘어서는 융합을 촉진했다. 로이 셰이퍼의 가장 중요한 논문(24장)을 통해서 우리는 많은 기고자들이 북미 정신분석의 해석학적 전통이라고 하는 것에 좀 더 가까이 다가갈 수 있다. 서술(narration)에 대한 셰이퍼의 논문은 이론과 기법에 동시적으로 중요한 기여를 했다는 점에서 괄목할 만하다. 정신분석 이론을 이야기(narrative)로 개념화함으로써, 그는 이론을 이야기하기와 나란히 특정 위치에 배치하였다: 무시되고 오해되었던, 몹시 화가 난 유아에 대한 클라인의 이야기, 허약하고 고갈된 자기에 대한 코헛의 이야기 등등. 물론 분석가가 환자의 이야기를 다시 하는 것은 환자가 자신의 이야기를 어떻게 하는가에 영향을 미친다. 이것은 이론이 임상적인 분석의 내용에 영향을 미친다는 진부한 진술을 넘어서는 것이다. 어느 정도는 이론이 분석을 쓴다. 분석적인 이야기하기는 공동으로 구성된다.

정신분석들만큼이나 많은 다시 이야기하기(retelling)들이 있을 수 있다. 셰이퍼는 대부분의 정신분석적 이야기들에는 감추거나, 치환하거나, 덜 강조하거나, 혹은 절충하기 위해서 채택된 방어 수단들과 함께 성적 및 공격적 행동 방식이 담겨있다고 한다. 서술(narration)에는 종종 상실, 질환, 학대, 방치, 그리고 실제 및 상상의 부모의 갈등에 관한 이야기들과 유아기, 신체 부위들, 그리고 신체의 생산물들이 포함된다. 이러한 요소들은 피분석자에 의해서 반복적으로 대화 속에 소개가 되고 분석가에 의해 점진적으로 정교해진다.

정신분석을 서술로 생각하게 되면 욕동, 저항, 현실 검증, 그리고 심리적 현실과 같은 개념들의 위치가 변화된다. 이러한 개념들은 더 이상 어떤 것들을 야기할 수 있는 실체가 아니다. 그것들이 제공한 설명은 재기술(redescription)의 가장무도회였다. 욕동은 단지 소망을 기술하고, 저항은 저항하는 것이다. 분석적인 삶의 역사들(사례사들)은 2차 역사들이다. 1차 역사는 분석이다. 분석은 환원적이지도 않고 신비하지도 않다. 그것은 단지 삶의 상황을 이해하는 상식적인 대안적 방식이다.

그러나, 이 책의 모든 기고자들이 해석학적 입장을 소개하는 것에 대해 환영하거나 실제로 동의하는 것은 아니다. 회상에 대한 씨어도어 샤피로의 시의적절한 논문(26장)은 북미 정신분석에서 나타난, 마음 이론으로부터 기법적인 주제들, 특히 분석적인 이해의 과정을 다루는 것들에 대한 점증하는 관심으로의 전환에 주목한다. 그의 논문은 분명히 "원인"에 대한 기억의 힘을 강조함으로써 정신분석을 이야기하기로 만드는 것에 대한 반동으로 선정되었다.

정신분석적 지식뿐만 아니라 정신건강의학적 지식에 있어서도 대가인 샤피로는 기억들이 외상후 스트레스 장애를 일으킨다는, 아동기의 기억들이 어머니와 유아의 관계에 영향을 미친다는, 박탈 경험이 뇌 발달에 돌이킬 수없는 영향을 미친다는 그의 주장과 일치하는 증거를 정리한다. 샤피로는 정직성의 문제를 회피하는 해석학적 접근법에 만족하지 않는다. 샤피로의 논문은 과거의 사건들이 어떻게 현재의 행동을 결정하는지를 결정하는 것에 대해 과학적 관심이 증가하고 있음을 반영한다. 그는 기억의 본질에 대해 정교하게 알고 있지만 환자는 결국 환자 자신의 과거라는 사실, 상호작용들은 대상들 없이 기억될 수 있다는 사실, 분석가의 해석적인 말들은 환자의 마음에 과거가 통합되었던 방식과 연결되기 때문에 설득력이 있는 해석들은 임상적인 상황에서 설득력이 있다는 사실을 아는 프로이트적 분석가의 강력한 방어를 제공한다.

샤피로는 정신분석을 분석가가 (환자와 함께) 발견해서 말로 표현하는 상징적 표상들 속에서 심리적 조직의 중요한 구조를 환자가 반복할 수 있는 기회를 제공하는 것으로 개념화한다. 이러한 표현은 환자가 현재 행동의 동기를 이해하는 데 도움이 되고 변화의 기회를 제공한다.

이 책을 전체적으로 보면, 북미 정신분석에서 가장 널리 사용되고 있는 현재의 융합은 관계적인 개념들과 관련이 있는 것으로 보인다. 이러한 개념들은 로버트 스톨로로우(29장)의 아주 훌륭한 논문에서 가장 간결하고 명확하게 드러난다. 스톨로로우는 "포스트 데카르트적인 관계 정신분석에서 무의식에 대해 남아있는 것은 무엇인가?"라고 묻는다. 만약 지형학이 은유가 되고 구조 모델이 현상학적 접근 방식과 양립할 수 없다면, 프로이트의 두 번째 코페르니쿠스적인 혁명에서 남겨진 것은 무엇인가? 스톨로로우의 대답은 모든 정신분석적 접근방식에는 "언제나 눈에 보이는 것 이상의 어떤 것이 있고" 더 나아가 이것이 우리를 고통스럽게 하는 것을 이해하는 데 중심이 된다는 견해가 공통적으로 있다.

고전적인 프로이트 모델에서, 의식은 부수현상이다. 무의식은 정신적으로 실재하는 것이다. 분석가는 억압되고 삶의 경험에서 왜곡을 만들어내고 환자에게 탈맥락화된 몰역사적인 악의 근원에 대해 깨우쳐주는 중요한 지식을 소유하고 있는 것으로 생각된다. 스톨로로우는 무의식에 대한 이러한 모델이 방어적으로 전능하다고 주장한다. 프로이트는 그의 어머니와의 관계에서 실망스러운 측면에 대한 인식을 피하려는 신경증에 대한 설명으로 내적인 나쁨(inner badness)을 제기했다. 스톨로로우는 무의식에 대한 지형학적 모델과 구조적 모델 모두에 수반되는 계층화된 자기인식의 접근법을 거부한다.

관계적 무의식은 활동 유형(억압, 분열, 해리, 부정, 부인)에서 구조적으로 예리하게 구분되는 마음의 고립된 부분이 아니다. 그것에는 주체-객체의 갈림 또는 인지-정서의 분열이 포함되지 않는다. 오히려 무의식은 심각한 냉대의 상황에서 발달하는 것으로 이해된다. 여기에는 반응이 없어서 자신들이 환영받지 못하거나 위험하다고 느꼈던 아동의 경험들이 포함된다. 반대로 경험들은 정당화시켜주는 상호주관적인 맥락이 없었기 때문에 결코 표현되지 못했을 수 있다. 스톨로로우는 초기에는 고전적인 정신분석 모델을 사용하여 제시했고, 나중에 재개념화 해서 증상들을 주관적인 경험의 측면들이 부모에 의해 아동의 경험세계에 들어가는 것이 허용되지 않을 때 억압의 결과로서 이해될 수 있도록 했던 아름다운 사례 해설을 제공한다. 분석 상황은 석회화된 환상들과 이름 없는 공포에 대한 통제를 완화시키는 질문들을 하기에 이상적인 환경을 제공했다.

다니엘 스턴(28장)은 관계적인 접근에 발달심리학적 차원을 포함시킨다. 그의 혁신적이고 통합적인 논문은 관계적 정신분석을 위한 발달심리학적 틀을 제공한다. 그는 우리의 신경계가 다른 사람들의 신경계에 포착되도록 설계되어 있기 때문에 마치 우리가 우리 자신을 느낌과 동시에 그들 안에 있는 것처럼 그들을 경험할 수 있어야 한다고 주장한다. 분화된 자기는 단지 상호주관성의 특별한 상태일 뿐이다.

자기는 투과될 수 있는 경계를 갖고 있기 때문에 비데카르트적이다. 스턴은 거울 신경세포의 발견, 대인관계 상호작용에서의 적응 진동자(타이머)의 역할, 유아의 일차적인 타자 지향, 타자들의 의도를 해석하면서 타자들을 모방하기, 자폐적인 개인의 공유하지 않는 마음의 병리를 포함하여 이 명제와 일치하는 상당한 증거를 정리한다.

스턴의 논문은 또한 정신분석의 발달적이고 관계적인 접근방식의 함의들을 폭넓은 용어로 자세히 설명한다. 인식론적으로 말하자면, 마음을 단일한 독립체로서 객관적인 탐구에 열려있는 것으로 생각하는 것은 더 이상 가능하지 않다. 치료 자체는 공동으로 생성되어 예측할 수 없고, 뒤늦게 깨닫는 유익을 제외하고는 선형적이고 인과론적인 분석에 저항하는 "창발성들(emergent properties)"을 가져온다. 스턴은 발달과 정신병리에 대한 시드니 블랏(2004)의 개념화를 반영하면서, 애착과 분리-개별화가 동시에 수행되어야 할 지속적인 과제로 본다. 정신역동적 의미는 비상징적인 과정을 통해서 전달되고, 실연되고, 표현될 수 있다. 관계적으로 내재된 의미들은 생생한 경험 속에서 신속한 의사소통을 통해서 교환된다. 이러한 의사소통들은 우리의 행동을 조직하고 이끌어간다. 언어와 추상적 사고는 이러한 보다 초기 형태의 의미에 뿌리를 두고 있지만, 이것들이 비상징적임에도 불구하고 상징적인 것으로 대체되지 않는다. 스턴은 마음의 이러한 비상징적이고, 비의식적인 측면, 즉 타자와 존재하는 암묵적인 방식에 임상가의 주의를 돌린다. 그것은 다른 의미들이 생겨나는 의미의 가장 깊은 수준이다. 그것은 무의식적 환상의 근원이고, 타자들과의 생생한 관계의 수준이다.

이론들의 위치

많은 논문들을 관통하는 하나의 주제는 정신분석에서의 이론의 위치와 관계가 있다. 그러나 세 편의 논문은 주제들 가운데 가장 어려운 이것에 대해 직접적으로 말한다. 로버트 월러스타인(30장)은 개념적 연구에 대한 우리의 접근 방법뿐만 아니라 국제 정신분석 운동 내에서 공유되는 정신분석적 담론의 잠재력을 확인하는 데 괄목할 만한 논문을 제공했다. 정신분석 문헌에서 모든 전문 분야에 걸쳐서 보편적으로 인정되는 문구를 만들어낸 논문들이 거의 없지만, 월러스타인의 "공통 기반(common ground)" 논문은 그런 논문이다. 이 인상적인 개관의 출발점은 정신분석가들이 프로이트의 죽음을 전혀 다루지 않았다는 여전히 적용 가능한 관찰이며, 새로운 개념들을 다루는 우리의 방식이 프로이트의 삶이 환상화 되어서 계속되고 있음을 입증했다는 것이다. 특히 북미 지역에서 프로이트의 죽음 이후 최대 35년 동안의 새로운 개념들은 흔히 영국/유럽의 통합 경향보다는 배제에 의해 처리되었다. 이 논문은 이 책에 잘 반영되어 있는 북미 정신분석(자기심리학, 자아심리적 대상관계이론, 해석학적 현상학적 접근법)에 대한 성적표를 제공한다.

그러나, 이 논문의 부담은 경험에 가까운 임상적인 이론이 정신분석이 필요로 하거나 검증할 수 있는 모든 이론이라고 주장함에 있어서 국제적인 정신분석학의 다원성에서의 공통 기반을 지적하는 것이다. 그 공통 기반은 샌들러와 샌들러(1987)가 현재 무의식(present unconscious)의 영역에 두었던 것과 일치한다. 월러스타인은 환자의 현재 무의식에 관한 담론을 공통적이고 모든 접근법에 공통적이어야만 하는 것으로 인정한다. 임상적인 이론 안에서 독특한 실용주의적 접근은 검증될 수 있다. 임상적 증거의 정확성을 넘어서는 과거 무의식에 대한 모델은 다른 모델들과는 다를 수 있다. 그러나 이것들은 임상적인 담론을 위한 은유들의 단순한 원천이며, 모두 현재 무의식의 영역에서 적절하다. 불일치들은 임상가에게도 환자에게도 영향을 주지 않는다.

로버트 마이클즈(18장)도 "메타정신분석적(metapsychoanalytic)" 입장을 취한다. 마이클즈는는 북미 지역에서 정신분석적 개념들에 대한 평가자이자 토론자인데 그에게는 아마도 동료(혹은 도전자)가 없을 것이다. 좀 더 나은 사람은 정신분석 이론의 전체 체계에 대해 어떤 말을 할까? 그는 생물학에서 중요한 전망을 제공하는데 첫 번째가 기초 심리학을 거쳐 준독립적인 임상 이론들에 이르기까지 정신분석학을 취하는 역사적 모델이다. 그 다음에 그는 또 하나의 벡터를 채택한다: 주제. 그는 정신 현상을 정신생활 이외의 영역으로까지 추적하는 가교(bridging) 이론들, 정신 영역 내에 머물지만 면밀한 검증 하에 인과관계적인 설명을 제공하면서 정신 현상에 대한 기술에 제한되는 심리학 이론들, 그리고 일반 심리학을 제공하려는 야망을 내려놨지만 임상 상황을 직접적으로 다루는 임상문제 중심의 이론들을 구별한다.

마이클즈의 중요한 지적 공헌은 실천과 관련하여 이론의 기능을 상술한 데 있다. 그는 다음과 같은 3가지 핵심 기능을 지적한다: 1) 생성적인(generative) 해석을 끌어내는 환자의 자료에 대한 분석가의 연상을 풍성하게 하기, 2) 분석가의 입장(환자에 대한 태도 또는 매너)에 영향 미치기, 3) 분석가와 환자 모두를 편안하게 해주기. 이러한 기능들 가운데 두 번째와 관련하여 마이클즈는 이론이 분석가가 환자의 자료의 특정 측면(예를 들면, 누락에 대한 갈등 이론, 자기-타자 관계에 대한 대상관계이론)에 관심을 갖도록 한다는 결정적인 사실을 강조한다. 이론의 경우 이론적으로 형성된 담론이 흔히 새로운 사실의 발견처럼 가장되기도 하지만, 교육과 연구도 이론을 위해 필요하다.

레스터 루보스키의 논문(17장)은 정신분석적 이론화의 인식론적 위치와 관련된 질문에 대한 암묵적인 대답이다. 대안적인 정신분석적 개념화의 타당성을 입증하기 위해서 임상외적인 자료가 필요하다는 관점이 이 책의 어떤 논문(예를 들면, 샤피로, 컨버그, 스턴)에서 나타난다. 루보스키는 지성과 창의성을 발휘해서 정신분석적 개념들, 특히 치료 과정의 본질을 정량화하는 작업에 몰두했다. 이 논문에서 그는 독자에게 관계 표상들을 분석하는 매우 영향력있는 방법인 핵심 갈등관계 주제(Core Conflictual Relationship Theme, CCRT)를 소개한다. CCRT는 관계 삽화들을 1) 두드러진 소망들, 욕구들, 그리고 의도들; 2) 다른 사람들의 반응; 그리고 3) 자기의 반응에 따라 분류한다. 이 세 가지 요소의 특정 구성이 나타나는 빈도는 개인의 주된 정신구조를 특징짓는 것으로 고려된다.

CCRT는 갈등을 기술한다. 갈등은 소망들 사이에 또는 소망과 반응 사이에 있을 수 있다. 자기의 반응은 흔히 증상이다. 따라서 CCRT는 정신병리에 접근하는 방법을 제공한다. 이 책에 포함된 논문은 여러 면에서 주목할 만하다. 첫째, 그것은 책 전체에서 유일한 경험적 논문이다. 둘째, 전이 또는 대상관계의 패턴처럼 미묘한 어떤 것이 경험적 탐구에 열려있음을 보여준다. 셋째, 이 논문은 정신분석 과정을 조명할 때 질적 및 양적 경험적 연구 방법론을 결합하는 것의 가치를 보여주는 첫 번째 연구 중 하나이다. 루보스키는 정신분석적 심리치료 연구의 위대한 개척자이며, 이 분야에서 가장 위대한 혁신들 가운데 많은 부분이 그에게서 시작되었다.

발달과 문화의 문제에 대한 이론의 적용

이 책에서 두 편의 논문은 우리의 전체 문화에 대해 말해주는 사회적 현상을 다루는 것, 우리의 다소 내면지향적인 정신분석적 공동체를 넘어서는 방법에 초점을 맞춘다. 정신분석가이자 문학평론가인 낸시 초도로우(4장)는 발달적인 관점을 환영한다. 그녀의 논문은 엄청난 관찰을 한다: 정신분석은 이성애에 대해 발달론적인 설명을 제시하지 않는다. 즉 어쩌면 정신분석가들은 그것을 너무도 핵심적인 것으로, 그 어떤 특별한 설명도 필요로 하지 않는 것으로 보이는 진화의 압력으로 쉽게 환원할 수 있다고 생각했는지 모르겠다. 그러나 초도로우의 학술적이고 강력한 텍스트가 보여주듯이, 이성애의 다양성은 생물학으로 환원될 수 없다. 만족스러운 발달론적 설명이 없는 것은 도착적인 성에 대한 포괄적인 이론들과 풍부한 임상적 설명들과는 뚜렷한 대조를 이룬다.

초도로우는 이성애가 동성애만큼이나 방어 및 타협형성의 결과임을 명백히 한다. 그것은 일탈적인 성 만큼이나 복잡하고, 어쩌면 한정된 정신 상태이지만, 이성애의 열정, 강도 및 때때로 중독적인 특성은 도착으로 설명되어서는 안 된다. 중독과 강박은 모든 강렬한 성적 경험 및 환상의 요소이다. 초도로우는 이성애적 행동이 가장 혼란스러운 개인의 특성을 나타낼 수 있기 때문에 초기의 결핍과 갈등이라는 측면에서 일탈적 성을 병리화 하는 것은 도움이 되지 않는다고 생각한다.

이 논문에서는 오이디푸스 갈등의 유일하게 적절한 해결책으로서의 이성애에 대한 거부가 적절히 주장되고 있다. 예를 들어, 그녀는 젠더 차이와 성적 지향이 매우 유사하다는 가정에 대해 의심할 여지없이 수용하는 것에 대해 주의를 기울인다. 우리는 이성애에 대한 더 나은 설명이 없다면 동성애가 이성애보다 더 병리적이고, 더 증상을 나타내는 것일 수 없다고 결론내릴 수밖에 없다. 궁극적으로 우리는 정신분석적 지식의 현재 상태를 고려하면 동성애와 이성애를 구별할 아무런 근거가 없다는 점에서 초도로우에게 동의해야만 한다. 초도로우가 뒤집는 데 기여했던 접근법은 어쩌면 젠더와 성적 차이를 물화했고 성적 불평등을 유지하는 데 기여했을 것이다.

에델 퍼슨(21장)은 사회 체계의 비판적인 측면, 즉 권위의 비판적인 측면을 다루면서 관심의 폭을 더욱 넓혔다. 대인관계에서의 권위를 기꺼이 받아들이려는 의지를 조명하는 논문으로 권위에 도전하는 것은 분명한 역설이 아니라면 적어도 아이러니일 것이다. 우리의 불순종하려는 우리의 제한된 능력에 대한 퍼슨의 논문은 분명히 일반적으로 받아들여지는 진리에 도전한다. 퍼슨은 만연되고 가장 위험한 사회 문제를 현명하게 다루는 것에 미묘하고 아름답게 구성된 통찰력 있는 추측들을 가져온다.

이 논문의 핵심은 복종과 순종을 통해 권력에 애착하려는, 명백하게 설명된 보편적인 환상이다. 초기 삶에서의 우리의 무력감을 부인하려는 욕구는 그 이야기의 일부분일 뿐이다. 우리의 불안들, 어쩌면 더욱 강력한 불안들은 궁극적인 운명인 죽음 및 망각과 관련되어 전 생애에 걸쳐서 생겨날 것이다. 죽음에 직면하여 가족의 로맨스로의 전이 또는 부모의 권위를 무시하려는 소망에 의해 설명되는 것을 넘어서는, 순종에 대한 갈망이 생겨난다. 환상의 동기는 프로이트가 초월적인 집단에 참여하기 위해서 설명을 필요로 하는 현상으로 생각했던 것이다. 집단 정신에 참여하는 것은 아동기의 어떤 의심스러운 공포보다는 무의미에 대한 두려움을 해소해준다. 이 논문은 현 시점에서 근본주의의 영향력과, 우리에게 가해지는 폭력을 넘어서서 우리가 다른 사람들에게 가하는 폭력을 이해하는 데 도움이 되는 특히 중요한 것이다.

이 책에서 두 편의 논문은 모두 발달적 관점에서 특정 임상 상황에 대한 지속적인 통찰을 제공한다. 피학증에 관한 아놀드 쿠퍼의 저술은 북미 정신분석의 변화하는 무게중심의 지표이다. 그는 신경증 발생에 대한 이해에서 최근에 나타난 전오이디푸스적인 것으로의 전환에 대한 간단한 스케치를 제공함으로써 그의 논문(5장)을 시작한다. 문화에서의 어떤 변화도 새로운 개념들이 생겨날 수 있는 기회를 만들어낸다. 쿠퍼는 신경생리학적인 것(자극 과다), 일차적으로 본능적인 것(죽음 본능), 이차적으로 본능적인 것(공격성의 역전), 초자아의 과도한 가혹함, 그리고 여성적인 수동성의 일부로서 혹은 쾌락을 얻기 위해서 지불되어야만 하는 대가로서의 가학증을 포함하는 가학증에 대한 프로이트의 설명을 간략히 검토한다. 이러한 풍성한 설명들 때문에 각각의 적절성과 관련된 문제가 제기된다. 쿠퍼는 버글러, 헤르만, 르윈과 같은 다양한 저자들의 논문들을 학술적인 방식을 인정하면서 가학증에 대한 우리의 이론을 만족을 주는 자기인식을 획득하는 정상적인 고통스러운 방법의 확장이라는 개념으로 제시한다.

그는 고통이 자기의 실현을 위해 필요하고, 분리-개별화는 불가피하게 자존감에 손상을 준다고 주장한다. 이 두 가지를 종합해서, 그는 자존감이 고통을 자아-동조적인 것으로 만듦으로써 회복될 수 있다고 주장한다. 초기의 자기애적 굴욕이 과도했던 개인들에게는 자아-동조적인 자해가 선호되는 방식이 된다. 거절은 자기 자신의 통제 아래에 있고, 수용은 그렇지 않다. 쾌락은 일반적으로 자기표현에서 파생된다. 가학증적 성격을 가진 사람들은 무의식적으로 불만을 불러일으키고, 이에 대해 분노하고 거짓으로 공격하고, 더 많은 거절과 좌절을 유발하여 자기연민을 초래한다. 가학증자는 가학증의 자해와 자기연민을 넘어서서 고통의 경험을 통해서 자신의 자기감을 회복하려고 한다. 근본적인 병리는 느낄 수 있는 능력의 둔화, 쾌락의 약화, 과도하게 민감한 자존감, 쾌락을 줄 수 있는 관계에서 만족을 이끌어낼 수 없거나 그런 관계를 유지할 수 없는 무능력이다. 따라서 쿠퍼는 가학증을 이용가능하고 여러 경우에 적절한 자기감을 유지하기 위해서 모든 사람에 의해 사용되는 기제의 일부분으로서 재조명한다.

필립 브롬버그의 논문(2장)은 성격의 구조와 정신분석 치료의 본질에 대해 전혀 새로운 정신분석적 모델을 제시한다는 맥락에서 관련된 임상적 문제인 섭식장애를 다룬다. 그의 진지하고 미묘한 임상적 논문은 소위 다루기 힘든 환자를 이해하고 돕기 위한 틀을 제공해준다. 이 논문은 관계적인 준거틀 속에서 외상의 영향들의 본질을 탐구한다. 환자의 증상의 근저에는 우리가 흔히 해리(dissociation)라고 하는 자기-경험의 조직된 체계가 있기 때문에 그것은 우리에게 외상과 연결된 증상들을 통해서 어떻게 분석가가 천천히 진행하고 인내할 수 있게 되는지를 보여준다. 브롬버그는 외상이 흔히 대인 관계에서 발견되는 마음의 본래적인 자동복원 능력을 저해한다는 것을 보여준다. 어머니-유아 상호작용과 유사하게, 환자와 분석가의 관계와 같이 친밀한 관계는 흔히 회복적일 수 있다. 대개 의사소통상의 오류는 영구적이지도 않고 파국적이지도 않다는 것을 두 주인공에게 보여주는 상호적인 오류들이 따라오기 때문이다. 상대방이 잠재적으로 외상을 주고 있을 때는, 그러한 오류들로부터 회복된다고 해도 그것은 더 이상 자기효능감과 다른 사람에 대한 신뢰 확인으로 이어질 수 없다.

이 면밀하게 논의되고 훌륭하게 설명된 내용은 분석가와 외상 환자의 주관적인 경험에 대해 기술한다. 환자의 경험과 함께 해리에 대한 분석가의 역전이는 그것들 모두가 이전에는 좁혀지지 않을 것 같았던 자기 상태들 사이의 공간에 존재하기 때문에 인지된 사건들로서 공존할 수 있다. 섭식장애와 관련하여 분석가 안에 형성된 해리 상태는 욕망이다. 욕망은 환자의 정신생활(음식에 대한)을 지배하며, 치료에 대한 욕망은 유사하게 치료자의 분석적인 의도를 지배하고 약화시킬 수 있다.

임상 실제에 초점 맞추기

치료의 요소들

이 책의 세 편의 논문은 정신분석적 치료의 치료적 측면에 대해 기술하는 데 초점을 맞추고 있다. 이 질문은 다양한 방식으로 다양한 맥락에서 다루어지지만 이 세 논문은 치료에 대한 중요한 보완적 관점을 제공한다. 정신분석적 자료에서 프레드 부시의 논문 "Neighborhood"(3장)보다 더 유용한 임상적 논문은 거의 없을 것이다. 첫째, 이 책의 많은 논문들처럼, 이 논문에는 정신분석가가 의식적 자아만큼이나 명백하고도 경험에 가까운 어떤 것을 어떻게 간과할 수 있는지에 대해 우리의 관심을 집중시키면서, 그 자체로 걸작인 역사적 개관이 담겨있다. 현상학적 관점을 배제한 정신분석적 과거에 대한 함축적인 비판은 시의 적절했고, 시간을 초월하고, 아름답게 전달된다. 경험의 숨겨진 의미를 파악하려는 의식적 준비는 해석 작업의 핵심이다. 이것은 단지 알맞은 시기 선택 그 이상의 것이다. 이러한 관점은 적절한 개념화에 필수적이다.

의식적인 자아 가까이에서 작업하려는 태도, 즉 정신분석 작업의 층위가 있음은 분석적 사고의 핵심적인 지침 원리이다. 인지-행동 치료는 아마도 의식적인 자아를 재발견하고 부시의 논문이 너무나도 분명하게 설명하듯이 당연히 "우리의 것"이었던 어떤 것을 주장함으로써 정신분석을 앞지른 것 같다. 당연히 분석가와 환자의 퇴행적인 관계의 "근처에서 작업하는 것"에 대한 저항이 있다. 그러나 분석 작업의 중심적인 목표인 자기 통제는 "깊은 해석"을 통한 강요된 계몽보다는 의식의 점진적인 확장에 의해 분명히 향상된다.

치료의 두 번째 필수 원리는 로버트 엠데(6장)에 의해 확인되고 아름답게 분석된다. 엠데는 그의 놀라운 통합적 논문의 초점을 공감에 맞춘다. 그는 모범적인 학문의 개념을 주요 정신분석적 기고자들(뢰발트, 그린슨, 코헛 및 많은 다른 사람들)과 비고츠키의 근접발달영역, 정서조절의 과정, 그리고 사회적 참조(social referencing)에 대한 선구적인 연구와 같은 발달심리학의 개념들에서 찾아낸다.

물론 엠데가 오류에 대해 겸손한 학자임에도 불구하고 그가 인용한 발달상의 발견들 가운데 많은 부분은 자기 자신의 것이다. 그는 분석 과정의 모든 단계를 통해서 독자에게 근본적인 발달 양식이 상호성, 즉 정서적이면서도 인지적인 집행자인 "우리"에 대한 은밀한 감각 그리고 공감에 반영된 초기의 도덕적 내면화가 필요로 하는, 상호관계에 대한 감각에 의해 어떻게 동원되는지를 보여주려고 한다. 엠데의 주장의 중요한 함의는 창조적이고 분위기 좋은 분석 과정을 정당화한 것이다. 역할 반응성, 거울반응, 그리고 분석 과정의 발판은 치료 과정과 관련된 발달 연구와 개념들이 원활하게 통합될 수 있는 본보기로서 역할을 한다.

다름에도 불구하고 마찬가지로 임상작업의 어디에나 존재하는 측면은 에드가 레븐슨(16장)에 의해 지적되었다. 레븐슨의 훌륭한 논문은 관계적인 경험, 즉 일상적인 분석처럼 보이는 것에 담겨있는 대인관계적 상호작용의 해체로부터 시작된다. 그러나 그가 이러한 세심한 관찰로부터 이끌어내는 함의들은 평범한 것과는 거리가 멀다. 정신분석적 이론화의 다원성을 초월하는 "공통기반"을 확인하려는 그의 시도에서, 레븐슨은 먼저 수평적 확장(다른 현재 상황들과 연결해서)의 측면에서든지 수직적 확장(과거 경험에로의)의 측면에서든지 분석 자료, 환상 또는 관계 경험에서의 의미를 탐색하는 데 내재하는 불확정성을 지적한다. 레븐슨의 핵심적인 통찰은 공통기반이 방어의 붕괴에서나 공통으로 생성되는 이야기를 찾는 데서 발견되는 것이 아니라 환자가 자신의 삶을 허구화하는 데 따르는 의식적이고 의도적인 단편화에서 발견되어야 한다는 것이다.

해석을 통해서 이야기를 이야기로 만들어내는 것은 정신분석의 핵심 방법이다. 그것을 통해서 전이의 도가니에서 혼돈스러운 의미들의 흐름으로부터 새로운 의미들이 생성될 수 있다. 이것은 내러티브적 진리 개념과 같은 것이 아니다; 승리를 거두는 것은 강력하게 설득력있는 내러티브가 아니다. 레븐슨이 포스트모더니스트들(즉, 에코, 노리스 및 데리다)을 따라서 주장하는 유일한 진실은 해체의 행위이다. 그것이 환자의 치유 과정(이 과정이 무엇인지는 신비로 남아있지만)을 준비하고 달성한다. 그러나, 말이 난 김에 그는 관계적 이론(이것이 일부분이기도 한)과 관계적 치료(분석적 관계의 치유적인 힘) 사이에 중요한 설명을 제공한다. 분석이 단순히 해석을 목표로 한다고 하더라도 관계는 치유적인 요소일 수 있다.

역전이와 분석적 맥락

세 편의 탁월한 논문은 치료가 이루어지는 맥락을 중심적인 관심사로 삼는다. 과정의 맥락은 분석가의 인격에 의해 규정된다.

이 분야에서 대부분의 역전이 문헌은 분석가의 반응을 환자의 현재 상태에 대한 열쇠로 다룬다. 주디 캔트로위츠(14장)의 연구는 역전이의 대안적인 측면을 강조한다: 그것은 분석가에게 주어졌던 것이 아니라 오히려 처음부터 있었던 것이다. 캔트로위츠의 연구는 환자와 분석가가 태도, 가치관, 신념, 인지 및 방어 양식, 일반적인 적응 전략의 측면에서 공통되는 정도를 고려하기 위한 체계를 수립했다. 그녀의 연구는 어떻게 분석가의 성격에 의해 맹점이 생겨날 수 있는지 명확하게 밝혀냈다. 환자와 분석가의 유사성 때문에 분석가는 공감적 동일시에 저항하려고 노력하다가 문제로부터 멀어질 수 있다. 또는 조합(match) 때문에 너무 많은 몰입이 생겨나서 유사성들에 대한 탐구를 훼손하게 될 수 있다. 유사성들을 발견하게 되면 분석가와 환자가 정서적인 공감대를 형성하면서 함께 작업하는 효과적인 방법을 찾는 데 도움이 될 수 있다. 그러나 분석의 또 다른 단계에서 그것은 예를 들어 환자를 정서적으로 고립된 경험으로부터 괜히 보호함으로써 작업에 방해가 될 수 있다.

캔트로위츠는 조합에 대한 검토를 통해서 초점이 되는 임상적 문제들에 대한 해결책을 분명하고 설득력 있게 제시한다. 외부 조언의 필요성이 있다. 자문, 수퍼비전, 그리고 동료들과의 지속적인 사례토론들은 그것들이 환자와 분석가의 조합의 성격과 범위를 파악하는 데 구체적으로 초점을 맞출 수 있다면 모두 도움이 될 수 있다. 그녀는 계속되는 토론 집단들이 개별적인 환자-분석가 쌍들과 동일한 조합의 문제들로 인해 어려움을 겪을 수 있음을 공평하게 지적한다. 모든 수준에서 이상적으로 정신분석적인 훈련에는 이러한 관점이 통합되어야만 한다.

수퍼비전과 외부 자문의 중요성은 우리가 자문을 위해서 가져오는 경향이 있는 어려운 임상적 상황들의 인정받는 대가에 의해서도 강조된다. 경계선 침범에 관한 글렌 가바드의 논문(8장)은 국제정신분석학회 기조연설에 있어야만 하는 모든 특성들을 담고있다. 그것은 경계선 침범이 발생하는 사례들의 역전이 현상에 대해 훌륭하게 밝혀준다. 민감하게 제시되었지만 매우 불안하게 하는 임상 자료는 경계성 성격장애의 기제에 대해 잘 이해하는 것이 우리 모두가 정신분석, 전문가로서의 삶, 그리고 치유받아야 하는 환자의 권리를 틀어지게 할 수 있는 자기기만에 취약할 수 있는 이유를 파악하는 데 어떻게 도움이 되는지를 보여준다.

가바드의 설명이 중요한 것은 일상적인 임상 작업의 영역에서 극적인 침범의 경험이 있음을 보여준다는 데 있다. 공격성과 증오를 잘 다루지 못함으로 인해서 자살기도 환자들과 함께 생각할 수 있는 우리의 능력에 예측할 수 있는 파괴가 일어나면 치료가 회복될 수 없는 취약성이 생겨난다. 치료 상황에서 감응성 정신병(folie à deux)을 일으키는 환자의 자살기도에 의해 촉발되는, 분석가 자신의 가학증에 대한 무의식적인 불안들은 우리의 일상적인 작업의 일부이다. 가바드의 논문은 아마도 우리가 우리의 임상 작업을 사랑할 뿐만 아니라 증오할 수도 있게 함으로써 환자와 분석가가 서로를 대변할 수 있는 위험을 제거하는 데 성공한 것 같다.

분석의 틀과 그것과 관련된 의례들은 보통 환자(및 분석가)를 잘못된 치료로부터 보호해주는 경계선을 조성한다. 그러나 어윈 호프만(12장)이 지적했듯이 이 틀은 복잡하고 모든 면에서 환자에게 가장 유익이 되는 것은 아니다. 호프만은 환자와 분석가를 위한 틀에 대한 주관적인 경험을 다룬다. 매우 유익하고 실제적인 논문에서, 그는 모든 분석의 모든 순간에 이뤄지는 의례와 자발성 사이의 변증법적 상호작용을 지적한다. 주어진 것과 조성되는 것 사이에는 변증법이 있다. 그러나 그가 분석적 의례(틀)이라고 하는 것과 그것 안에서 일어날 수 있는 자발성은 상호의존 한다.

호프만은 그 틀의 필요성을 받아들이면서도 그것의 병리적인 악성의 측면들도 지적한다. 궁극적으로 그는 틀을 죽음의 확실성에 직면하여 우리가 삶의 가치 있음에 대한 우리의 믿음을 지지하는 데 도움이 되는 어떤 것과 연결한다. 흔히 분석가는 생각할 여지 없이 행동하는 것을 요구받고, 고의적으로 의례를 위반하는 일은 거의 없지만, 그것은 언제나 오래된 어떤 것의 그림자로부터 새로운 무엇인가가 생겨나도록 하는, 의례와 자발성 사이의 투쟁의 산물이다.

호프만은 이러한 상황을 조성함에 있어서 환자의 역할을 인정하는 한편, 그 틀을 깨뜨릴 수 있는 환자의 요구에 응하게 되면 역설적으로 이런 방식으로 분석가를 압박하는 것이 불필요하다는 환자의 느낌을 촉진할 수 있다고 믿는다. 요청에 응해야 한다는 내적인 압력에 굴복하게 될 위험성을 강조하는 가바드와 다소 대조적으로, 호프만은 분석가가 환자의 주관적 경험, 예를 들면 그의 혹은 그녀의 욕동들의 일부분을 소유하고 있는 것으로 이해되는, 환자를 위한 경험을 창출하는 데 심각하지 않는 위반들이 도움이 된다고 생각한다. 이 풍부하고 통찰력 있는 논문은 또한 옥덴이 분석적 대상(analytic object), 즉 환자에게도 분석가에게도 없지만 그들의 공동 주관성에 의해 만들어진 어떤 것이라고 부른 것을 기술하고 있다는 점에서 토마스 옥덴의 논문(19장)을 예시하고 보완한다.

분석가의 기본적 태도

선정된 논문들을 읽으면서, 나는 가장 많은 논문들이 분석가의 입장, 즉 정신분석적 태도의 토대라고 할 수 있는 것을 검토하는 데 초점을 맞췄다는 사실을 보고 매료되었다. 물론 전통적으로 우리는 환자와 관련하여 우리 자신을 중립적인 존재로 생각한다. 그러나, 이 책에서 앞의 논문들과 뒤에 나오는 모든 논문들은 지금은 다소 솔직하지 않은 관점으로 보이는 이러한 입장을 거부하는 데 있어서 일치한다. 이 장면은 로렌스 프리드만의 논문(7장)에 의해 설정되었는데, 이 논문은 분석적 태도의 대립적인 특성을 강조한다. 프리드만의 논문은 탁월할 뿐만 아니라 읽는 기쁨도 준다. 지성과 유머의 결합이 매혹적이기 때문에 독자는 프리드만이 정신분석적 무의식, 즉 실제 정신분석가로서 우리의 이야기 뒤에 숨겨진 이야기에 도달한 깊은 통찰을 못 볼 수도 있다. 이 논문은 프로이트와 우리의 분석적 태도를 조명하고, 분석가의 상황의 요구 특성들이라는 측면에서 초점들과 기법의 변화를 설명하는 것을 목표로 한다. 프리드만은 프로이트적 분석가들에 의해 선택되는 암묵적인 대립적 태도에 초점을 맞춘다. 그는 그것이 우리가 환자에게 의존하는 것에 대해 견딜 수 없음에서 비롯된다고 믿는다.

프리드만은 프로이트의 치료 기술로서의 정신분석의 발달에 대해 친절하게 소개하고, 이러한 태도의 구성 요소들을 보여준다. 예를 들어, 모든 분석가들은 환자가 더 중요한 것을 은폐하기 위해 어떤 것들을 드러낼 뿐이라는 사실을 알고 있다. 물론 환자에 대한 대립적인 태도는 다른 전문직 담론에도 널리 퍼져있다. 환자와 공모하는 것은 임상적인 설명들의 가장 공통적인 비판이고, 가능한 공모에 대한 필요한 경계가 약화될 수 있었던 경우 보다 인간적인 얼굴을 나타내기로 결정한 분석가들(예를 들어, 뢰발트와 코헛)은 의혹을 받는다. 레븐슨을 따라서 프리드만은 환자의 설명을 해체하는 것이 분석가의 상상력을 자유롭게 하는 데 필수적이라고 본다. 프로이트의 적대적인 태도는 우리가 악의적인 의도, 즉 기능장애의 원인이라고 할 수 있는 정신 기제에 초점을 맞춤으로써 중화된다. 그러나 프리드만은 어떻게 도덕화가 주된 원인이 되는 환자와의 치료에 계속적으로 휘말리게 하는지를 보여준다. 그는 분석적 태도들을 조명하고 그것들이 정서와 드라마에 있어서 결국 둔감하고 결여되어 있는 것을 발견한다. 그러나 그는 태도 그 자체가 맥락들 가운데 가장 일시적인 것, 정신분석적 치료 그리고 인간성의 특별한 역설에 대한 연구실의 원천이기 때문에 이 두 가지 모두가 필요하고 바람직하다고 본다.

가장 좋아하는 4편의 논문은 노출의 문제를 다루었다. 이것들 가운데 3편은 역전이 경험 노출의 장점들 혹은 본질적인 특성을 논의한다. 폴 오른스타인의 논문(20장)은 이 문제를 다소 간접적으로 접근한다. 오른스타인은 분명한 목적과 초점을 가지고 자기애적 격노에 대한 코헛의 개념들을 제시한다. 그는 모든 유형의 파괴적인 공격성에는 과대자기가 이상화된 자기대상과 무한한 힘의 완벽함에 대해 주장하는 것이 포함되어 있기 때문에 그것들은 자기애적 격노의 표현이라는 코헛의 주장을 수용한다. 이것들은 과대자기에 대한 외상적인 상처들 또는 부모 원상(parental imago)과 융합에 대한 장해들에 뿌리를 두고 있다. 이 아름다운 논문은 약화되고 취약한 자기 구조이기 때문에 자기주장성으로 발전해갈 수 없는 자기애적 격노에 대한 현상학적 틀을 제공한다. 임상적인 초점은 분노의 자기 규정적이고, 자기 강화적인 기능에 있어야 한다.

그러나 이런 설명을 하는 오른스타인의 목적은 제한된 자기 경험 때문에 격노를 충분히 경험할 수 있는 능력이 없는 개인들에 대한 적절한 임상적 태도를 조명하는 것이다. 이로 인해 환자에게 부정적인 영향을 미치게 되는, 억제하려는 분석적 태도가 조성될 수 있다. 그는 거울 전이를 제공하는 것에 대한 분석적인 유보가 유보 없이 수용을 필요로 한다고 느끼는 환자에 의해 느껴지는 임상적 맥락에 대해 설명한다. 역전이의 이러한 측면을 드러내는 것이 도움이 되는 것으로 밝혀졌지만, 부정적인 반응을 예방하는 것은 초기 요구에 대한 태도에서의 변화이다. 정서적인 인식이 있지만 환자에 의해서 경험되지 않는다면 역전이를 삼가는 것이 있었을 가능성이 있다.

에블린 슈와버(25장)는 경청에 있어서 어려움이 나타났을 때 역전이의 섬세한 노출을 권고한다. 슈와버의 논문은 임상적인 세부사항이 매우 풍부한데, 이것은 경청이라는 기본적인 분석적 과제에 내재된 도전들을 정교하게 다루려는 그녀의 중요한 의도를 생각하면 필수적이다. 이 논문에서 그녀는 환자들로부터 우리의 "실제" 태도를 감추려고 하는 공통적인 경험에 초점을 맞춘다. 그녀는 그렇게 감추려는 태도가 협력이라는 우리의 기본적인 자세를 포기하는 것이라고 규정한다. 또한, 우리의 진정한 태도를 감추는 것은 환자에게 그들이 인식하는 것에 대해 불확실성을 심어준다.

슈와버는 왜 우리가 우리의 진정한 감정을 감추는 방식으로 우리 자신을 드러내고 싶어하는가에 대한 질문을 우리 자신에게 하고 그것에 대해 대답하려고 하라고 권고한다. 그녀는 분석가와 환자가 특정 경험을 묘사하는 방법에 약간의 차이가 생겨나는 경우들도 지적한다. 이러 저러한 역전이 현상은 환자가 우리에게 무엇인가 다른 것을 말할 수 있지만 분석가가 환자를 자신의 방향으로, 의미에 대한 자신의 가정들로 환자를 이끌어가려고 하고 있다는 것을 나타낸다.

이 논문의 핵심 관심사는 자신의 이야기로부터 단절되어 있는 환자에게 경청하지만 그 환자를 위해서 알려는 유혹에 저항함으로써 환자가 존재 방식을 발견할 수 있는 충분한 공간을 제공하면서 알지 못하지만 경청하는 것이다. 이런 맥락에서 슈와버는 재구성의 복잡한 문제를 직면하지만 해결하려고 시도하지 않는다. 이 논문은 올리버 색스의 맹인 환자 정신분석에 대한 아름다운 경구의 비유로 끝을 맺는다. 그 환자는 볼 수 있는 사람들에게 질문들을 하기 때문에 인기 있는 여행 동반자이다: "그럴 때 그들은 내가 그렇게 하지 않았으면 몰랐을 것을 보고 알게 되었어요." 그러나 논문의 제목은 우리 대부분이 맹인 여행 동반자의 역할을 받아들이는 것이 투쟁이라고 언급한다.

씨어도어 제이콥스(13장)는 분석가의 주관적인 경험을 임상적으로 활용하는 것을 발견했던 용감한 선구자들 가운데 한 사람이었다. 이 공들인 자기 탐색적인 논문에서 그는 특정 환자와의 임상적 상황에서 받아들일 수 있는 것과 그렇지 않은 것을 규정하는 무언의 틀을 논의한다. 이 틀은 환자와 분석가에 의해 공동으로 설정되지만 각자의 인식 밖에 있고 어느 정도의 공모를 통해서 유지된다. 그 틀을 보는 이러한 방법은 그 틀을 정신분석적 초자아에 의해 부과된 일련의 의례로서 이해하기 보다는 공동으로 구성된 것의 영역으로 더 많은 것을 가져온다.

이를 통해 제이콥스는 환자와 함께 환자 자신의 주관성을 경험하는 것의 가치를 탐색하면서 동시에 이것이 가져오는 위험을 고려할 수 있다. 그는 역전이를 활용함에 따르는 위험들을 고려한다. 그것에는 흔히 분석가의 자존감을 보호하고, 자신의 자율성과 우월성을 유지하고, 혹은 자신의 성적인 느낌들이나 의존성을 숨기기 위한 목적으로 우발적인 공격성이 포함될 수 있다. 다른 경우처럼 여기에서 분석가의 역전이는 환자의 무의식적인 마음에 대한 반응이고, 그것은 흔히 비언어적인 행동들에 의해 드러나는 공명에 의해 나타난다. 환자에 의해 촉발되든 그렇지 않든 분석가 자신의 역전이를 활용함에 있어서 분석가의 실수는 환자와 가장 잘 공유된다. 제이콥스의 견해에서 그들이 공유하는 틀 밖에서 일어나는, 환자가 아는 어떤 것을 억제하는 것은 분석가의 자존감을 지지하기 위해서만 공모를 요구한다.

앞의 세 논문이 역전이 노출을 요구하는 구체적인 상황, 혹은 그럼에도 불구하고 환자와 함께 개방함으로써 가장 잘 다뤄지게 되는 그러한 노출에 수반될 수 있는 위험들을 토론했다면, 오웬 레닉(23장)은 노출을 "기본 입장" 으로 하면서 매우 급진적인 해결책을 제시한다. 레닉은 생각과 표현의 명료성을 극적인 메시지와 결합한다. 그는 일반적으로 관계적인 기법을 그리고 자기노출을 주류 정신분석에 특히 받아들여질 수 있는 것으로 만들기 위해서 많은 노력을 기울였다. 분석가가 하는 모든 것은 어떤 방식으로든 자기노출이고, 자기노출에 대한 어떤 의도적인 노력도 어떤 것들을 모호하게 만들 것이다. 레닉은 의도적인 자기노출이 정신분석적 방법의 한 요소라고 주장한다. 예를 들어, 이것은 건설적인 정보 요청으로서의 질문들에 대해 반응하는 것을 의미한다. 분석가는 자신의 노출에 있어서 비선택적이어야만 한다; 달리 말해서 제이콥스와 슈와버가 제안한 바와 같이 노출은 특별한 반응이 되어서는 안 된다. 노출은 기본 입장이어야만 하지만, 그것은 일반적인 대화가 노출을 요구하지 않는 경우들을 배제해야만 한다.

레닉은 임상적 사건들에 대한 분석가의 경험을 계속적으로 환자에게 유용하도록 만드는 것은 분석가의 편안함 보다는 환자의 복지를 선택하는 것이라고 주장하는데, 이 점에서 그는 제이콥슨(Jacobson)과 맥을 같이 한다. 환자가 주체인 분석가를 이용하도록 허용하는 것은 바람직한 것으로 이해된다. 그렇게 하는 것이 환자가 희생이 되는 상황에서 분석가에 대한 과도한 초점을 줄여주기 때문이다. 또한, 그렇게 하면 "내 마음에 무엇이 있는지 짐작하기"와 같은 소모적인 게임을 피하게 되고 일반적으로 유익한 자기-탐색이 많아진다. 또한 노출을 통해서 분석가는 실수할 수 있고, 협력적인 탐색을 위해 적합한 주체로서 세워진다. 이런 방식으로 그것을 통해서 분석가와 환자의 자각이 고양될 수 있다. 레닉은 예를 들어 캔트로위츠와 가바드가 권장하는 자문(consultation)의 방법의 제한 사항들을 규정하고 환자를 자문가(consultant)로 부르는 것을 지지한다. 그는 그런 과정에서 이상화가 약화되지도 과도하게 고무되지도 않는다고 주장한다.

임상 과정의 상호주관적 모델

이 강력한 책은 3편의 멋진 논문으로 마무리 되는데, 이것들은 현재 북미의 임상적 관점을 공평하게 함께 포함하는 세 가지 관점에서 임상적 상황의 상호주관성을 이해하는 데 주로 기여한다. 혁명적인 색채를 숨길 수 있는 헨리 스미스의 아름답고 독창적인 논문(27장)은 인식된 전통에 가장 근접한 것으로 보인다. 스미스는 역전이를 어디서나 일어나는 것으로서 그리고 모든 정신 활동이 타협의 산물이기 때문에 분석가가 환자에게 경청하는 것은 본질적으로 갈등을 일으키는 것이라는 자명한 사실의 논리적인 결과로서 이해한다. 따라서 환자에 대한 모든 반응에는 분석가의 무의식적인 환상이 포함되어야만 한다. 환자들에 대한 그리고 환자들과 관련된 그들 자신에 대한 분석가들의 관찰은 언제나 그러한 타협 형성들을 통해서 처리될 것이고 따라서 분석 작업은 분석가에게 방어적인 기능을 하는 것으로 이해될 수 있다.

분석적 태도, 즉 불신의 자발적 정지를 통해서 환자와의(일치적 역전이) 그리고 환자의 대상들과의(상보적 역전이) 동시적인 동일시가 가능해진다. 이러한 경험들과 관련하여 스미스는 이 서문에서 이전에 고려했던 회고적인 자기노출을 삼가는데, 그의 관점에서 그것은 흔히 역전이를 줄이거나 단순화하려고 시도하는 유연하게 적절한 특성을 가진다. 노출의 어떤 예도 실제로는 지속적인 실연 과정의 한 순간인 것 속에서 또 다른 국면을 나타낸다.

스미스는 환자의 저항에 대해 짜증이 나는 배경의 예를 양성 부정적 역전이의 한 형태로 제시하면서 분석가와 환자의 경험이 함께 어떻게 전이를 구성하는지 설명한다. 이런 식으로, 스미스는 분석적 대상관계를 항상 분석 작업의 중심적인 초점이 되어야만 하는 함께 만들어 낸 것(co-creation)으로서 규정하는 데 기여한다. 그 현상을 어떻게 다룰 것인가는 예술의 영역에 남아있지만, 임상적인 설명은 아름답고 정확하게 그 현상을 설명해준다.

제이 그린버그의 논문(10장)은 그 역시 임상적 상호주관성의 목소리를 찾기 위해서 노력하고 있기 때문에 마찬가지로 환기적이고 독창적이다. 정신분석가가 환자의 자료뿐만 아니라 분석적 이론을 조직하는 데 도움이 되는 것으로 확인했던 많은 이분법들 중에서, 그린버그는 문헌학적으로 영감을 얻은 멋진 논문을 위해서 능동적-수동적의 대립 개념을 선택한다. 그린버그는 주제-객체 이분법에 대해 불만족스러웠기 때문에 고대 그리스인들에게는 익숙했지만 현대의 인도-유럽어 문법에서는 잊혀진 "중간태" 즉 능동태와 수동태 사이의 태(態)를 찾으려고 한다. 그린버그가 관계 이론을 확장시킨 것은 타자들의 소망과 의도의 대상이 되는 것(우리가 프리드만의 장에서 보았던 주제)에 대한 프로이트의 어려움들을 불완전한 주체감(sense of agency)이라는 공통된 경험과 연결시킨다. 우리 모두는 우리 자신의 결정에 갇히게 될 위험을 감지한다. 우리에게 주체적 능력이 있지만 우리의 세계를 공유하는 다른 사람들도 그러하다.

그린버그는 소망 성취에 대한 전통적인 정신분석 이론이 다른 사람들에 의해 영향을 받는 무의식적인 경험을 묘사하는 데 적절하지 않다고 제안한다. 그린버그가 제시한 임상 자료는 환자의 주체감을 그 사람의 마음의 무의식적인 부분에까지 확장하는 것은 때때로 명확하지도 않고 치료적이지도 않다는 것을 보여준다. 중간태는 모든 비극적인 영웅들과 나머지 사람들의 주관적인 경험에 훨씬 가깝고, 영향을 미치는 역사를 살아가고 있다는 것을 인식하면서 행동할 필요를 인식하고, 우리가 미래에 어떻게 영향을 받게 될 것인지에 대해서도 불확실하다.

그리고 마지막으로, 토마스 옥덴의 논문(19장)은 의심할 여지없이 이론적인 대가의 기교와 함께 투사적 동일시라는 개념을 사용해서 임상 과정의 상호주관적인 측면들에 대해 가장 적절하게 설명한다. 옥덴에게 있어서 분석적 상황에는 미묘한 상호작용이 분석가와 피분석가의 무의식적인 상호주관성의 안과 밖에 동시에 존재하는 분석적 3자를 조성하는 두 개의 주관성이 포함되어야만 한다. 뒤러의 에칭화의 미적 특성처럼 꼼꼼하게 설명된 그의 이론은 어떻게 투사적 동일시를 통해서 환자와 분석가의 주관성이 극복되어야만 하는 제3의 무의식에 의해 영향을 받는지, 그리고 개별적인 주관성이 분석을 성공할 수 있도록 하는 데 활용되는지를 보여준다.

그러나 이 논문은 추상적 개념에 관한 것이 아니다; 그것은 많은 양의 임상적인 분석적 저술보다 더욱 직접적이고 실제적이다. 과정에 대한 그의 모델을 설명하면서, 옥덴은 분석가가 어떻게 서둘러 반응하지 않고, 그들 자신과 그들의 환자의 주관성 사이의 연결에 대한 이해를 검증하고 재검증해서, 피상적이거나, 자기위주이거나, 진부하게 느껴지는 것을 제거해야만 하는지를 보여준다. 옥덴의 현상학적 설명은 매우 풍성하고 세련되다. 그 자신의 주관성을 탐구하면서, 그는 회기의 과정에서 평범한 반추의 신선한 면들을 인식하게 되면 어떻게 스치는 생각을 분석적 상호주관성을 통해서 생성된 분석 대상으로 확인할 수 있는지를 보여준다. 그 과정을 이끌어가는 것은 새로운 자료, 생각 또는 해석이 아니라 환자와 분석가 모두를 위한 주관적 경험의 변화이다. 분석가는 이것에 대해 바깥의 입장에서 말하지만, 상호주관적 경험에 의해 생성된 이미지들에 의지한다.

옥덴의 설명에 의하면, 고르게 떠있는 주의(free-floating attention)와는 매우 다른, 경험에 대한 개방성을 요구된다. 그는 분석 과정에 도움이 될 수 있게 되는 개인의 성스러운 땅을 밟는다. 그는 투사적 동일시가 어떻게 타자는 투사하는 자가 되거나 투사되는 것이 되기 위해서 자기를 버리는 반면에 자기를 타자에게 던지는 것을 포함하는지를 보여주면서 헤겔적인 모델을 제시한다. 어느 쪽이든 상호 창조, 부정, 그리고 변증법적 주체들의 보전을 포함하고, 각각은 타자에게 영향을 받고, 3자적 입장에서의 담론을 통해서 자유로워진다. 분석 경험에 대한 옥덴의 모델은 훌륭한 미묘함과 복잡함을 이루면서도 모든 명확성과 일관성을 유지한다.

결론

이 책은 가장 위대한 북미 정신분석가들의 최근 사고로 가는 관문을 열어준다. 이 책은 새로운 생각들을 찾아내고, 감동적이고 도전을 주는 통합을 발전시키면서, 동요하고 있고, 급격한 변화의 과정에 있는 생생한 학문에 대한 흥미진진한 그림을 제시한다. 프로이트는 주로 실용적인 북미 문화의 맥락에서 정신분석의 운명에 대해 과도하게 염려했다. 역사적으로 정신분석은 세계 어느 곳보다 미국에서 번성했다. 실용주의에 대한 편견은 21세기 미국의 정신분석에서 여전히 존재하지만 전쟁 전 비엔나의 정신분석적 전통보다는 베를린-부다페스트에서 수립된 임상적 초점에 의해 매우 풍성해진다. 그리고 그것은 그 임상적 초점을 풍성하게 만든다. 현재의 북미 정신분석적 사고에 대한 흥미로운 뿐만 아니라 포괄적이고 권위있는 안내를 받는 데 관심이 있는 독자들은 아놀드 쿠퍼의 중요 논문집을 보면 충분하다.

피터 포나기, Ph.D., 영국아카데미 회원

참고문헌

Blatt SJ: Experiences of Depression: Theoretical, Clinical, and Research Perspectives. Washington, DC, American Psychological Association, 2004

Sandler J, Sandler AM: The past unconscious, the present unconscious, and the vicissitudes of guilt. Int J Psychoanal 68:331–341, 1987

찰스 브렌너
(Charles Brenner)

1

소개

찰스 브렌너(Charles Brenner) 박사는 매사추세츠주 캠브리지에 있는 하바드 대학과 하바드 의과대학에서 학부와 의과대학 과정을 졸업하였다. 그는 하바드에서 내과, 정신과 및 신경과 수련의를 마쳤으며, 신경과 교수직을 거쳐 나중에는 뉴욕 콜럼비아 대학교 의과대학의 교수로 재직했다. 그는 뉴욕정신분석연구소를 졸업하고, 그곳에서 교육 및 감독 분석가가 되었으며, 뉴욕정신분석학회의 회장과 미국정신분석협회의 프로그램위원회 위원장을 거쳐 회장을 역임하였고, 현재는 브룩클린의 뉴욕주립대학교 임상교수로 있다. 그는 지난 반세기 동안 미국의 정신분석학계에서 가장 저명한 분석가 중의 한 명이었다.

브렌너 박사의 수많은 수상경력 중에는 정신분석 분야에 기여한 공로로 메리 시고니 상, 미국정신분석협회의 정신분석 교육 특별상, 뉴욕정신분석연구소에서 정신분석 교육 기여로 인한 찰스 브렌너 상 제정, 밀워키 정신분석재단과 위스콘신 의과대학이 제정한 찰스 브렌너 정신분석 객원교수직 등이 포함된다. 그는 미국정신분석협회의 5개 구성 학회의 명예회원이다. 그 밖에도 그는 수많은 객원교수직을 역임하였고, 논문 100편과 *An Elementary Textbook of Psychoanalysis, Psychoanalytic Concepts and the Structural Theory*(Jacob A. Arlow 박사와 공저), *Psychoanalytic Technique and Psychic Conflict, The Mind in Conflict* 등 4권의 저서가 있다.

브렌너 박사의 업적은 여러 면에서 주목받을 만 한 것이었는데, 특히 최근에는 기존의 정신분석 패러다임을 바꾸려는 용기있는 시도를 여러 차례 보여주었다는 것이다. 그의 1959년 피학적 성격에 대한 논문은 로버트 웰더(Robert Waelder)의 다중기능(multiple function)의 개념에 새로운 의미를 부여하여 확장하였다. 그는 1970년대에 우울도 불안과 동등하게 방어의 유발요인이 된다는 점을 강조함으로써 갈등과 방어의 개념을 크게 넓혔다. 그는 그의 전 저술을 통하여 갈등과 이에 따른 타협형성은 정상에서든 신경증에서든 모든 정신기능에 편재한다는 사실을 강조하였다. 그는 최근에 더 나아가서 마음이란 원본능, 자아, 초자아의 분리된 구조들이라는 측면에서보다는 오히려 갈등과 타협형성이라는 측면에서 이해가 더 잘된다고 제안했고 이것이 논리적으로 필요하다고 생각했다.

아마도 브렌너 박사가 후학들에게 가장 큰 영향을 끼친 것은 1955년에 발간된 *An Elementary Textbook of Psychoanalysis*의 저자로서 인데, 놀랍게도 이 책은 아직도 발간되고 있다. 그 책은 전 세계적으로 여러 나라의 언어로 번역되어 백만 부 이상 팔렸으며, 정신분석가들과 비정신분석가들에게 세대를 넘어서 이 분야의 개론서가 되어 왔다.

브렌너 박사는 일생동안 왕성함과 학자다움, 그리고 정신분석에 대한 독창적인 기여의 모델이 되었으며, 아직도 그렇다. 많은 사람들이 초기에 얻어진 영예에 만족하는 반면, 그는 지속적인 혁신을 통하여 계속해서 사람들의 흥미와 논쟁을 자극해왔다.

그는 자신에 대해 다음과 같이 말했다.

> 정신분석 현장에서의 나의 역할과 생각에 대한 당신의 질문에 나는 어떻게 대답해야 할 지 모르겠습니다. 나는 미국정신분석협회와 뉴욕정신분석학회의 회장을 지냈고, 1957년도에 뉴욕정신분석연구소의 교육 및 감독 분석가로 임명되었습니다. 또 7년 동안 미국정신분석협회 학술기획위원회의 위원장과 3년간의 뉴욕정신분석학회 사무총장을 지내면서 그 기간 동안의 학술대회의 프로그램들을 기획하는 일에 책임자로 참여한 바 있었습니다. 그렇게 함으로써 나는 기존의 학술대회 프로그램 형식 발전에 많은 기여를 하였다고 생각합니다.
>
> 나의 가장 큰 영향력은 내가 *A Elementary Textbook of Psychoanalysis*의 저자라는 데 있었다고 확신하는데.... 주위의 많은 동료들이 말하기를 정신

분석에 대한 자신들의 관심은 대학시절이나 대학원시절에 읽은 그 책에서 비롯되었다고 하였습니다.

1973년 내가 60세가 되어 전문가로서의 나의 과거를 회고할 때 나는 나 자신이 보통을 훨씬 넘는 성공을 이루었음에 자부심을 느꼈습니다. 당시에 나는 내가 정신분석에 대해 내가 기여해야 할 것이 더 남아있다고 전혀 상상하지 못했습니다. 그것은 내게는 하나의 경이로움과 만족의 원천이 되었습니다.

이 논문을 선정한 이유

찰스 브레너

내가 이 논문, "Conflict, Compromise Formation, and Structural Theory"를 이 책에 포함시키기로 결정한 이유는 정신분석학계에 내가 기여할 수 있었던 것 중에서 가장 유용하고 의미있는 것이라고 판단했기 때문이다. 소위 지정학적 이론에서 프로이트가 이룬 변화들은 흔히 구조 이론으로 불리는 것으로 이어졌고, 정신분석 실제에서도 상당한 변화를 가져왔다. 이 이론들과 함께 안나 프로이트의 "The Ego and the Mechanism of Defence" 및 페니켈의 "Problems of Psychoanalytic Technique"은 과거에는 대부분 다른 방법으로 다루어 왔던 방어들이 실제로 분석될 수 있게 만들었다.

이 논문에서 내가 제시하고자 한 것은 초기 아동기의 성적 소망과 공격적 소망들에 대한 갈등에서 비롯된 타협형성이 때때로 나타나거나 정신병리에만 제한되는 것이 아니라 보편적이고 어디에나 있다는 사실에 대한 인식 역시 마음이 어떻게 작동하는가에 대한 정신분석적 이론뿐만 아니라 정신분석 실제에도 상당한 변화를 가져왔음을 입증하려고 한다. 바로 이 점이 병리적이라고 평가된 것만이 아니라 인간의 모든 생각과 행동이 모두 정신분석이라는 제분소를 풍부하게 만드는 곡물들이라는 생각을 분명하게 해 준다.

갈등, 타협형성 및 구조이론
(Conflict, Compromise Formation, and Structural Theory)

찰스 브렌너

프로이트가 최초로 발표한 마음—또는 그가 즐겨 사용한 용어로는 정신 기구(mental apparatus)—의 이론에 대한 설명은 *Interpretation of Dreams*(Freud 1900) 제7장에 포함되어 있다. 여기에서 그는 마음은 세 개의 체계로 구성되어 있는데, 즉 ***의식, 전의식*** 그리고 ***무의식***이란 이름들을 제시하였다. 비록 그가 마음의 구조를 나누기 위하여 제안한 체계의 이름과 정의는 나중에 바꾸었지만, 마음은 기능적으로 확인할 수 있는 체계들, 주체들(agencies), 또는 구조들(이런 맥락에서 이 세 단어는 동의어이다)로 가장 잘 이해될 수 있다는 관점을 그는 그의 전 생애에 걸쳐 고수하였다(Arlow and Brenner 1964; Brenner 1994).

게다가 이러한 체계들과 구조들은 정신분석가들에 의하여 일반적으로 그리고 무비판적으로 받아들여지고 있다는 사실은 프로이트가 다양한 때에 다양하게 소개한 여러 개념들, 즉 의식, 무의식, 전의식, 자아, 원본능, 초자아 같은 용어들이 통용되고 있다는 사실로 입증된다. 그러나 이렇게 마음이 기능적으로 확인할 수 있고 분리할 수 있는 구조들의 그룹으로서 가장 잘 이해된다는 생각(=이론)이 보편적으로 받아들여졌음에 불구하고, 그것은 타당한 이론도 아니고 폐기되어야만 한다고 믿는다(Brenner 1994, 1998). 나는 이 논문에서 이에 대한 나의 관점을 지지하는 근거들을 제시하고자 한다. 나는 정신생활에서 갈등과 타협형성의 특성과 근원에 대하여 몇 가지를 언급하려고 한다.

갈등과 타협형성

처음 프로이트에게 제기되었던 갈등과 타협형성과 관련된 생각들은 마음 구조의 각기 다른 부분들은 서로 상충되는 것들이라는 점이었다. 아주 초기 환자와의 분석 작업을 통해서 그는 정신적으로 발생하는 증상이란 어떤 의미를 가지고 있음을 발견하였다(Freud 1894, 1896). 그는 이러한 초기 관찰로부터 이런 환자들은 그들의 어린 시절에서 유래되었지만 성인의 삶에서는 의식에 도달할 수 없는 어떤 성적 소망(들)을 충족시키길 원하며, 동시에 이런 소망들을 부정하거나, 거절하거나, 억제하길 원한다고 확신하게 되었다. 이러한 발견을 설명하기 위하여 그가 제시한 이론은, 마음의 한 부분, 즉 의식에 도달할 수 없는 부분은 이러한 소망들을 충족시키기에 몰두하는 반면, 의식에 도달할 수 있는 또 다른 한 부분은 그런 충족에 반대한다는 것이었다. 그래서 정신적 갈등이나 증상형성은 마음의 각기 다른 체계들이나 구조들 간의 갈등의 결과물로서 설명될 수 있다고 보았다.

아주 간단하게 요약하자면, 초기에는 무의식, 나중에는 원본능이라고 부르는 체계 혹은 구조는 어린 시절에서 유래한 성적 또는 공격적 소망들을 지체 없이 쾌락적인 충족을 달성 하는 데 관계가 있고, 주위 환경(=외부 현실)의 요구나 제약과 관련 없이 기능하는 것으로 이해되었다. 또 다른 구조, 즉 처음에는 의식－전의식이라고 불렸으나 나중에는 자아로 불린 기능 그룹은 바로 그 외부의 요구나 제약을 고려하고 이에 순응하는 것으로 이해되었다. 그것은 원본능의 성적 및 공격적 소망들을 조절하거나－필요시 대항하는－기능으로 간주되었다. 제3의 구조인 초자아는 각 개인의 신념과 행동의 도덕적 코드를 세우고 강화하는 기능에 기여하는 것으로 이해되었다. 따라서 심적 갈등에 관한 임상적으로 관찰 가능한 자료들은, 프로이트에 의하면, 마음이란 기능적으로 정의할 수 있고 각각 분리되어 있어서 본질적으로 서로 상반되는 구조물들로 구성되어 있다는 가설로 설명되어 질 수 있다.

이러한 이론적 개념이 갖는 근본적인 중요성은 분석가들이 이를 전체적인 정신분석 이론을 표현하는 데 관습적으로 사용한다는 사실에 의해 입증된다. 그 첫 번째 버전인 마음을 의식, 전의식 그리고 무의식으로 나누는 것은 ***지형학적 이론***이라는 용어로 불렸는데, 프로이트가 *Ego and the Id*를 출간한 1923년 이전에 정신분석가들에 의하여 일반적으로 전체 정신분석 이론을 표현하는 것으로 사용되었다.

그럼에도 불구하고 사실은 마음을 구조들이나 체계들, 또는 주체들로 나누는 이론적인 개념은 정신분석의 일부분, 분명히 말하자면, 중요하고도 오늘날까지 지속되었음에도 불구하고 단지 일부분에 속한 이론이다. 내가 이 시점에서 의문을 제기하고 있는 것은 단지 그 부분이다. 나는 우리가 예를 들면, 정신원인론, 무의식적 정신과정의 역할과 같은 정신분석 이론의 측면들, 혹은 그것의 주장 중 몇 가지만 언급하자면, 꿈이나 증상에 의미가 있다거나, 또는 심리성적 삶은 초기 어린 시절부터 시작된다는 것에 의문을 제기할 수 있다고 주장하고 있는 것은 아니다. 나는 단지 일반적으로 말해서 정신기능과, 좀 더 특별히 말해서 정신의 갈등과 타협형성은 마음이 자아, 초자아, 및 원본능이라 불리는 정의할 수 있고 분리할 수 있는 세 개의 기능적인 구조물들(=체계들, 혹은 주체들)에 의하여 구성되어 있다는 이론으로는 잘 설명되지 않는다는 점을 주장하고 싶을 뿐이다.

프로이트가 마음을 나누기 위하여 제안했던 체계들 혹은 구조들에 분명한 특성들을 추가로 부여했다는 점이 보완되어야만 한다. 이는 대부분의 독자들에게 익숙하기 때문에 여기서는 단지 간단히 언급하는 데 그치겠다.[1] 프로이트는 그가 ***원본능***이라고 불렀던 것이 ***일차과정***이라고 부르길 제안했던 것에 의해서 기능한다고 믿었다. 원본능은 어린 시절부터 기인하는 쾌락추구 소망들의 즉각적인 충족을 이루는 것과 관련이 있다. 그것은 기능함(=일차과정)에 있어서, 외부 현실을 고려하지 않고, 논리의 규칙들을 무시하고, 서로 모순되는 생각들을 허용하고, 일시적인 억제들 혹은 요구들에 관심이 없다. 그것이 기능하는 방식은 "내가 원하는 것을 해야 돼, 그것도 지금 바로 말이야!"라는 요구에 따르기만 할 뿐이라고 설명하는 것이 가장 적합하다. 프로이트는 원본능이란 욕동에 따르고 환경은 무시하는 마음의 한 부분이라고 믿었다.

반면에, 자아는 원본능이 각 개인의 쾌락추구 소망들에 매어있는 것처럼, 외부 현실에 매어있는 것으로 이해되었다. 프로이트는 자아가 ***이차과정***에 의해서 기능한다고 제안하였다. 그것은 논리의 규칙들을 따르고, 요구들과 환경의 제약을 인식하고 그것들에 순응하려고 하고, 상호 모순되는 생각들을 허용하고, 일시적인 제한들과 관련이 있다. 더구나 프로이트는 자아 안에서 일어나는 것이 이차과정을 따르고 언어적인 반면, 원본능은 일차과정을 따르고 비언어적이라고 가정하였다. 이렇듯 매우 간단한 요약에서도 분명히 알 수 있듯이, 정신의 주체들에 대한 이론에는 정신생활에서의 갈등의 역할이란 마음의 한 부분은 유아적으로 기능하는 반면 다른 한 부분은 보다 성숙하게 기능한다고 가정할 때 가장 잘 이해된다는 프로이트의 결론이 포함된다.

---

1) 더 충분한 토론은 Arlow와 Brenner 1964에서 볼 수 있다.

마음에 대한 프로이트의 체계들/구조들 평가하기

이 이론 또는 가설이 관찰할 수 있는 사실들과 얼마나 부합하는가? 먼저 원본능으로부터 시작해보자. 각 개인의 성적 욕동들에 대해 관찰될 수 있는 것은 쾌락을 주는 성적 만족에 대한 그 개인의 소망들이다. 생의 가장 이른 시기부터 이런 소망들이 발견되는데, 그것들은 현실에 견고하게 뿌리를 내리고 있다. 그것들은 —정신분석적 방법의 도움으로 관찰될 수 있는 한— 그 시기에 개인에 의하여 지각되고 이해된 외부 현실을 결코 무시하지 않는다. 3살 된 아동은 부모로부터 만족을 원하는데, 즉 특정 사람과의 특정한 형태의 신체적 접촉을 원한다. 예를 들면 아동은 단지 구강적 만족만을 원하는 게 아니라, 특정 인물의 남근이나 유방을 빨거나 삼키기를 원할 수도 있다. 그런 소망들은 아동의 정신발달을 감안하면 현실적인 것이다. 그것들은 아동의 경험과 그 경험에 대한 아동의 생각들에 의해 결정된다. 아동은 주위의 한 사람 혹은 그 이상의 사람들에게 일어나거나 또는 그들에 의해 행해진다고 관찰하고 공상해온 것을 행동으로 옮기고 싶어 하거나 그것이 자신에게 이루어지기를 바란다. 아동의 소망들이 어른들의 기준에서 아무리 비논리적이거나 비현실적일 수 있다 하더라도, 그것들은 그 아동이 자신이 살고 있는 현실 세계에 대해 이해한 것과 상당히 일치한다. 관련된 경쟁적, 살인적 그리고/또는 거세 소망들 또한 마찬가지로 외부 세계의 사람들이나 사건들에 의하여 결정적으로 영향을 받는다.

게다가 그런 성적 및 공격적 소망들이 비언어적이라고 말할 수는 없다. 아무리 그들의 언어적 능력이 유치하고 미숙하더라도 그 소망들은 모두 말로 그리고 각 개인에 의해 그렇게 나타날 수 있다. 분명히 모든 아동들은 어른들의 기준에서는 비논리적이고 비현실적이고, 의식적으로든 무의식적으로든 성인기까지 지속될 때 —그것들이 흔히 그렇듯이— 그렇게 보이는 소망들을 갖고 있다. 그러나 그것들이 원래 비합리적이거나 비현실적인 것은 아니었다. 외부 현실을 고려하지 않고 성적 만족을 추구하려는 마음의 일부가 있다고 말하는 것은 관찰할 수 있는 자료와 전적으로 모순된다.

현실의 제약을 받고, 성숙하면서도 논리적이려고 하고, 쾌락을 주는 성적 만족을 얻는 것보다는 외부 세계와의 관계에 더 관심을 가지는 마음의 일부가 있다는 이론도 마찬가지로 사실이다. 프로이트가 ***자아***라고 부르기로 제안했던 것에 해당하는 정신

기능의 모든 측면은 사실상 실제로는 유아기의 쾌락-추구 소망들을 충족시키려는 목적과 그것들에 대해 방어하려는 목적에 맞는 타협형성을 의미한다(Brenner 1968, 1994, 1997). 단순히 성숙하고 논리적이며 실제적인 방법으로만 작동하는 마음의 부분은 없다. 이것은 구조 이론이 주장하는 것이 사실이라는 것이다. 인간의 사고가 성숙하고, 논리적이고, 일관되고, 환경의 요구들과 제약들을 고려하는 것은 모두 아동기의 쾌락-추구 소망들로부터 생긴 갈등과 타협형성을 표현하는 행동들이다. 인간의 가장 높은 지성이 관찰할 수 있는 자료에 의해 명백하게 지지받지 못하는 종교적 신화들을 믿을 수도 있다. 전시에는 수백만의 사람들이 그들 자신의 가장 받아들일 수 없는 소망들을 적의 탓으로 돌리기 위해 연합한다. 자아가 해야만 한다고 생각되는 방식으로 기능하는 마음의 부분은 없다. 개인의 사고가 논리적이고, 성숙하고, 현실적인 것에는 쾌락의 프리미엄이 있다. 그것은 부모가 아이들에게 그렇게 보이듯 전지적이고, 그들의 칭찬을 받고, 그들이나 형제자매들과 겨룰 수 있다는 것은 아동기의 소망들을 만족시켜줄 수 있다. 모든 타협형성이 그렇듯 그런 태도나 행동들은 동시에 방어적인 의미도 있다; 그것들은 아동이 거세되거나 또는 불완전하지 않다는 것을, 혹은 아동이 합리적이고 순종적이고 반항적으로 반대하지 않는다는 것을 확신시켜 주기도 한다.

타협형성의 편재성

그 원인이 무엇이든 간에 분석이 가능한 경우에는 늘 나타나는 것이지만, 성숙하고, 논리적이고, 현실적인 태도는 모두 타협형성이다. 분석이나 다른 자료들은 마음의 한 부분인 자아가 본질적으로 성숙하고 논리적이며 현실적인 방법으로 작동한다는 사실 때문에 이차과정의 정신작용이 일어난다는 결론을 지지해 주지 않는다. 프로이트가 일차 과정이라고 부른 방식으로 마음이 작동하는 것 흔은히 완벽하게 자아동조적이다(Brenner, 1968).

아동기의 쾌락-추구(=성적 및 공격적) 소망들의 갈등으로 인한 타협형성이 프로이트가 믿었던 것처럼 반드시 병리적인 것은 아니다. 그는 갈등, 또는 더 정확히 말해서 타협형성은 (정신생활에서) 병리적이라는 말과 동의어로 믿었다. 그는 정상적인,

성인의 정신기능은 갈등적이지 않다고 믿었다. 그것은, 나중에 하트만(1964)이 표현한 대로, 갈등과 무관한 것이다. 그러한 개념은 아직도 광범위하게 통용되고 있는데, 즉 정신분석 또는/및 정신분석적 심리치료가 성공적일 경우 갈등을 해소한다고 보는 견해이다. "어린 시절의 성적 및 공격적 소망들로 인한 환자의 갈등이 해소되면 증상들(=타협형성들)은 사라진다"는 것은 일반적인 공식화이다.

프로이트는 아주 초기에－거의 그의 정신분석적 작업의 시작 때부터－심인성 증상들은 타협형성이라는 것은 인지하였다. 그가 일상생활에서의 실수와 오류, 그리고 꿈도 역시 마찬가지라는 것을 인식한 것은 오래 전 일이 아니었다. 그러나 그는 분석가들의 관심을 끄는 정신생활의 거의 모든 측면들－몇 가지 예를 들자면, 생각들, 계획들, 환상들, 꿈들, 행동들－모두는 사실 심인성 증상을 일으키는 어린 시절의 동일한 소망들과 갈등들에 의하여 결정적인 영향을 받는다는 것을 인식하지 못하였다(Brenner 1982). 정신 기능은, 아동기에든, 성인의 삶에서든 쾌락/불쾌 원리에 의해 지배된다.

현재 정신 기능에 있어서 일반적으로 ***정상이다*** 혹은 ***병리적이다*** 라고 불리는 것들 사이의 차이는 하나가 타협형성인 반면 다른 것은 아니라는 것이 아니다(Brenner 1982); 사실, 둘 다 모두 타협형성인 것이다. 만약 한 타협형성이 쾌락적 충족을 충분히 허용하거나, 불안 및/또는 우울 감정의 형태로 지나친 불쾌를 수반하지 않는다면, 그리고 작동하는 방어의 결과로 기능을 지나치게 제한하거나, 지나친 자기－처벌이나/또는 자기파괴적인 성향을 수반하지 않는다면, 그것이 어떤 성격이든 그것은 ***정상적인 것***으로 분류된다. 반면에, 어떤 타협형성이 쾌락적 충족을 지나치게 제한하거나, 불안이나/또는 우울감의 형태로 불쾌감을 수반하거나, 기능을 지나치게 제한하거나 지나친 자기파괴적 및/또는 자기상해적 경향을 띤다면, 그 타협형성은 ***병리적인 것***으로 분류된다(Brenner, 1982)

정상적이든 병리적이든 모든 생각, 환상, 등등의 역동은 동일한 것이다: 즉 모든 것은 어린 시절의 쾌락/불쾌 원리와 관련된 갈등들에 의하여 결정적인 영향을 받는다. 모든 정신기능은 어린 시절의 성적 및 공격적 소망들의 충족을 통한 쾌락을 가능한 한 많이 얻기 위한 쪽으로 작용하며, 동시에 가능한 한 불쾌를 피하기 위한 쪽으로 작용한다. 문제는 어린 시절의 성적 및 공격적 소망들의 즉각적이고 쾌락적 충족을 이루려고 하는 정신의 다른 부분의 욕구에 의해 압박을 받으면서 정신의 어느 한 부분이나 구조의 합리적이고 성숙하고 현실적이려고 하는 욕구를 만족시키는 것이 아니다; 오히려 문제는 얼마나 가능한 한 쾌락적 충족을 많이 이루면서, 가능한 한 연관된 불쾌함을 많이 피하느냐이다.

최대한 분명히 표현하자면, 사람이 극도로 즐거운 어떤 것을 추구할 때, 실제에서든 환상 속에서든, 그것은 동시에 극도로 불쾌함과 연관이 되며, 이는 프로이트가 말한 바 ***타협형성***에 이르게 된다. 말하자면, 프로이트는 모든 강박적 또는 히스테리적 증상은 유아기의 쾌락추구 욕구의 만족과 동시에 이 욕구를 충족하는 것에 대한 징벌을 방어하는 것이기도 하다는 것을 발견한 셈이다. 즉 그는 충족과 방어 그리고/또는 자기징벌의 혼합물을 발견했다. 보다 최근에 분명해 진 것은, 이것이 비단 강박증상과 히스테리 증상뿐만이 아니라 정신생활의 모든 면이 다 그렇다는 것이다. 갈등과 타협형성은 정상적으로 어디에나 존재하며, 예외적이거나 병리적인 것이 아니다 (Brenner 1982).

보다 새로운 우리의 지식에 의하면, 오늘날 ***타협형성***이란 인간의 마음이란 항상 가능한 한 쾌락을 만족시키기 위하여 기능함과 동시에 가능한 한 이와 연관된 불쾌감을 회피하기 위하여 작용한다고 말할 수 있다. 쾌락추구 욕구가 불쾌감과 연관될 때 마음은 갈등에 놓이게 된다. 이런 갈등 상황에서 우리가 인간의 마음에서 관찰할 수 있는 것이 ***타협형성***이다. 갈등과 타협형성은 모든 정신생활의 특징이다. 분석가로서 우리가 흥미있게 관찰할 수 있는 것은 바로 이 타협형성이다.

초기 아동기의 정신적 갈등들

개인의 전 생애에 걸쳐 가장 강렬하고 결정적인 갈등은 초기 어린 시절의 성적 및 공격적 소망들을 중심으로 한 갈등들이다(Freud 1905, 1926). 이것들은 약 3세를 전후하여 나타나기 시작한다. 문제의 쾌락-추구 소망들은 본질적으로 성인의 성적 생활을 특징짓는 갈등과 같다. 그 나이의 어린이는 타인들, 보통은 부모들의 관심과 그들과의 신체적 접촉에서 생기는 자극적 쾌감을 갈망한다. 그들은 어떤 경쟁자에 대해서도 질투한다. 그들은 그들이 갈망하는 대상의 부분에 관하여 조금이라도 배신, 무관심, 또는 무시의 어떤 증거에 대해서도 격렬하게 분개한다. 그들은 성공적인 경쟁자나 신뢰없는 연인, 혹은 이 양자 모두에게 복수하기를 원한다. 그들은 성인들은 사랑하는 상대에게 서로 어떻게 하는지를 알고 싶어 하고, 그들 자신에게도 똑같이 해주기를 바란다. 아기가 어디서 생겨나는지에 궁금해 하며, 자신들도 아기를 만들고 싶어 한다. 그들은 상대적으로 작고, 약하고, 모르고, 지적이지 않기 때문에, 열등하고, 창피하고, 그렇게 느끼게 된 것에 대해서 비참하고, 절망적이고, 화가 난다고 느낀다. 그들은 주위의 어른들이 그들에게 그렇게 보이는 것처럼 영리하고, 지혜롭고, 성적으로 성공적인 성숙한 성인이 되기를 강렬하게 원한다.

이러한 성적 및 공격적 소망들의 충족은, 사실이건 환상 속에서건, 강렬한 쾌감을 수반한다. 이 충족을 위한 노력은 생후 첫 몇 년이 지난 후에 의식적으로 부인되거나 왜곡되지만, 그럼에도 불구하고 전 생애에 걸쳐 생각과 행동 속에서 근본 동기들로서 지속된다. 이것들이 비교적 덜 왜곡된 채 나타나는 시기는 대략 생후 3세에서 6세까지이다. 분석가들은 관례적으로 이 욕구들을 ***오이디푸스기적 소망들***이라고 부르며, 3세에서 6세까지의 시기를 ***오이디푸스기***라고 부른다.

프로이트에 의하여 소개되었던 이러한 관례적인 용어에는 극적이며 교훈적인 가치가 있다. 2,000년 이전에 쓰인 연극에서 오이디푸스 왕은 그의 아버지를 죽이고 어머니와 결혼하여 자녀를 낳았다. 그러나 이 용어는 그것의 분명한 가치에 더해서, 약점도 있는 용법이다. 생의 이 시기에 성적 및 공격적 소망들이 나타나는 현상은 이 오이디푸스 신화가 암시하지 못하는 것까지도 내포하고 있다. 예를 들면, 성적 소망이 가지는 질투나 경쟁적인 점은 남아에게서처럼 여아에게서도 중요하면서도 특징적인 것이다. 왜 이 소망들에 남자의 이름을 붙였을까? 더구나 이 성적인 소망들은 반듯이 이성애적인 것만을 의미하는 것은 아니다. 그것들은 이제까지의 경험에 비추어 판단해 볼 때, 항상 양성애적인 것이다. 어린 남아들은 어린 여아들이 소년이나 성인 남자가 되길 바라는 것처럼 소녀나 성인 여자가 되길 바라는 욕구를 가지고 있다. 따라서 이들 성적 및 공격적 소망들을 ***오이디푸스기적***이라고 부르는 것은 종종 오해를 부를 수도 있는데, 이는 마치 3세에서 6세에 확인할 수 있는 성적 및 공격적 소망들이 연극 속의 오이디푸스가 저지른 범죄에 국한 되는 듯하기 때문이다.

그렇다면 이런 ***오이디푸스기적 소망들***이나 ***오이디푸스기***란 용어들이 분석가에 의하여 사용되었을 때 실제로 의미하는 바는 ***3세에서 6세 사이에 확인할 수 있는 형태로 나타나는 성적 및 공격적 소망들***이라고 보다 잘 기술할 수 있다. 이런 소망들은 사람마다 각기 다르며, 항상 단지 아버지를 죽이고 엄마와 결혼하는 것보다 훨씬 더 많은 것을 포함하고 있다. 독자들은 항상 ***오이디푸스기적 소망들***이라는 용어가 나올 때마다 그것의 애매모호함에 주의를 기울여야 하며, 필요시에는 보다 정확하게 ***약 3세에 처음 확인할 수 있게 나타나는 성적 및 공격적 소망들***이란 용어로 대체해야 하며, 이와 마찬가지로 ***오이디푸스기***란 용어도 ***3세에서 6세까지***로 바꾸어야 한다.

어째서 이런 욕구들이 그 효과에 있어서 그렇게 강렬하면서도 오랫동안 지속되는 갈등을 일으키는 지에 대하여는 쉽게 찾아볼 수 있다. 그 시기의 아동들은 독립적인 존재들이 아니다. 그들은 신체적으로 뿐만 아니라 정서적으로도 그들의 양육자들—흔히 부모들—에게 의존되어 있다. 3~6세 및 그 전후 아이들에게는 부모의 사랑, 신체적 접촉, 인정, 칭찬, 보호, 및 이런 것들과 함께 하는 모든 것들이 쾌락의 원천으로서 극히 중요하다. 아이들은 이것들을 갈망하며, 또 추구한다. 이와는 반대로, —아이의 마음에서— 부모의 사랑이나 인정을 박탈하거나 그렇게 하려고 위협하는 그 어떤 것도, 부모를 아이들에게서 등을 돌리게 했거나 그렇게 할 것이라고 아이들이 느끼는 그 어떤 것도 아이들에게는 강렬한 불쾌감의 원천이 된다. 이런 강렬한 불쾌감의 원천 목록 중에서 상위에 속하는 것을 열거하자면, 아이 자신의 쾌감—추구, 성적 소망들인데, 그것들 가운데 많은 것들이 부모에게 향하거나 반대하는 것들이다. 이런 것들은 그 자체가 큰 쾌락의 원인이 되기도 하지만, 동시에 이것들은 부모에 의한 반대, 거절, 유기, 보복, 처벌과 같은 강렬하게 불쾌한 개념들과 연결되게 된다. 이러한 연결, 쾌와 불쾌가 불가피하게 연결되어 있다는 것은 정신생활에서의 갈등을 일으키는 핵심 요소이다.

그때부터 계속, 전 생애에 걸쳐, 인간의 마음은 문제의 성적 및 공격적 소망들의 쾌락적 충족을 추구하게 되며, 동시에 그와 연관된 불쾌감을 회피하게 된다. 모든 사고, 계획, 환상, 행동 등등은 모두 이 두 충동 사이의 타협이고, 또 그렇게 이해되어야만 한다. 정신활동은 3세 경에 명확히 나타나기 시작하는 성적 및 공격적 소망들과 관련하여 쾌감을 얻고 불쾌감을 회피하려고 하는 동시에 반대되는 노력들에 의해 언제나 항상 지배받는다. 정신기능은 그 시기에 시작하여 그 후로 영원히, 언제나 이 양자 사이의 타협이다. 타협형성은 정신 생활에서 하나의 법칙이 된다.

그런데 왜 하필 3세에서 6세 사이일까? 정신활동—우리가 ***마음***이라고 부르는 것—은 3세 훨씬 이전부터 시작되며, 그것은 처음부터 쾌감을 추구하고 불쾌감을 피한다는 것은 일상적인 관찰자에게는 명백하다. 어째서 정신활동에서 3세부터 6세 사이의 시기가 그토록 결정적으로 중요한 것일까? 그 시기와 그 이전 시기에 있어서 정신기능이 그토록 다른 것일까? 만약 그렇다면, 그것은 어떤 차이들이고, 또 왜 그런 것일까?

뇌의 생리학적 발달

마음은 뇌의 기능 중 한 측면이다. 인간에 있어서 뇌는 출생 시 결코 충분히 발달되어 있지 않다. 청소년기로 진입할 때까지 뇌는 계속해서 해부학적으로 그리고 기능적으로 성장한다. 이에 대한 증거들은 많다. 예를 들면, 정상적인 신생아의 뇌파는 나이 든 아동이나 성인들의 그것과 다르다; 실제로 그것은 혼수상태인 성인의 뇌파로 쉽게 오해될 만하다. 또 다른 예로서는, 아이들이 많은 경우 생후 수 주가 지날 때까지는 안구운동을 조정할 수 없고, 양 쪽 안구가 독립적으로 따로 움직인다. 양 안구의 운동을 조율하는 신경세포가 발달하는 것은 생후 수 주가 지나서이다. 또 다른 예를 들자면, 어떤 자세반사들은 출생 시에 정상적으로 존재하지만, 하루나 이틀 후에는 뇌가 변하고 그 반사들은 사라진다.

한 가지 더 예를 들자면, 중심전회(precentral gyrus), 즉 운동피질이 사지운동을 조절할 수 있는 것은 생후 수 개월이 지나서부터 가능해 진다. 실제로 수개월 된 유아의 족저 반사(plantar reflex)는 뇌졸중이나 운동피질에서 기원하는 신경섬유에 대한 다른 손상의 결과로서 다리가 마비되었던 나이 든 아동이나 성인의 비정상적인 족저 반사와 같다. 뇌가 발달하여 족저 반사가 성인에서와 같이 정상이 되고, 운동조절이 중심전회의 신경세포 축삭돌기를 통해서 전달되는 것은 1세가 지나서부터이다.

마찬가지로 획기적이고 보다 직접적인 것은 생후 수 개월 내지 수 년 사이에 뇌의 성장과 발달로부터 기인하는 언어능력의 점진적인 변화에서 볼 수 있다. 출생 후 첫 수 개월 동안 인간의 뇌는 아직 언어를 습득할 만한 기관이 되지 못한다. 물론 거기에 개인차가 있기는 하지만, 누구도 출생 시부터 언어능력을 가졌다고 알려진 바는 없다. 그런 능력을 가지게 되는 연령의 중간치는 대략 출생 후 1년이다. 그 이전에는 언어는 사실상 불가능하다; 뇌는 그럴 능력이 없는 것이다. 그것은 언어를 획득하기 위해서 필요한 시간, 경험, 연습 등의 문제가 아니라, 오히려 인간의 뇌는 출생 후 수 개월 후까지는 도달하지 못 하는 단계, 그런 발달상의 단계 전까지 언어를 습득할 수 없다는 것이다. 그리고 그 후에도 언어습득의 능력이 충분히 발달하려면 수 개월 내지 수 년이 더 걸린다. 그러니까 말을 하거나, 남이 한 말을 이해하는 능력이 생긴 후에도 상당 기간이 걸리기 까지는 어떤 아동도 읽거나 쓰는 것을 배울 수 없다.

언어능력이 없는 아동의 미성숙한 뇌는 매우 단순한 생각 밖에는 할 수가 없다. 대체로 3세 이전의 평균적인 아동은 비교적 복잡하고 언어－의존적인 사고들을 할 수가 없는데, 이는 3~6세 및 그 이후에 줄곧 정신기능에서 매우 큰 역할을 하는 갈등과 타협형성을 일으키는 쾌락-추구적인 성적 및 공격적 소망들을 구성하는 것들이다. 정신발달에서 3~6세 사이의 시기가 결정적으로 중요한 것은 그 연령에 뇌가 충분히 성숙하게 되어서 그 전에는 가능하지 않던 사고들－ 성적 및 공격적 소망들과, 그것들의 실제 및 환상의 결과들을 표현하는 사고들－이 나타나기 때문이다. 3~6세 사이의 아동들이 더 어린 나이의 아동들보다 쾌락을 추구하고 불쾌를 회피하는 충동들이 더 있다고 볼 근거는 없다. 변화하는 것은 쾌락－추구의 소망들의 특이성과 복잡성뿐만 아니라 그러한 소망들과 고도의 불쾌한 지각과 기억 및 환상들 사이의 연결이다. 그러한 변화들은 불가피하게 갈등과 타협형성으로 이어진다. 유아기에서 성인기로 가는 과정에 있는 그 어떤 아동도 그러한 갈등들을 피할 수는 없다; 즉 이것들은 인간 발달의 한 부분이다.

아동기의 성적 소망들

프로이트(1905)가 강조한 대로 갈등을 일으키는 아동기의 쾌락-추구적 소망들은 몸의 여러 다양한 부위들－성기들 뿐 아니라, 입, 항문, 피부, 및 특수 감각기관들－의 쾌감들과 연관되어 있다. 프로이트와 그 이후의 많은 저자들이 지적한 대로 이러한 소망들은 아동 주변의 인물들과 관련이 있다. 아동기의 성적 소망들, 그리고 이에 수반되는 경쟁적, 복수적, 공격적 소망들은 현실과 관련되어 있다. 그들은 이미 지적한 대로 아동 개개인의 현재의 삶의 경험과 환경과 관련이 있다. 한 아동의 성적 쾌락의 소망을 그를 둘러싼 세계에 대한 이해와 분리한다는 것은 불가능하다. 더욱이 성기와 신체의 다른 부위들에 대한 쾌락적 감각의 중요성은 무시되거나 과소평가되어서는 안 된다. 아동 자신의 신체에 대한 사고와 지각들, 및 그를 둘러싼 환경에 대한 그의 사고와 지각들은 모든 아동의 성적 및 공격적 소망들의 필수적인 요소이다. 이들과 연관된 쾌감과 불쾌감은 아동기부터 모든 사람을 움직인다.

3~6세 사이의 모든 아동에게 숙명적으로 중요한 것은 그들이 단지 아동이라는 점이다. 드문 예외도 있겠지만, 분명한 것은 아동들은 그들이 동경하는 성인을 설득하거나 이길 수 없고, 그들이 경쟁자나 신뢰할 수 없는 존재로 지각하는 사람들을 파괴하거나 아니면 그들에게 복수할 수도 없다는 사실이다. 3~6세 사이의 아동들은 그들이 바라는 대로 성적으로나, 기타 신체적으로 성숙한 성인이 될 수가 없다. 그들에게 언젠가는 너도 성숙하여 그렇게 바라던 쾌락을 얻을 수 있다고 말하는 것은 현재 그들에게는 그다지 위로가 되지 않는다. 아동에게 ***언젠가는*** 이란 너무 먼 훗날이다; 그것은 ***결코 안 된다***는 말과 같다. 3세 아동의 마음에서는 심지어 내일도 매우 먼 미래이다.

게다가 앞서 언급한 대로 아동들은 그들이 사랑하거나 미워하는 어른들(부모 같은 인물들)에게 절대적으로—신체적 및 정서적으로— 의존되어 있다. 그리고 아동의 삶 속에서 부모 같은 인물들은, 그가 믿기에, 전지전능한 존재이다. 그런 상대와 어떻게 싸우겠는가? 그렇게 사랑하는 대상을 적으로 삼는다는 것을 어떻게 상상할 수 있겠는가? 아동의 입장에서 상상하자면, 3~6세 사이의 아동은 단지 자신의 성적 및 공격적 소망들이 불가피하게 강렬한 갈등을 일으킨다는 것을 깨달을 수밖에 없다. 정신생활에 있어서 초기 아동기의 성적 소망들과 갈등들의 중요성을 발견하게 된 것은 성인과 아동의 정신분석적 치료에서 분석적 방법을 적용했기 때문이었다(Freud 1905, 1926). 이러한 발견은 *Gradiva* 논문(Freud 1907)을 시작으로 하는 매우 다양한 비임상적 자료들에 의해 곧 지지되는 것으로 관찰되었다.[2] 내가 다른 곳에서 언급한 대

---

2) 그것들의 특성에 관한 충분한 설명은 *The Mind in Conflict*(Brenner 1982)의 마지막 장에서 볼 수 있다.

로(Brenner 2000), 임상적으로 그리고 비임상적으로 유용한 지속적인 증거로 인해서 다음과 같은 결론을 내릴 수밖에 없다. 즉, 3세경에 시작되는 갈등들과 타협형성은 그 이후의 모든 정신 활동에 결정적인 영향—마음은 쾌/불쾌의 원리를 따라서, 즉, 쾌감을 얻고 불쾌감을 피하기 위해서 기능한다고 가정함으로써 설명될 수 있는 영향—을 미친다. 이 경우, 쾌감과 불쾌감은 아동기의 성적 및 공격적 소망들과 관련된다. 흔히 조화가 안 되는 정신의 주체들 혹은 구조들이 존재한다고 가정하는 것은 불필요할 뿐만 아니라 오해하게 만든다. 왜냐하면 정신생활에서 갈등과 타협형성은 어디에나 존재한다는 사실을 모호하게 만들기 때문이다. 그것들은 단순히 우발적으로 혹은 병리적으로만 나타나는 것이 아니라, 항상 존재하고 정상적인 것이다.

전오이디푸스기

3~6세 사이에 일어나는 갈등들과 타협형성에 관한 논의들은 아동의 그 이전 시기—즉 소위 ***전오이디푸스기***—의 문제들을 무시하거나 축소시킨다는 비판을 받아 왔다. 생후 첫 3년 간의 사건들이 정신발달에 중요하다는 점은 의문의 여지가 없다. 내가 보기에, 아동이 두 번째 3년 간의 갈등들을 어떻게 다루느냐 하는 것은 적어도 첫 3년간의 어떤 경험들에 의해 크게 영향을 받는 것처럼 보인다. 그럼에도 불구하고 그 이전의 사건들이 두 번째 3년 간의 갈등들과 독립적으로 후기 아동기나 성인기의 정신기능에 영향을 미치는 것은 아니다. 성인에게서 볼 수 있는 환자의 증상들(=타협형성들)이 어떤 것이든지 간에, 그것들은 생후 첫 3년에 일어난 심리적으로 좋지 않은 사건들(=정신적 외상들)의 단순하고도 직접적인 결과가 결코 아니다. 후기 아동기나 성인기에 마음이 작동하는 방식은 두 번째 3년 간의 갈등들과 타협형성들의 결과일 뿐만 아니라 생후 첫 3년 간에 있었던 것에 의해서도 영향을 받고 형성된다.

이러한 관점이 모든 분석가들에게 받아들여지는 것은 아니다. 어떤 이들은 증상들을 그들이 믿기에 그 기원이 전오이디푸스기적인 것들과 오이디푸스기적인 것들로 나눈다. 전자에는 분리와 관련된 분리불안이나 우울정서의 증거를 보이는 증상들, 그리고 사랑하는 사람 그리고/또는 미워하는 사람과 융합되고자 하는 소망들의 증거를 보이는 증상들이 포함된다. 해체(dissolution), 파편화(fragmentation), 그리고 비현실성(unreality)과 같은 개념들도 흔히 전오이디푸스기적인 것으로 분류된다. 나의 경험으로는, 그러한 모든 사례에서 만약 판단을 유보하고 기술된 증상들에 대한 환자의 연상들에 주의를 기울인다면, 그런 분류들은 부정확하다는 것을 발견하게 된다. 그것들이 즉각적으로 명백하지 않을 수도 있지만, 성적 및 공격적 소망들-그리고 그것들과 연관된 갈등들과 타협형성들-은 다른 것들과 마찬가지로 역시 소위 전오이디푸스기적 갈등들과 증상들의 결정요인들이다.

하나의 좋은 예로서 우울증상이 있는 성인 환자를 들 수 있는데, 그의 어머니는 환자의 생후 첫 일 년과 두 번째 일 년 동안 정서적으로 부재했었다. 환자의 연상들과 행동들에 대해 주의를 기울이는 분석이 보여주는 것은 그러한 사례의 경우 두 번째 3년의 갈등들이 고려될 때에야 어머니의 부재에 대한 환자의 반응들이 이해될 수 있다는 것이다. 예를 들면, 그러한 환자는 환자의 "나쁜" 성적 소망이나, 또는 그/그녀의 "나쁜" 살인적 충동이나 질투, 그리고 그/그녀의 거세와 같은 처벌과 속죄행위-3~6세 사이에 환자의 마음에서 일어나고 꽃피웠던 여러 소망들과 공포들- 때문에 엄마가 그/그녀를 사랑하지 않았다고 확신했을 수 있다.

반복하자면, 가장 초기에 일어난 것의 중요성을 의심할 아무런 이유가 없지만, 현재 우리에게 유용한 증거는 그것의 중요성이 그 영향에 있어서 3~6세의 특징적인 성적 갈등들과 타협형성들에 달려있다는 관점을 지지해준다.

심리적 외상의 영향들

아동의 삶에서 갈등을 악화시키고 발달과 기능에 있어서 지속적인 영향을 미치는 사건에 의해 질서 있는 정신발달이 방해를 받는 것은 드문 일이 아니다. 흔한 예들로는 직계 가족의 부재, 질병, 혹은 죽음, 동생의 출생, 심각한 신체적 장애 및/혹은 질병, 신체적 학대, 성적 유혹이나 과다자극 등을 들 수 있다. 분석가들은 환자의 과거력에서 이런 심리적 외상 사건들의 증거를 찾아내는 데 익숙하고, 그것들이 많든 적든 어느 정도 정신발달에 있어서 불연속성을 일으킨다는 점을 잘 알고 있다. 사건이 일어난 후에는 모든 것이 그 이전과는 같지 않다; 발달의 과정 그리고 개인의 마음이 작동하는 방법은 달라져 버린다. 나는 언어 습득과 이에 따른 언어-의존 사고들을 가능하게 하는, 뇌의 구조와 생리에서의 발달적인 변화들이 내가 방금 예로 든 정신적 외상들의 결과들과 그 종류와 정도에 있어서 유사한 결과들을 정신 발달과 기능에 초래한다고 생각한다. 삶의 두 번째 3년의 특징이 되는, 사고 능력의 큰 증가로 인해서 정신 발달에서 불연속성이 생겨난다. 그 이후로는 모든 것이 전과 같지 않게 된다. 정신 기능이 영원히 바뀐 것이다.

분명히 하자면, ***심리적 외상***은 그 결과로 나타나는 변화들이 바람직하지 않고 해롭다는 것을 내포하고, 위의 비교를 함에 있어서 나는 내가 언급하는 정신 발달과 기능에서의 변화들도 마찬가지라고 말하고 싶지는 않다. 어떤 경우든 그런 가치 판단들은 이 글의 논의를 넘어서는 것이다. 요점은 발달상의 불연속성을 일으키는 사건들은 흔히 일어난다는 것과, ***마음***이라고 부르는 뇌기능의 그런 측면에서 생후 두 번째 3년 동안에 일반적으로 일어나는 변화는 보편적인 사건이라는 것이다. 그 결과 중 하나는 성적 및 공격적 소망들과 관련되어 있는 갈등과 타협형성의 역할이 크게 증가한다는 점이다. 나는 바로 이 점이 인생에서 이 시기가 정신발달과 그 이후의 모든 정신기능에 결정적으로 중요한 이유라고 믿는다.[3)]

요약

요약하자면, 마음이 어떤 구조들 혹은 주체들의 면에서 가장 잘 이해되는 것은 아니다. 그것은 쾌락/불쾌 원리에 따른 갈등과 타협형성으로 보다 잘 이해된다. 외부현실을 무시하는 정신 구조나 주체도 없지만, 본질상 외부현실에 속박되어 있는 것도 없다. ***정신적 갈등***이 언급하는 것은 개인이 어떤 쾌락적 만족을 원하면서 동시에 그것을 이룬다는 생각 때문에 놀라거나 비참해지는 상황이다. 우리는 너무나 쾌락적이기 때문에 그것을 원하고, 동시에 그것을 얻는다는 생각과 관련된 놀랍거나 비참한 결과들 때문에 그것을 원치 않는다. 이런 종류의 확인할 수 있는 가장 초기의 갈등들

3) 생후 두 번째 3년이 일반적으로 정신적 갈등이 악화되는 유일한 시기는 아니란 점은 주목할 만하다. 또 다른 그런 시기는 사춘기인데, 그 때 전반적인 신체적 성숙, 그리고 특히 성적 성숙이 이루어진다. 또 다른 시기로는 성기능이 약해지는 시기이다: 여성에게는 폐경기; 남성에게는 덜 뚜렷한 남성 갱년기.

은 3~6세 사이에 발달하는데, 그것들은 인생의 그 시기를 특징짓는 쾌락-추구적인 성적 및 공격적 소망들과 관련이 있다. 이런 갈등들의 원인은 그 연령대 아동들의 정서적 및 신체적 미성숙과, 그리고 부모 같은 인물들에 대한 그들의 의존성과 관련이 있다. 그 시기에 갈등이 만개되는 이유는 마음의 장기인 뇌의 기능적 발달과 관련이 있으며, 특히 언어-의존 사고 능력의 발달과 관련이 있다. 이러한 소망들과 관련된 갈등이 정상적으로 악화되는 또 다른 시기들은 사춘기와 갱년기이다.

나는 개인적 입장에서 다음을 추가하고 싶다. 원본능, 자아 그리고 초자아라는 익숙하고 유용한 개념을 포기하는 것을 고려하는 것이 내게는 쉽지 않은 일이었다. 그렇게 하는 것이 타당하고, 보다 유용하다는 것을 확신하는 데 거의 12년이 걸렸다. 그렇다 해도, 이런 결론들을 나의 동료들인 예일 크래머 박사, 아놀드 D. 리차즈 박사의 격려 없이 이렇게 대중 앞에서 직접적으로 표현하는 것이 맞나 하는 의문이 들기도 한다(Brenner 1994, p. 473n). 이 주제에 관하여 내가 첫 번째 논문(Brenner 1994)을 발표한 이래 경과했던 수년 동안 분명해졌던 것은, 오늘날 대부분의 분석 동료들이 내가 수년 동안 내 자신이 그렇게 했듯이 논의되고 있는 이 개념을 포기하는 것을 주저하고 있다는 것이다. 나는 내 자신이 주저하는 것은 그 이유가 아동기 성적 및 공격적 소망들로부터 일어나는 갈등들의 지속적인 영향 때문이었다고 확신한다. 자아, 초자아, 그리고 원본능의 개념들이 타당하지 않은 이론을 구성하고 있다는 것을 보여주는 확실한 근거에도 불구하고, 나에게는 이런 개념들을 계속해서 인정하는 것이 중요했다. 다른 연구자들도 그럴 수 있다는 것이 다음의 일화에서 나타난다.

정신분석 이론에 정통하고 오랜 분석 실제의 경험을 가지고 있는 한 동료와 토의하는 과정에서, 그는 자아, 원본능, 초자아의 개념들을 포기해야 한다는 나의 제안에 다음과 같이 이의를 제기하였다.

나의 동료는 다음과 같이 말했다. "자아는 하나의 통합하는 주체입니다. 마음의 갈등을 일으키는 요구들 간에 타협을 형성합니다. 구조이론에 따르면 타협형성은 자아 기능의 한 측면입니다. 타협형성은 어디나 존재한다는 생각은 정신분석 이론의 한 부분인 자아에 대한 개념과 완벽하게 일치합니다."

나는 이런 표현이 증상 형성은 자아의 기능이라고 주장하는 것이고, 따라서 증상 형성을 자아의 기능이 아니라 자아와 원본능 간의 갈등에서 자아가 양보한 결과라고 설명하는 구조이론과 모순된다고 하였다. 그 동료는 즉각 동의를 하고 내가 오랫동안 그렇게 했던 것처럼 자아, 원본능, 그리고 초자아의 개념들을 타당하지 않게 만드는 중요하고 분명한 사실들이 있다는 결론을 이끌어 내는 것보다는 그런 개념들을 고수하는 것이 더욱 중요했다고 말했다.

참고문헌

Arlow JA, Brenner C: Psychoanalytic Concepts and the Structural Theory. Madison, CT, International Universities Press, 1964

Brenner C: Archaic features of ego functioning. Int J Psychoanal 49:426–430, 1968

Brenner C: An Elementary Textbook of Psychoanalysis, 2nd Edition. Madison, CT, International Universities Press, 1973

Brenner C: Psychoanalytic Technique and Psychic Conflict. Madison, CT, International Universities Press, 1976

Brenner C: The Mind in Conflict. Madison, CT, International Universities Press, 1982

Brenner C: The mind as conflict and compromise formation. J Clin Psychoanal 3:473–488, 1994

Brenner C: Environmental factors in the development of reality testing, chapter 20 in The Perverse Transference and Other Matters. Edited by Ahumada JL et al. Northvale, NJ, Jason Aronson, 1997

Brenner C: Beyond the ego and the id revisited. J Clin Psychoanal 7:165–180, 1998

Brenner C: Observations on some aspects of current psychoanalytic theories. Psychoanal Q 69:597–632, 2000

Freud S: The neuro-psychoses of defence (1894), in The Standard Edition of the Complete Psychological Works of Sigmund Freud [SE], Vol 3. Translated and edited by Strachey J. London, Hogarth Press, 1962, pp 45–61

Freud S: Further remarks on the neuro—psychoses of defence (1896). SE, 3:159–185, 1962

Freud S: The Interpretation of Dreams (1900). SE, 4–5 (Chap 7), 1953

Freud S: Three essays on the theory of sexuality (1905). SE, 7:125–243, 1953

Freud S: Delusions and dreams in Jensen's *Gradiva* (1907). SE, 9:1–95, 1959

Freud S: The Ego and the Id (1923). SE, 19:3–59, 1961

Freud S: Inhibitions, Symptoms and Anxiety (1926). SE, 20:77–175, 1959

Hartmann H: Essays in Ego Psychology. Madison, CT, International Universities Press, 1964

필립 브롬버그 (Philip Bromberg)

2

소개

필립 브롬버그(Philip Bromberg)는 뉴욕대학교에서 임상심리학으로 박사학위를 받았으며, 윌리암 앨런슨 화이트 연구소에서 정신분석 자격증을 취득하였다. 그는 특히 "난치" 환자들과의 치료 작업에 초점을 두고 고전 이후 관점에서 정신분석에서의 치료 행위와 분석관계에 관한 많은 논문들을 저술하였다. 그는 윌리암 앨런슨 화이트 연구소의 교육 및 감독 분석가이자 교수이며, 공로상 수상자이다. 미국심리학회의 펠로우이자, 뉴욕대학교 박사 후 프로그램의 심리학과 임상교수이며 정신분석 지도감독 교수이다. 브롬버그 박사는 학술지 *Contemporary Psychoanalysis*의 공동 편집 책임자(도넬 스턴과 함께)이며, *Psychoanalytic Dialogues, Psychoanalytic Inquiry, Journal of the American Academy of Psychoanalysis* 등과 같은 몇몇 정신분석 학술지의 편집위원이기도 하다. 그는 수많은 논문들과 여러 책의 장들을 저술하였으며, 그의 가장 널리 알려진 책 *Standing in the Spaces: Essays on Clinical Process, Trauma, and Dissociation* (The Analytic Press, 1998)의 저자이다. 임상 치료과정에 관한 연구의 두 번째 책인 *Awakening the Dreamer: Clinical Journeys*는 곧 발간될 예정이다.

다음은 미국 정신분석에서 그의 역할에 대한 자신의 언급이다:

> 나는 과거 25년간에 걸친 나의 저술들이 비선형적 과정으로서의 인간의 정신

발달에 관한 고전 이후의(postclassical) 관점에 중요한 기여를 했다고 믿는다. 이런 이해는 자기-조직(self organization), 의식의 상태, 해리, 그리고 다중적 자기 상태(multiple self state) 등을 강조하는 것으로서, 변수 척도가 어떤 결정적인 임계치를 넘어가면 갑자기 변화할 수 있는 것들이다. 나는 마음을 다양하게 지각하고 인지할 수 있는, 불연속적이고 변화하는 의식의 한 형태라는 관점을 가지고 논의하여 왔다. 우리는 단일한 자기가 있다는 환상을 가지고 있는데, 이는 습득되고, 발달 과정에서 적응된 것으로, 이 환상이 불가피하고 급격한 혼란에 의해서 외상적으로 위협을 받게 되면 그 응집성 자체가 취약해지게 되는데, 그 응집성이 상징적으로 처리할 수 없는 외상에 의하여 압도될 위험에 처하게 되기 때문이다. 그런 상황에서, 마음은, 가능하다면, 보호적인 해법으로서 그것의 해리 능력의 도움을 얻어서 자기감의 지속성과 일관성, 즉 그것 자체의 생존을 보장하려고 한다.

이것은 우리가 우리의 환자들에게서 만나는 겉으로 보기에 단일적인 자기가 진정한 대화 참여를 할 수 없는 경우들이 있고 정신내적 갈등을 경험할 수 없는 또 다른 경우들이 있다는 것을 의미한다. 환자의 내적 관계의 세계가 예기치 않게 분출되고, 그것이 치료적 거리를 유지하려는 분석가의 노력에 밀고 당기는 영향을 주게 되면, 가장 깊이 있고 가장 치료적으로 풍성한 형태의 분석 경험이 가능해질 수 있다. 그리고 이것은 분석 과정에서 해리와 실연이 중심적 역할을 한다는 것과 분석가가 자신의 무의식적 과정의 핵심 정서로 환자와 연결하는 방법으로서 자신의 해리된 정서적 경험에 초점을 두는 것이 중요하다는 것에 대한 이해를 증가시키는 데 기여했다.

이에 더하여 나는 성격병리에 대한 정신분석적 이해는 마음의 내재적인 해리성 구조를 고려하는 것으로 수정될 필요가 있다고 제안했다. 성격 "장애"라는 개념은 자기-타인의 정신표상을 도식화하는 데 있어서 무분별하게 해리를 사용한 성격론적 결과로서 보다 효과적으로 정의될 수 있으며, 그것은 유형(자기애성, 분열성, 경계성, 편집성, 등등)에 상관없이 부분적으로는 초기 외상의 반복될 위협에 대하여 적극적으로 보호하고자 조직된 정신구조를 반영한다. 따라서 모든 유형의 성격장애의 독특한 성격적 특징들은 불가피한 것으로 보이는 외상에 대하여 항상 "대기상태"여야 하는 정신구조에서 구체화된다. 종합하자면, 내가 한 것은 다음과 같은 것으로 이해될 수 있다:

1. 일반적으로는 정신분석적 관계에 관하여, 구체적으로는 "난치 환자"를 치

료하는 것에 대하여 프로이트를 넘어서서 정신분석 이론을 확장하였다. 내가 논의한 것은, 가장 적절한 임상적 질문이란 "어떤 기법을 적용할 것인가?"가 아니라, "분석적 과정을 지지하기 위하여 필요하고도 충분한 조건들은 무엇인가?"이었다. 후자의 질문은 프로이트적 사고를 형성한 19세기의 실증주의보다는 게슈탈트적인 장(場) 이론, 혼돈 이론, 그리고 비선형적인 역동적 체계 이론에 더 근거를 둔 것이다. 프로이트가 해리 현상을 포기하였을 때, 그는 (가장 심한 장애 환자들을 제외하고) "반복강박"과 "무의식적 갈등에 대한 저항의 해석"의 개념들이 임상기법에 대한 이론을 세우기에 충분한 토대를 구성한다고 가정하는 신념 체계를 고안하였다.

2. 모든 인간 존재의 정신발달은 구별되면서도 다소 서로 중첩되는 자기정체성의 도식에 의해 이뤄지고 각각의 도식은 생의 초기에 뿌리를 둔 핵심적인 자기–타자 형태를 중심으로 조직된다는 설리반의 공식을 확장하였다.
3. 페렌치의 선구적인 연구를 분석적인 전이에서 초기의 외상 경험을 퇴행적으로 다시 체험하는 것은 그것이 지금 여기에서의 분석 관계를 사용해서 외상적인 과거를 적극적으로 극복하는 것을 고무하기 때문에 그 자체가 어느 정도는 치료적이라는 최근의 분석적 견해로 발전시켰다. 이런 관점에서 볼 때 심리적 외상은 "나는 누구인가"라는 문제에 의미를 부여하는 상호작용의 초기 애착 유형이 약화됨으로써 자기-연속성이 급격하게 깨어지는 것으로 정의될 수 있다.

이 논문을 선택한 이유

필립 브롬버그

이 논문은 내가 임상적으로 기여했던 것의 핵심적인 요소들을 특히 뚜렷하게 드러낸다. 이 논문은 증상의 유무와 상관없이 해리와 성격 형성 간의 고유한 관계를 보여주고 있으며, 증상들과 성격 병리가 모두 유아기에 외상적인 정동조절 부전을 통제해야 할 필요가 지연된 것에 따르는 최종결과임을 보여준다. 무엇보다도, 이 논문은 "외상 작업"이 엄청난 외상에 대한 기억에 접근하는 것만이 전부가 아니라, 어디에나 존재하고 보다 미묘한 발달과정에서의 외상과 연결되어 있는 과정임을 보다 선명하게 보여준다. 그 임상 작업의 진수는 환자로 하여금 자신의 "자기-치유"를 포기하도록 촉진하는 것인데— 즉 해리적 정신구조는 다시 또 일어날 것이라고 예상되는 과거의 외상으로부터 스스로를 보호하기 위하여 현재와 미래의 생명력과 자발성을 박탈하는 것이기 때문이다. 여기서 관찰할 수 있는 것은, 증상들은 그것들 자체의 영향력이 있기 때문에, 그것들의 특별한 기능들이 포기되기 전에 이해되고 확인되어야만 하는, 환자의 자기—표현적 부분으로서 관계적으로 다뤄질 수 있다는 점이다. 그렇게 되면, 내적 갈등들을 안전하게 경험할 수 있는 환자의 능력은 증가하며, 갈등 해소의 가능성 또한 증가한다. 이 논문은, 관계적 현상으로서의 증상들을 강조함으로써, 환자들과의 분석 작업이 임상적으로 해리를 다룰 수 있는 경험에 가까운 관점을 제공할 때 그것이 어떻게 가장 강력한 힘을 발휘할 수 있는지, 그리고 왜 "다루기 어려운 저항(intractable resistance)"이나 "치료적 교착상태(therapeutic stalemate)"와 같은 개념들이 이러한 관점에서 재고할 만한 가치가 있는지를 보여준다.

인내심을 가지고 증상들을 가진 환자들과 증상들을 치료하기

수치심, 해리, 및 섭식장애에 대한 성찰들[1)]

(Treating Patients With Symptoms-and Symptoms With Patience: Reflections on Shame, Dissociation, and Eating Disorders)

필립 브롬버그

나의 포괄적 목표 정신분석 저술가로서 가장 중요한 나의 목표는 인간의 마음은 관계적으로 형성되는, 자기-조직 체계(self-organizing system)로 보는 관점에 대한 임상적 및 개념적 함의들을 탐구하는 것이었다. 내가 논의해 온 바는 성격의 기능이, 정상적이든 병리적이든, 자기-상태 형태(self-state configuration)를 지속적이고 비선형적으로 재구성하는 것(repatterning)으로 가장 잘 이해될 수 있으며, 이 과정은 뇌 수준에서 해리와 갈등 간에 지속적인 변증법에 의하여 매개된다는 것이었다. 정상적인 해리란, 매일 매일의 정신기능에 내재적인 하나의 최면성 뇌기제(hypnotic brain mechanism)인데, 이는 그 순간에 가장 적응적인 자기-상태 형태를 선택하면서, 마음이 가능한 한 창의적으로 기능하도록 한다. 존슨(2004)은 이를 뇌와 면역시스템은 양자 모두 자연선택의 미세형태를 운영하는 내적 기제가 있다는 에델만(1989, 1992, 2004)의 관점과 비교하였다.

> 당신의 뇌 속에 있는 그런 구성단위들을 가치있는 자원들을 놓고 경쟁하는 종(species)으로서 생각해 보라. 어떤 경우 그것들은 전체 생명체의 통제를 놓고 경쟁하고 있고, 다른 경우에는 당신의 주의를 끌기 위해서 경쟁하고 있다. 그것들의 유전자를 다음 세대에 전달하기 위해 노력하는 대신, 그것들은 당신의

---

1) Philip M. Bromberg 박사의 "Treating Patients With Symptoms and Symptoms With Patience: Reflections on Shame, Dissociation, and Eating Disorders"은 *Psychoanalytic Dialogues*, 11:891-12, 2001에서 처음 출판되었다. 이 출판을 위해서 채택되었고 허락을 받고 사용되었다.

> 의식적인 자기감을 형성하는 집단들을 포함하는 다른 신경 집단들에 그것들의 메시지를 전하기 위해서 노력한다. 당신이 혼잡한 도심 거리를 걷고 있다고 상상해 보라. 당신이 걸을 때에 당신의 뇌는 당신의 주의를 끌기 위해서 다투는 내적인 목소리들로 꽉 차 있을 것이다. 어떤 순간에는, 그것들 중 일부만 선택되고, 나머지 대부분은 무시된다.(Johnson 2004, p. 199)

해리가 외상에 대한 방어로 동원될 때, 뇌는 그것의 최면 기능을 활용하여 자기-상태 소통을 제한시키고, 따라서 각각의 분리된 상태의 정신적 안정을 보존한다. 자기-연속성은 각 상태 ***안에서*** 유지되지만, 자기-응집성은 각 상태 ***사이에서*** 희생되고, ***갈등적*** 경험의 가능성을 차단하는 해리성 정신구조로 대체된다. 임상적으로, 해리현상은 비록 **모든** 치료의 많은 지점에서 관찰할 수 있지만 실연(enactments) 동안에 가장 뚜렷이 나타나며, 분석가 자신과 환자의 자기-상태에 있어서의 미처 인지되지 못한 정서적 전환에 대한 분석가의 긴밀한 조율을 필요로 한다. 환자와 분석가의 "나-아님(not-me)" 경험들 사이에서 상호인격적으로 그리고 상호주관적으로 일어나는 실연들의 공동 인지 과정(joint cognitive processing)을 통해서 환자의 격리된 자기-상태들은 기억된 과거를 정서적으로 그리고 인지적으로 재구성할 수 있는 "기억된 현재(remembered present)"(Edelman 1989)로서 되살아난다. 갈등을 안전하게 ***경험할*** 수 있는 능력이 증가하기 때문에, 갈등을 ***해소할*** 수 있는 잠재력 또한 **모든** 환자들에 있어서 증가한다. 이것은 소위 분석하기 좋은 환자들과의 작업을 더욱 강력하게 만드는데, 왜냐하면 보다 더 경험에 가까운 관점을 제공함으로써 "다루기 어려운 저항"이나 "치료적 교착상태"와 같은, 해석에 영향을 받지 않는 임상 현상들을 다룰 수 있게 해주기 때문이다. 게다가 그것은 분석가로 하여금 "분석가능성"이란 개념을 잠재우고, 경계성, 분열성, 자기애성 또는 해리성으로 진단받은 여러 개인들, 즉 종종 "난치성" 또는 분석불가능하다고 치부되었던 광범위한 성격장애 환자들에 관한 전문지식을 사용할 수 있도록 해준다.

본 논문에서, 나는 이러한 치료적 관점이 섭식장애를 가진 환자들과 같이, 증상이 그들의 성격의 중심 특성을 나타내는 개인들을 치료하는 데 어떻게 더 특별히 유용할 수 있는지를 논의하고자 한다. 나는 많은 다른 소위 난치성 환자들의 증상뿐만 아니라 대부분의 섭식장애 환자들에게서 발견되는 증상은 유아기에 있어서 외상적인 정동조절부전을 통제해야 할 필요성이 지연된 결과라는 견해를 제시한다. 나는 섭식장애 환자의 주요 문제가 다음과 같다고 제안한다. 즉, 환자는 자신의 생리적 및 정서적 상태에 좌우되며, 자기조절을 매개하는 인간관계 경험의 결핍과 회복 잠재력의 부족으로 인하여, 그녀(환자)는 조절 가능한 정서로서의 욕망을 수용하는 것은 불가능하다는 느낌(felt inability)에 사로잡히게 된다는 것이다. 외상은 관계의 복구가능성에 대한 신뢰를 약화시키고, 증상이 포기되기 위해서, 복구가능성에 대한 신뢰가 동시에 회복되어야 한다. 분석가가 말려드는 다양한 유형의 대인관계적 실연들뿐만 아니라 욕망과 통제에 대한 환자의 실연된 내적 전쟁에 반응하여 일어나는 분석가 자신의 해리 반응이 불가피함에 대해 논의를 하겠다. 임상 사례를 제시하면서, 나는 분석가와 환자가 어떻게 지속적으로 변화하는 자기-상태에 빠져 들어갔다 나왔다 하는지를 보여줄 것이며, 그렇게 함으로써 인간 관계성의 신뢰성에 대한 환자의 손상된 믿음이 회복될 수 있고 먹는 행동이 통제보다는 식욕과 연결되게 될 수 있는 중간 현실(transitional reality)을 함께 구성할 수 있는 기회를 갖게 되는지를 보여주고자 한다.

자기 자신에게 진실하라

버지니아 울프(1928)는, 독특하게 절제된 감수성으로, 그녀의 소설 *Orlando*에서 "우리를 형성하고 있는 수많은 자기들은, 마치 웨이터의 손 위에 차곡차곡 쌓아올린 접시처럼 서로 포개져있어서 그것들 자체의 규약과 권리가 거의 없다"라고 묘사하였다.

> 어떤 나는 비가 올 때만 올 것이고, 다른 나는 녹색 커튼을 친 방에만 올 것이고, 또 다른 나는 존스 부인이 없을 때만 올 것이고, 포도주 한잔을 약속한다면 또 다른 내가 올 것이다.... 모든 사람은 자신의 다른 자기들과 맺은 다른 조건들을 자신의 경험에 비추어 늘려나갈 수 있다. 그리고 그 조건들 중 어떤 것은 말도 안 되게 황당한 것이어서 여기 언급할 수조차 없다. (pp. 308-309)

내가 이 단락을 인용한 것은 자기라는 존재의 놀라운 성질을 이렇게 솔직하고도 단순하게 표현한 경우가 매우 드물기 때문이다. 울프가 이렇게 생각을 불러일으키는 묘사를 한 것은 독자들로 하여금 즐거운 인식과 함께 쉽게 수용하게 만들고, 그녀가 사용한 "각기 다른 자기들(different selves)"이란 구절은 아무런 저항 없이 받아들여질 만하다. 아마도 그녀의 언어는 지극히 개인적이면서도 실제적이어서 그녀에게 독자들과의 따뜻하게 기분좋은 관계를 제공하기 때문에 우리가 각각 다른 자기들로 구성되어 있다는 표현에 의해 때때로 불러일으켜질 수 있는 불만의 가능성을 극복하는 데 도움이 된다. 뽀빠이가 용감하게 근육을 뽐내면서 묘사한 대로, "나는 나야, 그리고 그게 다야."라는 말과 그 밖에 다르게 제안할 어떤 생각도, 그것이 분석가가 환자에게 했든 작가가 독자에게 했든, 동시에 자기-연속성의 기본적인 경험을 지지하는 방식으로 제시된다면 그것은 "옳다"고 느껴진다. 분석가가 그러한 지지를 제공하는 데 실패할 때 그는 그의 환자를 "어렵다"고 경험하기 쉽다.

만약 우리가 "어려운" 환자들을 한 집단에 놓고, 소위 좋은 환자들(오늘날 그런 환자들을 찾기란 더욱 더 어렵지만)들을 두 번째 집단에 놓는다면, 첫 번째 집단에 속하는 환자들 ***사이에서*** 감별진단을 하는 데 사용하는 개인의 성격적 특성들을 초월하는 첫 번째 집단에 속하는 대부분의 환자들의 특별한 하나의 특징이 있다. 간단히 말하자면, 성장이 일어나기 위해서 우리의 "어려운" 환자들이 그들의 치료자로부터 가장 필요로 하는 것은 역설적이게도 치료자가 제공하기 가장 어려운 바로 그것—즉 정서적 진정성과 정서적 안전성이 결합된 대인관계적인 개입—이다. 비록 이런 결합은 두 번째 집단의 환자들에게도 동일하게 필요한 것은 분명한 사실이지만, 이 집단에게는 그러한 제공이 관계의 자연스러운 주고-받기의 한 부분이고, 흔히 "배경음악"처럼 작용한다.

"어려운" 집단의 환자들에게는 이런 자연스러운 주고-받기가 최소한이거나 때로는 전혀 없다. 이들 대다수는 그럴 듯한 이유로 다른 사람으로부터 주어지는 순수한 관계의 신호들을 마치 그것들이 "실제로" 잠재적인 배신의 표시들이었던 것처럼 불신하게 되었다. 이들***은*** 어려운 환자들***이고***, 그들은 치료자들에 대해서 어렵다고 ***느끼는데***, 왜냐하면 그런 환자들은 치료자에게서 그가 희망을 유지하기 위하여 가장 의지하는 것—작업이 진행됨에 따라서 깊이와 안전감에 있어서 성장하게 될 작업관계—을 박탈하기 때문이다. 이런 사람들에게는 적어도 상당한 기간 동안 그런 관계가 하나의 규칙으로 존재하지 않는데, 왜냐하면 그들의 정신구조가 너무나 광범위하게 또는 너무나 오랫동안 외상과 해리의 영향에 의해서 형성되어 왔기 때문이다. 인간관계를 신뢰할 수 있는 그들의 능력이 먼저 천천히 회복되어야만 하고—어떤 경우에는 처음으로 형성되고— 이러한 것이 일어나지 않는다면, 해석적인 태도로 시도하는 어떤 정신분석도 잘 해야 "유사분석(pseudoanalysis)"이 되기 때문이다.

만약 그런 사람이 관계 안에서 인정받는다고 진정으로 느끼려면, 치료자는 그의 환자가 "진정으로" 자신이라고 느끼는 그 유일한 자기가 그곳에서 그 순간의 자기인 것처럼 행동할 때, 그 환자가 변덕스럽거나, 일관되지 못하거나, 심하게는 저항적인 것이 아님을 이해해야만 한다. 치료자의 과제는 치료자 스스로 환자의 모든 자기들 또는 자기-상태들을 천천히 발견하고, 또 그것들 각각과 서로 관계성을 형성하도록 허용하면서, 그것들 각각에 "진실"의 다른 측면과 치료를 위한 의제가 있음을 받아들이는 것이다.

히스테리, 해리, 그리고 증상들

이 장의 제목, "인내심을 가지고 증상들을 가진 환자들과 증상들을 치료하기"는 프로이트의 *Studies on Hysteria*(Breuer and Freud 1893-1895) 출판 100주년 기념 연찬회에서 저자가 처음으로 사용한 것이다(Bromberg 1995b). 그 논문에서, 저자는 프로이트의 잘 알려진 환자 에미 폰 N. 부인의 치료에 대하여 100년 후라는 입장에서 논의하였다. 프로이트의 명쾌한 평가는, "전체적으로 볼 때 치료적으로 성공적인 편이었으나; 지속되는 것은 아니었다"라는 것과, "새로운 외상의 충격이 올 때, 같은 방식으로 재발되는 환자의 경향성은 제거되지 않았다"(pp. 101-102)라는 것이었다. 나의 관점(Bromberg 1996)에서는, 프로이트가 히스테리 라고 했던 증상들은 보다 유용하게는 해리성으로 보이며, 에미가 계속해서 재발 성향이 있었던 것은 그녀 마음의 해리성 구조가 과거에서만큼 당시 현재에서도 유지될 필요가 생생하게 지속되었던 것이며, 따라서 그 점이 다루어지지 않았던 것으로 보인다. 다른 모든 외상 생존자와 마찬가지로 그녀는 현재를 과거의 복제일 뿐인 것처럼 취급함으로써, 다가올 미래로부터도 그녀 자신을 보호했다. 이러한 맥락에서, 그녀의 "병"은 단순히 증상에 의해서만 나타나는 것이 아니라 "그때 거기"를 위해서 "지금 여기"를 배척하는 것, 즉 그녀가 자발성, 쾌락, 또는 직접성이 있는 삶을 살아가지 못하게 함으로서 그녀의 삶을 망치는 것에 의해 더 많이 나타난다. 달리 말하면, 에미의 치유가 왜 지속적이지 않았는가를 이해한다는 것은, 우리는 과거에 에미와 같은 환자들에게 영향을 미쳤던 것들의 어떤 것을 치료하려고 않고 오히려 과거에 그들에게 영향을 미쳤던 것을 ***극복하기*** 위해서 아직도 그들에게(그리고 다른 사람들에게) 영향을 주는 것들을 치료하려고 하고 있음을 이해한다는 것이다.

종합한다면, 저자는 임상가로서 증상을 가진 환자들을 치료하는데 있어서 우리의 성공은, 적어도 부분적으로는, 인내심을 가지고 증상들을 치료하려는 우리들의 능력과 기꺼이 하려는 마음에 있음을 받아들이게 되었다—이런 결론은 섭식과 관계가 있는 증상들(에미 역시 적지 않게 보였지만)에 있어서 상당한 해소를 가져왔다. 섭식장애의 증상들은, 드물게 경직된 방식으로, 해리의 기본적인 적응 기능을 뚜렷이 보여준다. 그것들은 공존할 수 없는 두 개의 관계양식을 의식의 단일 상태 하에서 유지해야 하는 필요에서 오는 정신적인 혼돈을 막아준다. 프로이트가 말한 대로 "역겨움과 즐거움을 동시에 가지고 식사하기란 불가능하다"(Breuer and Freud 1893-1895, p. 89). 가장 일반적으로 표현하자면, 사람은 동일한 순간에 동일한 대상에 대하여 공포감과 안전감으로 자기반사적으로(self-reflectively) 반응하려는 것, 즉 자기를 동요시키는 불가능성(destabilizing impossibility)으로부터 보호된다.

해리, 증상들, 그리고 섭식장애들

메닝거 클리닉과 연계된 정신분석가이자 섭식장애 전문가인 캐서린 저브는 "해리 상태와 섭식장애가 함께 발병할 수 있는 빈도를 감안한다면, 그 어느 한쪽이 발견되었을 때 임상가들이 둘 다 진단하기 위하여 눈을 크게 뜨고 관찰해야 하는 것은 당연하다"(Zerbe 1993, p. 321)고 기술하였다. 에버릴과 동료들(1995)은 "폭식증 환자는 즉각적인 자극에 다시 집중하기 때문에 폭식을 하는 동안 일시적인 인지 협소화 현상(cognitive narrowing)을 경험한다. 이렇게 다시 집중하게 되면 부정적인 정서가 줄어들거나 자기인식이 일반적으로 줄어든다"(p. 155)라고 하였다. 내 자신과 다른 연구자들(예를 들면, Everill et al. 1995; Gleaves et al. 1996; Katz and Gleaves

1996; McCallum et al. 1992)의 임상적 관찰에 근거하여, 나는 다음과 같은 관점을 제안한다. 즉 섭식장애와 관련된 대부분의 증상들은 해리의 본래적인 결과로 가장 잘 이해될 수 있으며, 그것들 때문에 응집적인 자기-주체감을 갖고 행동할 수 있는 능력은 연결되지 않은 마음 상태에서 "다시 사라지게 되고", 어떤 자기-상태들은 견고하게 불가역적이고 다른 것들은 억제되지만 동시에 "경계 상태"로 있는 성격의 역동이 형성된다.

프로이트는 그가 에미 폰과의 최면연구 작업에서 획득한 통찰들을 결코 끝까지 발전시키지 않았고, 결국 그 뒤 이어지는 자네와의 논쟁[2]에서 인간의 정신기능에서의 외상과 해리의 중요성을 최소화하였다. 이런 맥락에서, 헤비븐스(1973)는 그의 *Approaches to the Mind*에서 자네와 프로이트에 대하여 매우 적합한 언급을 하였다.

> 자네와 프로이트 모두에게 환자들의 ***의식적*** 사고들이 히스테리 현상을 내포하고 있지 않다는 것은 명백하였다. 프로이트는 처음에는 최면으로, 나중에는 자유연상으로 무의식적인 사고들을 탐구했고, 그것은 무의식적인 동경, 태도, 신념, 기대 등으로 이어졌다. 자네는 추가적으로 어떤 사고들이, 어떤 방식으로 해리되었는지를 탐구했다. 그는 외상에서 비롯되고, 정신생활로부터 분리되어 나온, 단일한 생각들이라는 과거의 개념을 버리고, 많은 감각, 행동, 두려움, 그리고 사고들이 포함되는 해리된 기능들 또는 해리된 체계들이라는 개념을 받아들인다. 여기에는 인상들을 받아들이면서도 함께 소통할 수 있고, (몽유병이나 둔주상태에서처럼) 개인의 인격을 통제하거나 팔과 다리, 혹은 섭식 기능을 조절하는, 분리되고 조직화된 주의(attention)의 중심들이 있다.... 각각의 히스테리 기능에는 그 자체의 의식, 조직 원리, 소통 능력이 있다. (pp. 59-60)

자네가 언급한 것처럼, 이 문제는 섭식장애로 고통을 겪고 있는 환자들에게서 특

---

2) 프로이트의 "반-Janet" 입장과, 지난 100년간의 정신분석 이론의 발전에 미친 부정적인 영향을 가장 충분히 이해하기 위하여 Louis Breger의 놀랍도록 솔직한 전기, *Freud: Darkness in the Midst of Vision*(2000)을 보라.

히 두드러진다. 자네(1907)는 거식증 환자에게 먹는 행위는 하나의 기억상실이며, “몽유병적 상태에서만 영향을 받을 수 있는 몽유병적 현상은...[그리고] 정상적이고 깨어있는 의식에서는 볼 수 없다”(p. 243)라고 썼다. 이 방면에서 자네의 연구의 가장 강력하고 지속적인 중요성은, 헤이븐스(1973)가 주장했듯이, 단순히 해리현상의 중심성을 인식하는 데 그친 것이 아니라, 해리에는 단순한 하나의 사고나 감각만이 아니라 자기경험의 조직화된 체계가 포함된다는 것과 특히 거식증의 사례에서 이러한 차단 체계는 섭식의 의미와 기능을 파악하고 재정의했다는 것을 밝혀낸 데 있다. 그것은 소통이 될 수 있는 주의(attention)의 분리된 중심으로서 함께 작용하는 생리적인 현상들, 두려움들, 움직임들, 감각들, 그리고 생각들의 최면현상처럼 분리된 복합체(hypnoidally isolated complex)이고, 필요할 경우 전체 인격을 통제한다.

해리, 다중성, 그리고 전체성

자네가 “체계 또는 복합체”라고 부른 것은 내가 이해하기로는 해리된 자기-상태를 의미하며, 혹은 달리 말해서 그것 자체의 지배적인 정서, 사회현상과 인간관계들에 대한 그것 자체의 관점, 그것 자체의 도덕적 기준, 치열하게 진실이라고 붙들고 있는 현실에 대한 그것 자체의 견해들에 의하여 조직화된 자기로 이해되고, 섭식장애로 고통받는 환자들에 있어서는 음식과 신체에 대한 그것 자체의 관계성으로 이해된다. 최근의 정신분석학계에서 자네의 생각들은 단지 지난 10~15년 사이에 주목받기 시작하였고, 주로 정신분석 분야 밖에서 제공된 자료들에 의해 영향 받은 것이다. 그러나 현재의 시점에서 점점 더 많은 정신분석 임상가들, 연구자들, 그리고 이론가들이 사람의 성격은 다중적인 자기들 또는 자기-상태들로 시작해서 지속되는데, 그것들 각각은 지배적인 정서와 특성들이 있어서 그 형태에 있어서 그리고 순간 순간의 서로에 대한 가용성에 있어서 항상 변화하고 있다는 증거를 제시하고 있다. 개인의 각기 다른 상태들은 “***하나의*** 자기”로 존재한다는, 발달과정에서 필요한 환상에 의해서 주관적으로 함께 연결되고, 만약 생애 초기에 비교적 별 문제없이 성장할 경우 개인의 자기-상태의 전환은 정상적인 심장의 박동만큼이나 관찰할 수 없고, 자기-연속성은 깨지지 않고 지속된다. 대부분의 사람들은 심지어는 가장 정서적으로 복잡하거나 심리적인 갈등 상황에서도 광범위한 자기-상태에 접근할 수 있다. 그러나 모두가 그렇게 운이 좋은 것은 아니다. 외상에 직면할 경우 자기-연속성은 위협을 받게 되며, 이 위협은 대부분의 인간에 있어서 진화론적인 생존 반응, 즉 해리를 일으키게 되는데, 이는 하등동물이 생명에 위협을 주는 공격자로부터 공격을 받았을 때 어떤 유전학적으로 코드화한 반응 패턴을 보이는 생존 우선주의와 유사한 것이다.

예를 들자면, 바다생물인 해삼류는 공격을 받으면 자신을 분리된 부분들로 나누었다가 죽음의 위협으로부터 벗어나면 다시 재생시키는 능력을 가지고 있는 것으로 알려져 있다. "Non omnis moriar"—나의 모든 것이 죽는 것은 아니다! 폴란드 시인 비슬라와 쉼보르스카(1983)의 다음 시를 음미해 보자. 이 시의 제목인 "자기절단(autotomy)"은 어떤 생명체가 생명을 보존하기 위하여 전체성을 포기하는 능력을 의미하는 생물학적인 용어이다.

> 위험을 무릅쓰고, 해삼은 둘로 쪼개어졌다.
> 한쪽은 굶주린 세상을 위해 자신을 온전히 바쳤고,
> 다른 한쪽은 멀리 멀리 피난을 갔다.
> 해삼의 몸통 한 가운데가 나뉘었고
> 서로에게 낯선 두 개의 해변이 나타났다.
> 한쪽 해변에는 죽음, 다른 쪽 해변에는 삶이 있었다.
> 이쪽에는 절망, 저쪽에는 희망이 있었다.
> 필요하다면 얼마든지 죽을 수 있는 것, 적절한 한도 내에서,
> 필요하다면 얼마든지 다시 태어날 수 있는 것, 살아남은 잔여분의 필요에 따라.
> 이곳에는 무거운 심장, 저곳에는 non omnis moriar
> 마치 깃털처럼 가볍고 덧없는 세 개의 단어.
>
> (pp. 115-116)

나의 모든 것이 죽는 것은 아니다! 이 말을 염두에 두고, 이제 140년도 더 이전에 스코틀랜드의 목사이자 작가인 C.S. 루이스가 그의 환상과 현실을 연결하는 재능이 형성되는 일차적인 원천으로 인정했던 작가인 조지 맥도날드가 했던 충고를 묵상해 보자. 맥도날드는 "어떤 고통스러운 생각들을 다루는 가장 좋은 방법은 그 최악의 경

우를 무릅쓰고 해 보는 것이다. 그것들을 심장이 갈리도록 꺼내놓고 지칠 때까지 가면, 당신은 아직도 그것들이 죽일 수 없는 나머지를 소유하고 있음을 발견하게 될 것이다."(p. 55)라고 했다. 이따금씩 어떤 환자와의 관계에서 희망이 사라져 보일 때, 맥드날드의 말들이 내게 다가오곤 한다. 그러나 맥도날드가 제안한 것을 실천하는 것은 ***누구에게나*** 너무나도 어려운 일이다. 심지어는 아동기에 심한 외상을 겪지 않은 사람들에게도 어려운 일이다. 그러나 외상을 겪은 환자에게, 고통스러운 생각들을 간직하려고 한다는 것은, 그것들을 "지칠 때까지 심장이 갈리도록" 내 버려둔다는 것은, 그리고 해리되지 않고 생존한다는 것은, 종종 불가능한 일이다. 그 사례로서, 로리에 대해 생각해 보자.

로리

26세의 로리는 아동기에는 비만이었는데 청소년기에는 폭식증 환자가 되었고, 어느 시점에서는 체중 대부분이 감소하였고 짧은 기간 동안 거식증 환자가 되기도 했다. 내가 그녀를 처음 만났을 때 그녀는 약간 저체중으로 보였으나 거식증 환자처럼 마른 것은 아니었다. 그녀의 언니도 아동기에 비만이었는데, 계속 그랬고 폭식을 보인 적은 없었다. 언니는 로리에게는 탐욕의 신-경멸의 대상이었으며, 로리에게 자신이 그렇게 되지 ***말아야*** 한다는 것을 지속적으로 일깨워주는 존재—가 되었다. 로리는 섭식장애와 함께 다양한 증상들로 인해 치료에 왔다. 일부는 예약을 "잊어버리는" 것, 수업에 안 가거나 직장에 출석 안하는 것, 그리고 이런 모든 것을 의식하지 못하는 내력과 같은 데서 볼 수 있는 것처럼 둔주 상태와 같은 고전적인 해리 증상이었다. 그녀는 또한 플래시백, 외상 악몽, 때로는 흐려지고 항상 불안정한 신체경험 등으로 고통을 받았다. 그녀는 자주 "나 오늘 어떻게 보여요?"라거나, "지난번과 달라보이나요?"라는 질문으로 회기를 시작하였다.

그녀는 또한 회기 동안 갑작스런 상태-전환에 빠지곤 했는데, 즉 우리 둘 사이에 벌어지고 있던 상호작용이 무엇이든 간에 그것으로부터 자신이 "사라진" 것처럼 보이는 주의력 장애에 의하여 진행되는 것이었다. 그녀는 또 다른 증상들도 보였는데, 덜 고전적인 해리였지만 흔히 전자의 증상을 수반하는 것들이었다. 주요 증상은 너무 심각하여 그녀를 아무 것도 할 수 없게 만드는 편

두통과, 14세 때부터 시작된 "머리 꼬기"에서 시작되어 "머리 뽑기"의 강박 행위였는데, 그때 그녀는 무월경을 겪게 되었고 이것은 20세에 집을 떠날 때까지 지속되었다. 그녀는 폭식과 머리 뽑기 이 두 가지가 "마음을 텅 비게 함으로써" 긴장을 완화한다고 진술하였다.

이번은 그녀가 시작한 특별한 회기인데, 흔히 그랬던 것처럼, 조용히 허공을 쳐다보며, 마치 무아지경인양 앉아 있었다. 그리고 그녀는 담담히, 아무런 감정 없이 간밤에 머리를 꼬았던 일에 대하여 말하기 시작하였다. "전 멈출 수 없었어요. ***선생님***은 제가 멈췄어야 한다고 생각하셨겠죠?" 그 말을 들으면서 나는 자신의 감정—냉담함과 짜증이 묘하게 뒤섞인—을 알아차리기 시작하였다. 나는 그것을 무시할 수도 있었고, 왜 머리를 뽑게 되는지 구체적인 질문을 할 수도 있었지만, 나는 그녀가 영화를 감상할 때처럼 편안히 등을 기대고 앉아 있는 것을 주목하였다. 나를 이것을 언급하였고, 이에 대한 반응으로 그녀는 지난밤에 꾸었던 한 꿈을 기억해 내었는데, 그녀는 어느 정신병원에서 벌어지고 있는 언니의 생일파티에 참석한 꿈이었다. "커다란, 먹음직해 보이는 생일 케익이 있었어요—제 언니는 케익을 너무 좋아 했는데 저는 싫어해요—그리고 내가 전혀 원하지 않았기 때문에 언니는 내게 화가 났죠. 결국 나는 '없애 버려'라고 언니에게 소리를 질렀어요. 그녀에게 얼굴을 들이대고, '난 그런 몸을 가지고 있지 않아, 그건 네 것이야, ***내 것이*** 아냐, 이 돼지야!' 하고 소리를 지르면서 깨어났어요.

나는 그녀에게 그 꿈과 관련해서 어떤 생각들이 드는지 물었고, 그녀는 퉁명스럽게, "아무 것도 생각나지 않아요! 생각 따위는 좋아하지 않아요. 차라리 ***선생님이*** 생각하길 기다리는 게 낫겠어요. 그런 식으로 저는 동의할 수도 동의하지 않을 수도 있어요. 그리고 저는 틀리는 위험을 감수할 필요가 없지요." 그녀가 그렇게 말할 때 나는 그 눈빛에서 그녀가 나를 싸움 속으로 끌어넣으려고 한다는 것을 느꼈다. 그러나 전과 달리 나는 그녀가 우리 사이에서 벌어지고 있는 일에 대하여, 적어도 어느 정도는, 의식하고 있다는 것을 어렴풋이 느낄 수 있었다. 내가 전에 느꼈던 무관심과 짜증과는 반대로 이번에는 그녀의 태도에 자극받지 않았다. 오히려, 나는 재미있게 느끼기까지 하였고, 그녀에게 다음과 같이 말하고 있는 나 자신을 발견하였다:

"실제로 당신이 늘 하는 것은 동의하면서 동시에 동의하지 않는 것이기 때문에 나는 정말로 당신이 무엇을 느끼는지 확신할 수가 없군요. 마치 한 주 내

내 내가 휘둘리고 있는 것 같은데[실제로 그녀는 일어나 앉아 있지만, 요점을 말했다.], 나는 당신에게 나의 가장 좋은 해석들을 요리해주고 있어요. 당신은 그것들을 먹나요? 아니지요! 여기저기서 조금씩 맛보고 있어요. 난 내가 요리한 것의 3/4은 내던져 버리지요. 유럽에는 당신이 먹지 않아 던져 버리는 것을 감사하게 받을 굶주리는 환자들이 있어요."

그녀는 웃기 시작했고, 나는 분위기가 바뀌는 것을 느꼈다. 웃음이란 수치심을 줄이거나 없앨 수 있는 기제라는 루이스(1995)의 관찰이 도움이 되었다. 루이스는 "웃음, 특히 사회적 맥락에서 일어나는 잘못에 대한 웃음은 잘못하는 사람이 자기를 살펴보는 데에 다른 사람들을 끌어들이는 기회를 제공한다. 그런 뜻에서, 자기는 수치심의 자리로부터 다른 사람과 함께 수치심을 바라보는 자리로 은유적으로 옮겨간다."(p. 130)고 했다. 내 자신의 선호하는 관용구로 표현하자면(왜냐하면 나는 그 이동을 "은유적"이라고 보지 않기 때문이다), 그것은 한 사람의 더 많은 자기들이 참여하게 한다. 생생하고, 활기차고, 거의 열정적이기까지 한 그녀의 한 부분이 지금 분명히 참여하고 있었다.

나는, 우리들의 작업의 지금 단계에서는 각자가 틀릴 가능성이 매우 높은데, 왜냐하면 우리가 아직 모르는 것이 너무 많기 때문이라고 그녀에게 말하였다. 그러나 우리가 현재 무엇을 하고 있는지에 대한 느낌들을 비교하게 되면 그 가능성은 더 나아질 것이다. 그것은 추측하는 양을 줄여준다. 잠시 침묵 후, 그녀가 대답하였다:

"정신병원은 선생님의 진료실이었다고 생각해요. 가끔 저는 선생님이 언니처럼 제가 살이 찌도록 만든다고 느껴요. 선생님이 제게 말하는 이 모든 흥미로운 것들 때문에 저는 더 이상 듣기가 두려워져요. 그래요, 마치 제가 엄청난 영화를 보려고 준비를 하고 있는 것처럼 앉아 있다고 생각해요. 그건 마치 살찌지 않으면서 먹을 수 있는 엄청난 음식같이, 왜냐하면 저는 그걸 먹고 있었다는 사실조차 몰랐으니까요. 제가 무엇 때문에 다시 머리 뽑기를 시작하게 되었는지 알 것 같아요."

그리고는 이 회기를 시작하기 이틀 전에 있었던 일을 이야기하였다; "아버지와 함께 식당으로 걸어가고 있었고, 아버지는 제 손을 이상하게 잡고 있었어요. 마치 놓아주지 않을 것처럼. 저는 손을 빼기 위해 서 머리를 만지려는 것처럼 해야만 했어요." 이것이 그녀의 "머리카락 꼬기/뽑기" 행동에 어떤 빛을 비추어 줄 가능성이 있는 최초의 구체적인 연상이었다. 그 때, 갑자기, 사춘기 이전 소녀의 목소리로 "아빠는 절대 엄마를 그런 식으로 대하지 않았어요. 저는 가끔 우리를 본 사람들이 제가 움츠러들었다고 생각할거라고 봐요."

"그들이 누굴 봤다고요?" 나는 그녀에게 물었다.

그러자 다른 목소리가 대답했다, "아빠와 함께 걸어가는 10살짜리 소녀요. 제 남편이 대체로 그 애와 살아요. 그는 대체로 그걸 좋아 해요. 그렇지만 제가 변하면 그는 그걸 좋아하지 않아요. 그는 '왜 당신은 날에 따라서 다른 사람이 되어야 해?' 라고 말해요."

나는 "음, 난 그 애를 만날 기회를 가지게 되어서 기뻐요. 비록 아주 짧은 시간이지만."이라고 대답했다.

그녀는 "네, 선생님이 그 애에 대해 ***말해*** 주길 요청하자마자 그 애는 다시 ***가 버렸어요***."라고 신랄하게 말했다. 시간이 끝나감에 따라 약간 당황스러워져서, 나는 내가 바라는 것은 지지적인 반응과 함께 마감하기 위한 "괜찮은" 한 마디일 거라고 우물거렸다: "만약 내가 그 애와 좀 더 직접 말한다면 그 애가 더 오래 머물겠지요. 그렇지요?"

이것이 다음 회기를 위한 서로의 "표식"이기를 순진하게 기대하였지만, 나는 시간이 끝났다는 명백한 표시라는 나의 생각을 그녀가 무시하자 충격을 받았고, 그녀는 마치 끝나지 않을 것 같은 독백을 시작하였다. 그녀는 그녀가 남몰래 조롱하는 사람들, 실제로는 그렇지 않지만, 그들이 말하는 것이 그녀에게 중요하다고 생각하는 사람들을 불쾌하게 할까봐 얼마나 두려워하는지에 대하여 말하기 시작하였다. "너무 이상해요," 그녀는 계속하였다. "심지어는 어떤 사람들은 화가 난 것처럼 보이지 않는데도, 끝나고 나면 저는 무너져 내려요. 집으로 가서 폭식을 하고, 토하게 되죠."

여기에서 나는 마비되는 것을 느꼈다. 비록 그녀가 ***우리에*** 관하여, 그리고 회기들을 끝낸 후에 그녀가 어떻게 느끼는지에 관하여 말하고 있다는 것을 느꼈는데도 불구하고, 여전히 나는 회기를 끝내고 싶었다. 만약 내가 그녀에게 약간의 시간을 더 준다면, 그 땐 뭔가 "제대로" 말할 수 있을 것이라고 계속 희망하면서, 그녀가 스스로 끝내기 전에 내가 그녀를 끝내게 하지는 않는 것이 "제대로" 끝내는 것이라는 희망에 반대되는 희망을 하면서, 난 그녀가 계속... 또 계속... 또 계속 말하도록 내버려 두었다. 결국, 나는 그런 희망을 포기하고, 회기 종료 시간이 10분 지난 후에 그녀를 중지시켰다.

그녀는, 약간 발끈하면서, "아직 끝나지 않았어요."라고 말했다. 나는, 아마도 약간 뉘우치는 기색으로, "알아요, 그러나 오늘 시간은 끝났어요, 난 여기에서 있었던 일에 대해 성찰할 수 있는 시간을 잠깐 갖기를 원해요." 그녀가 반박했다, "이럴 때는 저는 제가 하고 있는 말에 대해 결코 성찰하지 않아요." 나는, 다소 침착해져서, "그렇지만 당신이 나중에 집에 갔을 때 당신의 다른 부분이 그것에 대해 생각할 거예요—혼자 내내. 그리고 당신은 자신을 끔찍하게 생각하고, 결국 폭식을 하고, 토하고 말 겁니다."라고 대답하였다. 나는 그 순간 어떤 것이 반짝 내게 떠올라서 덧붙였다, "그렇지만, 당신은 내가 하라고 당신에게 요구한 것을 재미있는 방식으로 했지요, 그렇지 않나요? 아마도 내가 ***그 애에게*** 더 직접적으로 말한다면 그 애는 더 오래 머물겠지요? 라고 말한 것을 기억해 보세요. 나는 그게 바로 ***지금*** 일어나리라고는 기대하지 않았어요. 그렇지만 그게 왜 안 일어나겠어요?" 그리고는, 현실적으로 바꾸어서, "결국 당신은 단지 당신이었어요. '더 오래'란 것은 당신이 마쳤을 때까지를 의미하지요, 그렇지요?" 그녀는, 씩 웃고는, 일어나서 나갔다. 나는 감사하면서, 안도의 한숨을 쉬었다.

정동조절부전, 수치심, 그리고 신뢰의 회복

앞의 사례에서, 우리는 외상, 해리, 정동-조절 능력의 손상, 그리고 성장과 회복이 불가분의 요소들인 분석적 관계의 필요성 사이의 미묘한 관계를 볼 수 있다. 알다시피, 유아와 양육자 간의 성공적인 대인관계적 상호교류는 뇌의 수준에서 안전한 인간-관계성의 내적 경험에서의 정동조절 능력을 좌우한다. 원한다면, 이를 애착이론의 언어로 바꾸어 말할 수도 있는데, 여기서 "안전한 인간 관계성"이라는 말은 "애착 유대(bond)"라는 말로 대체될 수 있다. 이런 초기 패턴들이 상대적으로 덜 붕괴되어 있으며, 가장 중요하게는, 회복될 수 있을 때, 그것들은 대부분 비언어적이며 무의식적인 내적 정동조절의 안정적인 토대를 만들어 낸다.

트로닉과 웨인버그(1997)는, 정동조절과 "엄마-유아 상호작용의 구조"에 관한 독창적인 논문에서, 상호 조절과정에서의 붕괴가 어떻게 상호주관성의 발달에 균열을 가져오는지를 강조하였다. 상호작용을 복구하는 데 있어서의 만성적인 실패를 겪게 되면, 유아는 사회적 연결성을 획득할 수 없게 되며, 통제할 수 없는 정동 상태의 조절부전을 발달시킨다. 유아의 대부분의 활동이 통제가 안 되는 정동을 안정시키는 데 동원이 되는 초기 대처 방식이 발달하기 시작한다. 트로닉과 웨인버그의 결론에 있어서 가장 의미있는 점은 다음과 같다.

> 상호작용에 있어서의 오류들을 회복하는 것은 동시성이나 긍정적인 정서 그 자체보다는 발달과정에서의 결과물과 관련되어 있는 정상적인 상호작용의 결정적인 과정이다. 즉, 회복 및 그 경험과 범위는 유아의 발달에 영향을 주는 "사회적-상호작용적 기제"이다...[왜냐하면] 유아는 자기 자신에 대한 표상을 유능한 것으로, 자신의 상호작용에 대한 표상을 긍정적이고 회복할 수 있는 것으로, 양육자에 대한 표상을 의지할 수 있고 믿음직한 것으로 발달시키기 때문이다(pp. 65-66).

따라서 많은 경우 성인의 정신병리는 유아기에 인간 관계성과 그것의 회복 가능성에 대한 신뢰의 경험이 결핍된 상태로 생리적 및 정서적 상태를 조절해야 하는 필요성이 지연된 최종 결과물일 수 있다. 관계에 있어서의 회복력의 초기 토대로 인해서 점차 보다 높은 수준의 성인의 자기-발달과 대인관계 성숙도에서 대인관계적인 상호교류의 보다 성공적인 타협이 가능해지고, 이는 개인의 삶을 더욱 풍요롭게 할 뿐만 아니라, 개인이 심리치료적 관계를 타협하고 사용하려고 시도할 때 경험하게 될 어려움을 결정한다(Sullivan 1953, 1954). 외상은 회복불능의 경험을 만들어 내는데, 외상이 발생한 영역들에서 인간 관계성의 지속성에 대한 신뢰의 경험은 회복되어야만 한다.

이러한 문제들의 상태가 섭식장애를 일으키는 개인들과 관련해서, 보리스(1984, 1986)는 섭식장애가 유아기에 욕망의 조절부전이 식욕의 조절부전으로 연결될 때 발생한다는 견해를 제시하였다. 이것은 보리스가 "진화되지 않은 마음의 상태"라고 부른 것으로 이어지는데, 항상 모든 것을 소유하기를 바라고 기대하는 마음 상태—일반적으로 식탐(greed)이라고 알려진 마음 상태—이다. 식탐이란 인간관계에 있어서 외상적인 파열의 가능성을 음식과의 관계로 대체함으로써 없애려고 시도하는 상태—대체로 자기충족적이고 따라서 "타인"에 의해 배신당하지 않아도 되는 해결책—이다. 그러나 이것은 결코 완전한 해결책이 아니다. 식탐과 함께 따라오는 특별한 문제는 선택의 존재와 선택해야 하는 필요의 그늘진 압박에 의하여 그것이 불가피하게 변질된다는 것이다. 보리스에 의하면, 선택의 필요를 인식하게 되면 그것을 참는 것을 거부하도록 자극해서 식욕을 식탐으로 변질시키고 심각한 좌절을 경험하게 하거나 선택을 하도록 자극해서 식욕을 만족시키지만 항상 선택되지 않은 것을 상실했다는 심각한 느낌이 수반된다. 보리스(1986)의 말을 빌리면, "식욕을 통해서... 유아는 현실과 처음 조우하게 되고, 그 과정에서 실제 경험이 어떤 역할을 하게 된다. 식욕과 관련된 경험의 질은 상실의 느낌이 보상해주고 위로해주는 경험에 의해 조절되거나 그렇게 되지 않거나 함에 있어서 역할을 할 것이다" (pp. 48-49).

달리 표현하자면, 보리스는 인간 조건의 핵심이 개인의 불충분함을 인식하는 것이고(Becker 1973을 보라), 인간관계로부터 만족을 얻는 정도에 따라서 인간은 선택되지 않은 것과 관련된 상실 경험을 보상해주는 수단으로서 비인간적 해결(음식물과 같은)을 추구하지 않게 될 것이라고 말하고 있었다. 어떤 사람들에게는, 불충분함을 인식하는 것이 참을 수 없는 것이기 때문에 선택한다는 것은 견딜 수 없는 것이 되고, 식욕과 관련된 상실의 경험이 인간관계의 보상과 위로를 통하여 조절되지 못하기 때문에 삶의 후기에 섭식장애를 나타내는 유아에게서는 선택을 할 수 있는 능력이 손상된다. 즉, 성인기에 이르러 식욕과 건강하고 조절 가능한 욕구로 발전할 수 있었던 것이, 변형이 일어나는 관계적 맥락을 제공받지 못했기 때문에, 그 자신의 가혹한 삶을 떠맡게 되는 해리된 자기 상태 안에서 정서적으로 통제 불능의 아이가 되는 경험을 고착시킨다. 앞서의 임상 사례에서, 내가 순진하게 그녀를 더 오래 머물도록 초대했을 때 나도 예기치 못하게 다루었던 것이 바로 로리의 이러한 자기-상태였다.

보리스(1984)는 이렇게 썼다: " '더 적은 것이 더 많은 것이다' 라고 선언하는 단순한 방법에 의하여, 말하자면 모든 작은 구멍을 통한 운동과 발한에 의하여, 각각의 모든 소화기 구멍을 통해서, 젖가슴에 대한 탐욕은 처벌을 위한 폭식으로, 열망은 절제로, 보유는 배출로(폭식증에서) 변형된다" (p. 317). 욕망의 단념은 거식증의 특징으로 이해되고, 다른 방식으로는 폭식증의 특징으로 이해된다. 그러나 그것의 핵심에는 인간관계의 신뢰성에 대한 기대의 상실이 있다. 나는 섭식장애를 가진 환자들에게 있어서 욕망이 단념으로 변형되는 것은 해리의 기제를 통해서 가장 흔하게 실현된다는 사실을 발견했다. 샌즈(1994)는 "해리 방어는 타인들과의 관계를 조절하는 데 기여한다."

고 했으며, 해리성 환자들은 "현재 생존하기 위해서 인간적 환경과의 관계 속에서 충분히 머물러 있으려고 하면서, 동시에, 보다 더 친밀한 관계에 대한 욕구를 가두어 두지만 생생하게 유지하려고 한다."(p. 149)고 주장했다. 달리 말하면, 해리 방어는 단순히 투과할 수 없는 갑옷으로 고안된 것이 아니고, 환자가 타인들과 친밀한 관계를 아무리 차단하고 있을 수 있다 하더라도, 해리적 정신구조의 가장 광범위한 목적은, 대부분의 섭식장애에서 보듯, 단순히 고립이 아니라 조절이다. 그것은 무엇보다도 정서적인 자기－조절을 위해서 고안된 역동적인 정신조직, 외상을 예측하기 위하여 맞추어진 정신구조이지만, 동시에 충분히 투과할 수 있기 때문에 치료적 성장에 이르는 잠재적인 길이 될 수 있다. 그것의 ***고립성***은 언제나 위험에 대비해 있을 필요성을 반영하고 있으며, 그러므로－ 원래의 외상 경험에서도 그렇듯이－ 예상되지 않은 상태에서 절대 도달할 수 없다; 그것의 ***투과성***은 외부 세계와의 진실되지만 고도로 조절된 교류 능력과 유사하게 조절된 자기경험 능력을 반영한다(Bromberg 1995a). 해리 증상들을 가진 환자－섭식장애가 ***없었던*** 어떤 사람－의 말에서 인용하자면:

> 나는 어릴 때 두려웠다－엄마가 때릴까봐 두려웠다－나는 천장의 갈라진 틈이나 유리창에 거미줄을 바라보곤 했다－나는 모든 것이 마치 안개가 낀 듯 뿌옇고 멀리 떨어진 듯한 이곳으로 빨리 들어갔다, 나 역시 멀리 떨어졌었고, 안전했다. 처음에는 이 안전한 장소에 도달하기 위하여 힘들게 바라봐야 했다. 그런데 하루는 엄마가 나를 정말로 때렸고, 내가 거기 있으려고 하지 않았는데도 엄마가 더 이상 두렵지 않았다. 엄마가 내게 주먹질 하는 것도 나는 알고 있었고, 내 이름을 부르는 것도 들을 수 있었지만, 그것은 나를 상하게 하지 못했고 나는 마음 쓰지 않았다. 그 이후, 언제든 내가 두려울 때면 나는 그 장소에 있는 나를 갑자기 발견하곤 했다. 거기는 위험도 없었고 평화로웠다. 그것에 대해서 누구에게도, 심지어는 아빠에게도 말한 적이 없다. 내가 두려웠던 것은, 다른 사람이 그것에 관해 알게 되면 그 장소가 없어지고, 내가 정말로 필요로 할 때 그곳에 갈 수 없게 되는 것이었다.

욕망, 해리, 그리고 정동적 안전성

치료가 진행되면서, 환자는 식욕과 욕망을 주제로 하여 자기의 여러 부분들 사이에서 서로를 공격하는, 결코 끝나지 않을 전쟁에 의해 지배되는 내면의 삶이 있음을 종종 나타낼 것이다— 그리고 그것은 흔히 가학적이고 무자비한 내면의 목소리들의 존재를 통하여 경험적으로 표현되는 그 이상이고, 환자는 그것들이 원하는 어떤 것을 일부 주는 방법을 발견함으로써 조용해지기를 절실히 바라는 그런 전쟁이다. 욕망은 결코 멀리 떨어져 있는 것이 아니기 때문에, 자기-상태들 간의 전쟁은 결코 끝나지 않으며, 섭식장애를 가진 환자들에게는 그것은 삶의 질이 주기적으로 "좋은 행동을 위한 휴식기"가 있는 종신형으로 감소되었음을 의미한다.

이런 내면의 전쟁은 치료 중에 어떻게 표현되는가? 그리고 그것은 어떻게 해리와 관련이 있는가? 예를 들어, 폭식증에서 응집된 행동으로서 폭식과 배설은 대체로 해리(나-아님)의 상태에서 이루어진다. 멀러(1996)는 이런 환자들은 "자기의 가장자리에 표식을 만들어 한계를 경험하고, 또 다룰 수 없을 정도로 파편화되지 않을 수 있도록 애를 쓰고 있다."고 하였다(p. 85). 폭식증 환자가 충분히 의식이 있을 때는 이러한 목적이 이뤄질 수가 없는데, 왜냐하면 그것은 ***나에 의하여 나에게*** 행해지는 자기-경험이고, 따라서 정동의 자율신경 과다각성을 차단하는 데 있어서 유용하지 않기 때문이다. 황홀경(trance state)에서는, 해리를 통해서, 외상이 공존할 수 없게 만든 자기의 여러 영역들 사이에 이러한 "표식"을 만드는 것이 가능해진다. 그러나 이런 보호는 어떤 순간에 "나"로서 경험될 수 있는 것을 심하게 제한하도록 자기를 강제하기 때문에 엄청난 대가를 치르게 된다. 치오카(1998)가 말한 대로, 우리는 환자가 자기 자신이 되는 것과 관련된 갈등을 견디지 못하는 이유를 찾아내야만 한다.

> 모든 치료적 만남의 목표는 환자로 하여금 자신이 어떤 존재인지, 어떤 존재가 될 수 있었는지 등과 같이 자기 자신과의 만남으로 이끌어 주는 것인데... 무엇보다도 치료에서 중요한 문제는 해리 그 자체를 자신이 다룰 수 없음에 있다. 그런 상황에서 자신의 마음이 작동하는 방식과 그것이 자신이 사는 방식에 어떻게 영향을 미치는지를 강조하는 것이 유용하다.(p. 54)

만약 치료자가 환자의 마음이 작동하는 방식을 강조하려고 하는 한편, 정서적 안전함을 잃어버릴 것에 대한 환자의 지금-여기서의 두려움을 다루려고 한다면, 관계 그 자체에 의해서 환자가 해리된 상태에서 정서적으로 과다각성을 보일 가능성에 특별히 조율해 주는 것이 필수적이다. 실연 ***안에서*** 이뤄지는 타협에 의해서, 치료자는 각 환자가 지금 겪는 정동적 안전성을 분석적인 상호교류의 내재적이고 분리할 수 없는 부분으로 지속적으로 경험하고 있는 것을 다뤄야만 한다. 정신의 구조화에 외상이 매우 심각한 영향을 미친 환자들은 초기에는 지금-여기에서 작업할 수 있는 자기-성찰적 능력이 존재할 가능성이 거의 없다. 이런 환자들은 각 회기를 그 이전 회기에서 일어났던 다룰 수 없었던 경험을 다루어 나가는 데 사용하는 경향이 있다. 다른 말로 하자면, 각각의 회기는 적어도 자기의 어느 한 부분을 위하여 그 전 회기나 이제까지의 회기들에 관한 일종의 해석(파생물, 꿈들, 그리고 실연 등을 통하여)과 같은 것이 된다. 치료는 그런 식으로 진행되며, 치료자의 작업의 일부는 상징화되지 않은 정동이 점점 더 안전하게 느껴지게끔 확신을 주는 것이 되며, 따라서 강력한 정동적 홍수에 대한 환자의 인내력도 ***덩달아*** 증가하는데— 즉 환자의 해리 촉발 임계치가 높아진다는 것이다. 이것이 어느 정도 달성이 되면, 지금-여기에서의 진행은 점점 더 환자의 과거에 경험적으로 연결이 가능해진다.

환자가 외상적인 사건에 ***대하여*** 이야기하고자 할 때마다 해리되었던 고통 경험이 불가피하게 촉발되는데, 왜냐하면 외상에 "대하여 말하다 보면" 불가피하게 그것이 상기되기 때문이다. 고통 때문에 "말하는 것"은 더 많은 해리로 이어지는 지금 여기에서의 수치심의 원천이 되고, 환자 자신의 이야기를 어리둥절하게 비인격적인 것으로 들리게 만든다. 그렇지만, 치료자의 호기심을 자극할 만큼 자료가 충분히 드러나게 되면, 환자에게 말로 이야기할 수 있는 기억이 없는 구체적인 내용들을 발굴하려는 치료자의 시도가 외상을 상기하는 ***실연***으로 이어지는 과정이 시작되고 치료자는 마치 불꽃 속으로 뛰어드는 나방처럼 끌려들어 가게 된다. 실연이 지속됨에 따라 환자의 해리된 수치심은 커져가고, 치료자는 환자와 자기 자신의 역할에 대한 여러 가지 느낌들을 갖게 되고, 이것들은 점점 치료자를 불편하게 만들며, 흔히 자기 자신의 해리 과정을 촉발하기도 한다. 내가 생각하기에 주관들의 이러한 충돌은 불가피한 것이지 기법 상의 실수를 의미하는 것은 아니라고 본다. 그것은 작업을 지금 여기에서와 그때 거기에서 사이의 경험적인 상호작용으로 이끌어가고, 중간 현실의 상호 구축을 허용한다. 이 중간 현실 안에서, 환자와 분석가 모두의 해리된 경험은 환자의 ***이야기상의 "진실"***과는 매우 다르게 ***지각된*** 사건으로서 공존할 수 있는 기회를 갖게 되고, 환자가 해리에 대한 의존을 점차로 포기하면서 내적인 재구성이 일어나는 것을 허용한다. 분석가와 환자는 그런 순간마다 전에는 좁혀질 것 같지 않았던 자기-상태들 사이의 "공간에 서 있는" 것이다. 실연된(그러나 아직 처리되지 않은) 경험들은 ***삽화상의*** 기억들과 지각적으로 상호작용하게 되고, 이를 ***이야기상의*** 기억들 속으로 통합시키기 위한 가능성을 최적화하게 되고, 궁극적으로, 모든 치료 형태의 목표가 되는 자기-이야기(self-narrative)를 풍성하게 한다.

지킬 박사와 "하이드"양

만약 "섭식***장애***"라는 용어가 치료자에 의해서 단순히 환자에게 불리한 조건으로 무반성적으로 받아들여진다면 그것은 치료에 실제 불리한 조건이 될 수 있다. 치료자는 환자가 섭식 "장애"의 해리적 구조를 유지하는 방법들을 발견함으로써 자신의 섭식 "장애"를 구성했던 수단들을 하나의 성취로서 인정하고 동시에 존중하고, 그렇게 함으로써 견딜 수 없는 갈등을 배제하고 자기의 각 부분에 그것이 원하는 것의 ***어떤 것***을 제공해야만 한다. 1994년 논문에서 나는 지속적인 자문으로 나에게 제시되고 있었던 사례 하나를 기술한 바 있다(Bromberg 1994). 환자는 수년 간 치료를 받아왔던 여성이었는데, 그녀가 처음 치료에 오게 되었던 일, 즉 비만과 관련된 문제들을 제외하고는, 그녀의 인생과 자기-경험에서 중요한 변화를 경험했다. 분석가는, 아무리 열심히 노력해도 "효과가 없는 것"에 대해 그가 다룰 수 있을 만큼 많이 다루었기 때문에 결국에는 그녀 스스로가 끄집어내길 바라면서, 그녀의 체중의 주제를 언급하는 것을 중단하였다. 욕망에 대한 전쟁은 새로운 국면에 접어들었다. 그는 긴 침묵이 이어지는 것은 허용하면서 결국 그녀가 느끼고 있었던 것을 말로 표현할 수 있기를 기대했다. 그녀는 그렇게 했지만, 그가 기대했던 방식으로는 아니었다. 치료자가 침묵을 견디는 것이 점차 어려워지고 있다는 것을 발견하게 되면서, 그녀 자신이 체중 문제를 언급하지 않고 있을 때 치료자가 그것을 언급했던 "실패"에 대해 부담을 주기 시작하였다. 최소한의 논리도 고려하지 않은 채, 그녀는 치료자에게 그는 자신이 느끼고 있는 것을 탐색하는 것을 멈추도록 할 수 있는 아무런 권리가 없다고 말했다. 그녀는 "선생님은 무엇을 하고 있다고 생각하셨나요?" "선생님은 아셔야만 해요. 제가 여전히 뚱뚱한데도 다른 것에 대해 말하고 있을 때, 말을 하고 있는 것은 저의 좋은 자기일 뿐이라는 것과, 선생님은 신경조차 쓰고 있지 않는 자기-파괴적인 어떤 것을 내가 하고 있다는 것을요."라고 주장했다. 그가 최소한 그의 다리 한 쪽이나마 걸칠 수 있고, 공유된 경험의 작은 섬을 발견하기 시작할 수 있었던 것은 분명히 치료자의 "실패"라는 "승산 없는" 성격의 문제를 다루고 있는 과정에서였다.

그녀는 "침묵 속에서만 저는 진짜라고 느껴요. 여기[그녀의 내적 세계를 의미한다]에서 벗어날 수 있는 유일한 방법은 일 년 동안 조용히 있는 것이에요."라고 선언했다. 그녀가 자기의 해리된 정신 구조의 덫으로부터 해방될 수 있음을 인식했던 유일한 방법이 말하지 않고 1년 간 침묵의 상태로 있는 것이었다는 사실을 어떻게 이해할 수 있겠는가? 그녀의 요지는 중요한 것은 침묵 그 자체가 문제가 아니라, 그녀의 분석가가 존재하는 가운데 침묵하는 것이라는 점이었다. 왜 그랬을까? 그가 존재하는 가운데 침묵하는 것은 ***그가 포기하지 않는 한*** 하나의 소통의 효과를 갖기 때문이다. 분석가는 진저리가 나야만 한다; 그가 진저리가 나는 것이 ***중요하다***. 그는 진저리가 ***나야만*** 한다. 그러나 그는 그가 "당하는 것"으로부터 ***너무*** 떨어져 있어서 그의 행동의 보복적인 요소가 있음을 지각할 수 없어서는 안 된다. 만약 그가 이것에 대해 마음을 열고 있다면, 그는 환자가 그녀의 침묵을 통하여 그의 영혼으로 밀고 들어옴을 느낄 것이며, 그녀의 말들이 그의 뇌로 들어오는 것을 느낄 것이다. 환자는 결국 이런 놀랄만한 통찰을 언어로 표현할 수 있었다.

> 제가 선생님께 말하지 않고, 저의 침묵이 말하고 있다는 것을 선생님이 깨닫지 못한다면, 저는 스스로 상처받고 있지만 선생님은 관심이 없다고 느껴요. 저는 내부의 "나"에 대한 관심을 받기 위하여 비만으로 저 자신에게 상처를 주고 있어요. 만약 선생님이 이것을 알아채지 못하거나 그런 것 같아 보이면, 그건 제가 아직도 비만이란 것에 선생님이 화가 나 있고, 제 자신이 스스로 상처받게 내버려 둘 것이란 거죠, 왜냐하면 왜 제가 비만인지를 말하지 않고 그 대신 그냥 비만인 채 있으니까요. 하지만 제가 말을 한다면, 그 말하는 것은 저의

> 비만인 자기가 아니에요. 그러니, 그렇지 않은 척 하지 말고, 비만을 잘 주목해 보시면서 그녀를 찾아야만 되요. 만약 제가 날씬해진다면, 아무도 그녀를 영원히 찾지 않을 거예요. 왜냐하면 제가 그녀의 존재에 주목하기를 멈추면, 선생님은 건강해 보이는 저의 좋은 자기에 만족할 것이기 때문이죠. 날씬 한 것은, 그건 진정한 제가 아니란 것을 당신은 전혀 모르게 될 테니까요. 저는 마치 지킬박사와 하이드 같아요.

대인관계 과정으로서의 해리

분석가는 그런 승산 없는 상황에 갇혀버리게 되는데, 왜냐하면 그 자신의 해리 과정은 불가피하게 어떤 실연의 일부분이기 때문이다. 섭식장애를 앓고 있는 환자를 치료할 때 이런 종류의 상황은 드문 일이 아니다. 너무 오랫동안 환자의 섭식 행동을 단순히 치료자가 제거해야 할 병리 정도로 여긴다면—물론 환자는 아주 쉽게 우리가 그런 관점을 갖도록 만들어 버리지만— 변화는 별로 일어나지 않으며, 우리가 소위 "저항"이라고 부르게 되는 것들이 모든 곳을 꽉 채우게 된다. 그렇게 되면 당신은 쉽게 환자의 섭식장애를 ***미워하게*** 되고, 그러면 당신은 인식하지 못 하는 사이에 "치유"하려고 노력하지만 실패하게 되는 당신 자신의 부분을 미워하게 된다. 분석가는 자신의 욕망에 희생자가 되었다고 느끼게 되며, 환자의 "병리"를 적으로 여기게 된다. 보리스(1984, 1986)가 설득력 있게 묘사한 대로, 섭식장애 환자의 치명적인 적은 욕망이다. 그녀는 원하는 것을 바라지 않기 때문에, 그녀의 해법은 타인의 욕망을 자극하고, 주체가 아니라 대상이 되는 것; 즉 다른 사람이 원하는 것들의 대상이 되는 것이다. 치료에서 이것이 이끌어 가는 곳은 우리 모두가 안타깝지만 잘 아는 곳이다. 환자-치료자 관계는 삶의 대체물이 되어 버린 환자의 내적 드라마 속으로 끌려 들어간다. 욕망을 붙들어야만 하는 전쟁은 대인관계에서의 전쟁으로 표면화하여 해리적으로 싸워 나가게 되며, 환자와 분석가의 자기-상태들의 계속적으로 바뀌는 과정에서 역할을 요청받는다. 그것은 한 측면에서는 분석가가 이기기 위해서는 져야만 하는 그런 전쟁이다. 인간의 관계성에 대한 신뢰가 가능해지기 시작하는 중간 현실이 만들어져야만 하고, 이것은 오직 분석가가 자신의 해리된 자기-경험을 인정하고 사용하는 것을 통해서만 일어날 수 있다.

앞의 사례에서, 실연의 한 측면에서 분석가는 환자의 비만을 "치료적으로" 무시하는 것을 허용하게 되는데, 그 이면에는, "나는 그녀의 체중에 대한 언급을 하지 않는다. 왜냐하면 그녀가 자유롭게 되고 압력을 느끼지 않는 것이 더 낫기 때문이다."라고 스스로에게 말하면서– 그렇게 하려는 그의 ***개인적인*** 동기를 해리시키고 있는 것이다. 그러나 그가 받아들일 수 없었던 그 자신의 측면들– "나는 그녀의 비만을 ***미워한다***. 왜냐하면 그것이 나에게 무력감을 느끼게 만들고, 나는 그것에 대해 더 이상 아무것도 하지 않기를 바란다." –을 점점 더 지각하지 않을 수 없게 되면서, 그 자신의 해리된 자기–상태가 연결되어 있는 ***환자의*** 자기의 실연된 부분들이 치료자에게 경험되기 시작한다. 환자와 분석가의 각각의 경험들이 언어화되고 공유됨에 따라서, 환자가 그녀의 "하이드씨"를 점진적으로 깨닫게 되는 것을 환기적으로 기술하는 전환기가 일어나기 시작한다. 일반적으로 이런 전환의 성공은 환자가 분석가의 일방적인 경험–이것이 "***진실로*** 전부다."라고 스스로에게 말하는 것–을 성공적으로 깨뜨리는 능력에 좌우된다. 이제 그녀의 주요 증상은 그의 개인적인 적이 되며, 치료자가 그의 경험을 해리할 수 없게 되고, 그의 미움과 무력감을 직면할 수 있게 될 때, 말이 없는 그녀의 부분들이 이 모든 것들을 알려지게 할 수 있다. "하이드양"이 살았고 그녀가 발견되었던 그녀의 뚱뚱함 속에서, 환자는 그녀를 증상을 ***가진*** 뚱뚱한 여성으로 정의한 분석가의 일방적인 이미지를 해체하고, 그녀를 그녀의 증상***이라고*** 인식한다. 이러한 과정을 거쳐 감에 있어서 어떤 분석가에게도 주어지는 가장 큰 문제는 그 ***자신의*** 이미지가 불안정하게 되고 있다는 것이고, 그는 관계적 진실성에 앞서 재안정화 하고자 하는 그 자신의 필요를 내세우지 않고, 환자의 "대상사용(object use)"(Winnicot 1969)을 "견뎌내야"만 한다. 이런 마지막 관점은 스티클러(2003)에 의하여 설득력 있게 발전되었는데, 그는 다음과 같이 기술하였다:

> 자기–조직화 체계에서의 유익한 변화는 오래된 상태들을 불안정화하고 협상 과정을 통해서 새로운 상태를 조성하는 데 치우침으로써 일어날 수 있다(p. 725). 새로운 상태가 더 많은 발전을 위한 더 풍성하고, 더 복잡하고, 더 적절한 토대가 될지, 아니면 나쁜 적응을 통해서 협소화 한다는 의미에서 덜 유익

> 한 선택이 될지는 이런 자기-조직화 체계에서 파트너가 이쪽이나 저쪽 어느 한 쪽으로 치우치는가에 달려있다. 더 나쁜 적응은 불안정화가 더 나쁜 것처럼 반응하는, 상호작용하는 파트너에 의하여 일어날 수 있다. 말하자면, 치료자(또는 부모)의 일차적인 목표가 자신의 불안정화와 그에 따른 불안, 즉 그것을 마치 나쁘거나 견딜 수 없는 것처럼 여기는 불안을 감소시키는 것일 때, 환자의 목표나 선택 또한 같은 방향으로 기울어지게 될 것이다. 만약 치료자가 그 자신과 환자의 불안정화에 연결된 채로 머물러 있을 수 있고, 그 자신의 후속적인 상태를 선택하는 데 개방적이고 정서적으로 진정성이 있다면, 환자 또한 유사하게 그렇게 될 것이다. 반면에, 환자가 그런 결정적인 순간에 치료자가 얼어 있거나 그런 척하고 있는 것으로 느낀다면, 그 치료 작업은 잘 진행될 수가 없다.(p. 723)

스티클러가 개방적이고 정서적으로 진정성이 있다고 한 것은 환자의 자율성에 대한 변함없는 존중을 요구할 뿐만 아니라, 소위 말해서, 좀 더 시적으로 표현하자면, 환자의 ***자기절단***— 일어날 가능성이 있는 외상에 직면해서 자기의 일부분을 해리적으로 단절함으로써 ***나의 모든 것이 죽는 것은 아닌***— 또한 똑같이 존중하는 것을 필요로 한다. "나의 모든 것이 죽는 것은 아니다!"

참고문헌

Becker E: The Denial of Death. New York, Free Press, 1973

Boris HN: The problem of anorexia nervosa. Int J Psychoanal 65:315-322, 1984

Boris HN: The "other" breast: greed, envy, spite and revenge. Contemp Psychoanal 22:45-59, 1986

Breger L: Freud: Darkness in the Midst of Vision. New York, Wiley, 2000

Breuer J, Freud S: Studies on hysteria (1893-1895), in The Standard Edition of the Complete Psychological Works of Sigmund Freud, Vol 2. Translated and edited by Strachey J. London, Hogarth Press, 1955, pp 1-319

Bromberg PM: "Speak! that I may see you": some reflections on dissociation, reality, and psychoanalytic listening (1994), in Standing in the Spaces: Essays on Clinical Process, Trauma and Dissociation. Hillsdale, NJ, Analytic Press, 1998, pp 241-266

Bromberg PM: Psychoanalysis, dissociation, and personality organization (1995a), in Standing in the Spaces: Essays on Clinical Process, Trauma and Dissociation. Hillsdale, NJ, Analytic Press, 1998, pp 189-204

Bromberg PM: Treating patients with symptoms-and symptoms with patients. Paper presented at New York University Postdoctoral Program in Psychotherapy and Psychoanalysis. New York, NY, May 1995b

Bromberg PM: Hysteria, dissociation, and cure (1996), in Standing in the Spaces: Essays on Clinical Process, Trauma and Dissociation. Hillsdale, NJ, Analytic Press, 1998, pp 223-237

Ciocca A: Psychosomatic dissociation and eating disorders, in Psychotherapeutic Issues on Eating Disorders. Edited by Bria P, Ciocca A, de Risio S. Rome, Societá Editrice Universo, 1998, pp 49-55

Edelman GM: The Remembered Present: A Biological Theory of Consciousness. New York, Basic Books, 1989

Edelman GM: Bright Air, Brilliant Fire. New York, Basic Books, 1992

Edelman GM: Wider Than the Sky: The Phenomenal Gift of Consciousness. New Haven, CT, Yale University Press, 2004

Everill JT, Waller G, Macdonald W: Reported sexual abuse and bulimic symptoms: the mediating role of dissociation. Dissociation 8:155-159, 1995

Gleaves DH, May MC, Eberenz KP: Measuring and discriminating dissociative and borderline symptomatology among women with eating disorders. Dissociation 9:110-117, 1996

Havens LL: Approaches to the Mind. Boston, MA, Little, Brown, 1973

Janet P: The Major Symptoms of Hysteria. New York, Macmillan, 1907

Johnson S: Mind Wide Open: Your Brain and the Neuroscience of Everyday Life. New York, Scribner, 2004

Katz BE, Gleaves DH: Dissociative symptoms among patients with eating disorders: associated feature or artifact of a comorbid dissociative disorder? Dissociation 9:28-36, 1996

Lewis M: Shame: The Exposed Self. New York, Free Press, 1995

MacDonald G: Phantastes (1858). Grand Rapids, MI, Eeerdmans, 1981

McCallum KE, Lock J, Kulla M, Rorty M, Wetzel RD: Dissociative symptoms and disorders in patients with eating disorders. Dissociation 5:227-235, 1992

Muller JP: Beyond the Psychoanalytic Dyad. New York, Routledge, 1996

Sands SH: What is dissociated? Dissociation 7:145–152, 1994

Stechler G: Affect: the heart of the matter. Psychoanalytic Dialogues 13:711–726, 2003

Sullivan HS: The Interpersonal Theory of Psychiatry. New York, Norton, 1953

Sullivan HS: The Psychiatric Interview. New York, Norton, 1954

Szymborska W: Autotomy, in Postwar Polish Poetry, 3rd Edition. Edited and translated by Milosz C. Berkeley, University of California Press, 1983, pp 115–116

Tronick EZ, Weinberg MK: Depressed mothers and infants: failure to form dyadic states of consciousness (1997), in Postpartum Depression and Child Development. Edited by Murray L, Cooper P. New York, Guilford, 1997, pp 54–81

Winnicott DW: The use of an object and relating through identifications (1969), in Playing and Reality. New York, Basic Books, 1971, pp 86–94

Woolf V: Orlando. New York, Harcourt Brace, 1928

Zerbe KJ: Selves that starve and suffocate: the continuum of eating disorders and dissociative phenomena. Bull Menninger Clin 57:319–327, 1993

프레드 부시
(Fred Busch)

3

소개

프레드 부시(Fred Busch)는 뉴욕시립대학교에서 교육받았고, 앰허스트에 있는 매사추세츠 대학에서 박사학위를 취득했으며, 캘리포니아 로스앤젤레스에 있는 라이스 데이비드 아동연구 센터에서 박사 후 연구원으로 근무했다. 그는 미시간 정신분석연구소를 졸업했으며, 거기서 교육 및 감독 분석가로 있었다. 현재 그는 매사추세츠의 보스턴에 거주하고 있다. 그는 매사추세츠 니드 햄 동부에 있는, 뉴잉글랜드 정신분석연구소의 교육 및 감독 분석가이다. 그리고 그는 기법과 이론에 대한 여러 논문과 *The Ego as the Center of Clinical Technique*과 *Rethinking Clinical Technique*이라는 두 권의 영향력 있는 책의 저자다. 그는 수많은 정신분석 저널의 편집부에서 일했으며 미국정신분석협회 저널에서 출판하는 서적 시리즈 중 책 두 권을 편집했다.

부시 박사는 폴 그레이와의 공동연구 그리고 방어, 특히 공격성에 대한 방어 분석의 중요성에 대해 강조하는 것을 통해서 처음으로 미국 정신분석에서 유명해졌다. 최근 부시 박사는 이전의 입장을 바꾸었다. 그는 자신의 입장에 대해 설명해달라는 나의 요청에 다음과 같은 응답으로 최근 자신의 분석적 관점에 대하여 매우 생생하게 설명하고 있다:

> 나의 입장에 이름 붙이기! 쉽지 않은 질문이다. 이 질문에 대답하기 위해 애쓰

고 있으니 양해해주기를 바란다.

다른 모든 사람들이 나를 어떻게 부르고 있는지 안다.... 이를테면, 현대 자아심리학자. 때로는 나도 스스로에게 그렇게 이름 붙이곤 하지만, 이제 더 이상 그 이름이 편하지는 않다. 이 명칭은 폴 그레이의 중요한 업적과 관련이 있다. 그런데, 나는 여러 가지 면에서 그가 한 것과는 다르게 정신분석적 치료를 개념화한다. 예를 들면,

1. 나는 공격적 욕동을 믿지 않는다(나는 공격성은 믿는다), 그리고 나는 자기 상태, 내면화된 대상관계, 그리고 성적 환상들(이를테면 유기, 해체, 사랑의 상실, 거세 등등에 대한 공포들)에 대해 방어들이 생겨나는 것으로 본다.
2. 나는 많은 시간 어떤 환자들을 이해하는 데, 그리고 어느 정도의 시간 모든 환자들과 작업할 때 자신의 역전이를 사용하는 것이 중심이 된다는 것을 믿는다.
3. 나는 단순히 방어를 해석하는 것만으로는 환자들이 다루고 있는 무의식적 공포, 환상, 혼란스런 자기나 대상의 상태가 무엇인지를 이해하도록 돕는 데 불충분하다고 믿는다.
4. 나는 광범위한 환자에게 유연하게 접근할 필요가 있다고 믿는다.
5. 나는 내 작업의 특징을 다음과 같이 묘사할 수 있다: 나는 내 환자를 이해하기 위해 다중적인 관점들을 사용한다. 그러나, 나는 내가 이해한다고 믿고 있는 것을 환자가 가장 잘 사용할 수 있는 방식으로 전달함에 있어서, 나는 내가 말하는 것을 의미 있게 받아들일 수 있을 만큼 환자의 전의식이 준비가 되어있는지를 지속적으로 관찰한다. 이러한 입장, 그리고 이것에 대해 생각하는 다양한 방법들이 내가 생각하는 자아심리학이다. 또한, 나는 무의식적인 자아 방어들을 다루는 것을 잘 이해하는 것이 환자가 해석을 듣고 받아들일 준비를 하는 데 있어서 핵심이 된다고 믿는다.

요컨대, 나 자신을 다양한 원천에서 생겨난 지식을 자아심리학이라고 느슨하게 알려진 지식체계와 통합하려고 시도하고 있는, 발달해가고 있는 미국 정신분석의 일부분으로 본다. 이것은 지난 60년 동안 발견한 많은 것들을 옆으로 밀어내고, 자신들의 견해들을 새로운 패러다임으로 장려하는 데 더 많은 관심을 기울이는 정신분석가들과는 대조적이다.

내가 이 논문을 택한 이유

프레드 부시

그 당시에는 깨닫지 못했지만, 이 논문 "'In the Neighborhood'"에서는 10여 년간 내가 저술하고 생각할 의제가 설정된다. 이후에 내가 쓴 모든 것들은 이 논문에서 처음으로 표현된 생각들이 정교화된 것들이다. 내가 말할 수 있는 것은, 이것이 가장 많이 읽힌 논문이며, 정신분석 기법에 대한 강의를 할 때 내가 과제로 내주는 첫 번째 논문이라는 것이다. 내게 있어서 이 논문은 우리가 언제 환자들에게 말할 것인가에 대하여 생각할 수 있도록 뭔가 새로운 것(이를테면, 의식적 자아의 역할)을 확증해주었다. 많은 다른 이들의 연구와 함께 이것은 분석의 외양에 대한 개념을 더 잘 깨닫도록 해준다.

수년에 걸쳐, 내가 느끼기에 나로 하여금 이제 조금 다른 논문을 쓰도록 이끄는 뭔가가 있다는 것을 알게 되었다. 이것은 내가 논문의 각주 어딘가에 서술해 놓았다. 더 나아가, 비록 폴 그레이의 사고가 이 연구에 대해 부각되었지만, 나는 같은 현상을 바라보는 많은 다른 관점들 – 특히 저항만이 아니라 내용을 해석하는 것의 역할과 성격 저항을 이해함에 있어서 역전이의 역할 – 을 통합해왔다.

"근처에"

자아심리학에서 좋은 해석의 측면들과 "발달 지체"[1]
("In the Neighborhood": Aspects of a Good Interpretation and a "Developmental Lag" in Ego Psychology)

프레드 부시

"근처에"라는 용어는 프로이트(1910)의 논문, "'무분별한' 정신분석('Wild' Psycho-Analysis)"에 나온다. 이 논문에서 프로이트는 최근 이혼을 한 뒤 불안 문제로 젊은 의사에게 갔다가 자기에게 상담을 받으러 온 한 여인에 대해서 말하고 있다. 그 의사는 여인의 문제를 성적 만족의 결핍에 기인한 것으로 진단하고 치료를 위해서 다양한 성적 활동을 할 것을 제안하였다. 프로이트는 여인의 주요 문제를 정보 부족으로 보고 정보를 제공함으로써 치료가 가능하다고 가정한 그 의사를 나무랐다.

> 무의식에 대한 지식이 정신분석을 경험하지 못한 사람들이 생각하는 것만큼 환자에게 중요하다면, 강의를 듣거나 책을 읽는 것만으로도 환자를 치유하는 데 충분할 것이다. 그러나, 이러한 조치는, 마치 기근의 시대에 메뉴판을 나누어주는 것이 허기에 미치는 정도의 영향을 신경증적 질환의 증상에 미칠 것이다.... 정신분석이 이러한 정보를 제공하지 않고도 가능할 수는 없겠지만, 두 가지 조건이 충족되기 전에 이것을 해서는 안 된다. 첫째, 준비를 통해서 환자는 스스로 자기가 억압해왔던 것의 근처에 도달해야만 하고, 둘째, 환자는 의사와의 정서적 관계로 인해서 새로운 도피가 불가능하도록 의사와 충분한 애착(전이)을 형성해야만 한다. (pp. 225, 226)

"근처에" 있는 것을 필요로 하고 있는 피분석자에 대한 개념을 소개하면서 프로이

---

1) 프레드 박사의 "'In the Neighborhood': Aspects of a Good Interpretation and a 'Developmental Lag' in Ego Psychology"는 원래 *The Journal of the American Psychoanalytic Association,* 41:151-177, 1993에 게재되었다. 허락을 받고 사용됨. 이 책의 출판을 위해서 2004년에 각주가 추가되었다.

트는 임상기법의 원칙들 중에서 의식적 자아의 중심성을 지적하고 있다. 환자는 자기가 생각하고 말하고 있는 것으로 인식하는 것과 분석가의 개입을 연결시킬 수 있어야만 한다. 분석가가 아무리 예리하게 무의식을 읽는다 할지라도, 그것이 환자가 의식적으로 인식할 수 있는 것과 연결되어야만 유용한 자료가 될 수 있다. 이러한 관점에서 볼 때 프로이트가 기술한 젊은 의사는 환자가 그의 개입을 불쾌하게 여길 수 있는지는 말할 것도 없고, 그의 환자가 무엇을 이해할 수 있는지를 고려하지 않았다. 이러한 접근이 지닌 잠재적 어려움에 대하여 프로이트(1910)는 다음과 같이 명료하게 파악하고 있다.

> 첫 번째 회기에, 의사가 발견한 비밀을 환자에게 함부로 말함으로써 그를 "몰아세우는" 시도들은 기법적인 면에서 옳지 않다. 그리고 그것들 때문에 대개 환자의 입장에서는 의사에 대해 깊은 적개심을 품게 되고 의사는 더 이상 영향을 미치지 못하도록 차단당하는 대가를 치르게 된다.(p. 226).

자신의 말이 환자의 생각 근처에 머물러야 할 필요성에 동의하지 않는 분석가들은 거의 없겠지만, 내가 보기에 이 규칙은 준수되기보다는 위반되는 경우가 많다. 저항에서와 마찬가지로, 지적 수준에서 개념을 이해하는 것과 정서적이고 임상적으로 유용한 수준에서 개념을 이해하는 것 사이에는 그레이(1982)가 "발달 지체"라고 적절하게 묘사한 것이 있다. 훈습과정에 의식적 자아를 포함하는 것의 중요성과 함께, 무의식적 사고와 느낌에 대한 피분석자의 두려움과 낯섦(이를테면, 저항)은 우리의 분석적 공감 속에 잘 통합되지 않은 것 같다. 임상과정의 토론들을 경청하면서, 우리는 너무나도 많은 해석이 환자들이 들을 수 있는 것에 근거를 두기보다는 분석가가 이해할 수 있는 것에 근거를 두고 있다는 인상을 받는다. 우리는 무의식을 읽을 수 있는 우리의 능력과 그것을 이해할 수 있는 환자의 능력을 너무 자주 혼동한다. 우리는 자주 무의식적 소통과, 환자의 무의식과 소통할 수 있는 우리의 능력을 분명하게 구분하지 못한다. 환자가 듣고, 이해하고, 효과적으로 사용할 수 있는 것은－이러한 접근을 고려하는 것의 장점은 차치하고－ 임상적 토론의 전경에 거의 있지 않다. 아직도 "실재하는" 무의식적 환상에 도달하는 것이 우리의 일차적 치료목표인 것처럼 보인다. 이것은 여전히 우리가 씨름하고 있는 지형학적 이론의 잔재로 보인다.

그린슨은 자신의 임상작업을 아낌없이 제공해준 정신분석가 중 한 사람이다. 그의 지혜와 인간성은 그의 발표를 들을 수 있는 행운이 있는 이들에게 분명하게 드러났으며, 그의 임상 사례들은 우리에게 빛이 되고 도전이 되었다. 내가 그의 저술(Greenson 1967)에 나오는 긴 사례를 소개하려는 것은 이러한 마음에서다.

> 그의 분석 첫 해에, 한 젊은이가 "학생들이 이해할 수 있는지 여부는 생각지도 않고" 강의하는 교수에 대해 화가 나서 비난하며 분석에 들어왔다. 이러한 맥락에서 계속하면서, 그는 "그가 나를 치료하게—아니 가르치게" 하는 것이 싫다고 말실수를 하였다. 그리고 그는 "이걸 중요하게 생각하시겠네요" 라며 그린슨에게 도전하였다. 환자가 계속 교수에 대해 불평을 늘어놓자, 그린슨은 반쪽-저항(semi-resistance) 해석을 하였다(예를 들면, 저항이 감지되고 있을 때 저항을 탐구하는 것이 아니라 저항되고 있는 것에 도달하는 것이다). 그린슨은 그에게 "학생이 나를 향한 자신의 분노로부터 도망치고 있는 것은 아닌지요?"라고 물었다. 환자는 약간 의심을 표하며 묵인하였으나, 곧 그 교수 부인이 최근 자살했다는 소문을 듣고 교수가 안쓰럽다는 생각이 든다고 하였다. 그리고 그는 "대단한 인물"이지만 "나를 거들떠보지도 않는다"고 다시 교수에 대해 불평을 늘어놓았다.
>
> 그린슨은 다음과 같이 말하며 개입하였다: "학생은 다음 주에 내가 휴가를 가기 때문에 내게 화가 난 것 아닌가요?" 환자는 책에서 본 것 같은 소리를 하고 천편일률적이고 분석적인 말을 한다고 그린슨을 비난하고 화를 내며 이를 부인하였다. 그린슨은 그의 화를 알아차렸지만, 환자에게 그가 "진짜로" 화가 난 것은 자신의 휴가 때문이라고 말한다. 환자는 마지못해 인정하며, 산만하게 이를 뒷받침하는 자료를 내놓았다. (pp. 299, 300)

사례의 처음부터, 그린슨은 환자가 의식적으로 수용할 수 있는 것을 고려하지 않는 것처럼 보인다. 피분석자가 자신의 교수에 대해 불평하는 것과 마찬가지로, 그는 "학생들이 이해할 수 있는지 여부"를 고려하지 않는다. 환자가 이미 그린슨과 교수에 대한 감정을 무의식적으로 연결하고 있다는 것을 나타내는 말실수가 도전받았다. 환자는 언짢은 상태인 것이 확실하고, 그린슨과 교수를 연결하는 것이 달갑지 않았을 것이다. 이것이 의식이 가장 가까이 다가갈 수 있는 저항이다. 그린슨은 이것을 거론하고, 환자가 피하고 있는 것이 분석가를 향한 분노라고 환자에게 말함으로써 한 걸음 더 나아갔다. 그린슨은 무엇인가를 염두에 두었고, 그가 다가오는 분석가의 휴가 때문에 환자가 화난 것이라고 환자에게 말할 때 마침내 거기에 도달한다. 그러나 자료에는 저항 말고는, 다룰 수 있는 어떤 자각이 환자에 있다거나, 환자가 실제로 그린슨에게 화가 났다거나, 그 이유가 그린슨의 휴가와 관계가 있다고 주장할 만한 것이 아무 것도 없다. 저항이 묵과될 때, 해석을 수동적으로 받아들이게 될 뿐, 환자의 의식적인 참여는 분석에서 제외된다. 자신의 소견에 대한 그린슨의 설명은 그가 말실수를 환자의 분노에 대한 표시로 보았지만, "환자는 이것을 의식적으로 수용하는 것을 거부한다"(p. 300)는 것이다. 이것이 바로 요점이다. 환자가 의식적으로 ***어디에*** 있는지, ***왜*** 거기에 있는지는 분석 작업의 핵심 부분이다. 의식은 함부로 다룰 수 있는 어떤 것이 아니다. 그린슨은 "환자에게 있는 합리적 자아를 작동시킬 때까지 저항들을 추적할 필요가 있다고 믿는다"(p. 300)고 설명한다. 여기서 저항과 저항 이면의 느낌들을 혼동하는 그린슨의 경향을 볼 수 있다. 그가 추적한 것은 환자의 분노 감정이었다. 그가 추적하지 않은 것은 환자가 그린슨과 교수 사이의 연결을 꺼려하는 것이었다(예를 들면, 당시 가장 관찰 가능한 저항의 요소). 더 나아가, 환자들에게 있어서 그들의 의식적 자아는 언제나 가장 합리적인 것이다.

우리가 환자들은 의식으로부터 무언가를 차단하고 있다고 믿는다면, 그들이 이것을 자각하도록 하는 것만이 우리의 일은 아니다. 자아의 측면에서 볼 때, 그것이 차단되고 있는 완벽하게 좋은 이유가 있다; 이 이유를 이해하는 것이야말로 차단되고 있는 것을 의식적으로 수용하기 위한 첫 걸음이다.

이 논문은 마이어슨(1981)이 우리의 해석을 들을 수 있는 피분석자의 능력으로 적절하게 설명하는 것에 대해 주의를 기울이는 것의 중요성에 대한 것이다. 정신분석에 있어서 이 요소가 지속적으로 사용가능한 기법으로 충분히 통합된 것처럼 보이지는 않는다. 헤르조그(1991)는 프로이트의 작품을 통틀어 봐도, 의식에 대한 체계적인 설명이 없다고 지적한다. 한편 조셉(1987)은 프로이트가 의식을 특별히 연구할 가치가 있는 것으로 고려하지 않았다고 결론지었다. 만일 우리가 의식에 대한 프로이트의 메타심리학적 논문을 접할 수 있었다면 아마도 이러한 상황이 바로 잡혔을 수도 있었을 것이다. 그러나, 우리에게 남겨진 것은 기껏해야 우리가 정신분석 작업에서 일어나는 복잡하고 세부적인 의식적 과정을 자명한 사실로 받아들이는 상황이다. 최악의 경우, 우리의 개입을 받아들이고 사용할 수 있는 피분석자의 의식적인 준비의 중요성이 상대적으로 무시되는 것이다. 나는 해석과정의 핵심 요소를 임상 기법에 통합하는 데 있어서의 이러한 발달적 지체는, 부분적으로는, 자신의 임상적 관찰과 이론을 통합하려고 했던 프로이트의 노력과, 자아심리학의 발달 과정에서 임상적 자아를 상대적으로 소홀히 여긴 것에 대한 반응이라고 생각한다. 나는 이러한 기여가 정신분석에서 중요하지만 끝나지 않은 과업—정신분석 과정에서 자아의 역할에 대한 조명—을 개념화하는 데 있어서 하나의 단계로 입증될 수 있을 것이라는 희망을 갖고, "근처에" 있는 것의 중요성에 대해 자세히 설명할 것이다.

프로이트, 그의 양가감정, 그리고 그 이후

"무분별한" 정신분석에 대한 그의 논문에서, 프로이트(1910)는 경솔한 해석에 대하여 젊은 의사를 점잖게 꾸짖었다. 프로이트가 열거한 가장 주요한 기법적 오류는 환자가 일종의 무지 때문에 고통을 겪는 것이고, 그래서 환자에게 정보를 제공함으로써 신경증이 치료될 것이라는 믿음이다. 그리고 프로이트는 분석의 성공을 위해 저항과 싸우는 것의 중요성을 강조한다. 그러나, 이 논문의 끝부분에 이르러, 프로이트는 다음과 같은 놀라운 경고를 한다:

> 이런 부류의 "무분별한" 분석가들은 개별 환자에게보다는 정신분석의 대의에 더 큰 해를 끼친다. 이처럼 서투른 절차가, 비록 처음에는 환자 상태의 악화를 초래할지라도, 결국에는 회복에 이르게 하는 것을 나는 자주 발견했다. 항상은 아니지만 여전히 종종 그렇다. (p. 227)

이 한 구절에서 프로이트는 자신이 지금까지 말한 모든 것을 부인하는 것 같이 보인다. 지금 그는 비록 초기 결과가 해로울지라도, 무의식적 소망을 의식으로 가지고 오려는 "서투른" 노력조차도 유용한 측면이 있다고 편들고 있는 것이다. "근처에" 있는 것의 중요성은 이제 해석 지침으로서 대수롭지 않아 보인다. 해석을 의식적으로 수용하기 위한 환자의 준비에 대한 강조와 그것이 내포하는 모든 것이 지금 부인되는 것 같다. 비록 그가 앞서 말한 대부분이 이와 같이 접근하는 것에 경고하고, 이러한 기법의 유용성에 대하여 의심을 표하지만 이렇게 되었다. 이렇게 선회한 것에 대해서 "그녀가 겪고 있는 어려움의 실제 원인에, 혹은 그 방향으로 주의를 기울이도록 강요하고, 그녀의 모든 반대에도 불구하고 자신의 이러한 개입이 어떤 우호적인 결과를 가져오지 않을 수 없었다" (p. 227)는 젊은 의사의 말을 믿기 때문이라고 그 이유를 대고 있다. 지금 프로이트의 견해는 무의식적 소망을 자각하게 하는 것은, 그 소망이 환자의 주의를 어떻게 끌었는지에 상관없이, 환자에게 일반적으로 긍정적이고 장기적인 영향을 미친다는 것이다. 유익한 결과는 저항에 직면해서도 무의식으로 향해 있는 환자의 의식적인 관심 때문인 것으로 보인다. 저항은 "정신분석의 방법에 반대하여... 편견을 강화하는" (p. 227) 요인으로 환원된다.

이렇게 서로 모순되는 견해를 우리는 어떻게 이해할까? "공감적 이해를 하도록 도와준" 임상가 프로이트와 "정신분석을 당시의 과학적인 이미지에 맞추려고 했던" 이론가 프로이트 사이의 모순이라고 하는 리어(1990)의 설명이 하나의 유용한 방법이다(p. 5). 임상가 프로이트는 초기부터 생각들이 무섭고 압도적인 감정과 연결되어 있기 때문에 계속해서 자각되지 않는다고 이해했다. 그러므로 임상가로서의 그의 측면은 피분석자가 무의식적인 사고들과 연결된 불쾌한 정서들 때문에 그것들을 자각하게 되면 당황하게 될 수 있다고 이해했다. 따라서 검열의 희생물이 되었던 생각들에 대한 프로이트의 가장 초기의 임상적 설명은 감정과 위험의 복잡한 합성물이다. 그는 검열된 생각들에 대해 "그것들은 모두 고통스러운 속성을 가졌고, 수치와 자기비난 그리고 심리적 고통의 정서들, 상처 받을 것 같은 느낌을 일으킬 것이라고 예측된다: 그것들은 사람들이 경험하지 않기를 원하고, 차라리 잊고 싶은 것들이었다" (Freud 1895, p. 269)라고 하였다. 하나의 생각을 에워싸고 있는 강렬한 부정적 감정들이 어떻게든 개선될 때까지는 그 생각을 의식화 하려고 시도하는 것이 무용하다는 것을 이해한 사람이 바로 프로이트이다. "젊은 의사"의 언급이 어리석다는 것을 바로 이해한 사람도 프로이트이다. 저항의 속성을 공감적으로 이해하고, 자신의 작업 내내 저항을 자신의 임상이론의 중심에 유지한 것도 프로이트이다.

이론가 프로이트는 1910년에 우리의 논의와 밀접한 관계가 있는 세 가지 견해를 주장하였다. 이것들 가운데 첫 번째는 불안이 억눌린 리비도의 결과라는 것이다. 이것에 대한 심리적 추론은 소망이 무의식적인 것으로 남아있다면 그것은 병의 원인이 될 수 있다는 것이다. 마지막 견해는 의식과 무의식이 두 개의 서로 다른 표상 수준에서 존재하며, 이들 두 가지 수준이 만남으로써 비로소 무의식적인 생각이 의식적인 것이 될 수 있다는 것이다. 우리의 토론에 고유한 의식의 특성은 그것이 "단어 표상(word presentation)"으로 표현된다는 것이다. 이것은 "사물 표상(thing presentations)"으로 표현되는 무의식과 대조된다. 이 모델에서 의식에 이르는 길에는 "사물 표상"을 "단어 표상"과 연결시키는 것이 포함된다. 따라서 이론가 프로이트는 "젊은 의사"가 충족되지 않은 무의식적 소망들을 말로 표현하고 의식화함으로써 어떻게 불안을 감소시킬 수 있었는지를 볼 수 있었다. 이러한 관점에서 볼 때 생각들을 말로 표현하는 것은 무의식으로부터 그것들을 이동시키고, 궁극적으로 억눌린 리비도를 해소하는 것이다. 간단히 말해서, 임상가 프로이트가 한 방향으로 이끌렸다면 이론가 프로이트는 반대 방향으로 이끌렸다. 이러한 구별은 "근처에" 있는 것과 관련된 자료를 다루는 것에 대한 이 논문에서 프로이트가 제시하고 있는 것으로 보이는 모순된 충고를 이해하는 하나의 유용한 방법이다.

기법에 대한 프로이트의 나머지 초기 논문들에는 프로이트가 임상가로서의 그리고 이론가로서의 관점을 오가며 이와 동일한 주제에 대하여 언급한 것들이 있다. "The Dynamics of the Transference"라는 논문에서 프로이트(1912)의 견해는 무의식적인 생각들을 의식으로 가져오는 것의 필요성에 대한 것이 지배적이었다. 그는 환자가 침묵할 경우, 환자로 하여금 그가 분석가에 대한 생각을 감추고 있다고 확인시킴으로써 이 멈춤이 사라질 수 있다고 주장하였다. "이런 설명을 하자마자, 멈춤이 사라지거나, 또는 연상이 실패한 상황으로부터 연상이 방해받고 있는 상황으로 바뀌게 된다"(p. 101). 여기에서 우리는 환자와 같이 근처에 있어야 할 필요성이 훨씬 권위주의적인 입장으로 대체되는 것을 볼 수 있다. 일 년 후 프로이트(1913)는 "무분별한" 정신분석에 대한 논문에 있었던 것을 되풀이한다. 처음에 프로이트는 하나의 생각이 의식에 얼마나 불쾌할 수 있을지를 먼저 고려하지 않고 그것을 의식화하는 것에 대해 반박했다. 그는 "이전에 그것에 부여되었던 중요성을 안다는 사실 그 자체에 귀인하는 것을 멈추고, 과거에 알지 못하는 상태를 야기해왔고 여전히 그 상태를 방어하고자 하는 저항을 강조하는 것 외엔 선택의 여지가 없었다"(p. 142)고 한다. 그러나 같은 페이지 끝에, 프로이트는 억압된 자료를 의식으로 가져오는 것에 대해 언급하면서 "처음에는 이것이 저항을 일으키지만, 이후 이것이 극복되면, 결국 무의식적 회상의 기대되었던 영향력이 발생하는 과정에서 사고 과정을 형성한다"고 한다. 이후의 기법에 대한 논문에서도 이와 동일한 동요가 나타난다(Freud 1914, 1916–1917).

프로이트가 이후의 논문에서 딱히 "근처에" 있음의 주제로 명확하게 돌아가지는 않지만, 기본적인 주제들은 이후의 이론 발달에 결정적으로 중요하다. 저항이 무의식적 이라는 것의 중요성은 구조 이론(Freud 1923)의 발달에 있어서 핵심 요소이다. 피분석자가 해석을 의식에 수용하고 그것과 무의식적 저항과의 관계를 받아들일 준비가 되는 것은 구조이론에서 중심요인이 된다. 불안에 대한 프로이트의 두 번째 이론(1926)은 사고를 자각하지 못하게 하는 것과 관련된 정서에 대한 그의 가장 초기의 관찰(Freud 1895)을 훨씬 더 잘 파악한다. 그러나, 임상적 공감과 정신분석 이론의 이러한 새로운 통합의 임상적 중요성에 대해 계속 작업을 하는 일은 다른 사람에게 남겨지게 되었다.

자아에 대한 안나 프로이트의 선구적인 연구(1936)에서, 그녀는 "우리는 자아 기관의 많은 부분이 무의식적이기 때문에 의식적이게 되려면 분석의 도움이 필요하다는 것을 깨닫게 되었다. 결과적으로 우리가 보기에 자아의 분석이 훨씬 더 중요해지게 되었다"(p. 25)고 지적하고 있다. 이러한 관점에서 자신의 사고과정을 자각할 수 있는 자아 능력의 중심성이 강조되고, 임상적 관찰과 분석과정에 대한 이론을 통합하려는 프로이트의 목표는 계속된다. 기법에 대한 서얼의 논문(1936)은 해석을 "들을" 수 있는 환자의 능력을 고려하는 것의 중요성에 대해 그 시점에서 이해된 것을 명쾌하게 통합한다. 피분석자가 인식하게 될 수 있는 것을 고려하는 것이 중요함을 설명하면서, 그녀는 "인식하지 못하는 내용(absent content)"에 대한 해석의 위험성을 지적하는 한편, 그 당시와 조화되지 않던 새로운 자아심리학의 기법의 함의들에 대한 미묘하고도 복잡한 이해를 보여준다(예를 들면, Reich 1933).[2] 페니켈(1941)은 여기에서 논의되고 있는 원리를 다음과 같이 명료하게 설명했다:

---

2) Seal의 작업을 더 탐구하려면 Busch 1995b를 참조하시오.

> 분석은 항상 그 순간에 자아가 접근할 수 있는 층에서 진행되어야만 한다. 해석이 아무런 효과가 없을 때, 사람들은 종종 자신에게 묻곤 한다: "어떻게 하면 내가 좀 더 깊이 해석할 수 있었을까?" 하지만 흔히 질문을 좀 더 정확하게 해야만 한다: "어떻게 하면 내가 좀 더 표층적으로 해석할 수 있었을까?" (p. 44)

그러나, 그렇게 그럴듯한 방식으로 시작된 일련의 생각이 곧 장벽에 부딪쳤다. 이후 30년 동안에는 "근처에" 있으면서 해석하는 기법에 함축된 개념들에 대한 산발적인 언급들만이 있을 뿐이다. E. 크리스(1951)는 두 번째 분석에서 보다 표층에 가까운 해석들이 흔히 의미 있는 개선을 가져온다고 말한다. 분석가의 기능과의 동일시라는 로벤스타인(1972)의 개념은 해석 과정에서 자율적 자아 기능이 중요하다는 생각에 의해 영향을 받았다면, 아이슬러(1965)는 환자의 사전 지식과 동떨어지지 않은 해석이 중요하다고 강조한다.

뢰발트(1960)와 마이어슨(1960)의 연구에서도 비슷한 영향을 볼 수 있다. 이토록 긴 불모의 기간이 있었던 이유는 부분적으로는 프로이트의 양가감정과, 그리고 부분적으로는 다음에서 논의될 주제들과 관련이 있는 듯하다. 그러나, 해석 과정에서 의식적 자아의 중심성을 되찾게 된 것은 그레이의 연구(1973, 1982, 1986, 1987, 1990a, 1990b)에 의해서였다. 그 시점에는 아무도 그레이가 의식적 자아를 고려하여 저항을 해석하는 실제 기법에 기울이는 세심한 주의에 다가가지 못했다. 그의 작업에 뒤이어 수많은 정신분석가들이 최근 분석적 "표층(surface)"이라고 알려진 영역을 탐구했다(Davison et al. 1986; Levy and Inderbitzin 1990; Paniagua 1985). 강조점이 약간 다르긴 해도, "표층"은 일반적으로 환자에게 관찰가능하게 드러나는 행동을 의미한다. 이들 연구에서 특히 저항을 이해하는 데 있어서 표층을 사용하는 것의 이점들이 의식적 자아의 중요성에 점점 무게를 두는 방식으로 규명되고 자세히 설명된다. 따라서 우리는 바야흐로 분석과정에서 의식적 자아의 역할을 다중적으로 탐구하게 되었다.[3] 하지만, 보다 깊은 탐구에 들어가기에 앞서, 정신분석 과정에서 자아의 역할에

---

3) 자아심리학을 임상적 기법과 통합하려는 초기 노력에 대한 보다 충분한 탐구를 위해서는 Busch 1999 pp. 111-123를 보라; 이 영역에 대한 기고들이 늘어나는 것에 대해 보다 충분히 이해하려면 참고문헌들을 보라. 아동들의 작업에 대한 적용을 위해서는 Sugarman 2003을 보라. 이러한 접근에서 두드러진 주제들에 대한 간명한 설명을 원하면 Paniagua 2001를 보라.

대한 정신분석적 탐구에 의도치 않게 방해가 되었던 또 다른 요인—자아심리학의 발달—을 살펴보는 것이 중요하다.

하르트만의 유산

셰이퍼(1970)만큼 정신분석에서의 하르트만의 위상을 파악한 사람은 아마 없을 것이다:

> 정신분석 이론[1939, 1960, 1964]에 대한 하인즈 하르트만의 기여는 산맥처럼 우뚝 서있다. 그곳의 정상은 멀기도 하고 어마어마한 풍광과 고원한 기운을 지니고 있기 때문에 학생들이 다가갈 수 없을 것 같다. 그럼에도 학생들은 끈기 있게 등반을 시도해야 될 뿐만 아니라, 정신분석에 대한 자신의 시야에 하르트만의 업적을 담아낼 수 있도록 그 산맥을 넘으려고 노력해야만 한다. 왜냐하면 그 작업은 정신분석의 전부도 아니고, 정신분석 이론에 대한 최종적인 의견일 수도 없기 때문이다; 그것은 일반적으로 과학과 과학적 정신분석 영역의 일부이고 단지 일부일 수밖에 없다. (p. 425)

우리가 하르트만의 기여를 충분히 평가하기 위해서는 아직 시간이 필요하다는 스미스(1986)의 관점에 동의하면서도, 당면한 주제와 관련된 그의 연구에 신경을 안 쓸 수가 없다. 사실, 이 분야에서의 하르트만의 연구는 한편 중요한 기여이기도 하지만 동시에 반갑잖은 전환이기도 한 것으로 입증되었다. 자아기능의 미묘함을 이해하는 데 상당한 깊이를 더해준 연구들을 자극하긴 했지만, 그가 정신분석을 일반심리학으로서 강조한 것은 의도치 않게 정신분석 기법의 주제들에 대한 심층적 관심을 기울이는 것을 방해했을 수 있다.

인간행동에 대한 우리의 견해는 초기 자아발달에 대한 하르트만의 관점과 아동 발달 연구에 대한 그의 요청에 의해 급진적으로 변화되었다. 하르트만은 자아를 성장을 촉진하거나 저해하는 환경과 상호작용하고, 그것의 영향을 받는, 미리 결정된 강점과 약점을 지닌 타고난 적응구조로 보았는데, 초기 발달에 대한 연구에 의해 이 모두가 본질적으로 옳다고 밝혀졌으므로, 그의 관점은 유아/아동에 대한 우리의 견해를 영원히 바꾸어 놓았다. 이어서 이것은 특히 분석 가능성의 영역에서, 환자를 이해하는 새로운 방법에 대한 가능성을 열었다. 환자는 분석 상황의 퇴행적 요소들을 견뎌낼 수 있을까? 환자는 자유연상 과정에 참여하기에 충분할 만큼 통제를 포기할 수 있을까? 만일 자아기능에 심각하고 장기적인 제한이 가해진다면, 이것들은 신경증적 갈등보다는 발달과정에서의 방해 때문이지 않을까? 초기 자아기능에 지대한 영향을 미칠 수 있었던 그의 초기의 "평균적으로 기대할 수 있는 환경"에는 어떤 방해가 있었을까? 이러한 질문들은 하르트만의 연구와 그가 했던 초기 발달에 대한 정신분석적 탐구들로부터 직접 나온 것들이다. 정서와 정서조절에 대한 내성과 함께, 자기감, 응집력, 자율성, 개별화뿐만 아니라, 심리적 생존을 위한 유아/아동과 양육자 사이의 관계의 중요성은 이제까지 잘 입증되었다(예, Emde 1988; Mahler et al. 1975; Spitz 1945; Stern 1985).

하르트만의 연구는 의식으로의 수용에 영향을 미치는 자아의 이러한 요소들을 이해하려는 미묘한 접근을 위해 단계를 설정했다. 자아 상태에서의 변화들(예, 파편화)과 같은 것들에 대한 사고의 의식적 수용에 미치는 영향, 사고 수준에서의 퇴행(예, 형식적 조작기로부터 전조작기적 사고로), 그리고 소통이 행동에 의해 지배되는 정도는 하르트만의 연구로 인해 훨씬 쉽게 이해된다. 자아의 발달적 윤곽을 그리기 위해 그가 탐구하고 다른 사람들을 격려한 것은 의식으로 허용될 수 있는 것이 무엇인지를 이해하는 데 중요한 영향을 줄 수 있었다. 그러나, 이 가능성이 실현되었는지는 아직까지는 분명하지 않다. 아펠바움과 길(1989)이 결론 내린 바와 같이, 구조 이론의 기법적인 함의들이 주의를 끌거나 실행되지는 않은 듯하다. 자아 저항을 분석할 때 의식의 다른 수준을 고려해야만 한다는 구조 이론의 핵심은 여전히 일반적인 임상적 사고의 일부분인 것 같지는 않다.[4] 이것을 이해하기 위해서 하르트만의 연구를 다른 차원에서 살펴볼 필요가 있다고 생각한다.

하르트만이 임상 자료와 동떨어진 방식으로 메타심리학에 대해 강력하게 강조했던 것은 임상 이론과 기법에 해로운 영향을 미쳐왔다(Apfelbaum 1962; Schafer 1970; Shaw 1989). 단기적으로 보면, 그가 자아발달을 이해하는 방법으로서 아동발

---

4) Arlow와 Brenner가 어떻게 이 관점으로부터 이동했는지에 대한 논의를 보려면, Busch 1999, pp. 19-51를 보라.

달 연구의 필요성을 옹호하는 것도 결국 같은 이야기가 될 수 있다. 결과적으로 하르트만은 정신분석 신전에서 거인으로 남게 되었지만, 와이만(1989)이 지적하는 바와 같이, 그의 생각들은 문헌에서 사라진 듯 보인다. 그가 임상적 실례들을 저버리고 이론화하는 추상성으로 인해서 하르트만의 지적 능력을 경외하는 분석가 세대가 생겨났지만, 그들의 최근 환자에게 그것이 타당한가를 고려할 때는 고개를 저었다. 자아심리학에서 임상적 자아의 중요성은 보다 추상적인 이론화를 위해서 밀려나게 되었다. 이러한 경향은 Arlow(1975)와 Joseph(1975)이 언급한 바와 같이 여러 해 동안 계속되었다. 하르트만이 의식적 자아의 수준들, 그리고 자아 분석의 중요성과 같은 주제들에 주목하는, 자아에 대한 정교한 임상적 견해를 갖고 있었다는 사실은 다음의 내용에서 엿볼 수 있다:

> 방어들은(전형적으로) 생각, 이미지, 본능적 욕동이 의식에 들어오지 못하게 할 뿐만 아니라, 사고를 통해서 그것들의 동화를 막는다. 방어과정이 무너지면, 방어되고 있던 정신적 요소들과 이러한 요소들의 어떤 연결들을 통해서 회상과 재구성이 일어날 수 있게 된다. 해석은 묻혀있던 자료를 되찾는 데 도움이 될 수 있을 뿐만 아니라, 정확한 인과관계 즉 다른 요소들과 관련하여 이러한 경험들의 원인, 영향의 범위, 그리고 효과 등을 확립해야만 한다. 내가 여기서 이것을 강조하는 것은 해석에 대한 이론적 연구가 종종 떠오르는 기억들 혹은 상응하는 재구성과 관련된 경우들에만 제한이 되기 때문이다. 그러나 해석에 대한 이론에서 훨씬 더 중요한 것은 요소들의 인과적 연결들, 그리고 이러한 연결들의 조건이 확립되어있는 그러한 경우들이다. (Hartmann 1939, p. 63)

여기에서 우리는 하르트만이 해석 과정에서 의식에 허용될 수 있는 것을 중요하게 여긴다는 것을 볼 수 있다. 그는 억압된 외상과 연관된 기억의 중요성뿐만 아니라, 방어와 연관되고 이러한 외상들과 연결된 자아기능의 요소들의 중요성에 대해 주의를 환기시킨다.[5] 그는 해석 작업에서 의식적 자아의 작용에 대해 인식을 확장하는 것의 중요성을 강조하고, 일단 방어가 느슨해지면 의식으로 허입될 수 있게 되는, 방어와

---

5) Busch 2005를 보라.

연결된 다양한 "정신적 요소들"을 강조한다.[6] 우리는 여기서 의식적인 자아의 인식을 확장하는 것을 해석의 주된 목표로서 옹호해온 다른 목소리들과 비슷하게 들리는 하르트만을 본다.

하르트만이 정신분석 임상가에게 제시하는 딜레마는 다음 문장에 요약되어 있다: "***정신분석적 상황***에서 사고의 본질로부터 벗어나는 것을 허용하라. 거기에서 사고의 주요 대상은 곧 주체 자신이기 때문이다"(Hartmann 1939, p. 62). 하르트만이 정신분석적 상황에 대해 생각하는 것을 "탈선"이라고 여겼던 것은 그의 이론화에서 분명하게 나타난다. 이러한 접근은 자아심리학을 임상 정신분석의 사용가능한 구성요소로 바꾸는 데 방해가 된다. 자아 분석이 글로는 옹호되었지만, 그것을 임상 상황에서 이해할 수 있고 작업할 수 있는 접근법으로 바꾸는 것은 뒤쳐졌다. 따라서, 의식에 대한 가용성이라는 임상적 주제는 분석가의 해석적 입장에서 하나의 고려 사항인데, 이것은 공감적 관찰자 프로이트와 과학자 프로이트 사이의 갈등에서 시작되었지만, 이론가 하르트만 뒤에 또 다시 가려졌다. 그러므로 하르트만의 유산에 의해서 자아 기능을 이해하는 것에 있어서 미묘한 가능성이 열렸으나, 임상적 자아는 그늘이 드리워진 채 남아있게 되었다.

"근처에" 있는 것의 중요성

분석 과정을 위해 "근처에" 있는 것의 중요성은, 저항 분석에 대한 그레이(1973, 1982, 1986, 1990b)의 연구에서 강조되었는데, 여기에서 그는 분석 과정에서 의식적 자아의 중요성을 옹호하고 있다. 그레이(1990b)는 프로이트의 격언을 바꾸어 말하기를 "무의식적 자아가 있는 곳에 의식적 자아가 있게 하라"(p. 1095)는 관점에서 정신분석 과정의 목표를 바라보는 유익에 대해 지적한다. 그는 "분석 치료의 치료적 효과는 분석 중에 환자의 회피하지 않는 자아기능이 의식적으로 그리고 점점 더 자발적으로 분석가와 공동 협력자로 참여하는 정도에 비례하여 지속된다"(Gray 1982, p. 624)고 믿는다. 지난 20년에 걸쳐 일련의 논문에서 그레이는 피분석자가 자신의

---

6) Busch 2004를 보라.

정신 활동을 인식하도록 도움으로써 무의식적 자아의 저항들을 분석하는 명료한 방법론을 우리에게 제시했다. 그가 강조한 것은 저항으로 이어지는 무의식적 자아활동에 대해 더 많이 의식할 수 있도록 환자를 돕는 것이다. 그레이에게 있어서 성공적인 해석이란, 하나의 구성요소로서, 지속적인 저항에도 불구하고 ***환자가 이해할 수 있는*** 어떤 것으로 환자를 이끌어준다. 그레이(1990b)는 의식적 자아를 우리의 해석적 입장에 포함시킴으로써 우리는 보다 성숙한 자아기능을 격려하고 강화한다고 주장한다.

자신의 생각에 대한 피분석자의 의식적 인식에 대한 중요성은 A. O. 크리스(1982, 1983, 1990)의 연구에서도 볼 수 있다. 의식적 자아를 약간 다른 관점에서 보는 크리스는 자유연상의 방법을 분석적 관점의 틀로 사용하며, 연상의 자유에는 고유한 만족이 있다고 제안했다. 분석 상황의 맥락에서 병리적 과정에 대한 그의 개념에는 자신의 사고과정을 개념화하고 인식하게 되는 데서 얻는 즐거움을 금지하는 것이 포함된다. 자유연상의 방법에 대한 방해를 병리의 근거로 사용해서, 크리스는 건강의 정의에는 ***의식적으로*** 자신의 사고를 인식할 수 있게 되는 능력과 함께 이에 수반되는 이 과정에 대한 무의식적인 저항의 감소를 고려하는 것이 필요하다는 입장을 취한다.[7] 그레이와 크리스 모두의 연구에서 우리는 병리에 대한 견해를 볼 수 있는데, 그것은 분석과정에서 ***자신의 사고과정에 대해 의식적이게*** 되는 능력에 대한 방해로서 정의된다. 그레이와 크리스는 모두 의식을 저항을 이해하는 토대로서 사용한다. 해석의 측면에서 이것에 대한 추론은 피분석자가 자신의 정신적 삶에 더 가까이 다가갈 수 있도록 해주는 방식으로 무의식적 저항을 의식화 하도록 도와주는 것이라는 점이다. 이렇게 하기 위해서는 항상 다음을 염두에 두어야한다: "해석 작업은, 너무 피상적이지 않으면서도 더 많은 반동적 방어를 자극하지 않는 개념화를 위해서, 환자의 이해능력을 민감하게 평가하는 것이다"(Gray 1986, p. 253). 이와 같은 맥락에서 그레이는 말한다: "환자가 자아의 활동을 관찰하기 위해 자신의 능력을 얼마나 효과적으로 사용할 수 있는가는 일차적으로 분석가의 개입이 환자에게 주는 부담의 성질에 달려 있다"(p. 253). 이 부담은 피분석자의 소통을 통한 무의식적 저항과 자유연상 방법에

---

7) 자유연상 방법에 대한 자세한 설명은 Busch(1994, 1999, 2003)을 보라.

대한 방해에 초점을 맞춤으로써 감소될 수 있다. 우리는 우리의 의견들의 토대를 알기 쉽게 설명하는 방식으로, 환자가 현재 머무르고 있는 "근처"에 대해 언급함으로써 치료과정에 의식적으로 참여하도록 하는 데 큰 영향을 미친다.

지금까지 문헌에서 충분히 강조되지 않은 것은 "근처에" 있지 ***않는*** 것(*not* being "in the neighborhood")에 내재된 문제들에 대한 것이다. 간단히 말해서, 분석과정에서 무의식적인 자아의 저항이 중심이 된다는 것을 생각하면, 다른 어떤 곳에 있는 것은 의미가 없다. 만일 저항의 일차적 목표가 인식으로부터 사고와 느낌을 떼어놓는 것이라면, 개입할 때 무엇이 인식으로 허용될 수 있는지를 고려하지 못할 경우 우리의 말이 기껏해야 소귀에 경 읽기가 되고 더 많은 저항을 야기할 수 있는 위험을 감수하게 된다. 프로이트(1926)가 불안에 대한 그의 두 번째 이론을 정교화 한 이래로, 저항이란, 부분적으로, 경험한 어떤 위험이나 위협에 대한 자아의 반응이라는 것이 분명했다. 만일 저항이 작동 중이라면, 이는 피분석자가 자신의 사고나 느낌을 위험으로 경험하고 있다는 것을 의미한다. 저항의 목적은 위험스러운 사고와 느낌을 인식으로부터 떼어놓는 것이다. 저항의 특정 유형은, 어린 시절부터, 이러한 위협에 대한 적응이다. 특정 사고와 감정이 의식적이게 되는 것에 대한 피분석자의 저항을 존중하지 않는 개입은 부적절하거나 잠재적으로 압도적인 것이 될 것이다. 분석 과정의 이런 기본적 요소는 저항을 이해하는 데 있어서 우리의 "발달 지체"에 의해서 혼란스러워진다(Busch 1992; Schafer 1983 참조).

"근처"를 벗어나서 해석하는 것의 무익함에 대한 다른 관점은 클라인(1976)의 연구에 제시되어있다. 그는 어떤 방어과정도 기본 목적은 욕동에 의해 지배되는 행동으로부터 그 의미를 제거하는 것이라고 하였다.[8)] 따라서 노출증적 소망을 가진 사람은 사람들이 자기를 주시하고 있다는 자의식적인 느낌을 인식할 뿐이고, 한참 오이디푸스적인 경쟁을 하고 있는 사람은 나이가 많은 권위적인 인물 주위에서 불편해한다는 것에 대해서만 알뿐이다. 개인이 소망과 연관된 행동이나 느낌에 대해 이해하지 못하

---

8) 이 진술에서 두 가지가 수정되어야 한다. 나는 지금[2004] 방어의 기본 목적은 위험을 막는 것이라고 말하고자 한다(Busch 2001). 그것이 의미가 제거되어야 하는 이유이다. 또한, 방어를 욕동 결정 요인들과만 연관시키는 것은 방어를 동기화하는 자기와 대상에게 미치는 많은 다른 위험들을 단순화하는 것이다.

더라도, 소망은 행동에 적극적이고 지속적인 영향을 미친다. 방어를 통해서 성취하는 중요한 것은 행동과 그 행동에 대한 의식적 이해 사이에 간격을 확립하는 것이다. 소망의 의미는 의식적으로 이해하지 못해도 유지될 수 있다. 다른 사람들이 보고 있을 때 느끼는 막연한 수치감과 당혹감 때문에 공공장소에 "거의" 나갈 수 없는 개인은 지속적으로 노출증적 소망을 표현하며 살고 있는 것이다. 방어의 중요한 요소는 개인이 어떤 의식적인 이해 없이도 소망을 갖고 살아갈 수 있다는 것이다. 그렇다면, 해석의 중요한 목표 하나는 ***의미에서의 간격을 메우는 것***이다(반드시 기억에서의 간격일 필요는 없다). 행동으로 실행되는 무의식적 소망들과 그것들의 의식적 의미 사이에, 그것들이 따로 떨어져 있어야 하는 이유(예, 저항)와 일치하게 다리가 놓여야만 한다. 이러한 다리가 놓여야만 비로소 행동은 피드백에 반응하고, 따라서 수정될 수 있다. 노출증이 있는 사람은 그가 집에 머묾으로써 고통과 불편을 피하고 있다고 열렬히 믿는 한 집을 떠나는 것에 대해 생각할 수 없다.

행동에는 의미가 있다는 것, 행동과 그 의미 사이에 간격을 유지해야할 이유들이 있다는 것, 그리고 끝으로 행동이 무엇을 의미하는지에 대한 의식적인 이해는 피분석자가 자신의 행동을 이해함에 있어서 중요한 발판이 된다. 피분석자가 자신의 행동에 대한 의미를 파악할 수 있는 의식적인 준비가 되었는지를 고려하지 않음으로써, 우리는 의미들을 인식하지 못하도록 하는 방어의 기본 요점들 중 하나를 놓치고 있다. 점진적으로 행동을 의식적으로 이해함으로써 우리는 기본적 방어 구조를 수정하는 것을 기대할 수 있다. 방어들은 이해하지 못해도 소망들이 유지될 수 있는 방식으로 구축된다. 우리의 해석으로, 우리는 이해를 증진시키는 한편 이러한 이해의 결핍에 대해 의미를 부여하는 것을 기대한다. 환자의 의식적 자아의 참여가 없으면, 우리는 우리의 목적을 이룰 수 없다.

보다 미묘하고 잠재적으로 더 심각한 문제는 피분석자의 의식적 인식이 고려되지 않을 때 발생하는 자아의 약화와 손상이다. 이것은 서얼(1936)이 "인식하지 못하는 내용"에 대한 해석이라고 부른 것(예, 피분석자가 자각하지 못하는 느낌이나 환상에 대한 해석)에서 종종 볼 수 있으며, 위에서 인용한 그린슨의 사례에서 그 예를 볼 수 있다. 이러한 해석이 지닌 문제들을 설명하며, 서얼은 다음과 같이 지적한다:

> 반면에, 만일 우리가 환자에게 "당신은 이러이러하게 생각하고 있군요," "당신은 이러이러한 환상을 갖고 있군요," 등등을 말한다면, 우리는 그가 스스로 그것을 알 수 없는 무능력에 대해 전혀 도움이 되지 않고, 그러한 모든 지식을 위하여 어느 정도 분석가에게 의존적이게 하는 것이다. 만일 우리가 "이러한 사고나 환상이 특성상 당신 스스로 그것을 아는 데 어려움이 있음을 보여주네요"라고 덧붙인다면, 우리는 아직도 특정 유형의 사고와 환상과만 관련 있는 이해를 증진시킬 것이고, "그것을 아는 것의 어려움을 이해할 수 있기 전에 먼저 사고나 환상을 알아야만 하지요"라고 의미하는 것이다. 만일 저항이 그리 크지 않았다면 자신만의 방법을 찾을 수 없는 환자의 무능력에 관한 역동은 상대적으로 다루어지지 않았을 것이고, 따라서 인식하지 못하는 내용에 의해 야기된 어떠한 변화도 어느 정도는 그리고 어떤 형태로든 여전히 작용할 것이다. (pp. 478-479)

우리의 개입에 의식적 자아를 포함시킴으로써, 우리는 피분석자가 자신의 치료에서 보다 능동적 역할을 하도록 격려한다. 이것은 서얼이 밝힌 바와 같이 환자에게 수동성을 강제하는, 인식하지 못하는 내용에 초점을 둔 그러한 해석들과는 대조된다. 이러한 해석들은 환자의 전능환상을 자극하고 마술적 사고에 대한 믿음을 강화하면서, 분석가의 전지함에 대한 믿음을 북돋운다. 서얼의 연구는 피분석자가 인식하지 못하는 내용을 해석함으로써 우리는 독립적인 자기분석에 대한 저항(예, 자신만의 방법을 찾지 못하는 환자의 무능력의 역동)을 우회할 수 있다고 제안하고 있다. 자신의 사고과정을 관찰할 수 없는 무능력에 대한 공포와/나 왜곡은 모든 분석에서 나타나는 중요한 저항이지만, 이는 자아분석에 대한 우리의 이해에 있어서의 간격들에 의해 모호해지게 되었다.[9] 환자는 "연상하고," 분석가는 "해석하는" 마지막 단계에 있는, 상대적으로 성공적으로 보이는 치료가 어떤 것인지에 대해 얼마나 자주 들어왔던가. 분석과정에 환자가 참여하는 것에 대해 너무나도 드물게 분석되었는데, 부분적으로는 분석과정을 이해함에 있어서 무엇이 피분석자에게 가장 도움이 되는지에 주의를 기울이지 않고 있기 때문이다. 그것은 그의 무의식적 환상에 대한 이해인가, 아니면 자

9) 자세한 설명은 Busch (1996, 1997)을 보라.

신의 사고과정에 대한 점증하는 의식적인 인식과 이러한 인식에 대한 장벽인가? 여하튼 나는 무의식적 갈등을 이해하는 것과 증상해소가 뒤따르는 타협형성의 중요성을 배제하는 것이 아니다. 불가피하게도, 자기인식에 대한 모든 저항은 무의식적 사고를 지배하는 지속적인 환상들과 얽혀있다. 그것은 분석과정이 진척될 수 있도록 이것들을 환자에게 보여줄 수 있는 최상의 방법에 대한 질문이다. 분석가의 과제는 힘겨운 것이다. 원본능, 자아, 초자아의 측면에서 의사소통의 무의식적 요소를 이해하면서 피분석자의 행동에 담긴 사고들을 해석하는 것은 매우 어렵다. 환자들이 씨름하고 있다고 자각하고 있는 염려들에 연관되어 있으면서, 자기들이 하고 있는 말이 무엇인지 들을 수 있도록 이것을 환자에게 소통하는 것은 우리의 인지적 및 공감적 능력에 대한 끝이 없는 시험이다.

최근에 여러 번에 걸쳐서 환자의 수동적인 동성애적 소망을 그의 적극적인 갈망에 대한 방어로 어떤 동료가 해석하는 것을 들으면서, 나는 만일 환자가 우리가 말하는 것을 사용할 수 없다면, 마치 우리말을 모르는 누군가에게 길 안내를 하려는 것처럼 해석하고 다시 해석하려고 하는 경향이 우리에게 있다는 것에 대해 생각했다. 예외없이 이러한 상황에서 우리는 더 크게 더 천천히 말하는 경향이 있다. 마치 이렇게 하면 외국인이 더 잘 이해할 것처럼 말이다. 인식하지 못하는 무의식적 환상을 여러 가지 형태로 반복하는 것은 똑같은 성격을 띤다. 인식하지 못하는 내용에 계속 주의를 기울인다면, 우리는 피분석자가 들을 수 있는 것에 대해 공감하지 못함으로써 위험감을 증가시키고 저항을 강화할 수 있기 때문에 자아를 손상시킬 수 있다.

나는 "근처에" 있지 않는 것의 위험에 대해 강조해왔다. 의식적 자아를 개입 과정의 일부로 포함시키는 것이 어떤 유익이 있을까에 대한 질문이 아직 남아있다. 피분석자를 보다 활발히 참여하도록 초대하면 그것이 정신분석 기법으로 잘 통합되지 않았던 어떤 자아 쾌감들의 협력을 지원해준다. 이런 쾌감들은 아동 관찰자들에게 잘 알려져 있다. 클라인(1976)은 자아 활동과 관련된 이러한 쾌감들에 대해 다음과 같이 설명했다: 기능하기(예, 활동 자체가 즐거울 수 있다); 효능(예, 자신의 행동을 통해서 활동의 과정을 바꾸기); 통합(질서감과 전체감 확립하기). 이것들은 다른 많은 이들뿐만 아니라 에릭슨(1959)과 화이트(1963)에 의해 주목된 자아 활동들과 유사하다. 비슷한 맥락에서 엠데(1988)는 초기 아동기 연구를 검토하면서, 행동의 기본 동기 두 가지는 활동과 자기규제라고 결론지었다. 아주 초기부터 우리는 수많은 자아활동들에 의해 추동되고 그 안에서 쾌감을 찾는다는 것이 관찰연구에서 분명해졌다. 여러 해 동안 이들은 다양한 이름으로 불려왔다(예, 유능함에 대한 욕망, 극복에 대한 욕구); 아직은 더 명료해질 필요가 있다. 그러나 적극적인 자아의 욕구들과 그것들 안에 있는 쾌감에 대해서는 의심의 여지가 없다. 우리의 일상적인 분석 작업에서 우리는 자아가 저항과 무의식적 환상들과 어떻게 타협하는지에 대해 많은 인상을 받았다. 특유한 자아 활동들에 나타나는 전형적이고, 반복적인 제한들은 분석의 많은 부분들에서 대부분의 분석가들이 관찰해야만 것이다. 갈등에 사로잡힌 자아의 마비시키는 효과가 그것이 지닌 잠재적인 탄력성과 혼동되어서는 안 된다. 역전이 행동화로 성인 피분석자들을 인지적으로 빈약하다고 취급해선 안 되는데, 그것은 위협받은 자아가 일시적으로 제한을 받아서 그런 것처럼 보이기 때문이다. 의식적 자아와 그것의 쾌감을 존중하는 시선으로 바라볼 때, 자아기능이 갈등과 타협하고 따라서 자아활동에서 쾌감이 사라지는 방식을 볼 수 있을 것이다. 이런 식으로 피분석자들과 작업하는 것은 피분석자들로 하여금 그들이 "자신의 일부를 발견했다" 거나 자신들의 사고를 훨씬 "그들 자신의 것" 으로 고려한다는 느낌을 가져다준다.

그레이(1982)는 분석가들 사이에서 중요한 차이점은 분석의 과정에서 그들이 보이는 "주의의 형태(forms of attention)" (p. 621)라는 사실을 관찰했다. 이것은 경청한 자료의 유형 그리고 분석가가 자신이 이해한 것을 환자에게 어떻게 소통하는지에 대한 것이다. 후자의 관점에서, 분석의 어느 순간에 진행되고 있는 것에 대해 "단언하는" 분석가로부터, 환자만이 자신의 이해에 이를 수 있다고 믿기 때문에 거의 아무 말도 하지 않는 분석가에 이르기까지 다양한 유형이 있을 수 있다. 결론으로 이어지는, 자료를 공유하는 그레이(1973, 1986, 1990b)의 방법을 통해서 피분석자의 의식적 자아가 과정에 참여하도록 초대된다. 이것은 의식적 자아를 분석과정에 포함시키는 것과 관련된 장점이 있을 뿐만 아니라, 또한 과정에 대한 저항에 세심한 방법으로 집중할 수 있게 도와준다. 이것은 종결 이후 성공에 결정적인 것으로 보이는 자기분석 기능에 대한 저항을 분석하는 데 필수적이다.

와인쉘(1984)은 분석가들을 구별하는 유용한 방법은 분석 목표에 초점을 두는 사람들과 분석 작업에 초점을 두는 사람이 있다는 것이라고 주장한다. 피분석자에게 해석해주는 다양한 방법들 때문에 이러한 차이들이 드러난다. 자신의 해석을 "주장하는" 분석가의 입장에 내재되어 있는 것은 무의식적 사고를 의식화하는 목표이다. 따라서 이런 분석가는 목표라는 측면에서 분석의 치료적 이득을 바라보는 지형학적 모델로 작업하게 될 것이다. 우리는 추론의 근거들을 환자와 나눔으로써 과정을 강조한다. 우리는 환자들에게 "당신이 사용하고 있는 방법에서 우리는 당신이 말하고 있는 것으로부터 이러이러한 것들을 배울 수 있다"고 말한다. 이러한 방법에 목표가 없다는 것이 아니고, 방법에 초점을 둠으로써 목표에 이르게 된다는 것이다. 분석과정의 본질에 대한 숨겨진 가정이 개입에 대한 접근방법에 암시되어 있다. 내가 제안해온 방법은 우리는 여전히 우리의 친구들이 하나의 분석을 성공적으로 완결한 후에 그들을 인정한다고 한 길(1954)의 적절하고 자주 인용되는 말에 간결하게 표현되어 있다. 만일 분석 작업이 갈등의 제거보다 분석 작업을 지속하는 데에 중점을 두는 것이라고 믿는다면, 다양한 방법으로 의식적 자아를 포함시키는 것이 그 과정의 필수적인 요소가 된다.

완결된 정신분석에 대한 슐레진저와 로빈스(1983)의 추수연구에는 핵심갈등이 해소되지 않았다는 명백한 징후들이 있다. 오히려, 종결 이후에 분석에서 핵심이 되었던 문제가 출현하고 그것이 작용하는 것을 본다. 스트레스 시기(예, 종결 이후의 면담에서 언제든 일어날 수 있는 전이 환상이 자극되는 것과 같은)에는 과거의 갈등들이 일어나지만, 이 경우에는 훨씬 빠르게 훨씬 덜 파괴적으로 처리된다. 분석은 갈등을 제거하지 않으며 갈등을 둘러싼 만족이나 저항의 성격 패턴도 제거하지 않는다. 대신, 이러한 관점에서 볼 때, 분석이 성취하는 것은 불안에 의해 생겨나고 일련의 무의식적 환상과 외상을 수반하는 저항들을 의식화 하도록 도와주는 것이다. 분석은 자기분석을 통해 당면한 스트레스를 보다 빨리 해소하도록 해주면서, 갈등의 수많은 요소들이 더 많이 의식화되도록 해준다. 갈등의 제거보다는 이러한 자기분석 능력이 성공적으로 완결된 분석에서 볼 수 있는 최상의 이득 중 하나이다(Schlessinger and Robbins 1983). 칼레프(1982)가 지적한 것처럼, 분석의 결실은 피분석자가 분석의 과정을 동일시 할 수 있는지의 여부에 가장 많은 영향을 받는다.

마지막으로, 해석과정에 의식적 자아를 포함시키는 것에 대한 저항이 "근처에" 있는 것의 중요성으로부터 분석가와 피분석자를 멀어지게 한다는 점에 주의할 필요가 있다. 그레이(1982)와 나(Busch 1992)는 분석가가 저항을 분석하는 것에 저항하는 무의식적 환상이 지닌 자성(磁性)에 대하여 언급했었는데, 여기서도 똑같은 것을 말할 수 있다. 어린 시절부터의 보편적인 경향은 또한 피분석자는 "연상하고" 분석가는 해석하는 퇴행적 관계로 피분석자를 몰아가고 한다. 여기에는 전지전능한 인물과의 관계에서 의존적인 위치에 머무르고자 하는 욕망, 자기가 무슨 말을 하든 지켜보고 이해하려고 하는 다른 사람의 관심의 중심에 있고자 하는 자기애적 쾌감, 어떤 구조나 통제도 필요 없다고 믿으면서 자신의 마음을 놓아버리는 쾌감 등과 같은 소망들이 포함된다. 더 나아가, 피분석자가 자신의 사고를 관찰하는 것을 배제하는 전이신경증의 발달에 수반되는 자아기능의 퇴행이 있다. 예를 들어, 전조작기적 사고의 영향 아래서 기능하는 환자는

> 다른 사람에 대한 자신의 판단을 정당화하는 것에 대해 가책을 느끼지 못하거나 자신의 논리에 모순이 있을 수 있음을 보지 못한다. 예를 들어, 그는 자기가 갓 내린 일련의 판단을 재구성할 수 없다; 그는 생각할 수는 있지만 자신의 생각에 대해 생각할 수가 없다(Flavell 1963, p. 156).

피분석자가 이런 상태에 있을 때, 그의 사고는 행동에 더 가깝고, 자신이 처해있는 "근처"가 있다는 것을 인식하지 못한다.[10] 따라서, 우리가 의식적 인식에 대한 이러한 저항(자아 퇴행의 형태로나 혹은 소망에서 퇴행이거나 간에)을 관찰할 때, 우리는 여느 저항을 분석해온 대로 그것들을 분석할 필요가 있다. 위험은 자기-분석에 중요한 방해가 되는 것(예, 자신의 사고과정을 인식하지 못하는 무능력이나 인식하지 않으려는 소망)을 묵과하는 데 있다. 정신분석에서 치유 과정의 일부가 이전에는 의식에서 사용할 수 없었던 보다 높은 수준의 자아 기능의 영향 아래서 오는 경험에 달려있다고 한 뢰발트(1971)의 제안을 고려할 때 이것은 더욱 중요해진다.

---

10) 자세한 설명을 위해서는 Busch 1995a를 보라.

참고문헌

Apfelbaum B: Some problems in contemporary ego psychology. J Am Psychoanal Assoc 10:526–537, 1962

Apfelbaum B, Gill MM: Ego analysis and the relativity of defense: technical implications of the structural theory. J Am Psychoanal Assoc 37:1071–1096, 1989

Arlow JA: The structural hypothesis: technical considerations. Psychoanal Q 44:509–525, 1975

Busch F: Recurring thoughts on unconscious ego resistances. J Am Psychoanal Assoc 40:1089–1115, 1992

Busch F: Some ambiguities in the method of free association and their implications for technique. J Am Psychoanal Assoc 42:363–384, 1994

Busch F: Do actions speak louder than words? J Am Psychoanal Assoc 43:61–82, 1995a

Busch F: Neglected classics: M.N. Searl's "Some Queries on Principles of Technique." Psychoanal Q 64:306–325, 1995b

Busch F: The ego and its significance in analytic interventions. J Am Psychoanal Assoc 44:1073–1099, 1996

Busch F: Understanding the patient's use of the method of free association: an ego psychological approach. J Am Psychoanal Assoc 45:407–424, 1997

Busch F: Rethinking Clinical Technique. Northvale, NJ, Jason Aronson, 1999

Busch F: Are we losing our mind? J Am Psychoanal Assoc 49:739–751, 2001

Busch F: Telling stories. J Am Psychoanal Assoc 51:25–42, 2003

Busch F: A missing link in psychoanalytic technique: psychoanalytic consciousness. Int J Psychoanal 85:567–571, 575–578, 2004

Busch F: Conflict theory/trauma theory. Psychoanal Q 74:27–46, 2005

Calef V: An introspective on training and nontraining analysis. Annu Psychoanal 10:93–114, 1982

Davison WT, Bristol C, Pray M: Turning aggression on the self: a study of psychoanalytic process. Psychoanal Q 55:273–295, 1986

Eissler KR: Medical Orthodoxy and the Future of Psychoanalysis. New York, International Universities Press, 1965

Emde RN: Development terminable and interminable, II: recent psychoanalytic theory and therapeutic considerations. Int J Psychoanal 69:283–296, 1988

Erikson EH: Identity and the Life Cycle (1959). New York, WW Norton, 1963

Fenichel O: Problems of psychoanalytic technique. Psychoanal Q, 1941

Flavell JH: The Developmental Psychology of Jean Piaget. Princeton, NJ, Van Nostrand, 1963

Freud A: The Ego and the Mechanisms of Defense (1936), in Writings, Vol 2. New York, International Universities Press, 1966, pp 1–176

Freud S: Studies on hysteria (1895), in The Standard Edition of the Complete Psychological Works of Sigmund Freud [SE], Vol 2. Translated and edited by Strachey J. London, Hogarth Press, 1955, pp 1–319

Freud S: "Wild" psycho-analysis (1910). SE, 11:219–227, 1957

Freud S: The dynamics of the transference (1912). SE, 12:97–108, 1958

Freud S: On beginning the treatment (further recommendations on the technique of psycho-analysis I) (1913). SE, 12:121–144, 1958

Freud S: Remembering, repeating, and working through (1914). SE, 12:145–156, 1958

Freud S: Introductory lectures on psycho-analysis (1916–1917). SE, 15,16, 1961, 1963

Freud S: The ego and the id (1923). SE, 19:3–6, 1961

Freud S: Inhibitions, symptoms, and anxiety (1926). SE, 20:77–175, 1959

Gill MM: Psychoanalysis and exploratory psychotherapy. J Am Psychoanal Assoc 2:771–797, 1954

Gray P: Psychoanalytic technique and the ego's capacity for viewing intrapsychic conflict. J Am Psychoanal Assoc 21:474–494, 1973

Gray P: "Developmental lag" in the evolution of technique for psycho-analysis of neurotic conflict. J Am Psychoanal Assoc 30:621–655, 1982

Gray P: On helping analysands observe intrapsychic activity, in Psycho-analysis: The Science of Mental Conflict. Essays in Honor of Charles Brenner. Edited by Richards AD, Willick MS. Hillsdale, NJ, Analytic Press, 1986, pp 245–262

Gray P: On the technique of analysis of the superego—an introduction. Psychoanal Q 56:130–154, 1987

Gray P: A conversation with Paul Gray. Am Psychoanal 24:10–11, 1990a

Gray P: The nature of therapeutic action in psychoanalysis. J Am Psychoanal Assoc 38:1083–1097, 1990b

Greenson RR: The Technique and Practice of Psychoanalysis. New York, International Universities Press, 1967

Hartmann H: Ego Psychology and the Problem of Adaptation (1939). New York, International Universities Press, 1958

Hartmann H: Psychoanalysis and Moral Values. New York, International Universities Press, 1960

Hartmann H: Essays on Ego Psychology. New York, International Universities Press,

1964

Herzog P: Conscious and Unconscious. Psychological Issues, Monogr. 58. New York, International Universities Press, 1991

Joseph ED: Clinical formulations and research. Psychoanal Q 44:526–533, 1975

Joseph ED: The consciousness of being conscious. J Am Psychoanal Assoc 35:5–22, 1987

Klein GS: Psychoanalytic Theory: An Exploration of Essentials. New York, International Universities Press, 1976

Kris AO: Free Association: Method and Process. New Haven, CT, Yale University Press, 1982

Kris AO: The analyst's conceptual freedom in the method of free association. Int J Psychoanal 64:407–411, 1983

Kris AO: Helping patients by analyzing self–criticism. J Am Psychoanal Assoc 38:605–636, 1990

Kris E: Ego psychology and interpretation in psychoanalytic therapy. Psychoanal Q 20:15–30, 1951

Lear J: Love and Its Place in Nature. New York, Farrar, Straus & Giroux, 1990

Levy ST, Inderbitzin CB: The analytic surface and the theory of technique. J Am Psychoanal Assoc 38:371–392, 1990

Loewald HW: On the therapeutic action of psychoanalysis. Int J Psychoanal 41:16–35, 1960

Loewald HW: Some considerations on repetition and repetition compulsion. Int J Psychoanal 52:59–66, 1971

Loewenstein RM: Ego autonomy and psychoanalytic technique. Psychoanal Q 41:1–22, 1972

Mahler MS, Pine F, Bergman A: The Psychological Birth of the Human Infant.

New York, Basic Books, 1975

Myerson PG: Awareness and stress: post–psychoanalytic utilization of insight. Int J Psychoanal 41:147–155, 1960

Myerson PG: The nature of transactions that enhance the progressive phase of a psychoanalysis. Int J Psychoanal 62:91–105, 1981

Paniagua C: A methodological approach to surface material. Int Rev Psychoanal 12:311–325, 1985

Paniagua C: The attraction of topographic technique. Int J Psychoanal 82:671–684, 2001

Reich W: Character Analysis (1933). New York, Farrar, Straus & Cudahy, 1949 Schafer R: An overview of Heinz Hartmann's contributions to psychoanalysis. Int J

Psychoanal 51:425–446, 1970
Schafer R: The Analytic Attitude. New York, Basic Books, 1983
Schlessinger N, Robbins FP: A Developmental View of the Psychoanalytic Process: Followup Studies and Their Consequences. New York, International Universities Press, 1983
Searl MN: Some queries on principles of technique. Int J Psychoanal 17:471–493, 1936
Shaw RR: Hartmann on adaptation: an incomparable or incomprehensible legacy. Psychoanal Q 58:592–611, 1989
Smith JH: Dualism revisited: Schafer, Hartmann, and Freud. Psychoanalytic Inquiry 6:543–574, 1986
Spitz RA: Hospitalism: an inquiry into the genesis of psychiatric conditions in early childhood. Psychoanal Study Child 1:53–74, 1945
Stern DN: The Interpersonal World of the Infant. New York, Basic Books, 1985
Sugarman A: A new model for conceptualizing insightfulness in the psychoanalysis of young children. Psychoanal Q 72:325–356, 2003
Weinshel EM: Some observations on the psychoanalytic process. Psychoanal Q 53:63–92, 1984
White RW: Ego and Reality in Psychoanalytic Theory. Psychol Issues, Monogr 11. New York, International Universities Press, 1963
Wyman HM: Hartmann, health, and homosexuality: some clinical aspects of "Ego Psychology and the Problem of Adaptation." Psychoanal Q 58:612–639, 1989

냅시 초도로우 (Nancy J. Chodorow)

4

소개

낸시 초도로우(Nancy J. Chodorow)는 매사추세츠 캠브리지에 있는 하바드대학교에서 사회관계/사회인류학으로 문학사 학위를, 매사추세츠 월샘에 있는 브랜다이스대학교에서 사회학으로 박사학위를, 샌프란시스코 정신분석연구소에서 정신분석 훈련을 받았다. 캘리포니아 버클리대학교의 심리학 임상교수였고, 지금은 사회학 명예교수이다. 그녀는 매사추세츠 보스톤에서 개업하고 있으며, 여기에서 뉴잉글랜드 정신분석 연구소, 보스톤 정신분석 연구소, 매사추세츠 정신분석연구소의 교수이고, 하바드 의과대학 정신건강의학과의 객원교수다.

초도로우는 50편 이상의 논문의 저자일 뿐만 아니라, *The Power of Feelings: Personal Meaning in Psychoanalysis, Gender, and Culture; Femininities, Masculinities, Sexualities: Freud and Beyond; Feminism and Psychoanalytic Theory;* 그리고 *The Reproduction of Mothering* 등 4권의 책을 저술하였다. 그녀는 전 세계를 돌며 강의하고 있다. 현재 그녀는 *International Journal of Psychoanalysis*의 서평 편집자이며, *Studies in Gender and Sexuality*의 부편집자이다.

초도로우는 영예롭게도 콜롬비아 정신분석학회의 Liebert 강연 강사였으며, 정신분석적 인류학회의 L. Bryce Boyer 상을 수상했으며, 젠더 연구 분과인 39분과로부터 여성과 정신분석에 탁월한 기여를 한 공로로 수상했으며, 로버트 스톨러 기념강연을 맡았다. 그녀는 래드클리프 고등연구소, 구겐하임 재단, 미국학술단체협의회, 미국국립인문학재단, 행동과학 고등연구센터 등에서 특별 연구원을 역임하고 있다.

초도로우 박사는 자신에 대하여 다음과 같이 말한다:

> 나는 정신분석 훈련을 시작하기 십년 전인, 1974년 이후 정신분석적 사고에 기여해왔다.[1] 가장 넓은 의미에서, 나는 독자들과 동료들로 하여금 익숙한 것들에 대하여 새로운 방식으로 생각하도록 이끌면서 명백한 것들–여성의 모성 역할, 젠더 차이와 불평등, 표준적인 남성성, 이성애의 기준–에 항상 질문을 던졌다. 이 영역에 있어서의 내 역량과 욕망은 부분적으로는 타고난 기질로부터, 부분적으로는 어느 정도 국외자라는 개인적 정체성으로부터, 부분적으로는 인류학, 사회학, 정신분석학, 여성학(학문의 확립에 나의 연구가 도움을 주었던) 등을 포함하여 내 자신의 영역이라고 할 수 있는 학문분야에서의 훈련으로부터 유래하였다. 이 영역들 안에서, 특히 사회학적 민속방법론과 임상적 경청은 항상 다음의 질문을 하게 한다. 이전에 제기된 것은 무엇인가? 얘기되지 않은 것은 무엇인가? 여기서 설명이 필요 없다고 여겨지는 것은 무엇인가? 나의 임상작업이 직관적이고 정서적으로 몰입된 영역에서 행해지는 것 같지만, 저술가로서 나의 강점들은 이론적이라는 것이다. 따라서 내 글은 종종 짧은 사례를 포함하고, 나의 결론들은 임상작업에서 나오긴 해도, 상세한 임상과정보다는 분석적이고 인식론적인 원칙에 근거해서 논의하는 경향이 있다.
>
> 내가 정신분석에 미친 구체적인 영향은 *The Reproduction of Mothering*으로부터 시작됐다. 여기에서 비분석가로서 오랜 공백기 이후 젠더에 대하여 감히 프로이트에 도전하였던 샤스게-스미젤, 케스텐베르크, 스톨러와 같은 소수의 분석가들과, 정신분석을 진지하게 받아들이기를 원했던 더 적은 소수의 페미니스트들과 함께 했다. 이 책은 학문적인 독자들뿐만 아니라 많은 임상가들이 설득력 있다고 보는 현상들–여성의 정신 안에서 심리내적 모-녀 관계, 모성의 발달–을 다루는, 남성과 여성에 대한 심리학들을 포괄하는 이론이기 때문에, 분석가들에게 널리 알려지고 활용되었다. 젠더에 대한 고전적인 문헌들에 의존하는 한편, 미국의 관계적 정신분석에 영향을 미치게 되었던 페어베언, 발린트, 위니컷 등에 기반을 둔 대상관계이론도 제시하였다. 따라

1) 나의 역할과 역사에 대한 심화된 논의를 위해서는 Chodorow 2004b를 보라.

서 정신분석에서의 나의 입장은 젠더 이론가, 이론적으로 절충주의적인, 비주류 정신분석가로서 시작하였다.

훈련과 임상경험을 하면서, 나의 입장이 바뀌었다. 1980년대 초에 나는 향후 20년의 실제적인 인물 연구를 예견하면서, 초기 여성 정신분석가들의 역할과 영향에 관심을 두었다. 그리고 *Feminism and Psychoanalytic Theory*를 출판했는데, 여기에는 모성적 완벽함에 대한 환상, 관계적 과정으로서 분리와 분화, 그리고 초기 여성 정신분석가들의 젠더 의식에 대한, 널리 인용되는 논문들이 수록되었다. 1994년에 출판된 *Femininities, Masculinities, Sexualities: Freud and Beyond*는 지난 10년간 나의 작업에 중심이 되었던 임상적 개별성과 이론적 혼합주의에 대한 주제들을 발달시켰다. 내가 이어서 이 주제를 정한 것은 섹슈얼리티와 젠더를 초월하여 이론적 다양성, 그리고 사례를 들어 이론을 증명하기 "위해서 경청하기(listening for)" 보다는 환자 "에게 경청(listening to)"하는 것에 대하여 논의하기 위해서였다(Chodorow 2003a).

*The Power of Feelings: Personal Meaning in Psychoanalysis, Gender, and Culture*가 출간된 이래로, 나의 기여는 일반적인 이론과 임상적 인식론을 포함하는 방향으로 확대되었다. 이 책은 상담실 안에서의 그리고 일상생활에서의 전이의 생생한 작용을 주장하면서, (프로이트는 물론이고 클라인 그리고 위니컷을 따라서) 그 이론적 핵심을 형성한 뢰발트로부터 그 의견과 정서적 헌신을 끌어왔다. 심리와 문화가 심리내적으로 밀접하게 관련되어 있음을 주장하는 이 책은 에릭슨의 영향을 많이 받았다. 따라서 임상적 경험과 이러한 이론적 헌신을 통해서, 나는 나 자신을 뢰발트 학파의 상호주관적 자아심리학 전통의 일부로 여기면서, 주로 북미의 정신분석적 정체성으로 나아갔다(Chodorow 2003c와 2004c 참조).

정신분석에서 내가 했던 두 번째 역할은 정신분석과 대학교 사이의 간극을 연결하는 다리를 놓고(혹은 다리를 놓으려고 애쓰고), 또 각각의 입장과 양쪽의 접근을 설명하는 것이다. 이 역할은 다양한 형태로 나타났다. 첫째, 정신분석에 대한 내 모든 글들은 널리 읽히고 수많은 학술분야를 넘어서 영향을 끼쳤다. 그 후에 30년 간 나는 캘리포니아 주립대학교 대학원과 학부에서 정신분석 이론, 심리와 문화, 사회과학적 면담에서의 정동과 전이에 귀 기울이기, 그리고 정신분석과 페미니즘에 대한 강의를 했다. 특성과 맞지 않지만, 나는 특히 사회학과 임상심리학 논문에 정신분석을 포함시키려는 이들을 돕고, 인문학도들에게 프로이트 이후의 임상적 사고와 이론을 소개하면서, 대학원 학생들과 함께 작업했다. 나는 미국정신분석협회의 몇몇 전문가들을 후원했다. 캘리포니아 주립대학교의 교수로서 나는 이 캠퍼스를 넘어 몇몇 다른 연구 및 특별훈련 위원회의 동료들과 함께, 다른 분석가들이 조합한 것 이상으로 다양한 민족적, 인종적, 이민적 배경을 가진 더 많은 학생들에게 정신분석적 사고를 소개해 왔던 것 같다. 나는 또한 캘리포니아 주립대학교 상호학문적 정신분석 컨소시엄의 공동 설립자이기도 하다.

나는 정신분석과 사회과학 사이의 상호적인 무시와 불신에 대하여 양편의 입장에서 글을 쓰고 말해 왔다. *The Power of Feelings*의 하나의 목적은, 사회과학, 후기 현대주의자-후기 구조주의자, 페미니스트 동료들이 사회문화적, 정치적, 담론적 결정론을 넘어서 개인의 고유성을, 그리고 모든 다각적인 관심과 중요성을 갖고 개별성을 연구하는 것의 중요성을 볼 필요가 있음을 주장하는 것이다(Chodorow 2004c 참조). 동시에, 나는 동료 분석가들로 하여금 인문학, 고급문화, 그리고 의학과 신경과학을 넘어서, 프로이트도 지적한 바와 같이 관심들과 방법들이 정신분석과 근사한 학문으로 만드는 사회과학으로 그들의 초임상적 관심을 확대해나갈 것을 요청했다(Chodorow 2004d).

이 논문을 선택한 이유

낸시 초도로우

"타협형성으로서의 이성애(Heterosexuality as a Compromise Formation)"는 *Femininities, Masculinities, Sexualities*의 한 장이기도 하고, 내가 발표한 논문 중에서, 가장 영향력 있고 가장 널리 인용되는 논문이다. 이 글에서 나는 모든 섹슈얼리티는 복잡한 타협형성이고, 우리는 병리학적 근거로 이성애와 동성애를 자동적으로 구분해서는 안된다고 주장하고 있다. 처음으로 발표한 생각들이 이후의 연구에서 발전되고 있는 것 이외에, 이 논문을 통해서 프로이트의 *Three Essays on the Theory* *of Sexuality*에 새로운 서문을 기고한 것을 포함하여, 섹슈얼리티에 대한 정신분석적 사고를 관찰하고 비판할 수 있는 더 많은 기회를 갖게 되었다(Chodorow 2000).

"타협형성으로서의 이성애"는 하나의 전환점으로 기록된다. ***배타적으로*** 분석가들을 위해서 쓴 나의 첫 번째 논문인 이 글은 나 자신의 정신분석 훈련에 대한, 내가 전문가 모임에서 들었던 임상적이고 이론적 발표에 대한, 그리고 정신분석 문헌에 대한 반응을 나타낸다. 그때까지 나의 글들은 학계의 동료들과 정신분석가들을 향한 것들이었다. 지금은 여러 가지 요인들이 수렴되었다. 나는 섹슈얼리티에 대해 깊이 있게 지성적으로 글을 썼던 학생들로부터 영감을 받았다. 나는 당시 분석가들이 쉽사리 동성애를 장애로 언급하는 것과 나의 훈련에 성도착에 대한 한 과목이 포함되었지만 일반적인 섹슈얼리티는 포함되지 않았다는 사실에 대해 반발했다. 나는 한때 일상생활에 대한 페미니스트 사회학자로서 내 자신과 타인들의 섹슈얼리티에 대한 임상 작업과 사고에 있어서 변화하는 성적 전이와 정체성(그리고 역전이와 역정체성, 비록 이것들이 1980년대에는 지금처럼 기꺼이 주목을 받지는 않았지만)을 이해하려고 노력했다. 이 모든 것이 내게는 경이로웠다. 이 "흔히 있는 이성애"(얄궂게도 당시 내가 이렇게 특징지었던 것)를 어떻게 이해해야 하나? 이 논문이 지닌 폭 넓은 영향력을 고려할 때 내가 이 논문을 출판하기 위해서 처음에 제출했던 두 개의 유력한 학술지가 이 논문을 새롭지도 정신분석적이지도 않다는 이유로 거부하였다는 사실은 역사적으로 주목할 만한 가치가 있다.

이 논문은 나의 가장 특징적인 사고 형태와 정신분석적 사고에 대한 나의 기여에 있어서 주된 형태를 나타낸다. *The Reproduction of Mothering*을 시작으로 해서, 나는 오랫동안 당연한 것으로 여겨온 이론적 혹은 전이론적 가설들(지금까지 말했던 것은 여성 모성의 보편성; 지금부터 말하는 것은 이성애의 당연시)로부터 출발해서, 이것들이 지니고 있는 함의들, 모순들, 한계들을 풀어보고자 한다. "타협형성으로서의 이성애"에는 내가 타협형성으로서의 모든 젠더와 섹슈얼리티, 그리고 후에 내가 젠더 심리학에서 "임상적 개별성(clinical individuality)"이라고 하는 것에 대한 나의 첫 번째 주장이 담겨있다. 그것은 섹슈얼리티의 발달적, 신체적, 환상적, 대상관계적, 문화적 등 다중적인 구성 요소들을 향해 있다. 그리고 그것에는 섹슈얼리티와 젠더에 대하여 개별적, 관계적 발달로 이해하는 것이 과잉 일반화되고, 보편화되고, 비성찰적인 문화적 규범을 주장하는 것보다 더 낫다는 점이 내포되어 있다(Chodorow 1996, 1999, 2003b, 2004a).

참고문헌

Chodorow NJ: Theoretical gender and clinical gender: epistemological reflections on the psychology of women. J Am Psychoanal Assoc 44 (suppl: Female Psychology):215–238, 1996

Chodorow NJ: The Power of Feelings: Personal Meaning in Psychoanalysis, Culture, and Gender. New Haven, CT, Yale University Press, 1999

Chodorow NJ: Foreword to Freud's Three Essays on the Theory of Sexuality. New York, Basic Books, 2000, pp vii–xviii

Chodorow NJ: From behind the couch: uncertainty and indeterminacy in psychoanalytic theory and practice. Common Knowledge 9:463–487, 2003a

Chodorow NJ: [Homosexualities as compromise formations: theoretical and clinical complexity in portraying and understanding homosexualities] (French). Revue Française de Psychanalyse 1:41–64, 2003b

Chodorow NJ: The psychoanalytic vision of Hans Loewald. Int J Psychoanal 84:897–913, 2003c

Chodorow NJ: Beyond sexual difference: clinical individuality and same-sex cross-generation relations in the creation of feminine and masculine, in Dialogues on Sexuality, Gender, and Psychoanalysis. Edited by Matthis I. London, Karnac, 2004a, pp 181–203

Chodorow NJ: Psychoanalysis and women: a personal thirty-five-year retrospect, in The Annals of Psychoanalysis XXXII: Psychoanalysis and Women, 2004b, pp 101–129

Chodorow NJ: The American independent tradition: Loewald, Erikson, and the (possible) rise of intersubjective ego psychology. Psychoanalytic Dialogues 14:207–232, 2004c

Chodorow NJ: The question of a *Weltanschauung*: ethnographic observations 70 years later. Unpublished Liebert Lecture, Columbia Psychoanalytic Society and Association for Psychoanalytic Medicine, 2004d

타협형성으로서의 이성애

성적 발달에 대한 정신분석 이론에 대한 고찰

(Heterosexuality as a Compromise Formation: Reflections on the Psychoanalytic Theory of Sexual Development)[1]

낸시 초도로우

이 논문이 드러내려고 하는 것은 정상적인 이성애의 심리성적 발달은 당연한 것으로 여기고, 이 규범에 따르면 그럴 필요 없지만, 이 규범에서 일탈하면 설명이나 근거를 대야 하는 것으로 보는 정신분석적 가설들이다.[2] 나는 서로 뒤얽혀 있는 두 가지의 주장을 제시하고자 한다. 첫째, 이성애는 당연한 것으로 여겨지기 때문에 그것의 기원과 변천은 서술되지 않는다: 정신분석에는 우리가 "정상적" 이성애(물론 광범위하게 다양한 이성애들)라고 생각하는 것에 대해서는 발달적 설명이 없는데 비해, 다양한 동성애나 우리가 도착이라고 부르는 것의 발달에 대한 설명은 풍부하고 구체적이다.[3] 정신분석적 저자들은 후자의 정체성이나 실제에 쏟는 정도의 관심을 이성애에 쏟지 않는다. 프로이트 이후, "정상적(normal)" 이성애에 대한 정신분석 이론에 대해서 알아낼 수 있는 것의 대부분은 도착과 동성애에 대한 저술의 행간을 읽음으로

---

1) 본 논문은 *Psychoanalysis and Contemporary Thought*, 15:267-304, 1992에 실렸던 것이다. 사용하도록 저자의 허락을 받았다.

2) 나는 이 논문에 대해서 오랫동안 토의해준 Janet Adelman과 Arlie Hochschild에게 깊이 감사한다. 논평과 제안을 해 준 Adrienne Applegarth, Steven Epstein, Ethel Person과 seminar for semi-baked Ideas에 감사한다. 그리고 귀중한 연구에 도움을 준 Karin Martin에게 감사한다.

3) 이런 종류의 설명에는 피할 수 없는 용어상의 문제가 있다. "정상적(normal)"이나 "일반적(ordinary)" 이성애라고 하면, 내게는 사회적으로나 문화적으로 당연시 여겨지는 전제가 떠오른다. 정신분석 안에서, 정상적 이성애는 Freud의 연구(1924, 1925, 1931, 1933)에 표현되어 있는데, 소녀의 경우에는 정상적 여성성으로의 경로에 대해 그리고 소년의 경우에는 긍정적인 오이디푸스의 해소(the positive oedipal resolution)에 대해 기술하고 있다. 또한 이것은, 동성애나 도착의 경우에서와 같이, 특별한 주의를 요하는 것으로서 정신분석적 관심을 끌지 못하는 부정적인 것으로 정의될 수도 있다. "정상적인 것"을 말하는 것은 다양성이 없다는 것을 의미하는 것도 아니고 그러한 섹슈얼리티가 참여자에게 강렬한 의미가 없을 수 있다는 것을 의미하는 것도 아니다.

써 얻게 된다.[4)]

둘째, 우리가 이성애에 대하여 발달적 혹은 임상적 설명을 하는 데 있어서, 그것이 상대적으로 공허하고 일반적인 것으로 보이거나, 이성애는 우리가 동성애, 도착, 혹은 ***어떤*** 성적 결과나 실제 등에 대해 하는 말과 다를 게 없다는 것을 암시한다; 즉, 타협형성, 증상, 방어, 신경증, 장애, 자기발달의 복잡한 조직, 자기애적 보상, 대상관계, 무의식적 환상, 그리고 욕동 파생물 등등. 따라서 "건강," "성숙," "신경증," "증상"이나 다른 평가적 용어들, 혹은 통계적이나 규범적이라는 의미 이외에 "정상 대 비정상"이라는 기준으로 동성애와 이성애를 구분할 수 있는 설득력 있는 근거를 정신분석이론 안에서 찾기는 어렵다. 기껏해야, 우리는 이러한 용어에 따라서 동성애와 이성애 모두의 범주 안에서 도착과 비도착(nonperverse)을 구분할 수 있다.

두 개의 서두로 내 논의를 시작하겠다. 첫째, 나는 부득이 문헌에 내포된 문제를 피해갈 것이다: 우리가 동성애, 동성애자, 동성애 대상선택이나 다양한 도착을 언급할 때, 우리는 섹슈얼리티, 성적 대상선택, 욕정, 성애화(erotization)나 욕망을 구체적으로 언급하고 있는 것이고, 남성 동성애자나 레즈비언의 경우에는 의식적인 성적 정체성을 가진 사람을 언급하고 있는 것 같다.[5)] 반면에, 우리가 정상적 이성애 경험의 발달에 대한 설명을 찾을 때(예, Person [1988], 혹은 최근까지 Kernberg[1976a, 1976b, 1980]; 보다 초기에는 M. Balint[1936, 1947]), 그것은 성(sex) 이상의, 혹은 "보다 더 큰" 어떤 것을 의미하는 것 같다: 우리는 "사랑에 빠짐," "성숙한 사랑," "낭만적 열정," "진정한 대상사랑," "성기적 사랑"의 영역 안에 있다. 마치 이성애는 성애적이고 오르

---

4) 이 논문이 문헌 비평은 아니지만, 이러한 주장에 대해서 잠깐 살펴보자면, Karin Martin이 지난 10년의 주요 정신분석 학회지 8개를 조사했는데, 사랑에 대한 논문이 단 2개이고, 소수의 논문이 이성애를 다루고 있다(특히 Hershey[1989]는 이성애를 문제시 하는 입장을 취한다). 이러한 조사를 한 그녀의 결론(개인적인 대화): "정신분석이 소홀히 하는 것이 단지 정상적 이성애뿐만이 아니라 남성의 정상적 이성애도 소홀히 한다는 것이 특히 더욱 충격적이다. 여성의 섹슈얼리티는, 그것이 이성애건 아니건 간에, 일탈이 아니라도 정신분석에 의해 문제가 있는 것으로 지속적으로 이해되어왔으며, 그것이 어떻게 왜 문제가 되는지에 대한 설명이 있다."

5) 역사적이고 이론적인 수많은 현대 문헌들이 성적 정체성이나 섹슈얼리티에 대한 상대적으로 최근의 개념 구조를 설득력 있게 기록하고 있다. 이전에, 서구 문화는 섹슈얼리티를 개인적으로 규정되고 금지된 행동이라는 관점에서 개념화하였다: 단일한 태도, 어떤 부류의 사람들, 혹은 대상 선택으로서의 ***동성애자***나 ***이성애자라는*** 용어나 개념들은 알려져 있지 않았다(Foucault 1978; Katz 1983, 1990; Stein 1989; Weeks 1986).

가끔 만족의 문제 그 이상의 것이지만, 다른 섹슈얼리티들은 그렇지 않은 것 같다.[6]

둘째, 나는 섹슈얼리티와 젠더의 관계에 대해서 간단히 진술하겠지만 만족스럽게 다룰 수는 없을 것이다. 우리가 남성과 여성, 그들의 섹슈얼리티와 그 발달에 대해 알고 있다고 해도, 동성애나 이성애에 대해서 일반적으로 이야기할 수 있는지에 대해선 의문이 남는다. 이것은 섹슈얼리티에 대한 비정신분석적인 글들에서 그리고 현대의 성정치학에서 주요 주제가 되어왔으며, 대부분의 정신분석적 글들에서도, 남성이나 여성의 동성애에 대해 글을 쓸 때 초점을 맞추기 위해서, 남성 동성애자와 레즈비언을 구별하는 경향이 있다.[7] 유사한 고려사항이 이성애의 경우에도 적용될 것 같다: 여자가 남자를 성적 대상이나 애인으로 선택하는 것은 발달적으로, 경험적으로, 역동적으로, 그리고 그녀의 여자다움(womanliness)이나 여성성(femininity)에 대한 의미에 있어서, 남자가 여자를 성적 대상이나 애인으로 선택하는 것과는 사뭇 다르기 때문에, 우리가 이것들을 같은 용어로 개념화해야만 한다는 것은 전혀 명료하지 않다. 이성 대상은 자기가 아니거나 자기와 다르고, 동성 대상은 자기와 유사하다고 행동으로나 정의상 그렇게 할 수 있으나, 우리는 그렇게 함으로써 우리의 심리적 이해를 혼란스럽게 할 수 있다.[8]

다음에서, 나는 특정 이론가들을 고찰하고자 하지만, 내가 믿는 것이 때로는 정교하지 못한 전형적인 설명들과 가정들이라는 것도 밝힌다. 나는 보편화하려는 게 아니다; 나는 내 생각에 우리 분야에서 성찰을 가져다 줄 사고의 경향을 지적하고 있는 것이다. 나는 (동성애자들 사이에서의 사랑과 열정의 발달에 대한 보다 분명한 관심을 기울이는 것뿐만 아니라) 남자와 여자 모두에게 있어서의 이성애 발달에 대한 보다 분명한 관심을 기울여야할 필요성을 지적하는 것이다.

---

6) 이러한 사랑은 성적인 쾌락이나 의미를 ***포함할*** 수 있지만 그것들을 넘어선다(Balint 1936, 1956; Kernberg 1976a, 1976b, 1980, 1988, 1991).

7) Katz(1990, pp. 10-14)는 처음으로 ***동성애자***(*Homosexua*)라는 용어를 사용한 의학적 저술가가 젠더 개념("'일반적인 정신상태가 반대 성의 것'인 사람")을 배타적으로 언급했다는 것을 지적하면서, 이 문제에 유용한 역사적 통찰을 제공한다. 그는 또한 ***동성애자***(*invert*)라는 세기의 용어가 젠더를 초월하는, 진정한 여성성(True Womanhood)과 진정한 남성(True Manhood)으로부터의 일탈을 허용하기 때문에 동성애적 욕망을 나타낸다고 제안한다. Freud와 같이, 몇몇 정신분석가들이 성정체성과 성격을 배타적으로 성적 지향과 방식으로 보는 것을 넘어서게 된 것은 최근의 일이다(Chodorow 1989a).

8) Lewes(1988, p. 232)는 현대 정신분석이 동성애를 그것의 역동이나 현상학보다는 특징적 행동이라는 관점에서 특성 없이 정의하고 있다고 주장한다.

이성애에 대한 생물진화론적 가정들

나는 다양한 생물학적 가정들이나 이해들 때문에 이성애의 발달적 기원에 대하여 상세히 탐색하려는 관심이 놀라울 만큼 부족하게 되었다고 믿는다. 여기에서 아마도 많은 정신분석가들이 생각할 수 있는 가장 단순한 견해는, 인간이 우리의 진화적 유산과 다른 동물 종들, 특히 우리의 영장류 조상들의 그것을 따라서 "자연적으로(naturally)" 발달하는 것과 같이, 이성애가 타고나거나 자연적이라고 가정하는 것일 것이다. 이러한 입장은 명확하고 방어나 논쟁의 필요가 없어 보인다.[9)]

이런 식의 정신분석적 설명에는 많은 문제가 있다.[10)] 첫째, 논리적 일관성의 수준에서 볼 때, 이것은 개인에게서의 동성애나 도착의 발달에 대한 설명은 필요하지만 이성애는 아무런 설명이 필요치 않다는 것을 의미한다.

둘째, 사람들은 생물학적으로 이성애로 프로그램 되어 있다는 주장이 지닌 보다 복잡한 경험적 문제는, 정상적인 이성애가 다른 어떤 성적 욕망과 마찬가지로 언제나 그 대상에 있어서 구체적으로 명시되어 있다는 것이다. 그렇지 않다면, ***어떤*** 남성도 이성애 여성의 성적 혹은 관계적 대상 욕구에 부응할 것이고, 역으로 남성의 경우도 마찬가지일 것이다. 그러나, 사실 성적 대상선택, 성애적 매력, 그리고 환상에는 문화적이고 개인적으로 큰 심리적 특이성이 있다. 어떤 ***특정한***(*particular*) 이성애 남성이나 여성도 특정의 욕망대상이나, 대상 유형을 선택하며, 각각의 경우에 이러한 선택에 대해 설명할 수 있는 문화적이고 개인적인 발달과정에서의 이야기를 제시할 필요가 있다.

문화적인 이야기라면, 내게는 같은 문화의 구성원이 더불어 성장하며 다른 이들과 함께 공유하는 동화, 신화, 사랑과 상실 그리고 배신의 이야기, 영화와 서적들이 떠오른다. 판타지는 적어도 부분적으로는 언어를 통해 구성되어야하기 때문에, 성적 판타

---

9) 예를 들어, "종의 번식을 위한 이성애의 사회적이고 심리적인 재생산이라는 문제는 다음과 같은 것에 뒤이어 생겨났다.... 이성애의 근거를 위해서, 모든 사회는 성들 사이에, 지금껏, 보편적이고 없어서는 안 될 어떤 다른 구별을 만들어 왔다" (Mitchell 1989).

10) Stoller(1985)는, 생물학적으로 "자연적"이라는 이성애의 가정이 지닌 문제들을 토론하면서, "인간의 심리 발달이 이미 프로그램 된 대로 평이하게 '자연적으로' 진행된다고 믿는 정신분석가가 정말로 있는가?"라고 질문한다(p. 101).

지가 이러한 이야기들과 부분적으로 공명하는 것을 발견해도 우리는 놀라지 않는다; 그것들은 개인적으로 전유될 때, 우리는 그것들을 크리스(1956)가 "개인 신화(personal myth)"라고 부른 것에 비길 수 있다. 우리가 이 문화적 구성요소에서 기대하는 바와 같이, 성적 매력과 매력성의 개념은 역사적으로나 교차-문화적으로 다양하다. 우리 문화에서, 이러한 이야기들은 거의 배타적으로 이성애적이다(그리스 신화와 남성의 우정 이야기는 여기서 주목할 만한 예외가 된다. 물론 동성애 사랑이 우리 문화에서는 주로 금지되어 왔지만, 고전적인 그리스 문화에서는 허용되었다). 어떤 의미에서는, 그 구성요소들이 더 가까이 쉽게 접할 수 있기 때문에, 이성애적 판타지들을 구성하는 것이 더 쉽다.

또한 이성애적 판타지와 욕망에는 언제나 문화적 규범과 대조되거나 문화적 규범을 보다 상세히 구체화하는 개인적인 구성요소, 즉, 사적인 이성애적 에로티시즘이 담겨있다. 일상적인 예를 든다면, 민족성에 따라 매력에 대한 다양한 기준이 있을 수 있다. 이러한 민족성을 갖고 성장한 사람들은, 문화적이고 오이디푸스적인 이유들 때문에 그러한 규범들을(직접적으로나 간접적으로, 긍정적으로나 부정적으로) 그들의 성적 지향과 대상 선택에 통합시킬 수 있다. 이성애자로 불리거나 스스로를 그렇게 생각하는 사람들은 십중팔구 키가 큰 금발의 백인 앵글로색슨계 개신교인, 짧은 곱슬머리의 풍만한 유대인, 남부 억양을 가진 아프리카계 미국인이고, 자신들이 속한 민족 집단의 구성원들 혹은 그러한 집단 밖에 있는 사람들에 의해서만 성애적으로 흥분된다. 어떤 여성들은 반복적으로 우울해 보이는 남성들에게, 다른 여성들은 공격적이거나 폭력적인 남성들에게, 또 다른 여성들은 자기애적인 남성들에게 매력을 느끼는 것을 발견하게 된다. 어떤 남성들은 재잘거리고 경박한 여성들에게, 어떤 남성들은 조용하고 거리를 두는 여성들에게 끌린다. 어떤 이들은 부모와 비슷한(각각의 젠더에 대한 한쪽 부모, 혹은 부모 두 사람의 혼합) 애인이나 배우자를 선택한다; 다른 이들은 가능한 한 그들의 부모와 닮지 않은 애인이나 배우자를 선택한다(종종 이들 상대가 부모의 특성을 그대로 재현하는 걸 발견하거나 그렇게 하지 않을 때 불만을 품게 되는 것을 발견한다). 이러한 선택에는 문화적이고 개인적인 공명이 반영된다.

생물학이 문화적 판타지나 사적 에로티시즘의 내용을 설명할 수 없다는 것이 나의 요점이다. 우리는 특정 개인의 특정 이성애의 발달을 설명할 수 있는 이야기가 필요하고, 누군가의 성적 발달이나 대상 선택에서 설명을 필요로 하는 것에 대해 어디에 선을 그어야 할지를 아는 것은 매우 어렵다. 어느 임상가라도 이것은 알고 있지만, 전-이론적 근거를 들어 그러한 다양성이 덜 중요하다고 생각하는 경향이 있다. 19세기 이래로 우리는 우리 문화가 기본으로 삼아온 성적 지향의 가장 중요한 부분에 특권을 부여한다.

이성애는 타고난다는 가설에 있어서의 세 번째 허점 혹은 모순은 이 가설과 발달이론과의 관계에 관한 것이다: 이성애적인 선호는 타고난다는 이론과, 유아와 어린이의 범성애(pansexuality) 그리고 그들이 하나의 만족 지대나 양식에 초점을 맞추지 않는다는 점에 대한 우리의 관찰과 이론, 혹은 사실상 **모든** 사람들의 초기 신체적 성애는 자신의 어머니와 연루되어 있다는 우리의 지식이 어떻게 조화를 이룰까? 우리는 어머니와의 관계(수유, 신체접촉, 그리고 매달리기)가 성적이지는 않지만, 섹슈얼리티는 성기적이거나 생식적인 것 이상이라는, 섹슈얼리티에 대한 정신분석적 이론과 프로이트의 주장이라는 관점에서 매우 중요한 부분이다. 더구나, 젠더 표기가 성적 지향을 결정함에 있어서 전형적으로 생물학을 능가한다는 증거는 거의 없다. 따라서 대부분의 "잘못된 표기(mislabeling)"나 호르몬 이상의 경우, 성적 지향은 표기된 젠더와 상보적인 관계로 이성애적이다(이것에 대해서는 머니와 에르하르트[1972]의 고전적인 연구를 보라).[11]

대안적인 생득주의적 입장이 있다. 이 주장은 암묵적으로 남성 동성애만 언급하는 것 같다. 대부분의 사람들은 이성애로 프로그램 되어 있지만, 어떤 사람들은 동성애로 프로그램 되었다는 것이다(Isay[1989]를 보라. 이사이는 이 입장을 취하지만 동시에 [출생부터 불변하는 성적 지향]이 표현되는 방식은 다양한 초기 경험에 크게 영향을 받을 수 있는 복잡하고 다양한 뿌리를 가지는 것으로 보인다고 주장한다[p. 21]; 또한 Friedman[1988]을 보라. 프리드만은 어떤 사람들에게 있어서 동성애 대상선택

---

11) 나는 여기에서 젠더 유형의 행동에 미치는 호르몬이나 유전적 영향에 대한 전체 질문을 고려할 수 없다. 그것은 그 자체로 많은 논문에서 다뤄야 할 만한 주제이다. 나는 단지 소녀라고 이름 붙여진 사람들은 남성을 욕망하는 경향이 있고, 소년이라 이름 붙여진 사람들에게는 그 반대가 사실이라는 점을 지적하고 있다. 두 경우 모두 염색체나 호르몬의 구조와는 무관한 것이다. 동시에 특정의 경우에 생물학적 영향을 뒷받침하는 증거가 있다. 이를테면, 어떤 소년기의 젠더 장애는 내분비의 요인이 있으며 때때로 후에 동성애와 상관관계가 있다(이것에 대해 Friedman[1988] 참조).

의 어떤 측면은 타고난 것이라고 생각한다).[12]

이 입장은 이성애가 보편적으로 프로그램 되어 있다는 주장에 대해 유사한 문제들을 제기한다. 이것은 동성애나 이성애를 넘어서는 대상선택의 특이성(specificity)을 허용하지 않는다; 이것은 젠더를 나타내는 증거와 모순된다; 이것은 정신역동적 관심으로부터 섹슈얼리티에 대한 질문을 제외시킨다. 왜냐하면, 이것은 우리의 발달적인 이야기들, 전이 반복들, 그리고 심리내적, 대상관계적, 자기, 방어적 조직에 대한 이해들이 그렇게 중요하지 않다는 것을 의미하기 때문이다. 여기에서도 모든 사람은 자신의 생물학적 경향대로 살아가는데, 우리들 대부분은 이성애자로 살아간다.

그렇다면, 임상가와 발달이론가로서, 우리는 도전한다. 만일 모든 사람에게 프로그램 된 생물학이 이성애이고, 이것이 잘못되어서 어떤 사람이 동성애자가 되는 것이라면, 동성애자들은 발달적 이야기를 갖게 되는 것이고, 이성애자는 그렇지 않다는 것이다. 생물학이나 진화생물학은 한 종류의 섹슈얼리티가 어떻게 발달하는지는 설명하지만 다른 종류에 대해서는 그렇지 못하다. 비록 우리는 수정된 생물학적 이야기를 보유하기를 원하지만, 발달은 기질과 경험 사이의 "상보적인 일련의" 상호작용이라는 프로이트의 견해에서와 같이 (현대 생물학의 많은 부분은 이것을 확장해서 경험이 항상 생물학적 구조와 기능에 영향을 미치며, 그 역도 마찬가지라고 주장한다), 우리는 동성애와 이성애 발달의 상보적인 이야기는 같은 것일 거라고 결론지어야만 한

---

12) 생득주의적 이론은 몇몇 비정신분석적 게이 이론가들에 의해서도 되풀이 되었다. 이 견해는, 비록 소수자 입장이기는 하지만, 성적인 선호가 얼마나 일관되고, 생득적이고, 변화할 수 없는 것으로 느껴지는가에 대해 반응한다. 섹슈얼리티나 성적 대상선택이 생물학적이고 일관된다고 주장함으로써, 게이 이론가들은 동성애가 (선택이나 치료를 통해서) 변화될 수 있다거나 동성애가 도덕적으로 비난받아야만 한다는 주장들에 도전한다. 이러한 주장들은 한 사람의 섹슈얼리티는 주어진 것이고, 타고 난다는 것을 함의한다: 이것은 도덕적(그리고 치료적) 영역을 넘어서는 것이다. 게이와 레즈비언의 저술들은 여기에서 나눠진다. "강제적인 이성애(compulsory heterosexuality)"가 아니라면 모든 여성은 자연적으로 레즈비언이 될 것이라는 Rich(1980)의 주장에 대항하여, 심리학자 Golden (1987)은, 어떤 레즈비언들은 자신을 "일차적 레즈비언(primary lesbians)"으로 보는데, 이들에게 있어서 여성 동성애는 선택이 아니라 어릴 때부터 느껴지는 욕망이고 "다름(difference)"에 대한 감각이라고 지적하는 연구를 보고했다. 그렇지만 다른 이들은 자신의 여성 동성애를 정치적이거나 성애적인 이유에서 의식적으로 고른 "선택적(elective)"인 것으로 본다. (Golden은 일차적 동성애가 생물학적인 것이라고 말하지 않았다. 그녀의 주제가 보고하는 것은 이것이 초기에 발달되고 불변의 것으로 느낀다는 것이다.)

다. 각각의 설명과 각각의 이야기는 발달적으로나 임상적으로나 특유하기 때문에, 규범적으로 이성애에 더 특권을 부여할 아무런 근거가 없을 것이다.

이성애에 대한 생물학적 설명은 우리가 임상적으로, 경험적으로, 문화적으로, 그리고 교차 문화적으로 알고 있는 것을, 성적인 느낌들은 심리적이고, 강렬하고, 주관적으로 의미가 있다는 사실을, 그것들의 개별적 특이성은 항상 개인의 인생사와 문화-언어적 위치라는 관점에서 설명될 수 있어야 한다는 것을 부인하게 만든다. 우리의 생물학적 가정들을 유지하려고 하면, 우리는 심리학을 잃게 된다. 심리학적 접근을 유지하려고 하면, 생물학과 욕동이 항상 갈등, 판타지, 정체성, 자기애, 열정적인 대상관계, 회복(여기에서 특정 심리학 이론은 관계가 없다)과 항상 뒤얽혀있다는 것을 인정하면서, 우리는 이성애를 설명하기 위해 성적 이형성(二形性, dimorphism)에 의존할 수 없다.

프로이트와 그의 추종자들

나는 이 지점에서 많은 독자들이 프로이트의 견해는 훨씬 더 복잡하며, 그는 결코 이성애가 생물학적이라고 생각하지 않았다고, 아주 자연스럽게, 이의를 제기할 것이라는 것을 안다. 프로이트는 모든 사람이 기질적으로 양성애적이고 성적 대상선택에는 항상 설명이 필요하다고 믿었다. *Three Essays on the Theory of Sexuality*(Freud 1905)와 "The Psychogenesis of a Case of Homosexuality in a Woman"(Freud 1920)에서, 프로이트는 진정한 동성애자들이 있으며 동성애는 단지 많은 섹슈얼리티 중의 하나라고 주장하였다; "Analysis Terminable and Interminable"(Freud 1937)에서, 프로이트는 양성애가 생물학적, 심리학적 기반이라고 주장하였다. 기질적인 양성애라는 이론과 프로이트의 임상사례들은 어떤 섹슈얼리티도 부분적으로는 그 반대의 섹슈얼리티의 억압을 통해서 구성된다는 견해를 유지한다: 이성애적 지향에는 억압된 동성애가 포함되고 그 역도 마찬가지이다.[13] 프로이트는 아동과 성인의 섹슈

---

13) Connell(1987, p. 209)은 인격에서 드러나는 남성성과 여성성의 조직적인 층에 대하여 언급하는데, 사회적 역할과 양립할 수 있는 정상적으로 표면적인 인격은 그 반대를 억압함으로써 구성된다는 것이다. 나는 여기서 그의 의견을 적용한다. 나는 많은 동성애가 있고 많은 이성애가 있으며, 이들 모두는 서로 다른 것을 포함하고 억압한다는 사실을 여기서 고려할 생각은 없다.

얼리티, 동성애와 이성애, 정상적 성기성(genitality)과 도착 사이에는 연속성이 있다고 생각했다.

그러나 그 반대로, 프로이트는 아마 종의 재생산이라는 목적론적 이유로, 이성애가 자연적이라고 생각했을 수도 있다(프로이트의 목적론에 대해서는, Chodorow [1978]; Schafer [1974]를 보라). 그러나 남성과 여성 모두에게 있어서 이성애 지향의 발달에 대한 그 자신의 이론적 임상적 설명은 타협형성과 방어라는 설명으로만 해석될 수 있다: 여성 성기에 대한 공포와 혐오에 근거한, 거세에 대한 소년의 공포는 자신의 어머니를 포기하게 하고 그의 최종적 이성애 대상선택을 촉진한다; 남성 환자에게서 거세 불안과 여성에 대한 갈등을 인정하지 않는 사례는 거의 보기가 드물다. 소녀의 이성애 역시 자신의 성기훼손에 대한 공포, 남근선망, 어머니를 향한 분노와 증오에 의해 촉진된다. 그녀의 성애적인 욕망은 결코 관련이 없어 보인다. 그것은 그녀가 아버지에게로 방향을 전환하는 것이 리비도적 욕망에서가 아니라 자기애적 모욕감 그리고 아버지의 남근을 자기 것으로 소유하려는 소망에서이기 때문이다. 그녀가 그것을 가질 수 없다는 것을 발견하게 될 때도, 그녀는 여전히 그를 원하지 않는다. 그녀는 그녀가 가질 수 없는 남근을 대체하는 아기를 원한다.

여기에는 많은 모순이 있으며, 루이스의 책 *The Psychoanalytic Theory of Male Homosexuality*(Lewes 1988)은 특히 소년들에 대한 고전적 이론을 훌륭하게 해체하고 있다. 예를 들어, 루이스는 프로이트가 "Mourning and Melancholia"에서 자아에 그림자를 드리우는 것은 잃어버린 ***대상***이라고 말한 이래로, 이론에 의하면 동일시해야할 대상은 아버지라기보다는 어머니라는 것을 지적하고 있다. 대조적으로, 공포에 대한 적절한 반응은 도피다. 만일 소년이 자신의 오이디푸스 콤플렉스를 해소함에 있어서 아버지와 동일시한다면, 소년이 이성애적이었을뿐만 아니라 동성애적이었다라는 점에서, 그리고 그의 어머니뿐만 아니라 ***아버지도*** 그의 사랑대상이었다 라는 점에서 가능하다. 루이스는 프로이트가 행동과 심리를 혼동하고 있다고 지적한다. 심리학적 의미 수준에서, 어머니에 대한 소년의 전오이디푸스기적 사랑은 자기애적이고 동성애적인 것으로 이해되어야 한다: 남근적 소년(남근적 소녀뿐만 아니라)이 사랑한 사람은 바로 남근적 어머니(phallic mother)이다.

루이스는 오이디푸스 콤플렉스의 정상적 이성애의 기원이 프로이트와 그의 추종자들이 생각했던 것보다 훨씬 더 복잡하다는 것을 분명히 했다. 실제로, 그는 소년에 해당하는 12가지의 다른 가능한 오이디푸스적 배열들을 기술하는데, 이것은 그의 애착이 의존적인지 자기애적인지, 대상이 자기 자신인지 아버지인지 어머니인지, 어머니가 남근적 어머니인지 거세된 어머니인지, 그가 아버지와 동일시하는지 (남근적 혹은 거세된) 어머니와 동일시하는지, 그 자신의 성적 태도가 수동적인지 능동적인지에 달려있다. 이들 중 6가지는 이성애적이고, 단 하나만이−능동적이고, 대상선택에서 의존적 모드를 사용하고, 아버지와의 동일시에 기반을 두고, 대상으로 거세된 어머니를 취하는− "정상적"이다. 루이스는 단 하나의 섹슈얼리티에 정상성을 부여하는 우리의 능력을 발견하고 문제가 되는 속성이 있음을 지적한다.

> 오이디푸스 콤플렉스의 기제는 사실 일련의 심리적 외상들이며, 그것의 모든 결과는 신경증적 타협형성이고... 심지어 최적의 발달도 외상의 결과이며, 따라서 어떤 발달이 또 다른 가능성을 "저지하고" "차단하고" "억제한" 결과라는 사실이 그것을 다른 발달과 구별하지는 않는다. 그래서 오이디푸스 콤플렉스의 모든 결과는 외상적이며, 비슷한 이유로, 모두가 "정상"이며.... 오이디푸스 콤플렉스는 외상에 의해 작동하며, 필연적으로 신경증적 상태를 야기한다(pp. 82, 86).

내가 믿기로는 많은 정신분석이론가들이 이 문제를 다소 인지하고는 있지만, 강력하게 인정하지는 않았다. 그들은 정상과 신경증이라는 이슈에 대해서 최종 결론을 내리지 않았다. 어떤 사람들은, 스톨러(1975, 1979, 1985)와 퍼슨(1988)처럼, 열정이나 이성애의 "신경증적" 핵심을 서술하고, 혹은 맥두걸(1986)처럼, 여전히 외상적이긴 해도, 거세 외상을 다루는 어떤 것은 정상이고 다른 것은 아니라고 생각한다.

프로이트의 역설에 대한 또 다른 해결책은 거세 콤플렉스를 다소 무시하거나 최소화하고 이성애의 발달을 덜 역동적인, 더 대인관계적인 관점에서 보는 것이다. 프로이트에 기원을 두고 있으며 꼭 드러나게 서술된 견해는 아니지만 널리 받아들여지고 있는 견해에 의하면, 소년은 어머니에 대한 자연스러운 전오이디푸스적 사랑에서, 오이디푸스적 사랑으로, 여인에 대한 성인의 성적 욕망으로 튀어오르는 것으로 생각된다. 상보적으로, 어머니로부터의 자율에 대한 소녀의 욕망은 아버지에 의한 "자극적이지 않은 유혹(mild seduction)" —유혹이 아닌 일종의 유혹—과 접하게 되고 소녀는 이성애자가 된다(Leonard 1966; Chasseguet-Smirgel 1976).

나는 거세 콤플렉스가 성적 지향과 욕망의 중심적인 콤플렉스라고 생각하지는 않지만, 루이스가 지적했듯이 그것이 모든 형태의 성적 발달을 설명하는 데 있어서 일관성을 요구한다는 이론적 중심으로서의 그것의 가치는 남아있다. 거세 콤플렉스에 대한 프로이트의 이야기가 섹슈얼리티를 발달적, 역동적, 갈등적 관점에서 보고, 의식적이거나 무의식적인 판타지가 섹슈얼리티 안으로 들어간다고 인식하는 한, 그것은 또한 우리의 임상경험과 일치한다.

그에 반해서, 대인관계적 대안은 엄청난 문제들을 안고 있다. 여기에서 우리는 동성애와 도착에 대한 정신분석적 설명의 풍부함과 대단히 정교하게 조율된 특이성과 대조되는 일반화와 상세함의 결여를 발견하게 된다(예를 들어, 남자로 하여금 성적 차이를 부인하게 하는 자아에서의 원초적 부인과 분열에 대한 Freud[1905], Greenacre [1968], Chasseguet-Smirgel[1985], 그리고 다른 이들의 서술; 도착에서 드러나는 강박성에 사로잡힘에 대한 Stoller[1975, 1979, 1985]와 McDougall[1986]의 서술; 자기대상 문제와 젠더 정체성 혼동에 대한 Stolorow와 Lachman[1980], 그리고 Socarides[1978, 1979, 1988]의 설명; 극도로 문제가 많은 어머니와 아버지의 행동과 어린이의 에로티즘, 젠더, 쾌락에 대한 부모의 전유나 처벌에 대한 McDougall[1970], Stoller[1975, 1979, 1985], 그리고 다른 이들의 서술). 이 설명에서 정상적인 이성애자들은 다소 닮아 보인다; 그들의 섹슈얼리티가 경험적으로 그들에게 대단히 중요하거나 의미가 있는 것 같지는 않다.

게다가 대인관계적 설명은 면밀한 고찰을 견뎌내지 못한다. 정신분석가들은 여성들의 방어와 두려움 그리고 여성적인 것들에 대해서 반복적으로 기록하고 있는데, 이것들은 우리 사회에서 가장 정상적인 수많은 이성애 남자들이 보이는 특징들이다(Kernberg[1976]는 Horney[1932]로 시작하는 이 문헌을 논평하였다; Slater[1968]도 참조). 여성을 향한 남성의 사랑과 에로틱한 욕망은 그리 단순하거나 간단하지 않다. 소녀의 이야기에 있어서, 설명이 보다 문제가 되는 내용을 얼버무리고 넘어가려고 하면, 다른 종류의 문제들과 직면하게 된다. 문화적으로, 우리는 질문할 수도 있다. 아버지가 자신의 학령 전 딸에게서 느끼는 "여성성(femininity)"이란 무엇인가? 그것은 어디서 오는가? 심리학적으로, 우리는 의아하게 여길 수 있다. 그녀는 왜 우리가 받아들이기에 새침떨고, 애교를 부리고, 이상화하는 행동들을 하는가, 그리고 왜 그녀는 아버지의 관심을 끌 그러한 행동을 하는가? 우리는 그러한 행동이 생물학적으로 심지어는 초역사적이거나 교차문화적으로 결정된 것이 아니라는 것을 안다; 그것은 역사적으로나 문화적으로나 특수한 것이다.

이와는 상반되게, 많은 발달심리학의 연구가 드러내듯이, 왜 우리 사회의 아버지들은, 어머니들은 그렇지 않은데, 자신의 아들과 딸에게 젠더-유형화된 행동을 하도록 강요하고 주입하는가?(사실, 우리는 어머니가 아들과 갖는 관계의 어떤 성애화도 문제시 한다) (이 점에 대해서는 Maccoby와 Jacklin[1974]; Johnson[1988] 참조) 아버지가 어린 딸에게 갖는 적절한 부성적 유혹(seductiveness)과 이성애적 행동은 무엇이고, 우리 사회에서 근친상간, 아동 성학대, 어린 소녀들의 성적 대상화가 우세해지고 있는 것에 대한 우리의 인식이 증가해가는 상황에서 아버지-딸 관계의 규범적 모델을 어떻게 만들 것인가?

정상과 신경증에 대한 모던 정신분석적 설명

프로이트 이후, 정신분석적 이해의 지배적인 흐름은 섹슈얼리티 사이의 연속성과 공통성에 대한, 그리고 모든 사람의 섹슈얼리티가 지닌 문제적 특성에 대한 어떤 인정으로부터 일탈된 섹슈얼리티만을 문제시하는 대중문화와 보다 일치하는 가설로 옮겨갔다. 하지만 맥두걸과 스톨러처럼 도착을 논하는 몇몇 사람들뿐만 아니라, 컨버그와 퍼슨이나 독일 정신분석가이며 민족지학자인 모르겐탈러(1988)처럼 이성애를 논하는 몇 안 되는 모던 정신분석가들은, 내가 제안하고 있는 쪽으로 초점을 맞추고 있다. 그들은 모두 이성애가 동성애와 도착과 마찬가지로 방어구조이거나 타협형성, 어떤 의미에서는 "증상적"이라거나 "장애"라고, 아니면 증상이나 방어적 특징을 갖고 있다고 결론내릴 수 있는 근거를 제공한다. 정상적인 섹슈얼리티의 장애나 문제적 특성들에 대해 논하는 논문들이 소수 있다(Hershey[1989]와 Person [1986], 혹은 보다 이른 시대의 A. Reich [1953] 참조).[14] 우리가 이러한 결론에 도달할 수 없을 때, 다른 설명과 불일치하는 획기적인 방안과 같은 특성이 있는 것처럼 보이는 것은 이성애의 특징적인 요소들에 관한 것이다.

프로이트와 마찬가지로, 모던 이론가들은 모순되는 입장을 취하는 경향이 있는데, 그들은 동성애는 덜 건강하고 덜 정상적이라고 주장하거나 암시하지만 또한 동시에 그렇지 않으며 또는 그럴 필요가 없다고 말하고 있다. 예를 들어, 마이클 발린트(1956)는 이성애의 진정한 대상사랑과 성기성만이 유일하게 우위를 차지한다고 주장하고, 동성애는 도착으로 분류한다. 동시에 그는 "동성애자들과 어떤 경험이든 있었던 사람은 누구든지 실제로 이성애에서 볼 수 있는 사랑과 증오 전부를 이들 안에서 발견할 수 있다" 그리고 "이성애자들 사이에서와 마찬가지로 동성애자들 사이에서도 풍부하고 다양한 대상사랑을 꽤 자주 발견할 수 있다"고 주장한다(M. Balint 1956, pp. 136, 142).[15] 이와 유사하게 맥두걸(1986)은 "다른 동성애들, 즉 네오섹슈얼리티 [도착에 대한 맥두걸의 용어]에 부합하지 않는 어떤 것들"(p. 256)을 언급하면서 "일탈적이지 않은 섹슈얼리티도 중독적이고 강박적인 특성을 나타낼 수 있다"(p. 280)고 주장한다.

분석가들 가운데, 스톨러는 정상과 신경증의 문제를 가장 직접적으로 떠맡았다. 그는 어떤 의미에서 "도착"을 정상 섹슈얼리티의 중심에 두면서(보다 최근에 컨버그[1991]는 이와 유사한 입장을 취한다), "에로틱한 흥분의 전반적인 구조는... 거의 모든 사람에게서 유사하고, 도착과 보다 덜한 도착—다른 사람들이 정상적 혹은 규범적인 행동이라고 일컫는 상태들—을 구분하는 것은 [적대적인] 역동이 아니며, 에로틱한 흥분이 다른 사람과의 친밀감을 유지시키는지 멀어지게 하는지에 달려있다"고 주

---

14) Wolfson (Panel 1987)은 "동성애자에 대한 많은 주장들은—반대 성에 대한 혐오, 오이디푸스적 실망으로부터의 퇴행, 성적 차이의 발견을 견디지 못하는 무능력— 은 똑같이 많은 이성애자들에도 적용될 수 있다"(p. 169)는 Kirkpatrick의 말을 인용한다. 우리는 또한 정신분석의 주류 밖에서 다음과 같은 설명을 찾을 수 있다: Contratto (1987)는 여성에게 있어서 "정상적 (normal)" 이성애 사랑에서 드러나는 문제에 대한 임상적 예시와 이론을 제시했다.

15) Balint (1956)는 보다 일반적인 도착의 특징이 되는 "과도한 가장과 부정의 분위기(an atmosphere of overpretence and denial)" 때문에 동성애를 도착으로 분류하는 것 같다. Balint에 의하면, 동성애자들이 자신들의 섹슈얼리티와 그 쾌락이 이성애자들의 그것보다 훨씬 우수하다고 주장한다는 것이다. 그들의 지나친 강조는 "정상적인 성교 없이는 진정한 만족이 없다는 것을 —그들 모두가 알고 있는 것을 — 부정하기 위해서다"(p. 142). Lewes는 자기들의 섹슈얼리티의 우월성을 주장하는 사람들은, 기껏해야 정신분석가들 중에서, 이성애자들일 거라고 지적한다. 그러나 Balint에게 있어서, 이러한 비평은 현대의 담화나 정치를 보다 이전 시대의 뜻으로 해석하는 것으로 생각한다.

장한다(Stoller 1985, pp. vii–viii). 스톨러는 자신의 초기연구에서 증오와, 다른 사람에게 굴욕을 줘서 원한을 풀거나 어린 시절의 외상을 이겨내려는 욕망이, 어떻게 도착과 포르노그래피의 기본적인 판타지 각본을 형성하는지 묘사한다. 그는 이어서 “대부분의 사람들에게 지루함으로부터 흥분을 만드는 것은 판타지 속으로 적대감을 끼어 넣는 것”이라는 결론을 내린다 (p. vii). (그에게 있어서 도착을 구별하는 기준은 “죄를 짓고자 하는 욕망... 누군가에게 상처를 주고, 손상을 입히고, 잔인하게 대하고, 격하시키고, ***모욕하는 것***(*humiliate*)”이다(Stoller 1985, p. 7). 그러나 이것은 모든 섹슈얼리티에는 도착적인 요소가 있다는 결론으로 다시 되돌아오게 하는데, 이것은 죄를 짓고자 하는 욕망 그 자체가 모든 사람의 섹슈얼리티의 핵심에 자리 잡고 있는 적대감이기 때문이다. 스톨러는 연속선을 제시하는데, 그는 도착과 비도착을 나누는 선이 정확히 어디라고 지정하지 않고 우리가 도착과 비도착의 양극이라고 간주하는 것들을 구별하고자 하기 때문이다.

자기와 관계하는 대상의 젠더에 의해서가 아니라, 해치려는 욕망의 정도로 우리는 “도착적” 섹슈얼리티와 “비도착적” 섹슈얼리티의 구별을 시작할 수 있다. 이성애와 동성애 모두에서, 사람들은 “애정, 부드러움, 그 외 사랑의 다른 비적대적 요소들이 흥분에 참여하거나 지배하는 그런 상황을 추구”할 수 있다. 맥두걸의 말 그대로, 스톨러는 “이성애보다 동성애에 대해 이야기하는 것이 낫다... 여러 다른 이성애가 있듯이 여러 다른 동성애가 있다”(p. 97)고 주장한다.

퍼슨의 책은 섹스보다는 사랑에 관한 것이고, 그녀는 이와 유사한 입장에서 다음과 같이 쓰고 있다:

> 동성애자들 사이의 사랑은 이성애자 사이에서 경험되는 것과 정확히 똑같이 경험된다..... 동성애적 사랑은 불륜의 사랑만큼이나 같은 이유로 불붙고, 사회질서를 위협하는 것처럼 보인다. 동성애적 사랑은 관습을 깨고, 사회적 역할을 위협하고, 사람들의 성정체성에 대한 안전을 위협하기 때문에 용인되지 않고 있다. 그러나 이러한 두려움 중 어느 것 때문에라도 당사자들 자신의 경험—사랑에 빠진 이성애자들의 경험과 다를 바 없이 보이는—을 다른 사람들이 알 수 없게 해서는 안된다.(Stoller 1988, p. 347)

이렇게 일관성이 없고 모호한 처리에 대한 해결책은 동성애와 이성애를 둘 다 증상적이고 도착적으로 보거나 둘 다 아닌 걸로 보는 것이다. 스톨러는, 한편, "모든 사람이 에로틱하게 일탈하고 대부분의 사람들은 대부분의 시간에 적어도 조금씩은 도착적이고" 다른 한편, "이성애와 마찬가지로, 동성애는 증상도 진단도 아니고, 욕망의 혼합이다"라고 단언한다(Stoller 1985, pp. 9, 184). 퍼슨은(암묵적으로 이성애 사랑을 언급하면서) "사랑에 대한 통상적인 정신건강 진단은 지나치게 심리적 성숙에 의존하고 있지만, 성숙이 열정을 보장하지는 않는다. 강렬함은 마치 한 사람은 종속적이고 다른 사람은 지배적일 필요가 있는 것처럼, 신경증적으로 조합이 잘 맞는 데서 나오는 것 같다"고 주장한다(Stoller 1988, p. 339).

현대의 저자들 가운데, 컨버그는 가장 일관되게 정상적 이성애에 몰두했다. 한 그럴 듯한 해석에 의하면, 그의 글은 강렬하고 열정적인 성적 사랑에 대해 말하고 있는 것 같다. 그는 그 정점에서 "부드러움을 지닌 성기성과 안정적이고 성숙한 대상관계를 통합할 수 있는 능력"과 함께, 사랑에 빠지고 사랑을 유지할 수 있는 능력에 있어서의 "성격 배열의 연속선(continuum of character constellations)"에 대해 기술하고 있다(Kernberg 1980, pp. 278-279). 성숙한 사랑에 대한 정의는 이성애적 대상 선택이 아니라, 그보다는 동성애와 이성애의, 전오이디푸스기와 오이디푸스기의 동일시 둘 다와 타협하고 승화하는 것을 필요로 한다(Kernberg 1976a). 컨버그는 다음과 같이 주장한다:

> 성적인 열정은 자기 경계를 넘어서 초월의 동시적 형태들을 근본적으로 경험하는 것이다. 이것은 좌절, 적대감, 정상적 양가감정에도 불구하고 개인에게 자신의, 자신의 부모의, 전 대상세계의 "선함"과 사랑의 성취에 대한 희망을 보장하는 정서상태의 전체 연쇄과정을 재활성화하고 정상적으로 포함한다. (1980 Kernberg, p. 293)

그는 "변화하는 개인적 욕구들과 경험들을 이성애와 동성애, 사랑과 공격성, 성적 관계에서의 무의식적 및 의식적인 환상들과 그것들의 실연에서 표현되는 전체 관계의 측면들의 복잡한 그물로 짜내는 커플의 직관적 능력"(Kernberg 1980, p. 297)을

더 심도 있게 설명한다. 발린트와 같이, 컨버그는 사랑의 초월적 잠재력에 대해 감동적으로 쓰고 있다:

> 사랑의 관계에 의해 조명된 무생물 대상들 -인간의 경험을 위한 배경이 되는 -은 활기를 띠게 된다. 자연과 예술뿐만 아니라 무생물 대상들에 대한 이러한 반응은 풍성한 사랑 관계의 초월적인 측면과 긴밀하게 연결되어 있다.... 인간이 아닌 환경을 심층적으로 경험할 수 있는 능력, 자연과 예술을 음미할 수 있는 능력, 역사적이고 문화적인 연속선 안에서 자신의 자기를 경험할 수 있는 능력은 사랑에 머물 수 있는 능력과 긴밀하게 연결되어 있다.... 사랑에 빠지는 것은 이러한 다른 잠재력들을 심화시키는 데 너무나도 알맞는 발달적 위기를 나타낸다.(Kernberg 1976b, pp. 227–228)

컨버그는 이성애 자체가 반드시 심리적 건강에서 유래하거나 그것을 수반하는 것은 아니라는 점을 조심스럽게 주장한다; 사실, 성적 ***억제***(*inhibition*)는, 성기기적 금지가 의미를 갖게 되는 때인, 오이디푸스기의 삼각관계 발달수준에 도달한 진보된 ***결과***(*result*)이다. 이와 대조적으로 경계선 병리가 있는 사람들은 구강애(orality)로부터의 도피로서 향락을 누릴 수도 있는데, 정확히 이들의 병리는 분열과 이상화를 수반하기 때문이다:

> 성교와 오르가즘이 가능하다고 해서 성적 성숙을 보증하는 건 아니며, 심지어 심리성적 발달에서 반드시 상대적으로 보다 높은 수준을 의미하는 것도 아니다.... 임상적으로 보면, 심각한 자기애적 인격이나 성숙한 사람 모두에게 성관계에서의 오르가즘을 위한 충분한 능력이 있으며, 가장 심각한 형태의 자기애적 고립이나 비교적 심하지 않은 신경증과 성격 병리 모두에 성적 억제가 존재한다는 것을 발견할 수 있다. (Kernberg 1976b, p. 217)

컨버그는 성숙한 사랑은 대상선택의 특정 형태를 구체적으로 말하거나 요구하지 않는 것 같다고 특징지우면서, 성숙한 사랑은 이성애적일 것이라고 가정한다. 그는 왜 그러한 젠더 상보성이 필요한지에 대해서는 말하지 않는다; 그는 단지 그렇다고 주장할 뿐이다.[16] 그는 "부드러움과 다른 성의 사람과 안정되고, 깊은 대상관계를 맺을 수 있는 능력"에 대해, "상보적인 성적 동일시를 포함하는" 전체적인 대상관계에 대해, 그리고 성숙한 사랑은 "오이디푸스 갈등의 해소"를 요구한다는 사실에 대해 언급했다. 그는 명시적으로는 처음의 두 사례에서, 암시적으로는 세 번째 사례에서, 이성애 대상선택에 특권을 부여하고 있다(Kernberg 1980, pp. 279, 278; Kernberg 1976a, p. 212).

젠더, 힘, 그리고 이성애

컨버그에 대한 나의 논의가 내포하고 있듯이, 동성애와 이성애를 구별짓는 설명은 이성애의 발달 이야기와 젠더의 심리학과 문화를 연결시키는 것에 의해서 가능하다. 여기에서 하나의 경향은 성애화(erotization)에 대한 설명 없이, 성적 대상선택과 젠더 동일시를 연결시키는 것이다; 두 번째는 성애화(erotization)를 설명하지만, 성적 불평등이나 남성 지배를 필요한 보완물이나 필수조건으로 한다. 양쪽 모두, 두 사례에 대한 설명은 다르게 개념화된다. 동성애(혹은 도착)의 사례는, 무엇이 잘못되어 일탈이 생기게 되었는가에 대한 이야기다; 이성애의 사례는, 올바로 되려면 무엇이 필요한가에 대해서 좀 덜 분명한 설명이다. 그러면 원래 프로이트 이론에서처럼, 여기에서는 젠더 정체성과 성적 지향이 뒤섞여 있고, 생물학은 자명한 심리학적 의미를 갖고 있다. 이 모든 이론가들에 있어서, 설명의 이러한 측면은 성적 대상선택의 특성의 다른 측면들과 본질적 관계가 거의 없다는 것을 보여준다.

컨버그에 의하면, 동성 부모와의 동일시는 오이디푸스기의 과업이다: "여자는... 오이디푸스적 어머니와의 동일시라는 마지막 경계를,... 남자는 오이디푸스적 아버지와의 동일시라는 마지막 경계를 넘어야 한다"(Kernberg 1980, p. 299). 컨버그는, "완전한 성적 정체성"이나 "정상적 성적 정체성"(젠더 정체성과 이성애 대상선택을 의미)과 "상호적인 성적 역할이나... 사회적이고 문화적인 가치에 대한 충분한 자각"을 연결함으로써, 이러한 "성취"와 규범적 사회 순응과의 관계를 명백히 했다. 그는 "안정적

---

16) 내가 아래에서 지적한 바와 같이, 그는 여기서 Chasseguet-Smirgel이나 McDougall과 같은 프랑스 이론가들의 영향을 받은 것 같다.

인 성적 정체성과 사랑 대상에 대한 현실적 인식에는... 개인적이고 성적인 이상들(ideals)에 더하여 사회적이거나 문화적인 이상들이 포함된다"고 주장한다(Kernberg 1976b, pp. 200-221). 따라서 젠더 정체성이나 동일시는 이성애 발달의 기초가 된다.

컨버그처럼, 퍼슨도 첫 사례에서 명시적인 규범적 주장 없이 자신의 가설을 발달시켰다. 사랑은 다음과 같은 특징을 지닌다:

> 서로의 주관적 현실 안에서 공유하면서 ... 객관성에서 주관성으로 도약하기 .... 두 영혼의 일치에 대한 희망 ... "감정적 텔레파시" ... 비범한 강도의 감정을 제공하면서, [사랑]은 우리를 갈라놓는 장벽을 거부한다. 사랑의 경험은 시간을 정지시키고... 내적 옳음, 평화, 풍성함의 감각을 제공할 수 있다. 혹은 사랑은 자기를 변화시키는 모드... 초월의 모드, ... 두 사람의 종교가 될 수도 있다.(Person 1988, p. 14)

그녀는 일반적으로 사랑에 대한 갈망은 지각된 차이를 넘어선다고- "그렇지 않다면 연인들이 본질적으로 자기애적 사랑대상을 선택하게 되고 사랑이 지닌 엄청난 초월적 힘을 잃게 된다" -고 인정했다(Person 1998, p. 286). 그러나 그녀는 사람들이 그들의 생물학적 성 이외의 다른 측면에서 다양할 수 있다고 지적한다(예, 나이, 배경, 문화, 관심, 능력, 성격-우리는 외모나 생리학의 여러 다른 측면 또한 추가할 수 있다).[17]

동시에, 퍼슨은 이성애 사랑을 가정하고 그것의 발달을 설명하는 데 있어서 지배적인 정신분석적 모델을 따른다.[18] 각 사람은 어머니의 이상화로 시작하여, 가족 로맨스를 거쳐 외부인들과의 이상화와 동일시로 이어지면서, " '사랑 대화들'의 일련의

---

17) 나는 이 복잡한 주제를 공평히 다룰 수가 없다. 단지 지적하고자 한다. 만일 사람들이 성애적 열정이나 사랑이 다름에 의해 번성하기 때문에 정말로 반대 젠더 파트너를 선택한다면, 폭넓은 나이, 계층, 인종, 종교적 동족결혼이 아직도 우리 사회에 존재하는 것을 보면 놀라게 될 것이다. 동성애 대상 선택이 다름의 다른 범주를 넘어서지만-아마도 같은 젠더 선택의 경우에 다름에서 오는 흥분을 증진시키기 위해서- 레즈비언 대상선택에서 드러나는 문제에 대한 설명은 오히려 융합에 가까운 유사성을 강조한다(Krieger 1983; Lindenbaum 1985).

18) 대부분의 사람들이 경험하거나 꿈꾸고 있는 것, 그리고 우리의 문화적 범주가 제공하고 있는 것이 바로 열정이기 때문에, 이성애 열정에 대한 우리의 문화에서 낭만적인 열정에 대한 설명을 중심에 두는 것은 적절해 보인다. 내가 여기서 언급하고 있는 것은 Person의 정상적인 발달 이론이다.

발달 과정"(p. 93)을 경험한다. "정상적" 발달과정에서 아이는 동성 부모와의 동일시를 공고히 하고, 이 동일시를 통해서 이성에 대한 욕망이 가능해지고 불타게 된다. 여기서 젠더 동일시는 이성 대상선택으로 이어지게 되는데, "보완적인" 관계가 동일시 관계를 대체하기 때문이다. 전환기에 청소년들은 제일 친한 친구의 이성애 사랑 대상을 욕망할 수도 있는데, 이는 상보성에 대한 감각보다 동일시가 욕망을 형성하기에 때문이다. 그러나 "정상적 발달 과정에서는,...이상화에 부착된 열망은 ***닮고 싶은***(혹은 대체하고 싶은) 소망에서 ***함께 있고 싶은*** 소망으로 변형되고...욕망이 상보성으로 전환된다"(Person 1988, p. 100).

이러한 설명에는 두 개의 주요한 문제가 있다. 첫째, 사람은 동일시 선택에서 이러한 변화를 위한 ***동기***에 대한 감각이 없다는 것이다. 더 중요한 것은, 이 설명이 어떻게 ***동일시***—동일시하는 대상과 닮기 위해서는 ***마땅히*** 누구를 사랑해야 하는지에 대해 발달 중인 아이에게 잘 알려줄 수도 있는 자아의 선택—가 성애화(erotization)와 연결되는지에 대해 말하고 있지 않다는 것이다. 만일 적절한 성적 대상선택이 동성 부모와의 동일시에서 오는 것이라면, 그것은 거의 역할모델로 삼는 측면이 될 것이다. 그러나 여기서 성애화(erotization)는 대상선택을 거스르는 것처럼 보이는데, 동성애적인(homoerotic) 동일시 대상과의 애착이 심리에서 최우선이기 때문이다: 소년의 경우, 아버지에 대한 사랑과 그에 대한 애착은 소년으로 하여금 어머니나 여성을 대상으로 택하도록 이끈다.

프랑스의 이론은 젠더와 이성애 발달 사이의 연결에 대하여 또 다른 관점을 제공한다. 이 이론은 이성애를 미국의 동일시 이론들보다 더 열정, 갈등, 에로티즘과 연결한다. 그러나 이 이론은 이성애를 젠더 차이뿐만 아니라 성적 불평등이나 힘과도 연결시키는데, 따라서 젠더 불평등이나 힘의 차이는 이성애 욕망의 필수조건이 된다. 예를 들어, 샤스게-스미젤(1985)은 "차이의 세계"와 "성기의 세계" 사이의 일치를 주장하고, 도착자들은 "(성기의) 차이의 세계"를 거부하는 것이라고 생각했다(pp. 4, 6). 성기의 차이는 불평등을 내포하고, 오로지 아버지에 의해서 법으로 제정된 것이라고 생각한 라캉과 마찬가지로, 샤스게-스미젤은 성기의 세계는 또한 "법이 제재하는 아버지의 세계"이고 도착자들은 "아버지 하나님을 폐위" 시키고자 하는 자들이라고 주장한다(p. 12). 맥두걸(1986)은 정상적인 이성애는 성의 양극성(bipolarity), 원초경(primal scene), 거세, 성기의 차이가 성적 각성의 기초가 된다는 것을 인식할 필요가 있다고 주장한다: "성별(sexes)이 성적 욕망의 각성에 아무런 영향을 미치지 않는다는 믿음은 모든 네오섹슈얼적 시나리오의 기초다"(p. 249). 다른 저자들처럼, 맥두걸은 양성애나 양쪽 성의 성기를 소유하고자 하는 욕망이 보편적으로 우세하다고 인정하지만, 이러한 양성애는 이성애적 남근 중심주의가 우위를 차지하는 성적 차이에 대한 인식에 기초해야한다: "힘, 다산, 생명의 상징인 남근은... 양쪽 성 모두에게 자기애적 성취와 성적 욕망의 이미지를 의미하게 되었고... 상징적 남근 이미지가 완전히 사라진다면 성적 관계에 대한 정신증적 혼동이 계속될 것이다"(pp. 267-268). 따라서, "네오섹슈얼적인 고안들은 ...거세불안의 다중적인 영향들을 단락시키려는 시도다"(p. 248). 맥두걸은, 그녀의 비대칭적인 관점에 대하여 암묵적인 언어로 지지하면서, [이름 있는] "아버지의 페니스"와 [이름 없는] "어머니의 성기"의 관계에 대해 언급했다(p. 268). 그러므로, 라캉(1966, 1968, 1975)에서와 같이, 젠더 체계에서의 "비문(inscription)"은 남근을 특별 취급하는 (이)성애적 주체성에서의 비문과 똑같은 것이다.

동시에 성적 역할들과 불평등에 대한 "전통적인 문화적 관점과" 동일시하는 것에 반대하는 분석가들에게 경고하는 컨버그(Kernberg 1976b, p. 268)는 그럼에도 불구하고 프랑스적 이론을 따랐다. 컨버그에 따르면, 소년의 오이디푸스 콤플렉스는 "일반적인 '아버지 페니스'와 '아버지 법'의 '지배'"에 반항하는 어머니에 의해 방해받을 수 있으며(Kernberg 1980, p. 284), 이성애를 향한 소녀의 진전은 그녀가 자신의 성기의 열등함을 수용하고 여성 성기와 성기 기능에 대한 어머니의 갈등들을 인식할 때야 비로소 발달할 수 있다. 이러한 수용과 인식을 통해서 그녀는 자신의 여성성에 대한 인정을 얻기 위해서 아버지에게로 향하게 된다.

탁월한 여성주의 분석가인 퍼슨은 그녀의 다른 글에서 남성지배에 대해 비판적이지만, 그럼에도 불구하고 *Dreams of Love*(Person 1988)에서는 이성애적 관계에서의 거의 불가피한 불평등을 수용하고 있음을 암시하고 있다. 퍼슨은 사랑에서 힘의 차이는 근절될 수 없으며, 여성이 사랑을 갈망하고 남성이 그것을 두려워하는 한, 정상적 이성애에는 여성의 순종과 남성의 지배가 포함되는 경향이 있을 것이며, 혹은 보다 잠정적으로, 여성은 전자의 방향으로 그리고 남성은 후자의 방향으로 사랑을 왜곡할 것이라고 시사했다. 이러한 경향은 문화규범, 초기 대상관계, 오이디푸스 콤플렉스의 비대칭 구조에서 유래하며, 그것의 그림자는, 여성이 권위 있는 남자와의 관계를 성애화하여 힘의 보호를 추구하고, 남성이 섹스와 의존을 분리시키고 힘의 우세가 지닌 안정감을 필요로 하는, 전이 패턴에 반영된다. 발달의 결과로, "여성은 순종뿐만 아니라 사랑에 내재된 상호성에 더 편안해하는 한편, 남성은 상호성을 의존으로 해석하고 사랑으로부터 섹스를 분리하거나 대안적으로 사랑하는 사람을 지배하려고 함으로써 그것에 대해 방어하려고 한다"(Person 1988, p. 265).

여기에서 퍼슨은 문화가 방어적인 구조들과 심리내적인 패턴들 속에 뿌리내리기도 하고 그것들로부터 자라나기도 한다고 제안하면서, 우리 사회의 지배적인 낭만적 판타지와 일치하는 것을 지적한다.[19] 퍼슨은 또한 이러한 관계 방식 자체가 불안, 공포, 갈등의 해결에 대한 필요를 느끼고 그것을 시도하려는 데 기반을 두는 방어구조라고 시사한다.

지배와 순종의 패턴으로 얽혀있는, 이성애 욕망에서의 ***비대칭*** 때문에 그것의 방어적 특징과 증상적 특성이 나타나기 시작한다. 콘트라토(1987)와 벤자민(1988)은 그것의 발달적인 이야기를 제공한다. 초도로우(1978, 1979)를 재개념화하면서, 벤자민은 남성이 어머니의 주체성을 부정하고 그녀를 대상화 하면서, 발달적으로, 어떻게 어머니로부터 "거짓 분화"를 해나가는지에 대해 보여준다. 대상화와, 어머니로부터 인정과 반응을 원하면서 동시에 어머니에게 의존하고 싶어 하지 않는 소년이 직면하는 어려움들은, 여성을 지배하려는 욕구로, 정상적인 경우에는 지배를 성애화(eroticization) 하는 것으로 그리고 비정상적인 경우에 성애적 폭력(erotic violence)으로 왜곡된다.[20]

---

19) 나는 이 이중 개념화로 인하여 Connell (1987)에게 빚을 지고 있다. Connell은 정신분석적 사회학과 문화, 성격연구들이 문화와 사회를 어떤 의미에서 만연한 정신분석적 경향과 갈등의 ***결과물***(*resultants*)로 보는 경향이 있다고 지적하고 있다. 그는, 젠더와 섹슈얼리티의 경우, 그 반대도 역시 진실이라고 주장한다: "사회에서 힘의 관계는 개인의 프로젝트로 채택됨으로써 성격 역동을 구성하는 원칙이 된다"(p. 215). 제도(institutions), 실행, 문화적 산물, 그리고 불평등한 사회관계 등은 정보를 제공하고 남성성과 여성성, 그리고 섹슈얼리티의 형태를 구성하는 데 도움을 준다.

20) Johnson(1988)은, 소녀들의 경우에는 어머니로부터 아버지로의 오이디푸스적 젠더 대상 변화인데 반해, 소년의 경우에는 그것이 상징적으로 세대의 변화—어머니와의 관계에서 수동적이고 세력이 약한 아들로부터, 힘이 약한 여성들과의 관계에서 능동적이고 보다 힘이 있는 남성으로—인 것을 대조한다.

콘트라토와 벤자민은 "여성의 욕망"(벤자민의 용어)은 이상화, 소외, 순종을 통해 형성된다고 제안했다. 벤자민에 의하면, 소녀의 이성애에서의 어려움은 재접근기 하위단계에서 시작된다. 이것은 초기 성기기와 일치하므로(Roiphe and Galenson 1981), 전통적인 재접근기의 행위주체성(agency)과 독립에 대한 몰두는 섹슈얼리티와 연결된다. 말러는 소녀들이 이 단계에서 우울한 정서와 무력감에 반응하는 경향이 있다는 것을 지적하였고, 벤자민은 이것이 성기의 차이를 발견한 것에 대한 직접적 반응이라는 로이프와 갤런슨에 반대하였다. 오히려, 자신의 어머니와 같은 젠더라는 것 때문에 소녀들이 아버지를 사용해서 (소년들이 하듯이) 독립과 분리를 나타내고 중재하는 것은 허용되지 않는다.

여기에 아버지들도 공모한다: 아버지들은 남자 아기를 선호하고, 그들과 보다 강력한 유대를 발달시킨다.[21] 소년이 재접근기 위기를 해소할 때, 그의 아버지는 분리의 수단이나 활동과 욕망의 모델로 행동한다: "재접근기에, 어린 소년의 '세상과의 열애' 는 아버지와의 동성애적 열애로 변하게 되는데, 아버지는 세계를 ***표상하기*** 때문이다"(Benjamin 1988, p. 106). 재접근기와 그 이후의 소년과 소녀 모두에게 있어서, 아버지는 활동적인 욕망을, 어머니는 보다 탈성애화된 퇴행을 표상한다. (맥두걸도 제안했듯이) 소녀는 자신의 욕망을 자신의 것이 아니고 여성적이지 않은 어떤 것으로 표현해야한다. 여성의 욕망은 소외되는데, 행위주체성과 분리가 상징적으로 결합된 남성의 섹슈얼리티와 성기는 흥분과 에로티즘을 표상하기 때문이다. 콘트라토는 이러한 패턴이 어린 시절 내내 계속된다고 제안했다. 콘트라토는 그녀의 내담자의 일하는 아버지를 어느 점으로 보나 "좋은(good)" 아버지로 묘사했는데, 그는 맛난 것을 사오고, 흥미진진한 모험과 상호작용을 하고, 저녁이나 주말에 원기왕성하게 집으로 돌아오며, 그가 성마르거나 몰두해 있는 경우에는 조심스럽게 만족시켜드려야 하는, 당연시 여겨지는 일상의 어머니와는 비교되는 아버지다. 이러한 설명은 여성의

21) 아버지가 남자 아이를 더 선호하는 것, 소년과 소녀에 대한 차별 대우를 하는 것,어머니보다 젠더의 차이나 젠더에 적절한 행동에 대해 더 많은 관심을 기울이는 것에 대한 문헌은 많이 있다.이러한 차이는 종종 정상으로 인정되었다. 여기서 이런 문헌을 인용할 수는 없지만, 이것을 연구한 Kerig (1989, pp. 23-27)로부터 내 논지를 개작한다.내 설명의 이 부분에서 나는 성적 불평등과 성적이나 관계적 후유증을 문제시하는 정신분석 주류를 넘어서는 임상적이거나 발달적 치료(Contratto나 Benjamin과 같은)를 찾아야만 했다.

섹슈얼리티는 아버지나 남성과의 관계에서 활동적이지도 자율적이지도 않고 수동적이라는 전통적 이론과 일치한다.

콘트라토와 벤자민은 이러한 해법이 여성 섹슈얼리티를 깎아내린다고 주장한다. 여성은 행위주체성(agency)과 사랑을 통합하는 데 어려움을 발견하고, 종종 이성애자 연인으로부터의 사랑이나 동일시와 맞바꾸어 얻을 수 있는 어떤 사랑이라도 수용한다. 아버지의 특별함과 짝을 이루는 아버지의 비가용성(아버지도 어머니도 아들에게보다는 딸에게 덜 가용적인)은, 정상적인 경우, 소녀로 하여금 이성애의 기초가 되는 아버지에 대한 "이상적인 사랑"으로 향하는 성향을 발달시킨다. 이러한 사랑은 순종, 일방적 적응, 이상화, 피학성, 연인으로부터 주체성의 차용 등으로 몰아간다(A. Reich [1953] 참조).

따라서, 동성 부모와의 동일시는 소녀와 소년의 경우가 다르다. 소녀의 경우, 어머니와의 동일시는 활발한 성적 존재로서의 어머니보다는 어머니의 모성과의 동일시에 더 가깝다. 어머니는 심리적으로나 문화적으로 성적 주체로 보이거나 묘사되지 않는다; 어머니는 자녀의 이익을 위해 헌신하고, 그녀의 성적인 힘은 놀라게 하는 것이고 부정된다.[22] 그녀는 흥분하지 않는다. 게다가 어머니는 그녀 자신의 발달에서 비슷한 협상을 했으므로 자신의 섹슈얼리티를 보다 수동적이고 순종적인 것으로 경험할 수 있다. 만일 딸이 이런 상황에 있는 어머니의 섹슈얼리티와 동일시한다면, 그녀는 순종과 순응에 동일시하는 것이다. 대조적으로, 소년이 이성애적 입장 (역설적으로 동성애적 동일시와 이성애 대상선택 간의 연결을 제시하면서)을 취하게 되는 것은 자신을 사용토록 하는 가용적인 아버지에 대한 이상적 사랑을 통해서다. 소년이 어머니와 맺는 오이디푸스와 전오이디푸스적 관계는 이러한 섹슈얼리티가 대상화와 힘을 필요로 할 것이고, 즉 진정한 대상사랑을 훼손하게 될 것이다.

젠더와 이성애에 대한 이러한 설명들을 살펴보면, 우리는 콘트라토와 벤자민을 예외로 하고 그것들이 당연시 됨으로써 손상되었다는 것을 알게 된다. 한쪽 성의 부모와 동일시하는 것이 어떻게 다른 쪽 성의 부모에 대한 성적인 욕망으로 이어지는 걸까? 섹슈얼리티의 다양성과 정상과 비정상의 개념이 지닌 문제 있는 속성에 대한 복합적

22) 이 주제는 Horney(1932)의 정신분석 글에서 찾아볼 수 있다; A. Balint(1939), Chasseguet-Smirgel (1976), Chodorow(1978, 1989a)도 참조.

이고 다양한 견해와, 젠더와 젠더역할에 대한 이분법적이고, 비성찰적이고, 전통적인 견해나 정의되지 않은 "남성성(masculinity)"과 "여성성(femininity)" 에 대한 호소를 어떻게 조화시킬 수 있을까? 문화적 정상성, 순응성 및 생물학적 기능과 원인에 대한 가정들은 정신 기능이나 발달의 다른 특징들과 관련하여서 거의 일어나지 않는 방식으로 고수될 수 있다.[23] 심리적 소망, "욕구(need)," 혹은 지배적이거나 순종적인 성향은 문제시 되지 않고, 두 종류의 사람들과 그들 성기의 구성 사이에 있는 선천적 불평등과 역할의 위계와 가치판단은 당연시 된다. 이러한 불평등과 위계를 수용하지 않는 사람들은 특별한 항변을 하거나 자연을 받아들이는 것을 거부하는 것이기 때문에, 신경증적이거나 도착적이라고 여겨진다. 자기 자신의 심리학이 정상과 바람직함의 모델로 받아들여진다.

동성애의 발달을 설명하는 언어조차도 종종 매력에 대한 이성애적 구조들을 전제한다. 잠재적인 동성애 소년은 마치 여성적이어야만 남성을 욕망할 수 있는 것처럼 "여성화" 되고, 잠재적인 레즈비언들은 "말괄량이" – 여성을 욕망하기 위해서는 남성적이어야만 하므로, 동성애 여성은 남성화되어야만 한다 – 가 되는 것이다. 판타지와 행동의 증거가 젠더와 섹슈얼리티를 구분함에도 불구하고, 정신분석 이론은 흔히 그것을 가정한다.[24]

---

23) 생물학의 이해에 대한 사회적이고 문화적인 구성을 포함하여, 모든 젠더의 성적 경험과 범주는 기본적으로 문화적이고 사회적인 범주를 전제해야한다고 훈련받은 사회과학자로서, 정신분석가들이 젠더와 섹슈얼리티에 있어서 "실재" 생물학적인 기능과 해부적 구조로 쉽게 선회한 것에 대해 의문이 든다. Freud의 비슷한 성향뿐만 아니라, 훈련도 한 몫을 했다는 생각이 든다. 이러한 기능과 해부적 구조는 처음에 의학적 맥락에서 소개되었으며, 한편 갈등, 심리구조, 무의식적 정신 기능 등에 대한 개념은 훨씬 배타적으로 정신분석적 – 정신역동적 맥락에서 소개되었다.

24) "여성 동성애 저술가로서의 William Faulker" (Michel 1990)라는 그녀의 논문 초기 버전에서, 이러한 불일치에 대해 내게 처음으로 알려준 Frann Michel에게 감사한다.

Lewes(1988, pp. 236–238)는 경멸적인 정신분석 이론과 차별적인 조직적 실천은 그 자체가 동성애자들이, 실행자로서, 그들의 기능에 대한 이론을 만들어 내는 데 기여할 가능성을 막아버렸다고 지적한다. 역사적으로, 여성들이 이 분야에 진입하는 것이, 이점과 문제를 동시에 지닌 분화되고 복합적인 여성성에 대한 관점뿐만 아니라, 열등하기보다는 다르다는 여성에 대한 관점을 허용하는데 필수적이다. Lewes는 동성애에 대한 전통 정신분석이론과 여성 심리학 이론이 병행관계라고 지적하면서, 이 두 담론을 연결한다: 동성애자들은 그들의 어머니와 동일시하고, 자기애적 대상선택을 하고, 자신의 거세를 확신하고, 페니스를 얻기 위하여 성적 대상을 선택하고, 사랑하기보다는 사랑받으려 하고, 초자아와 다른 자아 결핍의 결함이 있다: 특히 여성 분석가들에 의해 도전을 받았던 여성 발달

이성애와 동성애: 타협형성으로서의 섹슈얼리티

나는 우리가 대부분 사람들의 섹슈얼리티라고 당연시 하는 것에 대해서 알고 있는 것보다 동성애나 도착에 대해서 훨씬 더 많이 알거나 이론적으로 개념화하고 있고, 우리가 정상적인 섹슈얼리티에 대해서 알고 있는 것은 평가적인 심리학적 용어로 그것을 더 우위에 두기가 어렵다는 것을 나타내고 있다고 주장해 왔다. 우리는 "건강"이나 "성숙"이라는 연속선의 한쪽 끝에서, 대상 관계의 질(온전성, 타인에 대한 존중 등의 면에서)이 성숙한 이성애의 개념에 상당하는 동성애 형태와, 자신의 젠더 정체성(정의상 이것이 이성애 대상선택을 포함하지 않는 한)을 충분히 식별할 수 있으며 견고하고 상대적으로(내가 여기서 ***상대적으로***〔*relatively*〕라는 단어를 사용한 것은 젠더가 지닌 자기감에 대해 전혀 문제시 하지 않는 사람은 아무도 없다는 것을 강조하기 위해서다) 문제시 되지 않는 젠더에 대한 자기감을 가지고 있는 동성애자들에 대해서 개념화할 수 있다. 보다 문제가 되는 다른 쪽 끝에, 정상적 이성애에 내재해 있는 갈등, 지배, "도착"을 밝혀낸 허쉬, 퍼슨, 콘트라토, 벤자민, 맥두걸과 다른 이들의 가설들이 있다. 이러한 관점들은 정상적 이성애에 모든 섹슈얼리티와 같은 ***종류***의 역동적이고 발달적인 요소들이 있다는 쪽으로 의견이 모아진다.

이러한 결론은 우리의 임상경험과 일치하는데, 이것은 우리의 문화적 및 생물학적 가정이 어떠하던지 간에, 이성애자들의 성적 이야기와 전이과정은 동성애자들의 그것들만큼이나 복잡하고 개별화되었다는 것을 나타낸다. 만일 우리가 이러한 입장을 고수하지 않는다면, 우리는 이론적으로나 방법론적으로 많은 것을 포기하게 된다. 에로틱한 감정, 갈등, 방어, 부모와의 관계에 대한 설명, 자기를 구별하려는 시도, 무엇이 그리고 왜 쾌락을 주는지에 대한 설명, 무엇을 욕망하고 어떤 환상을 갖는지, 그리고 이 모든 것들의 발달적 그리고 전이적 역사는 임상작업에서의 일용할 양식이다. 우리는 무분별하고 단조로운 임상적 이야기들, 섹슈얼리티에 초점을 두거나 그것에

의 초기 이론인 "여성 혐오증(gynecophobia)"은 현재 동성애에 대한 관점의 특성을 나타낸다. 신경증적인 이성애자를 치료하면서 이성애가 장애라고 추정하지 않는 한편, 치료를 받으러 온 장애가 있는 동성애자들을 보면서, 분석가는 모든 동성애자들이 장애가 있다는 결론을 내린다(Lewes 1988, pp. 231-239).

강박적인 사람들과 그렇지 않는 사람들(후자는 "정상적" 이성애자일 가능성이 높고, 이들은 문화적으로 자신들의 섹슈얼리티를 당연한 것으로 여길 수 있다)을 발견하지만, 우리는 ***항상*** 하나의 이야기를 발견한다. 임상적으로, 정상적인 이성애란 없다: 어느 이성애라도, 그것에 기여할 수 있는 생물학과 문화(우리가 "문화"를 젠더 정체성, 성적 규칙들, 지배적인 문화적 판타지로 정의하든 어머니와 아버지와의 젠더 동일시로 정의하든지 간에)가 어떻게 혼합되든 간에, 전이에서 드러나는 발달적 ***산물***이다. 이러한 발달적이고 전이적 산물은 판타지, 갈등, 방어, 퇴행, 내적으로나 외적으로 관계를 맺고 깨기, 안정적인 자기를 구성하고 자존감을 유지하기 위해 노력하기 등에서 유래한다. 우리가 고전적, 구조적, 대상관계적, 클라인 학파적, 코헛 학파적 등 어떤 이론으로 접근하든 성적 발달과 지향, 판타지와 에로티즘은 개별적인 임상사례로 설명되고 기술되어야 할 필요가 있다.

우리는 내 논의의 두 가지 요소로 돌아간다. 첫째, 우리는 문헌에서 정상적인 이성애에 대한 설명의 일부를 이끌어 낼 수 있었다. 그러나, 많은 종류의 일탈적 섹슈얼리티에 대하여는, 일반이론 말고도, 임상적 설명이 매우 풍성한 데 비해, "정상적" 이성애에 대하여는 일반이론이 충분히 개발되지 않았음은 말할 것도 없고 사례연구와 임상적 관찰이 상대적으로 부족하다는 사실은 분명히 충격적인 것이다. 둘째, 임상상황에서 드러나는 전이와 발달적 이해의 측면에서, 우리는 이성애를 구별짓거나 동성애를 더 방어나 타협형성인 것으로 볼 수 있는 근거를 찾을 수가 없다. 논리적으로나 경험적으로나, 우리가 가지고 있는 이성애에 대한 임상적이고 발달적인 설명을 보면, 그것은 상대적으로 공허하고 흥미롭지 않고, 혹은 그것은 이성애를 탐구와 이해의 대상으로 그리고 우리가 어떤 섹슈얼리티에 대해서 일반적으로 말 하고 싶어하는 경험으로 만든다.

나의 주장에 대해 아직도 마지막 이의가 제기될 수 있다: 우리가 아는 바와 같이, 모든 심리적 산물과 과정은 방어와 타협형성을 내포하므로, 일상의 정상적인 방어나 타협형성과 장애나 증상 사이에는 차이가 없는 걸까? 아마 차이가 있을 것이고, 우리는 "정상적" 동성애와 이성애라고 부르고 싶은 것들로부터 다양한 동성애와 이성애(심지어 자가성애)의 "도착"이라고 부르고 싶은 것을 구별할 수 있을 것이다.

일부 설명을 따르다 보면 이러한 전략이 지닌 한계와 어려움이 드러난다. 맥두걸

(1986)은 "불안, 우울, 금지, 그리고 자기애적 혼란 모두가 역할을 하는 복잡한 심리 상태"(p. 247)의 복잡한 욕구들을 충족시키는 것을 네오섹슈얼리티들의 강박 행동적이고 중독적인 특성으로 지목했다. 도착에 대한 많은 설명들은 강렬한 이끌림, 집요함, 편협한 특정 대상선택과 성적 목표, 그리고 반복해야만 하는 필요성을 강조한다. 이런 견해에 의하면, 정상적 이성애는 덜 강렬하고, 더 분산되고, 정서적으로 더 단조롭다는 결론이 나온다. 많은 이성애자들은 이런 견해에 동의하지 않으며, 우리가 임상적 경험, 문헌, 우리 자신이나 우리 지인들의 삶으로부터 배우는 것들이 이것을 지지한다는 데 동의하지 않는다. 이런 관점에서 본다면, 트리스탄과 이졸데, 로미오와 줄리엣, 안나와 브론스키, 히스클리프와 캐시, 가르시아 마르케즈(1988)의 책 *Love in the Time of Cholera?*에 나오는 플로렌티노 아리자, 문학에 등장하는 강렬한 연인들을 어떻게 이해해야 할 것인가? 임상가로서 그들의 "신경증," 강박 행동적 충동, 한정된 특정 대상선택과 도착성(사랑은 질병이라는 것이 가르시아 마르케즈의 책의 주된 요점이며, 이 경우에는 콜레라)에 대해 쉽게 설명할 수 있다. 그러나 이것으로는 그들 욕망의 열정, 강렬함, 중독, 강박을 도착이라는 관점으로 밖에는 설명할 수 없다.

강박적이고, 강렬하고 에로틱한 이성애 열정이라는 이러한 예에서 "도착적" 요소들을 제거한 뒤에 남겨진 것은 둔감하고 지루해 보인다. 우리는 모든 성적 경험과 판타지 중에서 주관적으로 중요하고 강렬한 부분은 도착적이거나 증상적일 거라고 암시하거나, 혹은 중독과 강박행동은 모든 강렬한 성적 경험과 판타지의 요소라고 인식하게 된다. 만일 우리가 전자의 견해를 견지하며, 섹스의 강박 행동적이지 않고 중독적이지 않은 부분만이 정상적인 이성애를 구성하고 나머지는 "도착"이라고 주장한다면, 우리는 강렬하면서도 단조로운 것의 혼합을 설명하기 위해서 개별적이고 상세하고 복잡한 설명이 필요하다. "도착적인" 섹슈얼리티와 "정상적인" 섹슈얼리티를 구분하는 전통 정신분석의 설명은 이 일을 해내지 못하고 있다. 우리는 열정적이고 동성애적인 진정한 대상사랑(발린트, 컨버그, 퍼슨과 그 외 다른 이들이 주장하는 바와 같이, 어떤 진정한 대상사랑을 포함하든지 간에)과 열정적이고 이성애적인 진정한 대상사랑을 구별하라는 압력을 여전히 강하게 받고 있다. 대체로 강박행위, 중독, 목표와 대상의 협소함, 강렬함 등에 대한 구별을 시사하는 많은 설명들은 일반적인 여성성으로부터 동성애나 이성애에서의 일반적인 남성성을 더 잘 구별해낸다. 이 경우에, 여성들은, 이성애자와 레즈비언 둘 다, 자신들이 강박 행동적이지 않고, 충동적이지 않고, 강렬하지 않은(섹스리스에 가까운) 성적 욕망의 연속선의 끝에 위치하는 것을 발견한다.

굴욕(humiliation)의 주제에 있어서 유사한 고찰들이 여전히 사실이라고 나는 믿는다. 스톨러는 도착의 핵심에 그리고 또 일반적으로 성적 흥분의 핵심에 굴욕이 있는 것으로 본다. 스톨러가 제안했듯이, 우리는 성적 흥분의 결과―이것이 친밀감을 지속시키는지 그렇지 않는지?―에 의지할 수 있지만, 이것으로 우리가 이성애로부터 모든 동성애들을 구별할 수 있는 것은 아닐 것이고, 이것으로 확실히 이성애들을 구별한다(우리는 또한 ―여성을 이상화하고 탈성애화 하는 위험을 무릅쓰고― 실제적이고 환상적인 성폭력, 학대, 강간뿐만 아니라 "도착"은 여성보다는 남성 사이에 훨씬 더 널리 퍼져 있으므로, 여성보다는 남성의 성적 판타지나 실행의 더 두드러진 특성이 되는 적대감과 해치고 싶은 욕망의 정도에 대해서 의문을 가질 수 있다(Person [1986], p. 74 참조).

빈약한 자기-타자 분화, 자기애적 대상선택, 자기애적 손상에 대한 심각한 반응, 갈등적이거나 확고하게 정립되지 않은 젠더 정체성, 문제가 되는 신체 이미지 그리고 경계성, 자기애성 또는 심지어 정신증적인 관념과 성격 등과 같이 다양한 다른 병리적, 증상적 요소들은 동성애와 도착을 이성애와 구별짓는 것으로 생각된다(McDougall 1970; Socarides 1978, 1979, 1988; Stolorow and Lachman 1980). 정신분석적 발달이론에서, 우리는 성격적 병리의 정도를 그 기원의 이른 정도와 서로 연관 지으려고 하는 경향이 있어 왔기 때문에, 일탈적인 섹슈얼리티의 초기 기원에 대해 강조함으로써 이러한 섹슈얼리티의 병리 진단이 가능해지게 되었다.[25] 임상적 집단에 대한 접촉이 더 많아지고, 행동적으로 전형적인 이성애들이기 때문에 겉보기에 정상으로 보이는 이성애의 기원에 대한 면밀한 조사가 충분히 이뤄지지 않아서 이러한 초점이 조성되었을 수 있다.

---

25) 이러한 의견은 Steven Epstein(1991)에 의한 것이다. 이러한 설명은 어머니와 관련된 혼란에 병리의 기원을 두려는 경향이 있는데, 아버지는 전통적으로 오이디푸스 시기 전까지는 중요하게 여겨지지 않기 때문이다.

어쨌든, 여기서의 문제는, 컨버그(1976a, 1980)가 지적한 바와 같이, 이성애적 대상선택과 이성애적 행동이 가장 장애가 있는 개인(실제로, 그는 우리가 자기애적 성격으로 생각하는 것보다는 더 장애가 있는 경계선 성격으로 생각하는 것의 사랑관계에 더 많은 희망을 갖는다)의 특성으로 나타날 수 있다는 것이다. 프로이트에 뒤이어 루이스는, 동성애적 대상선택, 또는 많은 동성애가 오이디푸스기의(즉 후기 발달적) 산물이라고 우리에게 더욱 상기시키고 있다. 후기 오이디푸스기의 "진정한 대상사랑," 다른 사람의 소망에 대한 관심, 전체 대상관계 능력, 혹은 확립된 젠더 정체성(이 젠더 정체성을 이성애적 대상선택을 내포해야하는 것으로 ***정의***하지 않는 한)과 동성애적 대상선택 사이에, 이성애자와 마찬가지로 이러한 능력을 갖추지 못한 동성애자가 많을지라도, 타고난 양립불가능성이 존재하는 것은 아니다.

우리가 프로이트의 완결된 오이디푸스 콤플렉스의 두 갈래 모델을 택하든 루이스의 12모델을 택하든 간에, 우리는 하나의 오이디푸스기 이후의 결과에 다른 하나 또는 다른 열하나를 능가하는 특권을 부여하는 여러 가지의 특별한 기준이 있을 뿐이다. 나는 위에서 이것들을 살펴보았다. 그것들은 첫째, 생물학적인 정상성에 대한 추정; 둘째, 우리가 보아왔던 대로, 적절한 방식으로 이루어지는 적합한 부모와의 동일시의 상대적으로 약한 기준(이 경우, 성적인 욕구와 열정은 어떤 방식으로든 동일시로부터 생겨나고, 또는 성적인 지향은 단순히 역할 수용이 된다), 셋째, 문화적 가치의 수용; 넷째, 젠더 차이가 성적 지향을 ***의미한다는*** 이미 주어진 현실의 수용; 다섯번째, 거세불안에 대한 하나의 정해진 결과가 있으며 성적 욕망은 성적 불평등을 받아들이고 재생산해야만 한다는, 성적 차이와 젠더 위계의 표시로서의 남근에 대한 미리 주어진 가치판단의 수용(만일 누군가가 마지막 경우에 이러한 수용이 자아 동조적이라고 주장한다면, 다양한 대안적인 섹슈얼리티 안에서 자아 동조성에 대한 논쟁에 직면하게 된다)이다. 나는 이 다섯 개의 가정들 각각이 지닌 문제를 제기해왔다.

끝으로, 이성애적 대상선택을 하는 사람들과 동성애적 대상선택을 하는 사람들에 있어서, 대상 관계성, 성애화, 강박성, 충동성, 거세불안 또는 남근선망, 젠더에 대한 상상, 대상선택과 성적 목적의 특이성 대 폭넓음, 부인 또는 방어, 성격 병리 또는 신경증, 판타지나 복구적 목표의 결합 등에 있어서 질적인 스펙트럼이 있는 것처럼 보이며, 분석적 저술가들도 종종 그렇게 암시해왔다. 강박성, 중독성, 굴욕, 또는 "진정한 대상관계"의 존재나 부재 등과 같은 기준을 따르는 평가는 두 가지 성적 지향에 모두 적용된다.

내 논점의 두 번째 부분은 단지 이성애에 대한 이론과 이성애에 초점을 두는 임상적 설명이 부족하다는 것을 지적했다. 이성애에 대한 더 나은 설명이 없다면, 우리는 동성애가 이성애보다 더 증상적이라고 주장할 수 없고, 우리가 갖고 있는 설명들로는 동성애가 더 증상적이라고 밝힐 수 없을 것이라고 주장한다. 그러나 나도 우리가 이성애 그 자체를 탐구해야 한다고 주장하고 있는 것이다. 개별적인 사례에 대한 우리의 복잡한 임상적 이해를 보다 일반적 이론으로 번역해 내기 위한; 전형적인(modal) 소년과 전형적인 소녀가 "정상적" 이성애자로 발달하는 단순한 규범적 모델에 도전하기 위한; 동성애와 이성애 도착이 많은 것처럼 오히려 광범위하게 다양한 "정상적" 이성애를 발견하게 될 것을 전제하기 위한, 무엇이 정상인지 아닌지와 관계가 없는 아주 좋은 근거들이 있다.

종종 동성애를 증상으로 보는 분석적 언급에 대한 반응으로, 나는 앞서 본 논문의 제목을 "증상으로서의 이성애"로 정했다. 나는 우리가 이성애의 증상적 특성과 어떤 동성애의 정상성에 대한 판단을 유보해야만 한다고 믿는다; 이 논문은 현재 우리의 임상적 발달적 지식을 고려하면 이러한 구별이 가능하지 않다고 주장하고 있다. 나 또한 어떤 개별적인 사례의 경우에 최종적인 원인에 대한 판단을 유보한다; 어떤 사람의 성적 지향, 조직, 판타지, 실제가 생물학, 문화적 평가와 구성, 갈등에 대한 심리내적 해결들, 가족 경험, 그리고 젠더 정체성으로부터 생겨나는 방식은 다양할 수 있다.

어떤 사람들은 이성애가 도덕적으로 더 우수하다거나 사회를 위해 더 낫다고 하거나(어떤 사람들은 종의 재생산을 위하여 어떤 시기에는 이성애적으로 행동해야 한다는 것이 자명하나, 내가 이전에 언급한 바와 같이 이것이 개인적 문화적 다양성과 특수성을 설명하지는 못한다), 도덕적 또는 정치적 이유로 어떤 섹슈얼리티도 보호해야 한다고 하는 둘 중 하나의 방향에서 도덕적 또는 정치적 논쟁을 하길 원할 수도 있다. 그러나 나는 우리가 이런 종류의 논쟁의 본질에 대해 매우 명확히 해야 한다고 생각한다. 우리가 갖고 있는 정신분석이론은, 우리에게 이러한 도덕적, 정치적 질문들에 대하여 답변할 근거를 제공하지 않는다.

어떤 사람은 결국 동성애와 이성애의 상대적인 건강함(증상으로부터의 자유, 병리의 부재, 이차 자율성)을 평가하기 위한 근거를 정신분석적 관점에서 찾을 수 있을 것이다. 나는 전체적 상대주의를 주장하는 것은 아니다. 맥두걸과 스톨러, 그리고 다른 이들이 분명히 한 것처럼, 아마도 섹슈얼리티 사이에서 비교 평가하기 위한 이론에 훌륭한 근거들이 있을 것이다. 그러나 우리의 지식의 현 단계에서, 이것들로 동성애와 이성애가 구별될 수 있는 것은 아니다. 현재, 우리가 평가적인 주장을 할 때는 일련의 생물학적 가설을 포함하는 규범적 문화 체계의 맥락에서 하고 있는데, 여기에서 정상적 섹슈얼리티란 젠더 및 성적 차이를 구체화하는 것뿐만 아니라 젠더 불평등을 유지하는 것을 의미한다. 만일 우리가 열정적이고 강렬한 이성애를 보유하고 있다면, 우리는 증상, 신경증, 그리고 장애의 범주 안에 있는 것이다; 만일 우리가 그것의 강도와 열정에 대한 요구를 포기함으로써, 이성애를 비도착화(deperversionize) 할 경우, 그것은 우리나 그 실행자에게 흥미가 덜 하게 된다. 이 논문은 모든 섹슈얼리티를 문제시되고 설명되어야 할 것으로 다뤄야 한다고 제안한다. 정신분석가들은 많은 사람들의 성적 판타지, 정체성 및 실제에 거의 고유한 접근을 한다. 우리는 모든 형태의 섹슈얼리티를 충분히 이해할 수 있도록 이러한 접근을 사용하여야 할 것이다.

참고문헌

Balint A: Love for the mother and mother-love (1939), in Primary Love and Psycho-Analytic Technique, by M. Balint. New York, Liveright, 1965, pp 91-108

Balint M: Eros and Aphrodite (1936), in Primary Love and Psycho-Analytic Technique. New York, Liveright, 1965, pp 59-73

Balint M: On genital love (1947), in Primary Love and Psycho-Analytic Technique. New York, Liveright, 1965, pp 109-120

Balint M: Perversions and genitality (1956), in Primary Love and Psycho-Analytic Technique. New York, Liveright, 1965, pp 136-147

Benjamin J: The Bonds of Love: Psychoanalysis, Feminism, and the Problem of Domination. New York, Pantheon, 1988

Chasseguet-Smirgel J: Freud and female sexuality: the consideration of some blind spots in the exploration of the "Dark Continent" (1976), in Sexuality and

Mind. New York, New York University Press, 1986, pp 9–28
Chasseguet–Smirgel J: Creativity and Perversion. London, Free Association Books, 1985
Chodorow NJ: The Reproduction of Mothering. Berkeley and Los Angeles, University of California Press, 1978
Chodorow NJ: Gender, relation and difference in psychoanalytic perspective (1979), in Feminism and Psychoanalytic Theory. New Haven, CT, Yale University Press, and Cambridge, UK, Polity Press, 1989, pp 99–113
Chodorow NJ: Feminism and Psychoanalytic Theory. New Haven. CT, Yale University Press, and Cambridge, UK, Polity Press, 1989a
Chodorow NJ: Psychoanalytic feminism and the psychoanalytic psychology of women, in Feminism and Psychoanalytic Theory. New Haven, CT, Yale University Press, and Cambridge, UK, Polity Press, 1989b, pp 178–198
Connell RW: Gender and Power. Stanford, CA, Stanford University Press, 1987
Contratto S: Father presence in women's psychological development, in Advances in Psychoanalytic Sociology. Edited by Rabow J, Platt GM, Goldman M. Malabar, FL, Krieger, 1987, pp 138–157
Epstein S: Sexuality and identity: the contribution of object–relations theory to a constructionist sociology. Theory and Society 20:825–873, 1991
Foucault M: The History of Sexuality, Vol I. New York, Pantheon, 1978
Friedman R: Male Homosexuality: A Contemporary Psychoanalytic Perspective. New Haven, CT, Yale University Press, 1988
Freud S: Three essays on the theory of sexuality (1905), in The Standard Edition of the Complete Psychological Works of Sigmund Freud [SE], Vol 7. Translated and edited by Strachey J. London, Hogarth Press, 1953, pp 125–243
Freud S: The psychogenesis of a case of homosexuality in a woman (1920). SE, 18:145–172, 1955
Freud S: The dissolution of the Oedipus complex (1924). SE, 19:173–179, 1961
Freud S: Some psychical consequences of the anatomical distinction between the sexes (1925). SE, 19:248–258, 1961
Freud S: Female sexuality (1931). SE, 21:225–243, 1961
Freud S: New introductory lectures on psycho–analysis (1933). SE, 22:112–135, 1964
Freud S: Analysis terminable and interminable (1937). SE, 23:216–253, 1964
Garcia Marquez G: Love in the Time of Cholera. New York, Alfred A Knopf, 1988
Gaylin W, Person E (eds): Passionate Attachments: Thinking About Love. New York, Free Press, 1988
Golden C: Diversity and variability in women's sexual identities, in Lesbian Psychologies. Edited by Boston Lesbian Psychologies Collective. Urbana and Chicago, University of Illinois Press, 1987, pp 19–34
Greenacre P: Perversions: general considerations regarding their genetic and dynamic background. Psychoanal Study Child 23:47–62, 1968

Hershey DW: On a type of heterosexuality, and the fluidity of object relations. J Am Psychoanal Assoc 37:147–171, 1989

Horney K: The dread of women (1932), in Feminine Psychology. New York, WW Norton, 1967, pp 43–67

Isay R: Being Homosexual: Gay Men and Their Development. New York, Farrar, Straus, & Giroux, 1989

Johnson M: Strong Mothers, Weak Wives. Berkeley and Los Angeles, University of California Press, 1988

Katz JN: The invention of the homosexual, 1880–1950, in The Gay/Lesbian Almanac: A New Documentary. Edited by Katz JN. New York, Harper and Row, 1983, pp 137–174

Katz JN: The invention of heterosexuality. Socialist Review 20:7–34, 1990

Kerig P: The Engendered Family: The Influence of Marital Satisfaction on Gender Differences in Parent–Child Interaction. Unpublished Ph.D. dissertation. University of California, Berkeley, Department of Psychology, 1989

Kernberg O: Barriers to falling and remaining in love, in Object Relations Theory and Clinical Psycho–Analysis. New York, Jason Aronson, 1976a, pp 185–213

Kernberg O: Mature love: prerequisites and characteristics, in Object Relations Theory and Clinical Psycho–Analysis. New York, Jason Aronson, 1976b, pp 215–239

Kernberg O: Boundaries and structures in love relations, in Internal World and External Reality. New York, Jason Aronson, 1980, pp 277–305

Kernberg O: Between conventionality and aggression: the boundaries of passion, in Passionate Attachments: Thinking About Love. Edited by Gaylin WE, Person E. New York, Free Press, 1988, pp 63–83

Kernberg O: Aggression and love in the relationship of the couple. J Am Psychoanal Assoc 39:45–70, 1991

Krieger S: The Mirror Dance. Philadelphia, PA, Temple University Press, 1983

Kris E: The personal myth. J Am Psychoanal Assoc 4:653–681, 1956

Lacan J: [Selections] (1966, 1968, 1975), in Feminine Sexuality: Jacques Lacan and the école freudienne. Translated by Rose J. Edited by Mitchell J, Rose J. New York, WW Norton, 1982

Leonard MR: Fathers and daughters: the significance of "fathering" in the psychosexual development of the girl. Int J Psychoanal 47:325–334, 1966

Lewes K: The Psychoanalytic Theory of Male Homosexuality. New York, Simon & Schuster, 1988

Lindenbaum JP: The shattering of an illusion: the problem of competition in lesbian relationships. Feminist Studies 11:85–103, 1985

Maccoby E, Jacklin C: The Psychology of Sex Differences. Stanford, CA, Stanford University Press, 1974

McDougall J: Homosexuality in women, in Female Sexuality: New Psychoanalytic Views.

Edited by Chasseguet-Smirgel J. Ann Arbor, University of Michigan Press, 1970
McDougall J: Theatres of the Mind: Illusion and Truth on the Psychoanalytic Stage. London, Free Association Books, 1986
Michel F: After the World Broke: Cross-Gender Representation in Works by Willa Cather, William Faulkner, and Djuna Barnes. Unpublished Ph.D. dissertation. University of California, Berkeley, Department of English, 1990
Mitchell J: Eternal divide. Times Higher Education Supplement, 17 Nov 1989
Money J, Ehrhardt A: Man and Woman, Boy and Girl. Baltimore, MD, Johns Hopkins University Press, 1972
Morgenthaler F: Homosexuality, Heterosexuality, Perversion. Hillside, NJ, Analytic Press, 1988
Panel: Toward the further understanding of homosexual women. Wolfson A, reporter. J Am Psychoanal Assoc 35:165-173, 1987
Person ES: The omni-available woman and lesbian sex: two fantasy themes and their relationship to the male developmental experience, in The Psychology of Men. Edited by Fogel GI, Lane FM, Liebert RS. New York, Basic Books, 1986, pp 71-94
Person ES: Dreams of Love and Fateful Encounters: The Power of Romantic Passion. New York, WW Norton, 1988
Reich A: Narcissistic object choice in women J Am Psychoanal Assoc 1:22-44, 1953
Rich A: Compulsory heterosexuality and lesbian existence. Signs 5:631-660, 1980
Roiphe H, Galenson E: Infantile Origins of Sexual Identity. New York, International Universities Press, 1981
Schafer R: Problems in Freud's psychology of women. J Am Psychoanal Assoc 22:459-485, 1974
Slater P: The Glory of Hera: Greek Mythology and the Greek Family. Boston, MA, Beacon Press, 1968
Socarides C: Homosexuality. New York, Jason Aronson, 1978
Socarides C: A unitary theory of sexual perversions, in On Sexuality. Edited by
Karasu T, Socarides C. New York, International Universities Press, 1979, pp 161-188
Socarides C: The Preoedipal Origin and Psychoanalytic Therapy of Sexual Perversions. Madison, CT, International Universities Press, 1988
Stein A: Three models of sexuality: drives, identities and practices. Sociological Theory 7:1-13, 1989
Stoller R: Perversion: The Erotic Form of Hatred. New York, Pantheon, 1975 Stoller R: Sexual Excitement. New York, Pantheon, 1979
Stoller R: Observing the Erotic Imagination. New Haven, CT, Yale University Press, 1985

아놀드 쿠퍼 (Arnold M. Cooper)

5

소개

아놀드 쿠퍼(Arnold Cooper)는 콜롬비아 대학교, 유타 대학교 의과대학, 그리고 콜롬비아 대학교 정신분석 훈련 및 연구센터를 졸업했으며, 현재 콜롬비아 대학교 정신분석 훈련 및 연구 센터에서 훈련 감독 분석가로 활동하고 있다. 그는 의과대학을 졸업한 후, 하바드 대학교 쏜다이크 연구소에서 생리학 분야 연구원으로 일했으며 뉴욕 장로교병원에서 2년간 의학 연구를 한 후 뉴욕 벨뷰병원에서 정신건강의학 레지던트 과정을 수료했다. 그는 현재 웨일-코넬 의과대학에서 자문조정 정신건강의학의 명예교수이며, 콜롬비아 의과대학에서 정신건강의학과 교수와 콜롬비아 대학교에서 문학과 겸임교수를 역임했다.

그의 경력에서 가장 중심이 되었던 것은 교육이었다. 1965년부터 1974년까지 그는 콜롬비아 대학에서 학부생들을 위한 정신분석학 및 관련 학문분야에서 진행되던 연구과정의 감독을 역임했다. 또한 그는 웨일-코넬 의과대학에서 정신건강의학과 부학과장을 역임하며 의대생 및 레지던트의 교육을 총괄했다. 그는 수차례에 걸쳐 콜롬비아 정신분석 센터에서 교육과정위원회의 위원장과 부감독을 지냈으며, 미국정신분석협회에서 회장과 과정위원회의 위원장을, 국제정신분석협회에서 부회장, 이사 및 북미지역 총무 등을 역임했고, *International Journal of Psychoanalysis*의 북미지역 편집인과 *American Journal of Psychiatry*의 부편집인으로도 활동했다.

그는 100편이 넘는 논문을 저술했는데, 가장 최근에는 엘리자베스 오친클로스가 편집한 *The Quiet Revolution in American Psychoanalysis: Selected Papers of Arnold M. Cooper*가 출간되었다.

쿠퍼박사는 정신분석 초기연구부터 정신분석학 내에서 벌어지고 있는 정통 미국 자아심리학과 분석 분야에 대한 다양한 대안적 혹은 보완적 이론들 사이의 갈등에 관심을 가지고 있었다. 그는 초기에 에드먼드 버글러의 연구에 영향을 받아 임상적으로 관찰되는 다양한 신경성 장애들의 자기애적이고 전오이디푸스적인 원인들을 탐구하고자했다. 많은 주제들 중에서도 그는 피학증, 성도착, 거세 불안, 심리치료와 정신분석의 관계, 정신분석적 교육, 정신분석의 비해석적 방법들(noninterpretive measures), 변화에 대한 조직화된 저항 등에 관한 글을 써왔다. 무엇보다도 그가 담당해 온 선도적 역할은 바로 정신분석학을 문학, 인류학, 예술사 등과 같은 관련 학문들과 연결할 수 있는 길을 열어주고, 이러한 경험적 연구가 정신분석학에 시급하게 요구된다는 것을 강조해 왔다는 점이라 할 수 있다.

이 논문을 선택한 이유

아놀드 쿠퍼

"자기애적-피학적 성격(The Narcissistic-Masochistic Character)"은 나의 초창기 논문 중 하나로, 이후 나의 정신분석학적 작업의 상당 부분에 기초적 토대를 마련해 주었다. 본 논문은 우선 초기 자기애적 갈등의 중요성과 함께 전오이디푸스 단계에서의 불안과 갈등에 대한 기존의 해소책들을 이해해 보고, 정신적 피학증이 생각보다 널리 퍼져있는 병리임에도 불구하고 그것으로부터 변화되는 것에 저항하는 수수께끼에 대하여 해결책을 제시해 보고자 한다. 본 논문은 여러 세대를 거쳐 현재까지도 학생들에게 큰 영향을 미쳐왔고 또한 그들의 성공적이고 만족스러운 임상 결과에 큰 도움이 되어 온 것으로 계속해서 평가되고 있다.

자기애적 - 피학적 성격
(The Narcissistic-Masochistic Character)

아놀드 쿠퍼

중국에는 "파란만장한 세상에서 뒹굴어봐라(May you live in interesting times)"라는 오래된 저주문이 있다고 한다. 정신분석학의 역사에서도 그동안 수용되었던 패러다임들에 대하여 의문을 가지게 되고, 그 동안 수북하게 쌓여왔던 새로운 생각들과 오래된 생각들이 각각 주목 받고 신뢰를 얻기 위해 서로 경쟁하는 등, 다른 어느 때보다 분석적으로 흥미로운 시기들이 있었다. 지성의 역사로 미루어 볼 때, 이렇듯 열정적이고 창조적인 소요의 시기들은 새로운 사상들의 발전을 가져왔다. 즉 새로운 기술이 새로운 실험을 가능하게 하고, 새로운 데이터들이 오래된 이론과 충돌하며, 새로운 사상들이 새로운 이론을 잉태하면서 학문은 실로 대단한 진보를 이루어 내었던 것이다. 1970년대 초반부터 정신분석학에서는 아주 흥미롭고 창조적인 긴장이 생겨났는데, 그 초점이 된 것은 많은 부분 전오이디푸스적 경험의 주요한 역할과 자기 혹은 자기애적 성격발달이라는 주제의 중요성이었다. 여기서 내가 주장하고 싶은 것은 피학적 방어들이 전오이디푸스 시기의 자기애적 발달에서 아주 흔하게 나타난다는 것이며, 피학증의 발달에 대한 좀 더 깊은 이해는 많은 임상적 문제들을 명료화 하는 데 도움이 될 수 있다는 것이다. 발달과 병리에서 자기애와 피학증의 역할에 대하여 우리가 충분히 인식한다면, 우리는 프로이트가 명백하게 주장했듯 오이디푸스 콤플렉스가 신경증 발생에 중요한 변별적 원인이라고 여전히 생각하는 것들에 대하여 이제는 포기할 필요가 있다고 생각한다. 더 나아가 피학증과 자기애는 발달과 동시에 병리에서 또한 서로 아주 밀접하게 관련되어있기에 일종의 자기애적-피학적 성격이란 것이 존재하며, 결코 그 중 어느 하나만 단독적으로 드러나지는 않는다는 사실을 고려해 보아야 할 것이라고 생각한다. 이는 결국 우리의 임상작업을 명확하게 해 줄 것이기 때문이다.

프로이트(1931)는 이미 반세기 전에 우리의 그러한 생각들을 재정립하는 문제에 대하여 예견했는데, 그는 어린 소녀가 어머니와 가지는 애착의 강도와 지속 기간에

대해 언급하면서 다음과 같이 서술했다:[1)]

> 여성에게 전오이디푸스 단계는 우리가 지금껏 인정해오지 않았던 중요성을 가진다. 가령 우리가 신경증들의 기원을 추적할 때 그 출발점이 되는 모든 종류의 고착과 억압에 대하여 이 단계 안에서 설명이 가능할 수 있기 때문에, 아마도 우리는 오이디푸스 콤플렉스가 신경증의 핵심이라는 주장의 보편성을 포기해야만 할지도 모른다. 그러나 만일 이렇게 수정하는 것에 대하여 누군가라도 주저하게 된다면 굳이 그렇게 할 필요는 없다. (p. 225)

프로이트는 계속해서 자신의 새로운 발견을 수용하는 데에 있어서 부딪히게 되는 어려움들을 스스로 밝히고 있는데, 만일 오이디푸스 콤플렉스를 재정의해서 오이디푸스 이전의 경우들을 기꺼이 포함시킨다 하더라도, 이러한 수정이 확실하게 필요한 것은 아니라고 주저하는 사람들은 그렇게 할 필요는 없다고 덧붙이고 있다:

> 소녀들의 이러한 초기 전오이디푸스 단계에 대한 우리의 통찰은 다른 분야의 경우 마치 그리스 문명의 배후에 있는 미노아–미케네 문명의 발견처럼 우리에게 경이롭게 다가온다. 어머니와 맺는 초기 애착의 영역에 있는 모든 것들을 분석을 통해 파악하기에는 상당한 어려움이 있다. 즉 나이도 너무 어려서 그 희미한 것들을 생생하게 재현시키기가 거의 불가능하기 때문에, 이것은 마치 불가피하게 받아들일 수밖에 없었던 억압과도 같은 것으로 보인다. (p.226)

이는 아마도 이론적 수정을 받아들이는 것에 있어서 프로이트와 우리 자신이 겪고 있는 어려움을 보여주는 것 같은데, 결국 그 수정의 범위는 어디까지 연구 자료가 뒷받침되는지가 관건일 것이다. 실제로 프로이트는 사후 발간된 논문 "The Outline of Psychoanalysis" (1938)에서 오이디푸스 콤플렉스가 신경증의 핵심이라고 주저 없이 다시 기술하고 있기 때문이다.

---

1) Arnold M. Cooper, M.D.의 논문 "자기애적–피학적 성격" (The Narcissistic–Masochistic Character)은 *Masochism: Current Psychological Perspectives*, edited by Robert A. Glick and Donald I. Meyers (The Analytic Press: Hillsdale, NJ, 1988), pp. 117–139에서 처음 발표되었던 논문이다.

그런데 사실상 대부분의 피분석 환자들이 기본적인 오이디푸스적 병리현상을 보였는지에 대해서는 의문의 여지가 있다. 에드워드 글로버는 1955년에 출간된 그의 논문 "Technique of Psychoanalysis"에서 고전적 전이신경증의 사례가 드물다는 것에 대해 이미 개탄하였고, 이런 사례를 "보통의 분석가들의 사례 목록에 너무나 드물게 어쩌다 등장하는 가볍고 대체로 적합한 사례들"(p.205)이라고 언급하고 있다. 우리 중에 "고전적 전이신경증"에 대한 많은 사례를 관찰한 이는 거의 없지만, 그럼에도 불구하고 우리에게 익숙한 프로이트의 임상적 견해, 즉 신경증의 핵심은 오이디푸스 콤플렉스라는 견해를 포기하는 것이 결코 쉽지는 않았을 것이라고 나는 생각한다. 그렇다고 해서 오이디푸스 콤플렉스와 또한 오이디푸스 콤플렉스가 우리의 삶에서 생생하게 역할을 하고 있다는 사실을 발견한 그 위대함에 대하여 폄하하려는 것은 결코 아니다. 다만 프로이트가 오이디푸스 콤플렉스를 여러 중요한 발달 단계들 중 하나에 불과한 것으로 자리매김하는 것을 주저한다고 해서 우리도 굳이 그것에 동조할 필요는 없는 것이며, 따라서 자기애적이고 피학적인 병리를 이해하거나 또한 아마도 일반적으로 신경증을 이해하는 데에 있어서 오이디푸스 콤플렉스를 반드시 유일하게 가장 중요한 것으로 생각할 필요는 없다는 것이다.

코헛(1971)의 자기심리학은 지금까지 정신분석학적 발달 연구, 임상 경험 및 일반 이론 분야에서 상충되는 다양한 요소들을 지적하고 해결하는 데 있어서 가장 급진적인 시도를 보여주고 있다. 내가 다른 글(Cooper 1983)에서 언급했듯이, 자기심리학에서 보여주는 그러한 열정—긍정적이든 부정적이든—때문에 이제껏 정신분석학적 작업에서 해결되지 않은 몇몇 주요 문제들이 많은 부분 드러나게 되었다고 믿는다. 십여 년 동안 정신분석학은 전오이디푸스적 사건들을 새롭게 강조하는 입장에서 자기애에 대한 새로운 이해를 발전시키는 많은 연구를 해왔다. 이러한 탐구의 과학적이고 임상적인 수확은 대단히 많았고, 그 덕분에 우리는 다소 불분명한 메타심리학적 혹은 임상적인 공식화 작업들에 그러한 방법들을 신속하게 적용할 수 있었다. 이러한 작업들 중 특별히 눈에 띄는 것이 바로 피학증의 개념들과 피학적 성격이다.

피학증에 대한 주요 개념들은 정신분석학적 사고의 초창기부터 시작되었는데, 그 시기에는 오이디푸스 콤플렉스에 초점을 맞추었으므로 정신분석학의 문화적 환경이 지금과는 달랐다. 지금은 분리개별화, 자존감 조절, 초기 대상관계의 특징 등 새로운 개념들을 사용하여 피학증을 재검토하게 되었는데, 이러한 작업은 피학적 현상에 대한 우리의 이해를 보다 명확하게 하는 데 도움이 되었을 것이다.

이론들과 정의들에 대한 검토

사실 관련 문헌들이 방대하기 때문에 여기서는 몇 가지 중요한 점들만 언급하도록 하겠다. "피학증(masochism)"이란 용어는 1895년 크라프트-에빙이 레오폴트 폰 자허-마조흐(1870)의 소설 *Venus in Furs*를 언급하면서 만들어냈다. 크라프트-에빙은 그 소설에서 노예화, 수동성, 굴욕의 경험을 기꺼이 수용함으로써 타인으로부터 육체적 정신적 고문을 추구하는 상황을 묘사했다. 프로이트(1920)는 크라프트-에빙의 용어를 사용하기는 했지만 피학증에 대한 그의 초기 저작들에서 그는 고통으로부터 오는 분명한 성적 쾌감을 가지는 성도착 피학증에 관심을 두었던 반면, 후기에 들어서야 굴욕과 고통이 실제적인 성적 만족과는 상관없이 성격형성의 한 부분으로 나타나는 도덕적 피학증의 문제에 관심을 가졌다. 프로이트는 이러한 난해한 현상에 대하여 다음과 같이 설명하고 있다.

1. 신경계에서의 과도한 자극은 그 생리학적 특성 때문에 자동적으로 고통과 쾌감을 둘 다 경험하게 한다.
2. 피학증은 본능의 변천이다. 즉 가학증 혹은 공격성은 일차적 본능이라 할 수 있는데, 이와 맞서는 피학적 자기는 바로 이차적 본능 현상인 것이다.
3. "쾌감원칙을 넘어서는" 것으로 정의되는 피학증은 일차적 본능으로 죽음 본능의 구성요소이고 반복적 강박의 결과이다. 따라서 자동적으로 작동하는 독립적 조절 원리인 것이다. 일차적 본능으로서의 피학증은 발달과정에서 외부로 향하지만, 3차적 현상으로서의 피학증은 내부로 다시 향하는데, 이것이 바로 임상적 피학증이다.
4. 도덕적 피학증은 처벌의 욕구로서, 초자아의 과도한 냉정함의 결과이다. 성적이고 일반적으로 오이디푸스적이며 금지된 소망에 대해 죄책감을 느끼는 사람들은 속죄의 수단으로 처벌을 추구한다.

5. 피학적 고통은 쾌감의 조건이지 쾌감의 원천은 아니다. 즉 피학증자들은 고통 그 자체를 즐기는 것이 아니다. 오히려 그들은 금지되었거나 누릴 자격이 없는 쾌감에 다가가기 위해 불가피하게 느끼는 죄책감의 대가로서의 고통을 기꺼이 감수하는 것이다.
6. 피학증은 여성적 특성들과 수동성에 관련되어 있다.

내 생각에 어쩌면 프로이트는 일생동안 그러한 "불쾌감 속의 쾌감(pleasure-in-unpleasure)"의 역설에 대하여 만족할 만한 설명을 하기 위해 분투했다고 해도 과언이 아닐 것이다. 그는 "Analysis Terminable and Interminable"(Freud 1937)에서 다음과 같이 언급하고 있다:

> 분석 작업 중에 일어난 저항들을 관찰하며 받은 가장 강력한 인상은 회복에 저항하는 모든 가능한 수단을 동원해 자신을 방어할 수 있는 어떤 힘이 있다는 것인데, 바로 그것이 질병과 고통을 그대로 고수하기로 전적으로 결단하는 힘이란 것이다. 이 힘의 일부분은 정의감으로, 즉 죄책감과 처벌의 욕구로 확실하게 우리가 인식해 왔던 것인데, 그것은 자아가 초자아와 맺고 있는 관계 안에 있다. 그러나 그것은 예컨대 초자아에 의해 심리적으로 규정되어 인식 가능해 지는 일부분에 불과하다. 그 힘의 다른 부분들은 규정되든 그렇지 않든 다른 곳에서 역시 작용하고 있을 것이다. 만일 우리가 수많은 사람들 속에 내재된 피학증의 현상들, 즉 수많은 신경증 환자에게서 발견되는 부정적 치료반응과 죄책감으로 만들어지는 그림을 총체적으로 그려 본다면, 우리는 더 이상 심리적 사건들이 전적으로 쾌감의 욕망 때문이라고만 확실하게 믿을 수는 없을 것이다. 이러한 현상들은 정신생활의 어떤 힘을 나타내 주는 명백한 표지들인데, 이는 바로 공격본능 혹은 목적에 따른 파괴본능이라 할 수 있으며 좀 더 거슬러 올라가면 원래의 죽음본능이라 할 수 있다. 이것은 삶에 대한 낙관론과 비관론 사이의 대립의 문제가 아니다. 두 개의 원초적 본능—에로스와 죽음 본능—은 어느 한쪽만의 활동이 아니라 둘 다의 공존적이거나 상호 대립적인 활동에 의해서만 삶의 현상의 풍부한 다양성을 설명할 수 있을 것이다. (p.242)

알다시피 사실상 죽음 본능은 결코 주목을 받지 못했던 개념이다.

이후 등장한 피학증에 관한 방대한 문헌들은 브렌너(1959), 스톨로로우(1975), 멜슨(1984), 그로스만(1986), 그리고 내가 참여했던 미국정신분석협회의 패널(Fischer 1981) 등에 잘 요약되어 있다. 이러한 요약들은 피학증의 전반적인 기능과 병인에 대해 간결하게 서술하고 있는데 여기서 다시 반복해서 다루지는 않겠다. 스톨로로우의 논문은 특별히 주목할 만한데 그는 피학증의 자기애적 기능들에 대해 다루고 있으며, 가학피학적(sadomasochistic) 발달이 만족스러운 자기 이미지를 유지하는 데 도움이 될 수 있음을 지적하고 있다. 이 글에서 나는 나의 논의를 소위 도덕적 피학증 혹은 "심리적(psychic)" 피학증이라고 부르는 것에 국한시키려 한다. 나는 성도착 피학증은 논의하지 않을 것인데, 그것은 발달적으로 볼 때 다른 현상이라고 생각하기 때문이긴 한데... 그렇지만 도착적 환상들은 아주 다양한 사람들에게 공통적으로 흔하게 나타난다.

피학증에 관해 많은 정의들이 내려졌지만 그 중 브렌너(1959)의 정의가 권위 있는 것으로 인정받아왔다. 그는 피학증을 "***성적*** 쾌감을 위해서, 육체적이거나 정신적인 고통, 불안 혹은 비참함 등을 의미하는 불쾌감을 추구하는 것으로서, 특성상 추구나 쾌감 혹은 둘 다는 의식적이라기보다는 모두 무의식적일 수 있는 것"(p.197)이라고 정의했다. 브렌너는 강조하기를, 피학증이란 오이디푸스 콤플렉스와 연관된 금지된 성적 쾌감의 대가로 치러야 하는 고통스러운 형벌을 받아들이는 것을 의미한다는 것이다. 피학적 현상은 정상과 병리 상태 모두에 편재되어 있으며, 공격자를 유혹하고 대상을 계속해서 통제하는 것 등과 같은 목적을 포함하여 많은 심리적 기능들을 제공한다는 것에 그는 동의했다. 브렌너는 피학적 성격의 발생이 과도하게 좌절시키거나 거절하는 부모와 관련이 있는 것 같다고 믿었다.

피학증에 대하여 다소 상이하지만 매우 체계화된 견해는 작고한 에드먼드 버글러의 방대한 저작들(1949, 1961)에서 제안되었다. 내가 보기에는 그의 이론들이 현재 지대한 관심을 끌고 있는 주제들과 밀접한 관련이 있기 때문에, 또한 그것들이 나 자신의 사고에 영향을 주었기 때문에, 그리고 전오이디푸스 시기와 자기애에 대해 강조하는 것이 시기상조라서 그것들이 문헌들에서 거의 언급되지 않기 때문에, 나는 그의 연구에 대해 간략하게 요약하려 한다. 1949년까지 거슬러 올라가 보면, 버글러는 피학적 현상이 모든 신경증적 행동의 본질적인 양상이라고 서술했으며, 피학적 현상을 자기애적 발달 혹은 자존감 체계의 발달의 문제들과 연관시켰다. 버글러는 심리적 피학증이 인간 발달의 불가피한 측면으로서 발달된다는 것을 상정한 발생학적 도식을 구체적으로 기술했다. 나는 그 중에서 이 논문의 주제와 특히 밀접한 관련이 있는 몇 가지를 언급하려 한다.

1. 버글러는 유아적 과대망상증(infantile megalomania) 혹은 (현재 우리가 자기애라고 부르는) 유아적 전능감을 보존하려는 것이 불안을 감소시키는 데에 대단히 중요하며, 만족의 원천으로 리비도적 만족을 유지하는 것과 동등한 수준이라고 가정했다. 이러한 공식은 수년 후 등장하는 코헛의 이론과 다르지 않다.
2. 모든 유아는 자기 자신의 기준에 의해 과도하게 좌절하거나 낙심하며 스스로를 거부한다. 이러한 실망들은 유아의 전능환상을 좌절시키기 때문에, 언제나 자기애적 굴욕의 결과를 낳는다.
3. 유아는 이렇게 자신의 전능한 자기를 좌절시키는 것에 대하여 분노로 반응한다. 그러나 외부 대상에게 분노를 표출하지 못하는 유아에게 있어서 그 분노는 자기에게 향하게 되고 (라도[1969]는 이것을 전도된 분노[retroflexed rage]라고 명명했다), 이것 때문에 실제로 엄격한 초자아가 형성된다.
4. 불가피한 좌절, 사랑과 필요의 대상인 부모를 공격할 위험, 그리고 자기 자신을 향한 공격의 고통에 직면하면서도, 유아는 전능감과 자존감이라는 필수적인 느낌들을 유지하고자 노력하는데, 버글러의 언어에 따르면 유아는 자신의 실망들을 "리비도화" 하거나 혹은 "달콤한 것으로 미화" 한다. 유아는 자기 자신은 물론 구별된 대상에 대한 지속적이고 총체적이며 전능한 통제에 대한 환상을 지속하기 위해서 불쾌감으로부터 쾌감을 추출해내는 것을 배운다. "아무도 나의 소망을 좌절시키지 않았다; 내가 좋아서 내 자신을 좌절시킨 것이다." 일종의 불쾌감 속의 쾌감이라는 패턴이 발전되어 가는 것을 용이하고 불가피하게 만드는 것은 바로 가지고 태어난 어느 정도의 선천적 경향성이라고 버글러는 믿었다. 이는 대상을 구분하는 가장 초기 단계에서 발달하며, 내 생각에 아마도 말러(1972)는 그러한 경향성이 분리개별화 과정의 재접근 단계에서 발생하는 무기력함에 실망하면서 그것을 인식하는 동안 강화될 것이라고 주장했다.

버글러에 따르면, 이러한 것들로 하여 결과적으로 심리적 피학증에 대한 "임상적인 그림"(clinical picture)으로 드러나는 심리 발달의 초기 사건들이 가정되는데, 그 그림은 "구강적 3단계(oral triad)"를 특징으로 한다. 구강적 3단계라는 용어는 피학적 행동에 전형적인 3단계의 연속적인 행동을 지칭하기 위해 버글러가 사용했던 것인데, 수년 후에 르윈(1950)이 다른 목적으로 이 용어를 사용하기도 하였다.

- ***1단계***. 피학증자는 자기 자신의 행동을 통해서 혹은 사용가능한 외부상황의 오용을 통해서 무의식적으로 실망, 거절, 그리고 굴욕을 유발한다. 그는 외부세계를 실망스럽고 거절하는 전오이디푸스적 어머니와 동일시한다. 여기에서 거절은 ***무의식적으로*** 만족을 제공한다.
- ***2단계***. 피학증자는 그러한 자기 자신의 유발을 인지하고 있으나 의식적으로 억압하고, 외부로부터 주어진 것으로 의식적으로 지각하는 거절에 대하여는 정당하게 분노하면서 ***표면상의*** 자기 방어로 반응한다. 따라서 그는 "유사공격성"(pseudoaggression), 즉 방어적 공격성으로 대응하는데, 이는 그가 경험했던 패배에 대한 자신의 책임과 그 속에서의 무의식적 쾌감을 회피할 목적으로 만들어진 것이다. 2단계는 금지된 무의식적인 피학적 쾌감에 대한 내적 죄책감을 달래보려는 것으로 보인다.
- ***3단계***. 그 공격성이 투여되는 양이나 시기가 종종 잘못 설정되었기 때문에, 그리고 진정한 자기 방어가 목적이 아니었기 때문에 유사공격성은 무의식적으로 소망하는 패배를 추가적으로 유발할 수도 있으나, 이것이 진정된 이후 피학증자는 "이것은 나에게만 일어난 일이야"라는 의식적인 자기연민의 감정에 빠진다. 결국 그는 무의식적으로 피학적 거부를 즐기는 것이다.

이러한 임상적인 구강적 3단계, 혹은 버글러가 "불평수집(injustice collecting)"의 기제라고 지칭한 이것은 내가 생각하기에 거의 모든 신경증적 행동에서 관찰될 수 있는 반복적인 일련의 사건들을 아주 탁월하게 잘 묘사한 것 같다. "불평분자(injustice collector)"라는 용어는 버글러가 만든 것으로, 이후 루이스 오친클로스(1950)가 이야기 전집의 제목으로 사용했다. 버글러의 관점에서 볼 때 모든 인간은 다소간의 피학적 성향을 가지고 있다는 것이다. 여기서 병리학이 다루는 주제는 그 성향의 양적인 문제인 것이다.

이론적 주제들

나는 이제 피학증에 대하여 이전의 논의들에서 제기되었던 몇 가지 이론적인 문제들을 탐구하고자 한다.

오늘날 피학증을 원초적 욕동에 의존하지 않고 피학증의 방어적이며 적응적인 기능들의 측면에서 설명할 수 있다는 것에 대해서는 이견이 거의 없다. 불쾌감 속의 쾌감 현상이 매우 쉽게 그리고 빈번하게 발전한다는 사실은 그러한 방어구조들을 사용하기 위해 잘 준비되어 있는 하나의 심리적 장치가 존재한다는 것을 보여주는 것이며, 원초적으로 본능적인 피학증에 이론적으로 응답해야 할 필요성은 없는 것이다.

피학증 안에 존재하는 쾌감의 본질은 무엇일까? 일반적으로 받아들여지고 있는 공식에 의하면 쾌감은 여느 다른 쾌감과 동일하며 고통은 필연적인 죄책감의 대가라는 것인데, 이러한 공식은 쾌감원칙을 손상시키지 않고 잘 보존할 수 있다는 대단한 장점을 가지고 있다. 하지만 로벤스타인과 버글러를 위시한 일부 분석가들은 "피학적 행동에서 우리는 외부나 내부로부터 오는 공격 때문에 생기는 고통을 무의식으로 리비도화(libidinization)하는 것을 발견할 수 있다"(Loewenstein 1957, p. 230)고 주장해왔다. 이것의 작동 원리는 "상대를 꺾을 수 없다면 그들 편에 서라; 피할 수 없다면 즐겨라"는 원리와 유사해 보인다. 좀 더 간단히 말하자면, 고통스러운 경험이거나 공감적이지 않은 어머니일지라도 그것이 자신에게 친숙한 것이라면 유아는 어떤 것이든 자신의 것이라고 주장하고 그것이 가능한 한 많은 쾌감을 지니고 있는 것으로 믿는다는 것을 우리는 쉽게 볼 수 있다.

그린에이커(1960)와 제이콥슨(1964)도 역시 유아기의 어떤 특정한 상황에서 고통스러운 경험의 의미를 변경하여 자기친화적인 것으로 경험되도록 만드는 방어적 능력에 대하여 기술한 바 있다. 그린에이커는 극도로 괴로운 조건하에서 아기들이 빠르게는 6개월이 지난 후부터 생식기의 오르가즘적인 반응들을 보일 수 있으며 이러한 초기 사건들은 자신을 향한 공격성에서 성적 흥분을 만들어내는 자아왜곡을 결과적으로 초래할 수 있게 되는 것이라고 설명했다. 이것은 프로이트의 원래의 공식과 유사한데, 여기서 우리는 과도한 양적 변화가 질적 변화를 초래하는 변증법의 가능성을 열어두어야 한다고 생각한다.

또 다른 관점에서 볼 때, 우리는 고통의 충족적이고 건설적인 측면이 무엇인지 질문해 볼 수 있다. 모든 어머니들의 관찰에 의하면 고통스러운 좌절, 실망, 그리고 상처는 유아기 때 불가피하게 수반되는 것이라는 사실이다. 어떤 유아든 대부분의 유아들은 우리 성인들이 해석할 수 있는 울음의 종류들, 즉 불쾌, 좌절, 그리고 욕구를 나타내는 울음을 보여주면서 하루 24시간을 보낸다. 가장 사랑이 넘치고 유능한 어머니라도 유아가 이러한 울음들을 경험하지 않도록 할 수는 없으며, 실제로 어떤 유아라도 적정 수준에서 그렇게 경험할 수밖에 없다고 생각하는 데에는 타당한 이유가 있다. 즉 육체적인 고통, 특히 피부 고통의 경험들은 중요한 자기수용기제인데, 이러한 기제는 손상을 피하도록 할 뿐만 아니라 발달적 측면에서 볼 때 몸에 대한 이미지와 자기 이미지를 형성하는 중요한 구성요소들을 제공해 준다. 스톨로로우(1975)가 요약한 문헌들에는 인간이 자신의 피부에 고통을 유발시킴으로써 정체성의 혼란을 완화시키는 많은 사례들이 등장한다.

경계선적 자해행위자들의 전형적인 패턴은 남몰래 자신의 신체를 절단하거나 상처를 주는 것인데, 이 과정에서 이들은 고통을 거의 경험하지 않는다. 이후 그들은 보통 부모든 의사든 자신을 돌보는 이에게 그 상처를 과시하면서, 그들이 고통을 받고 있으며 위험에 처해있지만 돌보는 이의 통제를 벗어나 있다는 것을 아주 만족스럽게 보여준다. 이렇게 행동하게 되는 유력한 동기는 바로 자해의 능력을 통해 자율성을 입증하려는 욕구이다.

유아들이 머리를 세차게 흔드는 행동은 대체로 알려진 것보다 더 일반적이며 정상적인 발달과 거의 다를 바 없는 현상으로, 내가 제안하기에 그것은 필수적이고도 만족스러운 자기 확인(self-definition)을 얻어내는 정상적이지만 고통스러운 방법의 하나일 것이다. 모든 종류의 피부 감각경험들, 그리고 아마도 특히나 적당히 고통스러운 감각경험들은 자기경계를 구축하는 정상적인 양태라 볼 수 있다.

헤르만(1976)은 다음과 같이 서술하고 있다:

> 피학적 쾌감을 이해하기 위해서는 그것이 거세 콤플렉스와 밀접하게 연관되어 있지만 그러한 연관성 뒤에는 유착하려는 충동에 대한 반동형성, 즉 자신을 분리시키려는 욕동이 존재한다는 사실을 인식해야만 한다. 여기서 우리는 초기 발달로 더 거슬러 올라가 볼 필요가 있다. 즉 어머니와 아이라는 이중 단위를 분리해 내야 하는 과정이 자기애와 고통스러운 피학증 이전의 단계를 구성하게 된 것이라고 추정해 볼 수 있다; "건강한" 자기애에는 정상적인 분리가 따른다. (p. 30)

분리에 따른 고통은 필연적으로 수반되지만 그 고통은 유아기 시절 분리에 실패함으로 인해서 초래되는 자기 손상이나 자기 붕괴보다는 덜 나쁜 것이라고 헤르만은 계속해서 설명했다. 또한 그는 우리의 심리 내부에 존재하는 치유 성향 및 손상된 심리적 영역의 치유를 촉진하는 고통의 성애화(erotization)에 대하여 언급하고 있다. 이후 헤르만은 자기 물어뜯기, 피부 뜯어내기, 머리카락 뽑기, 상처딱지 뜯어내기 등과 같은 모든 자해들에 대하여 유착의 욕구로부터 자유로워지는 느낌을 강화하기 위한 시도로 보고 있다: "고통은 ***분리되기 위해서 분투하는 것***과 관련하여 생겨나지만, 그 고통의 ***성공적인 수행***은 쾌감을 가져온다." (p. 30) 헤르만은 자학적 성격의 특성들이 성공적인 분리의 실패와 더불어 분리 트라우마의 반동적인 반복에서 나오는 결과로 보았다.

고통은 인간의 자기 확인과 분리개별화의 욕구를 만족시키는 데 도움이 되며 성취감을 부분적으로 충족시키는 것으로 알려져 있다. 고통을 회피하지 않고 완전히 숙달하는 것은 자기 발달의 과정에서 중요한 성과이다. 즉 숙달은 자기 유발적이고 자기 처방적인 고통으로부터 만족감과 성취감을 끌어내는 능력을 의미하는 것일 수도 있다. 하루 일과 후에 느끼는 유쾌한 피로감, 운동선수가 전력투구한 이후에 느끼는 황홀감, 멀리 있는 목표를 향한 끈질긴 추구, 모호한 것처럼 보이는 이상을 향한 자발적 집념—이 모든 것들은 고통 속의 쾌감과 창조적 에너지의 원천을 건설적으로 사용하는 것을 보여주는 대표적 예들이라 할 수 있다.

모든 문화권은 어느 시기에나 실제적인 순교까지는 아니더라도 고통스럽고 위험한 업적을 달성하는 영웅들을 이상화시켜왔다. 즉 업적이란 고통 속에서 이루어진 것이 아니라면 무가치한 것으로 여겨진 것이다. 사실 어떤 문화도 스스로에게 고통을 주지 않고 살아가는 것을 선택하지는 않는다. 열반(nirvana) 유형의 이상에 전념하는 것처럼 보이는 문화들에도 실은 고통스러운 의례들이 있다. 통과의례들, 고행경험들, "불세례" 등은 문화적 및 개인적 정체성의 필수적인 측면들을 확인하는 수단들이며, 그 의례들의 효과는 그것들의 고통과 명확한 의미에 비례한다고 할 수 있다. 이런 의미에서 사춘기 시절의 할례의식은 바 미츠바(Bar Mitzvah) 성인식이라기보다는 좀 더 분명하게 자기 발달의 한 단계이자 성인기의 시작을 알려주는 확실한 표시를 보여준다고 하겠다.

피학증을 유발하는 공격성의 문제는 흥미롭기는 하지만 현재로써는 만족할 만한 답이 없다고 생각한다. 발달 과정에서 규칙적으로 나타나는 공격성은 적어도 다음 5가지 방향으로 나뉜다: 1) 정당한 자기주장, 2) 투사, 3) 자기 배반, 4) 초자아의 형성, 5) 방어적으로 사용되는 "유사공격성." 분포되는 비율은 각기 다르지만 일단 자기애적－피학적 성격에서 정당한 자기주장은 거의 드러나지 않는다. 가학증과 피학증의 관계, 공격자와 피해자간의 이중적 동일시 등에 관한 많은 주제들을 여기에서는 논의하지 않으려 한다. 좌절의 경험들과 애정 어린 보살핌의 부재는 젖먹이 아기이든 젖먹이 원숭이든 자기 스스로에게 향하는 공격성과 자해를 초래한다. 이와 관련된 일반적 설명에서는 또한 (분노가 자신으로 향하는) 전도된 분노 혹은 본능 융합(삶의 본능과 죽음본능의 건설적 융합)의 실패라는 개념이 포함되기도 한다. 그런데 이러한 개념들은 편리하기는 하지만 가장 적합한 것이라고 보기는 어렵다. 한편, 스톨러(1979)는 적대감이 피학성 성도착증뿐만 아니라 모든 종류의 성도착증의 중요한 동기라고 주장하고 있는데 (그의 관점에서 적대감은 모든 성생활의 중요한 측면이다), 그는 그러한 적대감을 여성의 손에서 양육되면서 초기에 느꼈던 수동성과 굴욕에 대하여 보복하고 부인하는 경험을 통해 설명하고 있다. 그는 성도착자가 감수하는 위험에 대해 언급하면서 다음과 같이 덧붙이고 있다: "피학증은 조절 기술이며, 이것이 처음 발견되는 것은 유년기 시절 예기치 않게 당했던 트라우마를 경험하고 난 후이다. 아이는 원래의 트라우마를 재연함으로써 이후 또 다른 트라우마를 방지할 수 있다고 믿는다. 그 후 마치 각본과도 같은 그러한 경험에 통달한 그는 이제 더 이상 피해자가 아니라, 오히려 경고도 없이 공격을 당하기보다는 언제 고통을 겪게 될 지를 스스로 결정할 수 있는 사람이 되는 것이다." (p. 125) 다른 한편, 디즈망과 치트햄(1970)은 레쉬-니한 증후군(Lesch-Nyhan syndrome)에 대해 논의하면서, 반복적인 강박적 행위와 스스로에게 위해를 가하는 공격성의 경향을 조절하는 기제가 그들에게 일반적으로 잘 작동하지 않는다는 것을 상정함으로써 피학적 행위의 정신생물학적 근거를 제시하기도 했다.

그렇다면 발달의 어느 단계에서 피학적 성격장애로 이끄는 결정적 사건들이 발생하는 것일까? 분명한 것은 오이디푸스 콤플렉스의 피학적 갈등이란 것이 사실 그 시기 훨씬 이전에 형성된 피학적 기능의 재활성화라는 점이 이제 명백하게 느껴진다는 것이다. 이후의 성격발달에서 이러한 방어들은 이차적 자율성의 기제(Hartmann and Loewenstein 1962)를 통해서 마치 그것들이 소망인 것처럼 기능한다.

명료화하기

내가 제시하고 있는 것이 부분적으로나마 맞다면, 피학적 경향은 자기애적 발달의 필연적이며 보편적인 측면이라고 할 수 있다. 내 생각에 프로이트는 옳았고 그 증거는 분명한 듯한데, 즉 쾌감원칙만으로는 피학증을 적절하게 설명할 수 없으며, 이중본능이론(삶의 본능/죽음본능) 역시 이에 더하여 설명할 수 있는 충분한 설득력은 없다. 또한 여기에 공격성의 본능 혹은 공격성의 경향을 추가한다고 하더라도 여전히 설명력은 부족하다. 초기 발달에 관한 지식과 더불어 경계선 장애와 정신증에 관한 연구로부터 얻은 지식에서 아주 분명하게 알게 된 것은 바로 자기발달과 대상관계의 주제가 초기 심리발달에서 핵심적 요소로서 자리한다는 새로운 이론적 관점이 요청된다는 사실이다. 자기체계(self-system)가 좌절되거나 대상과의 관계가 붕괴될 때 발생하는 충격적인 해체불안을 방지하기 위해서는, 필요하다면 리비도적 쾌감과 공격적 만족은 포기되거나 왜곡될 것이다. 예컨대 코헛(1972)의 자기애적 리비도, 에릭슨(1963)의 기본적 신뢰, 설리반(1953)의 안도감(sense of security), 라도(1969)의 기본적 자부심과 의존욕구, 샌들러와 조페(1969)의 안전감(feelings of safety), 버글러(1949)의 전능환상, 위니캇(1971)의 참자기 등, 이 모든 개념들은 본래의 공생적 유대로부터 벗어나 자기를 확인하려는 유기체의 원초적인 욕구라는 핵심 주제들을 다루는 방법들이다. 사실 프로이트는 불행하게도 "죽음본능"이라고 명명했던 것에서 동일한 주장을 하고 있었다. 이런 의미에서 어쩌면 유기체는 안전, 만족, 혹은 응집력 있는 자기(coherent self)를 유지하는 쾌감을 위해서 과감히 리비도적 쾌감을 포기할 것이다.

이에 관련한 나의 견해를 요약하면 다음과 같다:

1. 고통은 분리개별화를 경험하고 자기성(selfhood)을 얻는 데에 필수적이고 불가피하게 수반된다. 아마도 "Doleo ergo sum"(나는 아파한다, 고로 나는 존재한다)이 "Sentio ergo sum"(나는 느낀다, 고로 나는 존재한다) 그리고 "Cogito ergo sum"(나는 생각한다, 고로 나는 존재한다)의 전조라고 할 수 있다.
2. 분리개별화가 주는 좌절과 불편함은 세상을 향해 나아가는 우리에게는 필수적인 사건들인데, 이는 자기애적 상처로 인식된다. 즉 그 상처는 마술 같은 전능적 통제감을 망가뜨리고, 감지된 외부위험에 직면했을 때 견딜 수 없을 정도로 수동적이게 되고 무기력에 빠지게 될 정도로 위협적이다. 이것이 자기애적 굴욕의 원형이다.
3. 유아는 자신의 경험의 본성을 왜곡함으로써 위협받은 자존감을 방어적으로 회복하려 한다. 즉 유아는 자신이 무기력하다는 사실을 수용하기보다는 고통을 자아 친화적으로 만듦으로써 자신이 통제할 수 있다는 것을 다시금 주장하는 것이다. "내가 좌절하는 것은 내가 그렇게 원했기 때문이야. 내가 엄마를 그렇게 매정하도록 몰아넣은 거야." 물론 프로이트(1937) 역시 일반적으로 인간이 수동성을 견딜 수 없으며, 수동적으로 감내한 경험을 능동적으로 추구한 것으로 전환시킴으로써 (고통에 대한) 숙달을 주장하려는 경향이 있다는 것에 대하여 논의했다. 고통에 대한 숙달은 정상적인 발달의 한 부분이라는 것이데, 여기에는 언제나 고통으로부터 만족을 이끌어낼 수 있는 능력이 함축된다.
4. 또 다른 대안으로, 가령 보통보다 더 큰 고통, 불쾌, 보상의 실패, 자존감의 감소를 겪는 상황에서 유아는 남아있는 자존감의 흔적이라도 유지해야 한다는 욕구 때문에, 친숙한 것을 쾌감을 주는 것과 동일시함으로써 여전히 쾌감을 지키려고 노력할 것이라 생각할 수 있다. 자기와 대상이 주는 즐거운 느낌을 받아들

이는 능력을 지속해서 가지고 있는지의 여부가 의심할 여지없이 유아기에서의 생존을 결정한다. 이것을 이론화하면, 유아는 자기가 할 수 있는 최선의 적응을 하고 있으며, 친숙한 고통은 가장 유용한 쾌감일 수도 있다는 것이다.

5. 내가 자기애적-피학적 경향이라고 명명한 것들은 정상 발달과도 양립하며, 대상과의 애정적인(반대감정이 전혀 없을 수는 없겠으나) 유대와도 양립할 수 있다.
6. 외적 혹은 내적 이유로 인해서 초기 자기애적 굴욕의 경험이 과도해질 경우, 이러한 회복의 기제들은 무산된다. 이런 경우 대상은 과도하게 냉혹하고 거절하는 존재로 인식되며, 자기는 만족을 추구하려는 것을 위해 진정한 자기주장을 할 능력이 없는 것으로 인식된다. 그러면 차라리 실망에서 오는 만족이 진정성이 있는 만족보다 더 우선하게 되는데, 이는 진정성이 있어도 이용할 수 없고, 낯선 리비도적 만족이거나 독단적인 혹은 자아기능적인(ego-functional) 만족들 같은 것이기 때문이다. 그래서 자기애적 주장은 실망을 하거나 거부를 당하는 쪽을 더 우선적으로 선택하게 되고, 결과적으로 자기애적이고 피학적 왜곡이 자기의 성격을 장악하게 되고 만다. 이런 의미에서 하르트만과 로벤스타인(1962)은 니체의 이야기를 다음과 같이 인용하고 있다: "자신을 경멸하는 사람은 그럼에도 불구하고 자신을 경멸자로서 존중하는 것이다." (p. 59) 누구나 언제나 전능한 것처럼 거절을 장담할 수 있다-사랑은 훨씬 더 불확실하다. 또한 만일 실망을 편안하게 즐길 수 있다면, 실망하는 일은 더 이상 가능하지 않게 되는 것이다. 자기애적-피학적 방어가 쓰이고 있는 경우, 그 목표는 사랑하고 보살펴주는 어머니와 환상 속에서 재결합하는 것이 아니라 오히려 냉혹하고 상처를 주는 어머니를 환상 속에서 통제하는 것이다. 만족의 본래 원천들은 비하되고, 만족은 특별한 고통의 느낌으로부터 부차적으로 생겨난다.
7. 분명한 것은 여기서 추구되는 쾌감이 원래 성기중심의 성적인 것이 아니라 전오이디푸스적이며 좀 더 만족스러운 자기표상에 대한 충족과 자긍심이라 할 수 있는데, 즉 자존감의 조절 같은 자아 기능에서의 쾌감이라는 것이다. 심리적 피학증은 종종 성도착적 피학증과 관련이 있지만 그렇다고 성도착적 피학증에서 파생된 것은 아니다. 과시적 욕동들, 자기연민의 쾌감들, 그리고 그 밖에 다른

많은 만족들은 심리적 피학증에서 부차적인 역할을 하는 것이다.

8. 자기애적-피학적 병리가 우세해지면 불가피하게 초자아 왜곡도 발생한다. 내 견해로는 초자아의 과도한 엄격성은 모든 자기애적이고 피학적인 병리의 특징이고, 종종 임상적인 그림에서 두드러지게 나타난다.
9. 어떤 특정한 경우, 나타나는 임상적인 그림이 더 자기애적 이거나 혹은 더 피학적인 것처럼 보일 수 있다. 즉 겉으로 보기에는 아주 매력적이고 의기양양하며 눈부신 업적이나 야망으로 가득 차 있을 수 있다. 아니면 겉으로는 명백한 우울, 굴욕적인 태도, 그리고 실패의 감정이 나타날 수 있다. 그러나 아주 단시간의 분석만으로도 이러한 양자의 유형이 공유하고 있는 것들을 밝혀낼 수가 있는데, 이를테면 감정을 느끼는 능력이 둔감해진 느낌, 약화된 쾌감, 과대감과 굴욕감 사이를 오가는 과민한 자존감, 인간관계나 직업으로부터 만족을 얻거나 유지할 수 없는 무능력, 지속되는 부러움, 보살펴 줄 것으로 예상했던 사람들에게 부당한 취급을 받고 박탈당했다는 흔들리지 않는 확신, 그리고 무한한 도발 능력 등을 들 수 있다.

트릴링(1963)이 프로이트의 "Beyond the Pleasure Principle" 에 기초하여 쓴 그의 탁월한 논문, "The Fate of Pleasure" 에서 그는 워즈워드 시대부터의 문화적 태도의 변화에 대하여 언급했는데, 즉 그 당시 워즈워드는 "매우 기초적인 쾌감 원리" 에 대해 서술하면서 그 원리를 "명시되고 타고난 인간의 존엄성" 을 구성하는 것으로서 "인간이 알고, 느끼고, 살아가고, 움직일 때 따르는 원리" 인 것으로 설명했다는 것이다. 트릴링이 여기서 주목한 것은

> 양적 변화이다. 언제나 그렇듯이 실제로 어떤 사람들은 쾌감을 추구하기 위해 불쾌를 선호했었다는 것이 사실이다. 그들은 행복 속에서는 발생하지 않는 심리적 에너지들을 알아내기 위해 힘들고 고통스러운 임무를 자신들에게 부여했고, 이상하고 "부자연스러운" 삶의 양태들을 기꺼이 받아들였으며, 고통스러운 감정들을 추구했다. 이러한 심리적 에너지들은 자기파멸 속에서 경험된다 하더라도 자기 확인과 자기 확증의 수단인 것이다. 이런 점에서 그 에너지들은 사회적 의미를 갖는다. 즉 그 것이 얼마나 고립된 행위이든 사적인 행위

> 이든 간에 불쾌를 택했다는 사실은 사회와 관련이 있을 수밖에 없는데, 이는 그 선택이 사회가 일반적으로 쾌감에 부여하는 가치를 부정하고 있기 때문이다. 물론 그것은 종종 시대를 막론하고 최고의 찬사를 받는다: 그것은 영웅, 성인, 순교자, 그리고 어떤 문화권에서는 예술가의 선택이다. 우리가 주목해야 할 것은 양적 변화인데, 즉 한때는 소수의 경험의 양태였던 것이 이제는 다수의 이상적인 경험이 되었다. 쾌감의 이상은, 최소한 여기에서는 억측이 아니라, 마치 거의 실제로 실현되었던 것처럼 그래서 마치 이젠 물려서 싫증이 날 정도가 된 것처럼 이미 스스로 피폐해졌다. 그 자리에는, 아니면 최소한 그 자리 옆에는 불쾌와 관련하여 자기 확인과 자기 확증을 지향하는 심리적 에너지들을 경험하는 것에 대한 이상이 발전하고 있다. (p. 85)

트릴링이 여기서 제시하는 모델은 도스토예프스키의 "지하세계 인간(Underground Man)"으로, 동료가 없는 공작원이다. 더불어 멜빌의 소설에서의 "바틀비(Bartleby)"도 언급할 수 있는데, 이 인물은 자신의 표면적인 수동성을 통해 부각되었던 자기애적-피학적 성격의 또 다른 극으로 묘사되고 있다. 내 생각에 트릴링은 평소 그가 보여주는 비범한 통찰력으로 임상실제 수준의 정신분석에서 우리가 경험했던 것과 동일한 변화를 문화의 수준에서 묘사하고 있는 것 같다. 그가 묘사했던 이러한 새로운 유형은 정신분석에서 수년 동안 씨름해 왔던 것과 같은 새로운 유형인데, 즉 소위 자기애적－피학적 성격이라 할 수 있다. 트릴링은 이 성격유형이 불쾌의 경험을 통해 자기 확인을 얻으려 분투하고 있다는 것을 분명하게 인식했다. 이것이 사회적으로 용인될 수 있는 한계 내에서 발생할 때 우리는 "정상적인" 자기애적-피학적 성격 발달을 갖게 되는 것이다. 병리적 유형으로써의 자기애적－피학적 성격은 그 심각성이 다양한데, 긍정적 성취감은 거의 없이 고통과 거절을 추구하는 것을 선호한다는 것이 특징이다. 정상적인 상태와 심각할 정도로 병리적이거나 경계선의 상태 사이에는 그 피학적 양상 각각의 점차적인 양적 차이가 존재한다. 즉 경미한 신경증환자는 자기학대를 "즐기는" 정도인 반면, 경계선 장애나 정신증 환자는 회복할 수 없는 자기 손상을 일으킬 수 있다.

임상적 사례들

나는 이제 이 주제를 임상사례와 분석에 대한 간략한 해설을 통해 설명하려한다. 다시 한 번 강조하는 바, 나는 이 짧은 글에서 대단히 중요한 많은 요소들을 상세하게 설명하기 보다는 내가 제안하고 있는 관점에 적합한 몇 가지에 초점을 맞출 것이다.

임상사례 1

A양은 26세의 학생으로, 만성적 불안과 우울증, 사회적 고립감 및 남성들과의 일련의 불행한 관계에 대한 불만 때문에 치료를 받게 되었다. 그녀에게는 3살 많은 언니가 있었고, 그 두 자매의 아버지는 냉정하고 과묵한 성공적인 사업가였으며, 어머니는 미모에 대한 칭찬이 자자해서 거의 대부분의 시간을 그 미모를 유지하는 데 사용하는 사람이었다. A양은 유년기 시절 가족들이 공포심을 느낄 정도로 심하게 짜증을 내기도 했지만, 짜증을 내지 않을 때 자신은 순종적인 아이였으며 뛰어난 학생이었다고 회고했다. 그녀는 인간관계에 있어서 항상 냉정하고 거리를 두고 있음을 느꼈지만, 거의 사춘기가 될 무렵까지 부모가 저녁에 외출을 할 때면 언제나 지속적으로 큰 소동을 일으켰다고 기억했다. 그녀는 부모가 자신을 홀로 남겨두는 것을 견딜 수 없었던 것이다. 14세가 되어 이성교제를 시작했을 때, 중산층 유대인이었던 그녀는 자신의 교제 대상으로 자기보다 저소득층의 흑인 소년들을 선택했고, 그들을 부모에게 보여주기 위해 고집스럽게 집으로 데려왔다. 그 결과 그녀는 아버지와 다투게 되었고, 그녀가 16세가 되던 해 아버지가 죽을 때까지 말 그대로 서로 전혀 대화를 나누지 않았다. 그녀가 치료를 시작하게 되기 전까지 그녀는 남성과의 유사한 관계패턴을 수차례 반복해 왔다. 즉, 그녀는 시작부터 자신과 어울리지 않을 것이라고 알고 있던 남성과 열정적으로 교제했다. 상대 남성이 기혼인 경우도 있었고, 그녀보다 지적으로 열등한 경우도 있었으며, 그녀가 실제로는 좋아하지 않는 경우도 있었다. 그런 관계가 시작될 때부터 그녀는 이 관계가 지속될 수 없다는 사실을 알았을 것이다. 그녀는 이 감정을 상대에게 투사했고, 그녀가 보기에 그 남성은 자신을 떠날 것이기에 신뢰할 수 없었고 그래서 위협적이었기 때문에 대단히 분노했다. 그렇게 분노함에 따라 그녀는 점점 더 도발적이 되었고, 마침내 그녀가 원했으면서도 동시에 두려워했던 이별

을 하게 되었다. 그런 다음 그녀는 우울해했고 버려진 느낌을 받았다.

이러한 패턴의 반복은 전이에서 주요한 요소였다. 그녀는 약속시간에 늦는 법이 전혀 없었고, 치료비도 제 때 지불했으며, "좋은 환자"가 되기 위해 열심히 노력했던 반면, 대화를 하는 것을 대단히 힘들어했다. 그녀는 내가 그녀로부터 벗어나는 것을 즐겨하기 때문에 내가 매번 상담시간의 종료, 주말의 휴식 혹은 공휴일의 시작을 간절히 바라고 있을 것이라고 확신했고, 내가 없으면 그녀 자신이 생존할 수 없다고 느꼈다. (그녀는 우주에서 고립되어 떠다니는 꿈이나 사고를 당하는 꿈을 꾸었다.) 겉으로 볼 때 그녀는 나를 완벽하게 이상화했지만, 그러한 표면상의 이상화에 스며들어 있는 분노와 평가절하는 그녀의 꿈이나 다른 자료들을 통해서 드러났다. 성인의 전이에서 나타나는 이상화는 사실 순수한 의미의 이상화가 아니라 분리개별화의 과정에서 아동이 경험하는 숨겨진 분노와 언제나 뒤섞여있다. 그녀는 자신이 휴가를 가거나 치료약속을 어기는 것을 스스로에게 용납하지 않음으로써 자신이 버려지는 것의 주범은 자신이 아니라 전적으로 나라는 확실한 기록을 유지하려 했음이 분명하다. 이것은 오랜 기간 분석되었다. 분석기간의 중간쯤이었던 그 해 봄에 내 휴가날짜가 정확히 언제가 될지 알기도 전에 그녀는 자신의 여름휴가를 계획했다. 우리는 그녀의 휴가계획에 대해 장시간 논의했고, 그녀는 처음으로 자신을 스스로 분리해서 (혼자) 떠날 수 있다는 것에 대해 자신감을 느끼고 기뻐했다. 몇 주 후 상담 중에 나는 휴가 계획이 잘 짜여져서 내 휴가 날짜가 그녀의 휴가 날짜와 실제로 일치하게 되었다고 말했다. 그녀는 곧바로 내가 그녀를 떠나 있을 것이란 사실에 분노했고, 스스로를 동정했으며, 그녀가 이전에 자신이 혼자 떠날 계획을 스스로 세웠었다는 사실이 이젠 전혀 중요하지 않게 되어버렸다.

이 사례의 분석을 통해서 분명해진 것은 바로 다음의 사실들이다.

1. 그녀의 자존감과 자기인식의 대부분은 죄 없이 버려진 순교자라는 그녀 자신에 대한 표상으로 이루어져 있다.
2. 그녀는 버려지는 느낌을 만들어 낼 수 있거나 또는 대상으로부터 실제 버려지도록 유발할 수 있는 상황 내에서만 그녀에게 친숙한 대상들에서 편안한 친밀감과 통제

를 느꼈다. 이것은 본질상 기본적인 전오이디푸스 수준이며, 그녀의 자기애적인 어머니로부터 보살핌을 받지 못했다는 인식을 분명히 반영하고 있다.

3. 더불어 이러한 배열(constellation)은 오이디푸스적 주제들의 반복을 나타냈고, 전이에서 그녀는 또한 아버지와의 오이디푸스적 관계의 측면들을 재현하고 있었다. 모든 전오이디푸스적 배열은 오이디푸스기에 다시 작동되지만, 그렇다고 오이디푸스기가 발생학적인 배열을 모두 회복할 수 있는 내용으로 되어 있는 것은 아니다.
4. 사랑과 결합에 대한 본래의 유아기적 요구들이 견딜 수 없이 좌절되었을 때 이것은 자기애적-피학적 방어들로 이어졌다. 이제 그녀가 그녀의 관계들에서 추구했던 것은 끝없는 관심의 요구로 가장되었지만, 실은 고통스러운 버려짐의 반복이었다. 그러나 이 고통에는 자기애적 통제와 피학적 만족에 대한 숨겨진 희열이 있었다. 사랑에 대한 요구는 거절이 가져다주는 쾌감을 위해서 포기된 것이었다.

다음은 자기애적-피학적 병리의 전형적인 귀결이다.

임상사례 2

40세의 성공적인 한 기업간부는 재정업무에서 사소한 비리를 저질렀다고 고발을 당한 이후 심각한 우울증에 빠졌고 그래서 분석을 시작하게 되었다. 사실 그는 비리를 저지르지 않았지만, 그가 적절하게 잘 감독하지 못한 탓에 그의 동료들 중 한 사람의 고의적이 아닌 어쩔 수 없는 실수 때문에 혐의를 받게 된 것이었다. 그에게는 죄가 없음이 공식적으로 밝혀졌고 모든 사건은 애초에 사소한 것이었다. 하지만 이것은 일생을 사는 동안 중요한 순간에 실제적로든 잠재적으로든 자기에게 상처를 유발하는 사건들 중 하나였는데, 더욱이 주목할 것은 그가 그 사건으로 받게 된 공격에 대해 충분히 적극적으로 자신을 변론하지 못했다는 것이었다. 물론 이러한 사건들을 경험하면 일반적으로 우울증과 자기연민의 감정이 뒤따라올 수 있는 것임에도 불구하고 그의 경우는 그러한 정도가 심각했다. 그는 자신의 부끄러운 모습을 동료들에게 들켜버렸다는 느낌, 자신이 쌓아온 경력 전체가 무너져 버릴 것 같은 느낌, 마치 대단한 척 뽐내다 웃음거리로 전락해버린 것 같은 그런 느낌을 지울 수가 없었다. 따라서 피학적이고 도발적인 자기손상과 자기연민의 증상이 나타났는데, 여기에는 자기애적 붕괴감이 결합되어 있었다. 이에 대하여 병력과 치료 과정에서 관련 있는 것으로 여겨지는 몇 가지 측면들만을 제시하려 한다. 일주일에 4회기 이루어진 분석 과정 동안 드러났고 해석되었던 대부분의 오이디푸스적 내용들에 대해서는 의도적으로 다루지 않을 생각인데, 그 대신 그 이전의 초기 발달의 양상들에 집중할 것이다. 또한 이러한 분석은 개략적일뿐이며, 많은 중요한 주제들이 상술되지는 않을 것이다.

이 남성은 세 자녀 중 막내로 유일한 사내아이였고, 그가 나중에 알게 된 것이지만 실은 가장 사랑 받는 아이였다. 그런데 그는 자신의 유년기를 대단히 불행했던 시절로 보고 있었다. 그는 자신의 부모로부터 소중한 것은 아무 것도 받은 적이 없었다고 느꼈으며, 부모가 자신의 삶에 어떤 긍정적인 역할도 하지 않았다고 느꼈다. 그는 자기 자신이 스스로의 부모로서 자신으로부터 태어난 불사조라고 여겼다. 그 누구도 나에게 준 것이 아무 것도 없었다는 이런 쓰라린 박탈감은 그의 인생 전반에 걸쳐 피학적 경향을 형성했다. 그의 어머니는 대단히 자기애적인 여성이었는데, 그녀는 부와 지위를 향한 그녀의 야망을 충족시켜주지 못했다는 이유로 자신의 남편을 끊임없이 질책했고 이제는 자신의 아들을 통해 그것들이 실현될 기회를 찾았다. 이 환자는 어머니에게서 어떤 애정을 느낀 기억조차 없었고, 그녀가 단지 자신만의 만족을 위해, 그리고 유약하고 수동적인 아버지에 함께 맞서는 협력자로써 자신을 이용했다고 느꼈다. 그의 아버지는 나름대로 성공한 사업가였으나 이 환자가 4세가 되었을 때 경제적 불황이 닥친 바람에 그의 아버지와 사업 모두 몰락했으며, 이후 회복하지 못했다. 이것은 아마도 아버지를 이상화하려는 어떤 노력들에도 불구하고 그것에 치명타를 입혔을 것이다. 그의 부모는 항상 다투었고, 어머니는 아버지에게 그의 실패를 매일 상기시켰으며, 그 아들은 그들이 서로 갈라서고 자신은 결국 버려질 것이라는 엄청난 불안감을 가졌었다고 기억했다.

분석이 시작되고 얼마 되지 않아 그에게서 만성적 우울증과 부당함에 대한 끊임없는 불평불만 및 자기연민의 특성이 드러났는데, 이것들은 성공적인 사회생활을 보여주는 매력과 쾌활함 같은 외관에 가려져있던 것이다. 많은 사람들이 그를 친구로 여기고 찾았음에도 불구하고 정작 자신은 친구가 없고 어느 누구를 향해 따스한 감정을 가져본 적이 없다고 그는 느꼈다. 아마도 그는 아내와 아이들을 사랑했겠지만, 그는 가족들 가까이에서 자신이 늘 함께 할 수는 없게끔 업무계획을 세웠다. 그는 고립감을 느꼈고, 어떤 불행한 일이 그를 덮칠 것이라는 끊임없는 공포 속에 살았다. 그의 우울증을 촉발시킨 그 사건이 그를 괴롭혔던 부분적인 이유는 사실 그렇게 거창할 정도의 사건이 아니라 아주 사소한 일에 의해 자신이 끌려 다녔다고 느꼈기 때문이었다. 그는 사업에서 그의 동료들에게 대단히 불합리한 요구를 하기도 하고, 그들이 양보를 하지 않으면 부당한 대우를 받고 있다는 느낌을 갖는 등 그들과 끝없는 전투를 치렀다. 동시에 그는 살인적인 업무 속도를 유지하고 있었고, 자신의 업무량을 줄일 수 있도록 언제든지 요청 할 수 있는 도움도 전혀 받지 않았다. 그는 아내와 기계적인 성생활을 하고 있었던 반면, 아름다운 여성과 잠자리를 갖고 싶다는 환상을 끊임없이 가졌다. 그런데 사실상 그는 아내 이외의 여성과의 관계에서는 발기부전이 될 것이라고 확신했고 그런 관계를 시도할 엄두조차 내지 않았다.

치료과정 초기에 그는 나와 관련하여 두 가지 우려를 내비쳤다. 첫째, 그를 "다른 모든 사람처럼" 만드는 나의 목표에 관한 것이었다. "내가 다른 모든 사람과 같다고 생각했다면 나는 결코 살 수 없었을 거예요. 차라리 망가지거나 죽는 게 낫죠. 내게 일어난 끔찍한 일들에 대한 느낌을 없애기 전에, 먼저 나는 내 스스로가 특별하다고 느끼는 것을 포기하지 않을 거라고 확인하고 싶어요." 둘째, 그는 내가 자신에게 전혀 흥미를 가지고 있지 않으며, 단지 치료비 때문에 그를 만나고 있는 것이라고 확신했다. 그렇더라도 그 역시 나에게 관심이 없었기 때문에 그런 그의 확신은 그에게 좋은 것이었다. 그러나 내가 치료비로 받는 돈이 나에게 그다지 필요하지 않게 되어서 자신이 나를 필요로 할 때 내가 더 이상 만나주지 않는 사태가 발생할 것을 걱정했다. 흥미롭게도 내가 자신을 만나주는 이유가 단지 돈 때문이라고 확신하면서도 그는 치료비를 습관적으로 연체해 지불했고 그 결과를 우려했지만, 그가 스스로 그것에 대해 언급하지는 않았다. 내가 그의 연체습관을 지적했다면, 내가 이제 그에게 화를 내고 그를 내쫓을 것이라는 두려움과 다들 자신을 정직한 사람으로 알고 있는데 내가 감히 그에게 돈을 내라고 독촉하는 것에 대한 분노가 합쳐진 감정을 그는 느꼈을 것이다. 이후 곧 일어난 전이에서 자신의 삶처럼 다양한 자기애적이고 피학적인 문제들이 전개되었다.

초기 전이는 이상화전이와 거울전이가 결합되어 둘 다 나타났다. 내 견해로는 이러한 자기애적인 전이들은 상습적으로 분노와 실망에 대한 기대로 가득 차있다는 점에서 언제나 똑같이 피학적이다. 가끔은 이상화전이에서 나중에 가지게 되는 더 많은 실망을 보이고 있는 것 같기는 하지만 말이다. 성인이 되어 나타나는 자기애적–피학적 성격은 과대적 환상이 충족되기를 더 이상은 진짜로 기대하지 않는다. 오히려 과대적 환상은 실망을 무의식적으로 충족시키는 재현을 위한 것이다. 대다수의 이런 환자들이 만족스럽게 보이지 않는 이유는 욕구가 과도하기 때문이 아니다. 오히려 이것은 사랑, 시간, 관심 혹은 분명히 일정수준에서 충족될 수 없는 것에 대한 그들의 요구가 늘어나고 있다는 것을 나타낸다. 예를 들어, 이 남성은 분석시간을 고대하는 것처럼 보였고, 친근했으며, 내가 언급한 가장 분명한 것들에 대해 탁월했다고 느꼈고, 모두 내 덕분에 분석 중 자신이 지적인 생각들을 가지게 된 것이라고 기꺼이 인정하는 듯이 보였다. 그러나 다른 한 편으로는 내가 나의 지식을 모두 나를 위해서만 사용하고 자기를 도와주는 것에는 아무런 관심이 없다는 분노어린 확신이 있었던 것이다. 그는 분석에서의 모든 작업이 자신에 의해 진행되고 있었다고 느꼈다. 그는 전형적인 꿈 하나를 꾸었는데, 빠르게 전진하는 산악가이드와 함께 높은 산에 오르면서 서로 대화는 전혀 하지 않다가 결국 그가 선두에 서게 되는 꿈이었다. 이 꿈에 대해 토론하면서 그는 "선생님이 여기서 하는 일이라곤 나를 슬쩍 건드리는 것뿐이네요. 왜 나를 좀 더 도와주지 않죠? 모든 일이 내 몫이군요. 내가 하는 어떤 일에든 누군가가 부분적으로라도 관여하고 있다고는 전혀 인정할 수가 없네요."라고 말했다. 이러한 종류의 환상은 자신에 대한 위대하고 전능한 이미지를 유지함과 동시에 완전히 거부하는 어머니의 이미지를 유지하기 위한 이중적 목적을 가지고 있다. 이 환상에서의 자기애적 부분은 피학적 부분을 필요로 한다. 즉 "나는 나에게 모든 것을 주지만, 어머니는 나에게 아무 것도 주지 않는다." 과대성과 자기연민적 박탈감은 역설적으로 같은 동전의 양면이라 할 수 있기에 어느 하나도 나머지 다른 하나 없이는 존재할 수 없다. 성인들에게서 볼 수 있는 자기애적인 과대 자기는 결코 원래 자기애의 기원이 아니라 항상 좌절의 경험들에 의해 조절된 것인데, 이제 이 좌절의 경험들은 자기애적 환상의 핵심적 요점이 되는 것이다. 즉 "나는 위대한 사람이다. 왜냐하면 나는 거절하는 내 어머니의 악함을 극복하기 때문이다."

치료단계의 후반부에서 나에 대한 그의 감정의 문제를 의도적으로 부각시켰을 때, 그는 격하게 반응하며 "이것은 치료과정이지 인간관계가 아닙니다. 선생님은 여기에 존재하지 않아요. 선생님은 없다고요. 단지 누구 것인지 알 수 없는 목소리만 내 뒤에 앉아 있을 뿐이에요."라고 말했다. 나에게서 무엇인가를 받았고, 나에 대해 어떤 것을 느꼈다는 것을 그가 인정하는 것이 얼마나 어려운지에 대해 내가 집요하게 논의하자, 그는 "나는 오싹함이 느껴지네요. 이 논의에 대해 몸에서 반응이 일어나요."라고 알려주었다. 그는 경미한 이인증(depersonalization)을 겪고 있었고, 이러한 경험은 자기의 장애와 자기애적 안정감과 관련이 있는데, 이는 억압되어 있던 어머니와의 애정적 유대가 살아남아 다시 회복되는 것에서 기인한다. 이러한 유대를 인정하는 것은 곧 바로 공포스러운 유약함, 즉 악한 거인에게 수동적으로 휘둘리는 느낌을 가지게 한다. 다른 한편으로 말하면, 악하게 인식되는 어머니와의 이런 피학적, 수동적, 희생당한 관계는 자기애적 만족(나는 결코 그녀에게 굴복하지 않는다)과 피학적 만족(나는 괴물의 손에서 당하는 고통을 즐기고 있다)의 무의식적인 원천이었다고 할 수 있다. 이렇게 볼 때, 이 남성의 삶의 대부분은 근본적으로 깔려있는 수동적인 피학적 소망들에 대하여 자기애적으로 부인하려는 노력으로 이루어져 있다고 볼 수 있다.

어머니와의 애정 어린 상호작용에 대한 더 많은 기억들을 떠올리자 그는 울기 시작했고 우울해했으며 또한 꿈을 꾸었는데, 그것은 정말 발생했다면 그를 죽음에 이르게 했을 암 같은 커다란 검은 덩어리를 내가 그의 중심으로부터 꺼내는 꿈이었다. 예전 같으면 그에게 즐거웠을 분석이 이제는 무척이나 고통스러워졌다. 게다가 그는 자신의 멍청함을 드러내도록 내가 강요함으로써 자신을 의도적으로 모욕하고 있다고 주장했는데, 왜냐하면 내가 던지는 질문들에 대한 모든 답을 나는 알고 있었지만 자신은 모르고 있기 때문이라는 것이었다. 나는 그를 무기력한 바보로 만들어버리는 것을 즐기는 사람이 되었다. 그는 브룩클린에 있는 어느 정신분석가의 사무실에서 특별한 치료를 받고 있는 꿈을 꾸었다. "나는 최면에 걸렸고 완전히 무기력했어요. 사람들은 나를 놀리고, 유원지에 있는 것처럼 크게 웃어댔어요. 그래서 나는 언덕을 뛰어내려와 커다란 골동품 상점을 지나갔어요." 그가 꾼 또 다른 꿈에서 이번에는 상태가 아주 좋은 크고 반짝거리는 1928년형 골동품 캐딜락을 운전하고 있었다. "내가 운전하고 있을 때 운전대가 부서져서 내가 오른 손으로 잡고 있던 부분이 빠져버리더니, 그런 다음에는 반짝거리던 커다란 검은색 후드가 떨어져 나가고 라디에이터 뚜껑도 떨어져 나갔어요." 그는 1928년에 출생했다. 그리고 꿈을 꾸었던 그 당시 그는 일시적인 사정지연 증세도 보였는데, 이는 먹고 싶었지만 자신에게 주어지지 않았던 우유를 자신도 적극적으로 참고 거부하는 것을 나타낸다고 볼 수 있다.

억압되어있었던 어머니와의 긍정적 관계가 되살아나면서 그의 주요한 자기애적이고 피학적인 성격적 방어들이 위협을 받았다. 스스로를 특별하다고 여기는 모든 느낌은 어머니로부터 경험한 남다른 결핍으로 고통을 겪었다는 자부심에서 오는 것이었는데, 어머니로부터 사랑을 받고 총애를 입었던 그의 모든 경험은 그에게는 우세한 악한 힘에 수동적으로 복종해야 하는 위협으로 인식되었다. 그는 이번 치료회기에 대하여 자기애적이고 피학적인 만족 속에 있는 그의 삶을 위태롭게 하는 것으로 인식했다. 또한 이번 치료회기를 통해서 드러났던 친밀성과 상호의존성, 더불어 자기손상과 자기결핍 속에서 무의식으로 추구되었던 씁쓸하면서도 달콤한 쾌감의 범위에 대하여 진짜 인식하게 되었던 것, 이 모든 것들을 자신이 노출되는 위험요소로 보았다. 나와 그가 맺고 있는 유대에 대한 인식이 증대되면서, 내가 바로 그 전능하면서도 억압하는 어머니이며, 자신은 피해를 입은 아이라는 환상이 점점 악화되었다. 로벤스타인(1957)은 "피학증은 인간의 공격성의 위험에 직면해 있을 때 어린아이 같은 약자가 사용하는 무기이다."라고 지적했다. 내가 여기서 강조하고 싶은 것은 실제로 모든 아이들이 인간의 공격성의 위험에 처해있다고 지각한다는 것이다.

이번 치료단계에서는 그가 느끼는 모든 부당한 것들이 새롭게 정제되는 모습을 보였다. 즉 잦은 약속시간 변경 요청, 마술처럼 탁월한 해석을 내릴 수 없는 복잡한 꿈들, 그가 아직 치료되지 않았다는 사실, 치료비에 대한 나의 강조–이 모든 것들은 내가 악하게 거절한 것이며 그는 무고하게 희생된 것을 증명해 주는 것들이었다. 그가 가진 모든 부당한 것들에 대한 느낌은 부분적으로는 연약하고 파편화된 자기와 대상표상의 결과인데, 이는 죄책감을 완화시키고 분노를 증강시켜 피학적이고 자기애적인 방어를 강화하는 것이다. 실제로 이러한 증세를 가진 환자들은 특별히 고통스러운 애착관계를 가지고 있던 매우 강력한 인물들에 의해 학대를 받은 이들이다.

오랜 기간의 분석 작업을 진행된 후, 전이에서의 변화의 신호라 할 수 있는 두 가지 사건이 발생했다. 첫 번째는 그가 취소했던 약속 날짜를 내가 잘못 기재했을 때였다. 평소처럼 분노와 분개하는 반응을 보이는 대신에 그는 의자에 꼿꼿이 앉아서는 마치 내가 처음 실수한 것처럼 바라보더니, "그러니까, 선생님도 실수를 하시는군요?"라고 말했다. 두 번째 사건은 몇 주 후에 발생했다.

> 특별히 저항이 많았던 분석회기를 보낸 후 나는 "우리가 당신 어머니와 당신과의 관계를 더 잘 이해할 수 있었으면 좋겠습니다."라고 말했다. 그는 다시 깜짝 놀라며 "선생님 말씀은 선생님이 진짜로 그 답을 모르신다는 뜻인가요?"라고 말했다. 나는 그에게 그 답을 모른다고 확인시켜주었고, 우리가 같이 협력해서 답을 구해보자고 했다. 그제야 그는 내가 오류를 범할 수도 있지만 그럼에도 불구하고 그의 안녕을 걱정하는 한 인간이라는 나의 실제를 인식하기 시작했다. 물론 이번 사례는 비록 심각한 피학증과 자기애적 문제 쪽으로 대단히 많이 우회하여 분석되었음에도 불구하고, 이 사례는 그 전이에서의 사건들 이후 점차적으로 고전적인 신경증의 사례와 유사해지는 경향을 보였다.

나아가 이런 관점에서 물론 이런 유형의 환자가 가지는 오이디푸스 콤플렉스의 특성에 대하여 논의할 수는 있겠으나, 그것은 이 논문의 범위를 넘어서는 것이라 하겠다.

요약

나는 여기서 발생학적 가설들과 임상 자료들에 근거하여 모든 인간의 심리 발달에서 중요한 자기애와 피학증이라는 주제가 발달의 전오이디푸스적 단계들에서 그것들의 특정한 개별 성격을 구축하게 된다는 것을 제시하려 했다. 더욱이 자기애적 경향과 피학적 방어는 발달의 과정에서 긴밀하고 불가피하게 얽혀있다는 사실인데, 실제로 그 둘이 대단히 얽혀있기 때문에 나는 더 나아가 자기애적 성격과 피학적 성격은 하나이며 동일한 것으로 간주할 것을 제안하는 바이다. 그래서 그 둘 각각이 아니라 자기애적-피학적 성격이라는 하나의 단일한 질병분류학적 실체의 관점에서 그것들을 고찰한다면 그러한 개체들을 다루는 방대한 문헌들이 좀 더 일관적일 수 있다고 생각한다.

어떤 특정한 개인이라도 자기애적이거나 피학적 특질들 중 그 어느 한쪽을 삶의 방식에서 더 확연히 드러낼 수는 있는데, 이러한 특질들의 원인이 되는 내부적이고 외부적인 사건들은 분석 과정에서 추적되고 명료화될 수 있다. 하지만 좀 더 자세히 관찰하면 두 개의 성격적 양태들이 표면적 구분에도 불구하고 구조적 통일체를 이루어서로 협조하고 있음을 발견할 수 있다. 그 중 어느 하나도 다른 하나 없이는 존재할 수 없다. 피학적 행동의 해석은 자기애적 고행을 산출하고, 자기애적 방어의 해석은 피학적 희생, 자기 연민, 굴욕의 느낌들을 만들어 낸다.

자기애적-피학적 성격의 분석은 언제나 힘든 작업이다. 우리가 준거 틀을 바꾸고 이질적인 것처럼 보이는 병리들을 발생학적이고 임상적인 단위로 해명하기를 시작한다면, 우리의 노력은 보다 더 지속적이고 일관적이며 성공적이 될 것이라고 기대한다.

참고문헌

Auchincloss L: The Injustice Collectors, Boston, MA, Houghton Mifflin, 1950

Bergler E: The Basic Neurosis, Oral Regression and Psychic Masochism. New York, Grune & Stratton, 1949

Bergler E: Curable and Incurable Neurotics. New York, Liveright, 1961

Brenner C: The masochistic character: genesis and treatment. J Am Psychoanal Assoc 7:197–226, 1959

Cooper A: Psychoanalytic inquiry and new knowledge, in Reflections on Self Psychology. Edited by Lichtenberg J, Kaplan S. Hillsdale, NJ, Analytic Press, 1983

Dizmang L, Cheatham C: The Lesch–Nyhan Syndrome. Am J Psychiatry 127:131–137, 1970

Erikson E: Childhood and Society. New York, WW Norton, 1963

Fischer N: Masochism: Current concepts. J Am Psychoanal Assoc 29:673–688, 1981

Freud S: On the history of psycho-analytic movement (1914), in The Standard Edition of the Complete Psychological Works of Sigmund Freud [SE], Vol 14. Translated and edited by Strachey J. London, Hogarth Press, 1957, pp 7–66

Freud S: Beyond the pleasure principle (1920). SE, 18:3–66, 1955

Freud S: Female sexuality (1931). SE, 21:223–246, 1961

Freud S: Analysis, terminable and interminable (1937). SE, 23:250–251, 1964

Freud S: An outline of psychoanalysis (1938). SE, 23:141–208, 1964

Glover E: Technique of Psychoanalysis. New York, International Universities Press, 1955

Greenacre P: Regression and fixation: considerations concerning the development of the ego. J Am Psychoanal Assoc 8:703–723, 1960

Grossman WI: Notes on masochism: a discussion of the history and development of a psychoanalysis concept. Psychoanal Q 54:379–413, 1986

Hartmann H, Loewenstein RM: Notes on the superego. Psychoanal Study Child 17:42–81, 1962

Hermann I: Clinging–going–in–search: a contrasting pair of instincts and their relation to sadism and masochism. Psychoanal Q 44:5–36, 1976

Jacobson E: The Self and The Object World. New York, International Universities Press, 1964

Kohut H: The Analysis of the Self. New York, International Universities Press, 1971

Kohut H: Thoughts on narcissism and narcissistic rage. Psychoanal Study Child 27:360–400, 1972

Krafft–Ebing RF von: Psychopathia Sexualis. London, FA Davis, 1895

Lewin B: Psychoanalysis of Elation. New York, WW Norton, 1950

Loewenstein R: A contribution to the psychoanalytic theory of masochism. J Am Psychoanal Assoc 5:197–234, 1957

Mahler M: Rapprochement subphase of the separation–individuation process. Psychoanal Q 44:487–506, 1972

Maleson F: The multiple meanings of masochism in psychoanalytic discourse.

J Am Psychoanal Assoc 32:325–356, 1984

Rado S: Adaptational Psychodynamics. New York, Science House, 1969

Sacher–Masoch L von: Sacher–Masoch: An Interpretation by Gilles Deleuze, together with the entire text of "Venus in Furs" [1870]. Translated by McNeil JM. London, Faber and Faber, 1971

Sandler J, Joffee WG: Towards a basic psychoanalytic model. Int J Psychoanal 50:79–90, 1969

Stoller RJ: The Sexual Excitement: Dynamics of Erotic Life. New York, Pantheon, 1979

Stolorow RD: The narcissistic function of masochism and sadism. Int J Psychoanal 56:441–448, 1975

Sullivan HS: The Interpersonal Theory of Psychiatry. New York, WW Norton, 1953

Trilling L: Beyond Culture. New York, Viking Press, 1963

Winnicott DW: Playing and Reality. New York, Basic Books, 1971

로버트 엠데 (Robert N. Emde)

6

소개

로버트 엠데(Robert Emde)는 뉴햄프셔 주 하노버 시에 있는 다트머스 대학에서 문학사 학위를 받고, 뉴욕의 콜럼비아 의과대학원에서 의학박사 학위를 받았다. 그는 콜로라도 대학교 의과대학에서 정신건강의학 레지던트 과정을 마쳤고, 덴버 정신분석연구소에서 분석 훈련을 받았으며, 현재 콜로라도 대학교 보건센터에서 정신건강의학 명예교수로 있다. 1961년에 그의 첫 논문인 "Sarcoptic Mange in the Human: A Report of an Epidemic of 10 Cases of Infection by *Sarcoptes scabiei*, Variety Canis"는 *Archives of Dermatology*에 수록되어 출간되었다. 1963년에 그의 두 번째 논문인 "The Use of Intravenous Sodium Amytal to Overcome Resistance to Hypnotic Suggestion"은 *The American Journal of Clinical Hypnosis*에 수록되었고, 1964년에 세 번째 논문(P. Polak, R.A. Spitz 등과 공저)인 "The Smiling Response I. Methodology, Quantification, and Natural History"는 *The Journal of Nervous and Mental Disease*에 수록되었다. 이 세 편의 초창기 논문들은 엠데 박사가 쌓아 온 연구경력의 과정에 대하여 잘 알려주고 있다. 즉 그는 외면을 세밀하게 관찰하는 사람이다. 그는 무의식적인 정신분석적 과정들과 그것들이 어떻게 발전하며 영향을 받게 되는지에 관심을 가지고 있으며, 양적이고 자연주의적인 정교한 연구 기술에 주목한다. 엠데 박사는 약 200편의 논문을 저술했는데, 이 논문들에서는 유아와 아동 발달 연구에 엄격한 방법론을 도입했다. 그의 관심은 광범위하여 선천적 과정과 그것의 사회적 영향에 관한 연구로부터, 감정 및 인지 발달의 거의 모든 측면과 그것의 사회적 환경에 관한 연구에까지 이르고 있다.

엠데 박사는 여러 세대에 걸쳐 발달 임상 과학자들과 정신분석가들을 탄생시킨 스승이기도하다. 그는 동료들과 공저로 12권의 책을 출간했다. 그의 가장 최근 저술에는 *Infancy to Early Childhood: Genetic and Environmental Influences on Developmental Change*와 *Revealing the Inner Worlds of Young Children: The MacArthur Story Stem Battery and Parent-Child Narratives* 등이 있다.

엠데는 자신에 대해 다음과 같이 언급했다:

> 나는 오늘날의 정신분석의 몇 가지 측면들을 발전시키는 데 헌신해왔다. 그것에는 1) 정신분석적 사고와 실제를 위한 발달적 지향, 2) 정신분석에서의 실증적 연구의 발달, 3) 정신분석에서의 정신생물학적 사고와 체계적 사고의 결합, 4) 정신분석 교육에 비판적 사고의 도입 등이 있다. 나는 피터 포나기와 함께 국제정신분석협회(IPA)의 Research Training Program과 International College of Research Fellows의 창립 교수진이었고(Emde and Fonagy 1997를 보라), 스튜어트 하우저와 함께 미국정신분석협회 교육 연구위원회의 공동위원장을 맡았고, 그 위원회의 학술고문을 역임했다.

엠데 박사의 초기 어머니-유아 의사소통과 유아의 시각벼랑 행동(visual cliff behavior)에 대한 어머니의 정서적 반응 연구는 대단히 중요한 것이었는데, 이는 정신분석가들로 하여금 정신적 삶에서의 핵심적인 정서와 초기 정서적 및 인지적 성향의 근원적 관계에 주목하도록 하고 있다.

엠데 박사는 다수의 상을 수상했고, 학술 단체들에서 많은 연설을 했으며, 미국 외 22개 나라들에서 초청받아 강의를 했다. 그는 *Monographs of the Society for Research in Child Development*의 편집장과 *Journal of the American Psychoanalytic Association*과 *Psychiatry*의 부편집장을 역임했다. 그는 또한 Society for Research in Child Development, World Association of Infant Mental Health, 그리고 그 밖의 많은 학제간 연구기관들과 임상 기관들에서 지도적인 역할을 수행해 왔다. 또한 발달정신건강의학, 지역사회 정신보건, 정신분석학 등

에서의 그의 역할은 지대하다고 할 수 있다. 그는 그의 지식, 정보, 연구 설계 등을 통해 정신분석가들이 세상을 바라보는 시각과 임상 실제를 수행하는 방법을 변화시키는 데에 크게 공헌했다.

이 논문을 선택한 이유

로버트 엠데

나는 철저하게 발달론자이다. 발달과정들은 생물학적으로 기반을 두고 있으며 그 본질상 사회적이다. 우리는 타인과 함께 발달에 참여하고 그것은 전 생애에 걸쳐 계속되기 때문에, 발달에 참여한다는 것은 정신분석의 발달적 지향을 위해 중요하게 고려되어야 한다. 정신분석적으로 치료하는 경우 새로운 이해와 가능성을 위해 그러한 과정들에 의존한다. "발달의 근본 양식 활용하기"(Mobilizing Fundamental Modes of Development)라는 이 논문에서 나는 환자들과 의미 있는 정신분석 작업을 하면서 수시로 활용되는 많은 강력한 발달 영향들(혹은 일반적 동기들)을 규명하는 것이 유용하다는 것을 알게 되었다. 이러한 생각은 나의 임상 경험에서 뿐만 아니라 유아와 어린 아동들에 대한 연구 경험으로부터 나온 것이다. 초기 발달에 대한 관찰은 동기유발 과정들을 강조하는 경향이 있는데, 이 과정들은 생물학적 기반을 가지고 있으며 조직적이고 보편적이다. 이러한 이론적인 논문을 이 책에 수록하도록 선택한 이유는 그 논문의 원리들이 정신분석적 저술을 목적으로 써왔던 다른 많은 (경험적이고 이론적인) 논문들의 기초가 되고 있으며, 뿐만 아니라 국제정신분석협회 세계대회에서의 두 번의 초청 연설의 기초를 이루기 때문이다.

참고문헌

Emde RN, Fonagy P: An emerging culture for psychoanalytic research? Int J Psychoanal 78:643-651, 1997

발달의 근본 양식 활용하기

공감적 가용성과 치료 작용

(Mobilizing Fundamental Modes of Development: Empathic Availability and Therapeutic Action)

로버트 엠데

이 논문은 치료이론에 기여하는 측면에서 제시될 수 있는, 초기 발달 과정에 대한 새로운 몇 가지 관점들을 다루게 될 것이다.

먼저 주요한 딜레마를 언급하는 것으로 시작하려한다. 최근 수십 년 동안 정신분석 이론가들은 초기 양육과정과 연관되어 있는 치료 작용에 대하여 많은 견해들을 피력해왔다. 하지만 이 두 영역을 연결시키려는 공식적 이론들은 임상 작업에서 폭넓게 수용되지 못했다. 왜 그랬을까? 돌이켜 보면 여기에는 몇 가지 설명이 가능해 보인다. 첫째, 그 이론들은 은유적으로는 호소력이 있었지만, 당혹스럽게도 분석 과정의 기술 규칙들을 위반할 수도 있다는 점을 내포하고 있었다. 둘째, 그 이론들은 좀 더 광범위한 임상 이론 체계와 통합되지 않은 채 종종 단독으로 정립되었던 것이다. 셋째, 그 이론들은 아동의 관찰이나 연구로부터 나온 지식과 통합되지 않았다는 것인데, 더욱 문제가 된 것은 통합은 시도되었지만 초기 발달에서부터 후기 발달에 이르는 연속성의 증거가 거의 발견되지 않았다는 점이다(Emde 1981 참고). 넷째, "급격한 비약(leapfrogging)"의 문제가 있었다. 즉 유아기 경험을 치료 혹은 분석에서 성인의 전이 경험으로 직접 가져오는 이론들이 바로 사용되기도 했지만, 그 둘 사이에 오랫동안 작동하고 있었을 발달 과정들은 거의 고려되지 않았던 것이다.

심리치료에서 알렉산더의 "교정적 정서 체험(corrective emotional experience)" 이론을 둘러싼 논쟁들은 바로 이러한 관점에서 이해될 수 있다(알렉산더의 원문[Alexander and French 1946]과 아이슬러의 반박[1950, 1953], 그리고 이후 립톤의 관점[1977]을 참고할 것). 또한 좀 더 최근에 일어난 것으로 "교정적 공감 체험(corrective empathic experience)"이라는 코헛 이론(1971,1977)에 대한 논쟁(즉 유년기 가장 초기에 일차적 양육자의 공감실패는 정신병리의 원인이 되는데, 후에 분석이 이루어지는 동안 교정적 공감 체험이 요구 된다는 것) 역시 마찬가지로 이해될 수 있다.

그렇지만 이러한 문제들에 대한 우리의 시각은 점차로 확대되어 가고 있다고 생각한다. 임상가들은 공감이 정신분석 작업과 더불어 그 해석 작업에서 중요한 역할을 차지하고 있다는 사실을 깨닫게 되었다(Beres and Arlow 1974; Friedman 1978; Kohut 1959; Schafer 1959; Shapiro 1981; Stolorow et al. 1987 참고). 부분적으로는 이러한 인식으로 인해 코헛의 이론은 그 문제점들에도 불구하고 알렉산더의 이론보다 임상적으로 더 많은 주목을 받았던 것이다. 이에 부응하여 발달론자들은 변화의 측면들뿐만이 아니라 연속성의 새로운 측면들까지 인식하게 되었다.

나의 앞선 논문(Emde 1988)에서는 유아-양육 관계경험의 중요성과, 나중의 적응적 변화를 위한 연속성과 잠재성을 구축하려할 때 그 유아-양육 관계경험이 가지는 정서적 가용성의 중요성에 대하여 현재 유아기 연구가 어떻게 지목하고 있는지 논의하고 있다. 더 나아가 유아기 연구를 정신분석적 임상이론과 연계시킴으로 동기유발 구조에 관한 제안이 하나 나타나게 되었는데 그 제안은 다음과 같다. 즉 초기에 등장하는 동기유발 구조들은 인간에게 생물학적으로 강력하게 마련되어 있고, 유아-양육자 관계라는 특정 상황에서 발달되어 일생 동안 지속된다는 것이다. 좀 더 언급하면, 이러한 동기유발 구조들은 발달의 근본 양식들로 간주될 수도 있다. 이런 점에서 그 구조들은 성인들과의 치료 작용 과정에서 공감을 통해 활용될 수 있는 전생애적 과정이다.

공감의 발달적 측면들

전생애적 발달 과정들에 대한 생각은 여러 학자들이 중요하게 인식한 것이었지만 (예를 들어, Benedek 1970; Bowlby 1988; Emde 1980; Erikson 1950; Fleming 1975; Loewald 1960; Sander 1985; Settlage 1980) 정신분석의 주류에 통합되지는 못했다. 그런데 공감의 유용한 역할을 고려해 볼 때, 공감에 대하여 다음의 원리들이 강조될 필요가 있다.

첫 번째 원리들은 개인의 발달과 관련되어있다. 발달은 연속적인 과정이어서 유년기와 청소년기뿐만 아니라 성년기에 걸쳐 지속된다. 생애 전반에 걸쳐 발달적 영향은 개인의 측면과 사회적 환경에서의 타인들의 측면에서 볼 때 서로 상호적이다. 더욱이 발달은 지속적으로 조직화하는 통합적 과정이다. 인간의 상징적 능력들을 통해서 발달은 과거를 이용하여 미래에 대한 예비적 교육을 현재에서 수행한다.

두 번째 원리들은 상황에서의 발달과 관련되어있다. 발달은 사회적 관계라는 상황 속에서 일어난다. 초기 양육관계는 발달 형성에 중요한데, 자기와 타인의 표상이 처음으로 등장하면서 이와 동시에 관계 경험들이 내면화되기 때문이다. 이후 관계들 역시 유년기와 생애 전반에 걸쳐 발달의 "형태(shape)"를 만들거나 그것에 영향을 준다. 나아가 이후 관계들은 문제시되는 초기 내면화된 관계들에 심오하고 유익한 영향을 줄 수 있다. 그런데 이러한 나중 관계들의 영향은 그러한 관계들이 친밀하며 (즉 그 관계들에 헌신, 신뢰, 정서적 가용성 등의 환경이 조성되어 있을 때) 새로운 대화와 탐색이 생길 수 있는 조건들이 존재할 때, 나타날 수 있는 것이다. 따라서 발달은 항상 어느 정도 상호적이며 서로 공유되는 것이다.

첫 번째 원리들은 공감에 관하여 ***치료자***에게서 보이는 일반적 특징들을 상기시켜 주는데, 그것들은 거의 논의되지는 않지만 그러나 공감에서는 중요하다고 보여 지는 것들이다. 두 번째 원리들은 공감에 관하여 ***치료과정***에서 나타나는 일반적인 특징들을 상기시켜준다.

공감과 관련된 치료자의 특징들

우선 첫 번째로 주목해야할 특징은 ***양육 역할***이다. 많은 정신분석적 저자들은 초기 어머니-자녀 관계에서 얻는 상호성 경험들안에 심리치료사들이 가지는 공감의 근원들이 있다고 강조해왔다(예를 들어, Deutsch 1926; Ferreira 1961; Gitelson 1962; Loewald 1960). 실제로, 유년기 시절 받은 양육으로부터 발달 형성에 도움이 되는 경험은 나중에 부모가 될 자녀의 양육 역할에 영향을 준다는 실질적인 연구 증거가 있다(Fraiberg et al. 1975; Main et al. 1985; Ricks 1985). 그런데 양육에 대한 정신분석적 논의들에서는 여전히 그 핵심주제가 종종 간과된다. 치료자의 공감 반응은 유아의 반응이 아니라 양육자의 반응 역할을 모델로 한다. 물론 받아본 사람이 되돌려 줄 수 있는 가능성이 많은 것이 사실이지만, 그렇다고 공감적 돌봄을 위해서 유아기 경험으로 퇴행하여 어떻게든 반대로 역할을 해봐야 한다고 이론적으로 상정한다면, 이는 쓸데없이 복잡하게 보인다. 치료적 돌봄은 성인의 양육 기능을 사용하는 것이다.

위니캇(1960)은 이러한 인식의 기초를 제공했으며, 부모-유아 관계에 대한 정신분석적 사고는 경험의 유아의 측면뿐만 아니라 어머니의 측면도 고려하는 것이 필요하다고 주장했다. 특히 우리는 유아의 늘어나는 요구를 충족시키도록 하는 어머니의 속성과 변화에 대해 생각해 볼 필요가 있다. 위니캇의 주장처럼 관계 이론은 양분되어 있고, 이는 우리가 이론을 치료에 적용할 때 종종 간과되어 왔다. 스피츠(1956)와 후에 기텔슨(1962)은 "분석가의 이러한 이중적(diatrophic) 기능"에 대하여 설득력 있는 글을 썼다. 이 기능은 분석가의 치유 의도를 포함하고 있으며, 긍정적인 의미에서 역전이와 관련된다고 말할 수 있다. 여기에는 그 기능이 유아기로부터 파생되었다고 가정하고 있지만 그러나 이제 우리는 그것이 성인 양육의 측면에서 의심할 여지없이 독립적이고 생물학적이며 성숙한 공헌을 한다는 것을 알고 있다. 파푸오섹 부부(Papousek and Papousek 1979)가 검토했었던 바와 같이, 양육을 위해 생물학적으로 준비되어 있다는 분명한 증거가 있다. 동물의 행태와 다윈의 진화론에 관한 지식에 근거하여 우리는 다음과 같이 질문할 수 있다: "어떻게 그렇지 않을 수 있었을까?" 즉 생물 종들이 양육을 위해 강력한 생물학적 준비가 되어있지 않았다면 어떻게 생존할 수 있었겠는가?

양육의 심리학이 강력하고 보편적인 생물학적 준비를 포함하고 있기 때문에, 심리치료적-정신분석적 관계의 과정에서 이러한 준비가 치료자에 의해 활성화되는 것인가에 대해 의문을 가질 수 있다. 만일 그렇다면 우리는 그 사실에 좀 더 주목할 필요가 있다. 가령 어떤 치료자들은 다른 이들 보다 이 준비를 좀 더 갖추고 있는 것일까? 아니면 어떤 이들은 성인 발달의 이러한 측면을 조율하기 위해 다른 이들보다 더 많은 것이 요구되는가?

성인발달과 양육역할에 관련되어 있는 것들 중 하나는 내가 "발달적 공감"이라고 지칭하고 있는 것에 대한 치료자의 능력이다. 치료 작업에서의 공감은 발달적 토대를 가지고 있다. 이러한 종류의 공감은 상당한 자아 발달을 요하며 보통 나이 및 경험과 더불어 증가한다. 공감의 경험 중에 일시적으로 발생하는 (치료자의) 정체성에는 타인과의 일시적 일체감이 요구되며, 이후 도움을 주기 위해 분리감이 요구된다. 또한 환자에게 발달적으로 적절한 것이 무엇인가에 대한 (치료자의) 감각 역시 요구된다. 이 과정은 초기 양육의 또 다른 측면, 즉 "근접발달(proximal development)"의 영역에서 작동하는 것으로 언급되었던 것과 유사하다. 이 과정에서 어머니는 정서적으로 친밀하며, 그녀의 자녀가 좀 더 높은 단계의 발달로 나아갈 때 필요한 종류의－충분하지만 과다하지는 않은－환경을 공유하거나 제공한다. 이러한 적응적 양육의 측면은 비고츠키(1934, 1978)에 의해 처음 묘사된 것으로, 이후 대표적으로 브루너(1983), 케이(1982), 로고프(1987), 워치(1985) 등에 의해 발달심리학의 주류에서 입증되고 연구되어왔다.

정신분석에서 치료자의 활동의 이러한 특징은 많은 이들의 주목을 받았다. 베레스와 알로우(1974)는 자기애적 개인들이 분리감을 유지할 능력도 없으면서 만족감을 목적으로 다른 이와 통합하려는 경향 때문에 공감에 어려움을 겪는다는 것을 매우 적절하게 지적하고 있다. 그린슨(1960), 뢰발트(1960), 그리고 셰이퍼(1959)는 모두 치료자의 공감적 가용성(empathic availability)에 대하여 논의하고 있는데, 이는 잠재적으로 환자가 그 공감에 대하여 어떻게 역동적이고 가변적으로 느끼는가와 관련이 있다. 셰이퍼는 그의 "생성적 공감(generative empathy)"이라는 개념에서 이러한 과정을 "승화된 부모 반응"(p. 354)이라고 언급하고 있는데, 이는 성인에서의 고차원적인 심리 조직화로부터 오는 것으로, 성장을 촉진 시키는 것이다. 나아가 치료자의 신호 정서들(signal affects)은 공감과 관계되는 것이며 따라서 갈등적 영향과 더불어 전의식적이고 자율적인 영향도 고려되어야 한다는 것이다(Emde 1980, Engel 1962).

그린슨은 그러한 과정과 관련하여 두 가지의 극단적 문제가 있음을 강조하고 있는데, 그 하나는 조심스럽게 억제하는 공감자와, 그리고 다른 하나는 절제 없이 넘치는 공감자에 관한 것이다. 따라서 공감은 양육자의 정서적 가용성과 마찬가지로 정서를 조절하는 과정이다. 그렇기에 양육의 경우처럼 조절 장애－과소 조절이거나 과다 조절 혹은 불규칙적/일관성 없는 조절－가 있을 수 있다. 그린슨의 두 가지 유형은 환자에 관여되는 것을 두려워하는 억제되어있는 공감자와 너무 강하게 연관되어 있어 통제되지 않는 공감자로 구성되어 있는데, 그렇기 때문에 이 두 유형은 관찰자와 분석가의 위치에 있을 수 없는 것이다. 그린슨의 표현에 의하면 치료자는 초연하면서도 관여해야하며 이 두 상태 사이를 오가는 이행을 감안해야 한다. 또 다른 학자들은 유사한 특징들이 비갈등적 혹은 더 넓은 의미에서 공감에 중요하다고 강조해왔다(Ferenczi 1928; Fliess 1953; Kohut 1971; Reik 1936; Schafer 1959; Sharpe 1930). 최근에 샤피로(1981)는 공감 반응의 "실패들(misfirings)" 에 대해 논의했는데, 이는 분석가의 역전이 혹은 분석가의 현재 스트레스나 집착과 관련이 있다. 셰이퍼(1959)는 조절과정에서 치료자가 최적의 관여와 관찰 상태 사이를 오가는 "정서 신호들의 자유로운 가용성" 을 강조 한다(p. 348). 플레밍(1975)은 공감자의 유사한 능력을 설명하면서 "감수성과 반응성의 체계" 를 언급하고 있는데, 이는 분석가의 주요한 기술이며 이를 통하여 신호 정서들이 감지되고, 사용가능하며, 적용된다는 것이다.

창의성은 우리의 발달적 관점이 초점을 두고 있는 치료자의 또 다른 특징이다. 양육과 마찬가지로 그것은 성인 발달의 한 측면이며, 아마도 생물학적으로 준비된 몇 가지 특질들을 공유하고 있을 것이다. 예를 들어 공감적 의사소통은 치료 관계 내에서 창의적 행위로 보일 수 있다. 즉 그것은 다양한 의미들을 함축하고 있고 또 임기응변을 발휘하고 있어서, 심미적 경험과 마찬가지로 암시적인 모호함을 지니고 있다. 또한 그것은 특별히 보호된 상황에서 정서를 표출하도록 용인한다고도 할 수 있다. 셰이퍼가 주목했듯이, 이러한 치료활동은 크리스(1952)가 묘사하는 심미적 경험에 상응한다. 예술 작품을 감상하면서 사람들은 최적의 거리와 심미적 환상 사이에 균형을 맞추려고 한다. 이 모든 것은 주요 양육기능을 상기시키는데, 이에 대하여 위니캇(1953)은 "경험의 중간 지대(intermediate area of experience)"의 측면에서 설득력 있게 묘사했다. 즉 어머니는 자신의 자녀와 함께 공유하는 특별한 시간을 반복적으로 조성하는데, 여기에서 논리에 대한 판단과 현실에 대한 판단은 탐색과 재미를 증진시키기 위해 보류되는 것이다.

이것은 창의적인 공감의 태도와 관련이 있다. 그것은 즐거운 것이다. 그것은 부정적 정서가운데에 놓인 고통스러운 것들을 탐색할 수 있게 할 뿐만 아니라, 치료자가 잠재적으로 가지고 있을 놀라움(생각지도 못했던)이나 다른 긍정적 정서를 활용할 수 있게 하기도 한다. 사실상 치료자의 유쾌한 놀라움의 능력은 예측하지 못했던 것들의 탐색과 발견의 기초가 되는 것으로 보인다(Reik 1936; Schafer 1959). 그런데 신기하게도 그러한 긍정적 정서는 치료활동에 관한 정신분석적 문헌들에서 거의 인정되고 있지 않다. 하지만 그럼에도 불구하고 긍정적 정서의 활용과 더불어, 오류들에 대한 관용적 분위기가 존재할 뿐만 아니라, 더 나아가 그것들에 대한 관심이 존재하기도 한다. 주된 오류들은 물론 전이 왜곡에 의해 발생한다고 할 수 있다. 그러나 몇몇 이론가들이 강조한 것처럼(Kohut 1977; Loewald 1980; Rothenberg 1987; 그리고 아래 논의를 참고할 것), 전이는 자기패배적 측면들과 더불어 긍정적이고 적극적인 측면들을 지니고 있다.

로덴버그(1987)는 심리치료에서 창의성의 역할에 대하여 풍부한 정신분석적 내용이 담긴 논문을 기고했다. 창의성은 성인의 기능에서 가치 있고 고차원적인 측면이다. 치료자의 창의성은 이율배반, 은유, 간헐적 유머를 활용할 때 종종 역설의 느낌(그 과정에서 치료자가 쾌감을 느끼기도 한다)과 함께 드러난다. 또한 로덴버그는 공감이 "역동적인 상호작용적 나눔에 대한 매우 불안정한 느낌"(p. 64)을 포함하는 상호 창조적 과정이라고 강조한다. 그렇기 때문에 공감은 자극적이고 인지적으로 충돌하며 새로운 이미지와 공식들을 만들어낸다. 창의적 치료자는 시간과 공간을 가로질러 경험의 단계들을 파악하고 포착하기 위해, 로덴버그가 말하는 야누스적(Janusian) 과정과 동일 공간적(homospatial) 과정에 참여한다. 이것들은 일차 과정(압축과 전치)에 대한 반영이 아니라, 창의적인 결과물을 얻기 위해 정서적인 요소들과 인지적인 요소들을 둘 다 혼합하여 경험할 수 있는 복합적 능력들을 반영하는 것이다. 로덴버그가 주목하는 바, 예술가와 마찬가지로 창의적 치료자는 "자료"에 대하여, 즉 그것이 난해한 꿈에 관한 보고이든, 저항의 유형 혹은 증상 형성이든, 개인적 환상이든, 혹은 단절감이든, 그 무엇이든 상관없이 애정을 가진다는 것이다. 또한 창의적 치료자는 내 생각에 발달 과정에 대한 애정 역시 가지고 있을 것이다. 그러한 치료자는 탐색을 통하여 분화와 통합 둘 다의 결과를 가져올 거라 기대된다. 그 치료자는 신중하게 낙관하는 태도를 지속적으로 가지고 있을 것이다. 결국 치료자는, 좋은 어머니처럼, 탐색과 성장을 위해서라면 불확실성을 찾아내려는, 그리고 불안을 감수하려는 의지를 나타내는 것이다.

아이히혼(Aichhorn)의 *Wayward Youth*(1951)에 등장하는 임상사례는 "생성적 공감(generative empathy)"에 관한 셰이퍼의 논문(1959)에 인용되었으며, 어떻게 역설적 개입이 창의적 형태의 정서적 반응이 될 수 있는지를 예시해 주고 있다. 여기서 치료자의 개입은 환자를 다음 단계로 나아가게 하고, 환자의 자율성을 확실하게 인식하며, 다양한 선택을 환자에게 허용한다. 이 사례에서 아이히혼은 의심이 많은 반항적 소년에게 "내가 너에게 질문을 할 텐데... 네가 좋아하지 않는 질문에 대해서는 대답하지 않아도 돼."라고 말한다. 그 소년이 그 이유를 묻자 아이히혼은 "내가 만일 네가 좋아하지 않는 질문을 너에게 한다면 너는 나에게 진실을 말하지 않을 것이기 때문이야."라고 대답한다. 그러자 그 소년은 "당신이 어떻게 그것을 알았죠?"라고 묻는다. 아이히혼은 "모든 사람이 그렇게 하고 있고, 너도 예외는 아니기 때문이지. 나도 처음 만난 사람에게 모든 것을 털어놓지는 않거든."이라고 답한다.

우리는 공감과 관련한 치료자의 특징들을 성인 발달의 특징들로서 강조했다. 이 주제를 떠나기 전에 중요한 한 가지를 더 추가하고자 한다. 공감은 비록 그것이 정서적 민감성과 반응에 기초하고 있지만 그럼에도 불구하고 준비된 사람이 실행할 수 있다. 공감이란 정서 이상의 것을 수반하기 때문이다. 코헛의 표현처럼, 공감은 "대리적 내성(vicarious introspection)"을 의미한다(Kohut 1959). 그것은 타인과 상황에 대한 인지, 관점 수용, 그리고 지식 기반에 의존한다. 치료 작업에서 공감의 배경을 제공하는 지식 기반은 상당히 복잡하다. 그것은 치료 과정에 걸쳐 계속적으로 갱신되어지는 환자에 대한 일련의 도식, 즉 환자에 대한 (과거, 현재, 그리고 전이 측면을 포함한) "작동 모델"이라 할 수 있다(Basch 1983; Greenson 1960).

공감과 관련된 치료과정의 특징들

집중적 심리치료와 분석의 목표는 과거의 고통스러운 자기패배적 유형들을 반복하는 것으로부터 자유로워지기 위한 것이라는 데에는 대부분 동의할 것이다. 그러나 이 밖에도 또 하나의 중요한 목표가 있다. 이것은 과거와 현재의 경험이 연관되어있음을 긍정하는 것을 의미 한다. 즉 우리는 단절감(과거를 그냥 그 자리에 두는 것)을 가지려 하면서도, 또한 지속감(긍정적 측면과 함께 우리가 극복했던 갈등들을 포함하여 우리의 과거에 대한 주인의식과 유대감을 가지려는 것)을 가지려 하는 것이다. 치료 과정에서의 이러한 특징을 ***긍정적 공감***(affirmative empathy)이라고 지칭할 수 있다. 성공적인 치료과정을 거치면서 환자는—자기 및 타인의 표상의 측면에서—삶의 연속성에 대한 긍정적 감각을 갖게 된다. 베레스와 알로우(1974)가 서술했듯이, 정신분석적 작업의 목표는 환자로 하여금 과거의 자기 자신에 대한 공감을 발달시키고, 자신에 관하여 예전에 거부되었던 측면들을 받아들이는 것을 포함하여, 자신의 어린 시절로부터 현재까지의 삶의 연속선에서 자신을 바라보도록 하는 것이다. 에릭슨(1950)의 표현처럼, 그 목표는 환자로 하여금 자신만의 전기를 작성할 수 있도록 도와주는 것이다. 이것은 개성과 더불어 생물학, 가족, 문화에 근거한 기본적 가치들을 확신하는 것과 관련이 있다. 코헛(1971)은 긍정적인 공감적 태도를 자기 심리학의 치료과정의 중심에 두었다. 무엇보다도 대다수의 정신분석적 치료자들은 의심할여지 없이, 환자의 개성을 변함없이 깊이 존중해주고 있다. 무엇이 이보다 더 긍정적일 수 있을까?

공감 과정에서의 또 하나의 중요한 특징은 그것이 ***의식적일 뿐만 아니라 무의식적인*** 측면들을 수반한다는 점이다. 공감이 무의식적 의사소통을 수반한다는 것은 정신분석에서 오랜 역사를 가진 견해인데, 이것에 대해 도이치(1926)가 최초로 분명한 언급을 했고 최근에는 바쉬 (1983)가 논평했다. 즉 치료자의 역동적인 무의식 과정에 더하여, 전의식적이고 또 다른 의미에서 비의식적(nonconscious)인 과정들이 존재한다는 것이다. 이 과정들은 지각하고 선별하며 여과하고 통합하고 구성하는 활동을 수반하는, 복합적 병렬 정보처리 능력들이다. 그 중 어떤 것들은 도식적이고 일반적인 지식 축적을 포함하지만, 또 어떤 것들은 삽화적이고 특수한 지식 축적을 포함한다. 인공지능을 포함한 인지과학은 많은 발전을 이루어내고 있어 우리의 작업에도 직접 적용될 수 있을 것 같다(정신분석적 방향으로의 통합에 관해서는 Erdelyi 1984; Horowitz 1988; Kihlstrom 1987을 참고할 것). 이와 유사하게, 또한 발달과학 역시 치료 기능 분야에 적용될 수 있는 중요한 정보들을 더하여 주고 있다(Mandler 1983; Nelson 1986).

무의식적 의사소통의 토대가 되는 기제는 정신분석 임상의들에 의해 제한적으로만 언급되어왔을 뿐이다. 즉 베레스와 알로우(1974)는 공감이 언어적일 뿐만 아니라 비언어적인 신호들에 의해 전달되며, 이 과정은 예술가와 청중 간에서 공유되는 심미적 경험과 유사하다고 강조한다. 제이콥스(1973)는 공감에서 분석가의 운동 활동(예를 들어 공감에 참여할 때 무의적으로 하게 되는 몸짓들)의 역할을 강조하며, 이와 관련하여 알로우(1969)는 공감에서 운동 은유(motor metaphors)의 역할을 강조하고 있다.

정신분석 임상의들은 분석가와 환자 간의 공유된 경험의 관점에서 공감의 비의식적 측면들을 고려해왔다. 이것은 공감 행위의 과정에 대한 우리의 세 번째 주장과 관련이 있게 되는데, 즉 그것은 ***공유된 의미***와 ***공유되지 않은 의미*** 모두를 포함한다는 것이다. 공감은 전의식적이고 무의식적인 환상과 연관된 신호 정서들을 수반하기 때문에, 따라서 전이뿐만 아니라 역전이의 역동까지 고려되어야 하는 것이다. 많은 사람들이 심리치료 작업에서의 정서적 공유의 역할을 강조해왔다(Beres and Arlow 1974; Greenson 1960; Little 1951; Racker 1958; Schafer 1959). 베레스와 알로우(1974)는 환자의 동기와 환자가 공유하고 있는 환상을 이해하는 데 있어서 분석가가 가지는 신호 정서의 경보 역할을 강조한다. 게다가 분석가는 공유된 경험이 환자의 과거를 재경험하는 것과 관련이 있다는 것을 알게 되는 반면, 환자는 그것을 전적으로 현재의 관계에서 경험하고 있는 것이다(Little 1951).

발달론적 관점은 추가적으로 그 이상의 사실을 드러내 준다. 즉 분석가와 환자 사이의 공유된 정서적 경험은 새로운 이원 조직의 영역을 만들게 되는데, 여기서 환자의 일반적인 인간성뿐만 아니라 관계에 참여할 때 가지는 독특한 개성 둘 다를 확인하는 것이다. 다시 말해서, 공감은 상호 창조적 과정으로 그 안에서 치료적 관계 경험의 독립적 타당성이 인정된다. 또한 이 과정은 사실을 다양하게 제시하는 은유를 포함하기도 한다. 즉 이는 각 부분들의 합보다 전체가 더 크게 되는 하나의 창조적 활동이다(Rothenberg 1987). 소위 "교류 공감(transactional empathy)"이라는 과정 안에서, 치료자는 자신과 타인의 다양한 역할을 동시에 할 수 있으며 바로 그런 순간에 경험을 변형시킬 수 있다는 것이다. 그러한 창의적이고 생성적인 공감은 적절한 시기에 환자와 공유되는데, 이는 탐색을 고양시킨다는 목표를 가진다.

정신분석 작업에서 교류 공감의 덩어리는 아마도 비의식적일 것이다. 실제로 공유된 의미의 측면에서 볼 때 그것의 많은 요소들은 역동적인 무의식 단계에서 작동한다. 그린슨(1960)은 "적절한 공감을 위해서는 환자가 그렇게 하는 만큼의 거의 모든 것을 똑같이 망각하고 억압할 필요가 있다"고 주장 한다(p.422). 그러나 좀 더 생각해 보면 베레스와 알로우의 언급이 상당히 탁월하다고 생각되는데, 나는 이것이 분석가만의 의견을 구분 짓는 데 유용하다고 생각한다. 그래서 분석가들은 어느 정도 다음의 언급에 동의하겠지만, 아마도 다른 사람들은 이것을 이해하기 힘들지도 모르겠다. 즉 베레스와 알로우(1974)는 "분석가의 공감 능력에 대한 측정은 분석가 자신이 환자의 무의식적 환상의 존재나 그 본질을 아직 깨닫지 못하고 있을 때, 환자의 무의식적 환상에 의해 자극을 받을 수 있는 능력이 있는 가에 달려있다"(p.45)고 주장하고 있는 것이다.

가용성의 발달적 측면들

가용성 없이 공감이란 있을 수 없다. 분석가들은 조력 전문가의 가용성이 치료 작용의 기초를 마련해준다는 점에 동의한다. 가용성은 신뢰, 확신, 그리고 지속적인 기대를 함양하며, 따라서 그것은 치료동맹의 전제가 되는 것이다. 유아기와 양육에 있어서의 발달적 유사성들은 환자의 경험-"기본적 신뢰"(Erikson 1950), "확신"(Benedek 1973)-의 측면과 분석가의 경험-"이중적 태도(diatrophic attitude)"(Getelson 1962, Spitz 1956)-의 측면 모두에서 묘사되어 왔다.

내가 보기에 가용성은 초기 양육 상황과 분석/치료 상황 모두에서 조절을 통해 분명하게 나타난다. 조절은 확실하게 균형을 잘 잡게 하거나 극단적인 것들을 피하도록, 그리고 삶의 흐름 속에서 자기 성실성을 잘 유지하도록 보장한다. 발달의 관점에서 볼 때 조절은 안전함보다는 최적의 탐색을 보장하는 기능을 한다. 이러한 견해는 정신분석과 발달론 이론가들이 추진했던 견해와 일치 한다(Sandler 1960; Sandler and Sandler 1978; Sameroff 1983; Sander 1985; Sameroff and Emde 1989). 또한 이러한 견해는 분석 기법을 다루는 교재 저자들의 조언과도 일치하는데, 즉 분석가는 정서 경험과 해석 활동 사이에 균형을 맞출 필요가 있다는 것이다(Fenichel 1941; Thomä and Kächele 1987). 따라서 다음에서는 치료 가용성의 두 가지 형태의 발달 측면들에 대해서 논의해 보고자 한다. 두 가지 형태중 하나는 정서조절(affect regulation)을 통해 발생하며 다른 하나는 해석을 통해 발생한다.

정서조절을 통한 가용성

이것은 먼저 불확실성으로 시작되는 발달적 유사성이다. 불확실성 및 그것과 관련된 정서 경험들이란 공감이 일어났을 때 그 공감에 반응하는 타인으로 하여금 탐색하려는 경향을 가지게 하는, 어떤 마음의 상태를 알려주는 신호와도 같은 것이다. 즉 치료자의 정서적 가용성은 관용만을 포함하는 것이 아니라, 불확실성과 다소간의 불안감이 공유된 상호경험으로 체험하도록 격려하는 것도 포함하는데, 이는 탐색과 새로운 방향으로의 가능성을 고취시키기 위한 것이라 할 수 있다.

이것이 발달적 유사성를 가지고 있다는 사실은 유아기의 사회적 참조행동(social referencing)에 관한 최근 연구에서 설명되고 있다. 사회적 참조행동이란 한 개인이 불확실한 상황에 부딪혔을 때 그 불확실성을 해소하고 그에 따른 행동을 조절하기 위해 중요한 타인에게서 정서적 정보를 찾게 되는 과정을 말한다. 우리의 실험적인 사회적 참조행동 패러다임에서, 친숙하지 않은 장난감 로봇, 친분이 없는 사람, 혹은 밑으로 상당한 급경사가 보이는 유리 표면(소위 "시각벼랑"이라고 지칭하는 것) 등이 이용된 불확실성의 상황이 조성되었다. 유아는 탐색의 과정에서 불확실한 상황에 부딪히게 될 때(예를 들어, 확실한 급경사가 보이는 표면) 어머니의 얼굴을 바라본다. 만일 어머니가 공포나 분노의 신호를 보낸다면 유아는 탐색을 중지하거나 후퇴하고, 어머니가 기쁨이나 흥미의 신호를 보낸다면 그 유아는 탐색을 계속 한다(Emde 1983; Klinnert et al. 1983; Sorce et al. 1985). 사회적 참조행동은 이처럼 부모가 금지하는 것들과 관련된 불확실성의 상황들과, 또한 걸음마를 배우는 아기들의 좀 더 자유로운 탐색들에서 역시 입증되어 왔다. 걸음마를 배우는 아기들의 사회적 참조행동은 말러와 그녀의 동료들(Mahler et al. 1975)이 묘사했던 "되돌아가 확인하기(checking back)"와 "정서적 재충전하기"를 떠올리게 하며, 에인스워스와 동료들(1978)이 묘사했던 것처럼 어머니를 탐색의 "안전기지"로 사용하는 것을 연상시킨다.

하지만 유아기에서와 마찬가지로 치료에 있어서도 역시 전적인 가용성은 도움이 되지 못한다. 위니캇(1958)은 "타인이 있는 데서 홀로 있는" 중요한 상태에 대해 기술했다. 환자가 스스로 검토하고, 문제들을 되짚어 보며, 아마도 다른 생생한 정서 경험들을 갖게 되는 순간들이 있다. 이는 치료자가 단지 침묵할 필요가 있는 순간들이며 또한 함께 있는 것으로 환자를 지지하고 있음을 보여주는 순간들이다. 그러한 순간들은 우리의 유아기 연구에서의 어떤 역설적 순간들을 떠올리게 하는데, 즉 더 넓은 상황에서 정서적 가용성의 일부로서 어머니가 자기 스스로의 정서적 비가용성을 전달하고 있는 것으로 보인다는 사실이다. 우리는 이것을 정서적 비가용성이라기 보다는 정서적 가용성의 상이한 단계로 인정하게 되었다. 예를 들어 이것은 어머니가 책을 읽거나, 식사를 준비하거나, 혹은 전화를 받는 등 무엇인가를 바쁘게 하고 있을 때 발생한다. 그녀는 미묘한 눈짓들과 시선의 방향을 통해서 자신이 아이에게 비가용적이라는 신호를 보낸다. 만일 어머니와 아이의 이러한 관계가 잘 진행된다면 아이는 그 신호들을 이해하며, 탐색이나 놀이 혹은 다른 행동들을 지속할 것이다. 이것은 마치 어머니가 "나는 나중에나 너에게 시간을 내줄 수 있어." 혹은 "나는 네가 다쳐서 정말로 내가 필요할 때에나 너에게 시간을 내줄 수 있단다."라고 말하는 것과 같다.

이와 유사하게 치료자 역시 항상 가용성을 제공하거나 표현하지는 않는다. 사실상 이것은 받아들이기에 좀 거슬리는 부분일지 모르나, 치료적 의미에서 정서적 가용성이란 그 무엇보다도 환자의 발달을 아주 중요하게 고려하는 것을 의미한다. 만일 누군가 너무 많이 표현하거나 너무 많이 주고 있다면, 그는 발달의 기회를 방해하고 있는 것일 수 있으며, 좀 더 전문적으로 말하면 그는 반복적 신경 패턴의 전개와 그것의 통합을 방해하고 있는 것일 수 있다.

당신이 문제의 일부가 되지 않는다면 어떤 치료도 효과가 없으며, 또한 당신이 그 문제의 대부분이 되지 않는다면 정신분석은 효과가 없다고 사람들은 말한다. 이 말은 전이신경증과 분명히 관련이 있으며 더불어 분석가의 입장에서 샌들러(1966)가 논의했던 "역할 반응성"과, 옥덴(1979) 그리고 플레밍과 베네덱(1966)이 논의했던 투사적 동일시와 생산적 역전이로의 몰입 같은 측면들과 관련이 있다. 이 모든 발달들은 여전히 제한된—혹은 조절된—의미에서 발생한다. 어떤 특별한 상황에서나 이러한 경험이 허용되는데, 이 상황은 환자와 분석가 모두를 위한 공유된 이해의 영역이 있을 때이다. 여기에는 표현될 수 있는 것에 대하여 공유된 개방감과 더불어, 일어나지 않을 것에 대하여 공유된 안전감과 억제감이 있다. 아동 분석을 생각해 보면 후자의 이해가 언어나 행동에 있어서 좀 더 직접적이다. 특히 소아를 상대하면서 분석가는 때때로 어떤 것이 부적절한 것인지에 대한 진술을 제시하면서 금지하거나, 심지어 가끔 "안 돼"라고 말한다. 이것은 보통 분석가가 정서적으로 가용적이며, 어린이와 함께 특별한 형태의 발달 경험에 참여하고 있는 것으로 보인다.

집중 치료과정에서 분석가는 환자가 성취하려하는 것뿐만이 아니라 현재의 정서 상태와 함께 암시된 정서 신호들에 주목한다. 분석가는 환자가 원하는 대로 자신의 신호 정서 과정들을 맞추고, 환자가 소통하려고 하는 것에 맞닿아 공명을 일으키도록 허용한다. 이것은 정서 조절에 있어서 또 다른 두 가지 발달적 유사성을 떠올리게 한다. 가장 분명한 것은 정서적 반영(affective mirroring), 즉 치료 작용 및 초기 양육(코헛에 의해 아주 잘 설명되어 왔던) 모두에 있어서의 확인적 경험(confirmatory experience)을 말한다. 또 다른 하나는 치료자가 제공하는 정서적 "발판(scaffolding)"을 들 수 있다. 코헛(1977)과 스톨로로우 등(1987)이 주목했듯이, 어머니가 부정적 정서들을 달래고 위로해 주는 것은 아이의 인내력을 위한 기반과 정서들의 "정량투여(dosing)"를 위한 기반을 제공한다(위니캇[1960]의 "안아주는 환경" 참고). 어린아이와 마찬가지로 환자는 어떤 상황들에서 어떻게 특정한 정서들의 "정량을 투여"할 것인지를 치료적 경험으로부터 배우게 된다. 발달론자인 비고츠키에 따르면, 이는 "발판"을 통해서 그리고 앞으로 끌어당겨 주는 발달 경험에 의해서—이 사례의 경우, 정서들이 내적 신호들로 사용될 수 있음을 보여주며 그것이 가능하도록 만드는(어머니와 유사한) 치료자에 의해— 한 사람이 다른 사람으로부터 배우게 되는 과정을 예시한다는 것이다.

해석을 통한 가용성

이것은 움직임(movement)과 방향(direction)을 강조하는 발달적 유사성이다. 이 가용성은 복잡한 정서들뿐만 아니라, 복잡한 의도들, 그리고 환자가 "이해되었다"고 느낄 수 있는 좀 더 넓은 인지적 범위를 인정하는 것이다. 그러나 근본적으로 치료자의 가용성은 그 이상의 활동을 의미하는데, 즉 동작을 예상하며 탐색을 격려한다. 슈피츠는 (개인적 의사소통과 관련하여) 좋은 정신분석적 해석은 환자로 하여금 그 다음 단계로 나아가도록 만든다고 말하곤 했다. 이것은 초기 양육에서 나온 강력한 은유라 할 수 있다. 로덴버그(1987)도 유사한 느낌을 표현했는데, 그는 창의적인 개입들(은유, 역설, 부조리)을 일컬어 환자의 반응을 새로운 방향으로 자극시키도록 구성된 "실연된 해석의 유형들"(enacted types of interpretations, p.180)이라 논의하고 있다.

그런데 해석을 통한 가용성에 관하여 좀 더 논의되어야 할 것이 있다. 바로 양육자의 "발판"과 마찬가지로, 치료적 해석은 좀 더 높은 단계의 통합으로 "끌어당겨(pull)" 준다는 점이다. 뢰발트의 주장에 의하면, 그렇게 함으로써 그러한 해석들은 "두 개인의 자아조직의 상이한 단계 안에서 동일한 경험을 만들어내는 상호인정을 나타내며", "그러한 상호작용 속에서 얻어지는 통찰력은 일종의 통합적 경험이다."(p. 25)

또한 뢰발트(1960)는 그의 논의에서 이런 종류의 통합이 반드시 의식적인 과정은 아니라는 것을 우리에게 상기시켜준다. 이와 유사한 부분을 블룸(1979)도 역시 언급했는데, 즉 그는 프로이트(1893)가 그의 초기 사례 보고서에서 비록 환자가 치료적 결과와 연관된 역동에 대해 의식하지 못하고 있을지라도 통찰력을 얻을 수 있다고 했던 것에 대하여 논의하고 있다.

마지막으로 논의할 것은 해석을 통한 가용성에는 한계들이 있음을 주목해야 한다는 것이다. 치료의 진행 과정은 치료 관계와 그 의미의 맥락에서 분리와 재결합에 자주 초점을 맞추게 되는데, 이러한 과정을 이해하는 것은 새로운 능력들을 생기게 하고 자율성을 증가하게 하는 것이다. 그러나 상호작용적 가용성의 다양한 변수들에 대한 이해는 여전히 이자적 표상들(dyadic representations)의 탐색 때문에 제한을 받게 된다. 즉 여기에는 삼자적 표상들, 갈등, 그리고 구조화에 대해 탐색할 필요가 있다. 또한 치료적 대면 이상의 탐색 역시 필요한데, 즉 가족, 동료, 그리고 친구들과의 경험을 실행함으로 통합을 강화하고 확장시키는 것이다.

발달의 근본 양식 활용하기

치료 작용에서의 공감의 역할은 정신분석 작업에서의 해석과 더불어 점차로 인정받고 있다. 발달적 관점은 어떤 특징들을 강조하는 역할을 한다. 치료자의 입장에서 볼 때 공감은 유아기적 경험의 퇴행적 반복보다는 성인적 기능활동에 의존한다. 양육과 공감의 창의적 측면들은 성인의 능력들이다. 이러한 공감의 측면들은 유아기 발달을 조성하는 것과 깊은 연관이 있으며, 또한 심리치료의 발달에서도 역시 중요하다. 공감적 과정들은 초기 양육에 있어서나 심리치료에 있어서, 긍정적이고 비의식적이며 공유된 경험들일 가능성이 많고, 게다가 초기 발달과의 상당한 유사성들을 확실하게 드러내 준다. 유아기에는 대체로 비언어적이고, 정서적이며, 비의식적인 의사소통에 의해서 발달이 조성되어진다. 뿐만 아니라 공유된 의미의 대부분은 암시적이고, 절차적이며, 새로운 탐색이 활발하게 이뤄질 때 확장된다. 마지막으로, 우리는 치료적 가용성의 중요한 발달 측면들이 있다는 사실을 배웠다. 초기 양육에서의 이러한 과정과 유사하게, 지속적인 가용성은 우리가 보통 치료 작용이라고 여기는 특별한 종류의 발달을 조성하는데 있어 가장 중요하다. 그러한 가용성은 조절을 수반하는데, 이는 최적의 정서 신호보내기와 해석 활동 둘 다에서 가장 핵심 기능적 측면이다.

이제까지의 논의에서 강조된 것은, 정신분석 임상가들이 초기 양육 상황에서 치료 작용 과정들과 비슷하다고 납득할 만한 유사성들에 대해 묘사해왔다는 사실이다. 이 중 어떤 것은 치료자의 입장에서 볼 때 성인 발달의 양육 역할 및 관련 특징과 유사하다. 또 어떤 것은 환자의 입장에서 볼 때 초기 양육관계의 맥락에서 유아 발달 경험과 유사하다. 그런데 여기서 중요한 요점은 이것들은 단순한 유사성이 아니라는 사실이다. 나는 우리가 설명해왔던 것과 30년 동안 임상의들이 묘사해왔던 것이 유사성들이라기보다는 기본적인 발달의 원리들이라고 믿는다. 이 논문의 서문은 이러한 입장에 따른 하나의 제안을 암시하고 있다. 즉 어떤 초기 발생적 동기유발 구조들은 상당히 생물학적으로 이루어져서, 발달에 있어 필수적이며 일생을 통해 지속된다는 것이다. 유아-양육자 관계라는 특정한 환경에서 발달하는 이러한 구조들은 발달의 근본 양식으로도 또한 여겨질 수 있다. 그렇기 때문에 그 구조들은 공감을 통해 활성화 되어 성인들을 대상으로 하는 치료 작용을 향상시킬 수 있는 것이다.

치료 작용에 관한 나의 제안은 정신분석 과정을 특별한 형태의 발달 경험으로 개념화했던 뢰발트와 그 밖의 학자들 덕분이다. 그것은 대상관계이론 및 투사적 동일시와 역전이에 관한 최근 연구뿐만이 아니라 자기심리학의 상당 부분과도 충분히 일치한다. 그것은 또한 최근 유아기 연구와도 일치한다. 그러나 이론적 관점에서 여기에 덧붙여야 하는 것은 바로 중요한 생물학적 구조이다—이것은 생의 전반에 걸쳐 진화하지만 때때로 "침묵하는" 생명 활동으로 언급될 수 있다.

나는 유아기에 최초로 등장하는 발달 과정에 근본적인 동기유발적 측면들이 존재한다고 생각한다. 행위의 기본적 동기들, 자기조절, 사회적 적합성, 그리고 정서 감시는 우리의 진화생물학에 의해 미리 프로그램 되어있는 종 전체의 조절 기능들로 판명되어왔다. 그것들은 정상적 발달의 보편적인 특징들인데, 아마도 이 보편성은 왜 그것들이 우리의 이론들에서는 일반적으로 상정되기는 하지만 동기유발로는 명시되지 않는지에 대하여 설명해 줄 것이다. 그러나 그러한 동기들이 정서적으로 가용할 수 있는 부모와 함께 그것들을 "실행"하는 유아에 의해 규범적으로 작동될 때, 그 동기들은 3세 이전의 중요한 심리 구조의 발달을 촉진한다. 첫 번째의 구조는 자기의 핵이 되는 정서의 강화이다. 두 번째는 초기 도덕적 내면화의 몇몇 측면들(예를 들어, 금기의 내면화)과 더불어 상호 호혜성, 규율성 및 공감적 감각의 발달이다. 유아가 세상에 대한 흥미를 확장시키는 와중에 일어나는 부모의 사회적 참조행위는 공유된 의미를 더 강화된 느낌으로 가지게 하며, 이는 이 과정에서 중요한 것이다. 이러한 상황에서 발달하는 세 번째 구조는 최근에서야 인정된 것인데, 즉 적응적 양육 환경에서, 충분한 긍정적 정서들이 있다면, 이러한 초기 동기유발적 구조들은 이제는 그 실행을 책임지는(executive) 의미에서의 "우리"의 발달에 기여할 수 있다는 것이다.

비록 더 많은 연구가 필요하겠지만, 초기에 등장하는 이러한 동기유발적 구조들에 관하여 중요한 개별적 차이들이 존재한다고 믿을만한 충분한 이유가 있다. 아직 검증해보지는 않았지만, 나는 유아-양육자 관계 경험이 어떤 독특한 종류의 이러한 초기 동기유발적 구조들에 영향을 준다고 생각하는데, 이는 경험에 만연해 있으면서 향후 변화에 저항하는 종류인 것이다. 때때로 나는 경험에 대한 이러한 초기 영향이 특히 향후 삶의 관계들 속에서 재활성화 되었을 때 그러한 영향들에는 우리가 "타고난 것"이라고 생각했던 요소들이 포함될 수 있을지 생각했었다. 나는 이러한 시각이 뢰발트(1971), 컨버그(1976), 코헛(1977), 샌더(1985), 로빈스(1983) 등을 포함한 정신분석 임상 이론가들의 견해와 일치한다고 생각한다.

여기서 내가 상정하고 있는 것은 다소간의 차이는 있겠지만 정신병리학이 일종의 발달 정신병리학이라는 사실이다. 즉 이러한 입장에서 가령 누군가의 삶의 발달적 추진력이 "궤도를 벗어났거나" 혹은 어떤 방식으로 차단을 당했다고 해보자. 여기서 치료 작용을 실시한다는 것은 특별한 형태의 발달 경험을 통한 개선을 의미하는 것이다. 그것은 상호작용적이고 공감에 의존하며, 발달의 근본 양식을 활용하는 것이 된다.

치료 작용에서의 새로운 시작

나의 주장은 특별히 한스 뢰발트의 생각으로부터 많은 도움을 받았다. 이 논문의 소제목에서 "치료 작용(therapeutic action)"라는 단어는 뢰발트의 1960년 논문에서 가져온 것인데, 여기서 그는 발달론적 입장에서 치료과정을 개념화하고 있다. 뢰발트는 분석가와 환자 간의 상호작용 과정들에 대한 고찰의 중요성을 지적했다. 분석에서 우리는 자아의 통합과 붕괴의 단계들에 따른 더욱 진전된 상호작용 과정들뿐만 아니라 원초적인 것까지도 관찰하고 탐색한다. 다시 말해서, 분석가는 특별히 아동 발달과 유아 신경증이 재현되는 "분석적 무대"에서 함께 공연하는 배우이다. 발달이란 분석가가 새롭게 내면화된 관계를 위해 자신을 가용적으로 만든다는 사실에 의해 발동된다. 뢰발트의 말에 따르면, "분석은 자아발달이 작동하도록 하기 위해서 설계된 개입으로 이해될 수 있다... 이것은 단순히 분석가의 기술에 의해서가 아니라, 분석가가 새로운 '대상관계'의 발달을 위해서 자신을 가용적으로 만든다는 사실에 의해 이해될 수 있는 것이다"(p. 7).

뢰발트는 정신분석적 경험이 제공하는 발달 기회들을 언급하기 위해 "새로운 시작"이라는 개념을 발린트(1952)로부터 빌려왔다. 발린트는 일어날 수 있는 발달에 대한 자극, 즉 거의 발달적 욕동과 같은 것에 대해 언급하고 있다는 점에서 확실히 어떤 은유 이상의 의미로 이 개념을 사용하고 있다. 유사한 맥락에서, 다른 학자들은 분석의 시작단계에 필수적인 이원적 조건들에 대해 논의하고 있다. 기텔슨(1962)은 이러한 조건들이 "원초적 라포"를 형성한다고 언급했으며, 글로버(1955)는 이것을 "전이를 위한 준비"라고 했다. 뢰발트(1960)는 욕동을 활성화하고 그것이 새로운 발달의 시작에 이용될 수 있도록 허용하는 사랑과 증오의 잠재적 전이와 관련된 역동성에 대해 언급하고 있다. 그의 견해에 따르면, 정신분석의 시작 단계에서의 "치유적 요소들"은 "초기의 '다소간' 좋은 어머니-자녀 상황에서 발견되는 조건들과 유사하다"(p. 196)는 것이다.

현재의 이론에 기초를 제공하는 또 다른 이론가는 기텔슨(1962)이다. 뢰발트와 마찬가지로 기텔슨은 치료과정에서 활성화될 수 있는 강력한 초기 발달적 힘들의 가능성을 지적했다. 그는 "치유적 요소들"을 "다소간 정상적인 발달을 지원하기 위해 본래 작동하는 영향들이 분석상황에서 두 번째로 나타나는 것"(p. 198)이라고 한다. 즉 발달적 추진력을 위한 자극을 축적하는 유아기의 이자적인(dyadic) 조건이 분석상황에서 유발된다는 것이 기텔슨의 생각이다. 기텔슨과 뢰발트는 이러한 조건을 조성함에 있어 분석가는 사적 이해관계를 갖고 있지 않다는 점을 지적하고 있는데, 당연히 조작(manipulation)이란 있을 수 없기 때문이다. 따라서 정신분석은 특별한 형태의 발달경험으로 여기는 것이 가장 좋은 것 같다. 초기 발달에서 차단되었던 신경체계는 열릴 수 있으며, 발달과정들은 정신분석을 통해 재활성화 될 수 있다. 덧붙여 말하자면, 정신분석에서 시작되는 것들은 유아기적이거나 퇴행적인 것이 아니다. 물론 그 시작이 유아기를 상기시키는 것은 사실인데, 이는 기초적인 동기유발적 과정들을 활용하기 위한 설정 조건이 발견되기 때문이다. 그러나 비록 유아기에 현저하게 드러나는 것이라 할지라도 그 동기유발적 과정들은 친밀한 관계의 상황에서 전생애에 걸쳐 작동하는 것이다. 바로 이러한 이유 때문에 나는 이제 그것들을 발달의 근본 양식이라 칭하는 것이다.

치료 작용에서의 "책임지는 우리(Executive We)"를 향하여

분석의 중간 단계는 전이 경험과 그에 대한 저항이 심화되는 시기이다. 작업 과정에서 의미에 대한 감각이 확장된다. 이 단계에는 대개 발달이 나타나고 전이신경증에 대한 훈습이 있는 것으로 보인다. 뢰발트의 용어를 빌리자면, 이 단계에서는 새로운 대상으로서의 분석가의 가용성 때문에 일반적인 자아발달이 재개된다. 나는 이것을 약간 다르게 표현하고자 한다. 즉 중간 단계는 분석가가 개성, 방어적 갈등, 그리고 진리를 향한 탐색을 점점 존중하게 되는 역동적인 교류 경험을 위해 환자에게 가용적이게 되는 시기이다. 참여하는 분석가와 환자 양측 모두는 다양한 전이의 징후들에 비추어 "과거"의 경험과 "현재"의 경험을 대비시키는 작업에 참여한다. 갈등에 직면했을 때 양자는 공동의 탐색을 중시하게 된다.

나는 이 과정이 새로운 의미 공유 구조의 발달에 의해 가능해진다고 믿는다. 상호성에 대한 감각은 환자-분석가 관계 경험에서 환자의 "책임지는 우리"가 인지적일 뿐만 아니라 정서적이게 되는 지점에 이를 정도로까지 발전하게 된다. 전반적인 분석 작업에서 "안전한 배경"(Sandler 1960)을 제공하는 분석가의 정서적 가용성에 덧붙여, 분석가는 "방향감각의 표지"(Mahler et al. 1975)의 역할을 하면서 새로운 방향들과 좀 더 구체적인 작업에 대한 확신을 제공한다. 탐색은 불확실함과 고통스러운 정서들 가운데서도 계속 진행될 수 있다. 다시 말해서, 분석의 중간 단계 전반에 걸쳐서 분석가는 탐색의 기준으로 사용된다. 분석가의 반응을 묘사하기 위해 코헛이나 라캉의 문헌에 등장하는 "반영(mirroring)"이라는 용어를 사용할 수도 있겠지만, 나는 "방향감각의 표지"라는 말러의 은유가 덜 수동적이며, 발달적인 활동을 위한 안내를 포함하고 있기 때문에 이 용어를 선호한다.

더욱이 발달의 근본 양식의 관점에서 본다면, 이제 이 과정에 좀 더 자세한 사항들을 추가할 수 있다. 즉 이 과정에서는 규범적이고 생물학적으로 준비된 과정들이 활성화되며, 그것들은 분석가의 상호작용적, 정서적 가용성에 의존한다. 뢰발트(1960)는 그러한 의미로 다음과 같이 말했다: "우리는 이처럼 자아발달에서 뿐만 아니라 분석에서 그것을 재개함에 있어 단순히 대상들의 내면화가 아니라 상호작용 과정의 내면화를 필수적인 요소로 상정한다." (p. 30).

함께하면서 의미를 공유한다는 강렬한 느낌의 순간들은 정신분석 작업에서 대단히 중요하다는 것을 상기할 필요가 있다. 그것들은 종종 해석 활동 내에서의 생산적 작업보다 선행하여 영향을 주고 있으며, 또한 그것들은 과거에 회피되어 왔던 정서들을 조절할 수 있게 한다. 마찬가지로 그러한 순간들은 조직화(그리고 공동-조직화)의 상이한 단계들에서 발생한다.

제이콥슨(1987, 미출간)은 그러한 순간들에 대한 임상적 논의를 제공한다. 분석가의 반응적 공감은 깊은 상호성의 한 형태인데, 이는 환자의 안정과 더욱 진전된 탐색을 허용하는 것이다. 제이콥슨은 치료자의 해석이 환자에게 정서적으로 가용적인 반응으로 보이게 되는 임상 사례 하나를 제시하고 있다. 환자의 도발적인 발언은 제이콥슨으로 하여금 사회적 참조행동에 대한 우리의 연구관찰을 상기하게 했는데, 즉 그는 그 환자의 진술을 다음과 같이 이해하고 있다.

> 그것은 이 분야를 "양육자"가 용인할 수 있으며 그것에 대해 관대할 수 있는지를 알아보기 위해 어머니에게 의문의 눈빛을 보내는 것이었다. 나는 환자들이 불찬성 혹은 파국을 예견하며 우리의 반응들을 면밀히 살피는 그런 방법으로, 종종 새로운 분야에 입문한다고 생각한다. 행동을 참조한다는 개념은 이러한 행동들의 토대를 형성하는 다원의 생존적 국면들을 반영하고 있다.

다른 학자들은 정신분석적 작업의 중요한 배경 변인으로서 상호성과 공유된 의미에 대한 감각에 대해 논의해왔다. 샌들러(1988)는 치료에서 "우리" 의식을 몇몇 환자들의 분석 경험 속에 나타나는 "상호성에 대한 배경 의식"과 같은 것으로 본다. 하지만 내가 언급하고 있는 것은 그 이상의 것으로, 자신감 및 더 나아가 불확실성과 고통스러운 정서들 가운데서도 어떤 힘을 감지하는 것을 의미한다. 수차례에 걸쳐 이러한 감각은 치료 경험으로부터의 공유된 의미를 통합하며 탄력성과 역동적인 방향성을 얻게 된다. 나는 그것의 본래 최적의 형태를 "책임지는 우리"라고 칭했었다. 정신분석 기간 동안의 적응적 형태에서, 그 감각은 상호적으로 인정된 자기분석 기능의 일부가 될 것이다.

이러한 종류의 임상적 사고에 대한 아주 흥미로운 유인은 동양적 정신분석으로부터 온다. 서양적 사고와 정신분석은 "나-너"(I-thou) 변증법으로 정형화되어왔다 할 수 있으며, 이제까지 "우리" 의식 혹은 "나-우리"(I-we) 변증법에 대해서는 상대적으로 의식하지 못해왔다고 볼 수 있다. 동양적 사고에서는 그렇지 않아왔다. 자기애에 대한 관심에 상당히 몰두하고 있는 서양의 현 시기에 우리가 동양적인 "우리"감각을 포용하는 세계관으로 옮겨가고 있을지도 모른다는 것은 반가운 역설이다. 문화적으로 내포된 일본식 형태의 수동적 사랑에 대한 보편적 측면을 다룬 타케오 도이의 글들이 이제는 집중적으로 논의되고 있는 것으로 보인다. 유아기로부터 유래한 것으로, ***아마에***(甘え)로 알려져 있는 이러한 형태의 사랑은 초기 양육의 변수들로부터 영향을 받는 중요한 근본적 과정이다. 일본 문화의 두드러진 특징으로서 그것은 심오한 상호성의 감각과, 유아기에 내면화되어 일생에 걸쳐 행동에 지침을 주는 "우리" 의식을 반영한다. 비록 ***아마에***의 많은 부분이 내재적이고 자동적이며 인식 범위를 넘어서 있지만—그것은 서술적 지식에서보다는 절차적 지식에서 드러난다—도이는 그것의

구조를 객관화시켜 그것을 해석하려고 시도한다. 그렇게 함으로써 그는 정신분석 치료 관계에 적용될 수 있는 보편적 특징들을 발견하는 것이다(Doi 1987, 미출간). 우리는 더 진전된 그의 연구를 기다리고 있다.

다시 해석으로 돌아가 보자. 공감은 자동적으로 변화를 가져오지는 않는다. 전이의 상황에서 내적 갈등에 대한 해석은 치료 작용을 위한 필수요건으로 남는다. 그러나 해석을 조성하는 것은 중간 단계에서의 분석가의 공감적 가용성이다. 이 분야에서 뢰발트(1960)의 생각은 특히 유익하다. 그는 좀 더 고차원의 개별화와 통합을 향한 분석적 "끌어당김"이 있음을 설명한다. 즉 이것은 부모가 그러한 끌어당김을 행사하는 초기 부모–아이 경험과 유사하다는 것이다–물론 뢰발트는 비고츠키의 발달 연구가 이러한 견해의 배경이라는 것을 분명히 알아차리지 못했음에도 불구하고 말이다. 뢰발트는 분석가의 "중립성"에 대한 "긍정적 특성"에 대해 이야기 하고 있는데, 즉 그것이 포함하고 있는 것은

> 자녀의 발달을 따라가면서 동시에 앞서가는 능력을 통해 부모에게서 나타나게 되는 성숙한 대상관계 능력이다…. 분석에서 해당 환자와의 성숙한 대상관계는 분석가가 상이한 시기에 환자에 의해서 드러나게 되는 발달의 여러 단계들의 변화에 부합하면서도 항상 잠재적 성장의 관점, 즉 미래의 관점에서 환자와 관계할 때 유지된다. (p. 20)

따라서 분석에서 발달하는 "우리" 의식은 초기 양육 경험과 유사하게 과거에 덜 조직화되었던 것을 (해석에 의해) 조직화시킨다. 즉 그것은 좀 더 고차원의 조직화의 단계를 중재하며, 그렇게 함으로써 새로운 단계의 "우리"가 발달하게 된다. 따라서 다음과 같은 질문을 할 수 있다: (정신분석을 포함한) 발달에서 발생하면서 통합의 연속적 과정들을 촉진하는 "우리"의 순환주기는 존재하지 않는가? 뢰발트가 기본적인 발달과정이 작동하고 있는 것으로 본다는 사실은 다음의 주장에서 드러난다.

> 환경의 좀 더 고차원의 조직화 단계는 심리 장치(psychic apparatus)의 발달에 필수적이다……유기체와 환경 사이에 그러한 "차별화"가 없다면 발달은 일어나지 않는다……. 분석가는 좀 더 고차원적인 조직화를 대표하는 기능을

> 하며, 이것을 환자에게 중재한다. (p. 24)

분석 작업은 쉬운 일이 아니다. 탈조직화(disorganization)와 재조직화(reorgarnization)는 분석 경험에서 반복되는 과정들이다. 뢰발트는 우리가 유아의 사회적 참조행동 연구에서 사용했었던 시각벼랑과 대단히 유사한 예를 사용한다: "과거를 재생하는 것에 대한 공포는 우리가 도착했던 고지로부터 굴러 떨어지는 것에 대한 공포이며 더 혼란스러운 과거 그 자체에 대한 공포이다……. 진정한 재통합은 심리적 '작업'을 필요로 한다" (p. 26). 실제로 분석에서의 사회적 참조행동 과정은 제이콥슨이 제안했던 것처럼 탐색과 통합에 기여할 수 있다.

우리는 공유된 의미라는 특별한 치료 환경이 과거를 재경험하게 하여 그것이 단지 덜 두려울 뿐만 아니라 긍정적 연속성의 잠재적 원천이 될 수 있도록 한다는 것을 이미 보여주었다. 뢰발트(1960)는 이 과정을 과거의 "유령들"이 전이 안에서 해방되어 조상들로 변환되는, 공유된 의미의 한 형태로 언급한다.

초기 양육 경험으로부터의 재경험에는 세 가지 측면이 있다고 할 수 있다. 즉 첫째로 관계맺음의 초기 ***양태들***이 재경험될 것이고, 둘째는 관계맺음에서 초기 ***갈등들***이 재경험될 것이며, 마지막으로 초기에 통합된 부모의 이미지들과 태도들이 자기의 일부분(일종의 왜곡된 "반영")으로 재 경험될 것이다. 다시 말해서, 환자는 초기유년기 시절 ***그때의*** 핵심 자기를－"자기가 보여졌던 대로 스스로를 보면서"－ 재경험하게 될 수 있다는 것이다. 그는 전이에서의 이 경험을 ***지금***에 적용되는 것으로 잘못 해석할 것이다. 분석가의 가용성이란 환자로 하여금 전이왜곡들을 청산하고 지금 보이는 자기의 모습을 볼 수 있도록 도와주는 것이다.

성서의 한 구절은 이 과정을 시적으로 표현하고 있다. 그것은 사회적 참조행동에 대한 희망과 "우리"에 대한 새로운 의식을 활용하는 것에 대한 희망을 제안하고 있다.

> 내가 어렸을 때에는 어린이의 말을 하고 어린이의 생각을 하고 어린이의 판단을 했습니다. 그러나 어른이 되어서는 어렸을 때의 것들을 버렸습니다. 우리가 지금은 거울에 비추어보듯이 희미하게 보지만 그 때에 가서는 얼굴을 맞대고 볼 것입니다. 지금은 내가 불완전하게 알 뿐이지만 그 때에 가서는 나도 완

전하게 알게 될 것입니다. (고린도전서 13:11–12, 공동번역)

종결 과정에 대해 몇 가지 언급할 것이 있다. 종결에서는 헤어짐에 대한 갈등들의 재작업뿐만 아니라 치료과정 전반을 통해 경험되었던 것들에 대한 재작업 역시 필수적이다. 환자는 일어났던 일들의 공유된 의미를 정리할 필요가 있다. 따라서 분석가는 환자의 늘어난 자율성이 정당하다는 것을 인정할 필요가 있는 것이다. 이것은 발달 과정의 기본적인 특징을 다시 상기시킨다: 초기 양육에서 안정적인 애착은 탐색을 만들어낸다는 것이다(Bowlby 1969). 이와 유사하게 친밀의 능력과 자율성의 능력은 서로 함께 발달하는 것이며, 즉 그것들은 서로 경쟁하지 않는다.

이후의 단계들

이 글을 맺으면서 처음에 우리가 역사적 관점에서 분석 기법에 대해 가졌던 생각으로 되돌아가려한다. 우리는 균형 잡힌 시각의 필요성을 다시금 발견한다. 치료 작용을 교정적 정서 경험으로 보면서 또한 그것을 교정적 공감 경험으로 보는 것은 치료 관계를 보완적인 것으로 묘사해 준다. 환자는 부정적인 용어로 묘사되며(예를 들어, 초기 아동기 결핍이 있는 혹은 교정이 필요한 왜곡을 가진), 분석가는 긍정적인 용어로 묘사된다(예를 들어, 교정적 경험을 제공할 수 있는 성숙한 공감능력을 가진). 그런데 역전이에 관한 확대된 임상 문헌들은–분석가의 부정적 측면들을 다룸으로써 (Emde 1988 참고)–앞선 견해를 넓혀주고 있다. 즉 환자와 마찬가지로 치료자도 역시 부정적인 측면들을 가진 존재로 여겨진다(예를 들면, 공감에서의 왜곡). 그러한 부정적 측면들은 흔히 발생하는 것이며, 만일 고려할 수만 있다면 이것들은 치료 작용에 유익하게 이용될 수 있다. 또한 환자의 긍정적 측면들도 다룸으로써 역시 앞선 견해는 확장될 수 있다. 즉 분석가와 마찬가지로 환자에게도 긍정적인 측면들이 존재한다. 생물학적으로 준비된 중요한 긍정적 발달의 추진력은 치료 작용에 의해 환자에게서 활성화된다. 이 추진력은 최근 발달 연구를 통해 확인되었던 일련의 발달의 근본 양식의 관점에서 규명된다. 이 양식은 유아기에 시작하여, 초기 경험 동안에 방향이 틀어질 수도 있고 아닐 수도 있지만, 생애 전반에 걸쳐 발달적 잠재력으로 지속되어 간다. 치료관계는 발달의 근본 양식이 재 활성화될 수 있는 환경 조건들을 제공한다. 우리의 작업에서 이러한 양식들로 하여금 강력한 배경 영향으로 작동할 수 있도록 하는 것에는, 치료자의 공감적 가용성이 특히 중요하게 여겨진다.

이제 몇 가지 주의할 점들을 언급하면서 이 글을 끝맺으려 한다. 첫째, 상호성과 "우리" 의식은 치료과정에서 저항에 부딪힐 수 있으며, 격렬한 해석 작업을 필요로 한다(Sandler 1988)는 사실을 기억하는 것이 중요하다. 둘째, 우리가 열거했던 긍정적인 힘들에도 불구하고 치료 과정은 자칫 힘겨운 것이 되기 쉽다. 변화에 대한 능력을 심각하게 제한하는 초기 경험의 측면들이 존재하기 때문이다. 아마도 이러한 측면들은 프로이트가 "타고난 것"이라고 언급했던 것에 가까운 것이며, 내면화된 초기 관계 경험에서 유래한 것이다. 아마도 이러한 측면들은 안나 프로이트가 "자아 제한요소"로 언급했던 것들과 동일할 것이며, 변화하기가 특히나 어렵다는 정신생물학의 "기반암"을 나타낸다(Sanlder 1988). 셋째, 우리는 공감을 이상화해서는 안 된다. 샤피로(1981)가 지적했듯이, 분석가의 공감 반응에서 생기는 위험한 오류가 존재하는 것이다. 글로버(1931)가 부정확하거나 미성숙한 해석들이라고 열거했던 것과 유사하게, 주지화, 방어의 강화, 혹은 의존성의 증대와 같은 공감적 "불발"이 뜻밖에도 결과할 수 있다. 모든 치료적 개입－그것이 해석이든, 공감적 긍정이든, 질문에 대한 무응답이든 간에－은 감수성, 요령, 그리고 적절한 타이밍을 필요로 한다는 것을 상기해야 한다. 분석가는 환자의 즉각적인 욕구들에 주목함과 동시에 분석의 발달 과정에 역시 주목해야 한다. 분석가의 공감 반응이 역설적으로 침묵을 요할 때가 있다. 그럴 때에는 초기 양육에서처럼 개입하지 않는 것이 탐색을 촉진시킬 수 있으며, 침범하지 않는 것이 발달을 허용할 수도 있다는 것을 기억해야만 한다.

네 번째로 주의할 점은 무엇보다도 가장 중요한 것이다. 우리는 더 많은 지식이 필요하다. 공감적 가용성의 과정은 어떤 사람들이 두려워하는 것처럼 자연과학의 범위 바깥에 있는 것이 아니다(Shapiro 1981). 정서적 의사소통은 증가하는 경험적 연구의 주제인 것이다 (Campos et al. 참고). 따라서 발달의 근본 양식과 그것의 치료적 활성화에 관한 이 본문의 주장들은 오로지 그것들이 경험적 검증을 거쳤을 때만 가치가 있다. 그러므로 이 주장들이 적용되도록 노력해야 하며 또한 연구로 이어질 수 있도록 해야 한다.

참고문헌

Aichhorn A: Wayward Youth. London, Imago, 1951

Ainsworth MDS, Blehar M, Waters E, Wall S: Patterns of Attachment. Hillsdale, NJ, Lawrence Erlbaum, 1978

Alexander F, French TM: The principle of flexibility, in Psychoanalytic Therapy: Principles and Application. New York, Ronald Press, 1946

Arlow JA: Motor behavior as nonverbal communication. J Am Psychoanal Assoc 17:955–967, 1969

Balint M: New beginning and the paranoid and the depressive syndromes. Int J Psychoanal 33:214–224, 1952

Basch MF: Empathic understanding: a review of the concept and some theoretical considerations. J Am Psychoanal Assoc 31:101–126, 1983

Benedek T: Parenthood during the life cycle, in Parenthood: Its Psychology and Psychopathology. Edited by Anthony EJ, Benedek T. Boston, MA, Little, Brown, 1970, pp 185–206

Benedek T: Adaptation to Reality in Early Infancy: Psychoanalytic Investigations. New York, Quadrangle, 1973

Beres D, Arlow JA: Fantasy and identification in empathy. Psychoanal Q 43:26–50, 1974

Blum HP: The curative and creative aspects of insight. J Am Psychoanal Assoc 27(suppl):41–69, 1979

Bowlby J: Attachment and Loss, Vol 1: Attachment. New York, Basic Books, 1969

Bowlby J: Developmental psychiatry comes of age. Am J Psychiatry 145:1–10, 1988

Bruner J: Child's Talk. New York, WW Norton, 1983

Campos JJ, Barrett, KC, Lamb ME, Goldsmith HH, Stenberg C: Socioemotional development, in Handbook of Child Psychology, Vol 2. Edited by Mussen PH. New York, Wiley, 1983

Deutsch H: Occult processes occurring during psychoanalysis (1926), in Psychoanalysis and the Occult. Edited by Devereux G. New York, International Universities Press, 1953, pp 133–146

Eissler KR: The Chicago Institute of Psychoanalysis and the sixth period of the development of psychoanalytic technique. J Gen Psychol 42:103–157, 1950

Eissler KR: The effect of the structure of the ego on psychoanalytic technique. J Am Psychoanal Assoc 1:104–143, 1953

Emde RN: A developmental orientation in psychoanalysis: ways of thinking about new knowledge and further research. Psychoanal Contemp Thought 3:213–235, 1980

Emde RN: Changing models of infancy and the nature of early development: remodeling the foundation. J Am Psychoanal Assoc 29:179–219, 1981

Emde RN: The prerepresentational self and its affective core. Psychoanal Study Child 38:165–192, 1983

Emde RN: Development terminable and interminable, I: innate and motivational factors from infancy. Int J Psychoanal 69:23–42, 1988

Engel E: Anxiety and depression withdrawal: the primary affects of unpleasure. Int J Psychoanal 43:89–97, 1962

Erdelyi NH: Psychoanalysis: Freud's Cognitive Psychology. San Francisco, CA, WH Freeman, 1984

Erikson EH: Childhood and Society. New York, WW Norton, 1950

Fenichel O: Problems of Psychoanalytic Technique. New York, Psychoanalytic Quarterly, 1941

Ferenczi S: The elasticity of psychoanalytic technique (1928), in Problems and Methods of Psychoanalysis. New York, Basic Books, 1955, pp 7–102

Ferreira AJ: Empathy and the bridge function of the ego. J Am Psychoanal Assoc 9:91–105, 1961

Fleming J: Some observations on object constancy in the psychoanalysis of adults. J Am Psychoanal Assoc 23:743–759, 1975

Fleming J, Benedek T: Psychoanalytic Supervision. New York, Grune & Stratton, 1966

Fliess R: Countertransference and counteridentification. J Am Psychoanal Assoc 1:268–284, 1953

Fraiberg S, Adelson E, Shapiro V: Ghosts in the nursery. J Child Psychiatry 14:387–421, 1975

Freud S: A case of successful treatment by hypnotism (1893), in The Standard Edition of the Complete Psychological Works of Sigmund Freud [SE], Vol 1. Translated and edited by Strachey J. London, Hogarth Press, 1966, pp 115–128

Freud S: Lines of advance in psycho–analytic therapy (1918). SE, 17:157–168, 1955

Friedman L: Trends in the psychoanalytic theory of treatment. Psychoanal Q 47:524–567, 1978

Gitelson M: The curative factors in psycho–analysis, I: the first phase of psychoanalysis. Int J Psychoanal 43:194–204, 1962

Glover E: The therapeutic effect of inexact interpretation: a contribution to the theory of suggestion. Int J Psychoanal 12:397–411, 1931

Glover E: The Technique of Psychoanalysis. New York, International Universities Press, 1955

Goldberg A (ed): The Psychology of the Self: A Casebook. New York, International Universities Press, 1978

Greenson RR: Empathy and its vicissitudes. Int J Psychoanal 41:418–424, 1960

Horowitz MJ: Introduction to Psychodynamics: A New Synthesis. New York, Basic Books, 1988

Jacobs TJ: Posture, gesture, and movement in the analyst: cues to interpretation and countertransference. J Am Psychoanal Assoc 21:77–92, 1973

Kaye K: The Mental and Social Life of Babies. Chicago, IL, University of Chicago Press, 1982

Kernberg OF: Object Relations Theory and Clinical Psychoanalysis. New York, Jason Aronson, 1976

Kihlstrom JF: The cognitive unconscious. Science 237:1445–1452, 1987

Klinnert MD, Campos J, Sorce JF, Emde RN, Svejda MJ: Social referencing: emotional expressions as behavior regulators, in Emotion: Theory, Research and Experience, Vol 2: Emotions in Early Development. Edited by Plutchik R, Kellerman H. Orlando, FL, Academic Press, 1983, pp 57–86

Kohut H: Introspection, empathy, and psychoanalysis: an examination of the relationship between mode of observation and theory. J Am Psychoanal Assoc 7:459–483, 1959

Kohut H: The Analysis of the Self. New York, International Universities Press, 1971

Kohut H: The Restoration of the Self. New York, International Universities Press, 1977

Kris E: Psychoanalytic Explorations in Art. New York, International Universities Press, 1952

Lipton SD: The advantages of Freud's technique as shown in his analysis of the Rat Man. Int J Psychoanal 41:16–33, 1977

Little M: Counter–transference and the patient's response to it. Int J Psychoanal 32:32–40, 1951

Loewald HW: On the therapeutic action of psycho–analysis. Int J Psychoanal 41:16–33, 1960

Loewald HW: On motivation and instinct theory. Psychoanal Study Child 26:91–128, 1971

Loewald HW: Reflections on the psychoanalytic process and its therapeutic potential, in Papers on Psychoanalysis. New Haven, CT, Yale University Press, 1980, pp 372–383

Mahler MS, Pine R, Bergman A: The Psychological Birth of the Human Infant:

Symbiosis and Individuation. New York, Basic Books, 1975

Main M, Kaplan N, Cassidy J: Security in infancy, childhood, and adulthood: a move to the level of representation, in Growing Points in Attachment Theory and Research. Edited by Bretherton I, Waters E. Monogr Soc Res Child Dev 50:66–104, 1985

Mandler J: Representation, in Handbook of Child Psychology, Vol 3. Edited by Mussen PH. New York, Wiley, 1983, pp 420–494

Nelson K: Event Knowledge. Hillsdale, NJ, Lawrence Erlbaum, 1986

Ogden TH: On projective identification. Int J Psychoanal 60:357–373, 1979

Papousek H, Papousek M: Early ontogeny of human social interaction: its biological roots and social dimensions, in Human Ethology: Claims and Limits of a New Discipline. Edited by Foppa K, Lepenies W, Ploog D. Cambridge, UK, Cambridge University Press, 1979, pp 456–489

Racker H: Psychoanalytic technique and the analyst's unconscious masochism. Psychoanal Q 27:555–562, 1958

Reik T: Surprise and the Psychoanalyst. London, Kegan Paul, 1936

Ricks MH: The social transition of parental behavior: attachment across generations, in Growing Points in Attachment Theory and Research. Edited by Bretherton I, Waters E. Monogr Soc Res Child Dev 50:211–227, 1985

Robbins M: Toward a new mind model for the primitive personalities. Int J Psychoanal 64:127–148, 1983

Rogoff B: The joint socialization of development by young children and adults, in Social Influences and Behavior. Edited by Lewis M, Feinman S. New York, Plenum, 1987, pp 57–82

Rothenberg A: The Creative Process of Psychotherapy. New York, Norton, 1987

Sameroff AJ: Developmental systems: contexts and evolution, in Handbook of Child Psychology, Vol I. Edited by Mussen PH. New York, Wiley, 1983, pp 237–294

Sameroff AJ, Emde RH (eds): Relationship Disturbances in Early Childhood: A Developmental Approach. New York, Basic Books, 1989

Sander LW: Toward a logic of organization in psychobiological development, in Biologic Response Styles: Clinical Implications. Edited by Klar K, Siever L. Washington, DC, American Psychiatric Press, 1985, pp 20–36

Sandler J: The background of safety. Int J Psychoanal 41:352–365, 1960

Sandler J: Countertransference and role—responsiveness. Int J Psychoanal 3:43–47, 1976

Sandler J: Psychoanalytic technique and "analysis terminable and interminable." Int J Psychoanal 69:335–345, 1988

Sandler J, Sandler A—M: On the development of object relationships and affects. Int J Psychoanal 59:285–296, 1978

Schafer R: Generative empathy in the treatment situation. Psychoanal Q 28:342–373, 1959

Settlage CF: Psychoanalytic developmental thinking in current and historical perspective. Psychoanal Contemp Thought 3:139–170, 1980

Shapiro T: Empathy: a critical reevaluation. Psychoanal Inq 1:423–448, 1981 Sharpe EF: The analysand, in Collected Papers on Psychoanalysis (1930). London, Hogarth Press, 1950, pp 22–37

Sorce JF, Emde RN, Campos J, Klinnert MD: Maternal emotional signaling: its effect on the visual cliff behavior of one–year–olds. Devel Psychol 21:337–341, 1985

Spitz RA: Transference: the analytical setting. Int J Psychoanal 37:380–385, 1956

Stolorow RD, Atwood G, Lachmann F: Transference and countertransference in the analysis of developmental arrests. Bull Menninger Clin 45:20–28, 1981

Stolorow RD, Brandchaft B, Atwood GE: Psychoanalytic Treatment: An Intersubjective Approach. Hillsdale, NJ, Analytic Press, 1987

Thomä H, Kächele H: Psychoanalytic Practice. New York, Springer, 1987

Vygotsky LS: Thought and Language (1934). Cambridge, MA, MIT Press, 1962

Vygotsky LS: Mind in Society: The Development of Higher Psychological Processes. Cambridge, MA, Harvard University Press, 1978

Wertsch JV: Vygotsky and the Social Formation of Mind. Cambridge, MA, Harvard University Press, 1985

Winnicott DW: Transitional objects and transitional phenomena: a study of the first not—me possession. Int J Psychoanal 43:89–97, 1953

Winnicott DW: The capacity to be alone (1958), in The Maturational Processes and the Facilitating Environment. New York, International Universities Press, 1966, pp 29–36

Winnicott DW: The theory of the parent—infant relationship. Int J Psychoanal 41:585–595, 1960

Wolf E: On the developmental line of selfobject relations, in Advances in Self

Psychology. Edited by Goldberg A. New York, International Universities Press, 1980, pp 117–130

로렌스 프리드만 (Lawrence Friedman)

7

소개

로렌스 프리드만은 시카고대학교를 졸업하고 펜실베니아주 필라델피아에 있는 템플대학교 의과대학에서 의학박사 학위를 받았다. 그는 뉴욕에 있는 웨일 코넬 의과대학(Weill Cornell Medical College)의 정신건강의학과 임상 교수이며 뉴욕대학교 의과대학의 임상 정신건강의학 부교수이고, 뉴욕대학교 의과대학 병원 정신분석연구소와 시카고정신분석심리센터의 교수로 있다. 그는 뉴욕정신분석학회, 뉴욕정신분석협회, 미국정신분석협회의 명예회원이다. 그는 정신분석적 개념들의 본질, 치료기술에 대한 이론, 철학과 정신분석의 역사에 대해 전 세계를 다니며 강연해왔으며 다양한 저술을 해왔다. 그는 *The Anatomy of Psychotherapy*의 저자이다.

미국 정신분석학계에서 그의 역할에 대해서 소개해 달라는 나의 요청에 대해서 다음과 같이 답하였다:

> 저 자신에 대해서 어떻게 설명해야 할지 모르겠습니다. 왜냐하면 저는 어떤 형태의 치료법을 옹호하거나 반대해오지 않았으며, 저 자신만의 어떤 임상적 제안들도 하지 않아왔기 때문입니다. 저는 이론적이고 철학적 기반에서 마음과 치료에 대한 이론들을 정교화하거나 비평하려고 노력해왔으며, 많은 비평가들을 비평해왔습니다. 대체로 저는 철학적으로 보수적이고 상식적이라고 생각합니다. 저의 주된 관심은 제시된 기법에 대해서 현장에서의 사실적 결과들, 그 장점과 단점들의 균형(trade-offs)에 대해서 설명하는 데 있었습니다.

> 저는 다른 사람들이 저를 분석가가 제시하는 기법이 사용하고 있는 특별한 힘과 그 기법이 피하려고 의도한 다른 기술들의 문제점들을 일상 언어로 이해하기 위해서 분석가 자신의 치료과정에 대한 설명 배후에 있는 것을 보고 있는 사람이라고 여긴다고 생각(또는 소망) 합니다. 다시 말하자면, 치료에 대해서 고려할 때, 저는 다양한 관점의 사람들이 저를 자신들의 이론에 대해 그 진가를 이해하는 사람(appreciator)—즉, 그들 관점의 임상적 타당성을 진심으로 기대하는 누군가—로 여긴다고 상상하고 싶습니다. 그러나 메타이론과 철학에 대해서는 까다롭고 논쟁적인 사람으로 보여질 것이라 생각합니다.

프리드만 박사는 현대 정신분석의 중요한 관찰자요 비평가이다. 그의 상세한 검토의 범위 밖에 있는 일반적으로 받아들여지는 지혜는 없으며, 프리드만 박사의 검토는 우리도 모르게 우리 생각에 들어와 있는 숨겨진 가치, 가정, 판단을 인식하는 데에 도움이 된다. 그는 분명히 정신분석과 정신분석적 개념들을 사랑하고, 동료 분석가와 비평가들로부터 이러한 개념들이 부주의하게 다루어지는 것을 지켜보는 것을 거의 참을 수 없는 것 같은 비평적인 열성가이며 동시에 열성적 비평가이다.

이 논문을 선택한 이유

로렌스 프리드만

나는 이 글을 나의 최고의 글로 여기지는 않는다. 그런 목적이라면, 나는 샌더 길만(Sander L. Gilman)이 편저한 *Introducing Psychoanalytic Theory*에 수록된 승화에 대한 장을 고를 것이다. 또한 이 논문이 나의 가장 의미 있는 공헌이라고도 생각하지도 않는다. 만약 그러한 공헌이 있다면 아마도 나의 글 "Hartmann's 'Ego Psychology and the Problem of Adaptation'"(*Psychoanalytic Quarterly* 58:526–550, 1989)으로 정정해야 할 것이다. 내가 본 논문, "Ferrum, Ignis, and Medicina(쇠와 불, 그리고 치료)"를 이 책에 포함시키려고 선택한 이유는 이 논문이 어떤 특정한 종류의 절차 속에 특별히, 특색 있게, 그리고 (동시에 고려한다면) 독점적으로 관련되어 있는 그 힘들을 찾아내는 나의 주된 관심사를 보여주고 있기 때문이다. 그 절차는 정신분석, 그리고 파생적으로 정신분석적 심리치료라고 불려왔다. 그 명칭이 운동경기의 트로피처럼 미래에는 보다 인기 있는 또 다른 치료법에게 넘겨질지 모른다. 하지만 나의 관심사는 개념의 역사는 물론이고 사상의 역사에 있지 않다. 나는 프로이트가 발견했던 힘들의 장(field of forces)과 그것을 만들어내는 그의 독특한 방식은 모든 사려 깊은 대화치료들 가운데 그것을 논하고 변화의 방향을 제시해주는 준거점으로 남게 될 것이라고 믿는다. 시간은 다른 측면들과 함께 그 자신의 방식대로 흘러갈 것이다. 정신 활동을 하나의 설명으로 묘사할 수 없다. 갈등은 여러 정신적 측면에서 발견될 수 있다. 전문 용어들 조차 특허권이 있는 것은 아니다. 전이, 저항, 그리고 무의식은 그것들이 실제로 도전 받기도 전에 꾸준히 재정의 되어왔다. 우리는 인간의 성장과 발달에 대한 최종적인 설명을 이전에 가져본 적도 없고, 지금 가지고 있지도 않으며, 또 앞으로도 가지게 될 가능성도 전혀 없어 보인다. 정신 질환들은 매 시대마다 매번 새로운 기술과 함께 다르게 이해되어진다. 인간의 고통을 해소할 수 있는 보다 효과적인 그리고/또는 보다 효율적인 방법들을 개발할 수 있는 가능성을 배제하는 사람이 있다면 그 사람은 실로 경솔한 예언자일 것이다. 주변의 인문과학 및 자연과학 분야는 우리 영역에 대해 정당한 지분을 요구하게 될 것이다. 역사적으로 정의된 정신분석이 그 확고한 명칭을 부여하는 유일한 영역은 프로이트의 고유한 치료적 구성과 인간 마음을 조명하는 그 고유한 빛이다. 그렇기 때문에, 아직 철저히 이해되지 않았던 정신분석의 고유한 특성은 철저한 성찰과 사려 깊은 실험을 통해 정확하게 해부되기 위해서 충실하게 기억되어야만 한다. 정신분석적 상황은 편안한 자리가 아니다. 사람들은 자신들이 선호해서 그 곳으로 이끌려진 것이 아니다. 또한 그것은 본성의 산물도 아니다. 사람들은 우연적으로 반복해서 정신분석 상황을 접하게 되지도 않는다. 정신분석 역사와 교육의 이러한 중요한 시기에 우리 시대의 다양하고 창의적인 사고 가운데 이러한 핵심적이고 아마도 회복하기 어려운 실천적인 자원을 상실할 실제적인 위험이 있다. 바로 이런 이유에서 나는 이 논문을 선택하였다.

쇠와 불, 그리고 치료

다시 도가니로
(Ferrum, Ignis, and Medicina: Return to the Crucible)[1]

로렌스 프리드만

최근 미국 정신분석학회 모임에 참석해 본 사람이라면 그 논쟁의 범위와 활기에 놀라게 될 것이다. 우리는 어디서나 지적인 흥분을 보게 된다. 그러나 그것이 우리가 보는 전부인가? 그것은 그저 갈등 대 결핍, 이야기 대 사실 등과 같은 주제들에 관한 다양한 주장들일 뿐인가? 아니면, 여기에는 우리의 최근 이슈들 속으로 진입하고, 정신분석의 두 번째 세기의 목표를 향해 나아가는 여정에 대한 유익한 이야기가 있는가?

글쎄, 물론 그렇다. 하나의 이야기... 다른 이야기... 그리고, 불행히도, 각각 어떤 누군가의 가장 좋아하는 성과들을 축하하기 위해 만들어진 또 다른 이야기가 이어진다. 사실 어떤 것에 대한 특별한 권위를 가진 역사란 없다. 그래서 내가 제기한 마지막 질문에 대한 짧은 답변은 아니오이다. 여기까지 인도해준 길은 존재하지 않는다. 아주 초기부터 정신분석학은 현대의 문제들에 관심 기울여 왔고, 아주 최근에도 고유한 문제들에 관심을 가져왔다. 정신분석은 넓은 영역에 걸쳐서 산발적으로 모습을 드러냈으며 지금도 여전히 그렇게 하고 있다. 그것은 잘 훈련된 행군은 아니었다. 미안하지만, 개선 입성식도 없었다.

지금 내가 말한 것은 그렇게 기대가 촉망되는 서론은 아니다. 그래서, 나는 덜 신중한 태도로 다시 논의를 시작해야만 할 것이다. 이제 나는 지극히 개인적인 느낌들과 일반화된 생각들을 엮어 야심차고 자유로운 이야기를 만드는 일에 빠져보려고 한다. 사실, 그것은 그리 비난받을 일은 아니다. 예술 역사가인 E. H. 곰브리치는 만약 우리

---

1) 1994년 5월 20일 미국정신분석학회 학술대회 기조연설로 발표됨.
로렌스 프리드만, M.D.의 "Ferrum, Ignis, and Medicina: Return to the Crucible"은 *The Journal of the American Psychoanalytic Association*, 45:21-36, 1997에 처음 출판되었다.

가 어떤 유사성을 성취하고자 한다면 우선 거칠게 잘라내어 대략의 이미지를 만드는 것으로 시작하고, 그리고 난 후에 그것을 실재와 비교해야 한다고 했다. 오직 같은 것과 같지 않은 것을 맞추어 봄을 통해서 우리는 충실한 표상을 얻을 수 있게 된다. 그렇게 여러분과 나. 우리는 실패하지 않을 수 있다. 나는 여러분들에게 나의 이야기를 들려줄 것이다. 그리고 여러분들은 나의 잘못들을 찾아내게 될 것이고, 그리고 결국 우리는 더욱 분명하게 문제들을 볼 수 있게 될 것이다.

여러분이 자신의 입장을 취하는 것을 돕기 위해서 나는 미리 나의 결론을 알려주려고 한다. 내가 말하고자 하는 교훈은 오늘날의 주장들은 치료 상황의 아주 기본적인 조직들로부터 인간 본성의 비밀을 도출해내는 노력들이며, 여기서 치료법은 발견의 도구일 뿐 아니라 검사를 위해 떼어낸 젖어 있는 시료로 간주된다는 점이다.

단순한 주장들이 어떻게 자연에 대한 사실을 드러낼 수 있을까? 이 점을 한 번 생각해보자: 우선적으로 분석치료법은 분석가의 태도들 때문에 발생한다. 치료를 발생하게 하는 다른 어떤 것도 없다. 만약 치료가 사람들에게 일상적이지 않은 어떤 것으로 작용한다면, 우리는 치료를 발생하게 하는 태도들을 찾아냄으로써, 그리고 특별히 그 작업을 이루기 위해서 어떻게 그 태도들이 함께 조합되고 꿈틀거리며 맞아 들어가는지 관찰함으로써 사람들에 대해서 배울 수 있다. 그리고 지금까지 우리 분야의 역사적 과정 속에서 축적되어 온 다양한 집단적 논쟁 속에서 보다 그 치료적 태도들이 자리하고 꿈틀거리는 과정을 더 잘 관찰할 수 있는 곳이 있겠는가? 정신분석에서 이론의 역사는 배경적 연구가 아니다; 분석의 역사는 말 그대로 치료의 도구들을 모아 놓은 것이며, 그것은 우리가 보유하고 있는 개념들에 세세한 의미들로 채색해 온 역사이다. 그리고, 역사는 오늘 오후에 우리의 목적을 위해서 더욱 중요하다: 오랫동안 분석가들이 이러 저러한 방식으로 그들의 태도들을 치료라는 작업에 맞추려고 노력하는 동안. 그들은 다름 아닌 인간의 상태를 촉진(觸診)하고 있었다.

다른 학파들을 무시할 의도는 없지만, 나는 여기서 오직 앵글로-아메리칸 프로이트 학파의 분석에 대해서만 이야기할 것이다. 그리고 나는 일시적 유행의 영향이나 그 밖의 철학적 영향들에 관심을 두지 않을 것이다. 왜냐하면 나는 사고들 전반에 대해 논의하지 않고, 어떻게 태도들이 하나의 수립된 치료법의 필요들을 위해서 고안되었는지 논하려고 하는 것이다.

지금, 내가 사고들이 어떻게 치료의 필요들에 도움을 주는지에 대해서 질문할 때, 여러분은 내가 사용될 정신분석적 치료를 염두에 두고 있다는 사실을 알아차렸을 것이다. 나는 정신분석 치료가 다양한 개념들과 태도들을 활성화시킴으로써 빛을 발할 수 있는 하나의 지속적인 구조라는 사실과, 더욱이 우리가 이 치료법에 아주 익숙하기 때문에 한 손에는 이 치료의 실질적인 유사물을 들고, 그리고 다른 한 손에는 관련된 개념들을 들고, 어떤 치료적 자세들이 어떤 개념들과 잘 어울리는지 분별할 수 있다는 것을 전제한다.

나는, 여러분도 알게 되겠지만, 프로이트가 치료법을 고안해내지 않았다고 제안하고 있다; 그는 치료법을 발견한 것이다. 먼저 그는 개인적인 목적들을 좇다가 정신분석이라는 보화를 발견했다. 그 후 그는 개인적 동기들을 변경하고, 다른 사람들이 그 치료법을 직접 찾아갈 수 있는 행동의 지도로 만들었다. 프로이트가 제안한 그 태도들은 오랫동안 재연되어오면서, 세부적으로는 아닐 지라도 본질적으로, 프로이트의 발견을 모든 상담실 안에서 반복적으로 확인되고 경험적으로 검토될 수 있도록 만들었다. 우리는 정신분석을 그 전체적 모습을 통해, 특별히 그것을 만들어 내는 태도들을 통해서 알아 볼 수 있다. 나는 그러한 태도들이 발견될 당시의 원형을 상상해 보고, 프로이트가 우연히 발견했던 치료를 재연해낼 수 있도록 그 태도들을 신뢰할 만한 치료절차로 바꾸기 위해서 어떤 종류의 수정이 필요했는지를 언급함으로써 그 태도들의 정신을 파악하려고 노력할 것이다. 나는 프로이트가 발견한 태도들을 그것이 기술적 태도로 변형되어 가는 과정을 따라 추적하고자 한다. 그리고 나서 그것들의 이어지는 운명에 대해서도 추측해 볼 것이다.

만약 치료가 어떤 분석 이론을 그 순간에 우연히 무작위로 환자에게 적용해보는 것이라면, 그래서 내 가정이 틀렸다면 나의 방법은 무의미한 것이 될 것이다. 그래서, 여러분이 만약 정신분석 치료가 그것 자체의 지속적인 생명력과 형태를 가지고 있다는 사실을 의심한다면 이 오후 시간에 그 불신을 멈춰주기 바란다. 왜냐하면 나는 우리가 어떻게 여기에 이르게 되었는지 이야기하기 위해 두 영웅을 필요로 하기 때문이다. 그 한 영웅은 여러분과 여러분의 선배들의 집단 전체이다— 이 점에 별 문제는 없을 것이다. 하지만 또 다른 영웅은 정신분석적 치료 그 자체이고, 그 한 영웅을 그려내기 위해서 나는 이야기를 전개하며 그 특징적 외관(physiognomy)에 대해 언급해야만 한다. 그리고, 내가 '외관'이라고 말할 때, 그 용어는 단지 전체적으로 관찰할 수 있는 치료 상황의 특징들을 의미한다는 점을 분명히 해둔다. 용어의 세밀하지 못한 점은 이해해주기 바란다. 우리가 이해하려고 하고 있는 것은 태도들, 즉 치료를 작동하게 하는 태도들임을 기억하라. 그 태도들을 묘사하기 위해서 우리는 반드시 넓은 붓과 짙은 색상들을 사용해야 한다. 왜냐하면 그렇게 해야 그 태도들이 구별될 수 있다. 분명히 주의깊고, 기술적인 문구들로는 표현하기 어렵다. 사실, 임상가들이 그들의 태도들을 기술적인 용어로 전환하려고 할 때 일반적으로 조종성(manipulativeness)의 요소들을 숨기게 되는데, 그것은 또 하나의 아주 유용한 태도이다. 즉 '순수한 태도 없음의 태도' (innocent attitudelessness)이다.

이제 나와 함께 1895년으로 돌아가서, *Studies on Hysteria*(Freud 1895)에 보고되어 있는 경험을 살펴보자. 여러분 모두 정신분석이 기억들을 찾는 것으로부터 성장해왔고, 프로이트의 야심은 위대한 발견들을 하는 것이었다는 사실을 알고 있다. 치료법을 찾는 역사적 여정이 치료의 본질에 대한 어떤 단서가 된다면, 호기심(curiosity)은 분명히 그 핵심에 놓여 있어야 한다. 이것에 대해서는 논증이 필요 없으므로 나는 내 리스트에 있는 다음 태도로 넘어 가겠다.

발견자로서 프로이트의 이미지가 워낙 선명해서 우리는 가끔 그가 어딜 가나 자부심을 가졌던 사람이라는 점을 잊게 된다. 스스로 의사라고 주장했던 프로이트는 그의 임상 활동과 그 자신에 대해 자긍심을 가지고 있었다. 그는 도전받는 것을 싫어했다. 그는 환자들에게 그들이 최면상태에 들어갈 것이라고 말을 하는데 막상 그렇게 되지 않는 상황을 싫어했다. 그는 자신의 권위가 환자의 반응에 의존되는 것을 원치 않았다 (Freud 1917, p. 451). 의심할 여지없이 그는 브로이어의 카타르시스 치료를 환영했고, 그것을 "자동적 작동 양식과 과학적 호기심의 충족을 결합한 치료"(Freud 1914, p. 9)라고 말했다. 브로이어의 치료는 환자가 기억을 정상적으로 소화하는 것에 의해 보장된다는 점에서 자동적이었다.

사실, 그 새로운 치료법은 환자 자신의 의향을 아주 충실하게 따랐기 때문에 최면이 더 이상 필요 없는 것이 되어 버렸다. 그리고 한 걸음 더 나아가서, 프로이트는 에미 폰 N. 부인 (Freud 1895, p. 63)과 같은 환자로부터 얻은 힌트를 따랐을 때 언제나 자신이 원하는 것을 얻을 수 있다는 사실을 깨달았다. 그녀는 프로이트가 사냥개가 집요하게 자신의 목표들을 쫓는 것 같은 태도를 멈추고 자신의 이야기에 귀 기울여주기를 바랐다. 다시 한 번 환자의 소망들을 따라가면서, 프로이트는 에미 부인이 선호했던 것과 같은 것을 자기 자신의 기본적 규칙으로 만들었다.

이 새로운 치료법은 프로이트를 완전히 다른 위치에 서게 만들었다: 더 이상 최면 상태를 바랄 필요가 없었다. 더 이상 단순한 기억들을 간청할 필요도 없었다. 더 이상 증상의 단서들을 애원할 필요도 없었다. 만약 치료자가 어떤 질문이든 가지고 있다면, 그것은 오직 그 순간의 기분에 대한 가벼운 궁금함일 것이다. 이제 환자가 말하는 어떤 것이든 프로이트를 만족시킬 수 있다. 그가 더 이상 원자같이 아주 작은 의미의 요소들에 갈급해 있지 않기에, 그리고 그의 관심들과 단지 멀리 관련되어 있는 모호한 생각들과의 연결만을 기대하고 있었기 때문에, 그는 놓치는 것이 없었다. 그의 전문가적 자부심과 지적인 확신은 더 이상 위태롭지 않았다. 정신분석이 발견의 방법이라는 사실과 함께 내가 말하고자 하는 요점은 그것이 치료법의 권위를 보호하는 프로이트의 방법이었다는 점이다. "물론 분석의 진전을 위해서 가장 중요한 일은 분석가가 환자와 마주해서 항상 옳다고 판명되어야만 한다는 것이다. 그렇지 않으면 그는 항상 환자가 말하려고 선택한 내용에 의존하게 된다"(1895, p. 281)고 그는 기술하였다.

그 비결은 환자의 소망들을 지지하는 것이었다. 그 것이 바로 치료를 신뢰할 만한 것으로 만들었다. 이전에 최면에 빠지거나 기억을 보고하는 것과 같은 특정한 역할을 환자들에게 요청할 때, 프로이트는 그의 바램을 충족시켜 주거나 그렇지 않을 수 있는 환자에 의해 휘둘리게 되었다. 프로이트가 발견한 새로운 치료법에는 그러한 특정한 역할 대신에 전체적인 인간관계가 요구되었으며, 그것은 사람들이 억제하기 어려운 것이다. 프로이트는 자기 자신이 특별한 관심을 동원할 수 있는 한 이 방법에 의지할 수 있었다.

이러한 특별한 관심에 대한 프로이트의 부주의한 서술은 그것의 원초적인 성격을 잘 드러내고 있지만, 나중에 그것은 정형화된 기술적 방식에 의해 모호한 것이 되어버린다. 프로이트가 경험했던 신선한 첫 인상은 그 분석가의 태도가 의사의 관심과는 많이 달랐다는 점이었다. "나는 내게 비열하고 혐오스러운 인상을 강하게 주는 사람, 그리고 좀 더 가까워졌을 때에도 인간적인 동정심을 불러일으킬 수 없는 어떤 사람의 히스테리 증상의 신체적 기제를 탐구하는 일에 나 자신을 깊이 몰두하게 하는 것을 상상조차 하기 어렵다. 반면 당뇨병 환자나 류머티즘 환자는 이러한 종류의 개인적인 호감과 상관없이 치료를 지속할 수 있다"(Freud 1895, p. 265). 이것은 어떤 종류의 관심일까? 우리가 짐작하기에 여기에는 (단순히 도덕적인 것이라기보다는) 인간적인 지지와 도우려는 개인적인 소망이 포함된다. 시간을 앞당겨 오늘날 우리에게도 분석가의 인간적 헌신과 그의 치료적 의도는 가장 친숙한—그리고 분명 가장 자랑스러운—치료적 태도로 남아 있다. 이미 호기심, 존중하는 연민(sympathy), 그리고 돕고자 하는 욕구에 대해서 이미 언급했으므로, 나의 분석적 태도들의 목록을 여기서 마무리 짓는 것이 현명할 것 같다.

그러나 나는 잠시 무모해져서 묻겠는데, 프로이트의 관심이 ***환자***의 마음속에 어떤 것을 불러일으켰겠는가? 비록 프로이트가 이후에 분석가는 산부인과 의사 이상의 권한을 요청할 수 없다고 답변했지만, 그는 사실 그렇지 않다는 점을 알고 있었고, 처음 그가 마주했던 정신분석에 대해서 많은 언급을 하였다. 그는 그가 의사들에게는 금지된 무언가를 하고 있다는 사실을 인지했다. 즉 그는 의도적으로 개인적이며 정서적 친밀감을 구하고 있었다. 환자들은 "자신들을 의사의 손에 맡기고 그를 신뢰한다. 이 단계는 다른 상황들에서는 오직 자발적으로 일어나고 결코 의사의 요청에 의해 생겨나는 단계가 아니다"(Freud 1895, p. 266).

그리고 프로이트는 그가 환자에게 원하는 친밀감이, 사랑의 관계에 의존해 있으며 치유 이상의 무엇인가로 올바르게 상호 교환되어야 하는, 일종의 개인적인 내어맡김(surrender)일지 모른다는 점을 인식할 정도로 솔직했다: "특히 여성들과의, 그리고 그 속에서 일련의 에로틱한 생각들을 해명해야 하는 질문이 있었던, 적지 않은 사례들 속에서, 환자의 협조는 사랑을 대신하는 무엇인가로 보상되어져야 하는 개인의 희생이 된다. 의사가 떠안는 어려움과 그의 친절함이 그 대체물로서 충분해야만 한다"(1895, p. 301). 이러한 상황을 처음 살펴보며, 프로이트는 개인적인 전이와 전혀 상관없이 다음과 같이 말하였다. 환자는 때때로 "개인적으로 의사에게 너무 많이 익숙해지고, 그와의 관계에서 자신의 독립성을 잃어버리고, 심지어 성적으로 의존하는 것"에 대한 두려움을 경험하게 될 것이다... 이러한 상황을 결정하는 요소들은 개인적이라기보다는 [전이들]이다. ***이러한 장애물의 원인은 치료에 내재된 특별한 배려에 있다***"(Freud 1895, p. 302; 강조는 추가된 것임).

우리 모두 프로이트처럼 대담해지자. 위대한 발견을 하고, 자신감 있는 치료를 하려고 했던 그의 노력 때문에 예기치 않게도 그의 손에는 특별한 힘, 즉 심리적인 유혹의 힘이 주어졌다. 나는 이 유혹이 독특하고, 신중하며, 조절되어 있고, 책임감 있으며, 치료적 의도를 가진, 이기적이지 않고, 학대하지 않는 것이라는 점을 서둘러 부연 설명할 필요는 없다. 하지만 내가 차라리 그렇게 하는 것이 낫다는 사실을 배워왔다. 나는 도발적으로 말하고 싶지는 않다. 나는 여러분 중 다수가 각각 정당한 이유로 **유혹**이란 단어를 받아들이기 힘들 것이라는 사실을 알고 있다. 하지만 치료의 일부 요소들은 그 불편함을 완화시키려는 바로 그 목적으로 존재하기 때문에, 만약 우리가 완곡한 표현으로 그 불편을 감춘다면 우리는 치료에 대해 충분히 이해하지 못하게 될 것이다.

내가 말하는 유혹은 프로이트의 말대로 분석가가 사랑의 대체물을 제공하려고 하는 가운데 환자가 사랑을 기대하도록 유도되는 관계적 상황을 의미한다. 분명히 사랑을 대체하는 대체물은 우리가 아직 헤아리지 못한 비밀들을 담고 있는 매우 특별한 어떤 것이지만 환자가 상상하고 있는 그런 사랑은 아니다. 분석 역사의 초기에 두드러지게 나타나는 치료의 특성들 가운데 하나는 바로 분석가의 특별한 관심, 그의 지속적이고, 독점적이고, 사심없는 관심(attentiveness)이었다. 나는 이러한 관심이, 비록 프로이트에 의해 암시되었을 뿐이지만, 불가피하게 분석가의 환자를 향한 깊고 지속적인 애착이라는 꺼질 듯 깜빡거리는 유령(flickering apparition)을 발화시킨다고 믿는다. 이러한 환상(illusion)은 회의적으로 보일 수 있고, 무의식가운데 합리화되거나, 배척되고, 배경에 머물러 있거나, 혹은 의구심과 두려움의 대상이 될 수 있다. 그러나 그것은 항상 정신분석가가 의도적으로 치료의 중심에 두는, 불확실성이 발생하는 장소(a nidus of uncertainty)였다.

물론 이것이 이야기의 전부는 아니다. 환자는 분석가의 관심을 타고 자기 자신 속으로 들어가 거기서 자기 자신의 고통이 가진 풍성한 가능성에 대한 새로운 존중의 시각과 기대를 발견하게 된다. 모든 학식있는 사람들이 "전이"나 "퇴행"과 같은 단어를 사용할 수 상황에서, 여러분들이 비록 내가 환상이나 유혹과 같은 좋지 않은 단어를 사용하는 것을 견딜 수 없을지라도, 나는 여러분이 프로이트가 찬사를 받을만하다고 말할 수 있는 고유한 태도, 그러니까 치료를 유발하는 완전히 특별한 힘을 가진 태도인 '기대 인식(expectant appreciation)'의 태도를 발견하였다는 사실에 대해 내게 동의할 것이고, 여러분은 이러한 태도가 정신분석적 치료의 가장 큰 특징이라는 사실에 동의할 것이다.

그리고 아마도 여러분은 분석가의 개인적 관심을 그토록 고유하게 만드는 것의 일부가 그것이 모호함을 없애기 위해 고안된 어떤 직설적 언급도 의도적으로 피하면서 오랜 동안 모호한 채 남아 있을 수 있도록 허용된 것이라는 점에 동의할 것이다. 분석가는 환자의 믿음에 의문을 제기할 수 있지만, 그의 돌봄의 정도와 한계를 결코 ***언급하지*** 않는다. (나는 여기서 전이적 사랑을 부추기지도 좌절시키지도 말라고 했던 프로이트의 조언을 언급할 필요는 없다.)

분석가의 애착에 대한 불확실함은 불편감의 한 원인이 된다. 그러나 단지 그것이 전부는 아니다. 환자의 애착에 대한 필요가 분석가가 계속적으로 협상해야 하는 의무에 대한 증거가 되는 한 그것은 또한 전략적인 문제이다. 프로이트는 환자들을 그냥 놔두면 그의 목표를 지향하려고 하지 않는다는 사실을 일찌감치 깨달았으며, 그가 우리에게 말한 것처럼, "자유연상은 실제로는 자유롭지 않고, 환자는 분석 상황에 영향을 받는다"(Freud 1923, p.40)는 사실을 다행스럽게도 실제로 발견했다.

그러므로, 환자들은, 프로이트의 말이 아니더라도 그의 치료과정에 의해, 여전히 암시적 영향을 받고 있었다. 그리고 그로인해 프로이트는 여전히 교섭해야 하는 자리에 있었다. 우선 한 가지 이유는, 그는 최면 없이도 숨겨진 의미들을 보았던 사람이었고, 그가 본 것을 환자들이 믿도록 설득해야만 했다(Freud 1904). 그러나 그것은 그가 가진 가장 작은 문제들 중 하나였다. 더 큰 문제는, 비록 그가 환자들의 소망들을 자신의 목적들을 위해 사용했지만, 사실상 그가 실제로 인정했던 유일한 소망은 기억하고자 하는 소망이었다. 다른 소망들은 항상 길들여져야 하는 것들이었고, 그 길들이는 것 자체가 문제로 남아 있었다. 환자들은 증거를 제공하는 것을 거부할 수 있다. 그들은 말을 하지 않을 수도 있고, 전혀 다른 관계를 요구할 수도 있다. 그 방법은 생각했던 것보다 신뢰할 만큼 자동적으로 이루어지지는 않았다.

프로이트는 보다 큰 그 함의로부터 피하려고 하지 않았다. 1912년에 그는 자신이 더 이상 기억들을 복구하는 단순한 작업을 하고 있지 않다는 사실을 알게 되었다. 그는 다시 설득하는 일로 복귀하였다. 심지어 단지 치료를 수행하기 위해서 그는 환자들이 이전과는 다르게, 보다 용기 있고, 보다 현실적으로 살아가게 하는 등의 설득을 해야 했다(Falzeder 1994; Freud 1912). 환자들을 향한 그러한 그의 바램이 그를 다시금 환자들에게 의존하도록 만들었다. 프로이트는 융이나 페렌치보다 그 덫을 더 분명하게 인식하였으며 자기 자신을 그것으로부터 벗어나려고 결심하였다. 그는 그의 영향력을 활용했으나 타협들 속에 얽히지 않는 방식으로 그렇게 하였다. 이미 묻지 않는 방식을 습득했기에, 그는 이제 심지어 어떤 특정한 정보도 ***원하지*** 않으려하였다. 그리고 그는 환자들이 나아지도록 간청하는 것도 중단하기로 결심했다. 그들이 그에게 오게 하고 그들이 그에게 간청하게 하였다. 그는 융에게 이렇게 편지하였다: "당신은 여전히 당신 자신을 사용하고 있고, 비슷한 반응을 얻기 위하여 당신 자신의 많은 부분을 드러내고 있습니다.... 우리는 오히려 가까이하기 어려운 존재로 남아 있어야만 하고, 듣는 태도를 고수해야만 합니다" (Falzeder 1994, p.314). 하지만 여기에 문제가 있다. 만약 그 치료 과정 자체에 유효한 것이 있다면, 분석가는 ***무엇인가***를 추구해야만 한다. 그러나 만약 분석가가 원인들에 확신이 없고 건강을 향한 열의가 없다면 그는 과연 무엇을 추구할 것인가?

프로이트는 아주 초기에 이러한 실제적 딜레마를 해결할 태도를 발견하였고, 뒤따르는 세대들은 그 유용한 태도를 재생산해냈다. 어떻게? 저항의 측면에서 생각함으로 그렇게 했는데, 그것은 프로이트가 이 지뢰밭을 헤쳐 나가는 행동 지도가 되었다.

저항은 프로이트가 열정을 가지고, 씨름하며, 추적할 수 있었던 주제였으며, 여전히 환자가 궁극적으로 원하는 것과 만약 저항이 없다면 자연스럽게 만들어낼 중립적인 통로로 남아 있다. ***만약*** 그와 환자, 둘 다 맞서서 싸울 수 있는 무언가가 있었다면, 그것은 단지 수사학적 술수만은 아니었다. 프로이트는 그러한 것이 실제로 존재한다고 생각했다. 그리고 그 적은 환자의 자율성을 제한하는 내적 현실에 대한 동기화된 ***무지***(*ignorance*)였다. 무지에 대항하여 싸움으로써 프로이트는 환자의 의사결정을 ***해방시키고*** 있었다. 그런 방법으로 프로이트는 분석가의 목적에 도움이 되고자 하는 환자 자신의 소망들의 힘에 여전히 의존할 수 있었다. 분석가는 환자에게 간청하거나 조종하지 않고서도 자신의 주장을 강화할 수 있었다. 왜냐하면 환자의 궁극적인 반응은 이론적으로 제 3의 존재(a third presence), 즉 객관적 진실, 분석가와 환자의 선입견과 소망적 사고에 의해 왜곡되지 않은 진실에 의해 ***보장되기*** 때문이었다 (Freud

1914). 객관적 진실은 두 가지 목적을 위해 봉사한다. 우선, 그것은 불편할 정도로 규정되지 않은 협력 관계를 위한 만족스러울 정도로 분명한 하나의 목표가 되어준다. 둘째로, 진실은 자유롭게 하는 분석가의 목표를 양보하지 않으면서도 영향력을 미칠 수 있도록 허락하는 감시 장치이다. 이 두 가지 기능들에 대해 각각 조금씩 더 이야기해보자.

첫째, 왜 분명한 목표를 가지는 것이 그렇게 중요한지 생각해보자. 두 당사자들 사이에 보통 암묵적으로 계류되어 있는 것은 분석가가 환자에게 투여하는 것이 정확이 무엇인지에 대한 대답하기 어려운 질문이다. 만약 어떤 치료자가 그 불확실함을 피해 그 관계와 상관없이 진행되는 솔직한 탐문의 상호 작업으로 그 방향을 돌릴 수 있다면 그는 덜 불안하게 될 것이다. 다시 말하면, 개인적인 모호성은 객관적인 작업 관계에 의해 균형을 이루게 된다. 그리고 그 관계에 실제적인 무엇이 있든 없든 상관없이, 그 균형은 그 관계가 모두 객관적 진실을 드러내기 위한 목적을 위한 것이라는 생각에 의해 촉진된다. 따라서 객관적 실재를 지향하는 태도는 그 관계로부터 생겨나는 어느 정도의 혼란을 감소시켜준다.

이제, 객관적 실재가 분석가에게 도움을 주는 두 번째 방식, 즉 어떻게 그것이 상호 의존을 줄이는지 살펴보자. 프로이트는 개인적인 관계의 얽힘으로 이끌었던 그의 애정 어린 관심을 그와는 반대되는, 그 관계로부터 벗어나려는 태도, 즉 관계적으로 대립되는(socially adversarial) 것으로 무리 없이 특징지을 수 있는 태도로 균형 잡음으로써 상호적인 의존으로부터 벗어났다. 나는 ***관계적으로*** 서로 대립되는 것이라고 말했다. 분명히 프로이트는 그의 환자의 건강에 대해 적대적이지 않았다. 그 수식어가 이해된다면, 나는 이제 단순히 대립성에 대해 말하고자 한다. 많은 이들이 프로이트의 호전적인 치료 이미지에 대해 평가해왔다. 우리는 그의 유명한 전쟁의 은유들에 친숙하다. 처음부터 끝까지 프로이트는 투쟁하였다. 만약 이것이 프로이트 자신의 저작들의 문제라면 나는 그 대립성에 대한 나의 논증을 펼 필요가 없다. 그리고 사실 그 단어는 종종 개인적인 비평에서 사용되어왔다. 하지만 여기서 나의 목적은 이러한 대립적인 태도가 프로이트가 발견한 치료법을 위해 제공하는 보편적인 기능을 강조하기 위함이다.

프로이트를 그러한 치료방법으로 인도하였던 본래의 대립적인 태도에 대해서 되돌아보도록 하자. 내가 제안해왔듯이, 프로이트는 위대한 발견들에 대해 조급해 하였고, 셰이퍼가 언급했듯이 그것이 그를 그 길을 방해하는 환자들에 대해서 대립자(adversary)가 되도록 만들었다. 하지만 질문을 해보자. 프로이트가 기억들을 낚아올려내는 것을 멈추고 그의 환자들과 전인적 관계를 만들어가는 것을 시작했을 때 그는 덜 대립적이 되었을까? 그 반대로, 대립적인 태도는 그 시점에서 더 필수적이었을 것이다. 우선은 싸우고 있는 정복자 뿐 아니라 불굴의 치료자의 모습도 요구되었다. 그 연구자의 조급함은 또 다른 기능으로 다듬어지고 있었는데, 그것은 새로이 발견된 치료법을 지탱할 수 있는 또 다른 무정함(ruthlessness)이었다. 결국, 자유연상은 환자의 의지를 무력하게 만드는 방법이었고, 그것은 매우 적대적인 일이었다. 하지만 그것은 전반적인 태도 중 하나의 예일 뿐이다. 자신의 치료법에 대한 여러 번의 개정 과정을 거치면서 프로이트는 그의 첫 번째 교훈, 즉 환자로부터 무엇인가를 원하는 것은 그 목적을 좌절시킨다는 사실을 재확인하고 심화하고 있었다. 이미 언급했듯이, 프로이트는 그가 환자들에게 지나치게 성실하게 대했을 때 그 영향력을 상실한다는 사실을 깨달았다. 그들은 프로이트의 치료적 열망을 도구로 사용하여 그들의 신경증을 재연하였다. 그는 단지 무엇을 발견하기 위해서 뿐만 아니라, 자기 자신을 환자의 조종으로부터 자유롭게 하고 또한 환자를 그의 조종으로부터 자유롭게 하기 위해 독립성을 유지해야만 했다.

1912년까지 프로이트는 객관적 사실에 대한 충실함이 문제를 해결한다고 보았다. 그는 객관적 사실에 온 관심을 집중함으로써 환자의 소망들을 다룰 때조차 자신의 독립성을 유지할 수 있었다. 환자는 전이 대상과 씨름하고 있었지만, 프로이트는 객관적 사실에 대한 저항과 씨름하고 있었다. 궁극적으로 환자가 붙들고 있는 그 어떤 것도, 내가 다시 강조하지만 궁극적으로, 사실에 대한 추구를 환자의 과거 불행한 어린 시절의 일상의 반복으로 만들 수 없었다. 환자는 이것, 즉 그의 인생에서 가장 개방적인 친밀함이 역설적으로 그를 돌려서 객관성으로 보낸다는 점을 알게 된다.

그리고 그의 역할로서, 프로이트는 그의 표현처럼 '자신의 피부를 잃지 않으면서도' (without losing his skin), 즉 자기의 일부를 대신 내어 주지 않으면서도 환자에게 요구를 할 수 있었다. 그는 그 자신의 사랑이나 인정보다는 진실을 제공하였다. 객관적 사실을 직면하라는 요청은 환자에게 분석가의 환심을 얻기 위해 노력할 수 있는 끝없는 과제를 제공하였다. 여러분은 환자들이 모든 치료에서 그들에게 요구되는 것이 무엇인지에 대한 표식을 찾으려 한다는 사실을 알고 있다. 그러한 탐색에서 그들이 찾는 것은 내가 그 치료의 요구 구조(demand structure)라고 부르는 것이다. 여러분이 어떤 하나의 요구를 제시하지 않으면, 환자는 다른 것을 인지하게 될 것이다. 프로이트는 하나의 요구를 하였다: 당신의 열망을 내려놓고 객관적 진실을 추구하라!

그리고, 그것은 결국 환자를 자유롭게 했을 것이다. 환자는 오직 진실을 추구함으로써 프로이트를 기쁘게 할 수 있었다. 그리고 그 진실은 환자를 자유롭게 하였다. 왜냐하면 환자는 자동적으로 강요당하는 대신에 자기 자신을 ***선택할 수*** 있는 위치에 둘 수 있기 때문이다. 절제의 규칙은 단순히 이러한 고려들의 결과이다.

그래서, 1912년부터 1914년까지 프로이트가 우리에게 전이, 저항, 그리고 객관적 진실과 같은 가장 기본적인 개념들을 제안하여 우리로 하여금 이러한 유용하고, 반(半)대립적인(semiadversarial) 마음의 틀을 가질 수 있게 하였다. 우리는 환자가 드러내고 있는 것을 환영하지만, 우리는 그가 더 중요한 무엇인가를 숨기기 위해서 그것을 드러내고 있다고 생각한다. 모든 것을 ***꿰뚫어보려고(see through) 하는*** 성향 보다 더 중요한 정신분석가의 특징은 없다. 대립적인 태도는 분석가의 몸에 깊이 배어 있어서 그들의 동료 사이의 대화에도 영향을 미친다. 환자의 협력에 저항이 없을 수 없는 것처럼, 보고된 치료는 공모의 오류가 없는지 의심의 눈으로 살피는 관찰자가 없다면 잘 진행될 수 없다. 그리고 입증될 수 있을지 모르겠지만, 뢰발트와 코헛에 대한 정신분석계의 반응은 그들이 근본적인 대립적 태도를 약화시키고 있다는 우려에 확실히 영향을 받았다.

나는 여러분 중 그 누구도 대립성(adversarialness)을 여러분의 치료의 특징으로 인정하지 않을 것이라는 점을 알고 있다. 만약 내가 여러분에게 여러분이 유지하고 있는 분석적 경신(輕信)과 분석적 회의(懷疑) 사이의 균형에 대해서 생각해보라고 요청한다면 내가 말하고 있는 것을 더 잘 알 수 있을 것이다. 비록 분석가들이 분명하게 큰 소리로 제시되는 프로이트의 대립성을 지나칠 수 없겠지만, 그들 자신의 대립성은 일반적으로 분석적 유연성에서처럼 조용하게 드러난다. 내가 대립성이라고 부르는 것, 그리고 프로이트가 비슷한 표현으로 서술한 것은 분석가들이 환자의 호소를 있는 그대로 받아들이지 않고, 그들의 검증과 재확인에 대한 요구들을 거절하며, 환자가 가장 꺼려하는 것을 단호하게 환기 시키고, 환자 혹은 그의 운명에 대한 어떤 그림을 "구입하기 위한" 선금을 거절하며, 안정을 주는 역할을 사양하고, 모든 것에 대해, 사실상, "아니요; 다른 어떤 것이 있을 거예요"라고 말하는 방식을 의미한다. 대립성은 환자의 설명을 해체하고 분석가의 상상을 자유롭게 한다. 그것은 겉으로 보이는 것을 회의적으로 보고, 계속해서 그 이면에 있는 실재를 추구한다. 그것은 드라마들과 줄거리들을 뒤섞고 교훈들과 도덕화를 약화시킨다.

이 마지막 요점은 아무리 강조되어도 지나치지 않다. 일반적으로 우리는 사람들을 극적인 대상(dramatic figure)로 본다. 이야기는 우리가 인간 행동을 이해하는 방법이라고 한 셰이퍼의 말이 옳다. 그래서 우리의 상상력이 가장 덜 제약을 받는 곳, 거기서 우리는 가장 단순하고 설득력 있는 이야기들을 만들어낸다. 우리는 배우자보다 공적인 인물에 대해서 더 또렷하게 "안다." 자녀들을 어떻게 다뤄야 하는지 보다 국가 경제에 대해 어떻게 해야 하는지가 더 분명하다. 우리가 복잡성에 의해 공격 받고 사랑과 책임에 의해 우리가 얽히기 전까지는, 우리는 단순하고, 진부한 선과 악의 멜로 드라마를 본다. 그리고 어떤 행동을 할 필요가 없을 때, 우리는 맹렬하게 도덕화한다.

그래서 우리는 환자들을 그런 방식으로 보지 않을 수 없고, 그들도 우리를 마찬가지 방식으로 보지 않을 수 없다. 분석가들은 자신도 모르게 종종 과정을 이런 식으로 본다. 가끔씩 그들은 실수를 저지르고, 그들 스스로 자신의 환자가 치료를 악의적 왜곡하며 상황을 모면하려고 하고 있다거나, 어떤 방식으로 그 과정을 명백하게 오용하고 있다고 말하고 있는 자기 자신을 경험하게 된다. 하지만 그들은 보이는 것은 어떤 경우에도 표면에 불과하다고 말했던 프로이트의 대립적인 태도를 되찾고, 완벽하게 중립적인 정신역동을 통해 마음에 대한 객관적 진실에 대해 깨어나게 된다. 정신 기제는 고장 날 수 있지만 나쁜 짓은 할 수 없다. 우리는 프로이트가 개인적으로 이렇게 번갈아 오가는 모습을 종종 관찰할 수 있다. 그의 편지들은 그의 도덕화된 드라마들을 표현하지만 그의 출간된 이론은 그것들을 중립화시킨다.

실제로 당연히 그래야만 하듯이, 도덕화는 계속해서 치료로 스며들어 오지만, 그것은 꾸준히 쓸려 나간다. 물론 분석가는 자신의 노력을 극적으로 경험해야 한다. 그 누구도 어떤 투쟁적인 틀 없이 몇 년에 걸친 이 힘겨운 프로젝트를 견뎌낼 수 없다. 그렇게 하여 치료라는 하나의 공식적인 드라마가 가능하게 된다. 하지만 단 하나의 드라마, 즉 저항에 맞서 싸우는 전투(crusade)만이 가능하다. 저항 자체가 잘 정의되어 있지 못하기 때문에, 저항과 싸우는 것은 아마도 치료자가 참여할 수 있는, 최소한으로 제한하고, 최소한으로 정의하는 드라마가 될 것이다. (예를 들어, 훨씬 더 극적으로 구체적인 "거짓 자기"에 대한 싸움을 비교해보라.) 저항과 싸우는 단 하나의 이미지 외에는, 결국 어떤 드라마도 프로이트 학파 분석가들에 의해 수용되지 않는다. "우리가 함께 행하고 있는 것"에 대한 어떤 의식도 일상적인 것으로 굳어지지 않는다. 어떤 환자도 항구적으로 분류되어 버리지 않는다. 대립적인 태도는 그런 모든 것들을 거부한다.

대립적인 태도와 객관적 사실의 추구, 이것들이 치료의 전체를 특징짓는다. 분석가가 하나의 사건을 보다 큰 어떤 것의 하나의 예시로 볼 때마다, 그는 마음을 하나의 객체로 보는 프로이트의 견해를 지지하고 있는 것이다. 분석가가 일상적 사회적 반응으로부터 벗어나는 행동을 취할 때마다, 그는 내담자가 관계적으로 제공하는 것에 대해서 프로이트의 대립성을 활용하고 있으며, 겉모습 뒤에 있는 정신적 대상에 이르고자 했던 프로이트의 시도를 모방하고 있는 것이다.

그래서, 여기에 정신분석적 치료의 기반이 되는 태도들의 목록이 있다. 여러분은 이 그림이 보이는가? 끊임없는 호기심, 환자의 공격에 대한 지지, 어떤 것을 환기시키는 정서, 신뢰할 수 있는 친밀감, 지속적인 애착관계에 대한 환상의 주위를 맴도는 긴장어린 춤, 환자가 그의 소망들을 넘어서서 진실에 직면해야 하는 요구, 모든 현상들에 대해 지속적으로 회의적인 태도, 환자의 드라마들과 치료의 드라마에 대해 가볍게 여기는 듯한 태도, 역할과 판단을 없앰, 그리고 내가 처음에 언급한대로, 세심하게 계획된 표리부동, 즉 순수한 관찰의 태도를 더 포함시킬 수 있다.

자, 어떻게 생각하는가? 여러분은 이렇게 말할 것이다. '그렇다, 그 그림은 사실 희미하게 비슷한 것 같다. 아마도 다락의 어두운 한 구석에서 더 좋게 보일지도 모른다. 혐오스러운 태도들의 얼마나 단조로운 목록인가! 평범한 인간의 애정은 어디에 있는가? 고통을 줄이고, 악을 물리치며, 운명을 극복하는 것은 어떠한가? 유희성(playfulness), 창의성, 경험의 확장은 어디에 있는가? 위험한 진솔함을 견뎌내는 홍미진진함은 어디 있는가? ***이러한 것들***은 분석가들이 아침에 일어나서 일하러 감으로써 얻는 매일 매일의 보상들이 아닌가?' 그러면 나는 이렇게 말하겠다, '그렇다, 여러분이 옳다, 분석가들은 그러한 이유들 때문에 일하러 간다. ***일터***가 있다는 사실만으로, 그것을 당연하게 여기는 확신의 태도로 그들은 그렇게 할 수 있다. 나의 캐리커쳐는 그 일터 혹은 내가 곧 묘사할 실험실의 밑그림이다. 그러나 그렇다 하더라도, 그것에는 격렬한 논쟁의 주제가 되어온 중요한 특징 한 가지가 빠져있다고 나는 고백한다. 나는 지금 분석가의 배양(incubation)의 태도라고 명명될 수 있는 것에 대한 추가적인 언급을 해야만 한다.

우리는 프로이트가 자신의 연구 마차(research wagon)를 환자의 기억의 기계에 잡아매어 연결함으로써 처음으로 명인의 경지에 이른 것을 보았다. 하지만 심지어 1912년에도 그는 환자들이 단지 간직하고 있는 기억들 때문에 고통을 겪고 있지 않다는 사실을 알고 있었다. 그는 또한 그들에게 그들의 부모에게 고착되어 있는 일반적인 ***관심***(*interest*)이 있음을 알았다. 한 동안 이러한 환자들에게 성인의 삶은 너무 어렵고, 치료는 어른이 되어 가는 중간 거처가 된다고 생각하는 것은 매력적인 것이었다.

1920년대에 이론이 확장되어가면서 환자들이 치료 속에서 성장해야만 한다는 생각은 더 깊이 뿌리를 내리게 되었다. 어쨌든 초자아는 현실을 사실에 근거한 방식이 아니라 태도적인 방식으로 평가한다. 그리고 그것을 벗어나서 어느 정도 성장할 필요가 있는 것은 당연한 것이다. 그리고 1923년에 프로이트가 환자들이 분열된 마음으로가 아닌, 전심으로 그들의 치료에 반대하고, 그들이 실제로 세상과의 모든 만남 속으로 자기 전체를 던진다는 점을 수용했을 때 그러한 인상은 강화되었다. 내 생각에, 그 경험과 함께, 프로이트는 그 끝에서 오염되지 않은 자아들을 거의 발견하지 못한 어두운 길로의 첫걸음을 내딛게 되는데, 그 때문에 인간의 발달은 그 자체가 결핍과 불안으로 만들어진 투사된 세계에 적응된 비겁함 속의 교육처럼 보이게 되었다. (이는 Freud 1937, pp. 234ff에 대한 나의 과장된 추론이다.) 잠시 동안 신호불안(signal anxiety)에 대한 이론이 치료의 성숙과 관련된 이미지를 없애버렸다는 생각을 접어두자. 보다 후기의 이론에서는 유아의 고집스러움이 더 이상 악한 것으로 여겨지지 않았다는 점은 사실이다. 프로이트는 이제 뒤로 물러서려는 자기보호적인, 정당한 이유들이 사람들에게 있음을 인정했다. 하지만 같은 이론이 우리가 살아가도록 교육받은 세상은 두려움 가득한 세상이며, 만일 우리가 그곳으로부터 자유로워지려면 우리는 지혜로워야할 뿐만 아니라 용감해야만 한다는 사실을 그에게 말해주었다. 치료 과정 속에서 성장과 같은 것의 필요성은 반복강박에 대한 그의 첫 번째 언급에서부터 시작하여 과잉보호로 인해 과도하게 두려움을 느끼는 문제 아동에 대한 후기의 묘사에 이르기까지, 프로이트의 저작에서 결코 빠지지 않았다.

이것은 세계를 구축하고 그리고 그것을 허무는 영역으로 우리를 인도한다. 프로이트 이론의 구성주의적 함의들은 그의 동료들에 의해 이해되었다. 1930년대에, 의미있는 현실은 주로 사회적 현실이고, 그 것에 대한 인식은 종종 현실적인 ***태도***나 현실적인 ***관점***, 그리고 유용한 ***반사적 반응***, 혹은 ***잘 통합된*** 정신 장치들에 의해 배열된 복합적인 ***성향***을 갖는 문제라고 지적한 것은 결코 하르트만 혼자만은 아니었다. 현실적으로 된다는 것은 "적합한" ***의미들***을 경험하는 것을 수반하는데, 그것들 가운데 어떤 것들은 상당히 독단적이다.

이것은 프로이트가 관심을 가졌던 종류의 마음은 아니었다. 왜냐하면 객관적인 현실의 영역에서 결코 자유로운 선택을 할 수 없을 것이기 때문이다. 하지만 보다 여러 가지 목적을 가진 분석가들은 그렇게 쉽게 실망하지 않았다. 설령 문제가 객관적인 사실에 대한 단순한 인식이 아니라고 할지라도, 정신분석이 환자들이 문제를 해결하도록 도와줄 수 있다고 생각하는 것은 그들을 불쾌하게 만들지는 않았다. 우리가 자아 심리학, 그리고 그 용어 속에 멜라니 클라인의 저작들을 포함시켜야만 하는 것은 주로 이러한 문제 해결 패러다임에 관련되어 있었다.

비록 안나 프로이트와 북미 사람들이 중립적 지각의 요소를 폐기하지는 않았지만, 이러한 자아심리학자들이 결국 귀결한 현실은 '개별화된 어른 됨(individualized grown-up-ness)' 이었다.

분석가들은 거기에 안주할 수 없다. 만약 치료가 사실보다는 개별화된 성숙을 지향한다면, 분석가는 그의 관례적인 요구를 할 때 더 이상 객관적으로 행동할 수 없다. 정신분석의 요구 구조는 양자가 몸을 돌려 경의를 표할 수 있는 객관적인 현실을 가정했다. 뼛속깊이 진실에 대한 경외감을 느끼며, 분석가는 자신의 몸짓은 훈련될 것이고, 그 역할 반응들은 잠정적이 될 수 있으며, 그의 개인적인 영향력은 제거될 수 있다고 자신했다. 만약 성숙의 견해가 우세해진다면, 치료는 결국 사람을 형성하는 다양한 영향들이 뒤섞인 격려하는 관점들로 모인 구름과 같이 될 수 있다. 치료의 동정적이고 유혹적인 특성들 때문에 도전의 미(味)가 퇴색될 수 있다.

이러한 곤경 속에서 대서양 양측에 있는 임상가들은 그것으로부터 벗어나기 위해서 같은 원리를 바라보았다. 훈련된 분석가가 비조작적인 해석들에 그들 자신을 제한시킨다면, 원리상 그들의 개인적인 태도는 환자를 침해하지 않을 것이고 치료의 구조는 정신분석적으로 남을 것이다. 다시 말하면, 만약 해석이 객관적일 수 있다면, 현실의 개념이 얼마나 혼란스럽게 되는가는 중요하지 않다. 필요한 것은 해석을 살리는 것과 현실이 스스로를 변호해갈 수 있도록 하는 것이다. 이상한 해결책으로 보일 수 있겠지만, 이것은 논리적이며, 1950년대와 1960년대에 많은 지역에서 이상화된 해석은 빠르게 위험에 직면한 분석의 요구 구조를 위한 유일한 저장소가 되어가고 있었다.

그러므로 해석이 오직 감추어진 것만을 정확히 전해야만 하고, 그래서 그것이 분석가의 설득적 태도를 전달하지 말아야 한다는 점은 분석의 생존이 달린 문제였다.

이제, 그것은 어떠한 인간의 소통이 견뎌내기에 너무나도 무거운 짐이 되었다. 따라서 뒤따르는 사람들의 눈에, 치료의 구조를 보존하고 그를 통해 환자의 자율성을 보호하려는 이러한 용감한 첫 번째 노력은 사제(司祭)와 같이 규칙에 얽매인 형식주의와, 독선적이고, 권위주의적이며, 교조주의적인 것으로 비쳐졌다. 다시 말해서, 그것은 역사에서 언제나 그랬듯이 거만한 태도로 학문세계로 부터 자연으로 관심을 돌리는 다음 세대(우리 세대)에 의한 반란을 막는데 완벽한 것이었다. 이 경우, 자연은 생생한 치료 현장의 도가니이다.

그러므로, 그 치료 구조를 당연한 것으로 받아들이고 나서 몇 십 년이 지난 후에, 현재의 분석가들은 그것이 어떻게 구축되었는지 살펴보기 위해 탐구하고 있다. 그들은 치료 태도들에 체계적으로 변화를 주면서 그 결과들을 지켜보고 있다.

예를 들어, 객관적 사실의 요구에 대해 생각해보자. 만약 당신이 그 요구를 제거한다면 나머지 치료의 부분에 어떤 일이 벌어질까? 객관적 현실은 분석적 회의론에 대한 방어벽이었다. 실재가 현상 뒤에 숨어 있기 때문에 우리는 회의적이었다. 현실을 중시하는 것은 분석가를 환자로부터 보호해주고 환자를 조종으로부터 보호해준다. 현재 분석가들은 환자들에 대해서 생각할 때, 객관적 사실과의 관계로 부터 자유로운 이야기 줄거리의 관점에서 생각하려고 노력하고 있다. 아마도 그것은 환자들에게 더욱 책임감을 부여하고 창의적일 수 있게 만들 수 있다. 아마도 분석가들은 사실에 대한 오래된 요구를 대체하기 위해서 보다 유연한 수련방법을 발견할 수도 있을 것이다. 예를 들어, 분석가가 정신분석적 내러티브를 통해 환자의 삶과 행동을 읽어 내려가기로 단순히 ***결심***하는 것만으로도 충분할 수 있다. 아마도 그러한 ***결심***을 굳게 하는 것이 분석가가 환자의 영향에 의해 끌려 다니고 있을 때 그를 고정시켜 줄 것이다. 그리고 아마도 분석가는 이러한 굳은 결심들을 이 한 가지 조종에 국한시킬 수 있을 것이다. 우리 모두 그 결과를 지켜보자.

이것은 하나의 실험일 뿐이며, 다른 것들도 있다. 분석가들은 또한 ***더욱*** 객관적이 되려고 노력하고 있다. 예를 들어, 가시적이고 범주적인 정동들, 억압된 분노들, 또는 이야기의 흐름 등이 바뀌는 것 등에 집중하며, 관점적 묘사를 덜 사용하고 보다 중립적 관점을 찾는 개입들을 활용하기도 한다.

어떤 연구자들은 대립성을 극대화한다. 즉 그들은 상호협력에 있어서 당연시되는 부분을 조금도 남겨두지 않는다. 그들에게 모든 것은 절충을 통해 형성된 것이다. 다른 이들은 대립성을 줄이고 있다. 그들의 실험들은 공감적 긍정이 사회적 관계의 명확한 방향을 찾으면서 환자의 피학적 결탁을 줄일 수 있는지 우리에게 보여줄 것이다. 일부 연구자들은 호기심이란 오랜 분석 태도도 어설프게 손보고 있다. 그들은 병리에 대한 관심을 줄이고 전의식적 발현의 과정에 대해 더 많은 관심을 보이고 있다. 분석가들은 자신들이 보고 있는 것을 일부는 자신들이 만들어 내고 있는 것이며, 일부는 무심코 생산해 내고 있다는 사실을 스스로에게 상기시키면서, 수동적 관찰 태도까지도 실험적으로 변경해가고 있다. 그것이 균등한 조사를 유지하는 그들의 능력에 어떤 영향을 주겠는가?

이런 다양한 혁신에도 불구하고, 나는 이러한 모든 논의들이 실험들이라고 생각한다. 그들은 실험실을 버리지 않는다. 나의 견해로는, 비록 우리가 그 명칭들이나 그들의 적절한 균형에 대해서 동의하지 않는다고 해도, 내가 언급해온 특징들을 버린 치료방법에 대해서 만족할 정신분석가들은 거의 없을 것이다. 만약 여러분이 충분히 자세히 관찰해본다면, 여러분은 우리 모두가 중요한 치료의 특징들을 그대로 유지하기 위해서 그 색조들과 비율들만을 소재로 실험해가며 물려받은 자동적 습관들과 전통들에 의지하고 있다는 사실을 알게 될 것이라고 생각한다.

그리고, 나는 그곳에 오래되고 난처한 질문에 대한 답이 있다고 생각한다. 왜 정신분석은 연구소의 벽 안에 스스로를 가두고 근친 교배로 재생산을 하려고 했는가? 프로이트 이론은 그렇게 할 필요가 없었다. 그것은 조금씩 뜯기고, 불순물이 섞여도 살아남을 수 있었다. 실제로 그것은 대중적인 문화와 학문 가운데에서도 살아남았다. 하지만 프로이트가 발견한 것, 곧 우리가 정신분석적 ***치료***라고 알고 있는 것은 그 수명이 아주 짧다. 그것은 전적으로 태도들의 산물이다. 그것은 보호를 필요로 하는 도가니다.

치료 구조는 전통 밖에서는 보호막이 없다. 특별한 지원이 없으면 그것은 사라질 것이다. 폭발하여 다양한 관계들의 은하수처럼 되어, 치료자들이 자기 자신을 관찰하는데 도움이 되는 방식을 따라 각각 모양을 갖추게 된다. 그리고 치료가 정신분석의 도가니라면, 그것의 보존이 가장 중요한 일이다. 이 점이 그 치료법이 날카롭게 위협받을 때, 오늘 날 우리가 기억해야 할 부분이다.

이것이 나의 연설의 결론이다: 분석가들은 다른 공헌들 외에도 기초적 연구를 행한다. 표준적 치료 환경은 마음을 연구하기 위한 이미징 기술(imaging technique)이다. 분석가가 분석 환경을 유지하기 위해 조성해야만 하는 태도를 인식 할 때, 마음의 일반적인 특징들이 측정된다. 이것은 영혼의 심장초음파검사와도 같은 것이다. 물론 그것은 화면으로 판독 자료를 제공하지 않는다. 그렇다면 그것은 추측성 작업에 불과한 것인가? 절대 그렇지 않다. 태도들과 그 영향들은 경험세계의 양상들이다. 분석가는 어떤 태도의 스위치는 켜고 다른 것은 끄면서, 어떤 조합들이 그 특별한 분석적 상황을 가장 밝게 비출 수 있는지 기록한다. 그것은 이러한 특정한 마음의 연구실에서 실험을 구성하는 치료적 태도들의 작은 변경들이다. 이 연구실은 욕망의 경로, 상호관계의 뉘앙스, 자유의 한계, 원인과 이유의 관계, 의미의 본질, 책임감의 의미, 그리고 인간성의 모든 특별한 역설들에 대한 연구에 공헌해왔다. 나는 사실 이런 문제들과 관련된 연구들이 다른 어떤 형식을 취할 수 있을 것이라고 상상할 수 없다.

오늘날 정신분석의 가장 큰 아이러니는 정신분석의 존재에 대한 가장 중대한 위협 속에서 그 직업이 이전과 비교할 수 없는 풍요로운 활기 속에 있는 사실을 발견할 수 있다는 점이다. 나는 이것을 르네상스라고 부르겠다. 그 점에 있어서 여러분은 적어도 스스로 운이 좋다고 생각해야만 할 것이다.

참고문헌

Falzeder E: My grand-patient, my chief tormenter: a hitherto unnoticed case of Freud's and the consequences. Psychoanal Q 63:297-31, 1994

Freud S: Studies on hysteria (1895), in The Standard Edition of the Complete Psychological Works of Sigmund Freud [SE], Vol 2. Translated and edited by Strachey J. London, Hogarth Press, 1955, pp 1-319

Freud S: Freud's psycho-analytic procedure (1904). SE, 7:249-54, 1953

Freud S: The dynamics of transference (1912). SE, 12:99-108, 1958

Freud S: On the history of the psycho-analytic movement (1914). SE, 14:7-66, 1957

Freud S: Introductory lectures on psycho-analysis (1917). SE, 16, 1963

Freud S: The ego and the id (1923). SE, 19:13-66, 1961

Freud S: Analysis terminable and interminable (1937). SE, 23:216-253, 1964

글렌 가바드 (Glen O. Gabbard)

8

소개

글렌 가바드(Glen Gabbard)는 일리노이주 시카고에 있는 노스웨스턴대학교와 러쉬의과대학을 졸업하고 캔사스의 토피카정신분석연구소에서 수련을 받았다. 1978년부터 1994년까지, 그는 메닝거 클리닉의 메닝거 기념병원에서 다양한 보직을 맡았고, 1989년부터 1994에는 원장을 역임하였다. 가바드 박사는 정신의학과 정신분석에서 다양한 수상을 하였는데, 그 중에는 아돌프 마이어 상과 미국정신건강의학회의 공로상 그리고 정신분석 영역의 공헌에 대한 메리 시고니 상이 있다; 그는 올해의 스승 상을 여러 번 받았고, 여러 곳에 방문교수로 방문했었고, 많은 기조연설을 하였다. 그는 이 영역에서 실로 커다란 영향을 끼쳐왔다. 1994년부터 2001년까지, 그는 칼 메닝거 정신건강의학 및 정신보건 대학원의 정신분석 및 교육 석좌교수였으며, 현재는 캔사스, 휴스턴의 베일러 정신건강의학 클리닉 원장으로 있다. 그의 교육은 탁월하다고 알려져 있다. 그는 *International Journal of Psychoanalysis*의 북미 편집자이며 협력 편집장이다.

가바드 박사는 현재 텍사스 주 휴스턴의 베일러의과대학 정신건강의학 및 행동의학과에서 정신과 교수와 브라운 정신분석 재단이사장을 맡고 있다. 그는 *American Journal of Psychiatry, Journal of the American Psychoanalytic Association, Psychoanalytic Dialogues, Psychoanalytic Quarterly,* 그리고 *Psychoanalytic Inquiry* 외의 수많은 학술지 편집위원을 역임하였다. 그는 영화에 대한 정신분석적

비평, 경계선 침범, 경계성 및 자기애성 환자의 치료, 정신분석 교육과 같은 다양한 영역에서 수백 건의 탁월한 논문을 썼다. 그는 19권의 책을 저술 혹은 편집하였고, 그 내용은 유체이탈 상태에 대한 연구로부터 이제 5판에 6개 국 언어로 번역된 그의 고전 *Psychodynamic Psychiatry in Clinical Practice*에 이르기까지 다양하다.

가바드 박사는 정신분석 교육에서 독보적인 인물 중 한 명이며, 정신분석을 수련하는 사람이라면 누구라도 당연히 그의 저술들 가운데 몇 가지는 공부했을 것이다.

그는 자신에 대해 아래와 같이 서술하였다:

> 나는 클라인 학파 사람에게 분석 받았고 메닝거클리닉과 토피카정신분석연구소에서 클라인, 비온, 그리고 영국 대상관계학파에 매료되었다. 수련 받은 대로 나는 여전히 내 자신을 근본적으로 대상관계 정신분석가로 생각한다. 나는 한 번도 미국 자아 심리학 모델에서 편안함을 느껴보지 못했다. 나는 자아 심리학이 보다 병리적인 환자들에게는 도움이 되지 못한다는 것을 알았다. 최근 몇 년간, 나는 관계적인 사고, 구성주의, 그리고 정신분석과 신경과학의 연결에 영향을 받아왔다. 나는 이 지점에서 분명하게 나 자신을 일종의 다원론자로 보고 있다. 나의 멘토였던 조우 샌들러처럼, 나는 우리 모두가 임상에서 각자의 혼합 모델을 사용하고 있다고 본다. 어떤 이론도 우리가 보는 임상적 현상을 모두 설명할 수는 없다.

이 논문을 선택한 이유

글렌 가바드

"자살 환자에 대한 정신분석적 치료의 실패(Miscarriages of Psychoanalytic Treatment With Suicidal Patients)"는 2004년 뉴올리언스 국제정신분석학회 학술대회에서 북미 지역 기조 연설로 처음 발표되었다. 내가 이 논문을 이 책에 포함시킨 이유는 여기에서 오랜 시간 유지된 나의 두 가지 관심사가 수렴되고 있기 때문이다: 즉, 심각한 병리를 보이는 환자의 치료와 정신분석가와 심리치료사에 의해 나타나는 전문가의 경계선 침범이 그것이다. 우리를 증오하고, 우리를 좌절시키고, 우리를 실망시키고, 우리를 애먹이는 환자들은 우리의 취약함을 드러내는 방식으로 우리에게 침투해 들어온다. 그들은 우리에게 우리의 난감한 직업을 선택한 우리 동기의 복잡함을 직면하게 해준다. 우리의 각본화된 치료의 환상들에 부합하지 않는 환자들은 우리를 우리의 경력들을 종결시키는 불행한 범법으로 이끌 수 있다.

언젠가 내가 심각한 경계선 침범을 한 분석가들 및 다른 정신보건 전문가들을 만난 후, 1990년대 초에 나는 (당시 원장으로 재임 중인) 메닝거 병원에서 위기를 맞은 전문가를 위한 특별 프로그램을 시작하였다. 자신의 실수에 대해 절망하면서 나를 찾아온 동료들로부터, 나는 병리적인 환자들을 위한 적절한 기법에 대해 많은 것을 배웠다. 나는 또한 경계선을 침범하는 동료들 대부분이 근본적으로 우리들과 같다는 점을 배웠다. 우리가 그들의 행위를 얼마든지 비난할 수 있겠지만 그들은 우리의 이해와 공감을 받을 만하다. 이 특정한 논문에서는 한 동료에 의한 치료의 실패를 검토하였는데 그 의도는 좋았지만 결과가 끔찍했다. 그를 통해서 우리 모두가 자기기만에 능한 사람이라는 것을 상기하게 된다. 나의 전문가로서의 경력의 많은 부분은 우리가 우리 자신을 속일 수 있는 방법들을 연구함으로써 환자를 해롭게 하거나 우리 경력을 손상시키는 일을 예방할 수 있을 것이라는 생각에 집중해왔다.

자살 환자에 대한 정신분석적 치료의 실패[1)]

(Miscarriages of Psychoanalytic Treatment With Suicidal Patients)

글렌 가바드

IPA 프로그램 위원회가 나에게 학술대회에서 북미지역을 대표하는 기조연설자로 선정되는 영광을 허락하여, 나는 "프론티어들에서의 작업(Working at the Frontiers)"이라는 주제의 의미를 연구하는데 시간을 보낼 수 있었다. "프론티어(frontiers)"라는 단어는 위험, 야생 그리고 사회의 제약들이 더 이상 적용되지 않는, 문명화되지 않은 지역의 모습들을 떠올리게 한다. 하나의 권위 있는 정의가 특히 적절하다: "정착지나 주거지의 경계나 가장 먼 구역을 형성하기 위해서 유지되는 한 나라의 지역"(Brown 1993, p. 1034). 두 번째 정의는 좀 더 과감하다: "공격에 대한 방어벽"(p. 1034). 그래서 이번 학술대회에서 정신분석가들에게 주어진 질문들 가운데 한 가지는 정신분석적 작업의 영역에서의 어두운 영역을 규명하는 것인데, 그곳에서 우리는 공격에 취약하고, 야생에 의해 시달림을 당하고, 우리의 작업에 내재된 위험들에 의해 위태롭게 된다. 정신분석의 위험한 변경지역을 곰곰이 생각하다가, 나는 자살 환자들이 좋은 의도를 가진 정신분석가들에 의해 심각하게 잘못 다뤄졌을 때 내가 목격했던 정신분석적 "낭패"를 연상하게 되었다.

이러한 때때로 위험한 프론티어에서 소위 "지경을 확장하는" 두 가지 개별 영역에 대한 나의 오랜 관심 때문에 나의 이력은 몇 가지 점에서 독특해졌다. 여러 해 동안 나는 최후의 수단으로서 메닝거 클리닉에 의뢰된 심각한 성격 병리를 가진 치료에 저항적인 자살 환자들의 사례를 많이 맡았었다. 나는 또한 자신의 환자들의 경계선을 침범하는 심각한 잘못을 저지른 치료사들과 분석가들(150명 이상)을 자문, 평가, 혹은 치료하는 데 전문가로서 나의 삶의 많은 부분을 보내왔다.

---

1) 제43차 국제정신분석학회(IPA) 학술대회 기조연설, 뉴올리언스, LA, 7/29-8/2, 2003.
Glen O. Gabbard박사의 "Miscarriages of Psychoanalytic Treatment With Suicidal Patients"는 *The International Journal of Psychoanalysis*, 84:249-61, 2003에 처음 발표되었다.

나는 가장 극심한 경계선 침범이 일부 우리의 가장 장애가 심한 자살 환자들에게 얼마나 자주 가해지는지에 대해 우려 속에 주시해왔다. 우리가 성격장애를 가진 심각한 자살 환자들을 치료하는 데 수반되는 영혼의 어두운 밤에 길을 잃어버렸던 분석가들을 비난하기는 쉽겠지만, 나는 이 동료들을 향한 전면적인 경멸을 자제하고 대신에 그들로부터 무엇인가 배우려고 시도해야 한다고 제안한다. 이러한 극한의 "프론티어" 적 상황들 속에서, 우리는 종종 절망 가운데 절규하는 리어 왕처럼 발가벗겨져 뼈만 남은 분석가의 본질적인 인간적 연약함을 발견한다. 자신들의 전능감에 눈이 가려져 태양에 너무 가까이 갔다가 그슬려 수치를 당하게 되었던 이들 동료들은 우리와 다르다기보다는 훨씬 더 비슷하다.

자살 환자는 그들의 특성상 분석가들의 직업적 위험이 되는 특정한 취약성을 건드린다. 우리는 대부분 분석적인 작업을 삶 또는 죽음의 문제와는 다른 어떤 것으로 생각하고 싶어한다. 우리는 우리의 이상적인 환자를 지적이고, 사려 깊으며, (마치 우리와 비슷한) 매력적인 사람, 정신내적 갈등에 시달리고 있지만, 이해하려는 동기가 강한 사람으로 상상한다. 이러한 매우 바람직한 환자는 삶을 보다 온전하게 살아갈 수 있도록 삶을 수용하고 변화시켜 가려고 한다. 반면에, 자살 환자들은 삶이 가져다 줄 것은 별로 없고, 분석은 의심스러운 제안이라고 규정한다. 어떤 통찰이 삶을 여행해 볼만한 여정으로 바꿀 수 있을까? 이러한 환자들은 분석적 통찰이 살아볼 가치가 있게 만들 수 있는 가능성을 지니고 있다는 선험적 생각을 거부함으로 분석가를 긴장하게 만든다. 우리는 그러한 "지경을 넓히는" 환자들이 프론티어에 머물고 있는 것으로 종종 말하고 있지만, 분석가들의 감독자로서 그리고 동료들의 자문가로서 나의 경험은 이들 환자들이 점점 흔해지고 있으며, 프론티어로부터 정신분석적 문명의 중심부로 옮겨오고 있다 사실을 보여 준다.

이러한 맥락에서 나는 몇 년 전 심각한 경계선 침범의 여파로 나에게 자문을 받으러 왔던 40대 분석가, N박사의 경각심을 주는 이야기를 나누려고 한다. N박사는 사례의 상세한 내용 들을 통해서 다른 사람들이 배울 수 있도록 그것들을 출판하도록 허락해주었다.

N박사의 이야기

N박사를 찾아온 제니는 깊이 고뇌하는 35세 여성이었다. 대기실에 있는 그녀를 보았을 때 그의 첫 반응은 그녀는 그가 지금껏 보아왔던 여성 중 가장 아름답다는 것이었다. 그녀가 그에게 그녀의 비극적인 삶의 이야기를 시작했을 때 N박사는 흔들렸다. 이야기의 중반 지점에, 제니는 N박사에게 끌렸다고 말하고 그냥 치료는 중단하고 데이트를 하는 게 어떻겠느냐고 말하였다. N박사는 이미 치료 관계가 시작되었고, 시간을 되돌릴 수는 없으므로 데이트는 불가능하다고 분명히 했다. 제니는 실망을 했지만 동요하지 않고, 계속해서 N박사에게 그녀가 어릴 적에 어머니가 자신을 옷장에 가두는 등 얼마나 괴롭혔는지 말했다. 그녀는 또한 5살부터 12살까지 아버지와의 근친상간적인 성관계에 대해서도 상세하게 설명했다. 이러한 끔찍하면서도 신랄한 내용들은 N박사를 강렬하게 움직였다. 어린 시절의 역경에도 불구하고, 그녀는 의과대학에 합격을 할 정도로 지적인 여성이었지만 그만 두고 모델이 되었다.

치료가 진전되면서, N박사를 향한 제니의 성적인 전이가 소멸된 것처럼 보였다. 그러나, 어떤 회기 후에 그녀는 힘들어 하였고, 대기실에서 대여섯 번 의식을 잃기도 하였다. N박사는 곤혹스러웠다. 그녀는 우울해 보였고 일생동안 죽음을 고대해왔다고 하였다. 그녀는 자주 해리 증상을 보이는 것 같았다. 그녀는 가까이 있는 모든 사람으로부터 멀어진 후 자신을 죽이는 상상을 반복적으로 말했다. 그녀는 자신이 악하고 더러워서 구원받을 수 없다고 철저히 믿고 있었다. 그럼에도 불구하고, 그녀는 N박사에게 그와 함께 있을 때 평온함을 느끼고, 그와 관련된 자신을 진정시켜주는 꿈을 꾼다고 하였다. 그녀는 많은 회기들을 침묵 속에서 보냈고, 그러면서 N박사에게 자기가 무슨 생각을 하고 있는지 맞춰보라고 하였다.

제니는 N박사의 삶의 특별한 시기에 그의 진료실에 찾아왔다. 그가 제니를 치료하기 시작할 시점 바로 전에 그는 1년간의 자기 자신의 분석을 종결하였다. 그리고 제니가 오기 몇 달 전에 몇 가지의 상실을 경험했다. 그의 여동생이 암으로 죽었고, 그의 절친한 친구들 가운데 한명은 자동차 사고로 죽었으며, 치료가 시작되기 2개월 전에 그의 애인은 약혼을 깨뜨리고 그의 집을 나갔다. N박사는 괴로워했고 내게 말하길, 돌이켜 보면, 그는 이러한 자기 인생의 특정한 시점에서 제니와 같은 환자를 치료하지 말았어야 했다고 하였다. 그는 자신이 그녀를 사랑하지 않으면서도 종종 그녀를 보호하고 그녀 자신으로 부터 그녀를 구해주기로 깊이 마음먹은 오빠처럼 느껴졌다고 했다. 그는 그녀가 다른 사람들을 위해 사는 것을 멈추도록 도와주었다고 말했을 때 치료가 진전되고 있었다고 느꼈다.

그 후 상황은 더 나빠졌다. 치료가 3년 정도 진행된 후, 제니는 치료시간에 침묵하기 시작했다. 그녀는 결국 N박사에게 치료를 끝내고 떠나겠다고 말했다. N박사의 충분한 구슬림을 통해 제니는 그녀가 직장을 이미 직장을 그만 두었고 소중한 물건들을 처분했다고 밝혔다. 좀 더 확인하니, 그녀는 결국 자신이 총을 샀다고 고백했다. 그녀는 분석가에게 죽음이 자신을 구해줄 거라고 말했다. N박사는 절망하게 되었다. 그는 그녀의 치료시간을 1시간에서 2시간으로 연장하기 시작했고 그녀를 하루의 마지막에 보았기 때문에 그들의 회기들은 늦은 저녁까지 지속되었다. 이중 회기로 만났지만, 그는 한 회기의 치료비만 받았다.

N박사는 제니의 치사 위험성이 증가하자 더 이상 그녀를 외료진료로 다룰 수 없다는 생각으로 점점 염려하게 되었다. 그녀는 여러 종류의 항우울제를 사용해보았지만 효과가 없었다. 그는 그녀가 자살하지 않도록 하려면 입원치료가 필요하다고 말했다. 환자는 입원을 거부하고 의사를 만나는 것도 거부했다. 그럼에도 불구하고, N박사는 그 지역에서 매우 존경을 받는 분석가에게 치료에 대한 자문을 구했다. 이야기를 들은 다음, N박사의 자문의는 입원 치료가 도움이 되지 않을 것에 동의하였는데, 왜냐하면 환자의 자살 생각이 입원치료로 회복되는 급성 우울에 따른 것이 아니라고 보았기 때문이다. 게다가, 그녀는 이야기를 잘 해서 어떤 형태의 강제입원도 모면할 수 있을 만큼 말솜씨가 좋았다. 그녀가 퇴원허가를 얻기 위해서 판사를 확신시키는 것이 필요하다면 그녀는 실제보다 더 건강한 것처럼 보일 수 있었다. 자문의는 N박사에게 죽고 싶어 하는 그녀의 잠재된 소망에 대해 계속해서 분석적으로 작업해보도록 격려했다.

환자는 자신이 "임상적 우울증"을 겪는 것이 아니라고 계속해서 주장했다. 그보다, 그녀는 N박사로 하여금 그녀가 끔찍하게 좋지 않은 상태에 있는 사람이라는 사실을 이해하도록 하려고 애썼다. 최근에 여러 상실을 겪는 바람에, N박사는 점점 혼란스러워졌다. 그는 "절망적인 수동성"과 그의 생각이 "뒤죽박죽" 되는 느낌을 말했다. 어느 시점에 그는 그녀를 자살로부터 지켜내기 위해서는 무엇이든 하겠노라고 말했다. 이 말에 대해 제니는 자신에게 도움이 될 수 있는 유일한 한 가지는 만약 그가 허락한다면 그의 집에서 그와 함께 하룻밤을 같이 보내는 것이라고 대답했다. 그녀는 설명하길 자신은 신체 및 성적 학대에 관한 고질적인 악몽을 꾸어왔고 그녀의 인생에서 처음으로 편안한 잠을 자보고 싶다고 하였다. N박사는 거절하면서 설명하길 환자와 자는 것은 비윤리적이라고 하였다. 이러한 직접적인 설명에 대해, 제니는 냉담하게 그를 쳐다보며 물었다, "무엇이 더 중요한가요? 나의 생명인가요, 아님 당신의 그 어리석은 윤리 규정인가요?" N박사는 당황하였고, 몇 주 동안 제니를 설득하려고 노력한 끝에, 결국 하룻밤을 원하는 그의 요구를 받아들였다. 그는 이 급진적인 조치가 그녀를 생존케하는 유일한 방법이라고 합리화하였다. 그는 또한 개인적으로, 죽음에 의한 또 다른 상실은 견딜 수 없을 것 같다고 하였다.

이러한 전문적 경계의 위반이 있던 밤에, 그는 다른 침대에서 자고 성적 접촉은 없을 것이라는 기본 원칙을 세웠다. 환자는 동의했지만, 시간이 되자, 그녀는 그의 침대로 와서 자신을 안아달라고 하였다. 그러다가, 결국 그들은 성관계를 가졌다. N박사의 말 그대로를 옮기자면 다음과 같다. "저는 우리가 잠옷을 입은 채로 있어야 한다고 버텼지만 그녀는 나를 유혹했습니다." 그는 자신의 직업이 엉망이 될 것이라는 사실을 알았지만, 그는 그가 그녀의 생명을 구할 수 있을지 모른다는 환상을 고수했다.

다음날 아침 제니는 N박사에게 그가 결국 자신과 자게 될 것을 처음부터 알고 있었다고 말했다. 그녀에겐 남자들이 자신을 거부할 수 없다는 확신이 있었다. 그는 그가 지금까지 해온 것들이 잘못되었고 그들이 더 이상 서로 볼 수 없을 것이라고 그녀에게 말했다. 그녀는 자신과 함께 데이트하러 나가자고 애원하였지만, 그는 불가능하다고 말하였다.

이러한 사건이 있는 몇 주가 지난 후 N박사는 나에게 자문을 요청했고, 벌어진 일로 인해서 그가 고통 받고 있다고 하였다. 제니는 그에게 그녀에게 중요한 것은 그가 알고 있는 지식에도 불구하고 그녀를 사랑할 수 있다는 사실이라고 말했다. 하지만 그는 매우 괴로워하였으며 그동안 간과했던 그녀의 악의적이고 가학적인 경향을 깨닫기 시작했다. 그는 그녀가 그녀와 미친 듯이 사랑에 빠졌던 다른 남성들을 어떻게 버렸는지를 얘기했을 때 그녀의 가학성을 알게 되었다고 나에게 말했다. 그러나, 그는 **그를** 향한 그녀의 공격성에 대해 인식 하지 못했던 사각지대가 있었다는 사실을 되돌아보았다.

그는 매우 큰 죄책감을 표현하였는데, 그것은 그가 그녀와 함께 잠으로써 그녀의 아버지에 의해 저질러진 근친상간의 트라우마를 재연하여 그녀의 전이 환상을 현실화 했다는 사실을 인식하기 시작했기 때문이었다. N박사는 그녀와 성관계를 하고 있었던 어느 순간 공격적인 무엇인가가 재연되고 있음을 인식하게 되었다고 내게 말하였다. 그는 피임을 했는지 그녀에게 물었다. 그는 그녀가 과거 세 명의 남성과 잠자리를 했다는 것을 알고 있었고 경구 피임약을 복용하고 있었을 것이라 생각했다. 그런데 제니는 N박사에게 자신은 임신이 안 될 것이라면서, 질 내에 사정하기를 요구했다. N박사는 그녀가 지금 솔직하지 않다는 강한 느낌을 받았는데 임신이 될지 안 될지를 그녀가 알 길이 없기 때문이다. 그는 순간 그녀가 그를 무너뜨리려고 했다는 것을 알았다. 그는 관계를 중단하였고 심한 구역감이 그를 엄습하는 것을 느꼈다. 그는 정말 큰 판단의 실수를 했음을 감지했다. 그러나, 그러한 괴로움 속에서도 그는 "적어도 제가 그녀를 자살의 위험에서 구해냈어요"라는 흥미로운 사실을 드러내는 말을 하였다.

논의

정신분석 치료의 비극적인 실패가 담긴 이 사례는 내가 자문을 맡았던 심각하게 잘못된 다양한 치료들을 논의하는 시금석의 역할을 할 것이다. 나는 또한 자살 환자들을 치료하며 끔찍한 경계선 침범의 위반을 저지른 동료들의 분석가 또는 치료사로서의 역할을 감당하며 내가 관찰한 경험들을 사용할 것이다. 어떤 주장들은 N박사 사례에 직접적으로 적용되겠지만, 다른 것들은 비밀 유지 때문에 상세하게 이야기할 수 없는 다른 사례에 근거한 것이다. 제니와 N박사의 사례에는 성적인 경계선 침범과 관계있지만, 나는 성적 접촉의 기준에는 미치지 못하지만 그럼에도 불구하고 환자에게 심각하게 파괴적인 영향을 미친 다른 많은 사례들을 보았다. 어떤 사례에서는 분석가들이 자살 환자들을 염려하여 환자들을 그들의 집에 데려다가 가족 구성원처럼 대하고, 그들을 가족 휴가에 초대하거나, 그들과 함께 쇼핑을 가고, 레스토랑에서 저녁 식사를 했다. 다른 경우, 분석가들은 환자를 무료로 상담하고, 분석가 자신의 개인적인 문제에 대해 과도하게 개방하며, 공공장소나 환자의 집에서 분석과 무관하게 빈번한 접촉을 갖는다.

추가적인 논의 전에 세 가지 주의점이 있다. 첫째, 여러분은 N박사의 사례를 드물게 일어나는 이상한 일탈로 간과해서는 안 된다. 이러한 이야기는 내가 보아온 경계선 침범의 사례들 가운데 당황스러울 정도로 흔하다. 둘째, 성적인 경계선 침범은 다양한 이유에 의해 발생하며, 자살의 위험을 잘못 다루는 것은 단지 그 다양한 이유들 가운데 하나일 뿐이다(Celenza and Gabbard, in press; Gabbard and Lester 1995; Gabbard and Peltz 2001). 마지막으로, 물론 자살은 경계선 침범이 없이도 잘못 다루어질 수 있으며, 이 특별한 대화 속에서 경계 위반 사례를 강조하여 그러한 사례들의 중요성을 무시할 의도는 없다.

공격자와의 탈동일시

분노, 증오, 복수, 그리고 살인 환상의 악순환은 자살에 관한 문헌에서 충분히 검토되어 왔다(Asch 1980; Chavrol and Sztulman 1997; Hendin 1991; Kernberg 1975; Maltsberger and Buie 1974, 1980; Menninger 1933). 자살 행동이 결국 남겨진 사람들에게 극도로 파괴적이라는 점에는 거의 이견이 없다. 가족과 친구들은 자신들에게 벌어진 일에 대해 종종 분개한다. 분석적 치료의 상황에서 자살 위협은 분석가의 능력과 인격을 향한 직접적인 공격으로 경험될 수 있다. 참으로, 자살은 분석가에게 궁극적인 자기애적 상처이다. 환자는, 사실상, 분석가를 우롱하고 있다. 분석가와 치료사는 환자의 자살의 여파로 종종 황폐화된다. 환자가 자살한 후 동료들이 나에게 자문을 구하러 왔을 때, 어떤 이들은 일을 그만둘까 심각하게 고민하고 있다고 내게 말했다. 다른 이들은 궁극적으로 환자의 자살을 막을 수 있었지만 그들이 간과했던 어떤 신호들에 대한 그들의 기억들을 더듬어보느라 다른 생각은 거의 없이 몇 주를 보냈다고 했다.

자살 환자와의 관계에서 일어나는 경계선 침범은 종종 공격성과 증오를 제대로 다루지 못한 것과 직접적으로 관련이 있다. 이러한 진술은 제니의 사례에서처럼 자살 환자가 아동기 외상의 피해자일 때 더더욱 그러하다. 제니와 같이, 아버지와의 근친상간 성관계가 있었거나, 어머니에 의해 옷장에 갇혔거나, 혹은 다양한 형태의 "영혼 살인"(Shengold 1979)을 당했던 환자들은 평생 그들을 괴롭히는 학대하는 대상들을 내면화한다. N박사는 이러한 이력과 임상적 설명에 대해 우리 대부분이 하는 방식으로 반응하였다. 그는 환자를 자살에서 구하려고 엄청나게 노력함으로써 자신은 학대적인 부모와 철저하게 다름을 보여주기로 결심한다. 분석가의 이러한 자세는 내가 다른 곳에서 "공격자와의 탈동일시(disidentification with the aggressor)"(Gabbard 1997)라고 했던 것인데, 이것은 환자를 괴롭히는 나쁜 대상의 내면화된 표상과의 어떤 연결도 부인하려는 필사적인 시도이다. 분석가는 환자의 미묘하거나 그렇게 미묘하지 않은 대인관계의 압력 때문에 모르는 사이에 학대하는 대상에 의해 침범당하고 무의식적으로 그것과 동일시할 수 있다. 심각한 아동기 학대나 방임을 겪는 많은 환자들은 분석가의 매우 특별한 치료가 자신의 비극적 과거를 상쇄할 것이라는 기대를 안고 분석에 임한다(Davies and Frawley 1992). 우리가 환자를 위한 분석적 공간을 만들어내는 일반적인 분석의 틀은 이러한 환자들에게 박탈적인 것 혹은 심지어 가학적인 것으로 경험될 수 있다. 그들은 분석가가 부모와 같이 괴물같은 존재가 아니라는 것을 증명하려면 훨씬 더 많은 사랑과 관심의 표현이 필요하다고 주장할 수 있다.

대부분의 우리처럼, N박사는 환자의 내면세계에 있는 나쁜 대상이 되는 것을 피하고 싶은 경향이 있었다. 수년 전에 모니-컬(1956)이 지적한대로, 우리 대다수는 아동기로부터 손상된 내적 대상들을 바로 잡으려는 무의식적 의도를 가지고 이 분야에 들어왔다. 우리는 회복(reparation)에 여념이 없는데, 오히려 파괴성때문에 비난받을 때, 우리의 직업적인 반동형성은 특별한 불안을 조성할 수 있는 방식으로 도전을 받게 된다. 칼 메닝거(1957)는 타인을 돕는 데 전념하는 전문직업들이 가학성을 은폐할 수 있는 이상적인 기회를 제공해준다고 하였다. 어떤 면에서 우리는 타인들의 삶이 나아지도록 하기 위해서 그들을 이해하고 돕는 일에 우리의 시간들을 사용하기로 선택했기 때문에 언제나 우리의 동기는 의심할 바가 없다고 스스로 확신한다. 증오와 공격성 두 가지 모두를 씻어내려는 무의식적인 주제 때문에 분석가는 전이에서의 가학성을 보지 못할 수 있다. 돌이켜 보면서, N박사는 제니의 악의적인 측면들을 그를 향한 것이 아니라 다른 남성들을 향한 것으로만 볼 수 있었음을 인식했다.

이러한 맹점 때문에, 환자의 가학성은 N박사의 "레이더 밑으로 비행"하며 그에게 침입했다. 그 후, 학대하는 대상은 분석가 안에 머물며, 그의 인식 밖에서 작동하면서 내면에서 그를 공격하였다. N박사가 환자를 자살에서 구하려고 노력할 때, 학대하는 대상이 그를 사로잡았고 제니의 재외상화를 일으켰다. 이때까지, 제니와 그의 내적 대상 세계에 의해 전달된 악의는 N박사를 계속해서 고통스럽게 했고, 그는 만약 제니가 고소하기로 결정한다면 그의 경력은 망쳐질 수 있다는 것을 매일 염려하였다. 이러한 식으로, 제니는 그녀 자신을 분석가에게 집어 넣고 그들 둘이 결코 분리될 수 없다는 환상을 현실화하였다. 그러므로 그녀는 결코 잊혀질 수 없게 된다. 그녀는 일종의 이질적인 존재로서 N박사 속에 머물며 그녀가 어린 시절부터 자기 안에 가득했다고 느끼는 나쁜 것들로 그를 더럽힌다. 이제 N박사도 비슷하게 자신이 "더럽고" 손상되었다고 느낀다.

따라서 제니와 N박사 사이에서 일어났던 것을 이해하는 또 하나의 방법은 그녀가 분석가에게 학대적인 대상을 투사했다는 것을 넘어선다. 그녀는 더럽고 손상된 어린이로서의 자기 표상을 N박사에게 투사한 것으로 이해될 수 있었다. 이러한 대상관계의 시나리오 속에서 그녀는 내면의 학대하는 대상을 동일시하고 그녀가 부모에 의해 파괴된 것과 같은 방식으로 N박사를 파괴한다. 자기 자녀들을 학대하는 부모들은 은연중에 자녀들의 순수함을 시기할 수 있고(Grotstein 1992) 근친상간으로 그것을 망치려고 할 수 있다. 유사한 방식으로, 학대하는 부모를 무의식적으로 동일시한 환자는 경계선 침범을 부추김으로써 분석가의 때 묻지 않은 순수함으로 인식되는 것을 망쳐버리고 싶어 할 수 있다. 물론 이러한 무의식적인 동기를 환자에게 돌린다고 해서 그것이 환자가 치료에 어떤 소망들을 가져오더라도 윤리적으로 행동해야 하는 책임을 분석가에게서 면제해주지는 않는다.

분석가의 무의식적 불안들은 종종 자살 환자들을 치료할때 발생하는 난관들의 중심에 놓여있다. 이러한 불안들은 환자의 강렬한 파괴성에 직면해서 느끼는 자신의 취약성에 대한 격심한 느낌과 관련되어 있다. 많은 분석가들이 환자가 자살하면 자기의 명성이 무너질 것이라고 느낀다. 다른 이들은 유기에 대한 원초적인 불안을 가질 수도 있다. 로젠펠드(1987)는 난국의 상황에서, 분석가가 환자의 다른 측면들은 분열시키거나 구획화 하면서 환자의 성격의 한 측면과 공모하여 그들의 불안을 해결하려고 할 수 있다고 지적했다. 이러한 식으로, 정신증적 전이–역전이 반응들이 굳어지고 분석가는 마비되어간다. 유일한 출구는 끔찍하게 오도된 일련의 비정통적 실연들(unorthodox enactments)로 보일 수 있다.

물론 전이 속의 증오에 대응하는 것은 역전이 속의 증오이다. 분석가가 분노를 잘못 다룸으로써 생겨나는 가장 안 좋은 시나리오들 가운데 하나는 환자에 대한 역전이 속의 증오가 발견되지 않은 채로 진행되는 경우이다. 이러한 부인(disavowal)은 파멸을 초래하는 실연들로 이어질 수 있다(Maltsberger and Buie 1974). 분석가는 환자에게 다시는 보고 싶지 않다는 소망을 무의식적으로 전달하고 실제로 약속을 잊어버릴 수도 있다. 어떤 분석가는 일주일 휴가를 떠나서 치료를 할 수 없음을 출발 전날까지도 알리지 않았다. 실제로, 어떤 자살은 환자가 분석가를 자신에 대해 거절하는 것으로 인식했을 때 유발된다(Hendin 1991). 페더른(1929)은 언젠가 "오직 누군가 다른 사람이 그가 죽기를 바라는 경험을 한 사람만이 자기 스스로를 죽일 수 있다"고 씁슬하게 말다(Asch 1980, p. 56 에서 인용). 그 "누군가"는 분석가가 될 수 있다.

분석가의 분노와 절망의 일부는 환자가 더 나아지지 않고 치유하려는 분석가의 전능한 노력들을 좌절시키는 것에 대한 직접적인 반응일 수 있다. 셀렌자(1991)는 치료가 교착상태에 빠질 때 부정적인 역전이 감정을 이겨낼 수 없고 환자의 부정적인 전이를 견뎌낼 수 없는 치료사에 대해 묘사했다. 치료사는 환자와 자신안에 있는 모든 부정적인 느낌들을 우회하고 대신에 이상화 전이를 촉진하려는 무의식적인 시도로 환자와 성관계를 가졌다. 서얼즈(1979)는 환자와 성적으로 연루되는 것이 분석가의 치료적인 노력에서 비롯될 수 있다고 지적했다. 환자의 호전이 없는 것에 대한 실망의 반응으로, 분석가는 마술적인 치료적 결합이 환자를 변화시킬 것이라는 환상에 빠질 수 있다. 예를 들어, N박사는 제니와의 성적 관계에 굴복한 것이 환자의 생명을 구했다는 마술적인 신념을 고수했다.

정신화의 실패와 분석적 공간의 와해

N박사와 제니에 의해 실연된 일종의 공모에서, 분석적 놀이 공간은 와해된다. 제니는 N박사를 "마치" 그녀의 아버지인 것처럼 본 것이 아니다. N박사는 실제로 아버

지가 ***되었고*** 분명히 근친상간적 행위가 반복되었다. 결국, N박사는 분석 상황의 근본적인 측면들을 놓치고 역전이의 "마치 그러한(as if)" 차원을 인식하지 못하고, 아버지의 역할을 그대로 현실화했다. 이러한 시나리오에서, N박사의 대상(제니)은 구체적으로 주체(분석가)의 투사된 부분인 것이다. 그래서 분석가는 환자와 관계할 때 마치 환자가 자신의 일부인 것처럼 여긴 것이다(Gabbard and Lester 1995). 상징과 대상의 차이가 사라지고, 양자관계의 두 구성원은 상징과 상징화된 것 사이에 서로 직접 대응관계가 성립하는 일종의 구체적 상징주의의 형태에 빠진다(Segal 1957).

이러한 교착 상태에서는 ***감응성 정신병(folie à deux)***이 존재하는데, 이는 전이와 역전이가 공유되는 정신증이다. 그 정신병은 양자관계에만 한정되고, 여기에는 다른 상황으로 일반화되지 않는, 특정하지만 제한된 현실검증의 실패가 포함된다. 사실, N박사는 제니의 치료에서 허둥대고 있는 동안 다른 환자들에게는 유능한 치료를 진행할 수 있었다. 이러한 ***감응성 정신병***은 환자의 파괴적인 소망들과 직접적으로 관련된 분석가의 사고에 대한 공격을 나타낸다. 로젠펠드(1987)가 교착상태(impasse)에 대한 그의 논의에서 언급했듯이, "분석가는 때때로 사실상 사고하지 않는 것과 같은 특정한 방식의 사고에 갇히곤 한다"(p. 43).

N박사는 제니를 자신의 일부로 느끼면서 자살 환자들과의 교착상태에서 흔히 나타나는 정신화(mentalization)의 실패를 보여주고 있었다. 그는 자살과 자살 경향성에 대한 제니의 관점이 그 자신의 것과 전혀 다르다는 사실을 놓쳤다. N박사는 그녀의 자살 상태에 대해 염려하고, 그것을 위기로 보고, 그녀에게 그것으로부터 벗어나도록 말하기 위해서 그가 할 수 있는 것이라면 무엇이든 했다. 반면에, 제니는 자살을 일종의 구원으로 생각했다. 그것은 말할 수 없는 절망으로부터 벗어나는 길이었다. 그녀는 그것을 어릴 때부터 근친상간 관계에 갇혔던 느낌을 초월할 수 있었던 유일한 방법으로 발전시켰다. 그러므로, 그녀의 자살 경향성에는 실제로 지배와 일관성에 대한 감각을 유지시켜주고 삶을 계속 이어갈 수 있는 힘을 그녀에게 제공해주는 적응적인 측면이 있었다.

워커 퍼시 상을 수상한 1961년 소설 *The Moviegoer*에서, 만성적인 자살 성향의 케이트는 주인공 빙스 볼링에게 가르침을 준다:

> 그들은 모두 내가 자살 할 거라고 생각하지. 얼마나 우스워. 물론 진실은 완전 반대야: 자살은 나를 살게 해주는 유일한 거야. 다른 모든 것이 안 될 때, 내가 해야만 하는 것은 자살을 생각하는 것이고 금세 바보같이 기분이 좋아지지. 하지만 내가 스스로를 죽일 수 ***없다고*** 하면—아 그러면, 난 죽을 거야. 넴부탈(마취제)이나 살인 미스터리 없이는 살 수 있지만 자살 없이는 살 수 없어. (pp. 194–195)

자살 경향성과 자살 행동은 같은 것이 아니다. 분석가의 과제는 환자가 충동적인 행동들과 환상을 구분하도록 도와주는 것이다(Gabbard and Wilkinson 1994; Lewin and Schulz 1992). 심각한 성격장애와 심한 아동기 외상이 있는 환자들은 정말로 자살 경향성이 있고, 자살의 위험은 신중하게 평가 되어야 한다. 나는 이러한 환자들의 잠재적인 치사율을 과소평가하고 있지 않다. 분석가는 자살 위협에 대해 결코 대범해서는 안 된다. 내가 말하고 싶은 것은 위험에 대한 고도한 불안이 자살 경향성이 환자에게 어떤 기능과 의미가 있는지 분명하게 생각할 수 있는 분석가의 능력을 방해할 수 있다는 점이다. N박사의 정신화의 실패는 제니의 자살 의도를 잘못 읽어낸 것에 기초한 자기 파괴적인 과정으로 이어졌다. N박사는 환자가 환상과 행동이 구별되는 상징적 차원을 구성하는 데 도움을 줄 수 없었다. 이러한 관점에서 성적인 에피소드 이후 7년 후의 추수 만남에서 N박사는 제니가 여전히 자살 시도를 억제하고 있음을 보았는데 이것은 중요하다.

전능감과 상실

분석가의 심리가 적어도 환자의 경우만큼이나 중요하다고 여기는 이 시대에, 우리는 반드시 경계선 침범을 했을 당시 N박사의 마음 상태를 고려해야만 한다. 이전 해에, 그는 그의 분석을 마쳤고, 여동생을 암으로 떠나보내고, 절친한 친구를 자동차 사고로 잃고, 약혼녀에게 버림받았다. 그의 슬픔은 되살아났고, 또 다른 상실에 대한 예상, 즉 환자에 대한 예상은 그에게 매우 압도적이었다. N박사는 그를 특별히 환자에 대해 책임을 지는 데 민감하게 만들었던 가시지 않은 상처나 취약성과 씨름하고 있었다. 그는 그의 인생에서 사랑하는 사람들의 상실을 막지 못하였지만, 그의 환자를 구함으로써 그들에게 실패했다는 생각에 대해 보상할 수 있는 기회를 가졌다. 그의 우울 불안에 반응하여 조적 방어가 활성화되고 그는 환자를 구해야겠다고 결정했다. 이러한 태도에 담겨있는 전능감이 그 때에는 인식되지 않았지만 벌어진 일에 대해 되돌아보게 되면서 점차 인식이 되었다. N박사는 나를 만나고 몇 년 후에 내게 메일을 보내왔다: "저는 사랑이 치유할 수 있고, 심리적으로 잘못된 것들을 의지의 힘과 개인적인 카리스마로 바로 잡을 수 있다고 믿는 경향이 있지만, 최근 들어서는 그러한 관점의 불가피한 한계들/오류와, 전능한 도움이라는 개념을 테스트해볼 필요성, 그리고 그것이 도움에 대한 내 자신의 필요와 전능한 타자에 대한 환자의 필요가 무엇을 의미하는가에 대하여 반복적으로 생각하고 있습니다." 그녀가 자살하려고 하고 있음을 확신하게 되었을 때 그가 입원시키는 것에 대해 주장하지 못한 것은 오직 자신만이 이 환자를 구할 수 있다는 그의 확신을 보여주는 것이었다. 적어도, 병원 동료들은 그가 다른 전략들을 검토해보도록 돕고 그가 자신의 역전이 공모에 대해 보다 충분히 성찰할 수 있도록 사례로부터 충분한 거리를 확보하도록 도와줄 수 있었다.

심각한 경계선 침범의 다른 많은 사례와 같이, N박사와 제니 사이에는 독특한 "결속"(fit)이 있었던 것으로 보인다. 그에게는 사랑을 통해서 치유하고 독특한 형태의 대상관계성—즉, 전능한 치유자와 고마워하는 환자(Gabbard 2000b)—을 실연하려는 상당히 무의식적인 욕구가 있었다. N박사의 부모는 그가 어렸을 때 이혼을 했고, 그는 어머니를 우울과 불행으로부터 지키기 위해서 애쓰며 청년기의 많은 시간을 보냈다. 그는 어머니가 그녀에게 충분히 좋은 남성들과 데이트를 하지 않는다고 항상 느꼈다. N박사는 제니가 많은 부분 어머니처럼 보였고, 돌이켜보면, 그의 어린 시절 어머니를 구조하려고 했던 시도를 어떻게 제니에게 재연하고 있었는지 이해할 수 있었다. 우리는 어머니와 그녀의 유사함 때문에 그녀가 금지되면서도 더욱 유혹적인 대상이 되었을 것이라고 생각해볼 수 있다. 다른 한 편, 환자에게는 이러한 실연을 좌절시키고 그의 전문가적인 명성뿐만 아니라 치료적인 열정을 파괴하고픈 강렬한 욕구가 있었다. 그녀가 치유하려는 그의 노력을 좌절시키면 시킬수록, 그는 그녀를 변화시키려는 영웅적인 노력을 더 많이 했다. 이러한 그들의 "결속"의 독특성은 N박사가 그의 경력 중에 다른 형태의 심각한 경계선 침범이 한 번도 없었다는 사실에도 잘 드러난다. 제니와의 사건 이후, 그는 분석을 더 받기로 결정했다. 그는 제니의 치료 이후 후속적인 침범은 없었다고 보고한다.

자살 환자와 이러한 ***감응성 정신병*** 상태에 들어간 분석가들은 종종 분석이 무엇인지를 잊는다. 그들은 자신의 분석 지식과 훈련이 소용없다고 믿게 된다; 환자를 구하는 것은 그들의 "인격"이라고 생각한다. 이러한 구조 패러다임(paradigm of rescue)은 결핍 모델의 형태를 취할 수 있는데, 여기에서 분석가는 어떤 형태의 공급이 아동기에 결여된 것을 보상할 것이라고 확신하게 된다(Gabbard and Lester 1995). N박사의 사례에서, 결핍을 채우는 것은 그녀의 질에 그의 성기를 삽입하는 행위로 구체화되었다. 환상에서 구체적이고 신체적인 삽입으로의 이러한 퇴행은 이러한 상황에 있는 분석가들이 어떻게 정신증적 마음 상태로 들어갈 수 있는지를 상징적으로 보여주는 것이다. 이러한 원초적으로 변환된 상태에서 분석가들은 환자의 환상들과 소망들을 문자 그대로 받아들일 수 있다.

이런 상황에서 성애화(sexualization)는 죽음에 대항하여 정신없이 서두는 방어일 수 있다. 비존재(non-being)감들은 근친상간 문헌에 잘 서술되어 있다(Bigras and Biggs 1990; Gabbard 1992). 근친상간 피해자의 자기감은 발달 과정에서 심각하게 손상되고, 죽음에 대한 강렬한 감정이 나타날 수 있다. 특히 환자가 분석을 그만두고 자살을 계획하는 것에 몰두하게 될 때 분석가는 이에 상응하는 느낌을 경험할 수 있다(Gabbard 1992). 성애화는 환자와 분석가 모두에게 살아있음과 흥분을 가져다준다는 희망을 줄 수 있다—이는 휴면 중인 치료를 되살아나게 하려는 헛된 노력이다(Coen 1992; Gabbard 1996).

하지만, 성애화에는 환자에 대한 자기파괴적 굴복을 수반할 수 있다. N박사는 그가 환자를 구하기 위해 자신을 희생하고 있었다고 인식하였다. 다른 분석가들도 자신의 돌봄의 정도를 보여주는 하나의 방법으로 자살 환자들에게 피학적으로 굴복할 것이다(Gabbard and Lester 1995). 우리 동료 중 몇몇은 다른 분석가들이 치료하지 못한 "불가능한" 환자를 치료하는 것으로 잘 알려지게 되었다. 이러한 동료들 다수는 탁월한 분석가들이지만, 일부는 종종 자기 부모들과의 문제가 있는 상호작용을 반영하는 상황을 조성하면서 그들의 전문가로서의 삶을 살아가고 있는 것처럼 보인다. 그들은 그들을 거절하고 정서적으로 냉담했던 부모들에게 그들의 가치를 증명해 보이거나 어린 시절의 유기를 다시 작업하려고 시도하고 있는 것일 수 있다. 자신을 복종시켜 환자에게 내어줌으로써, 그들은 그들 자신을 타자를 변화시키기 위해서 타자의 죄로 인해 고통당하고 있는 것으로 보는, 신비한 과대성, 즉 구원자 동일시를 숨길 수 있다. 이러한 피학적 자세는 그들의 삶에서 초기의 대상상실을 반복되는 것에 대한 공포를 반영하는 것일 수 있다. 그들이 그들 자신의 경력에서의 위험을 기꺼이 감수하려는 것은 그들이 또 다른 상실에 직면했을 때 덜 악한 것을 선택하는 것으로 이해될 수 있다. 최근 개인적인 상실이 계속되었다면, 분석가들은 특히 이미 그들을 위협하고 있는 또 다른 형태의 대상상실에 직면하기 보다는 어떤 대가를 치르더라도 환자를 구하려고 하기 쉽다.

예를 들어, N박사는 윤리 규정을 어기려고 하고 있었다. 그는 치료시간을 늘리고, 추가 시간의 비용을 받지 않았고, 치료자와 자고 싶은 환자의 욕구를 충족시켜 줌으로써 그녀의 생명을 구하기 위해 충분한 돌봄의 영웅적 노력을 보이려고 했다. 그는 이러한 일의 결과로 그의 전문직을 상실할 수 있음을 충분히 알고 있었다. 외부의 관찰자에게는 명백하게 근친상간의 재연인 것이 분석가에 의해 숭고한 희생으로 해석되었다.

나는 병리가 심한 자살 환자들에 의해 경계선 침범이 합리화되는 방식에 특별한 아이러니가 있음을 항상 느꼈다. 분석가를 경계선 침범의 나락으로 이끄는 비분석적인 개입의 근거는 분석적 틀로부터 철저하게 벗어나야만 환자에게 영향을 미칠 수 있다는 것이다. 아이러니하게도 외상과 심한 병리가 있는 이러한 환자들은 확실히 그들의 아동기 상황의 재외상화와 경계선 없음을 피하기 위해서 치료에서 수용적이지만 분명한 "경계"가 필요한 사람들이다.

물론, 나는 초기 아동기 외상이 있는 병리적인 환자들에게 접근함에 있어서 엄격해야 함을 주장하고 있는 것은 아니다. 나는 이러한 환자를 치료할 때의 유연성에 대해 일관되게 옹호해왔다(Gabbard 1997; Gabbard and Lester 1995; Gabbard and Wilkinson 1994). 긍정적이고 공감적인 환경은 필수적이다. 내가 강조하고 있는 것은 어처구니없는 경계선 침범들이 단순히 분석 과정을 통해서 그것을 담아주고 이해하는 대신에 아동기 외상을 실연하는 것이라는 사실을 고려하지 않으면 유연성이라는 이름하에 그것들이 합리화된다는 점이다.

결론

정신분석적 치료의 이러한 비극적인 실패에서 우리는 무엇을 배울 수 있을까? 우리는 우선 분석가의 위반에 관련하여 결코 환자를 비난할 수는 없다는 점을 분명히 해야 한다. 환자에게는 전문적인 윤리 강령도 없고 분석 상황의 제한들을 검증할 자격도 없다. 언젠가 베티 조셉이 말했던 것처럼, "환자에게는 분석가를 유혹해보려고 시도할 수 있는 모든 권리가 있다. 분석가에게는 자신이 유혹 당하는 것을 허용할 수 있는 아무런 권리가 없다"(사적 교신, 2001). 그럼에도 불구하고, 자살의 위협은 우리의 경험에 독특한 방식으로 분석가의 정신에 스며들어간다. 그것은 우리가 분석가로서 할 수 있는 것의 한계들을 우리에게 직접적으로 직면시킨다. 이러한 사례들의 분명한 교훈은 분석이 어떤 치명적인 환자들에게는 적절한 치료가 아닐 수 있고, 따라서 다른 조치들이 고려되어야만 한다는 것이다. 정신분석의 또 다른 국경지대는 정신건강의학과의 경계 지점이다. 필요할 때, 우리는 정신약리학, 전기충격요법, 정신건강의학과 입원치료에 대해 잘 알고 있는 동료들의 전문지식을 이용해야만 한다. 우리 모두는 이러한 사례들에서 정신건강의학과 정신분석 사이의 보다 투과성 있는 경계로부터 유익을 얻는다. 때때로 우리는 분석적 치료의 힘을 과대평가할 수 있다.

동시에 여러 다른 상황에서, 우리는 분석을 지나치게 경시한다. 분석가들은 너그럽게 담아주기와 이해의 능력을 너무 쉽게 포기하고 성급하게 경솔한 행동들에 빠져들어간다. N박사는 제니의 전이 적대감을 체계적으로 해석하는 것을 중단하고 있었다고 회상하였다. 그는 쑥스러워하며 언급하길 그가 했던 대부분의 해석 작업은 그녀와 다른 남성들과의 관계에 대한 것이었다고 하였다. 치료의 두 번째 해에 그녀가 치료를 "지루하게" 여기게 되자, 분석가를 향한 분노에 대해 물었지만, 제니는 모든 적대감을 부정했다. 치료의 마지막 몇 주 동안, 그는 고통스럽다고 그녀에게 말했다. 그녀는 표면적으로 친절하게 반응하면서, 그에게 분석가를 해하거나 염려하게 만들고 싶지 않다고 말하였다. 제니는 N박사에게 말하길 그가 노력한 만큼 자신의 생명을 지켜낸 것에 대해 자부심을 가져야 하며 자신이 어릴 적 망가진 것이 그의 잘못은 아니라고 했다. 되돌아보며 그 말이 "조종하는 계략"임을 그는 알게 되었다.

이러한 사례들을 주의 깊게 살펴봄으로써 배우게 되는 또 다른 교훈은 우리 분석가들이 정신분석의 실제에 대해 상당한 양가감정을 갖고 있다는 점이다. 정신분석에 대한 우리의 사랑은 정신분석에 대한 우리의 무의식적인 증오에 의해 계속적으로 위협을 받는다(Steiner, 2000). 우리는 우리의 작업에 부과되는 부담을 견뎌낸다. 우리에게는 다른 직업에서는 찾아보기 힘든 자기절제가 요구된다. 때때로 분석가의 역할은 벗어나고 싶은 구속복처럼 여겨진다. N박사만 사랑이 치료보다 더 효과적이라는 비밀스런 환상을 갖고 있는 것은 아니다. 많은 사례에서 증오는 분석가의 교육 분석가나 연구소에 대한 깊은 분노에 의해서 촉발되기도 한다(Gabbard and Lester 1995).

분석가의 역할과 분석 작업에 대한 이러한 무의식적인 증오는 종종 부분적으로 환자의 시기심과 관련이 있다. 분석 상황에서의 비대칭성으로 인하여 환자의 필요와 환자의 염려에 대한 분석가의 헌신은 윤리적으로 당연한 것이다. 일주일에 4-5회 한 시간씩 다른 사람의 전폭적인 관심을 받는다는 것은 분명히 자주 누릴 수 없는 호사이다. 우리 분석가들도 때때로 그러한 관심을 바란다. 예를 들어, 페렌치는 언급하길 그는 자기 어머니에게 받지 못했던 것을 환자에게 주려고 노력하고 있었다고 하였다(Dupont 1988). 그러나, 그러한 분석 상황은 분석가의 상처를 자극함으로써 이러한 문제를 악화시켰다. 다시 말하면, 페렌치가 그의 환자에게 계속적으로 주었을 때, 그는 그의 개인적인 박탈을 보다 격하게 느낄 수 있었을 뿐이었다. 그는 궁극적으로 상호 분석을 시도해서 자신의 욕구들을 만족시키기 위해서 환자로부터 무엇인가를 되돌려 받으려고 했다. 현명하게도, 그는 이것이 문제가 많다는 것을 인식하고 이 실험을 포기하였다.

그럼에도 불구하고, 내가 경계선 침범 사례들을 자문해온 몇 년간, 분석가가 환자와 함께 카우치에 올라가서 분석가의 개인적인 문제들을 개방하는 것에 대한 합리화로 얼마나 자주 페렌치의 상호분석이 거론되었는지 경험하며 놀랐다. 양자관계에서 증오를 다스리는 것 역시 이렇듯 다양한 형태로 실연이 되는 것 같다다. 프리드만(1995)은 지적하길 상호분석과 박해적 증오(persecutory hate) 사이의 관계는 페렌치의 저술에서 추론될 수 있다고 하였다. 페렌치는 그의 자연스럽지 못하고, 지나치게 정중한 태도가 자기 자신을 박해적 증오로부터 자유롭게 하려는 환자의 노력에 방해가 된다는 것을 인식했다. 그래서 그는 상호분석을 시작했는데 왜냐하면 그것이 환자를 향한 그의 증오를 개방해서 그것을 용서받을 수 있도록 해주기 때문이었다. 페렌치는 환자가 증오를 투사할 때 분석가가 그것을 수용하고 이를 환자에게 고백할 필요가 있다고 느꼈다. 불행하게도, 그는 또한 증오를 본질적으로 현실적이지 않기 때문에 분석가의 더 강한 사랑으로 다룰 수 있는 것으로 보았다. 그러나, 프리드만(1995)이 언급한대로: "어떤 형태의 사랑이 환자의 고통에 대해 적절하고/(혹)은 치유적인 반응일 수 있다는 주장은 단지 환자의 그러한 요구를 고조시키고 분석가에게 엄청난 긴장을 유발하는 견딜 수 없는 압력이 된다"(p. 973).

다른 잘못된 치료들뿐만 아니라, 페렌치와 N박사의 사례로부터 배울 수 있는 또 다른 교훈은 많은 자살 환자들이 "충분히 나쁜 대상(bad enough object)"을 찾고 있다는 점이다(Gabbard 2000b; Rosen 1993). 이러한 환자들은 그들을 내면에서 갉아먹고 고통스럽게 하는 학대하는 내사물(abusive introject)을 담아주는 분석가를 간절히 필요로 한다. 자신이 나쁜 대상으로 변화되는 것을 원치 않는 분석가들은 환자로 하여금 양자관계내에서 증오와 공격성에 도달하도록 그들의 노력을 증대하도록 유도한다(Fonagy 1998; Gabbard 2001). 공격자와 동일시하지 않기 위해서 자석같이 끌어당기는 힘에 저항하는 것은 분석가의 의무이다. 우리는 환자의 화나게 하고, 성가시게 하고, 파괴하고, 학대하는 측면들을 인식하고 반응할 수 있어야만 한다. 미움을 받으면서 그 미움을 이해하고, 불쾌한 정서 상태들을 투사적으로 부정하지 않고 그것들을 통해서 치료실 밖에 있는 부모(혹은 타인)을 보는 것이 분석가의 역할이다.

또한 N박사의 사례는 자문이 유용하긴 하지만 만병통치약은 아니라는 사실을 보여준다. 우리는 우리가 듣고 싶은 말을 우리에게 해주는 분석가를 선택할 수 있다. 우리는 치료의 어떤 측면들을 숨김으로써 그 과정을 오염시킬 수 있다. 우리는 자문가의 충고를 무시할 수 있다. 우리는 분석가와 환자의 근친상간에 준하는 양자관계 밖에 있는 그 어떤 사람도 특정 자살 환자의 특별하고 고유한 특징들을 제대로 이해할 수 없다고 내심 믿을지도 모른다(Gabbard 2000a). 분석가가 지금의 상황을 새로운 관점에서 볼 수 있고 그 관점을 분석가와 나눌 수 있는 자문가를 선택한다면, 이러한 사례들에서 자문은 특별히 중요할 수 있다.

우리의 환자들을 도우려는 이타적인 소망들과 그들을 치유하려는 전능한 노력들 사이의 경계선은 매우 희미하다. 우리는 오직 우리만이 환자를 도울 수 있고, 유용한 것은 우리의 지식과 기법이 아니라 우리의 독특한 인격일 뿐이라는 망상 수준의 확신을 피해야만 한다. 우리는 분석가로서의 우리의 한계들 때문에 어떤 환자들을 잃을 것이라는 사실도 받아들여야만 한다. 이러한 인식은 우리로 하여금 다른 사람을 구원하려는 맹목적이고 과대한 노력으로 우리 자신을 희생하는 피학적인 굴복의 시나리오를 피하게 해줄 수 있다.

우리 가운데 많은 이가 분석가로서의 우리의 훈련에서 자기돌봄을 등한시 한다. 구조요원이나 수상안전요원이 훈련받을 때, 일차로 배우는 것은 물에 빠진 이를 구하기 전에 자기 자신이 우선 안전해야만 한다는 점이다. 이 점이 고려되지 않으면, 한 사람이 아니라 둘 다 익사할 수 있다. 우리는 분석가들을 어떻게 훈련시킬 것인가에 있어서 이러한 철학으로부터 도움을 받을 수 있다. 우리는 타인을 구해내려고 시도하기 전에 우리 개인의 삶을 돌보고 우리 자신의 필요들이 충족되었다는 것을 확신해야만 한다. 이러한 사례들을 연구하면서 얻는 분명한 교훈은 우리의 가장 영웅적인 노력에도 불구하고 자살 환자들은 우리를 끌어내려 그들과 함께 쓰러뜨릴 수 있다는 점이다. 그들 수준으로 끌어내릴 수 있다는 점이다. 우리 자신의 안전을 유지하기 위해서 우리가 할 수 있는 무엇이든 해야 한다는 것을 분명히 하는 것은 우리의 의무이다.

참고문헌

Asch SS: Suicide and the hidden executioner. Int Rev Psychoanal 7:51–60, 1980

Bigras J, Biggs KH: Psychoanalysis as incestuous repetition: some technical considerations, in Adult Analysis, in Childhood Sexual Abuse. Edited by Levine HB. Hillsdale, NJ, Analytic Press, 1990, pp 35–41

Brown L (ed): The New Shorter Oxford English Dictionary on Historical Principles, Vol. 1. Oxford, UK, Clarendon Press, 1993

Celenza A: The misuse of countertransference love in sexual intimacies between therapists and patients. Psychoanalytic Psychology 8:501–509, 1991

Celenza A, Gabbard GO: Analysts who commit sexual boundary violations: a lost cause? J Am Psychoanal Assoc (in press)

Chavrol H, Sztulman H: Splitting and the psychodynamics of adolescent and young adult suicide attempts. Int J Psychoanal 78:1199–1208, 1997

Coen SJ: The Misuse of Objects. Hillsdale, NJ, Analytic Press, 1992

Davies JM, Frawley MG: Dissociative processes and transference-countertransference paradigms in the psychoanalytically oriented treatment of adult survivors of childhood sexual abuse. Psychoanalytic Dialogues 2:5-36, 1992

Dupont J (ed): The Clinical Diary of Sándor Ferenczi. Translated by Balint M, Jackson NZ. Cambridge, MA, Harvard University Press, 1988

Fonagy P: An attachment theory approach to treatment of the difficult patient. Bull Menninger Clin 62:147-169, 1998

Freidman J: Ferenczi's clinical diary: on loving and hating. Int J Psychoanal 76:957-975, 1995

Gabbard GO: Commentary on "Dissociative Processes and Transference-Countertransference Paradigms" by Jody Messler Davies and Mary Gail Frawley. Psychoanalytic Dialogues 2:27-47, 1992

Gabbard GO: Love and hate in the Analytic Setting. Northvale, NJ, Jason Aronson, 1996

Gabbard GO: Challenges in the analysis of adult patients with histories of childhood sexual abuse. Can J Psychoanal 5:1-25, 1997

Gabbard GO: Consultation from the consultant's perspective. Psychoanalytic Dialogues 10:209-218, 2000a

Gabbard GO: On gratitude and gratification. J Am Psychoanal Assoc 48:697-716, 2000b

Gabbard GO: Psychodynamic psychotherapy in borderline personality disorder: a contemporary approach. Bull Menninger Clin 65:41-57, 2001

Gabbard GO, Lester EP: Boundaries and Boundary Violations in Psychoanalysis. New York, Basic Books, 1995

Gabbard GO, Peltz M: Speaking the unspeakable: institutional reactions to boundary violations by training analysts. J Am Psychoanal Assoc 49:659-673, 2001

Gabbard GO, Wilkinson SM: Management of Countertransference With Borderline Patients. Washington, DC, American Psychiatric Press, 1994

Grotstein J: Commentary on "Dissociative Processes and Transference-Countertransference Paradigms" by Jody Messler Davies and Mary Gail Frawley. Psychoanalytic Dialogues 2:61-76, 1992

Hendin H: Psychodynamics of suicide, with particular reference to the young. Am J Psychiatry 148:1150-1158, 1991

Kernberg OF: Borderline Conditions and Pathological Narcissism. New York, Jason Aronson, 1975

Lewin RA, Schulz CG: Losing and Fusing: Borderline and Transitional Object and Self Relations. Northvale, NJ, Jason Aronson, 1992

Maltsberger JT, Buie DH: Countertransference hate in the treatment of suicidal patients. Arch Gen Psychiatry 30:625–633, 1974

Maltsberger JT, Buie DH: The devices of suicide: revenge, riddance, and rebirth. Int Rev Psychoanal 7:61–72, 1980

Menninger KA: Psychoanalytic aspects of suicide. Int J Psychoanal 14:376–390, 1933

Menninger KA: Psychological factors in the choice of medicine as a profession. Bull Menninger Clin 21:51–58, 1957

Money–Kyrle RE: Normal counter–transference and some of its deviations. Int J Psychoanal 37:360–366, 1956

Percy W: The Moviegoer (1961). New York, Vintage Books, 1998

Rosen IR: Relational masochism: the search for a bad–enough object. Paper presented to the Topeka Psychoanalytic Society, January 21, 1993

Rosenfeld H: Impasse and Interpretation. London, Tavistock, 1987

Searles HF: Countertransference and Related Subjects: Selected Papers. Madison, CT, International Universities Press, 1979

Segal H: Notes on symbol formation. Int J Psychoanal 38:391–397, 1957

Shengold L: Child abuse and deprivation: soul murder. J Am Psychoanal Assoc 27:533–559, 1979

Steiner J: Book review of *A Mind of One's Own: A Kleinian's View of Self and Object* by R. Caper. J Am Psychoanal Assoc 48:637–643, 2000

아놀드 골드버그 (Arnold Goldberg)

9

소개

아놀드 골드버그(Arnold Goldgerg)는 일리노이 대학교에서 학사와 의학박사 학위를 받았고 시카고에 있는 정신분석연구소에서 정신분석 훈련을 받았다. 그리고 이곳에서 디렉터로 일해 왔으며 현재 훈련 및 감독 분석가로 재직하고 있다. 그는 프리츠커(Pritzker) 메디칼 스쿨의 정신건강의학과 임상교수로 있었으며 현재는 시카고의 러쉬(Rush)－장로교－성 누가 메디칼 스쿨의 정신건강의학과 교수로 있다. 그는 시카고 대학에서 객원 정신분석 교수로 있었고 현재 시카고에 있는 러쉬 메디칼 칼리지 정신건강의학과의 Cynthia Oudejans Harris 교수로 재직하고 있다. 러쉬 메디칼 칼리지 정신건강의학과 최고교수에게 수여되는 벤자민 러쉬 상을 8번 수상한 것을 보면 그의 교육에 대한 헌신이 어느 정도인지 잘 알 수 있다.

골드버그 박사는 *The Annual of Psychoanalysis*의 편집자이며 *Journal of the Hillside Hospital, The Psychohistory Review, The Journal of the American Psychoanalytic Association, The International Journal of Psychoanalysis*의 편집위원이었고 *Progress in Self Psychology* 시리즈의 편집자였다. 그는 미국뿐만 아니라 국제적으로 폭넓게 강의를 해왔는데 그의 유명한 강의로는 뉴욕의 에드문드 웨일 강연, 콜럼비아 대학교 정신분석 훈련 및 연구 센터의 산도르 라도 강연, 로체스터 대학교 의학센터의 산도르 펠드만 강연, 미국정신건강의학회의 탁월한 정신건강의학과 의사 강연, 미국정신분석협회 총회와 국제정신분석협회 총회의 기조연설이 있다. 그는 매우 다양한 범위의 주제들과 관련된 저작들을 출판했는데, 그것들 가운데 많은 것들이 자기심리학의 새로운 개념(ideas)의 발달과 진보에 초점이 맞추어져 있다. 골드버그 박사는 코헛이 기여한 바를 확장하는 데 중요한 역할을 해왔다. 그는 또한 분석과정의 세부적인 내용들, 도착(perversion)의 심리학, 그리고 분석 구조에 관한 개념들의 발달에 관심을 보여 왔다. 그가 저술한 책을 소개하자면, *Models of the Mind: The Psychoanalytic Theory*(John Gedo와 공저), *A Fresh Look at Psychoanalysis: The View from Self Psychoanalysis*, *The Prison House of Psychoanalysis*, *Being of Two Minds: The Vertical Split in Psychoanalysis*, 그리고 *Misunderstanding Freud*가 있다. 그는 *The Future of Psychoanalysis*, *Advances in Self Psychology*, *Errant Selves: A Casebook of Misbehavior*, 그리고 *Progress in Self Psychology* 18권을 편집하였다. 골드버그 박사는 철학적 정밀성, 분석과정의 세세한 검토, 그리고 일반적인 통념에 대한 조바심에 대한 깊은 몰입을 그 특징으로 한다.

그는 자신에 대해 다음과 같이 말했다.

> 치료는 제공하지 못한 채 단지 비평가 역할만 하는 동안에 나는 미국의 정신분석 상황에서 나의 역할을 찾는데 어려움을 겪는데, 그 상황이 적어도 나에게는 의사가 필요한 환자처럼 보인다. 미국의 정신분석이 매우 걱정스러운 역사적 순간에 놓여있으나 그에 합당한 관심을 받지는 못하고 있다. 나는 다행히도 정신분석이 대접받고 영화를 누리는 시기에 살았으나 불행하게도 그것이 쇠퇴하는 것을 목격했다. 헌신적인 다원주의자로서, 나는 정신분석이 힘을 갖고 생존하는 또 다른 단계로 진화해가기를 희망하나 우리 모두가 그것이 더 관심을 받도록 주시하고 희망하고 최선을 다해 노력하는 길밖에 없는 것 같다.

왜 나는 이 논문을 선택했는가?

아놀드 골드버그

수년간의 강의와 저술을 통해 명심해야할 가장 중요한 점은 청중을 이해하는 것이라는 사실을 나는 알게 되었다. 내가 "공감과 판단 사이에서(Between Empathy and Judgment)"라는 논문을 이 책에 포함시키기로 결정했던 것은 내가 이 논문을 말로 강의할 때나 글로 출판했을 때나 사람들의 반응이 상당히 열광적이었기 때문이었다. 과거에는 내가 쓴 다른 논문들에 대해서도 내심 같은 정도의 자부심을 느꼈었다. 그러나 저널을 구독하는 익명의 독자나 강연에서 졸고 있던 어떤 청중은 내가 나 자신의 논문에 대해서 근본적으로 자부심이 너무 지나치다는 것을 깨우쳐 주었다. 그래서 무한한 자기 확신으로 자신의 논문에 대해서 호의적인 판단을 내리는 것을 나는 이미 오래전에 그만 두었다. 단지 나는 이 논문이 적절하다고 생각했다.

공감과 판단 사이에서[1)]

(Between Empathy and Judgment)

아놀드 골드버그

내가 카알이라고 이름을 붙인 나의 환자는, 앤 랜더스나 디어 애비[2)]에 편지를 쓰고 싶다고 말했다. 그는 동성애자로서의 정체를 드러내기 위한 준비 작업으로 여러 명의 치료사를 거친 뒤에 나에게 왔는데, 각각의 치료사들은 카알이 이런 결정을 실행에 옮기도록 옆에서 도와주었다. 내가 그에 대해 "정말로" 어떤 사람인지를 잘 모르겠다고 표명했기 때문에, 그리고 그가 밝힌 섹슈엘러티[3)]와는 별도로 그의 삶에 대해 내가 묻고 표현했던 관심과 관련된 이런저런 이유들로 인해서, 그는 나에게 분석을 받기로 결정을 했다. 이 분석에서, 그는 자신의 동성애적 환상이 본질적으로는 비 성적인 목적들을 위해서 동원되고 있다는 것을 알게 되었고, 곧 처음으로 다소 적극적인 이성애자가 되었다.

게이 치료사인 내 친구—그 자신도 게이이고 주로 게이들을 치료하는—는 내 환자가 정말로 이성애자라고 말했는데, 이것이 나의 환자가 주장하는 바이고 또 그가 앤 랜더스나 디어 애비에 기고하고 싶어 하는 것이다. 그는 그 누구도, 확신이 없다면 혹은 확신이 들 때까지, 그 자신이 게이라고 말하거나 게이 치료사에게 가라고 하거나

1) 이글은 1997년 12월 미국정신분석협회에서 발표된 기조연설이다. "공감과 판단 사이에서"는 *The Journal of the American Psychoanalytic Association*, 47:351-365, 1999에서 처음 출판되었다. 모든 권리는 American Psychoanalytic Association에 있으며 허락을 받고 실었다.

2) 이들은 신문의 고민상담 칼럼이다(역자 주).

3) 성을 뜻하는 영어 용어로는 섹스(sex), 젠더(gender), 섹슈엘러티(sexuality) 등이 있는데, 섹스는 성의 신체적 측면을 말하는 것으로 성기, 젖가슴 등으로 남성과 여성을 구분하는 측면을 이야기한다. 그러나 이런 측면에서 남성 혹은 여성으로 분명하게 구분할 수 없는 신체적 특성을 가진 이들도 있다. 젠더는 사회학적인 성의 측면을 일컫는 용어로써, 어떤 사회가 남성 혹은 여성의 신체적 특징을 가진 사람들에게 부여하는 특정한 역할의 측면에서 구분한 성을 의미한다. "남자답다" 혹은 "여자답다"라는 표현에서의 남성과 여성은 젠더 측면의 성을 말하고 있는 것이다. 섹슈엘러티는 어떤 성에게 끌리는가의 측면에서 성을 말하고 있다. 예를 들어, 어떤 남성이 성적으로 여성에게 끌리는가, 혹은 남성에게 끌리는가, 혹은 양성에게 다 끌리는가에 따라 동성애, 이성애, 양성애로 구분을 하는데, 이것은 섹슈엘러티 측면의 성을 말하고 있는 것이다(역자 주).

또는 어떠한 결정적인 단계들도 밟아가도록 재촉해서는 안 된다는 것을 그들이 알기를 원했다. 여기에 바로 쟁점의 핵심이 있다. 카알은 분석을 통해서 자신이 정말로 누구인지를 알게 되었다고 말한다. 즉, 그는 확실하게 알 수 있었고, 그렇지 않았다면 그는 게이가 되기로 결정했을지도 모른다. 그리고 그랬을 수 있다는 것 때문에 그는 지금 마음이 상한다. 그는 심각한 실수를 저지를 수도 있었다고 느낀다. 흥미롭게도, 그는 자신이 정말 그런 사람일지도 모르겠다고, 혹은 그런 사람인 것처럼 여겨진다고, 혹은 그런 사람이 되고 싶다고 생각하게 만드는 많은 측면들이 자신에게 있다고 느낀다. 그리고 자신이 소원하는 바, 달라질 수 있었으면 하는 많은 측면들이 자신에게 있다고 느낀다. 그는 분석을 통해서 그에게 이러한 변화들이 일어나기를 기대했는지도 모른다. 그는 더 사교적인 사람이 되기를 원하는데, 분석은 왜 그가 그렇게 되도록 도와주지 못했을까? 그는 자신이 다소 게으르다고 느끼고 지금은 분석이 자신으로 하여금 더 부지런하게 만들어주어야 한다고 주장한다. 그가 자신에 관한 그 어떤 것—말하자면 섹슈엘러티와 같은—을 찾아내어 변화시키려 하는데 이것들을 자신의 참된 속성으로 여기는 것 같고, 다른 한편으로는 그와 동시에 그가 자신의 다른 특성들—말하자면 관계에서 거리를 두는 것과 같은—과 마주치면 그것들에 대해서는 자신의 진정한 속성으로 여기지는 않지만 확연히 변화시킬 수 있는 것으로 여기는 것 같다고 내가 말을 했을 때, 그는 그것에 동의하였다. 그러나 그는 단지 잠재력을 발현시켜주는 것에 제한된 분석에 대해서는 만족할 수 없었다. 분석이 더 많은 것을 하지 않는가? 분석은 단지 우리가 달라질 수 있도록 가능성을 열어줄 뿐만 아니라 우리가 달라지게 만들어야만 하지 않는가?

카알은 자신이 생각하기에 분석가들은 환자를 마치 7월 4일(역자주: 미국의 독립기념일)에 아직 불을 켜지 않은 양초처럼 여기는 것 같다고 말한다. 분석가는 그것에 불을 붙이고, 그 모습이 경탄스럽기를 기대하며 그 광경을 보기 위해 옆으로 비켜선다. 어떤 양초는 밝게 빛을 발하고 어떤 양초는 그렇지 못하다. 이에 대해 양초를 생산한 공장을 비난할 수도 있다. 그러나 분명히 누군가는 이런 양초와 관련하여 더 많이 책임질 필요가 있는데, 이는 그 어느 누구도 그 광경을 보기위해 옆으로 비켜설 정도로 그 양초가 빛을 발하지 못하기 때문이다. 분석이 분명히 이성애적인 측면에 무게를 두고 진행된 것은 아니었다는 것에 그가 동의하긴 했지만 내가 그런 쪽으로 기울었다고 그는 늘 의심해왔다. 내가 주장했던 중립적 입장이 사실은 원칙을 지닌 확신이라기보다 나의 개인적인 혼란스러움과 더 관련이 있다. 그와 나는 목표를 공유했는데 그것과 다른 말을 한다면 그것은 실제보다 더 투명해 보이는 망토 뒤로 숨는 것이리라. 그 또한 그렇게 말을 했다.

본성-양육 논쟁의 이러한 변형은 과거에 정신분석에서는 다소 명확한 해법이 있었다. 이 해법의 일부는 현실적인 신체적 제약들이 존재한다는 것이다. 우리는 사람들의 키를 키우거나 줄일 수 없다. 물론, 그것이 몸무게에 관한 것이라면 꼭 그렇지 않을 수도 있을 것이다. 그러나 신체적이고 생물학적인 새로운 증거가 등장할 때 우리는 움츠러드는 경향이 있다. 우리가 강박장애에 대한 신경학적 기초를 배울 때 우리는 쥐 인간(Rat Man)의 사례를 또 다른 눈으로 읽게 된다. 양극성 장애에 대한 유전적 기초를 확신하게 되면서 우리는 한때 그 원인으로 알고 있었던 역동적 개념화에 대해 관심을 덜 기울이기 시작한다. 그러나 똑같은 이런 유전인자가 의문시 될 때, 우리는 재빨리 우리의 심리학적 입장을 다시 고려한다. 이처럼 우리는 심리에 대한 첨단의 신체적 기초에 얽매어 버린다. 확실히 근본적으로 섹슈엘러티가 그렇다. 그렇지 않은가?

환자에게 제공될 수 있는 혹은 제공되어야만 하는 해결책의 또 다른 일부는, 그래서 환자에게 가장 이익이 되는 것은, 우리 자신의 표준들과 규범들이다. 이것들은 사람들이 어떻게 되어야 하는지를 우리에게 말해주고 우리는 환자들이 가능한 그 기준들에 도달할 수 있도록 작업한다. 우리가 정상이라고 여기고 그래서 바람직하다고 여기는 일종의 발달단계들을 우리는 고안했다. 발달의 정확한 경로를 따라가면서 우리가 최적이라고 여기는 목표를 성취하는 것은, 은밀한 것이든 개방적인 것이든, 우리가 우리의 환자들을 평가할 수 있는 청사진이다. 그래서 우리는 또한 환자가 자기 충족적인 경로를 따라 가도록 의도하는 가운데, 어느 지점에서 그들이 종료해야 하는지를 우리에게 알려주는 지도를 상정한다.

섹슈엘러티(sexuality)와 젠더(gender)의 문제는 단순해 보이고 또 단순해야 한다. 그러므로 과거에 한동안 모든 사람은 이성애자여야만 했었다. 최근에, 정신건강의학은 그리고 (마지못해서) 정신분석은 동성애를 정상적인 것으로 분명하게 옹호하는 방향으로 이동해 왔다. 이성애와 동성애 각각에도 정상적인 것과 마찬가지로 병리적인 것이 있는 것 같다. 즉, 동성애를 포함하거나 동성애에 관련된 여러 가지 고통스러운 상황을 감추고 방어하는 데 기여하는 병리적인 이성애가 존재한다. 상황은 더욱더 복잡하다. 우리는 게이의 난잡함이 이성애적 친밀감에 대한 방어인 것처럼, 동성애적 친밀감에 대해 투쟁하는, 이성애적으로 난잡하거나 일탈적인 남성과 여성이 있음을 종종 본다. 카알을 치료하던 그 어떤 시점에서, 카알은 자신이 동성애든 이성애든 어느 쪽으로도 갈 수 있었을 것이라고 말했다. 그래서 우리는 확실히 양성애를 정상적인 성행위의 또 다른 한 면으로 보아야만 한다. 정신분석이, 분석가의 어떤 결정 없이, 사람들로 하여금 그들이 진정 누구인지 결정하도록 허용하는 것이 맞지 않을까? "그 사람은 정말 이런 사람이다" 이렇게 말할 수 있는 경우는 없다는 것이 맞지 않을까?

클라인주의적인 사고를 변형시킨 옥덴의 이론에 일차적으로 기반을 둔 탁월한 논평에서, 스윗남(1996)은 변증법적으로 젠더가 어떤 시기에는 고정된 것처럼 그리고 또 다른 시기에는 유동적인 것처럼 느껴질 수 있다고 주장한다. 그녀의 주장에 의하면, 서로 다른 심리적 자리들—편집적 자리와 우울적 자리—은 불안, 방어, 대상관계, 주관성, 상징화를 위한 맥락으로 작용하며, 불안을 비롯한 이런 것들은 선형적인 발달 시간표를 벗어나거나 단일 정체성 형성(singular identifications) 대한 이해를 넘어서는 맥락에서는 젠더 경험의 질을 변화시킨다. 스윗남의 의도는 유동성과 고정성을 모두 포용하는 틀을 제공함으로써 프로이트의 생물학적 결정주의와 새롭게 유행하는 다른 연구자들의 문화적 결정주의 사이에 균형을 맞추는 것이다. 생물학과 문화, 신체와 환경 이 둘 사이에서 운신의 폭이 좁은, 아니 어쩌면 옴짝달싹 못하고 있는, 우리 심리학의 처지를 보여주고자 했던 것이 그녀가 지적하고자 하는 바의 핵심이다.

분석에서, 어떤 순간이 되었든, 우리는 일이 어떻게 되어야만 하는지 판단을 하는 것 같고 그 판단에 따라 분석을 진행하는 경향이 있다. 그 판단은 우리가 정확하고, 실제적이고, 옳다고 주장하는 바에 바탕을 둔 판단이다. 생물학이 어떤 때에는 도움이 되는 것처럼, 다른 때에는 문화적 요소가 중요해 보인다. 사람들이 한 가지 이상의 영역에서 한 가지 이상의 방법으로 나아갈 수 있다는 것은 의심의 여지가 없다. 환자로 하여금 결정하게 놔둔다든가 또는 정상적인 발달이 진행되도록 놔둔다고 말하는 것은 조금 순진해 보인다. 우리는 단지 지켜보기만 하는 것은 아니다. 그러나 일단 중립적 입장을 적절치 못한 것으로 철회해 버리면, 우리는 어딘가에 서 있어야만 한다. "진정성"을 수용하는 유행이 새롭게 일어나고 있는데, 우리는 성자가 될 수도 진정한 악당이 될 수도 있다는 사실을 깨달아 이런 유행을 성급히 추종하지 않도록 해야 한다. 한때 내담자들에게 단지 공감만 하면 된다고 했지만, 이제 우리는 그들을 판단하는 것도 할 수 밖에 없다는 것을 깨닫는다. 때때로 두 입장이 이견을 보여서 어떤 통일성의 원리가 필요한 것처럼 보인다. 그래서 지금 공감과 판단을 조화시켜보려고 한다.

두 관점

시작함에 있어서 나는 정신분석의 근본이라고 여기는 몇 가지 기본적 입장을 명확히 하려고 한다. 정신분석은 무엇보다도 일부의 철학자들과 많은 과학자들이 1인칭적 관점—즉, '***나***는 안다, ***나***는 본다, ***나***는 경험한다' 라고 말하는, 세상에 대한 주관적 견해를 중심으로 하는 관점—이라고 불러왔던 것에 전념하는 심리학이다. 이에 대조되는 관점은 3인칭적, 객관적, 외부적 관점인데, 보고 알고 경험하는 그, 그녀, 그것에 대해 말하는 관점이다. 1인칭 관점들은 우리 자신이 개인적인 경험의 유일한 결정요인이거나 혹은 유일한 결정요인이어야 하기 때문에 내적 성찰, 의식적인 개인적 관찰과 평가에 유용하다. 그리고 어떤 사람들이 말하기를 이 관점은 제멋대로라고 하는데 왜냐하면 그 당사자가 자신의 경험을 결정하는 유일한 존재이며 또 유일한 존재가 되어야만 하기 때문이다. 반대로, 3인칭적 관점은 객관적이고 공적인 조사와 검증에 유용하고 과학적인 논쟁에서는 분명히 승리한다. 논의를 더 해보자면, 2인칭적 관점—***네***가 하고 있는 경험—은 내적인 비교와 대리적 성찰을 통해서 다른 사람에 의해서 파악될 수 있는 것으로 생각한다. 3인칭적 관점이 정신분석이 도달해야할 최종적 목표라고 유혹을 받아왔는데, 이것은 정신분석이 겪어온 슬픈 운명이었다. 대부분의 신경생리학자들은 3인칭적 관점이 뇌의 모든 현상을 완벽하게 기술하고 설명해주는 관점이라고 주장하며 그런 이유로 이 관점이 행동에 대한 모든 연구의 목표라고 주장한다. 그러나 전부는 아닐지라도 대부분의 과학자들은 1인칭적 관점과 3인칭적 관점은 다른 것으로 환원될 수 없는 것이라는 점에 또한 동의한다. "나" 경험("I" experience)은 결코 제거될 수 없다. 생물학과 사회심리학이 결코 심층심리학을 대신할 수 없다. 이것들은 보완적이지만 서로 다른 관점들로 남아있다.

심층심리학을 생물사회학적인 최종 설명으로 가는 중간 정거장 정도로 여기는 것 같은 뿌리 깊은 경향 때문에, 1인칭적 관점과 3인칭적 관점의 환원불가성(irreducibility)이라는 이 주제에 대해 설명하고 정당화해보고자 한다. 사람들에 대해 알아야 할 모든 것을 객관적 관점에서 설명하려는 과학적 노력 속에서 정신분석은 생물학과 사회심리학 사이에 끼여 있게 되었다. 그러나 DNA의 구조에 제한된 어떤 연구도 최종적인 표현형(phenotype)[4]을 밝혀낼 수 없는 것처럼, 우리가 뇌의 이런 저런 활동의 결과를 정확히 알아내기 위해서는 신경회로에 대한 연구도 역시 경험을 필요로 한다. 뇌가 어떻게 왜 갈색을 도출해내는지 알게 되었을 때에도, 우리는 여전히 어떤 색깔이 경험되는지 정확히 결정할 필요가 있다. 뇌에 대해 충분히 알면 그 간격을 메울 수 있을 것이라고 생각하는 어리석음을 범하지 말아야 할 것이다. 경험적 추론과 개념적 추론 사이에는 큰 간격이 존재한다. 모든 현상은 결국 신경에 관한 것이라고 확신하며 이 전제를 아무리 지지한다 하더라도, 우리는 똑같은 확신으로 심리적 현상이 그로 인해 무시될 수 없다는 것을 받아들일 필요가 있다. 최근에 어떤 유명한 지각생리학자(perceptual physiologist)는 "지각적 결과들(perceptual findings)을 일차적인 것으로 여겨야하며, 만약 신경생리학적 자료가 그것들과 일치하지 않는다면 그 자료는 틀림없이 잘못된 것"이라고 주장하였다(Uttal 1997, p. 300). 1인칭적 관점은 필수적이다.

섹슈엘러티의 생물학적 선천성을 의심하게 하는 자료가 사회적 측면에서 최근에 축적되었는데, 특별히 여성들과 관련하여 어떤 여성들은 자신의 성적 정체성을 선택할 수 있는 역량이 있는 것처럼 보였다(Golden 1997). 자신이 양성애적임을 알게 된 어떤 여성들은 레즈비언이 되거나 이성애를 선택하는 즐거움을 누릴 수 있게 되었다고 어떤 조사연구는 암시한다. 강력한 사회적이고 문화적인 요소들이 있기 때문에, 생물학은 뒤로 밀려나는 것 같다. 그러나 섹슈엘러티의 유동성은 머니가 행한 엉뚱한 실험에 관한 보고서에 의해서 의문시 되었는데(*Chicago Tribune*, March 14,

4) 유전자와 환경의 상호작용에 의해 형성된 생물의 형질(역자 주)

1997), 머니는 우연히 성기가 절단된 남아를 여아로 키우라고 조언하였다. 수없는 수술과 호르몬 처치를 거친 후에, 그 아이는 결국 자신이 남아였다는 사실을 알고 남아가 되겠다고 주장했다. 생물학 혹은 초기 각인이 이런 결과의 결정적인 요인이라고 이론화할 수 있을 것이다. 그러나 나의 생각으로는, 분석적 지식을 가진 관찰자라면 그 아이 주변에 있는 모든 사람들이 그 아이가 여자로 가장한 남자라는 것을 알고 있었고, 아무리 무의식일지라도 그에 대한 소통이 늘 있었음을 알 수 있었을 것이다. 어쨌든 때로는 생물학이 지배적이고 다른 때는 사회적 요소가 지배적인 것 같다. 그럼에도 불구하고, 아무리 3인칭의 주제들이 연구되고 제기된다 할지라도 1인칭 심리학은 여전히 유효한데, 이는 오직 그런 관점으로만 우리가 주체의 개인적 경험 속으로 들어갈 수 있기 때문이다. 그러나 오직 일인칭 관점에만 의존하는 것이 계속해서 우리의 분야를 어지럽히는 문제들을 야기해왔다는 것도 인정해야만 한다.

정신분석을 더 굳건하고 더 과학적인 것 같은 기반 위에 세우려는 노력은 프로이트의 1895년 프로젝트로부터 시작되었다. 이후에 그런 노력은 하인즈 하르트만에 의해서 계승되었는데, 그는 정신분석이 이해하는 심리학(understanding psychology)이라기보다는 설명하는 심리학(explaining psychology)이라고 주장했다. 하르트만은 대립되는 힘들에 대한 연구와 에너지와 그것의 발현에 대한 연구가 정신분석의 과학적 기반이라고 말했다. 그에게 있어서 심리를 이해하는 것은 믿을만한 것이 아니라서 과학이 될 수 없다. 오직 마음속의 인과적 관계에 대한 설명만이 정신분석을 과학으로 만들고 이런 인과관계는 주관적 경험에 대한 보고들이 아니라 (그의 말에 의하면) 실제적인 정신적 인과관계들로부터 만들어진다. 공감은 잠재적 오류로 가득 차 있을 뿐만 아니라 정신분석에 토대가 되는 인격의 그 부분—무의식—을 무시한다. 하르트만은 믿을만하고 타당화 할 수 있는 객관적인 정신분석을 원했다. 그의 말은 근본적으로 판단들 혹은 진리들이 지배해야만 하는 3인칭적 심리학을 위한 변명이다.

분석과 객관성을 향한 열애는 하인즈 코헛과 그의 동료들이 공감에 핵심적 역할을 부여함으로써 끝장난 것은 아니라 할지라도 식어버렸다. 비록 이 두 하인즈는 친구사이였지만 사상적으로는 매우 먼 관계였다. 코헛이 대리적 성찰로서의 공감에 초점을 맞춤으로 인해 정신분석은 다시 1인칭적 관점으로 되돌아갔다. 이 초점은, 일차적으로 환자의 관점에서 '그 무엇'을 봐야한다는 주장으로부터 진리나 객관성의 존재를 의문시하는 근대후기의 입장 혹은 상대주의적 입장을 수용하는 주장에 이르기까지, 무수히 많은 변형을 겪어왔다. '그 무엇'은 각자가 '그것은 이렇다'라고 느끼는 것이지 다른 사람들이 '그것은 이렇다'라고 말해주는 것이 아니다. 환자의 어린 시절에 발생했던 일들은 역사의 문제라기보다 의미의 문제이다. 우리의 모임들에서 "모든 것은 상황에 따라 다르다(it all depends)"라는 명제가 우리의 모임 시작 주문이 되었을 때, 라쇼몽(Rashomon)[5]은 정신분석의 새로운 문화적 상징이 되었다. 세상을 환자의 시각에서 보는 것은 판단을 유보하고 타자와 실험적으로 동일시해보는 것이다.

공감에 대한 단일한 초점으로 인해 발생하는 문제는 그것이 의식적인 경험에 대해 지속적으로 혹은 일시적으로 탐구한다는 것이다. 대리적 성찰을 위해 다른 사람의 입장이 되어 보았을 때, 그 정의에 따르면 그 내용은 의식적인 것이다. 1인칭적 관점에는 질적인 특성이 있고 인식된 경험들이 담겨있는데, 이것들은 우리의 의식적인 부분에 속한다. 당신이 기억할 수 없는 이름과 지금까지 알 수 없었던 이름 사이의 차이점을 생각해보라. 전자는 다시 인식되어야 하는 그 무엇으로 느껴지지만, 후자는 그 이름이 내게 소유된 적이 없기 때문에 나의 정신 밖에 존재한다. 따라서, 자료를 공감적으로 접근할 수 있는 것으로 제한하는 사람들에게는, 정신분석적 무의식의 역할과 존재가 불확실하다.

확실히, 심리치료와 정신분석에서 공감의 복잡한 역할은, 그것의 내재적 한계를 인식했다고 해서, 축소되지 않는다. 그러나 공감에 의해 획득한 자료에 중요한 다른 요소가 추가될 필요는 있다. 관찰자에게 속한 요소, 바로 그것은 선입견들 혹은 관점들 혹은 이론들로 구성되었다고 볼 수 있다. 그러나 그것은 타자의 시각에서 비롯된 것이다. 그것은 하나의 판단이다. 환자의 순전한 주관적 경험은 관찰자의 판단들에 의해 균형이 맞추어진다. 이 판단들은 관찰자의 이론들이고, 선입견들이고 도덕률이다. 만약 관찰자가 무의식을 믿는다면 여기에 무의식이 더해진다. 그 누군가를 이해하기 위한 목적으로, 우리는 우리 자신과 우리의 믿음을 동원하고, 그래서 모든 1인칭적 관점은 혹은 모든 개인적인 의미에 대한 탐구는 관찰자에 의해서 관찰되고 변화

---

5) 라쇼몽은 羅生門(라생문)이라는 제목의 일본영화이다. 이 영화는 동일한 하나의 사건을 서로 다르게 바라보는 다양한 등장인물들을 그리고 있다(역자 주).

를 겪는다. (그리고 모든 3인칭적 관점에는 아마도 관찰자의 주관적인 색채가 더해질 것이다.) 정신분석적 관찰자이면서 동시에 환자에게 공감적인 연구자는 환자가 보고하는 경험에 대해서 뿐만 아니라 처음에 분석가에게만 노출된 것, 즉 환자의 무의식의 내용에 대해 확신하고 판단한다. 초기에 환자는 이것을 낯설거나 관련이 없는 것으로 느낀다. 무의식적인 것은 1인칭적 현상으로 경험되지 않고 뭔가 익숙하지 않고 자신과 동떨어진 것으로 경험된다. 그것을 주관적 경험으로 끌고 오는 것 혹은 프로이트가 말했던 "이드가 있는 곳에 자아가 있게 하라"(한때 정신분석적 작업으로 여겨졌던) 라는 것을 실현하는 것은, 무의식—어떻게 개념화 하더라도—의 내용에 대해 3인칭적 관점에서 주관적으로 소유하고 개인적으로 의미가 있는 1인칭적 관점으로 이동하는 것을 의미한다. 두 하인즈-하인즈 코헛과 하인즈 하르트만—는 공감과 판단의 이런 화해작업에 함께 해야만 한다.

피분석자의 자서전은 "루소 이후로 자기진술이 아니라 자기 구성(construction)" (Bernstein 1995, p. 70)이며, 분석가가 환자의 무의식에-일차적으로 배타적인 정도까지는 아닐지라도- 존재한다고 알고 있거나 추정하는 뭔가가 그 자기진술 속으로 도입된다. 여기에 사실과 의미, 객관적인 것과 주관적인 것, 판단과 공감, 이 양자 사이에서의 변화와 전환이 추가되는데, 이것들은 우리가 환자들을 이해함과 동시에 판단할 때 우리 모두에게 필요한 것들이다. 공감 혹은 이해 혹은 1인칭 심리학은, 판단 혹은 설명 혹은 3인칭 심리학과 아주 반대되는 것이 아니라는 점을 강조하고 싶다. 오히려 두 가지는 상호작용한다. 그와 비슷하게 잘못된 이분법이 종종 (예술 활동에만 속한다고 잘못 생각되는) 창조성(creativity)과 (과학적인 것에만 속한다고 잘못 생각되는) 발견(discovery) 사이에 적용된다. 정신분석이 예술인지 혹은 과학인지에 대한 논쟁은 잘못된 기반 위에서 행해지고 있는데 이는 이 양자가 연속선상의 양 끝에 있는 것이지 서로 다른 영역에 있는 것이 아니기 때문이다. 공감에 추론이 섞이는 것을 보고 공감적 접근을 잘못하고 있다고 흠잡는 것은 객관성 안에 주관적 요소가 있는 것을 보고 객관성에 대해 비난하는 것과 마찬가지로 그릇된 것이다. 이러한 것들은 개념적인 오류들이다. 발견과 창조성이 그러한 것처럼 공감과 판단은 서로 침투해야 한다. 그러나 분석은 1인칭 심리학 속에서 하는 활동이므로 우리는 분석을 어떤 작가가 "이론에 영향을 받는 자서전(a theory-mediated autobiography)" 이라고 명명했던 것으로 볼 필요가 있다(Bernstein 1995, p. 70). 그래서 우리는 프로이트로부터 클라인, 코헛, 라캉에 이르는 모든 종류의 이론이 어린 시절의 경험을 그리고 참으로 모든 개인적 경험을 그럴 듯하게 다시 진술하는 데 사용될 수 있다고 믿는다. 자서전은 그것을 만들어내는 사람들에 의해 형성되는 것이기 때문에, 이들 재진술들은 모두 진실일 것이다. 정신분석에 의해 드러나는 것은 두 사람에 의해서 기술된, 삶의 1인칭적 설명이며 타자의 판단과 상호작용하는 공감적 설명이다.

임상적 의미들

카알의 이야기로 되돌아가 보자. 그의 이야기는 우리가 1인칭 심리학으로서의 정신분석에 대해 보다 나은 견해를 가질 수 있게 해준다. 카알은 우리가 한동안 연구해왔던, 자기애적 행동장애라는 일종의 임상적 상태를 보여주었다. 그러나 정신건강의학과 정신분석 모두에 몸담고 있는 우리 중의 어떤 이들은 이런 진단 범주에 대해 정말로 당황스러워하는 것처럼 보인다. 그들은 이것을 지나친 공감적인 몰두의 결과로 여기거나 그러한 말들이 무엇을 의미하는지 정중하게 나에게 묻는다. 그 질문에 대해 대답하자면, 이 용어는 불쾌하고, 혐오스럽고, 반사회적인 것으로 여겨지는 행동을 특징으로 하고, 행위자가 느끼기에 마치 그 행동이 자신이 아닌 다른 사람이 저지르는 것처럼 느껴지는 정신병리적 상태들을 지칭한다. 그래서 완벽하게 존경받을만한 어떤 사람은 주기적으로 뭔가를 도적질할 것이고 도덕적으로 완벽한 어떤 여인은 술집에서 어떤 낯선 남자와 상대할 것이고, 또 어떤 정직한 사람은 거짓말을 할 것이다. 나의 환자인 카알은 관음증이 있었는데, 거의 주기적으로 탈의실에서 다른 남자의 성기를 훔쳐보곤 했고 바로 전의 그 이미지 혹은 그것에 대한 기억으로 자위행위를 하곤 했다. 카알은 그런 행동을 하는 자신을 증오했고 그 행동이 마치 다른 사람에 의해 저질러지는 것처럼, 마치 그런 행동이 자신의 행동일 수 없다는 듯이, 자신은 그런 행동을 하지 않을 거라는 듯이 말을 하였다. 우리가 연구해온 환자들은 비교적 상습적인 부정(disavowal)의 모습을 보여준다. 자기 안에서 발생한 분열(split) 때문에 각각 다른 종류의 목표와 야망, 다른 종류의 가치와 욕구, 정말로 겉보기에 각각 다른 심리조직들을 가진 병렬 인격들의 공존이 가능해진다. 전형적으로, 한 인격은 허용되고 다른 인격은 경멸된다. 즉, 하나는 이해받고 다른 하나는 거칠게 판단 받는다. 양자 모두 의식적이라는 사실이 분열에 안겨준 문제에 어떤 분명한 대답을 주는 것은 아니다: 하나는 나(me)이고 다른 하나는 그(him)이다.

후에 코헛에 의해 "수평적(horizontal)" 분열이라고 지칭되었던 억압(repression)에 대해 쓰면서, 프로이트는 환자의 알지 못함(ignorance)을 강조한다: "환자가 일종의 알지 못함으로 인해 고통을 겪기 때문에 만약 그에게 (그의 병과 그의 삶 사이의 인과적 연관성이나 그의 아동기 경험 등에 대한) 정보를 제공하여 그 알지 못함이 제거된다면 그는 회복되게 되어 있다는 생각은 오랫동안 대체되어온 생각이며 겉으로 보이는 피상적인 것들에서 유래된 생각이다. 병리적 요소는 그의 알지 못함 그자체가 아니라 그의 내적 저항들 속에 담긴 알지 못함의 뿌리이다. 이런 알지 못함을 처음으로 드러내는 것이 바로 그 저항들인데, 이 저항들은 여전히 알지 못함을 지속시킨다" (Freud 1910, p. 225). 대조적으로, 프로이트가 성도착자(fetishist)에게서 발견한, 부인이라는 분열(Freud 1927)은 수평적이라기보다 수직적(vertical)인데, 무의식의 내용을 환자가 알게 되어 그것이 비록 의식화되지만 정말로 자기의 부분으로 경험되거나 소유되지는 못하는 경우에 그러는 것처럼, 환자는 알지만 아직은 인정하지 않는다. 그것은 알지 못함의 문제가 아니라 알려지는 것에 관한 혐오의 문제이다. 이 환자들은 스스로를 판단하기는 하지만, 가혹한 초자아로 인한 죄책감으로 고통당하는 이들과는 다르다. 그보다는, 이들은 마치 그들 자신이 기피하는 어떤 사람인 양 자신들을 대하고, 자신들을 3인칭 관점으로 바라봄으로써 자신들의 어떤 부분과 단절한다.

불안하고 우울한 환자들은 자신의 증상을 포기하기 위해 그것으로부터 한 발짝 물러설 수 있는 ***능력이 없다***. 대조적으로, 섭식장애를 갖고 있는 나의 환자는 자신의 폭식에 대해 말하면서, 마치 자신에게 오레오 쿠키를 꾸역꾸역 먹이던 그 사람을 매우 싫어한다는 듯이 회상하며 말했다. 치료 상황에서 치료자나 분석가는 이렇게 냉혹하게 판단하는 내담자의 작업에 종종 합류한다. 통제되지도 못하고 예상치도 못하게 책들을 훔치는 대학교수는 분석가도 자기처럼 그의 행동에 대해 비판적이기를 기대한다. 행동장애가 자신의 심리를 지배하는 환자들을 제외하고, 수직적인 심리적 분열을 지닌 이런 환자들은 이해와 판단 사이에서 살면서, 분석가도 마찬가지이기를 요구한다. 이제 이것은 공감과 판단 사이의 긴장을 탐구하는 가상적 실험실이 된다. 분석가는 비난하지 않고 이해하려고 애쓰면서 환자의 분열을 공유하지만, 거의 동시에 환자는 자신이 그것을 이해하기 전까지는 치료자에게 비난자가 되라고 요구한다. 우리가 불량한 사람을 치료할 때—그가 도둑이건, 거짓말쟁이어건, 관음증자이건, 혹은 중독자이건—우리자신의 중립성을 주장하는 것은 무모한 짓이다. 우리는 언제나 어떤 입장을 취한다. 그리고 우리 중의 어떤 사람들은, 결국 자신이 취한 입장에 대해 냉혹하게 혹은 너그럽게 자신을 판단하게 된다.

아마도 우리의 연구에서 드러났던 더 흥미로운 현상 중의 하나는 우리 그룹에 속한 분석가들이 주장하는 관용(tolerance)과 불관용(intolerance)의 폭에 관한 것이다. 우리 중의 어떤 이는 스토커를 환자로 받은 것을 매우 흡족하게 여기겠지만, 다른 이는 그런 행동에 대해서 전혀 치료적 입장을 유지할 수 없을 것이다. 도둑을 편안히 치료하는 분석가는 약간 특이하다고 여겨지지만(그러나 단지 그룹의 어떤 이들에 의해서만 그렇다), 그것도 우리의 토론 중에 그가 자신의 부패한 모습을 드러낼 때까지만 그렇다. 그것이 드러나는 순간에, 그는 마치 자신이 그 부정직한 환자와 한패가 된 것을 비로소 알게 된 사람처럼 깜짝 놀란다. 관용적인 이해에서 비판적인 판단으로 이동하는 것은, 비록 어떤 멤버들은 더 쉽게 어느 한쪽에 머무르긴 하지만, 우리 그룹 토의에서 일어나는 일상화된 특징이다. 어떤 이의 부정직함은 날카롭게 공격을 받고 비난을 받는데, 어느 정도의 시간이 흐르면서 우리는 우리 모두에게서 순수함의 부족과 내재적인 모순을 보게 된다. 옳고 그름, 진실과 거짓 사이의 날카로운 구분은 개인적인 의견이라는 모호함 속으로 사라지게 된다. 우리가 우리 자신 안에 같은 분열의 색채를 발견하기 때문에, 우리가 환자의 분열된 자기들 사이를 이동할 때 우리의 안정적 발판을 발견하기가 불가능한 것 같다.

하나의 관점에서 다른 관점으로 옮겨가는 것은 라캉 학파 소속인 슬라보예 지젝(1992)이 생생히 보여주었는데, 그는 프레드 월턴의 영화 「낯선 자가 부를 때」(*When A Stranger Calls*)에서 언급된 연쇄살인범의 이야기를 언급한다. 그 영화는 처음에 그 살인범을 이해할 수 없는 대상으로 제시한 뒤 갑자기 그 살인자의 관점으로 이동한다. 지젝은 두 가지 관점인 희생자의 관점과 살인자의 관점, 그리고 그 영화의 갑작스런 뒤틀기를 다음과 같이 논한다. "전체적인 반전효과는 균열, 한 관점에서 다른 관점으로 옮겨가는 것, 지금까지 불가능하고/도달하기 어려웠던 대상이나 신체에 부여하는 변화, 접근할 수 없었던 대상에게 목소리를 부여하고 말하도록 하는 변화, 간단히 말해 그것을 주관화하는(subjectivize) 변화에 달려있다"(p. 57). 일단 살인자와 동일시되면, 그 입장에서 떠나 다시 그를 객관화하고 멸시하는 것이 쉽지 않게 된다. 우리에게는 우리가 전에 확실히 안다고 즐겼던 편안함, 쉽사리 일종의 경고신호(warning)로써 여겨졌던 편안함이 허용되지 않는데, 이는 공감과 판단의 상호침투가 불안정한 상태를 지향하기 때문이며 이런 상태는 분석가의 삶에 더 적합하다. 그러나 우리는 해결의 지점들을 생성해 낼 수 있으며, 이런 지점들은 두 가지를 공유한다. 하나는 프로이트가 분석의 종료 지점을 염두에 두고 우리에게 제시했던 판단적 선고(judgmental condemnation)이고 다른 하나는 자기공감(self-empathy)인데 이 자기공감은 우리에게 늘 존재하는 불확실성과 마무리 부족(lack of closure)에 균형을 회복하기 위해서 필요하다. 그러나 이 해결책은 판단과 공감의 상호침투를 유지한다.

공감, 판단, 그리고 치료

공감을 발견이라고 하고 판단을 창조라고 해보자. 저기만치 있지만 때때로 접근할 수 없는 뭔가를 발견하는 공감과 새로운 자료들을 들여와서 뭔가를 창조하는 판단 사이를 오가는 것은 역설인 동시에 우리가 추구하는 상태이다. 우리가 만들어내는 자서전들은, 필연적으로 우리가 공감을 통해 환자 속에서 발견하기를 희망하는 것에 영향을 미치는, 우리가 동원하는 이론들—우리의 판단—에 의해 조성된다. 이론들을 이용해서 우리는 무의식에 있는 것을 발견하지만 그렇게 할 수 있는 것은 거기에 발견될 뭔가가 있다는 것을 미리 알기 때문이다. 이와 비슷하게, 정신이 수평적으로 그리고 수직적으로 분리시켜놓은, 억압되고 부인된 이질적 영역이 정신의 나머지 영역과 통합될 때, 환자들도 그 분열되었던 영역이 정말로 자신들에게 속했다고 깨닫게 된다. 행동장애를 지닌 환자들을 치료함에 있어서, 먼저 한쪽과, 그 다음에는 다른 한쪽과, 그리고 궁극적으로는 양쪽과 공감할 수 있게 된다. 그러나 문제를 환자와 똑같이 보는 것은 환자와 치료자 모두 소경으로 만든다는 것을 알아야만 한다. 우리는 우리의 주관성에 대해 객관적이어야 한다. 우리가 다른 사람들을 보듯이, 한발 비껴서 우리 자신을 볼 때 우리가 습득한 의미들을 우리는 평가하고 판단할 수 있다.

공감과 판단 사이를 이처럼 오가는 것은 환자 속에서 발견한 것 그리고 조사를 위해 가져온 것을 함께 고려하는 일과 짝을 이룬다. 카알과 관련하여, 내가 알기에 나는 그에게서 관음증을 제거하고 싶어 했으나, 나는 또한 다소 쉽게 그 행위를 이해할 수 있었다. 그리고 나는 그가 자신의 동성애적 갈망을 싫어하면서 그것을 원한다는 것에 대해 그 무엇보다 더 혼란스러웠다. 시간이 지나면서, 그것들이 전이와 관계된 성애화(sexualization)를 나타낸다는 것을 확신하게 되었을 때, 분석에 내 판단을 적용하였고 나는 새로운 구성을 만들어 낼 수 있었다.

정신분석 기술의 역사는 발견으로부터 창조로의 여행을 형성해왔다. 이 분야의 초기 개척자들은 무의식의 내용과 구성을 발견하는 데 열중하였고, 상호작용하는 다양한 이론들을 옹호하는 최근의 사람들은 분석적 작업과 치료적 작업이 같이 엮인 창조적 결과물들을 다룬다. 대부분의 현대 연구자들은 일종의 50 대 50의 타협을 통해 그 난제를 해결하려고 하는 것 같다. 그 누구도 더 이상 분석가의 인격의 중요성을 부인하지 않는다. 마찬가지로, 환자의 과거와 무의식을 고려하지 않아야 한다고 말하는 사람도 없다. 불행하게도, 이에 대한 해결책을 종종 인기투표로 결정하려는 것처럼 보이고, 종종 그것은 모든 환자들에게 적용할 정도로 일반화된다. 그러나 내가 카알과 다른 많은 이들로부터 배웠던 것은 어느 때는 내가 중요하지만 또 어떤 때는 그렇지 않다는 단순한 진리이다. 내가 중요시되지 않았으면 할 때 내가 중요할 수도 있다. 그리고 내가 정말로 중요했으면 할 때 나는 종종 그렇지 못하다. 환자 각각에 대해 내 자신이 다르듯, 그것은 모든 환자에 대해서 다르다. 누군가는 카알이 그가 원하는 것을 내 안에서 찾았다고 말할 것이다. 즉, 그를 이해하고 판단하는 두 가지 모두를 할 수 있는 특별한 조합, 즉 연결이 허용될 정도로 충분히 가까웠고 변화를 허용할 정도로 충분히 달랐던, 그런 조합 말이다. 완벽하게 공감하고자 했다면, 그에게 기회가 없었을 것이다. 가차 없이 판단하고자 했다면, 그에게 공간이 없었을 것이다.

행동장애자들은 이들에게 두드러진 도덕적 주제들 때문에 판단받기 십상이다. 그러나 도덕적 관심은 우리가 행하는 모든 치료에 어느 정도는 존재한다. 그것은 우리의 이론 속에 그리고 우리가 옳고 적합하고 정상적이고 바람직하다고 여기는 것에 대한 우리의 특별한 견해들 속에 잠재해있다. 모든 형태의 정신병리에 다양한 신념들 혹은 의견들이 적용되는데, 그것들은 본질적으로 우리의 편견들이다(Warnke 1987). 선입관이나 편견 없이 환자를 볼 수 있는 방법이란 존재하지 않으며 또한 그것들이 모든 환자들에게 동일하게 영향을 미치는 것도 아니다. 때때로 어떤 환자에게는 공감이 주요 치료 수단이이지만, 어떤 환자들은 우리의 개인적 투여들(inputs), 즉 우리의 인격과 이론 모두에 가장 잘 공명한다. 오늘날의 정신분석가들은 너무 많은 것을 혹은 너무 적은 것을 자신들의 현존(presence)으로 귀인 시킬 위험성을 갖고 있으며 그에 따라 환자의 다양한 필요들을 보지 못하는 위험성을 안고 있다. 우리는 언제나 1인칭적 관점에 초점을 맞추어야 하는데, 이것은 우리의 투여가 환자에게 미칠 영향을 고려하게 한다. 그러나 앞으로의 정신분석적 연구는 환자가 무엇을 핵심 관심사로 여기고 무엇을 주변적인 것으로 여기는지에 대해 보다 잘 알 필요가 있다. 우리의 중요성에 관한 생각이 우리에 대한 또 다른 편견일 수도 있다는 가능성을 과소평가하지 말아야 한다. 공감적이라는 것은 우리가 의도하는 바와 우리가 환자에게 투여했던 것에 대해 판단을 내릴 수 있다는 것을 의미해야만 한다. 이것이 무시되어서는 안 되고 그렇다고 너무 심각하게 받아들여져도 안 될 것이다.

우리 자신들과 우리 환자들에게 있어서 생물학적이고 신체적인 제약요인들은 주관적 경험 그리고 우리가 처한 문화와 얽혀있다. 1인칭 관점과 3인칭 관점의 상호침투는 필요하며 또한 이런 상호침투를 통해서 그 어떤 것이든 특정한 종류의 분석적 자료는 끊임없이 재평가 된다. 그 어떤 순전한 형태도 없고, 또 투여(input)의 형태에 있어서 고정되어 있는 분량도 아마 없을 것이다. 때론 생물학이 매우 중요할 것이고 때론 그렇지 않을 것이다. 사회문화적 요소와 분석가인 우리의 기여에 대해서도 마찬가지이다. 공동구성(co-construction)이 동등한 파트너를 의미하는 것은 아니다. 전이란 우리가 그저 어떤 내면의 동기도 없이 일을 수행하는 것을 의미하지 않는다. 아마도 전이가 일정한 정도의 불확실성을 내재하고 있는 한, 전이는 정신분석을 매우 흥미롭게 만드는 특징일 것이다.

우리 분야를 힘들게 하는 마지막 모순은 대부분의 분석가들이 특별히 불쾌하게 여기는 것인데, 그것은 역사와 허구 사이에 존재한다고 여겨지는 모순이다. 프로이트 이후 우리는 숨어있는 것을 발굴하고 과거를 혼란스럽게 하거나 유물을 파손하지 않기 위해 그것을 매우 조심스럽게 다루는 고고학자에 비유되었다. 그러나 이들 유물들은 단지 과거의 흔적들이며, 이것들 속에서 어떤 학자가 언급한 "내가 만약 거기에 있었다면 내가 목격하게 되었을 것"(White 1978)을 상상력을 통해서 보는 것이 필요하다. 우리가 이런 상상적 중재(imaginary mediations)를 하게 될 때(Ricoeur 1988), 우리는 허구와 역사를 엮어서, 보다 선호되는 어떤 한 형태의 이야기를 재구성을 하게 된다. 이런 역사의 허구화는, 어떤 때는 비극을 쓰게 하고 또 어떤 때는 희극 소설을 쓰게 한다. 역사로서 기억되지만 현재로서 다시 구성되는 것에 대한 우리 자신의 상상적 해석을 우리는 만들어가기 시작한다.

매우 일반적인 정신분석적 작업은 환자가 어린 시절에 겪었던 중요한 일들을 다시 말하게 하는 것이다. 그것에 대한 기억은 재해석을 위한 가능성 그리고 아마도 새롭고 더 나은 이해를 위한 가능성을 펼쳐놓는다. 부모의 이혼 후에, 아빠가 카알과 동생을 데리고 나가기 위해 매주 한 번씩 찾아왔던 것은 그에게 있어서 중요한 순간이었다. 동생과 함께 가지 않으려고 일부러 자는 척 했던 일은 전체 시나리오의 핵심이었다. 때때로 카알은 그 자신만을 위해서 아빠가 돌아올 것이라고 기대했었다. 때때로 그는 엄마와 단 둘이 시간을 보내는 상상을 했었다. 때때로 그는 자신의 행동을 포기하고 동생과 함께 있는 아빠에게 달려가곤 했다. 분석가로서, 나는 그 장면을 상상 속에서 다시 떠올려서 각본을 조용히 쓰곤 하는데, 나는 그 각본이 비록 있는 그대로 제시된 역사이기를 바랐지만 일종의 허구화된 역사(fictionalization of history)로서 새롭게 작성되는 것이라고 받아들이게 되었다.

우리가 1인칭적 관점과 3인칭적 관점으로 그렇게 하듯이, 발견과 창조로 그렇게 하듯이, 공감과 판단으로 그렇게 하듯이, 다시 한 번 우리는 여기서 역사와 허구적 해석을 보고 있다. 그러나 각각의 경우 이러한 혼합은 일을 망치는 것이 아니라 더 풍성하게 하는 것으로 받아들여져야 한다.

후기

분석을 종료한 몇 달 후이자 결혼 직전인 시점에서 나를 보러왔을 때, 카알은 자신의 탄식에 대한 답을 그 자신 스스로 제시하였다. 그의 불평이 그의 부모를 향한 잔재된 전이를 중심으로 구성되었다는 것을, 그의 이야기를 듣는 분석가라면 다 알 수 있었을 것이다. 그의 부모는 완전하지 못했고 그의 아들도 완전하게 키우지 못했다. 카알은 여전히 때때로 남성을 쳐다보고 싶지만 이제는 그가 그 문제를 다룰 수 있고 그 문제와 더불어 살아갈 수 있을 정도가 되었다고 말한다. 어떤 치료에서든 동반되기 마련인 실망감이 나에 대한 그의 감사에 적절히 가미되어 있었다. 나는 기쁘기도 하고 마음이 편치 않기도 했다. 그러나 개인적 만남으로써의 분석, 직업으로써의 분석은 이것저것이 혼합된 가방과 같다는 깨달음에 평안해졌다.

참고문헌

Bernstein JM: Recovering Ethical Life. New York, Routledge, 1995.

Freud S: "Wild" psycho-analysis(1910), in The Standard Edition of the Complete Psychological Works of Sigmund Freud [SE], Vol 11. Translated and edited by Strachy J. London, Hogarth Press, 1957, pp 221-227

Freud S: Fetishism (1927). SE, 21:152-157, 1961

Golden C: Do women choose their sexual identity? Harvard Gay and Lesbian Review, Winter 1997, pp 18-20

Ricoeur P: Time and Narrative, Vol 3. Chicago, IL, University of Chicago Press, 1988

Sweetnam A: The changing contexts of gender: between fixed and fluid experience. Psychoanalytic Dialogues 6: 437-459, 1996

Uttal WR: Do theoretical bridegs exist between experience and neurophysiology? Perspect Biol Med 40: 280-302, 1997

Warnke G: Gadamer: Hermeneutics, Tradition and Reason. Stanford, CA, Stanford University Press, 1987

White H: The Tropics of Discourse. Baltimore, MD, Johns Hopkins University Press, 1978

Žižek S: Enjoy Your Symptom: Jacques Lacan in Hollywood and Out. New York, Routledge, 1992

제이 그린버그 (Jay R. Greenberg)

10

소개

제이 그린버그(Jay Greenberg)는 시카고대학교를 졸업하고, 임상심리학으로 뉴욕대학교에서 박사학위를 받았으며, 뉴욕에 있는 윌리엄 앨런슨 화이트 연구소에서 정신분석 자격증을 받았다. 그는 50편 이상의 논문을 썼다. 지금은 작고한 스테판 미첼과 공동으로 1983년에 저술한 *Object Relations in Psychoanalytic Theory*라는 책은 미국 정신분석계의 기념비적인 책으로서, 대상관계이론을 명쾌하고, 설득력 있고, 놀라운 방식으로 기술하여 미국 자아심리학에 도입하였다. 그의 의견은 부드러웠지만 설득력이 있었고, 강했지만 교조적이지는 않았다.

그린버그 박사는 뉴욕에 있는 윌리엄 앨런슨 화이트 연구소의 훈련 및 감독 분석가이며 뉴욕 대학의 정신분석 박사 후 과정에 소속된 임상 조교수이다. 그는 *Contemporary Psychoanalysis*의 편집자였고, *International Journal of Psychoanalysis* 북미 편집위원회의 위원이었다. 그는 거의 모든 정신분석가들 모임과 단체의 중요한 초청 강사로 활약해왔다. 그의 수많은 수상경력 중에는 미국심리협회 정신분석 분과의 탁월한 학자상, 윌리엄 앨런슨 화이트 연구소의 공로상, 그리고 많은 유명한 강의와 관련된 상들이 있다. 그는 미국정신분석협회의 명예회원이다.

현 미국 정신분석계에서 그가 차지하는 위치에 대해 질문 받았을 때, 그는 다음과 같이 말했다.

오늘날 미국 정신분석계에서 저의 위치요? 그것에 대해 제가 말하는 것이 적합한지 모르겠습니다. 그러나 저 자신을 보건데, 저는 여러 다양한 관점에서 분석가의 작업을 바라보는 데 관심이 있고, 가능한 한도 내에서 그런 일에 친숙한 사람입니다.

대학원과 화이트 연구소에서 내가 받은 훈련—전체적인 방향성은 대인관계적(interpersonal)이었지만—은 다원적이었습니다. 이러한 훈련으로 인해서, 저는 처음부터 다른 전통에 속한 분석가들이 서로 공유하고 있는 것에 대해 깊은 인상을 받았습니다. 그것은 다름 아닌 환자들이 자신들의 삶을 검토해야 하는 어렵고도, 때로는 고통스러운, 작업을 하도록 만드는 것인데, 이를 통해 환자는 자기 경험의 의미를 더 깊이 알게 되지요. 특별히 우리가 속한 문화의 광범위한 맥락 속에서 우리가 행하는 서로 함께 공유한 이런 작업은, 우리 서로의 다른 견해가 함축하는 바를 고찰하고 이론화하는 것을 가능하게 할 뿐만 아니라 그것을 필수적으로 만듭니다.

이론적인 공통점과 차이점에 관한 저의 생각은 처음부터 저의 사고의 한 부분이었던 비교 정신분석에 대한 저의 관심을 유지시켜주고 있습니다. 다음으로, 비교 정신분석적 접근법(comparative psychoanalytic approach)은 통합을 시도하는 모습을 형성하는데, 이런 모습은 최근 대부분의 저의 작업의 특징이지요. 이런 이유로 해서, 물론 다른 학파들의 공로와 가치를 존중하지만, 저는 어느 한 학파의 견해를 추종하지는 않습니다. 임상적 정신분석은 우리의 피분석자의 "사회적 통념"을 탐구하는 것이고 이론을 대하는 우리의 자세 역시 동일해야 합니다. 이런 이유로, 저는 다소 지속적으로 저의 아이디어들을 재고하고, 저 자신을 표현하는 방법들을 찾아내려고 노력하는데 그 방법들이란 환자들과 작업할 때 제가 느끼고 생각하는 것 속에 담긴 뉘앙스를 표현하는 방법들입니다. 저는 분석가로서 계속 변화하기를 기대하고 제가 있어왔던 자리에 대한 친숙함과 제가 향하는 자리가 주는 설렘 사이의 지속적인 긴장을 품고 있기를 기대합니다. 저의 저술을 통해, 저는 긴장과 개방성을, 즉 제가 느끼기에 최선의 작업을 위해 필수적인 이 두 가지를 전달하기 위해 노력합니다.

제가 정신분석 단체들의 제약들에 저항한다는 것을 언급하고 싶고, 또 제가 생각하기에, 제도적인 벽 뒤에 머무는 것을 정당화하기에는 우리가 서로에게 얘기할 수 있는 이런저런 흥미로운 것들이 너무 많이 있다고 지적하고 싶습니다. 그래서 저는 되도록 많은 사람들에게, 특히 저와 의견을 달리하는 사람들에게, 저의 생각을 말하고 싶은데, 왜냐하면 제가 보기에 서로 다른 전통 속에 있는 분석가들 사이에서 우리가 만들어내는 창조적인 대화가 정신분석을 활력 있게 만들기 때문입니다.

왜 나는 이 논문을 선택했는가?

제이 그린버그

나는 특히 "중간태에서의 갈등(Conflict in the Middle Voice)"라는 이 논문을 좋아하는데, 왜냐하면 이것은 정신분석 과제의 핵심적인 많은 문제들을 다루고 있으면서도 여전히 발전의 여지가 있는 논문이기 때문이다. 그러나 여러 주제가 다루어지지만 그 어느 것도 충분히 다루어지지는 못했다. 나는 이 논문에서 여러 갈래의 생각을 펼쳐보였지만 그 생각들 중 어느 것도 해결하지는 못했다. 아직도 다루어져야 할 부분이 많이 남아 있기 때문에 나는 이 논문에 담긴 아이디어들에 대해 지속적인 관심을 가지고 계속 이 아이디어들과 씨름하려 한다. 그리고 여기에 던져진 여러 질문들은 다른 사람들도 다루어보기에 충분한 생산적인 질문이라고 생각한다.

내가 이 논문을 좋아하는 또 다른 이유는, 이 논문이, 우리가 임상적 작업에서 씨름하고 있는 것과 유사한 아이디어들에 관심을 갖고 있으면서 이 아이디어들에 매우 다른 방식으로, 종종 매우 비심리학적인 방법으로, 접근하는 고전주의자들이나 다른 인문학자들과 창조적인 대화를 할 수 있게 해 주기 때문이다. 정신분석은 프로이트의 확신으로 시작이 되었는데, 그 확신이란 일관성 있는 이야기를 만들어내는 것이 신경증을 설명해 줄 수 있을 뿐만 아니라 그것을 치유할 수도 있다는 것이었다. 오늘날, 우리가 신경과학과 밀월관계에 있음에도 불구하고, 또 의료보험 관련 회사들의 성가신 간섭을 염려함에도 불구하고, 우리가 환자와 함께 작업해낸 삶의 이야기는 수천 년 동안 인간의 경험을 깊게 탐구하는 데 헌신해 온 이들이 다루어왔던 주제들을 드러낸다고 나는 믿는다. 많은 학자들과 임상 정신분석가들은 수렴된 민감성과 매우 다양한 관점으로 이들 주제들에 접근했는데, 바로 이점으로 인해 모든 학문분야를 풍부하게 하는 상호교류가 증가될 수 있다.

그러나 우리는 정신분석가들이 텍스트들을 설명할 수 있다고 믿어서는 안 된다. 우리는 단지 여러 종류의 읽기들과 나란히 놓을 수 있는 또 다른 종류의 읽기를 제시할 수 있을 뿐이다. 그리고 우리의 것과는 다른 종류의 읽기에 참여하여 그것들로부터 뭔가를 배우려는 의지를 갖는 것이 보다 더 중요하다고 본다. 중간태(the middle voice)[1]—주로 문헌학자나 최근의 일부 근대후기 문학 비평가들이 관심을 두는 고대 문법의 한 형태—에 대한 나의 논의는 이것의 한 예이다. 이 중간태는 예기치 않게도 중요한 정신분석적 문제를 조명해준다. 마찬가지로, 그리스 비극에 등장하는 많은 주제들은, 그 자체의 용어들을 사용하여, 상담실 안에서 무슨 일이 벌어지고 있는지에 대해 분석가들에게 아주 많은 것을 가르쳐준다. 우리는 매일 피분석자들과 함께 이 주제들을 다루고 있으며, 그래서 우리는 그 주제들이 이 시대에 얼마나 생생하고 얼마나 중요한지를 그 누구보다도 잘 알고 있다. 이런 경험 때문에, 정신분석가들은 고대 문헌을 이해하는 데 매우 중요한 역할을 할 수 있다.

이 논문은 이런 방향의 출발점이며 앞으로 말할 것이 많이 있을 것이다. 이 논문은 내가 작성하는 모든 글에 대한 가장 애정 어린 희망을 반영한다.

---

1) 중간태(middle voice)는 헬라어 등에 등장하는 동사의 한 형태로서 능동태와 수동태의 중간 형태를 의미한다. 예를 들어 '가다' 라는 동사를 중간태로 표현하게 되면 내가 능동적으로 간다는 의미와 누군가에 의해서 수동적으로 가고 있다는 의미를 동시에 내포하게 된다(역자 주).

중간태에서의 갈등[2)]

(Conflict in the Middle Voice)

제이 그린버그

호머의 『오딧세이(*Odyssey*)』의 아주 중요한 장면 중에서－오디세우스의 유모인 유리클레이아가 오디세우스가 돌아온 것을 안 장면－해설자는 겉으로 보기에 흐름에서 이탈한 것처럼 보이는 부분을 삽입한다. 유리클레이아가 오디세우스의 다리에 난 상처를 보게 되어 그녀의 주인이 20년 만에 집으로 돌아왔다는 것을 깨닫게 될 순간에 독자의 관심을 다른 곳으로 돌리면서, 호머는 오디세우스가 청소년 시절에 처음으로 상처를 얻게 된 순간을 묘사한다. 오디세우스가 그의 외조부 아우톨리코스의 고향을 방문했을 때 그는 멧돼지 사냥을 나갔었는데, 그 상처는 그 때 얻은 것이었다. 영웅적으로, 오디세우스가 멧돼지를 발견하여 제거하긴 했지만, 그것을 죽이는 것과 동시에 그것의 엄니에 들이받혔던 것이다.

이 이야기는, 그 시 속에서 정서상 긴장되고 줄거리 상 고조되었던 순간에 등장하기 때문에, 흐름에 맞지 않아서 어떤 주석가들은 이것이 잘못된 삽입이라고 생각하기도 했다. 그러나 최근의 학계에서는, 그와 반대로, 그것이 호머가 기술하고 있는 깨달음의 주제를 계속 이어가고 그 주제를 더 깊게 한다는 주장이 제기되고 있다. 『시론(*Poetics*)』에 있는 진술의 재해석이 말하는 바에 의하면, 아리스토텔레스도 멧돼지 사냥의 이야기는 전체 서사시의 핵심주제를 구현하는 것으로 믿었다고 한다(Dimock 1989를 보라).

그러나 호머의 일탈은 멧돼지 사냥 이야기에 그치지 않는다. 이 이야기는 보다 전에 있던 다른 이야기를, 즉 오이세우스의 작명 장면을 이끌어낸다. 이 이야기는 물론 사회변방에 사는 불한당 같은 사람인 아우톨리코스[그의 이름은 "늑대"를 의미한다]를 포함하고 있다. 도둑질과 욕하는 기술에서 타의 추종을 불허한다고 호머가 기술하

2) Jay R. Greenberg(Ph.D.)가 쓴 "Conflict in the Middle Voice"는 처음 *Psychoanalytic Quarterly*, Volume 74, Number 1, pages 105-120, 2005에 출판되었고 허락을 받아 여기에 실었다.

고 있는, 타인과 신들 모두와 불화하며 고향에서 멀리 떠난 곳에서 삶의 대부분을 보낼만한 사람을 떠올려 볼 때, 아우톨리코스는 그에 딱 적합한 사람이었다. 그래서 손자의 이름을 지어달라고 요청받았을 때, 그는 이렇게 대답한다.

> 그의 이름을 ***오디세우스***라 하라....
> 고통의 아들, 그에게 충분히 합당한 이름.
> (Fagles 1996, p. 403, 19.463-464)

이 구절은 설명이 필요하다. 오디세우스란 이름은 헬라어 동사 *odussemai*에서 유래했다고 알려졌는데, 이 동사는 "고통을 가하다" 혹은 더 강한 뜻으로서 "증오하다"라고 다양하게 번역되었다. 그러나 흥미로운 것은, 그 이름이 이 동사를 중간태 형식으로, 즉 능동과 수동의 균형을 유지하는 형식으로 사용하였다는 것이다(Bernard Knox in Fagles 1996, p. 514). 헬라어는 중간태라는 독특한 동사형태를 갖고 있는 소수의 언어에 속해있는데, 이런 형태의 동사를 이런 형태를 갖고 있지 않은 언어로 번역하기는 쉽지 않다. 그리고 중간태의 동사가 전달하고자 하는 능동과 수동의 긴장을 표현하기는 더욱 어렵다.[3)]

그래서, 오디세우스에게 주어진 이름은, 그가 다른 이들에게 고통을 가할 것이며 그도 고통을 당하게 될 것이라는 것을 암시한다. 그는 증오할 것이며 증오를 당할 것이다. 물론, 아우톨리코스가 "그에게 충분히 합당한 이름"이라고 표현했듯이, 그의 삶은 이것을 실현했다. 오디세우스 이야기는 [트로이, 사이클롭스, 구혼자들]에게 고통을 가하는 이야기이고 [포세이돈의 증오와 고향에 돌아가기까지 10년의 방황세월을] 견디며 고통을 당하는 이야기이다. 이런 맥락에서 멧돼지 사냥의 이야기의 중요성은 분명하다. 이 이야기는 오디세우스가 타자에게 고통을 가함과 동시에 고통을 당하는, 삶에 등장하는 첫 번째 사건을 포착하고 있다. 이 이야기는 그가 그의 이름 속

---

3) 중간태의 다른 용법에는, "나는 나를 만진다(I touch myself)"에서처럼 재귀적 용법이 있다. 이런 경험을 전하는 독특한 동사 형태는 정신분석가들의 흥미를 끌지만, 나는 이 논문에서 외부대상에 대해 능동과 수동의 의미를 동시에 지니는 용법에만 관심을 두려한다. 이런 용법에 대해서는, Bernard Knox(in Fagles 1996, notes)뿐만 아니라 Dimock 1989(pp. 257-260), Mendelsohn 1999(pp. 33-34), 그리고 Peradotto 1990(pp. 132-134)를 보라.

으로 들어가는 순간이라고 말할 수 있겠다(Dimock 1989, p. 258을 보라). 호머의 헬라어에서는, 이때가 영웅적인 순간이었다.

이제 우리는 유모가 오디세우스를 알아보게 되는 이야기의 흐름 중에 왜 호머가 이 두 사건을 삽입하기로 했는지 그 이유를 알 수 있게 되었다. 이 사건들은 우리가 접하고 있는 그 남자가 정말로 누구인지에 대한 질문에 세 가지 다른 관점을 보여준다. 불과 몇 줄 속에서, 우리는 누군가가 고향에서 그를 알아보는 것을 보게 되고, 그의 이름의 의미를 알게 되며, 그의 성인으로서의 특성을 정의하는 순간에 대해 듣는다. 서사시의 이 지점까지, 우리는 그 영웅의 모험과 공적에 대해서 들었다. 이제 고향에 돌아온 순간에, 우리가 지금까지 알았던 그 사람의 특성에 대해 더 많은 것을 알 필요가 있고 또 이제 그럴 준비가 되었다.

임상 자료

자신이 소유하고 있고 행하는 것—그녀의 경력, 가족, 분석—을 가치 있게 여기거나 누릴 능력이 없는 문제 때문에 어려움을 겪어왔던 환자가 체념하는 투로 말했다. "제가 흥분을 하면, 꼭 뭔가가 일어납니다(When I feel excited, something has to happen)." 이렇게 말하는 것은 충동을 경험할 때, 그녀가 그 충동 가운데 부적절하게 행동할 지도 모른다는 두려움을 언급하고 있는 것이다. 그녀가 자주 느끼기에, 그녀는 말이 무심코 불쑥 튀어나오고, 다른 사람과 너무 친밀하거나 혹은 거의 그렇다고 가정하며, 친밀한 감정을 강화하기 위해서 전문적 권위를 포기하는 것 같았다.

이 모든 것들은 오랜 분석 기간 동안 자주 언급되었던, 익숙한 문제들이었다. 첫째, "내가 흥분을 하면..." 이라는 구절을 생각해보자. 이 구절에서 흥분의 근원이 모호하다. 누군가가 그녀를 흥분시킬 수도 있고, 그녀가 그 누군가에 대해서 흥분할 수도 있고, 환상이나 그 밖의 다른 것의 결과로, 아직은 외부의 사물이나 사람에 대한 것이 아닌, 그녀 몸 안에서 일어나는 흥분 경험을 그녀가 기술하고 있는 것일 수도 있다.

그 다음에 일어난 일을 보자. "꼭 뭔가가 일어납니다(something has to happen)"라고 말할 때 태(voice)의 변화가 있다. 여기서, "나(I)"는, 안타깝게도, 문장의 주어인데도 사라져버렸다. 이런 변화로 인해 환자가 예견하고 예측하는 사건의 성질이 매우 모호해졌다. 그 뭔가(something)는 환자가 ***행하는*** 그 무엇일 수도 있고, 그녀가 느끼는 감정을 표현하는 것일 수도 있고, 그 감정을 방어하는 것일 수도 있고, 혹은 죄책감이나 수치심이나 불안과 같은 또 다른 감정으로 이동하는 것일 수도 있다. 그러나 태의 변화가 암시하는 바는, 이후에 발생할 일이 그녀가 주체로서 주도하는 행동일 것인지에 대한 확신이 없다는 것을 암시한다. "꼭 일어나는" 그 "뭔가"는 아마도 그녀가 행하는 행동 중의 하나일 지도 모른다. 그러나 그것은 또한 그 누군가가 그녀에게 행할 그 무엇일 수도 있다.

사실, 그녀가 흥분했을 때 "꼭 뭔가가 일어난다"는 그 생각은 그 시작에 있어서 타자와 함께 하는데, 그 타자는 그녀의 흥분을 관찰하는 자(그것을 억제시키는 어머니, 그것을 이용해먹는 형제, 그것을 요구하는 아버지, 그것을 환영하고 그것을 환자의 과도한 우울에서 벗어나게 하는 것으로 여기고 그것을 유지시키려는 분석가)이다. 흥분의 결과로 발생하는 일 속에서 그녀가 주체로 있을지 객체로 있을지, 능동적 참여자로 있을지 혹은 수동적 참여자로 있을지 우리는 모른다. 그리고 아마 그녀도 모를 것이다.

내가 이 환자를 이해하는 바에 의하면, 능동적임과 동시에 수동적인 경험을 불가피하게 동반하는 불안 중에서도 자유롭게 편안하게 살 수 있는 길을 발견하지 못하는 그녀의 어려움이 그녀가 겪는 심리내적 갈등의 핵심이다. 하나의 해결책은, 욕망을 비워내면서, 탐욕스런 약탈자들[자기의 과대함에 대한 관심으로 인해 그녀를 호전시키고자 하는, 자기애에 사로잡힌 분석가를 포함하여(그녀가 당연히 그런 분석가의 노력에 저항하겠지만)]에 의해 그녀의 기분(feeling)이 약탈당하도록 내버려 두는 것이다. 또 다른 해결책은(현재 상황에서 그다지 명쾌하지 못하고 대체로 잠재적이지만), 자신을 욕망의 담지자로 보면서, 자신이 인간이든 뭐든 그녀 앞에 놓인 모든 것[그녀의 간계에 쉽사리 굴복하는 상처받기 쉽고 취약한 분석가를 포함하여(그녀가 당연히 이런 분석가는 피하겠지만)]을 먹어치우는 야생소년처럼 느껴지도록 놔두는 것이다. 그것도 아니라면, 그녀는 자신을, 갈망하는 주체이면서도 갈망의 대상으로서 경험할 수 있는데, 그렇게 하는 것은 그녀에게 있어서 끔찍한 일이다.

흥분 뒤에 어떻게 뭔가가 꼭 일어나는지 대해 이야기를 나눈 이후 몇 회기를 보낸 어떤 회기에, 이 환자와 나는 극적인 방법으로 그녀의 경험을 실현하였다. 문제의 회기가 있기 하루 전에, 그녀와 나는, 그녀가 뭔가를 원하고 필요로 할 때 얼마나 혼란스러워하는지에 대해 그녀 혹은 내가 이전에 알았던 것보다 더 많이 알게 되었다. 이 혼란은 거의 불가피하게 그녀가 관계하고 있는 사람의 반응에 의해 악화되었다. 상대의 반응이 올바르다고 결코 느껴지지 않았고, 그래서 그녀의 기분은 결코 나아지지 않았다. 놀라고 낙담하여, 그녀는 상대방에게 되받아쳤고, 그로 인해 대체로 논쟁을 촉발하거나 혹은 비통하게 느끼게 만들고 접촉할 수 없다고 느끼게 만드는 상호철수를 촉발시켰다.

비록 그 회기에, 이런 반복되는 상호작용에 관한 아이디어가 그녀에게 "그럴 듯하게 받아들여졌지만," 그녀는 그것을 진정으로 이해하지는 못했다. 그래서 그녀는 그것이 자신의 기분을 더 낫게 만들지는 못한다고 나에게 말했다. 사실, 그녀는 우리가 이전에 이야기해왔던 혼란을 그 어느 때보다도 심하게 경험하는 중이었다. 이것이 그녀의 기분을 절망적으로, 심지어 우리의 오랜 분석이 무용지물로 드러날지도 모른다는 두려움을 느낄 정도까지 절망적으로 만들었다.

그래서 그 다음 회기를 시작할 때, 그녀는 모든 것들이 비참하고 자신은 도움이 필요하다고 말하였다. 그녀는 어제 회기 이후로 뒤틀려버린 모든 것에 대해 불평을 할 수도 있었으나, 그녀는 내가 이런 불평을 그 회기에 대해 반응으로 여길 것이라는 점을, 그리고 내가 우리 사이에 무엇이 진행되었는지에 대해 이야기해야한다고 생각할 것이라는 점을 알고 있었다. 비록 어제 일어났던 일이 중요하다고 알고 있었지만, 그녀는 여전히 그 일에 대해 감정적인 접촉을 잃고 있었고 그래서 그 일로 돌아가기 위해 그녀는 나의 도움이 필요하였다. 그녀는 그 지점에 걸려있었다.

우리 사이에 무슨 일이 진행되는지에 대해 이야기하기 위해 그녀가 도움이 필요하다는 생각에 나는 (말없이) 동의하였다. 나는 그녀가 도움을 청할 수 있다는 것이 기뻤는데, 그것은 그녀에게 있어서 결코 쉬운 일이 아니었다. 그러나 나는 어제 무슨 일이 일어났는지에 대해 별로 관심이 없었고—그리고 무슨 일이 일어났는지 분명치도 않았다—그보다는 오늘 어떻게 이렇게 비슷한 주제가 진행되고 있는지에 더 관심이 있었다. 그녀는 불행 속에 빠져 있었고, 그것은 그녀가 생각해낼 수 있는 전부였고, 그런 이유로 그녀는 나의 도움이 필요했다. 그러나 그 도움이란 그녀가 마음속에 의식적으로 담고 있는 것을 간과하는 것을 의미했고, 그녀가 상상하기에 (정확히) ***내가***

믿는 바 그녀가 생각해야만 하는 그 무엇에 대해 그녀가 생각하도록 내가 그녀를 이끌어 가는 것을 의미했다. 그녀는 계속 수동적으로 남는다. 그녀는 심지어 어떻게 스스로 그 정체에서 벗어날지에 대해 생각할 수 없게 되는데, 이런 상황은 나로 하여금 그녀에게 뭔가를 강요하는 위치에 머물도록 할 뿐만 아니라, 그녀로 하여금 (적어도 잠시나마) 그녀의 관심사가 아니라 나의 관심사를 다루도록 요구하는 위치에 머물도록 한다.

우리가 이야기해왔던 바로 그것이 바로 우리 앞에 놓여있다는 열망에, 나는 내가 생각하는 바 지금 무엇이 진행되고 있는지와 그녀의 혼란스러움을 연결 지으면서 그녀를 위해서 지금 무엇이 어떻게 되어가고 있는지를 설명하였는데, 그녀의 혼란스러움은 그녀가 자신의 필요와 원함을 알게 될 때마다 그리고 타자의 예측할 수 없는 반응과 씨름할 때마다 발생하는 것이었다. 그 혼란스러움이 발생하는 순간에 그것을 포착했다는 흥분 때문에, 나는 너무 많은 말을 했고, 아마도 내 목소리는 너무 열정적이었던 것 같다. 그러나 그녀는 분노했다. 그녀는 어제 일어났던 일에 대해서 도움을 기대했는데, 이 순간에 나는 오늘 일어나고 있는 일에 대해 그녀를 비난하고 있으니 말이다.

그녀는 자신이 나의 도움을 원한다는 것을 알게 되었으나, 이 원함은 그녀의 갈망에 대한 나의 반응에 의해 적어도 어느 정도는 영향을 받는다는 사실을 그녀는 잘 인식하지 못하고 있었는데, 우리는 바로 이 지점에 위치해 있었다. 나는—프로이트와 비온의 잘 알려진 경고에도 불구하고—우리 각자의 개별적인 역사와 우리가 함께 공유한 분석 작업의 역사가 형성해 놓은 특정한 방법으로 ***그녀***를 원하는 그 어떤 사람이었다. 그래서 나의 해석은, 아무리 정확할지라도, 도움을 원하는 그녀의 갈망에 대한 특정한 반응이었는데, 이 반응에는 특정한 방법으로 그녀를 돕고자 하는 나의 갈망이 담겨있었다. 다음으로, 그녀를 돕는 나의 방법을 그녀가 경험하는 방식은 도움을 받기 원하는 그녀의 양가성(ambivalence)에 의해 영향을 받았다. 이 양가성은 상당한 정도로, 그녀가 과거에 갈망했던 사람들이 그 갈망에 대해 어떻게 반응했는가와 관련된 역사의 산물이다.

생각건대, 현 상황에서 그녀는 위안을 얻기 원하고 자신의 혼란에 대해 혼란을 느끼는 중에 내가 그녀를 지탱해주기를 원했지만, 내 갈망의 한 측면은 일들이 계속 흐름을 따라 흘러가기를 바랐던 것으로 보인다. 일의 흐름에 대한 나의 갈망은, 그녀의 갈망이 착취되는 방식으로 다루어지고 그 갈망이 타자의 의제 속에 흡수되어 버리는 것에 대한 그녀의 두려움을 강화시키는 것과 다를 바 없는 것이었다. "내가 흥분을 하면, 꼭 ***뭔가(something)***가 일어나게 된다," 그리고 그 순간에 그 무엇이란 바로 도움에 대한 그녀의 필요가 나의 갈망—대부분 남근적(phallic)이고/혹은 자기애적인 갈망 같은—을 급박하게 증가시키고 있다는 것이었다. 우리는 둘 다 그 회기에 중간태 속에서 놓여있었던 것이다. 그리고 최소한 그 순간에는, 우리는 둘 다 그것을 인식하지 못했다.

중간태에 머물기

물론, 환자의 이런 경험을 그럴 듯하게 설명해 줄 수 있는 많은 것들을 그녀의 개인 역사에서 찾아볼 수 있을 것이다. 그러나 이 논문은 개인의 역사에 관한 것이 아니다. 이것은 주체인 동시에 객체로서 모든 순간을 사는 우리의 삶에 내재된 양가성과 불안에 관한 것이다. 이런 양가성은 헬라인들이 문법적 형태인 중간태를 사용하여 매우 잘 포착했던 양가성이다.

중간태에서의 삶은 만만치 않다. 그래서 중간태를 이론화 하는 것 역시 만만치 않다. 고전 연구가인 존 페라도토가 언급하는 바에 의하면, 헬라어 본문을 읽는 현대 독자들은 어쩔 수 없이 중간태 동사들이 의미하는 바를 포착하는 데 어려움을 겪는다. 우리는 동사들—그리고 사람들—이 어떤 주어진 순간에 능동적이거나 그 반대로 수동적이라고 생각하며, 경험을 인위적으로 이분법화 하여 우리의 이해도를 떨어뜨린다(Peradotto 1990, p. 132). 이것은 정신분석가에게 특별히 위험하다. 우리는 끊임없이 무엇인가에 의해 행해지는 것들과 무엇인가에 대해 행하는 것들의 세계—내가 기술한 시간에 벌어졌던 혹은 기타 분석 시간에 벌어지는 역동을 생각해보라—에 살고 있기 때문에, 능동 혹은 수동 이렇게 배타적으로 생각하는 경향 그리고 그에 따라, 페라도토가 언급했던, 한 차원이 생략되는 현상은 더욱 두드러져 보인다. 당신은 많은 저자들이 그랬듯이, 생략된 것들을 중심으로 정신분석을 이론화했던, 매혹적인 정신분석 이론화의 역사를 구성해 볼 수도 있을 것이다. 그러나 이런 것은 이 논문의 주제가 아니다.

나는 프로이트가 사용한 전략—그것은 특히 그가 갈등이론을 체계화 했던 방법을 따라서 능동태로 말하는 것—에 관해 간단히 언급하고 싶다. 프로이트가 기술한 갈등은 그 뿌리에 있어서 상호체계적이다. 체계내적인 갈등 혹은 타협형성의 편재성을 도입한 후의 이론적 수정에도 불구하고, 근본적으로 갈등은 갈망(desire)과 억제(restraint) 사이에 있는데, 양자 모두 갈등 주체의 의도와 활동을 강조한다. 더욱이, 갈망의 차원에서, 프로이트의 갈등이론은 활동주체(an agent)를 상정하는데 이 주체의 리비도는 특정한 대상(엄마 혹은 아빠)을 지향하며 이 주체의 목표들은 어린 아이의 그것과는 달리 합리적으로 안정적이다.

프로이트의 선택은 근본적으로 개인적인 것이었던 것 같다. 그에게 있어서 가장 중대했던 이론적 변화—유혹 이론의 포기, 환상의 등극, 그리고 그 결과로써 신경증의 원인으로 물리적 실재 대신에 심리적 실재를 설정한 것—를 초래한 원인에 대해 생각해보자. 1897년에 플리쓰에게 보낸 편지에서, 그는 "나는 더 이상 나의 ***신경증 환자****(neurotica)*를 믿지 않는다는 큰 비밀"을 털어놓았는데, 이는 그렇게 많은 비엔나의 유산계층 남자들이 자신의 아이들을 성적으로 괴롭혔다는 생각을 더 이상 유지하기 힘들다는 것을 알았기 때문이었다. 그러나 결정적인 점은, 유혹 이론은 "모든 경우에 ***나의 아버지는 물론이고***, 아버지들이 변태로 비난을 받아야 한다"는 것을 의미한다는 것이다(Freud 1897, p. 259; 이탤릭체는 추가됨). 정복자인 프로이트가 자신을 타자의 대상으로 경험하는 것은 분명히 감당하기 어려운 일이었다.

물론, 프로이트의 딜레마는 내 환자의 딜레마이기도 하다. 우리 자신의 특성과 관련하여, 우리 자신이 하는 경험의 이런 측면을 혹은 저런 측면을—때론 주체인 우리의 어떤 측면을, 때론 객체인 우리의 어떤 측면을— 제거함으로 우리는 우리가 알 수 있는 것들을 제한시킨다. 우리가 중간태라는 개념을 염두에 두고 있으면, 우리는 이런 제거작업이 불편한 느낌을 발생시킨다는 것을 알게 된다. 이런 측면에서, 프로이트와 나의 환자는 흥미로운 사례이다. 프로이트는 자신이 타자의 대상이 되었다는 사실을 일깨워주는 모든 것으로부터 철수했다. 이 사실은 프로이트가 자신의 꿈을 분석하는 방법에서도 분명히 드러난다. 소위 정신분석의 표본 꿈이라 불리는, 이르마의 주사 꿈에 대한 그의 설명에서, 놀랍게도 그가 그의 친구인 플리쓰의 역할을 생략한 것을 생각해보라(Erikson 1954; Schur 1972). 물론 Freud는 이런 접근을 일반화하여 결국 꿈이 소원을 성취하는 역할을 한다는, 꿈의 소원성취 이론을 만들어 냈다. 이 이론은 우리의 갈망을 탐지하는 강력한 도구를 우리에게 안겨주기는 했지만, 다른 사람이 우리에게 행하는 행위에 대한 무의식적 경험이 꿈을 형성하는 데 기여하는 역할에 대해서는 간과하게 만들었다. 중간태 속에서의 삶에 내재된 불안들을 생각해본다면, 프로이트가 그 부분을 생략했다는 것은 그의 이론이 공포를 방어하는 데 사용되기에 적합했다는 것을 암시한다.

내 환자의 해법과 비교해보자. 그녀의 흥분이 그녀로 하여금 혹은 다른 이들로 하여금 무슨 짓을 하게 만들지 모른다는 공포로 인해, 그녀는 자신의 갈망을 비워버렸다. 프로이트의 꿈꾸는 자—소원들로 가득했던—와는 대조적으로 그녀는 아무 것도 원하지 않았다. 그 결과, 그녀는 능동적 주체로서의 그녀 자신과는 접촉을 상실했다. 갈망(desire) 없이는 방향을 설정할 수 없기 때문에, 그녀는 내적인 방향감각이 부족했다. 더욱이, 그녀는 갈망을 타인에게 투사하는 경향성이 있어서, 그녀는 소원으로 가득 찬 사람들로 둘러싸이게 되었다. 그 사람들은 자신들을 위해서 뭔가를 원했고 그녀로부터 뭔가를 얻으려 했다. 그녀를 괴롭히는 혼돈은 이로부터 비롯되었다. 그녀는 자신이 어디로 가기를 원하는지 알지 못했고 그녀가 느끼는 대부분의 것은 다른 사람이 그녀에게 행하는 것에 대한 반응이었고 그것에 대응하려는 그녀의 필요를 반영하고 있었다.

중간태에서 온전히 사는 문제에 대한 프로이트의 해법이나 내 환자의 해법은 충만한 경험을 방해한다. 둘 다 타자의 세상에서 효율적으로 살아야 하는 필요성에서 발생한, 불가피한 불안에 대한 반응이다.

갈등과 주도성

호머 그리고 『일리아드(*Illiad*)』와 『오딧세이(*Odyssey*)』에서 그가 기술한 영웅들은 중간태가 포착하는 공유된 주도성(shared agency)을 명백한 삶의 현실로 받아들인 것처럼 보인다. 이 사실은 신들과 인간들의 관계에 대한 서사적 설명에서 가장 강력하게 발견된다. 두 서사시 안에는 신이 홀로 주도하는 행위가 담긴 일화들이 있고,

인간의 의지가 사건의 흐름을 결정하는 일화들도 있으며, 주도성(agency)이 신과 인간 사이에 조화를 이루며 공유되는 일화들도 있다. 저자나 등장인물들이나, 통제의 흐름이 지속적으로 변하는 것에 대해서 매우 놀라거나 매우 힘들어 하지는 않는 것 같다.

간단한 몇 가지 예들이 서사시 속의 인간 경험을 형성하는 능동과 수동의 혼합을 잘 보여주고 있다.[4) 『일리아드』에서, 파리스가 메넬라우스에 의해 교살 당하려는 순간에 아프로디테는 그를 잡아채서 그의 안전한 침실로 그를 이동시킨다. 이렇게 행하는 그녀의 완벽한 능력은 그 일에 관련된 모든 이들이 인정하는 바였다(Fagles 1991, p. 141, 3.439-441). 그와 같은 일들이 많이 있지만, 신들에 의해 시작되는 다른 많은 일들은 인간의 협력이 필요했다. 잘 알려진 예를 들어보자면, 아킬레스가 아가멤논을 공격하려 할 때에, 아테나 여신이 그를 방문하여 다음과 같이 말한다.

> 나는 당신의 분노를 저지하기 위해 하늘에서 내려왔습니다,
> 오직 당신 자신이 그에 응해주어야만 하지만 말이지요.
>
> (Fagles 1991, p. 84, 1.242-243)

여기서 아테나는 (공격에 대해 양가적인 모습을 보인) 아킬레스를 저지하기 원했지만, 전적으로 그렇게 할 수는 없었다. 이 영웅은 이에 응하거나 저항할 수 있는 힘을 가지고 있다. 일의 결과는 신이 그에게 가한 압력과 그 자신의 선택에 의해 결정될 것이다. 화살을 멈추게 할 수 있는 아테나의 힘 못지않게, 공유된 이런 주도성은 인간과 신 모두가 수용해야하는 삶의 현실이다.

마지막으로, 그 서사시 속의 어떤 사건은 전적으로 인간의 의지에 의해서 발생한다. 이에 대한 가장 극적인 예에서, 『일리아드』에 있는 사건들의 전체 흐름은 아킬레스의 전적으로 인간적인 분노와, 아가멤논의 자신의 권리에 대한 너무나 인간적인 반응 그 자체에 의해서 전개된다.

---

4) 신들도 예외 없이 인간 행동의 대상이 된다. 그들은 자주 인간의 행위로 인해 슬퍼하며, 심지어 인간에 의해서 물리적으로 해를 입을 수 있다. *The Illiad*에서 Diomedes는 Aphrodite에게 상해를 가한다(Fagles 1991, p. 175, 5.380ff).

그 서사시가 쓰인지 3세기가 지나 헬라인들이 수학과 의학과 기타 과학에 비약적인 발전을 이루었던 계몽의 시기에 [그리고 아테네가 전례 없는 정치적, 군사적 성공을 거두는 시기에], 전에 쉽게 받아들여졌던 공유된 주도성은 수난을 당하게 된다. 인간의 잠재성—인간의 지성과 이성에 대한 확신—은 무한한 것 같이 보였다. 변화된 이런 지적 분위기 속에서, 비극이라는 새로운 문학적 양식이 갑자기 등장했다. 비극들 속에서, (인간과 신들 사이에, 그러나 또한 인간 자신들 사이에) 공유된 주도성에 대한 믿음은 계속 유지되었다. 그러나 이제 그 공유함이라는 것은 비극의 저자들에 의해서 문제로써, 그리고 연극의 등장인물들에 의해서 갈등의 근원으로써 비춰지기 시작했다.

비극의 역사학자인 장—피에르—베르낭은, 지배적인 문학 양식으로서의 비극이 단지 100년의 기간에 융성했다가 시든 것을 주목하면서, 비극이 사회적 관심사를 반영하고 있다고 보았는데, 그 관심사란 그가 일컫는 바 소위 "영웅적 가치들과 고대 종교적 표상들"을 넘어 "도시국가 안에서의 법의 도래를 특징짓는 새로운 유형의 사상"으로 나아가는 것이었다(Vernant 1990, p. 26). 진보하는 이런 문화 속에는 우리가 서사시에서 보는, 신의 뜻에 대한 무조건적 순종 같은 것을 위한 공간은 별로 없었다. 대신에, 사람들은 자신들이 만들어서 자신들에게 적용하는 법의 인도함을 받으려 했다.

베르낭은 역사의 한 지점에 대해 이야기한다. 즉, 일단 법의 규율이 아테네에 굳건히 들어서자, 위대한 비극들은 더 이상 만들어지지 못했다는 것이다. 그의 관점을 차용하면서, 다양한 분야의 학자들은 비극들의 여전히 지속되는 호소력에 대해 언급해 왔는데, 이는 급격한 사회적, 과학적, 정치적 변화가 세상 안에서 살고 경험하는 전통적 방식에 지각변동을 일으킬 때, 사람들이 직면하는 어려움들을 비극들이 다루고 있다는 사실에 그들이 주목했기 때문이다. 예를 들어, 정치학자인 리차드 네드 르바우(2003)는 "비극은 근대화에 대한 반응으로 이해할 수 있다.... 변화는 전통적 가치를 위협하면서 새로운 가치가 등장하는 데 기여했다"라고 말한다(p. 25).

이런 공식은 임상 정신분석을 행할 때 대두되는 감정들(sensibilities)과 공명을 이룬다. 베르낭과 르바우의 관점에서 보았을 때, 비극적 전망이 등장하도록 문화적 배경을 조성한 사회적 변화와, 우리 분석가들이 환자들과 함께 통과하는 발달적 과정 사이에는 놀랄만한 유사성이 있다. 그러나 여기에는 한 가지 두드러진 예외가 있다.

즉, 역사적 변화들은 일화적(episodic)이고 심지어 드물게 발생한다. 노벨상을 수상한 시인 체슬라브 밀로즈는 이런 드묾(infrequency)에 대해 다음과 강조한다.

> 사람들은 언제나 어떤 질서 속에서 살고 있으며 그 질서가 끝나는 시간은 알지 못한다. 모든 지금의 개념들과 범주의 갑작스런 몰락은 흔치 않은 일이며 역사의 가장 격변적인 시기에나 벌어지는 일이다. (Milosz, Lebow 2003, p. 25에서 인용)

이 "갑작스런 몰락"은 정신분석적 관점과는 매우 다른 것 같다: 내 생각에는, "지금의 개념들"의 와해와 "근대화"의 요구는 개별화(individuation)의 유비들이다, 이것들은 우리가 알고 있는 바, 의존에서 자율성이 증가되는 방향으로 이뤄지는 발달적 움직임과 유사하다. 베르낭, 르바우, 밀로즈가 사회적 수준에서 언급하고 있는 것은, 타자 속에 묻혀있는 상태에서 벗어나서 자기의 개인적인 삶을 창조하는 방향으로 움직여 갈 때 우리가 보여주는 일상적인 삶의 모습이다. 그래서 문화적 근대화가 가져오는 흔치 않은 일화적 혼란과는 대조적으로, 우리에게 익숙했던 그 "어떤 질서"를 벗어난 세상으로 우리 자신을 이동시키는 그런 방식으로 우리가 자신을 표현하려고 애쓸 때, 우리의 사적인 "지금의 개념들"은 매일 매일 혹은 심지어 순간순간 무너질 위험에 노출되어 있다.

그래서 우리가 그것을 알고 있든 알고 있지 못하든(대부분의 경우 우리는 그것을 알지 못한다), 우리 각자는 각자의 개인적 발달의 과정 가운데서 주기적으로 "역사의 가장 격변적인 시기"를 경험한다. 이것은 비극적 전망이 우리의 경험을 뼈아프게 노출시키고 또 우리의 경험에 의해서 비극적 전망이 노출되는 방식들을 보여주고 있다.

비극들의 특징적인 주제를 생각해보자. 신탁들과 앞으로 일들이 어떻게 진행될 것인지에 대한 예언은 서사시보다는 비극에서 더 두드러진다. 그러나 빈번한 신탁에도 불구하고—그리고 모두가 인정하는 신들의 능력에도 불구하고— 인간들은 언제나 예언된 것을 피해가려고 애쓰며 그 결과 자주 재앙을 당하게 된다. 아마도 이에 대한 가장 널리 알려진 예에서 그것을 살펴보자. 델피에서 아폴로의 신탁에 의해, ***단연코*** 그가 아버지를 죽이고 어머니와 결혼할 것이라는 것을 듣게 된 오이디푸스는 운명에서 벗어나기 위해 길을 떠난다. 그는 신들의 뜻과는 무관하게 자신이 인생의 행로를 일방적으로 정할 수 있다고 믿었다. 이것이 그가 고향을 떠나 다시는 그가 자신의 부모라고 믿었던 사람들을 보지 않기로 결심한 이유이다. 정말로, 오이디푸스의 삶은 매우 오랫동안 특별할 정도로 좋았다. 그는 스핑크스[5]의 수수께끼를 풀어서 테베를 구하였고 20년 동안 이 도시의 선한 통치자로 살았다. 그러나 자신의 뜻을 따랐던 오이디푸스의 시도는 인간 역량의 한계 앞에 좌절되었다. 그가 성취할 수 있었던 것과 (아마도 이보다 더 중요한) 그가 아는 것에, 극이 시작될 때는 상상할 수 없었던 방법으로 제약이 가해졌다.

인간 이성만을 근거로 삶을—신들의 뜻을 따르지 않고 심지어 신들의 뜻에 거슬리는 삶을— 창조하려는 오이디푸스의 시도는 개인의 자율성을 경험하려는 우리의 투쟁을 보여준다. 이런 주제는 많은 헬라 비극의 중심주제이다. 현재 정신분석 용어로, 비극적 갈등은 주도적 경험(experience of agency)의 불안정성과 불완전성에서 비롯된다. 비극들이 문학적 형태로 출현하는 흔치않은 전환기는 우리 자신의 개인적인 발달적 투쟁과 서로 공명되기 때문에, 비극적 주제는 수천 년에 걸쳐 호소력을 지닌다. 헬라 비극 인물들의 전망에 대한 베르낭의 견해는 우리와 우리 환자들이 매일의 임상적 만남에서 어떤 일들을 겪고 있는지 잘 포착한다. 주도성(agency)이 아직 완전히 성취되지 못했기 때문에, 모든 인간 행동은 "미래를 건, 운명을 건, 그리고 자신을 건 일종의 도박이 된다.... 이 도박에서, 자신이 통제할 수 ***없는*** 지점에 서게 되면, 인간은 언제나 스스로 내린 결정의 덫에 갇힐 위험에 처한다"(Vernant 1990, p. 44, 이탤릭체는 원래의 것임).

비극적 인물들의 이야기를 듣고 그들의 교훈을 개인심리학의 용어로 전환하는 일은, 갈등과 개인적인 주도성의 감각(a sense of personal agency)의 성취, 이 양자의 관계에 대해 어떤 것이 전통적 정신분석적 관점이었는지를 다시 생각해 보게 만든다. 갈등의 충동/방어 이론은 이미 상당한 정도로 발달된, 개인적인 주도성을 소유한 주체—Freud의 용어로, 안정적인 심리구조를 이미 소유한 사람—를 필요로 한다. 이런

5) 예언자 티레시아스(Tiresias)와의 맹렬한 논쟁에서, Oedipus는 오만하게 —인간 이성을 사용하여— 신들에게 어떤 도움도 요청하거나 받지 않고 스스로 수수께끼를 풀었다고 선언하였다.

관점에서, 주도성과 갈등은 모두 발달적 성취물이며, 오직 능동적으로 주도하는 자(agent)만이 갈등을 규정하는, 일종의 구조화된 의도들을 소유할 수 있다.

그와는 대조적으로, 비극적 전망과 중간태를 사용함으로써 표출되는 감성(sensibility)은, 주도성 그 자체에 대한 경험이 불가피하게 짧은 기간 동안만 지속됨을 암시한다. 주도성은 역설, 아마도 인간존재의 핵심적인 역설이며, 이로 인해 우리 삶의 모든 순간을 지배하는 갈등이 양산된다. 비극적 인물들의 교훈에 의하면, 매일매일의 삶에서 우리는 주도하는 자(agent)로써 행동해야 하지만, 동시에 다른 이들(신이든 인간이든)도 자신의 주도성을 주장하는 대인 관계적 세상에 우리가 살고 있음을 우리는 또한 알고 있다. 우리의 (개인적인, 가족적인, 문화적인) 역사가 부과하는 제약에도 불구하고, 또 우리의 행동으로 인해 미래에 산출될 결과가 불확실함에도 불구하고, 우리는 자율적으로 그리고 생산적으로 행동하기 위해 노력해야만 한다.

개인의 발달과 아테네 문화 발달의 유사성은, 비극들이 쓰인 후에도 2500년 동안 그것들이 계속 발휘해왔던 호소력을 포착하는 접근법을—물론 이것이, 현재 수용되고 있는 정신분석적 설명과 이질적이기는 하지만— 우리에게 제시한다. 이런 호소력에 대한 프로이트의 설명은 오이디푸스 콤플렉스를 창조하려는 그의 야망과 너무 밀접하게 연결되어 있다. 본문에 대한 역사적 읽기가 정신분석적 사고에 대해 심도 있는 정보를 제공한다는 사실을 그는 알지 못했다. 오늘날, 어느 누구도 그의 발명에 대해 의심하지 않지만, 그의 전략은 분석가들이 다른 학문분야의 독자들과 대화하는 것을 어렵게 만들었다. 갈등의 성질에 대한 프로이트의 좁은 견해—그에게 있어서 갈등은 언제나 내적인 충동과 그에 대한 방어를 의미한다—는 오이디푸스에 대한 프로이트 자신의 읽기를 형성하였고 또 한편으로는 그런 읽기에 의해서 형성되었다.

비극적 전망에서 강조된 중간태 안에서 살아가는 문제와 중간태의 감성을 염두에 둔 용어들로 갈등을 생각해 보는 것은, 그저 갈등을 내포한 우리 자신의 내적 의도들 이외에 더 많은 것을 고려하게 한다. 우리는 이런 갈등들을 경험하는 것과 아울러 타자의 반응과 의도의 대상이 되는 경험에서 오는 갈등도 고려해야만 한다.

이런 방식으로 생각할 수 있다면, 우리는 내가 삽화에서 기술한 방식으로 나의 환자를 볼 수 있게 된다. 분석에서 그녀가 알게 된—그리고 그녀와 내가 함께 실현한— 갈등은 우리 모두를 괴롭히는 다음과 같은 딜레마를 반영하고 있다. 우리의 행동의 이유 혹은 그 결과를 우리가 알 수 없을 때 우리는 어떻게 행동해야 할까? 우리의 갈망이 갈망을 품은 타자를 향하기 때문에 우리의 갈망이 무엇을 촉발시킬지 예상할 수 없다면, 심지어 우리는 어떻게 갈망을 품어야 할까? 나의 환자는 "내가 흥분을 느낄 때, 뭔가가 일어납니다"라고 말했다. 그리고 그녀가 흥분을 느끼는 이유나 또는 그 뭔가가 무엇일지를 알 수 없었기 때문에 그녀에게 있어서 흥분을 느끼는 것은 모든 것이 위태로운 도박과 같았다.

그래서 내 환자가 자신을 갈망을 소유하려면, 내 환자는 흥분의 모호한 근원에 대한 불안을 효과적으로 다루어야만 하고, 자신이 흥분에 따라 행동할 때 초래될 불확실한 미래에 대한 불안을 효과적으로 다루어야만 한다. 그리고 그녀에게나 우리에게나, 이것은 한 번에 끝나는 일이 아니고 (때로는 보다 의식적으로, 때로는 덜 의식적으로) 삶의 순간순간 겪어야만 하는 일이다. 갈등은 불가피한데, 이는 우리 자신에게 가장 충실한 방법으로 행동하는 방법을 잘 모르기 때문이며 또한 스스로의 욕구에 의해 움직이는 타자들이 우리에게 어떻게 행동할지 혹은 그들이 어떻게 반응할지 잘 모르기 때문이다. 주도성(agency)의 경험은, 그것의 한계를 포함하여, 이런 종류의 갈등으로부터 떠올랐다가 다시 그 갈등 속으로 사라진다.

주도성을 경험하려는 욕구를 둘러싼 갈등은 내 환자가 겪는 가장 심각한 딜레마를 구성하였다. 이것은 중간태에 속한 갈등이다. 또한 이것은 한편으로는 타자들이 자신에게 가하는 행동을 감당해야 한다는 것을 인식하고, 또 미래에 타자가 자신에게 어떤 행동을 해올지도 매우 불확실하다는 것을 인식하면서도 다른 한편으로는 타자에게 행동해야 할 필요성과 씨름하는 비극적 영웅들이 겪는 갈등이다. 내 환자에게 있어서 그리고 우리 모두에게 있어서, 인간성을 지닌다는 것은 대인관계적 세상에서 능동적으로 주도하는 자(active agent)로서 자신의 위치를 확보하는 것이며 그것은 또한 타자의 주도성에 따르는 것이다. 그리고 이것은 과거에도 그랬고, 현재도 그러하며, 미래도 그럴 것인데, 이렇게 하는 것은 모두에게 주어진 동일한 운명이다.

참고문헌

Dimock G: The Unity of *The Odyssey*. Amherst, University of Massachusetts Press, 1989

Erikson E: The dream specimen of psychoanalysis. J Am Psychoanal Assoc 2:5–56, 1954

Fagles R (trans): Homer's *The Odyssey*. New York, Penguin, 1996

Fagles R (trans): Homer's *The Iliad*. New York, Penguin, 1991

Freud S: Letter 69 (to Fliess, 1897), in The Standard Edition of the Complete Psychological Works of Sigmund Freud, Vol 1. Translated and edited by Strachey J. London, Hogarth Press, 1966.

Lebow R: The Tragic Vision of Politics: Ethics, Interests and Orders. Cambridge, UK, Cambridge University Press, 2003

Mendelsohn D: The Elusive Embrace: Desire and the Riddle of Identity. New York, Alfred A Knopf, 1999

Peradotto J: Man in the Middle Voice: Name and Narration in *The Odyssey*. Princeton, NJ, Princeton University Press, 1990

Schur M: Freud Living and Dying. New York, International Universities Press, 1972

Vernant J-P: The historical moment of tragedy in Greece: some of the social and psychological conditions, in Myth and Tragedy in Ancient Greece. Translated by Lloyd J. Edited by Vernant J-P, Vidal-Niquet P. New York, Zone Books, 1990.

윌리엄 그로스만 (William I. Grossman)

11

소개

윌리엄 그로스만(William Grossman)은 뉴욕대학교에서 문학사와 의학박사 학위를 취득했으며 뉴욕정신분석연구소에서 분석 훈련을 받았다. 또한 그는 앨버트 아인슈타인 의과대학의 정신건강의학과 임상 교수로 재직해 왔으며, 뉴욕정신분석연구소의 교육 및 감독 분석가로 정신분석 이론의 다양한 과목들을 가르쳐 왔다. 그는 뉴욕정신분석학회의 이사회와 프로그램 위원회와 뉴욕정신분석연구소의 교육과정 및 교육 위원회의 이사이자 위원으로 활동해 왔다.

그로스만 박사는 *Psychoanalytic Quarterly, The International Journal of Psychoanalysis, Psychoanalysis and Contemporary Thought, The Journal of Clinical Psychoanalysis*의 편집위원과 또한 *Neuropsychoanalysis*의 자문위원으로 활동해 왔다. 그는 수대의 정신분석가들에게 헌신적인 스승이었다.

그로스만 박사는 또한 뉴욕정신분석학회의 A. A. 브릴 기념 강연, 콜롬비아대학교 정신분석 훈련센터의 산도르 라도 강연, 뉴욕정신분석연구소의 프로이트 기념일 강연과 하인즈 하르트만 상 수상 강연을 담당한 바 있다.

그로스만 박사는 분석적 임상 작업의 핵심을 설명하려는 노력에서부터 정신분석의 발달을 사상과 과학의 역사라는 맥락 안에 포함시키려는 시도에 이르기까지 정신분석 분야에 폭넓은 기여를 해왔다. 그는 주로 다양한 이슈가 시작된 맥락을 먼저 살펴 본 다음, 그와 관련하여 논란이 되는 부분을 다루는 방법을 취한다. 남근선망에 관한 그의

1976년 논문은 이것의 좋은 예이다. 이 논문에서 그로스만 박사는 프로이트의 남근선망의 개념을 다시 살펴본 후, 아동발달, 성정체성, 그리고 문화적 영향에 관한 최근의 지식 체계 안에서 그 개념의 위치를 재정립했다. 그는 정신분석적 개념을 신랄하게 비판해 왔으며 자기의 개념, 피학증, 임상에서 이론의 역할, 이론과 기법의 관계 등에 대한 주요한 논문들을 썼다. 그의 논문들은 심오한 철학적 역사적 사상의 깊이를 반영하고 있다.

그는 자신에 대해 다음과 같이 표현했다.

> 나는 그동안 정신분석적 이슈들이 오늘날 가지는 의미와 중요성에 대해 내가 구성한 관점에서 언급하였다. 내 견해로는, 내가 정신분석적 개념의 발달에 있어서 정신분석적 관점을 적용해온 것으로 보인다. 또한 나는 수년간 정신분석 기관들의 후보생과 졸업생들을 가르쳐왔다. 또한 정신분석 학계의 핵심 인물들의 컨설턴트로서, 독자로서, 자문위원으로서, 비평가로서의 역할을 담당해 왔을 뿐만아니라 젊은 작가에게 코칭을 제공하는 특권을 누려왔다.

이 논문을 선택한 이유

윌리엄 그로스만

내가 "환상으로서의 자기: 이론으로서의 환상(The Self as Fantasy: Fantasy as Theory)" 논문을 이 책에 포함시킨 이유는 이 논문이 내가 정신분석적 개념을 다루는 방식을 집약해서 보여주는 좋은 예이기 때문이다. 이 논문은 먼저 이 주제에 대한 정신분석적 개념이 발달해온 또한 발달해 갈, 비정신분석적인 맥락을 제공한다. 이 논문은 또한 이 개념이 정신분석 내에서 사용되어 온 방식을 보여준다. 동시에, 이 논문은 정신기능과 이론을 '환상' 으로 본 프로이트의 관점을 사용하여 자기라는 개념을 심리적 개념과 복잡한 구성물이라는 다소 다른 관점에서 조명한다. 또한 이 논문은 아동관찰에서 나온 최근의 추론의 발달과 비판으로 인해 이 개념의 위치가 재고되고 있음을 보여주고 있다. 이것을 통해 나는 동물 행동과 인간 발달 연구 사이의 어떤 연속성이 있음을 제시할 수 있었다.

환상으로서의 자기

이론으로서의 환상[1)]

(The Self as Fantasy: Fantasy as Theory)

윌리엄 그로스만

정신분석에서 자기(self)의 문제는 전통적 철학과 정신분석이라는 두 개의 주요 축을 둘러싼 다양한 이슈의 교차점에 위치하고 있다. 첫 번째 전통적 철학의 축은 보다 긴 역사를 지닌 축으로, 매일의 사적인 자기 경험－즉 자기자각(self-awareness), 자기의식(self-consciousness), 자기관찰(self-observation), 자기존중감(self-esteem), 자기결정(self-determination), 그리고 자기의지(self-will)－을 정신과 육체, 자유의지, 자기와 세상과의 관계와 같은 고대의 철학적 딜레마와 연결시키고 있다. 두 번째 축은 정신분석적 축인데, 임상적 상황의 구체적인 사건들과 환자의 주관적 경험이 이 축의 한 쪽 끝을 이루고, 체계적이고 이론적인 개념의 집합체가 반대 쪽 끝을 이루고 있다. '자기'라는 개념은 이런 좌표들과 그것과 관련된 다양한 관점들을 연결시킨다. 이런 관점들을 한꺼번에 모두 조망할 필요는 없지만, 정신분석에 있어서 일상적이고 사적인 철학의 축은 반드시 고려되어야 한다. 이론적 평가의 영역에 있어서도, 이 축을 무시하는 것은 자기의 개념을 축소시키고 재정의하는 결과가 될 것이다. 이러한 재정의는 일종의 혼란을 초래할 수 있는데, 이러한 혼란은 대중적 언어나 다른 과학에서 빌려온 용어가 정신분석적으로 사용된 경우 발생하기도 하였다.

---

1) 이 논문은 1980년 12월 뉴욕에서 열린 미국정신분석협회 가을 모임에서 "Psychoanalytic Theories of the Self" 토론회에서 발표되었다. 이 논문이 발표된 후에, 여기에서 제기된 문제들을 바라보는 대안들을 보완하고 제시하는 Spruiell(1981)의 논문이 발표되었다.
William I. Grossman, M.D. "The Self as Fantasy: Fantasy as Theory" 는 The Journal of the American Psychoanalytic Association, 30:919-937, 1982에 게재되었다.

이러한 양 축 간의 상호관계를 논하는 것은 이전의 논문에서 다루었던 내적 성찰(Grossman, 1967)과 의인화(anthropomorphism, Grossman, 1969) 이슈의 확장이라고 볼 수 있다.

이 논문의 핵심은 다음과 같다. 첫째, 정신분석 이론 내에는 환자의 경험에 대한 주관적인 관점과 객관적인 관점 간의 근본적인 긴장이 존재한다. 둘째, 이 긴장은 환자의 경험, 즉 환자의 개인적인 자기개념 자체에 내재되어 있다. 셋째, 이 긴장은 자기 관련 철학이나 다른 이론에서도 결코 피할 수 없는 측면이다. 더욱이 주관적인 경험을 출발점으로 삼거나 환자로부터의 의사소통으로 보는 심리학이라면 필연적으로 이 주관성과 객관성 간의 긴장에 직면할 것이다. 이러한 긴장으로부터 자유로운 유일한 관점이라면, 환자의 언어적 진술을 자신에 대한 표현으로 보지 않고 그것이 환자에게 지니는 주관적 의미와 관계없이, 환자의 다른 행동과 연결해야 하는 일종의 기술(description)이라고 보는 엄격한 행동주의적인 관점이 있을 뿐이다. 넷째, 직접적인 유아관찰에서 나온 이론들은 객관적으로 관찰된 유아의 행동을 유아의 정신적 활동(주관적인)과 동일한 것으로 간주함으로써 이 긴장을 회피하려고 한다. 이 관점은 주관적 의미를 관찰된 행동으로 대체함으로써 주관과 객관의 경계를 모호하게 만든다.[2]

자기에 관한 이 두 개의 축—일상적이고 사적인 철학의 축과 임상적이고 이론적인 정신분석의 축—은 얼핏 보면 추상성과 구체성의 두 축을 의미하는 듯하다. 그러나 이것은 이 두 축의 차이에 대한 설명으로 적절하지 않다. 그보다는 각각의 축이 주관성과 객관성의 관점을 동시에 담고 있다고 보는 것이 적절할 것이다. 자기에 관한 주관적인 임상적 자료와 객관적인 정신분석 이론 각각에 개인적이고 철학적인 자기개념이 포함되어 있다. 이 논의는 정신분석 이론 내의 주관과 객관의 이중성의 기원과 성질을 다루면서 더 명료해 질 것이다.

이 이중성은 세 가지 기원을 가지고 있다. 첫째, 프로이트가 초기의 정신분석적 자료를 구성하는 데 사용한 관점이 그것이다. 프로이트는 인간에게는 종족의 존속과 개인적 자기의 안녕을 지키려는 이중적 지향(dual orientation)이 있다고 보았다. 성적

---

2) 주관성과 객관성에 대한 훌륭한 철학적 논의라면 Nagel 1979를, 임상적 논의라면 Bach 1980를 참조하라.

본능에 관한 논의에서 프로이트 (1914, p. 78; 1915, pp. 124-125)는 성적 본능이 종족 번식과 개인의 쾌락(향유)이라는 두 가지 목적을 가지고 있으며, 이 두 개의 목적이 항상 조화를 이루는 것은 아니라고 하였다(Freud 1916-1917, pp. 413-414). 그렇다면, 인간의 심리 역시 인간의 생물학적 보존과 밀접하게 관련되어 있다고 볼 수 있다(Freud 1914, p. 78). 인간은 사람인 동시에 유기체이다. 인간의 심리는 자기 자신과 자신이 속한 사회의 안녕을 추구한다. 그의 사랑과 증오는 자신과 대상 사이에서 나뉜다. 그의 심리는 자신과 과거의 대상, 그리고 과거의 자신을 포함하고 있다. 그의 의식은 외적으로 또한 내적으로 향해 있다. 이러한 인간의 이중적 지향에 걸맞게 Freud는 임상 장면에서 얻어진 자료를 두 종류의 개념으로 분류하였다. 하나는 생물학의 한 분과로서의 심리학의 일반 이론에서 가져온 자료이고 다른 하나는 그의 환자가 일상적 언어로 표현한 충동과 가치 사이의 갈등 경험에서 나온 자료들이다.

이 주제와 씨름하던 초기에 Freud(1905, p 113)는 이론은 생물학적이고 치료는 심리학적이라고 말한 바 있다. 당시 그 말을 들은 청중들은 프로이트의 생각이 전적으로 심리학적인 것이 아니라는 것에 안심했겠지만, 바로 이러한 견해는 후대의 비평가들에게 고민거리를 안겨 주었다. 하지만 생물학적, 물리학적인 욕동 및 힘의 모델이 정신분석에 사용되었다는 것만이 문제는 아니다. 더 큰 문제는 프로이트가 이런 개념을 정신분석적 상황의 문제를 해결하기 위해 사용했을 뿐 아니라 "생물학과 철학의 절대적 문제"를 해결하기 위해서도 일관되게 사용했다는 것이다.

정신분석의 주관성과 객관성의 이중적 지향의 두 번째 기원은 임상 상황에서 분석가의 위치이다. 한편으로, 분석가는 환자의 경험과 그의 어린 시절에 대한 주관적 경험—지금 여기에서의 의사소통 방식과 과거의 회상에 담겨있는—을 이해하기 위해 환자의 관점을 수용해야 한다. 다시 말해서, 분석가는 현재적 주관성과 과거적 주관성 사이의 연합성을 인식해야 하다. 동시에 분석가는 객관성을 유지해야만 한다. 환자의 주관성에 대한 자신의 주관적 반응에 갇혀서도 안 되고 자신의 주관적인 생각에 매몰되어서도 안 된다. 또한 환자의 주관적인 의사소통과 그에 대한 자신의 주관적인 반응을 객관적으로 성찰해야 한다. 이러한 분석가의 객관성을 우리는 '정신분석적 중립성'이라고 부른다.

이중적 지향의 세 번째 기원은 분석 자료 자체에서 기인한다. 즉, 사적, 철학적인 자기의 축에서 유래한 환자의 이야기는 이중적 지향을 포함할 수밖에 없다. 주관적인 요소는 이미지, 감정, 사고, 정서, 감각, 충동, 소망, 긴장, 바람, 그리고 기억으로 표현된다. 주관적 경험을 성찰할 수 있는 능력은 보다 관조적이고 객관적인 모드나 관점을 필요로 한다(Loewenstein 1963; Sterba 1934).

그러므로 프로이트는 마음에 대한 정신분석적 이론을 구성했고, 분석가는 환자의 마음을 구성하고, 환자는 자신에 대해 말함으로서 스스로의 경험을 구성한다고 볼 수 있다. 이 세 가지 활동이 대략 비슷한 양상을 띠고, 자신에 대해 말하는 사람이 이론가와 비슷한 상황에 있다는 것은 정신 활동에 대한 정신분석 모델의 전제에 깔려있다. 이 모델은 자기-경험에 대한 개인적 이야기나 서술이 근본적인 의미에서 바로 이론을 구성한다고 본다.

다시 말해서, 환자가 자신에 대해 말하고 그것에 대해 성찰하는 것은 그의 경험에 객관성을 부여한다. 이것은 환자의 주관적인 경험을 파악하는 동시에 객관적인 중립성으로 환자의 심리를 구성하는 분석가의 활동과 별반 다르지 않다. 프로이트의 정신분석 이론은 이러한 임상적 활동에서 탄생한 것이다. 이러한 이유에서, 분석 상황에서의 모든 개인적 이야기나 자기-경험의 서술은 근본적으로 이론이라고 볼 수 있다. 그러나 그것은 일상적-개인적-철학적 축에서 볼 때 이론인 것이다. 이 축에서는 철학이 개인적 이론에 영향을 끼쳤듯이 개인적 이론 또한 항상 철학에 영향을 미쳐왔다.

프로이트가 자기를 성찰하는 환자와 관찰하는 분석가를 의식-전의식이라는 정신체계로 들여왔을 때, 그는 모든 정신적 산물을, 어떤 의미에서는 이론이라고 보았다. 예를 들어, "Screen Memories"(Freud 1899, p. 322)라는 논문에서 프로이트는 기억이란 어떤 목적 하에 선택되며 구성된다고 주장했다. 그러므로 우리는 "어린 시절 ***로부터의***(*from*)" 기억을 가지고 있는 것이 아니라 "어린 시절***과 관련된***(*relating to*)" 기억을 가지고 있을 뿐이다. 그는 또한 꿈에 대한 해석을 이차적 개정으로 보았다. 프로이트에게는 신화가 이론이며 이론이 곧 신화였다(Freud 1913a, 1913b; 1933b, p. 211). 이런 의미에서 그는 욕동이론을 "우리의 신화(mythology)"(Freud 1933a, p. 95)라고 했다. 유아의 환상은 성에 대한 이론이다. 모든 정신적 산물은 개인적 구성물이다. 이론과 환상은 주관적인 갈등 해소의 목표와 객관적이고 현실 지향적인 목표를 같이 추구한다. 프로이트에 의하면 이 둘은 유사한 형태를 취하고 있다. 이들은 유아적, 현실적, 그리고 흥미, 목적, 그리고 가치를 조절해주는 요소로 구성되어있다. 다양한 정신적 산물들 간의 차이는 이러한 요소들의 독특한 혼합의 결과로 그것이 형성된 용도와 현실과의 관계에 부합한다.

개방적인 정신의 소유자로서, 프로이트는 과학 이전의 우주론과 다양한 정신분석적 개념 사이의 유사성을 인정했다. 더 과감하게, 그는 쉬레버의 망상과 리비도 이론의 구조적 유사성을 지적했다. 프로이트는 다음과 같이 썼다(Freud 1911). "태양광과 신경 섬유들, 그리고 정자의 집약으로 구성된 쉬레버의 '신의 광선'은 실상 리비도 집중의 외적인 투사물이자 구체적 표상에 불과하다. 따라서 그의 망상은 우리의 이론과 현저한 일치성을 보인다"(p. 78). 이에 덧붙여, 그는 또한 농담조로 말했다. "내가 인정하고 싶은 것 이상으로 내 이론에 망상적인 요소가 있는지, 아니면 쉬레버의 망상이 다른 사람들이 아직 직면할 준비가 안 되어 있는 더 많은 진실을 담고 있는지는 후대가 판단할 것이다"(p. 79). 쉬레버의 망상과 프로이트의 이론은 둘 다 쉬레버의 자기경험으로부터 나온 것이다. 망상이 이론이고, 이론은 망상이 될 수 있다. 이후에 프로이트는, 분석적 구성물이 "설명과 치료를 위한 시도"(Freud 1937, p. 268)인 것처럼, 망상도 나름의 목적을 가지고 있다고 주장했다.

프로이트는 초기에 쉬레버의 망상을 리비도 이론으로 설명하면서 이러한 리비도의 문제는 자아의 비정상적인 변화로 인한 것일 수 있다고 하였다(Freud 1911, p. 75). 리비도의 변화를 "동기(motives)"와 관련지어 말할 수는 있겠지만 이것을 자아상태와 연관시키는 것은 무리가 있다. 이것은 동기와 원인(Rapaport 1960), 개인적 동기와 외적인 힘(Loewald 1971), 행동과 (우발적)사건들(Schafer 1976), 이유와 원인(Grossman 1967; Klein 1976), 원인과 의미(Rycroft 1966), 그리고 함의와 인과관계(Piaget 1971)를 구분하는 데서 부딪치는 문제들과 유사하다. 많은 다른 저자들도 이론상에서의 위와 유사한 문제에 대해 언급한 바 있다.

프로이트(1911)는 자아 상태를 개인적 경험세계에 소속시키는 것을 허용하는 듯한 언급을 추가했다. 그는 쉬레버의 망상의 많은 세부 사항들은 "내가 가정한 심리내적 상황과 닮은 점이 많다."(p.79)고 했다. 이 아이디어, 즉 자아의 기능과 구조상의 장애가 의식적 내용물의 변화의 원인이 될 뿐만 아니라, 의식에서 자각되며 표상으로 나타난다는 것은 정신분석에서 재론되고 있는 이슈이다. Federn의 "자아 감정(ego feeling)"은 이것의 일례이다. 이 아이디어는 그가 조현병 환자와의 임상에서 경험한 자기-상태를 보다 정교하게 묘사하려는 시도에서 비롯되었다. 이후에 코헛(1977, pp. 109-110)은 이와 비슷한 "자기-상태의 꿈"이라는 개념을 사용했다.

만약 동기, 의도 혹은 목적 등이 아닌, 유기체의 구조적인 상황이나 상태가 정신 상태에 명백하게 드러난다면 다음과 같은 가능성이 고려될 수 있다. 첫째, 그 조직이나 구조가 직접적 지각, 프로이트가 제안한 것처럼 심리내적 지각에 의해 드러날 수 있다. 둘째, 구조와 조직 기능의 결과는 드러난 결과로부터 직접적으로 추측될 수 있다. 예를 들어, 오른쪽 아랫배의 통증을 호소하는 환자가 있다고 가정해 보자. 의사는 그것이 맹장이라는 것을 알고 있다. 만약 환자 스스로가 "맹장이 아픈 것 같아요"라고 말할 수도 있다. 이것은 쉬레버가 "제 리비도가 제대로 작동하지 않는 것 같아요."라고 말하는 것과 유사하다. 세 번째 가능성은, 프로이트가 직접 언급하지는 않았지만 그의 이론에서 유추해 볼 수 있는 것으로 위의 두 가지 가능성보다 더 흥미롭고 타당성이 있는 듯하다. 프로이트의 이론과 쉬레버의 망상은 둘 다 부분적으로 자기-상태(self-state)와 대상관계에 대한 기술이다. 이 두 이론의 유사성은 여기에 기인한다. 만약 쉬레버가 자기의 상태를 자신과 세계와의 관계로 기술했다면, 예를 들어 다른 환자들처럼 "세상이 무너졌습니다."라고 표현했다면 그의 메시지가 더 쉽게 이해되었을지 모른다. 하지만 그렇다고 해서 그의 문제가 더 가벼워진 것은 아니다. 우리의 이론에 따르면, 자기-상태의 기술은 다른 정신적 산물이 구성되는 것과 같은 방식을 취하며, 어떤 의미에서는 쉬레버의 망상과 유사하다. 즉, 자기-상태의 기술에 있어서 감정, 충동, 아이디어는 허구(fantasy)적 구성물의 형태를 띤다. 이것은 "자기(self)"(Abend 1974; Schafer 1968, 1978)라는 구성된 개념에 대한 일상적인 언어이다. "자기"는 내면적 경험에 대한 구조적인 구심점을 제공하기 위해 흔히 사용되는 용어로, 마치 구체적인 실체처럼 보이기도 하고, 경험적인 "사실"로 다루어지기도 한다 (Spiegel 1959). 따라서 "자기(self)"란 그 나름의 용어와 참조점을 가진 특별한 환상(fantasy)이라고 볼 수 있다. 그것은 신체적 경험과 활동, 그리고 타인과의 정서적 교류의 즉시성에 기반을 두고 있으며 지극히 주관적이지만 동시에 타인에 의해 인식될 수 있는 객관적인 구조이자 유기체적 구성물이기도 하다. 이 자기의 객관성은 한 개인과 그 개인의 환경 내의 사람들이 그의 관찰가능하고 특징적인 행동적 구조나 특성을 "자기"라는 내적 실체와 동일시하는 것에서 유래한다.

자기-개념을 이론으로 보든 환상으로 보든, 자기개념은 행동조절에 있어서의 중요한 역할을 한다. 우리는 환상을 마치 텔레비전 그림과 같이 다소 정적인 것으로 생각하는 듯하다. 하지만, 환상은 우리의 이론에 있어서 항상 훨씬 더 중요한 역할을 해왔다. 그것은 행동을 조직하고 가이드한다. 그것은 또한 복잡한 구조물로서 심리조직에 영향을 미친다. 환상은 심리조직의 한 측면임과 동시에 심리조직에 영향을 미친다. 환상과 정신적 내용물 일반, 그리고 심리적 삶의 구조나 조직에 대한 논의는 초자아에 대해 다룬 라파포트의 논문에서 찾아볼 수 있다. "내면세계(inner world)"와 "내적 세계(internal world)"에 대한 하르트만의 구별에 기반하여 라파포트(1957)는 다음과 같이 주장했다.

> 외부 세계의 방향을 조절하는 것은 내면세계(inner world)이다. 이것은 외부 세계에 대한 내면도(inner map)이다. 내적 세계(internal world)는 정체성, 방어 구조, 자아, 원초아 등의 주요 구조를 말한다. 인간의 내면도는 그의 내적 세계의 구조 안에 존재한다. 외부 세계에 대한 내면도에는 선택적으로 누락된 부분이 있으며 이것은 내적 세계, 즉 심리적 조직체의 일부로 편성된다... 내면세계와 내적 세계 간의 관계는 매우 흥미로운 구조에 대한 질문으로 '자기'라는 주제를 다루는데 있어서 매우 중요한 부분이다(pp. 696-697).

라파포트는 내면세계를 자아(ego)의 하부구조로 보았다. 하지만 그는 내면세계의 내용-환상, 지각 등-과 내적 세계와의 복잡한 상호작용에 대해 체계적으로 고려한 유일한 사람이었다. 실제로 그는 내적 세계의 변화, 심리구조의 변화가 내면세계의 영향으로 촉발되고 발생될 수 있다고 보았다. 그는 또한 이러한 결과로 중요한 구조적 변화가 생길 수 있다고 지적했다. 또한 반대로 방어 및 정체성의 변화와 같은 구조적 변화가 내면세계의 전반적 변화를 가져올 수 있다고 보았다. 그가 심리적 내용과 심리구조 간의 복잡한 관계를 정신적 삶에 있어서의 자기-경험의 이슈와 연결시킨 것은 매우 타당한 듯하다. 이러한 내용과 구조의 구분은 체계적 분류를 위해 유용하지만, 환상(fantasy)이라는 개념의 역동성과 구조적 중요성을 과소평가해서는 안 될 것이다. 특히 "자기"와 같은 광범위한 구조적, 역동적 중요성을 지닌 구성된 개념의 경우, 구조와 내용을 양분하는 것은 별 의미가 없다.

여기서는 개념–환상–이론으로서의 자기와 일반적으로 사용되는 '자기–표상'이라는 용어 간의 관계에 대해 간략하게 말하고자 한다. 나는 자기–표상이 자기개념의 합성과 추상화의 가장 기본적인 단위가 된다고 본다(cf. Eisnitz 1980). 자기경험, "자기"와 "자기–표상"과 같은 개념들 간의 관계에 대한 나의 관점은 근본적으로 컨버그의 것과 비슷하다(1975, pp. 315-316). 하지만 컨버그가 자기를 하나의 구조로서 보고 자기의 통합성을 강조한 반면, 나는 자기가 환상 안에 내재되어 있다고 본다. "구조"로서의 자아와 "자기"의 차이는 "자아"는 행동, 환상, 경험 등을 분류하기 위한 기술적인 용어–하르트만과 그의 동료들이 언급한 "심리 기능의 중추"–인 반면에 "자기"는 일상적이고 개인적인 측면을 지칭하는 용어라는 점이다. 여기서 자기의 이론적 중요성은 그것이 환자에게 중요하다는 것에 근간을 둔다.

하나의 환상으로서, "자기"의 세세한 부분은 설명되거나 왜곡되거나 재표상화되거나 억압되거나 혹은 방어될 수도 있다. 단순하게 말하자면 그것은 의식적일수도 무의식적일 수도 있다. "자기"는 자신을 대상으로 한 심리적 표상이라고 볼 수 있다. 자신의 대상이 된다는 것은 결국, 자신의 욕망(원초아)을 인식하고, 자신의 현실적인 이득을 고려하고–자신을 위해 행동하는 것(자아), 자신을 사랑하거나 비판하는 것(초자아)을 의미한다. 이런 측면에서만 자기는 심리적 구성물을 "담는(contain)" 그릇이 될 수 있다.

지금까지 나는 일반적이고 철학적인 개념으로서의 자기개념이 공통적 자기 경험을 바탕으로 한 정신분석적 자기–개념의 원천이 된다는 것을 어필하였다. 만약 자기가 환상이라면 무엇에 대한 환상인가? 관례적으로 자기에 대해 말할 때 그것은 특정한, 예를 들어, 행동의 근원 또는 행동의 개시자로서의 주체를 가리킨다(Schafer, 1968). 자기는 일반적으로 경험의 중심이 되는 "곳"으로 다루어진다. 자기는 성찰의 대상이자 자기 자신의 "대상(object)"이며, 또한 자기를 규정하는 경험의 연속성이나 개인적 역사의 대상이기도 하다. 그것은 또한 자기–통제의 주체로 여겨진다. 이 환상은 본질적으로–적어도 부분적으로는–자기가 타인으로부터 분리된 실체라는 관점에 근거한다. 이 분리성과 더불어 자기에는 연결성, 유사성과 상이성의 이슈가 따라온다. 다른 속성이나 이슈도 있지만 여기서는 이정도로 충분할 듯하다. 위에서 언급한 모든 측면이 진단에 관계없이 환자의 일반적인 자기-환상의 구조와 차원을 형성한다. 스피걸(1959)은 자기 언어의 공간적, 지각적 성격을 강조하면서 "자기"를 개인이 자신의 관점을 형성하는 하나의 구심점으로 보았다.

미쉘(1977)과 툴민(1977)의 자기-개념 분석은 이러한 나의 논의에 도움을 주었다. 특히, 툴민은 "자기"라는 명사의 사용을 기술적이고 이론적인 측면에만 국한시킬지라도, 그것을 일상적인 자기경험과 분리시키기는 어렵다고 주장했다. "자기"는 개인의 자신에 대한 관점에 의존하고 있는데, 정신분석적 관점에서 이것은 바로 환상을 의미한다. 스톤(1973, p. 54)은 인간이라는 "유기체"가 하나의 통합된 존재로서 반응한다는 것은 "주관적인 환상"이라고 보았다. 그는 이러한 환상이 정교한 무의식 체계나 다양한 타협형성(꿈, 증상, 병리적 성격적 특성과 같은), 심리적 삼중구조의 기능이 뒷받침이 될 때만이 유지될 수 있다고 보았다. 즉, "자기"는 하나의 "개인적 신화" (Kris, 1956)이며, 모든 사람은 각자 자신만의 신화를 보유하고 있다는 것이다.

환상적 실체로서 자기의 요소와 차원에 대해 논의할 때 명심해야 할 것은 이것이 자기경험의 틀이나 카테고리로 인식되어야 한다는 점이다. 보통 이런 것은 의식되지 않고 관심사가 되지 못한다. 분석 세팅의 틀처럼, 무언가 그것에 주목할 일이 발생하지 않는 한 그것은 당연한 것으로 받아들여진다. 그러나 자신에 대해 정의를 내리고, 자신을 특성 짓고, 묘사하는 것에 집착을 보이는 경계선적인 혹은 자기애적인 환자들은 분석 세팅과 틀, 그리고 분석환경의 세부사항에 대해 극도로 신경을 쓴다. 이와 비슷한 맥락에서, 안나 프로이트(1954)는 분석가의 개인적 측면에 대해 전혀 관심을 보이지 않았던 환자에 대해 논한 바 있다.

자기-경험의 카테고리는 부분적으로 객관적이고 물리적인 세계의 사건을 분류하는데 사용되었던 하나의 인지적 분류체계이다. 아동의 발달과정과 같이 그것은 일종의 인지적 능력으로 체계적으로 연구될 수 있다. 바흐(1975, 1980; "Some Notes on Perspective," 미발행, 1976)는 주관성과 객관성에 대한 탐색에서, 이러한 이슈-특히 연속성과 관점-와 관련된 상세한 임상적 자료를 제시하고 이러한 임상적 자료를 심리학적 연구과 접목시켰다. 이러한 유형의 임상적 자료는 주로 환자의 강박적인 자기 묘사와 설명으로 점철되어있어, 매우 정적이며 무미건조한 경우가 많다. 이것은 마치 자기애적 환자들이 자기의 경계(boundary)를 객관화하는데 집착하는 것과 같다. 그러나 자기의 경계를 기술하는 그 행위 그 자체는 오히려 듣는 사람을 꼼짝 못하게 하고 배제시키는 결과를 낳는다. 이러한 집착에 다시 생명을 불어넣기 위해서는 그 대상관계적 기원에 대한 탐색이 필요하다. 이러한 상황은 대상과 관련된 갈등을 신체적 집착으로 표현하는 건강염려증 환자의 경우와 유사하다(Richards, 1981). 두 경우 모두, 환자의 내적 갈등은 구체적이고 객관적인 외적인 것에 투사되고, 주요 대상에 대한 의식은 배제되어 버린다. 이와 흡사하게, 환자의 분석가에 대한 갈등 역시 분석적 틀과 세부사항에 대한 염려와 집착으로 전치된다. 이러한 경계와 객관성에 대한 지나친 집착은 종종 분석을 정적이고 지루하게 만든다. 내 견해로는, 임상적 장면에서, 자기－경험의 차원에 대한 집착은 무의식적 갈등이 발현된 것으로 볼 수 있다. 그런 현상이 갈등과 무관하다는 견해는 지나치게 협소한 갈등의 개념에서 나온 것이다.

분석에서 자기 관련 자료를 다루는 데 있어서의 어려움은, 환자의, 자기의 상태에 대한 환상이 실제를 반영하거나 아니면 심리내적인 상태를 반영한 것이라는 관점－의식적으로 혹은 무의식적으로－을 수용하는 것으로 해소되지 않는다. 또한 환자의 자기 묘사를 즉시적으로 분석하여 그것을 무의식적 추동과 관련된 환상으로 해석하는 것도 바람직하지 않다. 환자의 자기－묘사에 대한 해석과 기술적인 처리는 매우 신중하고 섬세하게 이루어져야 한다. 거기에는 환자의 자신에 대한 특정한 관점과 자기애적인 의미가 담겨있다. 자신이 관찰한 자기에 대한 세밀한 묘사는 종종 타인과 관계를 맺기 위한 수단으로 사용된다. 다시 말하자면, 자기－묘사는 많은 대인관계적 기능－호소, 비난, 노출, 선물 등－을 담고 있다. 그것은 또한 자신의 스타일, 지혜, 그리고 자기인식의 특별함을 인정해 달라는 요청이기도 하다.

그러한 환상을 탐색하려는 시도는, 환자에게, 특히 긴장 상태에서는, 공격으로 경험될 수 있다. 또한 불안, 적대감, 갈등에 초점을 맞춘 해석이나 친밀감과 애정의 이슈를 드러내는 해석은 환자에게 불안을 불러일으킬 수도 있다. 그들은 와해되는(disintegrating) 경험을 할 수도 있는데, 왜냐하면 이러한 이질적이고 자신의 관점과 상이한 견해가 환자의 자신에 대한 의심을 증폭시키기 때문이다.

임상적으로 중요한 것은 해석이 적절한지와 환자가 해석의 과정을 어떻게 지각하느냐이다. 환자가 분석가를 지지나, 자존감 조절, 욕구 만족, 긴장 조절, 혹은 자기애적 만족을 위해 사용하거나 통제할 필요를 느낀다면, 해석을 이런 목적에 도움이 되는 것으로 또는 장애가 되는 것으로 경험될 수 있다. 그렇다면, "대상 사용"(위니캇이 언급한)에 대해 명료화하는 것이 우선적으로 필요할 것이다.

환자의 견해를 주의 깊게 탐색하는 작업 또한 수반되어야 한다. 그러나 자신의 관점을 유지하고자 하는 욕구로 인해, 환자는 탐색보다는 자신의 견해가 인정되는 것이 곧 공감받는 것이라고 느낄 수 있다. 주목해야 할 것은 자신의 관점과 환상이 비난받고 평가절하될 것에 대한 환자의 두려움이다. 환자는 자신의 소중한 부분이 분석가에 의해 무시되거나 묻힐 것에 대한 염려를 가지고 있다. 이런 문제에 대한 설명은 전이 분석과 성격분석이라는 주제로 연결된다.

이와 같이 기법에 대해 간략하게 언급한 것은, "자기"의 문제가 전략과 기법에 관한 것이라는 것을 가리키기 위함이다. 자기(self)관련 자료를 분석하는 데 있어서의 문제는 종종 Freud의 욕동이론이나 자아심리학 이론의 부적절성을 증명하는 것으로 오인되어 왔다. 그러나 그것은 이론적 한계라기보다는 분석 행위의 예술적 측면—로벤스타인이 말한 "양과 시간, 그리고 기술" 그리고 세심한 "심리적 표면의 탐색"—에 대한 체계적 사고의 부족으로 보인다. 전통적 이론의 적용불가능성을 지지하는 자료는 실제적으로 "시간과, 양, 그리고 기술"에 대한 비판이 주를 이룬다. 기계적이거나 둔감한 혹은 시의적절하지 못한 욕동과 갈등에 대한 해석은 이론의 부적절성이라기보다는 이론의 미숙한 적용에 관한 것이다. 이러한 기술적인 문제가 자주 발견된다는 사실은 정신분석 이론을 정신분석 기법에 어떻게 적용할 것인가를 더 고민해야 함을 시사한다. 자아 왜곡의 문제와 자기애적 성격장애에 대한 관심은 분석의 예술적 측면을 기법에 관한 이론적 주제로 만들어 버렸다.

논의를 마감하기 전에 나는 정신분석적 자기개념의 발달과, 정신분석적 개념 형성과 사적 자기—개념 발달간의 유사성에 대해 재차 다루고자 한다. 정신분석에서, 자기개념은 유아동기에 대한 객관적인 관찰과 정신분석에서 얻는 주관적인 자료에 기반을 두고 있다. 유아 관찰은 그것이 유아의 행동에 대한 체계적 관점을 제공한다는 데 그 가치가 있다. 유아의 행동은, 유아와 관련된 성인이 그것에 의미를 부여하고, 그것을 마치 자기 인식과 자기 주도성을 갖춘 인간의 활동으로 여기고 반응해 주는 과정을 통해 유아의 자기경험으로 흡수될 수 있다. 따라서 대상으로부터 부여되는 해석에 대한 성찰은 자기를 형성하는 데 기여할 수 있다. 때로는 행동 자체가 자기-성찰의 대상이 되어 자기환상을 형성하는데 기여한다. 이러한 방식으로 행동은 그에 대한 환상을 통해 심리적 내용이 된다. 따라서 표정의 모방이나 얼굴의 구별과 같은 생애초기 능력, 다르게 지각된 상황에 대해 다르게 반응하는 능력, 효과적인 행동의 반복과 같은 유아의 행동은 주변 사람들의 반응을 가이드하는 행동이다. 이 모든 행동은 유아가 스스로를 관찰하고 자신에 대한 타인의 반응을 인식할 수 있는 원초적 잠재성을 지녔다는 것을 보여준다. 이러한 행동은 일차적 자아 자율성의 복잡한 형태를 상징한다고도 볼 수 있다. 스스로를 관찰하고 타인의 반응을 인식하는 과정을 통해 인간의 기초적 자율기능은 그의 주관적인 세계로 편입되기도 한다. 그러나 이렇게 발달되는 인지능력과 비교해서 실제 자기와 타인의 환상은 훨씬 더 복잡할 수 있다. 왜냐하면 그러한 관점이 대상-관련 환상과 자기-환상에 의해 형성되기 때문이다. 그러나 자기구조에 대한 환상은 실제 구조와는 전혀 일치하지 않을 수 있다. 오히려 그것은 이러한 관찰가능한 행동이 대상과 관련하여 환자에게 가지는 의미에 따라 훨씬 더 복합적일 수 있다.

정신분석적 자기개념을 형성하는데 있어서, 아동 관찰을 사용하는 것은 주의할 필요가 있다. 성인, 특히 심리적인 문제를 안고 있는 성인의 자기-경험을 유아기의 그와 유사한 양식의 행동과 같은 것으로 취급하는 것은 부적절하다. 한편으로 객관적이고 다른 한편으로 주관적인 이 두 가지 정보출처-유아기와 분석-가 우리의 자기-개념의 기초를 형성하기는 하지만 이 둘을 병렬적으로 묶어서 보는 것은 지양해야 한다. 자칫 잘못하면, 우리는 주도성, 응집력, 통합성 등의 성인의 경험으로 분류되는 것들을 아직 자기와 타인의 구별 능력이 충분히 발달되지 않은 유아에게 적용할 수 있다. 또한 우리는 대상을 구별하고, 상이한 반응을 할 수 있는 능력, 심지어는 거울에 비치는 자기를 인식하는 능력이 인간이 아닌 동물에서도 발견된다는 것을 간과해서는 안 된다. 그러한 동물에게 우리는 "자기"라는 개념을 적용하지는 않는다.

일반적으로 자기의 발달을 상징하는 것으로 간주되는 행동들은 실제로는 적응에 필요한 행동들이다. 적응적 행동이 "자기"로 전환되는, 유아가 사람으로 전환되는, 과정의 근본적인 특징은 성찰 능력, 즉 자기-환상을 가지는 것이다. 이런 의미에서, 루이스와 브룩스-건(1979)은 "범주로서의 자기"와 "실존적 자기"를 구별하였다.

성찰 능력이 어떻게 발달하며 자기 대화가 어떻게 시작되는 가라는 질문은 자기개념 형성에 있어서 핵심적 주제이다. 인간의 사회적 대화와 적응은 출생 시부터 나타나며 반려동물의 사회적 행동과 놀라울 정도로 닮아있다. 아래의 내 애완견에 대한 기술은 "자기" 개념이 사회적 적응행동과 대상이 부여한 의미의 결합을 기반으로 한다는 것을 보여준다.

다음에 기술하려는 것은 아동 관찰을 폄하하기 위한 것이 아니다. 단지 가장 중요한 영역에서의 풍부하고 복잡한 자료에 대한 해석상의 문제를 지적하고 싶을 뿐이다.

우리 집 애완견은 각각의 가족원에게 다르게 행동한다. 가족원을 구별하는 것이다. 다양한 종류—장난치기거나 주장하거나 다정하게—의 상호작용을 주도한다. 내가 호의적인 반응을 보이면, 부엌으로 나를 데리고 가서는 과자가 담긴 통을 뚫어지게 응시한다. 주체성과 주도성을 보이는 것이다. 놀면서 내 손을 물기도 하는데 그럴 때는 내 얼굴을 주의 깊게 살피고 내가 아픈 표정이라도 지으면 곧바로 손을 놓아준다. 나의 불편감을 자기의 불편감과 구별하고 "자기"를 "타인"과 구별하는 것이다. 놀림을 당하는 것도 알고 있다. 징징댈 때, 내가 자기 흉내를 내면 짖으면서 흥분하는 모습을 보인다. 마지막으로, 누워있을 때 내가 뒤에서 다가오면 전신 거울을 통해 보고 있다가 내가 발을 들었다 내려놓는 시늉만 해도 몸을 움츠린다. 내가 자신의 시야에 벗어나 있어 거울로만 볼 수 있는데도 말이다. 거울 속의 자신을 인식하는 것일까? 이 이야기를 한 것은 애완견 자랑을 하기 위해서가 아니다. 애완견을 유아로 대치해서 본다면, 오히려 나는 이러한 행동을 자기의 발달이나 자기와 타인의 구별능력으로 보는 사람들이 있다는 것에 대해 놀라지 않을 수 없다. 애완견이 자기를 가지고 있을까? 애완견의 행동만으로는 이 질문에 답을 할 수 없다. 그렇다고 개에게 물어볼 수도 없다. 이 언어적 측면은 자기이해와 자기인식에 있어서 결정적인 부분이다. 단순히 질문에 답을 할 수 없는 것이 문제가 아니다. 언어적 소통을 학습하는 그 과정 자체가 자기와 타인에 대한 객관적 표상을 형성할 수 있는 능력에 있어서 필수적이라는 것이다. 즉, 객관적이거나 주관적이라는 것은 바로 이 과정과 상징화하고 성찰할 수 있는 능력에 달려있다. 비트겐슈타인의 말을 빌려서 표현해 본다면 다음과 같을 것이다. 만약 개가 말을 할 수 있는데 내가 그 말을 알아듣지 못한다면, 그것은 그의 경험이 나의 경험과 너무 다르기 때문일 것이다. 상징화하는 능력에 있어서, 나는 단지 현재에 일어나고 있지 않은 과거의 어떤 상황을 기억해 내는 능력만이 아니라, 애초에 발생하지 않은 상황을 상상하는 능력, "만약"을 생각할 수 있는 능력이 요구된다고 본다.

타인의 입장이 되거나 타인의 관점으로 사물을 보기 위해서는 일어나지 않은 일을 상상해야 한다. 자기 및 타인표상의 형성과 공감능력의 발달은 자신의 관점을 전환시키고 자신에 대한 객관성을 유지하고, 타인과의 관계에서 자신만의 주관성을 확보하려는 부단한 노력을 통해 이루어진다. 이러한 노력의 대인관계적 결과는 자기와 대상의 환상에 기여한다.

한편, 유아의 자기는 어떠한가? 유아가 자라서 성인이 될 것이라는 것－한 사람의 철학자나 정신분석가가 될 수도－을 알고 있다고 해도 현재 유아의 자기경험을 공감하기는 어렵다. 유아가 말을 한다손 치더라도 그의 말을 알아들을 수는 없다. 유아가 성장함에 따라 우리는 그의 말을 더 잘 이해하게 된다. 하지만, 그것은 이미 그들이 유아기에 하고 싶었던 말과는 다른 것일 것이다. 우리 안에 있는 어린 아이가 말할 때, 꿈에서 또는 깨어있을 때, 우리는 알아듣지 못한다. 정신분석은 우리 안에 있는 그 어린 아이를 공감하기 위한 도구이다. 그러나 그 아이는 이미 과거의 우리가 아니다. 우리가 재구성하는 아동기는 가상이며 어떤 의미에서는 가상의 이미지이다. 그것은 현재적으로 중요한 의미를 지니는 과거의 일부분이다.

우리는 두 가지 문제를 다룬다. 하나는, 환자의 말과 그가 그 말을 하지 못하는 이유, 그가 그 말을 그런 방식으로 해야 하는 이유를 환자에게 설명하는 것이다. 다른 하나는 아동의 마음(mind)이 어떻게 성인의 마음이 되는지 설명하는 것. 우리에게는 이 둘 모두를 설명해야하는 책임이 있다. 물론 둘 중에 어떤 것이 더 중요한 의미를 지닐지는 임상적 순간에 따라 다를 것이다. 하지만 이러한 설명이 굳이 필요 없다고 생각한다면 그것은 오산이다. 우리가 인간의 개인적이거나 유기체적인 개념을 명시하지 않는다면 그 둘의 관계는 암시적인 것으로 남을 것이다. 이것은 아동의 마음에 대한 근거 없고 비공식적인 이론들이 난무할 수 있는 장을 허용할 수 있다.

참고문헌

Abend S: Problems of identity: theoretical and clinical applications. Psychoanal Q 43:606-637, 1974

Bach S: Narcissism, continuity and the uncanny. Int J Psychoanal 56:77-86, 1975

Bach S: Self-love and object-love: some problems of self and object constancy, differentiation and integration, in Rapprochement: The Critical Subphase of Separation-Individuation. Edited by Lax RF, Bach S, Burland JA. New York, Jason Aronson, 1980, pp 171-197

Eisnitz AJ: The organization of the self-representation and its influence on pathology. Psychoanal Q 49:361-392, 1980

Freud A: The widening scope of indications for psychoanalysis: discussion. J Am Psychoanal Assoc 2:607-620, 1954

Freud S: Screen memories (1899), in The Standard Edition of the Complete Psychological Works of Sigmund Freud [SE], Vol 3. Translated and edited by Strachey J. London, Hogarth Press, 1962, pp 301-322

Freud S: Fragment of an analysis of a case of hysteria (1905). SE, 7:7-122, 1953

Freud S: Psycho-analytic notes on an autobiographical account of a case of paranoia (dementia paranoides) (1911). SE, 12:3-82, 1958

Freud S: The claims of psycho-analysis to scientific interest (1913a). SE, 13:165-190, 1953

Freud S: Totem and taboo (1913b). SE, 13:1-161, 1953

Freud S: On narcissism: an introduction (1914). SE, 14:67-102, 1957

Freud S: Instincts and their vicissitudes (1915). SE, 14:109-140, 1957

Freud S: Introductory lectures on psycho-analysis (1916-1917). SE, 16, 1963

Freud S: New introductory lectures on psychoanalysis (1933a). SE, 22:1-182, 1964

Freud S: Why war? (1933b). SE, 22:197-215, 1964

Freud S: Constructions in analysis (1937). SE, 23:255-269, 1964

Grossman WI: Reflections on the relationships of introspection and psychoanalysis. Int J Psychoanal 48:16-31, 1967

Grossman WI, Simon B: Anthropomorphism: motive, meaning and causality in psychoanalytic theory. Psychoanal Study Child 24:78-111, 1969

Hartmann H, Kris E, Loewenstein RM: Papers on Psychoanalytic Psychology.
Psychol Issues Monogr 14. New York, International Universities Press, 1964

Kernberg O: Borderline Conditions and Pathological Narcissism. New York, Jason

Aronson, 1975

Klein GS: Psychoanalytic Theory: An Exploration of Essentials. New York, International Universities Press, 1976

Kohut H: The Restoration of the Self. New York, International Universities Press, 1977

Kris E: The personal myth: a problem in psychoanalytic technique. J Am Psychoanal Assoc 4:653–681, 1956

Lewis M, Brooks-Gunn J: Social Cognition and the Acquisition of Self. New York, Plenum, 1979

Loewald H: On motivation and instinct theory. Psychoanal Study Child 26:91–128, 1971

Loewenstein RM: Some considerations on free association. J Am Psychoanal Assoc 11:451–473, 1963

Mischel T: Conceptual issues in the psychology of the self: an introduction, in The Self: Psychological and Philosophical Issues. Edited by Mischel T. Oxford, UK, Blackwell, 1977, pp 3–28

Nagel T: Mortal Questions. Cambridge, UK, Cambridge University Press, 1979

Piaget J: Insights and Illusions of Philosophy. New York, New American Library, 1971

Rapaport D: A theoretical analysis of the superego concept (1957), in The Collected Papers of David Rapaport. Edited by Gill MM. New York, Basic Books, 1967, pp 685–709

Rapaport D: On the psychoanalytic theory of motivation (1960), in The Collected Papers of David Rapaport. Edited by Gill MM. New York, Basic Books, 1967, pp 853–915

Richards AD: Self theory, conflict theory and the problem of hypochondriasis. Psychoanal Study Child 36:319–337, 1981

Rubinstein BB: On the possibility of strictly clinical psychoanalytic theory: an essay on the philosophy of psychoanalysis. Psychol Issues 36:229–264, 1976

Rubinstein BB: Person, organism, and self. Paper presented to the New York Psychoanalytic Society, January 27, 1981

Rycroft C: Introduction: causes and meaning, in Psychoanalysis Observed. Edited by Rycroft C. New York, Coward-McCann, 1966, pp 7–22

Schafer R: Aspects of Internalization. New York, International Universities Press, 1968

Schafer R: A New Language for Psychoanalysis. New Haven, CT, Yale University Press, 1976

Schafer R: Language and Insight. New Haven, CT, Yale University Press, 1978

Spiegel LA: The self, the sense of self, and perception. Psychoanal Study Child 14:81–109, 1959

Spruiell V: The self and the ego. Psychoanal Q 50:319–344, 1981

Sterba R: The fate of the ego in analytic therapy. Int J Psychoanal 15:117–126, 1934

Stone L: On resistance to the psychoanalytic process. Psychoanal Contemp Sci 2:42–73, 1973

Toulmin SE: Self-knowledge and knowledge of the "self," in The Self: Psychological and Philosophical Issues. Edited by Mischel T. Oxford, UK, Blackwell, 1977, pp 291–317

어윈 호프만 (Irwin Z. Hoffman)

12

소개

어윈 호프만(Irwin Z. 호프만)은 메사추세츠 주 월샘에 위치한 브랜다이스대학교를 졸업하였고 시카고대학교에서 임상심리학 박사 학위를 받았다. 호프만 박사는 시카고정신분석연구소를 졸업했고 시카고정신분석센터와 현대 정신분석 훈련 프로그램(National Training Program in Contemporary Psychoanalysis)의 교수이자 감독 분석가로 있다. 또한 일리노이 대학교 의과대학 정신건강의학과의 심리학 분과 교수이자, 노스웨스턴대학교 의과대학의 임상정신의학 부교수, 일리노이대학교 의료센터 정신건강의학과 강사로, 뉴욕대학교 심리치료와 정신분석 박사 후 프로그램 교수로 재직하여 왔다. 호프만 박사는 또한 미국 국립정신보건원, 미국정신분석협회 기금, Liddle 기금, 심리치료 교사를 위한 Mary S. Sigourney 신탁의 수혜자이기도 하다. 그는 또한 *Psychoanalytic Dialogue, international Journal of Psychoanalysis, Contemporary Psychoanalysis*의 편집위원회에서 활동해 왔다.

호프만 박사는 열정적인 교수로서의 경력을 유지하면서 다수의 워크숍과 논문을 발표해왔다. 다음의 논문을 보면 그의 관심 분야를 엿볼 수 있다. "The Incompatibility of the Medical Model and the Therapeutic Community," "Death Anxiety and Adaptation to Mortality in Psychoanalytic Theory," "A Coding Scheme for Studying the Analysis of the Transference,"(Merton M. Gill과 공저) "The Patients as Interpreter of the Analyst's Experience," "The Value of Uncertainty in Psychoanalytic Practice," "Dialectical Thinking and Therapeutic Action," "The Intimate and Ironic Authority of the Psychoanalyst's Presence," "Constructing Good-enough Endings in Psychoanalysis," "The Myths of Free Association and the Potentials of the Analytic Relationship," "Forging Differences Out of Similarity: The Multiplicity of Corrective Experience." 호프만 박사의 다수의 논문과 에세이는 최근에 저서 *Ritual and Spontaneity in the Psychoanalytic Process: A Dialectical Constructivist View*(호프만, 1988)로 출간되었다.

호프만 박사는 변증법적 구성주의 관점의 대표주자로, 분석상황의 본질적인 모호함에 대해 강조해 왔다. 이 관점에서 볼 때, 모든 분석가와 환자의 만남은 공동으로 구성되며, 다중적 요인이 작용하고(overdetermined) 다양한 해석 또한 가능하다. 이와 같은 구성된 의미에 대한 강조와는 또 다른 측면으로 호프만 박사는 분석관계의 내재된 불균형에 대해 주목해 왔다. 분석관계의 불균형은 정신분석 치료의 필수불가결한 요소로서 치료자에게 특별한 권위를 부여한다. 그러나 분석가의 권위는 전이분석과 분석가의 인간적 오류를 통해 분석상황 내내 끊임없는 도전을 받는다는 측면에서 역설적이기도 하다.

호프만 박사는 길 박사와 함께 미국 분석가들에게 전이-역전이 상호작용의 중요성을 인식시키는데 있어서 주요한 역할을 담당했다. 환자의 분석상황에서의 경험을 탐색하기 위한 모든 분석적 시도에 있어서 분석가가 어떤 사람이며 어떤 특성을 지녔는지는 중추적인 역할을 한다. 이러한 관점에서, 의미뿐 아니라 존재방식은 단순히 발견되거나 혹은 내적 외적 압력에 의해 결정되기 보다는 환자와 분석가에 의해 공동으로 창조된다. 호프만 박사는 다음과 같이 말한 바 있다. "저는 일종의 비해석적 상호작용과 해석적 상호작용이 변증법적으로 공존하는 분석방식을 제안하는 바입니다"(Hoffman 1998, p. xii). 그는 분석가와 환자가 아주 미묘한 비언어적 행동을 통해 서로에게 자신을 노출한다는 것을 강조한다. 그는 비해석적 상호작용이 과거의 반복과 새로운 경험의 탐색을 촉진하는 분석가-환자 양자관계의 잠재적 가능성이 발현되도록 돕는다고 본다. 호프만 박사는 분석훈련의 핵심인 환자의 궁극적인 안녕을 위해 분석가가 일관되게 자신을 예속시키는 부분과 분석가의 주관적인 참여 사이의 변증법적 관계를 유지할 필요를 주장한다(p. xxvii). 정신분석에 있어서 그는 상호주관성, 구성주의, 관계이론, 그리고 포스트모더니즘의 영향을 통합시키며 혁신적이며 영향력 있는 존재로 자리매김해 왔다.

이 논문을 선택한 이유

어윈 호프만

이 논문에서 나는 1980년대와 1990년대 초반에 걸쳐 작업해온 변증법적 구성주의의 패러다임을 내 논문의 부분적 주제였던 실존적 이슈(1979년의 죽음 불안에 대한 논문(Hoffman 1998, 2장)에도 이 부분이 포함되어 있다)를 통합하려 시도하였다. 현실의 사회구성적 측면을 인간의 유한성의 맥락에서 고려할 때에 그것은 상당히 절박하고 반항적인 성격을 띤다. 자기와 타인의 의미와 가치에 대한 인정은 죽음과, 무관심한 우주와, "대상" 으로부터의 무관심과 대항한다.

이 논문은 *Ritual and Spontaneity in the Psychoanalytic Process: A Dialectical-Constructivist View*라는 내 책의 9장의 제목을 가지고 있다. 또한 매우 상세하고 깊이 있는 임상사례의 분석을 포함하고 있다. 이 논문은 핵심적 경계(liminal)의 순간에 분석가와 환자에 의해 공동으로 형성되는 새롭고 생산적인 관계가 어떻게 나타나는지 보여준다. 이 사례는 특히 신경증적이고 실존적인 불안의 상호작용을 극명하게 드러내고 있다. 여기서 환자의 주요 증상인 현기증은 합리적인 반응으로 볼 수 있다. 반면, 사람들이 일상적 삶에서 유지하려는 균형과 확신은 오히려 근본적으로 현실부정에 의한 환영이라고 볼 수 있다. 또한 이 사례는 특히 자기심리학과 전통적 정신분석 이론에서 강조되는 "욕동"과 "결핍"의 관계를 탐색할 기회를 제공한다. 이 두 관점은 환자의 자기심리학에 대한 관심—때때로 방어적으로 사용되는—을 통해 특별한 형태로 재생된다. 이 장은 환자의 종결과 관련된 꿈을 중심으로, 마지막 회기에 분석가와 피분석인이 어떻게 "충분히 좋은 결말"을 공동으로 창조했는가에 대한 이야기로 끝을 맺는다.

참고문헌

Hoffman IZ: Parental Adaptation to Fatal Illness in a Child. Doctoral dissertation, University of Chicago, Chicago, IL, 1972

Hoffman IZ: Ritual and Spontaneity in the Psychoanalytic Process: A Dialectical-Constructivist View. Hillsdale, NJ, The Analytic Press, 1998

정신분석 과정의 의례와 자발성

(Ritual and Spontaneity in the Psychoanalytic Process)

어윈 호프만

정신분석적 의례

정신분석에는 고정된 절차(routine)가 있는데, 이 절차의 상징적, 연상적, 변형적인 잠재력으로 인해 그것은 마치 하나의 의식(ritual)처럼 여겨진다.[1] 여기에는 고정된 시간, 고정된 장소, 그리고 고정된 비용이 포함된다. 각 회기는 보통 45분에서 50분으로 이루어진다. 카우치의 사용 여부와 관계없이, 일반적으로 자리 배치는 매 회기 동일하다. 카우치 자체도—그것이 사용되는 경우에— 분석 세팅을 더 특이하고 낯설게 만드는 데 일조한다. 카우치의 사용은 또한 머리 뒤에서 들려오는 분석가의 목소리에 신비성을 더하기도 한다.

이러한 외적 요소 이외에, 분석 과정 차제에도 근본적인 불균형이 존재한다(Gill, 1954, 1984). 환자는 "자유연상"을 하도록 요청받고, 이를 통해 자신의 정서적 삶의 구조를 노출하게 된다. 일반적인 사회적 관계의 기준과 비교해 볼 때, 분석가는 기이하리만큼 숨어있거나 익명으로 존재한다. 물론 분석가에 따라 자신의 주관적이고 개인적인 반응의 역할에 대한 생각은 차이가 있다. 그러나 이러한 불균형을 완전히 제거하는 것에 찬성하는 분석가는 흔치 않을 것이다. 물론 페렌치는 그의 생의 후반부에 이런 분석관계의 불균형을 제거하려는 실험적 시도를 했지만 말이다. 또한 전문적인 서비스 개념에서 보더라도, 비밀리에 받는 심리적 도움에 대한 비용을 지불하는 것의 의미를 상상하기는 쉽지 않다. 페렌치 자신도 환자와의 상호분석에서 자유연상

---

1) Catherine Bell(1992)은 이렇게 썼다. "의식화(ritualization)는 특권적 불균형—그 자체를 더 중요하고 강력한 것으로 분리시키는—을 구축하는 하나의 방식이다. 그러한 구분은 특정한 문화적 방식으로 다양하게 나타난다.

Irwin Z. 호프만 박사의 "Ritual and Spontaneity in the Psychoanalytic Process"는 박사의 저서 *Ritual and Spontaneity in the Psychoanalytic Process: A Dialectical-Constructivist View* 의 9장(pp. 219-245)으로 처음 출간되었다.

과 비밀보장의 원칙을 동시에 수호하는 것이 어렵다는 것을 일찍이 인식하게 되었다. 왜냐하면 그의 자유연상의 대부분은 다른 환자들과의 경험이었고 비밀보장의 원칙하에 그것을 다른 누군가와 공유할 수 없었기 때문이었다(p. 34). 사실 페렌치의 시도는 분석가와 환자 간의 상호분석의 불가능성을 드러내 주었다.

물론 분석의 틀은 관계를 위한 경계(boundaries), 즉 환자와 분석가 양 쪽 모두를 보호하기 위한 다면적인 비계(scaffolding)의 역할을 한다. 이것은 또한 정신분석이라는 드라마가 펼쳐질 수 있는 특별한 "잠재적 공간"을 마련하는 데 기여한다(Modell 1990; Winnicott 1971). 모델(Modell)은 다음과 같이 말했다. "분석가와 피분석자 간의 정서적 관계의 즉흥성과 예측불가능성에도 불구하도 거기에는 또한 치료기술의 일부분이며 게임의 규칙과 범위를 설정하는 항구적인 부분이 존재한다"(p. 30). 우리는 일반적으로 이러한 형식화된 의식과 절차가 분석 세팅의 고정된 측면과 더불어 참된 분석 작업을 할 수 있는 안전한 환경을 만드는 데 기여하거나 그 자체로 치료적 도구(안아주는 환경과 같은)가 된다고 본다. 이러한 관점에서, 정신분석적 절차에서 벗어나는 것은 양육적이고 성장을 촉진하는 안전한 장을 위태롭게 하는 것이라고 볼 수 있다.

정신분석적 틀은 안전한 성소인가?

그러나 분석의 틀이 표준적이고 안전한 환경을 제공한다는 견해와 매우 대조적인 견해도 있다. 먼저, 분석 세팅의 표준화에는 한계가 있다. 정신분석적 절차는 실제로 매우 다양한 방식으로 수행된다. 예를 들어, 분석적 절차를 고집하는 분석가가 있다고 하자. 환자는 그 자체를 분석가의 개인적 선택으로 경험하며 그 동기에 대해 회의적일 수 있다. 그러나 이것에 대해 언급하기는 어렵다. 왜냐하면 분석적 틀 안에서 이루어지는 상호작용에 대한 뚜렷한 정의가 없기 때문이다. 예를 들어 분석가가 오전 9시에 환자에게 "들어오세요"라고 하고, 9시 50분에 "이제 (분석을) 마칠 시간이네요"라고 말했다고 하자. 그러나 분석의 시작과 마침시간 사이에 분석가가 어떤 말을 할지는 훨씬 예측하기 어렵다. 분석 회기의 시작과 마무리 방법 자체도 분석가 개개인의 다양한 태도와 정서가 작용할 여지가 많다. 예를 들어, 분석가가 미소를 지을 수도 인상을 찡그릴 수도, 아니면 무표정할 수도 있다. 또한 "안녕하세요. …씨, 들어오세요"라고 말할 수도 있고 그냥 "안녕하세요"라고 할 수도 있다. 아니면 아무 말 없이 고개만 살짝 까닥할 수도 있다. 회기를 마칠 때도 "시간이 끝났네요"나 "이제 마칠 시간이네요"라고 할 수도 있고 "지금 마치는 것이 어려운 줄 알지만 오늘은 시간이 다 되었네요"라고 할 수도 있다.

특히 회기의 마무리는 그것이 마지막 순간이기에 특별한 무게와 의미를 가진다. 적어도 다음 회기까지 이 마지막 순간의 느낌이 여운으로 남을 것이기 때문이다. 물론 그렇다고 해서 회기가 항상 긍정적인 기분으로 마무리되어야 한다는 것은 아니다. 때로는 우울하거나, 화난 상태로 회기를 마치는 것이 가장 적절할 경우도 있다. 하지만 분석가의 선택, 불확실성, 그리고 책임 등의 요소가 회기의 마무리에 영향을 미친다는 것을 인식할 필요는 있다. 회기의 마지막 순간에 우리가 하는 행동을 그저 표준적 절차—정해진 대로 하는 것—에 따른 것으로 분석가의 개인적 책임이 없다고 생각하는 것은 지극히 단순한 논리이다. 매 회기의 결말은, 설령 그것이 고정된 객관적인 경계를 중심으로 이루어졌다고 할지라도, 환자와 분석가에 의해 공동으로 구성된 것이고 부분적으로는 분석가의 선택에 의한 것이다.

예를 들어 환자가 회기를 일분가량 남겨두고 "오늘은 진전 없이 쳇바퀴를 도는 느낌이네요. 솔직히 말해서 선생님과 상담을 시작하고 별로 달라진 것이 없는 듯합니다."라고 말하고 침묵했다고 치자. 이제 남은 시간은 30초 정도 밖에 없다. 분석가로서 나는 무거운 침묵 속에 20초 정도 머물다가 짧게 "이제 마칠 시간이네요"라고 할 수 있다. 아마도 회기는 특정한 분위기에서 마무리될 것이다. 나는 이것이 환자가 선택한 결말이라고 자조할 수 있다. 환자의 행동과 시간의 작용이지 내가 기여한 부분은 없다고 자신에게 말할 수 있다. 또한 이것이 환자와 시간적 경계가 만들어낸 마무리라면 환자와 분석가인 내가 견뎌내야 할 필요가 있고 다음 회기에 다시 탐색될 수도 있다고 생각할 것이다. 물론, 회기의 끝마무리를 결정하는 주설계사는 환자이다. 하지만 그렇게만 생각한다면, 그 마지막 순간에 침묵을 통해 내가 선택한 일련의 행동으로 말미암아 회기의 마무리가 나와 환자에 의해 공동으로 결정되었다는 것을 부인하는 것이 될 것이다. 물론 나는 회기가 얼마나 남았는지 정확하게 몰랐을 수도 있다. 하지만 환자의 말이 떨어지고 수초 내에 "시간이 다 되었습니다"라고 할 수도 있었고 내가 기다린 20초보다도 더 길게 침묵을 끌었을 수도 있다. 만약 그렇게 했더라면 회기의 마무리는 또 다른 정서적 색채를 띠었을 것이다. 환자의 말에 대해 직접적으로 반응했을 수도 있다. 물론 수많은 가능성이 존재한다.[2] 환자의 전투적 태도에 주목한다면 "그런 말을 마지막 순간에 했다는 것에 어떤 의미가 있을 듯합니다. 상담실을 떠나야 하는 것에 대한 화를 그런 식으로 표현하는 것이 아닌가요?"라고 말할 수도 있다. 아니면 "그래요? 저는 오늘 좋은 시간이었던 것 같고 많은 것을 성취했다고 보는데요. 그 말은 우리가 그동안 여러 번 다루었던 패턴의 되풀이 같은데요?"라고 말할 수도 있다. 그렇게 말한 후 곧바로 "회기를 마칠 시간이네요"라고 했을 수도 있다. 혹은 환자가 내 말에 반응할 기회를 주며 몇 초를 기다렸을 수도 있다. 후자라면 정해진 시간을 초과할 위험이 있고, 따라서 나는 환자에게 답을 구하는 동시에 환자의 말을 끊어야 하는 딜레마에 빠졌을 것이다. 그래서 아마 환자의 반응을 기다리기 보다는 "안타깝게도 오늘은 이쯤에서 마쳐야 할 것 같습니다. 시간이 다 되었으니까요."라고 말했을 것이다. 여기서 전달하고자 하는 요지는, 다양한 침묵의 길이와 분석가의 말이 각기 다른 결말과 현실을 구성한다는 것이다. 그러나 그 순간, 그 짧은 선택의 순간에, 어떤 것이 적절한 행동인지 판단하기는 어렵다. 사실 환자를 위해, 환자-분석가의 관계적 측면을 위해 하나의 "올바른" 선택만이 존재하는 것은 아니다. 그 순간은 불확실성으로 가득 차있다. 우선 나는 환자가 그런 말을 했다는 것이 무엇을 의미하는지 잘 모른다. 둘째, 내가 어떤 의향으로 그 순간에 침묵이나 응대를 선택했는지 그 의미에 대해 충분히 알지 못한다. 셋째, 어떤 선택을 했다면 그 선택으로 인해 잃어버린 것이 무엇이며 만약 다른 선택을 했다면 결과가 어떻게 달라졌을지 알지 못한다. 분석적 틀이 매우 중요한 안전감을 제공하기는 하지만 그것이 환자나 분석가를 불확실성과 불안으로부터 완전하게 보호하지는 못한다.

물론, "충분히 좋은(good-enough) 결말"을 구성하는 것은 종결-분석 전체의

---

2) 물론, 이것은 가상의 예이다. 따라서 내가 말할 수 있는 것의 가능성은 비교적 무제한적이다. 그러나 실제의 경우에서도, 비록 더 협소한 범위 내일지라도 무한한 가능성이 있을 수 있다. 여기서 "무한한"은 "무제한"을 의미하지는 않는다. 내가 다른 곳에서 언급한 바와 같이(Hoffman 1998, 3장) "숫자 5와 6 사이에는 무한한 수치가 존재한다. 하지만 그 범위는 다른 모든 수치를 제외한 제한된 범위이다." (p. 77)

결과에 결정적인 역할을 하는 분리의 과정—시의 과제이다. 하지만 각 회기의 마침과 전체 분석 과정의 종결과 관련된 경계를 둘러싼 상황은 회기 내의 다른 순간들과 마찬가지로 분석적 절차와 참여자에 의해 공동으로 만들어진다. 그러므로 분석의 매 순간에는, 형식과 자발성간의, 고정된 것과 구성되는 것 간의, 규정된 역할과 개인적인 것 간의, 제한과 자유 사이의 변증법적 상호작용이 존재한다.

사실, 우리의 신경증적 상태로 말미암아 우리는 이런 양극을 분리시키는 이분법적 사고의 침식을 받고 있는 듯하다. 마치 질식할 것 같은 내적 외적 제한에 굴복하거나 통제 상실의 혼란 상태로 들어가는 양극단의 선택밖에는 없다는 느낌으로 말이다. 분석을 통해 이러한 양분된 이분법적 사고가 상반된 것이 통합적으로 상호의존하는 변증법적 사고로 대체되기를 소망한다. 이런 관점에서 프로이트의 말을 조금 각색하여 되새겨 볼 필요가 있다. "원초아가 있던(원초아와 초자아가 분열되어 있던) 곳에 자아가 있게 하라(그 둘의 변증법적 관계를 중재하면서)" (cf. Freud, 1933, p.80).

임상적인 기술에 들어가기 전에, 또 하나의 분석적 틀의 절대성에 반대하는 입장에 대해 논하고자 한다. 이 입장은 분석가의 행동을 완전하게 표준화하는 것이 불가능할 뿐만 아니라 분석적 틀이 지니는 고유한 특성도 단순히 중립적이지 않다고 본다. 래커(1968)는 실제 분석가와의 접촉이 시작되지 않은 상태에서도 환자는 얼마든지 상보적 역전이에 대해 추측할 수 있다고 했다.

> 분석가는 의도하지 않아도 자신의 개인적인 측면을 노출하게 된다. 이런 노출은 정신분석가"나 "의사"라고 적혀있는 치료실 간판에서부터 시작된다. 자신이 아프게 만들지도 않은 환자를 굳이 치료하려는 분석가의 동기(무의식적)는 무엇일까? 이런 식으로 환자는 이미, 환자라는 입장 자체로, 분석가의 채권자이자 비난자로 분석가의 "초자아"로서 기능하게 되고 분석가는 채무자가 된다. (pp. 145-146)

그러나 환자를 회복시키고자 하는, 비교적 선한 동기만을 분석가가 이런 독특한 역할을 자처하는 동기라고 생각할지는 의문이다. 거기에는 환자의 안전감을 훨씬 더 크게 위협하는 다른 동기들이 있는 듯하다. 분석가야말로 이해와 사랑, 이상화된 대상에 대한 우리 사회의 필요를 잘 파악하고(대게는 중상류층 백인에 대한 특별한 관심으로)? "이러한 굶주림, 이런 애착에 대한 깊은 갈망을 기회로 삼아 볼까"라고 생각하는 사람들이 아닌가? 또한 개인적인 위험을 감수할 필요 없이 자신의 자기애적 필요를 채우는 방법을 발견한 사람들, 혹은 친밀감을 두려워하는 동시에 열망하는, 그래서 적정한 통제와 거리를 유지하면서 그것을 확보할 길을 찾은 사람들, 혹은 분석가에게 특별한 존재가 되길 바라는 사람들(사업이 잘 되는 경우, 많은 사람들)에게 영향력을 행사하는 것을 즐기는 사람들이 바로 분석가가 아닌가? 마지막으로, "객관적인", 안전한 안아주는 환경을 제공하는 "충분히 좋은 부모"라는 이름하에 이 모든 것을 소유하고, "전이 신경증"이라는 막강한 해석으로 어떠한 저항도 물리칠 수 있는 방비를 갖춘 사람들이 분석가가 아닌가?

이런 동기들은 분석적 틀의 어둡고 악의적인 측면을 이루고 있다. 하지만 이런 측면은 쉽게 부정된다. 분석가는 너무나 쉽게 자신을 완벽하지는 않지만, "충분히 좋은" 이상적인 부모와 동일시하고, 분석상황의 도전을 환자의 병리적인 과거의 영향, "나쁜 대상(bad object)"의 영향으로 규정하기 바쁘다(df. Slavin & Kriegman 1992).

정신분석의 틀을 구성하는 절차는 의심의 여지없이 분석 과정에 필수적인 부분으로, 그것으로부터의 일탈은 그것을 맹목적으로 고수하는 것만큼이나 그 개인적인 동기에 대해 의심해 보아야 한다. 하지만 틀은 안전성을 보장하고, 틀에서 벗어나는 것은 위험을 불러들인다는 지극히 양분된 주장에는 의문을 가질 수밖에 없다. 설령 그 틀이 대체로 유익하다고 할지라도 그것이 완벽한 성소가 될 수는 없다. 왜냐하면 앞에서 언급한 바와 같이, 현실의 공동 구성자로서 분석가의 개인적 참여를 분석과정에서 배제할 수 없고, 또한 틀의 주요한 특성 자체에 의심스러운 부분이 있기 때문이다.

정신분석적 절차는 '모호한(ambiguous)' 배경을 만드는 데 기여하는데, 이 모호함은 새로운 경험과 발달을 위해 또한 신경증적인 반복을 위해서도 매우 유용하다.[3] 이것은 적어도 두 가지 중요한 임상적인 의미를 가진다. 첫째, 분석 절차에 대한 환자의 의식적 무의식적 저항이나 분노는 심각하게 받아들여져야 한다. 다시 말해서, 우리는 환자의 주관적인 세계로 들어가서 환자의 관점에서 사물을 이해해야 한다. 분석적 의례에 대한 환자의 관점을 결핍이나 환자의 어린 시절의 해결되지 않은 갈등에서

3) Macalpine 1950에 대한 것은 Hoffman 1998, pp. 2-3을 참조하라.

비롯된 것으로 여기거나, 환자가 발달적으로 더 성숙한 관점에서 사물을 바라보기를 기대하는 것은 환자를 은근히 비하하는 태도라 할 수 있다. 이러한 자세대신, 우리는 분석적 틀의 불완전성을 겸허히 받아들여야 한다(성숙하고 "건강한" 성인의 관점에서도 그렇다). 따라서 누군가 그 틀을 무조건적으로 수용한다면 오히려 병리적인 결과가 초래될 수 있다는 것을 염두에 두어야 할 것이다. 착취적인 관계에 익숙한 환자에게는 분석적 절차 역시 착취적인 것으로 경험될 수 있다.

둘째, 분석적 틀이 지니는 부정적 측면을 인식하는 것은 정형화된 절차로부터의 일시적인 이탈 가능성에 대한 이론적 근거를 제공한다. 제한적인 범위 내에서, 일탈을 수용하는 것은 그것을 경직되게 유지하는 데서 파생될 수 있는 착취적인 의미를 상쇄시킬 수 있다. 분석의 매순간, 분석가는 자발적이고 개인적으로 반응하는 것과 분석적 의례를 고수하는 것 사이에서 어떤 길을 선택해야 하는지 확신할 수 없다. 또 그 둘 간의 균형을 맞추는 것이 온전히 분석가의 통제 하에 있지도 않다. 환자는 오히려, 분석가가 그 이슈를 가지고 씨름하고, 자신이 선택한 길에 대해 비판적으로 성찰하려는 개방적인 자세를 보일 때, 분석가를 더 신뢰하게 된다.

이러한 논의를 바탕으로 이제 하나의 임상적 경험을 자세히 살펴보기로 하자.

분석적 틀 안에서 공포증 직면하기: 뜻밖의 기회

켄은 시내의 한 건물 21층에 위치한 내 개인 상담실을 처음으로 방문하였다. 약 삼년 정도 우리는 일주일에 4번씩 대학 내에 있는 내 연구실에서 분석을 진행해 왔다. 참고로 내 연구실은 7층에 자리 잡고 있다. 내 연구실에 있는 소파의 끄트머리에는 작은 창문이 하나 있었다. 하지만 내 개인 상담실의 경우 소파의 맞은편으로, 그러니까 환자의 오른 편으로 6-7 피트쯤 떨어져서 두 개의 대형 창문이 있다. 켄은 고소공포증을 가지고 있다. '높이(height)' 는 그의 우울, 불안, 강박적 성향, 그리고 공포증 등의 복잡한 증상의 핵심 주제이다. 켄은 실제로 건물의 고층에 올라갔을 때만이 아니라 고층과 관련된 상황을 연상하는 것만으로도 매우 심한 공황발작을 일으키곤 했다. 한번은 회의에 참석하기 위해 다른 도시로 여행을 한 적이 있었는데 결국 프레젠테이션을 하지 못하고 마지막 순간에, 실망스럽고 당황스러웠지만, 되돌아 나올 수밖에 없었다. 왜냐하면 회의 장소로 가기 위해서는 실내정원이 훤히 내려다보이는 복도를 가로질러 가야 했기 때문이다. 그러나 그가 항상 이런 식으로 반응했던 것은 아니다. 어떤 경우에는 매우 어려운 상황을 잘 이겨내기도 했다. 대체로 그는 매우 유능하고 자원이 많은 사람이었고 또한 정신건강 전문가이자 심리치료사이기도 했다. 그는 또한 헌신적인 남편이자 세 아이의 아버지였다.

대학의 내 연구실에서 켄은 대체로 안정감을 느꼈다. 회기 중에 불안을 느낀 적도 드물었다. 회기를 마치고 엘리베이터를(엘리베이터 옆에는 창문이 있었다) 기다리는 동안에 불안해 지는 경우가 가끔 있었는데 그럴 때는 엘리베이터를 기다리기 보다는 계단을 이용하곤 했다. 다시 연구실로 돌아와서 내게 도움을 요청하는 상상을 해 보았다고 말한 적이 있다. 내가 그를 위로해 주거나 엘리베이터를 같이 기다려 주는 것을 마음속에 그려보았다고 했지만, 실제로 그것을 행동으로 옮긴 적은 없었다. 대체로 그는 언제나 분석 상황의 전통적인 경계를 존중했고 그것을 자신의 문제를 탐색하고 표현하는 장으로 삼았다. 여러 가지 면에서 그는 이상적인 환자였다. 그는 많은 꿈을 보고하였고 과거와 지금-여기에서의 전이를 경험하고 그것에 대해 성찰할 수 있었다.

내 일정에 변화가 생기면서 우리는 4회기 중 2회기를 시내의 내 개인 상담실에서 진행하기로 했다. 그 제안은 내가 먼저 꺼냈는데, 휴일에 대학이 문을 닫는 경우에도 개인 상담실은 사용할 수 있었기 때문이었다. 사실 켄은 처음에 그 제안을 거절했다. 하지만, 분석적 틀 안에서 자신의 고소 공포증에 도전할 수 있는 좋은 기회라는 생각에 결국 그 제안을 받아들였다. 우리는 그가 그런 시도를 하는 것에 대해 내적인 압박을 받았던 것과 그것이 내가 원했던 것이었다고 느꼈던 것에 대해 논의했다. 사실 나는 이것을 뜻밖의 좋은 기회라고 보았다. 이 두 다른 장소의 조합은 그의 공포증 치료에 이상적이었다. 한편으로, 그것은 프로이트가 공포증과 같은 증상에 필수적이라고 본 공포증을 직접적으로 직면할 수 있는 기회를 제공할 수 있었다. 특히, 그러한 직면이 분석적 틀 자체를 통해 이루어질 수 있다는 것-안전한 환경과 위험한 환경의 교차경험이-이 더 유익하게 여겨졌다.

아무튼, 21층에서 이루어진 첫 회기가 끝나가고 있었다. 심한 불안의 엄습이나 현기증을 느끼지 않고 켄은 이 시간을 잘 버텨냈다. 처음에는 상당히 불안해했지만 이 역시 그가 상상한 만큼은 아니었다. 특히, 켄의 요청에 의해 창문의 차양을 내려 둔 것이 도움이 되었다. 켄은 이렇게 말했다. "제가 창문 쪽으로 다가가지 않을까 두려웠습니다. 그렇다면 마치 로봇이나 자동장치처럼 내 자신을 제어하기 어려웠을 것입니다. 내가 만약 그렇게 행동했다면 당신은 어떻게 하시겠습니까? 나를 가로막을까요? 물론 그럴 것이라고 생각합니다만." 나는 자기파괴적인 행동을 하는 자신을 내가 물리적으로 멈춰주기를 소망하는 것 같다고 말했다. 그는 그런 행동이 그의 안녕을 추구하는 나의 의지와 힘의 증거로 느껴질 것 같다고 했다. 그리고 그는 하나의 꿈에 대해 보고했다. "긴 나무판자를 실은 트럭이 있었는데 어떻게 된 일인지 나는 그 나무판자의 밑에 들어가게 됩니다. 그것들이 내 위로 미끄러지기 시작했고 곧 깔려 죽을 수 있다는 것을 깨달았죠. 하지만 나는 거기서 탈출했고 당황하지 않았습니다. 나를 돕는 다른 누군가가 있었는지는 기억나지 않습니다. 그냥 스스로 빠져나온 것 같습니다. 그는 자발적으로 트럭에서 내려오는 것을 분석과정에 비유했다. 그리고 그의 연상은 자신의 아버지로 이어졌다. 그는 아버지가 신체적으로 건장하고 강하다고 생각했지만 그것이 위안이 되기보다는 늘 아버지로부터 위협받는 느낌이 들었다고 했다. 아버지는 "늘 저를 이기고 싶어 하셨어요." 제가 제 자식들과 장난으로 몸싸움하는 것과는 달랐어요. 나는 "이 장소에서 우리가 만나는 것이 당신에게 여러 가지 의미가 있는 듯합니다. 단지 높이만의 문제가 아닐 수도 있습니다."라고 말했다. 그러자 그는 이렇게 말했다. "이런 상황으로 나를 몰아넣은 것에 대해 분노할 수도 있겠죠. 하지만 당신이 이 공간에 나와 '함께' 있다고 느낍니다. 분석과정에서도 대체로 우리는 함께였고요. 그 사실이 도움이 됩니다." 이제 많은 기대와 두려움으로 가득 찼던 첫 회기가 끝났다. 나는 "이제 마칠 시간입니다."라고 말했다. 켄은 일어나 앉았다. 조금 동요하는 듯했다. 그러더니 나를 보면서 이렇게 말했다. "생각했던 것 보다는 괜찮은데요. 하지만 혹시 승강기까지 나와 동행해 주실 수 있습니까?" 이 말은 나를 당황하게 했다.

순간의 진실: 행동하면서 생각하기

여기서 잠시 멈추어 분석가의 위치에 대해 생각해 보는 것도 좋을 듯하다. 환자의 요청에 분석가가 취할 수 있는 여러 종류의 반응에 대해 가상으로 생각해보는 연습도 유용할 것이다.

환자가 그 말을 꺼내놓는 순간 나에게는 어떤 행동이 요구되었다. 생각할 시간을 좀 달라고 할 수도 없다. 만약 내가 주저하거나 "잠시 만요. 잠깐만 이것에 대해 생각해 보죠." 혹은 "지금 어떤 감정인지 조금 더 이야기 해 보면 좋겠네요."라고 말한다면 그 자체가 특정한 행동이 될 것이다. 행동하지 않으면서 그것에 대해 생각해 보는 것이 불가능한 순간이다. 내가 어떤 행동을 취하더라도 그것은 나와 환자에게 복잡한 의미를 가질 것이다. 분석에서 흔히 말하는 "행동하기 '전에' 생각하라"와 같은 상식은 이런 측면에서 별 도움이 되지 못한다. "내일 그것에 대해 생각해 보고 얘기해 보지요. 그런 후에 봅시다."라고 말하는 것도 적절하지 않을 것이다. 순간의 진실은 지금 여기에 있다. 내가 어떤 행동을 취하든, 그것은 나에 대해, 우리의 관계에 대해, 그리고 환자에 대해, 무언가를 말해줄 것이다. 이것은 생각의 과정을 거친 행동은 아닐지라도 생각으로 가득 찬 행동일 것이다.

이 상황에서 어떤 것이 분석가가 할 수 있는 올바른 혹은 최선의 행동인지 묻는 것이 과연 의미가 있을까? 대부분은 "상황에 따라 다르다"라고 답할 것이다. 그 질문에 답하기 위해서는 환자의 역사와 역동, 전이의 상태, 해당 회기 내 분석 과정의 양상 등에 대한 정보가 더 필요할 것이다. 여기서 나는 환자에 대한 지극히 적은 양의 정보만을 제공하였다. 당시 내 뇌리에 스쳐지나간 생각들도 일부분만 공개하였다. 그러나 설령 이 상황과 관련된 환자의 모든 이슈를 설명한다고 해도, 그 순간 나의 행동과 태도를 결정하는데 도움을 받을 수 있었을지는 의문이다. 환자의 정신 상태를 정확하게 평가하는 것이 가능할까? 만약 가능하다면, 그것으로 충분할까?

분석가는 단지 환자에 대한 평가에 근거하여 행동하면 된다는 입장은 너무나 단순한 논리이다. 이러한 견해는 분석가의 행동이 복잡하고, 겨우 일부분만 의식할 수 있는 분석가 자신의 생각과 감정 체계에 영향을 받는다는 것을 간과한 것이다. 행동을 취해야 하는 순간에, 분석가의 개인적인 표현과 분석의 기술적 원칙이나 진단적 평가 사이의 뚜렷한 경계는 존재하지 않는다. 분석가의 주관적인 참여와 정신분석적 훈련은 서로 밀접하게 얽혀있다(호프만 1988, 7장). 만약 분석가가 취해야 할 올바른 혹은 최선의 행동이 있다고 한다면 그것은 다양한 분석가와 환자의 관계적 측면을 통합적으로 고려한 무엇일 것이다. 예를 들어, 슈퍼바이저나 컨설턴트의 관점에서 중요한 의미를 지니는 정보라고 한다면 그것은 반드시 개별 상황에서의 분석가의 경험을 포함하고 있을 것이다. 슈퍼바이저의 제안 역시 이 과정에서의 분석가의 참여를 고려한 것일 것이다. 슈퍼바이저는 이렇게 말할 수 있다 "환자는 이러이러한 것을 경험하고 있었던 것이 분명하고 당신은(분석가) 이러이러한 것을 경험하고 있었다고 한다면 이런 혹은 저런 행동이나 말을 했더라면 좋지 않았을까요?" 물론 분석가의 경험이 비판의 대상이 될 수 없다고 말하는 것은 아니다. 공감적 경청, 이론에 기반을 둔 이해, 분석가의 주관적인 참여 등에 대한 비판적 성찰이 더 활성화되기 위해 분석가가 더 개발해야 할 태도나 관점이 있을 수 있다. 사실, 본 논문의 목표는 내가 생각하는 최적의 분석적 태도—분석과정을 건설적으로 촉진하는데 사용될 수 있는 다양한 역전이 경험을 허용하는—를 전달하는 것이다.

환자의 성장배경: 사랑의 결핍과 두려운 충동으로 점철된 어린 시절

앞서서 언급한 대로, 나는 환자에 대해서 그 순간의 내 행동과 직접적으로 관련된 최소한의 정보만을 제공하였다. 사실 그 순간 내가 개념화할 수 있었던 것은 실제 그 순간 내가 처리하고 있었던 정보의 극히 일부분일 것이다. 비밀보장에 대한 고려 역시 보다 정확한 전달을 제한하는 측면이 있다. 아무튼 어떤 정보가 선택되고 어떻게 조직되는가에 따라 특정한 스토리가 구성될 수 있다(Schafer 1992). 그러한 전제하에 환자의 역사에서 중요한 몇몇 부분을 살펴보기로 하자.

켄은 외동이었다. 그의 어머니는 알코올중독자였는데, 냉담하고, 자기중심적인 남편과의 소원한 관계로 인해 극도의 외로움과 우울감을 자주 경험하였다. 켄이 15세 때 그녀는 다량의 약을 삼킨 후, 비닐봉지를 머리에 뒤집어 쓴 체 켄의 화학용구 상자의 버너에서 가스를 주입하여 자살하였다. 어느 날 켄이 학교에서 돌아와 보니 대문이 잠겨있었고, 문에는 아버지가 돌아올 때까지 이웃집에 가 있으라는 메모가 붙어 있었다. 나중에 아버지와 켄은 지하실에서 어머니의 시신을 발견했다. 거기에는 켄에게 남겨진 메모가 있었다. "이렇게 할 수 밖에 없구나. 더 이상은 견디기가 힘들어. 너는 행복한 삶을 살기를 바란다. 너는 훌륭해." 이렇게 켄의 어머니는 "충분히 좋은"

결말과는 거리가 먼, 아들이 일생에 거쳐 지고 가야할 비극적인 종말을 남기도 생을 마감하였다.

켄의 아버지는 세일즈맨이었다. 그는 매우 자기애적이고 허세 가득한 터프가이 스타일로, 켄의 필요나 취약성에 대해서 지극히 무관심했다. 아버지의 경쟁심은 너무나 지나쳐서 실제적인 학대로 이어지는 경우가 자주 있었다. 예를 들어, 켄이 청소년 초기였을 때 아버지와 일대일 농구를 한 적이 있었다. 당시 켄보다 훨씬 키가 컸던 아버지는 켄의 모든 슛을 막아내고 결국 10대 0으로 게임에 이겼다. 조용하고 민감한 공부벌레 스타일의 켄은 종종 아버지가 그를 별로 좋아하지 않는다고 느꼈다. 사실 켄은 아버지가 자신보다는 사냥과 낚시를 좋아했던 자신의 사촌들을 더 편애한다고 느꼈다.

켄의 어머니에 대한 기억은 매우 희미하고 단편적이었다. 그러나 놀랍게도, 어머니의 신체의 일부에 대해서는 선명한 기억을 가지고 있었다. 예를 들어 어머니와 함께 욕조에 있었던 이미지들, 특히 그가 선망했던 어머니의 가슴에 대한 이미지는 매우 또렷하게 남아있었다. 하지만 어머니의 얼굴을 기억하거나 어머니를 전체적인 사람으로 느끼는 것은 어려워했다. 분석이 일 년쯤 진행되었을 무렵, 켄은 청소년 초기의 어떤 순간에 대해 회상했는데, 그것은 술에 취해 침대에 쓰러져 있는 어머니를 바라보는 장면이었다. 그 때 아버지는 업무관련 출장으로 집을 비운 상태였다. 그는 이렇게 혼잣말을 했다. "엄마랑 그냥 성관계를 가져서 임신을 시켜버릴까? 그러면 엄마는 생기를 되찾고 행복해 질지도 몰라." 동시에 켄은 어머니가 죽어버렸으면 하는 의식적 소망도 가지고 있었다. 하지만 이 소망은 어머니가 죽으면 자신이 아버지와 단 둘이 남겨진다는 생각에 곧 묻혀버렸다. 아버지가 비행기 사고로 사망해서 출장에서 돌아오지 못하길 바란 적도 많았다. 때로는 아버지가 매우 두렵게 느껴진 적도 있었다. 한번은 놀이동산에서 아버지와 놀이기구를 타는 것을 거부한 적이 있는데 왜냐하면 놀이기구가 공중에 높이 올라갔을 때 아버지가 그를 밀쳐 떨어뜨릴 것 같은 공포를 느꼈기 때문이었다.

그러므로 환자의 주요 아동기 경험은, 근친상간, 부친살해, 모친살해, 유아살해의 충동이 방출될 위험으로 가득 차 있었다고 볼 수 있다. 우리는 환자가 이러한 위험스러운 유혹 가운데 혼자 남겨진 느낌이었을 거라는 추측을 할 수 있었다. 그는 자칫하면 자기가 이런 자기파괴적인(대상파괴적이기도 한) 충동대로 행동할 수 있다고 느꼈을 것이다. 또한 이런 재앙적 결과를 가져올 수 있는 충동을 억제하는 것이 오직 자신의 의지에 달렸다고 느꼈을 것이다. 하지만 그런 충동을 제어하기에는 자신의 의지가 역부족이라고 느꼈을 것이다. 마치 자신의 어머니처럼. 부모로서의 책임을 내던져 버리는 상징적인 행동을 통해, 그의 어머니는 그에게 최악의 선택만을 남겨놓았다. 그 또한 불가항력적 힘에 압도될 수도 있었다. 만약 그가 창문 너머로 투신했다면, 더 정확하게 말하자면, 그를 투신하게 잡아끄는 어떤 힘에 굴복했다면, 이렇게 말했을 수 있다. "엄마도 이랬을 거야. 나를 사랑했지만 자신을 제어할 수 없었던 거야." 하지만, 만약 "그렇다면 내 자녀를 포함해서 내가 소중하게 여기는 사람들은 어떻게 되는 거지?"라는 생각이 그를 멈추게 했다면, 자신의 어머니는 왜 그렇게 할 수 없었는지, 왜 자기가 한 것처럼 자신에게 해주지 못했는지에 대한 질문으로 고통스러웠을 것이다.

승강기까지의 동행: "경계적(liminal)" 공간에서의 경험

켄의 요청으로 되돌아가 보자. 여기서 주목할 것은 그의 요청이 분석시간이 끝난 시점에 이루어졌다는 것이다. 우리는 공식적인 분석시간이 끝나고 환자가 상담실을 떠나기 전의 간극에 있었다. 그 간극은 분석적 틀 안에 속한다고도 볼 수 있고 그 밖에 속한다고도 볼 수 있는 시간이다. 그것은 인류학자 빅터 터너(1969)가 식별한 "경계의(liminal)" 공간과 닮아있다. 터너(1969)는 "경계적 실체는 여기에 있다고도 할 수 없고 거기에 있다고도 할 수 없다. 그들은 여기와 거기 사이에 있다. 그들은 법과 관습, 관행, 그리고 의례에 의해 정해진 것들의 틈새에 존재한다. (p. 95)" 고 말했다. 물론 터너가 제안한 "경계(liminality)"의 의미는 특정한 부족문화의 통과의례와 관련된 것이었지만, 그것은 사회적 삶의 다른 측면에도 일반화될 수 있다(cf. Fourcher 1975). 실제로 사회적 삶에 깔려있는 기본적 변증법은 경계(liminality)적 상황에서 드러난다. 이것은 Turner가 "진정한 공동체(communitas)"의 특징으로 본 자발적이고 평등한 관계와 구조화된 위계적 역할중심의 관계 간의 변증법이다.

> 그것은 마치 인간관계의 두 주요 모델이 병행되거나 번갈아 나타나는 것과 같다. 첫 번째는 구조화되고 분화된 위계적 정치－법률－경제 체계의 사회이다 이 사회에서는 많은 평가의 종류가 있고 인간을 "더"와 "덜"로 구분한다. 두 번째는 비구조화되거나 기본적인 구조만을 갖춘, 비교적 미분화된 공동체, 혹은 연장자가 가지는 일반적인 권위를 따르는 평등한 개인의 친교를 중심으로 한 사회이다. 이러한 사회는 주로 "경계적(liminal)" 시간에 나타난다....개인이나 집단에게 있어서 사회적 삶은, 높음과 낮음, 공동체와 위계구조, 균일성과 다양성, 평등과 불평등의 연속적인 경험을 수반하는 변증법적 과정이라고 볼 수 있다(pp. 96－97).

또한 터너는 "지혜란 주어진 시공간 하에서 위계구조와 진정한 공동체(communitas) 사이의 적절한 관계를 찾아가는 것, 둘 중의 하나를 거부함 없이 각각의 양상을 수용하는 것, 또한 그 중 어느 하나에 집착하지 않는 것이다"(p. 139)라고 하였다. 이것은 분석과정에 대한 나의 견해와 일맥상통한다.

분석 시간이 끝났을 때 우리는 그 독특한 경계적 영역, "여기도 거기도 아닌" 영역으로 들어간다. 이것은 전체적인 분석 과정상의 형식과 자발성 사이의 변증법을 선명하게 드러내 준다. 이것은 마치 이상심리를 공부함으로써 소위 정상적인 정신 과정에 대해 알게 되는 것과 같다. 켄과의 상황에는 표준적인 분석적 절차에 포함되는 분석 후 상담실에서의 시간과 상담실 밖에서의 환자와의 시간이 동시에 존재한다. 이 두 경계적 영역에서는, 분석적 틀에서 벗어난 측면, 즉 우리 관계의 보다 개인적이고 평등한 측면이 강조되면서 역할 중심의 위계적 측면은 약화된다. 따라서 우리 둘 사이의 긴장감은 평소보다 훨씬 더 강렬하게 느껴진다.

나는 "물론이죠."라고 켄의 요구에 즉각적으로 반응했다. 우리는 엘리베이터를 향했다. 나는 그 순간 켄의 요구를 거절하거나 주저하는 것이 너무나 인색한 행동이라고 느꼈다. 그 고층의 사무실에서 회기를 견뎌내는 것이 그에게 얼마나 어려운 일이었을까를 짐작해 보면 더욱 그랬다. 사실 이 장소에서 만나자고 처음 제안한 것은 바로 나였다. 또한 다소 공격적인 이 요구는 그의 평소 행동과는 사뭇 다른 것이었다. 그는 위험을 무릅쓰고 그런 제안을 한 것이다. 내가 만약 그의 요구를 받아들이지 않았다면 그는 실망감과 심지어는 모욕감마저 느꼈을 것이다. 또한 나는 그의 농구 슛을 모조리 막아내던 그의 아버지처럼 되고 싶지는 않았다. 나는 그의 요구를 받아들일 경우보다 내가 그것을 거절할 경우의 위험성이 더 크다고 판단했다. 또한 그의 요구가 매우 이례적인 것이었기에, 그것이 어떤 생각에서 나왔던지 그것을 존중해주고 싶었다. 조금 더 깊게 들어가 보면, 환자가 그런 요구를 할 수 있었던 것은 내가 그만큼 그런 요구를 받아들일 수 있을 것이라는 인상을 주었다는 것이 될 수 있다. 어쨌든 우리는 승강기를 기다리는 동안 승강기의 종류—고속 승강기와 일반 승강기 등—에 대해 이러쿵저러쿵 얘기를 나누었다. 수분 뒤, 승강기가 도착했고 켄이 승강기 안으로 들어갔다. 승강기 문이 닫히기 전에 우리는 악수를 했다. 이것은 평소 우리가 헤어지는 방식이 아니었다. 누가 먼저 악수를 청했는지는 기억나지 않는다.

그 경험에 대해 다음 회기에 환자가 보고한 것에 대해 말하기 전에, 나는 그 승강기 사건에 대해 조금 더 다루고자 한다. 이것은 "분석 외" 상호작용의 예라고 볼 수 있다. 그 복도에서의 상호작용을 어떻게 개념화할 수 있을까? 표면적으로만 본다면 그것은 지극히 평범하고 일상적인 상호작용일 수 있다. 조금 지루한 잡담 정도. 하지만 승강기를 기다리는 동안, 거기에는 긴장감과, 약간의 어색함, 그리고 지금의 상황이 분석의 틀에서 벗어난 것이라는 느낌이 있었다. 이상적으로, 그 상황에서 분석가가 온전히 편안하게 느끼는 것이 맞는 것일까? 환자 역시 끝나는 시간이 가까워질수록 더 편안해 지는 것일까? 내 생각에는, 분석가나 환자의 성격, 분석 경험의 양 또는 질과는 별개로 그런 상황에서는 긴장감이 감돌 것이다. 왜냐하면 분석 시간, 분석 장소 및 역할중심의 상호작용에서 벗어난 그 복도라는 공간에서 분석가는 자신의 역할의 그림자에서 벗어나 환자와 동일한 사회적이고 물리적으로 취약한 존재로 노출되기 때문이다.[4] 이 순간, 터너가 말한 평등과 상호성의 "진정한 공동체"가 전면으로 나타나고 역할중심의 위계적인 구조가 배경으로 후퇴한다. 이러한 전경과 배경의 교체는 분석가의 익명성에 익숙한 분석가와 환자, 양 쪽 모두에게 혼란스럽게 느껴질 수 있다. 분석가의 익명성은 분석가를 자기애적 상처로부터 보호하여 분석가가 포괄적인 관점을 확보하고 그의 전문성을 환자를 위해 건설적으로 사용하도록 돕는다. 익명성이라는

---

4) 분석가의 이러한 노출은 때로 일반적인 분석 시간—분석가가 창문을 열거나 가구배치를 바꾸려고 또는 그가 앉는 자리를 옮기려고 움직일 때—에도 발생할 수 있다.

분석적 절차는 환자에 대한 분석가의 권위를 뒷받침하는 근거를 제공한다. 하지만 익명성에는 분석가에게 특별한 능력을 부여하는 신비적이고[5] 비합리적인 요소도 있다. 분석가가 환자의 병리적 대상관계—환자가 사고할 수 있는, 특히 비판적으로 사고할 수 있는 능력을 갖추기도 전에 이미 환자의 일부분으로 흡수된—에 대항하여 싸울 수 있는 것은 바로 이 분석가에게 부여된 신비한 능력 덕분이다. 또한 이 익명성으로 인해 분석가는 환자가 그의 이상적인 부모상—그토록 갈망했지만 가질 수 없었던 전지전능하고 사랑이 넘치는—에 부여한 마술적인 능력을 어느 정도 소유하게 된다.

그러므로 우리가 승강기를 기다리는 동안 경험했던 약간의 긴장감과 어색함은 당연한 것이다. 그렇다고 해서 그 상황에서 분석가의 특별한 권위가 완전히 사라졌던 것은 아니다. 전경과 배경이 교체된다고 해서 한 측면이 다른 측면에 의해 묻히는 것은 아니다. 오히려 자발적이고 평등하고, 격식에 억매이지 않는 참여와 권위와 역할 중심의 공식적인 참여의 양 측면은 계속해서 협력하여 서로의 잠재적 역량을 최대화해 간다. 개인적인 수준에서는, 여기서 언급할 수 있는 것보다 더 많은 관계적 주제가 나타났었다. 나도 환자도 그 당시에, 또한 지금도 미처 인식하지 못하고 있는 부분도 있을 것이다. 어쨌든 이것은 정신분석의 '권위'('부족 장로'의 권위에도 비유될 수 있는)에 대한, 또한 내면화된 내 분석적 양심에 대한 환자의 침범을 용인한 것이라고 볼 수 있다. 하지만 이것은 사소하고 용서 가능한, 어떤 의미에서는 생산적인 측면을 내포하고 있다. 우리는 다음 날 다시 분석적 틀 안으로 돌아올 것이라는 것을 알고 있다. 또한 그롯슈타인 (1993)이 비교적 "무경계(frameless)"의 경험이라고 칭한, 분석적 틀을 벗어난 이 막간 자체가 분석적 탐색의 주제가 될 것이라는 것도 알고 있다. 우리는 그 복도에서의 상호작용의 잠재적 의미를 마치 꿈의 내용을 탐색하듯이 탐색해갈 것이다(cf. Kern 1987).

이런 기대가 있었던 탓일까? 그 침범의 순간 나는 어렴풋하게 환자와 내가, 그의 과거 경험과 같은 근친상간, 자기살해, 타인살해의 충동이 부재한 병리적이지 않은 침범을 구성하려고 한다고 느꼈다. 우리는 이 상담실 문밖으로 함께 걸어 나오는 이

---

5) 권위와 신비는 역설적이다. 왜냐하면 우리 문화에서 그것을 뒷받침하는 바탕은 대부분 퇴색되었기 때문이다. 또한 분석과정에서도, 그것이 전이분석을 통해 면밀히 검토되기 때문이다. (호프만 1988, 1, 3장을 참조하라)

례적인 행위를, 21층의 창문에서 떨어지는 것, 모친과의 근친상간의 심연으로 빨려드는 것, 아버지를 죽이는 것, 어머니를 살해하는 것, 부친으로부터 살해당하는 것, 스스로를 살해한 어머니로부터 분리시키려고 했다. 이 시나리오에서 환자는 부모 또는 자식의 역할을 했을 것이고 분석가인 나를 자신과 상보적인 위치에 놓았을 것이다. 이 모든 잠재적 분리와 과거의 그늘에서 새로운 무언가가 출현할 가능성이 커진 것은 분석의 역할도 있었겠지만 이 과정에 참여하고 인정해 준 분석가가 있었기 때문이다. "이 과정을 함께 한다"는 환자의 느낌을 강화함으로써, 그 순간 환자와 같은 취약한 존재로 있으면서, 환자의 의식적 판단을 신뢰함으로써, 내가 안주하던 공간 밖으로 나옴으로써(환자가 불편함을 무릅쓰고 내 개인 상담실로 왔듯이), 비용지불이 되지 않는 시간(비용처리가 되지 않는)을 보냄으로써, 나는 적어도 분석가로서 싸울 기회를 얻게 되었다. 이 권위는 분석가라는 역할로 인해 주어진 것임과 동시에 환자의 영혼을 파괴하는 그의 부모의 행위의 영향을 물리침으로써 주어진 것이다. 이제 나는 환자에게 다음과 같은 메시지를 전달할 기회를 얻게 되었다. "당신은 가치 있는 사람이다. 당신은 온전히 삶을 누릴 권리가 있다. 그 나무판 밑에 생매장되어 있을 필요가 없다. 당신의 감정은 중요하다. 당신은 고유한 개인으로서 존중받아야 한다. 당신은 자신이나 나를 파괴하지 않고도 나에게 실제적인 영향을 미칠 수 있다. 당신의 욕망은, 그것이 일반적이지 않다고 해도, 치명적인 것은 아니다. 사실 그 욕망은 해를 끼치기보다는 득이 될 가능성이 더 크다"[6] 요컨대, 나는 환자에게 깊은 수준의 인정과 수용을 제공할 수 있는 위치를 확보하게 되었다. 이러한 변형적인 효과는, 이 행위 자체만이 아니라 자발적인 반응과 분석적 절차의 준수 사이의 지속적인 씨름과 터너(1969)가 말한 "어느 하나를 거부하지 않고 각각의 양식을 수용하려는" 노력이 가져온 것이다.

이제 이 사건의 상세한 부분을 되짚어 보면서 환자가 어떤 경험을 했는지, 환자의 보고를 바탕으로 생각해 보자.

---

6) 이것은 Strachey(1934)의 환자의 "원초아적 충동"의 수용을 통한 변형적 해석의 치료적 효과에 대한 논의와 사뭇 유사하다.

환자의 성찰: 욕구와 소망을 함께 구성하기

“제가 엘리베이터까지 배웅해 주실 수 있느냐고 물었을 때, 혹시 선생님께서 불쾌해하시지 않을까 했어요. 하지만 선생님은 친절하고 지지적으로 대해 주셨지요. 그런 요청을 하면서 저도 감정이 꽤 복잡했어요. 왜냐하면 사실 기분이 괜찮았거든요. 몸을 가누지 못해 부축을 받아야 할 만큼은 전혀 아니였고요. 하지만 마지막 순간에 감정에 압도될지도 모른다는 두려움은 살짝 있었습니다. 또 한편으로는 선생님이 얼마나 유연하신지 테스트해보고 싶은 마음도 조금 있었어요. 약간 정직하지 못하다는 느낌은 있었지만 크게 마음에 걸리지는 않았습니다.” 나는 “미리 계획한 것인가요?”라고 물었다. 켄이 답했다. “네, 일종의 만일을 위한 계획 같은 것이었죠.” 내가 말했다. “그러니까 내가 동행해 준다는 자체가 중요했군요.” 켄이 말했다. “네, 제가 극도로 불안하기 때문이라는 구실 없이도 그렇게 해주신다는 것이 중요했습니다.”

그러고 나서 켄은 혹시 내 동료 분석가들이 이것을 알게 된다면 과연 어떻게 생각할지에 대해 염려했다. 또한 내 행동의 진정성에 대해 회의를 표현하기도 했다. 혹시 그것이 다른 사람에게 과시하기 위한, 혹은 나의 독립성을 자축하기 위한 자기애적인 목적에서 나온 행동은 아니었는지. 그는 또한 이러한 자신의 의심이 자신의 부모에 대한 불신에서 기인한다는 생각도 했다. 성장하는 내내 그는 자신의 부모가 자신을 진정으로 위하고 걱정해준다는 느낌을 받지 못했다. 그의 어머니는 그의 우수한 성적을 반겼지만 다른 사람들이 시기할까봐 그것을 말하지 못하게 했다. 따라서 그의 좋은 성적은 어머니와 켄 사이의 일종의 죄책감을 수반한 비밀로 어머니만 향유할 수 있는 선물이 되었다. 켄은 이 말을 마치고 다음과 같은 연상을 했다. “선생님, 그 당시 성적인 것도 진행되고 있었어요. 전 어린 소녀들의 치마 밑을 들여다보기도 하고, 옆집에 사는 소녀와 성적인 장난을 치기도 했지요. 우리는 옷장 안에 숨어서 번갈아서 하의를 벗고 몸을 노출시키는 행동을 했어요. 집이 좁았기 때문에 어머니가 뒷방에서 벌어지는 일에 대해 모르셨을 리는 없어요.”

이 일화는 많은 이슈를 담고 있었다. 여기서 주목할 것은 내가 그의 요청에 응한 ‘후’ 그가 자신의 행동의 조종적 측면에 대해 자발적으로 성찰할 수 있었다는 것이다. 그는 자신이 나에 대한 금지된 오이디프스적 소망을 이런 식으로 가장했을 수도 있다는 말도 했다. 하지만, 그런 요청을 하지 않았다면 실제로 마지막 순간에 자신을 주체하지 못했을 수도 있다고 덧붙였다. 만약 내가 그의 요청을 거절했다면 그는 아마 당황해서 어쩔 줄 몰랐을 것이다. 아예 그런 말을 차마 꺼내지 못하고 지나갔을 수도 있다. 그의 요청이 수용되었기에 그런 요청이 불필요했을지도 모른다는 의식이 생성되었을지도 모른다. 반면, 내가 그것을 거절했다면, 혹은 주저함을 보였다면, 도움이 절실히 필요한 자신을 도와주지 않았다는 느낌이 강화되었을 것이다. 분석가가 어떻게 반응하느냐가 그 순간에 환자 내면에 구성되는 경험의 종류에 영향을 미친다고 할 수 있다. 이것이 바로 정신분석에서 구성주의가 지니는 함의이다: 즉, 환자의 경험은 무에서 나오는 것이 아니라, 부분적으로는 분석가의 행위와 메시지가 작용한 결과라는 것이다(Hoffman 1998, 5-6장; Mitchell 1991). 분석가와 환자의 상호작용은 그런 의미에서 구성되는 것이며, 단순히 환자의 경험이 선행되고 그 경험에 대한 해석이 부여되는 것이 아니라는 것이다.[7)]

그의 요청에 담긴 금지된 소망에 대한 성찰이 어린 시절의 금지된 성적 행위에 대한 연상으로 이어졌다는 것은 매우 흥미롭다. 왜냐하면, 그 전체적 사건이 나와 환자의 역동을 배경으로 하고 있기 때문이다. 이제껏 그의 증상이 성(sexuality)과 공격성에 대한 미해결된 갈등과 부분적으로 관련이 있다고 주장한 것은 나였다. 반면, 그는 자신의 문제가 충분히 인정받고 사랑받았다고 느끼지 못한 것에서 기인한다는 입장이었다. 한번은 이년치의 분석 작업을 이렇게 일축한 적도 있다. 자신이 분석 작업을 통해 깨달은 것의 핵심은 사람들이 자기를 좋아해주길 바란다는 것이라고. 하지만 나는 그의 관점이 그동안 내가 해온 해석의 복잡성과 깊이를 반영하지 못하는 느낌을 받았다. 가끔씩, 켄은 성과 폭력의 이미지로 가득 찬 매우 선정적인 꿈을 보고하곤 했는데, 그런 말을 하는 그의 태도는 다소 무심하고 지루한 듯 했다. 한편, 나는 그 꿈이 무엇을 의미하는지에 대한 생각으로 머리가 터질 지경이었다. 후에 우리는 이것이 켄과 어머니의 관계가 재연된 것이라는 것을 깨달았다. 다시 말해서, 켄은 성적으로 유혹적이지만 술에 취해 기운이 없고 의식이 반쯤 희미한 어머니의 역할을 했고, 나는

7) 이것은 역인과관계를 의미하는 것은 아니다. 경험의 형성이 상호작용을 통해 발달되는 것이라는 것이다. 이것이 나는 구성주의의 일면이라고 본다(Hoffman 1998, 6장을 참조하라).

강한 충동과 함께 혼자 남겨진 어린 시절의 켄의 역할을 한 것이다. 나는 딜레마에 처해 있었다: 내가 만약 적극적인 해석을 시도한다면 그는 나를 무의식적으로 강간범처럼 경험할 수도 있다. 반대로, 내가 소극적이고 순응적인 자세를 취한다면 나는 그를 방치하고 표류하도록 놔두었던 그의 어머니와 동일시될 수 있었다.

여기서, 켄이 정신분석에 지대한 관심을 가지고 있었고, 프로이트와 코헛에 대해 많이 알고 있었다는 것을 덧붙이고 싶다. 하지만 내가 어느 학파에 속하는지는 구별하지 못했다. 왜냐하면, 내가 코헛학파가 아니라는 것은 분명했지만, 그렇다고 그가 상상하는 프로이트학파의 모습에도 들어맞지 않았기 때문이었다. 분석과정을 통해 그는 이 둘을 통합한 관점으로 자신을 이해하게 되었는데, 그것은 물론 내 관점과도 비슷하다고 할 수 있다. 하지만 그는 자기심리학이 우리가 도달한 통합적 관점을 포괄할 수 있다고 보았다. 그래서 결국, 서로 건강하게 상이한 견해를 지키면서 어느 정도 선에서 타협할 수밖에 없었다. 물론 이것은 감사할 일이다.

실존적 그리고 증상적 공황

환자의 공황발작을 하나의 증상으로 본다면 다양한 해석이 가능하다. 앞서서 언급한 해석은, 그 증상이 자신도 또한 다른 누구도 자신의 엄청나게 파괴적인 충동을 억제하지 못할 것이라는 두려움을 반영하고 있다는 것이다. 이러한 감정은 그가 경험한 다양한 외상적 사건과 테마에 의해 생성되고 강화되었을 것이다. 환자는 늘 자신의 인간성이 상실될 수 있다는 두려움을 느꼈을 수 있다. 자신이 언제든지 로봇이나, 괴물, 혹은 지극히 파괴적인 본능에 지배를 받는 동물로 변할 수 있다고 말이다. 흥미롭게도, 첫 면담에서 그는 내 책장에 코헛의 책이 꽂혀 있는 게 반갑다고 말했다. 왜냐하면 자신이 욕동 덩어리의 인간으로 보여지고 싶지 않기 때문이라고 했다. 그는 불가항력으로 침투하는 끔찍한 이미지에 시달리고 있었다. 그 중 하나는 외관은 정상이지만 그 피부 아래는 완전한 기계장치의 모습을 하고 있는 여인의 이미지였다. 또 다른 것은 어떤 파충류 혹은 두꺼비의 이미지였는데, 그것들은 그가 본 중에서 가장 끈적거리거나 추한 것들이었다. 그는 이런 이미지들을 혐오스러워하면서도 쉽게 마음에서 쫓아낼 수 없었다. 그의 본능적 힘은 마치 중력처럼 강력하게 그를 끌어내리고 있었다. 그는 자신의 어머니가 무덤에서도 여전히 그를 부르면서 근친상간의 덫으로 유혹하는 것처럼 느꼈다.

전이에서, 환자의 공황 증상은 나에게 통제당하고 싶은 갈망과 나에 대한 맹렬한 경쟁심 사이의 갈등을 중심으로 형성되어 있었다. 분석의 주요한 과제는 나의 영향력을 환자가 무의식적으로 자신을 무력화시키는 동성애적 굴복[8]으로 경험하지 않도록 그 둘을 분리시키는 것이었다. 또한 우리 관계에서 그의 건강한 야심과 경쟁심의 표현을 살인적인 충동과 구별하는 작업도 해야 했다. 내 말이 그에게 중요한 의미를 가질 때면 그는 종종 현기증을 호소하고 극심한 공황발작을 일으키곤 했다. 때때로 "죽이느냐 죽임을 당하느냐" 혹은 "강간을 하느냐 강간을 당하느냐"와 같은 그의 지배적인 무의식적 갈등은 통제적인 말투나 수동적으로 듣기만하는 태도로 상징적으로 표현되곤 했다. 내 말을 가로막고, 나로부터 날아오는 심리적 화살을 차단하려는 욕구에서 공황발작이 비롯된 적도 있다. 그는 내가 말하는 도중에 손을 들고 "제발 그만하세요."라고 말하고는 옆으로 돌아누워 몸을 떨곤 했다.

이것은 그의 증상의 기저에 있는 것으로 보이는 몇몇 역동의 예이다. 그러나 켄의 공황발작을 단순히 증상으로만 본다면 그것이 지니는 실존적이고 보편적인 함의가 묻힐 수 있다. 증상은 주로 무엇이 현재 가능한 것인지에 대한 부적절한 평가와 관련이 있다. 이러한 어긋난 평가는 발달과정 중에 경험한 좋지 못한, 혹은 불필요했던 경험들에서 유래한다. 많은 이들이 이러한 어려움이 분석과정에서 얻어지는 새로운 이해와 교정적 대인경험에 의해 완화될 수 있다고 주장할 것이다. 이러한 경험이 정체된 발달을 촉진할 것이고 따라서 심리적 난국을 타개하기 위해 필요했던 증상은 불필요해 질 것이라고 주장할 것이다. 물론 현재의 분석치료는 더 이상 단순히 무의식적인 것을 의식화하는 것을 목표로 하지 않고 새로운 존재방식의 시도와 수용을 촉진한다. 하지만 건강해지는 과정이 역설적으로 자기기만(self-deception)의 증가를 포함한다고는 생각하지 않는다. 단지 무의식적인 것을 의식화하는 것이 전부가 아니라고 하면서도, 의식적인 것을 무의식화하는 측면에 대해서는 여전히 회의적이다. 하지만,

---

8) 이것은 Freud가 "생물학적 장애물"이라고 표현한 여성성의 부인과 관련이 있다. 즉, 이것은 남성에게 있어서, Freud에 의하면, 분석가에 의해 영향을 받기를 거부하는 형태를 띤다. 왜냐하면 그러한 영향을 거세와 같은 것으로 여기기 때문이다.

나는 이 얼핏 보기에 역설적인 아이디어에 진실이 감추어져 있다고 생각한다.

우리는 우리 자신과 타인을 돌보고 투자하는 것이 엄청난 상실의 위험을 수반할 뿐만 아니라, 그 상실이 필연적이라는 것을 인식하고 있다. 우리는 절벽 끝을 향해 가고 있다는 것과 그것을 피할 길이 없다는 것을 잘 알면서도 최대한 삶에 관여해야 하는 도전을 안고 있다.[9] 켄이 옳았다. 우리는 창문 밖으로 나가고 있다. 어쩌면 심각한 불안과 우리를 마비시키는 공포가 이성적인 것이고 그것의 부재가 비이성적인 것일 수 있다.[10] 열정적으로 삶에 임하고 삶을 즐긴다는 것은 어느 정도는 죽음에 대한 생각을 회피하는 것을 의미한다. 그것은 블라인드를 내리는 것을 의미한다. 벽 쪽으로 몸을 웅크리고 분석가의 카우치를 외면하는 것을 의미한다. 물론, 회피가 우리가 취할 수 있는 가장 적절한 방법이라는 것을 깨달을 때, 비이성적이라 여겨졌던 것은 역설적으로 이성적인 것이 된다. 현기증을 불러일으키는 삶의 무의미함을 직면하지 않기 위해 우리는 "모래성"(Mitchell 1986)을 쌓는 데 열중할 수도 있다. 무시무시한 죽음의 현존을 감지하면서도 삶을 살아내기 위해 존재의 유한성과 궁극적인 무의미함으로부터 눈을 돌리지 않을 수 없다. 인간의 보편적인 나쁜 대상(bad object)은 결국 다름이 아닌 바로 인간이 놓인 현실인 것이다. 그것에 대적하고 우리의 자존감을 사수하고자 우리는 가족과 그룹을 짓고 공동체와 문화를 형성한다. 마치 새가 둥지를 짓는 것처럼 자연스럽게, 우리는 우리 아이들이 비판적인 사고능력을 발달시키기 이전에 그들의 몸과 마음을 사랑으로 가득 채운다. 그리하여 그들이 자신의 가치에 대한 확신으로 의식적 성찰의 무게를 견뎌내고, 일종의 견고한 현실을 구성해 가는 일을 함께 감당해주길 바란다(Berger와 Luckmann 1967; Nagel 1986).

켄에게 있어서 중요한 권위자, 바로 그의 부모는 바로 이 자기-가치(self-worth)에 대한 확신을 가장 필요하고 그것을 흡수할 수 있는 최적의 시기에 제공하지 못했다. 켄은 우리를 둘러싼 공허로부터 그를 보호해 줄 수 있는 부모의 사랑과 승인을 충분히 받지 못했다. 오히려 그의 어머니는, 그녀 자신의 참담한 고통으로 인해 그나마

---

9) Jessie Taft(1993)는 이렇게 썼다. "단순하게 말해서, 인간의 문제는 이 이상의 것이 아니다: 영원히 살 수 없는 게 인생이라면, 그래도 살만한 가치가 있는가?" (p.13)

10) Freud는, 안타깝게도, 그의 이론을 형성하는데 있어서 죽음불안을 심각하게 다루지 않았다. 이 누락은 모든 면에서 방어적인 부인(denial)이라고 볼 수 있다 (Hoffman 1998, 2장; Becker 1973).

켄을 가혹한 현실로부터 보호하고 있었던 방패, 즉 그녀의 존재마저 그에게서 앗아가 버렸다. 그녀의 자살행위는 켄에게 무언의 매우 파괴적인 메시지를 전달했다. 그 메시지는 켄과 그의 어머니의 관계가 얼마나 부실한 것이었는지, 따라서 그의 자기감(sense of selfhood)이 얼마나 빈약한 것이었을 지를 나타내 주었다. 그녀의 의도가 무엇이었든 간에, 그녀의 자살행위는 "너 참 대단하다"라는 외적 표현과는 달리 "너는 무가치하다"라는 암시적 메시지를 켄에게 전달하였다. 이러한 메시지는 우리의 의미와 가치를 받치고 있는 부모의 지지가 신이 부여한 것이 아니라 인간이 구성한 것에 불과하고 언제든지 인간이 세우거나 파괴할 수 있는 것이라는 감각을 심어준다. 그것을 인식하는 것은 곧, 우리의 실존적 의미가 부분적으로 환영이라는 것을 깨닫는 것과 같다. 미첼(1986)은 "자기애는 비현실적 가치가 부여된 것이다"라고 했다. 그렇다면, 모든 부여된 가치는 실제가 아닌 환영이라고 역으로 말할 수도 있을 것이다.[11)]

죽음이라는 엄연한 현실 하에서, 삶을 긍정하는데 필요하다면 어느 정도 죽음에 대해 외면할 필요가 있다. 이 과정에서 우리는 의식(ritual)의 마법이 필요하다. 장례식이나 제사 등의 의식은 애도의 과정을 지지하면서도 동시에 남겨진 자들에게 다시 삶을 살아가야 한다는 신념을 주는 기능을 수행하는 대표적인 의식이라고 볼 수 있다. 프로이트도 자신의 합리주의적 관점에도 불구하고 정신분석의 치료행위에 있어서의 비이성적인 요소를 인식했다. 그의 *New Introductory Lectures*(Freud 1933)에서 "원본능이 있었던 곳에 자아가 있게 하라"와 같은 문단에서 프로이트는 "신비적 의식"의 심리적 영향에 대해 논하고 "정신분석의 치료적 노력 역시 ***유사한 방식을*** 택하고 있다고 볼 수 있다"(p. 80; 이탤릭체 추가)고 인정했다.

종결의 단면

나는 분석의 종결 시에 켄이 보고한 매우 의미심장한 꿈을 소개함으로서 이 글을 마치고자 한다. 종결을 약 5개월쯤 앞 둔 때에, 켄은 어떤 꿈에 대해 보고하였다. 그는

11) Mitchell(1986)이 Winnicott를 이어 분석에서 "나가서 만나 희망의 순간을 나누라"고 말한 것을 보라(p. 115).

들판에 서 있었다. "그들은 동물원의 동물들을 모조리 놓아 주었어요. 아르마딜로와 내가 만든 한 동물이 있었어요. 그것은 마치 개미핥기처럼 크고 비늘이 있었어요. 피부에는 깊은 주름이 있었고요. 피부가 비늘로 뒤덮여 있어서 얼굴을 볼 수는 없었지만 역겹게 느껴졌습니다." 같은 회기에서 그는 또 한 꿈을 보고했는데 꿈에서 그는 성적으로 흥분해서 자위를 하고 싶은 마음으로 시내 거리를 돌아다니고 있었다. 그는 거의 오르가즘을 느낄 지경이었지만 먼저 자신과 눈을 마주치고, 따뜻한 눈빛과 활기찬 표정으로 그를 바라봐 줄 수 있는 여자를 찾아야만 했다. 이러한 꿈들에서, 우리는 환자의 육체적이기만 한 삶에 대한 공포와 자신의 성적인 측면을 관계적인 참여와 개인적인 온전함과 통합하고 싶은 갈망 사이의 긴장을 볼 수 있다.

환자는 이 통합을 성취하는 데 있어서 나의 도움을 받는 것을 어려워하고 있었다. 그는 이와 관련해서 꿈을 꾸었다. 그는 구더기가 들어있는 물고기를 먹고 있었는데, 그것들은 초파리 유충으로 변하고 있었다. 그는 그것을 입에다 넣었다가 토할 듯한 역겨움에 다시 뱉어냈다. 우리는 내가 제공하는 것을 수용하는 것에 대한 그의 혐오감에 대해 이야기했다. 그는 내가 제공하는 것이라면 무엇이든지, 특히 성적 갈등과 관련된 해석은 더더욱 받아들이기 어려워했다. 약 한달 정도 종결을 남겨두었을 때, 환자는 다음과 같은 꿈을 보고했다.

> 저는 지하실에 있었습니다. 누군가가 침입하려고 했습니다. 지하실은 마치 요새처럼 큰 문이 있었고 걸쇠와 자물쇠가 있었습니다. 누군가 구멍을 뚫고 있었습니다. 나는 문 옆에 서있었는데 거의 드릴이 뚫고 들어오는 것이 보였습니다. 내 생각에 밖에 있었던 사람은 바로 당신이었습니다. 내가 만일 그 드릴 끝에 손을 갖다 댄다면 내가 여기 살아 있다는 것을 들킬 것만 같았습니다. 위험하다는 생각이 들었지요. (웃음) 이거 너무 남근기적인데요. 그 드릴이 얼마나 큰지는 모르겠습니다. 아주 가까이 다가선다면 내 몸으로 뚫고 들어올 수도 있을 겁니다. 두려웠지만 한편으로는 그래도 괜찮을 것 같았습니다.

여기서 보면, 환자는 어머니와 자신을 동일시하면서 어머니부터 자신을 분리시키지 못하고 있다. 꿈에 등장한 지하실은 그의 어머니가 자살한 장소였다. 밖에 있었던 나의 위치는, 그 끔찍한 날, 학교에서 돌아와 잠겨있던 대문 탓에 밖에 있었던 그 자신의 위치였다. 하지만 꿈속의 지하실에서는 일종의 구조작전이 벌어지고 있었다. 구출되기 위해서 그는 그 남근적 물건을 터치해야 했다. 그는 자신을 뚫고 들어오려는 나의 시도를 허용해야 했다. 이것이 가능하려면, 접촉이 반드시 성적인 것이라는 생각을 극복해야 했다. 더 나아가서는 우리의 만남 가운데 성적이고 공격적인 차원에 대해 그다지 큰 위협을 느끼지 않아야 했다. 마지막으로, 자신의 어머니에게 다가갈 수 없었던 무력감에도 불구하고, 내가 그를 접촉할 수 있도록 허용해야 했다.

내가 주목하고 싶은 것은, 꿈에 나타난 그 접촉의 순간과 침입을 당하는 순간이 겹친다는 것이다. 누군가 켄의 집 지하실에 침입하려고 했다. 침입자는 자기 공간이 아닌, 자신이 속할 곳이 없는 공간으로 들어오려 했다. 법은 유명무실해 지고, 환자의 개인적인 공간은 침해당하고 있었다. 문에 있는 잠금장치는, 적어도 외견상으로는 안전한, 안전하다는 환상이 유지되는 공간, 멸절공포를 차단하는 그런 공간을 형성하고 있었다. 그러나 때로 우리의 보안 시스템이 더 이상의 유익을 제공하지 못할 경우, 그것은 해지되어야 한다. 일시적으로라도 말이다. 이것은 분석적 틀에도 적용될 수 있다. 분석적 틀은 우리를 보호하기 위해 존재한다. 그것은 의미 탐색과 개인의 고유한 가치 인정을 위한 최적의 공간을 확보해 준다. 하지만, 그것을 너무 심각하게 받아들이거나 지나치게 집착할 경우 오히려 부정적인 영향을 미칠 수 있다. 따라서 이상적인 안아주는 환경이란, 분석적 틀이 절대적인 것이 아닌 하나의 구성물로 이해되고, 일련의 의식적 절차가 분석가의 개인적이고 자발적인 참여와 통합되어 시너지 효과를 내는 그런 공간을 말한다. 그러한 참여는 때로 분석적 틀로부터의 제한적인 이탈이나 경계적(liminal) 공간으로 진입하는 형태를 띠기도 한다. 보다 일반적으로는 자연스러움과 자발성이 분석의 역할중심적 형식적 과정과 어우러진 모습으로 나타난다. 그런 경우에, 분석은 삶에 대한 모델—경험에 뛰어드는 것과 그것의 의미에 대해 성찰하는 것 간의 풍성한 변증법—을 제시하게 된다(Becker 1973, p. 199). 그것은 또한 분석가가 환자와 같은 개인적 취약성을 공유하는 한 인간으로서, 동시에 환자가 부여한, 문화적으로 승인된 권위로 인해 이상화된 존재로 기능하는 것을 수반한다. 그러한 권위는 분석가가 환자 개인의 중요성과 가치를 지지하고, 환자의 어린 시절의 깊은 상처가 회복되는 것을 도울 수 있는 기회를 제공한다.

추가의 말

마지한 회기에 켄은 화석으로 된 조각을 선물로 가지고 왔다. 그것은 그가 아버지와 함께 조각 채집을 나갔을 때를 연상시키는 것이었다. 아버지와의 그 기억이 복구된 것은 이번이 처음인데, 그것은 아버지와의 몇 개 안되는 좋은 기억 중에 하나였다. 환자는 또한 그 선물을 분석적 발굴 작업을 상징하는 것이라고 했다. 선물과 함께 켄은 다음과 같은 메모를 남겼다. "당신이 내게 어떤 의미인지 말로 다 표현할 수 없습니다. 하지만 아마도 당신은 알고 계실 겁니다. 당신을 계속해서 내 삶에 들이겠습니다." 이제 마칠 시간이라는 내 말이 끝나자 우리는 잠시 그 경계적(liminal) 공간에 다시 섰다. 그것은 분석 "안" 에 속하기도 하고 동시에 분석 "밖" 에 속하기도 한 순간이었다. 내가 켄에게 악수를 청하자, 켄은 말했다. "괜찮으시다면 포옹을 하면 좋겠습니다." 우리는 서로를 안으면서 작별인사를 고했다. 우리가 그 마지막 순간에 "충분히 좋은 결말" 을 함께 만들었기를 바란다.

참고문헌

Becker E: The Denial of Death. New York, Free Press, 1973

Bell C: Ritual Theory, Ritual Practice. New York, Oxford University Press, 1992

Berger P, Luckmann T: The Social Construction of Reality. Garden City, NY, Anchor Books, 1967

Ferenczi S: The Clinical Diary of Sandor Ferenczi (1932). Translated by Balint M, Jackson NZ. Edited by Dupont J. Cambridge, MA, Harvard University Press, 1988

Fourcher LA: Psychological pathology and social reciprocity. Hum Dev 18:405–429, 1975

Freud S: Lines of advance in psycho-analytic therapy (1919), in The Standard Edition of the Complete Psychological Works of Sigmund Freud [SE], Vol 17. Translated and edited by Strachey J. London, Hogarth Press, 1955, pp 159–168

Freud S: New introductory lectures on psycho-analysis (1933). SE, 22:7–182, 1964

Freud S: Analysis terminable and interminable (1937). SE, 23:216–253, 1964

Gill MM: Psychoanalysis and exploratory psychotherapy. J Am Psychoanal Assoc 2:771–797, 1954

Gill MM: Psychoanalysis and psychotherapy: a revision. Int Rev Psychoanal 11:161–179, 1984

Grotstein JS: Boundary difficulties in borderline patients, in Master Clinicians Treating the Regressed Patient, Vol 2. Edited by Boyer LB, Giovacchini PL. Northvale, NJ, Jason Aronson, 1993, pp 107–141

Guidi N: Unobjectionable negative transference. The Annual of Psychoanalysis 21:107–121. New York, International Universities Press, 1993

호프만 IZ: Ritual and Spontaneity in the Psychoanalytic Process: A Dialectical-Constructivist View. Hillsdale, NJ, The Analytic Press, 1998

Kern JW: Transference neurosis as a waking dream: notes on a clinical enigma.

J Am Psychoanal Assoc 35:337–366, 1987

Macalpine I: The development of the transference. Psychoanal Q 19:501–539, 1950

Mitchell SA: The wings of Icarus: illusion and the problem of narcissism. Contemp Psychoanal 22:107–132, 1986

Mitchell SA: Wishes, needs, and interpersonal negotiations. Psychoanalytic Inquiry 11:147–170, 1991

Modell AH: Other Times, Other Realities: Toward a Theory of Psychoanalytic Treatment. Cambridge, MA, Harvard University Press, 1990

Nagel T: The View from Nowhere. New York, Oxford University Press, 1986

Racker H: Transference and Countertransference. New York, International Universities Press, 1968

Schafer R: Retelling a Life: Narration and Dialogue in Psychoanalysis. New York, Basic Books, 1992

Slavin MO, Kriegman D: The Adaptive Design of the Human Psyche. New York, Guilford, 1992

Strachey J: The nature of the therapeutic action of psychoanalysis. Int J Psychoanal 15:127–159, 1934; republished 50:275–292, 1969

Taft J: The Dynamics of Therapy in a Controlled Relationship (1933). New York, Dover, 1962

Turner V: The Ritual Process: Structure and Anti-Structure. Chicago, IL, Aldine, 1969

Winnicott DW: Playing and Reality. New York, Tavistock, 1971

씨어도어 제이콥스 (Theodore J. Jacobs)

13

소개

씨어도어 제이콥스(Theodore Jacobs)는 커네티컷 주 뉴 헤이븐에 소재한 예일대학교와 시카고대학교 의학전문대학원을 졸업했다. 그는 자신이 정신의학 임상교수로 지금 몸담고 있는 뉴욕의 앨버트 아인슈타인 의과대학에서 정신건강의학 레지던시 과정을 마쳤다. 그는 뉴욕 정신분석연구소와 뉴욕대학교 정신분석연구소에서 교육 및 감독 분석가로 활동하고 있는데, 뉴욕대학교 정신분석연구소에서는 아동과 청소년 감독분석가로 일하고 있다. 그는 *Psychoanalytic Quarterly; Psychoanalytic Inquiry; Journal of Infant, Child, and Adolescent Psychotherapy;* 그리고 *Journal of Clinical Psychoanalysis*를 포함하여 다수의 저널 편집위원으로 활동하고 있다. 현재 제이콥스는 *Psychoanalytic Quarterly*의 이사를 맡고 있으며 아동분석협회 회장을 역임했다. 제이콥스 박사는 국내외 다수의 정신분석연구소에서 방문교사나 강사로 활동해오고 있고 뉴욕대학교와 뉴욕 정신분석연구소의 지그문트 프로이트 강의와 아브라함 브릴(A. A. Brill) 강의를 포함한 다수의 저명한 강의들을 담당해왔다.

제이콥스 박사는 다양한 정신분석적 주제나 정신의학적 주제를 다루는 50여편의 학술논문과 글들을 저술했으며, *The Use of the Self: Countertransference and Communication in the Analytic Situation*의 저자이고 *On Beginning an Analysis*의 공동편집자이다. 또한 역전이에 대한 세부적인 조사와 분석가가 회기중에 역전이 경험을 지속하는 일에 대한 그의 연구는 미국 정신분석학에 새로운 장을 여는 데 기여했다.

제이콥스는 자신에 대해 이렇게 말했다:

> 나는 항상 스스로를 전통적인 방식을 존중하고 경의를 표하는 사람으로 간주해왔다. 사실 나는 상호작용, 실연, 유행하고 있는 양자심리학에 대한 오늘날의 끊임없는 관심 속에서 개인 심리에 대한 심도있는 탐색에서 아주 소중한 부분이 잊혀지고 있다는 사실이 개탄스럽다. 동시에 나는 훈련을 받으며, 가끔 편견이나 정치적인 이유로, 분석의 상호적인 측면을, 또한 주관성이 분석과정에 기여하는 부분을 무시하거나 폄하했던 나의 스승들의 특정한 입장이 우리 분야를 발전시키기보다는 저해하는 편협함을 드러낸다고 느꼈다.

따라서, 나는 우리의 훈련에서 논의되지 않았던 주제들을 다루기 위해 노력하며 나 자신의 역전이 경험들을—부분적으로 그런 경험들이 많이 있기 때문에— 생각하며 글을 쓰기 시작했다. 나의 많은 동료들이 분석의 중요한 측면이 외면당했다는 나의 느낌을 공유하고 있음을 발견했다. 역전이, 상호작용, 상호주관성과 같은 문제들과 관련하여 분석적인 사고가 이루어지던 바로 그 때에 나는 이것들에 대해 글을 쓰기 시작했다. 이것은 마치 이 주제들에 대한 억눌린 감정들의 급류가 1970년대 중반이나 1980년대에 갑자기 방출되는 것 같았다. 그래서 내가 역전이와 분석가의 내적 경험들에 대해 솔직하게 글을 쓰는 첫 미국인들 중 하나가 될지는 모르겠지만, 그렇게 우리 분야를 휩쓰는 물결의 선두에 있었다. 나는 내 자신이 어떤 의미에서도 개척자는 아니지만, 모든 치료에서 작용하며 우리 모두가 알고 있는 분석의 한 측면에 대해 글을 쓰기 시작한 전통적인 분석가라고 생각한다.

이 논문을 선정한 이유

씨어도어 제이콥스

나는 "환자들에 대한 오인과 오도(On Misreading and Misleading Patients)"를

이 책에 포함시켰다. 이 글이 나에게 관심을 끌어오던 다수의 주제들을 함께 다루고 있고 이러한 질문들에 대한 현재의 나의 생각을 어느 정도 반영하고 있기 때문이다. 나는 수년 동안 역전이가 지닌 미묘하고 은밀한 측면들이 (환자 내면에서) 떠오르는 자료와 분석 작업에 어떻게 영향을 미치는 지에 관심을 가져왔다. 나는 또한 우리 분석가들이 회기중에 분석 과정에 미치는 그런 역전이 영향을 어떻게 다루는 지에도 관심을 가져왔다. 특히, 우리가 실수에 직면할 때, 의식적으로 혹은 무의식적으로, 환자가 이 자료에서 벗어나도록 하고 또한 그로 인해 분석 과정을 망가뜨릴 수 있는 환자와의 공모를 시작하는 우리 자신의 잘못을 가끔 부정할 필요가 있다고 느끼는 상황에 관심을 기울여 왔다.

나는 또한 우리의 실수를 숨기기보다는 드러내는 치료방식에 미치는 영향과, 이런 식의 드러내기가 치료적인 동맹과 지속되는 분석 작업에 미치는 영향에 관심이 있다. 더 넓은 의미에서 무의식적인 소통이 분석가와 환자에게 어떻게 경험되는 지, 그리고 기술적으로 어떻게, 만약 가끔 간과된다면, 분석 작업에서 가장 중요한 부분으로 확인되고 유익하게 탐구될 수 있는 지에 관심이 있다.

환자들에 대한 오인(誤認)과 오도(誤導)

소통, 불통, 역전이 실연에 대한 성찰[1)]

(On Misreading and Misleading Patients: Some Reflections on Communications, Miscommunications, and Countertransference Enactments)

씨어도어 제이콥스

역전이를 분석 작업의 장애물로 여기던 초기의 개념화(Reich 1951)와는 대조적으로, 오늘날의 견해는 역전이를 환자와 분석가 모두의 무의식으로 안내하는 통로로 간주하며 역전이의 중심적인 역할을 강조한다(Ehrenberg 1997; Levine 1997; McLaughlin 1981, 1987; Renik 1993; Schwaber 1992; Smith 1999).

이러한 현대적인 관점은 상당 기간 동안 만연해왔던 역전이에 대한 편향되고 한정된 견해를 바로 잡는 데 매우 유용했고, 환자를 이해하는 수단으로써 분석가의 주관성이 얼마나 중요한 지를 강조하는 데 있어서도 매우 유용했다. 그런 반면, 오늘날 역전이의 이런 측면에 대한 관심은 역전이의 다른 측면, 즉 역전이의 문제적인 측면에 대한 관점들을 탐구하는 일을 조금 약화시키기도 했다.

브렌너의 타협형성으로서의 역전이에 대한 견해를 확장시키는 일부 현대 저자들은 역전이가 분석가의 마음속에서 작용하는 다수의 결과물, 갈등을 일으키는 힘들을 표상할 뿐만 아니라, 역전이의 모든 실례가 분석 작업을 촉진시키며 동시에 방해하기도 한다는 입장(Smith 1999)을 유지하고 있다.

이런 입장은 역전이를 분석 과정에 큰 영향을 끼칠 수 있는 복합적으로 결정되는 실체(multiply determined entity)로 보는 오늘날의 견해가 이론적으로 타당하고 이해할 만하게 연장된 것이지만, 반면에 모든 역전이 반응이 이렇게 쌍방향에서 작용한

---

1) Theodore J. Jacobs, M.D.의 "On Misreading and Misleading Patients: Some Reflections on Communications, Miscommunications, and Countertransference Enactments"는 *The International Journal of Psychoanalysis*, 82:653-69, 2001에 처음 게재되었다. Copyright © Institute of Psychoanalysis, London, UK. 허락을 받고 사용함.

다는 생각은 아직 설득력 있게 증명되지는 못했다.

더욱이 이런 견해가 이론적으로 옳을 수도 있다고 할지라도, 하나의 역전이 행동이 어떻게 분석 작업을 촉진시키고 또한 지체시키는 지에 대해, 또한 각각의 영향이 한 회기에서 영향을 주는 정도에 대해 누군가가 입증하지 못한다면, 이런 관점은 임상적으로 제한된 가치를 지니게 된다.

사실, 역전이의 방해하고 촉진하는 영향들이 동일하게 중요한 경우는 아주 드물다는 점에 대해, 그리고 주어진 회기에서 이런 영향들 중 하나가 분석과정에서 다른 것보다 훨씬 더 큰 영향을 줄 수 있다는 점에 대해 분명한 입장을 취하지 않음으로써, 역전이의 임상적 징후에 대한 그런 견해는 환자들을 오도(misleading)하고 있을 수 있다.

분석가의 역전이 행동이 아주 지장을 주고 심지어 파괴적임을 보여주는 분명한 사례들이 있는데, 그렇게 분석과정이 실패하여, 역전이 행동이 가져올지도 모를 어떤 촉진적 효과가 모든 의도와 목적에 있어서 임상 순간에 발생하는 것들 안에서 하찮은 요인이 된다.

긍정적인 측면도 마찬가지이다. 때때로 특정 역전이 반응들을 포함하는 분석가의 주관성은 치료를 증진시키는 효과를 가지고 있을 수 있다. 이런 상황에서 역전이의 긍정적 영향은 탐색과 해석이 요구되는 가장 중요한 임상적 사실이다.

그 순간에 역전이가 어떤 식으로 저항이 은근히 늘어나게 할 수 있는 가능성을 포함하여 역전이가 야기할 수 있는 어떤 다른 영향들은 중요하지 않은 것은 아닐지라도, 임상적인 견지에서 보자면 분석과정에서 발생한 변화에 비해 부차적인 것이다.

이론과 임상에서 만나는 현실을 혼동하지 않기 위해서는 이론적 고찰과 대조되는 '분석 작업에 미치는 역전이의 실제 효과' 를 밝혀내는 일이 중요하다. 역전이 반응이 실제로 분석 과정을 얼마나 향상시키거나 지체시키는 지, 실용적으로 그 정도를 평가하는 일 또한 중요하다. 이러한 구별과 평가의 실패는 임상적 그림을 선명하게 만들기보다는 뿌옇게 만드는 결과를 가져온다.

이 글에서 나는 임상적 상황에 초점을 맞추고, 또한 문제적인 측면이라고 할 수 있는 역전이의 한 양상, 실은 쉽게 간과되는 역전이의 한 측면에 초점을 맞추고자 한다. 나는 빈번하게 자기애적 갈등에 뿌리를 둔 분석가의 특별한 욕구, 갈등, 편향성이 분석가의 아주 적절하고 정확한 개입, 즉 잘 용인되는 이론과 오랫동안 행해져온 기술에서 나오는 개입 속에 녹아내려 있고, 또한 그런 개입에 의해 숨겨지고 있는 상황들에 대해 이야기하고 있다.

이런 문제들을 밝혀내기 위해 나는 몇 몇 임상적 실례들을 제시할 텐데, 그 실례들 속에서 이런 종류의 이슈들이 나로 하여금 문제가 될 만한 역전이 실연들을 수행하도록 이끌었다. 두 사례에서 이러한 실연들은 아주 무의식적이었고, 만일 그 실연들에 대한 환자의 반응들—한 경우에는 나를 내 행동과 직면하게 함으로써, 다른 경우에는 그와 밀접하게 관련된 증상을 발전시킴으로써— 이 없었다면 아마도 십중팔구 나는 내 행동들의 영향을 인식하지 못했을 것이다.

세 번째 실례에서도 내 행동은 자발적으로 이루어졌는데, 처음에는 의식적인 자각 밖에서 이루어졌지만, 곧바로 나는 내가 막 수행했던 개입은 내가 직면하고 싶지 않았던 내 행동에 환자의 관심이 끌리지 않게 함으로써, 그 자체로 환자를 오도한(misled) 실연이었다는 것을 깨달았다. 이렇게 이해하며 내 실수를 즉각적으로 수정할 수 있는 기회가 있었음에도 불구하고, 내가 논의하게 될 이유들로 인해, 나는 그 기회를 살리지 못했다. 내가 이러한 임상적 사례들을 기술하는 목적은 단지 역전이 요소들이 분석가의 개입과 엮어질지 모르는 방식을 보여주기 위한 것만은 아니다. 나는 임상적 자료들에 의해 제기되는 몇몇 논쟁적 주제들 또한 논의하고자 한다.

그 중 한 주제는 분석가의 역전이 반응들에 관련되어 있고, 또한 그 역전이 반응이 어쩔 수 없이 회기에서 실연되고 있는지 아닌지에 관련되어 있다. 즉, 레닉(Renik, 1993)이 언급하듯, 그러한 분석가의 역전이 반응이 행동으로 표현되기 이전에 분석가에 의해 식별되지 못할 수도 있고 억제되지 못할 수도 있는 지에 대한 것이다.

나의 임상 자료들에 기초해서 역전이 반응들이 표현되는 두 경로라는 견지에서 이 질문에 대해 논의하고자 한다. 역전이 반응을 전달하는 이 두 수단은 서로 배타적이지 않으며, 실제로는 어떤 조합 안에 규칙적으로 존재하지만, 언제든지 대개 분석가의 마음에서 작용하는 힘들과 관련된 어떤 이유들로 인해 한 경로가 지배적일 수도 있다.

의식적인 지각 밖에서 일어나는 역전이의 한 형태는 주로 비언어적 수단을 통해 표현된다. 다양한 채널들을 통해 일어날 수 있는 다른 형태의 역전이는 처음에 정서, 생각, 환상, 또는 기억으로 의식에 도달한다. 내가 지금 논의하려는 것은, 분석가가 실연보다는 자기 관찰을 통해 더 잘 간직할 수 있을지도 모르는 나중 형태의 역전이 표현이다. 반면, 아주 자동적인 방식으로 무의식적으로 표현되는 비언어적 반응들인 처음 언급한 형태는, 분석 회기에서 실연되는 것에 앞서서 식별될 수도 없고 통제될 수도 없는 역전이 반응들에 대한 레닉의 설명에 더 가깝게 들어맞는다. 나는 또한 두 형태의 역전이 반응들 사이에서 심심치 않게 나타나는 관계에 대해 언급하고자 한다. 그리고 (그 둘 중) 하나를 다루는 일이 다른 하나가 분석 회기에서 실연되는 정도에 영향을 줄 수 있는 방식에 대해서도 언급하고자 한다.

또한 내가 보고할 사례들 중 하나와 관련하여, 특정 형태의 역전이 반응을 다루는 일과 관련된 곤란한 질문에 대해 간단히 언급하고자 한다. 이것은 특히 자신이 저지른 실수를 포함하여 자신에게 고통을 가져다주거나 당황스럽게 만드는 이슈들을 피하기 위해, 분석가가 눈앞의 이슈에 환자의 관심이 끌리지 않게 함으로써 환자를 오도하는(misleads) 방식으로 개입하는 특정 형태의 역전이 반응이다. 만일 분석가가 실제로 그것들을 인식한다면 나중에서야 발견되는, 그러한 역전이 실연들은 대부분 자연발생적으로 이루어지는 반면, 그것들은 의식적으로, 아주 의도적으로 이루어질 수도 있다. 이런 식의 문제가 될 만한 역전이 행동이 발생할 때, 자신의 행동에 대한 분석가의 솔직한 인정과 자신의 실수가 환자에게 미치는 영향에 대한 개방적인 논의가 분석 작업을 진전시키는 지, 아니면 일부 동료들의 생각처럼 분석가가 자신의 이슈를 가지고 환자와 치료에 불필요한 부담을 주는 것인지에 대한 질문이 생긴다. 사례와 관련하여 나는 이러한 기술적으로 어려운 문제들에 대한 견해를 제시하고자 한다.

아동관찰 조사 연구들(Emde 1988; Fonagy and Target 1996; Stern 1985)에 의해 지지받고 있는 정신분석학의 최근 견해는 자기와 대상표상들의 발달 속에서, 그리고 성인의 지속적인 심리적 기능 속에서 타자 인식에 의해 이루어지는 중심적인 역할을 명확하게 인식하고 있다. 미국의 아론(1996), 에렌베르크(1997), 길(1982), 호프만(1983), 레빈(1997), 맥래플린(1981), 네터슨(1991), 폴란드(1992), 레닉(1993), 슈와버(1992), 스톨로로우와 앳우드(1992) 및 다른 학자들, 그리고 영국의 케이스먼트(1985), 펠드만(1993), 조셉(1985), 샌들러(1990), 스타이너(1993) 등의 동료 학자들의 연구를 통해 우리는 분석 상황에서 종종 의식 밖에 등록되는 '분석가에 대한 환자의 경험' 이 (환자 내면에서) 새롭게 떠오르는 자료와 발전되는 분석 과정에 규칙적으로 영향을 준다는 것을 인식하게 되었다.

인식이 전이와 투사적 동일시에 의해 강력하게 채색될 때, 분석가에 대한 환자의 견해는 철저하게 탐색될 필요가 있다는 것은 두 말할 나위도 없다. 하지만, 환자의 무의식으로 가는 경로로써 이 분석가 중심적인 자료(Steiner 1993)를 활용하려는, 우리의 전적으로 정확하고 필수불가결한 노력들은 때때로 우리에게 다른 무언가 중요한 것을 간과하게 할지도 모른다; 그 방식 속에서 분석가에 대한 환자의 의식적 반응과 분석가에 대한 환자의 생각이, '분석가에 대한 정확하지만 불안을 야기하는 모종의 인식' 과 분석가의 의사전달 속에 들어있는 은밀한 역전이 요소들을 차단하고 억누르기 위해 방어적으로 활용된다.

분석가에 대한 자신의 인식에 대해 환자들이 적극적으로 질문하는 일이나 이 정보를 탐색하려는 다른 적극적인 수단은 몇몇 학자들(Aron 1996; Ehrenberg 1997, Renik 1993)이 선호했던 기술로써, 그러한 의식적인 지각을 유도하는 데 효율적일 수 있는 반면, 또는 쉽게 그렇게 될 수 있는 반면, 부지불식간에 등록되거나 억압을 받은 다른 지각들은 일반적으로 이런 방식으로는 접근할 수 없다. 가끔은 단지 환자의 연상 속에서 구체화된 꿈이나 몽상 또는 징후를 통해서만 그런 지각이 드러날 수 있다. 이것을 이루어내기 위해서는 분석가가 두 참여자들의 마음속에 퇴행적 움직임(regressive movements)을 만들어가고, 그런 자료의 출현을 선호하는 아주 조용한 경청을 포함하는 일종의 수용적이고 개방적인 기술을 사용할 필요가 있다.

정확하게 인식된 어떤 역전이 반응들 이외에도, 분석가의 특정 기질, 태도, 가치관에 대한 환자의 인식은 환자에 의해 심심치 않게 방어되지만 분석 작업 과정에서 어쩔 수 없이 전달된다. 종종 일어나듯, 그러한 인식이 환자에게 불안이나 다른 성가신 갈등을 불러일으킬 때, 그러한 인식은 억제되거나 의식에서 배제된다.

하지만 이러한 인식들의 출현에 대항하여 방어하는 사람은 비단 환자 뿐만은 아니다. 분석가 역시 자기 자신의 이유로 인해 자주 자신의 개인적 특질에 대한 환자의 의식적인 인식이나 언급을 피하고 싶어 할 뿐만 아니라, 자신이 통제를 잘 못해서 생기는 과실로 또는 다른 당황스러운 실수로 간주하는 그러한 역전이 반응들도 피하고 싶어 한다.

종종 환자의 분석가 경험에 담겨있는 전이와 투사적 동일시를 탐색하는 과정에서 치료에 중요한 효과를 발휘할 수도 있는 자료가 간과된다; 이 자료는 그 두 당사자의 관계에 대해, 그리고 분석에서 일어날 수도 있고 일어나지 않을 수도 있는 것에 대해 무의식적으로 설정된 규칙이나 합의를 언급하는 것으로, 두 당사자들에 의해 전달된다. 환자가 분석가에 대한 자신의 정확한 인식을 억압하는 일 뒤에 종종 숨겨져 있는 무의식적 공모(collusions)처럼, 이러한 암묵적 동의들을 식별하고 직면하는 일의 실패는 종종 상호적으로 공유된 환자와 분석가의 욕구들을 살아내는 것이다. 심심치 않게 그 욕구들은 불안을 피하고 정서적으로 중요한 자기 표상들을 유지하는 데 각각 초점을 맞춘다.

이제부터 나는 임상 상황에서 어떻게 그런 무의식적 의사소통이 종종 이루어질 수 있는 지 설명하고자 한다. 몇 년 전, 나는 지적이고 명확하지만 꽤나 억제적인 젊은 여성을 분석하기 시작했다. 그 여성에 대한 작업은 해석 확인(confirmation of an interpretation)이 무엇인지에 대한 우리 생각 속에 심어진 어떤 어려움을 보여주었다. 불안하고 침울한 부모에 의해 불쾌한 환경에서 성장한 C양은 자기 자신이 두려움 뭉치이었다. 매사에 아주 신중한 그녀는 자신이 담당한 어떤 모험이든 비참하게 끝나리라고 확신했다. 분석에서 그녀는 거의 위험을 감수하지 않았고, 나에 대한 생각을 대담하게 표현하는 일 없이 몇 개월을 보내곤 했다. 그녀의 삶 역시 자신의 불안한 기대에 의해 묶여 있었고 위축되어 있었다. 열정이 없던 그녀는 최소한의 즐거움을 느끼며 무미건조하게 하루의 일상적 활동들을 반복했다.

C양의 변화에 대한 저항은, 치료에서의 가장 작은 움직임이 강력한 반대에 부딪히는 그런 것이었다. 이런 사실은 꿈이나 환상 자료라는 방식에 있어서 많은 것을 빠뜨린 채, 분석을 무게감 있고 꾸준하게 만들어 주었다. 잠시 후에 나는 내가 C양과의 회기를 고대하지 않는다는 것을 알게 되었다. 사실 회기 중간에 가끔씩 내 근육조직이 경직되는 것을 느꼈고, 내 몸이 그녀로부터 약간 돌아선 채로 앉아 있음을 알게 되었다. 이런 반응들을 인지하면서, 나는 그녀의 회기들을 특징 지워주는 현장보고들에서 무의식의 속삭임을 알아차릴 수 있기를 바라며, 내 환자의 말에 더 가까이 다가가려고 노력하곤 했다.

우리 회기들에서 C양은 우울해 보일 뿐 아니라, 패배감을 느끼는 것처럼 보이곤 했다. 그녀는 그녀에게 삶이란 끝없는 부담이라는 인상을 받게 했다. 이런 식으로 자신을 드러내는 데 있어서 C양은 자신의 마음 상태를 표현할 뿐 아니라, 우리 관계에 대한, 또한 그녀가 바랐던 자신의 삶 속에서 내가 수행하곤 했던 역할에 대한 복잡한 소통을 전달하기도 했다.

C양의 어린 시절 경험들은 그녀로 하여금 그녀의 부모로부터 도움을 얻는 유일한 방법은 고통스러워지는 것이라고 확신하게 만들었다. 즉, 아프고, 비참하고, 아니면 무력해지는 것이었다. 그것은 세심한 반응의 기미라도 이끌어내는 유일한 접근 방식이었다. 따라서 C양은 자신의 목소리, 태도, 정서, 자세를 통해서, 나에게 도움과 양육에 대한 말없는 호소를 전달하고 있었다.

하지만, C양은 위협적인 성적 감정들이 생기는 것에 대항하여 자신을 보호하고, 내가 그녀를 성적으로 과시하는 여성으로 여기지 않으리라고 확인하면서, 그녀가 (과거에 부모에게) 했던 것처럼 자신을 드러냄으로써 내가 그녀에게 가까이 가지 못하게 막고 있었다. 비록 C양이 내가 자신에게 끌리게 되길 몹시 원했다는 것이 분명해졌다고 할지라도, 그리고 그런 바람의 표현으로써 가끔씩 소파위에서 무의식적으로 매혹적인 움직임을 보였다고 할지라도, 그녀가 회기 중에 경험했던 성적 분투들은 그녀를 두렵게 만들었다. 따라서 지속적으로 비참하고 불행하게 느끼고 (그 느낌을) 드러냄으로써, C양은 그녀가 자신의 성적 감정들을 따라 행동하지 않았다는 것을 확실하게 할 뿐만 아니라, 무의식적으로 자신의 성적 욕망들에, 그리고 그녀가 나를 향해서 드러낸 부러움과 경쟁적인 느낌들과 분개에 처벌을 불러왔다. 수많은 이런 요소들과 그 요소들에 대한 나의 반응은 내가 설명할 (임상)시간들에 포함되어 있었다.

한 번은 C양이 자신의 제한된 삶에 대해 이야기하고 자신의 껍데기에서 벗어날 희망을 잃어가던 때에, 내가 애써 인정하는 것보다 더 자주 나누고 있는 내 자신을 발견한 느낌과 함께 예기치 못한 이미지가 내 마음에 그려졌다. 나는 그 안에 살아있는 무언가가 있는 좀 연약해 보이는 회갈색의 작은 타원형 물체를 떠올렸다. 처음에 나는 이 물체를 식별할 수 없었지만 잠시 후에 그것이 누에고치인 것을 알게 되었다. 그리고 나서 이 이미지는 그 시간의 자료에 대한 반응으로 생겨났음에 틀림없다는 생각이 들었다. 내가 나중에 깨달았듯이, 이 생각을 가지고 불안을 불러일으키는 나 자신의 어떤 감정들을 차단하려고 이런 생각을 활용하며, 나는 이 환상의 다른 어떤 근원도 인식하지 않았다.

사실, 실제로 누에고치라는 단어를 사용하지는 않으며, C양은 그런 보호하는 껍데기 안에 살아있는 존재로써 자기 자신을 표현하고 있었다. 그녀가 실제로 그렇게 될 수 있다는 슬픔과 거의 희망이 없다는 마음을 지닌 채, 그녀는 또한 이러한 자기가 만든 감옥으로부터 벗어나려는 열망을 표현하고 있었다.

그 시간의 자료와 내가 관련되어 있는 그 환상을 활용하여, 나는 C양이 벗어나려고 힘겹게 노력하고 있는 그 고치 안에 살고 있다는 생각을 표현하고 있는 것처럼 보인다고, 해석을 해주었다. 이에 더해 그녀 자신에 대한 이런 개념은 단지 그녀의 많은 삶의 경험을 형성하도록 도움을 준 오래 지속되는 것으로 보일 뿐 아니라, 이 회기에서 바로 지금 그녀가 가지고 있는 나에 대한 감정의 표출 방식으로도 보였다. 나는 또한 그녀는 내가 그녀 자신에 대한 의견을 나누길 원하는 것으로 보였다고 말했다.

이에 대해 C양은 몇 분 동안 침묵했다. 그리고 나서 몸을 웅크리고, 다리를 당겨 앉으며 고개를 떨구었다. 그녀는 이러한 움직임들을 통해 고치 안으로 싸인 채 몸짓으로 자신을 표현하고 있다는 생각이 들었다. 사실 이것이 사실일수도 있을지언정, 나는 그 때 C양의 움직임들의 회피적인 성격을 인식하지 못했다. 내가 한 말에 상처를 받으면서, 그녀는 보호 껍데기 속으로 퇴각했다.

그리고 나서 C양은 회기에서 자신이 얼마나 덫에 빠진 듯한 느낌을 받았는지 이야기했다. 그녀는 내가 필요하지만 나에 대한 두려움과 나의 불허(disapproval)에 대한 두려움 때문에 온몸이 묶인 듯한 느낌을 받았다고 말했다. 그녀는 자신을 놓아주고 자신을 휘감고 있는 끈을 끊기 위해 자신이 회기에서 실제로 어떻게 느꼈는지를 나에게 말하며 자신을 표현하기를 원했다. 하지만 그녀는 내가 너무 두려웠고 그런 행동을 하게 하는 '나에 대한 그녀의 감정' 이 너무 두려웠다. 이것이 바로 그녀의 가족에서 있었던 일이었다. 풍파를 일으키는 것 특히 아버지의 진노를 일으키는 것을 두려워하며, 그녀는 수년 동안 자신의 감정을 깔고 앉았고 완전히 제압당했다고 느꼈다. 이제 C양은 어린 시절의 나비에 대한 관심에 대해, 그리고 자신이 어떻게 그렇게 자유롭고 아름다운 생물체가 될 수 있기를 원했었는지에 대해 나에게 말했다. 하지만, 실제로는 그녀 자신이 이 치료과정이라는 고치 안에, 그리고 자신의 가족이라는 고치 안에 갇혀있는 거무칙칙한 나방에 불과할 뿐이라고 알고 있었다고 말했다. 그렇지만 자연의 고치들은 결국 떨어져나가는 반면, 자신의 고치들은 견고해지고 단단해져 있었다. 본질적으로 그것은 어디로도 벗어날 수 없는 무덤이었다.

나는 확인하는 반응을 이끌어냈을 뿐 아니라 환자로 하여금 나에 대한 즉시적인 경험과 오래 지속되는 환상과 접촉하게도 했던 이 (분석) 작업과 이 (치료적) 개입이 유쾌하지 않았음을 회상한다. 그 당시에 나는 내가 제안했었던 의미 말고도, C양의 말뿐만 아니라 행동이 그녀가 내 말로 인해 경험한 상처와 분노의 감정으로부터 물러서려는 방어적인 소망, 그녀가 한 여자로써 자신을 낮추어지도록 놔두는 방어적인 소망을 표현했다는 사실을 인식하지 못했다. 돌이켜 보면 나는 그녀가 무의식적으로 성적으로 나의 관심을 끌려고 시도하며 다리를 그렇게 움직임으로써, 그 움직임을 통해 내가 자신을 위로하기를 바라는 마음도 표현하고 있었다고 생각했다.

이제 일주일 후에 있었던 회기에 대해 이야기하고자 한다. 자신의 분석 시간과 겹치게 된 가족 행사 때문에, C양은 자신이 회기를 건너뛰어야 할 것 같다고 그 주에 미리 알려주었다. 그녀가 이런 상황을 알려주었던 그 회기 후반부에, 나는 그녀 자신을 위해 무언가를 요청하는 데서 오는 두려움과 그녀가 그랬다면 나의 불허와 거절에 대한 두려움을 가지고 있는 C양의 성격 양상들에 기초해 볼 때, 내가 생각한 것은 중대한 누락이었다는 점에 주목했다. 나는 그녀가 예약을 변경할 가능성을 언급하지 않은 사실에 대해 이야기했다. 그녀는 그렇다고 인정했다. 그리고 자신의 깔려있는 죄책감과 무가치감을 탐색해 본 후에, 또한 그녀의 두려움을 일으키는 자격에 대한 부끄러운 환상들을 탐색해 본 후에, 그녀는 용기를 내서 내가 다른 가능한 시간이 있는지를 물었다. 실제로 나는 가능하다고 했고 C양은 새로운 예약을 감사하게 받아들였다. 내 생각엔, 그녀와 나 모두 그녀의 회피에 직면한 일에 더해, 그녀는 나의 개입을 선물 제공으로 인식했다. 간단히 말하면, 내 딴에는 C양에게 관심을 보이려 하는 나의 소망, 나도 모르게 의문이 들지만 정반대의 소망을 수정하려는 나의 소망과 관련된 실연이었다. 이것은 그 상황에서 도망치려는 갈망, 항상 너무 자주 나를 불충분하고 절망적으로 느끼게 할 수 있고 무의식적으로 나를 그렇게 느끼게 만들고 있는 누군가와 다투지 않으려는 갈망이다. 그녀에게는 내가 그녀가 어느 정도 가치를 지닌 사람임을 알게 되었다는 것을 의미하는 대체 예약 시간의 제공에 의해 힘을 얻은 C양은 다음 회기에서 더 용기 있는 모습을 보였다. 사실 그 시간은 지난 시간들에 일어났던 일과는 전혀 달랐다. 그 시간에 C양은 놀라울 정도의 개방적인 자세로 이야기했다.

"저는 당신이 오늘 한 일에 대해 감사하게 생각합니다." 그녀는 말하기 시작했다. "당신은 그 예약시간을 변경할 필요가 없었습니다. 심지어 그 주제를 꺼낼 필요조차 없었습니다. 저라면 그렇게 하지 않았을 겁니다. 당신은 자신을 위해 (그 시간에) 신문을 읽고 늦잠을 자면서 여가 시간으로 사용할 수 있었습니다. 저는 당신이 보여준 배려에 감사드립니다. 당신의 배려는 아마도 당신이 결국 저를 좋아하게 될 수 있다고 생각하게 만들었습니다. 아마도 저는 그저 감당하기 힘든 사람이나 성가신 사람이 아닙니다." C양은 멈추었다가 다시 이어갔다. "제가 당신에게 말하고자 했던 것이 있는데 지금까지 말할 수 없었습니다. 그게 저를 화나게 했습니다. 저는 당신이 그것을 인식하고 있는지 모르겠지만, 가끔씩 당신은 저에게 짜증을 내셨습니다. 저는 당신을 비난하지 않습니다. 제가 만약 당신이라면, 저는 미칠 정도로 지루했을 것입니다. 하지만 당신이 그런 식으로 느낀다면 당신은 비판받을 수 있습니다. 그렇다면 당신은 대대적으로는 아니지만 미묘한 분석적 방식에 있어서 저를 무시한 것에 대한 책임이 있습니다. 당신이 제가 누에고치 안에 있다고 말했을 때처럼 말입니다. 저는 그 말에 화가 났습니다. 저는 이렇게 말하고 싶었습니다. "우리는 모두 고치 안에서 살고 있지 않나요? 당신은 당신의 실습, 좋은 집, 전문직 협회라는 고치 안에 살고 있지 않나요? 저는 당신이 아주 고통스러운 환자들을 만나러 주립 병원에 가는 것을 보지 못했습니다. 당신은 자신만의 작은 삶을 가지고 있고 우리 모두는 그렇습니다. 그래도 저는 당신이 어떤 면에서는 옳다는 생각이 듭니다. 당신의 고치는 당신이 선택합니다. 저의 고치는 제 아픔의 일부입니다. 어린 시절에 제가 나비처럼 사랑스러워 보이는 것을 상상하곤 했던 것은 사실입니다. 하지만 지금은 전혀 그렇지 않다는 것을 알고 있습니다. 그래도 어느 날 저는 저의 고치를 벗어나게 될 것이고, 어느 날 당신은 당신의 고치를 벗어나게 될지도 모릅니다."

무슨 일이 있었던 것이 분명하다. 한 편으로 C양은 내 해석을 이해했고 확인했다. 그녀의 연상은 내가 상상했던 대로 우리가 진정으로 무의식적 환상을 나누었다는 것을 입증했다. 하지만, 다른 한 편으로 그녀는 자신에 대한 미묘한 공격으로 경험되었던 그 해석에 의해 상처받았다. 나는 잠시 그녀의 응답에 당혹스러웠다. 그리고 나서 그녀의 말을 생각해보았다. 나는 그녀에 대해 인내심이 부족했었다. 그녀는 (내가)

참을성이 부족하고 짜증냈다고 말했다. 생각하면서 회기를 검토해보고 그 날 나의 기분을 다시 되짚어보았는데, 그 회기의 기분상태는 나의 기분상태이었다. 나는 그 회기가 무거운 분위기로 시작되었다고 기억했다. C양은 뾰로통해보였고 한 동안 침묵하고 있었다. 나는 조용히 인내심 있게 앉아 있었지만 동시에 익숙하면서도 무거운 느낌을 경험했던 것으로 기억했다. C양은 최근 몇몇 회기를 이런 식으로 시작했고 그 회기들은 아주 생산적이지는 못했다. 중압감, 권태감, 늘어가는 무기력감이라는 나의 느낌들을 활용하는 일은, 그녀가 이전에 가져보지 못했던 통찰을 얻도록 도와주는데 유용하긴 했지만, 투사를 통해 C양이 경험하고 있고 내 안에서 일어나고 있는 어떤 내적 상태들을 이해하고 해석하게 하는 안내로써는 내 환자에게 어떤 뚜렷한 움직임도 가져다주지 못했다. C양은 이런 관찰들에 대한 진실을 인식했지만, 이러한 이해는 그녀의 기분에 있어서도, 그 기분에서 나오는 지속되는 침묵들 속에서도 어떤 변화를 가져오지 못했다.

내가 이야기한 그 시간은 한 방향으로 향해 가고 있었다. 그리고 내가 비록 그 당시에 짜증나거나 화나는 것을 의식적으로 느끼지 못했다고 할지라도, 그러한 겉모습에서 결코 멀지 않은 곳에 있으며 최근 몇 주 동안 커져오고 있던 그런 느낌들이 내 해석에 들어왔다는 것을 의심하지 않는다.

돌이켜보며, 나는 몇 주 앞서 C양이 부화를 기다리는 곤충 같은, 심하게는 벌레와도 같은 자기 경멸의 느낌에 대해 이야기했던 것을 떠올리게 되었다. 따라서 한 편으로 나의 고치 이미지 사용은 무의식적으로 내 환자의 부정적 자아관을 그대로 따라서 표현한 것이었다. 생각건대, 이 이미지를 사용하며, 나는 C양이 나에게서 유발할 수 있는 불충분함이라는 느낌에 대해 무의식적으로 보복하고 있을 뿐만 아니라, 나와 거리를 두게 하고 나로 하여금 그녀를 매력 없는 여성으로 경험하게 하려는 그녀의 방어적인 욕구에 놀아나고 있었다.

이 말이 이 개입이 상당히 정확하지 않았고 유용하지 않았다고 말하는 것은 아니다. 나는 (이 개입이) 정확하고 유용했다고 생각한다. C양의 반응은 그렇다는 것을 보여주고 있다. 하지만 내 생각에는 나의 개입이 그 시간에 발생한 은밀한 의사소통과 관련된 나의 내적 반응을 숨겼다는 사실 또한 똑같이 중요하다. 환자와 분석가 사이의 이런 상호작용은 한편으로 C양의 침묵과 상당히 비소통적인 행동을 포함하고 있고, 다른 한편으로는 그녀의 끈질긴 저항에 대한 나의 좌절감과 더 큰 발전을 가져올 수 없다는 무능감을 포함하고 있다. C양은 그녀 자신의 오랜 환상을 이야기하는 메시지뿐만 아니라, 좌절감과 분노라는 나의 감정을 향해 말하는 메시지도 들었다. 그녀는 자신의 공격성을 두려워했고 나를 향한 어떤 대결도 두려워했기 때문에 비판적인 메시지에 대한 자신의 반응을 억눌렀고, 비록 그 자체로 유용하더라도 역시 덜 위협적인 것에 대해서만 목소리를 냈다. 또한 흥미 있는 점은 C양에게는 내가 그녀에게 신경을 썼다는 증거로 경험된 행동인 '그녀의 시간 변경에 동의한 일' 이후에야 비로소, 그녀는 잠적했던 내 해석에 대한 자신의 반응의 그 부분을 논의할 수 있었다는 사실이다. 그녀가 그렇게 하지 않았더라면, 나는 무의식적 소통에 근거하여 한편의 통찰을 제공해주고 분석 과정에 진전을 가져왔던 해석을 제공하는 것 외에 다른 어떤 것도 하지 않았을 것이라는 내 생각에 의문을 제기할 이유가 없었을 것이다.

C양과 나 사이에서 일어난 상호교류들을 검토해보며, 나는 내 초점이 거의 대부분 우리의 언어 교류에 있었음을 깨닫게 되었다. 나는 언어적 자료들에 수반되고, 언어적 자료들을 해석하고, 가끔은 언어적 자료들의 모순들로써 비언어적으로 전달되고 있던 메시지 배열에는 비교적 미미한 관심을 기울였었다.

이제 나는 C양과 나 사이에서 발생했고 계속 발생하고 있는 것들을 더 잘 이해하기 위해 우리 이야기 안에 포함된 숨겨진 의미들뿐만 아니라 이러한 비언어적 메시지들에도 세심한 주의를 기울이기 시작했다. 얼굴 표정에서, 목소리, 구문 및 음성의 리듬 안에서, 그 시간에 간간히 끼어드는 정지하고 침묵하는 순간들 속에서 자세, 제스처 및 운동을 통해 전달되는 이러한 무의식적인 소통들은 그들이 언급하는 정서와 환상들에 대한 환자와 분석가에게 이루어지는 그 후의 의식적 인식, 그리고 나중에 이루어지는 이 자료의 언어화 모두를 예측했다.

나는 상호작용을 하는 C양과 나 자신을 관찰하며 우리의 움직임에서 특정 패턴을 발견하게 되었다. 이런 움직임들은 종종 상호적이고 서로에게 신호를 주며 익숙한 춤을 추듯 반복적으로 실연되었다.

예를 들어, 특정 정서들의 동원과 관련하여 C양과 내가 뻔한 행동을 했다는 것이 분명해졌다. 따라서 회기에서 C양의 집요한 저항과 그 저항이 나에게 불러일으킨 좌절감으로 보건대, 어쩌다 한번 일어나는 일이 아닌 채로 우리가 서로에 대해 부정적으로 느끼기 시작했다면, 우리 각자는 무의식적이고 자동적으로 특정한 움직임들을 보였을 것이다.

예를 들어, 침묵하는 때에는 일반적으로 C양은 팔짱을 낀 채 몸을 살짝 왼쪽으로 돌리고 벽쪽으로 머리를 향하곤 했다.

내 편에서, 그럴 때마다 나는 C양에 거리를 두며 그녀 움직임의 반대 방향으로 몸을 살짝 오른쪽으로 틀었던 것을 인식하게 되었다. 나는 의자 뒤로 기대곤 했고 짧은 사이시간들 동안 눈을 감은 채 듣곤 했다.

몇 분에서 30분 정도에 이르는 시간이 흐른 후에, C양은 빈번하게 자세를 다시 바꾸곤 했다. 그녀는 다리를 당겨 무릎을 구부린 채 팔을 양옆으로 늘어뜨렸다. 동시에 그녀는 더 이상 벽을 향하지 않으려고 뒤돌아보곤 했다. 이어서 그녀는 차분하고 조절된 목소리로, 진정시키거나 달래는 듯한 말투로 말하기 시작하곤 했다. 이런 시간들을 통해 그녀의 완화되었지만 뚜렷하고 매혹적인 자질이 드러났다.

이에 대한 응답으로 나는 C양을 향해 되돌아가는 나 자신을 발견하곤 했다. 나는 의자에 앉은 채 몸을 앞으로 기울이곤 했고 개입할 때는 그녀의 말투에 거의 맞추어 주게 되는 말투로 이야기하곤 했다.

내 생각에는 이런 방식으로 이해와 공감을 보여주려는 나의 노력에 더해, 나의 행동 속에 C양의 매혹적인 행동에 대해 마음에서 울려 퍼지는 반응이 있었다.

비록 내가 그 때에 부정적인 감정, 수정하려는 노력, C양과 나 사이에 은밀한 성욕을 전달하는 비언어적 실연들의 중요성을 인식하지 못했다고 할지라도, 생각해보면 나중에 내가 그것들이 환자와 분석가 모두에게서 떠오르는 감정들이 의식으로 편입되는 것을 예상했음을 알게 되었다. 다른 말로 하면 그것들은 가까이 갔지만 아직 미처 의식에 이르지 못한 정서들에 대한 초기 신호체계로 작용했다. 몇 년 전에 펠릭스 도이치(Felix Deutsch, 1952)는 특정 비언어적 행동들이 환자의 후속 자료에서 특정 주제가 나오리라는 것을 자주 예측하고 예상했음을 입증했다.

분석 후반에 일어난 것처럼, 내가 만약 C양과 나 자신 사이의 이런 비언어적 소통을 관찰할 수 있었고 그것들의 의미를 간파할 수 있었더라면, 잠재적인 정서들과 환상들에 접근하는 것이 종종 가능하게 되었을 것이다. 이러한 반응들에 대한 의식적인 깨달음은 이어서 내가 그것들을 더 잘 함유하고 해석적으로 활용하는 데 도움을 주었다.

다른 한편 내가 회기에서 벌어지는 비언어적 상호작용을 간과했을 때, 안으로부터 증폭되는 압박감이 빈번하게 내가 설명한 일종의 문제 있는 역전이 실연들로 이어지는 결과들을 초래하면서 관련된 정서들은 종종 더욱 격렬해졌다.

소위 말하는 정확한 해석 안에 숨겨져 있을 수 있는 이런 종류의 은밀한 메시지에 대한 깨달음은 부정적 치료반응(negative therapeutic reaction)이라고 하는 또 다른 친숙한 임상적 실체에 어떤 빛을 선사해줄 수도 있다. 무의식적 죄책, 그리고 한 대상이 자학적인 부모와 묶이도록 유지할 필요성이 부적 치료반응의 발달에 기여할 수 있다고 잘 알려져 있는 반면, 그 반응의 형성에서 작용하는 다른 요인들은 종종 간과된다. 나는 내가 하는 말의 의미를 이 간단한 예로 설명하고자 한다.

나와 분석 심리치료를 시작했을 때 자신은 동시에 세 번째 남편과 세 번째 분석가를 두고 있다고 말했던 A양은 분노를 가지고 있는 여성이었다. 그녀에게 이전의 두 차례의 결혼과 두 차례의 분석 시도는 모두 실패로 끝났다. 지치고 상처 입은 전 남편들과 전 분석가들은 모두 두 손을 들었다.

A양의 분노는 이해할 만한 이유로 어린 시절에 시작되었다. 그녀의 어머니는 그녀가 4세 때에 갑작스럽게 죽음을 맞이하여, 그녀는 돌봄을 받지 못하게 되었고 그녀의 아버지는 그녀를 숙모에게로 보냈다. 숙모는 어린 아이들에게 거의 관심이 없었고 인내심도 아주 약했다. 숙모는 자신에게 지워진 부담에 대해 대놓고 분개했다. 숙모에게 완전히 거절당하고 집에서 자신을 원치 않았다고 느끼면서 그 어린 아이는 반복적으로 달아나는 것을 생각했다. 하지만 그녀는 다른 이유들 중에서도 어디로도 갈 곳이 없다는 이유로 결코 그렇게 하지 않았다. 함께 한 우리의 분석 작업에서 A양은 까다로웠고 도발적이었다. 그녀는 끊임없이 나를 비판하면서, 또한 반복적으로 치료를 그만두겠다고 위협했다. 대부분의 경우에 나는 이런 공격 앞에서 평정심을 유지할 수 있었지만, 그녀의 행동이 나를 짜증나게 할 때가 있었다.

내 환자가 특별히 화가 나서 나를 자신에게 적대적이라고 비난하면서 다시 한 번 심리치료를 그만 받겠다고 위협했던 어느 날, 나는 과거와 현재를 연결하려 시도했던 전이 해석을 실행했다. 내가 그녀가 필요하다고 느끼는 것을 공급해주지 않아서 그녀는 나를 그녀가 몹시 분개했던 어린 시절의 비열했던 이모로 경험하고 있다고 말해주었다. 나에게는 그녀가 나에게 복수하기 위해, 자기 이모 손에서 경험했었던 좌절과 분노라는 똑같은 감정을 내 안에서 야기시키려고 시도하는 것으로 보인다고 이어서 말했다. 그리고 그녀가 이모를 떠나겠다고 위협했었지만 이모가 자신의 유일한 엄마이었기 때문에 결코 그렇게 하지 못했던 것처럼, 그녀는 반복적으로 나를 떠나겠다고 위협했지만 내가 자신을 분석해줄 수 있는 그 도시 안의 유일한 치료가라는 것을 알고 그녀가 의지할 사람이 어디에도 없다는 확신 때문에 결코 그렇게 하지 않았다고 이야기했다.

A양의 반응이 기억 속에 남아있다. 그녀는 감정이 허물어져 심하게 울었고 그 후 며칠 동안 우울한 채로 남아 있었다. 무슨 일이 일어났었는지 이해하는 데는 우리 중 누구에게도 오랜 시간이 걸리지 않았다. A양은 한 편으로 충분히 정확했던 나의 전이 해석에 대해서가 아니라, 내 메시지의 진정한 의미에 대해서만 응답했었다. 싸움에 지치고 인내심이 한계에 가까워지며, 나는 실제로 그녀의 전 남편들과 전 분석가들이, 그리고 그들에 앞서 그녀의 이모와 아버지가 보냈던 메시지와 똑같은 (그녀에게) 익숙한 메시지를 무의식적으로 A양에게 보내고 있었다. 나는 그녀가 떠나도록 허락하고 있었다.

C양의 사례에서 치료 중에 자세, 몸짓, 움직임을 통해 이루어진 비언어적 표현들은, 내 편에서는 결국 이러한 도움이 안 되는 방식으로 실연되었던 정서들, 즉 환자와 분석가의 초기 정서들에 대한 조기 단서들을 제공했다. 예를 들어, A양이 나를 향해 일반적으로 은근한 공격을 시작할 때마다, 그녀의 말에는 특정 행동들이 수반되곤 했다. A양은 말할 때 의자 가장자리로 움직이며, 상체를 내밀고 앞으로 비스듬히 움직였고 머리는 턱에 이끌려 움직이곤 했다. 그 자세는 시비 거는 것 같았지만, 흥미롭게도 내가 은밀하게 성적이라고 경험했었던 일종의 도발성이 들어있었다.

다른 한편, 나는 다시 의자에 기대어 앉곤 했다. A양의 어설프게 가려진 공격성과 도발적인 행동으로부터 나도 모르게 물러서는 분명한 행동 속에서 사실 가능한 한 뒤로 기대었다.

그녀는 자신의 감정을 터뜨린 이후로, 이런 식으로 자세를 똑바로 한 채 의자 뒤로 물러앉았다. 그리고 진이 빠져 보이는 모습으로 몇 분 동안 조용히 보내곤 했다.

그런 행동에 대한 반응으로 나는 몸을 더 이상 뒤로 젖히지 않고 앞쪽으로 움직이며, 나의 평상시의 듣는 자세를 취하기 시작하곤 했다. 이러한 뒤로 그리고 앞으로, 전진 그리고 후퇴가 있는 시소 같은 움직임, 분노의 소통, A양과 나 사이의 관계단절, 그리고 그 관계단절을 치유하려는 노력들은 회기에서 간간히 이루어졌고, 환자와 나 사이에서 어떤 때에든 발생하는 것을 보여주는 확실한 표시들이었다.

만약 내가 그 당시에 그런 움직임들의 중요성을 이해할 수 있었다면, 내 생각에는 이 치료 과정에서 상당한 어려움을 일으켰던 일종의 언어적 실연으로 그 움직임들이 넘쳐흐르기 전에, 내가 일찍이 환자와 분석가 모두에 의해 경험되는 짜증과 커져가는 분노라는 기저의 감정들을 식별하고 탐색할 수 있었을 것이다.

만약 실제로 그런 비언어적 요소들이 나타나는 대로 식별되고 탐색될 수 있다면, 그것들을 무의식적으로 실연하고 그 이후에 그런 실연들의 의미와 중요성을 파악하려고 시도하기 보다는, 분석가가 그 안에서 내성과 조율을 통해 관찰하고 더 잘 함유하고, 일찍이 분석가의 어떤 역전이 반응들을 해석적으로 사용하는 것이 종종 가능하다. 그러면 내 생각에는 분석가의 깨달음의 영역을 넓히며, 분석 시간에 열중할 때 환자와 분석가의 움직임의 패턴을 함께 다루는 것은 그의 주관적인 반응이 자동적으로 나오는 행동이 되기보다는 유용한 통찰이 되게 하려는 분석의 지속되는 노력에 있어서 가치 있는 도구이다.

이 사례와, 이와 같은 다른 사례들은 정확해 보이는 해석에 대한 환자들의 부정적 반응에 의문이 생기게 한다. 사람들이 궁금해 한다. 얼마나 자주 그런 반응들이 분석가의 무의식적 의미를 정확하게 읽어내고 있는가?

이제 나는 다른 임상사례에 대해 이야기하고자 한다. 이 사례에서 분석의 특정 순간에 내 자존감을 보호하려는 욕구는 분석적 대화에 대한 왜곡으로 이어졌고, 잠재적으로 고통스럽고 당황스러운 이슈를 꺼내지 않겠다는 암묵적인 동의의 발전으로 이어졌으며, 환자의 관심의 초점을 바꾸는 것을 목표로 삼는 유인책으로 분석적인 개입을 활용하도록 이끌었다. 내가 말한 대로, 환자와의 공모를 포함하는 이런 종류의 실연은 분석에서 두 참여자에게 보호적 기능을 하고, 분석 작업의 결과가 나오는 과정에 엄청난, 심지어 결정적인, 영향을 끼칠 수도 있다.

몇 년 전 남성 분석가들이 편안한 오래된 가디건처럼 자신들의 우월성을 걸치고 있었던 때인 여성운동초기에 공격적인 젊은 여성주의자가 나를 만나러 왔다. 그녀는 어설프게 통제되는 자신의 공격적 행동 때문에 소중한 우정을 끝내버린 때에야 비로소, 나와 치료를 했었던 한 선생님의 추천을 받아들이면서 아주 조심스럽고 꺼려하면서 날 찾아왔다. 하지만 그녀가 공격연습(target practice)을 위해 그랬다는 것이 곧 드러났다. 왜냐하면 N양은 내 사무실에 발을 들여놓은 그 순간부터 프로이트와 그의 공격적인 이론들에 대해, 남성성 선전으로써의 분석에 대해, 그리고 성차별주의적 실천가들 중 한 사람으로써의 나에 대해 맹렬한 공격을 풀어냈다. 마침내, 의자에서 앞쪽을 향한 채 막 돌진하려고 하는 황소처럼 온 세상을 찾고 있던 그녀는 나에게 도전장을 내밀었다. "저는 의식화에 관심이 많은데 당신은 어떤데 관심 있으세요?" 라고 말했다. 나는 깜짝 놀라서 뭐라 대답할지 몰랐다. 나는 몇 초 동안 그녀를 멍하니 바라보았다. 그리고 나서 내 마음 속에서 반응이 나왔다. "무의식화에 관심이 많습니다" 라고 대답했다. 이 언어 교환은 N양과 나 사이의 상황을 아주 잘 간추려주었다. 처음부터 중대한 불일치가 우리를 갈라놓았다. N양에게는 그녀가 겪었던 고통과 아픔 그리고 위안을 갈망했던 그녀의 삶 속에서의 불행은 여성들을 향한 사회 차별적 태도라는 하나의 원천으로부터 기인했다. 다른 한편 나는 이러한 가혹한 현실 말고도 N양이 자신의 독특한 심리적 경험들의 결과로 발전된 내면세계의 환상과 신념들은 그녀의 고통들 속에서 한몫을 했다는 견해를 알리는 일에 관심이 있었다.

회기는 교착상태에 빠졌고, 수개월 동안 이렇게 생각들이 만나지 못함으로 인해 분석에서의 진전은 아주 미미하다고 할 수 있었다. 하지만, 시간이 흐르며 변하기 시작했다. 내 생각에는 우리가 서로를 이해하게 되었다는 큰 이유 때문에 N양과 나는 마침내 합의에 이르렀다. 나는 그녀의 외부적인 것 뿐 아니라 심리적인 현실에 대해 듣고 인정하는 법을 배웠고 그녀에 대한 그런 인정을 전해주는 법을 배웠다. 그리고 그녀는 자신의 마음속에서 만들어진 특정 방식이 자신과 다른 사람들에 대한 그녀의 생각에 영향을 끼쳤을 지도 모른다는 것을 마지못해 받아들였다.

그래도 우리에게는 여전히 어려움이 있었는데, 한 문제는 N양과의 회기 중에 내가 가끔 경험했던 지루한 느낌에 집중되었다. 비록 자기성찰 능력이 점차 나아졌다고 할지라도, N양은 상당한 외재화(externalization)에 빠져 있다. 그녀가 다른 사람들의 단점에 초점을 맞추는 것, 그리고 그 동안 친구들과 가족에게 대접받은 방식에 대해 상세하게 불평하는 것은 심심찮게 있는 일이다. 세부적인 것들은 상상력에 맡기지 않으며, 그녀는 자신을 나쁘게 이용했던 악당들의 잘못, 약점, 흠 하나하나를 언급하곤 했다. 그녀의 악당들이라는 특정 대상은, 제 딴에는 자신을 학자와 신사로 생각하는 헛되고, 편견에 차있고, 기만적인 것 같은 남자로써 거짓말과 합리화를 통해 다른 사람들이 이러한 현혹적인 자아상을 믿도록 유도했던 자신의 아버지였다.

N양의 아버지와 다른 가족과 관련된 자료가 절대적으로 중요하긴 했지만, 잠시 후에 아주 빈번하게 반복되었던 같은 불평과 이야기로 인해 회기에서 피로함을 겪는 나 자신을 발견하는 것이 아주 익숙해졌다. 강력한 감정들은 이러한 나의 반응 뒤에 숨어있음에 틀림없다는 것을 인식하며, 나는 할 수 있는 자기 성찰을 했고 N양의 선명하게 방어적인 행동이 내 안에서 일으키는 분노와 괴롭힘의 감정에 접촉했다. 이러한 접근은 분석의 표면 아래에서 발산되는 것에 대해 어떤 통찰을 가져다주는 데 유용하기는 했지만, N양에 대한 나의 반응에는 미미한 영향을 끼쳤다.

치료 둘 째 해에 좀 새롭고 약간 극적인 자료가 N양의 회기에서 등장했을 그 때, 나는 선명한 안도감을 느꼈다. 이 자료는 내 환자가 어린 시절 자신을 가끔씩 돌보아주었던 10대 남성에 의해 성적으로 애무 당했을 꽤 높은 가능성과 관련되어 있었다. 비록 일반적으로 말해서 그런 경험이 신경증에 핵심적이라는 생각은 경계한다고 할지라도, 나는 이 사건의 후유증을 탐색하는 데 관심 있었다. 나는 그 사건이 유발했었던 환상들과 수 년 간에 걸쳐 견뎌 냈었던 기억 속의 변화들이 그 당시에 완전히 만족스런 설명을 하지 못했던 증상이었던 남자와의 육체적 접촉에 대한 N양의 지속적이고 비합리적인 불안을 설명하는 데 도움이 될지도 모른다고 생각했다.

이렇게 새로운 자료에 대한 예민한 관심과 그 자료에 대해 더 들어보려는 열망을 가지고, 나는 N양의 연상작용에서 그 지료가 순간적으로 나타난 후에 곧바로 시야에서 사라졌다는 것에 좌절감이 느껴지고 실망스러웠다. 이것은 마치 처음에 그것을 사로잡았던 억압적인 힘들이 다시 한 번 그것을 지하로 몰아낸 것 같았다. 비록 내가 최선을 다해 적극적으로 의식적인 깨달음으로부터 나오는 관련된 정서들과 기억들을 유지하고 있다고 여겨지는 그 방어를 다루었음에도, 그것들은 드러나지 않은 채로 남아있었다.

그녀의 발달과정에서 새로웠고 상당히 중요할 수도 있던 그 자료에 대해 이야기하는 대신에, N양은 마치 오래된 불평들이 낡은 옷 한 벌인 것처럼 그것들로 자신을 포장하며, 오래된 불평으로 돌아왔다.

다시 한 번 나는 그녀와 조율을 유지하는 일이 어렵다는 것을 알게 되었고 다시 한 번 지루함을 경험했다. 나는 잠을 거의 못 이루었던 밤이 지난 이른 아침 회기 동안 특별히 들썩였다. 피곤할 때면 가끔 그렇듯이 나는 의자에 앉은 채 평상시보다 더 움직였다. 나는 뒤틀고 안절부절 못하며 경각심을 가지려고 노력하면서도 전혀 의심할 여지없이 자세를 계속 바꾸었다. 마침내 N양이 자신의 인색한 친척에 대해 웅얼거릴 때, 나는 간헐적인 꿈, 아주 흥미로운 일련의 연상, 또는 내가 검토하고 싶어질지 모를 다른 자료를 기록하기 위해 내 곁에 두고 있는 공책에 다가가는 나 자신을 발견했다. 하지만, N양이 말하는 것 중에 내가 정작 기록하고 싶은 내용은 없었다. 그럼에도 불구하고 나는 공책에 다가갔고 내 손가락은 공책 표지에 가 있었다. 그리고 나서 N양을 위해 마련된 부분으로 공책을 펼치고 내가 기록했던 예전의 필기를 힐끗 보았다. 이 모든 것을 머리 식히기 용으로 했다. 나는 지루하고 피곤했고, 약간의 자극을 원했다. 또한 내가 경험하고 있던 지루함과 모호한 불편함이라는 감정이 약간 완화되기를 원했다. 공책을 휙휙 넘겨보며 이전의 필기를 힐끗 쳐다보는 과정에서, 나는 내 환자를 떠나보냈고 그녀가 하고 있던 말의 몇 몇 문장들을 놓치고 있었다. 나는 그것들을 지워내려고 노력했었다.

비록 내 움직임들이 조용히 이루어졌다고 할지라도, N양이 그것들을 못 들을 정도로 조용하지는 않았다. 처음에 그녀는 아무 말도 안 하고 돈 한 푼에도 벌벌 떠는 친척에 대한 그녀의 분석과 함께 단순하게 수행했다. 하지만, 그녀의 목소리가 좀 달랐다. 그녀는 월세를 내지 못한 일을 생각하면서 자기 대사를 암송하는 배우처럼 일상화된 방식으로 이야기했었다.

그 때 갑자기 N양이 침묵했다. 몇 분 동안 말하지 않았다. 나는 말했다, “무슨 일이 일어났군요. 무언가가 당신을 막고 있는 것처럼 보입니다.” N양이 대답했다, “당신은 제가 하는 말에 관심이 없다는 생각이 들었습니다. 저는 당신이 정신이 산만해져 있다고 생각했습니다. 잡음을 들었습니다.”

“그리고 당신은 당신이 들은 것들을 통해 어떤 생각을 했나요?”

“저는 모릅니다. 당신이 무언가를 쓰다듬거나 무언가를 손가락으로 만지는 것처럼, 이상한 소리가 들렸어요. 그 때 마치 당신이 책을 열거나 페이지를 넘기는 것처럼 들렸습니다."

N양이 말한 대로 나는 그녀가 언젠가 전에 나에게 말했던 무언가를 회상했다. 즉, 그가 그녀에게 잠자리 동화책을 읽어줄 때 그녀 사촌들 손가락이 그 책 페이지를 만지곤 했다. 그 때 그는 서서히 손을 뻗쳐 그녀의 허벅지를 만지며 손을 그녀의 음부 쪽으로 움직이곤 했다.

N양은 이어서 말했다, "저는 당신이 제가 하고 있던 말에 관심이 없다고 생각했습니다. 저는 완전히 (당신을) 지루하게 했고 당신은 공책을 집어 들어 휙휙 넘겨보고 있었습니다. 그렇거나 아니면 당신이 자신을 즐겁게 하기 위해서 그저 그 공책을 만지작거렸습니다."

"당신이 전에 말했지요. '그것을 쓰다듬어라!' "

"예 그랬습니다. 저는 문지르는 소리를 들었어요. 아마도 그게 정신분석가들이 회기에서 지루해질 때 벗어나는 방식일지도 모르겠네요. 그들은 음경이 아니라 책을 문질렀어요. 그것이 그들의 도착(倒錯)입니다."

침묵이 좀 흐른 뒤에 내가 말했다, "그런 소리들이 당신한테 익숙하네요."

그러자 N양은 다시 침묵에 빠졌다. 그녀가 다시 말하기 시작했을 때 그녀의 목소리는 체념하는 어조를 띠고 있었다.

"네 알았습니다. 당신은 '내가 당신을 내 사촌 조지 같다고 생각했었다' 라고 생각하고 있네요. 움직일 준비가 된, 내 사타구니로 뻗칠 준비가 된 조지 같다고요. 나는 그것을 인식하지 못했지만 아마도 내가 그랬을지도 모릅니다. 실제로 어떤 분석가라도 그랬으리라고 생각합니다. 분석가들 중 대부분은 환자들을 한 쪽 방향 또는 다른 방향으로 돌려서 조인 채로 끝냅니다. 당신 분석가들은 독실하지만 교활합니다. 환자들은 항상 치료에서 학대당합니다."

N양은 한 동안 분석가들, 특히 남성들에 대한 불신에 대해 이야기를 이어갔다. 그리고 한 방향으로 또는 다른 방향으로 여자들을 이용하는 대부분의 남자들처럼 내가 기만적이라고 판명될지도 모른다는 그녀의 의구심에 대해 이야기를 이어갔다. 회기 끝 무렵에 그녀는 (자신의 사촌 조지에 대해) 나에게 말했던 것을 반복하고, 자신이 그를 향한 열병 같은 사랑을 느꼈고 그가 곁에 있음에 아주 흥분되는 느낌을 받았다고 처음으로 회상하면서 자기 사촌과의 밤 시간의 장면에 대해 한 번 더 이야기 했다.

그리고 나서 그녀는 그녀가 기본적으로 모든 남자들이 매혹적이고 흥분시키지만 신뢰가 가지 않는 조지와 같다고 믿게 되었던 사실에는 아마도 무언가가 있다고 말했다. 카우치에서 일어서며 그녀는 마지막 말을 덧붙였다.

"계약 이행 거절이 저를 두렵게 만드는 것은 사실입니다. 저는 당신을 보지 않아서 당신이 하려고 하는 것을 모릅니다. 당신이 움직이기 시작할 때 제 신경이 과민해집니다. 저는 다음에 어떤 일이 벌어질 수 있을지 모르겠습니다. 그 장면에서 저는 아마도 당신과 조지를 내 마음 속에서 뒤섞은 것 같습니다. 그렇지만 저를 힘들게 하는 것, 저를 진짜 미치게 만드는 것은 제가 당신이 제 아버지 같다고 생각하기 시작할 때입니다. 단지 제가 당신이 제 아버지 같다고 상상하는 것뿐만 아니라 당신이 진짜 제 아버지 같다는 것입니다."

그 회기 이후에 N양의 나에 대한 불신이 증가했다. 그녀의 저항은 단단해졌고 침묵이 회기를 압도했다. 그녀가 이야기했을 때, 그녀가 한 말은 주로 다른 사람들에 대한 묘사와 직장에서의 사건들에 대한 설명으로 구성된 공문이나, 대부분 딱딱한 보도문 같았다. 그녀는 숨어 버렸고 그 이유는 분명했다. N양은 어떤 부분에서 내가 분석적인 재빠른 손을 가지고 자신을 속여 왔다는 것을 알았다. 권태, 분노를 느끼고 그런 감정에서 벗어나기를 바라며, 나는 N양을 외면했고 그녀를 밖으로 내몰았다. 나는 그녀가 나에게 돈을 지불하며 하게 한 일이자 내가 서명한 그 일, 즉 내 일을 해오고 있지 않았다. 내적인 긴장들로부터 머리를 식히는 일을 추구하면서, 나는 곤란에 처해 있었다. N양은 어떤 일이 벌어지고 있는 지 감지했다. 하지만, 그녀의 인식을 진실로 인정하기보다는 그런 인정에 동반될 수치심과 죄책감을 경험하면서, 나는 N양을 다른 길로 안내했다. 위협적인 직면에 대한 그녀의 두려움과 큰 관계가 있는 그녀 자신의 이유들로 인해, 그녀는 나에게 동조했다.

우연하게도, 내가 그녀에게 설정한 길은 탐색될 필요가 있었고 우리 모두는 그것을 알았으며 그 탐색은 그 자체로 가치 있었다. 왜냐하면 정신적 외상을 초래할 정도의 영향력 있는 어린 시절 경험과 관련된 중요한 기억들은 사실 은밀한 소리를 내는 나의 행동에 의해 촉발되었기 때문이다. 더욱이, 내가 비록 그 당시에 그것을 인지하지 못했다고 할지라도, 내 행동은 N양과 나 사이에서 발생하는 상호작용 패턴의 일부이었다.

그녀의 반복적이고 사실에서 기인하고, 세부적인 내용에 초점을 맞추는 언어화의 정도를 통해, N양은 자신의 분석가를 향한 위협적인 정서, 특히 성적 감정들의 출현에 대항하는 강력한 저항을 사용했을 뿐 아니라, 숨겨진 공격성을 가지고 자신의 아버지, 삼촌 조지, 그리고 그녀의 인생에서 중요한 다른 남자들과의 경험들을 특징지어주는 일종의 좌절과 실망을 내가 경험하도록 만들었다. 내 자신의 어떤 숨겨진 분노를 지닌 채, 나는 그녀로부터 돌아서고 그녀를 침묵하게 만들면서 그녀의 행동에 대해 반응했었다. 나중이 되어서야 나는 나의 분노가 N양의 괴롭히는 행동을 상당 부분 다루었다는 것, 그리고 성적으로 채색된 피학가학적 상호작용이 우리 사이에서 발생했다는 것을 깨닫게 되었다.

덧붙이면, 내 생각에는 우리 모두가 그 조지 사건과 관계가 있는 시나리오를 의식 바깥에서 실연하고 있었다. N양은 성적인 일과 관련된 자료를 가져오고, 말하자면 내 앞에서 저항하고, 그리고 그것을 거두어들임으로써 무대를 설치했다. 그리고 나서 그 현재 감추어진 자료를 환기시키려는 무의식적 노력 속에서, 결국 나는 N양 뒤에 앉아서 독서가처럼 책을 들고 천천히 페이지를 넘겨가는 남자인 조지가 되었다. 이런 식으로 나는 아마도 나에게 전달된 N양의 환상에 대한 응답으로, 또한 내 자신의 분노와 좌절에 의해, 환자의 어린 시절의 위협적인 장면을 재현하고 있었다. 이 모든 것, 또 그 이상의 것은 해석되고 유용하게 탐색되어야 할 필요가 있었고 결국 탐색되었다. 그러나 이 요인들이 중요했던 것만큼, 환자와 분석가 모두가 각자에게 더 불안을 일으킬 수 있는 이슈였던 것과 직면하지 않기 위해 그것들을 활용했다는 점 또한 사실이다.

우리는 과거로 빠르게 이동함으로써, (환자의) 중요한 어린 시절 경험에 대한 명백하고 분석적인 조사가 상호 회피를 위해 활용되었던 공모에 들어갔다. 특별한 종류의 몸짓을 사용하면서 N양을 진실로부터 멀어지게 했다. 그렇게 하면서 사실 나는 내가 될 수 있는 그녀가 가장 두려워하는 존재, 신뢰가 가지 않는 존재가 되었다. 그 회기 시간의 끝 무렵의 N양의 발언은 그 상황을 간결하게 정리했다. 내가 시작했던 그 속임의 결말로써 나는 전이 속에서만 아버지일 뿐만 아니라 실제로 N양의 아버지처럼 행동했던 남자가 되었다. 내가 이 사건으로 돌아가서 환자와 그것을 재연하고 실제로 어떤 일이 일어났는지 그녀가 이해하도록 도울 수 있을 때까지, 그녀는 나를 신뢰할 수 없었을 것이다.

어떤 일이 일어났었는지 다시 보고 적절한 개입을 통해 N양이 자신의 인식이 정확했다는 것을 알게 해줄 필요가 있었다. 이어지는 회기에서 내가 N양의 연상 중에 있었던 질문에서 그 사건에 대한 언급을 발견했을 때, 나는 그 사건에 대한 그녀의 지속되는 관심으로 그녀의 주의를 이끌었고, 어떤 일이 발생했는지에 대한 그녀의 생각을 계속 탐색하려고 시도했다. 하지만 이 접근 방식은 별다른 것을 보여주지 못했고, 그 사건에 대해 솔직하게 이야기하는 것과 관련된 불안에 대한 해석도 그렇지 못했다.

N양이 놓여있었던 불안정한 처지를 인식하고—실제로 그녀는 창백해져 있었다(Calef and Weinshel 1981). 이런 환경에서는 분석에서 의미 있는 작업이 이루어질 수 없다는 것을 인식하며, 나는 그 이슈를 좀 더 직설적으로 설명하는 것이 중요하다고 느꼈다. 따라서 나는 자신의 인식이 정확했다는 사실에 대해, 그리고 자신이 내가 공책을 휙휙 넘겨보는 것으로 들었다는 그 소리를 정확하게 식별했다는 사실에 대해 어느 정도 인식했었는지 N양에게 물었다. 나는 또한 내가 정신이 산란해졌었다고, 나의 주의는 방황하고 있었다고, 그리고 내 행동에 당황하며 내 자신의 행동이 미치는 영향을 다루기보다는 어린 시절 조지와의 경험을 향한 그녀의 주의에 초점을 맞추었었다고 말했다. N양은 자신은 어떤 일이 벌어졌는지 감지했었지만 내가 현재 상황에서 벗어나서 조지의 사건을 넌지시 언급했을 때 재빨리 그 생각을 마음에서 물리쳤었다고 대답했다. 그녀는 전체적인 경험이 너무 두려웠다고 말했다. 그녀는 내가 무언가를 회피하고 있다고 느꼈지만 나의 회피에 대해 나와 정면으로 마주칠 수 없었다. 그녀는 그 결말이 너무 두려웠고, 내가 분노하고 그녀를 멀리 보내게 될까봐 너무 두려웠다.

이렇게 개입함으로써, 나는 N양이 자신의 원래의 인식을 어떻게 다루었었는지에 대한 의문을 제기했을 뿐 아니라, 또한 그것이 정확했었다고 확인했다. 많은 동료들은 오로지 환자들의 방어, 환상, 투사를 가지고 작업하는 데, 그리고 실제로 벌어지는 현실은 모호하게 남겨두는 데 만족해 왔을 것이다.

사실 적지 않은 분석가들은 단순하게 그 시간에 일어나는 일에 대한 환자의 인식을 탐색하는 것에 그치지 않고 환자에게 실수를 인정하는 것은 심각한 실수라고 주장한다. 그런 자기노출은 죄책감에 의해, 고백할 필요성에 의해, 환자로부터 용서받을 수 있다는 기대감에 의해, 혹은 벌어진 실수를 반복하지 않으려는 소망에 의해 유발된다는 견해를 유지하며, 이 동료들은 이런 종류의 노출은 근본적으로 분석가의 필요에 도움이 되고 분석가의 이슈를 가지고 환자에게 불필요하게 부담을 준다는 견해를 가지고 있다.

이러한 논쟁에는 상당한 진실이 있고, 가능한 정도로 자신의 역전이 반응들을 관찰하는 일, 이해하기 위해 그것들을 활용하는 일은 분석가의 책임이라는 필연적인 생각에도 상당한 진실이 있다. 분석가가 자신이 만드는 실수에 대해 고통을 겪는 상황 속에서 분석가의 상존하는 필요를 위해 환자를 활용하는 일이 지닌 위험성이 증가하는 것은 사실이고, 무의식적으로 환자에게 자신의 실수를 드러냄으로써 위안을 구할 수도 있다는 것 역시 사실이다. 자신의 실수를 드러내는 분석가의 행위는 그 시간에 벌어진 일들에 대한 자신의 인식에 대한 환자의 탐색을 제한하거나 배제하도록 영향을 끼칠 수도 있다.

이러한 고려 사항들은 분명히 중요하고, 분석가가 자신의 실수를 드러내는 것에 대한 질문과 마주할 때마다 설명이 이루어져야만 하는 반면, 내 생각에는 환자에 의해 인지된 실수와 치료에 악영향을 가지고 있는 실수를 공개하지 않는 것은 그 자체로 실수이고 치료과정에서 심각한, 가끔은 극복할 수 없는 문제를 일으킨다. 사실은 환자에게 막중한 부담을 지워주는 실수도 그렇다.

분석가가 한 그런 행동은 이미 만들어진 실수를 악화시키고, 환자를 상당히 곤란하고, 종종 파괴적인 곤경에 처하게 한다. 분석가가 자신이 진실을 아는 것을 원하지 않는다고 인식하며, 그녀는 실제로 자신의 어떤 부분이 사실로 알고 있는 것을 억제하거나 부정해야만 한다. 다른 말로 하면, 그녀는 분석가와의 공모에 들어가도록, 그리고 분석가와 함께 분석과정을 변형시킬 수 있는 비밀을 간직한 사람이 되도록 요청받고 있다. 더욱이, 자주 그렇지만 환자는 분석가를 적절하고 아주 정확한 분석적 기술이라는 보호막 뒤로 그 사실을 숨기려고 시도하며 자신의 실수와 마주할 의지와 능력이 없는 것으로 경험할 수 있다. 내가 볼 때, 이런 상황은 성장을 촉진시킬 수 없다. 이런 상황은 그저 분석가에 대한 그리고 환자 자신의 인식들에 대한 기만, 공모, 증가하는 불신으로 이어질 수 있을 뿐이다.

상황이 나아졌고 N양과 내가 우리 사이에 실제로 어떤 일이 생겼는지를 다루어야만 했을 때, 우리는 한 편으로 N양의 분석 시간들 동안 내가 지루함과 피로함을 경험하도록 이끌었고 다른 한편으로는 그런 반응들의 재현에 기여했던 방식으로 그녀가 자신을 보여주려는 욕구로 이어졌던, 우리 사이에서 발생한 교류와 숨겨진 소통을 더 충분하게 탐색하는 일 즉, 우리가 내내 해왔어야만 하는 것들을 할 수 있었다.

나중에, 나의 회피에 대한 N양의 반응, 진실을 회피하려 하고 자신의 인식을 가지고 나와 직면하지 않으려는 그녀의 욕구, 또한 발생했던 일에 대한 나의 최종적인 인정에 대해 그녀가 보였던 반응 등의 다른 관련 이슈들을 탐색할 기회가 있었다. 이러한 반응들 하나하나는 우선은 약하고 공격받기 쉬운 것으로, 이어서 더 강인하고 가혹한 현실들에 맞설 수 있는 것으로, 오래된 자아와 대상 표상들과 의미 있게 연결되었던 나에 대한 견해들을 포함하기 때문에 중요했다. 이와 관련하여 특별히 중요한 것은 N양이 무의식적으로 동일시했던 재능 있고 효율적이지만 철저하게 악덕한 사업가인 자기 아버지에 대한 그녀의 인식 변화이다.

그렇다면 N양의 입장에서 이 실연은 중요한 방어모드의 재고용이 된다. 이 방어모드는 정확한 인식에 대한 무의식적인 부정으로써, 그녀의 의식적인 인식은 분노의 동원으로 이어지고, 자신의 감정을 드러내는 것이 자신이 사랑하고 필요로 하는 사람의 상실을 초래할 수도 있다는 두려움에서 나오는 내적인 동요로 이어졌을 것이다. N양이 익숙한 실연을 통해 다룬 것은 그 갈등이었는데, 이 실연은 바로 지금 나와 연루되어 있지만 과거의 그녀의 아버지와 사랑스런 사촌 조지 모두와 관련된 그 갈등에 대한 해석이 그녀의 분석에서 아주 중요한 경험임을 입증했다. 내 생각에는 그 갈등의 영향은 나와의 경험의 즉시성에서 왔고, 그녀가 두려움 속에서 어떻게 자신이 사실이라고 안 것을 부정했었는지에 대한 N양의 인식에서 나왔다.

내가 이제 이 사례에서 설명하고자 하는 것은 분석가로서 우리가 종종 우리에게 고통, 당황스러움, 불안을 가져다주는 곁가지 이슈들을 다루는 방식이다. 우리의 잘 수용되는 분석기술과 적절한 개입 안에 빈번하게 숨겨진 것들은 환자들을 향한 질투, 경쟁심, 공격성의 미묘한 표현들이다. 또한 우리의 해석 속에 감추어지고 종종 잘 합리화되는 것은 아마도 권위와 우월성이라는 우리의 지위를 유지하려는 욕구이다. 심지어는 가끔 더 골치 아픈 것은 우리가 흔히 분석과정에서 경험하는 사랑과 의존의 감정뿐만 아니라 회기에서 자극될 수 있는 인지되지 않는 성적 감정이다. 사실 우리는 긍정적인 감정보다는 부정적인 감정을 인식하고 대면하는 것을 좀 더 잘한다. 역전이에 대한 수많은 글들의 대부분은 공격성에 대한 갈등을 다루고 있다. 분석치료에서 사랑과 성욕에 대한 우여곡절들은 아주 드물게 다룬다.

분석가가 지닌 긴장과 불안에 대한 다른 잠재적인 자원들 역시 회피될 수 있다. 우리의 작업에 중요한 영향을 주는 우리의 돈에 대한, 돈의 중요성에 대한 태도, 나이 들어가는 우리에게 미치는 영향, 우리의 개인적 상실이나 실망이 환자들에게 접근할 때 주는 영향, 그리고 우리자신의 감각과 임상 상황에서의 우리가 기능하는 방식에 영향을 미치는 데 있어서 기관과 전문직에서의 우리의 지위에서 나오는 역할은 종종 간과되거나 직면되지 않는다.

우리는 또한 우리의 사소한 결점들을 인정하고 임상 작업으로 통합하는 데 어려움을 겪는다. 즉, 우리의 비열함, 악의적 보복, 자랑, 탐욕, 부주의, 자기정당화, 동료들과의 옹졸한 경쟁의 순간들이 그것들이다. 우리는 종종 자신 안에서 이러한 기질들에 대한 인식을 차단하고 그것들을 인식하지 않기 위해 효율적으로 대처한다. 우리가 인정하고 통합할 수 없을 때, 우리는 그것들을 무시하고, 옆으로 제쳐두고, 그것들이 환자들에 미치는 영향에 직면하는 어려운 임무를 피하는 방법들을 발견할 수도 있다. 그 대신에 환자의 자료에 초점을 맞추는 우리 자신을 발견할 수도 있다. 그 길이 아주 쉽게 이용 가능하고 분석 작업의 일부가 아주 통합적일 때, 우리는 자신들의 갈등과 관련되어 있고, 정확하고 통찰력 있게 그것들을 해석하고, 모든 드러나는 것들에 대해서 유용한 분석을 하는 환자들이 하는 말 속에 드러나는 주제들과 추세들을 어떻게 받아들일 수 있을지 모를 수도 있다. 하지만 우리가 그런 상황들 속에서 우리가 하고 있는 것은 나름의 방식으로 분명하고 유용할 뿐만 아니라, 우리는 또한 분석 화면(analytic screen)으로 불릴 수 있는 것을 활용하고 있다. 즉, 우리 개인적 결점들이라는 불편한 진실을 부분적으로 피하기 위해 우리 기술과 통찰을 사용하는 것은, 그 결점들이 부주의, 불필요한 비판적 의견, 환자의 인식에 대한 진실을 깨닫지 못함, 또는 그가 받을 관심을 가로채려는 순간적인 욕구의 형태를 띠던지 아니던지, 치료 상황에서 어느 때나 발생하는 모든 일들에 강력한 영향을 발휘한다.

간단히 말해서, 이것은 삶 속에서도 그런 것처럼 분석에서 상존하는 힘으로 작용하는 우리의 자연스럽고 정상적인 자기존중의 욕구인데, 이 욕구는 가끔씩 분석가에게 어려움을 일으키는 중요한 요인이 될 수도 있다. 그런 개인적인 응답에 만족하는 것은 피할 수 없고 필요하기 까지 한 반면, 분석 작업의 일부인 우리의 갈등 뿐 아니라 자기 존중의 이슈들도 이해하고 탐색하려는 지속적인 노력은 우리의 개입과 우리의 생략 속에서 미묘하게 전달될 수도 있는 것처럼 신선한 통찰을 가져다주는 소중한 자원이 될 수 있다. 하지만 인식되지 않고 직면되지 않는 그런 문제들은 내가 이 글에서 설명하려고 시도했던 일종의 무의식적 공모와 회피로 이어질지도 모른다.

내 편에서는, 나의 실연은 분명하게 방어적 목적들에 도움이 되었다. 그것은 나의 자존감이 상하지 않도록 조심했다. 왜냐하면 내 행동에 대해 아주 부끄러웠고, 표출되기 직전에 있었던 강력한 자기비판을 피하도록 도왔기 때문이다. 따라서 그들의 환자들뿐만 아니라 분석가들에게도 알려진 술책인 자기애적 상처를 피하는 일은 합리화된 노력이었다.

하지만 내 행동에 대한 덜 의식적인 결정, 즉 내가 집에서 어떤 일이 생겼었는지 성찰할 때인 나중에서야 깨닫게 된 요인이 있었다. 청년 때에 나는 자신의 방식으로 N양과 다르지 않은 태도로 행동했던 한 여성 친척의 유혹적인 행동을 경험했다. 이 상황에서 어느 정도 시간 이후에, 나는 친절하게 반응하고 있는 자신을 발견했다. 이 여자가 나에게 몰두하려고 시도했다면, 나는 듣는 척하지만 사실은 그녀를 내몰면서 그녀를 무시했을 것이다.

내 생각에는, N양과의 분석 작업에서 활성화된 것, 내가 언급했던 회기에서 실연했던 것은 여럿 중에서 바로 이 오래된 반응이었다. 분명하게, 부분적으로 한 편의 내 자신의 역사와 연결된 반응인, 그녀의 행동에 의해 나는 내가 알고 있던 것보다 더 좌절감을 겪었고 괴롭힘을 당했었다. 내가 언급했듯이 N양은 내 앞에서 아주 흥미로운 성적인 자료에 매달림으로써 그리고 나서 그것을 거두어들임으로써 무의식적으로 나를 괴롭히고 있었다. 그녀가 남자 친구들과 또한 자신의 아버지와 이런 식으로 즉, 그의 괴롭히는 행동과의 동일시 그리고 그녀의 사촌 조지의 괴롭히는 행동과의 동일시를 보여주는 행동패턴으로 자주 행동해 왔다는 것이 판명되었다. 그녀 행동의 이런 측면에 대한 해석은 기억의 분출구들을 열었고, N양은 그녀가 사랑했던 남자들에 의해 괴롭힘 당하고 조롱당해왔던 것처럼 어릴 적 친구들과 형제자매들을 괴롭히고 조롱하면서, 다른 사람들에게 보복하려고 시도했던 많은 사건들을 회상했다.

요약하면, 이 논문에서 내가 제시하고자 노력해온 것은 종종 보조를 맞추는 분석 상황에서 두 사람이 분석가의 인격, 태도, 행동이라는 측면들과 관련된 특정 현실들을 선별적으로 차단할 수도 있는 방법에 대한 몇몇 생각들이었다. 인식되지 않고 인정되지 않는 이러한 미묘하고 종종 무의식적으로 표현되는 특질들은 우리의 아주 적절하고 정확한 이론과 기술 안에 드물지 않게 포함되어 있다. 우리가 그 특질들을 찾아내고 드러내야만 한다. 그 이유는 그 특질들이 우리의 최선의 노력들을 깎아내릴 수 있는 작업을 하도록 방치되었기 때문이다. 이 소통에서 내가 설명해 온 일종의 실수와 공모를 키우면서, 그 특질들은 분석 작업의 과정과 결과에 막대한 영향을 미칠 수 있다.

참고문헌

Aron L: A Meeting of Minds: Mutuality in Psychoanalysis. Hillsdale, NJ/London, Analytic Press, 1996

Calef V, Weinshel E: Some clinical consequences of introjection: gaslighting. Psychoanal Q 50:44–65, 1981

Casement P: Learning From the Patient. New York/London, Guilford, 1985

Deutsch F: Analytic posturology. Psychoanal Q 20:196–214, 1952

Ehrenberg D: The Intimate Edge: Extending the Reach of Psychoanalytic Interaction. New York/London, Norton, 1997

Emde R: Development terminable and interminable, II: recent psychoanalytic theory and therapeutic consideration. Int J Psychoanal 69:283–296, 1988

Feldman M: The dynamics of reassurance. Int J Psychoanal 74:275–285, 1993

Fonagy P, Target M: Playing with reality I: theory of mind and the normal development of psychic reality. Int J Psychoanal 77:217–233, 1996

Gill MM: Analysis of Transference. Psychological Issues. Monograph 53. New York, International Universities Press, 1982

Hoffman I: The patient as interpreter of the analyst's experience. Contemp Psychoanal 19:388–422, 1983

Joseph B: Transference: the total situation. Int J Psychoanal 66:447–454, 1985

Levine H: The capacity for countertransference. Psychoanalytic Inquiry 17:44–68, 1997

McLaughlin J: Transference, psychic reality and countertransference. Psychoanal Q 50:639–664, 1981

McLaughlin J: The play of transference: some reflections. J Am Psychoanal Assoc 39:595–611, 1987

Natterson J: Beyond Countertransference. Northvale, NJ, Jason Aronson, 1991

Ogden TH: The concept of interpretive action. Psychoanal Q 63:219–245, 1994

Poland W: Transference: an original creation. Psychoanal Q 61:185–205, 1992

Reich A: On countertransference. Int J Psychoanal 32:25–31, 1951

Renik O: Analytic interaction: conceptualizing technique in light of the analyst's irreducible subjectivity. Psychoanal Q 62:553–571, 1993

Sandler J: On internal object relations. J Am Psychoanal Assoc 38:859–880, 1985

Schwaber E: Countertransference: the analyst's retreat from the patient's vantage point. Int J Psychoanal 73:349–361, 1992

Smith H: Countertransference, conflictual listening and the analytic object relationship. J Am Psychoanal Assoc 48:95–126, 1999

Steiner J: Problems of psychoanalytic technique: patient–centred and analystcentred interpretations, in Psychic Retreats: Pathological Organizations in Psychotic, Neurotic and Borderline Patients. London, Routledge, 1993

Stern DN: The Interpersonal World of the Infant. New York, Basic Books, 1985

Stolorow R, Atwood G: Contexts of Being: The Intersubjective Foundation of Psychological Life. Hillsdale, NJ, Analytic Press, 1992

주디 캔트로위츠 (Judy L. Kantrowitz)

14

소개

주디 캔트로위츠(Judy Kantrowitz)는 세라 로렌스 대학교를 졸업하고 보스톤 대학교에서 임상심리학 박사학위를 취득했다. 그 후 보스턴 정신 분석 협회 및 연구소에서 먼저 조사원으로, 그리고 나서 전업 임상훈련생으로 훈련을 했다. 그녀는 터프츠 의학전문대학원에서 정신의학 임상 부교수로 있었고, 현재는 하버드 의과대학원 정신의학과와 베스 이스라엘 병원의 임상 부교수이며 보스턴 정신 분석 연구소의 수련 및 감독 분석가이기도 하다.

주요 리서치에 헌신해왔다. 그녀는 정신분석 결과와 나중에는 정신분석 훈련 결과에 대한 전망있는 종단연구에서 임상작업, 교육, 연구를 완벽하게 결합했다. 정신분석적-과학적 소통의 기뢰성이 지닌 문제들과 환자가 자신을 이해할 때의 분석과정의 결과에 대한 연구에 참여하고 있다. 그리고 그녀는 현재 IPA의 연구 자문위원회 회원이며, *Journal of the American Psychoanalytic Association*의 편집위원, *International Journal of Psychoanalysis* 그리고 *Analytic Quarterly*의 심사위원으로 일 해왔다. 환자-분석가 조합에 대한 연구는 그녀의 정신분석적인 사고에 큰 영향을 끼쳐오고 있다.

캔트로위츠 박사는 의대생, 정신분석 후보자, 및 심리학 학생들의 헌신적인 스승이다. 그녀는 60편 이상의 논문과 논평을 저술했고, 뉴욕정신분석연구소의 찰스 피셔 기념 강연, 남부 캘리포니아 정신분석연구소와 시더스-시나이 레지던시 프로그램의 프란츠 알렉산더 강좌, 보스턴 정신분석학회와 연구소의 펠릭스와 헬렌 도이치 과학 논문상 수상을 포함하여 많은 명강연들을 했다.

캔트로위츠 박사는 2권의 책을 저술했다: *The Patient's Impact on the Analyst* 와 *Writing About Patients: Responsibilities, Risks, and Ramifications.*

그녀는 자신에 대해 이렇게 말했다:

> 1960년대 후반과 1970년대 초반의 분석가 후보생 시절에, 대부분의 정신분석 선생님들은 분석가는 "텅 빈 화면"이 되어야 한다고 가르치셨다. 또한 역전이는 훈련(교육)분석에서 이해되고 풀어내야 하는 것이기에 환자들에 대한 분석 작업에서 더 이상 활성화되지 않아야 한다고 가르치셨다. 나는 이런 견해들 중 어느 것도 받아들일 수 없었다. 그런 견해들은 상식에 역행했다. 그래서 내가 분석 받는 환자들을 이해하기 위한 리서치 프로젝트가 필요할 때, (심리학자들이 이 상황을 학계에 알릴 필요가 있음을 정당화할 수 있었더라도 환자를 그저 분석만 할 수 있었던 그 시절에) 나는 환자의 적합성과 분석결과의 관계를 연구하는 프로젝트를 제안했다. 나는 우리가 배워왔던 관점들이 분석을 잘 받는 "좋은" 환자들을 만들 것이라는 입장을 가지고, 분석 이전에 면담과 투사검사를 통해 환자들을 평가했다. 그리고 나서 분석 종결 1년 후에 이 환자들의 변화를 평가하기 위해 환자들을 다시 면담하고 다시 검사했다. 또한 이 치료들에 대한 환자들의 생각을 들어보기 위해 종결 후에 환자들의 분석가들을 면담했다. 이 면담을 통해 그 동안 숨겨졌던 많은 개인적 성격, 태도, 갈등이 드러났다.
>
> 어떤 환자 특성도 단독으로 또는 조합 속에서 그런 결과가 만들어진 것이 아니라는 나의 깨달음은 지금까지 많은 연구들에서 반복되어왔다. 이제 내가 탐색하려는 것은 환자와 분석가 사이에서 겹쳐지거나 충돌하는 특성들과 갈등들의 영향이었다. 분석가가 자신과 환자의 유사점을 "못보거나" 둘이 너무 달라서 환자를 이해하지 못 했을 때 (예를 들어, 비슷한 갈등들이 다른 방어기제들에 의해 다루어지거나 비슷한 방어기제들이 다른 갈등들에 의해 드러나지 않을 때) 분석 작업은 종종 교착상태에 빠졌다. 추가적으로 나는 분석의 어떤 영역에서는 분석을 촉진시킬 수 있더라도 분석가의 특성이 다른 영역에서는 분석을 저해할 수도 있음을 알게 되었다. 다른 말로, 분석가들이 단지 텅 빈

스크린이지만은 않다는 말이거나 상호변화적이라는 말일 뿐만 아니라, 분석가들이 어떤 사람인가가 무엇이 분석되고 얼마나 심층적으로 분석이 이루어지는 지에 결정적으로 기여했다. 따라서 나의 연구는 분석가의 개인적 특성과 자기분석의 가치, 환자와 분석가 모두에게 혜택을 주는 역전이 이해 활용의 중요성에 대한 견해들이 변화를 겪는데 기여했다. 나의 연구는 다른 고전적으로 훈련받은 정신분석가들이 비슷한 개념화에 대해 수용적이었던 시절인 1980년대 중반에 출간되기 시작했다. 분석과정과 결과에 영향을 주는 환자와 분석가의 조합(match)에 대한 내 견해는 대상관계 이론가들의 입장과 비슷하다. 하지만 나의 강조점은 대인관계적으로 발견된 것이 그것의 심리내적 기원들로 돌아가는 것이고, 이로 인해 알려진 것은 소유될 수 있고, 자기인 것과 다른 사람 사이의 경계들은 더 분명하고 명확하게 이해될 수 있다. 분석가가 자기 자신에 대해 배우는 것은 환자에게 확실히 혜택이 될 것이지만 그 양자관계의 중심이 되지는 않는다.

이 논문을 선택한 이유

주디 캔트로위츠

나는 "외부 관찰자와 환자-분석가 조합에 대한 관점들(The External Observer and the Lens of the Patient-Analyst Match)"을 이 책에 포함시켰다. 그 이유는 이것이 내가 25년 동안에 걸쳐 발전시켜오고 있는 생각들을 통합하고 있다고 생각하기 때문이다. 종단 결과 프로젝트 종료에 뒤이어, 나는 공식적인 리서치 연구들과 나 자신의 임상적 작업을 통해 정신분석적 치료에 대해 연구하며 내가 상식으로 보아왔던 것들을 확인해 주는 정보들을 발견했다. 즉, 당연히 분석가의 특성이 분석 작업에 영향을 준다는 것이었다. 1980년대 중반까지, 많은 분석가들은 한 사람이 아닌 두 사람이 정신분석의 과정과 결과를 결정짓는다는 견해들을 비슷하게 표출했다. 물론 그것은 왜 우리가 단지 환자들을 평가하는 것만으로 분석의 결과를 예측할 수 없었는지에 대한 한 가지 이유이었다. 환자와 분석가의 갈등과 특성 사이의 조합은 정신분석의 과정과 결과에 영향을 미쳤다. 역전이는 개인분석으로 풀리지 않았으며, 회피할 것이 아니라 그것으로부터 배워야할 하나의 현상이었다. 오늘날에는 이 모든 것이 아주 흔하다.

이어지는 15년 동안 '조합'의 개념은 나에게 지속적으로 중요한 임상적 활용으로 자리잡았다. '조합'의 개념은 내가 감독할 때에 사용되는 관점이고, 분석 작업을 하며 교착상태와 마주칠 때 나 자신의 역전이를 설명하기 위해 떠올리는 첫 번째 영역이다. 나는 종종 불행하게도 나의 피분석가의 이슈와 중복되는, 내가 간과해온 익숙한 나 자신의 측면을 발견한다. 하지만, 만약 교착상태가 극복되지 못한다면, 나는 내가 볼 수 없는 것을 발견하도록 나를 도와줄 동료와 이야기한다. 거의 항상 내가 배우는 것은 나의 환자와 나 사이의 상호교차의 영역과 관련되어 있다. 가장 자주 발견하는 이런 종류의 역전이는 경험 많은 분석가들의 분석 작업을 방해한다. 이어지는 논문에서 나는 어떻게 환자-분석가 조합에 대한 개념이 교착상태를 극복하고 또한 분석 작업을 심화시키는 데 활용될 수 있는 지 설명하고자 한다.

외부 관찰자와 환자-분석가 조합에 대한 관점들
(The External Observer and the Lens of the Patient-Analyst Match)

주디 캔트로위츠

환자를 분석하는 과정에서 특정 현상은 분석가들의 주목을 받고, 분석가들로 하여금 그들이 보지 않는 것에 대해, 그리고 왜 이런 일이 일어나고 있는 지에 대해 궁금하게 만든다. 이와 관련하여 가장 주목할 만한 경우들은 분석가가 강력한 역전이 반응을 인지하게 되었을 때, 반복적으로 실연에 잡혀있는 자신들을 발견할 때, 그리고 분석이 교착상태에 빠졌을 때이다. 분석가들은 가끔 환자의 어려움이라는 측면을 이해하지 못하지만, 경험 많고 숙련된 분석가들에게 가장 빈번한 문제는 전이-역전이 안에 있다(Chused 1991; Davies 1994; Erenberg 1992; Hoffman 1983, 1994; Jacobs 1991; Kantrowitz 1992, 1993, 1995, 1996; McLaughlin 1981, 1991; Pizer 1992; Poland 1988; Renik 1993; Sandler 1976; Schwaber 1983, 1992; Spillius 1994). 요즈음 분석가들은 가끔 공식적, 비공식적으로 이 상황을 조명해보기 위해 동료들의 견해를 구한다.

전이와 역전이에서 나타나는 환자와 분석가 사이의 중복되는 갈등은 분석가들이 가장 자주 인식하는 방해물이다. 특성의 중복들이 주는 영향은 더 미묘한 경향이 있고, 분석 작업에서 그 영향이 멈추어지는 일은 잘 발견되지 않는 경향이 있다. 따라서 어떤 외부적인 것들이 그 영향에 의식적으로 집중하게 하지 않는다면, 그것들은 인식되지 못한 채로 남아 있을지 모른다. 겉보기에 분석이 순조롭게 이어질 때, 분석가들은 그 영향에 대해 논의하려 하거나 동료의 의견을 구하려 하지 않는다. 공식적 훈련을 끝내고 난 후에, 분석이 논의될 것이라는 자연스런 기대가 없다. 분석은 특정 쌍의 장점들과 한계들에 따라 전적으로 환자와 분석가 사이의 개인적 소통으로 남겨질 수 있다. 분석가들이 동료 수퍼비전 그룹, 정기적인 동료와의 상호 수퍼비전, 또는 지속적인 협의관계와 같은, 그들의 사례를 논의할 수 있는 틀을 찾지 못하면, 그들의 분석 작업의 어떤 측면에서 맹점들이 생길 가능성이 있다. 이러한 맹점들은 분석과정에 커다란 장애를 가져다줄 수도 그렇지 않을 수도 있지만, 좀 더 미묘한 방식으로 분석과정에 영향을 줄 가능성이 있다.

본 논문에서는 동료나 동료 그룹에 임상 경험을 공개하는 일의 중요한 효과에 초점을 맞추고 있다. 모든 관점에서 완벽하게 기밀 유지가 이루어지는 이 자료를 공개하는 일은 외부인의 견해를 얻기 위해 이루어진다. 외부 견해를 추구함으로 말미암아 분석가들은 의식에서 제거된 채로 남아있을 수 있는 것들에 대한 깨달음과 통찰을 얻을 수 있다. 이 과정에서 환자와 분석가의 조합이라는 개념은 특별히 유용한 관점을 제공할 수도 있다. 나는 분석 과정에 미치는 환자-분석가 양자관계의 영향에 대한 통찰을 바라보는 관점으로써 조합에 대한 나의 이해를 정의하고자 한다. 내가 분석쌍에 대한 제 3자의 관점이라는 맥락 속에서 그것의 유익한 가치에 대해 세 가지 사례를 제공할 것이다.

환자와 분석가의 조합이 주는 영향을 고려하는 일은 분석과정에서의 상호작용의 영향을 개념화하는 방식의 하나이다. 나는 "좋은" 조합 혹은 "나쁜" 조합을 정의하려는 것이 아니라, 오히려 조합의 본질에 대한 고려들이 어떻게 분석 작업의 양상들을 조명할 수 있는 지를 명확하게 하려는 것이다. 그 조합에 초점을 맞추는 일은 전이-역전이 상호작용에서 정교화 되는 성격, 방어, 갈등의 특별한 측면들에 대한 주의를 불러일으킨다. 조합은 참여자들의 유사점과 차이점을 강조한다. 유사점은 이해로 이어질 수도 있지만 또한 맹점과 방어적 공모(defensive collusion)로 이어질 수도 있다. 차이점은 호기심과 탐색으로 이어질 수도 있지만 공감과 몰입의 실패로 이어질 수도 있고, 과정을 촉진시키거나 저해할 수도 있다. 조합의 영향은 치료과정 동안 변할 수도 있다. 분석 작업에서 처음에 진입(engagement) 도움을 주던 요인들이 나중에는 진입을 방해할 수도 있다.

조합에 대한 나의 정의가 갈등, 성격, 경험에 있어서 환자와 분석가가 겹쳐지는 모든 다면적인 방식들을 포함하긴 하지만, 조합의 개념이 가장 유용하다는 것을 보여줄 수 있는 것은 대체적으로 성격이라 불리는 영역이다. 태도, 가치, 신념, 인지 유형, 수용과 방어의 전략은 작업의 과정과 깊이에 영향을 줄 수 있는 성격의 구성요소들이다. 유사점과 차이점에 초점을 맞추는 일은 분석 작업에 영향을 줄 수도 있는 환자와 분석가 사이의 중복이나 괴리의 영역들, 즉 명백하게 대립적이지 않고 또는 적어도 불안에 가득차지 않은 영역들에 대해 동료, 감독, 또는 고문(consultant)에게 경각심을 불러일으킨다.

역전이 반응이 분석가의 특성과 갈등에 뿌리를 두고 있을 때에는, 이 조합이 (분석을) 방해하고 있는 지 아닌 지는 분석가의 특성이 얼마나 수정될 수 있는 지에 달려있을 것이다. 하지만 그 방해물을 인지하지 못한다면 분석가들은 작업을 방해하는 습관적인 특성이나 역동적인 갈등을 수정하는 일을 시작할 수 없다. 환자는 가끔씩 자신들의 분석가에게 이러한 방해하는 요인들을 지적한다. 분석가는 가끔씩 듣고, 주의를 기울이고, 달라진다(Hoffman 1983). 하지만 분석가는 이런 피드백을 제공하는 그들의 환자에 의존할 수 없다. 심지어 허락받았다고 할지라도, 모든 환자들이 그렇게 하지는 않을 것이다. 추가적으로 내가 고려하는 영역들은 분석가들이 환자들의 견해 밖에 머물고 있어서 덜 문의할 것 같은 영역들이다. 따라서 분석 쌍의 외부인에게 피드백을 요청하는 것이 신선한 분석적 관점을 위한 기회를 제공해준다. 분석가들이 맹점을 인식하게 만드는 일은 그들로 하여금 분석적 조사에 초점을 맞추게 만들 수 있고, 이로 인해 역전이의 강렬함 또는 실연을 줄일 수도 있고, 치료가 교착상태에 빠진다면 그 과정을 재개할 수도 있을 것이다.

분석가와 환자의 조합이라는 면에서 환자－분석가, 전이－역전이에 대해, 특히 특성과 관련된 문제들에 대해 생각하는 일은 동료, 감독, 고문에게 상호작용에 초점을 맞출 수 있는 특별한 시각을 제공해준다. 외부관찰자는 그들의 갈등, 특성, 유형, 그리고 이것들의 의미가 어떻게 녹아들거나 충돌할 수 있는 지를 볼 수 있다. 조합은 환자와 분석가의 유사점과 차이점이라는 면에서 환자와 분석가 사이의 거리감이 (분석에) 어떤 영향을 주는지 익숙하게 평가할 수 있는 포괄적인 관점을 가져다준다. 분석의 단계에 달려있는 유사성과 비유사성의 조합들은 같은 양자관계 안에서 어떤 때는 유익하고 다른 때에는 방해물이 되기 때문에, 그 조합의 영향을 고려하는 일은 이것이 분석과정에서 어떤 때든지 유용한 지 아니면 해로운 지에 대한 평가를 가능하게 한다. 중복이나 차이의 결말에 대한 인식은 분석가들에게 태도나 입장에 있어서 수정할 수 있는 기회를 제공한다.

“맹점”은 겹쳐지는 특성들의 영향으로 생긴다는 분석가의 인식은 야누스의 얼굴과도 같은 문제를 만들어낸다. 환자의 경험의 독특성에 초점을 맞추는 일은 분석가가 너무 조심하는 나머지 정서적 공명(affective resonance)으로부터 거리를 두게 하는 결과를 가져올 수도 있다. 같은 분석가가 (삶의) 역사가 덜 비슷한 환자를 위해 동시에 그런 감정적 조율(emotional attunement)을 제공해 줄 수 있을지도 모른다. 예를 들어, 지나치게 흥분된 환자를 둔 분석가는 전이를 통해 자신의 분석가를 과도하게 자극하는 부모로 경험하는 환자와의 공감적 동일시에 저항할 수도 있다. 상처를 주며 과도하게 자극하는 부모와의 동일시에 대한, 그리고 환자와의 동일시에서 지나치게 흥분됨으로 인한 고통을 다시 경험하는 것에 대한 저항은 역전이 반응을 만들어 낸다. 그러면 분석가는 환자에게는 거절로 비추어지는 방식으로 자기 자신으로부터 정서적으로 거리를 둘 수도 있다. 이 고통은 좌절된 갈망이라는 불가피한 고통을 뛰어넘는다. 왜냐하면, 이 고통은 비록 전의식이라고 할지라도, 랙커(Racker, 1968)가 말한 분석가의 역전이 성향(countertransference predisposition)에 대한 인식에 근거하기 때문이다. 다른 말로 하면, 분석가는 환자와의 이런 상황에 대해 이런 식으로 반응하는 성향이 있다.

또 다른 위험은 정서적 공명에 너무 크게 열중하는 것이다. 그것은 중요한 차이점들의 인식, 그리고 그 차이점에 대한 탐색을 막을 수도 있다. 같은 예를 들면, 분석가가 그랬듯이 과도하게 자극받아온 환자와의 동일시에 저항하기 보다는 이 상태에 공감적으로 동참할 수도 있다. 그러면, 예를 들어 분석가는 경험의 강도가 비슷했다는 것을 잘못되게 가정할 수도 있다. 이러한 가정은 그가 정신적 외상 상태를 이해하거나 탐색하는 데 실패를 초래할 것이다. 환자의 더 노골적 혹은 더 미묘한 경험은 모호할 수도 있다. 이 시례들에서 발전되는 전이－역전이 맹점은 분석 작업의 중요한 영역을 제한하거나 심하게는 막을 수도 있다.

겹쳐지는 성격적 요인들이 주는 영향은 몇몇 환자들에 대한 분석가의 작업을 살펴볼 때 가장 잘 설명될 수 있다. 예를 들어, 현재 대학원생인 분석가는 네 명의 감독들 중 세 명으로부터 재능 있다는 이야기를 들었다. 그들은 그녀가 자신의 역전이를 인식하고 관찰하는 데 있어서 경험 많은 분석가처럼 작업한다는 점을 특별히 강조했다. 세 번째 사례를 지도했었던 네 번째 감독 역시 그녀의 작업을 칭찬했다. 하지만, 이 감독은 분석가의 이 환자와의 작업을 상당히 방해했던 역전이 개입의 한 영역에 대해 언급했다.

전체적으로 분석가가 환자의 어려움들에 대한 잘 개념화된 이해와 자신의 해석에서 여러 방식으로 재치 있고 세심한 접근방식을 보여주기는 했지만, 그녀는 환자의 심각한 자기비판적 접근방식을 편들고 강화하는 경향이 있었다. 그 환자는 많은 영역에서 치료적으로 도움을 받았고 자기이해에 있어서 성장했다. 하지만, 분석은 더 지체되고 그녀의 다른 환자들보다 더 힘들게 보였다. 분석가는 개방적이었고 감독의 관찰과 제안을 대부분 기꺼이 받아들여서 일반적으로 원활하게 협력되었고 그녀의 분석 기술이 더 향상되었다. 분석가는 방어적으로 되지는 않았다. 그녀는 경청했고 비판을 "받아들일," 자기관찰을 할 준비가 된 것처럼 보였다. 그런데 그녀는 또한 오랫동안 이 환자에 대한 자신의 접근방식을 눈에 띄게 수정할 수 없어 보였다.

감독과 이 분석가는 개방적이고 존중하는 관계를 유지했다. 그들은 분석가가 겪고 있는 어려움에 대해 이야기했다. 피감독자는 그녀 자신의 분석에서 자기비판이 많은 작업이 이루어진 영역이었음을 인정했다. 그녀가 이전보다 훨씬 덜 자기비판적이긴 하지만, 그녀는 자신이 환자의 자기비판적 자세에 동참하고 있음을 쉽게 알 수 있었다. 그녀는 자신에게 여전히 이런 식으로 자신과 관계를 맺으려는 경향이 있음을 알았다. 분석가는 자신에 대한 비판이던지 환자에 대한 비판이던지 간에 항상 비판자의 편에 머무는 것처럼 보였다. 그녀는 환자와 동일시했기 때문에 자기 자신을 대하듯 환자를 대했다. 문제는 이것이 아주 매끄러워서 그녀가 그 사실 이후에 그런 행동이 지적될 때까지 가장 빈번하게 그런 행동이 일어나고 있다는 것을 보지 못했다는 점이었다. 피지도자는 졸업 후에 이 사례에 대한 수퍼비전을 지속했다. 그녀는 자신의 작업에 미치는 그것의 영향을 관찰하는 것뿐만 아니라 자기 자신에 대한 가혹함을 경감시키는데 도움이 필요하다는 것을 의식적으로 깨달았다.

그녀의 졸업을 앞두고 있었던 위원회의 논의에서, 다른 감독들은 이런 어려움을 가지고 있는 분석가에 몹시 놀랐다. 그리고 나서 각각 자신들이 감독했던 사례들이 지나친 자기비판으로부터 고통 받지 않은 환자들이었다는 점을 성찰했다. 이런 상황들 속에서 분석가의 남아있는 갈등과 성격적인 방어는 분석 작업에서 자극받지 않았다. 그녀의 작업에서 아주 분명하게 활성화되어 남아있는 것이 중요한 영역으로 보이기는 하지만, 그녀를 알고 그녀와 일했던 모든 사람들은 그녀가 매우 유능한 분석가이고 이 분야에서 더 성장할 수 있다고 믿었다. 하지만 예상되는 영향은 만약 그녀가 이 이슈를 해결하지 못하면, 또는 이 이슈를 해결하지 못 할 때까지, 그녀와 잘못되게 조합을 이루게 될 특정 환자들이 있다는 점이다.

두 번째 사례는 일련의 수퍼비전 모임에서 다루어진 것인데, 이 기간 동안 분석가는 자신의 주장적 유형(assertive style)이, 공격성과 관련된 자신들의 갈등에 명백하게 상이한 성격적인 적응을 했던 두 환자들에게 각기 다른 영향을 미친다는 것을 깨닫게 되었다. 이 작업 과정에서 분석가는 자신의 성격적 갈등을 더 잘 이해하게 되었고, 그 작업을 촉진시켰던 방식으로 자신의 유형을 수정했다.

첫 번째 환자는 모든 식구들이 야망에 있어서 성공적인, 상대적으로 안정된 가정에서 성장했다. 그녀는 혼자였고 표류하는 것처럼 느껴졌다. 그녀는 자신의 오랜 우울증 치료를 추구했다. 분석가는 큰 희망을 품고 이 사례를 시작했다. 그녀의 환자는 고통 속에서도 밝았고, 자기 자신을 이해하려는 의지가 있어보였다. 작지만 고통스러운 초기 실망들의 인생사가 모습을 드러냈다. 예를 들어, 그녀는 학교 연극에서 어떤 역할로도 선택받지 못했었다. 친구는 그녀 곁에 함께 있기보다 다른 사람 곁에 함께 있는 것을 선호했다. 나중에 그녀를 좋아했던 남자들은 결코 그녀가 좋아했던 남자들이 아니었다. 그녀의 현재의 삶도 비슷해보였다. 그녀는 자신이 원하는 것을 얻지 못했다. 그녀가 가진 것은 불만족스러워 보였다. 분석가는 그녀의 실망들을 강조했고 그 실망들은, 서서히 그녀의 상처를 그녀가 네 살이었고 그녀가 막내 외동딸로써의 자신의 역할 상실을 아주 힘들게 받아들였던 때인, 여동생이 태어난 때로 거슬러 올라가게 했다. 그들은 환자가 분석가로부터 느꼈던 모욕에 대한 그들의 이해를 발견하고 정교화했다. 하지만 어떤 것도 환자의 삶과 환자의 기분에 움직임이나 변화를 가져다주는 것처럼 보이지 않았다.

두 번째 환자는 정서적 지지가 거의 없었던 가정에서 성장했다. 아버지는 폭음하고, 직업이 불안정하고, 자녀들을 가끔씩 학대했었다. 어머니는 우울하고 능력이 부족해 보였다. 가족의 수입에 보탬이 되고자 어릴 때부터 일해 온 환자는 경제적 압박 때문에 몇 차례 대학 등록을 그만 두었었다. 그녀는 남자친구들이 있지만 어떤 특별한 관계에 대해서 말하지 않았다. 그녀 역시 자신의 오랜 우울증 치료를 추구했다.

분석가는 환자의 만성적인 박탈감과 불안정한 가족력 때문에 이 두 번째 사례를 큰 걱정을 가지고 시작했다. 이 환자는 또한 상처와 실망에 관한 이야기들을 많이 했지만, 그녀의 초점은 상황을 통제하려는 시도로 빠르게 전환되었다. 분석가는 불쾌감을 주는 영향에서 벗어나는 (환자의) 움직임에 대해 설명했다. 환자는 고통스런 느낌에서 벗어나려고 움직이고 있는 것을 인정할 수 있었다. 분석 작업은 돌봄을 받아야 할 그녀의 분노, 상처, 두려움, 동경이라는 감정에 대한 깊은 탐색으로 이어졌다. 그녀가 자신을 외부활동에 매진하게 함으로써 이러한 고통스런 감정들로부터 벗어나 뒤로 물러서는 것에 대해 지속적으로 이야기되었다. 깔려있는 갈등이 탐색되었다. 그 분석에서 그녀의 불쾌감 경험들은 더 충분하고 강렬하게 표현되었다. 시간이 흐르면서 환자는 자신의 삶의 즐거움을 더 표현하기 시작했다. 그녀는 더 좋은 직업을 얻었고, 학교에 등록하는 것에 대해 생각했고, 자신에게 관심을 갖는 남자를 만나기 시작했다.

그녀의 발표를 보는 나에게는 그녀가 유능하고 숙련된 분석가로 보였다. 그녀는 자신의 환자들에 조율되어 있었다. 그녀의 말은 환자의 상태, 정서, 방어에 대한 분명한 이해를 보여주었다. 그녀는 첫 번째 환자의 자기애적 취약성으로부터의 물러섬과 두 번째 환자의 고통스런 정서로부터의 물러섬을 이해했다. 그녀는 또한 각각의 환자와 함께 겉으로 드러난 대로의 이슈들을 전환할 수도 있었고 그 이슈들에 초점을 맞출 수도 있었다. 첫 번째 환자는 다루기가 더 어려워보였다. 그렇지만 그 문제가 단지 환자의 고착된 자세이기만 했을까?

분석가가 자신의 환자를 설명하는 이야기를 들으며, 나는 그녀의 스타일에 끌렸다. 그녀는 자신의 생각을 전달하는 방법에 있어서 솔직했고 직설적이며 사정을 봐주지 않았지만 여전히 재치 있었다. 그녀는 아마도 절망적이었다고 묘사될 수 있었다. 분명히 그녀는 주장적인 것을 즐겼고 자신의 마음을 억누르는 힘을 느끼는 것을 즐겼다. 그녀의 스타일은 역시 정면으로 어려움을 만났던 두 번째 환자의 스타일과 유사했다. 만약 그 환자의 문제가 자신의 고통스런 감정들에 머물지 않았던 것이라면, 이 환자는 지금 그렇게 하려는 노력을 하고 있었을 것이다. 대조적으로, 그녀의 첫 번째 환자는 주장으로부터 물러서는 경향이 있었다. 그녀의 공격성은 그녀 자신에게서 발동했다. 그녀는 침묵하는 피해자의 자세를 유지했다. 이런 종류의 환자에 대해, 가학피학적인 상호작용들로의 초대를 수용하기보다 분석하는 것은 도전이었다. 분석가는 실연에 사로잡힌 것처럼 보이지 않았지만, 작업은 그것이 두 번째 사례에서 그랬었던 것만큼 심화되지는 않았다. 그녀는 첫 번째 환자와의 과정에 정서적으로 충분히 몰입된 것으로 보이지 않는다. 미묘한 방식으로, 그녀는 거리를 더 멀게 유지했다. 그녀의 작업은 그녀가 두 번째 환자와 전달했던 열정이 부족했다.

분석가의 주장적 유형은 그녀 자신이 친절하게 또는 존중받으며 대해지지 않는 것으로 무의식적으로 추정하는 첫 환자의 깔려있는 환상들에 너무 잘 맞아보였다. 그래서 그녀는 괴롭힘을 당할 수 있고 또한 괴롭힘을 당할 처지에 있었다. 분석가의 방식은 분석가 자신이 환자에게 마음의 상처를 줄 수 있는 추가적인 사람으로 보이게 했다. 아마도 환자는 분석가를 자신의 유능하고 실망시키는 엄마이자 그녀가 실망시키고 싶은 사람인 엄마와 동일시했다. 해석을 적극적으로 활용하지 않음으로써, 그녀는 분석가를 실망시킬 수 있었다. 그들이 이 벌어진 일들을 분석했다는 사실은 그것들이 목소리 속에서 지속적으로 나타나고 있던 "느끼는 것" 보다는 환자에게 별 의미가 없었다. 내가 이런 관찰을 분석가와 나누었을 때, 분석가는 자신의 그런 면을 자각하게 되었다.

분석가의 개입 유형과 그 유형이 환자에게 미치는 영향이라는 측면에 초점을 맞추어 몇 차례 협의(consultations)를 한 후에, 그녀는 그들 사이에 무언가 편안함을 느꼈다. 그녀가 몇 개월 후에 협의를 위해 돌아왔을 때, 그녀는 환자가 자신을 덜 무력하게 보았던 (임상) 시간에 대해 설명했다. 그리고 나서 분석가는 환자가 상처받았다고 느꼈던 사건들에 그녀가 기여했는지에 대해 더 적극적으로 질문하기 시작했다. 그녀는 그녀가 실연했던 역전이를 더 분명하게 보기 시작했다.

분석가는 환자와의 작업이 자신으로 하여금 그녀의 환자가 분석가를 묘사했고 분석가를 위치시켰던 수동적이고 희생당하는 자리에 있는 것에 대해 그녀가 얼마나 적은 인내심을 가지고 있었는지를 깨닫게 했다고 말했다. 그것은 그녀가 무의식적으로 이 역할에 남아 있고 싶어 하고 이로 인해 분석가를 좌절시키는 것에 대해 그녀의 피분석가에게 인내심이 없었는지를 그녀가 궁금해 하도록 이끌었다.

그녀는 마치 "내가 그 수동적인 자리에 있는 너에게 합류할 것이라고 생각하지 말아라"라고 말하기라도 하는 것처럼, 자신이 보통 때보다 심지어 좀 더 주장적이게 되었었는지 궁금했다. 이제 협의들을 통해 자신의 스타일을 더 의식하면서, 그녀는 자신의 접근방식이 약간 부드러워졌을지도 모른다고 생각했다.

분석가가 자신의 주장적 유형 속에서 느끼는 편안함 내지 심지어 기쁨은 부분적으로 그녀 자신의 자학적인 성향에 대한 가능한 반응형성 즉, 그녀의 공격성을 방어적으로 사용하는 것일 수도 있다. 만약 이 추측이 맞다면, 여전히 이 어려움이 그녀의 정서적인 전문 작업이나 삶의 즐거움을 방해했다는 증거는 없었다. 그녀의 공격성의 갈등적인 측면은 단지 이런 특별한 종류의 상호작용에 의해 자극될 때만 그녀와의 접촉 속에서 분명해지는 방식으로 그녀의 성격에 묶여 있는 것으로 보였다. 역전이 측면들은 인식될 때, 분석가에 의해 작업이 이루어졌다. 그녀의 자기 성찰은 그녀로 하여금 충분히 다르고, 환자도 분석가의 자세에 어떤 변화를 가져다 줄 수 있었던 방식으로 응답할 수 있게 했다. 첫 번째 사례에서의 환자-분석가 조합은 분석가가 어려움을 인식하는 것과 자신의 자세를 어느 정도 바꿀 수 있는 것에 의해 완화되는, 초기에 문제가 되는 중첩을 잘 보여준다.

분석가의 편안한 주장적 유형은 두 번째 환자의 작업을 용이하게 하는 것으로 보였다. 그녀는 치료의 중심으로 향하도록 전문적인 기교를 사용했지만, 그녀의 특별한 방식은 또한 숙달을 위한 환자 자신의 주장적 추진을 공명했고 지원했다. 그 (임상) 시간들에 대한 보고를 들으며, 나는 작업을 하며 그들이 "강인함(toughness)"을 즐기는 것을 들을 수 있었다. 그런데 이것은 그들이 불쾌감을 주는 영향(dysphoric affects)에 직면하지 않게 하는 강인함은 아니었다; 오히려 이것은 그것에 마주하고 저항하도록 돕기 위해 사용되었다. 아마도 치료의 나중 어느 때에, 환자와 분석가의 스타일의 유사성은 더 부드러운 영향에 이르는데 방해물임이 증명될 것이지만, 이 치료 단계에서 이것은 그녀의 삶에서 치료를 심화시키고 환자를 자유롭게 하는데 도움이 되는 것으로 보였다.

분석의 주된 부분에 이로웠지만, 치료의 나중 단계에서 문제가 된 조합의 실례는 내가 구성원이었던 그룹에서의 협의를 위해 채택되었다. 이 협의는 이 분석이 이루어지고 있는 장소에서 거리가 있는 도시에서 있었던 작은 사례회의에서 진행되었다.

환자는 그녀 자신이 재능 있는 임상가이었다. 그녀는 민감하고 명확했다. 그녀의 개인적, 전문가적 삶 모두 풍성했고 열정적으로 보였다. 그녀는 30대가 되기 전까지는 어떤 치료도 받지 않았다. 그녀가 분석을 추구했을 때, 이것은 명백하게 치료사로써의 그녀의 기술을 향상시키고자 하는 것이었다. 하지만 환자는 스스로 그녀의 기능이 가치 있게 보일 것이라는 자기 자신에 대한 확신을 느끼지 못함을 인식했다. 분석을 시작한 지 얼마 안 돼서, 그녀는 정신적 외상이 있는 사건에 대한 기억을 되찾았다.

정신적 외상은 성적 학대라고 하는 중대한 사건에 대한 것이 아니었지만, 너무 고통스러워서 분석 때까지 그녀의 의식으로 들어오는 걸 허락할 수 없는 방식으로 보호받지 못하고 배신당한 감정을 수반하고 있었다. 그녀의 두려움과 분노는 억제당해 왔었고, 그녀는 자신의 삶에 대한 접근 방식에서 합리성을 발달시켜 왔다. 분석에서 그녀는 과거, 그녀의 현재 삶, 그리고 전이 사이에서 자유롭게 움직였다. 그녀는 꿈을 잘 활용했고 현실 세계를 적극적으로 탐사했다. 그녀는 남편을 사랑했고, 아이들과의 생활을 즐겼고 아이들 문제로 고심했다. 좋은 친구들이 있었고, 작업에서 재능 있어 보였다. 그녀는 이상적이고 분석적인 환자로 보일 뿐 아니라, 눈에 띄게 삶에 적응되어 보이기도 했다.

하지만, 그들의 열정의 충만함을 나무랄 데 없는 긍정적 전이 뒤로 숨기는 슈타인(Stein, 1981)의 환자들처럼, 이 환자는 "너무 합리적"이었다. 분석가는 분석의 초기 해들 이후로 침착하게 이 이슈를 다루었다. 이런 이슈에 초점을 맞추면서 환자의 조숙함(precocity)이 얼마나 철저하게 그녀의 불안들을 숨겼는지에 대한 깨달음이 떠올랐다. 그녀는 청년기의 공황적 반응들에 대해 설명했었다. 그런데 그녀의 성인기에는 이런 것에 대한 언급이 없었다. 그녀가 자신의 분석가에게 화 낼 수 있었을 지라도, 이것은 크나 큰 불안을 촉발시키지는 않았다. 실제 고통에 대한 유일한 징후는 분석가를 향한 공격적인 충동들을 자극했던 그녀의 경쟁적인 라이벌의 감정들이 얼마나 빨리 해소되었는지 그 감정들이 동성애적 갈망과 상존하는 불안감들에 의해 잘 균형 잡힐 때. 다른 사람들에 대한 방어로 각각 사용될 때, 어떤 갈등이 중심적인지 알기는 어려웠다. 번갈아가며 초점을 맞추는 것은 각각의 갈등으로 너무 깊이 들어가지 못하게 했다. 분석가는 이 모든 변화들을 해석했고, 그녀의 정서적 경험들을 확장시키기 위해 그녀를 탐색하며 도와주었다.

분석가가 이 자료를 공개한 후에, 컨퍼런스 회원 중 하나가 환자가 "멸절불안"으로부터 고통당하고 있다고 생각했다. 그는 환자에게 그녀의 상태에 아주 가깝게 조율된 대로 머물러온 분석가가 있다는 것은 매우 행운이었다고 생각했다. 그가 환자가 심리학적으로 잘 정돈되어 있었다고 동의한 반면 그는 깔려있는 공포가 있음을 인식했다.

2년 후 분석가는 컨퍼런스에 다시 사례를 공개했다. 첫 번째 발표 이듬해에 환자는 무서운 꿈을 꾸기 시작했다. 어린 시절 악몽의 기억들이 되살아났다. 그 때 분리 공황이 동반되는 정서와 함께 기억되었다. 하지만 분석가로부터의 분리가, 고통의 어떤 요인이 고통이 상존하는 동안, 더 고통을 주는 게 아니라 실제로 덜 고통을 주는 것으로 보였다. 이 기간 내내 환자의 갈등들이 더 완전히 드러나고 정서적 경험이 강렬해짐에 따라 분석가는 환자의 상태를 반영하고 해석하고 환자 상태를 공명하면서 대체로 밀접하게 한결 같은 자세를 유지했다.

이 기회에 분석가의 동료들은 분석가의 자세에 대해 훨씬 덜 낙관적이었다. 분석가가 환자의 취약성에 대해 세심했다는 이해가 있었던 반면, 그룹의 대부분은 이제 그녀가 환자의 상태에 너무 가깝게 합류하고 있다고 생각했다. 그녀의 자세에는 적당한 "불균형(asymmetry)"이 없었다. 이 입장은 환자에게서 분리와 관련된 그녀의 불안과 공황을 분석하는 데 필수적이었던 혼자 있음이라는 전이경험을 빼앗아갔다.

작업이 느렸지만 점차 깊어져갔다고 생각해오던 분석가의 첫 반응은 놀라움이었다. 하지만, 그녀는 동료들이 제시했던 핵심을 빠르게 파악했다. 그녀는 환자의 상태로부터 더 먼 거리에 서 있기 보다는 "함께함"의 자세를 취하는 자신의 성격적인 성향을 인식했다. 그녀는 자신이 환자에게 이 자세를 취하고 있다는 것을 인식했었던 반면, 이 함께하기가 분석 작업을 촉진시키기보다는 막고 있었을 지도 모른다는 사실은 인식하지 못했다. 그녀는 자신의 편에서 이것을 두드러진 "맹점"으로 보았다.

나중에 분석가는 그 때 어떤 일이 일어났었는지에 대해 보고했다. 컨퍼런스에서 돌아온 후 그녀는 미묘하게 자신의 자세를 바꿀 수 있었다. 전이에 대한 그녀의 해석들을 시작하기 보다는 "당신은 마치 느끼고 있는 것처럼 들려요." 또는 "제가 느끼는 것을 생각하고 있는 것처럼 들려요"와 같은 진술들과 함께 이야기했다. "당신은 제가 이렇게 느낀다고 상상하시네요" 라고 말했다. 분석가는 즉각적으로 차이를 인식하고 고통스럽고 무서운 혼자라는 감각을 경험하는 환자에 대해 설명했다. 같이 있지만 그녀의 손을 정서적으로 잡아주는 것이 부족한 분석가와 함께, 환자는 당황스러운 강력한 불안감으로 내던져온 자신의 감각을 다시 체험했다. 그녀는 이 상황에 마주하도록 정서적으로 홀로 남겨 두는 것에 대해 분석가에게 분노하며, 두려움 뿐 아니라 어린 시절의 분노까지 다시 체험했다. 그녀가 사라지게 되리라는 정신적 공황뿐만 아니라 그녀가 이 땅에 남겨진 유일한 사람이 되리라는 환상들이 이제 그녀의 분노와 파괴적인 충동들에 연결되었다. 그리고 나서 그녀의 분노는 그녀의 공포의 중심에 위치하고 있다고 이해되었다. 그녀의 파괴적인 환상들은 왜 자신이 내버려졌었는지에 대한 무의식적 사고의 기초가 되었다. 그녀가 이러한 고통스럽고 무서운 감정들과 환상들을 그녀의 방식대로 다룰 때, 그녀는 또한 다른 사람들과 "함께하기(joining)"와 공명하기는, 그녀가 환자와의 분석을 아주 잘 하게 만드는 그 무엇으로써, 보호적이고 방어적인 기능을 해왔다. 이것은 혼자 있는 경험, 일생 동안 이어지는 이 갈등 속에 구체화된 불안과 마주하는 경험으로부터 그녀를 지켜주었었다. 그녀의 함께 하기는 자신을 경쟁적이고 파괴적인 사람이 아니라 다른 사람들이 함께 있길 원하는 사람, 배려심 있고 공감적인 사람으로 재확증하는 방법이어 왔다. 이 분석 작업에 뒤이어, 그녀의 감정에 대한 자유함은 상당히 늘어갔고, 분석작업은 종결단계로 향했다.

이 설명을 보면, 분석가와 환자가 유사한 치료적, 개인적 스타일을 지녔다는 것은 분명해 보인다. 그 둘은 다른 사람들의 정서적 경험, 특히 그들의 환자들의 경험에 함께하려는 경향이 있었다. 누군가는 분석가가 환자와 동일시되었다고 생각할 수도 있을 것이다. 스타일에 있어서의 그들의 유사성이 그들의 전문직의 선택 뿐 아니라 이러한 유사성을 증가시켰는지도 모른다. 환자에게는 중심적인 갈등이 이 성격적인 적응 뒤에 숨겨져 있었다. 분석가의 입장에서는 이 스타일의 의미가 더 심층적으로 제시되지 않았다. 하지만, 그녀의 자세 변화 뒤에 이어진 작업에서 일어났던 변화들에 대한 나중의 보고에서는, 그녀는 그들의 유사성에 대해 늘어나는 인식이 개인적인 울림이 있었던 통찰들로 이어졌음을 보여주었다.

이 사례에서 스타일의 유사성과 그 스타일의 방어적 기능이 치료의 초기부분 동안 정서적 공명의 감정과 안정감의 분위기를 만들어줌으로써 분석과정을 촉진시켰다. 나중에는 이 유사성이 분석 작업을 저해했다. 맹점에 대한 인식은 분석가로 하여금 그들의 중첩이 만들어낸 차폐효과(masking effect)를 볼 수 있게 했고 그녀의 자세를 바꿀 수 있게 했다. 이 유사성이라는 영역을 이해하는 데 분석가가 의식적으로 초점을 맞추는 일은 환자의 분석 작업뿐만 아니라 분석가의 자기이해와 갈등과 정서에 대한 경험을 확장시켰다. 맹점에 대한 주의는 두 참여자 모두에게 심리학적 변화를 가져다주었다.

마치 협의에서처럼 상상적인 견해를 취하며, 분석가들은 (환자와) 그들 사이의 유사점과 차이점들이 어떻게 분석가가 인식하지 못하는 방식으로 정서적으로 충전될 수 있는 지를 탐색하기 위해 그들의 환자와의 "조합"이라는 렌즈를 활용할 수도 있다. 분석가들은 환자–분석가 조합에 대한 생각을 그들의 자기분석 작업을 촉진시키는 장치로 활용할 수도 있다. 그렇지만, 모든 자기분석적 질문들 안에 있는 것처럼 이렇게 초점이 맞추어진 추구 안에는 한계가 있다. 환자와의 이러한 쌍에 대한 분석가의 견해는 분석가 자신의 맹점들과 다른 역전이 현상들에 의해 반드시 제한받을 것이다.

분석가로서 우리는 더 이상 완전히 분석된 분석가(Abend, 1986)를 믿지 않는다. 비록 누군가가 다른 사람들보다 더 멀리 간다고 할지라도, 어떤 분석도 완전하지 않다. 항상 개인적 강점과 한계 모두에 대해 항상 더 배워야 한다. 환자들은 분석가들이 자기 지식을 확장시키도록 돕는다(Kantrowitz 1996). 그렇지만 환자들은 쌍의 부분이고, 상호작용에서 같은 잠재적 맹점들의 대상이다. 외부견해의 도입은 더 넓은 이해와 더 깊은 통찰을 가져올 수 있다. 만약 그것이 주의의 초점이 된다면, 분석가가 작업의 방해물로 인식하지 않는 환자와 분석가 사이의 조합은 따라서 두 참여자 모두에게 성장의 기회가 될 수도 있다.

과거에는 경험 많고 숙련된 분석가들은 오직 그들의 분석작업에 방해가 있다고 생각할 때에만 협의를 추구하는 것으로 여겨졌다. 이러한 공식적인 인식과는 반대로, 많은 분석가들은 다른 분석가들과의 작업에 대해 특정 형식으로 항상 지속적인 대화들을 유지했었다(Kantrowitz 1998). 이러한 논의들은 많은 다양한 형식들로 이루어졌다. 어떤 분석가들은 여러 해 동안 만나온 동료그룹들을 가지고 있다. 어떤 분석가들은 서로의 맹점들에 초점을 맞추며 시간이 지나면서 상호분석에 있어서 많은 유사점을 발견하게 될 수도 있는 상호 수퍼비전에 힘을 쏟는다. 다른 많은 분석가들은 더 공식적인 협의 관계를 유지하는 것을 선호한다. 이것은 계획적이고 지속적인 배치, 또는 더 빈번하지 않게 시작되는 접촉일 수도 있다.

외부 관찰자의 도입은 이 양자관계 안에서부터는 가능할 수 없는 객관성을 제공해 준다. 이러한 의견이 의미 있기 위해서는, 이것은 분석에서의 효율적인 해석처럼, 분석가와 인지적으로 뿐만 아니라 정서적으로도 공명되어야만 한다. 얼마나 많은 동료들이 한 의견에 일치하는 지에 상관없이, 분석가가 제공된 관점에 대해 수용적이지 않으면, 그것은 동화되지 않을 것이다. 이상적으로 분석가는 이 정보를 받아들일 만큼 지나치게 방어적이지는 않을 것이다. 이런 상황 아래에서, 새로운 의견은 분석가들의 자기인식을 높이는 데 도움을 줄 것이고 이어서 분석 작업을 심화시키도록 이끌 것이다.

물론 외부 관찰자들의 견해들은 또한 그들 자신의 주관성에 영향 받는다. 분석가들이 환자들에게 그렇게 하듯이, 그들의 성격과 갈등은 분석가의 성격과 갈등을 방해할 것이다. 따라서 분석가-고문 양자 관계에서 성격과 갈등의 수용이나 충돌은 환자-분석가 쌍과 똑같은 맹점의 상황에 잠재적으로 영향을 받기 쉽다. 추가적으로, 분석가가 동료 감독, 동료 그룹, 고문으로 선택한 사람은 자신의 분석 방식과 관련하여 편안함이나 도전에 대한 분석가의 자신의 경향성에 영향을 받을 것이다. 경험 많은 분석가들은 그들 동료들의 의견들과 접근방식들을 알고 있다. 대부분 그들이 선택할 때에, 이론과 기술과 개인적 스타일에 있어서 어느 정도의 유사점과 차이점을 그들이 만나기를 기대하는 지를 선택하는 것이다. 다른 말로 하면, 심지어 의식적인 동기유발로 자기기만(self-deception)에 대해 경계심을 갖기 위해, 그것이 지속적으로 발생할 가능성이 크게 남아있는 것이다.

한 사람 또는 그룹과 분석 사례에 대한 지속적인 논의가 맹점들에 대하여 보호할 것이라고 잘못 생각하게 되기 쉽다. 이런 방식으로 구군가의 작업을 보고하는 것은 확장된 자기인식의 가능성을 확실히 높여주는 반면, 그것이 보장하지는 않는다. 그런 포럼에서 발표하는 분석가들은 그들의 작업을 역전이 감정, 생각, 환상을 공개할 만큼 충분히 안전하고 충분히 동기가 생기도록 느낄 필요가 있다. 그들은 또한 분석 쌍과 개인적으로 그들 자신에 대한 의견들의 영향에 대해 경각심을 유지할 필요가 있다. 자기성찰, 통찰, 생각과 태도 또는 자세로 이어지지 않는 너무 약하거나 너무 강한 반응은 다른 외부 관찰자의 필요를 암시하는 것인지도 모른다. 새로운 눈과 귀가 여전히 숨겨진 무언가를 발견할 수도 있다.

그들의 열중에 대한 환자들의 편함이나 불편함, 분석가들의 편함이나 불편함 어느 것도 분석적 혜택을 신뢰할 만한 지표는 아니다. 분석 결과의 종단적 연구는 환자와 분석가의 조합이 분석의 교착상태라는 영역을 조명해주는 유일한 요인임을 보여주었다(Kantrowitz et al.1989, 1990). 종종 어떤 쪽도 맹점을 인식하지 못했다. 둘 모두는 분석이 아주 성공적이라고 믿었지만 심리검사 전과 후의 비교는 변화되지 않는 주요 영역을 보여주었다. 예를 들어, 창의성이라는 그들 공동의 평가는 "환상이라는 자유로운 표현"으로써 사람들에게 "녹인 납을 퍼붓는" 환자의 환상에 대한 분석가의 해석으로 이어진다. 그리고 그 공격성을 인식하거나 분석하는 데 실패한다.

조합의 효율성은 분석과정 동안에 달라질 수 있다. 따라서 분석의 한 지점에서 제공되는 견해는 다른 단계에서 제공되는 견해와 아주 다를 수 있다. 같은 연구가 분석가의 조용하고 수용적인 태도가 어떻게 아주 불안하고 겁 많은 환자가 자신의 감정과 환상을 탐색하기 시작할 수 있을 정도로 점차적으로 안전하게 느끼도록 도와주었는데 나중에는 그녀가 자신의 성적 갈등을 적극적으로 해결하는 것을 피하도록 허락했는지에 대해 설명했다. 이런 발견들은 시간이 지나며 분석가들이 양자관계의 영향에 대해 인식한 채로 남아있기 위해, 그들의 사례들을 다른 사람들과 계속해서 논의할 필요가 있다는 것을 분명히 보여주고 있다.

실습하는 분석가가 맹점을 인식하도록 돕는 것 이외에도, 환자-분석가 조합에 초점을 맞추는 것은 교육에 아주 유용한 도구이다. 분석가 후보생들의 사례 발표를 들을 때, 양자관계에서 유사점과 차이점이 어떻게 분석과정을 향상시키거나 제한할 수 있는 지를 식별하는 것이 종종 가능하다. 현재 젊은 분석가들은 분석 작업에 미치는 자신들의 개인적 영향의 불가피성을 인식하는 데 개방적이다. 그들은 개인적 완전함에 대한 생각에 아주 부담을 느끼지는 않아 보이고, 그들 자신의 분석이 개인적 갈등이라는 모든 흔적들을 제거할 수 있다는 점에 대해 기대하지도 않아 보인다. 그 결과로 그들은 자신들의 역전이 반응들을 논의하는 데 있어서 자기애적인 취약성이 덜 한 것으로 드러난다. 그리고 이전 시대들의 후보생들보다 자신들의 새롭게 보이는 측면들을 관찰하는 데 더 편안하게 느낀다(Kantrowitz 2003). 이렇게 새롭게 발견된 측면들은 세미나나 수퍼비전에서의 그들의 발표들 속에서 반영되는 것처럼 환자를 향한 그들의 태도, 스타일, 자세에서 일반적으로 분명해진다.

종종 분석가 후보생들의 양자관계와 그들 자신들에 대한 전문적이고 개인적인 호기심은 분석 쌍에서 중첩이 분명해질 때 증가한다. 깔려있는 갈등에 대한 인식이 생길 때, 전이-역전이는 드러나고 그것들에 의해 이해될 수 있다. 관점은 무의식적 요인들의 영향에 대해 이해하도록, 그리고 갈등이 어떻게 성격 속에 구체화되고 숨겨질 수 있는 지 이해하도록 그들을 돕는다. 예를 들어, 한 분석가 후보생은 자신이 환자와의 회기의 약속시간을 변경하는 것을 괜히 꺼려하고, 분석적 틀에 대한 모든 이슈들과 관련하여 외관상 "강인한(tough)" 자세를 취했다는 것을 알게 되었다. 이와는 대조적으로, 실제 분석시간 동안, 그는 종종 융합(merger)에 가까운 환자와의 관계 속에서 정서적으로 공명하면서 작업하는 것으로 보였다. 이 자료를 발표하는 과정에서, 그는 자신의 갈등과 그 갈등의 강렬함이 자신의 환자들의 갈등들의 강렬함보다 훨씬 덜한 반면, 그와 환자 모두가 "강인한 사람" 자세를 취하며 대항해서 방어하는, 강력한 친밀감을 향한 갈망을 공유하고 있음을 깨닫게 되었다. 이 깨달음은 그 틀과 관련하여 분석가가 덜 "강인하도록" 그리고 실제 분석 시간들 동안에 더 거리를 유지하게끔 하는 것으로 보였다.

여전히 이 조합에 대한 관점을 또 다르게 활용하는 것은 후보생의 학습 필요에 대한 평가에 있다. 이 논문의 첫 번째 사례가 설명하듯이, 한 명 이상의 환자에 대한 후보생의 작업을 검토하는 일은 개인적 어려움이 어떤 사례에서는 분석을 방해하지만 다른 사례들에서는 그렇지 않다는 것을 분명하게 할 수도 있다. 이러한 발견은 감독들을 통해 후보생들의 주의를 불러일으킬 수 있다. 그렇다면 후보생과 감독들이 함께 임상 작업에서 이 문제의 징후에 경각심을 가질 수 있다. 더 큰 깨달음을 가지고 후보생은 분석과정에서의 어떤 변화를 허락하는 방식으로 이 통찰을 통합할 수 있을 것이다.

요약하면, 경험을 조직하는 자아동조적인(ego-syntonic) 방식들이 상이한 사람들은 삶과 분석과 협의 수퍼비전과 교육에서 각자 안에 있는 상이한 측면들을 꺼낸다. 분석가들은 분석의 발전을 저해하는 환자들과의 상호작용의 측면들을 숨길 수도 있다는 점을 명심해야 한다. 어떤 동료들과 고문들은 겉보기에 너무 비슷한 다른 사람들이 제공해 줄 수 없을 새로운 관점을 제공해 줄 수 있다. 다른 한 편, 너무 상이한 제 삼자의 견해들은 통합될 수 없을 지도 모른다. 따라서 유용하지 않다. 너무 적거나 너무 많은 유사점이나 차이점은 분석과정과 학습과정 모두에 영향을 준다. 하지만 외부관찰자가 수용 또는 충돌로 이어져온 환자와 분석가 사이의 중첩 역역에 대한 분석가의 호기심을 자극하기 위해 그 조합에 대한 관점을 활용할 수 있을 때, 이전에 간과되었던 분석가의 측면들이 자기 분석적인 조사를 위해 사용될 수도 있다. 조합에 대한 개념은 유사점과 차이점에 대한 인식을 늘리는 데 사용될 수 있는 의미 있는 중첩과 괴리를 지적하고, 그들이 치료의 다른 단계들에서 다른 방식들로 분석작업에 어떻게 영향을 줄 수 있는 지에 대해 지적하고 있다. 이러한 깨달음은 우리가 분석작업과 관련하여 분석가들의 고문으로 역할을 할 때, 우리 자신, 우리 환자, 우리 수련생들, 우리 동료들을 더 잘 돕는 데 도움이 될 수 있다.

참고문헌

Abend SM: Countertransference, empathy, and the analytic ideal: the impact of life stress on the analytic capability. Psychoanal Q 60:563–575, 1986

Chused JF: The evocative power of enactments. J Am Psychoanal Assoc 39:615–640, 1991

Davies JM: Love in the afternoon: a relational reconsideration of desire and dread in the countertransference. Psychoanalytic Dialogues 4:153–170, 1994

Ehrenberg D: The Intimate Edge. New York, WW Norton, 1992

Hoffman IZ: The patient as interpreter of the analyst's experience. Contemp Psychoanal 19:389–422, 1983

Hoffman IZ: Dialectical thinking and therapeutic action in the psychoanalytic process. Psychoanal Q 63:187–218, 1994

Jacobs T: The Use of the Self: Countertransference and Communication in the Analytic Situation. Madison, CT, International Universities Press, 1991

Kantrowitz JL: The analyst's style and its impact on the psychoanalytic process: overcoming a patient–analyst stalemate. J Am Psychoanal Assoc 40:169–194, 1992

Kantrowitz JL: The uniqueness of the patient–analyst pair: elucidating the role of the analyst. Int J Psychoanal 74:893–904, 1993

Kantrowitz JL: The beneficial aspects of the patient–analyst match: factors in addition to clinical acumen and therapeutic skill that contribute to psychological change. Int J Psychoanal 76:229–313, 1995

Kantrowitz JL: The Patient's Impact on the Analyst. Hillsdale, NJ, Analytic Press, 1996

Kantrowitz JL: A different view of the therapeutic process: the impact of the patient on the analyst. J Am Psychoanal Assoc 45:127–153, 1997

Kantrowitz JL: Pathways to self–knowledge: self–analysis, mutual supervision, and other shared communications. Int J Psychoanal 80:111–132, 1998

Kantrowitz JL: The triadic match: candidate, patient, and supervisor. J Am Psychoanal Assoc 50:919–968, 2002

Kantrowitz JL: Tell me your theory. Where is it bred? A lesson from clinical approaches to dreams. J Clin Psychoanal 12:151–178, 2003

Kantrowitz JL, Katz AL, Greenman D, Morris H, Paolitto F, Sashin J, Solomon L: The patient–analyst match and the outcome of psychoanalysis: the study of 13 cases. Research in progress. J Am Psychoanal Assoc 37:893–920, 1989

Kantrowitz JL, Katz AL, Paolitto F: Follow–up of psychoanalysis five–to–ten years after termination, III: the relationship of the transference neurosis to the patient–analyst match. J Am Psychoanal Assoc 38:655–678, 1990

McLaughlin JT: Transference, psychic reality and countertransference. Psychoanal Q 50:637–664, 1981

McLaughlin JT: Clinical and theoretical aspects of enactments. J Am Psychoanal Assoc 39:595–661, 1991

Pizer S: The negotiation of paradox in the analytic process. Psychoanalytic Dialogues 2:215–240, 1992

Poland WS: Insight and the analytic dyad. Psychoanal Q 57:341–369, 1988

Racker H: Transference and Countertransference. New York, International Universities Press, 1968

Renik O: Analytic interaction: conceptualizing technique in light of the analyst's irreducible subjectivity. Psychoanal Q 62:523–553, 1993

Sandler J: Countertransference and role–responsiveness. Int Rev Psychoanal 3:43–48, 1976

Schwaber E: Perspective on analytic listening and psychic reality. Int Rev Psychoanal 10:379–392, 1983

Schwaber E: Countertransference: the analyst's retreat from the patient's vantage point. Int J Psychoanal 73:349–362, 1992

Spillius E: On formulating clinical fact to the patient. Int J Psychoanal 75:1121–1132, 1994

Stein M: The unobjectionable part of the transference. J Am Psychoanal Assoc 29:869–920, 1981

오토 컨버그 (Otto F. Kernberg)

15

소개

오토 컨버그(Otto Kernberg)는 오스트리아 비엔나에서 태어나, 칠레 대학교에서 의학석사와 박사를 취득했고, 칠레 정신분석연구소를 수료하였다. 추가 경력으로, 칠레 샌디에이고 사회복지전문학부의 정신병리학 교수; 존스 홉킨스 대학교의 록펠러 재단 연구원; 켄사스 토페카의 메닝거 기념 병원 원장; 콜롬비아 의과대학 임상정신의학 교수; 웨일 코넬 의과대학 정신과 교수, 성격장애연구소 소장; 그리고 콜롬비아의 정신분석훈련연구센터 교육 및 감독 분석가로 근무했다. 또한 국제정신분석학회 회장을 역임했다.

그의 명예에는 뉴욕정신분석연구소의 하인즈 하르트만 장학생 지명, 과학과 예술 분야의 오스트리아 십자훈장, 미국정신건강의학회 특별 공로상, 정신분석에 대한 공로로 메리 시고니 상 수상 등이 포함된다. 뉴욕정신분석협회의 프로이트 기념 강연을 비롯하여 비엔나대학에서 지그문트 프로이트 강연자로 활동하였으며, 세계 여러 대학의 방문교수를 하였고, 부에노스아이레스 대학교 명예박사 학위를 받았다. 20권의 단독저서와 공동저서, 200편 이상의 단독저자 논문, 200편의 공동저자 논문들이 있다. 그는 대상관계이론의 발전과 미국 분석가들을 위해서 클라인, 비온,그리고 로젠펠드의 학문적 해설에 가장 중요한 역할을 했다. 정신분석이론과 기법에 대한 그의 넓은 식견을 통해서 나르시시즘과 경계선 병리, 그리고 소집단과 대집단의 과정들을 이해하는 데 있어서 임상적, 이론적, 실험적 진보가 이뤄졌다.

그는 자신에 관해 이렇게 말했다:

> 나는 미국 정신분석에서 강력하게 나타난 주류 정신분석적 접근이 정신구조의 특징인 정신병리학을 현대적으로 이해하는 데 크게 도움이 되며, 잠재적으로는 심리적 역동과 신경생물학적 역동의 점진적 접목을 이해하는 데도 크게 도움이 된다고 확신한다. 치료적 관점에서 보면, 나는 미국 정신분석에서 넓은 스펙트럼의 정신분석적 심리치료 기법을 적용하는 것을 강조하기 때문에, 이것이 정신분석적 학문과 전문직의 실제적인 적합성을 보장할 것이라고 믿는다. 나는 심리학과 정신건강의학이 협력하여 통합되길 원하고, 기초 행동과학으로서 정신분석의 위상을 강화하려는 미국 정신분석의 학문적 입장에 전적으로 동의한다.
>
> 내가 이러한 이상과 목표에 대해 개인적으로 전념하는 것은 정신분석 및 심리치료 기법들에 대한 연구와 성격장애에 대한 정신병리학과 정신분석적 심리치료에서의 경험적 연구에 대한 나의 헌신을 결합하는 것이다. 나는 콜롬비아대학교 정신분석센터의 교육 및 감독 분석가, 코넬대학교 정신건강의학과 교수로서 폭넓게 활동하고, 국제적인 임상, 교육, 연구 기관에 헌신적으로 참여했다.
>
> 나는 미국정신분석협회와 국제정신분석협회가 경험적 연구에서 중심이 되는 폭넓은 접근들을 따라서 정신분석적 연구를 확대하고, 정신분석 교육을 과감하게 혁신하는 일에 큰 노력을 기울여야 한다고 확신한다. 정신분석 기관들은 연구의 관심들과 방법론의 방향에서 정신분석가 후보생들의 훈련을 개설하고, 학문들 및 기관들 사이의 연구 연결망을 구축하고, 정신분석 기관들에 정신분석과 신경생물학 및 사회과학의 경계선들에 대한 탐구의 즐거움을 일깨워야만 한다. 동시에, 나는 정신분석 기관들의 조직적인 문제점들, 특히 오랫동안 주요 교육 문제들을 해결하지 못했던, 정신분석 교육의 과도하게 전통주의적인 측면들을 계속해서 연구할 계획이다. 나는 이러한 과제들 및 목표들과 관련된 나의 개인적 역할이 적극적인 정치적 역할보다는 개념적인 기여들과 출판에 있다고 본다. 그런 면에서, 나는 30년이 넘도록 나의 임무를 수행해왔다고 믿는다.

내가 이 논문을 선택한 이유

오토 컨버그

나의 논문 "영어권 정신분석학파의 기법적 접근에서의 최근 발달(Recent Development in the Technical Approaches of English-Language Psychoanalytic Schools)"을 선택했다. 그 이유는 이 논문이 정신분석 기법의 3가지 주요 경향을 새롭게 요약했기 때문이다. 하나는 자아심리학, 클라인학파, 그리고 영국 독립학파의 점진적 통합을 보여주는 "주류" 학파, 두 번째는 대인관계적, 상호주관적, 및 자기심리학적 접근들의 결합을 보여주는 관계학파(relationists school), 세 번째로 비(非)라캉주의적 접근들을 보여주는 프랑스 학파이다. 비록 프랑스 학파적 접근은 영어권에서는 기여도가 미미하지만, 유럽의 라틴어권 정신분석학회, 캐나다의 프랑스정신분석학회와 더불어 남미에서도 큰 영향을 미쳤고 그 중요성이 증가하고 있다.

이러한 학파들의 내적인 발달들을 연구해 볼 때, 이러한 3가지 주요 정신분석적 접근의 다른 기본원리들에서는 차이들이 분명하게 나타나지만, 공통적인 기본원리들이 있는 기법적인 경향들 사이에서는 중요한 융합이 일어나고 있음이 명백해진다. 각각의 학파에서 발달했던 이러한 기본적인 기법적 원리들과 그것들의 대조되는 특성을 상세히 설명하려고 하는 것이 내 논문의 의도이다.

이러한 융합들과 차이들의 역사적 발달을 제시하면서, 나는 축적된 임상경험에 비추어 정신분석 기법이 점진적으로 진화해온 특성을 설명하고자 한다. 이러한 다양한 접근들에서의 경험적 연구와 그것들을 비교하는 연구는 몹시 부족하지만, 계속되는 정신분석 세대들의 임상 경험은 시간이 지나면서 흔히 하나의 특정 관점을 고수하려고 시도하는 다소 교조적인 저항에 직면해서 이러한 접근들을 수정하는 경향이 있는 경험적 분야를 구성한다. 요약하면, 이 논문은 우리가 현재 어디에 있고, 어디를 향해 가고 있는지를 알려주는 실제적인 논쟁과 발달에 대한 개요를 보여주려는 것이다.

영어권 정신분석 학파들의 기법적 접근들에서의 최근 발달[1)]

(Recent Developments in the Technical Approaches of English-Language Psychoanalytic Schools)

오토 컨버그

1941년부터 1945년까지 영국정신분석학회에서의 논쟁적인 토론들(King and Steiner 1991)은 멜라니 클라인, 안나 프로이트와 실비아 페인 사이의 "신사협정"으로 끝났고, 내가 보기에는, 이때부터 북미와 영국을 포함하는 영어권 정신분석 공동체에서 기법의 현대적 발달이 시작되었다. 그러한 논쟁적인 토론들로 인해서 지금은 "현대 프로이트학파"라 불리는, 안나 프로이트가 이끄는 자아심리학, 멜라니 클라인을 따르는 클라인학파, 지금은 "영국 독립학파"로 불리는, 발린트(1968), 페어베언(1954), 그리고 위니캇(1958, 1965)의 이론적 연구방법에 영향을 받은 "중도학파(middle group)"로 각각의 접근방법이 보다 명확하게 규정되었다. 처음에는, 이러한 논쟁적인 토론들 때문에 분석 방법에 있어서 뚜렷한 분화가 시작되었다. 아마도 그것은 영국의 전통적인 클라인학파의 접근 방법과 미국의 하르트만과 그의 그룹의 영향을 받은 자아심리학에 가장 분명하게 반영되었을 것이다.

다양한 학파의 정신분석 기법의 개요

전통적 클라인학파의 접근은 클라인이 기술한 원시적 대상관계와 원시적 방어기제에 대한 혁신적 연구들(1945, 1946a, 1946b, 1952, 1957), 가장 초기의 전오이디푸스기적 발달 수준들에 대한 강조, 그리고 죽음 욕동에 대한 프로이트의 이론을 임상적으로 적용하는 것과 긴밀히 연결되어 있다. 그것은 다음과 같은 것들을 특징으로 한다: 어떤 특정한 시점에 환자가 드러내는 최대 수준의 불안에 초점을 두는 관점에

---

1) Otto F. Kernberg의 "Recent Developments in the Technical Approaches of English-Language Psychoanalytic Schools"는 *The Psychoanalytic Quarterly,* 70(3)519–547, 2001에서 처음 출판되었다.

서 임상적 자료에 접근하는 것, 환자의 무의식적 환상들을 가장 깊은 수준에서 해석하려는 노력, 그리고 편집–분열적 자리(paranoid–schizoid position)와 우울적 자리(depressive position)의 틀 안에서 원시적 대상관계를 지속적으로 탐색하는 것(Segal 1973, 1979, 1981).

클라인학파는 다음과 같은 기법을 주장하였다: 전이 발달에 대해 초기부터, 일관되게 포괄적으로 분석하기; 전이에서 내면화된 대상관계의 무의식적 세계의 발달에 대해 탐색하기; 그리고 그러한 전이들을 엄마의 몸의 신체적 측면들과 내부를 포함하는 환상들과 연결시키기. 클라인학파 저자들은 본능에 의해 지배를 받는 원시적 대상관계를 포함하는 무의식적 환상이 동시에 원시적 충동들과 그것들에 대한 방어들을 나타내고, 따라서 무의식적 환상들은 욕동과 정신적 상관관계가 있는 것으로 생각되었다고 주장했다. 클라인 학파는 역전이 분석에도 크게 공헌하였다(Racker 1968).

이와는 반대로, ***자아심리학적 접근***은 구조들 사이의 갈등과 오이디푸스적 상황의 중심성(centrality)을 중심으로 하는, 보다 후기의 발달 수준들과, 특히 자아의 방어구조에 특별한 초점을 두고–성격 방어들과 분석적 치료 상황에서 저항으로 나타나는 방어들에 대한 분석을 포함해서– 충동–방어 형태로 나타나는 무의식적 갈등에 대한 분석에 초점을 맞춘다. 또한 구조 이론(소위 프랑스 정신분석에서 두 번째 화두로 불리는)을 해석을 위한 기초로서 중요하게 고려하게 되면서 초자아 방어와 무의식적 죄책감이 중요해졌다. 페니켈(1941)의 저서 *Problems of psychoanalytic technique*은 자아심리학의 기법적인 접근에 대한 기본적인 진술이 되었고, 나중에 그린슨(1967)의 고전적인 책과 랑겔(1963a, 1963b) 그리고 브렌너(1976)의 논문에서 확장되었다. 페니켈은 해석을 위한 경제적, 역동적, 구조적 기준들을 상세히 설명했고, 항상 표층에서 심층에 이르는 자아의 측면으로부터 해석하는 것이 중요함을 강조했고, 방어와 충동 사이의 갈등이 가지는 구조들 사이의 관계를 강조했다. 페니켈의 연구는 현대 프로이트학파 시대로 진입한 이후에도 미국에서 자아심리학의 기법에 대한 결정적인 요약으로 남아있다.

원래는 "중도학파" 인, ***영국 독립학파***는 안나 프로이트로 대표되는 자아심리학과, 특히 내면화된 대상관계를 정신 발달, 구조 형성, 그리고 분석 기법의 중요한 원리로 강조하는 클라인학파의 관점에 그들의 뿌리가 있음을 인정했다(Kohon 1986; Little

1951; Stewart 1992). 영국 독립학파는 분석 상황에서의 정동 발달에 대한 탐색, 전오이디푸스기 단계들의 중요성, 역전이 분석의 중심성을 강조했다. 또한 초기의 외상적 상황들이 "기본적 결함(basic fault)"(Balint 1968)을 초래한다고 생각하여 치료에서 극심한 퇴행을 허용하고 해석하여 다뤄주는 것과 관련해서 기법적 수정이 필요함을 강조했다.

전이 분석이 배타적인 초점은 아니라 할지라도 페어베언(1954)에 의해 강조된 "나쁜 내적 대상들"과의 관계에 대해 체계적인 분석뿐만 아니라 위니캇(1958, 1961)의 공헌들을 구성하는 중간 현상 및 참자기, 거짓자기에 대한 분석은 전이에 대한 분석을 강조한다는 점에서 공통점이 있다. 영국 독립학파는 원시적 대상관계, 원시적 방어, 특히 투사적 동일시를 이해하는 데 클라인학파의 공헌들을 활용했다. 그러나 그들은 심리내적인 구조와 분석 상황에 미치는 후기 발달 단계의 영향뿐만 아니라 보다 진전된 발달 수준의 정신병리의 의미를 인정하였다. 독립학파들은 자아심리학의 관점과 클라인학파의 관점 사이의 중간 입장을 취했기 때문에, 그들의 경계를 명확히 나누기는 어려웠다; 그래서 그들은 지난 20년 동안 자아심리학의 접근과 클라인학파의 접근의 점진적인 화해에 크게 기여했다.

사실, 나는 영어권 분석학파의 분석 기법에 있어서 가장 인상적인 발달은 이러한 3가지 관점이 점진적으로 화해하게 된 것이라고 생각한다. 즉 독립된 집단들은 국제회의에서 다른 집단의 생각들을 마주하여 배웠고, 임상가들은 그들이 적용하려고 하는 이론의 치료적 한계들을 점차 인식하게 되었다. 따라서 새로운 세대의 분석가들은 각각의 기법적 개념화를 재형성하였다.

현대 클라인학파의 정신분석 기법

클라인학파에서, 자기애적 성격에 대한 로젠펠트(1964, 1987)의 분석에서는 *Envy and Gratitude*에 나타난 클라인(1957)의 공헌들을 고전적인 분석기법에 대해 두드러지게 저항을 보이는 것으로 여겨졌던 특정 성격병리에 적용하면서 성격 분석의 개념—자아 심리학에서 중심이 되는—이 클라인학파의 기법에 암묵적으로 도입되었다. 정신적 은신처(psychic retreat)에 대한 스타이너(1993)의 책에 나타난 이러한 접근의 발달로 인해서 병리적인 성격구조에 대한 클라인학파의 분석이 확장되었고, 성격적 저항에 대한 지금－여기에서의 분석이 분명한 초점으로 도입되었다. 비온(1967a)은 극심한 퇴행을 보이는 환자의 원시적 전이(primitive transference)에 매우 높은 관심을 두었지만, '아무런 기억이나 욕구도 없이 분석하라' 는 그의 유명한 권고로 요약되는, 분석가의 권위주의적 태도에 대한 그의 연구는 또한 전통적인 클라인학파의 분석(Bion 1967b, 1970)의 해석이 지닌 단정적인 방식에 대해 암묵적인 의문을 제기했다.

클라인학파의 주류는 특히 시걸(1973, 1979, 1981, 1986), 조셉(1989), 스필리우스와 펠드만(1989)이 주도하는 집단이 대표적인데, 그들은 *Melanie Klein Today* (Spillius 1988)라는 기본 서적들을 통해서 클라인학파의 기법에서 근본적인 변화들을 제안하였다: 즉 무의식적 환상에 대한 강조는 유지되었지만, 해부학적 신체기관에 대한 관심에서 원시적 환상의 기능들에 대한 강조로 이동하였다. 해석 방식은 덜 단정적이게 되었고, 공격성, 파괴성, 시기심에 대해서도 덜 강조하게 되었고; 추측되는 막막한 수준의 불안 보다는 지금－여기에서의 지배적인 수준의 불안에 더 조율하게 되었다. 비언어적 행동과 지금 여기에서의 상호작용을 더 많이 강조함과 더불어, 전이와 역전이에 영향을 주는 투사적 동일시에 대한 관심과, 분석가가 어떤 개입을 하도록 유혹을 받는 것에 반영되는 환자의 암묵적인 기대들에 대한 관심이 증가되었다.

이러한 모든 발달로 인해서 이러한 변화에 대한 분명한 인식 없이 클라인학파의 분석은 자아심리학의 방향으로 이동이 되었다. 그럼에도 불구하고 클라인학파의 해석들은 신체적인 환상보다는 환자의 정신 기능의 현재 수준과 그들의 상징화 수준을 더 많이 다루게 되었다(Segal 1981, 1986; Spillius and Feldman 1989). 미국에서, 옥덴(1982, 1986, 1989)은 클라인학파의 접근을 소개하면서 정신병 환자들에 대한 분석적 접근에 추가되는 위니캇학파의 어떤 측면들을 추가했다.

현대 프로이트학파의 접근법

동시에, ***현대 프로이트학파***에서는, 자아심리학 전통에 있는 다양한 미국 분석가들뿐만 아니라 영국의 많은 분석가들(J. Sandler 1976, 1987; J. Sandler et al. 1992; J.

Sandler and A.-M. Sandler 1984)이 그들의 이론적 개념화와 기법적 개입에 있어서 대상관계적 관점을 포함시키기 시작했다. 위니캇의 영향을 받은 모델(1976, 1990)은 대상관계적 관점을 소개했다. 제이콥슨(1971), 컨버그(1976, 1984, 1992), 서얼즈(1979), 볼칸(1976)과 같이, 일반적으로 경계선 정신병리와 극심한 퇴행을 겪고 있는 환자들을 다루고 있는 저자들은 클라인학파와 영국 독립학파에서 나온 개념들과 기법적 접근들을 포함하면서, 원시적 방어와 대상관계에 미치는 가장 초기 내면화의 영향들에, 그리고 특히 분열(splitting) 기제들과 투사적 동일시의 임상적 함의들에 초점을 두는 대상관계적 접근을 소개했다.

J. 샌들러와 A.-M. 샌들러(1998)는 전통적 자아심리학에서 "순수한(pure)" 욕동의 파생물들을 그것들에 대한 방어들의 분석이라는 맥락에서 해석하는 것에 대해 암묵적으로 비판하면서, 무의식적 환상에는 단순히 리비도적이고 공격적인 욕동들의 파생물들이 아니라 자기와 중요한 대상들 사이의 만족을 주는 관계들에 대한 구체적인 소망들이 포함된다는 것을 강조했다. 그것들은 무의식적 환상이 자기(self)와 대상(object) 사이의 구체적인 관계에 대한 소망의 형태를 취하는데, 이것은 자기표상과 대상표상 사이의 환상화되고 소망하는 관계로 나타난다고 주장한다. 이런 관점에서 보면, 충동들과 그것들의 파생물들에 대한 표현은 한 대상에게 바라는 상호작용으로 변형되고, 기대하는 환상에는 그 개인의 기대하는 행동에 대한 대상의 반응이 포함된다. 전이에서, 환자는 중요한 대상들이 상호 보완적인 행동을 하도록 유도하는 행동을 하는 동시에 분석가의 "역할 반응성(role responsiveness)"에 무의식적으로 조화를 이루려고 한다. 분석가의 역전이는 환자의 전이 발달과 분석가의 무의식적 역할 반응성에 의해 결정되고, 전이에서 무의식적으로 환상화된 대상관계를 실현하도록 촉진시킨다. 이것은 지금-여기에서 무의식적 환상을 해석할 수 있는 강력한 도구를 분석가에게 제공한다.

J. 샌들러와 A.-M. 샌들러(1998)는 환각적인 소원성취에서의 무의식적인 환상의 가장 원시적인 현실화들과 망상 형성 사이의 연속성들과 불연속성들, 무의식적 및 의식적 백일몽의 복잡한 층들, 그리고 현실 인식에 있어서 무의식적 및 의식적 환상을 일으키는 변화에 대해 설명했다. 그들은 현대 자아심리학의 이론적 틀 안에서 "비인격적인" 구조인 자아와 "표상 세계(representational world)"(자기와 대상 그리고 이

상적 자기와 이상적 대상의 표상들로 구성된)의 차이를 명확히 하였다. 감정이 투여된 내적 대상관계들은 전이에서 활성화 된다. 이런 활성화는 자유연상 중에 떠오르는 구체적이고 환상화된 욕망들과 공포들뿐만 아니라 주로 분석의 초기 단계에서 전이 저항으로 나타나는 성격적 특성에서도 나타난다. J. 샌들러와 A.-M. 샌들러는 자기 표상들과 대상표상들의 환상화된 특정 상호작용에서 그것들을 연결시켜주는 정동(affect)의 핵심적인 중요성을 강조하면서, 원래 제이콥슨(1964)에 의해 주장된 이론적 개념화를 확대하였다.

자아심리학과 클라인학파의 임상적인 화해는 북미 독자들에게 소개된 현대 영국 클라인학파의 주요 공헌들에 대한 매우 신중하고, 비판적이지만 분명히 공감적인 연구인 *The Contemporary Kleinians of London*에서 셰이퍼(1997)에 의해서 가장 인상적으로 나타난다. 영어권 분석 공동체에서 분석 기법의 새로운 주류는 계속 발전하고 있는 것 같다.

정신분석에서 대인관계적 또는 관계적인 접근들

이 시점에서, 나는 지금까지 언급된 모든 것을 복잡하게 만드는 추가적인 관점을 소개해야만 한다. *The Analysis of the Self* (Kohut 1971)는 *Analysis of Transference* (Gill 1982; Gilland Hoffman 1982)의 1권 및 2권과 함께 전혀 다른 이론적 관점에서 시작해서 매우 다른 결론들에 이르게 되는데, 그럼에도 불구하고, 북미의 분석적 사고에서 중요한 새로운 흐름을 나타냈다. 이러한 흐름은 미국에서의 문화주의적 분석 접근과 점진적인 관계를 형성하게 되었는데, 이것은 설리반(1953)에게서 시작되어서 국제정신분석협회의 분석 공동체와 버금가는 전통으로 지속되었고, 지금은 분석에서의 ***현대 대인관계적*** 또는 ***관계적*** 접근으로 부상하고 있다. 자기심리학적, 상호주관적, 그리고 관계적 및 대인관계적 관점은 함께 영어권 분석 공동체에서 분석의 주류에 대한 주요 대안이 되고 있다(Greenberg 1991; Greenberg and Mitchell 1983; Mitchell 1988, 1997; Stolorow et al. 1983, 1987).

코헛(1971, 1977, 1984)의 자기심리학은 분석기법을 위해 중요한 의미가 있다. 자기애성 성격을 다루는 기법적 접근에 대한 로젠펠드(1964)와 나 자신(Kernberg

1984)의 의견과는 반대로, 코헛은 자기애성 병리가 정신병 및 경계선 상태와 신경증 사이의 중간에 있고, 이러한 환자들의 특정한 이상화 전이와 거울 전이에 의해 구분되는 특정 정신병리라고 주장했다. 이러한 전이들은 고태적인(archaic) 근원적 자기(rudimentary self)의 활성화를 반영한다. 그 자기의 자기애적 평형상태는 외상적으로 실패했던 과거의 자기대상들을 현재 대리하는 대상들의 관심과 인정에 의해서만 보호될 수 있다. 분석가의 과제는 과대 자기(grandiose self)의 공고화를 촉진하는 것이다. 이후에, 자존감과 자신감에 반영되었던 보다 성숙한 자기의 형태들은 그러한 초기의 토대 위에서 발달할 수 있다. 분석가는 기법적 중립성의 입장에서가 아니라 자기/자기대상 관계에서 작업해야만 하는데, 이러한 관계에서는 환자의 이상화를 허용해주고 적절한 거울반응을 촉진함으로써 치유 과정이 일어나게 된다. 분석가에 대한 이상화는 이상화된 자기대상을 자아이상(ego ideal)으로 변형적 내면화 하는 정상적인 과정을 되풀이함으로써 3중 구조의 공고화를 촉진한다.

자기심리학적 관점에서, 자기애성 정신병리는 공감적인 모성 기능의 외상적인 실패와 자기대상에 대한 이상화의 실패 때문에 발생한다. 이 때문에 발달 정체가 일어나고, 자기는 고태적인 유아적 과대자기 수준에 고착되어 구조의 완성에 필요한 이상화된 자기대상을 끊임없이 찾게 된다. 그 결과, 이러한 환자들은 그들의 욕구들과 기대들이 충족되지 않기 때문에 반복되는 극심한 외상을 경험한다. 이것은 전이에서 재활성화되고 해석을 통해서 해소되어야 한다. 이에 상응하는 분석기법은 이상화 및 거울 전이에서 분석가에 대한 자기애적 이상화가 일어나는 것이 허용되어야만 한다는 것을 암시한다. 분석가가 환자를 이해하지 못하면 환자는 초기의 상처를 재경험하게 되는데, 이것은 이러한 실망에 대해 분석가가 공감적으로 인식해주고 환자의 욕구들을 충족시켜주지 못하는 분석가의 실패에 대한 환자의 경험을 분석함으로써 탐색되어야만 한다.

분석가가 환자의 자기애적 외상화를 불가피하게 피하지 못하면, 과대자기의 일시적인 외상적 파편화, 자기애적 분노, 극심한 불안, 그리고 건강염려증을 초래한다. 외상화(traumatization)가 극심하고 회복되지 않으면, 과대성은 편집적 형태를 띠게 되고 과대자기에 대한 망상이 발달할 수 있다. 그러므로 분석가가 적절한 공감이 부족한 경우 그것이 어떻게 환자를 좌절시키게 되는지를 반드시 알아야 한다. 코헛에게 있어서 자기/자기대상 관계들은 생애 전반을 통해서 나타나는 정상적인 욕구이기 때문에 결코 완전하게 해결될 수 없다.

코헛의 이론에서 파생된 기법적 접근은 분석가의 공감 실패로 인한 잠재적으로 외상적인 영향에 대해 탐색할 때 지금-여기의 관계를 분명하게 강조하였다. 자기심리학은 무의식적 공격성의 중요성, 오이디푸스적 갈등과 유아 성욕의 중심성과 같은 고전적인 분석의 개념들을 덜 강조하고, 기법적 중립성을 거부하면서, 미국 정신분석계에서 지배적인 자아심리학적 접근에 대해 주요 도전이 되었다.

미국정신분석협회의 과학적, 전문적, 행정적인 전반적 구조 내에서 자기심리학을 "수용"하는 것(이전에 문화주의 학파를 거부한 것과는 대조적으로)이 가능했다는 사실은 북미 분석의 교육적 구조에서 자아심리학의 주도권이 종식되는 데 근본적인 영향을 미쳤다. 역설적으로, 이러한 발달로 인해서 자아심리학이 수정되는 계기가 마련되었고, 심각한 정신병리에 대한 탐구와 전오이디푸스기 병리, 원시적 대상관계, 그리고 방어기제에 대한 관련된 강조의 결과로 발달하였던 대상관계이론에 영향을 받았다.

지난 30년 동안 이러한 개방의 한 부분으로서, 그리고 미국정신분석협회에서의 자기심리학과 신-코헛학파의 공헌들의 결합과 병행해서, 정상적 및 병리적 분리-개별화에 대한 발달적 분석에 대한 말러의 근본적인 공헌들(Mahler and Furer 1968; Mahler et al. 1975)과 그것들이 경계선 상태의 치료에 대해 갖는 함의가 일반적으로 받아들여지게 되었고, 자아심리학과 대상관계이론을 통합하기 위한 나의 노력들에 대한 논란도 잦아들게 되었다. 이와는 별도로, 뢰발트(1960, 1980)는 정신분석 과정에 대한 그의 탐구에 대상관계적 관점을 도입했다.

동시에, 자기심리학이 초기 결핍의 중요성을 강조한다는 점에서—무의식적 갈등들을 일반적인 병인(病因)으로 강조하는 것과 대조적으로— 폭넓은 스펙트럼의 저자들은 심각한 정신병리에서의 초기 결핍들이 분석적 기법과 그것의 수정에 위해 가지는 의미들을 탐구했다. 동시에, 옥덴(1982, 1986, 1989)은 심한 정신병리가 있는 환자의 치료에 영국 독립학파와 클라인학파의 접근을 적용하였고, "투사적 동일시"에 대한 초점은 더 이상 "반미(anti-American)" 활동의 신호가 아니었다.

정신분석적 "주류적" 관점에서의 수정들

전통적인 자아심리학을 토대로 시작한 길과 호프먼(Gill 1982, 1994; Gill and Hoffman 1982)은 분석 상황에 대한 그들의 경험적 연구에 비추어서 수정을 했고, 분미 분석가들의 사고에 있어서 이론적이고 기법적인 변화를 이끌었다. 전통적인 자아심리학에서 전이 분석에 대해 신중하게 접근하는 것과는 대조적으로, 길(Gill)은 전이 현상이 흔히 치료 초기부터 흔히 나타나고, 아주 처음부터 전이 분석을 하는 것이 중요하다고 강조했다. 게다가 길은 전통적인 자아심리학이 전이의 개념을 "환자의 과거로 인한 현재의 왜곡" 이라고 일컫는 것을 강하게 의심하면서, "전이란 항상 과거와 현재의 혼합물이고, 전이는 즉각적인 분석 상황에서 환자가 할 수 있는 가장 그럴듯한 반응이다"(Gill 1982, p. 177)라고 주장했다.

> 이러한 관점은 분석가가 필연적으로 단순한 관찰자이기 보다는 참여적 관찰자(설리반의 용어)라는 입장으로의 전환을 의미한다. 그것은 또한 분석 상황의 현실을 분석가에 의해 객관적으로 규정할 수 있는 것으로 보던 것에서 분석 상황을 그 상황이 환자에 의해 경험되는 방식에 대한 점진적인 설명에 의해 규정되는 것으로 보는 것으로 관점이 변하는 것을 의미한다. (Gill 1982, p. 177)

간략하게 말하자면, 전이는 환자와 분석가 사이에서 이뤄지는 상호작용의 결과이다. 그래서 길은 분석가의 입장에서 정직한 자기반성이 중요하다고 강조했다. 이것은 분석가의 견해를 분석가의 해석 기능의 일부로 권위주의적으로 적용하는 것에 대해 강하지만 암묵적으로 비판한 것이다. 길은 분석가들이 분석상황을 객관적으로 연구할 수 없고, 앞서 언급했듯이 분석가가 현실을 보는 관점은 "그 상황이 환자에 의해 경험되는 방식에 대한 점진적인 설명"에 의해 규정되어야만 한다고 제안하고 있다.

전이에 대한 이러한 "구성주의적(constructivist)" 관점은 대다수의 미국 자아심리학과 모든 영국 학파들의 "객관주의적(objectivist)" 관점과 대조를 이룬다. 이는 환자의 무의식적 환상의 재현에 제한하지 않고 지금-여기에서 환자와의 상호작용의 현실적인 측면들이라는 점에서 이러한 상호작용에 대한 분석가의 관심에 초점은 둔다. 그것은 "1인 심리학"에서 "2인 심리학"으로의, 그리고 환자와 분석가의 실제적인 의식적 및 무의식적 상호작용에 대해 분석적 노력의 주요 초점으로 강조하는 것으로의 분명한 전환을 나타낸다. 그것은 또한 은연중에 환자의 주관적인 경험을 중요하게 보는 전이 및 역전이 분석을 강조한다.

이러한 구성주의적 관점은 앳우드와 스톨로오우(Atwood and Stolorow 1984; Stolorow 1984, 1992; Stolorow and Atwood 1979; Stolorow and Lachmann 1980; Stolorow et al. 1983, 1987)의 상호주관적 접근에서 더욱 발달되었고, 그린버그와 미첼(1983)의 대인관계적 또는 관계적 접근과 이론적이고 기법적인 관계를 구축하였다. ***자기심리학적-상호주관적-대인관계적 틀*** 안에서 폭넓은 스펙트럼의 분석적 접근들이 미국에서 발달했다(Bacal 1990; Levenson 1972, 1983, 1991; Mitchell 1988, 1993; Mitchell and Aron 1999; Mitchell and Black 1995). 임상적 수준에서, 자기심리학은 분석적 치료의 주요 모체로서 자기/자기대상 전이를 중요시 하게 되면서 내가 앞서 언급한 학파들(전통적인 자아심리학, 클라인학파, 독립학파, 그리고 현대 주류 분석학파)의 특징인 기법적 중립성으로부터 멀어지게 된다.

자기대상의 기능들을 제공하는 틀 안에서 분석하는, 후기-코헛학파의 자기심리학은 정서적인 조율을 기본적인 태도로 강조하게 되었다. 이것은 환자의 주관성과 분석가의 주관성 사이의 상호작용을 통해서 형성되는 상호주관적 현실에 대해 인식하면서 분석가가 환자의 경험에 공감적이고, 주관적으로 몰입하는 것에 비추어서 환자가 자신의 주관성을 명확히 하도록 도와준다(Schwaber 1983). 분석가의 자기대상 기능은 환자의 정서적 경험을 명료화함에 있어서 자신의 해석적인 기능으로 바뀌게 된다. 분석가가 변화하는 환자의 주관적인 경험에 지속적으로 공감해주고 몰입하는 것을 이렇듯 강조함으로써 정신병리의 결핍 모델과 갈등 모델은 결합될 수 있다. 이러한 접근은 분석가의 "반(反)-권위주의적"인 태도를 강조하고, 분석가의 주관성이 가진 특권적인 특성에 대해 문제를 제기하고, 분석가의 기법적 중립성과 익명성에 문제를 제기한다.

과거의 결핍들, 환자의 고태적 자기(archaic self)에 대한 과도한 자극이나 과소한 자극, 그리고 부모의 위로가 없었거나 부족했던 경험(자아 발달에서 필연적인 취약성을 나타내게 되는)을 보상해주는 데 있어서 분석가의 역할을 강조하는 것은 자기심리학의 관점으로부터 나온 것이지만, 이것 또한 분리-개별화에서 발생된 결핍과 갈등에 초점을 둔 유아-어머니 관계모델에서 기원한 것이기도 하다.

설리반(1953)의 공헌에서 유래한 문화주의적 분석으로부터 생겨난 대인관계적 관점은 자기의 발달을 대인관계 경험과 밀접하게 연결되어 있는 것으로 강조한다. 이러한 견해에서, 정신적 삶은 과거의 무의식적 갈등들에서 파생되었던 고정적인 구조들에 의해 결정되기 보다는 과거뿐만 아니라 새로운 관계에 의해 지속적으로 수정되기 때문에, 성격 발달은 본질적으로 대인관계 영역과 연관이 있다. 성격을 욕동들과 그것들에 대한 방어들 사이의 갈등들을 드러내는 것이라기보다는 관계적인 모체에서 발달하는 것으로 보는 이러한 개념은 환자와 분석가 사이의 상호주관적 영역에 초점을 둔다. 환자는 충분히 탐색되고 해석적으로 수정된, 이러한 새로운 관계적 모체를 통해서 이러한 새로운 정서적인 대인관계 경험을 통합함으로써 정서적인 성장을 가져올 수 있다.

분석적 관점의 전반적인 전환으로 인해서 전이 왜곡과 전이 왜곡의 근원을 지닌 환자를 만날 때 분석가가 갖는 주관성에 대한 전통적이고, 객관주의적인 관점에 대해 문제 제기가 되었다. 구성주의 모델에서, 분석 상황에서 나타나는 새로운 정서적 관계 발달을 탐색하는 것은 환자와 분석가의 상호 이해의 기본적인 자료이고, 환자가 정서적 경험을 통합하는 것은 중요한 치료 요인으로 이해된다. 게다가 환자의 특권적인 주관성을 강조한 결과로 전이의 공격적 측면에 대한 해석과는 멀어지는 되었다. 만약 공격성이 환자와 분석가 상호작용에서의 긍정적 인 관계의 좌절과 공감적 조율의 실패로 인한 것이라면, 그것은 환자의 심리내적인 갈등보다는 그러한 상실로 거슬러 올라갈 수 있다.

몇몇 저자들은 자기심리학을 부분적인 대상관계이론으로서 관계적 모체의 긍정적이고 성장을 촉진하는 측면들에 초점을 두고, 반드시 부정적 대상관계의 내사(introjection)를 고려하는 것과 상충하는 것은 아니라고 본다. 이러한 대상관계적이고 상호주관적인 모든 접근의 마지막 특징은 성욕과 오이디푸스 콤플렉스를 상대적으로 덜 강조하면서, 초기 어머니-유아관계와 분리-개별화 시기의 외상을 중요하게 생각한다.

정신분석의 주류가 일반적으로 통합이 되면서, 영국분석학회의 3가지 전통적인 흐름이 점진적으로 더욱 가까워지게 되었는데, 내 경험으로는 영국 분석가들의 임상 발표를 들을 때 현대 클라인학파의 배경, 독립학파의 배경, 혹은 현대 프로이트학파의 배경을 구별하는 것은 더 이상 쉽지 않을 정도이다. 미국에서는, 전통적인 자아심리학의 접근은 블럼(1979, 1980, 1985), 제이콥스(1991), 레비와 인더비찐(1990), 파인(1990), 그리고 특히 부시(1995)와 그레이(1994)와 같은 현대 프로이트 학파의 중요한 공헌자들의 저작에서 그것의 상대적인 독특성을 유지했다. 사실, 부시와 그레이는 미국에서 현대 프로이트학파적 접근의 발전에 공헌한 뛰어난 대표 주자로 인정되며, 상대적으로 고전적인 자아심리학의 기법적 접근을 유지하고 있지만 저항 분석에서는 중요한 변화를 꾀하고 있다.

전통적인 자아심리학적 접근—각 단계에서 무의식적 욕동의 파생물들을 보호하는 방어층들 (결국 무의식적 욕동의 파생물들의 더욱 깊은 측면들에 대한 방어 작용으로 통합되는)을 단계별로 찾아내면서, 환자의 자료를 자아의 관점에서 그리고 표층에서 심층으로 분석하는 것—은 점차 분석 상황에서의 환자의 기능과 이러한 기능 방식이 나타났던 외적 현실의 의식적 및 전의식적 측면들을 더 많이 강조하게 되었다. 임상적인 저항으로서 방어 구조가 나타나는 것에 대해 초점을 두는 것은 흔히 무의식적 환상과 동기를 드러내려는 분석가의 노력에 대해 무의식적으로 반대하려는 저항에 대한 분석으로 이어졌다. 이러한 상황에서 "저항 분석"이라는 것은 분석가의 편에서는 준권위주의적(quasi-authoritarian) 태도를 의미하는데, 분석가는 환자에게 그가 해석적인 노력들에 "저항하고 있다"고 지적했다. 엄밀히 말하자면, 이러한 관점은 페니켈(1941)과 그린슨(1967)의 저서에의 미묘한 함의들을 정당하게 다루지 못했다. 그러나 실제에서 "저항 극복(overcoming of resistance)"은 흔히 자아심리학의 기법을 치료 상황에서 잠재적으로 반대되는 입장에 이르게 한다.

이러한 전통에 반대해서, 그레이(1994)와 그를 따랐던 부시(1995)는 분석가가 생각하기에 무의식적으로 방어적인 목적을 갖고 있는 기능 방식의 전의식적인 이유들에 초점을 두면서 환자가 저항하는 동기를 분석하는 것이 중요함을 강조했다. 은연중에, 환자가 사용하는 방어기제의 이유를 탐색하면 그것은 전이에서 활성화되는 기저의 대상관계로 이어지고, 저항에 대한 "극복"이 없더라도 방어기제가 해소되었다. 부시는 자신의 접근방식이 심각한 자아왜곡이 표준 분석기법을 방해하는, 심한 성격장애를 가진 환자의 분석 작업에 유용할 수 있고, 자유연상보다는 행동으로 나타나는 환자의 표현이 그러한 행동들의 목적들과 방어적인 기능이라는 측면에서 탐색될 수 있고, 그것은 점진적으로 환자의 자아가 기저의 두려움과 환상에 대해 성찰하는 데 도움이 될 수 있다고 제안했다.

미국에서 "순수" 자아심리학적 접근의 가장 급진적인 표현—분석적 주류의 통합적인 움직임과 대조적으로—은 다음과 같은 브렌너(1998)의 제안에 의해 나타났다: 환자의 심리내적인 삶의 모든 상호구조적인 측면들을 고려하려고 하지마라; 3중 구조(프랑스 분석학에서 "두 번째 화두(second topic)"로 불리는)를 무시하라; 그리고 욕동, 무의식적 갈등, 그리고 욕동의 파생물들과 방어 기능들 사이의 타협형성에만 집중하라.

우리는 자아심리학에서의 이러한 최소주의적(minimalist) 발달과 레닉(1993, 1995, 1996, 1998a, 1998b, 1999)의 저서들에서 나타나는 상호주관적 접근의 가장 급진적인 표현을 비교함으로써 미국에서의 기법적인 분석적 접근들의 다양한 최근의 발달에 대해서 설명할 수 있다. 레닉은 분석가의 역전이 측면들을 환자와 선택적으로 소통함으로써, 환자가 분석가에게 어떻게 지각되는지를 환자가 인식하도록 하고, 환자의 성격이 그들의 상호작용에 어떤 영향을 미치는지 선택적으로 소통함으로써 전이와 역전이의 상호주관적인 측면들에 대한 분석을 촉진시키라고 제안한다. 또한 레닉이 제안한 기법은 해석에 대해 반권위주의적 태도가 바람직함을 강조했다.

소위 주류적 접근과 상호주관적 접근이라고 하는 영어권 정신분석 기법의 두 가지 큰 흐름을 요약하기에 앞서, 개인 분석가들의 자기만의 독특한 접근법이 두 가지의 조류 중 어느 한쪽에만 온전히 포함될 수 없다고 하는 것에는 그만한 이유가 있다. 저자들마다 큰 차이점이 있지만 넓은 관점에서 내가 제시하는 계열에 따라 정리를 할 수 있다. 그러나 그러한 요약이 특별한 구별을 반드시 정당화하는 것은 아니겠지만, 이 시점에 정신분석이 영어권 공동체에서 어떻게 발전하고 있는가에 대한 전반적인 개관을 제공해 준다.

영어권 정신분석 주류의 두 가지 주요 흐름의 특징

현대 정신분석 주류의 특징은 다음과 같다.

- 전이에 대한 초기적이고 체계적인 해석. 여기에는 클라인학파(Joseph 1989; Spillius 1988)의 "전체적 전이(total transference)", J. 샌들러와 A.-M. 샌들러의 "현재 무의식(present unconscious)", 자아심리학의 관점에서 전이의 발달, 인식 및 정교화에 대한 발달에 대한 길(1982)의 저항 분석이 포함된다.
- 분석 작업의 지속적인 측면인 전이 해석에서 역전이 분석과 그것의 사용을 중심적으로 강조함. 여기에는 환자에 대한 분석가의 모든 정서적 반응들로 구성되는, 역전이에 대한 최근의 "전체적(totalistic)" 개념이 포함된다.
- 굳이 명명하자면, 체계적인 성격 분석. 암묵적인 무의식적 대상관계를 반영하는 성격 방어기제들인 전이 저항에 대한 분석은 자아심리학적 접근(Busch[1995]와 Gray[1994]의 저서에 반영된), 클라인학파적 접근("병리적 조직"에 대한 분석으로서[Steiner 1993]), 그리고 독립학파의 병리적 관계 패턴에서 나타나고 있다. 자유연상 분석에 대한 크리스(1996)의 자아심리학적 공헌들은 또한 성격에 의해 결정되는 자유연상의 왜곡을 매우 강조하였다.
- 지금-여기에서의 무의식적 의미에 대한 강조와 함께, 자아심리학에서 표층으로부터 심층에 이르는 전이 해석의 일부분인, 전이 및 역전이 발달에서의 무의식적인 실연(enactments)에 대한 초점. 저항은 단순히 비인격적인 기제가 아니라 대상관계로서 이해된다. 이것은 환자의 환상을 해부하는 것과는 대조되는, 기능들에 대한 클라인학파의 초점, 그리고 "전체적 전이(total transference)"에 대한 분석과 일치한다(Joseph 1989; Spillius 1988).
- 정서적 우위성(affective dominance)에 대한 강조. 이것은 독립학파들이 처음 강조하였던 것이지만 지금은 현대 프로이트학파와 현대 클라인학파 모두에서 필수적인 것으로 고려되고 있다.
- 내면화된 대상관계 모델의 우위성. 자아심리학의 보루인 브렌너(1998)조차도 기법에 대한 최근 논문에서 3중 구조 모델에 대한 초점을 포기했다.
- 기법적 중립성. 분석가의 우려되는 객관성에 대한 강조를 분명하게 포기하는 자기심리학과는 대조적으로, 그리고 상호주관성 학파의 2인(two-person) 모델

과는 반대로, 현대 정신분석의 주류는 줄곧 "3인(three-person)" 모델을 암묵적으로 강조함으로써 그러한 객관성에 엄밀하게 초점을 둔다. 이러한 3인 모델은 분석가의 이중 기능을 강조하고 있다. 한편으로는 전이-역전이의 관계에 몰입하고, 다른 한편으로는 객관적 거리를 유지한다. 그러한 기능으로부터 환자가 내적 대상관계를 실연하는 것에 대한 관찰과 해석이 이뤄질 수 있다. 자아심리학에서 강조되지만 다른 접근들에도 내포된 관련 개념은 치료적 동맹 혹은 환자와 분석가 사이의 갈등이 없는 관계이다. 데세르노(1990)가 지적했듯이 이러한 치료적 동맹 혹은 관계는 상대적인 개념이다. 한쪽 극단에서는, 환자와 분석가 사이의 관례화된 동의의 위험에서 벗어나지 못하는데, 이는 문화적 편견에 대한 공동의 맹점을 의미한다. 또 다른 극단에서는, 전이가 과도한 퇴행으로 생각되고 기법적 중립성의 입장에서 그것에 대한 객관적인 접근의 가능성이 부정된다.

- 역동적 무의식으로 이어지는 방어 형성의 다중적인 표층들을 전제한다는 의미에서 무의식으로 가는 "왕도들(royal roads)"의 다중성에 대한, 그리고 정서적 우위성은 자료의 다양한 측면들(기억, 꿈, 행동화, 환상 등등)-구체적인 상황에서 무의식으로 가는 왕도가 되는-을 지적하고 있다는 사실에 대한 강조.
- 단정적인 방식의 해석을 주입하는 것을 피하고, 분석가의 잠정적인 해석의 도움으로 무의식적인 의미들을 탐색함에 있어서 환자가 적극적인 역할을 하는 것에 대한 강조.
- 선형적 발달 모델에 대한 문제 제기가 많아지는데, 다양한 발달 수준에서 생겨나고 응축된 경험들은 단지 점진적으로 각기 다른 역사적 사건들로 구분되고 분리될 수 있는 경험 혹은 행동의 압축된 모체로 나타나기 때문이다. 이러한 기법적 발달은 프랑스 정신분석의 간접적인 영향이라고 보아도 무방하다.

상호주관성-대인관계-자기심리학 학파의 기법적 접근들의 특징들은 다음과 같다.

- 전이에 대한 "구성주의적" 견해는 전통적인 객관주의적 견해와는 대조적이다. 전이는 타협형성이고, 분석가의 주관적 개입은 불가피하기 때문에 전이의 객관

성을 의심해보는 것은 정당하다. 이런 관점에서, 전이는 역전이와 연결해서 발달하고, 이것은 분석가와 환자가 함께 만드는 영향들의 혼합물이다. 전이 분석은 환자-분석가 관계의 상호주관적 구조를 함께 이해해가는 과정에 대한 구성이고, 환자와 분석가는 모두 이러한 관계에 대한 이해와 해석에서 무의식적 요소들의 영향을 받아들여야만 한다.

- 기법적 중립성은 환상이자 분석가의 권위주의적 위상의 표현으로서 거부되었다. 치료를 하는 동안, 분석가는 환자에 의해 모든 해답을 갖고 있는 것으로 인식되며, 그러한 위상으로 쉽게 유혹받을 수 있다. 분석가의 자기/자기대상 위상에서, 기법적 중립성은 정상적 인 자기의 공고화에 미치는 잠재적으로 외상적이고 파괴적인 영향으로서 분명하게 제외된다. 공감적인 방향감각은 분석가의 태도에서 중심이 된다. 분석가의 "익명성"은 위장된 권위의 위상을 나타내는 것이고, 분석될 수 없는 이상화를 유지시킨다.
- 초기 발달에 대한 결핍 모델은 명시적 혹은 암시적으로 인정된다. 초기 애착관계 혹은 양육 대상의 헌신적인 사랑의 실패, 혹은 환자의 초기 유아기나 아동기 의존 욕구들을 채워주지 못하는 양육자의 다른 실패라는 의미에서, 불안정 애착과 외상성 전이 경향을 초래한다. 저항들은 실제로 작은 상처를 받는 경험이고, 분석가는 치료 상황에서의 충분한 자극이 과도하거나 부족할 수 있는 가능성을 환자의 외상적인 경험으로서 고려해야만 한다. 자기는 계속적으로 수정되고 새롭게 상처를 받는 관계 모체 속에서 발달하고, 전이에서는 그러한 경험들이 반복되고, 초점은 환자의 주관성과 그것의 특권적인 위치에 맞춰진다.
- 공격성은 욕동으로 이해되지 않거나 덜 강조된다. 이러한 접근을 하는 많은 저자들은 공격성을 초기 유아-어머니 관계의 실패의 결과라고 본다. 자기심리학자들은 일반적으로 전이에서 나타나는 공격성은 분석가의 공감 실패 때문에 나타난다고 해석한다. 또한 원시적인 성욕이 욕동으로서 강조되지도 않는다; 때로는 가학피학성 변태성욕은 불안정 애착관계의 결과로 생각된다. 여기서, 대상관계이론은 욕동이론과 반대되는 것으로 인식된다.
- 치료는 새로운 대상관계로 이해된다. 이러한 관계 안에서는 분석가의 실제 성격이 해석 작업만큼이나 중요하다. 어떤 상황에서는, 역전이의 소통이 환자를 위

해서 중요하거나 근본이 되는 치료적 가치에 대한 새로운 경험을 촉진시킨다.

프랑스 정신분석의 접근법

나는 앞서 차별화된 기법적 접근에 따라 현대 정신분석의 세 번째 흐름으로 ***프랑스 정신분석의 접근법***을 언급했다. 이 시점에서, 이러한 접근을 간략하게 요약하는 것이 도움이 될 수 있다. 왜냐하면 내가 생각하기에 이러한 접근이 분명히 다른 분석적 기법의 대안을 제시하고, 영어권 정신분석 공동체를 더욱 풍성하게 할 수 있는 외부적인 관점을 제공해주기 때문이다. 여기에서 나는 ***프랑스적 접근***(*French approach*)이라는 용어를 제3자의 관점에서 국제정신분석협회에 포함된 프랑스어권 분석 학회들 및 기관들의 공동된 것으로 보이는 특성들에 대해서 사용하고 있다. 이것은 프랑스의 주류라고 생각하는 것에 깊은 흔적들을 남겼던 라캉학파적 접근과는 대조가 된다(De Mijollaand De Mijolla-Mellor 1996; Green 1986, 1993; Laplanche 1987; Laplanche et al. 1992; LeGuen 1974, 1982, 1989; Oliner 1988).

이러한 단서조항들을 달고, 나는 영어권 주류 학파와 상호주관적 접근 모두와 대조를 이루는 프랑스 주류의 주요 기법적인 특징들을 아래와 같이 요약하려고 한다:

- 실제 분석에서 고도로 개별화되고, 주관적이고, 심지어 예술적인 측면들을 강조하기 위해 분석적 ***방법***(*method*)과는 대비되는 ***기법***(*technique*)이라는 개념에 대해서는 전반적으로 반대한다.
- 무의식적 의미들이 은유(metaphor)나 환유(metonymy)-다른 말로 하면, 상징적인 응축이나 전치-로서 표현될 수 있는 교점(交點)을 찾는 것을 포함해서, 분석적 의사소통에서 언어적 측면에 대한 강조. 전제는 무의식적인 영향들이 언어적 왜곡의 상징적인 의미를 결정하고, 무의식적 갈등들을 평가하는 전용도로(privileged road)가 된다는 것이다. 아주 최근에는, 언어로 표현되는 상징적인 의미들의 정서적인 함의들이 강조되고 있다.
- 전이에 대해서 지속적이고, 섬세하게 관찰하지만 체계적인 해석은 하지 않는다. 오히려 지나친 해석적 개입에 의해 전이가 권위주의적으로 왜곡되는 것을 피하

기 위해서 단속적(斷續的)이고 신중한 해석이 추구된다.

- 자아의 저항들에 특별한 관심을 두기 보다는 제쳐 놓는다. 이것들은 무의식적 환상을 보호하려고 하는 유혹적인 자아 기능들을 나타낸다. 이러한 맥락에서, 지적인 설명들은 조심스럽게 피해야 한다.
- 연상을 불러일으키면서도 덜 충분한 해석들을 통해서 환자의 전의식을 다루면서, 깊고, 상징화되고, 무의식적인 갈등에 대한 직접적인 해석. 그러한 연상을 불러일으키는 해석(evocative interpretation)은 환자의 무의식을 간접적으로 다루는 것으로 이해된다: 전의식적 자료에 대한 효과적인 해석은 무의식적인 공명을 유발한다.
- 환자의 전의식적 환상과 역전이를 함께 고려함으로써 한가지의 통합된 표현으로 신체화와 비언어적 행위(enactments)를 동시에 고려한다. 만약 환자의 행동이 자신의 이야기와 연결되지 않는다면, 그것은 해석되지 않는다.
- 일상적인 삶의 현실과 관련된 환자의 무의식적인 구성들에 유혹되지 않도록 노력하기. 외부 현실에 대한 과도한 고려는 분석을 치료로 변형시킬 위험이 있다.
- 무의식적 갈등의 전상징적(presymbolic)인 정신신체적 표현에 대한 직접적인 해석. 이것은 피에르 마티(1980)학파의 특별한 접근이다.
- 분석가가 당연히 지식의 주체가 된다는 환자의 기대에 대한 분석. 다른 말로 하면, 환자의 거세 불안의 가장 깊은 측면으로부터 환자를 보호해주는 것으로 생각되는, 이상화된 오이디푸스적 아버지의 상징적 기능이 분석된다.
- 고태적인 성욕(archaic sexuality), 전오이디푸스기의 공생적인 유아-어머니 관계에서 발달하는 오이디푸스 콤플렉스의 고태적인 측면들에 대한 강조. 아버지는 항상 어머니의 마음속에 존재한다는 점에서, 전오이디푸스적 관계들은 항상 오이디푸스적 갈등에 대한 저항들로 인식된다. 이러한 접근은 거세 불안의 역할에 대해 충분히 고려한다는 것을 의미한다.
- 발달의 기원의 선형적 개념에 대한 반대. 여기에는 ***사후작용***, 즉 보다 초기의 경험을 회고적으로 수정하는 것에 대한 강조가 수반된다. 여기에는 정신적 외상의 2단계 모델이 포함되는데, 이것은 후기의 경험들이 초기의 경험들을 외상적인 방향으로 수정할 수 있다. 그리고/또는 상징화될 수 없었던 경험이 이차적으로 통합

된 후에야 그러한 경험은 정신적 외상의 의미를 갖게 된다는 것을 의미한다. 다른 시간대에 이뤄진 다른 정신적 경험들이 공시적 표현(synchronic expression)으로 응축된 것에 대한 분석에 초점이 있고, 통시적(diachronic), 내러티브적 발달-전이에서 동시적 표현들과 통시적 표현들 사이의 오고감을 반복하는-이 강조된다.

- 해석의 "진보적인" 방향을 취하는데, 이는 해석적 개입들의 한 측면으로서 오이디푸스 콤플렉스의 미래-지향적인 설명을 의미한다. 해석은 진실을 입증하기 위해서라기보다는 길을 열어주기 위해서 이뤄진다.
- 어머니의 수수께끼 같은 메시지들에서 파생된, 가장 초기의 전이들의 최소한 토대를 받아들인다. 이러한 메시지들은 유아에 대한 어머니의 무의식적인 에로틱한 투자를 반영하며, 이것들은 고태적인 오이디푸스 콤플렉스를 나타내는, 초기 유아의 무의식적 환상의 발달에서 회고적으로 해석될 것이다. 이러한 전이들은 해석될 수 있지만, 분석가로부터 주어지는 수수께끼 같은 메시지들에 대한 경험의 최종적이고 무의식적인 반복, 즉 "무의식"에서 "무의식"으로의 전달은 존중되어야만 한다(이것은 Laplanche의 저서[1987]에서 강조된다).
- 마지막으로, 그리고 아주 근본적으로, 전의식적 환상에 대한 분석과, 그러한 전의식적 환상에 대한 능력의 발달에 기초한 분석 능력을 강조한다. 이것은 심리 영역에서 일어나는 심리적 경험을 견디지 못하는 무능력과, 그것이 신체화나 행동화로 표현되는 것과는 대조를 이룬다. 그러므로 심리내적인 경험을 견뎌낼 수 있는 환자의 능력이 제한된 경우에는 행동화와 정신신체화 표현을 전의식적 환상으로 다시 변형시키는 것이 중요한 기법적 목표가 된다. 이것이 마티(1980)와 그린(1986)이 제시했던 중점이다.

위에서 기술한 프랑스의 정신분석적 접근은 영어권의 분석적 주류의 관점과 상호주관적 관점 두 가지 모두에 대한 비판을 내포한다. 프랑스적 접근은 의식적인 자료와 현실적인 삶의 환경을 명료화하는 데에만 관심을 둔 자아심리학의 피상성이 가진 위험성을 말한다. 불어권 저자들은 체계적인 전이 분석을 수단으로 하는, 환자들에 대한 인지적 세뇌와 이러한 체계적인 전이 분석의 결과로 나타나는 역전이의 행동화에 대해 우려할 것이다. 프랑스적 접근은 영어권 학파에서 초기 성욕과 고태적인 오이디푸스 콤플렉스가 무시되는 것에 대해 비판적이고, 프랑스적 접근은 특히 상호주관성을 역전이를 무의식적으로 행동화 하는 결과와 함께, 피상적인 대인관계, 프로이트의 욕동이론의 부정, 그리고 분석가가 자신을 이상적인 모델로 제시할 때 일어나는 암묵적인 지지적 심리치료적 개입으로의 유혹이라고 비판한다.

결론

나는 영어권 정신분석가들의 정신분석적 기법에 대한 3가지 주요 접근의 발달에 대해 기술하고, 지난 30년 동안의 상호 교류가 그것들에 어떻게 영향을 미쳤는가를 보여주려고 했다. 이 3가지 관점을 프랑스적 주류와 대조하면서, 나는 각각의 관점이 결점을 갖거나 또는 불완전할 수 있음을 제시하였다. 이전에 뜨겁게 방어되었던 차이점들에 대한 상호 수정으로의 흐름이 지속된다면, 우리는 조만간 프랑스 학파와 영어권 학파에서 어느 정도의 융합을 기대할 수 있을 것이다.

참고문헌

Atwood G, Stolorow R: Structures of Subjectivity: Explorations in Psychoanalytic Phenomenology. Hillsdale, NJ, Analytic Press, 1984

Bacal H: Does an object relations theory exist in self-psychology? Psychoanalytic Inquiry 10:197–220, 1990

Balint M: The Basic Fault: Therapeutic Aspects of Regression. London, Tavistock, 1968

Bion WR: Second thoughts, in Selected Papers on Psychoanalysis. New York, Basic Books, 1967a

Bion WR: Notes on memory and desire. Psychoanalytic Forum 2:272–273; 279–280, 1967b

Bion WR: Attention and Interpretation. London, Heinemann, 1970

Blum HP (ed): Psychoanalytic technique and theory of therapy. J Am Psychoanal

Assoc 27(suppl):41–70, 1979
Blum HP (ed): Psychoanalytic Explorations of Technique. New York, International Universities Press, 1980
Blum HP (ed): Defense and Resistance: Historical Perspective and Current Concepts. New York, International Universities Press, 1985
Brenner C: Psychoanalytic Technique and Psychic Conflict. New York, International Universities Press, 1976
Brenner C: "Beyond the Ego and the Id" revisited. J Clin Psychoanal 71:165–180, 1998
Busch F: The Ego at the Center of Clinical Technique. Northvale, NJ, Jason Aronson, 1995
De Mijolla A, De Mijolla-Mellor S: Psychanalyse. Paris, Presses Universitaires de France, 1996
Deserno H:. Die Analyse und das Arbeitsbundnis. Eine Kritik des Arbeitsb dniskonzepts. Munich and Vienna, Verlag Internationale Psychoanalyse, 1990
Fairbairn WRD: An Object-Relations Theory of the Personality. New York, Basic Books, 1954
Fenichel O: Problems of Psychoanalytic Technique. New York, Psychoanalytic Quarterly, 1941
Gill M: Analysis of Transference: Theory and Technique, Vol I. Madison, CT/ New York, International Universities Press, 1982
Gill M: Psychoanalysis in Transition. A Personal View. Hillsdale, NJ, Analytic Press, 1994
Gill M, Hoffman IZ: Analysis of Transference, Vol II. New York, International Universities Press, 1982
Gray P: The Ego and Analysis of Defense. Northvale, NJ, Jason Aronson, 1994
Green A: On Private Madness. London, Hogarth Press, 1986
Green A: Le travail du n atif. Paris, Les Editions de Minuit, 1993
Greenberg J: Oedipus and Beyond. Cambridge, MA, Harvard University Press, 1991
Greenberg JR, Mitchell SA: Object Relations in Psychoanalytic Theory. Cambridge, MA, Harvard University Press, 1983
Greenson R: The Technique and Practice of Psychoanalysis, Vol I. New York, International Universities Press, 1967
Jacobs T: The Use of the Self: Countertransference and Communication in the Analytic Situation. Madison, CT, International Universities Press, 1991
Jacobson E: The Self and the Object World. New York, International Universities Press, 1964

Jacobson E: Depression. New York, International Universities Press, 1971 Joseph B: Psychic Equilibrium and Psychic Change. London/New York, Tavistock/Routledge, 1989

Kernberg O: Object Relations Theory and Clinical Psychoanalysis. New York, Jason Aronson, 1976

Kernberg O: Severe Personality Disorders: Psychotherapeutic Strategies. New Haven, CT, Yale University Press, 1984

Kernberg O: Aggression in Personality Disorders and Perversion. New Haven, CT, Yale University Press, 1992

King P, Steiner R: The Freud-Klein Controversies, 1941-45. London/New York, Tavistock/Routledge, 1991

Klein M: The Oedipus complex in the light of early anxieties (1945), in Contributions to Psychoanalysis, 1921-1945. London, Hogarth Press, 1948, pp 339-390

Klein M: Notes on some schizoid mechanisms (1946a), in Developments in Psycho-Analysis. Edited by Riviere J. London, Hogarth, 1952, pp 292-320

Klein M: Notes on some schizoid mechanisms. Int J Psychoanal 27:99-110, 1946b

Klein M: The origins of transference. Int J Psychoanal 33:433-438, 1952

Klein M: Envy and Gratitude. New York, Basic Books, 1957

Kohon G: The British School of Psychoanalysis—The Independent Tradition. London, Free Association Books, 1986

Kohut H: The Analysis of the Self. New York, International Universities Press, 1971

Kohut H: The Restoration of the Self. New York, International Universities Press, 1977

Kohut H: How Does Analysis Cure? Edited by Goldberg A, Stepansky P. Chicago, IL, University of Chicago Press, 1984

Kris A: Free Association. Hillsdale, NJ, Analytic Press, 1996

Laplanche J: Nouveaux fondements pour la psychanalyse. Paris, Presses Universitaires de France, 1987

Laplanche J, Fletcher J, Stanton M (eds): Seduction, Translation, Drives. London, Psychoanalytic Forum, Institute of Contemporary Arts, 1992

LeGuen C: L' Oedipe originaire. Paris, Payot, 1974

LeGuen C: Practique de la méthode psychoanalytique. Paris, Presses Universitaires de France, 1982

LeGuen C: Théorie de la méthode psychoanalytique. Paris, Presses Universitaires de France, 1989

Levenson E: The Fallacy of Understanding. New York, Basic Books, 1972

Levenson E: The Ambiguity of Change: An Inquiry into the Nature of Psychoanalytic Reality. New York, Basic Books, 1983

Levenson E: The Purloined Self. New York, William Alanson White Institute, 1991

Levy ST, Inderbitzin LB: The analytic surface and theory of technique. J Am Psychoanal Assoc 38:371–392, 1990

Little M: Countertransference and the patient's response to it. Int J Psychoanal 32:32–40, 1951

Loewald H: On the therapeutic action of psychoanalysis. Int J Psychoanal 58:463–472, 1960

Loewald H: Papers on Psychoanalysis. New Haven, Yale University Press, 1980

Mahler M, Furer M: On Human Symbiosis and the Vicissitudes of Individuation. New York, International Universities Press, 1968

Mahler M, Pine F, Bergman A: The Psychological Birth of the Human Infant,

Symbiosis and Individuation. New York, Basic Books, 1975

Marty P: L'Ordre psychosomatique. Paris, Payot, 1980

Mitchell S: Relational Concepts in Psychoanalysis: An Integration. Cambridge, MA, Harvard University Press, 1988

Mitchell S: Hope and Dread in Psychoanalysis. New York, Basic Books, 1993

Mitchell S: Influence and Autonomy in Psychoanalysis. Hillsdale, NJ, Analytic Press, 1997

Mitchell S, Aron L: Relational Psychoanalysis: The Emergence of a Tradition. Relational Perspectives Book Series, Vol 14. Hillsdale, NJ, Analytic Press, 1999

Mitchell S, Black M: Freud and Beyond. New York, Basic Books, 1995

Modell AH: The "holding environment" and the therapeutic action of psychoanalysis. J Am Psychoanal Assoc 24:285–307, 1976

Modell AH: Other Times, Other Realities: Toward a Theory of Psychoanalytic Treatment. Cambridge, MA, Harvard University Press, 1990

Ogden T: Projective Identification and Psychotherapeutic Technique. New York, Jason Aronson, 1982

Ogden T: The Matrix of the Mind: Object Relations and the Psychoanalytic Dialogue. Northvale, NJ, Jason Aronson, 1986

Ogden T: The Primitive Edge of Experience. Northvale, NJ, Jason Aronson, 1989

Oliner MM: Cultivating Freud's Garden in France. Northvale, NJ, Jason Aronson, 1988

Pine F: Drive, Ego, Object, Self. New York, Basic Books, 1990

Racker H: Transference and Countertransference. New York, International Universities Press, 1968

Rangell L: The scope of intrapsychic conflict. Psychoanal Study Child 18:75–102, 1963a

Rangell L: Structural problems in intrapsychic conflict. Psychoanal Study Child 18:103–

138, 1963b

Rayner E: The Independent Mind in British Psychoanalysis. Northvale, NJ, Jason Aronson, 1991

Renik O: Analytic interaction: conceptualizing technique in light of the analyst's irreducible subjectivity. Psychoanal Q 62:553–571, 1993

Renik O: The ideal of the anonymous analyst and the problem of self-disclosure. Psychoanal Q 64:466–496, 1995

Renik O: The perils of neutrality. Psychoanal Q 65:495–517, 1996

Renik O: Getting real in analysis Psychoanal Q 67:566–593, 1998a

Renik O: The analyst's subjectivity and the analyst's objectivity. Int J Psychoanal 79:487–497, 1998b

Renik O: Playing one's cards face up in analysis: an approach to the problem of self-disclosure. Psychoanal Q 68:521–539, 1999

Rosenfeld H: On the psychopathology of narcissism: a clinical approach. Int J Psychoanal 45:332–337, 1964

Rosenfeld H: Impasse and Interpretation: Therapeutic and Anti-Therapeutic Factors in the Psychoanalytic Treatment of Psychotic, Borderline and Neurotic Patients. London, Tavistock, 1987

Sandler J: Countertransference and role responsiveness. Int Rev Psychoanal 3:43–47, 1976

Sandler J: From Safety to Superego: Selected Papers of Joseph Sandler. New York, Guilford, 1987

Sandler J, Sandler AM: The past unconscious, the present unconscious, and interpretation of the transference. Psychoanalytic Inquiry 4:367–399, 1984

Sandler J, Sandler AM: Internal Objects Revisited. London, Karnac, 1998

Sandler J, Dare C, Holder A, Dreher AU: The Patient and the Analyst: The Basis of the Psychoanalytic Process. Madison, CT, International Universities Press, 1992

Schafer R (ed): The Contemporary Kleinians of London. New York, International Universities Press, 1997

Schwaber E: Psychoanalytic listening and psychic reality. Int Rev Psychoanal 10:379–392, 1983

Searles HF: Countertransference and Related Subjects: Selected Papers. New York, International Universities Press, 1979

Segal H: Introduction to the Work of Melanie Klein. London, Hogarth Press, 1973

Segal H: Klein. Glasgow, Fontana/Collins, 1979

Segal H: The Work of Hanna Segal. New York, Jason Aronson, 1981

Segal H: The Work of Hanna Segal: A Kleinian Approach to Clinical Practice. London,

Free Association Books, 1986

Spillius EB: Melanie Klein Today: Developments in Theory and Practice, Vols I and II. London/New York, Routledge, 1988

Spillius EB, Feldman M: Psychic Equilibrium and Psychic Change. London/ New York, Tavistock/Routledge, 1989

Steiner J: Psychic Retreats: Pathological Organizations in Psychotic, Neurotic and Borderline Patients. London/New York, Routledge, 1993

Stewart H: Psychic Experience and Problems of Technique. London/New York, Routledge, 1992

Stolorow R: Aggression in the psychoanalytic situation: an intersubjective viewpoint. Contemp Psychoanal 20:643–651, 1984

Stolorow R: Contexts of Being: The Intersubjective Foundations of Psychological Life. Hillsdale, NJ, Analytic Press, 1992

Stolorow R, Atwood G: Faces in a Cloud: Subjectivity in Personality Theory. New York, Jason Aronson, 1979

Stolorow R, Lachmann F: Psychoanalysis of Developmental Arrests. New York, International Universities Press, 1980

Stolorow R, Brandchaft B, Atwood G: Intersubjectivity in psychoanalytic treatment: with special reference to archaic states. Bull Menninger Clin 47:117–128, 1983

Stolorow R, Brandchaft B, Atwood G: Psychoanalytic Treatment: An Intersubjective Approach. Hillsdale, NJ, Analytic Press, 1987

Sullivan HS: The Interpersonal Theory of Psychiatry. New York, WW Norton, 1953

Volkan VD: Primitive Internalized Object Relations. New York, International Universities Press, 1976

Winnicott D: Collected Papers: Through Paediatrics to Psycho-Analysis. New York, Basic Books, 1958

Winnicott D: The Maturational Processes and the Facilitating Environment. New York, International Universities Press, 1965

에드가 레븐슨 (Edgar A. Levenson)

16

소개

에드가 레븐슨(Edgar Levenson)은 뉴욕대학교 예술대학과 동 대학교 의학대학을 졸업하였다. 그는 뉴욕에 위치한 밸뷰병원에서 정신건강의학과 레지던트 과정을 마치고 윌리엄 앨런슨 화이트 연구소에서 분석 훈련을 받았고, 현재 그곳에서 교육 및 감독 분석가로 있다. 그는 윌리엄 앨런슨 화이트 연구소에서 청소년 치료 서비스의 국장이었고, 국립정신건강연구소의 대학 중퇴자를 위한 시범 클리닉의 수석 연구원이었다. 그는 윌리엄 앨런슨 화이트 연구소의 임상 서비스 책임자이자 펠로우 협의회의 회장을 역임했다. 레븐슨 박사는 뉴욕대학교의 심리학과 임상 교수이자 앨버트 아인슈타인 의과대학의 임상 부교수였다. 그가 받은 많은 상 중 몇 개만 언급하자면, 그는 윌리엄 앨런슨 화이트 공로상을 최초로 수상했으며, 미국정신분석협회에서 명예회원이고, 윌리엄 앨런슨 화이트 연구소에서 Edith Alt 특별상을 받았다. 그는 *Contemporary Psychoanalysis, Family Process,* 그리고 *International Journal of Psychoanalytic Psychotherapy*의 편집의원으로 일하고 있다. 그는 많은 논문들과 더불어, *The Fallacy of Understanding: an Inquiry Into the Changing Structure of Psychoanalysis, The Purloined Self: Interpersonal Perspectives in Psychoanalysis,* 그리고 *The Ambiguity of Change: An Inquiry into the Nature of Psychoanalytic Reality*의 저자이다.

레븐슨 박사는 대인관계 정신분석학의 선구자들 가운데 한명이었고, 그는 1인 심리학에서 2인 심리학으로의 전환에 중요한 공헌을 하였다. 그는 전 생애에 걸쳐 이론적 개념의 임상적 적절성에 대해 회의주의적 입장을 견지해왔고, 치료적인 실천은 경험이 이끄는 것이어야만 한다고 주장해 왔다. 비록 그의 견해는 그의 경험에 따라 달라졌지만, 그는 지속적으로 임상적 상황을 이해하는 데 있어서 과거와 현재의 사회적 상황의 중요성을 지적해 왔다.

이 논문을 선택한 이유

에드가 레븐슨

이번 개론서에 나를 참여시켜 준 편집자들께 감사드린다. “독특한 것의 추적: 정신분석적 질문에 관하여(The Pursuit of the Particular: On the Psychoanalytic Inquiry)”는 1988년에 처음 출판되었고, 나는 특히 가장 파악하기 어려운 실제의 영역에서, 대인관계 정신분석의 측면들에 대해 계속 글을 써 왔다. 이 논문은 대인관계에 대한 나의 독특한 관점을 가장 잘 대표하는 것으로 보이고, 이것은 나의 대다수의 후속 논문들을 쓸 수 있게 한 씨앗을 품고 있다. 또한 나는 이 논문이 대인관계 문헌에 생소한 독자들이 접근할 수 있는 적절한 자료가 되기를 소망한다. 왜냐하면, 안타깝게도 정신분석가들은 대개 그들 자신의 전문분야에서만 읽고 참조하기 때문이다.

나는 여러 동료들로부터 조언을 들었는데, 특히 빅터 이아너치 박사와 어윈 허쉬 박사이다. 두 사람은 모두 간혹 내가 말한 내용을 나보다 더 명확히 알고 있었고, 절충적 선택이 필요할 때는 모든 의견이 일치했다.

독특한 것의 추적

정신분석적 질문에 관하여

(The Pursuit of the Particular: On the Psychoanalytic Inquiry)[1)]

에드가 레븐슨

시작은 단순하다. 40대에 이혼남인 환자는 급류타기 래프팅 여행 때문에 10대 초반인 딸과 갈등이 있다. 그가 보기에 이 갈등은 자기 때문이 아니고, 딸과 그의 동거녀와의 대립이 원인이라고 생각한다. 그는 거의 2년 동안 동거녀와 함께 해왔고, 그녀는 그가 자신과 결혼할지 아니면 관계를 끝낼지를 분명하게 결정 못하는 그의 명백한 무능력에 점점 더 화가 났다.

딸과 동거녀 둘 다 그의 관심을 끌기 위해 서로 심하게 질투하고 심하게 경쟁한다. 그들은 그가 휴가에 둘을 함께 데리고 가려고 하면 이러한 경우를 서로가 거의 참지 못한다. 그는 딸의 철없음은, 적어도, 제 나이에 맞는 행동이라고 보지만; 동거녀가 성가시게 조르거나 부루퉁해 하면 화가 난다. 그는 이미 여행을 할 만한 곳(우연이지만 상당히 힘든 곳)을 알아보았음에도 불구하고, 페넬로페(그녀의 호칭)에게 그것을 말하는 것을 힘들어한다. 그 이유는 그녀가 이해하길 바라고 "신경 쓰지 않기"를 바랬기 때문이다. 그녀를 설득하지도 않고, 화가 나도록 내버려두고, 어떻게 되든 말든 내버려둔다면 무슨 일이 벌어질까? 그것이 신기한 생각처럼 보이는 것은 그가 철저하게 합리적인 환경에서 성장했기 때문이다. 그의 어머니는 항상 "그의 상식과 올바른 판단"에 따라 일을 처리하도록 했다. 그는 "합리적인 아이"라는 부모의 강요 속에서 자란 표본이었다. 그리고 그는 합리적인 성인이 되었다. 따라서, 그에게 결정은 선의의 분위기에서 논의되어야 하고 합의에 도달해야 한다는 것이 당연한 것처럼 보였다. 정말로 합의할 수 없는 견해차이가 있을 수 있고, 타인과 의견이 일치하지 않아도

---

1) Edgar A. Levenson의 "The Pursuit of the Particular: On the Psychoanalytic Inquiry"는 *Contemporary Psychoanalysis* 24(1): 1–16, 1988에 게재되었다. Copyright © 1988 W.A.W. Institute, 20 W. 74th Street, New York, NY 10023. 허가를 받고 사용함.

심지어 악의가 있어도 삶은 계속 돌아간다는 것은 희안한 일로 보일 것이다. 누구든 그의 상냥한 모습 뒤에는 들끓는 분노와 의사방해(obstructionism)가 있으리라는 것을 쉽게 유추할 수 있다.

언뜻 보면, 페넬로페가 정말로 이상해 보이기도 했다. 그러나 그가 그 사소한 언쟁을 즐기고 있을지도 모른다는 어떤 희미하면서도 스쳐지나가는 생각이 들기도 했다. 이것을 그에게 말하지는 않았다. 왜냐하면 그것은 내가 취할 입장으로는 너무 독단적이고 근거가 없어 보였고, 다만 환희의 섬광처럼, 그의 반짝이는 눈빛에 대한 나의 단순한 느낌이었기 때문이다. 그가 그것을 은밀한 지시나 내가 페네로페의 입장을 옹호하는 것, 또는 그의 행동에 뭔가 적대적이고 도발적인 것이 있다는 것으로 듣는다면 그것도 무리는 아니었을 것이다.

이번 회기가 끝난 후에, 그는 페넬로페에게 직면하면서, 이것이 그가 하고 싶은 것이었다고 분명하게 말했다; 그는 혼자서 딸과 함께 시간을 좀 보낼 필요가 있고, 만약 페넬로페가 정말로 급류여행을 가고 싶어 한다면, 다른 때에 그녀와 단 둘이서 가겠노라고. 그가 놀랍게도 그녀는 항의하지 않았고 심지어 매우 화난 것처럼 보이지도 않았다.

그날 밤, 그는 꿈을 꾸었다. 그는 바위투성이의 빠르게 흐르는 강가의 근처 둑에 앉아 있었다. 그는 두려움에 떨면서 상당히 부패되어 보이는 여성 시신들이 강물에 둥둥 떠내려가는 것을 보았다. 그때 그는 여성들이 살아있다는 것을 깨닫고 그들을 끌어내기 위해서 뭔가를 해야겠다고 느꼈다. 그는 극심한 불안에 휩싸인 채 꿈에서 깨어났다.

빠르게 흐르는 강은 다가올 여행과 분명한 관련이 있기에, 두 여자의 다툼—실제든 환상에서든—이 벌어지고 있다는 것이 분명했다. 우연인지 의도적인지는 분명하지는 않다. 그것은 그의 꿈이자 그의 인식이었다. 분석가가 보기에 그 꿈은 그가 두 여자를 다투게 해서 그들의 평정심을 잃도록(분열되도록) 만들고 싶은 무의식적 의도를 드러내는 것으로 보였다. 이러한 해석은 반박할 수 없는 진실로 그에게 직면하기보다는, 오히려 우리 둘이 이런 생각을 하고 있을 수 있는 가능성을 탐구하기 위해서 이뤄진다. 위니캇이 말한 대로, 분석가가 아무 말도 하지 않는 경우에, 환자들은 분석가가 모든 것을 이해하고 있다는 인상을 받는다(Winnicott 1965).

나는 이미 페넬로페가 겁이 많고, 모험을 즐기지 않는다는 것을 알고 있었다. 그 또한 그녀가 급류 여행을 싫어할 것이라는 것을 알았다. 두 사람을 함께 초대하겠다는 그의 첫 번째 충동에서, 그의 환상(아마도 옳을)은 그와 딸이 기쁨으로 환호성을 지를 때, 동거녀는 겁에 질린 채 보트 바닥에서 웅크리고 있으리라는 것이다. 게다가, 그는 그녀가 어떤 종류의 수상 스포츠도 싫어하고, 결코 수영하러 가지도 않을 것이라고 말했다. 다이빙하다가 머리를 다쳐 의식을 잃고 거의 익사할 뻔 하기 전까지는 그녀는 매우 훌륭한 전문 수영선수였다. 그녀에게는 외상 후 공포증이 있다. 머리가 물속에 있다는 생각이 여전히 그녀를 두렵게 하고, 모험을 좋아한다는 그녀의 최근 주장은 공포심을 이겨 내기 위한 경쟁심 때문인 것 같아 보인다.

왜 진작에 그는 이 모든 이야기를 나에게 하지 않았을까? 그 일이 현재 사건의 중층결정(overdetermination)[2]과 어떤 연관성이 있을지도 모른다는 것을 그는 왜 생각지 못했을까? 그는 이것이 그럴 수도 있음을 마지못해 인정했다. 다시, 이전과 똑같이 반짝이는 그의 눈빛에서, 그 찰나 뭔가 수상한 것이 그의 상냥한 표정 아래에서 빛나고 있었다. 그 순간, 나는 실은 그가 나에게 그 사실을 한번 언급한 적이 있었다는 사실이 어렵사리 기억났다. 그녀가 물을 무서워한다는 것은 충격적인 뉴스가 아니었다. 그가 래프팅 여행을 제안했다고 했을 때 나는 왜 그 사실을 바로 기억하지 못했을까? 내 편에서 어떤 무의식적인 공모가 있다는 느낌이 들었다. 나 자신이 물이나 수상 운동들을 전혀 즐기지 않았고, 내가 하고 싶은 일 목록 맨 아래에 급류타기가 있었다는 생각이 떠올랐다. 사실 나는 그러한 래프팅 여행을 아내와 함께 하는 것을 거절했었다.

그럼에도 불구하고, 딸과 함께 여가를 즐기는 방법으로 하필이면 이런 방법을 그가 선택했다는 사실이 나를 불편하게 했다. 거기에는 뭔가 우쭐해 하면서도 소심한 것이 존재했다. 그는 페넬로페의 공포심을 자극하지 않는 활동을 찾을 수 없었을까? 반면에 그녀는 왜 그토록 가고 싶어 했을까? 그가 그녀의 공포심을 사라지게 해줄 작정이었을까? 그녀는 그의 딸과 자매처럼 다투고 있는 걸까? 왜 나의 첫 번째 반응은

2) 역주: 중층결정(overdetermination): 정신분석학 용어로, 무의식의 형성물이 하나의 원인이 아니라 다수의 요인과 원인으로 중첩 결정된다는 것을 의미한다.(참조: 두산백과)

그의 동기가 파괴적이라는 것이었을까? 아마도 그건 내가 그와 겨루고 있을지도 모른다는 것, 혹은 나를 두렵게 할 만한 어떤 행동을 그가 나에게 할지도 모른다는 느낌 때문이었을까?(우리가 그의 동기에 대해 논의하고 있을 당시, 화이트칼라 임원 3명이 이런 탐험에서 익사했다는 사실을 주목할 필요가 있다.) 그가 나의 느낌에 짐짓 반대하는 것처럼 꾸미고 있는 것일까? 우리는 서로 경쟁하고 있는 것일까? 그에 대한 나의 생각이 옳은 것인가? 그렇지 않다면 역전이를 잘못 해석한 것일까? 아니면 둘 다 아닌가?

꿈은 은유(metaphors)이지 전조(portents)가 아니다. 따라서, 이 꿈이 어머니를 대리하는 사람을 반대하거나 박탈하는 것은 ***선험적으로***(*a priori*) 살인 행위—페넬로페의 자학적인 태도에 의해 강화된 환상—라는 그의 깊은 확신을 좀 더 단순하게 반영하고 있었을 수도 있다. 아마도 그는 자신의 삶을 불필요하게 복잡하게 만드는 그들 모두를 죽이고 싶은 것일지도 모른다. 혹은 여자들이 그의 권력의 주류에서 살아남지 못할 것이라고 믿는 것일까? 무엇보다도 중요한 것은, 그가 딸과 함께 가는 것을 페넬로페가 아주 상냥하게 동의하고 난 후에 왜 그런 꿈을 꾸게 된 것일까?

분명한 것은 그의 여자 친구와의 이렇듯 단순하고 평범한 다툼이 처음 볼 때보다 훨씬 복잡해졌다는 것이다. 한마디로, 표면적 설명이었던 원안이 조각난 것이다. 그것이 이 사건에 대해 그럴듯하고 진실한 판본을 구성하기 보다는 오히려 해체되었다. 마치 조약돌을 연못에 던진 것처럼, 하나의 사건을 분석하는 작업은 일련의 반복되는 수평적(즉, 그의 현재의 공간 속으로)이고 수직적(그의 역사 속으로)인 잔물결을 일으키고 이제는 그 속에 환자와 그 배역들뿐만 아니라 분석가 자신도 포함되게 되었다. 얼핏 보면, 이 남자의 동기의 "진실"을 밝혀낸다는 약속을 제안했던 질문은 일련의 내러티브적인 가능성들로 약해졌고, 그 모든 것들은 진실이어야만 하고, 진실이 아닐 수 없지만, 그럼에도 불구하고 우리에게 종결의 만족스러운 느낌－"아하! 그렇구나!"－을 남기지 못한다.

누군가는 단일한 사건들이 무의식적 충동들을 수렴하는 것에 의해서 유발되기 때문에 그 사건은 고전적인 의미에서 "중층결정 된다(overdetermined)"고 말할 수 있다. 이것은 아마도 그럴 수 있을 것이다; 하지만 그렇다면 드러나고 있는 것은 무엇이고 그 목적은 무엇인가? 그것은 결정적인 기저의 역동인가, 아니면 아주 흔히 발생하는 이런 사건들 속에 내재된 관계들의 확장된 그물 모양의 연결망인가?

복잡함의 수준이 높아지고 자료의 양이 늘어남에 따라 그것을 이해하고, 원자료에서 일관성 있는 정보를 얻어내려는 열망이 압도적이게 된다. 모든 분석가는 사건에 대해 들을 때 생겨나는 느낌, 절박감이 증가하는 그 느낌을 안다. 그것은 무엇을 의미하는가? 그것은 어떻게 이해될 수 있는가? 분석가의 머릿속에서는 프로이트, 설리반, 코헛, 위니캇이 작은 사탕 과자의 이미지로 춤을 춘다.

어떤 임상 사례회의에서도 입증되듯이, 설명이 잘된 사례 발표는 방에 있는 사람들(상당히 절충주의적인 청중들로 생각되는)이 있는 만큼이나 많은 임상적인 관점들을 끌어낼 것이다. 일단 확장된 자료를 사용할 수 있으면, 그 누구도 사례 자료에 대한 이해를 어떤 메타심리학적 입장에서 개념화하는 것을 어려워하지 않는 것으로 보이는 것은 놀라운 일이다. 하긴, 수피교도들이 말하기 좋아했듯이, "이론가에게는 어떤 문제도 어렵지 않다."

분석가들은 그들의 이론적 개념화에서 너무나도 노골적으로 차이를 보이기 때문에, 우리는 우리의 공통성이－그것이 존재한다면－ 어떤 다른 영역에 있어야만 한다고 가정해야한다. 이론에 대해서 말할 때, 우리는 흔히 전혀 다른 대화의 세계에 와 있는 것처럼 느낀다: 그래서 임상자료에 귀를 기울일 때, 어떤 협력관계가 생겨난다.

다른 신념을 가진 노력한 분석가들이 하나의 임상적 발표에 접근하는 것을 관찰할 때, 우리는 사용할 수 있는 자료에 대해 그들이 불만족스러워하는 것 때문에 충격을 받는다. 그들은 임상 자료에 바로 형판(型板)으로서의 메타심리학을 적용하지 않는다. 각자는 자료를 정교하게 다듬고, 더 많은 자료, 새로운 자료를 구하려고 하며, 그것들은 다른 환자, 즉 분석가의 심상(心象) 속에서 창조된 환자를 드러낼 것이다. 게다가, 클라인학파의 한 동료가 임상 자료를 제시했을 때, 그 사람의 메타심리학이 실용적인 대인관계주의자에게는 순전히 환상처럼 들릴 수 있지만, 그럼에도 불구하고 그것은 매우 통찰력 있고 유용한 것이 될 수 있다. 비슷한 요점이 그로스커스(Grosskurth)의 멜라니 클라인 전기에서 많이 언급되었는데, 여기에서는 다수의 탁월한 분석가들(멜처, 시걸, 웨델레스)이 그녀를 민감하고 실용적인 관찰자로 기술하고 있다. 예를 들면, 그녀는 하얏트 윌리암스에게 "당신의 듣는 능력만을 신뢰하라"고 말했는데, 이 말은 확실히 설리반이 본보기로 발견했던 조언이었다(Grosskurth 1986).

그렇다면 그들 모두는 공통적으로 무엇을 하는가? ***그들은 몇 가지 좋은 질문들을 한다***. 내가 주장하는 것은 분석 과정의 원동력이 자료를 이렇게 다루는 데서, 즉 생겨나는 많은 자료에 대해 분석가가 설명하는 것보다는 환자의 준비된 텍스트인 임상적 자료를 해체(deconstruction)하는 데서 나온다는 것이다. 나는 사용된 메타심리학의 심상과는 상관없이, 이것이 바로 분석의 추진력이라고 생각한다. 간단히 말하면, 우리는 분석가와 환자가 "좋은 이야기"—사건들의 심미적이고, 그럴듯하고, 포괄적인 판본에 대한 그들의 요구를 충족시키는 내용—로 느긋하게 구성할 수 있는 많은 정보를 단순히 대조하고 있는 것이 아니다(Spence 1982). 환자 자신의 삶의 소설화된 판본을 분해하는 행위로 인해서 불안이 야기되고 전이의 계속적인 과정(transferential carryover)이 촉진된다. 이것이 왜 그렇게 되어야만 하는지를 나로서는 분명하게 알 수 없다. 전통적인 견해는 환자가 자신에 의해 얘기되지 않은 채(방치된 채, 억압된 채) 남겨졌어야만 했던 것으로 생각되었던 것에 대해 말함으로써, 방어를 거스르고, 방어적인 표면적 이야기를 풍성하게 하고, 내용과 방어들 모두를 분석가-환자 관계로 전이시키는 것을 유발시키고 있다는 것이다. 그러나 나는 "억압된" 것이 그렇게 확실하거나 선형적이지 않고, 또 방어들은 그것들이 무엇을 방어하고 있는지가 그렇게 명확하지도 않다고 생각한다. 그것은 생각하는 만큼 합리적이지 않을 수 있다. 내러티브의 질서의 붕괴, 즉 유발된 일시적인 혼란은 그 자체가 창조적인 과정, 즉 경험을 보다 복잡하고 유연한 패턴들로 재조직화하는 과정에 필수적인 것일 수 있다.

나는 치료의 참된 과제는 자료를 있는 그대로 이해하려고 하는 것이라기보다는 자료를 이해하려고 하는 유혹을 참는 것이라고 본다. 자료는 내가 규정하고 있듯이 자유연상, 환상, 꿈 혹은 설리반의 방법인 유명한 "자세한 질문(detailed inquiry)"(Sullivan 1954)로 조심스럽게 개념화된 대인관계적 경험이다. 결국 이 모든 것은 해석이 되어야 하는 것이다. 퍼스가 언급했듯이, "기호는 우리가 그것을 아는 것을 통해서 무엇인가 더 많은 것을 알게 되는 어떤 것이다"(Eco 1984, p. 167).

분석가들은 자료의 일차적인 원천으로서 환상이나 관계 경험에 의지하는 경향이 있다. 내게는 그것들 모두가 환자에게 있는 필수적이지만 적절한 인지 기능, 즉 세상을 경험하는 두 가지 방식을 보여주는 것인 듯 보인다. 대부분의 분석가들은 자신들의 이론적인 입장은 어느 정도 무시하면서 두 가지를 혼합하여 실용적으로 작업한다.

우리가 어떻게 자료를 개념화하더라도, 정신분석계에서는 그 자료가 어떻게 그리고 왜 작용하는가에 대해 중요한 토론이 남는다; 즉, 그것이 과학적으로 타당한가(검증할 수 있고, 참이고, 사실과 일치하는지) 혹은 해석학적으로 타당한가(내러티브적으로 그럴듯하게 참인, 해석의 활동인지)이다. 나는 정신분석이 어떻게 해석학적이지 않을 수 있는지 상상하기가 어렵다. 해석학은 정의상 해석(interpretation)에 대한 연구이다. 그리고, 정신분석의 일차적인 도구는 해석이기 때문에, 우리 모두는, 좋든 싫든 간에, 해석학적인 일에 관여하고 있다.

이것이 진실일 수 있을까? 우리는 "통찰 치료"와 "관계 치료," 즉, 통찰에 의한 치료나 관계에 의한 치료를 구별하지 않는가(Pulver 1987)? 해석은 정신분석에서 그것의 주도권을 잃어버리지 않았는가? 심지어 관계 모델(그린버그와 미첼의 범주를 사용하자면)을 따르는 그러한 치료법들도 정신분석을 특징짓는 것은 치료에서 일어나는 것에 대한 해석이라고 믿어야만 한다(Greenberg and Mitchell 1983). 관계 모델(relational model)−하나의 구조−을 관계***성***(relation*ship*)−심리치료적 도구−과 혼동하는 것은 심각한 오류이다. 그렇게 하는 것은 온화한 관계적 심리치료라는 맥락에서 정신분석과 교정적 정서경험(corrective emotional experience)을 혼동하는 것이다. 다양한 심리치료에서 환자는 치료사와 새로운 보상 경험을 하기 때문에 호전된다. 그 자체가 나쁜 것은 아니지만, 그것은 정신분석이 아니다. 위니캇이 서술했듯이, "우리의 목표가 전이라는 측면에서 초기의 의식을 계속해서 언어로 표현하는 것이라면, 우리는 분석을 실행하고 있는 것이다. 만약 그렇지 않다면, 우리는 그 상황에 적합하다고 생각되는 다른 어떤 것을 실행하고 있는 분석가들이다. 그리고 그것이 왜 안 되겠는가?" (Winnicott 1965, pp. 166−167)

프로이트가 정의했듯이, 저항과 전이로 개념화된 것에 대한 해석이 정신분석 과정의 핵심이고, 나는 여전히 그것이 타당하다고 믿는다. 환자의 저항이 있거나, 통찰이나 보상 경험의 부분적인 실패가 있을 때 전이의 발달과 전이의 분석이 가능하다. 정신분석은 심리치료가 실패할 때 작동된다. 확신시키는 것을 실패함으로써, 장애가 있다고 말함으로써, 정신분석은 전이의 발달을 허용한다. 대상관계이론의 어떤 판본들이 하듯이, 공감적인 또는 안아주는 노력들을 강조한다고 해서 이러한 노력들이 치료에서 강제적인 질문의 어떤 형태로 퇴행적인 자료를 얻는 것을 지향하게 되는 것을

예방하지는 못하며, 그것은 원래 환자에 대한 일반적인 치료 자세가 아니다. 위니캇의 말을 인용하면:

> 퇴행의 이점은 환자의 과거 역사에서 있었던, 다시 말해 환자의 유아기 양육에서 욕구에 충분히 적응해주지 않았던 것을 교정할 수 있는 기회를 제공해준다는 것이다.... 우리가 환자를 깊이 이해하고 ***적시에 정확한 해석으로*** 그렇게 한다는 보여 줄 때마다(이탤릭체는 필자의 것임), 우리는 사실 환자를 안아주고 있고 환자가 어느 정도 퇴행하고 의존하는 관계에 참여하고 있는 것이다. (Winnicott 1987, p. 167)[3]

한편, 자기심리학자인 골드버그는 다음과 같이 말했다:

> 이해받는다고 느끼는 환자만이 이해하는 사람, 즉 전이대상인 분석가에 대한 해석으로부터 유익을 얻을 수 있을 것이다. 해석에는 이해와 설명이 모두 포함된다. 이해만 하는 것은 중독을 초래한다. 설명만 하는 것은 추종(compliance)을 초래한다. (Goldberg 1987, p. 184)

내가 이 두 인용문을 예로 든 것은 (내가 보기에 설리번 학파나 프로이트 학파 모두 입장에 대한 이러한 증거 서류를 요구하지 않았다) 우리 모두에게 정신분석은 해석 훈련이고 따라서 해석학의 범주에 속한다는 나의 논점을 강조하기 위해서이다. 문제는 해석이 무엇을 의미하는가이다. 그 대답은 그리 자명한 것이 아니다.

현대 정신분석적 용례에서 해석학은 다소 제한된 방법으로 인식되기 때문에 "해석학"을 간단하게 검토해보면 몇 가지 흥미로운 해답을 얻게 된다. 주지하는바 해석학(hermeneutics)은 그리스 신들의 메신저인 헤르메스(Hermes)에서 그 이름이 유래되었다. 헤르메스는 신들의 말, 주로 아폴로가 전하는 말을 델피의 사제에 가져갔다. 그 사제는 어떻게든 그 말을 인간이 어느 정도 이해할 수 있게 만들었지만, 언제나 탄

---

3) Winnicott과의 분석 경험에 대한 Margaret Little의 설명을 읽어보면 Winnicott이 그런 입장을 강하게 고수하지 않았음을 보여준다. 관계적인 것(relational) 보다 관계성(relationship)이 더 많이 나타나야 했다(Little 1985).

원자에게 결정의 선택을 남기는 모호함이 있었고, 때로는 —정신분석과 별반 다르지 않게만— 불행한 결과를 초래한다. 마케도니아의 필립왕이 델피의 신탁의 너무 낙관적인 판본(version)을 선택했을 때 그는 그의 왕위와 생명을 잃었다. 그러므로 해석은 무엇이든 보다 명료하게 해주지 못했고, 여전히 또 다른 의미의 층을 제공했던 것이다.

중세시대의 용례에서, 해석학은 교회의 도구였고 그 기능은 동시대인들에게 성경의 다중적인 의미들을 드러내는 것이었다; 즉, 초점은 본문의 의미를 발견하는 것에 있었다. 움베르토 에코의 말을 인용하면, "*Non nova sed nove*(***새로운 것은 아니지만 새롭게***), 새로운 것들은 아니지만 같은 것들이 점차 새로운 방식으로 얘기된다" (Eco 1984). 권위는 해석을 정당화한다. 그러나 권위가 해석에 의해 정당화될 때는 어떻게 권위가 해석을 정당화할 수 있을까? 이 역설은 해석학계에서는 해석학적 순환(hermeneutic circle)[4]으로 알려져 있다. 에코는 "좋은 해석을 위한 규칙들은 정통의 문지기들에 의해 제공되었고, 정통의 문지기들은 그들 자신의 해석을 적용하는 투쟁에서 승리한 자들(정치 및 문화 권력이라는 측면에서)이었다." (p. 151)라고 말했다. 적어도 어떤 시대의 정신분석가들에게는 이것에 유사한 고리가 있다.

사례 자료에 대한 해석학의 첫 번째 수준의 예로서 브렌너의 글을 인용하자면, "S 박사의 개입은 환자가 평생 동안 겪은 문제들에 대한 이해에 의해 안내를 받는다(매우 정확하게). 그 문제들은 현재 보고된 시점에 그녀의 행동과 연상들을 결정짓는 요인들로서 작동했다" (Brenner 1987). 더 이상 무엇을 말하겠는가! 그 문제들이 무엇인지 또는 분석가의 해석이 정확한지에 대서는 의심의 여지가 없다: 과제는 그 규범적인 해석이 변화를 일으키게 하는 것으로 만드는 것, 그것이 유효하게 작용하도록 하는 것이다.

금세기에, 먼저는 딜타이가, 그 뒤로는 하이데거는 해석학적 강조점을 규범적인 (canonical: 그리스어에서 유래; 규칙, 규범) 진실의 발견에서 새로운 진실, 즉 상호적

---

4) 역주: 해석학적 순환은 이해과정을 파악하기 위한 장치로서, 전체와 부분의 상호관계를 의미한다. 가령 어떤 작품을 이해했다는 것은 독자가 개별 텍스트를 읽을 때 이미 텍스트 전체에 대한 표상을 가진다는 것을 의미한다. 동시에 거꾸로 부분은 전체의 의미를 선취하는데 영향을 미치는 것을 두고 한 말이다. 출처: 문학비평용어사전, 국학 자료

인 진실로 이동시켰다. "언어는 사물들이 진정으로 생겨나게 되는 곳이다(Eco 1984, p. 154)." 해석학의 두 번째 수준은 정신분석가들이 일반적으로 "해석학적"이라고 언급하는 내용이다. 치료사와 환자는 "좋은" 이야기를 상호적으로 만든다; 자료를 가능한 한 많이 조합하고 배열한 것들 가운데 하나. 그 이야기는 그것이 유일한 진실이기 때문이 아니라, 그것이 그럴듯하기 때문이고 그것이 ***그들의*** 이야기, 그들의 새로운 진실이기 때문에 작용한다. 내가 앞서 말했듯이, 스펜스는 규범적 진실보다는 내러티브적 진실에 대한 가장 솔직한 지지자이고, 좀 덜하기는 하지만 셰이퍼와 리쾨르도 그러하다(Ricoeur 1977; Schafer 1976; Spence 1982). 첨언하자면, 스펜스의 색인에는 해석학이라는 단어가 없다.

이제, 나의 주요 논제로 다시 돌아가자면, 해석학의 세 번째 수준인, ***해체***라 불리는 더 급진적이고 세속화된 해석학이 있다. "중요한 텍스트들은 그것들의 해석적인 '통찰들'을 위해서라기보다는 그것들의 개념적인 한계들을 나타내는 '맹목(blindness)'의 증상들을 위해서 철저하게 다른 방식으로 읽혀야만 한다"(Norris 1982, p. 23). 또는 에코의 말을 인용하자면, "텍스트는 더 이상 그것의 '외부'에 대해서 말하지 않는다; 심지어 그것 자체에 대해서도 말하지 않는다; 그것을 [해체적으로] 읽을 때 그것은 우리 자신의 경험에 대해서 말해준다.... 상징으로서의 텍스트는 더 이상 그것에서 ***밖에 있는*** 진실을 발견하기 위해서 읽혀지지 않는다; 안에서 찾으려고 읽어서는 안 된다; 해체 작업이야말로 유일한 진실이다"(Eco 1984, pp. 154-155).

해체는 흔히 자크 데리다 그리고 매우 난해한 비평에 대한 그의 동시대 학파와 연관이 있다(Norris 1982). 그러나 그 이전에도 오랫동안 해체의 여러 형태들이 존재했었다. 가장 유명한 것으로는 유대 신비주의 운동인 카발라(kabbalah)가 있다. 두 가지 재미있고 간단한 발췌문을 비교해 보려고 하는데, 하나는 13세기 카발라 경전인 *Zohar*에서 발췌한 것이고, 또 다른 하나는 현대의 임상 사례 발표이다.

*Zohar*에서 아브라함과 이삭의 유명한 창세기 이야기를 한다: "그리고 하나님이 아브라함을 시험하는 대목이 나온다." 아브라함의 시련의 이야기는 너무나도 잘 알려져 있다. 하나님은 아브라함의 아들을 희생하라고 요구하여 아브라함의 믿음을 시험했다. 아브라함의 신앙의 도약, 하나님의 심판에 대한 그의 수용 그리고 하나님의 것

으로서의 심판에 대한 키에르케고르의 4가지 다른 판본을 포함해서, 이 이야기에 대한 표준 해석은 잘 알려져 있다(Kierkegaard 1985). *Zohar*에서 랍비 시몬은 다른 방식을 취한다. 그는 그 이야기를 한 문장씩 차례로 해체한다. 각각의 해체는 그 이야기의 의미를 바꾼다. 설리반이 자부심을 느꼈던 "자세한 질문" 으로 역사적 계산을 수고스럽게 해보니 놀랍게도 이삭은 소년이 아니었고, 그의 나이 37세였던 것으로 드러났다. 그러고 보니 하나님은 아브라함을 시험한 게 아니라 이삭을 시험한 것이었다. 어찌됐든, 이삭은 반드시 순종해야 할 필요가 없었다. 만약 이삭이 "전 싫어요" 라고 말했다면, 그의 아버지는 책임을 질 수 없었다. 이삭은 묵인함으로써 아브라함과 동일하게 되었다. 여전히 창세기에서는 하나님이 이삭이 아닌, 아브라함을 시험했다고 말한다. 해석의 또 다른 수준이 발생한다. 주목할 것은 의미의 반복되는 층에는 끝이 없다는 것이다. 하나님에는 한 가지 의미만 있지 않다. *Zohar*에서 말하듯이, "수준들 속에 수준들이 있다" (Matt 1983, p. 82) 그리고, "어떤 단어에서도 천 개의 빛이 난다." 또는, 위니캇이 너무나도 아름답게 표현했듯이 "모든 해석은 환자의 욕망을 자극하는 훌륭한 대상이다" (Clancier et al. 1987).

이제, 임상보고서에서 다음의 간단한 예를 살펴보자. 싱글인 젊은 여성 환자는 상당히 당황하면서 자신의 성적 환상을 분석가에게 말하고 있다.

> 미친 과학자인 의사와 그의 간호사가 있고 그는 저에게 무슨 일을 하기 위해서 저를 묶으려 해요. 그 환상은 어떤 것과 관계가 있어요. 그것은 더 큰 가슴을 갖는 것이죠.... 그 미친 과학자는 제 가슴이 더 커질 수 있도록 뭔가를 할 것 같아요. 저는 더 큰 가슴을 몹시 원했죠.... 저는 그의 노예이고 그는 저의 주인인 것처럼 미친 과학자에게 복종해야만 했어요. 그 환상에 관해 생각하고 싶지 않아요.... 그것을 캐고 싶지 않아요....

그러고 나서 그녀는 주인/노예 느낌에 대해서 계속해서 말을 하면서 환상에 대한 이야기를 했지만 실제로 그것을 말하지는 않았다. 분석가는 말하기를, "제가 당신에게 강요하고 상처를 입히고 당신을 변화시키는 미친 과학자가 되기를 원하는 군요." 그녀는 그것을 부인한다. 그녀는 아니요 라고 한다(자존심이 상한 듯한 목소리로), "당신의 지식과 당신의 이해력으로 저를 변화시켜주길 원해요. 저는 그것을 거절해야만 해요. 저는 그 점에 대해서 동의할 수 없어요"(Silverman 1987).

그 환자가 말하는(매우 조심스럽게) 환상에 주목해보자. 치료자는 자신이 이해하고 있는 전이와 역동의 관점에서 해석한다: 즉, 이것은 전이 환상(transference fantasy)—치료사는 미친 과학자이다—이다. 그의 해석은 규범적인 프로이트적 이론에 따른 것이다. 전이는 통찰 해석에 대한 다양한 저항으로 인식된다. 사실은, 길은 명확하게 "모든 저항은 전이를 통해 그것 자체를 드러낸다"(Gill 1982)라고 말한다. 그 해석은 환자인 그녀가 치료자에게 환상을 투사함으로써 통찰을 피하는 것이라고 알려주고 있다; 그러므로 "당신은 나를 미친 과학자로 보고 있는 거군요." 이런 투사 때문에 그녀는 아마도 근친상간적이고 가피학적인 역동들을 담고 있을 그 환상의 의미를 다루어줄 변형적(mutative) 통찰 해석에 귀 기울이지 못하게 된다. 따라서 통찰은 목표이고, 전이는 통찰에 대한 저항이므로 치료사와 분리되어 자료로 되돌아가서 해석되어야만 한다. 변형적 해석은 전이해석이 아니라 의미해석이다. 그녀는 통찰에 대한 추가적 저항으로 이것을 거부하고 있다.

랍비 시몬이 무슨 말을 하겠는가? 미친 과학자가 그녀가 원하는 큰 가슴을 준다는 것은 어떤 의미인가? 그나저나 큰 가슴이 뭐가 그렇게 멋있는가? 왜 다리나 엉덩이가 아니고 가슴인가? 그것이 그녀의 세계를 어떻게 변화시킬까? 그렇게 되면 그녀는 남자들이 자신에게 관심을 보일 것이라고 믿는가? 그녀는 특히 그런 면에서 관심을 원하는 건가? 그녀의 어머니는 큰 가슴을 가지고 있나? 미친 과학자는 실제로 무엇을 하게 될까? 상처를 줄까? 그저 그 환상은 도대체 뭔가? 분석가의 말 중 어떤 것도 그녀에게 감동을 주지 못하는데, 마치 노예처럼 그녀가 그렇게 순종하는 것은 도대체 어떻게 된 일인가? 옮긴 글에서 그녀는 잠시 이야기 하다가, 얼마 후 "그것은 말도 안 돼요" 또는 "부끄러워요"라고 말한 후 침묵했다. 거의 매번, 치료자가 해석을 내 놓으면 그녀는 이를 계속해서 무시한다. 누가 누구를 조종하고 있는 것일까? 질문들은 급증하고 명료성은 떨어진다; 그럼에도 불구하고 대화에 새로운 활력감이 생겨난다.

이제, 분석가가 미친 과학자인 것 같기도 하다. 왜? 그가 그렇게 말하거나 혹은 이론이 그것을 요구하기 때문이 아니다; 그가 미친 과학자처럼 행동하기 때문이다. 분석가는 그녀가 원하는 것을 택하도록 그녀에게 강요하려고 시도하고 있지만, 그녀 스스로 얻도록 하거나(그녀는 성형외과에 스스로 갈 수 있었다) 혹은 또 다른 사람에게서 타인에게서 점잖게 받아들일 수 있게 요구하지는 않을 것이다. 분석가는 기꺼이 남을 도와주는 미친 과학자 못지않게 그녀의 발명품이 되었다. 주목할 것은, 지금 전이가 중립적인 분석가에게 투사된 왜곡이 아니라 그들의 행동으로 생각될 수 있다는 점을 주목하라. 그의 역전이는 그녀에 대한 짜증이 아니고, 그들이 그녀의 환상을 재연하는 정도를 볼 수 없는 분석가의 무능력이다. 그는 분석가가 "효과가 있다"라고 생각되는 해석을 과감히 말할 때마다 그녀의 의지에 반하게 그녀가 정말로 원하는 것을 그녀에게 주는 미친 과학자가 된다는 것을 보지 못한다.

이런 관점에서 보면, 환자와 치료사의 상호작용은 하나의 재연, 즉 그녀가 자신의 환상을 말할 때 일어나는 동일한 형태의 재창조이다. 내가 보기에는 현저하게 반복되는, 그들의 상호작용의 거울-이미지 특성이 전이에 힘을, 즉 "보여주고 말하는" 놀이공간을 창조하는 능력을 부여한다. 전이는 토론 중인 자료를 고도로 집약하여 재연하는 것이다(Levenson 1983). 전이 재연은 결코 그녀가 제시하고 있는 환상보다 더 단순하고 명료할 수 없다. 해석은 여전히 무한한 가능성을 지니고 있다.

카발라의 이야기와 두 번째 사례 모두에서, 방법은 근본적으로 해체적인 것이다. 목표는 진실에 도달하는 것이 아니고, 공동의 내러티브를 만들어내는 것도 아니고, 바로 텍스트를 펼쳐 보이는 것이다. 크바네스와 팔로프(1976)의 저서 *A Harry Stack Sullivan Case Seminar*에서, "설리반은 무엇을 했는가?"에 대한 그 당시와 25년 후의 참석자들의 논쟁을 듣는 것은 흥미롭다. 그들을 회피하는 것 같다. 그가 무엇을 말했는지 살펴보거나 질문해보면, 그 방법이 얼마나 카발라적인 것인지, 날카롭고 초점 없는 질문에 대해 놀라게 된다. 라이코프는 *Case Seminar*에서 그것을 다음과 같이 표현한다:

> 당신은 당신을 꼼짝 못하게 하는 설리반의 소리를 들을 수 있다- "이것을 알고 있나요? 무슨 일이 벌어졌나요?" 그는 계속해서 당신을 꼼짝 못하게 한다. 무슨 일이 일어나고 있는지에 대해서 직관적인 감각에 근거해서 보다 넓게 일반화하는 위험을 무릅쓰는 일은 내게는 조심스럽다. 그는 "도대체 당신의 자료는 어디에 있는 겁니까?"(Kvarnes 와 Parloff 1976, p. 38)라고 말하곤 했기 때문이다.

아마 다른 이유도 있겠지만, 모든 정신분석가들이 동의하는 것은 그 환자가 겉으로 제시하는 것은 불안을 벗어나기 위해 회피하는 부분들인 맹점, 무관심, 암점으로 가득 차 있는 스위스 치즈와도 같다는 것이다. 빠트린 내용에 초점을 두려고 강요하는 어떤 질문도 반드시 방어기제들을 작동시킬 것이다. 그것들은 내가 말했듯이 전통적으로 전이의 형태를 취하는 것으로 이해된다(Gill 1982). 회피하는 것이 유일한 기저의 역동이라고 결코 볼 수 없다: 방어는 다양한 역동들에 대해서 작동할 수 있다. 주목할 것은, 미친 과학자 환상의 예시에서, 우리는 환상의 "의미"를 이해하기 보다는 그녀의 삶에서의 그것의 연관성, 그것의 미묘한 조화를 이루는 공명을 파악하는 것이다. 이것은 정신분석과 다르지 않으며, 그렇게 간단하지도 않다. 내가 믿는 바는, 방어에 대한 이러한 개념화가 충분히 느슨해서 방어들 그리고 방어되고 있는 것의 다양한 형태들이 허용될 수 있어야 한다는 것이다; 그리고, 우리는 이러한 긴장을 작동시키지 않았던 어떤 치료적 노력도 실패할 것이라는 점에 동의할 수 있다는 것이다. 이것은 환자의 텍스트를 "풀어내거나(unpacking)," "그것에 주석을 다는 것(glossing)"이 상호적으로 만족스러운 내러티브적 진실을 구성한다고 주장하면서 스펜스가 말했듯이 상호적으로 도달하게 된 "좋은 이야기"의 판본에 함축된 것으로 보이는 것이 아니다(Spence 1982). 반복하자면, 나는 이와 정반대의 의견을 말하고 있다; 즉 자료를 강요하는 것은 그 이야기를 해체하고, 새로운 의미들의 생겨날 수 있는, 상당한 긴장감을 주는 전이의 도가니 속에서 만들어지는 무질서한 의미의 흐름을 조성하는 것이다.

나의 입장에서 볼 때, 그러한 의미들은 끝없이 반복되는 거울들의 방이다. 그러나 어떤 정신분석에서도 현재 메타심리학의 범위를 벗어나는 자료가 나타날 수 있다는 것은 상상할 수 없다. 코헛학파나 설리번학파, 위니캇학파에 속한 한 사람이 한 가지 임상적 보고를 들을 때, 머리를 긁으며 "나는 그것을 어떻게 봐야 할지 모르겠어요."라고 말하는 모습을 상상할 수 있는가? 어떤 미묘한 메타심리학도 현재 행동에 대한 설명적 맥락과 발달적인 구조를 모두 제시한다. 확실히, 우리가 어떤 이론이 다른 이론보다 우월하다고 주장할 수 없다. 그렇지 않다면 우리가 현재의 혼란 상태에 있지도 않았을 것이다. 어떤 이론도 포퍼의 반증가능성 시험을 통과하지 못한다(Popper 1959). 그들 이론이 틀리거나 옳다고 입증 할 수도 없다. 우리가 이론에 대해서 말할 수 있는 것은 그것이 명확하고, 간결하고, 내적으로 일관성이 있다는 것이다. 우리가 우리의 이론들에 대해 주장할 수 있고 흔히 주장하는 것은 뛰어난 임상적 연관성, 더 나은 결과들, 양질의 '치료들'이다. 애석하게도, 이러한 것들은 거의 의심하지 않고 받아들여야만 한다.

만약 메타심리학들이 이론으로서 도전받을 수 없고, 임상적 결과들이 정량화하거나 입증하기 매우 어렵다면, 우리에게 남는 것은 무엇인가? 명성 높은 분석가들에 의해 주장되는 매우 다양한 임상적 입장들이 있다. 코헛학파의 모두가 성공적인 치료라고 주장하는 사례에 관해, 프로이트 학파 중 누군가는 치료되었다고 주장되는 것을 '분석되지 않은 긍정적 전이' 때문이라고 본다. 심지어 자신의 임상경험이라 할지라도 결과를 평가하는 것은 매우 어렵다. 아마도 그 환자는 이론적인 입장이 아닌 다른 어떤 이유 때문에 호전되었을 것이다.

게다가, 나는 한 가지 치료 방법이라도 제대로 배우기란 쉽지 않다고 본다. 충분한 분석, 수퍼비전, 그리고 훈련과정을 축적해서 한 가지 이상의 분석방법을 숙달하는 것이 정말로 가능할까? 개념 파악은 차치하더라도, 상이하고 상반된 두 가지 치료관점에 내재하는 임상 기술을 습득하는 것은 불가능에 가까울 수 있다. 헤라클리토스의 말을 바꿔 말하자면, 우리는 결코 같은 카우치에 두 번 눕지 않는다!

결국, 메타심리학적 입장의 선택은 각기 다를 수 있다. 누구나 자기에게 가장 적합한 것을 한다. 그리고 동일한 이유로, 흔히 처음에는 강력한 치료적 도구로 작용했던 것이 자신의 메타심리학에 사로잡힌 치료사가 "전이를 조작하려는" 가장 교묘하고 유혹적인 시험에 희생자로 전락하게 되면서 급속도로 악화되어 감당하기 힘든 역전이가 될 수 있다. 임상 자료는 메타심리학의 과잉에 대한 유일하게 사용 가능한 해독제가 된다.

사람들은 여러 가지 이유로 분석가를 찾는다; 더 나아지기 위해서, 그들이 사랑받을 수 없는지를 검증하기 위해서, 분석가 또는 그들의 동료나 부모의 힘을 파괴하기 위해서(악의적인 변형), 심지어는 그들의 신경증을 완벽하게 만들기 위해서 온다. 비용을 지불하고 제 시간에 온다고 환자가 되는 것은 아니다. 초심자를 환자로 변화시키기 위해서는 많은 준비과정이 필요하다. 그리고 그 준비과정은 질문에서 시작된다. 환자가 아닌 사람(non-patient)에게 적용되는 메타심리학은 사전 처리가 안 된 캔버

스에 그린 유화물감처럼 떨어져 나간다.

이러한 주제들이 가장 명확해 지는 것은 수퍼비전, 즉 바로 어려운 메타프락시스(metapraxis)이다. 감독들은 흔히 그들의 이론적 입장 때문에 분석 기관의 후보생들에 의해 선택된다: 예를 들어, 누군가는 역전이를 활용하는 법을 배우기 위해서 "A박사"에게 간다. 하지만 "A"는 종종 관찰된 치료에서 자신의 특정 관심사를 보여주기에는 충분치 않다는 것을 발견한다.

어리둥절하거나 어찌해야 할 바를 모르는 분석가는 수중에 충분한 자료가 없는 분석가이다 라는 말은 수퍼비전의 타당한 격언이라고 생각된다. 이것은 흔히 나타나듯이 반드시 역전이의 문제가 아니라, 전이 발달보다 앞서서 일어나는 변화에 대한 성격적 저항(characterological resistance)일 수 있다. 다시 말하면, 나는 전이가 압박하는 질문의 결과라고 제안하고 있다. 그것은 성격 방어(환자가 변화의 과정에 가져오는 모든 어려움)의 일반적인 표현이 아니라, 질문에 의해 촉발된, 치료자에 대한 특정 반응이다. 일단 전이가 발달되었다면, 역전이는 물어보려고 생각하지 않는 것, 즉 "관심을 두지 않는 것"이라고 하는 것이 당연할 수 있다.

대개 초보 분석가들은 주어진 자료로 매우 정교하게 평가를 하는 데 전혀 어려움이 없다. 박사 후 수준에 있는 대부분의 사람들은 이론적으로 개념화를 충분히 잘 할 수 있다. 이것을 의심하는 어떤 상급 분석가도 자신의 사례 자료를 후배 동료들에게 발표하지 않았을 것이다. 이 분야에서 전문가와 초심자를 구별시켜주는 것은 메타심리학의 정교함－락커룸에서의 전문가 그 이상이 아닌－이 아니고 환자를 움직이게 할 수 있는, 즉 ***작업하게*** 할 수 있는 능력이다.

요약하면, 나는, 어떻게 해석되더라도, 우리 모두에게 환자의 이야기를 풍성하게 하고 해체하는 것은 우리의 가장 강력한 수단이라고 생각한다. 심지어 도깨비불과 같은 변형적 해석(mutative interpretation)을 추구하는 분석가들도 자유연상적 해체에서 시작해야 한다. 그것은 그 자체가 정신분석은 아니지만, 정신분석을 위한 절대적인 전제조건이다. 비유하자면, 그것은 곡식을 갈기 위해서 맷돌을 돌려주는 물과 같다. 비록 메타심리학이 곡식을 아주 가늘게 갈더라도, 맷돌을 돌리는 힘을 제공하는 것은 분석적 환경의 통제와 질문의 압박이다. 행동화가 발생할 때, 틀이 침범당할 때, 우리는 그 힘이 소실되는 것을 쉽게 볼 수 있다. 틀이 망가진 맷돌처럼 치료는 삐걱거리다 서서히 멈춘다. 제대로 된 정신분석은 저항과 전이를 분석하는 것이다; 그러나 어떻게 정의 내리든, 전이는 환자와 한 방에 앉아 있고, 환자의 성격구조가 분석가에게 영향을 미치기 때문에 일어나는 자동적인 혜택이 아니다. 그것은 질문의 압박으로 인한 결과이다. 전이는 삶의 한 조각이 아니다; 그것은 환자가 탐색하고 있는 것의 매우 강조된, 같은 형태의 판본이다.

유대교 신비주의자는 하나님의 신비가 독특함에 있다고 말한다. 나는 정신분석의 "신비" (비밀스러운 핵심)도 그 독특한 것, 그리고 환상이든, 자유연상이든, 혹은 설리반의 "자세한 질문" 이든 다양한 형태에서 생겨나는 자료(일관성 있는 내러티브가 아닌) 특유의 해체된 모자이크를 추구하는 것이라고 제안하고 있다. 다양한 이론적 신념을 가진 노련한 분석가들의 공통분모는 충분한 압박 하에서 충분한 자료를 끌어내는 능력, 정신분석이 일어나도록 할 수 있는 능력이다. 마숫 칸이 말했듯이 "우리 모두는 환자의 치유 과정을 돕는 하인들이다"(Khan 1969). 다양한 메타심리학보다도 환자에게서 그 치유과정이 일어나도록 하고 —실제로 포착하는— 우리의 공통된 능력이 더 중요할 수 있다. 그 치유과정이 무엇인가 하는 것은 전혀 분명하지 않다. 변화는 신비스러운 방식으로 일어나는데, 이것은 분석가들 보다는 윌리엄 제임스와 제임스 조이스에 의해 연대기적으로 더 잘 기술되었다. 나는 정신분석적 변화가 일관성 있는 내러티브를 구성하는 것에 의해서도, 교정적 정서 경험에 의해서도, "Rumpelstiltskin"[5] 오류의 방식—즉 "정확한" 역동을 확인하고 그 이름을 명명함으로써 이뤄지는 치료—에 의해서도 일어나지 않는다고 믿는다.

우리가 할 수 있는 모든 것은, 그리고 이것은 굉장한 일인데, 변화를 위한 장(場)을 마련하는 것이다. 다시 말하면, 나의 치료적 알고리즘은 하나의 확고하고 포괄적인 틀, 즉 방어들을 강화하고 치료사와의 관계에서 많이 확장된 환자의 활동 형태로 이어지는 해체적인 질문으로 구성된다. 바로 거기에서 훈습이 일어난다: 이것은 나에게 역동들의 단순한 명료화가 아니라 우리가 언급할 수는 있지만 개념적으로는 결코 완전히 파악할 수 없는 매우 복잡하고 유추적인 경험이다. 그렇다고 내가 메타심리학이

5) 역주: 그림 형제에 실린 독일민담 속 난쟁이의 이름. 주인공이 'Rumpelstiltskin'인 난쟁이의 이름을 알아맞히자 난쟁이 스스로 자신의 몸을 두 동강 내어 죽음.

부적절하다거나 혹은 분석가들이 존재론적 신념체계를 갖는 것이 중요하지 않다고 생각하는 것은 아니다. 분명한 것은 어느 누구도 메타심리학 없이 활동하지 않는다는 것이다. 나는 나에게 발달과정에서 그리고 성인의 삶에서 정말로 중요한 것에 대한 나만의 보편적인 전제들이 있어야만 한다(Greenberg 1987)는 것을 부인하지 도 않을 것이다. 나는 정신분석에서 메타심리학을 제거하고 있는 것이 아니다. 나는 그것이 정신분석의 원동력이라고 생각하지 않고, 오히려 그것은 해체적 질문의 붕괴력(imploding force)을 포착하고 담아주는 은유들의 스펙트럼이라고 말하고 있는 것이다. 그것은 일어나고 있는 것을 이해하려는 노력이다. 그리고 내가 반대하는 것은 단지 이 "이해하는 것"이다. 나는 단순히 "이해하는 것"을 반대한다. 의미의 파편화를 견뎌내는 것은 새로운 의미를 창조하는 것이다. 나의 은유를 따르자면, 나는 결국 훨씬 더 중요한 것은 우리가 가는 것이라기보다는 맷돌을 돌리는 것이라고 확신한다.

참고문헌

Brenner C: A structural theory perspective. Psychoanalytic Inquiry 7:167–171, 1987

Clancier A, Kalmanovitch J: Winnicott and Paradox. London, Tavistock, 1987, p 66

Eco U: Semiotics and the Philosophy of Language. Bloomington, Indiana University Press, 1984, p 150

Gill M: Analysis of Transference, Vol I. New York, International Universities Press, 1982, p 29

Goldberg A: A Self Psychology Perspective. Psychoanalytic Inquiry 7:181–187,1987

Greenberg J: Of mystery and motive. Contemp Psychoanal 23:689–704, 1987

Greenberg J, Mitchell M: Object Relations in Psychoanalytic Theory. Cambridge, MA, Harvard University Press, 1983

Grosskurth P: Melanie Klein. New York, Alfred A Knopf, 1986, pp 449–450

Khan M: Introduction, in The Hands of the Living God: An Account of a Psychoanalytic Treatment. Edited by Milner M. New York, International Universities Press, 1969, p xxxi

Kierkegaard S: Fear and Trembling. Harmondsworth, UK, Penguin, 1985

Kvarnes R, Parloff G: A Harry Stack Sullivan Case Seminar. New York, WW Norton, 1976, p 38

Little M: Winnicott working in areas where psychotic anxieties predominate: a personal record. Free Associations 3:9—42. London, Free Association Books, 1985

Levenson E: The Ambiguity of Change. New York, Basic Books, 1983

Matt DC: Zohar, The Book of Enlightenment. New York, Paulist Press, 1983, p 72

Norris C: Deconstruction, Theory and Practice. New York, Methuen, 1982

Popper K: The Logic of Scientific Discovery. London, Hutchinson, 1959

Pulver S: Epilogue. Psychoanalytic Inquiry 7:289–299, 1987

Ricoeur P: Freud and Philosophy. New Haven, CT, Yale University Press, 1970

Schafer R: A New Language for Psychoanalysis. New Haven, CT, Yale University Press, 1976

Silverman M: Clinical Material. Psychoanalytic Inquiry 7:147–165, 1987

Spence D: Narrative Truth and Historical Truth. New York, WW Norton, 1982

Sullivan HS: The Psychiatric Interview. New York, WW Norton, 1954

Winnicott DW: The aims of psychoanalytic treatment, in The Maturational Process and the Facilitating Environment. New York, International Universities Press, 1965, p 167

Winnicott DW: Holding and Interpretation. New York, Grove Press, 1987, p 192

레스터 루보스키 (Lester Luborsky)

17

소개

레스터 루보스키(Lester Luborsky)는 펜실베니아 주립대학교에서 수학한 후 듀크 대학교에서 심리학으로 철학박사를 취득하였다. 그는 캔사스 주 토피카에 위치한 메닝거 재단에서 정신분석훈련을 받고 그곳에서 연구활동을 하였다. 이후 펜실베니아 대학교로 돌아와 1968년부터 정신의학과 소속 심리학 교수로서 봉직하였다. 그는 400편 이상을 저술하였으며 그 공로를 인정받아 다음과 같은 수많은 상을 받았다: 미국심리학 재단이 수여하는 심리학 응용분야의 공헌에 대한 골드메달 상, 정신분석 분야의 공헌에 대한 메리 S. 시고니 상, 심리치료 연구재단의 특별 연구업적상, 미국심리학회의 12분과의 특별공로상, 그리고 미국정신분석협회의 정신분석 이론과 연구에 대한 특별상 등. 이외에도 많은 의과대학에서 초빙교수와 전국규모의 여러 단체의 주요 운영위원으로 활동하였다.

루보스키 박사는 정신분석적 문제에 대한 경험적 연구의 실행 타당성과 분석상황에 대한 연구 가능성을 보여주는 다양한 연구를 수행하였다. 그는 정신분석적 개념들을 측정하는 방법 개발에 있어서 선구자적 역할을 하였다. 또한 정신분석의 원리에서 유래된 지지-표현 치료기법들을 활용할 수 있는 매뉴얼을 개발하였다. 그가 개발한 혁신적 측정도구로는 핵심 갈등관계 주제(Core Conflictual Relationship Theme, CCRT), 증상-맥락 방법(Symptom-Context method), 환자의 의사소통에 대한 치료적 반응의 적절성 측정, 환자-치료자의 적합성 측정, 환자개선 평정척도 등이 있다.

루보스키 박사는 지각, 성격, 중독, 정신-신체의학, 심리치료, 정신분석 연구 분야의 기법들과 관련된 다양한 조사 및 개발 작업을 이끌었다. 그의 공헌에는 현재 전반적 평가척도(Global Assessment Scale)로 알려진 신뢰할 만한 심리적 건강-질환 척도 개발; 심리치료에서 해석의 정확도 측정; 일반적인 약물상담 및 아편제 중독자의 메타돈(methadone, 해로인 중독치료제) 유지를 위한 심리치료의 공헌도; 전이의 중심개념에 대한 최초의 타당화(예를 들어, 환자의 치료자에 대한 관계는 환자의 일반적 관계패턴과 유사하다), 그리고 CCRT의 타당성에 대한 수많은 연구 등이 있다.

자신을 소개해 달라는 요청에, 루보스키 박사는 다음과 같이 기술하였다.

> 내가 한 일은 한 영역에서 60년에 걸쳐 400개 이상의 저술을 통해 상당히 큰 영향력을 끼친 것이다. 나는 새로운 측정도구와 매뉴얼, 현재까지 그것들 중 36개를 개발하는 데 오랫동안 관여해왔다. 내가 개발한 것들 중 27개는 "최초"라는 단어가 붙는다. 예를 들어, 최초의 객관적 전이 측정, CCRT 방법들, 최초의 통제된 증상-맥락 연구(여기에서 증상-맥락 방법을 개발하였다), 최초의 관찰자에 의한 건강-질병척도 측정, 최초의 관찰자 판단에 의한 치료동맹 측정 등이 있다. 지난 31년 동안 관련분야에서 공헌을 인정받아 수많은 다양한 상을 받았다. 내가 받은 대표적인 상으로는 국립정신건강연구소(NIMH)와 국립약물남용연구소(NIDA)의 연구과학자 상, 미국심리학회의 특별공헌상과 정신분석에 대한 공헌으로 받은 시고니 상 등이 있다.

이 논문을 선택한 이유

레스터 루보스키

본 논문은 핵심 갈등관계 주제(Core Conflictual Relationship Theme, CCRT)를 정신분석 분야에 소개한 최초의 저술 중 하나로서, 심리학뿐만 아니라 과학 분야에서 대중적 호소력을 지닌 학술지 *Psychiatry*에 게재된 후 많은 기고자들이 인용하였다. 본 논문은 CCRT에 대한 연구가 프로이트의 가장 위대한 개념인 전이 패턴을 평가하는 데 도움을 준다는 점에서 특별히 중요한 저술이다. 이 방법을 통해 우리는 환자의 대인관계 갈등뿐만 아니라 심리내적 갈등 그리고 어떤 방식으로 그들의 대인관계 도식을 치료자와의 상호작용 속으로 가져오는지를 알 수 있다. 환자의 관계갈등을 숫자로 나타낼 수 있으며 치료회기에서 추론해 낼 수 있다. 이런 방법은 연구에서 중요한 역할을 하며 임상환경에 대해서도 많은 함의를 지닌다. 또한 특정 갈등을 분리해 냄으로써 그 갈등과 다른 요인들과의 관계를 살펴볼 수 있다. CCRT와 관련하여 흔히 연구되어 온 요인 중 하나는 증상형성(symptom formulation)인데, 이것은 더 많은 발견을 가능하게 했고 정신-신체 연구에 도움을 주었다. 전반적으로 볼 때 환자의 관계갈등을 개선하려면 갈등의 저변에 깔려있는 인지도식을 이해하는 것이 중요하다.

관계패턴 측정

핵심 갈등관계 주제
(A Relationship Pattern Measure: The Core Conflictual Relationship Theme)

레스터 루보스키
폴 크리츠-크리스토프[1)]

관계패턴 측정은 심리치료의 회기 또는 다른 면접에서 드러난 주요 관계패턴들을 측정하기 위해 최근에 개발된 시스템이다. 이 측정은 정신역동이 시작된 이래 심리치료사들이 임상적으로 추정해왔던 패턴들의 종류를 정밀하게 측정하는데 쓰이는 도구이다. 본 논문은 관계패턴 측정을 기술하고 예시를 제시한 다음, 하나 또는 그 이상의 다른 관계패턴 측정들과 비교하는 목적을 가지고 있다. 이 목적 외에도 성격 및 심리치료 연구를 위한 새로운 연구방법들의 가치를 보여주고자 한다.

1976년 이후 열두 개의 관계측정 도구들이 기하급수적으로 등장했는데, 이런 폭발적 증가는 임상과 연구 분야에서 측정도구의 필요성을 반영한다. 등장한 년도에 따라 도구들을 기술하면 다음과 같다: 레스터 루보스키(1976), 핵심 갈등관계 주제(CCRT); M. 호로위츠(1979), 구성분석(Configurational Analysis); 텔러와 달(1981), 프레임 방법(Frame Method); 칼슨(1981), 각본방법(Script Method); 길과 호프만(1982), 환자와 치료사의 관계경험; L. 호로위츠와 동료들(1983), 합의반응 형성(Consensual Response Formulation); 샤흐트와 동료들(1984), 역동적 초점(Dynamic Focus); 그라베와 카스파르(1984), 계획분석(Plan Analysis); 바이스와

1) Paul Crits-Christoph는 펜실베니아 주에 소재한 펜실베니아 대학교 정신건강의학부 소속 심리학 교수이자 동 대학의 심리치료 연구센터 소장이다.
이 연구는 국립정신건강연구소(National Institute of Mental Health grant R01 MH39673), 연구과학자 어워드(MH40710), 미국정신분석협회의 정신분석연구 기금(L.L.), 존 캐서린 맥아더 재단의 후원 하에 캘리포니아 대학교의 의식적 및 무의식적 정신과정 연구 프로그램의 지원을 받아 진행되었다.
Lester Luborsky 박사와 Paul Crits-Christoph 박사의 "A Relationship Pattern Measure: The Core Conflictual Relationship Theme"는 *Psychiatry*, 52:250-259, 1989에 게제, 출판되었다.

샘프슨(1986), 계획진단(Plan Diagnosis); 본드와 쉐브린(1986, 미발행), 임상평가팀(Clinical Evaluation Team); 페리(1986), 개별 갈등요약(Idiographic Conflict Summary); 맥심(1989), 시애틀 심리치료 언어분석도식(Seattle Psychotherapy Language Analysis Schema).

중심적인 관계패턴 중 가장 많이 알려진 것 중 하나는 전이 패턴인데, 일단 패턴이 확인되면 정신역동적 심리치료사가 기법을 선택하는 데 도움을 준다(Luborsky, 1984). 적어도 CCRT에는 "전이방식(transference template)" 에 대한 프로이트의 관찰과 CCRT에서의 관찰 간에 납득할 만한 유사점들이 있다(Luborsky 외, 1986, 1988).

이런 종류의 측정도구들을 빠른 속도로 이용할 수 있게 되었다는 점에서, 도구들을 비교분석하는 것은 중요한 일이다. 사실 측정도구들의 비교와 관련된 출판물은 아직까지 하나도 없는 실정이다. 이런 현실을 감안해 다음의 측정도구들을 비교하고자 한다: CCRT, 역할관계 모델들(the Role Relationship Models), 역동적 초점 혹은 순환적 부적응 패턴(Cyclical Maladaptive Patterns, CMP), 개별 갈등형성(Idiographic Conflict Formulation, ICF)과 계획 진단(Plan Diagnosis, PD). 각 비교에는 CCRT가 포함될 것이다. 각 측정도구는 다른 도구들과 몇 가지 공통점이 있는데, 가장 일반적인 것은 소원 형(wish type) 구성요소이다. 비교연구 방법을 지지하는 사람이 있다는 것 이상으로, 여기서 논의될 5개의 측정방법 간의 비교를 하게 만든 다른 특별한 선정요소는 없었다. 추가의 방법이 비교연구에 포함되었는데, 그것은 환자의 치료자와의 관계경험(the Patient's Experience of the Relationship with the Therapist, PERT)으로써 케첼레와 동료들이 CCRT와 비교했던 것이다. 대응비교는 두 방법의 공식이 그런대로 유사함을 보여주었다.

이런 새로운 방법의 목록에는, 심리치료 회기나 다른 형태의 면접에 근거하여 패턴에 대한 추론을 목적으로 한 안내된 임상적 판단과 양적 내용분석 시스템이 갖춰진 방법들이 포함된다. 이와 관련해서는 싱어와 샐로비(1991)의 보다 광범위한 평가들을 참조하라. 이 목록에는 1955년부터 1976년까지 황금기를 이룬 질문지 방식을 사용한 주요 관계패턴 측정에 대한 연구영역은 포함되지 않았다. 이 자료는 다른 곳에서 평가되었고(Luborsky et al. 1986), 그것은 우리가 평가할 방법들보다 임상적 적용가능성에 있어서는 제한적이다.

핵심갈등 관계주제에 대한 견해들

우리는 본 논문을 통해 CCRT에 대해 기술하고(Luborsky 1976, 1977), 이 도구를 적용하는 사례의 예를 제시하고자 한다. CCRT는 회기에 적용된 관계패턴 측정도구 중 가장 오래된 것이다. 아직도 해야 할 일이 많이 남아 있지만 CCRT는 심리측정 개발에 쏟아 부은 단결된 노력의 혜택을 받았다(Luborsky & Crits-Christoph 1990). 이 설명은 구성분석 방법(Horowitz 1979, 1987)의 일부인 역할-관계 모델(Role-Relationship Models, RRM)로 불리는 밀접하게 연관이 있는 방법과의 원활한 비교를 하는데 목적이 있다. RRM은 한 측면에서 CCRT와 겹치지만 훨씬 더 광범위하다. 예를 들어 그 명칭이 암시하듯이 RRM은 역할-관계모델들을 평가한다. RRM에 대한 동반 논문 한편도 관계패턴 방법에 대한 기술과 동일한 환자의 치료 회기에 적용된 CCRT와 비교하는 방식을 따르고 있다. 본 논문은 각 방법의 강점과 단점들을 밝혀, 차후의 측정방법 사용자들이 다른 적용유형의 요구조건을 충족시킴에 있어서 제공된 정보에 근거해 선택할 수 있도록 도움을 주고자 한다.

CCRT 방법과 몇 개의 이론적 토대들

이 방법의 절차는 CCRT 지침을 따른다(Luborsky, Edition of 3/27/85; Luborsky & Crits-Christoph, 출간 준비중). CCRT 방법은 관계 이야기에서 나온 관계패턴을 신뢰도가 있는 추론으로 도출하는 평가체계이다. 관계 이야기들은 환자가 관계와 연관된 에피소드를 자연스럽게 제시하는 회기의 일부로서, "관계 삽화(relationship episodes, REs)"를 가리킨다. CCRT를 끌어낼 수 있는 기초를 마련하려면 최소 10개의 관계 삽화가 바람직하다. CCRT의 단계는 전이패턴을 제시함에 있어서 임상가들이 사용하는 유추과정의 공식화(formalization)를 대변하기 때문에 선정되었다. CCRT 평가자는 각 관계 삽화 내에서 다음과 같은 3개의 유형을 유추할 것이다: 1) 소원, 욕구, 의도; 2) 타인의 반응; 3) 자신의 반응. 평가 절차는 1차 추론과정을 마친 후 가장 적절한 수준에서 추론할 수 있도록 2차 과정을 통해 한 번 더 추론을 시도하는 것이다. 최종 CCRT는 모든 관계 삽화에 걸쳐 가장 빈번하게 등장하는 유형인 소원과 반응들의 집합이다.

다음은 측정방법에 반영된 CCRT 이론의 기본가정들이다:

1. 데이터 은행: 기본가정은 CCRT 관계패턴을 추론할 수 있는 풍부한 자료가 치료사와의 관계가 형성된 회기 내 실연(enactments)뿐만 아니라 관계에서 일어난 삽화와 관련된 이야기에서 나온다는 것이다.
2. 범주(categories): 필수 가정은 CCRT가 일관되게 두 개의 폭넓은 구성요소를 다룬다는 것이다: 1) 대인관계에서의 소원, 욕구와 의도; 2) 타인의 반응과 자신의 반응. 이런 범주화는 대체로 원초아 충동과 자아기능에 대한 프로이트의 이원론에, 보다 현대적인 언어로 표현한다면, 동기와 추동의 차원과 통제 및 집행기능에 상응한다고 볼 수 있다. 이 방법의 결과에는 자기-타인 도식뿐만 아니라 자기 도식과 관련된 측면들이 포함된다.
3. 빈도(frequency)에 대한 의존(예를 들어, 이야기들에 겹쳐있는 중복): CCRT는 세 종류의 구성요소가 보여주는 특별유형의 빈도를 많이 의존한다: 타인을 향한 소원, 타인의 반응 그리고 자신의 반응. CCRT의 핵심은 가장 큰 빈도를 가진 구성요소의 유형들에 근거한다. 더 큰 빈도는 관계도식 내에서 더 큰 중심적 위치를 차지한다고 가정한다. 머레이(1938)가 TAT의 채점 시스템에 대해 논의한 바와 같이, 빈도는 상당히 강도(intensity)에 상응한다.
4. 추론의 수준: 각 구성요소의 유형과 관련된 이야기 자료로부터 얻은 추론의 수준은 피상적인(비난이나 경멸의 의미가 아닌) 것, 다시 말해 환자의 진술에 근접한 것에서부터 적당히 추론적인 것에 이르기까지 다양하다. 여기서 중요한 가정은 "적당히 추론적인" 추론들은 더 쉽게 이야기들에 걸쳐 일반화시킬 수 있고 최종적인 CCRT의 많은 부분을 형성하기 때문에 극히 중요하다는 것이다.
5. 주제의 안정성: CCRT 방법은 경험적으로 입증된 바와 같이, 시간이 흘러도 안정성에 대한 많은 증거를 가진 관계패턴에 대해 기술할 수 있도록 안내한다 (Luborsky et al. 1985).
6. 주제 내 갈등 포함: 기본가정은 관계패턴을 측정하는 훌륭한 도구에는 중심적 관계갈등이 포함되어야 한다는 것이다. CCRT는 두 종류의 주요 갈등을 반영하

는 구성방식으로 표시된다: 1) 소원 간의 갈등; 2) 소원과 타인 및 자신의 반응 간의 갈등.

7. 자신의 반응에 증상 포함: CCRT 구성방식에 포함되는 또 다른 가정은 증상들이 자기의 반응들로 구분되는 것이다. 따라서 증상들은 종종 CCRT 맥락과, 부분적으로는 맥락에서 만들어진 결과물로 이해된다. 아래의 사례에서 볼 수 있듯이, 소원은 무기력감을 유발하는 타인의 무서운 반응에 대한 저항으로 경험될 수 있다. 또한 갈등은 프로이트(1926)의 정신분석 이론의 가설로 설정되었듯이 증상의 발달에도 기여할 수 있다.

사례 예시

CCRT 방법의 예시 자료는 사회공포증을 겪고 있는 A씨를 시간제한(매주 총24회)이 있는 심리치료의 축어록이다.

치료 당시 A씨는 30대 초반이었다. 그는 전문직에 종사하는 아버지와 전업주부인 어머니 사이의 둘째 아이로 태어났다. 결혼한 지 여러 해가 지났으며 아내와 함께 소규모의 디자인 회사를 운영하고 있었다. 그는 자신의 일과 결혼생활을 방해하고 있는 다소 심한 광장공포증 증상을 해결해 보겠다는 희망을 갖고 심리치료를 하게 되었다. 심리치료 초반에 그는 비행기 여행, 고속도로 여행, 익숙치 않은 레스토랑, 그리고 관련된 상황들에 대해 불안과 병적인 정도의 두려움을 보였다. (보다 자세한 내용을 원한다면 Horowitz 1989를 참조하라)

CCRT와 RRM을 비교하기 위해 우리 펜실베니아 팀과 호로위츠의 샌프란시스코 팀이 비디오로 녹화한 심리치료의 4회기와 17회기의 동일한 축어록에 각 팀의 측정 도구를 독립적으로 적용하였다.

결과들

맞춤 범주들이 있는 CCRT 방법

회기에서 도출된 추론들의 범주화 작업에는 '맞춤 범주(tailor-made categories)'

와 '표준 범주(standard categories)'가 사용되는데, 이 범주들에 대해서는 후에 논의할 것이다. 일반적인 CCRT 채점 시스템을 '맞춤'으로 부르는 이유는 평가자가 각 환자의 회기에서 수집한 자료에서 가장 적합한 추론의 범주들을 도출하려는 목적이 있기 때문이다. 이 범주들은 다른 환자에게 적용하면 안 되고 오직 관찰 중인 환자에게만 적용해야만 한다.

A씨에 대한 CCRT 분석을 위해 세 명의 독립 평가자들이 두 회기의 관계 삽화를 분석하였다. 열 개의 관계 삽화 중 5개는 [표 17-1]에, 분석 결과는 [표 17-2]에 요약되어 있다. CCRT가 각 삽화에서 가장 높은 빈도에 근거한 것이기 때문에, [표 17-2]의 빈도는 "최소"에서부터 "최대"까지 평균 빈도의 순으로 나열되어 있다. 예를 들어 평가자 L이 소원, 욕구 혹은 의도로 평가한 것은 "내 방식대로 일하고 싶다; 가까운 사람들의 압력에 반대하고 싶다; 그 사람들에게 내 주장을 말할 예정이다." 등이 있다. 이런 소원은 두 회기에서 발견된 10개의 삽화 중 7개에 등장한다(5개의 삽화가 각 회기마다 발견되었다).

표 17-1. 처음 다섯 개의 관계 삽화(17번 회기)

삽화 1 ***아내***	난 남편과 여행을 가지 않았어요. 아내의 역할을 제대로 못한 느낌이에요. 난 가라고 내 자신을 밀어붙일 수가 없었어요. 그래서 지금 나 자신을 비난하고 있는 거예요. 그리고 나는 내가 느끼는 두려움을 무기로 사용하고 있어요.
삽화 2 ***치료사***	지난 회기 이래로 난 불편함을 느끼고 있습니다. 우리는 치료사인 내가 속도조절을 원활히 하는 것과 관련해서 얘기했었죠. 그런데 그 회기가 60분 만에 끝나버렸잖아요! 그때 나는 회기를 종료한 것때문에 당신에게 갑작스레 화가 나고 당신을 의심하는 마음이 생겼습니다.
삽화 3 ***아버지***	난 뭘 해야 할지 아버지의 해석에 의지했었는데, 때때로 아버지는 스스로 무슨 말씀을 하는지도 모르셨어요. 아버지는 성공하려면 양복과 넥타이를 매라고 말씀하셨죠. 난 화가 나서 아버지께 대들었습니다. 그러나 아버지께 말씀드린 것에 대해서는 기분 나쁘지 않았습니다.
삽화 4 ***약혼자***	대학 다닐 때 결혼할 뻔했던 여학생은 자신의 인생에서 내가 맡게 될 역할에 대해 독특한 생각을 갖고 있었습니다. 그게 우리 관계가 멀어지고 마침내 관계를 끝낸 이유였습니다. 바로 그 당시 내가 레스토랑에 가면 아프기 시작해 더 이상 가지 않게 되었죠. 내 고민은 내가 뭘 해야 하는지에 대해 끊임없이 싸우는 것이었습니다.

삽화 5 *아버지*	난 성공과 직업에 관해서는 아버지가 우리에게 가르치신 대로 살아왔습니다. 아버지한테 반항하는 것은 어려운 일이었죠. "반항과 내가 성공할 수 있다는 것을 아버지께 증명해 보이겠다는 생각"은 붙들고 있기엔 힘들었습니다. "난 아버지가 말씀하신 것을 믿지 않아요."라고 말하기가 무섭습니다. 아마도 아버지한테 상처가 될 것 같거든요. 내가 치료받고 있기 때문에 아버지는 자기가 실패했다고 느끼고 계실 겁니다.

평가자 M은 "다른 사람의 소원에 굴하지 않고 내가 하고 싶은 것을 하는 것"을 소원으로 평가한다. 평가자 P가 소원으로 평가한 것은 "다른 사람들에게 원하는 것을 말하기; 다른 사람의 소원에 굴하지 않고 원하는 것 하기" 등이다. 평가자 P는 "다른 사람에게 원하는 바를 옹호하기; 다른 사람의 소원에 끌려가지 않기"를 소원으로 평가하였다. 조사 자체만으로 3명의 독립 평가자가 각 구성요소의 유형들에 대해 유사한 추론을 도출했다는 것이 인상적이다.

표 17-2. 환자 A: 관계 삽화에서 분류한 맞춤 범주를 사용한 CCRT(4회기와 7회기)

평가자 L	삽화	평가자 M	삽화	평가자 P	삽화
소원 1 내 방식대로 일하기 가까운 사람들의 압력에 저항하기	7	다른 사람의 소원에 굴하지 않고 원하는 것 하기	8	내가 원하는 것을 주장하기 타인들의 소원에 끌려가지 않기	9
소원 2 다른 사람을 기쁘게 하고 상처주기 않기	4	다른 사람에게 상처주지 않기; 그래서 그들의 기대에 부응하며 살려고 노력함.	4	다른 사람에 가까이 가기 대화하며 나누기	6
타인의 부정적 반응 나를 통제하고 압력을 행사 하는 것 내가 자신들의 생각에 맞춰주기를 기대하는 것	6	속박하고 방해하는 것. 그가 원하는 방식으로 내가 일하기를 기대함	4 3	수용적이지 않음 나를 이해하지 못함 나를 떠나감	3 3 3
자신의 부정적 반응 무기력하게 느끼는 것 공포증상(불안 등) 자기비난	5 4 4	화가 남, 좌절감을 느낌, 분개함, 초조함, 속상함, 불안함	7 5	자기주장을 하지 못하고 다른 사람을 쫓아감 불안함	6 5
타인의 긍정적 반응 지지하고 안심시켜주는 것	5	수용적임, 비판단적임	2	나를 이해함	1
				나를 좋아함	1
				수용적임	1

자신의 긍정적 반응 적극적으로 다른 사람들의 생각에 맞서기	4	통제하고 있음, 불안해하지 않음	3	내가 원하는 것과 관련해 무언가를 함(자기주장).	4

맞춤 CCRT: 대응비교를 통한 평가자들의 합의

그러나 "인상적인 조사"는 정말 얼마나 유사한지를 정확하게 알고 싶어 하는 엄격한 연구자에게는 인상적이지 않을 수 있다. 이 소원을 만족시키기 위해 우리는 다른 사례들에 대한 평가형식을 비교한 것처럼, 각 평가자의 평가형식을 동일한 사례에 대한 다른 평가자들의 평가형식과 비교하는 대응비교방식을 도입하였다. 이 방법은 레빈과 루보스키(1981) 그리고 루보스키와 동료들(1985)의 저술에 있는 "합의판단" 시스템과 유사하다. 우리는 대응비교방식을 사용함으로써 동일사례 짝 대 비동일 사례 짝과 관련해 맞춤범주에 나타난 유사성 수준에서의 차이를 알 수 있다. 이 방식은 특히 맞춤범주들을 다루는데 적합하다(그림 1 참조). 이런 범주들을 위해 보다 일반적인 신뢰도 방법을 사용할 수 없다.

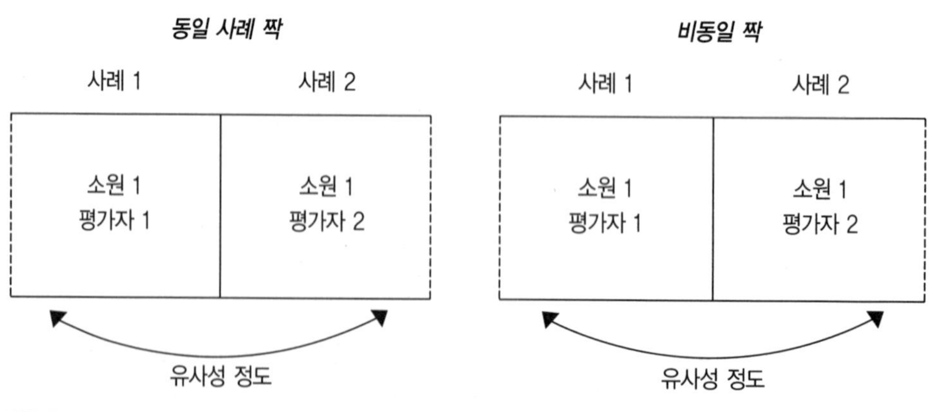

그림 17-1 유사성 정도를 결정하기 위한 대응비교 도표

A씨에 적용한 것처럼 이 방법에 대한 보다 자세한 기술을 목적으로, 이 사례와 관련해 각 독립평가자가 수집한 CCRT 공식에 추가하여 다른 사례들로부터 무작위 선

정된 CCRT들이 비교를 위해 사용되었다. 일곱 개의 CCRT는 각각 다른 것들과 짝을 지어, 총 21개의 대응 짝이 구성되었다. 합의 평가자들(agreement judges)은 1에서 7까지의 척도를 이용해 각 대응 짝의 유사점에 등급을 매겼다(1=완전히 다른, 7=완전히 동일한). 물론 합의 평가자들은 각 CCRT가 어느 사례에 속하는지 전혀 알지 못한 상태였다.

우리는 유사성 등급과 관련된 평가자들의 합의를 점검하기 위해 급내상관계수(intraclass correlation coefficient)를 사용하였다. 상관계수는 .73이었다. 합의 평가자들의 등급을 합한 다음, 세 개의 동일사례로 묶여진 CCRT 대응 짝의 평균을 짝이 없는 사례들의 CCRT들과 짝이 된 공포증 사례를 위한 CCRT의 세 공식의 평균 유사점과 비교하였다. 동일사례 대응 짝들의 유사성 평균치는 5.5이었고, 비대응 사례의 경우에는 2.8이었다(대응표본 t의 검증결과를 보면 $P<0.01$ 수준에서 평균치는 유의미한 차이가 있었다). 따라서 이 방법을 통해 우리는 대응 짝이 다른 사례들에서 비롯된 공식을 포함할 때보다 각 평가자의 공식이 동일사례에 대한 다른 평가자들의 공식과 비교했을 때, 평가자들 간에 합의가 더 많이 이루어진다는 것을 알게 되었다.

표준범주 CCRT

모든 추론이 들어갈 수 있는 단일 표준범주 세트를 사용하여 평가자간 그리고 때로는 평가자 자신과의 합의를 위해 CCRT 채점의 신뢰도를 높여야 한다. 우리는 맞춤범주와 표준범주 시스템을 조합하여 사용할 것을 권장한다. 평가자는 일반적인 맞춤 CCRT 채점 후, 표준범주 목록을 참조하고 맞춤시스템에서 도출한 각 범주와 유사한 범주를 선택해야 한다.

경험적으로 도출된 표준 범주목록은 16개의 사례에 근거한 것이다(Luborsky, Edition #1, 6/10/85). 정상 집단에 속한 환자들의 CCRT는 심리치료 회기에서 도출하였다. 모든 환자는 장기 심리치료 중이었는데, 10명의 정신분석적 심리치료 환자와 6명의 정신분석 환자가 있었다. 이런 범주의 구성은 16명의 환자들의 관계 삽화에 표현된 핵심 주제요소를 가장 잘 기술하는 범주들의 조합이다. 범주들은 논리적으로, 심리적으로, 그리고 평가자들이 쉽게 적용할 수 있도록 조직되었다.

머레이(1938)와 아론(1949)의 채점 범주에 따르면, 일부 표준범주는 주제통각검사(Thematic Apperception Test, TAT)의 범주와 유사한 면이 있다. 우리는 TAT와 동일한 범주를 만들기 위해 의도적인 노력을 하지 않았다. 그러나 일부 유사점은 CCRT와 TAT에 있는 관계 이야기들의 사용에서 비롯되었다.

CCRT 표준범주의 기본 특징은 다음과 같다.

1. 이 범주들은 정신역동 지향의 심리치료를 받고 있는 정상범위에 속한 16명의 비정신증 환자들의 사례에서 확인된 삽화에 가장 빈번히 일치하는 범주들이다.
2. 이 범주들은 쉽게 서로 구별할 수 있다. 범주들이 겹치지 않도록 하였다.
3. 각 범주를 기술하는 데 사용된 형용사는 유사어 혹은 거의 비슷한 뜻을 가진 단어들이다.
4. 각 CCRT 구성요소에 해당하는 범주목록의 순서는 다소 유사하다. 가능한 한 가장 높은 표준치 빈도를 보이는 범주를 가장 앞에 두었다.
5. 각 구성요소에 해당하는 동일 범주에는 같은 단어들을 사용하였다. 예를 들어, 소원은 다른 사람의 우위를 거절하는 것; 타인의 반응은 맘대로 하려는 것; 나의 반응은 지배받는 느낌.

표준범주 적용을 위한 지침: 1) 각 관계 삽화와 관련하여 평가자는 자신의 맞춤추론을 먼저 적용한 후 추론에 가장 적합한 표준범주를 선택한다. 각 구성요소를 위해 범주목록에서 선정한다. 2) 두 개가 적절히 어울린다면 평가자는 두 개 모두를 선택하는 것이 좋다. 하지만 두 번째가 부자연스럽다면 첫 번째를 선택한다. 때로는 표준목록이 포괄적이지 않아서 범주가 적용되지 않기도 한다. 3) 점수화된 각 범주의 적용 정도에 등급을 매기는 것이 유익하다.

A씨에 대한 표준범주 사용결과: 평가자들은 범주 선택에 있어서 동의하는 것 같았다(표-3). CCRT의 소원과 관련해 세 명의 평가자들은 거의 동일하게 다른 범주들보다 높은 빈도를 보이는 두 범주를 선택하였다(세 평가자의 평균치). 다음의 두 소원은 의미에 있어서 매우 밀접하게 관련된 것이었다: 1) 자신의 독립과 자율을 주장하기;

2) 다른 사람의 우위를 극복하기와 다른 사람이 강제한 것에서 벗어나기. 또한 평가자들은 주요 범주와는 개념적으로 덜 관련된 그리고 약간 더 낮은 빈도를 가진 다른 범주들을 선정하였다: 1) 성취하기, 능력 갖추기, 성공하기; 2) 다른 사람을 즐겁게 하기; 3) 다른 사람들로부터 도움, 돌봄, 보호와 안내 등을 받기. 두 명의 평가자는 가장 빈번한 타인의 부정적 반응으로 "우위에 서려는, 통제하는, 간섭하는, 겁주는, 침입하는" 등을 선정하였고, 타인의 긍정적 반응 중 "수용적인"과 "긍정하는"이 가장 많이 선택되었다. 자신의 부정적 반응과 관련해서 세 평가자 모두 "걱정스러운, 긴장된, 기분 나쁜" 등이 가장 많이 등장했다고 보고하였다. 그 반면, "자기 목소리를 내는, 적극적으로 자기표현을 하는, 통제력을 얻은" 등이 가장 높은 빈도를 보인 자신의 긍정적인 반응으로 선정되었다.

A씨에 대한 맞춤 CCRT와 표준 CCRT의 비교

우리가 A씨와 관련해 동일한 평가자들이 선택한 표준범주와 맞춤범주를 비교했을 때, 두 개의 주요 표준 소원 범주가 그에 상응하는 두 개의 주요 맞춤 소원 범주에 분명히 나타나 있음을 알게 되었다. 두 방식에서 가장 명백하게 나타난 동일한 소원은 맞춤의 경우, "반대하기"(평가자 L), "굴하지 않고 내가 하고 싶은 일하기"(평가자 M); "다른 사람들에게 내가 원하는 것 주장하기"(평가자 P). 이 세 개의 소원 모두 맞춤범주의 가장 보편적인 소원과 유사한 것으로 나타났다: "타인의 우위를 극복하기 ; 타인의 강제에서 벗어나기 ; 타인에게 눌리지 않기."

표 17-3. 환자 A: 10개의 관계 삽화에서 분류한 표준 범주를 사용한 CCRT

	평가자		
	L 삽화	M 삽화	P 삽화
자기주장과 독립의 소원들 1　독립과 자율을 확고히 주장하고 싶다	7	7	10
1a　다른 사람의 우위적 자세를 극복하고 싶다; 다른 사람이 부과한 의무에서 자유롭고 싶다; 무시당하고 싶지 않다	7	7	9

1b 성취하고 능력이 있고 성공하고 싶다	5	4	4
순응적이며 의존적 소원들 2 다른 사람을 즐겁게 해주고 싶다; 다른 사람에게 상처 주는 일을 피하고 싶다	4	4	2
3 다른 사람으로부터 도움, 돌봄, 보호, 안내를 받고 싶다	4	3	5
부정적 반응들 타인: 지배적인, 통제하는, 간섭하는, 겁을 주는, 침해하는	6	5	3
본인: 불안한, 긴장한, 기분이 상한	5	7	10
무기력한, 자신감이 덜한, 무능력한("난 일을 어떻게 해야 할지 모른다")	5	5	8
좌절감이 드는	2	6	4
화가 나는, 분이 나는, 미워하는	2	5	5
긍정적 반응들 타인: 수용적인, 인정하는	3	2	2
본인: 확신에 찬, 자기를 적극적으로 표현한다, 통제감을 갖는다.	4	5	6
자존감을 얻고, 확고함을 가진, 자신감이 생긴	3	4	4

* 삽화란에 있는 숫자는 CCRT 범주를 나타내는 삽화의 수를 가리킨다.

우리는 또한 표준방식과 맞춤방식의 결과가, 몇 개의 예외를 제외하고는, 타인의 반응과 자신의 반응에 있어서 서로 유사함이 있음을 알 수 있다.

논의

CCRT 모델을 A씨의 심리치료 회기에 적용하는 과정에서, 우리는 세 명의 독립평가자들이 일반적인 맞춤 CCRT를 사용했을 때 상당한 수준의 합의에 이르게 되었음을 알게 되었다. 이러한 긍정적 합의수준은 우리의 신뢰도 연구결과와 일치한다(Crits-Christoph et al. 1988; Luborsky et al. 1986). 더군다나 평가자 간 의견일치는 그들의 CCRT를 표준범주들로 전환할 때 훨씬 더 두드러졌다(Luborsky et al. 1985).

CCRT에서 도출한 공식들은 특별히 명백하게 반복되는 증상을 보이는 A씨와 같은 환자들에게 있어서, 증상형성에 중요한 역할을 하는 관계갈등을 이해하는데 도움이 된다. CCRT 방법은 환자의 사회적 공포 증상들이 두 개의 상반되는 소원간의 갈등의 산물로 이해할 될 수 있음을 제안한다. 소원의 보다 표현적인 형태(표 17−3에 있는 자기주장과 관련된 소원의 일부)는 또 다른 동시적이지만 좀 덜 표현되는 소원(표−173에 있는 순응적 소원의 부분)과는 갈등상태에 있다. 이렇게 동시적으로 경험되는 상반된 소원은 공포 증상 출현의 초석이 될 수 있다. 사회적 공포는 갈등의 또 다른 방향, 즉 두 개의 상반된 소원의 잠재적 표현과 타인 및 자신의 반응, 특히 타인의 반응간 갈등으로 인해 생겨날 수 있다.

심리적 갈등이 문제 증상을 유발하다는 것에 대한 임상가들의 일반적인 의심에도 불구하고, 이런 상호작용을 조사하려는 목적을 가진 체계적인 방법은 거의 사용되지 않고 있다. CCRT방식은 그러한 조사에 도움을 줄 수 있다. 다른 연구가들도 관계갈등 및 관계갈등과 증상의 연결 가능성에 대한 자세한 기술을 위해 노력하고 있다. 일부 체계적 방법들은 우리 것보다 훨씬 더 단순하다: 예를 들어, 설문 결과가 환자의 증상과 상관관계를 보이는 관계문제 질문지에 근거해 호로위츠(1983)가 개발한 방법이 있다. 우리는 호로위츠의 설문지 방식과 우리의 방법을 비교해 보기를 기대하고 있다.

적용의 어떤 새로운 영역을 조사하는 것이 유익한지 추측하려는 노력의 과정에서, 우리는 지금까지 오직 한 종류의 현대 정신역동심리학에 의존해 왔음을 알게 되었다. 정신역동심리학은 "환자의 관점에서 의도성(소원)을 이해하는 것" (Klein 1970) 그리고 타인 및 자신과 관련된 이런 의도들에 대한 결과(반응)들을 이해하는 것의 중요성을 강조한다. 우리가 현대의 비-정신역동적 심리학들, 예를 들어 켈리(1955)의 관계격자 분석(analysis of relationship grids)과 새로운 인지심리학(M. Horowitz, 1991)과의 비교작업을 통해 우리의 관점을 확장한다면 우리의 탐구에 진척을 이루게 될 것이다.

참고문헌

Aron BA: Manual for Analyses of the Thematic Apperception Test. Berkeley, CA, Willis E Berg, 1949

Bond J, Shevrin H: Similarities and differences between methods of formulating a patient's psychodynamically relevant relationship schemas. Unpublished manuscript, University of Michigan, 1986

Carlson R: Studies of script theory: adult analogs of a childhood nuclear scene. J Pers Soc Psychol 40:501–510, 1981

Crits-Christoph P, Luborsky L, Dahi L, et al: Clinicians can agree in assessing relationship patterns in psychotherapy: the Core Conflictual Relationship Theme method. Arch Gen Psychiatry 45:1001–1004, 1988

Freud S: The dynamics of transference (1912), in The Standard Edition of the Complete Psychological Works of Sigmund Freud [SE], Vol 12. Translated and edited by Strachey J. London, Hogarth Press, 1958, pp 97–108

Freud S: Inhibitions, symptoms, and anxiety (1926). SE, 20:77–175, 1959

Gill MM, Hoffman IZ: A method for studying the analysis of aspects of the patient's experience of the relationship in psychoanalysis and psychotherapy. J Am Psychoanal Assoc 30:137–167, 1982

Grawe K, Caspar F: Die plan Analyse als Konzept und Instrument für die Psychotherapieforschung, in Psychotherapie: Makro-und Mikro Perspechriven. Edited by Baumann U. Cologne, Germany, Hogrefe, 1984

Horowitz L, Weckler D, Doren R: Interpersonal problems and symptoms: a cognitive approach, in Advances in Cognitive-Behavioral Research and Therapy, Vol 2. Edited by Kendall PC. New York, Academic Press, 1983

Horowitz MJ: States of Mind: Analysis of Change in Psychotherapy. New York, Plenum, 1979

Horowitz MJ: States of Mind: Configurational Analysis of Individual Psychology, 2nd Edition. New York, Plenum, 1987

Horowitz MJ: Relationship schema formulation: role-relationship models and intrapsychic conflict. Psychiatry: Journal for the Study of Interpersonal Processes 52:260–274, 1989

Horowitz MJ (ed): Person Schemas and Maladaptive Interpersonal Patterns. Chicago, IL, University of Chicago Press, 1991

Kächele H, Luborsky L, Thoma H: Ubertragung als Struktur and Verlaufsmusterawei Methoden zur Erfassung dieser Aspekte, in Der zentrale Beziehungskonflikt.

Edited by Luborsky L, Kächele H. Ulm, Germany, PSZVerlag, 1988

Kelly GA: The Psychology of Personal Constructs, Vol 1. New York, WW Norton, 1955

Klein G: Perception, Motives and Personality. New York, Alfred A Knopf, 1970

Levine FJ, Luborsky L: The Core Conflictual Relationship Theme method: a demonstration of reliable clinical inferences by the method of mismatched cases, in Object and Self: A Developmental Approach. Edited by Tuttman S, Kaye C, Zimmerman M. New York, International Universities Press, 1981

Luborsky L: Helping alliances in psychotherapy: the groundwork for a study of their relationship to its outcome, in Successful Psychotherapy. Edited by Claghorn JL. New York, Brunner/Mazel, 1976

Luborsky L: Measuring a pervasive psychic structure in psychotherapy: the Core Conflictual Relationship Theme, in Communicative Structures and Psychic Structures. Edited by Freedman N, Grand SS. New York, Plenum, 1977

Luborsky L: Principles of Psychoanalytic Psychotherapy: A Manual for Supportive-Expressive (SE) Treatment. New York, Basic Books, 1984

Luborsky L: A guide for scoring the Core Conflictual Relationship Theme (CCRT). Edition 3/27/85

Luborsky L: A standard list of scoring categories based on the CCRTs of a normative group. Edition #1, 6/10/85

Luborsky L, with collaboration of Mellon J, Crits-Christoph P: An aid to reliability studies of the CCRT: Standard Scoring Categories. Edition 7/12/85

Luborsky L, Crits-Christoph P: Understanding Transference: The Core Conflictual Relationship Theme Method. New York, Basic Books [1990]

Luborsky L, Mellon J, Alexander K, et al: A verification of Freud's grandest clinical hypothesis: the transference. Clin Psychol Rev 5:231-246, 1985

Luborsky L, Crits-Christoph P, Mellon J: The advent of objective measures of the transference concept. J Consult Clin Psychol 54:39-47, 1986

Luborsky L, Crits-Christoph P, Mintz J, Auerbach A: Who Will Benefit from Psychotherapy? Predicting Therapeutic Outcomes. New York, Basic Books, 1988

Maxim P, Sprague M: Metacommunication of Interactive Sequences in Therapy. Seattle, University of Washington Press, 1989

Murray H: Explorations in Personality. Oxford, UK, Oxford University Press, 1938 Perry JC: A comparison of three methods of assessing psychodynamic conflicts.

Proceedings, annual meeting, Society for Psychotherapy Research, June 1986

Schacht T, Binder J, Strupp H: The dynamic focus, in Psychotherapy in a New Key: A Guide to Time-limited Dynamic Psychotherapy. Edited by Strupp H, Binder J. New York, Basic Books, 1984

Singer J, Salovey P: Organized knowledge structures in personality: schemas, self schemas, and scripts. A review and research agenda, in Person Schemas and Maladaptive Interpersonal Patterns. Edited by Horowitz M. Chicago, IL, University of Chicago Press [1991]

Teller V, Dahl H: The framework for a model of psychoanalytic inference. Proceedings of the Seventh International Joint Conference on Artificial Intelligence 1:394–400, 1981

Weiss J, Sampson H: The Psychoanalytic Process. New York, Guilford, 1986.

로버트 마이클스 (Robert Michels)

18

소개

로버트 마이클스(Robert Michels)는 시카고 대학교와 노스웨스턴 대학교 의과대학을 졸업하였다. 이후 콜럼비아 대학교 부설 정신분석 훈련 및 연구센터에서 분석훈련을 받았으며, 현재 그곳에서 훈련 및 감독 분석가로 활동하고 있다. 마이클스는 그의 경력 전반에 걸쳐 교수로서의 위치와 정신분석가로서의 역할을 조합하여 매우 훌륭하게 수행하였다. 그는 미국 정신분석 및 정신건강의학 분야에서 탁월한 인물들 중 한명으로 평가받고 있다. 마이클스는 정신건강의학과 연관된 매우 다양한 직책을 수행하였다: 웰시 맥더모트 대학교 의과대학 교수, 코넬대학교 의과대학 정신건강의학 교수, 코넬대학교 의과대학 정신건강의학부의 바클리 맥키 헨리 석좌교수, 페인 위트니 클리닉 및 뉴욕 장로교 병원의 정신건강의학과 책임의사, 코넬대학교 의과대학 학장 및 의학부 부총장. 이 밖에도 미국 정신건강의학 및 신경학회 회장, 정신건강의학부 책임자협회 회장, 미국 정신건강의학 의사협회과 회장, 미국 정신분석협회 산하 위원회들 그리고 전국적 규모의 과학 아카데미인 의학연구소의 생체행동과학과 정신병리위원회 위원으로 왕성한 활동을 하였다. 또한 마이클스는 *American Journal of Psychiatry, International Journal of Psycho-analysis, Journal of the American Psychoanalytic Association, New England Journal of Medicine,* 그리고 *Psychoanalytic Quarterly* 등의 편집위원을 역임하였다. 마이클스는 다양하고 왕성한 활동을 인정받아 미국 정신건강 의학협회 공로상, 미국 정신건강의학과 의사협회 공로상, 미국 정신건강의학 협회의 세이모어 베스터마크 상, 정신분석의학 협회의 조지 대니얼스 상을 수상하였을 뿐만 아니라 수많은 초빙교수 및 객원교수직 임명 등을 통해 학문적 업적과 공헌을 인정받았다. 현재까지 200편이 넘는 논문을 발표하였다.

마이클스는 정신분석과 정신의학 분야의 핵심사항인 임상적, 이론적, 행정적, 그리고 정치적 이슈들에 대한 예리함과 학문적 깊이로 출중한 학자라는 평가를 받고 있다. 그는 정신분석에 대한 헌신과 정신의학을 향한 열정을 불투명한 사고, 안주하려는 태도, 철학적·윤리적 엉성함에 도전하는 놀라운 능력과 조합하여 젊은 분석가들에게 지대한 영향을 끼치고 있다. 마이클스는 다음과 같이 자신을 소개하고 있다.

> 나는 적응적 성향과 반-초심리학(anti-metapsychology) 및 설리반의 정신의학 접근을 염두에 두면서 북미의 자아심리학 분야에서 훈련을 받았다. 이에 덧붙여 나는 자기심리학, 해석학, 구성주의, 그리고 비온-클라인의 임상적 측면에 관심을 가지고 라캉과 위니콧의 이론을 추가하였다. 마지막으로 나는 이론의 비임상적 측면(생물학, 발달)에 대한 관심을 줄이고 언어학적 및 해석학적 측면에 대한 관심을 높여가면서 분명히 [비종교적이지만 다소 비교-신학적인(comparative-theological)] 다원주의적 입장으로 이동하게 되었다. 오늘 나에게 가장 가치 있게 보이는 정신분석에 대한 "과학적" 공헌은 임상적 과정과 결과에 대한 연구 및 평가이다. 관련 분야들의 과학은 20세기와 21세기의 주요 예술형태인 정신분석에 흥미롭게 남아있다.

이 논문을 선택한 이유

로버트 마이클스

나는 정신분석적 기법들, 역사, 사회학, 교육, 그리고 이론 등에 대한 다양한 저술을 해오고 있다. 하지만 "정신분석가들의 이론들(Psychoanalysts' Theories)"[1]은 정신분석에서 이론의 역할과 기능을 다루는 메타이론에 초점을 둔 최초의 저술이다. 나는 서서히 정신분석이론들이 갖는 타당도에 대한 확신을 잃어가고 있으면서도, 임상작업에서 차지하는 이론의 중요성을 더욱 확신하게 되었다. 나는 이 글을 통해 정신분석의 현장에서 마주치게 될 명백한 역설을 다루고자 한다.

1) Robert Michels의 "Psychoanalysts' Theories"는 *Psychoanalysis on the Move: The Work of Joseph Sandler,* edited by Peter Fonagy, Arnold M. Cooper, and Robert S. Wallerstein (New York: Routledge, 1999), pp.187-200에서 처음 출판되었다. 허락을 받고 사용함.

분석가들의 이론들
(Psychoanalysts' Theories)

로버트 마이클스

이 글의 제목을 친숙하게 들리는 "정신분석적 이론들(Psychoanalytic Theories)"보다 "정신분석가들의 이론들(Psychoanalysts' Theories)"로 정한 것은 다분히 의도적이다. 정신분석이론들은 다양한 서적, 학술지와 도서관에서, 그리고 공식적인 이론들을 개발하고 그것들에 대해 논의하며 저술하는 소수의 정신분석가 집단의 학술적인 대화에서 찾아볼 수 있다. 그런 이론들은 복잡하고 혼란스럽고 추상적이며, 이론에 대한 글을 쓸 의향이 없는 분석가들을 포함해서, 모든 분석가들의 마음속에 자리 잡고 있다. 하지만 이론에 대한 글을 쓸 생각을 하지 않는 분석가들도 내가 말하는 정신분석가들의 이론에 기여하고 있다. 나는 책이나 학술지에서나 접하게 되는 이론들이 아닌, 현재 활동하고 있는 분석가들의 마음에 자리 잡고 있으면서 환자들의 삶에 변화를 가져오는 이론들에 초점을 두고자한다. 나는 그 이론들의 역사, 주제, 그리고 여러 기능들에 대해 논의할 것이다. 우리는 잠재된 혹은 내재된 이론들이 겉으로 드러난 공식적인 이론들과는 상당히 다르다는 것과, 그 이론들의 간결함, 논리성이나 일관성 등은 작은 장점에 지나지 않음을 예측해야만 한다. 우리는 또한 정신분석가들의 이론들이 실제로는 꽤 다른 어떤 것임을 강력하게 주장할 수도 있을 것이다.

내 생각에는, 조셉 샌들러도 결론은 다르지만 같은 주제를 다루었다고 본다. 샌들러는 다음과 같이 기술하고 있다:

> 초보분석가는 자신의 분석가, 감독, 스승 그리고 책을 통해 배운 것들을 분석의 현장에 가져올 것이다. 그는 또한 이런 다양한 자료들로부터 수집한 이론적, 임상적 명제들을 머릿속에 간직하게 될 것이다. 이런 명제들은 대부분 공식적 기준 혹은 공공성을 띄게 될 것이다. 인간의 마음이 그렇듯이, 그는 지속적으로 공식적인 이론들에 나타난 차이와 불일치성을 과소평가할 것이다. 더 나아가, 이론에서 발견되는 개념적 취약성을 간과해 왔음을 인식하지 못한 채, 한 이론에서 다른 이론으로 옮겨 다닐 것이다. [하지만] 임상적 경험을 쌓아가면서 분

> 석가는 전의식 차원에서(기술적으로 표현하자면 무의식적으로) 자신의 임상적 활동에 직접적으로 연관이 되는 다양한 이론적 부분들을 세워나갈 것이다. 그것들은 무의식적 사고의 산물이며 필요할 때면 언제든지 불러올 수 있는, 말하자면 가용성의 성질을 가진 매우 부분적 이론, 모델 혹은 도식들이다. 그것들이 서로 모순될 수 있다는 것은 문젯거리가 아니다. 그것들이 무의식적 차원에 머물러 있는 한, 서로 행복하게 공존한다. 그것들은 내가 공식적 혹은 공적 이론이라고 부르는 이론들과 일치하지 않는다면 의식차원에 등장하지 않고 적합한 단어들로 기술될 수 있다. 그런 부분적 구조는 실제 공식적 이론들보다 더 좋은(예를 들어, 더 유용하고 적합한) 이론들을 대표한다고 할 수 있다. 전의식 차원의 부분 이론들이 함께 모여 타당하고 정신분석적 차원과 사회적 차원에서 수용할 수 있는 모습으로 등장하도록 허용하는 조건들이 생성되었기 때문에 정신분석 이론에 유익한 많은 첨가물들이 나타날 것 같다. (pp 37-38)

샌들러 교수와는 달리, 나는 정신분석가들이 이런 부분 이론들의 역할과 중요성을 인식해야 한다고 주장하고 싶다. 그로 인해 부분 이론들이 수용되기를 기다리는 것보다 정신분석의 수용을 위한 규칙에 변화를 줄 수 있다고 본다.

역사

한때, 정신분석가들은 인간의 마음의 작동, 특히 생물학적 요인들이 마음에 미치는 영향(예를 들어, 신체, 뇌, 유전된 체질적 특성)에 대한 과학적 이론을 수립해야 한다고 믿었다. 더불어 이론들이 치료를 포함한 다양한 문제들에 적용될 수 있다고 보았다. 프로이트의 초창기 정신분석이론이 여기에 속한다. 그러나 비평가들은 정신분석가들이 개발한 이론들이 실제로는 임상현장에 적용한 것이 아니라 임상현장의 부산물들, 다시 말해 임상경험에서 유추해낸 것임을 지적하였다. 프로이트를 비롯한 정신분석 이론가들은 뇌, 신체, 혹은 진화와 같은 생물학적 자료들을 연구하지 않았다. 그 대신 자신들의 임상경험에 부합하는 생물학적 모델을 추론하였다. 더군다나 비평가들은 생물학적 이론들이 "좋은" 과학이론에 필요한 일부 기능을 수행하지 않았음을 지적하였다. 특히 생물학적 이론들은 검증이나 이론이 무효화될 수 있는 가능성에 대한 전략을 내놓지 않았고, 더 나아가 과학적 탐구의 진전에 기여하지 못했다. 동시에 분석가들은 자신들의 임상활동에서 다소 신뢰할 만한 심리학을 개발했음에도 불구하고, 추론에 근거한 생물학적 가설을 정교화하는 일에는 관심을 가졌으면서도, 그것을 체계적으로 발전시키는 작업에는 관심을 덜 가졌다.

정신분석적 정보에 근거한 이론 개발의 첫 단계는 분석가들의 추론들을 임상경험에 더 가까이 가져가는 것이었다. 이론화 작업은 신경생리학과 진화론에서 심리학으로 이동하는 일이었다. 지각, 인지, 학습, 기억, 그리고 성격에 대한 정신분석적 모델들이 개발되었다. 하지만 이것은 혼잡한 결과만을 낳았다. 새로운 이론들이 정신분석적 방법에 의해 생성된 데이터에 더 근접한 것이었지만, 그것들은 종종 기존의 다른 심리학 모델과 크게 다르지 않았다. 새로운 이론들은 초기의 추론들보다 새로운 임상적 통찰에 대해 관심과 흥미를 덜 보였고, 아마도 임상적 관찰에 대한 공식화(formalizations) 혹은 반복된 재진술(tautological restatements)로서의 역할만을 하였다. 하나의 공통된 불평은 정신분석이 흥미롭고 비과학적일지라도, 추론적 특성이 있는 생리학이라기보다는 복잡하고 재미없는 일반심리학이 되었다는 것이다.

다음 단계는 정신분석 이론의 주제를 재정의하는 일과 관련된 것이다. 이 단계에서는 임상적 정신분석에서 발생하는 사건들에서 기인한 생물학적 추론이나 그 사건들에 대한 심리학적 재구성(psychological reformulations) 작업보다는, 정신분석적 방법으로 연구할 수 있는 사건에 초점을 두었다. 그러나 초점의 변화로 인해 새로운 문제들이 발생하였다. 초기의 생물학적 이론들은 환자의 정신적 경험들의 원인들이나 근원적인 의미들, 그리고 분석가가 원하는 해석의 종류들을 제안하였다. 뒤에 등장한 이론들은 환자의 마음속에 일어날 수 있는 것을 기술하고 공식화하는 시도를 하였다. 비록 이 이론들이 해석으로 이어지지 않았지만 임상자료들을 조직하고 통합하는데 기여하였다. 새로운 임상이론들은 분석실에서 분석가와 환자 간에 일어나는 일, 즉 치료적 과정을 연구하였다. 분석가들은 늘 해오던 동일한 해석을 계속 할 수 있었다. 하지만 분석가들이 더 이상 생물학과 임상이론에 기반을 둘 수 없다면, 정당화의 유일한 구실은 그들의 직업적 전통이었다. 하지만 분석가의 각기 다른 전통에 대한 해석 때문에 특정해석이 정확한지 혹은 더 나은지 그리고 진정한 정신분석인지를 결정할 기준이 없게 될 위험과 정신분석의 장이 혼란스럽게 되는 위협을 받게 되었다.

그러나 초기의 생물학적 이론들을 대체할 수 있고 해석적 영감을 줄 수 있는 여러 이론들이 등장하였다. 새로 등장한 이론들은 임상적 차원의 정신분석적 자료뿐만 아니라 분석상황에서 해석들을 제안함에 있어서, 정신분석의 영역 밖에 있는 유익한 지식에 그 기반을 두고 있었다. 가장 잘 알려진 이론들은 부분적으로 아동들에 대한 직접적인 관찰에 바탕을 둔, 아동발달과 관련된 것이었다. 다른 이론들로는 사회심리학 혹은 집단심리학, 인류학, 언어학, 그리고 최근에는 신경생물학 등이 있었다.

주제

동일한 이슈들을 이론의 발달사적 관점보다는 여러 유형의 이론적 관점에서 고려해 볼 수 있을 것이다. 그런 관점은 비록 학문의 발전에 따라 이론화 작업의 지배적인 방식에 변화가 있었을지라도, 이론의 개별 유형은 정신분석의 초기로 그 기원을 거슬러 올라갈 수 있음을 인정한다. 그것은 또한 발달의 연속성보다 다양한 유형의 이론들의 각기 다른 인식론적 위치를 강조하는 것이다.

정신분석에는 적어도 세 가지 **유형의 이론**이 있다. 그것들은 연결 이론들, 심리학적 이론들, 그리고 임상 이론들이다. 어떤 유형의 이론이 논의되고 있는지 명료화하는 작업을 반복적으로 하지 않음으로 인해, 세 유형의 이론들에 대해 상당한 혼동이 있었다. 따라서 각 유형의 과학적 위치와 임상적 함의가 꽤 다르다는 것을 알고 있어야 한다.

연결 이론들

연결이론들(bridging theories)은 여러 경계선을 넘어 정신생활의 바깥 영역에까지 탐색하여 정신현상을 설명하고자 한다. 가로지르는 경계선과 경계선 저편에 있는 주제에 따라 다양한 이론들이 있다. 따라서 정신생활은 프로이트(1895)의 "Project for a Scientific Psychology"와 그의 추동이론, 칼 프리브램의 저술들(1989), 혹은 모튼 레이저의 논문에서와 같이, 뇌와 정신생활의 신체적 기원(somatic origins)에까지 거슬러 올라갈 수 있다. 프로이트의 "Totem and Taboo"(1913), 존 볼비의 저술

(1963), 혹은 현대 동물행동학에서처럼, 정신생활의 다원발생적이고 진화적 기원을 추적해 볼 수 있다. 정신생활은 또한 프로이트의 "Three Essays on the Theory of Sexuality"(1905)와, 안나 프로이트, 마가렛 말러, 르네 스피츠, 데이빗 레비, 로버트 엠데, 다니엘 스턴 등의 저술이나, 정신생활의 기원을 알기 위해 유아들과 아동들을 연구했던 학자들의 저술에서 보는 바와 같이, 발달상 가장 이른 시기까지 정신의 기원을 거슬러 올라가 볼 수 있다. 또한 프로이트의 오이디푸스 콤플렉스와 집단심리학에 대한 저술, 그리고 설리반 학파와 대상관계이론가들의 업적에서처럼, 부모-자녀, 가족과 집단 내 관계에 대한 연구에서 정신생활의 사회적 기원을 찾아볼 수 있다.

연결이론들은 정신생활에 대한 추론을 위해 다른 분야에서의 관찰과 다른 학문의 지식에 의존한다는 공통점이 있다. 이런 시도는 두 가지 필연적 결과를 낳는다. 첫째, 연결이론들은 정신경험을 해석하고 소중한 임상적 설명을 만들어 내는 풍부한 심상이나 은유들 그리고 생각을 자아내는 공식화(formulations)를 제공한다. 둘째, 이론들은 가설들과 비분석적 환경에서의 관찰에 근거하고 있기 때문에 정신분석적 상황에서는 검증될 수 없다. 연결이론들에 고무된 임상적 해석들은 가치 있거나 쓸모없는 것으로 판명날 수도 있지만, 이것으로는 임상적 해석을 가능하게 하는 한 이론들을 지지하지도 반박하지도 못한다. 임상 정신분석가들은 연결이론들을 좋아한다. 하지만 과학 철학자들은 연결이론들을 분석상황에서 입증되거나 정신분석의 과학으로 이어지게 할 수 없는 해석적 은유체계로 간주하면서 경멸의 시선을 보내고 있다.

생물학, 발달심리학, 언어학, 인류학 등과 같은 다른 분야에서 비롯된 정신분석 이론들과, 환자들이 분석가에게 가져온 이론들 간의 유사점에 주목해 보는 일은 흥미롭다. 두 이론은 모두 분석적 탐구의 적합한 영역을 정해주는데 도움을 준다. 과학이론들과 환자들은 정신분석가인 우리에게 넘지 말아야 할 경계가 있음과, 어떤 현상들은 단순히 내적세계의 관점에서는 이해될 수 없으며, 내적세계에 제약을 가하는 생물학적, 사회적, 혹은 발달적 영향력(forces)에 의해 결정된다는 것을 우리에게 알려준다. 환자가 그런 이론을 제시할 때, 그것이 참일 가능성 – 아마도 항상 조금만 참일 것이지만 – 은 항상 있다. 그러나 경험이 많은 분석가는 환자가 가져오는 이론의 저항적 역할을 탐색하고, 그 과정에서 분석가능성의 한계가 아니라 가장 유익한 탐구영역을 찾고자 한다. 의심할 여지없이 분석상황에서의 이런 경험으로 인해 분석가들은 종종 분석적 탐구의 경계선을 한정짓는 분석을 넘어서는 것에 대해 타당한 구실을 제공하는 듯해 보이는 어떤 이론도 신뢰하지 않는다.

심리학 이론들

두 번째 유형의 이론은 심리학 이론들이다. 이것은 정신생활의 기원에 대한 제안이라기보다는 정신기능의 모델들과 관련된 것이다. "The Interpretation of Dreams" (Freud, 1900)의 7장, "The Ego and the Id"(Freud, 1923)의 일부, 하인즈 하트만의 저술 중 다수가 심리학 이론들에 대한 제안의 본보기이다. 생물학, 사회학, 혹은 인류학 이론들과는 달리, 심리학 이론들은 정신분석이 일반 심리학이 되어야한다고 믿는 이들에게 정신분석이 무엇에 대한 것인지를 대변해 준다. 심리학 이론들이 임상과 관련된 정보를 조직하고 통합하는 체계를 제공할 가능성은 더 큰 반면, 은유나 의미를 제안하거나 혁신적인 임상적 해석을 고무시킬 가능성은 더 적다. 심리학 이론들은 사건 발생의 이유를 설명하려는 노력보다는, 일어나고 있는 사건을 기술하고 분류하며 논의할 수 있는 지침들을 제공한다. 어떤 임상가들은 이런 심리학 이론들을 유익하다고 여기는 반면, 다른 임상가들은 그것들을 지나치게 기계적이며 생산적이지 못한 기법으로 전락할 위험성과 연결시킨다. 심리학 이론들은 임상현장에서 활동하고 있는 분석가들의 정신생활보다 교육기관들의 커리큘럼에서 훨씬 더 현저하게 존재하는 듯하다.

임상적 이론들

세 번째 유형인 임상적 이론들은 임상적 상황에 뿌리를 두고 있다. 임상적 이론들도 심리학적인 성격을 지니고 있지만 그것들은 심리학의 매우 특별하고 제한된 영역, 즉 분석실에서 일어나는 사건들과 관련되어 있다. 이 이론들은 "Studies on Hysteria" (Breuer and Freud, 1893-1895)와 같은 프로이트의 초기 논문들에서 그 기원을 찾아볼 수 있지만, "Analysis Terminable and Interminable"(Freud, 1937)처럼 기법에 대한 초기 논문들이나 오토 페니켈, 랄프 그린슨, 그리고 정신분석학자들의 최근 저술에서 가장 두드러지게 등장한다. 임상적 이론들은 하나의 일반 심리학을 제공하지 않는다. 더 정확히 말하자면, 임상적 이론은 유사한 개념들뿐만 아니라 전이, 저항, 연합, 훈습, 그리고 행동화 등과 같은 특별한 심리를 다룬다. 이 이론들은 분석상황과 직접 연관되어 있으며, 종종 임상현장에서 검증될 수 있는 일반적인 임상전략들과 가설을 제안하기도 한다. 그러나 비록 임상적 이론들이 분석을 위한 공식적인 원칙을 제공할지라도 구체적인 해석이나 개입의 내용은 거의 제시하지 않는다. 임상적 이론은 음악을 분석하고 이해하며 토론하는 데 중요하지만 교향곡을 작곡하기엔 불충분한 화성학, 리듬 그리고 음악학 등과 같은 것이다.

최근 몇 년 사이, 정신분석적 사고에 대한 관심이 첫 번째 정신분석 외적 유형과 심지어 두 번째 일반 심리학 유형에서 세 번째인 이론의 임상적 유형으로 이동하였다. 이런 변화와 함께 이론과 실제는 상호보완적으로 서로를 풍성하게 해주었으며 여기에서 논의된 다양한 아이디어가 등장하게 되었다.

기능: 이론과 실제와의 관계

이제 정신분석이론의 역사에 대한 개관과 이론들의 유형들에 대한 숙고에서 이론들의 기능, 그것들이 어떻게 사용되고 어떤 역할을 하는지에 대한 논의로 넘어가도록 하자. 비록 이론들이 가르치는 일, 수퍼비전, 그리고 연구에 중요하다 할지라도, 출발점은 정신분석가의 관심을 가장 많이 끄는 임상실제에 있어서 이론의 역할이다.

실제의 과학적 기초

과학적 지식과 이론에 기반을 둔 대부분의 전문영역에서는 현장 전문가들이 이론을 배워 숙달한 다음, 개별적 문제나 사례에 적용하기를 기대한다. 어떤 이들은 정신분석을 이런 관점에서 바라본다. 예를 들어, 랄프 그린슨(1968)은 "분석가는 자신의 연상된 환상들과 기억들이 자유롭게 펼쳐지기를 허용하면서 환자의 이야기를 경청해야 한다. 그러나 그렇게 얻은 통찰들을 면밀히 조사하고 자신의 지적능력으로 평가해야 한다"(p. 16)고 주장했다. 그린슨은 "한편에서는 공감과 통찰의 사용과, 다른 한

편에서는 이론적 지식"(p. 16) 사이를 오가는 분석가의 이미지를 보여준다는 점에서 페니켈의 입장을 반영하고 있다.

해석들의 발생

하지만 과학–기반의 전문영역에서 이론의 역할에 대한 다소 제한된 전통적 견해를 정신분석에 적용하면 문제가 발생한다. 이 문제는 이론과 실제와의 관계에 대해 다른 입장을 유발하게 된다. 우리는 분석가들에게 공감적 지각, 동일시 시도와 적응적 퇴행에 열려있는 "자유롭게 떠다니는" 혹은 "고르게 떠있는" 마음 상태를 제안하다. 그러나 이 마음상태는 복잡한 과학적 이론을 일련의 자료에 적용하려는 사람의 마음상태가 아니다. 그것은 오히려 연상의 연결망을 확장하고 풍성하게 하려는 목적으로 이론을 영감의 원천으로 사용하는 사람의 마음상태이다. 이런 방식으로 정신분석이론들을 이해하고 활용하는 분석가는 자신의 임상경험과 개인적 경험뿐만 아니라, 과거와 현재의 모든 정신분석가들이 공유하는 경험들이 어우러진 연상적 맥락(associative context)이 제공하는 풍성함속에서 환자의 이야기를 경청한다.

이런 관점에서 보면, 정신분석적 사례의 역사와 정신분석이론들, 혹은 정신분석이론들과 다른 이론들 사이에는 별다른 차이가 없다. 우리가 던지는 유일한 질문은 '과연 이론이 환자를 대하는 분석가의 경험을 풍성하게 하는가'이다. 게다가 이론들 간의 일치나 모순에 대해서는 거의 염려할 것이 없다. 마지막으로, 이런 관점 안에서는 비평가들이 예술작품이 진품인지 아니면 모조품인지, 혹은 과학철학자들이 과학이론이 참인지 거짓인지, 그리고 분석가들의 해석이 맞는지 틀린지에 대해 묻지 않듯이, 우리도 정신분석이론들이 옳은지 혹은 그른지에 대해 묻지 않는다. 비평가는 예술작품이 관중과 문화에 어떤 영향을 미치는지 알고자 한다. 과학철학자는 이론이 과학적 탐구를 유도하고 가설을 세우며 어떤 실험들을 제안하는지에 대해 관심을 가진다. 정신분석가는 해석이 새로운 내용을 자극하고 치료적 성과를 가져오는지 알기를 원한다. 우리는 정신분석이론이 분석가들의 분석 작업에 도움이 되는지 혹은 새로운 통찰과 이해로 안내하는지에 대해 궁금해 한다. 각 경우에서의 검증은 진실과 거짓에 대한 것이 아니라 치료적 개입이 진행되고 있는 과정에 미치는 영향을 평가하는 것

중의 하나이다(Michels, 1983).

그러나 특정한 임상상황의 자료에 적용할 수 있는 체계적인 과학적 구조라기보다는 영감 혹은 은유의 원천으로서 이론을 간주하는 이러한 입장은 정신분석의 인지적 측면과 통찰의 우위성을 지나치게 강조하고 있다고 볼 수 있다. 그것은 분석가의 가장 중요한 역할이 해석하는 일임을 내포하고 있는 것 같다. 실상 이론은 추가적이면서도 종종 더 강력한 영향을 분석가의 임상활동에 미친다. 이것은 바로 이론이 정신분석의 실제에 미치는 영향력에 대한 제3의 견해를 만들어내는 것과 관련이 있다.

분석가의 역할에 대한 영향

이론들은 분석가의 입장, 분석방식, 태도, 분석가의 환자에 대한 접근, 그리고 분석가의 역할, 특히 그 역할에 대한 분석가의 지각에 영향을 미친다. 아래에 소개된 것은 그런 영향에 대한 예시들이다.

경청

첫 번째 예는 정신분석의 초창기와 정신분석이 가진 핵심 의미로 거슬러 올라가는 것이다. 정신분석의 근본적 특징 중 하나는 분석가가 환자의 말을 경청하는 것이다. 프로이트의 주요 이론적 공식화 중 하나는 환자의 말이 표면적으로 얼마나 파편화되어 있든지, 일관성이 없든지, 혹은 연관성이 없든지 간에 희미하지만 중요한 의미가 숨겨져 있고, 더욱이 말의 내용과 말하는 방식을 각별히 주목한다면 그 의미를 해독할 수 있다는 것이다. 이론이 옳은지 아니면 그른지, 분석가가 환자의 말이 지닌 진정한 의미를 이해하는지, 분석가의 해석이 정확한지 아니면 그럴듯하게 지어냈는지, 정말 "진정한" 의미에 대해 말하는 것이 타당하든지간에, 이 이론은 분석가로 하여금 주의 깊고 인내심 있는 경청을 유지하는 데 도움을 주어 분석적 자세의 중심적 특징을 뒷받침해준다. (누군가의 말을 이해하려는 사람의 경청이 가지는 특별한 위치는 부모가 유아의 의미 없는 옹알이를 이해하려하고, 그 과정에서 심리적으로 전구조화 단계에 있는 유기체를 의사소통하는 사회적 존재로 변환시키는 보편적 경험에서 유래했다고 말할 수 있다.) 정신분석적 탐구에 의해 발견된 의미들이 치료적일 수 있지만, 의미를 찾는 과정에서 주의와 관심을 보이는 분석가의 경청을 경험하는 것이 훨씬 더 치료적일 수 있다.

비판단적 관심

정신분석의 두 번째 핵심은 주의 깊고 인내심을 가진 경청과 함께, 분석가는 비판하거나 판단하지 않으면서 관심과 호기심을 보여야 한다는 것이다. 비판단적 관심을 개발하는 것은 주의깊은 경청보다 훨씬 더 어려울지도 모른다. 그 이유는 우리가 자신이나 타인의 행동을 판단하고 그 행동에 책임을 지도록 사회화되었기 때문이다. 우리는 사람들이 너무 유아적이거나 무기력하고 혹은 정신적으로 해체되어 자신의 삶을 통제하지 못한다고 믿을 경우에는 예외조항을 만든다. 하지만 우리는 정신질환의 위기가 아닌 경우, 환자에 대한 그런 태도는 정신분석을 심각하게 위협한다는 것을 알고 있다. 이 시점에서 도움이 될 만한 이론이 있다. 환자 안에 있지만 의식 밖에 존재하면서 행동을 유발하는 강력한 힘으로 작동한다는 역동적 무의식(dynamic unconscious) 개념은 환자가 자신의 운명의 주인임에도 불구하고 판단 받거나 도덕적으로 비웃음을 사지 말아야 한다는 역설적이면서도 중대한 믿음을 지지해준다. 여기에서 논점은 이 개념이 참인지 혹은 거짓인지에 있지 않다. (정말 범죄자의 책임과 정신이상에 기반을 둔 변호에 대한 미국내의 논쟁은 이 본질적으로 의미 없는 질문에서 허우적거리고 있다.) 그러나 비판단적 관심의 인식론적 위치와 상관없이 혹은 비판단적 관심이 명확한 임상적 해석을 가능케 할 수 있든지 간에, 이 이론은 분석적 태도의 핵심요소를 유지함으로써 분석가를 돕는다.

리비도 이론

세 번째 예로, 나는 보다 복잡한 이론, 즉 정신분석에서 가장 오래되고 가장 강력하지만 가장 많은 비판을 받는 이론들 중 하나인 리비도 이론에 대해 논하고자 한다. 나는 리비도 이론이 참인지 거짓인지, 혹은 검증이 가능한지 아니면 거짓으로 판명 날지에 대해선 관심이 없다. 나의 관심은 이 이론이 분석가들에게 어떤 영향을 주느냐에 있다. 리비도 이론의 제안을 따른다면 분석가는 유아의 신체경험들에 근거한 패턴들을 찾아야한다. 분석가는 환자의 의식적 수준의 담화를 가장 중요하거나 의미 있는 것으로 받아들이기보다는, 환자의 가장 일상적인 진술 속에 담겨있는, 금지되었지만 원초적이고 흥미로운, 그리고 특히 외설적 의미(naughty meanings)를 찾아 해석하거나 재구성하려는 노력을 계속해야 한다. 이런 재구성(reformulation)의 과정으로 인해, 외부인들에게는 정신분석이 흥미롭긴 하지만, 동시에 터무니없고 불편한 것으로 비춰지게 되는 것 같다. 분석은 분석가에게 경청하고 도덕적 비난을 피하고 환자의 주제를 정교하게 해석할 것을 요구한다. 분석가들이 친숙하고 지지적이며 수용적인 태도를 가지는 것만으로는 충분하지 않다. 그들은 또한 재미있는 존재이어야 한다. 진실 혹은 거짓 여부와 상관없이 리비도 이론은 정신분석가들이 만들어낸 가장 흥미로운 진술들 중 일부를 만드는데 기여하였다.

심리적 갈등

정신분석을 안내하는 이론들의 네 번째이자 마지막 예는 심리적 갈등이다. 심리적 갈등의 과학적 위치와 상관없이 이 개념은 분석가가 역설, 모호함 그리고 모순을 수용하고 견뎌내며 심지어 그것들을 탐색하는 방향으로 가게 한다. 특히 다중적 기능의 원리로써 심리적 갈등의 보다 포괄적인 형성단계에서, 이 개념은 분석가로 하여금 종결과 정확하거나 최종적인 답을 위한 탐색보다는 새롭거나 추가적인 의미와 이해에 대해 지속적으로 개방적인 자세를 가질 것을 독려한다. 이 이론적 개념은 분석과정에 중심적인 위치에 있는 지속적인 탐색을 권장한다.

대안 이론들의 영향들

만약 이론들이 치료적 태도들을 형성함에 있어서 어느 정도 그 역할을 한다면 대안 이론들은 다른 영향력을 미칠 수 있다. 이것은 옳은 견해인데, 그 이유는 대안 이론들의 차별적 타당성이나 과학적 지위 혹은 그것들이 제시하는 다른 해석들 때문만이 아니라 다른 치료적 태도를 독려하기 때문이다.

예를 들어, 구조이론(structural theory)은 환자의 마음속에 있는 분열에 초점을 맞추고 분석가가 배제 혹은 누락되어 있는 것들에 적극적 관심을 유지하도록 한다. 구조이론 옹호론자들은 말하지 않은 것에 대한 점검이 심리적 갈등, 억압과 역동적 무의식에 빛을 비춘다는 점에서 정신분석의 중심과제라고 믿고 있다. 하지만 비판적 입장을 갖고 있는 사람들은 구조이론이 정신분석가로 하여금 환자에 대하여 끊임없이 적대적이거나 기껏해야 중립적, 비관여적, 혹은 비공감적 자세를 취하게 하고, 그로 인해 공감적 참여보다는 거리를 두는 관찰을 조장하는 것에 대해 우려하고 있다.

대상관계이론은 내적 세계, 사회적 장(field)의 파생물, 환자와 중요한 타인 간의 관계들의 정신적 표상들을 강조한다. 구조이론이 정신적 삶을 마음의 구성물들 간의 갈등으로 축소하였듯이, 대상관계이론에서는 자기와 타인의 이미지들 간의 상호작용들로 축소한다. 비판가들은 대상관계이론이 개인내적, 특히 생물학적 결정인자들을 염두에 두지 않고 행동의 사회적, 환경적 결정인자들을 지나치게 강조한 것과, 더 나아가 분석가들로 하여금 환자의 내면보다는 환자와 분석가 사이에 발생하는 것에 지나치게 집착하게 한다는 점에 우려를 표한다. 하지만 옹호자들은 대상관계이론이 사람들을 사회적 존재 대신 마치 기계처럼 생각하기 시작했던 정신분석적 모델에 인간성을 부여한다는 믿음을 갖고 있다.

자기심리학은 인간의 내재적 성장 잠재력을 강조하고, 분석가를 포함하여 환자의 생활 속에 있는 타인들이 이런 성장 프로그램을 육성하고 증진시키는데 도움이 되는 기본요소로 포함되든지, 그 사람들이 성장 프로그램과는 무관하거나 파괴적 존재가 될 수 있음을 제안하고 있다. 이 모델을 옹호하는 이들은 자기심리학이 주창하는 적극적이고 긍정적인 지향(positive, affirmative orientation)을 강조하면서, 종종 다른 이론들은 단지 정지된 정신 발달의 증상에 불과한 문제에만 부적절한 초점 맞추기를 독려하고 있다고 본다. 그 반면 비판가들은 자기심리학이 정신적 갈등의 부인된 측면들과 함께, 정신생활의 더 어두운 면들(예를 들어, 적대감, 환경적 촉진요인들에 대한 반항적 반응 이상인 부정적 감정들)을 부인함에 있어서 환자와 공모함으로써 이런 긍정적 자세를 얻게 된다는 것에 염려를 표한다.

분석가를 위한 지지

마지막으로, 이론들은 꽤나 단순하게도 정신분석가를 위로하는 기능을 한다. 이 기능은 임상적 자료와, 이 자료들의 의미들과 관계들을 제시하는 해석 창출 기능이나 은유적 기능, 그리고 자료들이 분석가의 일반적 자세, 방식, 태도, 접근에 미치는 영향에 적용될 수 있는 지식을 조직화하는 기능에 추가된 것이다. 정신분석은 힘겹고 고된 심리치료의 전문영역이며, 정신분석가들은 늘상 잘 들어맞지 않는, 분명한 형태가 없거나 혼돈스러운 경험들을 이해하고자 노력하면서 많은 시간을 불확실하고, 심지어 혼란스러워하거나 황당해하면서 보낸다. 그 작업은 외로운 일이며 정신분석가들은 안심시켜주는 말이나 행동, 지지 그리고 함께 할 사람들을 갈구한다. 이론이 그 지지의 기능을 할 수 있다.

이론은 일종의 중간대상으로 볼 수 있다. 이론은 정신분석가를 스승이나 멘토와 연결해 주고, 안전감, 누군가는 알고 이해하고 있다는 위안과 함께, 일이 힘겨울 때 도피처가 되어준다. 게다가 몇 몇 다른 중간대상들과 마찬가지로, 분석가들은 다른 사람들이 비웃고 없애려하고 좀 더 세련되고 현대적인 이론들로 대체하려 할 때, 특정이론에 한층 더 매달릴 수도 있다. 오래된 곰 인형과 같이 오래된 이론들은 찢어지거나 좋지 않은 냄새가 좀 난다는 이유로 사랑을 덜 받지 않는다.

이와 같은 이론의 위로 기능은 특히 학생들이나 초보분석가들에게 중요하다. 이론은 개인적인 임상경험이 축적되어 이론이 제공하는 힘과 위로의 기능에 대한 필요가 줄어들때까지는, 부분적으로 안전의 환상과 위안을 제공한다. 이런 과정이 순조롭게 진행될 때, 모든 것이 잘되고 있는 것이다. 그러나 때로는 이론에 대한 탈이상화가 개인적 경험의 발달에 선행하여, 배우는 학생이 너무 빨리 적절한 지지가 없는 상태로 남겨진다. 이런 경험을 하는 많은 학생들은 정신분석에 비판적인 입장을 취하며 등을 돌린다. 다른 학생들은 임상적 경험 위에 이론을 우위에 둘 수 있지만 결코 이상화하지 않는다. 그런 학생들은 독립적인 전문가가 되기보다는 정신분석 추종자들이 되며 이론을 임상적 경험 위에 두지 않는 이들의 좋은 공격표적이 되는 경향이 있다.

정신분석가들을 위한 이와 같은 이론의 특이하지 않는 기능은 정신분석 환자들을 위해 해석의 기능을 상기시켜준다. 해석은 환자가 그것을 이해하고 활용하는지 여부에 대해 위안과 확신을 제공한다. 이론들처럼, 해석들도 그것이 과정에 미치는 영향의 측면에서 평가되고, 이론에서와 같이 그것들이 참인지 거짓인지 질문하는 것에는 별 관심이 없다. 해석과 이론 모두 혼란스러운 것을 명료화하고 쉽게 관찰할 수 있는 표면적 현상과 직접 관찰로부터 숨겨진 보다 깊은 구조들과의 연결에 도움을 준다. 그렇게 함으로써 이론과 해석은 보다 깊은 구조들을 인식의 수준으로 끌어올리는 데 도움이 된다(Michels 1983).

요약하자면, 이론들은 분석가들의 분석작업에서 중요한 역할을 한다. 그것들은 규칙들과 지침들을 만들어내고, 의미와 해석을 제시하며, 분석가에게 기본적 자세와 태도를 알려주고, 위로와 안전을 제공한다. 전문분야의 실제 영역에서 과학적 이론의 전통적 역할인 이 첫째 기능은 가장 덜 중요할 수 있다.

기능: 이론과 교수 및 연구와의 관계

정신분석가들은 가르치는 일을 하며 이론들은 교육도구들이다. "내용에 앞서 저항을 분석하라" 혹은 "환자의 가장 강한 정서와 연관된 자료에 초점을 맞추라"와 같은 임상적 격언은 응축된 이론들이며 수퍼비전에서 사용된다. 그러나 바람직한 수퍼비전은 이론에 초점을 맞추기 보다는 임상적 자료, 환자, 분석가, 그리고 환자와 분석가 사이에 발생하는 사건들, 혹은 가끔 수퍼비전 과정에서의 그런 사건들에 대한 고찰 등에 초점을 둔다. 일반적으로 감독분석가는 이론의 몇 가지 기능에 대한 상대적 강조가 다름에도 불구하고, 분석하는 정신분석가와 대체로 똑같은 방식으로 이론을 활용한다. 수퍼바이저는 인지적 태도를 취할 가능성과 이론을 참된 과학적 방법으로 적용할 가능성이 훨씬 더 크다. 바람직한 수퍼비전이 훈련생의 의미에 대한 민감성과 은유를 구성할 능력을 향상시키는 것에 더 관심이 있다하더라도, 수퍼바이저는 은유와 영감을 위해서 이론에 의지할 수 있다. 분석적 접근에서와 같이 수퍼비전에 대한 입장도 선호하는 정신분석이론에 영향을 받을 수 있다. 그러나 수퍼비전은 치료가 아니라 교육이기에 수퍼바이저의 태도는 정신분석이론보다는 교육적인 이론에 더 영향을 받아서 형성되어야 한다. 마지막으로 감독은 자신만의 발달과정에서 많은 진척을 이루었으며 그로 인해 분석가들보다는 이론이 주는 정서적 지지를 덜 필요로 할 것 같다.

비록 이론들이 진료실과 수퍼비전 상황에서 한 자리를 차지하고 있음에도 불구하고, 그것들은 대개 교육과정과 교실에서 찾아볼 수 있다. 교과과정의 부분으로서의 이론들은 가르치는 일에 있어서 중심적 역할을 한다. 사실 이론들이 대부분의 다른 학문분야들보다 정신분석을 가르치는 교실에서 더 중요하다. 그 이유는 1차 자료를 구하기 힘들고 정신분석의 역사가 새로운 주요 관찰의 역사인 동시에 이론 재형성의 역사이기 때문이다. 이런 중심적 역할의 귀결은 후보자들이 너무 빨리 이론에 노출되어 분석행위에 적합하지 않은 인식이나 스타일을 개발하지 않으려고, 너무 많은 교실 교육을 받기 전에 임상 작업을 시작한다는 것에 대한 염려이다. 임상실제를 방해하는 너무 많은 교실수업에 대한 이와 같은 염려를 하는 다른 학문분야는 거의 없다. 버트럼 르윈(1965)은 심지어 이론들이 교수(teaching)의 파생물로부터 비롯되었으며, 학생들에게 설명하려는 교사의 시도로부터 발전하며, 아니면 "가르침과 이론화는 동시에 일어나며 가르치는 일은 이론의 생성으로 이어진다"(p. 138)고 제안했다.

과학적 지식에 기반을 둔 전문분야는 가르치는 일과 연구를 수반한다. 놀랍게도 정신분석의 학문적 활동은 가르치는 일에 초점을 두었으며 연구의 역할은 대체로 이론적으로 정보가 많은 담론에 의해 대체되어 왔다. 그러나 최근에 다른 전문분야, 특히 아동발달 및 임상적 과정과 관련된 과학적 연구와 더 유사한 활동들에 관심을 보였다. 이론들은 그런 연구에 필수적인데, 그 이유는 이론이 문제를 정의하고 단순한 자료수집과 그 분야에 누적된 영향을 미칠 수 있는 새로운 지식을 개발하는 것의 차이를 분간하도록 하기 때문이다. 정신분석이론들은 발달심리학과 같은 다른 분야의 연구를 촉진하는데 생산적 역할을 해왔고, 심지어 정신분석이론이 발달심리학에서 나온 새로운 지식으로 풍성하게 되었다는 제안도 있다. 더 중요한 질문은 이론들이 정신분석 분야 내에서의 연구를 촉진시켰는지에 대한 것이다. 이 시점에서 대답은 덜 명확하다. 체계적인 연구가 드물며 연구 질문들은 종종 사소해 보인다. 하나의 결과는 진지하고 실력있는 임상가들이 연구에 별다른 관심을 보이지 않는 것이다. 또 다른 하나의 결과는 이 분야의 가장 창의적이고 독창적인 사상가들 중 일부는 정신분석적 연구의 미래에 대해 의구심을 갖고 있다는 것이다. 주요 도전 중 하나는 정신분석가들이 정신분석에서 새로운 지식으로 이어질 수 있는 연구를 촉진시킬 수 있는 이론들을 개발할 수 있는지에 대한 것이다.

결론

프로이트(1933, p. 81)는 "올바른 추상적 개념"이 관찰된 원자료에 적용될 때, 질서와 명료화를 만들어낸다고 말했다. 임상적 분석에서 해석 또한 이런 일을 하며 이론들도 정신분석의 과학적 연구에서 같은 일을 한다. 이론들은 또한 임상활동을 풍성하게 해주고 이제까지 배웠던 내용을 부호화하며 구체화시킨다. 이론 없이 정신분석은 진보할 수 없다. 그러나 정신분석을 오랫동안 성가시게한 질문은 어느 이론이 올바른 것인지를 어떻게 결정하느냐이다. 대부분의 과학 분야의 전략인 객관적 검증에 의한 타당화는 대체로 정신분석적 탐구를 교묘히 피해간다. 적절한 권위에 대한 동의가 없는지라 결코 마음을 끌지 못하는 권위자의 승인도 더 이상 가능하지 않다. 다른 학문들로부터 차용한 이론들은 점차 만족스럽지 못한 반면, 분석 자체에 대한 연구에서 비롯된 이론들은 내용을 위한 제안들보다는 공식적인 원리들에 대해 더 생산적이다.

현 시점에서 임상적 해석의 내용에 대한 최고의 안내자는 원래 분석 밖에서 있었던 이론화의 기초에 근거하여 발달하였지만, 지금은 대체적으로 관심 밖으로 밀려난 전통이다. 아마도 우리의 임상 이론들은, 바람직한 해석이 올바르다는 것과 같은 이유로, 바람직한 이론이 옳다는 지침을 제공해준다. 그 이유는 이론들이 참이거나 정신분석 과정 밖에서 타당성을 인정받았기 때문이 아니라, 정체와 침체보다는 발전, 새로운 자료 혹은 새로운 아이디어로 안내해주기 때문이다. 좋은 이론은 보다 나은 이론들을 만드는 문제들을 유발한다. 그러므로 변화되지 않은 채 남아있는 어떤 이론도 실패한 이론이라고 말할 수 있다.

참고문헌

Bowlby J: Attachment and Loss (1969). New York, Basic Books, 1980

Breuer J, Freud S: Studies on hysteria (1893–1895), in The Standard Edition of the Complete Psychological Works of Sigmund Freud [SE], Vol 2. Translated and edited by Strachey J. London, Hogarth Press, 1955, pp 1–311

Freud S: Project for a scientific psychology (1950 [1887–1902]). SE, 1:281–397, 1966

Freud S: The interpretation of dreams (1900). SE, 4–5:1–627, 1953

Freud S: Three essays on the theory of sexuality (1905). SE, 7:123–145, 1953

Freud S: Totem and taboo (1913). SE, 13:1–162, 1953

Freud S: The ego and the id (1923). SE, 19:1–66, 1961

Freud S: New introductory lectures on psycho–analysis (1933). SE, 22:1–182, 1964

Freud S: Analysis terminable and interminable (1937). SE, 23:209–253,1964

Greenson R: The Technique and Practice of Psychoanalysis. New York, International Universities Press, 1968

Lewin BD: Teaching and the beginnings of theory. Int J Psychoanal 46:137–139, 1965

Michels R: The scientific and clinical functions of psychoanalytic theory, in The

Future of Psychoanalysis: Essays in Honor of Heinz Kohut. Edited by Goldberg A. New York, International Universities Press, 1983

Pribram K: Psychoanalysis and the natural sciences: the brain–behaviour connection from Freud to the present, in Dimensions of Psychoanalysis. Edited by Sandler J. Madison, CT, International Universities Press, 1989, pp 139–163

Reiser M: Mind, Brain, Body: Toward a Convergence of Psychoanalysis and Neurobiology. New York, Basic Books, 1984

Sandler J: Reflections on some relations between psychoanalytic concepts and psychoanalytic practice. Int J Psychoanal 64:35–45, 1983

토마스 옥덴 (Thomas H. Ogden)

19

소개

토마스 옥덴(Thomas Ogden)은 매사추세츠 주 소재의 애머스트 대학에서 학사 학위를 받았다. 코네티컷 주, 뉴 헤이븐에 위치한 예일 의대에서 의학박사 학위를 받았으며, 그곳에서 정신과 레지던트 과정을 마쳤다. 그는 런던의 타비스톡 클리닉에서 일 년 동안 정신건강의학과 전문의로 일했고, 캘리포니아 주의 샌프란시스코 정신분석연구소에서 분석훈련을 받았으며 지금도 그 연구소의 교수로 재직하고 있다. 또한 옥덴 박사는 북 캘리포니아 정신분석연구소에서 임상감독 및 개인 분석가로서 활동하고 있다. 그는 25년 이상 Center for Advanced Study of the Psychosis의 소장으로 재직해 왔고, *International Journal of Psychoanalysis*, *Psychoanalytic Dialogues*, *Bulletin of the Menninger Clinic*의 북미 편집위원회 일원으로 수차례 활동했다. 또한 국제정신분석연합의 정신병 관련 상임위원회 회원이면서 *The Complete Works of Donald W. Winnicott*의 국제 자문 패널의 일원이다.

옥덴 박사는 다양한 주제로 주요 정신분석학 저널에 50편 이상의 논문을 게재했는데 그 예를 들면 "On Psychoanalytic Writing," "On Psychoanalytic Supervision," "Reverie and Metaphor: Some Thoughts On How I Work as a Psychoanalyst," "Listening: Three Frost Poems," "Borges and the Art of Mourning," "The Concept of Interpretive Interaction," "On the Nature of Schizophrenic Conflict," "On Holding and Containing, Being and Dreaming"

등이다. 그는 7권의 저서를 집필했고, 그의 저서와 논문은 17개국 이상의 언어로 번역되어 출간되었다.

옥덴 박사는 그해 가장 중요한 논문에 수여하는 2004 *International Journal of Psychoanalysis* 어워드, 중앙 신경정신 정신건강 의학협회의 윌리엄 메닝거 상, 세이무어 러스트만 기념 정신병리학 연구 상을 수상한 바 있다.

지난 10년 동안 옥덴의 분석적 3자와 분석가의 몽상(reverie) 개념은 그 중요성이 더욱 커졌고 폭넓게 논의되고 있으며, 그는 상호주관성과 역전이에 대한 논의에 중요한 새로운 차원을 제시해 왔다.

다음은 미국 정신분석학에서 이룬 자신의 업적과 관련해 옥덴 박사가 진술한 내용이다.

> 분석적 저술의 첫 10년 동안(1974-1984) 내가 썼던 논문들은 미국의 정신분석가들에게 영국식 정신분석학적 사고—주로 클라인, 위니캇, 페어베언, 비온의 작업들—을 소개하는 것뿐만 아니라, 나 자신의 사고를 발전시키는 도구로서 사용되었다.
>
> 1979년 발표된 논문인 "On Projective Identification"과 *Projective Identification and Psychotherapeutic Technique*, *The Matrix of the Mind: Object Relations and the Psychoanalytic Dialogue*라는 저서에서 나는 클라인, 위니캇, 페어베언, 비온의 사고를 그들의 작업에 그다지 친숙하지 않은 청중들에게 단지 "설명한" 것이 아니라, 그들이 도입한 사고를 통해서 나 자신의 견해를 창출했다. 즉 내가 개념화한 투사적 동일시는 영국의 클라인 학파가 따르는 것과는 과거에도 달랐고 지금도 역시 다르다. 나는 투사적 동일시를 무의식적인 정신내적/대인관계적 과정으로 보는 반면에, 런던의 클라인 학파는 (비온과 로젠펠드의 업적에도 불구하고) 여전히 거의 전적으로 *정신내적 과정으로만 본다. 이와 유사하게 나는 위니캇, 페어베언, 비온의 생각 중 많은 부분을 쇄신하고자 노력했다. Psychoanalytic Quarterly*에서 한 비평가는 *The Matrix of the Mind*에 대해 다음과 같이 불만을 토로했는데, 즉 그는 어디에서 클라인, 위니캇, 페어베언의 생각이 끝나고 어디에서 내 생각이 시작하는지 구분할 수가 없다고 했다. 하지만 나는 그의 이러한 불만을 내게 보내는 최고의 찬사라 여겼다.

이후 몇 년 동안 나는 (1984-1989) 내가 "자폐-접촉 자리(autistic-contiguous position)"라고 칭한 개념에 관해 글을 썼는데 그것은 편집-분열 자리 및 우울 자리와 마찬가지로 중요하지만, 보다 원시적인 경험을 만들어내는 양상을 말하는 것이다. 그것은 내부와 외부가 없고 오직 표면과 둘레만 존재하는, 거의 전적으로 감각-지배적인 형태의 경험을 일컫는다. 이러한 주장은 터스틴, 빅, 멜처의 업적을 출발점으로 삼아 내 고유의 생각으로 발전시킨 것이다. 이 기간에 썼던 논문들은 *The Primitive Edge of Experience*라는 저서로 엮어 출간되었다.

1989년에서 2001년 사이에 나의 사고와 글쓰기는 몽상의 분석 과정과 분석적 3자에 주로 집중되었다. 이 시기에 나는 분석 환경에서 우리는 어떻게 소통하는가(즉, 언어를 사용하면서 창출하는 효과를 통해 우리가 우리 자신의 생각과 감정을 전달하는 방법)에 대해 많은 글을 썼다. 부연하자면 스타일(음성, 음조, 은유의 사용 등)은 한 편으로, 그러면서 내용은 또 다른 편으로 분리할 수는 없다는 것이었다. 나는 Borges의 소설 뿐 아니라 Frost, Heaney, Stevens의 시를 면밀히 읽으면서 그와 같은 사실을 탐구해 갔다. 내가 쓴 *Subjects of Analysis*, *Reverie and Interpretation: Sensing Something Human*, 그리고 *Conversations at the Frontier of Dreaming* 등은 나의 분석적 사고의 이런 면들을 보여준 책들이다.

신간인 *This Art of Psychoanalysis: Dreaming Undreamt Dreams and Interrupted Cries*는 New Library of Psychoanalysis series로 간행되었다. 이 책은 순전히 지금까지 내가 써온 글들을 바탕으로 집필되었다. 이 책을 구성하는 논문들에서 나는 분석 이론에서 차지하는 꿈의 위치와 분석 수련에서의 꿈의 역할에 대한 개념을 수정했다. 비온의 이론을 따라, 나는 (우리가 깨어있을 때나 잠들어 있을 때나 지속되고 있는) 꿈을 무의식적인 심리 작업과 유사한 것으로 간주한다. 이러한 관점에서 정신분석의 목표는 살아있는 경험을 보다 충분히 꿈꿀 수 있도록 환자를 돕는 것이다.

내 생각에 정신분석에서 중심이 되는 것은, 환자의 "꾸어지지 않는" 그리고 "중단된" 꿈을 꾸는 일에 분석가가 참여하는 것이다. 중단된 꿈(은유적 악몽)은 환자가 어느 지점까지는 꿈꾸기(진실한 무의식적인 심리 작업의 수행)가 가능한 정서적 경험이다. 그러나 특정 지점을 지나면, 환자의 꿈은 방해를 받는다. 꿈꾸기의 능력이 지금 꾸고 있는 꿈의 파괴적 성격에 압도당하고 마는 것이다. 이 지점에서 환자는 "깨어난다." 즉 무의식적인 심리 작업을 수행할 수 없게 되는 것이다. (이는 아이의 놀이가 중단되는 것에서도 볼 수 있다.) 꿈꾸기가 중단되는 곳은 신경증 증후들 그리고 다른 형태의 비정신증적 징후들이 발생하는 곳이다. 반면에 꾸어지지 않는 꿈은 환자가 의식적이거나 무의식적인 심리 작업을 거의 또는 전혀 할 수 없는 정서적 경험이다. 꿈을 꿀 수 없는 경험은 여러 정신병 같은 혹은 정신신체적 장애나 심각한 도착 안에 있는 분열된(split-off) 상태들이다.

지금껏 내가 말했던 모든 논지의 중심은 분석 세계에서의 내 입장이 정신분석의 학파들 중 어느 학파를 옹호하는 데 (혹은 정신분석의 반대 학파들 중 어느 한편을 반대하는데) 있지 않았다는 것이다. 뿐만 아니라 나는 스스로 "독단적 목소리"를 낸다고 보지도 않는데 그 이유는 그렇게 되면 나를 변절자로 오인할 수도 있기 때문이다. 그것 보다는 나는 스스로를 독립적인 사고가라고 묘사하고 싶다.

이 논문을 선택한 이유

토마스 옥덴

나는 "The Analytic Third: Implications for Psychoanalytic Theory and Technique"을 이 책에 포함하기로 선택했는데 그 이유는 이 글이 내 사고의 결말을 보여주어서가 아니라, 오히려 이 글에는 1970년대, 분석적 글쓰기에 대해 내가 초기에 기울였던 노력의 기원이 된 사고들이 집결되어 있기 때문이다. 분석적 3자에 대한 이 논문의 중심 생각은 두 사람이 진정으로 생각하고 꿈꾸기 위해서는 분석적 세팅 안에서 많은 시간이 필요하다는 것이다. 이러한 생각은 이미 프로이트의 작업에서 암시되기도 했지만, 비온과 로젠펠드가 투사적 동일시 개념을 무의식적, 심리적-대인관계적 과정이라는 개념으로 발전시키면서 처음으로 분명해졌다. 이 개념은 내게, 어느 누구도 혼자서는 해 낼 수 없기 때문에 분석가와 피분석가가 사고하고 꿈꾸는 것에 함께 참여하는 방식들에 대해 나 자신만의 탐구를 수행할 수 있는 진입점을 제공했다.

분석적 3자

정신분석 이론과 기법을 위한 함축들
(The Analytic Third: Implications for Psychoanalytic Theory and Technique)

토마스 옥덴

분석적 3자는 지난 10년 동안 매 분석 회기마다 내가 의지했던 이론과 기술에서 없어서는 안 되는 개념이 되어왔다. 이 글에서 나는 이전의 임상 및 이론 관련 논문들(Ogden 1994a, 1994b,1999)을 바탕으로 분석적 3자라는 주제에 대해서 내가 생각했던 많은 요소들을 한 곳에 모으고자 한다. 이제 논의하겠지만, 나는 (제각각 고유의 무의식적 삶을 지닌 분리된 개인으로서 분석가와 피분석가의) 개별 주관성과, (분석적 짝이 함께 만들어낸 무의식적 삶인) 상호주관성 사이에서 벌어지는 변증법적 움직임이 정신분석의 가장 중요한 임상 현상이라 생각하며, 이것은 실제로 모든 임상의 분석적 사고 속에서 보다 정확하고 창의적인 용어로 기술되어야 하는 문제이다.

내가 개념화한 분석적 상호주관성은 "[어머니로부터 공급(maternal provision)받지 않는] 유아는 없다" (p. 39, fn)는 위니캇(1960)의 주장을 정교하게 다듬고 확장한 것이다. 분석 상황에서 분석가와 관계를 맺지 않는 피분석가는 없고, 피분석가와 관계를 맺지 않는 분석가는 없다. 내 생각에 위니캇의 잘 알려진 그 문장은 의도적으로 불완전하게 만들어진 것이다. 그는 유아는 없다는 생각이 유희적 과장이거나 보다 큰 역설적 진술의 한 부분으로 이해되리라 가정했다. 다른 관점에서 (역설의 다른 "극"에서 바라본 관점에서) 분리된 육체적, 심리적 실체를 이루는 유아와 어머니가 존재한다는 사실은 자명하다. 어머니-유아의 연합은 제각각 분리된 어머니, 유아와 역동적인 긴장 속에 공존한다.

어머니와 유아의 관계, 분석가와 피분석가의 관계 모두에서 분석의 과제는 어떤 특성들이 누구에게 속하는지 알아내기 위해 그 관계를 구성하는 요소들을 구분하는 것이 아니다. 그것 보다 분석의 과제는, 주체와 대상의 상호의존성이란 관점에서, 개별 주관성과 상호주관성 간에 무의식적으로 상호작용하는 경험의 구체적인 특성을 설명하고자 하는 것이다. 이 글의 제1부에서 나는 내가 *분석적 3자*[1](Ogden 1994a)라고 지칭한 분석가-피분석가의 무의식적 상호주관성의 안팎에 동시에 존재하는, 경험의 변천을 구체적으로 추적하고자 한다. 이러한 3자적 주관성, 상호주관적 분석적 3자는, 분석 환경 안에서 분석가와 피분석가의 분리된 주관성에 의해 또는 그 사이에서 생성되는 독특한 변증법적 산물이다. 그것은 분석가와 피분석가 사이에 존재하는 대인관계의 장에서 자기 고유의 삶을 빼앗아가는 것 같은 주관성이다.

이 글의 제2부에서 나는 투사적 동일시 현상과 분석 과정에서의 그 역할을, 상호주관적인 분석적 3라는 형태의 관점에서 다시 고찰하고자 한다. 내가 이해하는 바, 투사적 동일시에서 분석가와 피분석가 양자의 개별 주관성은 어느 정도까지는 분석의 3자적 주체, 즉 무의식적이고 공동 창출된 *지배적 3자(subjugating third)*에 포함되어 있다. 성공적인 분석 경험은 분리된 주체로서 존재하는 분석가와 피분석가가 서로 깨달아 가며 그 3자로 대체되고, 분석에 참여한 두 사람이 (변형된) 그 개별 주관성을 재전유(reappropriation)하는 데서 나온다.

제1부. 임상 실제에서의 분석적 3자

나는 지금부터 어느 분석의 한 단편을 제시하고, 분석가가 자기 마음속에서 배경으로 작용하는 (환자와는 전혀 무관한 분석가 "자신의 일"로 보이는) 매일의 가장 일상적인 면에 주의를 기울이는 것이 얼마나 중요한지 논의할 것이다. 아울러 상호주관

---

1) 분석 과정의 상호주관적인 관점과 전이와 역전이의 무의식적 상호작용의 성격과 관련된 문헌을 포괄적으로 검토하는 작업은 이 논문의 범위를 벗어나는 일이다. "분석 대상"에 대한 Bion(1962)과 Green(1975)의 연구와, 내가 "분석적 3자"라고 부르는 것과 일치하는 무의식적인 분석적 상호주관성 관념에 대해서는 Barranger(1993)의 "분석적 장(analytic field)" 개념을 참조하길 바란다. 전이-역전이에 대한 다소 광범위한 문헌에 대한 사려 깊은 논평에 대해서는 Boyer(1993)와 Etchegoyen(1991)을 참조할 것.

Thomas H. Ogden박사의 "The Analytic Third: Implications for Psychoanalytic Theory and Technique"은 The Psychoanalytic Quarterly 73(1): 167-194, 2004에 처음으로 게재되었다. 이 글은 허락을 얻어 약간 개작되고 축약된 것이다.

적인 분석적 3자 안에 존재해 왔으며, 그 경험으로 변화되어 왔고, (또한 그 3자의 경험을 살아가고 있는) 피분석가에게, 3자로부터 또한 3자에 대해서 말할 수 있는 목소리를 내는 언어적 상징들을 분석가가 어떻게 사용해야 하는지에 대해서도 논의할 것이다.

임상 실례: 도둑맞은 편지

L씨는 나와 3년째 작업 중인 환자였다. 나는 그와의 어느 분석 시간에 의자 옆 책상 위에 놓인 편지봉투를 바라보고 있는 나 자신을 발견하게 되었다. 지난 일주일 내지 열흘 동안 나는 자동응답기에서 흘러나오는 전화번호나, 내가 가르치는 수업에 쓸 아이디어나, 해야 할 잡무들, 자신에 관련된 다른 메모들을 적어 두느라 그 봉투를 사용해 왔다. 일주일이 넘도록 편지봉투는 눈에 잘 띄는 곳에 있었음에도 불구하고, 분석 시간의 그 순간까지 봉투 앞면의 오른쪽 하단에 일련의 세로줄이 찍혀 있었다는 사실을 몰랐는데, 그 표시는 편지가 대량 우편의 일부였음을 나타내는 것 같았다. 나는 실망스러운 느낌이 확 올라와 당황스러웠다. 봉투 안에 있던 편지는 이탈리아에 사는 한 동료가, 그 내용이 민감하다고 느껴져서 가장 엄격하게 기밀유지가 되어야만 하는 어떤 문제에 대해 내게 보내온 것이었다.

나는 우표들을 들여다보았고 그보다 더한 두 가지 세부사항이 있음을 처음으로 알게 되었다. 우표들에는 소인이 찍혀있지 않았으며, 그 중 하나에는 단어들이 적혀 있었는데 놀랍게도 내가 읽을 수 있는 것들이었다. 그것은 *볼프강 아마데우스 모차르트*였는데. 나는 몇 분 후에야 그 이름이 내게 익숙한 것이며, 영어나 이탈리어나 "똑같다"는 사실을 깨달았다.

이러한 몽상(reverie)에서 빠져나오면서, 이것이 환자와 나 사이에서 그 순간에 벌어지고 있었던 일들과 어떻게 관련되는지 의문이 생겼다. 심리상태를 이렇게 이동시키려는 노력은 깨어나면 사라져버리는 꿈을 기억해내려고 애썼던 내 경험처럼, 마치 "억압과 싸우는" 고된 전투처럼 느껴졌다. 지난 수년간 나는 주의를 놓치지 않고 환자가 하고 있는 말을 이해하는 데 온 힘을 기울였다. 몽상에서 되돌아오면 아니나 다를까 환자의 말에 뒤처지고는 했기 때문이었다.

나는 그 편지가 전하려고 했던 것 같은, 그 친밀감이 진정한 것이었는지에 대해 스스로 의구심을 느끼고 있음을 깨달았다. 편지가 대량 우편의 일부였다는 잠깐 동안의 내 환상은 내가 속았다는 느낌을 반영하고 있었다. 나는 스스로 순진한데다, 남을 잘 믿으며, 특별히 비밀스러운 것을 맡을 만하다고 늘 믿어온 것 같았다. 내게 수많은 단편적 연상들이 떠올랐다. 그것은 소인도 없는 우표를 부착한 편지들로 넘쳐나는 우편물 가방의 이미지, 거미의 알주머니, *Charlotte's Web*, 거미줄 위에 있는 Charlotte의 메시지, Templeton the rat, 그리고 순수한 윌버 등이었다. 이런 생각들 중 어느 것도 L씨와 나 사이에서 벌어지는 것들의 표면만을 건드리는 것 같지는 않았다. 말하자면 마치 내가 강압적일 지도 모르는 어떤 방식으로 역전이 분석의 경험을 하고 있는 듯한 느낌이었다.

(45세로 대규모 비영리 기관의 소장이었던) L씨의 이야기를 들었을 때, 나는 그가 대단히 특징적인 방식으로 말하고 있다는 것을 알 수 있었다. 그 목소리는 지치고 절망적이었고, 완강하다고 느껴질 만큼 느릿느릿 자신의 "자유연상"을 이어가고 있었다. 전체 분석 기간 내내 그는 자기 자신과의, 또한 다른 사람들과의 극단적인 정서적 거리감의 한계를 벗어나고자 엄청나게 노력했다. 나는 L씨가 자신이 살고 있는 집으로 차를 몰고 가지만 그곳이 *자신의* 집이라고 느끼지 못한다는 그의 말에 대해서 생각해 보았다. 집 안으로 걸어 들어가 "그곳에 살고 있는 여성과 네 명의 아이들"에게서 인사를 받지만, 그는 그들이 *자신의* 아내이고 *자신의* 자녀라는 것을 느낄 수가 없었다. "나 자신은 그 그림 속에 존재하지 않는 것처럼 느껴져요. 하지만 나는 그곳에 *존재하죠*. 내가 그곳에 어울리지 않는다고 깨닫는 바로 그 순간, 분리되어 있는 느낌이 와요. 외로움과 거의 비슷한 느낌이죠."

나는 혹시 그에게 속고 있는 건지도 모른다고, 내게 말을 건네고자 노력하는 겉으로 보이는 그 성실성에 속고 있는 건지도 모른다는 생각을 마음속에 가져보았다. 그러나 이러한 생각은 공허한 울림에 지나지 않았다. 무언가를 느껴야 한다는 것은 알지만 그것이 무엇인지에 대해서는 어떠한 단서도 없다고 수없이 되풀이하며 설명하던, L씨의 목소리에서 묻어나던 좌절감을 나는 떠올렸다.

환자의 꿈에는 마비된 사람들, 죄수들, 벙어리들의 이미지들이 자주 나타나곤 했다. 최근의 꿈에서 그는 엄청난 에너지를 소모한 후에 바위를 부수고는 화석 무늬처럼 내부 표면에 새겨진 상형문자를 찾아내는 데 성공했다. 그러나 꿈에서 그가 처음 느꼈던 기쁨은 그것의 의미를 단 하나도 이해할 수 없다는 것을 깨달았을 때 사그라졌다. 꿈에서 그가 상형문자를 발견한 것은 순간적으로 흥분할만한 것이었지만, 그것은 아득한 절망 속에 그를 남겨두고 마는, 결국엔 공허하고 고통스럽게 애태우는 경험이었다. 심지어 그런 절망감조차도 깨어나면서 거의 즉시 기억에서 사라졌고, 내게 "보고하는"(말을 한다는 것과는 반대의 의미로) 생동감 없는 일련의 꿈 이미지로 변질되었다. 꿈은 메마른 기억으로 변해버렸으며 일련의 생각과 느낌처럼 더 이상 생생하게 느껴지지 않았다.

나는 당시의 이러한 나 자신의 경험을 투사적 동일시의 형태로, 즉 내적인 삶은 진입할 수 없는 장벽 뒤에 남겨진 것 같아서 그것을 분별할 수도, 경험할 수도 없는 환자의 절망의 경험에 내가 참여하게 되는 것으로 고려해 볼 수 있겠다고 생각했다. 그러나 이렇게 공식화하는 것은 이성적으로는 타당했지만, 진부하고 정서적으로는 부족하게 느껴졌다. 나는 심사숙고해야 하는 이 전문적인 문제에 대해 일련의 자기애적이고 경쟁적인 생각 속으로 빠져들게 되었다. 그러나 이런 심사숙고는 문득 자동차 정비소에 맡겨둔 내 차를 폐점 시각인 오후 6시 전에 되찾아 와야 한다는 사실을 깨달으면서 불쾌하게 중단되고 말았다. 폐점 시각 전에 정비소에 도착하려면 정확히 5시 50분에 그날의 마지막 분석 시간을 마칠 수 있도록 신경을 곤두세워야 했다. 마음속에는 내 뒤로 차들이 부릉거리는 가운데 문을 닫은 정비소 앞에 멀거니 서 있는 나 자신의 생생한 이미지가 그려졌다. 수년간 단골 고객인 내가 늘 차가 필요하다는 사실을 업주가 잘 앎에도 불구하고, 정확히 오후 6시면 폐점하고 마는 그 방식에 나는 (어느 정도의 자기 연민뿐만 아니라) 무기력과 강한 분노를 느꼈다. 이 가공의 경험 속에는, 손에 만져질 듯한 포장도로의 딱딱한 물리적 감촉, 자동차 배기가스의 악취, 정비소 출입문에 있는 지저분한 유리창의 깔끄러움 뿐 아니라 깊은 고적감과 소외감도 내재되어 있었다.

돌이켜 보면 비록 그 때는 완전히 의식하지 못했다고 할지라도, 지금은 내가 그 회기에서 자기애적/경쟁적 심사숙고로 시작하여 그날의 마지막 환자와의 분석 시간을 비인격적으로 끝낸 뒤 정비소 업주에게서 퇴짜를 맞는 환상으로 마치는 일련의 감정과 이미지들로 상당히 동요하고 있었다는 것을 보다 잘 알 수 있다.

이제 다시 되돌아가 L씨의 이야기를 더욱 집중해 들어보자면, 나는 그가 당시에 토로했던 문제들을 짜 맞추려고 애쓰고 있었는데 그것들은 일에만 몰두하는 아내, 일과 후에 부부 모두 느끼는 탈진상태, 처남의 재정적 몰락과 임박한 파산, 조깅을 하고 있는 동안 무모하게 내달리던 오토바이와 거의 사고가 날 뻔 했던 경험 등이었다. 이런 이미지들 중 어떤 것이라도 거리감 자체를 포함하여, 우리가 앞서 논의했던 주제들의 한 상징으로 삼을 수 있었다. 이런 거리감은, 내가 나 자신과 L씨 모두에게서 느꼈던 단절감 뿐 아니라 환자가 이야기하고 있는 모든 것에 스며들어 있는 듯 했다. 그러나 나는 개입하지 않기로 결정했다. 왜냐하면 만약 이 지점에서 내가 해석을 제공하려 한다면, 내게는 할 말이 있다는 사실로 스스로를 안심시키기 위해, 단지 반복해서 무언가를 말할 것 같은 느낌이 들었기 때문이었다.

분석 중 이른 시각에 사무실 전화가 울렸고, 그것이 다시 조용해지기 전에, 자동응답기는 두 번 찰칵거리며 메시지를 녹음했다. 전화벨이 울렸을 때 누가 전화를 걸었는지 의식적으로 떠올리지는 않았지만, 분석시간의 그 시점에서 얼마나 시간이 흘러야 그 메시지를 들을 수 있을지 알기 위해 나는 시계를 확인했다. 자동응답기 테이프에서 흘러나올 상쾌한 목소리를 생각하자 나는 안도감이 들었다. 어떤 기쁜 소식을 듣게 되리라 상상했던 것이 아니었으나, 그것은 내가 산뜻하고 청명한 목소리를 갈망하던 것 이상이었다. 그 환상을 만든 감각적 요소가 내게 있었던 것이다. 즉 시원한 산들바람이 얼굴을 씻기며 내 폐 속으로 들어와, 과열되어 있고 환기가 잘 되지 않는 내 방의 질식할 것 같은 적막감을 완화해주는 것을 느낄 수 있었다. 나는 봉투 위의 갓 찍힌 소인들이 생각났는데, 그것들의 색은 또렷하고 강력하며, 암울하고 기계적이고 지울 수 없는 상처처럼 뚜렷한, 기계로 제작된 무효 소인이었다.

나는 편지봉투를 재차 바라보았고, 지금까지 나도 모르게 인지되고 있었던 어떤 것이 있음을 알게 되었다. 내 이름과 주소가 수동 타자기로 찍혀 있었던 것이다. 컴퓨터도 아니었고, 주소 라벨도 아니었고, 심지어 전동 타자기도 아니었다. 나는 내 이름이 "언급되었다는" 인간적 질감에 기쁨을 느낄 정도였다. 제각각 활자화된 문자의 특유한 불규칙성, 부정확한 줄맞춤, 알파벳 문자 *t*에서 세로선 너머 상단 부분이 잘려나간 방식이 거의 내 귓가에 들리는 듯 했다. 이것은 마치 내 이름을 알고서 *내게* 말을 건네는 인간의 목소리가 지닌 강세와 억양처럼 느껴졌다.

이러한 환상과 연결된 육체적 감각 뿐 아니라 이들 사고와 감정은 환자가 몇 달 전 내게 말했던, 그러나 이후에는 더 이상 언급하지 않았던 무엇인가를 마음 (그리고 몸) 속에 불러 일으켰다. 이전에 그는 내게 이런 말을 한 적이 있었다. 자신이 내게 강한 친밀감을 느꼈던 때는 내가 옳아 보이는 것을 말했을 때가 아니라 실수를 저지르거나 무엇을 잘못했을 때라는 것이었다. 그가 내게 이런 말을 했을 때 그것이 어떤 의미였는지를 보다 잘 이해하는 데에는 몇 달이 걸렸다. 분석의 그 지점에서 나는 나 자신이 그동안 느껴왔던 자포자기의 느낌들과, 우리가 함께 하는 작업에서 무엇인가 인간적이고 개인적인 어떤 것을 계속 찾는 환자의 광적인 추구에 대해 스스로 설명이 가능해지기 시작했다. 또한 인간적인 것 같지만 기계적이고 비인격적으로 느껴지는 것들과의 반복적인 충돌 경험과 연결된 공황상태, 절망, 분노를 조금씩 이해한다고 느끼기 시작했다.

어머니를 "뇌사"라고 했던 L씨의 표현이 내 머릿속에 떠올랐다. 환자는 어머니가 분노를 느꼈다거나 어떤 종류의 강렬한 감정을 느꼈다는 증거를 보여주는 단 하나의 예도 기억해내지 못했다. 어머니는 집안일과 "지극히 평범한 요리를 하는 데" 몰두했다. 그가 정서적인 어려움들을 이야기하면 어머니는 항상 상투적 말로 무마시켰다. 예를 들어 환자가 6살이었을 때 매일 밤 침대 밑에 괴물이 살고 있다는 공포에 시달렸지만, L씨의 어머니는 매번 이렇게 말했다. "거기엔 무서운 게 아무것도 없어." 이런 말은 한편으로는 진술의 정확성(실제로 침대 밑엔 괴물이 없었으므로)과, 환자의 내적 삶을 알려고 하지 않는 어머니의 거리낌/무능력 (어머니는 인정하지도 확인하지도 심지어는 궁금해 하지도 않았지만 그는 두려워하는 무엇인가가 있었으므로) 사이의 불일치를 보여주는 하나의 상징이 되었다.

이제 L씨의 생각의 연결고리는 —아내와 자신의 탈진상태, 처남의 임박한 파산, 심각하거나 치명적인 잠재성을 지닌 사건들에 대해 그가 언급하는 것을 포함하여— 분석이 고갈되고, 파탄에 이르게 되고, 죽어가고 있다고 느끼는 자신의 감정에 대해 내게 말하려는 환자의 무의식적 시도를 반영하는 것처럼 보였다. 그는 그와 내가 생기가 느껴지는 방식으로 서로에게 말하고 있지 않다는 느낌을 갖기 시작하고, 그가 내게 인간적일 수 없는 것과 마찬가지로 나도 그에게 기계적인 것 이상일 수 없다고 여겨지는 것 같았다.

나는 환자에게 내 생각엔 우리가 함께 하는 시간이 당신에게는 마치 출근부를 찍으며 출·퇴근하는 공장 업무처럼 즐겁지 않은, 의무적인 행위로 느껴지는 것 같다고 말했다. 그리고 나와 함께 하는 시간 속에서 가끔 질식할 듯 절망감을 느끼는 걸 감지했다고, 공기처럼 보이지만 실제로는 진공상태인 어떤 것에 숨 막히듯 느끼고 있음이 틀림없다고 덧붙였다.

L씨의 목소리는 전에 없이 커지고 깊어졌으며 다음과 같이 말했다. "네, 저는 질식할 것 같은 두려움 때문에 밤새도록 창문을 활짝 열어 놓고 자요. 머리에 비닐봉지를 뒤집어씌우는 것처럼 누군가 내 숨을 조이는 공포에 수시로 잠을 깨요." 환자는 연이어 말했다. 내 치료실로 걸어 들어올 때면 그는 자주 방이 후덥지근하고 공기가 불안할 정도로 답답하게 느껴진다는 것이었다. 그런데도 카우치 발끝에 놓인 난방기를 꺼달라거나 창문을 열어달라고 내게 요청할 생각이 전혀 떠오르지 않는다고 했다. 왜냐하면 대부분 자신이 그런 느낌들을 가졌다는 것이 충분히 인식되지 않았기 때문이었다. 그는 방이 후덥지근하다는 것을 인식하지 못할 정도로 자신의 내면에서 벌어지고 있는 일에 대해 스스로 아는 것이 거의 없다는 사실을 깨닫는 것이 끔찍할 정도로 절망스럽다고 했다.

L씨는 그 회기의 나머지 15분 내내 침묵했다. 지금껏 분석에서 그 정도로 침묵한 적은 없었다. 침묵이 흐르는 동안 나는 말을 해야 한다는 압박감이 느껴지지 않았다. 사실은, 이러한 일시적 중지 상태에서 상당한 휴식과 안도감을 느꼈는데, 이제야 나는 그것을 "불안한 심리상태(anxious mentation)"라고 생각하게 되었고, 그와 나는 그런 상태로 수많은 시간을 보냈던 것이다. 나는 분석이 절망 속으로 붕괴하지 않도록 지키기 위해, 그동안 L씨와 내가 계속 엄청나게 노력해왔다는 것을 차츰 깨닫게 되었다. 나는 과거 우리 두 사람을, 비치볼을 공중에 계속 띄워 놓으려고 미친 듯이 서로 공을 받아 쳐올리는 모습으로 상상했다. 그 분석 시간이 끝나갈수록 나는 졸렸고 잠에서 벗어나려고 싸워야만 했다.

환자는 꿈 때문에 일찍 깼다는 말로 다음 분석시간을 시작했다. 꿈에서 그는 물속에 있었고 완전히 벌거벗은 다른 사람들을 보았다. 그는 자신도 나체 상태라는 것을 알았지만 특별히 자의식을 느끼지는 않았다. 그는 숨을 참고 있었고 더 이상 참을 수 없게 되면 익사하리라는 공포를 느끼고 있었다. 그 때 그 사람들 중, 물속에서도 별 어려움 없이 분명하게 숨을 쉬고 있는 한 남자가 그에게 숨을 쉬어도 괜찮다고 말해주었다. 꿈에서 L씨는 조심스럽게 숨을 내쉬어 보았고 숨쉬기가 가능하다는 것을 알게 되었다. 그리고는 그는 여전히 물속에 있었지만 장면이 바뀌었다. 그는 크게 흐느끼며 울고 있었고 깊은 슬픔에 빠져 있었다. 얼굴을 알아볼 수 없는 한 친구가 그에게 말을 건넸다. L씨는 친구가 자신을 안심시키거나 자신에게 용기를 북돋아주려 하지 않아서 고마움을 느꼈다고 했다.

환자는 꿈에서 깨어났을 때 눈물이 터질 것 같았다고 말했다. 그는 자신이 무엇에 대해 슬퍼하는지 알지 못했지만 자신이 느끼고 있었던 것을 그저 느껴보고 싶은 마음에 잠자리에서 일어났다고 했다. 그리고 L씨는 슬픔이라는 감정을, 회사 업무에 대한 불안감 혹은 은행 통장 잔고와 주의를 산만하게 하는 여타 문제에 대한 걱정으로 변질시키려는, 자신에게 익숙한 시도들이 시작됨을 알아차리게 되었다.

논의

지금까지의 설명은 분석에서 분수령이 될 만한 사례로서 제시된 것은 아니며, 그보다는 분석 상황에서 벌어지는 개별 주관성과 상호주관성의 무의식적인 변증법적 움직임의 의미를 전달하고자 하는 노력의 일환이다. 나는 분석가와 피분석가가 만들어내는 상호주관적 경험이 내가 분석가로서 겪었던 경험 (내 몸과 마음에서 간신히 지각될 수 있고 대개는 지극히 일상적인 배경으로 작용되는 것들을 포함하는)을 어떤 방식으로 맥락화하는지 설명하고자 했다. 어떤 사고, 감정, 감각도 그 자체로 동일하게 간주될 수 없으며, 분석가와 피분석가가 만들어내는 특정한 (그리고 지속적으로 변화하는) 무의식적인 상호주관성의 맥락 밖에 놓일 수 없다.

임상 자료를 제시했던 형식이 다소 특이했다는 점, 즉 자료제시 후반부까지 L씨에 관한 일반적 정보를 제공하지 않았다는 것을 나 자신이 잘 알고 있다는 말로 논의를 시작하고 싶다. 그 이유는 때때로 L씨가 나의 의식적인 사고와 감정에 꽤 존재하지 않았다는 그 느낌의 정도를 전달하고 싶었기 때문이다. 내가 몽상에 잠겨있는 동안에는 L씨에게 전혀 집중이 되지 않았다. (나는 *몽상*이라는 비온[1962]의 용어를, 피분석가의 무의식을 받아들이는 분석가의 적극적 수용성을 뚜렷이 반영하는 심리 상태 뿐만 아니라, 분석가의 자기애적 자기－몰두, 강박적 반추, 백일몽, 성적 환상, 육체적 감각 등을 반영하는 것으로 보이는 잡다하게 뒤섞인 심리 상태를 지칭하기 위해 사용한다.)

임상 자료 자체의 세부적인 것들로 돌아가 보면, (이 분석의 맥락 안에서) 편지봉투에 관한 내 경험은 내가 봉투 자체를 의식하면서 시작되었는데, 말하자면 그것들은 수 주간 물리적으로 거기 있었지만, 그 순간 이전에는 존재하지 않았던 하나의 심리적 사건으로, 심리적 의미를 담고 있는 것으로 그 순간에 되살아났던 것이다. 나는 이러한 새로운 의미들을 단순히 내 안의 억압을 걷어낸 것을 반영하는 것으로 보지 않으며, 오히려 새로운 주체(분석적 3자)가 L씨와 나에 의해 (사이에서) 생성되고 있음을 반영하는 사건으로, 그 결과 편지봉투가 "분석 대상"으로 창출된 것으로 이해한다(Bion 1962; Green 1975). 책상 위에 놓인 이 새로운 "대상"을 내가 의식했을 때, 그것은 내게 완전히 자아－동조적이어서 전혀 자기의식적이지 않은 사건으로서 이끌렸다. 봉투에 찍힌 기계로 제작된 표시에 나는 충격을 받았는데, 다시 말하지만 그것은 그 이전까지는 (내겐) 존재하지도 않았던 표시였다. 나는 처음으로 그 표시를 내가 겪고 있었던 고충, 즉 L씨가 내게 인간적인 감정을 느끼며 말을 건넨다고 느끼지 못하는 나의 괴로움과 관련된 의미망(matrix)의 맥락 안에서 경험했다. 소인이 없는 우표가 이와 유사한 방식으로 "창출되었고" 정교하게 다듬어지고 있었던 상호주관적 경험 안에 자리를 잡았다. 소외감과 이질감은 내가 모차르트의 이름이 일반적 언어라는 사실을 거의 잊어버렸을 정도에 달했다.

*Charlotte's Web*과 관련된 일련의 단편적 연상은 설명이 필요한 부분이다. 이런 사고와 감정들이 내 고유한 삶의 경험에서 매우 개인적이며 특유하다고 할지라도, 그것들 역시 분석적 3자의 경험이라는 맥락 안에서 새롭게 창출되었다. 나는 *Charlotte's Web*이 내게 매우 중요하다는 사실을 의식적으로 알고 있었지만, 이 책이 특별히 중요하다는 것은 억압되어 있었을 뿐 아니라, 그때까지는 지금과 같은 의미로 존재하지 않았었다. 앞에서 언급된 회기 이후 몇 주가 지나서야 나는 이 책이 원래 (그리고 그렇게 생성되는 과정에서) 외로움의 느낌들과 매우 밀접하게 연결되어 있다는 사실을 인식하게 되었다. 나는 (그 이후 몇 주에 걸쳐) 어렸을 때 극심하게 외로웠던 시기에 내가 이 책을 여러 번 탐독했고, 그 책에서 부적응자이면서 버림받은 윌버와 나 자신을 완전히 동일시했었다는 사실을 처음으로 깨달았다. *Charlotte's Web*에 대한 이렇게 대부분 무의식적인 연상들을 나는 그동안 억압되어 있었던 기억이 회복된 것이라고 보지 않으며, 나는 이것을 지금 갖추어지고 있는 형태로는 이전에 존재하지 않았던 (무의식적인 분석적 상호주관성 안에서 그리고 이를 통한) 경험

의 창출이라고 본다. 이 분석적 상호주관성 개념은 지금 내가 발전시키고 있는 분석 과정을 이해하는 핵심이다. 분석 경험은 과거와 현재가 만나는 첨점(cusp)에서 발생하며, 분석가와 피분석가 사이에서 (즉 분석적 3자 안에서) 만들어진 경험을 통해 (분석가와 피분석가 양자 모두에게) 새롭게 창출되고 있는 과거를 포함한다.

내가 의식적으로 나 자신의 몽상 경험으로부터, 환자가 무슨 말을 하고 있는지, 어떻게 말하고 있는지, 어떤 방식으로 나와 함께 하고 있는지의 문제로 주의를 이동할 때마다, 나는 이동하기 몇 초 전, 혹은 몇 분 전의 바로 그곳으로 되돌아가지 못했다. 즉 나는 매번 그러한 몽상 경험으로 인해 달라졌는데, 때로는 그 방식을 가까스로 지각할 정도였다. 편지봉투와 관련된 일련의 생각과 느낌을 경험한 이후 L씨에게 다시 집중했을 때, 나는 L씨의 경험 중 분열성적 특성을, 그리고 진짜라고 느껴지는 무엇인가를 같이 창출해 보려는 그와 나 자신의 노력이 공허해지는 순간들을 보다 잘 받아들이게 되었다. *그의* 분석가가 되려는 나 자신의 노력과 관련된 공허한 느낌뿐만 아니라, 가족과 세상에서 그가 차지하는 위치 감각과 관련된 임의적인 느낌을 나는 보다 예리하게 알게 되었다.

그 다음에 나는 (나 자신과 환자의 절망감을 투사적 동일시[2]의 용어로 개념화하려는 그다지 만족스럽지 않은 시도를 하면서) 두 번째로 연결되는 "자기-몰두적인(self-involved)" 생각과 감정들에 참여하게 되었다. 자동차 정비소의 폐점과 그날의 마지막 분석 시간을 정각에 마쳐야 할 필요성과 관련된 불안한 환상과 감각 때문에 내 사고는 중단되었다. 내 자동차는 온종일 정비소에 있었지만, 차가 분석 대상으로 창출된 것은 환자와 함께 있었던 바로 그 순간이었다. 그 순간 정비소 폐점을 포함한 환상은 홀로 고립되어 있는 내가 만들어낸 것이 아니라 L씨와의 무의식적인 상호주관적 경험에 내가 참여함으로써 창출된 것이었다. 자동차와 정비소에 관한 생각과 감정은 그날 다른 분석 회기들 중 어느 회기에도 발생하지 않았다.

자동차 정비소의 폐점과, 그날의 마지막 분석 시간을 정각에 끝내야 할 내 필요성과 관련된 몽상에서, 나 자신과 다른 사람들 안에 있는 요지부동의, 기계적인 냉혹함

---

2) 지금 설명하고 있는 L씨와 겪었던 경험의 어떤 측면은 투사적 동일시로 설명할 수 있다고 생각한다. 그러나 회기 중 그러한 생각이 떠올랐던 그 순간에 나는 투사적 동일시 개념을 주로 주지화 방어로 사용하고 있었다.

을 맞닥뜨리는 경험은 다양한 형태로 반복되었다. 환상들과 뒤섞여 나타난 것은 딱딱한 감각(보도, 유리, 모래알갱이)과 질식감(배기가스)이었다. (과거에 나는 이러한 환상과 감각을 분석에 중요하지 않은 것으로, 극복해야 하는 장애물로 일축해버리곤 했지만) 이러한 환상은 내 안에서 점점 더 무시할 수 없는 불안과 긴박감을 만들어냈다.

L씨의 이야기로 되돌려 초점을 맞춰보자. 나는 여전히 회기 안에서 무엇이 일어나고 있는지 꽤 혼란스러웠고, 내가 느끼는 무력감을 쫓아내기 위해서 무슨 말이든 해야 할 것 같았다. 이 시점에서 그 시간에, 먼저 벌어졌던 한 사건이 (걸려온 전화가 자동응답기에 저장된 일) 처음으로 분석적 사건으로서 (즉 정교하게 다듬어지고 있는 무의식적인 상호주관성의 맥락 안에서 의미를 지닌 사건으로서) 나타났다. 이제 자동응답기 테이프에 녹음된 목소리는 지인의 목소리일 것이며 내게 친밀하게 말을 걸어올 가능성이 한껏 높아졌다. 숨을 자유롭게 쉬거나 질식할 것 같은 신체적 감각은 점점 더 의미를 전달하는 중요한 매체가 되었다. 편지봉투도 그 회기에서 초반에 존재해 온 것과는 다른 분석적 대상이 되었다. 즉 봉투는 이제 특유하고 개인적인 목소리(불완전한 *t*가 들어있는, 손으로 친 이름과 주소)의 표상으로서 의미를 지니게 되었다.

분석적 3자 안에서 이러한 경험들이 누적되어 나타난 효과는, 몇 달 전 내가 실수를 저지를 때 가장 친근감을 느낀다고 환자가 말했던 그 어떤 것에 변형을 가져오게 했다. 즉 환자가 했던 그 진술은 새로운 의미를 띠게 되었는데, 보다 정확하게 말하자면, (기억이 난) 그 진술이 이제 내겐 새로운 진술이 되었고, 이런 의미에서 그 진술은 처음으로 만들어지고 있다는 생각이 들었다.

분석 시간의 이 시점에서, 나는 무서울 정도로 그리고 회복할 수 없을 정도로 비인간적이라 느껴지는, 다른 사람과 나 자신의 어떤 측면을 대면하는 경험에 대해 기술할 수 있게 되었다. L씨가 그동안 말해왔던 수많은 주제들은 내가 이전에는 느끼지 못했던 일관성을 띠기 시작했다. 즉 나에게 그 주제들은, L씨가 나에 대해 그리고 우리 사이의 대화에 대해 경험하는 것은 파탄과 죽어가는 것이라는 생각으로 모아지는 것 같았다. 이러한 친숙한 주제들은 이제 (내겐) 갓 조우한 새로운 분석적 대상들이 되고 있었다. 나는 환자에게 나와의 분석에 대해 그가 경험하는 것이 기계적이고 비인간적인 것 같다는 내 느낌을 말하려고 시도했다. 개입을 시작하기 전에, 나는 마음속에 있는 것을 전달하기 위해 기계 이미지(공장이나 시간기록계)를 사용하겠다고 의식적으로 계획하지는 않았다. 나는 무의식적으로, 분석 회기를 기계적으로 (시계가 알리는 대로) 끝내는 것과 정비소 폐점에 관한 몽상의 이미지를 가져오고 있었다. 이러한 이미지의 "선택"은 내가 분석적 3자(L씨와 내가 창출하고 있는 무의식적인 상호주관성)의 무의식적 경험*으로부터* (무의식적 경험에 *대해서*가 아니라) 말하고 있던 그 방식을 반영하는 것이라 본다. 동시에 나는 분석적 3자 외부에 있는 분석가로서의 위치에서 그 분석적 3자에 대해 말하고 있었던 것이다.

나는 마찬가지로 계획하지 않은 방식으로 이어가면서 환자에게 (또 다른 기계인) 진공실 이미지 즉 그 안에는 생명을 유지하는 공기 같은 것이 사실상 없는, 그 이미지에 대해 말했다. (여기에서 나는 무의식적으로 정비소 밖 배기가스로 가득한 공기와, 자동응답기 환상과 연결된 신선한 공기의 호흡이라는 환상적 경험의 감각－이미지들을 가져오고 있었다.[3]) 내가 개입했을 때 L씨는 (충분히 들이마시고 내쉬는) 깊은 호흡을 하는 것 같은 풍성한 목소리로 반응했다. 인간적인 모든 것에서 배제되었다는 L씨 자신의 의식적, 무의식적 느낌은 살해하는 어머니/분석가의 손에 질식당하는 이미지와 감각의 형태 (그에게 비닐봉투[젖가슴]가 생명을 유지하는 공기로 채워지지 못하게 막는)로 경험되고 있었다.

분석회기 말미에 나타난 침묵은 그 자체로 새로운 분석적 사건이었는데, 비닐봉지 속에서 폭력적으로 숨이 막히거나 치료실의 답답한 공기에 질식할 것 같은 이미지와는 확연히 대조되는 안도감을 반영했다. 이런 침묵이 지속되는 동안 내가 경험한 것에는 덧붙여야 할 두 가지 중요한 측면들이 있었다. 첫째, 공중에 띄워두기 위해 L씨와 내가 광적으로 쳐올린 비치볼의 환상과 둘째, 내게 몰려오는 졸음이었다. 나와 L씨가 (절망, 탈진, 희망이 뒤섞인 채로) 함께 침묵할 수 있는 방식에 내가 꽤 위안을 느꼈다고는 해도, 이러한 (내 기면상태에 일부 반영된) 침묵의 경험 안에는 (돌이켜보면 무마된 분노라고 생각되는) 저 멀리서 들려오는 천둥소리 같은 어떤 요소가 내

3) 나는 이렇게 간접적인 방식으로 (즉 내가 개입해 들어갈 때 환자와의 무의식적 경험을 자유롭게 가져오는 것을 스스로 허용하면서) 분석적 3자 안에서 그리고 분석적 3자로의 나 자신의 경험에 대해 환자에게 "말했다." 역전이를 이렇게 간접적으로 소통하는 것은 분석 경험에서 자발성, 생동감, 진실성을 느끼는데 중요한 방식으로 기여한다.

재되어 있었다.

L씨가 그 다음 회기를 시작하면서 이야기했던 꿈에 대해 짧게 논의하겠다. 나는 그 꿈을 이전 시간에 대한 반응이면서 동시에, L씨가 지니고 있었던, 나를 향한 분노의 결과에 대한 공포와 나를 향한 동성애적 감정에 대한 두려움이 두드러진 불안감으로 나타나는, 전이-역전이의 어느 측면에 대해 더욱 날카로운 묘사를 시작한 것이라고 이해한다. (그동안 분석 대상으로 사용할 수는 없었지만 나는 이것에 대한 단서들—예를 들면, 정비소에서 내 뒤로 부릉거리던 차량들의 이미지와 감각 같은 것들— 을 이전부터 지니고 있었다.)

꿈의 첫 부분에서 환자는 벌거벗은 사람들과 함께 물속에 있었고, 거기에는 익사의 공포에도 불구하고 그에게 숨을 쉬어도 괜찮다고 말해준 남자도 있었다. 호흡을 하면서도 그는 정말로 호흡할 수 있다는 사실을 믿기가 어려웠다. 꿈의 두 번째 부분에서 L씨는 슬픔에 북받쳐 흐느끼고 있었지만 얼굴을 알 수 없는 남자가 곁에 있으면서도 위로하려 하지 않았다. 꿈은 지난 회기에 느꼈던 L씨의 감정이 일부 표현된 것으로 보인다. 즉 지난 시간에 우리 두 사람은 그의 무의식적 ("물속의") 삶에서 중요한 것을 함께 경험했고 보다 잘 이해하기 시작했으며, 나는 그가 느끼는 소외감, 슬픔, 무력감에 압도될 (익사할) 것을 두려워하지 않게 되었고 또한 그에 대해서도 두려워하지 않았다. 그 결과, 그는 이전에 두려워했던, 질식하게 할 것 같은 것들(진공 젖가슴/분석가)에서 스스로 담대하게 살아남을(들이마실) 수 있었다. 덧붙이자면, 환자 자신의 경험이 스스로에게는 완전히 진실로 느껴지지 않았다는 암시가 있었는데, 꿈에서 자신이 하고 있는 일을 정말로 할 수 있다고 믿기 어려워했다는 점이 그것이다.

L씨의 꿈, 두 번째 부분에서 그는 자신이 슬픔을 느낄 수 있는 능력이 향상되었음을 보다 확연하게 보여주었는데 자신에게, 또한 내게 느꼈던 단절감이 줄어들었다고 느끼는 방식으로 나타났다. 그 꿈은 부분적으로는 그가 경험하기 시작했던 감정을 내가 빼앗지 않았다는 데 대한 감사의 표현인 듯 했다. 만약 내가 전날 만남에서 분석 끝 무렵의 침묵을, 해석을 덧붙이거나 나의 말과 생각으로 그가 느끼는 슬픔을 없애려는 —혹은 심지어 바꾸어 놓으려는— 노력으로 방해했다면 나는 그의 감정을 해치고야 말았을 것이다.

이런 일들과 관련해 L씨가 경험했던 (의심과 뒤섞인) 고마움 외에도, 나는 나를 향한 양가감정에 대해 그가 덜 인식하고 있다고 느껴졌다. 이전 회기 끝 무렵의 졸음 덕분에 나는 어느 정도 이러한 가능성을 알아차리고 있었는데, 이것은 종종 나 자신의 방어 상태를 반영하는 것이다. 비치볼 (젖가슴) 띄우기 환상이 암시했던 것은 당연히 무마되고 말았던 분노였다. 분석에서 연이어 나타난 사건들로 나는 다음 사실을 더욱 확신하게 되었다. L씨의 꿈, 두 번째 부분에 등장했던 얼굴 없는 남자는 어느 정도 나에 대한 환자의 분노 (어머니 전이)의 표현, 즉 (자신을 그렇게 느꼈던 것처럼) 형체가 없고 별다른 특징이 없어 포착하기 어렵다는 이유에서 나온 분노였다. 이러한 생각은 그 이후 여러 해 분석이 지속되면서 L씨가 나에게 "딱히 별 볼일 없는 사람"이라며 분노를 직접적으로 표현하면서 입증되었다. 더욱이 보다 깊은 무의식적 차원에서, 물속에서 나체의 남자가 환자에게 숨쉬기를 권유했다는 것은, 내가 L씨의 무의식적 감정, 즉 (나체의 남자가 L씨에게 입 속으로 액체를 함께 들이마시도록 권유했던 장면이 보여주듯이) 내가 동성애적 불안을 유발하면서 나와 함께 그 방에서 살아남도록 그를 유혹하고 있다는, 그의 무의식적 감정이 강화(intensification)되었다고 느낀 것을 반영하는 것이었다. 내가 꿈에 반영된 성적 불안을 해석했던 것은 분석에서 훨씬 이후의 일이었다.

몽상과 분석적 3자

지금까지 설명한 임상과정에서, 내 마음이 "떠돌다가" 편지봉투에 찍힌, 기계로 제작된 일련의 표시에 집중하게 된 것은 단순한 우연이 아니다. 봉투에는 전화번호, 수업 준비를 위한 메모, 그날의 잡무를 생각나게 하는 글씨들로 빼곡했다. 편지 봉투는 그 자체로 (위에서 말했던 의미들을 전달하는 것 이외에도) 수신자가 따로 없는 (과거부터의) 나만의 개인적 담화, 사적 대화였다. 거기에 있는 노트들 안에는 나의 삶의 상세한 부분들에 대한 독백이 있었다. 분석 시간 동안의 이처럼 비자의식적이고 (unselfconscious) "자연스러운" 분석가의 정신 작용은 매우 인간적이고, 개인적이며, 당황스러울 정도로 평범한 삶의 측면들이다. 이러한 측면의 경험이 분석적 3자의 무의식적 상호작용을 표출해 내는 방법으로 변형되어지는 방식에 대해, 분석가가 스스로와 대화하기 위해 몽상의 비자기반영적(unselfreflective) 영역에서 이렇듯 개인적이고 일상적인 측면을 붙잡는 데는 엄청난 노력이 필요하다. 다시 말하지만 그 "개인적인" (개별적으로 주관적인) 것은 단순히 상호주관적인 분석적 3자 안에서 발생하는 창출 이전에 이미 존재해왔던 것이 아닐 뿐만 아니라, 이미 존재해왔던 것들과 완전히 다른 것도 아니다.

나는 치료실에서 환자와 함께 하는 분석가의 심리적 삶 가운데 중요한 차원은 자기 생활의 평범하고 일상적인 세부들(종종 그에게 자기애적으로 매우 중요한)[4]과 관련된 몽상의 형태를 띤다고 생각한다. 나는 이 임상적 논의에서 이런 몽상들이 단순히 부주의함, 자기애적 자기-몰두, 해결되지 않는 정서적 갈등 등을 반영하는 것이 아니라는 사실을 보여주려고 노력해 왔다. 오히려 이러한 심리적 활동은 정교화 되지 않은 (게다가 자주 느껴지지도 않는) 피분석가의 경험을 드러내는 상징적이고 원상징적(protosymbolic) (감각에-기초하는) 형태를 보여주는 것으로, 이러한 형태는 분석적 짝의 무의식적 상호주관성 안에서 (즉 분석적 3자 안에서) 구체화된다.

많은 경우 이러한 형태의 심리적 활동은, 피분석가와 정서적으로 함께 하려고 하고 그에게 주의를 기울이려 노력하는 중에, 분석가가 견디거나, 제쳐 놓거나, 극복해야 하는 것 등으로 간주되고 있다. 이 자리에서 내가 시사하는 바는 분석가의 경험에 대한 어떤 견해가 임상 현상의 이러한 영역을 묵살하는 것이라면, 분석가로 하여금 피분석가와 함께 경험하는 것들 중 수많은 (어떤 경우엔 대부분의) 것들의 중요성을 약화시키게(혹은 무시하게) 될 것이라는 점이다. 내가 느끼기에 분석 경험에서 그렇게 큰 부분을 과소평가하게 된 주요 요인은 이것을 인정하는 것이 불안정한 형태의 고조된 자의식을 불러일으킨다는 것이다. 전이-역전이의 이러한 측면을 분석하려면, 우리가 스스로에게 말하는 방식과, 개인적이며 비교적 방어적이지 않은 심리 상태에서 우리가 스스로에게 무엇에 대해 말하는지 점검해보아야 한다. 이러한 상태에서는 꿈 상태와 유사한 방식으로 의식과 무의식의 변증법적 상호작용이 변화되며 나타난다. 이런 식으로 점점 자의식적이 되어가면서, 우리는 사생활의 본질적인 내면적 성소를, 나아가 온전한 정신의 초석들 중 하나를 건드릴 수 있다. 우리는 성지, 즉 그 안에서 주로 주관적 대상들과 의사소통을 하는, 개인적인 고립의 영역을 딛고 서있는

---

4) 이곳과 본 논문의 나머지 부분에서 사용되는 남성 대명사는 남성과 여성 모두를 동등하게 지칭한다.

것이다(Winnicott 1963; Ogden 1991). 편지봉투 위에 나 자신에게 썼던 메모처럼, 이러한 소통은 어느 다른 사람에 대한 것이 아니며, 심지어는 이토록 섬세한 개인적이며/일상적인 "막다른 골목(cul-de-sac)"(Winnicott 1963, p.184)의 외부에 놓인 우리자신의 어떤 측면들에 대한 것도 아니다. 전이-역전이 경험의 이러한 영역은 매우 개인적이고, 분석가의 성격 구조에 뿌리 깊이 배어 있어서, 우리 자신과의 대화 속으로 들어가 이렇게 개인적인 측면조차도 분석적 3자 안에서 그리고 분석적 3자로의 우리의 경험을 통해 변화될 수 있다는 것을 인식하려면 엄청난 심리적 노력이 필요하다. 만약 참다운 의미의 분석가가 되고자 한다면, 우리 자신의 이러한 측면까지도 분석 과정에 가져올 수 있도록 우리는 자기-의식적으로 노력해야만 한다.

덧붙이는 논평

분석가와 피분석가는 분석적 3자를 그들 자신의 성격구조, 개인사, 정신신체적 기질(make-up) 등의 맥락 안에서 경험하기 때문에, 분석적 3자가 공동으로 창출됨에도 불구하고 참여자 각각의 그 경험은 동일하지 않다. 더욱이 분석적 3자는 분석가와 피분석가의 역할 관계에 따라 강력하게 규정된 분석 환경의 맥락 안에서 발생하기 때문에 비대칭적인 구조물이라 할 수 있다. 따라서 피분석가의 무의식적 경험은 특정한 방식으로 특권적 위치를 차지하는데, 즉 분석의 짝이 분석 담화에서 (배타적이진 않지만) 주요한 주제로 삼는 것은 피분석가의 과거와 현재의 경험이라는 것이다. 분석적 3자 안의, 그리고 분석적 3자로의 분석가의 경험은 피분석가의 의식적, 무의식적 경험을 이해하는 도구로서 (주로) 활용된다. (분석가와 피분석가는 상호 분석의 민주적인 과정에 참여하는 것이 아니다.)

분석적 3자는 분석가와 피분석가가 분리된 개인으로서 사고할 수 있는 능력을 제한하는 강제적 효과를 자주 발휘하지만, 그것은 또한 창조적이고 풍요로울 수 있다. 이를테면, 분석적 3자 안의 그리고 분석적 3자로의 경험은 환자와 분석가 사이에서 "모든 실재 감각(all the sense of real)"(Winnicott 1963, p.184)을 지닌 친밀감이라는 특성을 종종 창출하기도 한다. 분석적 3자의 이러한 경험에는 활기찬 유머, 동료애, 유희, 연민, 건강한 관심끌기, 매력 등이 포함된다. 환자가 자신의 삶에서 그토록 건강하고 생산적인 형태의 대상관계를 처음으로 맺었을 수도 있다는 점에서 분석적 3자 안에서의 이러한 경험은 분석에 특별히 중요할 수 있다. 대개 나는, 만약 해석이 필요하다면, 분석 후반이 되도록 그런 분석적 사건들의 의미 해석을 미루어둔다. 이해하는 것보다 이러한 경험들을 생생하게 겪으며 사는 것, 이것이 분석에서 가장 중요하다.

제2부. 투사적 동일시와 지배적 3자(the subjugating third)

제1부에서는 임상 환경에서 겪는 분석적 3자의 경험에 대해 논의했으며, 지금부터는 임상적 이론의 차원에서 분석적 3자의 개념이 어떻게 정신분석을 풍요롭게 하는지 그 문제를 다루고자 한다. 그러한 논의를 위해, 투사적 동일시가 무의식적, 상호주관적 3자성의 형식으로 개념화된 과정에 대해 살펴볼 것이다. 특히 상호 지배(mutual subjugation)와 상호 인식(mutual recognition)의 무의식적 상호작용을 설명할 것인데, 나는 이것을 투사적 동일시의 근본이라고 보기 때문이다. (분석적 3자의 다른 형태에 대한 논의는 Ogden 1996, 1999를 참조)

내가 제시하는 투사적 동일시는 분리된 심리적 실체로서의 분석가 및 피분석가와 변증법적 긴장 관계에 있으면서, 다양한 형태의 상호주관적 *3자성(thirdness)*이 창출되는 과정으로서의 정신분석 개념에 그 바탕을 두고 이해되어야 한다. 투사적 동일시에서 내가 *지배적 3자*라고 부르는 분석적 3자성의 독특한 형태가 발생하는데, 왜냐하면 이 형태의 상호주관성은 그 안에 참여자의 개별적인 주관성을 꽤 많이 내포하는 결과를 낳기 때문이다.

나는 모자 간 의사소통의 초기 형태(Bion 1962), 무의식적인 환상으로 존재하며 다른 사람의 성격 안으로 강제적으로 들어가 점령하는 것, 정신분열적 혼란 상태(Rosenfeld 1965), 그리고 건강한 "공감적 나눔"(Pick 1985, p.45)을 비롯하여 광범위한 심리적-대인관계적 사건들을 지칭하기 위해 투사적 동일시라는 용어를 사용한다.

투사적 동일시는 자신의 일부를 다른 사람 안으로 대피시키는 환상을 수반하는(언어적으로 또한 비언어적으로 상징화된) 무의식적 서사(narrative)의 창조를 포함한다. 이 환상화된 대피의 목표는 자신의 어떤 측면에 의해 발생한 위험으로부터 자신을 보호하거나, 자신과 별다르지 않게 경험되는 다른 사람에게 자신의 일부를 예치함으로써 그것을 보호하려는 것이다(Klein 1946, 1955; 또한 Ogden 1979). 무의식적 환상 속에서 다른 사람 안에 자리한 자신의 일부는 그 과정에서 변화될 것이라 느끼고, 최적의 조건에서 덜 위해하거나 덜 위험한 상태로 회수할 수 있다고 상상한다(Bion 1959). 그렇지 않으면, 병리적 상태에서 재전유된(reappropriated) 부분이 이미 죽어버렸거나 이전보다 더욱 박해적으로 변했다고 느낄 수도 있다.

이러한 일련의 무의식적 환상과 불가분의 관계에 있는 것이 환상에 대한 대인관계적 연관성이다(Bion 1959; Joseph 1987; Racker 1968; Rosenfeld 1971). 심리적 사건의 대인관계적 특성은 무의식적 환상에서 발생하는 것이 아니다. 즉 무의식적 환상과 대인관계적 사건은 *단일한 심리적 사건의 두 측면*들이다. 이렇게 이해하면, 투사적 동일시는 이제 정신분석 이론에서 광범위하게 수용되는 구성요소가 된다. 앞으로 나는 투사적 동일시에 대한 이러한 이해를 재작업 –수정하기보다는 보다 정교화 –하고자 한다.

투사적 동일시의 대인관계적 측면–내가 그것을 분석적 3자의 개념에 의해 생성된다는 관점으로 보는–은 '주체–로서의–타자'(the other-as-subject)가 지닌 분리된 "나–다움"(I-ness)을 (한시적으로 상당 정도) 전복시키는 방식으로, "수령자(recipient)"의 주관성을 변형시키는 것을 포함한다. 주관성의 이러한 무의식적 상호작용 안에는, "내가 스스로 경험할 수 없는 것을 당신을 통해 경험할 목적으로 내가 당신을 사용할 필요가 있는 한, 당신[투사적 동일시의 '수령자']은 나[투사자]다. 나 자신의 어떤 면을 내가 버려야 하고 환상 속에서 당신 안에(내가–아닌 것으로 위장하여) 나 자신을 숨겨야할 필요가 있는 한 당신은 내가 아니다." 투사적 동일시의 수령자는 분리된 주체로서의 자신을 부정하는 데 참여함으로써, 투사자에 의해 (무의식적 환상 속에서) 점령된 (인수된) 자기 자신 안에서 "심리적 공간"을 만들어낸다.

투사적 동일시 과정에서 투사자는 분리된 "나"로서의 자신을 부정하는 데 무의식적으로 진입하게 되고 그런 와중에 '자신에–대한–타자(other-to-himself)'가 되어간다. 즉 그는 "나"이면서 동시에 "내가 아닌", 어느 정도는 자기 외부에 있는(수령자 안에 기거하는) 무의식적 존재가 되어 가는 것이다. 수령자는 원거리에 있는 자신이자 동시에 자신(투사자)이 아니다. 이 과정에서 투사자는 그 순간까지의 자신과는 다른 누군가로 변해간다. 수령자를 점령하는 투사자의 경험은 주체로서의 타자를 부정하고 수령자의 주관성을 자기 자신의 주관성으로 이용하는 것이다. 그러는 동시에 투사자의 자기 중 점령하는 부분은 대상화(objectified)되고 (부분 대상으로 경험되고) 의절(disown)된다. 이러한 상호 부정 과정의 결과로 탄생한 것이 3자적 주체, "투사적 동일시의 주체"이며, 이것은 투사자와 수령자 모두이면서 둘 다 아니다. 따라서 투사적 동일시는 투사자와 수령자 모두의 개별 주관성이 각기 다른 방식으로 부정(negate)되는 과정이라 할 수 있다. 즉 투사자는 수령자 안으로 대피시켰다고 상상하는 자신의 어떤 면을 부인(disavow)하는 반면, 수령자는 투사자의 주관성에서 부인된 면에 (그것을 위한 공간을 만들어내며) 굴복함으로써 자기 부정에 참여한다.

투사적 동일시가 단순히 투사 또는 동일시의 강력한 형태, 혹은 둘의 총체라고 말하는 것은 충분하지 않다. 왜냐하면 투사, 동일시는 단지 경험의 정신내적 차원만을 언급하는 개념들이기 때문이다. 오히려 투사적 동일시는 각각의 주체가 타자에 의해 "지배당하기"를, 즉 타자를 통해서 3자적 주체(투사적 동일시의 주체)가 되도록 부정당하기를 허용하면서, 상호적으로 창출하고 부정하고 보존하는, 주체들 사이의 변증법이라는 용어로 이해되어야 한다.

투사적 동일시를 분석적 관계성의 형태로 볼 때 독특한 특징은, 그것을 특징짓는 분석적 상호주관성이 (비대칭적) 상호 지배를 통해 3자적 주관성을 창출하는 과정을 매개하면서, 분리된 주체들로서의 분석가와 피분석가의 경험을 심하게 전복시키는 결과를 낳는다는 것이다. 분석 환경에서의 투사적 동일시에는 주관성과 상호주관성의 변증법적 움직임을 부분적으로 붕괴하는 유형이 포함되는데, 그 결과 분석적 3자가 (분석가와 피분석가의 개별 주관성을) 지배하게 된다. 분석 과정이 성공적이라면 분석가와 피분석가의 개별 주관성은 재전유되는데, 즉 새롭게 창출된 분석적 3자("투사적 동일시의 주체")의 (혹은 그 안에서의) 경험을 통해서 분석가와 피분석가의 개별 주관성이 변형된다는 것이다.

투사적 동일시에는 중요한 역설이 존재하는 것으로 생각된다. 이러한 형태의 관계성에 참여하는 개인은 그 때까지의 자기 한계에서 벗어나기 위해, 상호적으로 창출된 상호주관적 3자에 무의식적으로 스스로를 예속시킨다. 투사적 동일시에서 분석가와 피분석가는 서로를 제한하면서 풍부해지고, 서로 억눌리면서 활력을 받는다. 새롭게 창출된 상호주관적 실체로서의 지배적인 분석적 3자는 그 때까지 이러한 심리적-대인관계적 과정에 참여하는 각각의 개인에게 잠재적 경험으로만 존재해왔던 사고를 생각하고, 감정을 느끼고, 감각을 경험하고, 꿈을 꿀 수 있는 도구가 된다. 심리적 성장이 가능해지려면 지배적 3자로 대체되는 것과, 1자성과 2자성, 유사성과 상이성, 개별주관성과 상호주관성 간에 새롭고 보다 창조적인 변증법의 확립이 있어야만 한다.

클라인(1955)은 투사적 동일시와 관련지어 심리적 고갈의 경험에만 거의 대부분 집중했지만, 비온(1962), 래커(1968), 로젠펠드(1971), 그리고 그 외 학자들은 투사적 동일시 역시 각 참여자들이 (서로에게서 고립된 채로) 만들어 낼 수 있는 것보다 잠재적으로 더 크고 더욱 생성적인 무엇인가를 창출한다는 사실을 입증했다. 개별 주체의 활성화나 확장이 전적으로 투사자의 경험에만 국한되는 것은 아니며, 투사적 동일시의 "수령자"도 그 사건을, 단순히 그 안에서 자기 자신이 제한되고 둔화되는 심리적 부담으로만 경험하지는 않는다. 이것은 어느 정도, 투사적 동일시 경험에서 투사자를 동시에 자극하지 않는 수령자는 없다는 사실에 기인한다. 주관성들 간의 상호작용은 결코 일방향적일 수는 없다. 즉 각 사람은 타자에 의해 부정되면서 이자관계에서 생성된 독특한 변증법적 긴장 속에서 새롭게 창출된다.

투사적 동일시의 수령자는 부분적으로는 자기의 일관성/정체 아래 막혀있는 것을 무너뜨릴 무의식적 목적으로 자기 자신의 개별성을 부정(와해)한다. 투사적 동일시는 수령자에게 '자신에-대한-타자'가 되는 새로운 형태의 경험을 창출할 가능성을 제공하여, 그 때까지의 자신과 자신이라고 경험해온 그 사람을 변화시킬 수 있는 조건을 창출한다. 수령자는 단순히 타자(투사자)와 동일시하는 것이 아니다. 즉 그는 타자로 생성되면서 새롭게 창출된 타자/3자/자기의 주관성을 통해서 (생성 중인) 스스로를 경험하는 것이다.

투사적 동일시에 진입하는 두 주체들은 (부지불식간에) 각각 무의식적으로 자신을 극복하고자 (부정하고자) 시도하면서, 고립된 개개인은 스스로 만들어낼 수 없었던 나-다움을 경험하고 새로운 주관성을 창출할 공간을 만들고자 한다. 어떤 의미에서 우리는 완전히-타자는-아닌(who-is-not-fully other) 타자를 통해서 그리고 그 안에서 우리 자신을 창출하기 위해 (종종 그렇게 하지 않으려고 엄청나게 의식적인 노력을 들임에도 불구하고) 투사적 동일시에 참여한다. 동시에 우리는 타자('완전히 타자는-아닌-타자')가 우리를 통해서 자신을 주체로서 창출하도록 무의식적으로 도구가 되어주는 것을 허용한다. 투사적 동일시에 진입하는 각 개인은 이러한 상호주관적 사건에서 벌어지는 두 가지 양상들(부정하면서 부정당하는 두 형태 모두)을 각기 달리 경험한다. 투사적 동일시에서 단순히 어떤 사람이 다른 사람의 무의식적 환상 안에 있는 어떤 역할을 수행하고 있는 자신을 발견하게 된다고 말하는 것은 충분하지 않다(Bion 1959). 보다 정확하게 말하자면, 어떤 사람이 다른 사람의 무의식적 환상 안에서 어떤 역할을 수행하고 있는 것과 동시에 그 상대의 무의식적 환상을 만들어내는 작가의 역할을 하고 있다는 것을 발견하게 된다는 것이다.

투사적 동일시에서 개인은 그 개별성에 국한되었던 것을 넘어서기 위해 자신의 분리된 개별성의 일부를 무의식적으로 없애버린다. 또한 자신에게서 자유로워지기 위해 무의식적으로 스스로를 지배한다. 개별 참여자가 지배적 3자에게서 어느 정도 자유를 갖게 될지는 다음 요인들에 달려있다. 1) (전이-역전이에 대한 분석가의 정확하고 공감적인 이해와 해석에 의해) 피분석가의 개별성을 인식하는 분석가의 행위, 그리고 2) (피분석가가 분석가의 해석을 활용하는 것을 통해) 피분석가가 분석가의 분리된 개별성을 인식하는 것.

투사적 동일시의 투사자와 수령자는 자신들도 모르는 무의식적 동맹자로서, 그들 자신의 분리된 심리적 존재감의 유아론에서 벗어나기 위해 그들의 개별 주관성과 상호주관성의 자원을 활용하는 프로젝트에 참여한다. 두 사람 모두는 그동안 자기 자신의 내부 대상관계의 영역에서 빙빙 선회해 왔는데, 이것으로는 우리가 자기-분석이라 부르는 정신내적 담화조차도 상호주관적 경험에서 고립된 상태로는 지속적인 심리 변화가 거의 일어나지 않는다. (이것은 자기분석이 가치 없다는 말이 아니다. 나는 투사적 동일시가 제공하는 것과 같은 상호주관적 영역에서 고립되면 자기분석은 오히려 심각한 한계에 봉착한다고 생각한다.) 인간은 자기 자신의 내적 대상 세계에서 끝없이 허망하게 떠돌아다니는 방황으로부터 탈출구를 찾기 위해 (투사적 동일시를 비롯한) 상호주관적 구성물들을 세우려는 배고픔과 갈증의 깊은 욕구를 지니고 있다. 어느 정도 이러한 이유로 정신분석 수련에서 동료들과 수퍼바이저들과의 협의가 매우 중요한 역할을 한다.

투사적 동일시 안에 포함되는 무의식적인 상호주관적 동맹에는, 거기에 참여하는 사람들에게 납치, 협박, 유혹, 최면, 또는 공포 소설의 전개 과정에서 저항할 수 없는 섬뜩한 유혹에 휩쓸리는 것 등의 느낌이 드는 특성들이 있을 수 있다. 그러나 어떤 투사적 동일시 경험과 연관된 병리의 정도는 그 환상화된 지배가 얼마나 강압적인가의 정도에 따라 측정되는 것이 아니다. 오히려 투사적 동일시 경험의 병리성은, 타자와 자신의 독특하고 분리된 개별성을 인식하는 (종종 해석이란 방법에 의해 중재되는) 상호 행위를 통해 3자의 지배로부터 서로를 해방시키지 못하는 참여자들의 무능력/반항 정도를 반영한 것이다.

요컨대, 투사적 동일시 개념은 상호주관적인 분석적 3자의 형태로 간주될 때 실질적으로 풍부해진다는 것이 내 생각이다. 그렇게 잉태된 투사적 동일시 안에서 개별 주관성과 상호주관성의 무의식적인 변증법적 움직임은 부분적으로 와해되고, 그 결과 (참여자의 개별 주관성이 상당히 내재되어 있는) 지배적인 분석적 3자가 공동-창출된다. 성공적인 정신분석 과정에서 분리된 (그러나 여전히 상호의존적인) 개인으로서의 참여자는 무의식적 3자의 대체를 이루고 (변화된) 주관성을 재전유한다. 이것은 분석가가 전이-역전이를 해석하는 것, 그리고 피분석가가 분석가의 이런 해석을 진정성 있게 심리적으로 활용하는 것을 매개로 하는 상호 인식이라는 행위를 통해 달성되는 것이다.

참고문헌

Barranger M: The mind: from listening to interpretation. Int J Psychoanal 74:15–24, 1993

Bion WR: Group dynamics: a review (1952), in Experiences in Groups. New York, Basic Books, 1959, pp 141–192

Bion WR: Attacks on linking. Int J Psychoanal 40:308–315, 1959

Bion WR: Learning From Experience. New York, Basic Books, 1962

Boyer LB: Countertransference: history and clinical issues, in Master Clinicians on Treating the Regressed Patient, Vol 2. Edited by Boyer LB, Giovacchini PL. Northvale, NJ, Jason Aronson, 1993, pp 1–21

Etchegoyen RH: The Fundamentals of Psychoanalytic Technique. London, Karnac, 1991

Green A: The analyst, symbolization and absence in the analytic setting. (On changes in analytic practice and analytic experience). Int J Psychoanal 56:1–22, 1975

Joseph B: Projective identification: some clinical aspects, in Melanie Klein Today, Vol 1: Mainly Theory. Edited by Spillius E. New York, Routledge, 1988, pp 135–147

Klein M: Notes on some schizoid mechanisms (1946), in Envy and Gratitude and Other Works, 1946–1963. New York, Delacorte, 1975, pp 1–24

Klein M: On identification (1955), in Envy and Gratitude and Other Works 1946–1963. New York, Delacorte, 1975, pp 141–175

Ogden T: On projective identification. Int J Psychoanal 60:357–373, 1979

Ogden T: Some theoretical comments on personal isolation. Psychoanalytic Dialogues: A Journal of Relational Perspectives 1:377–390, 1991

Ogden T: The analytic third: working with intersubjective clinical facts. Int J Psychoanal 75:3–20, 1994a

Ogden T: Projective identification and the subjugating third, in Subjects of Analysis. Northvale, NJ, Jason Aronson, 1994b, pp 97–106

Ogden T: The perverse subject of analysis. J Am Psychoanal Assoc 44:1121–1146, 1996

Ogden T: The analytic third: an overview, in Relational Perspectives in Psychoanalysis: The Emergence of a Tradition. Edited by Mitchell S, Aron L. Hillsdale, NJ, Analytic Press, 1999, pp 487–492

Pick I: Working through in the countertransference (1985), in Melanie Klein Today, Vol 2: Mainly Practice. Edited by Spillius E. London, Routledge, 1988, pp 34–47

Racker H: Transference and Countertransference. New York, International Universities Press, 1968

Rosenfeld H: Psychotic States: A Psycho-Analytic Approach. New York, International Universities Press, 1965

Rosenfeld H: Contribution to the psychopathology of psychotic states: the importance of projective identification in the ego structure and the object relations of the psychotic patient, in Problems of Psychosis. Edited by Doucet P, Laurin C. Amsterdam, Excerpta Medica, 1971, pp 115–128

Winnicott DW: The theory of the parent-infant relationship (1960), in The Maturational Processes and the Facilitating Environment. New York, International Universities Press, 1965, pp 37–55

Winnicott DW: Communicating and not communicating leading to a study of certain opposites (1963), in The Maturational Processes and the Facilitating Environment. New York, International Universities Press, 1965, pp 179–192

폴 오르스타인
(Paul H. Ornstein)

20

소개

폴 오른스타인(Paul Ornstein)은 헝가리의 홀로코스트에서 살아남은 후 독일, 하이델베르크 대학에서 의학 학위를 받았다. 그는 오하이오, 신시내티 대학에서 정신의학 수련을 받았으며 그곳에서 정신의학과 (명예)교수와 정신분석학 (명예)교수를 역임했다. 또한 시카고 정신분석연구소 과정을 마쳤고, 신시내티 정신분석연구소에서 교육 및 임상감독 분석가로 활동했으며, 신시내티 대학 소재 정신분석 자기심리학 연구 국제센터 공동 소장을 맡았다. 현재 그는 하버드 의과대학(매사추세츠 정신건강센터)에서 정신의학 강의를 하면서 뉴잉글랜드 이스트 정신분석학 연구소와 보스턴 정신분석학 연구소 교수진으로 있으며 매사추세츠 정신분석연구소에서도 가르치고 있다.

오른스타인 박사는 정신분석적 심리치료, 정신분석학에서의 해석과정, 자기심리학과 관련해 많은 글을 써왔다. 그는 마이클 발린트와 초점적 심리치료(focal psychotherapy)에 관한 저서를 공동 집필했고, 하인즈 코헛의 저작문집, *The Search for the Self* Vol.1–4를 편집하고 그 서문을 썼다. 오른스타인 박사는 거의 100편에 이르는 학술 논문을 발표했다. 단독으로 또는 부인인 안나와 함께 미국과 해외에 있는 대부분의 주요 정신분석 연구센터에서 200번 이상의 세미나와 워크숍을 이끌었는데, 미국 이외의 센터들은 아르헨티나, 오스트리아, 캐나다, 독일, 그리스, 헝가리, 폴란드, 이스라엘, 이탈리아, 인도네시아(발리와 욕야카르타), 노르웨이, 페루, 스웨덴, 스위스, 터키에 있는 센터들이다.

오른스타인 박사는 이전에 *Journal of the American Psychoanalytic Association*과 *Psychoanalytic Inquiry*의 편집위원을 맡았었고, 현재는 *Progress in Self Psychology*의 편집위원으로 활발하게 활동 중이며, 정신분석학 전반에 걸쳐 강의도 하고 있다. 지난 10년간 그는 도스토옙스키의 작품에 대해 연구해 왔으며, 자기 정신분석 심리학 연례회의에서뿐만 아니라 미국정신분석학 협회 회의에서도 관련 주제로 수많은 워크숍을 개최해 왔다.

그는 자신에 대해 이렇게 말한다.

> 나는 코헛의 선별 논문들의 첫 두 권을 편집하고 소개하면서 그의 업적과 관련해 중요한 논평을 했고, 추가된 선별 논문들의 마지막 두 권에서도 그의 후반기 업적에 대해 또 다시 중요한 논평을 했다.
>
> 자기심리학에 대한 내 주요 관심은 그 치료과정과 연계되어 있고, 그 주제에 대해서 6편 이상의 논문을 썼으며 (아내인 안나 오른스타인과 함께 추가적으로) 코헛이 정교화 하지 않은 채 남겨둔 글들을 확장하거나 보다 명확하게 다듬고 수정한 것도 꽤 된다. 이러한 "확장"의 일환으로 나는 감정이입에 관해 썼고, (아내와 함께) 이론과 실천의 관계에 대해서, 뿐만 아니라 정신분석의 임상감독 과정과 다른 훈련 문제들에 대해서 연구했다. 2002년 미국정신분석 협회 총회 연설에서 나는 정신분석 과정의 본질을 재정립했는데, 그것은 분석가들이 선호하는 불가피한 "자연적" 진화로서의 지도 이론(guiding theory)과는 무관하게, 인식 가능한 미시적 및 거시적 과정의 발달에 환자와 분석가가 어떻게 기여하는지 설명하는 것이었다.
>
> 나는 안나와 함께 지난 20년간 많은 나라에서 자기심리학을 소개했다. 우리는 신시내티에 자기심리학 연구센터를 설립했고, 해외에서 25명의 교환 임상가들과 학자들을 초빙하여 한 번에 수개월 동안 함께 연구했는데, 그들 중 몇몇은 지금까지도 해마다 보스턴에서 임상감독을 위해 일주일 혹은 한 달씩 머물곤 한다. 우리는 한 동료와 함께 독일의 콘스탄츠에 유사한 센터를 건립했으며, 그곳에서 14년째 매년 긴 주말 연휴를 이용하여 마라톤 임상 컨퍼런스를 개최하고 있다. 그 컨퍼런스는 내년 3월이면 15주년이 된다. 우리는 비엔나, 로마, 콘스탄츠를 오가며 수년간 지속적으로 임상 세미나를 개최하고 강연을 열고 있다.

이 논문을 선택한 이유

폴 오른스타인

이 책에 이 논문을 싣기로 결정하는, 그런 중요한 선택을 하는 데에는 늘 다중적인 이유들(어떤 이유들은 인식 안에, 다른 이유들은 인식 밖에)이 있기 마련이다. 나는 그것들 중 내가 즉시 인식한 몇몇 이유들에만 초점을 맞추어 볼 것이다.

이 논문, "Chronic Rage From Underground"는 가장 어려운 임상 문제들 중 하나를 다룬다. 특히 분노가 은폐되어 있어서 환자가 느끼지 못하는 경우, 이러한 분노를 분석 상황에서 이해하고 분석적으로 대응하는 문제를 다룬다. 그러나 임상사례로 발표된 환자인 K씨는 자기 내부에 분노가 자리하고 있었으며, 지금은 느낄 수 없는 것을 느끼기 위해서 그 분노와 정서적으로 연결되기를 바랐다고 주장했다.

이 길고도 힘들었던 분석 과정에서 나는 임상 스펙트럼 전반에 걸쳐 내게 유효한 많은 것들을 배웠다. 반복된 전이의 와해와 복구 때문에 나는 점진적으로 깊은 차원의 분석에 참여할 수 있었고, 자기심리학적 관점에서 일반적으로 유용한 분석 원칙을 예증할 수 있었다. 와해 속에서 K씨의 은폐된 분노가 노출되었을 때, 그것은 와해를 촉발한 내 개입의 본질을 이해할 수 있는 기회가 되었고, 내게 다양한 분석적 복구 방법을 제공했다. 내게 보다 깊은 차원의 분석 방법을 가르쳐준 것은 다른 누구도 아닌 K씨 자신이었으며, 이는 대체로 내 작업 안에서 타당한 것으로 밝혀졌다. 이런 이유로 나는 이 분석의 몇 가지 핵심적 측면들을 여러 곳에 기고했다. 이 논문은 자기심리학의 지침에 따라 잘 제시된 내 분석 작업이다. 이것이 내가 이 책에 이 글을 실은 중요한 이유이다.

지하로부터의 만성적 분노

그 구조와 치료에 대한 고찰

(Chronic Rage From Underground: Reflections on Its Structure and Treatment)

폴 오른스타인

『지하로부터의 수기(*Notes From Underground*)』[1]에서 도스토옙스키(1864)는 주인공의 만성적 분노를 비견할 바 없이 훌륭하게 그려낸다. 이런 분노는 대부분 사적인 내적 경험 안에 자리하고 있지만 이 내부 은신처에서 모든 행동을 지배한다. 아주 가끔씩 분노는 그것이 실제든 상상이든 간에 누군가 주인공에게 모멸감을 주어 엄청난 고통을 유발했을 때 그들을 향해 공개적, 폭력적, 악의적, 보복적 공격으로 분출된다. (그것으로 유발된 분노와 마찬가지로 외부 관찰자에게는 침묵하는) 이 고통은 굴욕과 자기비하를 주관적으로 고통스러워하는 감각으로, 또한 만연한 건강염려증적 집착으로, 또한 가장 구체적인 복수 계획을 좋게는 가장 경미하게, 나쁘게는 아주 과장된 형태로 끊임없이 정교화 하는 것으로, 나아가 보다 중요하게는 외부 관점으로 보면 의심할 여지없이 자멸적이라고 판단되는 모든 일련의 행동 속에서 나타난다. 그러나 도스토옙스키는 이 고통을 잃어버린 자아존중감(self-regard)을 되찾으려는 필사적인 시도로 내부 관점에서 조명한다. 이러한 모든 반응들은 우월감과 자만심이 만연한 모든 맥락 속에 깊이 박혀 있는데, 이 우월감과 자만심은 철저한 무가치함, 참을 수 없는 수치심과 나란히 존재하는 것이다.

도스토옙스키는 『지하로부터의 수기』를 써내려가는 가공의 작가가 자기 고뇌를 드러내도록 1인칭 시점을 사용하면서, 이러한 강박적인 솔직함과 단조로운 반복에,

---

1) 러시아 원문 제목을 문자 그대로 번역하자면 "바닥의 구멍으로부터의 수기(*Notes From a Hole in the Floor*)"가 보다 정확하다. 이때 구멍은 쥐구멍을 뜻한다.

"Chronic Rage From Underground: Reflections on Its Structure and Treatment"는 Arnold Goldberg가 편집한 *The Widening Scope of Self-Psychology* Vol.9, pp.143-157에 처음 게재되었다.

하지만 용감하고 설득력 있는 자기 폭로에 특별한 긴박감과 극적 강렬함을 부여한다. 그리하여 내면의 모든 경험 속으로, 그 세밀한 모든 경험 속으로 독자를 끌어들이는 데 성공한다. 1인칭 대화의 현장감은 너무나 강렬해서 우리는 이 수기를 읽는 것에서 (또는 최근에 내가 그랬던 것처럼 테이프로 이 수기를 듣는 것에서) 벗어날 수가 없다. 마치 우리가 환자의 자유연상을 듣고 있는 것처럼 그 과정 속에서 모든 반응들이 일어난다. 우리는 "지하생활자"의 폭로로부터도, 또한 그것들에 감정이 잔뜩 실린 우리 자신의 반응으로부터도 완전히 탈출할 수 없다. 우리는 그가 자신의 내적 세계 구석구석을 그토록 분명하게 들여다 볼 수 있다는 것 때문에 주인공에게 감탄하지만, 이 모든 관찰 능력이, 이 모든 타당한 지식이 자멸적 행위에서 그를 해방하지 못한다는 사실에 좌절하고 실망한다. 또한 아주 작은 모욕에 대한 그의 반복적 대응 행위에, 복수 계획에 그렇게 막대한 에너지를 투여하는 것에 싫증을 느끼게 된다. 게다가 그가 복수 계획을 관철하든 못 하든 간에 그것이 그에게 어떠한 안정도 가져다주지 못한다는 사실을 보게 된다. 만약 복수를 감행한다면, 그는 복수를 저질렀다는 사실에 괴로워할 것이다. 만약 복수를 감행하지 못 한다면, 그는 자신의 비겁함을 끊임없이 비난하고 말 것이다. 그는 자기혐오와 자기학대에서 벗어나지 못한다. 그는 이미 과거에 자신에게 상처를 주었던 사람들, 또한 앞으로도 그럴 수밖에 없는 사람들과 끊임없는 내적 대화를 나누는 것으로 자신의 깨어있는 모든 순간을 채우고 모욕과 상처로 점철된 생애의 소멸되지 않는 기억들을 떠올린다.

『지하로부터의 수기』는 마치 도스토옙스키가 "Thoughts on Narcissism and Narcissistic Rage"(Kohut 1972)를 잘 알았던 것 같은 느낌을 준다. 실제로 도스토옙스키는 우리 자신에게 힘을 실어줄 뿐만 아니라, 아직 우리 문학에서는 덜 표현된 방식으로 수많은 세부적 내용을 관찰과 해석으로 채운 독자적인 데이터베이스를 제공해 왔다. 이 "수기"는 만성적 분노를 겪는 사람들의 성격 구조와 경험에 대해 놀라울 정도로 생생하고 적절한 미시적 탐구를 보여준다.

그러나 작품에 대한 광범위한 탐구를 자세히 제공하고 싶은 유혹에도 불구하고, 지금 이 글의 목적은 도스토옙스키의 『지하로부터의 수기』를 철저하게 분석하는 것이 아니다. 이 글에서 작품을 언급한 이유는 공격성과 분노라는 광범위한 주제와 관련된 이론적, 임상적 문제를 간략하게 다루고자 그 무대를 마련하는 데 있다.

먼저 공격성과 자기애적 격노의 이해와 치료에 기여한 코헛의 기본적 논의를 살펴본 후, 내 환자였던 K씨의 분석에서 특별히 어려웠던 임상적 문제를 소개하고자 한다. K씨는 소리 없는 만성적 분노와 복수심에 지배되고 있다고 느껴왔으며, 내게 오랜 기간 그만의 "지하로부터의 수기"를 들려주고 있었는데, 그것을 지속적으로 최대한 적절하게 분석적으로 다루기가 어려울 때가 많았다.

공격성과 분노에 대한 코헛의 기본적 논의 고찰

"Thoughts on Narcissism and Narcissistic Rage"(1972)는 지금까지 코헛의 가장 뛰어난 공헌들 중 하나로 여겨져 왔다(Ornstein and Ornstein 1993 참조). 그것은 1년 전 *The Analysis of the Self*(Kohut 1971)에서 제시했던 임상과 이론적 혁신들의 핵심을 보다 강화시킨 진정한 역작이다. 유감스럽게도 코헛은 그것을 보다 자세하고 보다 긴 임상 실례를 곁들인 단행본 논문 길이의 연구로 확장하지 않았다. 그러나 그는 비교적 짧은 이 에세이에서 지금까지도 공격성과 분노에 대한 접근법의 초석이 되는 수많은 임상적, 이론적 공식화(formulations)를 발전시켰다. 물론 그것들 중 일부는 (1977년 이전에 개진된 것이므로) 진화하는 자기심리학 틀 안에서 재공식화되거나 갱신되어야 한다. 코헛이 1972년에 언급했던 것을 지금 여기에서 다 검토할 필요는 없다. 다만 그의 핵심 논제 몇 가지는 다시 살펴보고자 하는데, 이것은 왜 그런 논제들이 그토록 기본적으로 중요한지 밝히고, 어느 영역에서 보다 더 경험적으로 입증하는 것과 개념적으로 명료화 하는 것이 필요한지 보여주기 위해서이다.

비록 자기애적 격노와 관련된 자신의 경험과 생각들을 모아 단행 논문으로 펴내지는 않았지만 코헛이 이 주제를 체계적으로 다루었다는 사실은 놀라운 일이다. 그는 포괄적 분류를 제시했는데 즉 자기애적 격노와, 이에 관련된 현상들의 전체 스펙트럼에 대한 병인론(etiology)과 병원론(pathogenesis)을 상정했으며, 결국 그는 치료 원칙들의 개요를 서술했고, 자기애적 격노가 성숙한 공격성으로 점진적으로 변형되는 과정을 보여주었다. 이제 이 세 주요 분야를 영역별로 다루고자 한다.

분류

코헛은 한 쪽에서는 순간적인 짜증과 분노로 시작되어 다른 쪽 끝은 긴장증적 격노와 편집광적 원한이 절정에 달하는 분노 경험에 관한 스펙트럼을 만들었다. 스펙트럼에는 유명한 뇌손상자의 "파국 반응"과 그것의 약화된 변형들 같은, 그리고 아픈 상처를 대하는 아이의 반응과 같은 분노 형태가 추가되었고, 코헛은 다른 분노 형태를 기술할 수 있도록 앞으로의 임상 연구를 위해 스펙트럼을 열어두었다.

코헛은 자기애적 격노를 이 전체 스펙트럼 안에서 하나의 특정 구분대로 보았지만, 자기애적 격노는 모든 관련 현상들 중에서 가장 잘 알려져 있다고 생각했기 때문에, 그는 전체 스펙트럼을 자기애적 격노라고 명시했다. 바로 여기에서 모호함이 발생하며 다음 질문이 빈번하게 제기된다. 그렇다면 모든 공격성이 자기애적 격노란 말인가? 우리의 현재 관점에서는 그렇다. 외형적 징후가 무엇이건, 가볍든 심각하든, 급성이든 만성이든 간에 나는 모든 파괴적 공격성은 자기애적 격노에 그 뿌리를 두고 있다고 말할 수 있다. 코헛(1972)은 직접 이렇게 썼다. "[스펙트럼 내부의] 이 모든 정서 상태의 기저에 있는 것은, 이상화된 자기대상의 완전함과 과대자기의 무한한 권력과 지식을 단호하게 고집하는 것이다."(p.643). 자기애적 격노의 이러한 "역동적 본질"은 가장 가볍고 가장 순간적인 것으로부터 가장 끈질기고 가장 파괴적인 것까지 분노 현상의 광범위한 스펙트럼 내에 있는 모든 경험을 아우른다.

이러한 현상들을 연속체로 배열하면서 코헛은 한쪽 끝엔 성숙한 공격성을, 다른 쪽 끝엔 가장 파괴적인 분노를 두는 스펙트럼을 구축하지 않았다는 것, 또한 욕동 관련 현상을 기술하면서도 스펙트럼의 양극을 정상과 병리적 현상으로 나누는 일반적 분석 접근법을 취하지 않았다는 것을 주목할 필요가 있다. 대신에 1972년 코헛은 자기애적 격노와 성숙한 공격성을 적절하게 대조했고, 이를 통해서 각각의 독립된 기원과 발달을 보여주었다. 더욱이 그는 성숙한 (또는 비파괴적인) 공격성 개념을 자기주장성 (또는 자기주장적 야망)으로 대체하면서, 후자가 일차적인 것이고 전자는 이차적 혹은 반응적이라는 것과, 이 두 가지가 동일한 발달노선을 따르지 않는다는 견해를 보다 분명하게 제시했다.

따라서 우리는 다양한 형태의 분노는 모두 자기애적 격노 산하에 포함되어 있으며 이것이 자기주장성과 대비된다고 말하는 것은 적절하다는 것을 다시 확인할 수 있다. 전체 스펙트럼 자체뿐만 아니라 그 스펙트럼 안의 특정 구분대를 자기애적 격노라고 이름붙이는 것은 그 스펙트럼에 포함된 모든 현상의 공통점이나 근본적인 특징을 명시할 수 있는 장점이 있다. 그렇다고는 해도 현재의 모호하고 바람직하지 않은 *자기애적*이라는 용어를 뒤로 남겨놓고, 동일한 의미를 떠오르게 하면서도 보다 적합한 명칭을 찾아나서는 것은 바람직하리라 생각된다.[2)]

병인론(etiology)과 병원론(pathogenesis)

코헛의 가장 혁신적인 공헌은 자기애적 격노와 그것의 경험적 내용의 병인론 및 병원론과 관련되어 있다. 코헛 이전의 많은 분석가들은 공격성을 욕동이 아니라 좌절로 인해 이차적으로 발생하는 것으로 간주했지만, 코헛은 분노가 발생하는 기반과 분노가 일어나는 구조적, 역동적 상황 모두를 구체적으로 명시했다. 그는 과대자기에 끼친 다양한 종류의 외상적 상처들과, 이상화된 부모상과의 융합을 가로막는 외상적 장

---

2) 현 질병분류학에 대한 보다 종합적인 토론에서, 나는 자아에서 질적으로 다른 구조적 변화를 나타내는 매개변수를 사용하여, 한쪽 끝의 신경증에서 시작해 중간의 다양한 성격장애를 거쳐 다른 쪽 끝의 정신병에 이르는 정신병리학에서의 전체 스펙트럼에 대한 Freud(1937)의 평가에서 유비관계를 이끌어냈다. Freud는 정신병에서의 자아를 구조적 결함으로, 성격장애에서의 자아를 구조적 기형으로, 신경증 —신경증에서의 자아는 지금까지 전혀 다치지 않은 온전한 것으로 생각해왔다— 에서의 자아를 구조적 변형으로 그 각각의 특징을 기술했다. 그제야 각각의 이들 자아 변화가 구체적으로 명시되었던 것이다. 코헛(1977)은 동일한 방법으로 자기에서 질적으로 다른 구조적 변화를 나타내는 매개변수를 사용해 정신병리학의 전체 스펙트럼을 산출했다. 그는 정신병에서의 자기를 파편화된 것으로 (단 한 번도 응집된 적이 없었던 것으로), 성격장애에서의 자기를 쇠약한 것으로/아니면 파편화되기 쉬운 것으로 (하지만 한 번은 응집된 적이 있었던 것으로), 마지막으로 신경증에서의 자아는 (충분히 안정된 상태로) 응집되어 있으나 —오이디푸스 단계에서 정신적 외상의 충격을 받았을 때는— 이차적으로 쇠약해지거나 파편화될 수 있는 것으로 기술했다. 요점은 이렇다. 정신병리학 스펙트럼을 이루는 각각의 구성요소는 현상과 구조 모두에서 질적 차이가 있음에도 불구하고, 실제로는 자기의 장애를 이런 관점으로 볼 때 유익하다는 것이다.

질병분류학에 대한 보다 철저한 재평가에서 코헛(1978)의 영향력은 태어나서 죽을 때까지 우리에겐 자기대상이 필요하다는 사실을 상정토록 하는데, 즉 원시적 자기대상에서 성숙한 자기대상으로 진행되는 발달 또한 염두에 둘 필요가 있다는 것이다. 그래야만 성숙한 자기대상이 이론적 담화의 "대상"을 대체한다는 가정(Ornstein 1991)이 현재 우리의 분노에 관한 질병분류학에 더 깊은 영향을 끼치지 않겠는가?

애물들을 정확히 보여주었고, 그럼으로써 분노 성향을 이렇게 매우 취약하고, 고태적이고, 자기애적인 성격 기반 내에 자리매김 하도록 했다. 이런 연결을 통해서 그는 다양한 형태의 자기애적 격노의 경험적 내용을 자세하게 정교화 했다.

1972년 논문은 코헛(1971)이 *The Analysis of the Self*에서 세웠던 개념적 구조물에 부합할 뿐만 아니라 그것에 힘을 실어준다. 그의 핵심 논지는 이렇다. 병리학의 본질은 공격적 욕동의 극대화나 그것의 억제할 수 없는 표출로서의 분노가 아니다. 병리학의 본질은 자기의 근원적인 구조적 결핍 —즉 특정 유형의 상처에 대응하는 그것의 취약함이자 주기적, 일시적 붕괴라는 것이다. 이것이 함의하는 바는 분명하다. 자기애적 격노를 건강한 자기주장성으로 곧바로 변형시킬 수는 없다는 것이다. 우리가 자기의 구조적 온전함을 회복시킬 수 있는 정도에 따라, 자기를 주장하고 자기 야망을 추구하는 일이 점진적으로 가능해진다. 반면 쇠약함이나 주기적 파편화를 겪는 정도에 따라 자기는 파편화와 (또는) 복원 노력의 결과로 드러나는 분노 반응 성향을 지속적으로 보여줄 것이다. 다시 말하자면 자기주장성은 건강한 자기의 기능인 반면, 분노는 취약하고 구조적으로 결핍된 자기의 기능이다.

치료원칙

정신분석가들은 흔히 정신병리를 소위 분석적으로 이해하는 데는 한 가지 방법밖에 없다고 주장하고, 이를 위해 그들 자신이 선호하는 정신분석적 패러다임을 염두에 두지만, 실제로 환자를 치료하는 데에는 많은 방법들이 있다. 설령 이러한 태도가 만연해있다고 하더라도, 나는 코헛의 역동적·구조적 고려뿐만 아니라 (병인론과 병원론을 포함하여) 그의 질병분류학은 자신이 지지하는 치료원칙에 직접적으로 닿아있어 특별한 장점이 있다고 생각한다. 그의 작업 안에는 이론과 실천이 서로 밀접하게 연결되어 있다. 따라서 치료는 분노에 대한 코헛의 견해 자체에서 필연적으로 도출되는데, 그 견해란 분노는 특정한 자기대상 전이를 통해 정신분석적 내지는 심리치료적 과정 안에서 중심 단계를 차지하는 근원적인 자기의 장애 그 자체라는 것이다. 훈습과정에서 해석적 강조가 이루어져야 할 부분은 분노를 만들어내는 장애들에 대해서, 그리고 (혹은) 더 이상의 붕괴를 막기 위해서나 자기의 온전함을 회복하기 위해서 분

노를 어떻게 사용할 것인가에 대해서이다.[3)]

특정 형태의 만성적 분노는 환자의 경험으로부터 분리되어 있고, 또한 전이 안에서 직접적 표현을 할 수 없도록 분리되어 있어서 치료 과정에서 특별한 어려움이 생기게 된다. 간략한 임상 실례를 통해 내가 이제 다루려는 문제도 바로 이러한 어려움이다.

나는 자기의 장애 안에 환자의 만성적 분노가 깊이 뿌리내리고 있는, 특정한 자기 장애의 본질의 여러 측면들을 보여주고자 한다. 더불어 (분노에 직접적으로 접근하는 방법을 찾기 보다는) 거울 전이의 다양한 종류의 와해를 고치는 데 초점을 두는 일반적인 노력이, 성공했을 때엔 숨겨진 분노의 외현화를 상당히 줄일 수 있음을 보여주고 싶다. 그 환자는 보다 침착하고 통합적으로 보이게 행동했지만 아무 것도 느낄 수 없다거나 자기 자신의 내적 경험에 진정으로 참여하는 것 같지 않다고 강하게 불만을 토로했고, 다음 번 와해 상태에서는 분노를 전혀 느끼지 못하겠다고 또 다시 하소연을 했다. 그가 자신의 분노를 느끼지 못하게끔, 그리고 향후 진전될 수 있는 자기 자신의 경험 속에 참여하지 못하게끔 묶여있던 때는 바로 나 자신의 태도 —환자의 구체적인 거울반응(mirroring) 욕구나 요구에 대해서 어느 정도 위장된 거리낌과 침묵으로 일관했던—를 깨달은 직후였다. 내가 환자의 원형적인 욕구나 요구의 타당성을 아무리 인정한다고 할지라도 그는 내가 이렇게 반응을 유보하는 것을 감지했다. 이것을 발견하고 접근법을 바꾸고 나서야, 구체적이고 겉으로 표현되는 거울 반응을 바라는 환자의 원형적인 기대감을, 내가 그의 모든 느낌 · 욕구 · 요구를 정확히 알아야 하며 유보하지 않고 수용할 수 있어야 한다는 기대감으로 서서히 변화시킬 수 있었다. 그리고 난후 비로소 오래된 교착상태가 해결되기 시작했다.

---

3) 비판자들은 자기심리학자들이 자기애적 분노를 해석적으로 다루지 않고 단순히 우회할 뿐이라고 주장해왔다. 이들의 주장은 만약 그것이 분석적 해석을 의미하는 것이라면, 우리가 분노의 근원을 다양한 발달 단계(구순기, 항문기, 성기기, 오이디푸스기)에서의 공격적 욕동으로 추적하는데 직접적인 해석적 주의를 기울이지 않는다는 점에서는 표면적으로 옳다. 우리의 해석이 — 분노 성향을 감소하는 유익한 결과들을 낳으면서— 주변의 정신병리와 그 개선에 초점을 맞춘다는 사실로도 이런 특정 비판을 지금껏 바꿔놓지 못했다. 뿐만 아니라 이것이 주로 경험적 문제라는 사실을 비판자들은 인정하지 않는다.

K씨의 만연한, 만성적인, 지하[4)]의 분노

오래 지속되고 몹시 힘들었던 K씨의 분석에서의 중심 주제는 거울반응(mirroring)에 대한 그의 엄청나고 끈질긴 갈망인 듯 보였다. 그러나 이것은 한동안 우리가 함께 면밀하게 분석 작업을 하는데 있어서 숨겨진 채로 있었고 활용되지 못했다. 그가 했던 자유연상의 내용이 아무리 다양했어도, 그것을 풀어내려는 공동의 노력은 고통스러운 체념이 뒤섞인 다음과 같은 말들로 끝나버리곤 했다. "제겐 통하지 않아요," "그것이 제겐 완전히 실패에요." 바로 조금 전까지만 해도 서로 이해하는 것이 맞아 들어가는 것 같았으므로, 나는 당황스러울 때가 많았다. "어떻게 통하지 않는다는 말인가요?" 나는 물었다. K씨는 즉답을 피했다. 이러한 실패가 다음 사실과 연결되어 있음을 발견하기까지는 상당한 시간이 필요했다. K씨는 자신이 꽤 훌륭한 해석 기술을 지니고 있다는 것, 숨기는 것 없이 양심적이고 정직하다는 것, 자신의 내적 경험을, 심지어는 가장 힘든 경험조차 정확하고 담대하게 묘사하고 있다는 것을 명확하게 인정해주는 어떤 표식을 은밀하게 기대했던 것이다. 그는 이런 것들을 과시하고 싶어 했고, 실제 내용은 덜 중요했다. 이 분석 단계에서 우리가 마침내 알게 된 것은, K씨는 혼자서 혹은 우리가 함께 발견했던 것들에 대해서는 그다지 관심이 없다는 사실이었다. — 내가 분석적 대화에 끌어들였다고 여겨지는 그의 주관적 경험과 관련해 모든 부정확한 설명에 대해서는 그가 예리하게 반대했음에도 불구하고. 그에게는 분석 시간에 자신이 제시했던 것들에 대해서 내가 진심으로 인정하고 있다는 것을 그 자신이 느낄 수 있느냐 없느냐가 중요했다. 만약 자신이 흥분해 있는데 (실제로는 꽤 가라앉아 있거나 은폐된 경우가 많았는데) 내가 함께 해주지 않고 분석적 중립성을 지키고 있다고 느껴지면, 그는 그것을 실패라고 여기고 힘들어 했으며 그 영향은 며칠 혹은 몇 주씩 지속되었다. 그러는 동안 그는 위축되고 무관심해지고 활력을 잃어갔다. 한동안 그는 무색의 단조로운 톤으로 말을 했고, 즐겨 사용하던 생생한 이미지나 풍부

---

4) K씨가 자주 언급했듯이, 여기에서 *지하*는 은폐되고, 격리되고, 벽으로 둘러싸인 "영혼의 깊이"를 상징적으로 가리킨다. 거기에는 그의 분노가 자리하고 있고, 그는 그 분노에 도달할 수 없다. 그는 분노를 느끼지 못한다. 즉 분노를 경험할 수 없거나 연결되지도 못한다. 하지만 그는 분노가 그곳에 존재한다는 사실을 알고 있다.

한 은유적 표현력은 사라졌다. 내 목소리도 따라서 낮아졌는데, 그렇게 되면 K씨는 즉시 내 "냉담함"을 지적하곤 했다. 그것을 그가 지적하지 않았다면 나도 인지하지 못할 정도로 사소한 것이라도, 혹은 그가 나를 어떻게 경험하는지 표현하기 위해 자기 행동으로 내게 거울을 들이대고 있다는 사실을 내가 알아채기 전까지는 인식하지도 못할 정도라고 해도 말이다. 좋은 의사소통을 재확립하거나 거울 전이에서의 단절을 복구하는 가장 효과적인 방법은, 그가 나의 태도, 목소리 톤, 행동에서 무엇을 아프게 경험했는지 내가 보여주는 것, 그리고 그가 상처받았다는 느낌을 나에게 자신의 행동으로 보여주고 있음을 알려주는 것이었다. 그는 이것을 잘 이해했을 뿐만 아니라 내가 자신을 수용하는 자세로 받아들였다. 또한 자신이 했던 행동에 대해 비난을 받는다든가, 자기 행동을 고치라고 요구당하고 있다고 느끼지 않았다. 그것은 그의 부모가 언제나 대응했던 방식이었다("넌 그렇게 느껴서는 안 돼!"). 분석에서 내가 접근한 방식으로 복구가 이루어질 수 있었으며, K씨의 내적 분노는 일시적으로 가라앉았다. 내가 또 다시 "내적 분노"라고 말하는 이유는 그가 분노를 *느끼지* 못했기 때문이다. 행위 속에서 분노가 드러났으므로 그는 자신이 분노에 따라 행동하고 있다는 사실을 알고만 있을 뿐이었다.

내가 말하는 것이 무엇인지 한 예를 들어 살펴보기로 하자. 어느 이른 아침 K씨는 심드렁한 태도와 긴 침묵으로 분석회기를 시작했다. 시작하기도 어려웠지만, 그가 분석에 참여하지 않고 있는 것이 우리 사이에서 발생한 무언가에 의해 촉발되었을 지도 모른다는 사실을 내가 깨닫기 전까지는 분석에 아무런 진전을 볼 수가 없었다. 나는 바로 몇 분 전 대기실로 오는 도중에, 그날 있을 중요한 회의 준비를 깜빡 잊어버렸다는 사실이 문득 떠올라 걱정을 하던 참이었다. 이 생각에 잠깐 빠져 있느라 K씨와 마주치면서도 포용의 미소를 지어주지 못했던 것이다. 왜 말이 없는지 내가 막연히 먼저 물었을 때에는 아무런 반응도 없었다. 침울한 태도가 혹시 대기실에 들어서는 나를 자신이 어떻게 경험한지를 보여주는 것이냐고 넌지시 물었을 때에야, 그는 이러한 내 생각에 곧바로 동의했다. 그는 성실하게 대접받지 못하고 단지 "기계적으로" 사무실에 불려온 것처럼 느껴질 때마다 저항하게 된다고 덧붙였다. "만약 선생님이 [정서적으로] 함께하지 않는다면, 나도 마찬가지입니다. 내 토끼 굴에서 뛰어나와 진공 상태로 들어가고 싶진 않아요. 그건 내게 위험하니까요." 곧이어 그는 유아기와 아동기의 집안 분위기가 얼마나 해로웠는지 상세하게 설명했다. 그리고 지금의 분석 상황이 때로는 우연히도 그의 어린 시절의 환경을 되풀이하고 있다는 사실이 점점 더 분명해졌다.

그 이후로 와해와 복구를 알아차리고 다루는 일이 두 사람 모두에게 다소 수월해졌다. 그러나 이러한 상황이 벌어지고 회복된 이후에도 그 순환주기는 곧 다시 시작되었다. 나는 K씨의 완강함과, 반복된 "실패" 앞에서도 수많은 미묘한 방식으로 유지되는 그의 소멸되지 않는 희망을 존중했으며, 궁극적으로는 내가 충분히 그를 인정하고 있음을 느끼게 되었고, 자신의 내적 경험의 본질을 보다 잘 느끼는 것에 스스로 성취감을 갖게 되기를 바랐다. 그러나 나는 여전히 거리낌 없이 확연하게 그를 존중하지 못하는 나 자신을 발견하고는 했다. 때때로 그는 노골적인 승리감에 점점 빠져들고 싶어 하는 것 같았는데, 그에게는 뛰어난 통찰력, 특히 자신의 꿈들에 대한 독창적인 해석과 관련해서는, 통찰력을 발휘하는 훌륭한 분석적 재주가 있다는 사실은 인정할 만했기 때문이다. 나는 이렇게 명백히 성공적인 분석시간이 다음 분석시간으로 이어지 않는다는 사실에 반응을 보이고 있었다. 이것은 마치 매 회기마다 처음부터 다시 신뢰를 쌓아야만 할 것 같은 느낌이었다.

꽤 긴 시간이 흐른 후에야 내게 분명해진 사실은, 나는 진심으로 K씨를 많은 면에서 존경하고 있었으므로, 매번 증명해보이지 않아도 그가 이것을 알게 되리라 기대했었다는 것이다. 그러나 내가 지금 진술하고 있는 것만큼 그것을 명확히 알기 전에는, 이러한 내 기대가 분석 과정에서 역전이 장애물이 되고 있었다. 대개의 경우가 그랬듯이, K씨는 이러한 사실을 내가 발견하도록 도와주었고 그렇게 되면 그것은 얼마간 개선되기도 했다. 자주 한바탕 치르는 정서적 위축, 그가 표현하는 바, "반항적인 치료실 불참"이 내게 알려 주었던 것이다. 나는 그가 말이 없어지고, 무엇인가 꺼려하고, 가차 없는 만성적 분노를 표현한 것이, 자신이 그토록 갈망했던 존경을 내가 어느 정도 주지 않거나 주는 것을 꺼려했던 것으로 자신이 감지한 것을 확대 재생산한 것이었음을 알 수 있었다. 그는 한 때 내 침묵을, "[그의] 아버지가 비슷한 환경에서 보여주었던 그 오만함"처럼, 분석회기에서 그가 했던 몇몇 훌륭한 작업에 대한 외면적인 인정과 감사라고 특징지었다. 여러분도 상상할 수 있듯이, 나는 오만함이라는 단어에 관해 한동안 그 관련성을 찾지 못했는데, 내가 적절한 분석 반응이란 무엇인가에 대해 특정한 관점을 견지하고 있었다는 것, 그리고 그 관점을 고수하는 한 그의 입장에서 기탄없이 그의 말에 귀 기울이지는 못했다는 사실을 조용히 되돌아볼 수 있었던 후에야 그 관련성을 알 수 있었다. 그런 연후에는 그가 내 행동을 오만하다고 말하는 것에 대해 나는 더 이상 발끈하지 않았다. (만약 특정한 방식으로 얘기할 수밖에 없는 모든 것에 귀 기울여달라는 안나 O의 요청을 브로이어가 거절했다면, 그녀는 당연히 그를 오만하다고 비난하며 치료를 그만두었을 것이다. 그렇다면 분석 과정을 계속 진행하기 위해 환자의 특정 종류의 반응성에 대한 욕구[요청 혹은 요구]를 어느 정도나 따라야 하는지 그 한계를 설정할 수 있는가? 그렇지 않다면 분석은 정체되는 것인가? 누가 알겠는가? 그것을 알기가 왜 이렇게 어려운가?)

내 "유보적 태도"가 분석 대화에서 거론될 때마다 적어도 잠시 동안은 분석에서 유익한 효과를 낳기도 했다. 다른 때에는, 철수하고 참여하지 않는 것이 자신에게는 기준점이 되며, 이는 분석 회기 안에서 (나의 정서적인 참여, 그리고 그래야만 그가 정서적으로 참여할 수 있는) 친밀한 관계(rapport)"가 형성된 후에야 바뀔 수 있다고 그는 주장했다. 오직 이러한 조건에서만 그는 자신의 "토끼 굴"에서 기어 나왔다. 만약 그렇지 않으면 그는 정서적 불참 상태에 머물러 있고자 했다.

이 시기의 얼마 동안, K씨가 나의 "실재(presence)"을 감지했던 것은, 내 목소리의 톤이 어떤지 (그는 이것에 아주 민감했다), 내가 얼마나 많이 말하는지(내가 말을 많이 할수록 그는 더 많이 존중받고 스스로 더 가치 있는 존재라고 느꼈다), 내가 "진정성 있는" 질문을 몇 가지나 던졌는지 (그 질문의 숫자가 많을수록 내가 자신의 분투에 더 많이 참여한다고 느꼈고 그렇지 않으면 자신은 혼자라고 느꼈다)를 가늠하면서 내게서 충분한 인정과 동의를 얻었다고 느꼈을 때였다. 내가 얼마나 정확하고 올바르게 이해하고 있는지는 중요하지 않았다. 이러한 사실은 심하지는 않았지만 때때로 내 마음을 불편하게 했다. 내가 정곡을 찌를 때면 K씨도 인정했지만, "단지 지적인 면에서만" 그렇다고 덧붙였다. 즉 항상 무언가가 빠져있었다. 단지 인정과 동의가 없었다는 사실만이 그의 장부에 기록되어 거의 잊혀지지 않았다. K씨는 이 일을 엄청난 충격으로 받아들였다. 그는 내가 반복하는 "어리석음" 또는 "냉담함"이 자신의 노력을 좌절시키고, 자신의 콧대를 꺾어놓고, 자신에게 굴욕감을 안겨주려는 고의적인 행위가 아닐 수 없다고 상상했고, 그것이 자신의 분노를 만성적으로 키우는 것이라 믿었다.

그럼에도 불구하고 그 기간을 내가 버틸 수 있었던 이유는 다음의 사실 때문이었다. 이런 불화가 빈번하게 발생하고, 고통스럽고, 오래 지속되었지만, 치유의 노력을 통해서 언제나 과거로부터 중요한 기억들이 떠올랐을 뿐만 아니라, 현재 나와 함께하는 경험에서 무엇이 일어나고 있는지, 즉 내가 그에게 어떠한 영향을 끼치고 있으며, "저지당하고, 좌절당하고, 굴욕당하는" 느낌에서 자신을 방어하기 위해 그는 무엇을 필요로 하는지에 대해 추가적인 이해를 갖게 되었다는 것이다.

이 기간에 있었던 좋은 예를 하나만 들어보기로 하자. K씨는 자주 자유연상(나는 어떤 내용이든 주의 깊게 듣고 있었는데)을 하면서 허둥지둥 퉁명스럽게 그 순간 자신이 느끼는 신체적 감각에 대한 언급을 끼워 넣고는 했다. 이를 테면, "지금 항문이 긴장 상태예요"라거나 "엉덩이에 쥐가 났어요"라고 하면서도 계속해서 하던 말을 이어나갔다. 내가 나중에 그가 했던 말을 정리하면서 그 의미를 이해하고자 했을 때, 그는 두 가지 사실에 대해 완강히 반대했다. 나는 그것을 거의 "폭력적인 반대"라고 불렀는데, 바로 그것이 문제였던 것이다. 즉 부모에 대한 자신의 과도한 분노(그들의 정서적 거리감과 여타 특정 상처를 주었던 행위들에 대하여)를 얘기했을 때, 그 분노를 느끼고 소유함으로써 경험적 차원에서 분노와 접촉하지를 못했던 많은 경우들처럼, 그는 나에 대한 자신의 분노를 느낄 수 없었던 것이다. 그는 자신이 분노했다는 사실을 "알고 있을" 뿐이었다. 그가 했던 첫째 반대는 내가 들은 것을 단지 기록하고 그에게 알려주지 않고, 그가 말한 것의 의미를 파악하려고 하고 있었다는 것이다. (이것은 코헛의 F양을 생각나게 한다[Kohut 1971 pp. 283−293]). 그는 자신이 말하는 것의 의미를 내가 먼저 물어봐주기를 원했는데, 만약 그렇지 않으면 그는 내 말에 "붕괴되었다"고 느꼈고, 내가 특정 목적을 위해 자기 생각을 도용하면서 모든 것을 앗아간다고 느꼈다. 둘째 반대는 자신이 언급한 항문의 감각적 경험을 내가 알아듣지도 반영하지도 않았다는 것이었다. 그는 이것을 자신에 대한 고의적인 무시라고 느꼈고, 그것은 그가 항문을 언급한 사실에 내가 혐오감을 갖는다는 의미였는데, 마치 유아기와 아동기에 똥을 닦아주었던 어머니의 반응이 이후 그를 "혐오스럽고 하찮은 놈"이라고 느끼는 데 큰 역할을 했다고 스스로 믿고 있는 것과 같았다. 더욱이 K씨는 자기 신체와 그 기능에 대한 사소한 언급이야말로 진정한 "정서적 소통"이고, 나머지는 모두 (좌뇌에서 비롯된) 비현실적이며 이 분석 노력에서 중요하지 않은 것이라고 주장했다. 그에게 부족했던 것은 지식이 아니고 사고와 느낌을 합치하는 능력, 즉 그의 표현대로라면 "[자신]의 내부에서 벌어지는 일을 온전히 경험하고 소유하는" 능력이었다. 이 분석 단계의 후반에 이르러서야 나는 그가 항문 감각을 그렇게 여러 번 언급했던 것이, 자신의 원형적 어머니에 연결되고자 했던 그의 필사적인 노력이었음을 알게 되었다. 치료 초기에는 내가 이러한 사실들을 자주 놓쳤기 때문에 환자가 내뱉은 부차적 언급의 의미를 최종적으로 이해하는 과정이 좌절되곤 했지만, 이후 내가 보다 주의를 기울이게 되면서 치료는 진척을 보이게 되었다.

수차례에 걸친 이러한 사건을 통해서, 우리는 K씨가 시험적이고 조심스러운 방식으로 수용과 인정을 받기 위해 자신을 몰아갔다는 것을 알게 되었고, 그런 의미에서 그의 신체적 감각에 대한 부차적 언급을 내가 "무반응"으로 대처했다는 사실은 그에게 당연히 치명적이었다. 그것은 마치 내가 우리 관계에 감정이 개입되는 것을 허용하지 않는 것, 즉 그가 나와의 "친밀관계(rapport)"를 형성하고자 했던 길에 장애물을 놓는 것 같았으며, 따라서 그는 멀리 떨어져 있게 되어서 그의 내면에 존재하는 두 살배기 담장 밖 아이는 성인처럼 소환되지 못했던 것이다.

K씨의 여러 가지 "기능장애"(그는 이렇게 불렀는데)가 —가령, 잡다한 집안일을 처리하지 못하는 것, 자신이 시작한 중요한 업무를 끝내지 못하는 것, 청구서를 제때 지불하지 못하는 것 등— 자신의 부모, 특히 어머니에 대한 분노와 복수심이 거의 전 생애에 걸쳐 행동으로 표현된 것이라는 사실은 분석 초기부터 자명했다. 또한 그것은 강압적인 아버지에 대한 저항이었고, 부모가 자신에게 주지 못했던 것들, 하지만 자신에게 꼭 필요하다고 여겨졌던 것들을 환상 속에서나마 부모로부터 얻어내려는 깊은 욕구의 발현이었다. 그의 이러한 태도와 행동이 그로 하여금 "공생 시나리오(symbiotic scenario)"를 만들어내도록 했고, 그는 그 시나리오를 통해 자신이 부모에게서 받지 못했던 것을 외부에서 얻고자 했는데, 그것은 바로 존중받고 있다는 느낌이었다(이 감정을 통해서 자아존중감, 개인의 존엄성, 자신이 가치 있는 존재라는 느낌을 가질 수 있었다). 이러한 것들은 전이의 중심 주제가 되었고, K씨의 분노는 분석 상황에서 그러한 것들을 얻지 못한 데 대한 좌절에 집중되었다.

나는 이제 지체된 시간을 가로질러 빨리 진행하고자 한다. 나는 K씨가 느끼는 원형적 욕구의 타당성을 단지 말로 인정하는 것만으로는 충분하지 않다는 사실을 깨달았다. 나 자신이 그의 말을 진실하게 받아들이고 있음을 굳게 믿는다고 해도 마찬가지였다. 인정의 말에는, 전이에서 출현되는 이들 욕구— 그것이 어떤 형태로 나타나든지— 를 진정으로 받아들이고 있다는 수용성이 반영되어야만 했다. 그러나 그 전달이 항상 쉽지만은 않았다. K씨는 자신을 진정으로 경험하고 자신의 내적 정서와 연결되기 위해서, 어떠한 거리낌이나 유보감도 없이 내가 그를 진심으로 수용하고 있다는 것을 느낄 수 있어야 했다. 그러나 깊은 곳의 그의 분노에는 아직 이르지 못했다. 고통스러운 와해를 바로잡기 위한 오랜 노력의 끝에서 새로운 단계에 접어든 그는 자신의 기대를 분명하게 말했다. 그는 나를 자유롭게 비판하기를 원했고, (감정 없이 말뿐일지라도) 분노를 표출하고 싶어 했으며, 내가 "[자신의] 격노를 비난하지 않고 관용의 태도로 [자신의] 깊은 심연 속으로 [그와] 동행해주기"를 원했다. 만약 내가 유보감과 거리낌 없이 자신과 함께 있다는 것을 느낄 수 있다면, 그는 거기에서 무엇을 찾든지 접촉할 수 있으리라 확신했다.

K씨는 자신의 "지하"로 향한 이 여정에서 자신과 동행할 수 있도록 나를 도와줄 적절한 은유를 발견했다. 즉 그는 자신이 보았던 모든 분석 스크린을 멈춰 세우고는 내가 그것을 목격하고, 수용하고, 자신이 그것을 해독하는(detoxify) 것을 도와주기를 원했다. 그는 자신의 내적 경험을 완벽하게 반영해내는 것 말고는 달리 내가 어떤 것도 하지 않기를 바랐다. 그는 그 반영이 실제이길 바랐고, 그렇게 되면 그것을 느낌으로써 소유할 수 있고, 그 다음으로 소망하기로는, 그것들을 보내버릴 수도 있는 좋은 기회가 되리라 믿었다. 이 모든 일을 겪고 난 후, 이것은 보다 수월해진 과제라는 생각이 들었고, 잠시 동안은 그랬다. 그러나 완벽한 조율에 대한 요구 때문에 고통스러운 와해가 여전히 일어나곤 했다. 때때로 K씨는 지금에 와서는 나와 "보다 잘 연결되고" 있음을 느낄 수 있다고, 그렇기 때문에 자신의 내적 자기와도 잘 연결될 수 있다고 반추한다.

결어

K씨와 함께 한 분석 작업에서 그리고 이 글에서 보여주었던 많은 교훈들 중 몇 가지는 근본적인 중요성을 지니고 있다. K씨는 의심할 여지없이 평생에 걸친 "기능장

애"를 앓고 있었음에도 불구하고(Ornstein 1987 p. 91 참조), 극복할 수 있으리라는 강렬한 희망으로 나와 함께 두 번째 분석을 시작했다. 그는 자기 주위에 "사회적 고립감, 거리감, 공상적 우월감을 지님으로써 유지되던 ... 겉으로 보이는 평온이라는 방어벽"(Kohut 1972 p. 646)을 세워두었다는 사실에도 불구하고, 마치 이 벽이 존재하지 않는 것처럼 분석을 받기 시작했다. 그것은 거울 전이로 급속히 발전했던 첫 번째 중요한 와해 경험 이후에야 그 상황이 가시화되었던 것 같다. K씨는 외상적 경험을 다시 겪을지도 모른다는 두려움 때문에 장벽 뒤로 숨었고, 때로는 내가 자신에게 고의적으로 주지 않는다고 느꼈던 인정과 확인을 이끌어내기 위해 반복적이고 교묘한 (정말로 내가 알아채지 못한 적이 많았던) 담장 밖 습격을 감행하곤 했다. 알아봐주고, 확실하게 반겨주고, 감탄하기 보다는 내가 나도 모르게 이들 시도를 간과했을 때, K씨는 다시 숨는 게 마땅하다고 느꼈다.

분석의 그 시점에서 K씨의 전이가 "활성화되었고(clicked in)" 우리는 그 필연적인 상황을 다루었던 것이라고 단순화한다면 그것은 안이한 방식일 것이다. 설령 이것이 사실일지라도, 이는 올바른 "회복의" 초점이 아니다. 치료과정에서 보다 중요한 것은 와해를 초래한 현재의 촉진 요인에 집중하는 것인데, 그것들 중 일부는 분석가에 의해 치료될 수 있고 또한 치료되어야 한다. 이러한 침범들은 역전이 현상, 환자의 주관적 경험의 본질에 대한 부적절한 이해, 혹은 기존의 이론과 치료 원칙들의 잘못된 적용 등으로 분류되기도 한다. 심각한 와해를 초래하는 분석적 개입들을 설명하는 데 있어서 "*실패*"라는 용어는, 치료이론과 분석가의 적절한 반응성을 개선시키려는 진척에 손상을 주기 때문에 점점 더 잘 쓰이지 않고 있다.

다음의 질문, 다양한 원형적 거울 욕구를 구체적으로 만족시키려는 끈질긴 요구를 어떻게 다룰 것인가, 다시 말해서 자기 심리학적 지식을 갖춘 분석가가 자기 환자에게 실제로 거울반응(mirror)을 해야 하는가는 빈번히 제기되는 질문이며, 답변 또한 언제나 명확한 것은 아니다. K씨는 내게 앞으로 경험적 연구를 더 해볼 가치가 있는 추가적 지침들을 제공했다. 그의 초기 거울반응에 대한 요구에 내가 덜 유보적 태도로 대응했다면 (코헛이 F양에게 응했던 것과 같은 종류의) 이 요구가 전이－역전이 교착상태 지점까지 이르지는 않았을 것이다. 만약 정서적 수용성 －나는 처음부터 있다고 생각했지만, 그는 없는 것으로 경험했던－ 이 내 어조에서 충분히 표현되었더라면, 그는 나를, 내가 명백히 어려움을 겪었던 기능인 그의 원형적인 "공생 시나리오"에 구체적으로 들어맞는 누군가로서가 아니라, 자기 경험의 타당한 목격자로서 더 빨리 수용했을 것이다.

예상했던 것처럼, K씨의 만성적 분노가 나타나는 정도는 그가 나의 "수용적이고 적극적인 참여"를 느끼느냐 못 느끼느냐에 따라 변동이 매우 심했다. 그것은 분명 전이에서의 와해 경험에 부차적인 것이었고, 이들 와해에 대한 무자비한 보복이면서 또한 그것의 결과물이었다. 동시에 그것은 또한 나와 다시 연결되려는 노력이었고 나에게서 속죄를 이끌어내려는 시도였다. 그는 "나는 당신에게 존엄성 지불을 요구합니다. 왜냐하면 내게 패배감과 모욕감을 안겨 주었으니까"라고 말했다. 내 이야기가 끝날 즈음이면 K씨는 감정을 통해서는 아니어도 최소한 언어를 통해서 자신의 분노를 남김없이 표현하게 될 것이다. 그러나 현재로서는 나와의 정서적 재연결을 의미하는 그가 표현했던, "친밀관계(rapport)의 형성"보다 더 일관성 있게 그의 분노를 개선할 대안은 없는 듯하다.

후기

도스토옙스키의 소설 속 주인공과 K씨를 비교해 보면, 즉시 임상가의 관심을 끌만한 놀라운 사실을 관찰할 수 있다. 즉 두 사람 모두 언어, 이미지, 은유 표현이 매우 풍부하고, 통찰력의 정도와 자질도 매우 뛰어나다. 다만 변화에 영향을 주지 못할 뿐이다.

지하 생활자는 부정적 자기평가를 지속적으로 입증하는 행동과 경험의 만성적, 반복적 순환 속에, 자신의 분노와 복수심을 강화시키기만 하는 상황 속으로 깊이 갇혀 버린다. 그는 상황과 관계를 개선하기 위해서 분투하지만 자신이 처한 환경에서 바람직한 대응을 이끌어내지 못한다. 아마도 독자에게만 내적 변화가 가능하다고 보여질 것이다. 아주 가끔씩 그는 다른 사람들에게 다가가려고 하지만, 모두 비참하게 끝난다. 소설에서 남자의 이야기는 다음과 같이 갑작스럽게 종결된다. "'지하에서' 글을 쓰는 것은 이미 이정도면 됐다." 이것에 이어서 도스토옙스키는 덧붙인다. "그러나

이 역설가의 수기가 여기에서 끝난 것은 아니다. 그는 참지 못하고 계속 쓰고 있다. 하지만 우리 생각엔 이 정도로 그만 두는 게 좋을 것 같다"(p.203). 이것은 지금까지도 아무 진전도 없었으며 앞으로도 그럴 것이라는 것을 보여준다.

반면에 K씨는 치료 상황에서 이전과는 다른 종류의 관계를 형성하고자 노력하고 있다. 치료사의 민감한 반응성이 변화를 가져오리라는 그의 기대는 타당하다. 만약 이러한 반응성이 내적 감정과 연결되고, 그가 표현한 바 내면적 양극화(polarization)를 원래대로 되돌릴 수 있는 K씨의 능력을 촉진할 수 있다면, 그리고 지하로부터의 감정이 안전한 분석 환경으로 떠올랐을 때 (그것이 아무리 경미하다고 해도) 그것으로부터 움츠러들기 보다는 기꺼이 수용될 수 있다면, 통찰력만 강조해서는 이루어질 수 없는 변화의 과정이 시작될지도 모른다.

참고문헌

Dostoevsky F: Notes From Underground (1864). New translation with afterword by Andrew MacAndrew. New York, Penguin, 1961

Freud S: Analysis terminable and interminable (1937), in The Standard Edition of the Complete Psychological Works of Sigmund Freud, Vol 23. Translated and edited by Strachey J. London, Hogarth Press, 1964, pp 216-253

Kohut H: The Analysis of the Self. New York, International Universities Press, 1971

Kohut H: Thoughts on narcissism and narcissistic rage (1972), in The Search for the Self, Vol 2. Edited by Ornstein PH. New York, International Universities Press, 1978, pp 615-658

Kohut H: The Restoration of the Self. New York, International Universities Press, 1977

Kohut H: Reflections on advances in self psychology (1978), in Advances in Self Psychology. Edited by Goldberg A. New York, International Universities Press, 1980, pp 473-554

Ornstein PH: On self-state dreams in the psychoanalytic treatment process, in The Interpretation of Dreams in Clinical Work. Edited by Rothstein A. Madison, CT, International Universities Press, 1987, pp 87-104

Ornstein PH: Why self psychology is not an object relations theory: clinical and theoretical considerations, in The Evolution of Self Psychology. Progress in

Self Psychology, Vol 7. Edited by Goldberg A. Hillsdale, NJ, Analytic Press, 1991, pp 17-29

Ornstein PH, Ornstein A: Assertiveness, anger, rage, and destructive aggression: a perspective from the treatment process, in Rage, Power, and Aggression. Edited by Glick RA, Roose SP. New Haven, CT, Yale University Press, 1993

에델 스펙터 퍼슨
(Ethel Spector Person)

21

소개

에델 퍼슨(Ethel Person)은 시카고 대학교, 뉴욕대학교 의과대학, 그리고 뉴욕에 있는 콜럼비아 대학교 정신분석 훈련센터를 졸업했고, 그곳에서 교육 및 감독 정신분석가로 있다. 그녀는 콜럼비아 대학교 의과대학에서 임상 정신건강의학 교수로, 캔사스 시티 정신분석 연구소에서 감독 분석가로 있다. 1981년부터 1991년까지, 그녀는 콜럼비아 센터의 소장이었고, 미국정신분석협회 자격관리 위원회, 프로그램 위원회, 국제정신분석협회(IPA) 북미 부회장, IPA 소식지의 초대 편집장 등을 역임했다. 몇 가지만 언급하자면, 그녀는 *Journal of the American Psychoanalytic Association, International Journal of Psychoanalysis, Partisan Review,* 그리고 *Studies in Gender and Sexuality* 등의 편집위원이었다. 그녀는 정신분석의 학회 조지 E. 다니엘스 메리트 상, 정신건강의학 분야에서의 탁월함에 대한 마운트 에어리 재단 금메달 수상, 미국정신분석의사협회의 지그문트 프로이트 상, IPA 특별 봉사상 등을 수상하였다. 그녀는 세계적으로 여러 곳에서 방문교수였고 수많은 기조 강연과 전체 강연을 하였다. 퍼슨 박사는 정신분석 분야에서와 일반 대중에게 강력하게 영향을 미쳤던 4권의 책을 저술했다. 그것들은 *Dreams of Love and Fateful Encounters: The Power of Romantic Passion, By Force of Fantasy: How We Make Our Lives, The Sexual Century: Selected Papers on Sex and Gender,* and *Feeling Strong: The Achievement of Authentic Power*이다. 그녀는 아놀드 쿠퍼와 글렌 가바드와 함께 *The American Psychiatric Publishing Textbook of Psychoanalysis*를 편집했다.

그녀는 자신의 이력에 대해 다음과 같이 말한다:

> 나는 정신분석가가 되기 위해서 의대에 갔는데, 그것은 내가 프로이트를 처음 발견했던 시카고 대학교의 대학생이었을 때 결정한 것이었다, 내가 함께 훈련을 받았던 정신건강의학과 의사들과 정신분석가들은 나의 이력을 형성함에 있어서 중추적인 역할을 했다. 나는 좋은 멘토들을 많이 만나는 행운이 있었다. 나의 첫 번째 정신건강의학 멘토는 뉴욕대학교 의대생 시절의 알렉산더 토마스였다. 알렉스는 상식적인 접근을 했지만 또한 연구에 대한 취향이 있었다. 콜럼비아 대학교 정신분석 훈련센터에서의 분석 훈련에서 나에게 중요한 영향을 준 사람은 아브람 카디너와 라이오넬 오베시였다. 나의 연구는 시대들과 지역들 사이뿐만 아니라 남성과 여성 사이의 차이들을 강조했기 때문에 여러 가지 면에서, 특히 문화적인 관점이라는 측면에서 그들의 것과 겹쳤다. 나는 또한 나 자신을 연구자로서 카디너와 오베시와 비슷하다고 본다. 나는 사람들이 일반적으로 연구라고 생각하는 그런 연구를 전혀 하지 않았지만, 나는 나의 사무실 밖으로 나가서 내가 성과 젠더에 대해 배울 수 있었던 것에 대한 배경을 발견하였다. 성과학자 해리 벤자민은 내가 탐구하고 싶었던 성적 네트워크에 나를 연결시켜주었다. 환자들의 통찰들을 관찰하는 데 전적으로 자기 자신을 제한함으로써, 우리는 때때로 깊이 알지만, 넓게 알지는 못하는데, 두 가지는 특정 문제들을 검토함에 있어서 모두 중요하다.
>
> 나의 감독인 아놀드 쿠퍼와 윌 개일린은 매우 지적이면서도 친절했고, 나는 그들에게서 많은 것을 배웠다. 나의 이력은 또한 콜럼비아 정신분석 센터의 이전 소장들인 존 웨버와 조지 골드만에 의해 형성되었는데, 그들은 내가 웨버의 뒤를 이어서 콜럼비아 정신분석 센터의 소장이 되기를 원했다. 아놀드 쿠퍼와 조우 샌들러는 나를 IPA로 끌어주었다. 나는 또한 내가 여성들의 문제들을 토론하기 위해서 여러 해 동안 만났던 학구적인 여성들로 구성된 장기 연구 집단에 참여함으로써 지적으로 도움을 받았다. 이 모든 것은 다행스럽게도 내가 멋진 사람들과 멋진 마음들에 둘러싸여 있었기 때문에 가능했고 나의 이력의 초기 부분들에서 조성되었다.
>
> 나의 생각에 대한 중요한 지적 영향들 가운데 한 가지는 정치학자인 한스

모르겐타우(Hans Morgenthau)와의 긴밀한 우정으로부터 나왔는데, 그는 베트남 전쟁을 반대함에 있어서 훌륭할 뿐만 아니라 용기가 있음이 증명되었다. 그 결정으로 인해서 그는 국무장관으로 지명될 가능성을 잃게 되었다. 나는 그를 통해서 힘과 무력감이 우리의 삶을 어떻게 조성하는가에 관심을 갖게 되었다. 대부분의 분석가들처럼, 나는 나의 환자들로부터 용기, 다양성, 사람들이 가질 수 있는 재능의 범위, 그리고 변화하려는 의지에 대해 배웠다.

나는 주로 성, 젠더, 사랑, 환상, 그리고 힘에 대해 글을 썼다. 이론가로서, 나는 대상관계이론 그리고 타고난 것에 대한 건강한 존중심에 기초한 문화적 관점 사이의 어느 지점에 있다. 그것은 내가 욕동에 제한되지 않고, 은사, 재능 등을 포함하는 것으로 이해하는 것이다. 라이오넬 오베시처럼 나는 대충 훑어보고 너무 적은 연구에 기초해서 너무 많은 것을 결론내리는 사람들을 싫어한다. 정신분석은 나에게 좋은 직업적 선택이었다. 우리의 일을 즐기기 때문에 우리는 모두 행운아다.

이 논문을 선택한 이유

에델 스펙터 퍼슨

나는 "지식과 권위: 대부 환상(Knowledge and Authority: The Godfather Fantasy)"이 정신분석적 이론으로 힘에 대해 이론화해야 할 필요성에 대한 일관된 나의 첫 번째 논문이기 때문에 이 책에 포함시키기 위해서 선택했다. 정신분석 문헌에는 특히 최근에 힘에 대한 언급들이 있지만, 그것들은 주로 성과 젠더의 주제들과 관련이 있다.

이 논문의 목적은 힘을 정신분석적인 그리고 우리 모두가 속해 있는 위계구조들의 개인에게 미치는 영향을 다루는 이론적 틀 안으로 가져오는 것이었다.

전이 모델은 초기의 우리의 삶이 약함에 대한 우리의 정당한 느낌들에 맞서기 위해서 부모의 힘이나 권위에 의존하는 것을 강조한다. 그것이 우리에게 남겨준 것은 삶을 통해서 생겨나는 새로운 불안들에 대한 어떤 인식이다. 이러한 불안들은 약함에 대한 초기 삶의 느낌들과 배타적으로 관계된 것이 아니라 죽음과 잊혀짐에 대한 우리의 두려움과도 관계가 있다. 이러한 두려움들에 맞서서, 우리는 우리 삶에서 초월적인 의미를 구축하려고 애쓴다.

나의 주장은 신성(godhead)을 이해하는 것이든, 단순히 아동기의 두려움과 공포를 되돌아봄으로써 초월지향적인 집단들에 참여하는 것이든, 우리의 심리적 욕구를 충분히 파악하는 것은 불가능하다는 것이다. 세상의 역사는 자연 자원들, 통상 이익들, 우위를 위해서 뿐만 아니라 삶에 의미를 부여하는 초월적인 의미를 위해서 경쟁하는 집단들의 역사이다. 이 논문은 한편으로는 이데올로기에 대한 복종에 관한 것이고, 다른 한편으로는 권위에 대한 저항에 관한 것이다. 나는 두 가지 모두가 인간의 여정을 돋보이게 하는 역사적 변화와 격변들을 위한 주요 엔진을 제공해준다고 제안한다. 나는 이것이 나의 보다 원래적인 논문들 가운데 하나이고 정신분석에서 적절하게 이론화되지 않았던 주제들을 다루는 것이라고 믿는다.

지식과 권위

대부 환상

(Knowledge and Authority: The Godfather Fantasy)*

에델 스펙터 퍼슨

개인 심리에 대한 우리의 현대적인 통찰의 토대인 정신분석이론은 세계의 나머지와 관련하여 그 세계의 조성자이든 그것의 결과물이든 개인에 대해 말할 수 있는 것이 훨씬 적었다. 정신분석이론이 보다 큰 사회적 세계로의 개인의 통합 또는 개인의 정신에 대한 사회적 세계의 영향을 고려하는 데 실패했다는 점에서, 그것은 오랫동안 정신이 근본적으로 몰역사적이라는 믿음을 고이 간직해왔던 수천 년의 서구 사상의 전통 속에 있다. 사회학자 리처드 세넷(1980)은 몰역사적인 입장을 간단명료하게 기술한다: "인간은 역사라는 상황들 속에 놓인 피조물이지만 본질적으로 그러한 상황들의 결과물은 아니다"(p. 6).

그러한 입장은 이탈리아 철학자 잠바티스타 비코의 초기 저작에 기초하는 19세기 사회심리학자들이 몰역사적 관점을 철저하게 뒤엎기 전까지 도전받지 않은 채 계속되었다. 불행하게도, 정신분석적 관심은 뒤졌다. 그러나, 여전히 개인적인 역사에 일차적으로 관심이 있지만 최근에 정신분석가들은 특히 사회적 합의들과 신념들이 성과 젠더에 영향을 미치는 방식에 대해서 보다 넓은 역사적 관점을 인정하기 시작했다(Chodorow 1994; Haynal et al. 1983; Kernberg 1985; Person 1995, 1999; Roustang 1976). 우리가 진지하게 수행하기 시작한 또 하나의 지적인 과제는 분석과 반대되는 것을 하는 것이다: 어떻게 고정화되어 있고 그래서 역사의 결과들에 영향을 받지 않을 것 같은 어떤 심리적 경향들이 그럼에도 불구하고 역사의 *동인들*(*agents*)인 것으로 드러날 수 있는지를 설명하는 것. 프로이트 자신이 이러한 일을 시작했다.

---

*Ethel Spector Person 박사의 "Knowledge and Authority: The Godfather Fantasy"는 *The Journal of the American Psychoanalytic Association*, 49:1133-1155, 2001에 처음 실렸다.

내가 논의하려고 하는 것은 복종과 반항의 흔히 상충된 충동들이 우리 삶에서—그리고 우리의 개인적인 삶을 넘어서는 세계에서— 하는 역할이다. 복종과 반항은 개인 발달에 있어서 결정적이다. 권위에 대해 복종하거나 저항하거나 포용할 때, 그것들은 역사적 변화의 동력의 일부로서 작동할 수 있다.

내가 인격적인 힘—혹은 참된 자제—이라고 부르는 것인, 우리의 자율에 대한 감각은 외적 권위에 대한 우리의 자연스러운 저항에서 생겨났을 수 있다. 이러한 타고난 경향은 유대-기독교적 종교의 초기에 나타난다. 그것은 하나님에 대한 아담과 하와의 불순종의 이야기에서 상징적으로 묘사되었다. 에리히 프롬(1964)에게 있어서, 이 이야기는 "인간의 자기인식, 선택할 수 있는 그의 능력을 위한 조건으로서의 불순종, 그리고 따라서... 이 첫 번째 불순종 행위는 자유를 향한 인간의 첫걸음" (pp. 19-20)을 강조한다. 인간이 자기 자신의 이야기를 만들 수 있게 된 것은 오직 에덴동산으로부터의 추방 때문이다.

아담과 하와의 이야기는 우리 각자가 초기의 삶에 속했던 것으로부터 드러나게 되는 줄거리의 신화적 형태로 읽혀질 수 있다. 호너(1989)는 초기 발달에서 권위에 대한 저항이 생겨나는 방식을 기술한다: "만약 누군가가 성인들의 세계에서 성인이 되게 된다면, 조만간 부모의 권위의 '전복' 이 있을 것이고, 결과적으로 안전, 지시, 결정, 책임의 자리에 있어서 변화가 생겨난다" (pp. 84-85). 이러한 "전복" 은 그것의 의도에 있어서 반드시 반항적인 것은 아니고, 혹은 그렇기도 하다. 그것은 자기주도적인 행동, 힘의 표현에 대한 타고난 욕동의 기능으로서 생겨난다.

내가 규정했듯이, 힘(power)은 성, 긴밀한 유대, 혹은 공격성만큼이나 우리 삶에서 중요한 욕망/욕동, 동기적 세력이다. 힘을 촉발하는 충동은 타고나긴 하지만 학습과 경험에 의해 형성된다. 가장 초기의 삶에서, 우리는 의지적으로 라기 보다는 본능적으로 행동한다—우리는 젖을 빨고, 젖병을 잡고, 불편하면 운다. 정신분석가들과 심리학자들에게 이 "본능" 은 여러 가지 이름으로 통한다—생명력, 생명의 약동(élan vital). 호너는 그것을 고유한 힘, 자기의 힘(p. 14)이라고 한다. 위니캇(1950)은 그것을 공격성이라고 한다(pp. 84-99). 셜먼(1987)은 유아의 전의도적인(preintentional) 힘과 후기의 의지의 발현을 구별하는데, 여기에서는 자기 자신의 주체감에 대한 인식이 중요하다(p. 68). 셜먼처럼, 나는 힘의 욕동이 초기부터 내장되어 있고 단지 나중에 의도성의 특성을 취한다고 믿는다. 그러나 자기 주장 혹은 자기 의지의 가장 초기의 본능적인 형태는 힘의 욕동 혹은 힘의 동기의 핵심이다.

자기의지는 부모에 대한 아동의 관계에서 쉽게 관찰할 수 있다. 유아기부터, 자기 마음대로 하려는 아기의 자연스러운 욕망은 불가피하게 부모의 반대에 부딪히게 되고, 결국 의지들의 충돌로 이어진다. 생애 첫 번째 해의 끝 무렵 시작해서 두 번째 해에 가속화되면서, 아기는 흔히 자기주장의 기획－"나는 그것을 내 스스로 할 수 있어"－을 부모와의 직접적인 갈등 속으로 들여오는 새로운 기술들과 능력들을 발달시키기 시작한다. "미운 세 살"은 우리가 자기표현을 위해서 힘에 대해 자연스럽게 저항하는 것의 좋은 증거이다. 부모들은 이 시기를 마음에 들지 않는 부정적인 시기로 볼 수 있지만, 아동의 의지가 비등하는 것은 "아니야" 혹은 "그래"를 주장하는 데서 나타나듯이, 분명히 자율적인 존재로서 자기 자신의 구체화와 상관관계가 있다(Spitz 1957). 걸음마 아동이 이러한 두 단어－아니야 그리고 그래－를 숙달하고 그렇게 표현된 판단들을 고수하려는 열망은 곧 독립적인 자기감을 형성하려는 도약이고, 흔히 부모와의 명백한 권력투쟁의 시작이다. 우리는 아기가 자기를 발달시키면서 정치적인 동물이 된다고 말할 수 있다.

기본적인 힘의 변증법 가운데 하나인 힘에 대한 저항은 성장하는 아동의 부모와의 관계에서뿐만 아니라 정치적인 영역에서 명백하게 나타나듯이 다른 사람들로부터 전해진 명령들에 대한 사람들의 거의 불가피한 저항에서도 분명하게 나타난다. 경제학자이자 정치이론가인 존 케네스 갤브레이스(1983)는 힘에 대한 저항이 "힘의 발휘 그 자체만큼이나 권력 현상에 없어서는 안 될 부분이다"(p. 72)라고 했다. 힘에 저항하려는 타고난 인간의 경향이 없다면, 우리는 그것을 발휘하는 데 능통한 사람들에게 당하기 쉬울 것이고, 독재자들이 득세할 것이다.

그러나 권위에 대한 우리의 자연스러운 저항에 대해 반대하는 충동도 있다: 우리는 때때로 그것에 복종하고 싶은 절실한 유혹을 경험할 수 있다. 프로이트에게 의지해서, 사회학자 필립 리프(1961)는 사랑이 "지배라는 부모의 사실"과 관련되기 때문에, "힘은 사랑의 아버지이고, 사랑에서 우리는 힘에 대한 부모의 모범을 따르는데, 그것은 상하 관계를 포함하는 관계"이다. 게다가, 그는 기독교가 궁극적인 권위를 사랑의 원천이라고 선언한 반면, "프로이트는 권위에 대한 사랑을 발견했다"(p. 168)고 주장했다. 아이는 그들의 부모를 그들의 안전, 그들의 유지, 그리고 그들의 자부심의 원천인, 그들의 "생존의 신"(Gaylin 1979, p. 32)으로 이해하기 때문에, 그들은 때때로 그들의 부모의 연약함의 어떤 징후도 인정하려고 하지 않고 어떤 반대 의지도 드러내지 못할 수 있다. 프로이트는 자신의 비범한 재능 때문에 유아의 무력함을 볼 수 있었지만 또한 그것을 넘어서서 절대 자타의 힘에 대한 적극적인 사랑이 있다는 사실을 이해할 수 있었다.

저항하기/복종하기; 반박하기/조화이루기. 갈등을 일으키는 이러한 성향은 흔히 우리 안에 나란히 공존한다. 그것들은 우리가 개인적 관계에서 형성한 권력 균형에 펴져있다. 우리는 어떤 관계에서는 일차적으로 복종적이고 다른 관계에서는 일차적으로 지배적이지만, 가장 친밀한 관계에서 지배적인/복종적인 축에 대한 우리의 입장은 지속적으로 변한다. 그러나 집단에서 우리를 자유롭게 하고 지배와 복종이 내적인 갈등에서 단순히 적대적인 요소가 되지 않도록 하라. 힘에 대한 저항과 복종을 통해서 우리는 집단생활을 하게 된다. 두 가지에 대한 성향 때문에 우리는 가족, 종교, 기업에서든 정신분석에서든 위계구조 속에 통합될 수 있다.

프로이트가 이해했듯이, 우리의 무력감 때문에 힘은 자기 자신을 주장하려는 어떤 본능적인 재능 이상으로 우리에게 중요하다(Freud 1927, pp. 17–18, 23–24). 대인관계를 관리하기 위한 우리의 학습에 더하여, 어느 수준의 실제 자율성을 성취한 것(우리의 삶의 이야기를 쓴다는 측면에서)에 더하여, 손상된 우리의 유아기와 초기 아동기와 같은 정치적인 비극들을 잊어버리는 것에 더하여, 우리에게는 어쨌든 직면해야 하고 화해해야 하는 깊은 실존적 딜레마들이 있다. 우리가 개별적으로 낼 수 있는 그러한 힘은 우리의 가장 깊은 실존적 불안들을 완화시키거나 우리의 삶에서 무엇보다 중요한 보다 큰 의미감을 형성하고 싶은 우리의 욕구를 만족시키기에는 그리 충분하지 않다. 우리 가운데 많은 이들이 초월의 이러 저러한 형태를 추구함으로써 이러한 욕구들을 저지하려고 한다. 그러나 초월을 추구함에 있어서 우리는 불가피하게 권위에 대한 복종과 저항에 대한 우리의 타고한 경향을 사용한다.

임시로 우리가 초월에 대한 우리의 욕구를 조정하려고 할 때 우리가 끌어내는 세 가지 전략이 있다고 제안해보자. 그것들은 저항과 복종이라는 근본적인 동기들과 밀접하게 관련이 있다: 1) 우리는 신들의 힘을 가지려고 한다; 2) 우리는 이러 저러한 신의 보호해주는 품안에 안기려고 한다; 혹은 3) 우리는 신의 힘으로 한낱 인간을 감추려고 한다. 나는 마리아 푸조에게 동의하면서 이 세 번째 전략을 대부 환상(godfather fantasy)이라고 부른다. 처음 두 가지에 대한 세속적인 대응물인 이것에는 반항과 복종의 갈등적인 충동들이 포함된다. 즉, 이러한 환상을 불러일으킴에 있어서 우리는 남을 의지하지 않고 대부 인물이 되는 것을 열망하거나, 스스로 이러 저러한 대부의 보호를 얻으려고 할 수 있다. 혹은 우리는 두 가지를 모두 추구할 수 있다.

전략 1: 신성을 가지려 하기

모든 시대의 사람들이 신들의 힘을 추구했지만, 고대 사람들은 우리가 하는 것보다 그들의 신들과 더욱 친밀하게 지냈다. 고대 신화들에서, 사람들은 신들과 춤을 췄고, 그들과 싸웠고, 그들의 사랑을 받았다. 결과적으로, 고대인들 가운데 어떤 이들은 반신반인이었다. 그들은 처음으로 신성을 소유하려는 인간의 꿈에 대해 목소리를 갖게 해준 상상력에 의한 연결이었다.

신성을 추구하려는 양가적인 기획은 고대 신화에 계속 나타난다. 그리스 신화에서, 영웅은 단지 그의 실패에 의해서가 아니라 그의 열망에 의해서 훼손되었다. 우리의 기본적인 신화들 가운데 많은 것들은 기록된 역사만큼이나 오래되었는데, 그것들은 신들로부터 힘을 빼앗으려는, 부러움에 의한 우리의 투쟁을 묘사한다—예를 들면, 제우스로부터 불을 훔쳤던 프로메테우스.

프로메테우스는 티탄과 티탄 여신의 아들인 하위신이었다. 제우스는 프로메테우스에게 모든 땅의 피조물들에게 한 가지 귀중한 선물—신들에게만 바쳐진 영원한 불—을 제외하고 선물들을 주라고 했다. 프로메테우스는 다른 동물들과는 달리 자연세계에서 무력했던 인간들을 동정했다. 그는 제우스의 명령을 거스르고 불을 훔쳐서 그것을 인간에게 주었다. 아이스킬로스는 *Prometheus Bound*에서 프로메테우스가 인간에게 주었던 다른 선물들—쓰기, 점술, 그리고 "검고 수수께끼 같은" 지식에 대해 말했다. 그것들은 사람들에게 그들의 한계를 넘어서는 힘들을 주는 선물들이었다(Aeschylus 458 B.C., p. 45). 제우스는 화가 나서 프로메테우스에게 그의 교만한 행동에 대해 영원한 벌을 선고했다.

드라마 비평가 월터 커(1967)는 고전적인 비극에서 영웅이 되기 위해서, 사람은 그 안에 신의 어떤 것이 있어야만 한다(p. 93)는 점을 지적했다. 그는 전체 장르가 인간의 자유의 가능성에 대한 탐구라고 한다. 그는 계속해서 "고전적인 비극의 중심에는 그것에 에너지를 공급하고, 지금 존재하는 것보다 더욱 완벽한 상황을 열렬하게 갈망하는 신과 같은 사람이 있다"(p. 107)고 말한다.

커에게 있어서, 사람의 자유는 "사람은 예지 없이, 어떤 종류의 확실성도 없이 오직 발견을 위해 마련되고 놀라움을 위해 준비된, 자유가 이끄는 곳으로 따라 가야..." 만 한다는 것을 의미하고 "사람의 마음속에서 자유는 프로메테우스가 전달해준 것에 대해 그토록 자랑스러워한 언어와 수학의 상징들을 만들어낼 수 있는 신적 능력에 있다"(p. 122). 커가 주장하는 대로, 그러한 지식과 그것으로부터 나오는 힘들 때문에 사람은 자유롭게 되어서 별들 사이를 누비고 그가 실제로 볼 수 없었던 것들에 이름을 붙이게 되지만, 그의 기억은 그의 힘들을 확장해서 그가 우주를 지배할 수 있는 것처럼 보이게 한다(p. 122).

그러나, 별들에 대한 그러한 지식 때문에 상상력이 지나치게 자극되면 큰 대가를 치르게 된다. 아프리카의 지도를 바꿨던 영국 출신 다이아몬드의 거물이자 남아프리카의 정치인이자 금융업자인 세실 로즈는 생각에 잠긴 듯이 슬퍼했다. "당신이 밤에 머리 위로 보는 이 별들, 우리가 결코 다다를 수 없는 광활한 세상, 가능하다면 나는 그 행성들을 병합할 것이다. 나는 가끔 그것에 대해 생각한다. 그것들이 그토록 선명하고 너무 멀리 있다는 것을 보는 것은 나를 슬프게 한다"(Morgenthau 1946, pp. 192-193에서 인용). 로즈가 인간의 힘에 대한 자연의 제한을 이해한 것 같지만, 그럼에도 불구하고 궁극적으로 그를 몰락시켰던 것은 그의 지나친 야망이었다. 케이프 식민지의 총리였지만, 그는 트랜스발 정부를 전복시킬 공모를 꾸몄다. 결국, 그는 사임하게 되었고 도를 넘고 책략을 꾸미는 영국 자본가의 상징, 즉 자신의 끝없는 야망의 희생양이 되었다. 아프리카에서의 다양한 유산과는 별개로, 그는 아마도 지식에 대해 열정적으로 헌신했던 사람으로서 가장 잘 알려졌을 것이고, 자신의 뜻으로 유명한 로즈 장학금을 기부했다.

지식은 양날의 검이다. 그것이 외부 권위에 대한 전적 순종에 대한 방어벽으로 역할을 할 수도 있지만, 그것은 또한 우리의 과대감을 지나치게 유발시켜서 우리를 파괴적인 행동으로 이끌 수 있다. 앎의 자유 때문에 우리에게 일어날 일을 마음대로 할 수 있는 힘이 있다는 환상이 생겨난다.

앙드레 말로의 소설 *Man's Fate*(1934)의 등장인물들 가운데 한 사람은 힘에 대해 숙고한다: "당신이 알다시피 이 생각에서 그들을 사로잡는 것은 실제의 힘이 아니다, 그것은 정확하게 그들이 내키는 대로 할 수 있다는 환상이다. 왕의 힘은 지배하는 힘이다, 그렇지 않은가? 그러나 사람에게는 지배하려는 어떤 충동도 없다: 그에게는 굴복시키려는 충동이 있다.... 인간의 세계에서 한 사람 이상의 그 무엇이 되려는 인간의 운명을 피하려는.... 무력한 운명: 전능하고 싶은 힘에 대한 의지가 지적인 변명일 뿐인 비현실적인 병은 신성에 대한 의지이다: 모든 사람이 신이 되는 것을 꿈꾼다" (p. 228). 말로가 "인간의 운명" 에 대해 말할 때 그의 인물은 너무나도 직관적이기 때문에, 사람이 신성을 취하려고 할 때 그가 추구하고 있는 것은 죽을 운명을 벗어나려는 자기 자신의 권리－메시야, 통치자, 혹은 폭군으로서－이다. 절대적 통치자들에게, 죽음을 선언하거나 생명을 부여할 수 있는 힘은 죽을 운명에 대한 권력감을 강화하는데, 그것은 궁극적인 힘이다. 물론, 그것 역시 궁극적으로 환상적이다. 정치이론가 한스 모르겐타우는 개인의 힘을 통해서 초월을 성취하려고 지속적으로 애쓰는, 전적인 정복을 통해서 신성을 추구하는 사람들은 알렉산더에서 히틀러에 이르는 세계의 모든 정복자들에게서 보이듯이, 이카루스와 파우스트의 전설에서 상징적으로 나타나듯이 불가피하게 몰락했다(pp. 192－193).

전략 2: 하나님에 대한 복종

신성을 갈망하는 사람들이 고대에 제한되지 않지만(파우스트 전설의 대중성을 주목하라), 그래도 여전히 극심한 변화는 대부분의 사람들이 그들 자신을 고려하는 방식으로 기독교 시대에 나타난 것으로 보인다. 그리스인들은 그들이－물론, 노예들과 여성들을 제외하고－ 신들의 본성에 참여했고 자유를 갈망했다고 믿었지만, 기독교는 인간이 하나님에 의해 창조되었지 "스스로 태어난 것이 아닌 것"(Kerr 1967, p. 97)으로 단정했다. 우리들 가운데 많은 이들은 스스로 신성을 주장할 수 없거나 그렇게 하는 것을 꺼려하면서 신에 대한, 세상에 있는 신의 대리인들로 인정받는 이들에 대한 충성과 순종을 통해서 안전과 구원을 추구한다. 우리는 종교를 통해서 초월을 추구하는데, 여기에서는 개인적인 야망을 유보하고 우주와 하나가 되려는 갈망이 초월에 대한 소망을 제공해준다. 종교에 몰두하고 하나님께 순종하는 것은 우리 삶에 의미를 제공해준다.

신에 대한 이상을 유지하기 위해서, 우리는 우리 자신의 부족함과 우리의 죄들을, 따라서 "신이 없는 세상에서 사는 것보다 신이 있는 세상에서 죄인으로 있는 것이 더 낫다"는 말을 인정해야만 한다. 교만을 표현하는 것, 즉 신성을 갈망하는 것의 정반대인, 기독교적 이상에는 겸손과 순종이 요구된다. 우리는 이러한 두 개의 전략에서 내가 앞에서 말했던 두 가지 경향의 형태를 본다: 하나는 저항하고 자기를 주장하는 것이고, 다른 하나는 복종하는 것이다. 초월은 하나 혹은 다른 하나를 반대 경향을 배제하면서 궁극적인 한계에까지 취함으로써 이를 수 있다.

두 개의 경향이 존재하는, 초월의 보다 복잡하고 어두운 형태는 *Brothers Karamazov*(Dostoyevsky 1880)의 "대심판관의 전설"에서 발견될 수 있다. 이반 까라마조프가 그의 형제 알료샤에게 이야기했던 전설은 곧 신성을 갈망했던 대심판관의 행동에서 보이는 대로 부패한 권력에 대한 이야기이고, 순종에 대한, 종노릇함에 대한 흔히 있는 기독교인의 심리에 대한 묘사이다. 누가 이 이야기를 삶의 대부분을 복종과 반항의 반대되는 충동들과 씨름했던 사람인 도스토옙스키보다 더 잘 쓸 수 있고(Rahv 1949, p. 167) 누가 *Brothers Karamazov*를 "지금까지 쓰인 가장 훌륭한 소설"이라고 보았던 프로이트보다 그것을 더 잘 이해 할 수 있을까?(1928, p. 177).

이반이 낭송했던 "시"에 따르면, 예수의 십자가에서의 죽음이후, 그리스도는 종교재판－도스토옙스키에게 있어서 서구 사회에서 발견될 수 있는 모든 악의 전형－ 시기에 세비야에 다시 나타났다. 대심판관 자신인 추기경이 수백 명의 이단들을 화형시킨 때는 주말이었다. 15세기 전에 그가 보았듯이 그리스도는 인간의 형상으로 나타났기 때문에 사람들에게 인식되고 환영을 받았다. 그는 대심판관이 장면에 나타난 바로 그 순간에 한 소녀를 죽음으로부터 살려냈다. 그 기적을 목격하고 대심판관은 그리스도의 체포를 명했고 그를 재판소의 "어두침침하고 지붕이 둥근 감옥"에 가둔다(Dostoyevsky 1880, p. 287). 순종적인 군중은 그들이 그리스도의 현존에서 느낀 영적 만족감에도 불구하고 아무런 저항도 하지 않는다.

그리스도가 화형당하기 전날 밤, "거의 90세이지만 키가 크고 곧고, 말라빠진 얼굴과 여전히 열정적이고 불꽃같은 빛이 있는, 움푹 들어간 눈을 가진 노인인" 대심판관은 그를 방문한다(p. 287). 그는 그리스도에게 "당신은 왜 우리를 거스르는가?" 라고 질문하고, 교회의 권력남용에 대한 부끄러운 줄 모르는 합리화를 위해서 이뤄진, 그리스도에 대한 끔찍한 기소를 시작한다.

대심판관은 마태복음에서 얘기된 것처럼, 그리스도를 그가 사탄의 세 가지 시험에 저항했던 15세기 전에 그의 무리를 실망시켰다고 비난했다. 그리스도는 자유의 이름으로 광야에서의 첫 번째 시험, 즉 돌로 떡을 만드는 것에 굴복하기를 거부했다. 대심판관은 이것이 그의 첫 번째 잘못이라고 믿는다. 그의 두 번째 잘못은 성전 꼭대기에서 뛰어내리는 것을 거부한 것이었다; 세 번째는 상상을 초월하는 세상의 권력을 그에게 주겠다는 사탄의 제안을 거부한 것이었다.

대심판관은 사람들이 그들의 가슴에 의해서만 안내를 받을 때는 믿을 수 없다고 주장한다; 그들은 경배의 필요성에 대해 납득이 될 필요가 있다. 그리스도는 사람이 기적에 의해 움직여져서는 안 된다고 믿었기 때문에, 그는 자신이 도둑과 같이 십자가에 못 박히는 것을 허용했다: "당신은 사람의 사랑이 자유로워야만 하고, 그가 당신을 자유롭게 따라야만 하고, 당신에게 이끌리고 사로잡혀야 한다고 바란다" (p. 293). 그는 자유를 줌으로써 사람의 어깨에 그토록 큰 도덕적 짐을 지웠던 그리스도가 어떻게 사람을 사랑한다고 할 수 있었겠느냐고 묻는다.

대심판관은 사람의 순종을 불러일으키는 심리적 갈망들을 너무 잘 이해한다. 대심판관은 그리스도가 돌을 떡으로 만들었다면, 사람의 오래된 고뇌에 찬 질문에 대한 대답을 제시했을 것이라고 주장한다: "우리는 누구에게 굴복해야만 하는가?" (p. 292). 그는 더 나아간다: "사람은 이미 논의할 여지가 없는, 너무나도 논의할 여지가 없기 때문에 모든 사람이 그것 앞에 보편적으로 굴복하는 것에 동의할 것이다.... 보편적인 굴복을 위해서 그들은 검으로 서로를 파괴한다.... 당신은 그러한 인간의 본성의 특별한 비밀을 알았고, 알지 못할 수 없었지만, 당신은 당신에게 주어진, 논의할 여지없이 사람들을 당신 앞에 굴복하게 할 수 있었던 절대적 기치(banner)—세상의 떡이라는 기치—를 거부했고, 당신은 자유와 천국의 떡이라는 이름으로 그것을 거부했다.... 그러나 사람들의 양심을 진정시킬 수 있는 그만이 사람들의 자유를 숙달할 수 있다"(p. 292). 여기에서, 여러 주석가들이 지적했듯이, 도스토옙스키는 사람들이 "논의할 여지가 없고, 일반적이고, 합의에 의한 개미둑(ant-heap)"(p. 296)을 갈망했던, 20세기의 전체주의적 운동들을 예견한 것 같다.

사탄에 대한 충성을 인정하는 무신론자인 대심판관은 그리스도가 거부했던 세 가지 시험의 불가피성과 정당성을 받아들인다. 그는 그리스도의 기독교의 모델을 정치학자 데니스 달턴(1998)이 경제적 힘, 심리적 힘, 그리고 정치적 힘에 대한 은유적 대응물로 해석한 기적, 신비, 그리고 권위에 기초함으로써 그것을 개선한다.

대심판관은 그리스도에게 바로 다음날 아침 그를 화형 시킬 것이라고 말한다. 대심판관이 혼자 얘기하는 동안 한 마디도 하지 않았던 그리스도는 대심판관에게 다가가서 그의 "핏기없는 90세의 입술"에 입 맞췄다." 그 늙은이는 전율하고, 문을 열고 나가면서 "가시오 그리고 돌아오지 마시오.... 영원히... 영원히 결코 돌아오지 마시오!"(p. 302)라고 말한다. "입맞춤은 그의 가슴 속을 태웠다," 그러나 그는 그의 마음을 바꾸지 않는다(p. 302). 세속적 권력에 대한 그의 헌신은 그의 믿음의 힘을 압도한다. 그는 사탄의 지혜를 받아들인다.

전략 3: 대부 환상

알베르 까뮈(1957)는 "신도 없고 주인도 없이 홀로 있는 누구에게든지 세월의 무게는 가혹하다. 따라서 우리는 주인, 즉 추세에 뒤떨어진 신을 선택해야만 한다"(p. 133)고 했다. 정확히 대부도 그렇다. 만약 우리에게 신이 없다면 많은 신비, 기적들 그리고 권위를 가진 강력한 주인이 있어야 한다. 우리 가운데 너무나도 많은 사람들이 대부 소설과 그것의 후속물(시리즈물, 영화들, 모방물들)에 대해 느끼는 매력은 그것들의 압도적인 상업적 성공에서 분명하게 나타난다.

그러한 성공은 부분적으로는 줄거리에 포함된 두 가지 서로 맞물린 환상들의 결과이다. 어떤 사람들에게, 대부 환상은 신이 되는 것, 스스로 세속적인 형태의 신성을 획득하는 것에 대한 것이다. 더 많은 사람들에게 환상은 그들이 힘의 신비함을 불어넣고 복종을 맹세하는 이러 저러한 사람–대부 혹은 대모, 업계의 거인, 멘토, 전체주의적 지도자–과의 관계를 통해서 대리적인 힘을 추구하는 것에 대한 것이다. 그들에게 그 환상은 일차적으로 강력한 대부 인물에 대한 애착을 통해서 지금 여기에서의 부, 지식, 그리고 대리적인 권위를 확보하는 것에 대한 것이다. 때때로 이 인물은 충분히 객관적으로 강력하고 충분히 강하고 설득력있는 세계관을 가지고 있으며, 그는 자신에게 이데올로기를 공유하기 위해 오는 확장된 집단을 그들이 그에게 복종을 맹세할 정도로 자신에게로 끌어 들인다.

그러한 인물은 마리아 푸조의 허구적인 돈 꼴레오네이다. 마피아 가족의 두목인, 돈 꼴레오네는 광대하고 사악한 범죄 제국을 무자비하게 지배한다; 그는 재정적으로 막대한 보상을 받고 그의 혈통과 범죄 "가족"을 보호하기 위해서 그의 힘을 사용한다. 그러나 대부의 힘은 무엇으로 구성되는가? 나는 대심판관과 동일한 것이라고 주장할 것이다: 기적, 신비, 그리고 권위, 혹은 다른 말로 하자면, 그의 힘은 그가 강력해야만 하는 우리의 필요 속에 있다.

대심판관에서 대부에 이르는 나의 이야기에 눈살을 찌푸릴 수 있는 사람들을 위해서, 내가 최근에 발견했던 *Brothers Karamazov*와 푸조 사이의 관계에 주목하려고 한다. 마리아 푸조는 그가 도스토옙스키의 소설에 크게 영향을 받았다고 고백한다. 그의 소설 *Fortunate Pilgrim*(Puzo 1964)의 신판에 대한 그의 1997년 서문에서, 그는 이렇게 말한다. "모든 젊은 작가들은 불멸을 꿈꾼다. 내가 15살 나이에 *Brothers Karamazov*를 읽고 나의 삶의 그랬던 것처럼 앞으로 수백 년은 새로운 세대들이 그들의 책을 읽고 그들의 삶이 변화되었다는 것을 발견할 것이다. 나는 나 자신에게 절대적으로 진실하지 않은 말은 쓰지 않을 것이라고 다짐했고 *Fortunate Pilgrim*에서 그렇게 했다고 본다"(p. xi). 쓰는 데 10년이 걸린 그 책은 훌륭한 평가들을 받았지만 상업적으로는 실패했다. 그런 경험을 하고 난 후에야 푸조는 *Godfather*를 시작할 수 있었고 그는 부와 명성을 얻었다. 그것의 의도가 상업적이었을 수 있지만, 푸조가 *Godfather*에서 표현한 것은 "대심판관의 전설"을 관통하는 주제들의 세속적인 형태이다.

대심판관처럼, 돈 꼴레오네는 그의 부하들의 충성을 확보하기 위해서 작은 기적들을 보여주는데, 그들 가운데 어떤 이들에게는 나중에 이러 저러한 작은 도움을 요청할 수 있다.

> 돈 꼴레오네는 모든 사람이 도움을 받기 위해서 찾아오는 사람이었고, 그는 그러한 그들을 실망시킨 적이 없었다. 그는 공허한 약속을 하거나 그의 손이 그보다 더욱 강력한 힘에 묶여있다는 비겁한 변명을 하지도 않았다. 상대가 그의 친구일 필요가 없었고, 그에게 보답할 아무런 방법이 없다는 것도 중요하지 않았다. 단지 한 가지가 요구되었다. 스스로 우정을 맹세하는 일이었다. 그렇게만 하면 도움을 요청하는 이가 아무리 가난하거나 힘이 없는 사람이라 해도 돈 꼴레오네는 진심으로 어려움을 받아들였다. 또한 그 사람의 문제를 해결하는 데 놓인 어떠한 장애물도 없게 해주었다. 그의 보상은 무엇일까? 그것은 우정이다. 이름 앞에 붙는 "돈"이라는 경의를 표하는 호칭이나 "대부"라는 더욱 친근한 호칭을 얻는 것이다(Puzo 1969, p. 14).

그의 보호해주는 날개 아래 오는 이들에게, 돈이 그들의 소박한 요구들을 만족시켜주는 것은 돌이 떡으로–때로는 일종의 경제적인 힘으로, 때로는 정치적인 힘으로– 변하는 것처럼 그야말로 기적이었다.

대심판관처럼 대부도 지식과 정치적인 힘의 중심이다. 정책을 정하는 패밀리의 우두머리인 돈과 실제로 그의 명령을 수행하는 행동대원들 사이에는 세 가지 수준의 정치적인 조직원이 있다. 맨 위에는 법률고문이 있다. 푸조가 우리에게 말했듯이 "돈은 법률고문에게만 명령을 내린다.... 그런 식으로 그 무엇도 맨 위까지 추적될 수 없다. 법률고문이 배신자가 되지 않는다면.... 어떤 법률고문도 돈을 배신하지 않았다.... 거기에는 아무런 미래가 없었다"(p. 50). 법률고문 밑에는 두 명의 중간 보스가 있는데 그들은 행동대원들을 통제한다.

패밀리의 내부 조직은 보조적인 세력에 의해 강화되어야만 한다. 돈 꼴레오네의 집행자인 루카 브라시는 "돈의 권력구조를 지탱하는 거대한 블록들 가운데 하나"(p. 25)로 묘사된다. 루카는 "경찰을 두려워하지 않았고, 사회도 두려워하지 않았고, 심지어 신도 두려워하지 않았고, 지옥도 두려워하지 않았다. 그는 그의 동료를 두려워하거나 사랑하지 않았지만 돈 꼴레오네를 두려워하고 사랑하는 것을 선택했다"(p. 25). 루카에 대한 초상화에서 푸조는 그의 많은 기민한 심리적 관찰들 가운데 하나를 제시한다. 루카처럼 그토록 두려움이 없고 냉혈한 킬러조차도 자신을 종속시킬 수 있는 누군가를 찾아야만 했다(p. 41).

돈은 또한 그의 조직 밖으로 나가서 경찰, 판사, 심지어 상원의원에 대한 상납을 통해서 정치적인 힘을 얻으려고 했다. 그의 딸의 결혼식에서 미국 상원의원은 전화를 해서 개인적으로 참석하지 않은 것에 대해 사과를 했지만 그는 FBI가 내부의 허가인원을 줄이고 있기 때문에 다른 대안이 없다고 말한다. 물론, FBI의 내부자들에 의해 잘 알고 있는 돈의 메시지를 통해서 그 상원의원은 오지 말라고 경고를 받았다.

돈은 또한 심리적인 힘, 어쩌면 모든 것 가운데 가장 오싹한 것을 행사한다. 이러한 종류의 힘을 잘 발휘하는 대표적인 예는 유력한 영화 감독인 잭 월츠와의 대결 이야기에서 나타난다. 월츠는 가수이자 영화 스타였던 조니 폰타네(프랭크 시나트라에 근거했다고 널리 믿어지는 인물)을 주연을 맡겨달라는 돈의 요구를 거절했다. 대부는 그의 법률고문을 보내서 협상을 한다. 월츠는 하겐에게 정중하게 인사를 하지만, 그를 거절한다. 하겐이 돈 꼴레오네가 어떤 작은 문제들에 대해 월츠를 도와줄 수 있다고 제안했을 때, 월츠는 이렇게 반응한다. "그래, 이 말솜씨 좋은 개새끼야, 너의 보스가 누구이든지, 내가 솔직히 말하지. 조니 폰타네는 절대 그 영화에 못 나와. 아무리 많은 마피아들이 난데없이 들이닥친다고 해도 난 신경 쓰지 않아" (p. 56). 그는 그가 얼마나 힘이 있는지 떠벌리면서 마지막으로 J. 에드거 후버가 그의 친구라고 덧붙였다.

하겐은 동요하지 않고 돈 꼴레오네는 월츠가 후버와 친구 사이라는 것을 알고 있으며 그것에 대해 존중한다고 반응하고, 그에게 작별인사를 한다. 월츠는 돈 꼴레오네가 그를 어떤 심각한 방식으로든 위협할 수 있는 힘을 가졌다는 것을 상상하지 못했다. 여러분 가운데 많은 이들은 소설이 아니더라도 영화를 기억할 것이다. 월츠는 어느 날 아침에 일어나서 그의 애마 하르툼의 절단된 머리가 그의 베게 위에 있는 것을 발견한다. "월츠는 바보가 아니었다. 그는 단지 지극히 자기중심적인 사람이었을 뿐이었다. 그는 자기의 왕국에서 그가 휘두르는 힘이 돈 꼴레오네의 그것보다 더 강력하다고 오해하였던 것이다. 그는 이것이 사실이 아니라는 어떤 증거가 필요했을 뿐이다. 그는 이 메시지를 이해했다" (p. 69). 이러한 심리적 힘은 이단자들을 화형에 처하는 대심판관의 행동에서 나타나는 힘과 유사하다.

다르게 보일 수 있지만, 대심판관 당시의 가톨릭 교회와 미국에서 성장했을 때의 마피아는 그들의 추종자들을 사로잡기 위해서 사용했던 기술에 있어서 서로 유사하다. 그들 나름대로의 기적, 신비, 그리고 권위를 통해서, 그들은 모두 경제적, 심리적 및 정치적 힘을 발휘했다(그리고 마피아의 경우는 지속적으로 발휘한다). 이것은 모든 힘의 위계적 형태들의 존재 방식이다.

잠시만 돌아가 보자. 내가 말하고 있는 것은 대부 환상이 너무나도 강력한데 그것은 우리에게 지배하고 명령하려는 소망이 있어서가 아니라 복종과 순종을 통해서 애착하려는 소망이 있기 때문이다. 대부 환상을 통해서 우리는 두 가지 경향을 직접적으로 그리고 간접적으로 철저하게 살아낼 수 있는 세계를 상상할 수 있게 된다.

토론

우리 중 대부분이 복종하려는 어떤 경향이 있다는 증거는 무엇인가? 권위에 자율성을 양도하면서 복종하는 것은 지금까지 수행된 가장 훌륭하고 어쩌면 부도덕한 심리학적 연구들 가운데 하나에서 입증된다. 예일대학교 심리학과의 일원이었던 스탠리 밀그램 박사는 명시된 목표가 평범한 사람이 다른 사람들에게 심한 고통을 주도록 명령을 받았을 때 권위에 복종하는 정도를 조사하는 것이었던 일련의 연구들을 기획했다(Milgram 1974, p. 166). 밀그램은 3명의 배우가 있는 일종의 심리극을 기획했다: 수석 조사관, 교사, 그리고 학생. 승인된 권위자인 수석 조사관은 실험실 코트를 착용하고 자원자들에게 실험의 목적은 교육의 동기를 촉진하는 것이고 그들은 교사로서 행동해야 한다고 말했다. 그러나 실험에서 피험자로 추정되는 학생들은 연구팀이 일원인 자원자들에게 알려지지 않았고, 피험자의 역할을 하도록 고용된 배우들이다. 자원자들에게 제시된 실험의 목적은 잘못된 대답에 대해 학생을 처벌하는 것이 학습과정을 촉진하는가를 발견하는 것이었지만, 실제 목적은 자원자들이 그들이 누군가에게 고통을 가하고 있다는 것을 알았을 때도 권위에 복종하는 정도를 측정하는 것이었다.

교사 역할을 하는 자원자들은 정도를 증가시키는 일련의 전기 충격을 줌으로써 학생들이 잘못된 대답을 할 때마다 그들을 처벌하도록 요구를 받았다. 사실, 충격 발생기는 아무런 충격도 주지 않았다. 그러나 교사들은 그들이 진짜로 충격을 주고 있다고 믿었으며 학생들이 고통으로 울부짖고, 자비를 호소하는 것을 실제인 것으로 경험했다. 배우 학생들은 낮은 전압에서의 가벼운 툴툴거림에서부터 150볼트에서 터져 나오는 큰 울부짖음과 호소에 이르기까지 전압에 따라서 그들의 외침을 증가시키도록 지시를 받았다. 실제 실험의 피험자인 교사들 대부분이 스트레스와 고통의 증상들을 나타냈고, 실험의 야만성에 반대했고, 조사관에게 실험을 중단하라고 요청했다. 그러나 60% 이상이 450볼트 상한선까지 실험에 줄곧 참여했다.

밀그램은 "교사들"의 잔인함이 억압된 공격적 충동들에서 유래했다는 몇몇 비평가들에 의해 제안된 가설을 검증하기 위해서 추가 실험들을 계획했다. 그는 교사들에게 그들 자신이 선택한 수준으로 학생들에게 충격을 줄 기회를 제공했다. 이런 기회가 주어졌을 때, 거의 모든 교사들이 가능한 가장 낮은 충격을 주었다. 밀그램은 파괴적인 충동이 방출되고, 교사들이 과학의 명분으로 해서 높은 전기충격을 사용하는 것을 정당화할 수 있다면, 그들은 학생들을 고통스럽게 할 수 있는 기회를 받아들였을 것이라고 결론을 내렸다. 그러나 "피험자의 입장에서는 이 일을 할 경향은 거의 없다" (p. 167).

피험자들은 왜 복종했는가? 대부분은 그들의 행동을 사회에 유용한 것으로 합리화했다. 밀그램은 자기 자신의 책임감이 억제되거나 사라지는 것이 권위에 대한 복종의 가장 광범위한 결과였다고 제안했다. 그는 "개인이 위계적 통제의 상황에 들어가면, 보통 개인의 충동을 조절하는 메커니즘은 억제되고 상위 수준의 구성요소에 양도된다" (p. 131)고 주장했다.

위계적인 상황에서의 이러한 복종은 극히 개인주의적이고 마초적인 것으로 묘사된 집단들 사이에서도 관찰될 수 있다. 비행기의 조종실 승무원은 승무원으로서의 유능함이 많은 사회-심리학적, 성격적, 집단 상호작용적 변수들에 의해 영향을 받는 적고, 고도로 구조화된 집단이다(Foushee and Helmreich 1988, p. 193). H. 클레이튼 푸쉬와 로버트 헬름라이히는 의사소통에서의 두 가지 종류의 단절이 발생할 수 있는데, 첫 번째는 집단 내의 응집력이 너무 작은 경우, 두 번째는 너무 큰 경우라고 보고했다(p. 195). "너무 큰 응집력" 이라는 구절은 한 승무원의 복종을 그럴듯하게 표현한 것이다. 유진 타노우(2000)는 공식적으로 부조종사의 과도한 복종을 문제가 되는 것으로 보았고 기장이 "부조종사가 단호함이 부족해서 통제를 유지해야 할 필요가 커질 경우... 그것은 공중에서의 위기로 이어질 수 있다" (Tarnow 2000, p.112)고 결론 내렸다. 그는 복종을 여러 가지 충돌의 원인으로 지적할 수 있었다. 너무 자주, 위계에서 아래에 있는 사람은 권위자의 요구들을 얼마나 잘 수행하는가에 따라서 수치심이나 자부심을 느낄 것이다.

우리는 주의해야만 한다. 우리는 누군가의 권력 의지가 감당할 수 없게 되면 재앙으로 이어질 수 있다고 생각하는 것에 익숙하지만, 그 반대도 사실이다. 복종에 대한 의지가 감당할 수 없게 되면 파괴로 이어질 수 있다. 우리는 좌절된 열정, 개인적 복수, 범죄 또는 탐욕으로 파괴하는 것보다 훨씬 많은 사람들을 이념적인 명분의 이름으로 죽인다.

대심판관이든, 대부든, 교수든, 또는 지휘관이든, 한 권위자에게 행동의 독립성을 양도하려는 충동은 그것이 널리 퍼져 있기 때문에 심리적 탐구가 필요하다. 적어도 부분적으로라도 이러한 충동을 설명하기 위해서는 두 개의 다른 준거 기준이 필요할 수 있다. 첫 번째는 초기의 삶에서 우리의 의존성과 무력감을 강조하고, 두 번째는 죽음에 직면했을 때의 우리의 무력감과 해독제로서 초월적인 의미의 필요성을 강조한다.

프로이트(1921)는 *Group Psychology and the Analysis of the Ego*에서 사람의 "복종에 대한 갈망"과 집단 심리의 본질에 대한 탐구로 방향을 돌렸다. 그는 "개인의 정신적 삶에는 다른 누군가가 모델이나 대상이나 도우미나 적대자로 끼어들게 마련이다. 따라서 개인 심리학은 처음부터 사회 심리학이기도 하다"(p. 69)라고 제안한다. 그는 이전에 성애적인 복종의 측면에서 최면의 심리적 의미를 탐구했고, 이러한 통찰을 사용해서 정신분석가에 대한 환자의 전이를 설명했다. 그는 두 현상을 사람들에게 가장 초기의 삶에서 시작되는, 방향과 권위에 대한 갈망이 있다는 증거로 보았다. 이 갈망은 먼저는 아버지와의, 나중에는 이런 저런 종류의 우두머리와의 성애적인 관계와 동일시에 의해 해소된다. 프로이트는 원시적인 아버지 이면에 잠재해있는 한 아버지에 대한 갈망이 "집단 형성의 불가사의하고 강제적인 특징들"(p. 127)을 설명해준다고 믿었다. 우두머리는 "수동적이고 피학적인 태도밖에 취할 수 없고, 한 사람의 의지는 그에게 굴복되어야만 하는 위험한 인물이다"(p. 127). 이것은 개인에게 "권위에 대한 극단적인 열정"과 "무제한적인 힘에 의해 지배되고 싶은 소망"(p. 127)이 있기 때문이다. 이러한 소망들은 무의식적인 성애적인 갈망에서 생겨난다. "집단은 모종의 힘에 의해 묶여있다. 그리고 세상의 모든 것을 함께 묶어주는 에로스보다 이러한 위업을 더 잘 이뤄낼 수 있는 힘이 무엇일까" (p. 92).

많은 정신분석가들이 지도자에게 예속되고 복종하려는 개인의 경향은 그 사람이 젊고 정말로 무력할 때 너무나도 필요한 아버지의 힘에 대한 카리스마적인 과대평가가 후기 삶에 나타난 것으로 이해될 수 있는 많은 현상들이 다른 형태로 나타난 것이라는 점에서 프로이트에게 동의했다. 영웅 숭배, 멘토/멘티 관계, 전이, 혹은 어떤 다른 형태로 표현되었든, 지도자-추종자 관계는 실제로 부분적으로-결코 전체적으로는 아니지만- 아동기의 약함과 무력함에 대한 해독제의 갈망에서 비롯된다.

부모로부터 더 큰 세상으로의 이행은 어떻게 이루어지는가? 프로이트는 부모의 권위에 대한 갈망이 어떻게 불가피하게 내적인 변형을 겪게 되는지 보여주었다. 가족 로맨스는 자신의 부모에게 실망한 아이가 상상의 어머니와 아버지를 구성할 수 있는 수단이다. 예를 들어, 아이들은 자신들이 그들의 "실제" 부모로부터 입양되거나 유괴되었다고 공상을 하는데, 그들은 일반적으로 아이들이 함께 있어서 불행하다고 느끼는 매일의 가짜 부모보다 훨씬 우월한 사람들이다. 따라서, 아이에게는 복종과 지배의 주제들이 부모와의 직접적인 관계에서 벗어나 보다 넓은 세상으로 옮겨갈 수 있도록 해주는 고유의 면책조항(escape clause)이 있다.

가족 로맨스 환상의 원천은 두 가지이다: 아이들은 그들이 보기에 부당한 제약들 때문에 부모에게 화가 나거나 부모가 전능하다는 그들의 믿음에 실망하게 된다. 어느 쪽이든 문제는 힘이다. 이러한 불만족스러운 부모로부터 이상화를 철회하고 그것을 그들의 상상에서 갈망하는 부모에게 전이시키면서, 아이는 그들 자신을 위해 그들을 무조건적으로 사랑해줄 뿐만 아니라 외부 세계에서도 강력한 힘이 있고 중요한 영향을 미칠 수 있는 환상화된 부모-반드시 그렇지는 않지만, 대개 고상하거나 부유하거나 유명한-를 만들어낸다.

아이들은 흔히 부모의 대리자에게 힘을 전가하지만, 그들은 그것을 스스로 장악할 수도 있다. 브루노 베틀하임(1976)은 좋은 어머니가 악한 계모로 변하는 것이 분리된 자기를 발달시키는 동력을 제공한다는 점에서, 가족 로맨스는 개인적인 권위의 발달에 필수적이라고 주장한다. 자율성을 추구하려는 본능적인 요소가 있는 것처럼 보이기 때문에, 그는 사례를 과장하여 말할 수 있다. 그러나 베틀하임은 가족 로맨스에서의 주요 동력은 "주도성과 자기결정력을 발달시키는 것" (p. 274)이라고 정확하게 강조한다.

가족 로맨스 환상의 최고의 예는 최근 출판된 해리 포터 소설들(Rowling 1998, 1999a, 1999b, 2000)의 본문에 나타나고, 그러한 환상들이 자주적 결정과 개인의 힘에 대한 감각을 증진하는 데 도움이 된다는 베틀하임의 통찰을 담고 있다. 해리는 아기였을 때 대마법사인 악당 볼드모트에 의해 어머니와 마법사 아버지가 살해된 고아이다. 결국, 해리는 이모와 이모부인 더즐리 부부와 살도록 보내어졌다. 그들은 마법의 힘이 없고 마법사들을 증오하고 두려워하는 "머글들(Muggles)"이다. 그들은 아들 더들리를 맹목적으로 사랑하고 해리의 마법사 혈통을 부끄러워한다. 더들리는 일관되게 응석받이로 키워졌지만 해리는 불공평한 대우를 받고 체계적으로 박탈을 겪었다.

해리는 마법사단에서 그를 부르러 보내기 전까지 끔찍한 10년의 세월을 무시와 학대 속에서 고통을 겪는다. 거인 해그리드는 머글들의 세계와 유사하지만 그들에게는 보이지 않는 호그와트 마법학교까지 그와 함께 동행한다. 해리는 호그와트에서 처음으로 그의 힘의 한도를 발견하고 결국 선한 마법사들을 반대하는 볼드모트가 장악한 거대한 음모를 분쇄하는 도구가 된다. 해리는 인정이 많기도 하지만 대부가 되기 위해 필요한 특성들을 모두 보여준다.

대심판관의 무리, 꼴레오네의 범죄 패밀리, 그리고 해리 포터가 속한 마법사 집단은 모두 기적, 신비 및 권위에 의해 강화되는 공유된 정신으로 결합된 닫힌 공동체를 형성하는 집단들의 허구적인 표현들이다.

프로이트가 *Group Psychology*에서 집단정신을 훌륭하게 설명했지만, 그가 빠뜨린 것은 우리 가운데 많은 이들에게 다른 사람들과 결합할 뿐만 아니라 공유된 신념 속에서 그렇게 하려는 절박한 욕구가 있다는 것이다. 이데올로기에 대한 그러한 욕구는 에로스를 넘어서는 것이다. 집단정신의 기능—전이의 기능과는 완전히 다른—은 삶에 초월적인 의미를 부여하는 것이다. 전이 모델은 우리의 초기 삶이 우리의 약함과 취약성에 대응하기 위해서 부모의 강함과 권위에 의지한다는 것을 정확하게 강조한다. 그것이 고려하고 있지 않는 것은 일생 동안 생겨나는 새로운 불안들에 대한 인정이다. 이러한 불안들은 초기 삶의 취약감에서 기인하지 않고 우리의 궁극적인 운명, 즉 죽음과 잊혀짐에 대한 우리의 두려움과 관련이 있다. 이러한 두려움에 대응하기 위해서, 우리는 우리의 삶에서 초월적인 의미를 부여하려고 한다. 우리 중 어떤 이는 과장된 야망들을 발달시키고 때로는 창조적이고 예술적인 성취로, 때로는 우리 자신의 힘으로 신성을 붙잡으려는 시도로, 불멸에 이르려고 함으로써 죽음의 불안에 대응한다. 그러나 더 많은 경우 그러한 두려움들은 이미 존재하는 초월적인 프로젝트에 참여함으로써 대응된다. 초월적인 집단에는 공유된 신조, 신념 체계 및 행동 규범이 포함된다. 그러한 이데올로기는 때로는 불멸에 대한 약속들로, 때로는 보다 세속적인 목표들로 구성된다. 집단정신에 참여하는 것은 아동기의 공포가 아니라 의미 없음에 대한 두려움을 완화시켜준다.

집단정신의 초월적인 기능은 신성에 대리적으로 참여하는 것을 통해서 이뤄진다. 영생에 대한 약속에 미치지 못한 사람은 여전히 선택된 민족이나 지배 인종, 알라나 태양신의 후예, 모함메드나 붓다의 추종자, 역사상 위대한 정복군대의 전사의 일원일 수 있다. 집단의 지도자나 집단의 이상에 공동으로 복종하는 것은 흔히 외부의 적의 탄원에 의해 촉진된다. 도스토옙스키의 대심판에 대한 표현에서 그리스도에게는 교회의 위계질서, 꼴레오네에게는 경쟁 마피아들, 볼드모트에게는 해리 포트 및 선한 마법사들. 위태로운 것은 실제적인 또는 상징적인 생존을 보장해주는 엘리트 집단과의 관계이다. 현대 세계에서, 과학은 신성에 참여하기 위한 새로운 방식에 대한 소망을 제시한다. 우리의 새로 발견된 기술 마법과 수명 연장에 대한 꿈의 결과로서, 우리는 제한 없이 물리적 세계를 통제할 수 있다고 우쭐대고 있다. 유성이 지구에 충돌한다면, 우리는 우주선을 타고 먼 은하계로 도피할 것이다. 만약 신체 부위가 마모된다면, 우리는 인조인간의 교체 부품을 기대한다.

무엇이 초월적인 집단들을 파괴하는가? 때때로 그들은 외부의 적들에게 희생물이 된다. 그러나 때때로 그들은 내부의 반대, 즉 권력과 특히 그것의 남용에 대한 반응으로 일어난 자연스런 저항에 희생자가 된다. 권위에 대한 그러한 저항은 어떤 한 이데올로기가 무기한 영속화 되는 것에 대해 한계를 설정할 수 있고, 그 과정에서 때로는 새로운 이데올로기나 신앙을 만들어 낼 수 있다. 우리는 빽-투-지저스 운동에서 이런 종류의 저항을 발견하는데, 그들은 대개 이러 저러한 카리스마적인 인물을 중심으로 조직된다. 여기에서 신실한 사람들은 하나님과 개인 사이에 계층을 두는 공식적인 교회들의 위계 구조에서 저항의 이유를 찾는다.

마피아의 탄생에는 권위에 대한 분개와 저항도 중추적인 역할을 했다. 돈 꼴레오네의 이상적인 막내 아들인 마이클 꼴레오네가 아버지의 세계에서 분리하려고 했지만, 아버지에 대한 경쟁 마피아의 살인 미수로 인해서 그가 갑자기 돌아오게 되었을 때, 그는 "그의 아버지가 성장했던 뿌리들"을 인식하게 되었다. 마이클 꼴레오네의 목소리를 통해서 푸조는 마피아의 탄생 역사를 우리에게 전해준다:

> "마피아"란 말은 원래 피난처를 의미했다. 그 후에는 수백 년 동안 조국과 백성을 짓밟은 통치자에 대항해서 싸웠던 비밀 조직의 이름이 되었다. 시칠리아는 역사상 유례없이 무참한 약탈을 당했던 땅이다. 종교재판소는 부자나 빈자를 똑같이 핍박했다. 지주 계급과 가톨릭 교회의 제후들은 목동과 농부들에게 절대적인 권력을 행사했다. 경찰은 그들 권력의 도구였고 그들과 동일시되었기 때문에 시칠리아 사람에게 경찰이라고 부르는 것은 다른 사람에게 퍼부을 수 있는 최대의 모욕이었다.
>
> 이 절대적인 권력의 만행에 직면해서, 고통을 겪던 백성들은 보복이 두려워서 분노나 증오를 결코 드러내지 않는 법을 배웠다.... 그들은 사회가 그들의 적이라는 것을 깨달았기 때문에 부당한 일에 대해 보상을 받으려고 할 때면 지하 저항단체인 마피아를 찾아갔다. 그리고 마피아는 침묵의 규율을 고안함으로써 그들의 권력을 굳건하게 했다.... ***침묵의 규율***(*omerta*)은 종교가 되었다.(Puzo 1978, p. 324)

우리는 아동기의 두려움과 공포를 되돌아봄으로써 신성을 붙잡거나 초월적인 집단에 참여하려는 우리의 심리적 욕구의 모든 힘을 파악할 수는 없다. 세계의 역사는 천연 자원, 무역의 이익, 또는 힘의 균형에서의 우선순위를 위해서뿐만 아니라 삶에 중요성을 부여하는 초월적인 의미를 위해서도 경쟁하는 집단들의 역사이다. 국가주의적 열정이나 종교적 신념에 부여된 권위는 그것의 교훈이 정당하거나 옳은 것으로 받아들여지고 그것들은 이데올로기의 형태로 공유된 신념체계로 싸여있기 때문에 사람들이 따르게 된다(Stoessinger 1961, p. 26). 이데올로기는 권력을 합리화하고 정당화하기 때문에 권력을 권위로 전환시켜서 따르게 하는 데 필요한 힘의 양을 줄여준다. 이것은 사람들이 신념 체계를 승인해주고 그렇게 함으로써 삶에 의미를 부여해주는 "논란의 여지가 없는 만장일치의 개밋둑(ant-heap)"을 추구한다는 대심판관의 주장이 갖는 의미이다. 따라서 숭고한 명분들이 끊임없이 순환되고, 이것들은 각각 그것을 방어하기 위해서 죽을 준비가 되어 있는 친위병에 의해 보호된다. 안정성은 내적으로는 권위에 대한 저항을 통해서, 외적으로는 양립 불가능한 두 개의 이데올로기의 충돌을 통해서 위협을 받는다. 권위에 대한 저항과 이데올로기에 대한 복종은 인류를 위한 여정을 강조하는 역사적인 변화와 격변에 주요 엔진을 제공한다.

참고문헌

Aeschylus: Prometheus Bound (ca. 458 B.C.), in Great Books of the Western World, Vol 5. Edited by Hutchins RM. Chicago, IL, Encyclopedia Britannica, 1952, pp 40–51

Bettelheim B: The Uses of Enchantment: the Meaning and Importance of Fairy Tales. New York, Alfred A Knopf, 1976

Camus A: The Fall. New York, Alfred A Knopf, 1957

Chodorow N: Femininities, Masculinities, Sexualities: Freud and Beyond. Lexington, University of Kentucky Press, 1994

Dalton D: Dostoevsky's grand inquisitor, in Power Over People: Classical and Modern Political Theory. Great Courses on Tape, Part II. The Teaching Company, 1998

Dostoyevsky F: The legend of the Grand Inquisitor, in The Brothers Karamazov (1880). Translated by McDuff D. London, Penguin, 1993, pp 283–304

Foushee HC, Helmreich RL: Group interaction and flight crew performance, in

Human Factors in Aviation. Edited by Wiener EL, Nagel DC. New York, Academic Press, 1988, pp 189–227

Freud S: Group psychology and the analysis of the ego (1921), in The Standard Edition of the Complete Psychological Works of Sigmund Freud [SE], Vol 18. Translated and edited by Strachey J. London, Hogarth Press, 1955, pp 67–143

Freud S: The future of an illusion (1927). SE, 21:1–56, 1961

Freud S: Dostoevsky and parricide (1928). SE, 21:177–194, 1961

Fromm E: Escape from Freedom (1941). New York, Owl Books, 1994

Fromm E: The Heart of Man: Its Genius for Good and Evil. New York, Harper & Row, 1964

Galbraith JK: The Anatomy of Power. Boston, Houghton Mifflin, 1983

Gaylin W: Feelings: Our Vital Signs. New York, Harper & Row, 1979

Haynal A, Molnar M, De Puymége G: Fanaticism: A Historical and Psychoanalytical Study. Translated by Koseoglu LB. New York, Schocken, 1983

Horner A: The Wish for Power and the Fear of Having It (1989). Northvale, NJ, Jason Aronson, 1995

Kernberg O: Internal World and External Reality (1980). New York, Jason Aronson, 1985

Kerr W: Tragedy and Comedy. New York, Simon and Schuster, 1967 Malraux A: Man's Fate (1934). New York, Vintage, 1969

Milgram S: Obedience to Authority. New York, Harper & Row, 1974

Morgenthau H: Scientific Man vs. Power Politics. Chicago, IL, University of Chicago Press, 1946

Person E: By Force of Fantasy: How We Make Our Lives. New York, Basic Books, 1995

Person E: The Sexual Century. New Haven, CT, Yale University Press, 1999

Puzo M: The Fortunate Pilgrim (1964). New York, Ballantine, 1977

Puzo M: The Godfather (1969). New York, Penguin, 1978

Rahv P: The legend of the Grand Inquisitor (1949), in The Myth and the Powerhouse: Essays on Literature and Ideas. New York, Noonday Press, 1966, pp 144–174

Rieff P: Freud, The Mind of the Moralist. New York, Doubleday, 1961

Roustang F: Dire Mastery: Discipleship from Freud to Lacan (1976). Translated by Lukacher N. Washington, DC, American Psychiatric Press, 1982

Rowling JK: Harry Potter and the Sorcerer's Stone (1997). New York, Scholastic, 1998

Rowling JK: Harry Potter and the Chamber of Secrets. New York, Scholastic, 1999a

Rowling JK: Harry Potter and the Prisoner of Azkaban. New York, Scholastic, 1999b

Rowling JK: Harry Potter and the Goblet of Fire. New York, Scholastic, 2000

Sennett R: Authority. New York, Alfred A Knopf, 1980

Sexton JB, Thomas EJ, Helmreich RL: Error, stress, and teamwork in medicine and aviation: cross sectional surveys. BMJ 320(7237):745–749, 2000

Shulman ME: On the problem of the id in psychoanalytic theory. Int J Psychoanal 68:171–173, 1987

Spitz RA: No and Yes: On the Genesis of Human Communication. New York, International Universities Press, 1957

Stoessinger JG: The Might of Nations: World Politics in Our Time. New York, Random House, 1961

Tarnow E: Self–destructive obedience in the airplane cockpit and the concept of obedience optimization, in Obedience to Authority: Current Perspectives on the Milgram Paradigm. Edited by Blass T. Hillsdale, NJ, Lawrence Erlbaum, 2000, pp 111–123

Winnicott DW: Aggression in relation to emotional development (1950), in Collected Papers: Through Paediatrics to Psycho–Analysis. Edited by Winnicott C, Sheperd R, Davis M. London, Tavistock, 1984, pp 204–218

프레드 파인
(Fred Pine)

22

소개

프레드 파인(Fred Pine)은 뉴욕시립대학교를 졸업했고, 매사추세츠, 캠브리지의 하바드 대학교에서 임상심리학으로 박사학위를 취득했고, 뉴욕정신분석연구소에서 정신분석 훈련을 받았다. 그는 뉴욕대학교에서 로버트 R. 홀트와 조지 S. 클라인과 함께 박사 후 연구원이자 연구 직원으로서 일했고, 영국의 햄스테드 정신분석 및 아동치료 센터(지금의 안나 프로이트 센터)의 방문 연구자였고, 뉴욕의 다운스테이트 의료 센터의 조교수로서 아동 발달에 대한 종단연구를 수행했다. 뉴욕의 앨버트 아인슈타인 의과대학 정신건강의학과의 명예교수이고, 뉴욕 대학교 심리치료 및 정신분석 박사 후 프로그램의 방문교수이고, 뉴욕프로이트학회의 교육 및 감독 분석가이다. *Psychoanalysis and Contemporary Thought, Psychoanalytic Psychology, Bulletin of the Menninger Clinic,* 그리고 *American Journal of Psychotherapy*의 편집위원이었다. 그는 뉴욕의 콜럼비아 정신분석 센터의 교수이다.

파인 박사는 75개가 넘은 논문의 저자이다. 여기에는 유아 및 아동 발달; 정신분석의 기법과 과정의 측면들뿐만 아니라 아동 및 성인의 진단적 주제들에 대한 임상적 논의들; 정신분석에서의 개념의 발달에 대한 비판적인 논의들; 기본적인 이론에 대한 연구들을 포함하는 범위가 망라되었다. 그의 저서로는 *Drive, Ego, Object and Self: A Synthesis for Clinical Work; The Psychological Birth of the Human Infant: Symbiosis and Individuation* (M.S. Mahler 및 A. Bergman과 공저);

Developmental Theory and Clinical Process; 그리고 이제 2판인 *Diversity and Direction in Psychoanalytic Technique*가 있다.

파인 박사의 명예와 수상으로는 국립정신건강연구소의 연구경력 개발 상, 미국심리학회 정신분석 분과장, 미국심리학회 정신분석 분과의 과학 공로상, 그리고 뉴욕정신분석연구소의 하르트만 연구가가 있다. 그의 기념강연으로는 뉴욕정신분석연구소의 하르트만 강연, 달라스 텍사스 정신건강과학 센터의 탁월한 정신분석가 강연, 토페카 정신분석연구소의 루와 할란 크랭크 강연, 그리고 뉴욕정신분석협회의 아동정신분석 분과에서의 모리스 프렌드 강연이 있다.

파인은 자기 자신에 대해 이렇게 말했다:

> 오늘날의 정신분석 분야에서 나의 역할: 나는 나 자신이 독창적인 통합자이자 합리주의자라고 생각한다. 후자는 권위, 신비화, 혹은 이데올로기에 의지하지 않고 분명하게 글을 쓴다는 의미에서 그러하다. 나는 나 자신에 대해서 발달이론과 정신분석적 임상이론의 교차점에서 글을 쓰고 있다고 생각하는 것을 좋아하는데, 그것은 다양한 모델에 대한 나의 통합적 접근의 근거가 되는 사고 형태이다. 여기에는 광범위한 이론화가 포함되겠지만, 나의 접근에 중심이 되는 것은 우리가 정신분석에 상세히 뿌리를 내리듯이, 임상적으로 그리고 발달적으로 인식할 수 있는 세부사항에 뿌리는 내리는 것이다. 나는 그것이 나의 글들이 널리 인정받고 활용되는 이유라고 믿는다.

이 논문을 선택한 이유

프레드 파인

"정신분석의 4가지 심리학과 임상 작업에서 그것들의 위치(The Four Psychologies of Psychoanalysis and Their Place in Clinical Work)"는 다양한 정신분석 모델들의 통합적인 접근을 시도하는 일련의 글들 가운데 첫 번째 것이었다. 나는 이것이 나의 여러 글들 가운데 가장 폭넓게 받아들여지는 것 같기 때문에 이 책을 위해서 이 글을 선택한다. 분명하게 말하자면, 많은 사람들이 이글에 담긴 생각들을 임상적으로 매우 소중한 것으로 보는 반면 많은 사람들이 그것들을 반대하기 때문에, 이 글은 현대 분석가들 가운데 논쟁을 불러일으켰다.

이 논문은 다양한 모델들의 영역에서 정신분석적 이론에 대한 통합적인 관점을 제공하기 위한 학술지에서 상대적으로 총력을 기울였던 첫 번째 것이었다. 나는 뒤이은 출판물들(Pine 1989, 1990, 2003을 보라)에서는 상당 부분을 수정하고, 첨가하고, 임상적인 설명들을 덧붙였지만 여기에서는 원래의 형태로 출판되었다. 이러한 서론적인 언급에서 나는 두 가지 요점을 명기함으로써 독자들에게 방향을 제시하고 싶을 뿐이다.

첫째, 나의 제목과 본문에서 나는 욕동, 자아 기능, 내면화된 대상관계, 그리고 자기의 주관적인 경험들에 관한 심리적 과정들과 이론들을 ***구별하려고*** 최대한 노력한다. 시간의 관점에서, 나는 내가 최근의 이론들의 넓이와 그것들이 가능하게 하는 매우 다른 이해의 형태들을 강조하려고 그렇게 했다. 그러나 오늘날 나는 ***통합***을 강조할 것이다. 여러 이론들은 모든 사람들이 발달 과정에서 직면하는 문제들을 보여주려는 시도들이고, 그 모든 것들은 모든 개인의 정신 기능 속에서 연동되는 정신적 잔재들(흔히 곤혹스럽게 하는 것들)을 남긴다. 나는 4가지 "심리학"이 모두 마음에 대한 단일한 정신분석적 이론의 일부분이라고 제안한다.

둘째, 대상관계와 자기 이론들이 정신분석적 저술들(프로이트의 본능적 욕동에 대한 초점에 더하여)에서 두드러진 이후에 쓰인 이 논문에서, 나는 ***마음***에 대한 다양한 이론들을 다룬다. 나는 그것들의 임상적 타당성을 논의하겠지만, 임상 과정과 기법을 나의 주제로 다루지는 않는다. 그러나 이 논문이 처음 출판되고 나서, 실연, 상호주관성, 유도된 기분상태, 그리고 역전이 경험의 긍정적인 사용에 대한 개념들을 포함하여 정신분석 과정의 "두-사람" 측면들이 문헌에서 중심적인 것이 되었다. 그러나, 나는 마음 이론에 대한 나의 견해를 수정할 필요를 느끼지 못했다. 오늘 나는 ***욕동, 자아, 대상관계***, 그리고 ***자기***라는 용어들로 표현된 심리학적 주제들은 정신분석적 행위가 일어나고 있는 것으로 이해되었던 전통적인 "무대들"(예를 들면, 자유연상, 전이, 꿈, 그리고 보고되고 기억되는 삶)에서뿐만 아니라 추가적으로 방금 나열된 다양한 두 사람 "무대들"에서 표현된다고 말할 것이다. 그리고 거꾸로, 꿈과 자유연상에서 유도된 기분상태와 실연에 이르기까지 어떤 무대에서 소모된 정신적 주제들은 욕동, 자아기능, 내면화된 대상관계, 그리고 자기 경험의 주제들인 것으로 밝혀질 것이다. 우리는 마음과 임상 과정에 대한 이론들이 서로 맞물리는 것을 기대할 것이고, 그것들은 실제로 그러하다.

이러한 방향을 제시하는 의견과 함께, 이 1988년의 논문은 있는 그대로 실렸다.

참고문헌

Pine F: Motivation, personality organization, and the four psychologies of psychoanalysis. J Am Psychoanal Assoc 37:27–60, 1989

Pine F: Drive, Ego, Object, and Self: A Synthesis for Clinical Work. New York, Basic Books, 1990

Pine F: Diversity and Direction in Psychoanalytic Technique. New York, Other Press, 2003

정신분석의 4가지 심리학과 임상작업에서 그것들의 위치

(The Four Psychologies of Psychoanalysis and Their Place in Clinical Work)*

프레드 파인

정신분석은 내가 "4가지 심리학"−욕동심리학, 자아심리학, 대상관계이론, 그리고 자기심리학−이라고 말하려는 것을 만들어냈다. 각각은 다소 다른 현상을 강조하면서, 인간의 심리적 기능에 대해 다소 다른 관점을 취한다. 4가지는 확실히 중복되기도 하지만, 각각은 우리의 이론적인 이해에 무엇인가 새로운 것을 추가하고, 각각은 임상 상황에서의 중요한 타당성을 가진다. 이 논문의 목적은 그 타당성을 강조하는 것이다. 보다 이전에(Pine 1985) 나는 4가지 심리학의 발달적인 통합, 즉 각각이 발달하는 동안 개인에 대한 심리학에서 어떻게 자리매김 될 수 있는가에 대한 그림을 제시하려고 했다. 여기에서 나는 임상적 함의들에 초점을 맞출 것이다−특히, 고르게 떠있는 주의(evenly hovering attention) 개념과 정신분석의 변화를 일으키는 효과에 대한 이해를 위한. 4가지 심리학은 다소 유사하긴 하지만, 그것들을 서로 서로 대치해보면 임상 기법에 있어서 어떤 문제들과 가능성들이 드러난다.

이러한 4가지 심리학이 보다 큰 이론적 체계들과 어떤 관계인가를 다루기 전에, 나는 4가지 각각에 대해 간략하게 스케치 해보려고 한다. 이러한 스케치들은 이 논문의 주요 과제인 임상적 상황에 그것들을 적용하는 것을 이해하는 데 도움이 되도록 하기 위해서 단순화될 필요가 있다.

4가지 심리학

욕동심리학의 관점에서 볼 때, 개인은 초기의 신체 및 가족 경험이라는 도가니에서 만들어지고, 행동들과 의식적 및 무의식적 환상들로 구체화되는 소망들로서 형성

---

*Fred Pine 박사의 "The Four Psychologies of Psychoanalysis and Their Place in Clinical Work"는 *The Journal of the American Psychoanalytic Association*, 36:571-596, 1988에서 처음으로 출판되었다. 저작권은 미국정신분석협회에 있고 판권을 소유하고 있다. 허락을 받고 사용함.

되는, 지속되는 충동들의 변화들 그리고 그것들과의 싸움이라는 측면에서 이해된다. 이러한 소망들의 많은 부분은 수용할 수 없고 위험한 것으로 경험되기 때문에, 정신적 삶은 갈등과 그것의 해소를 둘러싸고 조직되는 것—불안, 죄책감, 수치심의 측면들, 금지, 증상 형성, 그리고 병리적인 성격 특성들로 나타나는—으로 이해된다. 프로이트의 원저작에서, 이러한 생각들의 이론적인 기반들은 본능적인 욕동과 후성설적으로 전개되는 심리성적 단계들에 대한 견해들에서 찾을 수 있다. 그러나 인간 기능에 대한 경험적 수준에서 보면, 초점은 소망과 충동, 그것들에 대한 방어, 그리고 갈등에 있다(cf. Holt 1976; Klein 1976).

자아심리학의 관점에서 보면, 개인은 적응 능력들, 현실 검증, 방어기제, 그리고 임상적 상황과 생활에서 충동들, 정서들, 그리고 환상들의 내적 세계와 현실적인 요구들의 외적 세계를 다루기 위해서 그것들을 충분히 활용하는가라는 측면에서 이해된다. 발달적으로 보면, 적응 능력, 현실 검증, 그리고 방어기제는 시간이 지나면서 천천히 획득되고 확대되는 것으로 이해된다. 역사적으로 주요 자아 개념들은 욕동-갈등 심리학의 자연스러운 결과로 발달했고 욕동에 대한 방어 기제의 개념들을 통해서 그것에 긴밀하게 연결되어 있지만, 하르트만의 연구(1939)는 평균적으로 기대할 수 있는 환경에 대한 적응도 중요하게 강조하였다. 자아 기능의 발달적 개념 때문에 또한 "자아 결함(ego defect)" 개념이 중요하게 강조될 수 있었다. 즉, 성인들(그리고 연령이 높은 아동들)에게는 유아들에게는 없는 적응 능력, 현실 검증, 방어 기제가 있기 때문에, 우리는 이러한 것들이 그 사이에 발달했다고 가정해야만 한다. 발달하는 것은 무엇이든 불충분하게 혹은 비정상적인 방식으로 발달할 수 있다; 적응 능력 영역에서의 발달적 실패들은 "자아 결함들," 예를 들면, 정서적 불내성과 홍수, 충동들에 대한 지나친 지연과 통제, 대상 항상성 획득의 실패로 이해될 수 있다. 그러한 "결함들"은 갈등과 관련이 없지 않다; 갈등은 그것들이 발달적으로 잘못되는 데 원인이 될 수도 있었고, 그것들은 어쨌든 개인의 환상 생활과 자기-경험에 영향을 미치고, 따라서 갈등의 요소들이 되고, 다양한 기능들을 떠맡게 될 것이다(Waelder 1930). 그러나 나는 그것들이 또한 임상적인 관점에서는 결함들—적응 무능력들이나 손상된 능력들—로서 유용하게 이해될 수 있다고 믿는다.

대상관계 심리학의 관점에서 보면, 개인은 기억(의식적 혹은 무의식적)으로 내면화되고 개인이 한 가지 혹은 그 이상의 혹은 모든 역할을 실연하는, 초기 아동기로부터 생겨난 내면의 드라마라는 측면에서 이해된다(Sandler and Rosenblatt 1962). 아동기 경험들에 막연하게 기초하는 이러한 내면의 이미지들은 또한 새로운 경험에 그것들의 영향을 미쳐서, 이것들은 다시 최근의 형태로 충분하게 경험되기 보다는 과거의 드라마에 동화된다. 이러한 내면의 드라마는 아동기의 일차적인 대상들과의 경험들로부터 형성되는 것으로 이해되지만, 그러한 관계들을 사실 그대로 나타낸 것으로 이해되지는 않는다. 아동에 의해 ***경험된*** 대상관계는 기억 속에 저장되고 반복되는 것이며, 이러한 경험은 경험의 순간에 아동에게서 작용하는 정서와 소망들의 기능이다. 따라서, 설명적으로 그리고 가설적으로, "동일한" 다소 수심에 잠기고 소극적인 엄마가 배고픈 아동에게는 박탈하는 사람으로 경험되겠지만, 혼자서 만족스럽게 놀고 있는 아동에게는 어쩌면 편안하게 "맞춰주는" 것으로 경험될 것이다. 대상관계 심리학의 임상적인 타당성을 위해 중요한 것은 이러한 과거의 드라마들을 반복하는 경향, 즉 애착 이후의 혹은 숙달 이후의 혹은 두 가지 모두의 결과들에 의해 추진된 반복이다.

자기-경험의 심리학의 관점에서 보면, 개인은 특히 경계선, 연속성, 그리고 존중의 주제들과 관련된, 지속되는 주관적인 상태와 그러한 주관적인 상태에서의 불균형에 대한 자신의 반응들의 측면에서 이해된다(Sandler 1960). 나는 "자기" 에 대한 개념화와 물화(物化)의 문제들을 우회할 뿐만 아니라 주관적인 경험의 수준에 머물러있기 위해서 일부러 "자기" 보다는 "자기-경험"이라고 하였다. 그러나 명백하게, 최신 문헌에서 "자기"의 분야는 주관적인 상태 그 자체 뿐만 아니라 주관적인 상태의 특별한 특징들을 중심으로 정리되어 있다. 따라서, 타자로부터의 자기의 분화 수준이 중심이 되고, 여기에서 나는 분리, 경계선의 느낌(Mahler et al. 1975; Pine 1979), 혹은 반대로, 경계선의 상실이나 부재의 느낌을 말하는 것이다. 추가적으로, 코헛의 저작(1977)에서 유래하는, 전체성/파편화, 연속성/불연속성, 혹은 자존감의 정도도 중심적인 것으로 이해된다. 이 영역의 두 가지 모두가 "이중-단일체" 로부터의 분화를 통해서든(Mahler 1972) 자기를 위한 기능을 제공하는 자기대상을 통해서든(Kohut 1977), 혹은 아동을 위해 부모에 의해 제공된 실제적인 전통적 (반영 및 이상-형성) 기능을 통해서든, 타자에 대한 자기의 관계와 관련이 있다는 것은 필시 우연이 아니다. 이 모든 것들은 스턴(1985)이 "타자와의 관계" 라고 했던 자기 발달의 초기 단계들과 연결고리가 있다. 그리고 그것들은 본질적으로 "나 아닌 것"과 관련된 "나"의 발달에 대한 스피츠(1957)의 보다 초기의 설명과, 대상과 관련된 자기에 대한 보다 후기의 설명을 생각나게 한다. 따라서 자기-경험의 심리학의 영역으로서 내가 다루려고 하는 것은 특별히 대상과 관련된 자기-인식감을 중심으로 하는 주관적인 경험이다.

나는 이것들을 4가지(개념적으로 분리될 수 있지만, 분리되지 않는) 심리학으로 언급하면서, 정신분석이 지금까지 이러한 여러 관점들의 어떤 것을 무시했다고 주장하려는 것이 아니다. 개인의 기능에 대한 욕동 및 자아 심리학의 관점은 보다 공식적으로 프로이트의 ***이론***의 일부분이었지만, 정신분석적 ***임상 실제***는 분명하게 그것들 모두를 다룬다. 초기 대상관계들과 그것들의 반복은 중요한 분석 자료이고, 지속되는 주관적인 상태는 언제나 회기 중 작업을 위한 시금석이다. 4가지는 모두 이제 정신분석 문헌에 잘 정립이 되었다. 그것들은 각각 임상 작업에 관한 다른 질문들을 제기하고 변화 과정의 다른 측면들을 우리에게 환기시켜주기 때문에 나는 그것들을 관점에서의 차이점들을 강조하는 네 개의 심리학으로 설명한다. 여기에서 나의 목표는 실용적이다. 우리의 마음에서 네 개의 심리학 각각에 대해 자리를 부여하는 것이 유용하다는 것이고, 이제 그것을 보여주려고 한다.

그러나, 그러한 목적을 추구하기 전에, 나는 이러한 4가지 심리학의 개념적인 측면들을 사용할 것이기 때문에 그것들에 대해 3가지의 추가적인 요점을 명확히 하고 싶다. 첫째, 각각은 보다 큰 이론적 체계—예를 들면, 코헛의 자기심리학(1977), 페어베언의 대상관계이론(1941), 하르트만의 자아심리학(1939), 그리고 프로이트의 욕동심리학(예를 들어, 1905)— 안에서 다뤄졌다. 그러나 내가 "심리학들"을 언급하면서 언급하는 것은 이러한 보다 큰 이론적 체계들이 아니다. 오히려, 나는 그러한 여러 가지 이론들이 발달해왔던 임상적 현상을 되돌아보려고 한다. 이전에(Pine 1985—특히 5장을 보라) 나는 이것들을 ***이론적인*** 심리학들보다는 ***개인적인*** 심리학들로서 언급했다. 둘째, 이것들은 정말로 분리된 심리학들인가 혹은 그것들은 단순히 현상에 대한 다른 관점들인가? 여기에서 충분히 논의할 수 없을지라도, 나는 개인의 발달에서는 그것들에 대해 두 가지 방향으로 생각할 수 있는 근거가 있다고 믿는다. 초기에 유아의 삶에는 이런 저런 심리학이 경험을 지배하는 순간들이 있고(Pine 1985), 이후에 어떤 개인들은 주로 이런 저런 방식으로 조직된 성격을 획득한다(Pine 1989); 이런 의미에서 이것들은 분리된 심리학들이다. 그러나 인간의 정신 기능의 덜 극단적인 많은 경우에 그것들은 경험에 대한 관점들로서 섞여있고 가장 잘 이해된다. 셋째, 이것들은 인간 심리학의 완전한 목록으로 이해되는가? 특히, 나는 초자아의 심리학은 어떠한가? 혹은 대인관계 심리학은 어떠한가 라는 질문을 받았다. 현재로는, 초자아를 대상관계 심리학(동일시와 관련해서)과 욕동 심리학(특히 공격적인 욕동과 관련해서) 모두의 중요한 부분으로 보는 것이 나에게는 가장 타당하다. 그리고 나는 대인관계를 분리된 심리학이 아니라 다른 4가지가 상연되는 영역들 가운데 하나(심리내적인 것인 다른 하나)로서 이해한다.

이제 4가지 심리학과 임상에서 그것들의 위치로 돌아가 보자.

고르게 떠있는 주의

적절한 정신분석적 기법은 프로이트가 강제적인 연상 기법들과 최면술을 포기하고, 개방적 경청, 즉 환자의 연상 내용에 대해 "고르게 떠있는 주의"(Freud 1912)로 경청하는 것으로 대체하였을 때 생겨났다. 특정 치료 시간에 일어나고 있는 것에 대해 어떤 특별한 기대도 하지 않고, 임상적 자료가 어떤 독특한 형태를 취하도록 기다리면서, 고르게 떠있는 주의로 경청한다면, 우리는 인간 마음의 기능에 있는 끝이 없어 보이는 변화무쌍함 때문에 끊임없이—기뻐서 그리고 깊이— 놀라게 된다. 그러나 필수불가결한 개방성의 계속해서 새로워지는 이러한 교훈들에도 불구하고, 강력한 반대 압력들이 우리 안에서 반대 방향으로 작동한다. 사물들을 이해하려고 하고, 무질서한 것을 질서 있게 만들고, 마무리하고 확실하게 하려는 것은 마음의 자연스러운 경향이다. 환자와 함께 앉아서, 흔히 신비로운 연상의 흐름에 귀를 기울이기 때문에, 치료하는 임상가의 마음은 매우 자연스럽게 질서를 잡아주는 원리들, 즉 내용을 엮어주는 "붉은 실들," "의미들"을 "찾을" 것이다.

실제로 우리는 우리의 임상 작업에서 마음의 이러한 경향에 의지한다. 경청하는 임상가의 고르게 떠있는 주의에 대한 프로이트의 지침은 우리가 그것에 대응되는 것을 인정할 때 타당하다: 인간의 마음이 맥락을 파악하고, 의미를 발견하고, 질서를 잡으려는 경향들. 물론, 프로이트의 생각은 의미가 미리 형성된 개념에 의해 강요되기보다는 드러나도록 허용하는 것이었다. 임상가의 마음은 결코 텅 빈 것이 아니다. 그것은 개인의 역사, 자기 자신의 분석, 이전의 모든 환자들로부터 배웠던 일반적인 배경, 이러한 특정 환자에 대한 이전의 임상적 역사, 그리고 일반적인 이론으로 가득 차 있다. 고르게 떠있는 주의의 의도는 빈 마음을 만드는 것이 아니라 치우치지 않은 마음―이러한 특정 시간에 이러한 특정 환자에게서 나온 이러한 특정 내용을 그것이 제공해주는 잠재적으로 독특한 것에 충실한 방식으로 조직된 것을 잘 이해하는 마음―이다.

완전히 치우치지 않는 것은 불가능한 일이고, 고르게 떠있는 주의를 방해하는 주요 원천은 프로이트의 기념비적인 이론적 성취 그 자체이다. 정신분석 이론의 탄생은 욕동과 갈등을 중심으로 조직된 인간 기능에 대한 그것의 견해와 더불어 그 자체가 분석 시간의 내용의 잠재적인 의미들에 대한 기본적인 기대와 가정을 만들어낸다. 따라서, 우리가 특정 시간의 특정 내용과 관련하여 고르게 떠있는 주의―즉, 치우치지 않는 경청―를 흉내 낼 수 있지만, 대개 우리는 마음에 우리가 듣고 있는 것의 잠재적인 의미에 영향을 주는 일련의 일반적인 이론적 개념들을 갖고 있다. 이러한 특정 시간에 대한 치우치지 않는 경청은 일반적으로 성격 발달, 조직, 그리고 치료 상황에서 그것이 드러나는 것에 관한 이론에 대해 폭넓게 알고 있을 때 일어난다. 이것은 진정으로 공정하거나 치우치지 않는 경청에 대한 엄청난 제한이다.

이러한 주제를 다른 방식으로 강조하기 위해서, 어떤 역설을 과장하여 말하고자 한다: 과학자로서 정신분석적 임상가들은 현상에 충실하고, 자료에 충실하고, 관찰대상의 보고자가 된다는 자기-기대에 따라 일한다. 이것은 열린 마음의 방향으로 압박한다. 그러나 전문가로서, 정신분석적 임상가들은 그들이 정신적 고통을 완화시키는 데 적용할 수 있는 지식체계에서 정통하고, 숙련가가 되려는 자기-기대에 따라 일한다. 환자들은 우리가 과학자가 아니라 숙련가이기 때문에 우리를 찾아오고, 우리에게 상담료를 지불한다. 이것은 닫힌 마음의 방향으로 압박한다.

지금까지, 논쟁이 없지는 않았으나, 정신분석은 개방성과 폐쇄성 사이의 긴장으로부터 내가 이미 요약해서 설명했던 4가지 심리학―삶의 자료를 질서있게 배열하는 방식들―을 형성해왔다. 이것들은 경청하는 과정―다양한 분석가가 임상적 현상의 다양한 측면에 대해 선택적으로 조율하는—으로부터 발달해왔다. 비록 "고르게 떠있는 주의"가 우리가 특정 시간들의 붉은 실들이 들여다보이도록 하면서 이 모든 것을 보류한다는 것을 의미한다 할지라도, 이론적인 헌신들, 즉 발달과 병리에 대한 당연한 견해들은 우리가 수용하는 잠재적인 의미들의 범위에 깊이 영향을 미칠 수 있다. 갈등, 자기애적 전이, 오이디푸스적 병리, 혹은 전오이디푸스적 병리에 맞춰서 자료를 조직하려는 경향들은 이론적 헌신들과 개방적 경청에서 나온다. 다양한 이론들 때문에 우리는 마음에 있는 다양한 질문들을 갖고 임상 시간에 접근하게 된다. 그리고 이러한 것들은 우리가 이해하게 되는 것, 우리가 해석들을 표현하는 방법, 그리고 결국 분석의 전체 행위, 그리고 아마도 결과에 영향을 미칠 수 있다. 이론에서 나오는 이러한 질문들에는 어떤 것들이 있을까?

그것들은 많다: 그리고 나는 그것들을 연상 내용과 그것에 수반되는 정서에 대한 ***잠재적인*** 사고방식으로 우리 마음 속 ***깊이*** 담아두고 있을 때 제한적인 것이 아니라 생산적인 것이라고 믿는다. 분석적 경청의 과제는 인간의 기능에 대한 지식 그리고 특정 환자의 특정 시간이 어떻게 가장 잘 이해될 것인가에 대한 개방적인 무지 사이에서 유예하는 것이다.

분석가들은 프로이트로 시작된 이후 욕동심리학으로 작업해왔기 때문에, 그것은 우리에게 언제나 (우리의 경청을 인도하면서, 조용히, 우리 자신에게 조차 비언어적인 방식으로, 그러나 언제나 드러나지 않게) 다음과 같은 것들을 질문하라고 환기시킨다: 어떤 소망이 표현되고 있는가? 그 소망과 의식의 관계는 어떤 것인가? 환상은 어떤 것인가, 그리고 그것은 어떻게 소망과 방어와 현실 사이의 타협을 반영하는가? 소망은 어떻게 방어되고 있는가? 방어는 얼마나 효과적/적응적인가? 눈에 보이는 특정 불안이 이러 저러한 소망에 근원을 두고 있는 것으로 이해될 수 있고, 눈에 보이는 특정 죄책감이 이러 저러한 소망과 관련된 양심의 작동으로 이해될 수 있는가? 유사하게 증상들과 금지들에 대해서도 질문이 될 수 있다: 그것들은 소망, 방어, 양심, 그리고 환자의 역사적 현실들 사이의 타협형성을 어떻게 반영하는가? 성격에 대해서도 마찬가지이다: 특정 열망들은 어떻게 변형되고 방어 방식들과 맞물려서 독특하고 대개는 자아-동조적인 기능 방식들의 원인이 되어왔는가? 그리고 관련된 질문들은 우리의 역사적-재구성적-형성적 관점에 영향을 미친다: 초기에 특정 욕동들(그리고 그것들과 관련된 소망들)에 대한 어떤 과소한 만족 혹은 과도한 만족이 주어져서 초기의 고착들 그리고 퇴행의 경향성들을 만들어냈는가? 이런 저런 영역에서 유전적으로 보다 큰 욕동의 강도에 대한, 혹은 특정 욕동들을 둘러싼 행동을 증가시키는 초기의 외상에 대한 어떤 증거가 있는가, 즉 혹시 변화에 대한 저항을 설명해주는 유전적인 혹은 외상적인 요인들이 있는가? 질문들은 지속적인 임상 작업–특히 프로이트가 정신분석을 규정하는 특징들인 전이와 역전이–에 강력하게 적용된다. 왜냐하면 전이는 결국 만족을 위한 욕동들의 압력이라는 측면에서 이해되고, 그것들은 이제 분석가의 인격에 영향을 미치기 때문이다. 그리고 저항은 갈등을 일으키는 욕동 파생물들의 의식으로의 진입에 대해 자동적이고, 무의식적으로 작동하는 반대압력이라는 측면에서 이해된다. 그래서 질문이 생긴다: 어떤 욕동이, 그리고 어떻게 방어되는가? 라는 질문은 여기에서도 적용된다.

질문들은 많고, 오래된 정신분석 작업은 그것들의 유익함을 보여주었다. 고전적 정신분석 이론에서, 성적 충동들(프로이트에 의해 확장되었듯이, 넓은 의미에서)은 인간의 욕동들에 대한 개념화에서 두 번째로 중요한 공격성과 함께 첫 번째로 중요한 것으로 남아있었다. 그리고 그 질문들, 즉 나열된 것들과 추가될 수 있는 다른 관계된 것들은 때때로(그리고 어떤 환자들에게 있어서는) 우리에게 우리가 함께 작업하고 있는 사람에 대해 알 필요가 있는 모든 것을 알 수 있도록 해주는 것 같다.

그러나 이것이 정말로 그러한가? 그러한 질문들이 지금 인간 기능에 대해 우리가 알고 알아야 할 필요가 있는 모든 것을 알게 해준다는 것이 정말일까? 물론 아니다. 나는 어떤 임상적 정신분석도 욕동 개념들과 그것들의 작용을 둘러싸고 충분히 조직되었다는 것을 믿지 않는다. 욕동 이론가들에게는(역사적으로 그리고 어느 정도는 여전히) 발표된 사례들을 이러한 관점에서 개념화하려는 경향이 있고, 아마도 그 작업의 많은 부분을 정확하게 나타내겠지만, 그러한 개념화는 분석가들에게 부분적으로 유용한 개념적 도구들을 그리고 부분적으로는 사회적 관습과 사회적 순응 압력을 나타낸다. 다른 이론적 토대에서 생겨난 분명하게 다른 질문들이 개념화될 수 있다.

자아 심리학으로부터 나온 어떤 것들, 특히 방어와 관련된 것들은 욕동 심리학–동전의 다른 면인–으로부터 나온 어떤 것들과 거의 구분할 수 없는 것처럼 보인다. 우리는 다음과 같이 질문할 수 있다: 어떤 방어들이 욕동들에 대해 작동하고 있고, 그것들이 얼마나 효과적인가(경직되었는가, 유연한가, 확실하게 유용한가 혹은 그렇지 않은가)? 그러나 여기에서도 질문들은 욕동 심리학을 넘어서 확장되고, 우리의 질문들은 이제 아마도 다음과 같이 확장될 것이다: 정서들은 어떻게 방어되고 있고(A. Freud 1936), 관련성 그 자체는 어떻게 방어되고 있는가(Modell 1984)? 그러나 자아에 대한, 그리고 특히 그것의 발달에 대한 우리의 심리학에 의해 자극된 질문들은 방어에 대한 질문들을 훨씬 넘어선다. 그것들에는 다음과 같은 질문들이 포함된다: 어떤 적응의 도구들—예를 들면, 긴장의 유지, 지연 능력, 대상항상성, 타자에 대한 관심, 충동의 사회화—이 발달하지 못했거나 비정상적으로 발달했는가? 목록은 계속될 수 있을 것이다. 최근의 분석적 저술들에서 그러한 질문들은 더욱 큰 질문에 포함되었다: 우리는 그러한 것들에 대해 어느 정도까지 결핍의 시각에서 혹은 갈등의 시각에서 생각하는가? 자기-경험에서의 결함들을 가져오는 초기 자기대상 관계들에서의 결핍에 대한 코헛(1977)의 개념화에 크게 자극을 받은 질문은 지나치게 양자택일적이고 분석 가능한(심지어 가까스로 분석 가능한) 환자들과의 경험에 의해 지나치게 제한된다. 우리가 유아는 태어날 때 적응을 위한 성인의 도구들이 충분히 준비되지 않는다는 사실을 인정할 때(위에서 논의되었듯이), 우리는 또한 그것들이 갈등의 결과에 관련이 되고 갈등의 결과로서 방해가 되든 그렇지 않든 발달해야만 하고 따라서 빈약하게 혹은 잘 발달할 수 있다는 사실을 인정한다. 일반 심리학으로서 정신분석은 분석 가능한 범위를 넘어서는 병리를 인정해야만 하고, 자아기능에서의 결핍에 대한 개념들은 불가피하고 피할 수 없다. 나는 그러한 질문들이 대부분의 분석에 다양한 수준으로 타당하다고 믿는다.

대상관계 심리학은 임상적 자료에 대해 질문하기 위해서 여전히 다른 질문들, 개인의 역사와 병리의 작용에 대한 여전히 다른 관점들을 만들어낸다. 대상관계이론은 단일한 이론이 아니고, 내가 임상 작업을 하면서 마음속으로 가장 유용한 것으로 발견한 이러한 이론들 속에 있는 질문들에는 다음의 것들이 포함된다: 과거의 어떤 대상관계가 반복되고 있는가? 환자는 대상관계의 어떤 역할들—자기 자신의 것, 혹은 다른 사람의 것, 혹은 둘 다—을 실연하고 있는가? 환자는 과거의 그 사람처럼, 부모가 보기에 그가 되고 싶었던 사람처럼, 그들이 그에게 되기를 원했던 그 사람처럼, 과거의 그들처럼, 그가 그들에게 소망했던 사람처럼 행동하고 있는가? 그리고 초기의 어떤 수동적인 경험들이 활발하게 반복되고 있는가? 그러한 질문들은 모든 중요한 초기 관계들이 쾌감의 경험들을 반복하려는 노력들에서든 외상적인 경험들을 극복하려는 노력들에서든 나중에 행동으로 반복된다는 생각에 기초한다. 그리고 그 "쾌감의 경험들"은 분명하게 "객관적인" 관점에서 "쾌감을 줄 수 있는" 것일 필요는 없지만(즉, 당신이나 나는 그것들을 쾌감을 줄 수 있는 것으로 생각하지 않을 수도 있다), 그것들은 아동기의 부모와의 관계를 보여주는 것이고, 그러한 경험들이 아무리 좋든 혹은 나쁘든, 그것들은 환자가 겪었던 유일한 부모와의 경험들이고, 그래서 그것들에 어떤 고통이 포함될 수 있다 할지라도 그것들은 애착과 친밀함, 그리고 안전의 형태들을 반영한다. 따라서 질문들은 다음과 같은 것을 묻기 위해서 재구성될 수 있다: 이러한 행동들은 초기 부모와의 경험들을 반복하고 따라서 그러한 관계들을 계속 유지하는 역할을 하는가? 혹은 그것들은 다른 사람과 그것들을 활발하게 반복함으로써 상처를 주었던 과거의 관계를 극복하기 위한 노력들인가? 그리고 역사적으로 기초가 되는 질문들이 있다: 이러한 기억 속에 담긴 이러한 관계들은 어느 정도까지 동일시에서 실연되고, 혹은 행동으로 반복되는가—그것들은 어느 정도까지 아동기에 일어났던 일의 진실된 연출인가? 아마도 그것들은 결코 충분히 진실되지는 않을 것이다. 아무튼, 우리가 실제로는 결코 알지 못하겠지만(Spence 1982), (그리고 여기에서는 욕동 심리학과 자아 심리학은 대상관계 심리학과 서로 섞여있다) 그것들은 아마도 ***경험된*** 대상관계, 즉 관계적인 사건의 순간에 환자의 욕동 상태 혹은 자아 상태에 의해 좌우되는 그 경험을 반영할 것이다. 따라서, 또 다시, 기억으로 저장되는 것은 그 경험이지, 그 자체로 "객관적인" 사건일 수 있는 어떤 것이 아니다. 이런 의미에서 객관적인 사건은 없다. 단지 주관적인 경험이 있을 뿐이고, 나는 개인의 역사, 그것의 실제성들과 주관성들을 구별하는 것이 분석에서 환자에게 매우 유용할 수 있다고 믿는다.

마지막으로, 자기 심리학에 의해 촉진되는 임상 상황을 위한 질문들을 고려해보자. 이미 언급했듯이, 나는 코헛(1977)과 다른 사람들에 의해 "자기 심리학"이라는 이름 아래 제안된 특별한 개념화들을 동의하지도 않고 거부하지도 않는다. 오히려, 나는 다양한 기고자들에 의해 다양하게 다뤄진 인간 상황의 포괄적인 특성들을 제안한다. 내가 유용하다고 발견한 질문들(마음 속 깊이 있는 질문들—즉, 임상적 자료를 개념화하거나 실제 환자를 다루는 잠재적인 방식으로) 중에는 경계선, 통합, 그리고 존중과 관계된 것들이다: 얼마나 안정적으로 분화된 자기-경계선이 존재하는가? 융합의 환상, 융합의 실연, 혹은 경계선 상실과 관련된 공황상태가 임상상황에서 얼마나 중요한 요인인가? 삶의 스트레스와 관련하여 분화된 경계선들이 얼마나 세워져있는가? 현실감 상실 혹은 이인증이 그림의 얼마를 차지하는가? 또한, 자기-경험의 불연속성이 어느 정도 존재하는가? 분석가 자신이 각 회기마다 동일한 환자와 있다고 주관적으로 느껴지는가 아니면 주관적인 불연속감이 있는가? 환자는 자기 자신을 자신의 삶의 행위의 중심으로서, 혹은 그 삶의 "이유"로서 어느 정도 경험하는가? 추가적인 질문: 지속되는 자기 가치감, 혹은 자존감은 무엇인가? 자기의 주관적인 상태에 존재하는 불균형들을 시정하기 위한 병리적인 노력들은 무엇인가—과대 성향, 부인, 행동으로의 도피, 다른 사람들에 대한 경멸?

4가지 심리학은 각각 인간과 우리의 필수 과제에 대해 다소 다른 개념을 갖고 있다. 욕동 심리학은 욕동들을 길들이고, 사회화시키고, 만족시키는 것을 강조한다. 자아 심리학은 내면 세계에 대한 방어의 발달, 외부 세계에 대한 적응, 그리고 양자 모두에 대한 현실 검증을 강조한다. 대상관계이론은 우리의 인간다움에 필수적이고 사회생활의 토대가 되는, 중요한 관계들의 역사적 기록을 (동일시와 내면화된 대상관계를 통해서) 우리 내면에 간직하는 동시에, 다른 한편, 우리 자신이 그러한 관계들의 절대적인 속박으로부터 벗어나서 새로운 경험들이 일정한 한계 안에서 새로운 것으로 환영받고, 그것들 자체로, 그리고 가장 적절하게 반응을 받을 수 있도록 하는 과제에 초점을 맞춘다. 그리고 자기 심리학은 분화되고 온전한 자기감(다른 사람과 구별되면서도 관계되는)을 형성하고, 자기를 주도성의 중심이자 내면생활의 주인으로 세우고, 지속적인 주관적인 가치감을 발달시키는 다양한 과제들에 초점을 맞춘다. 주의에 의해 이렇게 다양한 방식으로 회기 내용이 구성되는 것이 허용될 때 "고르게 떠있는 주의"는 가장 공명정대할 것이다.

치료에서의 변화 요인들

4가지 심리학이 고르게 떠있는 주의에 대한 우리의 개념을 풍부하게 해줄 수 있듯이, 그것들은 또한 정신분석에서의 변화 요인들에 대한 우리의 이해를 풍부하게 해줄 수 있다. 그것들은 마음의 다른 측면들에 대해 주의를 환기시킴으로써, 우리에게 보다 넓은 치료적 사건들을 환기시켜준다. 아래의 내용에서 나는 먼저 언어적 개입과 통찰, 그 다음에는 치료의 관계적 효과들에 대해서 4가지 심리학 각각의 시각에서 이것들을 다룰 것이다. 이러한 구분은 그 자체가 은연중에 다양한 심리학들을 반영한다. 통찰의 힘은 자아에 대한, 즉 인지와 학습과 정서 변화에 대한 이론에 포함되어 있고, 관계의 힘은 대상관계 및 자기에 대한 이론에 포함되어 있기 때문인데, 후자는 다른 사람과 관련하여 구체화되는 것으로 이해된다(Kohut 1977; Mahler 1972; Spitz 1957). 아래의 내용은 4가지 심리학의 입장에서 하나의 견해의 유용성을 설명하려는 것이기 때문에 심리학에서 변화에 대한 주제들의 표본이 될 것이다.

언어적 개입들

방금 요약된, 4가지 심리학에 의해 제기된 질문들은 그 자체가 치료 과정에서 언어적 개입의 위치에 대해 이해하는 데 중심이 된다. 그러한 개입이 효과적이기 위해서는 어떤 의미에서 "정확해야"만 한다—즉, 그것은 환자가 그것과 공명할 수 있도록 환자의 경험을 만져주어야만 한다. 나는 이렇게 하기 위해서는 다양한 시기에 여러 심리학의 이러 저러한 다양한 개념적 틀 속에서 해석하는 것이 필요하다고 믿는다.

욕동심리학과 관련하여, 나는 당연히 고전적인 정신분석 기법에 익숙하기 때문에, 간략하게 정리할 것이다. 무의식적인 것을 의식적인 것으로 만드는 것, 그리고 "원본능이 있는 곳에 자아가 있게 하라"(Freud 1933)는 것은 양심에 의해 움직이고, 효과적이지 못하거나 경직된 방어들을 사용하고, 수용할 수 없는 충동들이나 소망들에 대해 작동하는, 무의식적인 갈등에 대한 해석과 관련이 있다. 치료사의 과제는 환자가 생각들과 충동들을 수용하는 데 있어서, 갈등 해소, 정서 내성, 전치, 그리고 승화에서 더 많이 성공함으로써 재구성이 일어나도록 하면서, 갈등, 양심, 유연하지 못한 방어 양식을 점진적으로 수정하는 것으로 목표로 하는 해석이다. 특히 분석 과정이 어떤 점에서 교착상태에 있거나, 복잡하게 뒤섞인 자료가 한 시간의 범위 내에서(Kris [1956]의 "good analytic hour"를 보라) 합쳐지게 되었을 경우, 무의식적 갈등에 대한 해석의 힘—그 과정을 나아가도록 하는 그것의 힘—은 정말로 인상적이다.

부분적으로는 초기 경험들과 관련된 초기 경험들과 관련된 스트레스 때문에(극복에 따르는 노력들의 반복) 그리고 부분적으로는 그것들과 관련된 쾌감 때문에(만족에 따르는 노력들의 반복) 그것들이 반복되는 것으로 이해되는, 내면화된 대상관계의 심리학과 관련하여, 치료사의 과제는 역시 환자를 자유롭게 해서 새로운 경험을 역사적으로 기반이 되는 대상관계의 드라마에 흡수시켜 버리지 않고 ***새로운 것***으로 경험하도록 하는 것을 목표로 하는 해석이다. 표현되어야만 하는 충동들의 지속되는 압력이라는 측면에서 이해되고, 분석가의 인격에 유발될 수 있는 전이도 동일하게 과거의 내면화된 대상관계를 반복하려는 경향성으로 개념화될 수 있다. 여기에서도 분석에서(전이에서) 혹은 환자의 외부 생활에서 일어나고 있는 것에 대한 급작스러운 새로운 관점을 유발하고, 그 과정을 나아가도록 하는 해석의 힘은 너무나도 분명하다.

욕동의 영역과 내면화된 대상관계의 영역 모두에서—즉, 무의식적인 소망들과 관련하여 그리고 무의식적으로 강제된 과거 대상관계의 반복들과 관련하여—해석은 환자의 인지 체계의 힘을 이용해서 환자가 습관적인 방식들을 이해하고 바꾸도록 한다. 그러나 만약 이것이 전부라면, 분석들은 훨씬 더 짧아질 것이다. 이해하는 것과 ***믿는 것***, 이해하는 것과 ***기억하는 것***, 혹은 이해하는 것과 ***바꾸는 것***은 분명히 서로 일치하지 않고, 과거의 소망들 그리고/혹은 관계들에 대한 환자의 애착은 쉽게 포기되지 않고, 따라서 우리가 알고 있는 분석은 지속적인 발견, 재발견, 그리고 훈습의 과정으로 이뤄지는, 예상할 수 있는 방법이다. 요컨대 그것이 단지 말 그 이상의 것이 되는 기회를 제공해주는 것은 이것이 강력한 관계 안에서 일어난다는 사실이다. 그것을 ***실제적인 것***으로 만들어주는 것은 전이에서의 해석의 즉각성이고, 그것을 ***중요한 것***으로 만들어주는 것은 환자-분석가 관계의 강도이다.

여전히, 해석이 언제나 변화로 이어지는 것은 아니라는 점은 분명하다. "리비도의 부착"과 "원본능의 저항"이라는 프로이트(1916)의 개념들은 본질적으로 어떤 것이든 실제로 명확하게 하지 않으면 변하지 않는다는 사실에 대해 인정하는 것이었다. 그리고 "변형기법들"(parameters)에 대한 아이슬러(1953)의 개념은 본질적으로 분석가들이 좋은 기법에 필요하다고 배우고 있었던 것, 즉 때로는 다른 종류의 어떤 것들을 실행하는 것을 정당화했다.

그래서, 이것을 염두에 두고, 자기와 자아의 병리의 영역으로 주의를 돌려보면, 해석과 관련된 상황은 다르게 이해될 수 있다. 이러한 일에서는 구분이 명확하게 될 수도 없고 어떤 양자택일도 없지만, 여전히 자아기능에서의 ***결함***이나 자기-경험에서의 ***결핍***에 대한 "해석"이 그 자체로 유용한 "통찰" 경험으로 이어지는 것은 아니다.[1] 여기에서 분석적 만남의 관계적인 측면들이 중요한 역할을 할 수 있지만, 이것은 나중에 다룰 것이다. 우선은, 언어적 개입의 측면들과 그것들의 영향에 집중하겠다. 해석이 무의식적 충동이나 소망 그리고 그것과 연결된 불안들과 방어들을 변화시킬 수 있는 것은 그 갈등이 의미(예를 들면, 어떤 소망에 대한 거세의 위협)가 있는 것처럼 보일 수 있었던 아동기부터 시작되었지만 성인기의 현실에 비춰볼 때 다르게 판단될 수 있다는 사실 때문이다. 과거의 내면화된 대상관계들의 반복에 대한 해석이 변화를 일으킬 수 있는 가능성은 유사하게 지금 아동기의 부모로부터 분리된 삶을 살고 있기 때문에 환자가 다를 수 있다는 추정에 따른다. 그러나 환자에게 주관적인 자기-경험에서의 결핍들(낮은 자존감, 불확실한 경계선, 불연속성)을 이해하게 해주는 해석은 상처에 소금을 뿌리거나 소망을 제거하거나 단지 고통을 초래하는 위험을 제기한다.

일차적인 결핍의 영역에서, 언어화가 기술, 설명, 그리고 재구성의 형태로 나타날 때—특히 분석 관계의 전반적으로 "안아주는" 상황에서(Modell 1984)— 그것에는 변화를 위한 중요한 잠재능력이 있을 수 있다. 목표는 환자가 이러한 내적 상태들에 대해 익숙해지도록 돕고, 그것들을 언어로 표현하고 함께 이해하고, 그것들이 가족사에서 어떻게 나타나는지 이해하도록 돕는 것이다. 나의 경험으로는 이러한 과정을 통해서 환자는 점차적으로 그러한 상태들의 질, 촉발 사건들, 과정, 그리고 원천에 익숙해짐으로써(그것이 그 고통을 없애지는 못하지만) 그것들에 영향을 미치기 보다는 그것들을 견디게 되고, 그렇게 함으로써 그것들의 고통을 더 잘 견뎌낼 수 있게 된다는 것이다. 그러나 자기-장애의 다른 영역들에서, 해석은 분명히 어떤 역할을 하고 기술이나 설명 혹은 재구성으로 변한다. 내가 다른 곳(Pine 1985)에서 제시했던 설명들을 여기에서 인용하자면: "내가 '우리'라는 말을 사용했을 때 그것이 당신의 어머니

---

1) ***결핍***(*deficiency*)은 은행에 돈이 충분히 있지 않은 것과 비슷하다; 양육자로부터 주어지는 것(input)이 마찬가지로 충분하지 않았기 때문에 좋은 자기-경험을 형성하지 못했다. ***결함***(*defect*)은 무엇인가가 깨어진 것과 같다. 유전적 요인들, 초기 질환(Pine 1986을 보라), 부모로부터 주어진 것, 혹은 심리내적인 갈등을 통해서, 자아 기능의 어떤 도구가 발달하지 못하거나 비정상적으로 발달한다.

가 그랬듯이 당신을 침범하고 있는 것으로 느껴졌기 때문에 당신은 놀랐네요"; 혹은 "당신의 부모님이 당신에 반응하는 데 실패했기 때문에 당신의 참모습을 잃어버리게 되었고, 그래서 당신이 들어오는데 내가 인사하지 않았을 때 당신은 당신과 내가 어제 함께 작업했던 같은 두 사람이라는 사실을 믿을 수 없었나 봅니다"; 혹은 "당신은 당신이 얼마나 가치 없는지를 보여주기 위해서 그렇게 행동함으로써 저에게 당신의 부모님이 그들 자신에 대해 그리고 당신에 대해 어떻게 생각했는지를 보여주고 계시네요"; 혹은 "공부를 잘하는 것은 당신을 다른 사람들로부터 분리된 한 사람으로 느끼게 해주었고, 그래서 당신은 서둘러 실패해서 부모님과 제가 당신에게 다시 관여하도록 했네요."

자아 기능에 대한 심리학과 관련하여, 우리가 정신분석에서 상당히 온전한 환자와 하는 작업의 많은 부분은 임상적으로 욕동과 갈등에 대한 해석 작업으로부터 분리할 수 없다. 경직되고, 제 기능을 못하고, 효과적이지 못하고, 시기에 맞지 않는 방어의 전체 영역은 그러한 해석 작업의 핵심이고 충분히 익숙한 것이다. 그러나 자아 결함—즉, 기본적인 기능 수단들이 초기에 적절하게 발달하지 못한 것—의 영역에는 자기경험의 결함의 영역에 대한 것과 유사한 논평이 필요하다. 해석적인 개입들로 인해서 흔히 무력감, 우울, 혹은 자기애적 굴욕이 생겨난다. 그러나, 자기-경험의 결핍들에서처럼, 그러한 결함의 작용들을 기술하고, 설명하고, 그 기원들을 재구성하는 것은 적어도 그러한 결함에도 불구하고 환자가 인정받고, 이해받고 있고, 혼자가 아니라고 느끼고, 점진적으로 그것을 어느 정도 받아들이도록 해주는 치료에서 긍정적인 단계가 될 수 있다; 이러한 것들은 본질적으로 재구성하는 것들이고, ***환자***는 그것들을 교육적으로 받아들인다.

계속하기 전에, 언어적 개입과 변화에 대해 몇 가지 요점들을 명확히 하려고 한다. 1) 의식 그리고 인지 체계의 힘을 내면생활에 이용하는 해석은 정신분석에서 강력한 변화 요인이다; 2) 그것은 분석가로부터의 모든 소통이 환자에게 ***중요한***, 강렬한 환자-분석가 관계에서 가장 효과적이다; 3) 그것은 대개 가장 직접적이고 생생한 전이와 연결될 때 가장 강력하다; 4) (그리고 이것은 나의 주장의 보다 독특한 부분이다) 그것(해석)은 그것이 "정확할" 때 가장 효과적이고(그리고 여기에서 "정확하다"는 것은 환자가 얘기되었던 것에 공명할 수 있도록 환자의 경험을 만져주는 것을 의미한다), 이것에는 변화하는 이론적 모델들—욕동, 자아, 대상관계, 그리고 자기와 관련된 최근의 언어, 모델들—로 작업하는 것이 요구된다; 5) 다른 언어적 표현의 방식들—기술하고, 설명하고, 재구성하는—은 친밀함, 어느 정도의 수용, 견딜 수 있는 능력, 적절한 변화를 가져올 수 있지만, 결함의 영역에서—특히 자기 경험이나 기능적인 적응의 도구들이 적절하게 발달하지 못한 측면들과 관련해서—해석은 때때로 치료적인 효과는 없이 고통스러운 것을 확인시켜줄 수 있다.

지금까지, 고르게 떠있는 주의와 분석가가 하는 언어적 개입의 개념에 대해 논의하면서, 나는 4가지 심리학 각각의 개념들을 염두에 둠으로써 분석가의 행동이 어떻게 생산적으로 영향을 받을 수 있는가를 보여주려고 했다. 셰이퍼(1983)는 다양한 정신분석적 내러티브들을 강조했다는 점에서, 제이콥슨(1983)은 구조이론과 표상 세계 이론을 명쾌하게 사용했다는 점에서(정신분석적 만남에 대한 분석에서), 각자가 매우 다른 방식이긴 하지만 이러한 노력을 하는 최근의 선배들이다.

치료적 만남의 관계적 측면들

여기에서, 나는 4가지 심리학을 좀 더 사용해서 임상적 정신분석이라는 특별한 상황에서 일어나는 과정을 분석하려고 한다.

환자들은 분석을 촉진하고, 저항을 유지하고, 한편으로는 비난, 처벌, 굴욕으로, 다른 한편으로는 사랑, 칭찬, 그리고 특별한 관심과 안내로 느껴지는 방식들로 우리와의 관계를 사용하고, 우리를 경험한다. 모든 일이 잘되면 이러한 과정에서 많은 것이 결국 분명해지고 그 자체가 분석이 된다. 그러나 갈등이 많고, 그런 점에서 "떠들썩하고" 두드러진 것이 분석되고 점진적으로 줄어들게 되면, 우리가 환자들의 정신생활에서 작동하는 다른 방식들—상대적으로 갈등으로부터 자유로운 방식들—이 남게 된다. 그것들은 분석적인 만남의 변화를 일으키는 힘에 기여한다.

욕동 심리학의 관점에서: 환자가 금기시 하는 소망들에 대한 분석가의 질문, 관찰, 그리고 해석에 비난이 담겨있지 않다면, 스트레이치(1934)가 오래전에 지적했듯이, 그것은 점진적으로 양심의 수정으로 이어질 수 있다. 게다가, 상호적인 성적 환상이나 행동에 말려들지 않고 환자의 분노에 직면하여 분노나 거절로 보복하지 않는다는 의미에서 분석가가 지속적으로 ***살아남는*** 것은 환자가 따를 수 있는 모델을 제공해준다. 그 상황은 위니캇(1963)이 유아-어머니 관계에서 묘사한 것과 같다: 반복적으로 유아의 파괴성을 견뎌 살아남는 어머니는 유아가 자신의 파괴성이 파괴하지 않을 것이고, 안전하게(점진적으로) "용인될" 수 있고, 사랑하는 사람들에게도 표현될 수 있다는 사실을 배울 수 있게 해준다. 분석에서 환자는 성과 격노와 관련된 소망과 환상을 반복해서 말하는 것을 통해서, 그리고 분석가의 사실에 입각한 반응에 대한 관찰을 통해서, "아무 것도 일어나지 않고—아무런 행동도, 유혹도, 비난도, 보복도 없다— 다만 견뎌내고, 삶이 계속될 뿐이라는 사실을 배운다. 물론 때때로 이것이 실망, 더한 자극, 상상 속의 비난, 혹은 바라던 행동으로 이어지지만, 이 모든 것에 대한 분석이 계속되다보면, 남는 것은 견뎌내는 것이다. 이전에는 금기시 되었던 소망들이 보다 충분히 용인되면서 삶은 계속된다.

대상관계 심리학의 관점에서 볼 때, 분석의 핵심적인 한 특징은 그것이 환자를 위한 새롭고, "교정적인" 대상관계를 제공해주어서 점진적으로 내면화된 대상관계의 세계로 들어갈 수 있다는 것이다. 나는 교육적인 의도로 이것을 말하는 것이 아니다; 나는 분석가가 이런 저런 "해야만 한다"—친절하고, 도움이 되고, 등등—고 주장하고 있는 것이 아니다. 내가 말하고 있는 것은 지속적인 관심을 보이고, 염려하고, 비난하지 않고, 이해하려고 꾸준히 노력하기 때문에 분석가가 아동기의 내면화된 부모와는 다르다는 것이다. 아동 분석가는 아동 환자에게 단지 전이 대상이 아니라 "새로운 대상"이라는 점이 오래 전부터 인정되었다; 나는 심지어 성인 환자들에게도 이것이 완전히 사라졌다고 믿지 않는다(Loewald 1960). 그리고 분석이 새롭고, 교정적인 대상관계를 제공한다는 사실을 교육적으로 말하지 않는 것처럼, 나는 그것을 단순하게 말하지도 않는다. 만약 환자가 그것을 지속적으로 그렇게 경험했다면, 분석 관계의 필요한 질풍노도의 어떤 부분은 분명히 생략되었을 것이다. 오히려, 새롭고 교정적인 것은 전이 왜곡에 대한 분석을 따라가면서 그리고 분석가의 오류들과 공감 실패로부터의 상호적인 회복을 따라가면서 환자가 분석가는 기본적으로 좋은 의도를 갖고 있고 염려하고 있다는 사실을 지속적으로 재발견할 수 있다는 것이다. 작업은 시간이 흐르면서 대개 그 방향으로 진행된다. 만약 종결을 앞둔 환자가 분석가를 상당히 지속되는 신뢰감으로 그리고 최소한 잠깐이라도 분석가가 유용하고 분명하게 해줄 수 있었다는 느낌으로 분석가를 바라볼 수 없다면, 분명히 우리는 무엇인가 잘 안 되고 있다고 느낄 것이다.

변화를 일으키는 효과가 있는 분석적 만남의 두 번째 대상관계적 요소는 뢰발트(1960)가 분석의 해체 및 통합 경험에 대한 그의 토론에서 다루었던 것이다. 자유연상 과정(그리고 터치, 그리고 분석가의 침묵과 해석들)은 지속적으로 미세한 해체 경험들로 이어진다; 분석가의 개입(혹은, 때때로, 단순히 함께 있는 것) 때문에 새로운 통합들이 일어날 수 있고, 이것들을 통해서 점진적인 극복이 이뤄질 수 있다. 그러나 이러한 통합이 일어나게 하는 것은 정확하게 부모–자녀 관계 모델에 근거한, 분석가와 은연중에 이뤄지는 대상관계이다.

자기심리학의 관점–여전히 환자–분석가 관계에 의해 생겨나는 효과들을 고려하는–에서, 우리는 코헛(1971, 1977)의 연구에 이르게 되는데, 이것은 이 주제에 대해 가장 명쾌하다. 그는분석가에 의해 "반영되고," 공감적으로 이해되고 있다고 느끼고 그 분석가를 이상화 하는 환자의 경험이 자기–경험에서의 자존감과 안녕감 결여에 영향을 주었던 환자의 아동기 결핍 경험들을 부분적으로 보상해줄 수 있다고 지적한다. 그는 또한 분석가가 충분히 "분석적이지" 못하다는, 즉, 이상화나 반영받고 있다고 느끼는 데서 주어지는 환자의 즐거움을 허용하고 있다는 역전이적 불편함 때문에 이러한 경험들을 너무 일찍 해석하는 것에 대해 경계한다. 그의 요점은 해석(혹은 내가 앞서 말했던 기술, 설명, 그리고 재구성)이 중요한 자리를 차지하지만, 특히 결핍 상황에서는 ***경험하는 것***도 역시 중요하다는 것이다.

코헛(1971)이 이전에 계속해서 특별한 "자기애적" 전이라고 했던 것을 넘어서서, 모든 환자들은 분석적 만남에서 그런 종류의 무엇인가를 경험한다는 것이 나의 인상이다. 그것은 흔히 천천히 나타나지만(치료적 대화의 너무나도 많은 부분이 환자가 스스로 지각한 "나쁨"과 관련이 있기 때문에), 대개 환자는 치료자에 의해 소중하게 생각된다고–지각된 "나쁨"에도 불구하고 함께 작업하기에 충분할 만큼 소중하게 생각되고 분석가가 확실하게 그곳에 있고, 주의를 기울이고, 오랫동안 지속되는 회기들에서 작업하기에 충분할 만큼 소중하게 생각된다고– 천천히 느끼게 된다. 확실히 그것은 미세하게나마 자존감에 영향을 미친다.(나는 또한 경계선 형성이 주제가 될 때 그것을 직접적으로 경험하는 측면에 인상을 받았다)

자아심리학의 관점에서, 나는 정신분석적 만남에 내재된, 자아 기능에 대한 보다 일반적인 관계적 영향들의 어떤 부분만을 언급하려고 한다. 또다시, 나는 말하기의 기능을 환자를 위해 작용하는 것으로 다루는 뢰발트 (1960)의 논문을 인용한다:

> 일단 환자가 방어 분석에 의해 도달하도록 도움을 받았던 진정한 퇴행의 수준에서 방어하지 않고 말할 수 있다면, 그 자신은 그의 경험들을 말로 표현함으로써 언어를 창조적으로 사용하기 시작한다. 즉, 통찰하기 시작한다. 환자는 분석가에게 말함으로써 자아-현실 조직의 보다 높은 단계들의 대표자인 분석가에게 접촉하려고 시도하고, 그렇게 해서 그러한 대표자인 분석가와의 언어-소통의 과정에서 스스로 통찰하게 되었다고 말할 수 있게 된다. (p. 26)

경험을 말로 표현하는 바로 그 행위는 "분석가에게 접촉하고" 소통하려는 노력에 의해 동기화될 때 흔히 이전에 형태가 없던 경험에 형태를 제공하고 그러한 경험이 보다 높은 수준의 자아 조직으로 변화하는 과정이 된다.

나는 여기에서 분석가의 침묵이 중요하다는 점을 덧붙이고 싶다. 분석가의 침묵과 환자의 드러누운 자세와 자유-연상적인 과제는 환자에게서 모종의 ***수동성***의 상황들—경험이 검열되지 않은 채, 때로는 퇴행적으로 흘러나오는—을 조성할 뿐만 아니라 환자의 모종의 ***능동성***의 상황들—체계화하려는 어떤 외적인 요구들도 없이 경험을 구체화하고, 무엇이든 말로 표현하고, 결국 내면의 삶을 경험하면서 관찰도 하는 사람이 되는—을 조성하는 것으로 이해될 수 있다.

나는 분석적인 만남의 관계적인 측면이 변화를 일으킬 수 있는 효과들을 완벽하게 기술하려고 하지 않았지만, 4가지 심리학 각각의 관점이 우리에게 그러한 효과들의 측면들을 어떻게 환기시켜주는지를 보여주려고 노력했다. 그것들은 대개 그 과정에 ***내재되어 있다***; 그것들을 위해서 우리가 어떤 특별한 것을 해야 하는 것은 아니다. 그것들은 단순히 사람들 사이에서 일어나고, 분석에서, 그것들은 환자를 위해 다양하게 기능적인(그리고 기능적이지 않은) 방식으로 일어난다. 환자가 관계를 잘못 혹은 병리적으로 사용하던 것이 해석에 의해 점차 제거되면서, 성장에 도움이 되는, 관계를 보다 기능적으로 사용하는 것은, 분석가와 피분석가 사이에서 전체 과정의 일부로서 동일하게 종종 말로 인정되기도 하지만, 대개 갈등으로 드러나지 않고 말로 표현되지 않기 때문에 종종 인식되지 않은 채 남겨지게 된다.

요약하면, 이 절에서 나는 정신분석에서 변화를 일으키는 요인들을 대체로 개념화하려고 했다. 전이에서의 해석은 변화를 일으키는 그것의 잠재력에서 가장 극적일 수 있지만, 확실히 그것이 분석에서 일어나는 것의 전부는 아니다. 대체로 나는 환자에게 중요한 강렬하고 친밀한 관계의 맥락에서, 해석(그리고 다른 언어적 개입들)과 관계적 요인들이 변화를 일으키는 중요한 효과들을 나타낸다고 제안했다. 나는 오늘날 정신분석 장면에서 통용되고 있는 4가지 이론을 정신분석적 만남의 변화를 일으키는 잠재력을 탐구하기 위한 수단들로서 사용했다. 또한 나는 다음의 요점들을 말하려고 했다: 1) 해석(전이에서의 해석조차도, 그리고 시의적절한)은 (단순하게 말하자면) 그것이 "정확할" 때—즉, 그것이 환자에게서 경험적으로(반드시 의식적이지는 않지만) 타당한 어떤 것을 건드릴 때— 변화를 일으키는 중요한 잠재력이 되고 그렇게 하기 위해서 우리는 4가지 심리학 각각의 언어들로 다양하게—다른 환자들에게는 다른 심리학의 언어로, 단일 환자에게도 시기에 따라 다른 심리학의 언어로— 해석해야만 한다. 2) 환자는 우리가 4가지 심리학의 관점에서 개념화할 수 있는 방식으로 관계 그 자체에서 의미들을 발견한다; 이것은 환자들에게서 작동하고 있는 과정들(이것들의 각각의 영역에서)이 내면의 삶에 효과가 있는 의미들을 발견하고 찾기 때문에 일어나는 것이다. 우리가 환자의 병리라는 측면에서 문제가 있을 수 있는 발견된 의미들을 인식하고 해석할 때, 우리가 그것들을 감소시킬 때, 우리는 여전히 환자에게 병리적이지 않은 방식으로 환자에게 작용하고, 변화와 새로운 발전을 촉진하는 발견된 의미들을 남겨두게 되는 것이다.

맺음말

무인도에 고립되었다면, 그곳에서 완비된 집 보다는 한 세트의 도구들을 구하는 것이 아마도 더 나을 것이다. 집은 처음부터 주거지를 제공해주겠지만, 도구들은 살아갈 수 있는 능력을 고양시키는 다양한 방식—집을 짓는 것을 포함해서—으로 융통성 있게 사용될 수 있다. 나는 내가 정신분석의 4가지 심리학이라고 했던 것을 분석적인 경청자의 입장에서 "고립되었을" 때 융통성 있게 사용될 수 있는 그런 도구들이라고 본다. 그것들은 처음에는 완비된 집—이론적인 구조—을 제공해주지 않지만 나는 그것들이 분석 과정에서 "잘 해내도록" 도와주는 데 매우 유용하다는 것을 발견했다. 나는 여기에서 그것들의 임상적인 유용성에 대해 설명해보려고 했다.

그러나 그것들을 ***정신분석***의 4가지 심리학으로 생각하는 것이 정당한가? 이것은 더 이상 그 이름에 어울리지 않는 잡동사니인가? 나는 그렇게 생각하지 않는다. 나는 4가지 심리학 각각에는, 그리고 특히 종합된 4가지 심리학에는 정신분석만이 제공해주는 인간 기능에 대한 복잡하고 다양한 관점이 요구된다; 그리고 나는 그것들을 심지어 전통적인 형태의 정신분석의 핵심과 일치하는 것으로 이해한다. 개별적으로 그리고 종합적으로, 4가지 심리학은 ***정신적 결정론, 무의식적 정신 기능***, 그리고 ***일차 과정***(더 좋은 용어가 없어서)—현실과 사회화된 소통의 규칙들에 매이지 않는, 상징과 은유, 관념들의 "비합리적인" 연결에 기초하는 사고의 측면—에 대한 가정들을 공유한다. 정신 현상의 저변에 있는 이 3가지 전제들을 따름으로써 우리는 환자들의 삶에서 4가지 심리학 각각의 현상의 자리로 가는 우리의 길을 발견할 수 있다. 더구나, 4가지 심리학은 모두 개인의 성격이 ***초기의, 신체중심의,*** 그리고 ***대상관계적인*** 경험들에 의해 형성되고, 모든 것이 ***상호 연관된***(***다중적으로 기능하고 갈등을 일으키는***) 방식으로 조직되었다고 하는 핵심적인 정신분석적 가정들에 근거해서 작업을 한다. 욕동 만족에 포함되어 있는 대상과 연결된 경험들, 심리 기능의 형태들에 대한 학습, 자기-경험의 창조와 성장, 표상 세계의 형성이 그렇듯이 욕동과 만족의, 기구와 기능의 신체중심의 경험들은 그렇게 조직된 내용들 가운데 있다(Sandler and Rosenblatt 1962). 그것들은 확실히 ***정신분석***의 4가지 심리학이고, 그것들은 고요한 경청의 전통적인 경계선들 안에서 이뤄지는 각각의 정신분석적 치료에서 자리를 찾고, 저항과 전이, 그리고 중립성, 절제, 상대적 익명성이라는 3가지 요소로 작업을 한다. 그러나 그것들은 단순히 정신분석의 전통적인 범위 안에 맞추지 않는다. 오히려, 그것들은 우리에게 정신분석이 ***갈등***의 심리학일 뿐만 아니라, 어떤 발달 과정에도 내재하는 모든 지연들과 일탈들이 수반되는, ***반복***의 심리학이자 ***발달***의 심리학으로 이해할 것을 요구한다. 후자에는 어떤 발달 과정에도 내재하는 부수적인 지연들과 일탈들이 있다. 나는 임상 작업에서 4가지 심리학을 사용하면, 한 가지 혹은 두 가지 만을 사용하는 어떤 것보다 인간 발달과 임상적 정신분석의 현상들에 더욱 충분하게 다가갈 수 있고, 그것들이 문화적 변화들이 그리고 이 시대의 환자들의 변화하는 정신병리가 우리에게 가져오는 임상적 자료들에 민감하게 반응할 수 있다고 믿는다.

참고문헌

Eissler KR: The effect of the structure of the ego on psychoanalytic technique. J Am Psychoanal Assoc 1:104–143, 1953

Fairbairn WRD: A revised psychopathology of the psychoses and psychoneuroses. Int J Psychoanal 22:250–279, 1941

Freud A: The Ego and the Mechanisms of Defense (1936). Writings, Vol 2. New York, International Universities Press, 1966

Freud S: Three essays on the theory of sexuality (1905), in The Standard Edition of the Complete Psychological Works of Sigmund Freud [SE], Vol 7. Translated and edited by Strachey J. London, Hogarth Press, 1953, pp 159–168

Freud S: Recommendations to physicians practicing psychoanalysis (1912). SE, 12:109–120, 1958

Freud S: Introductory lectures on psychoanalysis (1916). SE, 16, 1963

Freud S: Inhibitions, symptoms, and anxiety (1926). SE, 20:77–175, 1959

Freud S: New introductory lectures on psychoanalysis (1933). SE, 22:1–182, 1964

Hartmann H: Ego Psychology and the Problem of Adaptation (1939). New York, International Universities Press, 1958

Holt RR: Drive or wish? A reconsideration of the psychoanalytic theory of motivation (1976), in Psychology Versus Metapsychology: Psychoanalytic Essays in Memory of G.S. Klein. Edited by Gill MM, Holzman PS. Psychol Issues Monogr 36. New York, International Universities Press, 1976, pp 158–197

Jacobson JG: The structural theory and the representational world (1983). Psychoanal Q 52:514–542, 1983

Klein GS: Psychoanalytic Theory: An Exploration of Essentials. New York, International Universities Press, 1976

Kohut H: The Analysis of the Self. New York, International Universities Press, 1971

Kohut H: The Restoration of the Self. New York, International Universities Press, 1977

Kris E: On some vicissitudes of insight in psychoanalysis (1956), in Selected Papers.

New Haven, CT, Yale University Press, 1975, pp 252–271

Loewald HW: On the therapeutic action of psychoanalysis. Int J Psychoanal 41:16–33, 1960

Mahler MS: On the first three subphases of the separation–individuation process. Int J Psychoanal 53:333–338, 1972

Mahler MS, Pine F, Bergman A: The Psychological Birth of the Human Infant. New York, Basic Books, 1975

Modell A: Psychoanalysis in a New Context. New York, International Universities Press, 1984

Pine F: On the pathology of the separation–individuation process as manifested in later clinical work: an attempt at delineation. Int J Psychoanal 60:225–242, 1979

Pine F: Developmental Theory and Clinical Process. New Haven, CT, Yale University Press, 1985

Pine F: On the development of the "borderline–child–to–be." Am J Orthopsychiatry 56:450–457, 1986

Pine F: Motivation, personality organization, and the four psychologies of psychoanalysis. J Am Psychoanal Assoc 37:31–64, 1989

Sandler J: The background of safety. Int J Psychoanal 41:352–356, 1960

Sandler J, Rosenblatt B: The concept of the representational world. Psychoanal Study Child 17:128–145, 1962

Schafer R: The Analytic Attitude. New York, Basic Books, 1983

Spence DP: Narrative Truth and Historical Truth: Meaning and Interpretation in Psychoanalysis. New York, WW Norton, 1982

Spitz RA: No and Yes. New York, International Universities Press, 1957

Stern DN: The Interpersonal World of the Infant. New York, Basic Books, 1985 Strachey J: The nature of the therapeutic action of psychoanalysis. Int J Psychoanal 15:127–159, 1934

Waelder R: The principle of multiple function: observations on overdetermination (1930), in Psychoanalysis: Observation, Theory, Application: Selected Papers of Robert Waelder. Edited by Guttman SA. New York, International Universities Press, 1998, pp 68–83

Winnicott DW: The development of the capacity for concern (1963), in The Maturational Processes and the Facilitating Environment. New York, International Universities Press, 1965, pp 73–82

오웬 레닉 (Owen Renik)

23

소개

오웬 레닉(Owen Renik)은 콜럼비아대학교와 시라큐스에 소재한 뉴욕주립대학교 의과대학을 졸업했다. 그는 샌프란시스코에 있는 마운트시온병원의 정신건강의학과에서 수련과정을 마쳤고, 샌프란시스코 정신분석연구소에서 분석 수련을 받았다. 레닉 박사는 역동적인 교수이자 연구자이고 조제프 와이스 박사와 해럴드 샘프슨 박사와 함께 심리치료 연구프로젝트에 참여해왔다. 그는 마운트시온병원의 정신건강의학과 부학과장이자 샌프란시스코에 있는 캘리포니아대학교의 정신건강의학과 임상부교수였다. 그는 샌프란시스코정신분석연구소의 교육 및 감독 분석가로서, 콜로라도 심리학 및 정신분석학회와 카렌 호나이 연구소의 교수이다. 국제정신분석협회에서 주요한 직위들을 역임하는 가운데, 그는 국제학술간사협회의 회장, 북미프로그램위원회의 회장, 그리고 북미뉴그룹위원회의 회장으로 활동해왔다. 미국정신분석협회에서 그는 프로그램위원회의 회장, 전문자격위원회의 간사, 그리고 정신분석교육위원회의 위원으로 활동하고 있다.

레닉 박사는 *Psychoanalytic Quarterly*의 편집위원장, *Journal of the American Psychoanalytic Association*의 부편집위원장을 맡고 있다. 또한 그는 *Psychoanalytic Inquiry, Critical Issues in Psychoanalysis,* 그리고 *American Psychoanalyst* 등 여러 편집위원회의 편집위원으로 활동하고 있다. 그는 약 100개의 출판물의 저자이고, 특별히, 그는 정신분석의 임상 실제와 기법에 대한 이론과 암

호말들[1]을 탐구하는 데 관심을 기울여 왔다. 그는 전통적인 분석적 중립성과 익명성의 권위주의적이고 교조적인 측면들과 정신분석에서의 과학적 담론의 본질을 보다 명확히 했던 지도자였다.

그는 자신에 대해 다음과 같이 말했다:

> 나는 최근 정신분석에서의 나의 위치를 오래된 개념들과 원리들을 선택적으로 평가하고, 일반적 통념을 무비판적으로 수용했던 것이 우리 분야를 붕괴시키는 원인이 되는 것으로 생각하는 어떤 사람으로 이해한다. 나는 이 체제 안에서 성장했고 결국 책임있는 자리를 맡았기 때문에, 나는 배제되었던 입장에서 전통적인 분석적 사고에 대해 의문을 제기하는 다른 동료들과는 다르게 말하는 경향이 있다.

이 논문을 선택한 이유

오웬 레닉

나의 동료들처럼, 나는 치료적 열정, 즉 고통 속에 있는 사랑하는 이들을 도울 수 있었으면 하는 아동기 소망의 만족과 자기치유를 향한 나 자신의 노력들로부터 생겨난 열정으로 정신분석가가 되려고 했다. 정신분석은 나에게 매력적이었는데, 그것이 정서적 고통을 이해하고 치료하는 가장 유용한 방법을 제공하는 것 같았기 때문이었다. 그러므로, 만약 이론적 구성개념들이 환자들과의 작업에 유익이 되도록 직접적으로 적용될 수 없다면, 나는 결코 그것들에 많은 관심을 갖지 않았을 것이다.

나는 "정신분석에서 자신의 패를 보여주기(Playing One's Cards Face Up in Analysis)"라는 이 논문이 완벽하게 임상 중심적이기 때문에 특별히 이 논문을 좋아한다. 거기에는 확실히 이론적인 지시대상들이 담겨있다: 내가 토론하는 것은 치료에서의 분석가의 참여에 담겨있는 환원불가능한 주관성, 분석적 익명성과 중립성이라

---

1) 역자주—shibboleths, 특정한 계급이나 집단의 특수한 발음, 말씨, 행동, 복장 등.

는 오해된 기법적인 이상들, 현실과 현실 검증에 대한 개념들, 그리고 임상적인 분석 작업을 평가하기 위한 성취 기준으로서의 치료적 유익의 중요성에 관하여 내가 수년간 매우 많은 관심을 가졌던 생각의 여러 줄기들의 융합을 나타낸다. 그러나 이러한 이론적인 주제들에 대한 나의 사고들은 충분히 발달되었기 때문에 나는 그것들을 한데 모아서 임상적 분석의 실행을 위한 구체적이고 실제적인 권고들로 정리해내려고 했다. 기존의 원리들에 대한 비판을 넘어서서 또 다른 접근법을 제안할 수 있다고 느끼는 것은 만족스러운 일이었다. 나는 사례들과 함께 그 접근법을 구체적으로 설명하기 위해서 노력하였고, 그리고 자기노출의 문제에 대해 나의 동료들과의 많은 토론들을 통해서 익숙해지게 되었던 최소한의 공통적인 질문들과 반론들을 예상하고 다루려고 노력했다.

정신분석에서 자신의 패를 보여주기:

자기노출의 문제에 대한 접근[2)]

(Playing One's Cards Face Up in Analysis: An Approach to the Problem of Self-Disclosure)

오웬 레닉

나는 이제 최근의 정신분석가들 사이에서 자기노출의 문제의 적어도 어떤 측면들에 대해 중요한 합의가 이뤄졌다고 얘기할 수 있다고 생각한다. 만약 분석가가 행하는 모든 것이 어느 정도는 자기노출적인 것이라면, 또한 만약 자기노출에서 분석가의 모든 의도적인 노력이 분석가에 대해 다른 것들을 드러내면서 어떤 것들을 모호하게 할 수 있다면, 분석가의 자기노출이 과연 무엇을 ***의미하는가***에 대하여 재고할 필요가 있다는 점이 널리 동의되고 있다(예를 들면, Greenberg 1995; Renik 1995; Singer 1977). 동시에, 우리가 그것을 어떻게 개념화하든지 간에, 분석가의 의도적인 자기노출은 임상적 방법의 중요한 요소라는 점이 널리 동의되고 있다(Miletic 1998). 분명히, 우리는 분석가가 무엇을, 언제, 어떻게 적절히 노출하는가에 대해 체계적으로 사고하는 방법들을 개발하는 것이 필요하다; 그러나 이러한 주제에 관해 일반화하는 것에는 항상 우려가 따른다. 그 누구도 임상적인 순간과 관련된 사례별 요인들과 판단들을 고려하는 것의 중요성을 놓치고 싶어 하지 않는다(예, Aron 1991; Cooper 1998; Rosenbloom 1998).

전반적으로 분석가들은 자기노출을 명확하게 지지하는 것을 주저한다(Moroda 1997). 그럼에도 불구하고, 나 자신의 경험에 의하면, 분석가가 익명성보다는 자기노출이 규범이라는 입장을 취할 때 임상적 작업이 유익했었다. 분석에 임할 때, 나는 나의 패를 보여주기 위해서 최선을 다해 노력한다: 바꾸어 말하면, 나는 일관되게 기꺼

2) Owen Renik 박사의 논문, "Playing One's Cards Face Up in Analysis: An Approach to the Problem of Self-Disclosure"는 *The Psychoanalytic Quarterly* (1900, 68[4]:521-539)에 최초로 게재되었다. 이 논문은 출판사의 허락을 받고 이 책에 다시 게재되었다.

이 나 자신의 견해들—특히, 내가 참여했던 것들을 포함하는, 임상적인 사건들에 대한 나의 경험들—이 명확하게 환자에게 사용될 수 있게끔 한다. 나는 프랭크(1997)가 "기꺼이 환자에게 알려지도록 하려는 태도"(p. 309)라고 하는 것을 분석가가 갖는 것이 중요하다는 사실을 발견했다. 자기노출에 대한 이러한 태도는 분석적 익명성이라는 오래되고, 전통적인 기법적 원리뿐만 아니라, 분석가가 자기노출에 대해 "취사선택적인" 태도를 취함으로써 "상대적 익명성"을 유지하는 것이 유용하다는 보다 최근의 생각(예, Jacobs 1999)과도 직접적으로 모순된다.

나는 정신분석에서 자신의 패를 보여주는 것이 전반적으로 유용한 방법, 임상 상황에서 분석가의 행위를 가장 잘 안내하는 일반적인 원리라고 제안하려고 한다. 이러한 방법에 전념하는 것은 어려울 수 있고 훈련을 필요로 한다. 분석가의 개인적인 가치들—예를 들면, 분석가의 자기애적 관심들과 이타적인 관심들 사이의 긴장들—은 자신의 패를 보여주려는 노력과 근본적으로 그리고 결정적으로 관련되어져 있다. 에렌버그(1995, 1996)는 분석적인 자기노출을 분석가의 정서적 가용성 및 취약성과 관련하여 토론하면서 그것의 이러한 측면들에 대해 직접적으로 언급한다. 종종, 자신의 경험을 기술함에 있어서 분석가에게 중요한 것은 가장 고통을 겪고 있을 수 있는 환자에 의해 이뤄지는 일종의 명백하고도 개량되지 않은 관찰에 노출되는 것이다. 이러한 순간에, 기꺼운 자기노출에는 분석가의 편안함을 넘어서서 환자의 안녕을 선택하는 것이 포함된다.

그러나, 자기노출과 관련된 결정들에는 윤리적인 측면들이 있지만, 정신분석에서 자신의 패를 보여주는 것의 주요한 미덕들은 실제적이다. 내가 토론하기를 원하는 자기노출의 태도는 분석가에게서 권위를 내려놓게 하고 환자에게 더 큰 권위를 주장할 수 있도록 허용해서 치료 상황에서 환자의 기능을 확대하는, 최근 분석적 사고의 여러 가지 흐름들과 일치한다. 우리는 점점 더 분석이라는 운동장을 평평하게 만들어오고 있다; 그리고 이 과정의 중요한 부분은 분석가가 자신의 경험에 대해 명확하게 소통하는 것이 정직하고 개방적인 임상적 조사를 허용하는 분석가와 환자 사이의 협력에 결정적이라는 점을 발견한 것이었다. 거슨(1996)이 언급하듯이, "분석가는 환자들이 분석에서의 주체인 그 /그녀 자신에게 접촉하게 함으로써, 알게 된 결과물보다는 알아가는 과정을 드러낸다"(p. 642).

어떤 동료들은 이러한 발달들이 일종의 ***시대정신***–문화 전반에서 더 큰 민주주의를 향한 움직임, 즉 지적인 삶에서의 포스트모던적인 전환–에서 기인하는 것으로 이해했다(예, Bader 1998). 나는 동의하지 않는다. 지난 수년 동안, 분석가들의 자기-중요성은 점차 덜 강조되고 분석가들의 진솔한 자기노출이 더 강조되어 왔다. 그리고 만약 우리가 이러한 흐름을 정치적인 목표들이나 학문적 유행에 의해 결정되는 것으로 일축한다면, 우리는 그것의 중요성을 적절히 평가하지 못할 것이다. 우리에게는 직접적이고, 실용적인 고려들에 의해서 동기화되어왔다고 생각할만한 충분한 이유가 있다: 분석가들은 그들의 내담자들과의 더욱 협력적인 치료 관계를 어떻게 하면 이루어낼 수 있는가에 대해서 배워오고 있다. 왜냐하면 내담자들과의 협력적인 치료 관계가 더 나은 임상 결과들을 가져오기 때문이다. 내가 좀 더 구체적으로 토론하고 설명하고 싶은 것은 자신의 패를 보여주는 것이 상대적 익명성을 의도적으로 추구하는 것보다 더 효과적인 임상 실제라는 점이다.

자기노출 협상하기

물론, 분석가의 의도적인 자기노출이 유용한가에 대한 질문들이 제기되었다. 종종 거론되어지고 이해할 만한 우려는 분석가의 자기노출의 장점들을 너무 많이 강조하다 보면 침범적인 임상적 접근이 되기 쉽다는 점이다(예, Mitchell 1997). 실제로, 나는 분석가가 침범적인 것의 문제는 자기노출 행위에 고유한 것이라고 생각하지 않는다. 분석의 어떤 측면(그것이 분석가의 선호 이론으로부터 나온 것이든, 분석가의 성격으로부터 나온 것이든, 혹은 둘 다이든)에도 그것의 미덕들이 무엇이든지 간에, 이러 저러한 방식으로 환자의 자유를 침해하고 분석적 조사를 제한할 수 있는 경향이 있을 것이다. 내가 확신하건대, 분석가의 침범에 대한 유일한 예방책은 분석가가 자신의 기법에 대한 환자의 의견에 열려있는 것이다. 분석가를 자기노출로 안내하는 원칙에는 분석가의 입장에서 자기노출에 관한 자신의 결정들에 대해 기꺼이 신중하게 주의를 기울이고 치료 관계 안에서 그것들을 협력적으로 다루려고 하는 것이 수반되어야만 한다. 나는 다음과 같은 입장을 여전히 견지하고 있다.

> 나는 분석가가 ***분석가의 관점에서*** 그 자신이 지금 무엇을 하고 있고 앞으로 환자와 함께 어디로 가려고 계획하고 있는지 환자가 이해하는 데 도움이 되는 모든 것을 설명하고 소통하려고 해야만 한다고 말하곤 했다.... 나는 ***분석가의 관점에서***를 강조하는데, 왜냐하면 환자와 분석가는 분석가가 무엇을 노출하는 것이 유용한지에 대해 동의하지 않을 수 있기 때문에, 그럴 경우 —분석가의 관점에도 환자의 관점에도 선험적으로 특권이 주어지지 않기 때문에— 그 내용은 숙고되어야 한다.
>
> 우리는 관련된 것에 대한 분석가의 판단들... 자신의 입장에서의 노출은 주관적이라는 점을 인정함으로써 그러한 판단들에 대한 건설적인 비평가로서의 환자의 역할을 제시한다. 이것은 환자의 자기노출에 대한 비평가로서의 분석가의 익숙한 역할에 상응하는 것이다. 우리는 환자가 마음속에 떠오르는 모든 것을 얘기하려고 노력할 때 분석가는 환자가 간과했던 것들을 짚어줄 수 있다고 본다. 유사하게, 분석가가 그의 분석 행위를 가능한 한 이해할 수 있는 것으로 만들 때, 환자는 분석가가 간과했던 것들을 짚어줄 수 있다(Renik 1995, pp. 485-488).

나의 관찰에 의하면, 분석가의 자기노출이 환자 보다 분석가에 대한 과도한 관심의 초점으로 이어지지 않는다. 사실은, 그 반대이다: 분석가가 치료 상황에서 그 자신의 개인적 존재를 더 많이 인정하고 기꺼이 토론하면 할수록, 분석가는 공간을 덜 차지하게 되고, 환자에게는 더 많은 공간을 남겨주게 된다. 과묵한 분석가는 불쑥 나타나서 신비로운 관심의 대상으로서 중앙 무대를 차지한다. 환자는 또 다른 개별적인 인간과의 만남에 참여하고 있다는 것을 매우 잘 알게 된다; 그리고 분석가의 의도들, 가정들, 가치들을 알고자 하는 환자의 욕구—실제로 상대해야 하는 사람에 대해서 알고자하는 환자의 욕구—는 비록 분석가가 그것을 소위 "심리적 현실"의 탐구와 무관하다고 생각할지라도 사라지지 않는다(Renik, 1998을 보라). 우리는 모두 분석가가 상대적으로 익명성을 유지하려고 할 때 어떻게 "내 마음을 맞춰봐"라는 게임이 시작되는 경향이 있는지에 대해 잘 안다고 생각한다. 너무 많은 환자들이 이 게임을 하느라 너무 많은 시간을 소모해왔다. 내 경험에 의하면, 역설적이게도, 자기노출은 분석가가 침범하게 되는 것을 ***피하는 데*** 도움이 된다. 한 가지 사례를 보자.

앤

앤은 분석에서 그녀의 남편에 대한 비판적인 생각들이 일어날 때 반복적으로 그것들을 멈추고 대신에 자기회의에 빠질 필요가 있는 것처럼 보였다. 성장하면서 앤은 그녀의 엄마를 사랑하지만 매우 통제적이고 아동기부터의 갈등은 말할 것도 없고 독립에 대해 관대하지 않은 것으로 경험했다. 앤과 나는 그녀의 남편에 대해 비판적으로 느끼는 데서 겪는 어려움이 그녀가 엄마와의 관계에서 학습했던 위협감과 연결될 수 있다는 가능성에 대하여 토론하였다.

앤은 직업적인 경력이 실제로 시작되고 있었던 TV 저널리스트였다. 어느 날, 앤은 그녀가 생각하고 있는 이야기에 대해서 몹시 흥분해서 남편에게 설명하고 있을 때 그가 얼마나 눈에 띠게 무관심했는지 이야기 했다. 앤은 그녀의 남편이 그녀의 성공에 위협감을 느끼고 있을 수 있다고 생각했다; 그러나 시간이 지난 후에, 그녀는 흥미를 잃게 되었던 그녀의 남편에게 자신이 말해왔던 방식에 어떤 문제가 있었다고 생각했다.

앤의 설명을 듣고 나서, 나는 이렇게 말했다. "나는 혼란스럽군요. 어떻게 해서 앤씨는 자신의 이야기 방식이 남편의 흥미를 잃게 만들었다는 인상을 갖게 되었나요?" 앤은 약간 짜증스럽게 반응했다. "선생님, 저는 선생님이 혼란스럽다고 생각하지 않습니다. 저는 선생님이 벌어지고 있는 것에 대해 의견을 가지고 있다고 생각합니다. 왜 선생님은 선생님이 생각하는 것을 말씀하시지 않죠?" 물론, 앤이 옳았다. 나는 사실 혼란스럽지 않았다. 나의 가설은 앤이 남편보다는 그녀 자신을 비판할 필요를 한 번 더 느꼈다는 것이었다. 그러나, 나는 앤이 그녀의 비판 능력을 포기하고 있었다는 점을 확실히 알지 못했고, 나는 어떠한 결론을 내지 못하고 있는 나 자신을 드러내 보였다. 왜냐하면 이 경우에 앤이 자기비판을 정당화했던, 그녀 자신에 대한 어떤 것을 실제로 인식하고 있을 수 있는 가능성의 여지를 남겨두고 싶었기 때문이다. 나는 앤에게 이것을 설명하였다.

앤은 생각했다. 그리고 그녀는 다음과 같이 말했다. "이해가 되네요. 저는 선생님이 왜 그렇게 말씀하고 계신지 이해할 수 있습니다. 그러나 왜 선생님은 선생님의 우려들을 설명하지 않으셨죠? 대신에, 선생님은 자신을 혼란스럽다고 하셨고, 그것은 선생님이 제게 설명해주셨던 선생님의 원칙, 즉 선생님의 생각을 표현하고 필요하다면 그것에 대해 토론할 수 있다는 원칙에 맞지 않는다는 것은 물론이고, 사실이 아니었지요. 그게 그렇게 중요한 것은 아니지만, 왜 그렇게 거짓말을 하셨나요?"

나는 좋은 질문이라고 생각했고 앤에게 그렇게 말했다. 나는 내 마음에 떠오른 것을 그녀에게 말해주었다. 나는 앤의 엄마처럼 통제적인 모습으로 비추어지기를 원치 않는다는 것을 알고 있었다. 앤이 그녀의 엄마에게서 경험했다고 느꼈던 일종의 주제넘음은 내가 특별히 싫어하는 것이었고, 그래서 나는 앤이 나를 다르게 경험했는지 확신하기 위해서 애를 썼다. 그 회기가 끝날 무렵, 나는 앤의 질문에 대해 반응하면서 이러한 맥락에서 생각나는 대로 말하고 있었다.

다음 날, 앤은 전 회기가 얼마나 유용했는지에 대하여 이야기함으로써 시작하였다. 그녀는 내가 했던 반응의 개인적인 이유들에 대해 궁금해 했다. 그러나 그녀에게 정말로 관심이 갔던 것은 생각하면 할수록 내가 다소간 그녀를 두려워했다—내 자신의 생각을 조금이라도 잘못 표현하게 되면 그녀가 허용하지 않을 것에 대해 염려했다—는 점이다. 그녀는 내가 나에 대한 그녀의 의견에 대해 염려할 수 있다는 점을 전혀 생각하지 않았다. 그녀는 항상 나를 완벽하게 자신감 있고 자족적인 사람이라고 생각했다. 그녀는 그녀의 남편에 대해 동일한 방식으로 생각했었지만, 나에 대한 관점을 수정함으로써 그에 대한 그녀의 관점에 대해서도 의문을 가질 수 있게 되었다. 어제 저녁, 앤은 그녀의 남편에게 분석에서 있었던 일을 이야기하고, 남편이 그녀가 허용해주는 것에 대해 우려했는지 물어보았다. 그녀의 남편은 그렇다고 대답하였다. 예를 들어, 그는 그녀가 그녀의 일에 대해 말했을 때 흔히 그가 그녀의 말에 대해 결론으로 비약하고 있다고 생각하는 것처럼 보였기 때문에 어떤 말을 하는 것이 매우 조심스러웠다고 말했다.

앤은 나에게 다음과 같은 점을 지적하였다. 그녀가 했던 어떤 것이 다른 사람들을 그녀에게서 물러나게 했다는 것이었다. 그런 의미에서, 그녀가 그녀의 남편이 너무나 경쟁심이 강해서 그녀의 일에 관심을 가질 수 없다고 생각하지 않고, 오히려 그녀가 남편에게 이야기 하는 방식의 어떤 부분이 문제였는지 생각했던 전날에는 그녀가 옳았다. 유사하게, 앤은 계속해서 나의 민감성이 어떠하든지 간에 내가 너무 조심스러워져서 혼란스럽지 않은데도 혼란스러운 척하는 데 그녀가 어떤 역할을 했다는 점을 깨달았다고 말했다. 앤은 계속해서 내가 그녀와 함께 하는 동안 나 자신을 너무 조심스러워하도록 만들었기 때문에, 내가 실제로는 혼란스럽지 않은데 마치 혼란스러운 것처럼 보이도록 하는 데 그녀가 역할을 담당해왔다는 점을 깨닫게 되었다. 앤은 계속해서 그녀가 자신의 과장된 민감성을 소통함으로써 의도하지 않게 다른 사람들을 두려워하게 했을 수 있다는 점을 인식하게 된 것이 얼마나 유익했는지 자세히 설명했다. 지난밤에, 앤과 남편은 오랫동안 그것에 대해 대화를 나누었고, 그 후 앤과 남편은 그 어느 때보다 더욱 친밀하게 그리고 열정적으로 사랑을 나누었다. 성적으로도, 앤은 그녀가 인식하지 못하는 가운데 남편을 차단해왔다고 느꼈다. 분명히, 그녀는 자신이 관심을 갖는 사람들이 그녀의 엄마가 했던 방식으로 그녀를 대할 것이라고 생각하는 경향이 있었고, 이런 예상이 그녀의 개인적인 관계에서 의도하지 않았지만 파괴적인 결과들을 가져오고 있었다고 결론을 내렸다.

토론

우선, 나는 정신분석에서 자신의 패 보여주기가 무엇을 의미하는지를 잘 설명했기를 소망한다. 분석 회기의 몇몇 순간에, 앤은 본질적으로 내가 생각하기에 내가 무엇을 하고 있는지에 대하여 질문하였다: 첫 번째는, 그녀가 혼란스럽다는 나의 진술에 대해 도전할 때이고, 그 다음은 내가 왜 혼란스러운지에 대해 설명하고 난 후에, 그녀가 나의 마음 상태에 대해 잘못 표현하는 동기를 설명해달라고 나를 압박했을 때이다. 앤이 내가 하려고 했던 것에 대한 나의 견해를 물어 볼 때마다 나는 그것을 그녀에게 설명했다. 나는 그녀의 질문들에 대답하기를 거절하거나 심지어 미루지 않았고, 앤이 내가 생각하기에 내가 하고 있는 것을 물어보는 그녀의 이유들에 대해 성찰해보라고 제안했다. 대신에, 나는 그녀의 질문에 대해 그녀가 생각하기에 유용하다고 여겨지는 정보에 대해 건설적으로 요청하는 것이라고 보고 반응했고, 우리는 그것을 그런 관점에 다뤘다. 분명하게 말하자면, 나는 상대적 익명성을 추구하고 있지 않았다. 반대로, 나는 분석적 사건들에 참여하는 것에 대한 나의 견해를 가능한 한 명확하게 하는 것을 목표로 한다.

비록 나는 분석적 사건들에 대한 나 자신의 경험에 대하여 아주 조금 진술했을지라도, 여기에는 앤이 나를 침범적으로 경험했다는 아무런 증거가 없다. 실제로, 앤과 나는 나의 자기노출의 본질과 범위에 대해서 서로 협력하였다. 때때로 앤은 나의 마음속에 있는 것에 대해 더 많은 것을 말해달라고 요구하였다; 또 다른 때에 그녀는 나의 생각에 대하여 더 알려고 하는 것이 유용하지 않다는 느낌을 분명하게 표현했다. 앤은 알고 싶은 자신의 욕구를 분명히 하였고, 그것은 매우 잘 작동하는 것처럼 보였다. 분명히 그녀는 유익한 자기탐구를 많이 했는데, 그것의 많은 부분은 전이분석이라고 할 수 있다.

대체적으로, 나는 나의 환자들이 나 자신에 대해 더 설명할 필요가 있다고 생각한다면 자유롭게 나에게 더 많이 얘기 해달라고 요구하고, 혹은 만약 그들이 내가 너무 많이 말하고 있다고 생각한다면 나에게 말을 덜 해달라고 요구하는 분위기를 조성할 수 있다. 또한 반대로 나는 만약 내담자가 나에게 듣는 것에 대하여 지나치게 관심이 있는 것으로 보이거나 나의 생각에 대해 두드러지게 무관심하게 보인다면 환자의 동기에 대해 질문할 수 있는 분위기를 조성했다. 앤과 나는 이러한 분위기에서 분석을 진행했으며, 나의 견해로는 이것이 정직하고, 자유롭고, 일관성 있는 분석적 탐구를 위한 필수조건이다. 말할 것도 없이, 분석가의 자기노출에 대한 협력이 어려울 때가 있는데, 이렇게 될 때는, 그 이유가 반드시 이해될 필요가 있다. 그러나 나의 경험에 의하면, 내가 기꺼이 자기노출을 하는 것이 환자들에게서 나에 대한 끝없는 호기심도 나의 의견들이 일반상식으로 받아들여질 수 있도록 그것들을 배우고 싶은 바람도 끌어내지 않는다는 것이었다. 내가 생각하기에, 일반적으로 환자들은 침범당하는 것을 원치 않고, 만약 기회가 주어진다면 침범당하는 것을 피하기 위해서 그들의 분석가와 기꺼이 협력하려고 한다.

이런 점에서, 내가 설명해왔던 앤과의 교류는 그녀의 분석 역사라는 맥락에서 이해되어야만 한다. 나는 나의 사례를 통해서 분석에서 자신의 패 보여주기라는 원칙을 설명해주는 특별한 임상적 순간뿐만 아니라 시간이 흐르면서 그 원칙에 기초하여 작업 하는 것의 효과를 설명하려고 한다. 앤은 나의 참여에 대한 그녀의 관찰들과 추론들을 가지고 나에게 매우 자유롭게 직면한다고 확실히 느꼈다. 왜냐하면 이전의 나와의 경험으로부터 앤은 만약 그녀가 그렇게 한다면 나에게서 설명을 들을 수 있을 것이라고 예상했기 때문에 그렇게 했고, 우리는 —우리 각자가 보았듯이— 유익해 보이는 한, 우리가 하고 있었던 것에 대해 계속 토론하게 되었다. 만약 내가 그녀의 치료

과정 내내 덜 적극적이었다면, 나는 앤이 내가 보고했던 시간들 속에서 그러했듯이 나 자신의 행위에 대한 나의 견해를 탐구할 수 있었을지 의심이 된다.

협력자로서의 환자에게 권위 부여하기

임상적 사건들에 참여하는 분석가의 관점이 환원불가능하게 주관적이라고 하는 점은 말할 필요가 없다. 나는 그린버그(1995)가 그 상황에 대하여 다음과 같이 완벽하게 요약했다고 생각한다: "나는 내가 생각하고 느끼는 모든 것을 알면서 훨씬 더 적게 드러낼 수 있는 특권적인 위치에 있지 않다" (p. 197). 분석가는 임상적 사건들에 대한 자신의 참여에 대해서 정확하고 완벽한 설명을 확실하게 제공할 수는 없다. 그러므로 분석가가 기꺼이 자기노출을 하는 것의 요점은 그것이 환자에게 분석가의 행위에 대한 정확하고, 완벽한 설명을 제공한다는 것이 아니다. (예를 들면, 앤이 민감하게 지적했던 것처럼, 나는 그녀에게 나 자신을 매우 만족스럽게 설명할 수는 없었다!) ***오히려, 기꺼운 자기노출의 유익은 그것이 분석가가 협력적인 조사—분석가와 환자가 어떤 점에 관하여 명확하게 함께 이야기할 수 있고 해야만 하는 것—를 위한 적절한 주체로서 분석에 참여하면서 오류를 범할 수 있다는 견해를 보여준다는 점이다***. 이것 때문에 환자는 그렇지 않았으면 분석가가 인식하지 못했을 분석가의 기능의 측면들에 분석가의 주의를 요청함으로써 분석적 기회들을 열어갈 수 있다. 혼란스럽다는 나의 주장에 대한 앤의 질문은 매우 좋은 예이다.

바로 이러한 이유 때문에, 설리반과 대인관계학파의 영향을 받은 동료들은 치료관계에서 분석가의 개인적 기능에 대한 환자의 관찰들을 적극적으로 권유하는 것의 가치들을 오랫동안 옹호해왔다(예, Aron 1991). 그러나 그들은 환자의 의견에 대해 상호적인 자기노출로 반응하는 것을 추천하지 않는 경향이 있다. 가정은 분석가의 "자기노출은 환자의 관찰들과 그 관찰들에 대한 환자의 반응들에 대하여 충분한 탐구하는 데 방해가 될 수 있다" (Greenberg 1991, p. 70)는 것이었다.

임상경험을 통해서 나는 매우 다른 결론에 이르게 되었다. 나는 다음과 같은 점을 발견해왔다. 환자가 분석가를 향하여 날카로운 비평이나 질문을 할 때, 만약 분석가가 환자가 제기하는 것에 대해 자신의 견해를 제시함으로써 반응하지 않으면, 만약 필요한데도 분석가가 환자와 함께 견해들을 기꺼이 명쾌하게 소통하려고 하지 않으면, 환자는 분석가가 적극적인 자문을 받아들이는 것에 정말로 관심이 없다고 결론내린다. 환자는 자신이 느끼기에 중요하든지 혹은 문제가 있을 수 있든지 간에 환자 자신이 치료에 참여했던 측면들에 대해 분석가의 주의를 요청하고, 분석가는 환자의 관찰들에 대하여 자신이 생각하는 것을 이야기하는 대신에 환자에게 더 많은 자기성찰을 고무할 때, 환자는 자신이 관찰한 것들을 제공하는 것이 대인관계적으로 당연한 것이 아니라는 점을 배우고, 환자는 그것들을 제공하는 데 훨씬 덜 관심을 보이고 기꺼이 하지 않으려고 하게 된다. 나는 분석가가 자기노출의 윤리에 따라 작업하지 않을 때, 반대되는 것을 주장함에도 불구하고 분석가가 환자의 자유로운 직면과 질문을 단념시킨다는 것을 발견했다. 분석가가 자신의 견해들을 기꺼이 사용할 수 있게 하지 않으면 그것은 환자에게 분석가는 조사를 회피함으로써 자기 자신을 보호하려고 한다는 점을 전달하게 된다. 대체로 환자는 따른다.

분석가의 기꺼운 자기노출은 환자의 자기노출을 촉진하고, 따라서 분석가와 환자 사이의 생산적인 변증법적 상호교류가 극대화된다. 다른 한편, 표면상의 이유가 무엇이든 분석가가 자기 자신의 견해를 충분히 사용할 수 있도록 하는 것을 억제할 때, 환자는 결국 같은 식으로 반응하고 환자와 분석가 사이의 변증법적인 상호교류는 억제된다. 환자가 첫 번째 분석가에 대해 생각했던 것을 충분히 말하기 위해서 두 번째 분석이 필요하고, 환자가 두 번째 분석가에 대해 생각했던 것을 말하기 위해서는 세 번째 분석이 필요하다. 환자가 분석가의 경험에 대한 자신의 해석을 자발적으로 제공하고 싶도록 하기 위해서(Hoffman 1983), 환자는 분석가로부터 자신의 해석들에 대한 반응들을 받을 필요가 있다.

나는 분석가에 대한 상담역으로서의 환자의 역할을 강조한다고 해서 이것이 분석가의 자기분석의 중요성도 동료들로부터의 자문을 얻는 것의 유용성도 축소하고 있는 것이 아니라는 점을 언급하고 싶다. 이러한 임상 실제들이 모두 강력하게 추천되어져 왔고 우리의 문헌에서 많이 토론된 데는 충분한 이유가 있다. 그러나 우리가 분석가의 자기분석을 임상작업의 중심적이고, 지속적인 측면으로 생각한다 할지라도, 그것의 한계들을 인정할 수 있다. 결국, 자기분석의 문제는 역전이라고 하는 오래된 농담에 중요한 진실이 있다. 동료들과의 자문 역시 유용한 자원이긴 하지만 만병통치약은 아니다. 분석가는 그 자신이 필요하다고 느낄 때 자문을 구할 수 있고, 가장 통찰력 있는 상담역조차도 치료하는 분석가가 제시하는 것을 훨씬 벗어나서 나아갈 수는 없다. 그러나 분석가가 자문의 필요를 알아채지 못한다 할지라도 환자는 독특한 정보를 제공하는, 순간적인 자문을 제공하는 위치에 있다. 예를 들면, 만약 앤이 혼란스럽다고 하는 나의 주장을 알아차리지 못했다면, 나는 그것이 들여다 볼만한 가치가 있다고 생각하는 것은 말할 것도 없이 결코 그것을 알지도 못했을 것이다.

자기노출과 분석가의 방식

분석가의 한 사람으로서 나 자신의 방식은 스펙트럼에서 조심스럽기 보다는 적극적이고, 과시적인 경향이 있다. 모든 것이 동일하다면, 나는 생산적 상호교류를 위한 기회를 놓쳐버리는 위험을 감수하기 보다는 그것을 환자와 결부시켜서 결과들을 처리하는 것을 선호한다. 그러나 나는 분석가가 자신의 패를 보여준다고 제안함으로써 나의 개인적인 방식을 합리화하거나 그것을 기법적인 원리로 삼으려고 하는 것은 아니다. 하나의 원칙으로서 기꺼운 자기노출은 다양한 분석가들의 개별적인 방식들을 넘어서서 적용될 수 있고 적용되어야만 한다. 실제로, 분석가의 특별한 방식이 어떤 것이든지 간에, 분석가 자신의 패 보여주기를 통해서 분석가는 환자로부터 자신의 개인적인 방식에 대한 자문을 받게 될 가능성이 커진다. 우리의 사각지대를 발생시키는 것은 바로 우리의 개인적인 방식들이기 때문에, 이것은 정확히 분석가가 가장 필요로 할 것 같은 것이다.

앤이 내가 나 자신을 표현하는 방법, 즉 결국 내 입장에서 미묘한 위선을 드러내는 방법에 대해 질문했을 때, 그녀는 나의 개인적인 방식의 구성요소를 분석하고 있었다. 내가 그녀에게 얼마나 방해가 되고 있었는지를 설명하면서 나에게 다음과 같이 말했던 환자는 더욱 두드러졌다. "선생님, 선생님은 알고 계세요. 제가 생각하기에 선생님은 분석가가 개방적이고 비권위주의적인 것이 중요하다고 믿으시는 것 같아요. 그래서 선생님은 저에게 그런 방식으로 대하려고 애쓰셨죠. 그리고 이것은 전반적으로 저에게 매우 유용했어요. 그러나 그것과는 별개로, 제 생각으로는 선생님이 지배적이고 불공정한 것으로 비춰지지 않는 것에 관심이 있으신 것 같아요. 그래서 제가 옳든 그르든 선생님을 그런 방식으로 바라볼 때, 선생님은 빠르게 반응하시고 그것을 정리하려고 애쓰시는 것 같아요. 그리고 그것은 때때로 선생님이 제 말을 경청하는 데 방해가 되는 것 같아요. 그리고, 역설적이게도, 선생님은 선생님이 회피하려고 하는 바로 그것을 하시게 되는 거죠"(Renik 1998, p. 572). 여기에서 나는 내가 판 함정에 빠진 분석가였다: 나의 패를 보여주는 나에 의해 조성된 분위기 때문에 나는 환자에게 내 자신을 너무 많이 설명하는 나 자신의 경향에 대해 건설적으로 비판하는 것을 허용할 수 있었다! 그리하여 환자의 당황케 하지만 모범적인 자문은 기꺼운 자기노출의 원칙 때문에 분석가가 항상 뭔가를 말해야 하는 것이 아니라 분석가가 자기 자신에 대해 얼마나 많은 것을 어떻게 말해야 하는가에 관해 분석가와 환자 사이의 상호협력이 가능해진다 점을 설명해준다.

분석가의 기꺼운 자기노출의 유익들의 이러한 마지막 예와 관련하여, 나는 분석에서 자신의 패 보여주기와 분석가에 대한 환자의 이상화 사이의 관계를 생각해보려고 한다. 분석가가 익명성의 자세를 취할 때, 그것은 분석가에 대한 환자의 이상화를 초래하고 분석 작업에 중요한 장애물이 될 수 있다(Renik 1995를 보라). 다른 한편, 분석가의 기꺼운 자기노출이 분석가에 대한 환자의 이상화를 분명하게 막는 것은 아니다. 왜냐하면 적어도 분석가가 어떤 다른 이유만큼이나 개방적이고, 진솔하고, 적극적이라는 이유로 이상화되기 쉽기 때문이다. (여기 요점을 말해주는 유명한 이야기가 있다. 그것은 거울 속에 비친 자신의 모습을 응시하며 생각에 잠겨 있었던 늙은 유대인 남성의 이야기이다. "너도 알지, 나는 그리 잘생기지 않았어; 그리고 나는 그리 똑똑하지도 않아; 그리고 나는 부자도 아니야; 그러나 이 사람아, 나는 겸손하잖아!") 더욱이, 우리는 분석가에 대한 환자의 이상화가 어떤 분석들에서는—아마도, 어느 정도는 모든 분석들에서— 매우 중요하고, 유용한 국면이라는 것을 안다. 따라서 분석가가 이상화되는 것을 허용하지 못하는 것은 분석가가 이상화되기를 요구하는 것만큼이나 문제가 될 수 있다. 그러므로 나는 다음과 같은 점을 강조하고 싶다. 내가 생각하기에 우리는 분석적 익명성의 자세를 통해서 분석가에 대한 환자의 이상화를 체계적으로 ***고무해서는*** 안 되지만, 분석에서 자신의 패 보여주기의 목표는 분석가에 대한 환자의 이상화를 ***좌절시키는*** 것이 아니다. 오히려, ***자신의 패를 보여주는 분석가의 목표는 필요할 때 분석가의 작업 방식—그것이 어떤 것이든***, 예를 들면, 분석가가 이상화되는 것에 대해 너무 견디지 못하든 이상화 되는 것을 너무 원하든—***에 대한 검토와 수정을 촉진하는 것이다***.

자기노출의 형태들

분석에서 자신의 패 보여주기에 대해 말할 때, 나는 분석가 편에서의 기꺼운 자기노출이라는 일관된 원칙에 대해 말하고 있다. 나는 자신의 패 보여주기를 분석가에게 노출하지 않는 것을 기본적인 입장으로 하고 자기노출을 예외적인 행위로 고려하도록 하는 선택적 자기노출(selective self-disclosure)(예, Jacobs 1999를 보라)과 비교하려고 한다. 그러나 나는 다음과 같은 점을 분명히 하려고 한다. 분석가의 체계적인 기꺼운 자기노출 때문에 분석가가 특정한 임상적 순간과 관련된 특별한 요인들과 판단들을 설명할 수 없는 것은 아니다. 특정한 임상적 순간과 관련된 특별한 요인들과 판단들은 결코 자기노출에 불리하게 작용하지 않는다; 그것들은 분석가의 자기노출의 ***형태***를 결정한다. 문제는 자기노출을 할 것인가 안 할 것인가가 아니라 어떻게 자기노출을 한 것인가이다.

때때로, 특정한 임상 상황에서 자신의 패 보여주기는 상대적으로 간단한 문제로 보인다. 예를 들면, 내가 어느 날 아침에 일어났는데 인후염으로 인해 지칠 대로 지쳐 있을 때, 나는 그 날 첫 번째 환자였던 앤에게 곧 바로 전화를 하였다. 나는 다음과 같이 말했다. “촉박하게 알려드려서 죄송합니다만, 오늘 우리의 약속을 취소해야만 할 것 같아요. 심각한 것은 아닙니다. 내 생각에는 떠돌아다니던 바이러스에 노출이 된 거 같아요. 그래서 내일 보면 좋겠습니다.” 앤은 나의 전화에 감사를 표현했고, 내게 쾌유를 빌어주었다.

지금도, 내가 촉박하게 회기를 취소하는 것은 매우 드문 일이고, 만약 내가 취소의 이유를 설명해주지 않았다면 앤은 걱정했을 것이라고 생각했다. 어떤 동료들은 내가 앤을 안심시켜줌으로써 그녀가 나의 취소에 대한 그녀의 환상들—예를 들면, 나에 대한 적대적인 소망들을 표현하는 환상들—을 탐색할 수 있는 좋은 기회를 놓쳤다고 주장할 것이다. 나는 그렇게 생각하지 않는다. 내가 생각하기로는, 만약 내가 설명도 없이 취소했다면, 그것은 인위적이고 신비에 싸인 행위가 되었을 것이다. 이러한 부자연스러운 행동에 대한 앤의 반응은 그녀에게 인상적인 인간관계에 참여하는 그녀의 방식을 탐색할 수 있는 기회를 거의 제공하지 못했을 것이다. 실제로, 우리는 다음 날 만났고, 앤은 내가 취소한 뒤 전날 밤에 꾸었던 꿈을 보고 하면서 회기를 시작했다. 꿈속에서 그녀는 카우치에 누워서 포크너의 책을 읽고 있었다. 꿈에 대한 그녀의 첫 번째 연상은 포크너의 소설들 중 한 권의 제목인 *As I Lay Dying*이었다; 그리고 그것 때문에 그녀는 내가 전화한 후에 내가 알고 있는 것보다 더 아플 수도 있겠다는 생각을 하게 되었다. 앤은 그녀가 그것이 내가 우리의 약속을 지키지 않은 것에 대한 유아적인 분노를 나타낸 것이라고 느꼈기 때문에 그렇게 생각한 것을 회상하면서 당혹스러워했다. 그녀는 나를 보고 싶어 했고, 나는 약속을 취소했기 때문에 죽어야만 했다! 분명히, 내가 안심시켜주었다고 해서 앤이 적대적인 환상을 갖게 되지 않는 것은 아니었다. 실제로 취소에 대한 나의 설명을 그녀가 활용하게 되면서 내가 심하게 아플 것이라고 상상하는 것은 그녀 자신의 분노의 표현이라는 인식이 촉진된 것 같다. 만약 그녀가 내가 취소한 이유에 대해 모른 채 있었다면, 그녀는 *As I Lay Dying*의 꿈을 좀 더 쉽게 현실적인 염려의 탓으로 돌릴 수 있었을 것이다.

다른 한편, 자신의 패 보여주기의 원칙에 의해 지시되는 방향이 자명하지 않을 때가 있다. 어느 여름날, 앤은 그녀의 몸에 매달린 얇고 매끄러운 소재로 만들어진 짧은 드레스를 입고 그녀의 몸매를 돋보이게 드러내면서 내 사무실에 왔다. 기꺼운 자기노출 때문에 내 마음에 떠오른 것을 그녀에게 말해야 했을까? 물론 그렇지 않다. 분석가가 자신의 패를 보여주는 것은 분석가가 자유연상을 하는 것을 의미하지 않는다. 그것이 의미하는 바는 ***분석 원리상*** 분석가가 자신의 생각을 비밀로 하지 않는다는 것이다. 분석가가 환자에게 무엇인가를 말하지 않는 것을 선택한다면, 그 선택은 어떤 대화에서와 마찬가지로 동일한 기초 위에서 이뤄진다: 소통의 목표는 무엇인가? 그것은 의도한대로 이해될 수 있는가? 나는 앤에게 그녀 때문에 흥분이 되었다고 말한다고 해도 어떤 유용함이 있을지 알 수 없었다. 사실, 나는 어떤 부정적인 결과들을 예상할 수 있었다. 나는 나의 십대 딸이나 혹은 딸의 친구들 중의 한 명에 의해서 자극되는 성적인 감정들을 표현하지 않는 것과 같은 종류의 이유들 때문에 성적인 느낌들을 드러내지 않기로 결정했다.

앤이 스스로 어떤 인상을 주고 있었다는 것을 분명히 인식하면서도 내 사무실에 들어오면서 "옷이 괜찮나요?"라고 수줍게 물었을 때 일은 더욱 복잡해졌다. 나는 간단하게 대답하였다. "멋져 보이네요." 그녀는 미소 지으며 나에게 감사를 표현하였다. 분석시간 동안 앤의 생각들은 내가 그녀를 여성으로 평가하고 그것을 편안하게 인정하는 것에 여러 차례 영향을 미쳤다. 특히 그녀가 성적으로 성숙하기 시작했을 때 그녀의 아버지에게서 촉발된 불안에 대한 엄격한 방어로서 경험했던 것과 관련하여 이러한 상호작용이 그녀에게 갖는 다양한 함의들이 마음에 떠올랐다.

나는 앤의 경박한 질문에 대해 직접적이지만 제한된 설명으로 반응하는 것을 선택했다. 물론, 그 상황을 다루는 다른 방법들이 동등하게 잘 혹은 더 잘 작용할 수도 있었을 것이다. 나의 요점은 이런 것이다. 자신의 패 보여주기는 분석가가 자신의 경험을 환자들이 사용할 수 있도록 모든 노력을 해야 하겠지만 분석가가 자신의 경험에 대해 소통하기 위해서 선택하는 특별한 방법은 일상적이고 실제적인 고려사항들에 의해 결정된다는 것을 의미한다. 내가 앤에게 자기노출을 했을 때 나를 제한했던 목표들과 우려들과 관련하여 특별히 정신분석적인 것은 없었다. 나는 치료 관계의 성애적인 측면들을 다루는 것에 포함되어 있는 주제들에 대한 피츠패트릭(1999)의 요약에 동의한다:

> 분석가의 성적이고 애정적인 느낌들의 노출로 인한 착취와 과도한 자극의 위험성이 잘 알려져 있지만, 분석가의 느낌들에 대한 주제가 금기로 남아있을 때 그것들은 덜 명확하지만 마찬가지로 강력한 혼란과 유혹의 위험성으로 대치될 수 있다. 우리에게는 우리의 환자들에 대한 이러한 중요한 반응들에 대해 토론하는 방법이 필요한데, 이 방법은 착취하는 것도 억제하는 것도 아니고 명료화 하는 것이 될 것이다. (p. 124)

치료관계에서 분석가의 자기노출과 협력

다른 곳(Renik 1998)에서 나는 특별한 정신분석적 실제에 대한 개념의 다양한 형태의 약점들로서 이해한 것에 대해 토론했다. 내가 생각하기에는 임상적 정신분석의 상황은 대개 현실적이라는 점을 인정하는 것이 가장 중요하다. 그러나 대개의 현실에서 분석적 치료관계가 될 수 있는 것은 특별히 솔직해지는 것이다. 그것은 두 명의 참가자 모두의 입장에서 용기를 필요로 한다. 솔직해지기 위해서, 환자는 자신의 분석가로부터 솔직함을 경험할 필요가 있다.

분석가의 솔직함은 무엇으로 구성되어 있는가? 내가 초반부에 언급했듯이, 분석가의 행위는 항상 부분적으로는 무의식적인 동기들에 의해서 결정되기 때문에, 분석가의 자기노출 개념은 미묘하다. 분석가가 자신의 패들을 보여주기 위해서 아무리 열심히 노력할지라도, 어떤 패들은 숨겨진 채로 남아 있을 것이고, 분석가는 어떤 패들이, 혹은 얼마나 많은 패들이 숨겨져 있는지 알 수 없다. 다시 말하자면, 자신의 패들을 보여주려는 분석가의 노력이 환자에게 분석가의 행위들에 대한 신뢰할 수 있는 설명을 제공해주지는 않는다. 그러나 내가 제안한 것은 분석가가 상대적인 분석적 익명성의 원칙을 추구하기보다는 기꺼이 자기노출을 하려고 할 때 치료관계에 대한 분석가와 환자 사이의, 더욱 진정으로 협력적이고 상호적으로 솔직한 교류에 기여하는 기본 규칙들이 확립된다는 점이다.

나는 기꺼운 자기노출이라는 급진적인 원칙이 우리 분야에서 오래 지속되었고, 지금도 유력한 견해들과 반대된다는 것을 알고 있다. 나는 분석가의 자기노출이 우리가 우리의 환자들의 자문에서 유익을 얻을 수 있는 주제, 아마도 우리가 우리의 환자들의 자문을 ***특별히*** 필요로 하는 주제일 거라고 제안한다. 무엇보다도, 우리는 분석가가 되려는 어떤 야망도 없이 단순히 치료를 받으러 우리에게 오는 그러한 환자들의 판단에 관심을 기울여야만 한다. 예를 들면, 소설가이자 수필가인 애너톨 브로야드(1992)는 *Intoxicated by My Illness*라는 제목의 놀라운 회고록에서 그의 의사와 상호교류 하면서 원했던 것을 기술하였다. 브로야드는 일반적으로 치유관계에 대하여 회고하고 있었지만, 내가 생각하기에 그가 말했어야 했던 것은 특히 임상적 정신분석에 매우 잘 적용된다.

> 그는 의사이고 나는 환자이기 때문에 그는 불가피하게 나보다 우월하다고 느끼지만, 나도 내가 그보다 우월하게 느낀다는 것을, 그 역시 나의 환자라는 것을, 내가 그를 진단한다는 것을 알기 때문에 그를 좋아했다. 그곳은 우리 각자의 우월성들이 만나서 함께 야단법석 떨 수 있는 곳이어야만 했다. (p.45).

이것이 익명성을 어느 정도 유지하기 위해서 기획된, 분석가의 조심스러운 자기표현에 의해 촉진되는 그런 치료 관계처럼 들려지는가? 나는 그렇게 생각하지 않는다. 브로야드는 계속해서 다음과 같은 권고사항을 제시한다:

> [환자]에게 반응할 때, 의사는 그 자신을 지킬 수 있다. 그러나 먼저 그는 다시 학생이 되어야만 한다; 그는 그의 전문가로서의 가면이라는 시체를 해부해야만 한다; 그는 자신의 침묵과 중립성이 ***부자연스러운*** 것이라는 점을 알아야만 한다. (p. 57)

내가 보기에 브로야드는 대부분의 환자들을 위해서 유창하고도 설득력 있게 말하고 있는 것 같고, 우리는 브로야드가 매우 진지하게 말하고 있는 것을 받아들여야만 한다. 호프만(1983)이 제안한대로, 만약 환자가 분석가의 경험에 대한 정당한 해석자라는 사실을 믿는다면, 우리는 우리가 치료하는 환자들의 생각뿐만 아니라 임상적 분석에 대해 반대하면서 치료를 위해 분석가들에게 오지 않는 사람들(압도적인 다수)의 생각에도 귀를 기울이고 존중하는 것이 필요하다.

대중적인 관점에 따르면, 유능한 치료사는 우리가 *Ordinary People* 혹은 *Good Will Hunting*에서 보는 사람들처럼 진솔하고 적극적이다. 그래도 나는 대중적인 관점, 즉 심리치료사들에 대한 영화의 묘사들에 특징적으로 나타나는 순수한 이상화에 동의한다. 내가 보기에 우리가 분석가에게 자신의 패 보여주기의 원칙을 권장하는 것이 정당화되고 있는 것 같다. 왜냐하면 분석가의 자기노출이 일반적인 규칙으로서 환자의 가장 중요한 관심사에 있기 때문이다; 그리고 내 생각으로는 증명에 대한 부담은 분석가가 환자를 희생하여 자기 자신을 보호하고 있지 않다는 것을 보여주기 위해서 상대적인 익명성의 입장을 받아들이기로 선택한 분석가에게 있는 것 같다. 분석가가 계속해서 기꺼운 자기노출을 추구할 때, 환자는 임상 작업에서의 협력자로서 인정을 받게 된다. 환자의 적극적인 참여로 인해서 분석가는 당혹스러운 노출을 상당 부분 견뎌낼 수 있어야 하지만, 또한 자신이 더 이상 불가능한 전문직을 수행하고 있는 것이 아니라는 점을 발견할 수 있다.

참고문헌

Aron L: The patient's experience of the analyst's subjectivity. Psychoanalytic Dialogues 1:29-51, 1991

Bader MJ: Post-modern epistemology: the problem of validation and the retreat from therapeutics in psychoanalysis. Psychoanalytic Dialogues 8:1-32, 1998

Broyard A: Intoxicated by My Illness. New York, Fawcett Columbine, 1992

Cooper SH: Countertransference disclosure and the conceptualization of analytic technique. Psychoanal Q 67:128-157, 1998

Ehrenberg DB: Self-disclosure: therapeutic tool or indulgence? Contemp Psychoanal 31:213-229, 1995

Ehrenberg DB: The analyst's emotional availability and vulnerability. Contemp Psychoanal 32:275-286, 1996

Fitzpatrick K: Terms of endearment in clinical analysis. Psychoanal Q 68:119-125, 1999

Frank KA: The role of the analyst's inadvertent self-revelations. Psychoanalytic Dialogues 7:281-314, 1997

Gerson S: Neutrality, resistance, and self-disclosure in an intersubjective psychoanalysis. Psychoanalytic Dialogues 6:623-646, 1996

Greenberg J: Countertransference and reality. Psychoanalytic Dialogues 1:52-73, 1991

Greenberg J: Self-disclosure: is it psychoanalytic? Contemp Psychoanal 31:193-205, 1995

Hoffman IZ: The patient as interpreter of the analyst's experience. Contemp Psychoanal 19:389-442, 1983

Jacobs T: On the question of self-disclosure by the analyst: error or advance in technique? Psychoanal Q 68:159-183, 1999

Maroda KJ: On the reluctance to sanction self-disclosure: commentary on Kenneth A. Frank's paper. Psychoanal Dialogues 7:323-326, 1997

Miletic MJ: Rethinking self-disclosure: an example of the clinical utility of the analyst's self-disclosing activities. Psychoanalytic Inquiry 18:580-600, 1998

Mitchell S: To quibble. Psychoanalytic Dialogues 7:319-322, 1997

Renik O: The ideal of the anonymous analyst and the problem of self-disclosure. Psychoanal Q 64:466-495, 1995

Renik O: The perils of neutrality. Psychoanal Q 65:495-517, 1996

Renik O: Getting real in analysis. Psychoanal Q 67:566-593, 1998

Rosenbloom S: The complexities and pitfalls of working with the countertransference. Psychoanal Q 67:256-275, 1998

Singer E: The fiction of anonymity, in The Human Dimension in Psychoanalysis. Edited by Frank KA. New York, Grune & Stratton, 1977, pp 181-192

로이 셰이퍼 (Roy Schafer)

24

소개

로이 셰이퍼는 뉴욕시립대학을 졸업하였다. 그는 매사추세츠주 우스터에 있는 클라크대학교에서 박사학위를 받았고, 코네티컷주 뉴해븐에 위치한 서부 뉴잉글랜드 정신분석 연구소에서 수학하였다. 그는 후에 이 연구소에서 수련감독 분석가로 임명되었다. 그는 여러 차례에 걸쳐서 메닝거 클리닉 성인 심리검사부의 부서장으로, 그리고 후에는 오스턴 릭스 센터(Austen Riggs Center), 코네티컷주 뉴해븐에 있는 예일대학교 의과대학에서 주임 임상심리사로서 활동하였다. 그는 예일대학교의 임상심리학 교수, 그리고 뉴욕에 있는 코넬대학교 의과대학에서 심리학과 정신의학 분야의 교수를 역임하였다. 서부 뉴잉글랜드 정신분석학회의 회장, 국제정신분석학회의 부회장, 그리고 뉴욕에 있는 콜럼비아대학 정신분석 훈련 연구센터에서 수련감독분석가로 활동하였다.

셰이퍼 박사는 다음과 같은 수많은 학회지들의 편집위원으로 활동하였다: *Journal of the American Psychoanalytic Association, International Journal of Psychoanalytic Psychotherapy, Bulletin of the Menninger Clinic, Psychological Issues, International Journal of Psychoanalysis,* 그리고 *Psychoanalysis and Contemporary Thought.*

셰이퍼 박사는 다음과 같은 영예들을 가지고 있다. 그는 런던의 유니버시티 대학 최초의 프로이트 기념교수, 콜럼비아대학교 정신분석 훈련 연구센터의 산도르 라도 강연자, 뉴욕정신분석학회에서 프로이트 기념일 강연자로 선정되었다. 그는 미국심리협회의 정신분석분야 공로상과 워싱턴 정신건강의학 대학원 에디스 와이거트 강의상, 정신분석의학협회 조지 E. 다니엘스 상, 뉴욕정신분석학회/협회에서 하인즈 하르트만 강의 상, 그리고 정신분석분야에서 공헌을 인정받아 메리 S. 시고니 상을 수상했다.

셰이퍼 박사는 심리치료 상황에서의 심리검사 절차들로부터 생성적 공감(generative empathy), 그리고 프로이트의 구조이론에서 각광받는 초자아, 그리고 가장 최근에 정신분석 상황에서의 배려하거나 강압적인(coercive) 측면들에 관한 광범위한 주제들에 이르는 100편 이상의 논문의 저자이다. 그는 다음의 12권의 책들을 저술하였다: *Psychoanalytic Interpretation in Rorschach Testing, Projective Testing and Psychoanalysis, Aspects of Internalization, A New Language for Psychoanalysis, The Analytic Attitude, Retelling a Life: Narration and Dialogue in Psychoanalysis, The Contemporary Kleinians of London, Bad Feelings: Selected Psychoanalytic Essays, Tradition and Change in Psychoanalysis,* and *Insight and Interpretation: The Essential Tools of Psychoanalysis.*

셰이퍼 박사는 미국의 정신분석학의 발전에 지대한 역할을 감당해왔다. 그는 프로이트 계열 이론의 핵심 요소들을 구축하기 위하여 데이빗 라파포트와 함께 긴밀하게 협력하였다. 로샤 검사에 관한 그의 저서는 정신분석학에서 고전의 하나로 인정받고 있다. 그는 철학과 인문학 분야에도 지속적인 관심을 보여 왔고, 현재의 다원주의 시대 이전에 풍미했던 메타심리학의 영향을 최소화하며 창의적인 눈으로 정신분석가의 임상활동을 연구하였다. 그의 해석학적 개념들에 대한 상세한 설명은 현대 정신분석학을 구축하는데 결정적인 역할을 해왔다. 그의 노력의 목적은 현존하는 이론들을 뒤엎는 것이 아니라, 오히려 정신분석학적 개념들의 임상적 뿌리들과 정신분석 과정에서 발생하는 기술적 문제들에 대한 보다 풍성한 이해를 성취하기 위한 것이었다. 그는 여성주의 연구들과 정신분석에 대한 비평들뿐만 아니라 인문학과, 역사, 철학적 연구들을 연계하는 데 중요한 역할을 해왔다. 좀 더 최근에 그는 클라인 계열의 사고가 미국의 정신분석적 사고의 한 부분으로 진화하는 데 중요한 역할을 하였다.

이 논문을 선택한 이유

로이 셰이퍼

나는 "정신분석적 대화에서의 서술(Narration in the Psychoanalytic Dialogue)"를 이 논문이 가지는 하나의 특별한 전환점으로서의 가치 때문에 이 책에 포함되도록 선택하였다. 단지 그 이유 때문만이 아니라 이 글은 미국에서 체계적이고 철저한 방식으로, 다양하게 정신분석학에 대해서 논의할 수 있는 가능성을 열었고 그것을 정당화하였다. 또한 이 논문은 인문학과 역사학적 연구들로 가는 다리를 놓는 것을 도왔는데, 내가 보기에 그것은 아직 쌍방향 다리가 되지 못한 상태로 있는 "응용 분석학(applied analysis)"으로 아직 충분하게 완성되지 못한 상태이다. 더 자세한 이야기를 하려면 하나의 완결된 글이 필요하겠지만, 여기에서는 적절하지 않을 것이다.

정신분석적 대화에서의 서술

이야기들로서의 정신분석적 이론들[1)]

(Narration in the Psychoanalytic Dialogue: Psychoanalytic Theories as Narratives)

로이 셰이퍼

프로이트는 정신분석학이 실재론적이고 실증주의적인 자연과학의 하나로 이해될 수 있는 하나의 전통을 수립하였다. 그러나 이러한 과학적인 헌신에 구속될 필요는 없다. 프로이트가 제시한 그의 사례 자료의 개인적이고 일반적인 설명들과 해석들은 또 다른 방식으로 읽혀질 수 있다. 이러한 읽기에서 정신분석은 임상가들이 인간 행동에 대한 특별한 종류의 체계적 설명을 형성할 목적으로 행하는 해석적 학문분야가 된다. 그렇다면, 우리는 프로이트가 정신분석가와 피분석자 사이의 대화에 참여하고, 그것을 이해하고 설명하기 위한 원리들의 체계를 만들거나 또는 정신분석적 의미들을 생성하는 규칙들의 체계를 설립하고 있었다고 말할 수 있다. 물론 각각의 상황 속에서 이 의미는 생성될 수 있는 수많은 의미들 중 하나에 불과하다는 것을 인식하면서 말이다.

서로 다른 학파의 정신분석적 이론가들은 분석을 수행하고 그것에 대해서 설명하는 자신들의 방법을 발전시키기 위해서 서로 다른 해석적 원리와 규칙들을 사용해 왔다. 아마도 이것들을 서로 다른 이야기 구조들(narrative structures)이라 말할 수 있을 것이다. 이러한 이야기 구조들은 하나의 목적을 위해 상호 연계된 두 가지 설명들을 제시하거나 함축한다. 그 하나는 인간 발달의 시작, 과정, 그리고 종결에 대한 것이고, 또 다른 하나는 정신분석적 대화의 과정에 대한 것이다. 이러한 이야기 구조들은 자료에 대한 이차적인 이야기들이라기보다는 자료로 여겨질 수 있는 것들을 결정

---

1) 로이 셰이퍼 박사의 논문, "Narration in the Psychoanalytic Dialogue: Psychoanalytic Theories as Narratives"는 *Critical Inquiry* (1980, 7[1]:29-53)에 최초로 게재되었다. 저작권(1980)은 시카고대학교에 있으며 허락을 받고 사용되었다.

하는 일차적 이야기들을 제공한다. 일단 주된 이야기 구조들로 정립되면, 그것들은 삶과 기술적 실천에 대한 일관된 설명들을 만들기 위해 확실한 것으로 받아들여진다.

정신분석을 내러티브적 개념들로 설명하는 것은 타당하며 유용한 작업이다. 이 작업을 완수하기 위해서는 먼저 프로이트가 즐겨 말한 것처럼 확실한 결론을 도출할 수밖에 없게 만드는 객관적이고, 자율적이며, 순수한 정신분석학적 자료는 없다는 명제를 받아들여야 한다. 특별히 인생사와 정신병리, 성격에 미치는 생물학적, 사회적 영향, 또는 정신분석적인 방법과 그 결과 등에 대한 단일하고 필연적이며 최종적인 설명은 존재하지 않는다. 지금까지 정신분석의 순수한 경험적 정보들과 기법들로 제시되어 온 것들은 개인행동의 기원들, 일관성, 전체성, 가지성에 대한 그 연구자의 전비판적(precritical)이며 서로 연결되어 있는 전제들과 분리될 수 없다. 그 정보들과 기법들은 이러한 전제들을 체현한 두개 조(set)의 임상 실제들 덕분에 그 자체로 존재할 수 있다. 첫 번째는 ***명명하고 서로 상호 관계 짓는 임상 실제들***의 조(a set of *practices of naming and interrelating*)인데, 이것은 그것이 최초의 전제들과 부합하는 한에서 체계적일 수 있다. 두 번째 조는 ***기법적 임상 실제들***(*technical practices*)의 조인데 이것은 현상들을 유도하고 형성하며 이 전제들의 관점에서 그것들이 정돈될 수 있는 한에서 체계적이다. 정신분석의 어떤 형태도 아직 이 정도까지 성문화되지는 못했다. 그러한 성문화를 향한 접근 방식은 정신분석학의 정보들을 단순히 우연하게 마주치게 되는 것이 아니라 반드시 구성되어지는 것으로 여기는 것을 요구한다. 주관과 객관의 예리한 분열은 체계적으로 거부되어져야만 한다.

프로이트는 그의 이론을 형성하는 과정에서 두 가지 주요한 이야기 구조들을 사용했고 그것들을 최종적인 사실들이 아닌 잠정적인 것으로 받아들여져야 한다고 권고했다. 그러나 프로이트는 이 점에 있어서 항상 일관된 것은 아니었다. 때때로 그의 저술의 한 페이지에서 잠정적으로 제시했던 것을 다른 곳에서는 교조적으로 제시하기도 했다. 그의 주요한 이야기 구조들 중 하나는 유아와 어린 아이가 야수와 같은 상태, 혹은 원본능으로 알려진 상태로 시작해서, 그 본성에 적대적인 문명 속의 발달과정에서 좌절을 통해 길들여지고 조련된 야수로 끝을 맺는다. 비록 이런 길들임의 과정이 개개의 사람에게 두 가지의 통제 구조인 자아와 초자아를 남겨 두지만, 그 주인공은 파괴할 수 없는 원본능을 가진 부분적인 야수로 남아있게 된다. 이 이야기의 구조를 채우는 것은 일평생 지속되는 이행의 과정에 대한 것이다. 만약 선천적인 상징화 능력의 잠재력이 존재하고 모든 과정이 잘 진행된다면, 한 개인은 두렵고, 비합리적인 무력감, 자기 인식의 결여, 그리고 유동적이고 변하기 쉬운 본능적 추동들에 의해 지배를 받는 상태로부터 안정성, 자율성, 적응성, 자기인식, 합리성, 안전성의 상태로 움직여 갈 것이다. 만약 모든 과정이 잘 진행되지 않는다면, 부적절하게 길들여진 야수는 병리적 증상과 도착들과 같은 구조들의 형성을 통해 적응되어야만 한다.

프로이트는 이러한 야수를 고안해 내지 않았으며, 그의 설명에 섞여있는 다윈주의의 요소는 그 것에 실증주의적 과학의 방법으로 형성된 모습을 부여하였다. 그 기본적 이야기는 아주 오래된 것이며, 여러 세기들에 걸쳐 다양한 방식으로 반복해서 이야기 되어왔고, 우리가 세련된 상식으로 여기는 것에 스며들었다.

세련된 상식은 인간 행동에 대한 인간 사고의 역사를 구성한다. 그것은 정서적, 희망적, 환상으로 가득한 인간 행동의 특징들과, 그 행동의 적응적이고 공리적인 측면들, 그리고 주체의 어린 시절 친밀한 형성적 관계들과 세계들에 대한 경험들이 그 행동에 미치는 전반적인 영향 등을 고려한다. 다른 어떤 문화적 산물들 보다 신화, 민담, 속담, 재담들, 그리고 문학 등이 그 상식을 담지하고 있으며, 프로이트가 반복해서 보여주었듯이 정신분석학의 중요한 명제들 가운데 이런 문화적 산물들 속에 언급되거나 암시되지 않은 것은 거의 없다(Schafer 1977). 세련된 상식은 정신분석학적 이야기 구조들이 파생된 전 비평적인 전제들의 자원으로서의 기능을 하며, 그 구조들은 개념적이고 기술적 실천을 통제한다.

그러나 상식은 고정되어 있는 것은 아니다. 예를 들어, 속담들과 격언들 속에 드러난 상식은 내적 긴장과 모호성으로 가득 차 있다. 대부분의 일반화는 그 일반화에 반대되는 요소를 포함하고 있다(저축한 1페니는 벌어들인 1페니와 같다. 그러나 페니를 사용할 때 지혜로운 사람이 파운드를 사용할 때 어리석을 수도 있다. 또 사람은 도약하기 전에 신중하게 살펴야 하지만 망설이는 사람은 기회를 놓치기도 하는 경우들도 있다). 그리고 상식이 전통적 방향성과 보수적인 가치들을 재확인하는데 사용되는 것처럼('로마는 하루아침에 이루어진 것이 아니다') 전통에 대한 도전을 허락하는데도 사용되거나('새 빗자루 한 자루가 깨끗하게 쓸어버린다') 역설적 입장을 지지하기도 한다('더 많은 것들을 변화시킬수록, 더 많은 것들이 그대로 남아 있게 된다.'). 이런 종류의 일반화들은 그 적용에 있어서 많은 관용의 범위를 허용하지만, 상식의 권위에 의지하는 것은 인간 행동에 관한 설명에 대해 끊임없는 논란의 원천이 되기도 한다. 여전히 상식은 우리의 이야기 구조들의 저장고이고 인간사를 이해하고 확신할 수 있는 원천으로 남아 있다. 논쟁에 참여한 사람들에 의해 그 상식의 전통들이 준수되지 않는다면 그 논쟁 그 자체는 의미를 상실하게 될 것이다.

프로이트에게 야수에 대한 옛 이야기는 필수적인 것이었고, 그는 그것을 잘 활용하였다. 인간의 발달, 고통, 실패, 그리고 승리에 대한 그의 이야기는 그 심리학적 내용면에서 놀라울 정도로 이해에 도움을 주고, 그 개념화와 형식화 면에서 과학적으로 훌륭하며, 그 은유적 설명 면에서 극적으로 흥미를 사로잡았고, 그리고 그의 피분석자와 작업에서도 유용하였다. 이 원형적 이야기가 우리 모두가 그것을 통해 사고하며 살아가도록 배워온 은유적 언어 속에 신화적으로 소중히 간직되어 왔기 때문에, 심리학적 학문에 의해 공인되고 명확히 확증되는 것 보다 훨씬 더 매력적인 것이었다. 그러나 동시에 그 야수가 얼마나 우리의 가장 문명화된 성취들 속에 침투해 있고, 힘을 제공하며, 또는 적어도 그것을 필요하게 만드는지 설득력 있는 설명을 듣는 것은 위협적인 일이다. 다른 사람들에 대해서 도덕적으로 설명할 때를 제외하고는 인간들은 야수적 기원들과 연속성들, 그리고 운명들을 소유하고 있다는 사실에 대해서 의식적으로 생각하고 싶어 하지 않는다. 그래서 그들은 방어기제들을 형성하고 그들의 "본성들"의 특정한 측면들에 대해서만 사고하는 것을 자신들에게 허락한다. 이러한 방식으로 하나의 체계적인 정신분석학적 내러티브를 세우고자 했던 프로이트의 타협 없는 노력을 통해서 그는 인간 삶의 운명론적 이야기에 대한 이러한 역설적 태도를 드러내었다.

프로이트의 또 다른 하나의 주된 이야기 구조는 19세기의 생리학과 신경해부학의 실험실들을 통해 전파되어진 뉴턴 물리학에 기반을 두고 있다. 이 설명은 정신분석학을 인간의 마음을 하나의 기계 또는 프로이트의 용어로는 정신기구(mental apparatus)로 간주하고 연구하는 학문으로 제시한다. 이 기계는 타성(inertia)을 그 특징으로 가진다. 즉 그것은 어떤 힘에 의해 움직이지 않는 한 작동하지 않는다. 이 기계는 하나의 닫힌 체계로 작동한다. 다시 말해서, 그 에너지의 양은 고정되어 있어서 결과적으로 한 부분에서의 에너지의 저장과 증대는 다른 작업을 위해 사용 가능한 에너지를 감소시킨다. 그러므로 순수하게 양적인 토대에 근거해서 타인에 대한 사랑은 자기애를 위한 사랑을 제한하고, 이성에 대한 사랑은 동성애를 위해 필요한 사랑을 제한한다. 그 기계는 자동적으로 작동하는 방어기제들과 다른 여러 가지 견제와 균형의 기제들을 가지고 있다.

초기에 그 기계를 움직이는 힘들은 주로 동물적 유기체의 본능적 욕동들이다. 여기서 정신기구의 이야기는 동물적 유기체의 이야기를 차용하게 되고, 결과적으로 내러티브적으로 일관성이 없다. 즉 기계적인 마음이 이제는 무엇을 간구하고, 반응하고, 발달하는 하나의 영혼을 가진 피조물과 같이 행동하는 것으로 이야기 된다. 그 이야기는 점점 더 그 비일관성이 증대되며 계속된다.

이 점증하는 비일관성에 대해서 간략하게 설명해보자. 정신기구는 초기에 그 구조와 분화된 기능의 결핍으로 인해 원초적이다. 시간이 흐르며 그 기구는 경험에 반응하고 내재된 본성에 의해 준비된 단계를 따라서 스스로 발달한다. 정신기구는 자아라고 불리는 그것의 일부를 통해서 그 목표를 세울 수 있게 되고, 원본능으로부터 나오는 에너지들을 인계받아 그것들을 탈성화 혹은 중성화할 수 있는 결말을 향해 움직여가며 복잡해진다. 동시에 자아는 원본능, 초자아, 외적 현실, 그리고 그 자체의 내적 구조적 문제들을 고려하며 현저한 복잡함을 타협하고 종합해 나간다. 이 발달의 과정에서 뜻밖의 일이 생기지 않는다면, 그 기계는 안정적이고 효율적으로 기능한다. 그렇지 않으면, 그것은 아마도 자아, 초자아, 또는 둘 다 취약한 상태에 있는 결함 있는 구조이다. 결함 있는 구조는 의도된 일부의 기능들을 수행할 수 없으며, 다른 기능들을 위한 소중한 정신 에너지를 고갈시키거나 헛되이 방출하며, 신뢰하기 어렵고, 비효율적이며 부적응적인 방식으로 수행한다. 정신기구의 효과적인 작동은 그 기제들이 유아기의 고태적 유산의 영향을 제한하는 일의 성공 여부에 달려있다. 이 기계는 그 자신의 구조를 보존하는데 몰두되어 있다. 그것은 원초적 혼돈에 대해 방어벽 기능을 하며 그 자신의 연속성을 유지하고, 오직 심각한 필요의 상황에서만 스스로를 변화시킨다. 이 기계론적 설명은 산업혁명기의 이념과 잘 조화를 이룬다. 우리는 여전히 일반적으로 몸을, 그리고 특별히 신경체계를 놀라운 기계들로 보는 경향이 있다. 그리고 전통적인 메타심리학자들은 마음을 여전히 같은 방식으로 보도록 우리에게 요청한다.

프로이트의 두 가지 주요한 내러티브 구조들은 모두 진화적 필연성과 뉴턴적 힘들의 철저한 결정론을 전제하고 있다. 자유와 책임을 위한 자리는 남아 있지 않다. 자유롭고 책임감 있어 보이는 행동들은 야수, 기계, 또는 양자가 일관성 없이 혼합된 결정론적 내러티브 속으로 편입되어져야만 한다. 자유는 의식적 사고의 한 신화이기 때문이다.

프로이트는 이 두 가지 이야기 구조들을 그가 소위 메타심리학이라고 부르는 것의 핵심으로 강조하였고 그것들을 필수불가결한 것으로 여겼다. 그러나, 내가 처음에 말하였듯이, 프로이트는 다른 방식들로도 읽혀질 수 있다. 어떤 사람은 프로이트를 인본주의적 실존주의자, 즉 비극과 역설적인 비전을 가진 사람으로 그린다(Schafer 1970). 그리고 어떤 사람은 인간행동의 해석적 연구로서의 정신분석학을 구상한 토대를 놓은 연구자로서 프로이트를 그려낸다 (Schafer 1976, 1978). 비록 한 사람의 인간과 치료자로서 프로이트가 자신의 공식적인 설명으로부터 거리를 둘 때, 우리가 그의 직접적인 진술들로부터 이러한 대안적 읽기들을 도출해 내지만, 우리는 이런 기획을 시행하는 그들의 권위를 요구하지 않는다. 그리고 이러한 대안적 해석들은 반대의 효과를 위해 프로이트를 인용하는 것에 의해 신빙성을 잃지 않는다.

프로이트의 야수와 기계는 사실상 내러티브 구조들이고 정보에 의해서 통제되지 않는다는 사실은 다른 정신분석가들이 각각 자신들 만의 다소 다른 시작과 과정, 결말을 가진 설명들을 발전시켜왔다는 사실을 통해 설명된다. 일례로, 멜라니 클라인은 엄마의 가슴에서 분노에 가득 찬 유아적 정신증으로부터 어떤 회복의 단계에 있는 존재로서 아이 또는 성인에 대해 설명하고 있다(Klein 1948; Segal 1964). 그녀의 이야기는 편집적 자리와 우울적 자리 사이를 오가는 하나의 보편적이지만 병리적인 유아의 상태로 시작한다. 그녀에게 우리의 삶들은 광기 속에서 시작한다. 그 광기는 타인들의 광기를 받아들이는 것을 포함하며, 우리는 비록 운 좋게도 좋은 환경들과 분석에 의해서 도움을 받을 수도 있지만 지속적으로 다소간의 광기를 유지한다. 예를 들어 일상적 말의 특정한 부분들, 마녀의 은유, 지독히 불쾌한 태도, 그리고 당신을 짜증나게 하거나 당신의 인내력을 고갈시키는(suck out one's guts) 사람들, 또는 어떤 특정한 상황들 속에서 우리 모두가 "미쳐버릴" 것 같은 일상적 인식, 이 모든 것들은 박해, 소유, 그리고 파괴와 같은 무의식의 유아적 환상들을 강조하는 이 설명을 지지한다.

정신분석의 이름으로 수년 동안 제안되어 온 다른 많은 어느 정도 유용한 이야기들을 우회하여 우리는 지금 하인즈 코헛(Kohut 1971, 1977)에 의해 개발된 하나의 내러티브에 대해서 살펴보려고 한다. 코헛은 거의 본능과 같은 방식으로 추동되어져서 응집적인 자기를 실현하는 한 아이에 대해서 이야기 한다. 그 과정에서 아이는 친밀한 환경 속에서 양육자의 공감적 실패들에 의해 다소 방해받거나 손상되어진다. 결과적으로 아이가 성장하려는 노력들은 반동적이고 스스로 위로하는 과대적 환상들, 방어적 분열과 억압, 그리고 경험적으로 프로이트의 욕동들과 같은 것들처럼 작용하여 우울증, 건강염려증, 도착, 또는 중독 증상들의 모습으로 나타나는 정서적 "분열의 산물들(disintegration products)" 에 의해 방해받는다. 그러나 사실 이러한 병리적인 징후들은 코헛에 의하면 자기를 보호하고, 치유하고, 지속적으로 성장하려고 애쓰는 파편화된 자기의 조각들이다. 코헛의 이야기 속에 개별적인 사람의 마지막은 연약하고, 분노에 차있으며 결핍에 찌든 자기로부터 시작하여 건강하고, 행복하며 지혜로운 자기로이어지는 연속선상의 한 지점에 위치하게 된다.

대개 코헛은 그가 하나의 이야기 구조를 만들고 있었다는 사실을 인식하고 있었다. 그는 정신분석이 소위 말하는 프로이트의 전통적인 정신 3중 구조(원본능, 자아, 초자아)라는 두 번째 이야기를 필요로 하고 있고 그것을 용인할 수 있다고 주장하며, 상보성의 원리(principle of complementarity)까지 언급하였다. 코헛의 설명에서 이러한 정신구조에 대한 이야기는 생애 초기에 응집적 자기 또는 건강한 자기애의 성취에 뒤따르는 발달 단계들에 대한 하나의 적절한 설명을 제시하기 위해 요청되었다. 물리학의 상보성 이론과의 유비에 대한 이러한 의존은 이야기의 비일관성에 대해 우리가 가질 수 있는 인상을 없애지는 못했다. 그러나 그 문제는 치명적인 것은 아니다. 일단 공세에 시달리던 자기에 대한 이야기(tale)를 하나의 종합적이고 연속성 있는 내러티브로 어떻게 발전시킬 수 있는지 분명해지거나 또는 그렇게 하는 것이 전문적 관점에서 수용될 수 있다면, 나는 상보성이 코헛의 설명으로부터 사라질 것이라고 생각한다(Schafer 1980a 참조).

정신분석적 대화에서의 서술

우리는 영원히 우리 자신에 대해서 이야기 할 것이다. 이러한 자기—이야기들을

다른 사람들에게 할 때 우리는 대부분 간단한 이야기 행위들(narrative actions)을 수행하고 있다고 말할 수 있다. 그러나 우리가 또한 자기-이야기들을 ***우리 자신들에게*** 이야기한다고 말할 때, 우리는 하나의 이야기를 또 다른 이야기 속에 포함시키고 있는 것이다. 이것은 하나의 자기가 청중의 역할을 하는 다른 어떤 사람, 즉 자기 자신 또는 자기에게 어떤 것을 말하고 있는 하나의 자기가 있다는 이야기이다. 우리가 다른 사람에게 우리 자신에 대해서 하는 이야기들이 우리의 다른 자기들(other selves)에 대한 것일 때, 즉, 예를 들어 우리가 "나는 나 자신의 주인이 아니다"라고 말할 때, 우리는 하나의 이야기를 다른 이야기 속에 다시 포함시키고 있는 것이다. 이 관점에서 자기는 '이야기(telling)'를 하고 있는 것이다. 이 이야기는 때에 따라서, 사람에 따라서, 그 통일성과 안정성, 그리고 그 이야기가 전해진 관찰자들에게 믿을만하고 타당한 것으로 수용되는 정도가 다르다.

게다가, 우리는 영원히 다른 사람들에 대한 이야기들을 하게 될 것이다. 이러한 다른 사람들 또한 이야기 행위들로 구성된 인물들 또는 다른 자기들로 볼 수 있다. 다른 사람들은 그들에 대해서 말하는 과정 속에서 구성되어진다. 좀 더 정확히 말하면, 우리는 우리가 자기 자신에 대해서 이야기하는 것처럼, 다른 사람에 대해서 이야기 한다. 자기처럼 다른 사람도 우리가 그 자체로서 소유하거나 마주치는 무엇이 아니고 우리가 이야기하는 하나의 존재이다. 따라서 "다른 사람들"에게 "우리 자신들"에 대해 말하는 것은 이중적인 이야기가 된다.

우리가 우리 자신들에 대해서 말하는 이야기들은 종종 생활사적이거나 자서전적이다. 우리는 그 이야기들을 과거에 찾는다. 예를 들어, "열다섯 살까지 난 아버지를 존경했어" 또는 "나의 어린 시절은 완전히 불행했어"라고 말할 수 있다. 이러한 개인사들은 현재의 이야기들이다. 우리가 다른 사람들의 것으로 여기는 역사들에 대해서도 같은 이야기를 할 수 있다. 우리는 더 좋든 나쁘든 그것들에 대한 답변들이 곧 개인사들인, 암시되거나 표현된 질문들을 변경해가면서 자기와 다른 사람에 관한 역사들의 많은 측면들을 변경한다. 개인적 발달은 답을 얻어야하는 중대하거나 필수적인 질문들의 변화를 그 특징으로 한다. 개인적 발달 과정의 한 가지 작업으로서 개인분석은 한 사람이 자기 자신의 삶과 중요한 사람들의 삶에 대해 제기하는 가장 중요한 질문들을 변화시킨다.

정신분석을 받고 있는 사람들 즉 피분석자들은 분석가에게 과거와 현재의 자기 자신들과 다른 사람들에 대해서 이야기 한다. 해석을 하는 과정에서 분석가는 이러한 이야기들을 다시 말하게 된다. 다시 말하는 과정(retelling)에서 어떤 부분들은 강조되고 다른 부분들은 생략되어진다. 어떤 부분은 새로운 방식들로 또는 처음으로 다른 부분들과 연결되어지고, 어떤 부분들은 더욱 아마도 더 길게 발전된다. 이러한 다시 말하기의 과정은 정신분석적 흐름들을 따라 진행된다. 특별히 정신분석적 다시 말하기를 구성하는 것은 내가 나중에 다루게 될 하나의 주제이이도 하다.

정신분석가의 다시 말하기는 점진적으로 피분석자의 이야기 내용과 그 방식에 영향을 준다. 종종 논쟁이 되거나 저항이 발생하기도 하지만 분석가는 이야기의 통제된 가능성들에 상응하는 새로운 질문들을 제시한다. 이렇게 섞어 짜여진 내용들의 결과물은 완전히 새롭고, 공동으로 수행한 작업 또는 작업의 방식이 된다. 분석의 과정에서 특정한 주요 질문들에 대한 집중적인 분석적 작업의 시기에 상응하는 협업을 통해 이루어진 새로운 서술(narration)의 군(群)이 형성된다고 어떤 이들은 말할지 모른다. 일반적으로 이러한 서술들은 단순하게 과거나 또는 정신분석 상황 밖에서 현재 일어나고 있는 일들에 초점을 맞추지 않는다. 그들은 정신분석적 대화 속에 있는 장소와 이야기들의 수정에 훨씬 더 집중한다. 특별히, 그 서술들은 전이와 저항의 측면에서 고찰되어진다. 왜냐하면 이 서술들은 다른 시간에 다른 질문들과 관련하여 구분되고 분석되어지기 때문이다. 정신분석적 대화는 무엇보다도 그 정신분석적 관계의 지금–여기에의 차원의 대화의 구조에 의해 특징 지워진다. 그것은 근본적으로 현재 그 순간의 전이와 저항에 관련된 대화이다.

그러나 전이와 저항 그 자체를 내러티브의 구조로 볼 수 있다. 다른 모든 이야기 구조들처럼 그것들은 그 분석의 사건들을 하나의 통제된, 그래서 일관된 방식으로 말할 수 있는 하나의 관점을 규정해준다. 사건들 그 자체는 오직 그것에 대한 하나 또는 다른 체계적인 설명을 통해 구성된다. 더욱이 저항의 분석은 전이의 관점에서 이야기 될 수 있고 또 그 반대도 가능하다.

전통적인 전이에 대한 이야기하기 속에서 우리는 피분석자가 어떻게 현재 분석가와의 관계 속에서 과거를 반복적으로 다시 체험하거나 재경험하는 지에 대해 말한다. 혹자들은 전이 속에서는 유아 신경증 또는 신경증적 모체로의 퇴행이 발생하고 그것이 분석가의 관찰에 노출된다고 말한다. 그러나 이것은 좋은 설명은 아니다. 그것은 삶의 역사를 정적이며, 기록을 보존하고, 직선적이며, 되돌릴 수 있고, 말 그대로 복구할 수 있는 것으로 설명한다. 인식론적으로 이 이야기는 많은 문제점을 가지고 있다. 내가 제안하는 또 다른 더 나은 설명은 어떤 발달의 궤적을 따라 움직이는 행동의 변화에 대한 것이다. 이것은 결코 무의식적으로 과거가 된 적이 없는 과거를 새롭게 경험하고 기억하는 것을 강조한다. 소위 과거라고 하는 것은 점점 더, 과거와 현재가 정신분석적으로 정리되고 조직된 채로, 서로 상호 침투하는 것으로 의식적으로 경험되어져야만 한다. 만약 분석이 어떤 한 방향으로 움직여 가는 일이라면, 그것은 경험을 구성하는 새로운 방식으로 전진해가고 있는 움직임이다. 이 때문에 전이 안에서 유아 신경증으로의 퇴행의 이야기는 재서술 되어져야만 한다. 왜냐하면 비록 전이에 관한 많은 문제들이 과거의 현재 버전으로 분명히 설명될 수 있다고 하더라도 소위 퇴행(regression)이라는 것은 필연적으로 전진(progression)이기 때문이다. 전이는 어떤 사람이 어떤 경험을 통해 형성되었는지 볼 수 있도록 시간을 거슬러 여행할 수 있는 타임머신이라기보다는 한 사람의 현재 정신분석적 행동들의 특정한 구성요소들에 대한 설명(clarification)이다. 이 설명은 과거와 현재의 순환적이고 협력적인 연구를 통해 성취된다.

전이와 저항의 관점에서 개인분석의 기법적이고 경험적인 구성은 치료적으로 유용하다는 점이 밝혀져 왔다. 그러나 여기서 정신분석을 하나의 치료 그 자체로 보는 것은 하나의 이야기를 선택하는 것임을 분명히 보여준다는 사실을 첨언해야만 한다. 이 선택은 대화와 그것을 통해 발생하는 사건들에 대한 이야기가 의사가 환자의 병을 고치는 관점으로 이야기되어지도록 영향을 준다. 비록 질병 이야기(sickness narrative)가 한물 간 것이 되어가고 있는 징후들이 최근에 나타나고 있지만, 정신분석의 시초부터 직업적이고 사상적 요인들은 이런 종류의 설명을 선호해왔다. 나는 여기서 단지 분석의 상황에서 두 사람이 무엇을 하고 있는지에 대해 이야기하는 다른 많은 방법들이 있다는 사실을 강조하고 싶다. 이러한 개별적 방법들은 정신분석의 특정한 잠재적 특징들을 개발하고 강조하거나 또는 무시하고 최소화 한다. 어떤 것도 모든 면에서 정확하고 종합적이지 못하다. 예를 들어, 치료로서의 정신분석은 의식의 관점에서 이야기를 전개한다. 피분석자는 의식적으로, 그러나 오로지 의식적으로만, 자신의 문제들을 건강한 삶에 대한 이질적 방해물, 즉 그 형성과정에서 자신들이 전혀 관여하지 않은 증상들로 묘사한다. 혹은 분석가는 그가 의식적으로 강조하고 싶은 문제들을 증상적인 것으로 정의하기도 한다. 또는 위의 두 경우가 동시에 이루어지기도 한다. 많은 경우, 이 이야기는 분석 작업에 착수하는 것을 촉진하기도 하지만, 동시에 적어도 어떤 경우에는 환자가 되는 아주 방어적이고 의식적인 이유들에 근거해서 분석을 정당화하는 이 초기의 어쩌면 피할 수 없는 공모를 하게 됨으로써 그 대가를 치르게 되기도 한다.

치료자와 환자 대신에 분석가와 피분석자라는 단어를 사용함으로써 이 점에서 애매한 태도를 유지하려는 나의 시도는 그 자체로 적어도 세 가지 이유에서 부정확한 것이다. 첫째로, 그것은 분석가 또한 자신의 역전이들에 대해 반드시 지속되어야 하는 면밀한 검토를 통해 분석의 대상이 되어야 하는 점을 고려하지 않고 있다. 둘째로, 분석이 진행되는 동안 피분석자의 자기(self)는 하나의 큰 파편화되고, 유동적인 배역들로 이루어진 것으로 재서술된다. 그러한 자기의 모습들이 다른 사람들의 모습들을 함입(incorporate)하는 것으로 보일 뿐 아니라, 그것들은 또한 이러한 다른 사람들의 본질의 일부 또는 전부를 간직하고 있는 것으로 무의식적으로 여겨진다. 다시 말해서, 그 자기의 구성물들은 내재화된 것들이나 불완전한 동일시들, 실제로 어떤 때는 쉽게 가늠할 수 없는 위치와 기원을 가진 그림자와 같은 존재들로 경험되기도 한다(Schafer 1968, 4장, 5장). 분석의 초기에 의식적으로 이야기되어지는, 문제를 가지고 있으며 일관되지 못한 자기는 가능한 범위 내에서 높은 정도의 이질성(otherness)을 가지고 있는 자기와 그렇지 않은 자기로 분류되어진다. 다른 사람들의 자기들의 구성요소에 대한 유사한 분류도 또한 이루어진다. 여기서는 자기의 모습들을 다른 사람에게 투사하는 개념이 중요한 역할을 한다. 결론은 피분석자가 자기와 타인들에 대해 처음에 말하는 것들은 그 초기에 의식적으로 구성된 설명이 분석적으로 철저한 검증을 거치게 된다면 상당한 수정을 겪게 된다는 점이다. 나의 용어 선택에 있어서 세 번째 부정확성은 분석가와 피분석자로 구분하는 것이 피분석자가 자기 자신의 문제들에 대해서 점진적으로 공동분석가(coanalyst)가 되어가고 있는 정도와 또한 어떤 면에서 분석가 또한 그렇게 되어간다는 사실을 잘 설명하지 못한다는 점 때문이다. 즉, 피분석자는 그가 점점 대담하고 신뢰할만한 화자(narrator)가 되어가며 그 분석

과정의 공동저자(coauthor)가 된다. 나는 여기서 신뢰하기 어려운 화자(unreliable narrator)에 관한, 나중에 내가 다루게 될 또 다른 주제를 언급하였다. 이 주제는 피분석자 뿐만 아니라 분석가까지 포괄한다. 왜냐하면 이상적으로 두 사람 모두 비록 정도의 차이는 있겠지만 분석하는 동안에 변화하기 때문이다. 그리고 이것은 우리가 어떻게 후기-실증주의적 틀 속에서 정신분석적 해석의 타당성을 이해할 수 있는지에 대한 질문들로 우리를 인도한다.

만약 우리가 영원히 우리 자신들과 다른 사람들에게 우리들 자신들과 다른 사람들에 대해 이야기 하게 될 것이라면, 사람들은 말하는(tell) 것 이상의 것을 행하고(do) 있다는 사실을 첨언해야만 한다. 작가들처럼 그들은 또한 보여주고 있다. 문학적 이야기 또는 정신분석 안에서 이야기하는 것과 보여주는 것 사이에 분명한 경계선이 없듯이, 유능한 정신분석가는 이야기를 보여주기의 한 형태처럼 다루어가고, 보여주기를 이야기의 한 행태처럼 다루어 나간다. 정신분석의 모든 것이 의사소통인 동시에 드러냄(demonstration)이다(Booth 1961 참조).

아마도 분석적 보여주기(showings)의 가장 단순한 예들은 몸의 경직, 약속된 회기에 늦거나 빠지는 것, 그리고 중얼거림을 포함하는 비언어적 행동들 또는 표현적 움직임들이다. 분석가는 무엇이든 자신이 이미 알고 있거나 준비해 온 것을 활용하여 이러한 보이는 것들을 해석하고 분석의 이야기들 중의 하나로 엮어낸다. 예를 들어, "당신이 카우치에 경직된 채로 누워있는 것은 당신이 돌아가신 아버지와 당신 자신을 동일시하고 있다는 것을 보여줍니다." 또는 "당신이 중얼거리는 행동은 이 주제에 대해서 당신이 독립적인 목소리를 내고 있는 것으로 들려지는 것을 얼마나 두려워하고 있는지 보여줍니다." 그러나, 이런 종류의 언급들을 넘어서 분석가는 이런 보여줌을 의사소통으로 간주하고 이것에 기초하여 다음과 같이 말 할 수 있을 것이다 (여기서 나는 이러한 즉흥적인 해석들을 확장해본다). "당신은 지금 나에게 당신의 삶을 이입하고 나와의 관계에서 돌아가신 당신의 아버지 역할을 하면서, 나와의 관계 속에서 시체처럼 느끼고 있다는 점을 전달하고 있군요. 당신은 지금 나를 이 시체를 마주한 당신 자신처럼 보고 있어요. 마치 당신을 위해서 내가 당신의 슬픔을 느껴야 한다는 인상을 주면서요." 분석가는 또 이렇게 이야기 할 수 있을 것이다. "중얼거리는 행동을 통해서, 당신은 당신의 어머니가 한 때 경험했고 당신을 조롱하거나 당신에게 등을 돌렸던 것처럼 보복할지 모른다는 추측 때문에 내가 위협적으로 느낄까봐 당신 자신의 생각을 나에게 주장하는 것이 당신을 얼마나 두렵게 하고 있는지 알려주고 있어요." 이러한 해석적인 다시 말하기(retellings) 과정 속에서, 분석가는 더 이상 말하기와 보여주기 사이의 가상의 경계에 의해 지배되지 않는다.

기억하기의 한 형태로서 행동화(acting out)는 이와 관련된 하나의 좋은 예이다(Freud 1914). 예를 들어, 한 나이 많은 결혼한 남성과 간절하게 혼외정사에 빠져드는 행동을 통해서 정신분석 과정에 있는 한 젊은 여성은 행동화를 통해 지금은 분석가로 대리되는 그녀의 아버지를 유혹하거나, 성적으로 사랑받고 임신하고 싶은 유아기의 오이디푸스적 욕망을 기억하는 것이라고 말할 수 있다. 한 편으로 이 행동화는 보여주기이며, 또 다른 한편으로는 그것은 치환된 보여주기를 통한 이야기하기이다. 일단 그것이 행동화를 통한 기억하기로서 재서술 되면, 그것은 더 직접적인 기억하기와 분석적 관계에 대해 더 깊은 이해를 촉진하는 이야기의 맥락으로 역할을 할 수 있게 된다.

유능한 분석가는 삶의 역사적 내용을 단순하고, 문맥이 없으며, 시간에 제한된 방식으로 그 내용을 듣는 드라마적 표현에 만족하지 않는다. 분석가는 현재에 위치한 채, 이야기를 또한 보여주기의 하나로 받아들인다. 예를 들어, 즉각적 전이관계의 정서적 경험을 미연에 방지하기 위한 하나의 방법이 될 수 있기에 그는 언제 그 내용이 소개되는지에 주목한다. 또한 이야기가 단호하게, 혹은 연극성적으로(histrionically), 또는 피학적으로 자기 연민에 빠지거나, 과대적으로 득의양양한 방식으로 표현되어질 수 있기 때문에 그는 그 내용이 어떻게 이야기되어지는지에 주목한다. 그리고 이어지는 이야기 흐름과 많은 다른 이야기의 특징들에 대해서도 더 깊이 주목한다. 아울러 분석가는 피분석자가 의식적, 무의식적 차원에서 신뢰할 수 없는 화자일지 모른다는 단서들에 관심을 기울인다. 피분석자는 다른 사람들의 학대 행동들을 강조하고 학대자가 학대하도록 만든 피분석자의 유혹을 축소하거나, 개인사의 상당한 부분을 감추거나 연민이나 존경을 이끌어 내기 위해서 편향되게 이야기를 하기도 한다. 그리고 분석의 종결이 임박했을 때, 그리고 위기감에서 피분석자가 여전히 "아픈 환자"라는 것을 말하거나 보여주도록 압박감을 느끼는 경우에서처럼, 피분석자가 침묵이나 완곡한 표현을 사용하며 두려워하는 것을 얼버무리는 것은 피분석자를 비호의적으로 보이게 하거나 종종 지나치게 호의적으로 보이게 만들 것이다. 이러한 모든 예들은 분석가가 이야기하는 것을 그 내용(content) 뿐 아니라 수행(performance)으로 받아들인다는 것을 말하기 위함이다. 분석가에게는 해석해야할, 즉 정신분석적 흐름들을 따라 다시 말해야 할 이야기들(tellings)과 보여주기들(showings)이 있다.

"정신분석적 흐름들을 따라"(along psychoanalytic lines)라는 표현은 무엇을 의미하는가? 나는 앞부분에서 이 세상에서 한 가지 이상의 정신분석이 실천되고 있다고 말하였다. 따라서 나는 단지 나 자신의 분석 실천에 부응하는 것, 소위 프로이트적 재서술을 특징짓는 이야기의 흐름에 대해 요약해보고자 한다. 분석가는 천천히 인내를 가지고 성적이며 공격적인 행동의 유아적, 혹은 고태적 모습들을 강조한다(여기서 행동은 전통적 행동 이론들 속에서 운동 동작[motor action]과 분리되고, 사고, 동기, 감정 등으로 구분되어 논의 되었던, 바라기, 믿기, 지각하기, 기억하기, 환상하기, 감정적으로 행동하기 등의 광범위한 행동들을 의미한다). 분석가는 이러한 행위들을 "피분석자가 무엇을 하고 있는 것인가?" "왜 지금이지?" "왜 이런 방식으로?" "이것이 나와 무슨 관계가 있고, 피분석자가 두려워하는 것이 우리 사이에서 성적, 공격적으로 어떻게 전개될까?" 등과 같은 질문의 관점에서 연구하고 다시 말하기를 원한다.

반복적으로 피분석자의 이야기들(경험들, 기억들, 증상들, 자기들)은 그것들이 최종적으로 성적. 공격적 행동의 양식들로 뿐만 아니라, (흔히 불안, 죄책감, 수치심, 그리고 우울감 등으로 불리는 반응의 양태들 속에서) 위장하고, 대체하고, 경시하고, 타협하거나 그렇지 않으면 과감하게 드러내놓고 문제의 행동을 취하는 것을 억제하기 위해 사용된 방어적 방법들로 다시 서술될 때까지 변형의 과정을 거치게 된다. 분석가는 (소망적, 방어적, 도덕적, 이상적, 그리고 적응적인) 많은 관점들을 사용하고, 피분석자의 삶의 중요한 특징들이 맥락적 재서술 또는 행동들에 대한 해석들을 수행하는 데 있어서 이러한 모든 관점들을 사용한 이후에야 이해될 수 있다고 기대한다. 개개의 구성요소들은 복잡한 정의를 필요로 하는 경향이 있다. 예를 들어, 성적, 공격적 소망들은 종종 동시에 두 가지 모두에 근거한 "자기"에 대한 도덕적 비난과 함께 하나의 같은 개인적 문제 또는 증상에 귀인될 수 있다.

프로이트 계열의 분석가는 또한 신체적 영역들과 그 방식들, 그리고 그 물질들을 중심으로 하는 이러한 재서술을 점진적으로 조직해 간다. 특별히 그는 입, 항문, 성기, 그리고 이 영역들과 연계하여 삼키기와 뱉기, 간직하기와 배출하기, 침투하기와 둘러싸기의 방식들, 그리고 말, 감정, 생각, 사건 등을 음식, 변, 오줌, 정액, 아기들 등으로 구체적 개념화하며 재서술을 조직해 간다. 이 모든 요소들은 출생과 상실, 질병, 학대와 방치, 부모들의 실제 혹은 상상 속의 갈등들과 성, 젠더의 차이, 형제 관계 등과 같은 가족의 삶에 대한 유아적 드라마 속에 역할을 부여받는다. 여기서 핵심적인 사실은 그렇게 상상되어진 유아적 드라마는 피분석자에 의해 얼마나 섬세하게 이 과정이 이루어지든 상관없이 분석적 대화 속으로 반복적으로 소개되고, 그리고 이것이 전이와 저항에 대한 해석적 재서술 과정 속에서 성취되는 것이라는 사실이다.

욕동들, 자유연상, 저항, 그리고 현실 검증

정신분석적 대화 속에서 이야기 서술에 대한 나의 논지를 설명하고 좀 더 발전시키기 위해서, 나는 정신분석 대화에 관한 서술에서 반복적으로 사용되는 다음 네 가지의 개념들을 다루고자 한다: 욕동들, 자유연상, 저항, 그리고 현실 검증.

욕동들

욕동들은 인간 본성의 이론의 여지가 없는 사실들이다. 가장 일상적 성찰만으로도 내적인 힘들에 의해서 움직여지는 수동적 자기 존재의 그림을 얻을 수 있다. 그러므로, 추동되어지는 것(being driven)과 소망하는 것(wishing)을 구분하는 것은 소망하는 것이 분명히 개인적 행동의 사례로 보인다는 점에서 완벽하게 정당화될 수 있는 것처럼 보인다. 그러나 이러한 구분은 옹호될 수 없다. 그것은 추동성(drivenness)에 대한 의식적이고 관습적인 증언을 그 주제에 관한 최종적 혹은 자연적 언어로 받아들이고 있기 때문이다. 그러나 그것을 그런 방식으로 받아들이는 것은 내성(introspection)이 그 자체로 마음의 구체적인 서술에 근거해서 구성된 하나의 경험의 형태라는 명제를 무시하는 것이다.

내성의 이야기는 각각의 사람은 독립적으로 작동하는 마음에 의해 형성된 경험의 저장소이며, 그 사람이 이 저장소 밖에 위치한 마음의 눈을 사용하여 어떤 일이 일어나고 있는지 들여다보고 관찰한다는 사실을 말하고 있다(cf. Ryle 1943). 이 성찰에 대한 이야기는 정신활동의 공간적 묘사를 통하여, 아마도 무엇보다도 내재화와 외재화의 개념들을 통해서 폭 넓게 설명 되어져 왔다. 이러한 공간적 개념들로는 내적 세계, 내면적으로, 내재화하다, 투사, 아래 깊은 곳에(deep down), 수준들(levels), 층들(layers)과 같은 단어들이 있다(Schafer 1972). 그러므로, 자신의 마음의 밖에 서있는 내성적 관찰자는 무엇으로 생각을 하겠는가? 제2의 마음으로? 우리는 완벽한 답을 가지고 있지 않다. 내성의 이야기들은 우리가 삶들을 구성하거나 만들어 내는 것이 아니라 삶들을 관찰하는 것이라고 말한다. 그렇게 함으로써 그것은 인간의 행위들과 책임성에 대한 담론에 확실한 한계를 정해준다. 일상의 삶과 심리학 이론들 속에 이러한 이야기 형식의 무비판적이며 광범위한 사용은 이런 방식으로 책임성을 부인하는 것이 얼마나 매력적인 것인지 보여준다.

욕동의 이야기들은 이 내성의 이야기에 의지하고 있기 때문에 동일한 방식으로 매력적이다. 그것은 또한 다른 방식으로도 매력적이기도 하다. 내가 앞서 언급하였듯이, 욕동 이야기들은 부분적으로는 도덕적이고, 또 부분적으로 그 중심에 우리를 모두 동물이라고 보며 우리 자신과 다른 사람들에 대한 이야기를 하는 데 분명한 지침들을 정해주는 다윈주의적-과학적 이야기를 들려준다. 이러한 지침들을 따름으로 인해, 우리들은 비록 종종 고통스럽고 비합리적일지라도 두 가지 중요한 기능들을 완수할 수 있다. 우리는 동시에 우리자신들을 폄하하고 (수많은 이유에서 그렇게 한다), 우리 행동들에 대한 책임을 부인한다. 이러한 기능들이 이루어지고 있기 때문에, 많은 사람들은 욕동이 하나의 이야기 구조라는 명제, 즉 인간의 삶에 대해 이야기할 수 있는 하나의 선택적 방법이라는 사실을 받아들이는 데 어려움을 경험한다.

예를 들어, 한 여성을 호색적으로 대하는 한 남자가 있다고 생각해 보자. 어떤 사람은 "그는 다른 어떤 것보다 그녀를 침대로 데려가기를 소망한다"고 말 할지 모른다. 또 어떤 사람은 "그의 성적 욕동이 압도적이고, 그녀는 그 욕동의 대상이다" 라고 말할지 모른다. 소망의 이야기(wishing narrative)는 생리적 과정이 그런 급박한 소망함과 상호 관련되어 있을 수 있다는 인식을 부인하지 않는다. 비록 이 상호관계가 항상 유효하지 않다는 사실에 대한 여지도 또한 남겨두지만 말이다. 생리적인 상호작용들이 존재하는 경우에, 소망의 이야기는 우선 그 남자가 이러한 자극들을 인식하게 되는 이유와, 그 자극들에 의미를 부여해야 하는 이유, 그가 바로 그 여성을 선택한 이유, 그리고 구체적으로 이성간의 성적 접촉이란 측면에서 그 상황을 조직하는 이유를 제공한다. 우리가 현재의 관점에서 강조해야하는 중요한 점은 소망 이야기가 우리의 일상 삶에서와 같이 분석 작업에서 왜 주체(subject)가 특정한 여성을 성적으로 갈망하는 성적 행위주체자(sexual agent)라기 보다는 욕동과의 관계에서 수동적인 존재라고 말하는지에 대한 질문을 제기하도록 한다는 점이다.

소망적 행동에 대한 비슷한 사례는 공격성에 대한 사례에서 찾아볼 수 있다. 정신분석의 한 이론 안에서 공격성은 분노, 공격, 독설 또는 그와 비슷한 것들 안에서 해소될 필요가 있는 하나의 욕동이다. 또 다른 이론 속에서 공격성은 다양한 방식으로 공격하고, 파괴하고, 상처를 입히거나 또는 주장하기 원하는 행위주체자들(agents)에 의해서 시행되는 행위 또는 행동의 방식이며, 각각의 경우에 이유들을 가지고, 관찰자에 의해 확인될 수 있는 상황 속에서 그렇게 한다. 물론 관찰자도 주동자 자신이 될 수 있다.

분석의 과정에서 피분석자는 특별히 심각하게 부적응적으로 추동되어진 경험들과 관계된 상황 속에서 점점 더 기꺼이, 독립적으로, 확신을 갖고, 안전하게 개인적 행위주체성(agency)의 이야기를 구성할 수 있게 된다. 분석에서 답을 얻어야 하는 중요한 질문들은 개인적 주도성에 관한 것이다. 그리고 중요한 답들은 능동성과 수동성의 귀인들을 재배치한다. 수동성도 또한 문제가 된다. 왜냐하면, 유아기의 무의식적 죄책감 반응(소위 초자아 죄책감)의 경우에서와 같이 주도성이 비합리적인 방식으로 자기에게 귀속 될 수 있기 때문이다(예를 들어, 사고로 인한 부모의 죽음에 대해서 "자기"를 비난하는 것).

자유연상

정신분석의 근본적인 규칙은 자유롭게 연상하고 마음속에 떠오르는 그 어떤 것도 억제하지 말라는 지침을 통하여 표현된다. 이런 생각은 이전에 언급했던 내성된 마음(introspected mind)의 이야기에 의해서 통제된다. 어떤 사람은 생각하는 것과 느끼는 것을 수동적인 언어들로 말하려고 한다. 즉, 그것은 마음이 스스로를 움직이고, 생각과 감정들이 떠오르고 사라지며, 욕동들이나 그 욕동들에 대항하는 힘들이나 구조들에 의해 추동되는 생각들과 감정들에 대한 이야기이다. 또 다시 피분석자는 자신의 마음에 대한 증인이 되어야 하는 것이다. 이러한 서술을 위한 정신분석적 모델들로는 프로이트의 "정신기구"와 "동물적 유기체(brute organism)"가 있다.

그러나 만약 어떤 사람이 피분석자를 주동자, 즉 사고하는 사람과 정서적 행동의 구성자로 보는 이야기의 선택한다면, 그 근본적인 규칙은 다르게, 그리고 이어지는 분석가의 해석적 활동과 더욱 조화를 이루는 방식으로 이해되어질 것이다. 이 두 번째 이야기 구조에 따라서 그 지침들은 다음과 같은 가이드라인을 형성한다: 즉, "만약 당신이 내가 주는 어떤 출발점, 방향과 계획, 선택의 범주, 정합성이나 예의와 같은 것이 없이, 단지 당신이 생각하고 느끼는 모든 것을 내게 이야기해 준다면 당신이 어떤 일을 하게 될지 살펴봅시다. 당신이 이러한 이야기 장치들을 도입하는 것을 제외하고는, 그 어떤 정해진 시작점, 정해진 중간과정이나 전개과정, 그리고 정해진 종결과정 없이 계속 이런 방식으로 진행하게 될 것입니다. 그리고 이런 조건들 아래서 당신이 행하는 것을 어떻게 이해할 수 있는지 살펴봅시다. 다시 말해서, 당신의 현재 어려움들의 시작들, 그 의미들과 중요성을 당신이 이해할 수 있는 방식으로, 그리고 변화를 생각해볼 수 있고 가능하게 하는 방식으로 이해할 수 있도록 그 것을 어떻게 재서술 할 수 있는지 살펴봅니다."

일단 피분석자가 이야기하기 시작하면, 분석가는 두 가지의 상호 관련된 방식으로 경청하고 해석한다. 첫째, 분석가는 그가 들은 것을 그 내용적 관점, 즉 그 주제의 일관성 차원에서 재서술 한다. 예를 들어, 피분석자는 무관심한, 객관적 비평의 태도를 의식적으로 드러내면서도 부러워하는 태도들을 반복적으로 암시하고 있을 수 있다. 분석가는 분석적 서술에 대한 특별한 관점에서 시기심(envy)의 주제를 소개하며 어떤 종류의 이야기가 현재 전개되고 있는지 확인할 수 있다. (물론, 위장된 시기심을 알아차리기 위해서 분석가가 되어야 하는 것은 아니다. 하지만 이것은 단지 분석적 서술이 세련된 상식과 명확히 구분되지 않는 다는 점을 설명하기 위함이다.) 그러면, 그 특별한 내용은 그저 피분석자에 의해서 인지되어지지 않고, 아마도 부인되어온 태도들을 분명하게 보여주고 있을 뿐이다. 그리고 이를 통해 그 피분석자는 의식적으로 구성된 그 설명과 관련하여 신뢰할 수 없는 화자로 보이게 된다. 궁극적으로 그 믿을 수 없음 자체는 저항함의 한 형태로 해석되고 대화로 엮어져야만 하는 것이다.

그렇게 되면, 피분석자의 이야기는 보다 큰 맥락 가운데 놓이게 되고, 그 정합성과 중요성은 증대되며, 분석적 작업을 위한 그 유용성은 분명해진다. 분석가는 일상적 방식으로 경청하지 않는다. ***분석적*** 재서술가(*analytic* reteller)로서 역할을 하며 분석자는 일상적인 방식으로 일관되게 반응하지 않는다. 사실 그렇게 할 수도 없다. 역전이에서와 같이 일상적인 방식의 경청은 결과적으로 분석적인 비정합성이 된다. 그렇게 되면 분석가의 재서술들 그 자체는 신뢰하기 힘들며 분석가 자신의 "삶의 역사"에 따라 각색되어진 것이 된다.

경청하기와 해석하기의 두 번째 방식에서, 분석가는 이야기를 하는(telling) 행동 그 자체에 집중한다. 이야기하는 것(telling)은 피분석자가 바라는바 대로 정보나 주제적 내용을 나누는 사심 없고 투명한 방편이라기보다는 하나의 묘사의 대상으로 간주된다. 분석가는 이야기하는 방법과, 때, 그리고 이유에 대해서 무언가 하고 싶은 말을 가지고 있다. 예를 들어, 분석가는 피분석자의 진술이 겉돌고 있는 모습이 분석가와의 상호관계에서 느끼는 거리감과 감정적으로 메마른 회기를 확증하는 것으로 생각하고, 피분석자가 분석가로부터 소외되는 불편한 감정을 중심으로 맴돌고 있다고 이야기 할 수 있다. 그리고 만약 시기심이 문제가 되고 있다면, 분석가는 피분석자가 현안이 되는 문제에 대해서 불투명한 설명을 제공함으로써 그가 질투하는 분석가의 능력을 망치려고 하고 있다고 말할지도 모른다.

이런 방식으로 분석가는 피분석자가 따르고 있는 복잡한 규칙들을 마치 "자유연상"을 하듯이 분명하게 밝혀준다(Schafer 1978, 강의 2). 소외된 담화, 시기심이 있는 담화 등, 다양한 종류의 담화들을 위한 규칙들이 있다. 어떤 것은 매우 보편적이고 상식에 비추어 잘 알려진 것이 있고, 어떤 것은 개별적 사례 속에서 아주 조심스러운 정의가 필요한, 그러나 여전히 궁극적으로 상식에 부합해야 하는 매우 전문화되거나 개별화된 것들도 있다. 분석가는 자유연상을 자유롭거나(free) 연상적인(associative) 것으로 여기지 않는다. 왜냐하면 이야기 행동들을 분석하는 전략 속에서 그것은 규제받지 않는 것도 아니며 수동적이지도 않은 수행이기 때문이다.

피분석자는 의식적으로 여러 가지 현상들을 수동적인 방식으로 경험한다. 예상치 못한 침투들 또는 이어지는 예기치 못했던 생각들, 아무 관련 없거나 수치스러운 감정들, 일관되지 못한 주제의 변경들, 사고들의 차단 또는 무기력한 억제들, 그리고 원래 내용에 대한 급박한 수정들이 그러한 예들이다. 피분석자는 이모든 것들을 자신이 의식적으로 따르고 있다고 말하거나 또는 지켜지고 있다고 믿고 싶어하는 규칙들에 대한 의도치 않은 위반들이라고 여긴다. 그러나 피분석자에게 결함 있거나 무력한 수행은 분석가에게도 그런 것은 아니다. 분석에서 자유연상은 오류가 없는 행위이다. 의식적으로 예기치 못했거나 이해할 수 없는 것들은 오히려 전개되고 있는 이야기를 지배하는 좀 더 복잡한 규칙들을 피분석자가 무의식적으로 도입한 것으로 볼 수 있다. 피분석자는 그 생각의 표류로 묘사될 수 있는 것에 대해 불편해졌을 수도 있고 자신이 위험한 상황으로 향하고 있다고 감지했을 수 도 있다. 또는 지금 끈질기게 전면으로 부각되고 있는 이야기가 아마도 또 다른 그리고 더욱 문제가 있는 이야기로 부터의 하나의 유용한 전환일 수 도 있다. "좋은 환자"가 되기 위해서, 피분석자는 주관적으로 좀 더 고통스러울 수 있지만, 문제가 되고 있는 행동들에 대해서 적극성, 즐거움의 추구, 또는 일상적 감수성과 같은 언어들로 분석적으로 유용한 설명이 주어질 수 있는 순간에, 원초적인 용어들, 예를 들어, 잔인한 복수나 유아 성적인 행위들과 같은 용어들로 이야기를 전개하려고 고집할지 모른다. 그 사례가 어떤 것이든, 새로운 설명은 그 속에서 피분석자가 영웅, 피해자, 기피자, 그리고 낯선 사람 등, 몇 가지 모습들을 동시에 무의식적으로 가지고 있는 사람으로 묘사되는 좀 더 복잡한 설명이 요청된다. 이러한 몇 가지 모습들은 각자 발언권을 가지고 있는 독립적인 보조적 자기들(subselves)의 모습으로 가장 잘 설명되는 것은 아니다 ("다중 자기들[multiple selves]"이란 개념은 그 자체로 단지 질문하게 만드는 이야기 구조일 뿐이다). 오히려 이러한 각각의 모습들은 한 사람, 즉 피분석자가 받아들이고, 다른 모습들과 조합, 반대, 분명한 모순 등 어떤 방식으로든 동시에 사용하고 있는 규제력을 가진 이야기 구조들 중의 하나이다. 실제로 분석가는 "제가 듣기로 당신은 ...라고 말씀하고 있는 것 같습니다" 또는 "다시 표현하면, 그것은 ...의 문제인 것 같습니다"라고 말한다. 그리고 이것은 하나의 이야기가 지금 분석적 흐름에 따라 ***그 순간 만들어 낼 수 있는 충분히 좋은 이해의 유일한 이야기***로 재서술되고 있다는 것을 의미한다.

저항

저항은 전혀 다른 관점에서 조명해 볼 수 있도록 재서술 될 수 있다. 더욱이, 그것은 한 가지 이상의 방식으로 재서술 될 수 있다. 어떻게 그런지 언급하기 전에, 나는 저항에 대한 프로이트의 설명을 개략적으로 살펴보고자 한다(예를 들면, 프로이트의 1912년 글을 참고하라). 프로이트가 말했듯이, "저항"은 꿈 심리학에서 검열과 비슷한 자율적인 힘이다. 저항은 피분석자가 분석가를 향해 취하는 다양한 반대의 형태를 말한다. 프로이트는 저항은 분석이 진행되는 매 단계마다 함께 따라다니므로, 기술적 차원에서 저항을 발견하고 분석하는 것 보다 더 중요한 작업은 없다고 말했다. 저항은 교활하며, 감추어져 있고, 비밀스럽고, 완고하다. 프로이트의 정신구조 이론의 관점에서 피분석자의 자아에는 하나의 분열이 있다. 이성적 자아는 앞으로 나아가고 싶어 하는데 방어적 자아는 비합리적 현재의 상태를 보존하고 싶어 한다. 피분석자의 자아는 자기이해를 통한 건강을 향한 변화를 너무 위험하고 굴욕스러워 견디기 어려운 것으로 생각하고 두려워한다. 저항에 대한 이러한 설명들은 분석의 상황에서 몇몇 적대자들의 짝에 관한 이야기 구조들을 형성한다. 즉, 자아의 한 부분이 자아의 다른 부분에 맞서고, 자아가 원본능에, 피분석자가 분석가에, 분석가가 저항에 맞선다. 그 갈등은 자유연상의 근본적 규칙에 순응하지 않는 것에 집중된다. 그 규칙은 모든 사례에서 고도로 부정형적이고 완전하지 않은 형태로 피분석자에 의해 준수될 수 있다. 저항을 욕동과 같이 마음속에 있는 하나의 힘으로 설명하는 것은 분석적 서술의 형태를 한 층 더 분명하게 해준다. 저항은 물활론적이나 의인화적으로, 그리고 주체가 수동적으로 경험하는 동기화된 자연적 힘의 하나로 묘사된다.

저항의 이야기는 분석 중에 어떻게 재서술 되는가? 하나의 재서술 속에서 저항은 긍정적, 부정적 전이 모두에 대한 설명으로 변형된다. 긍정적 전이는 분석을 유아기의 갈등이 있었던 사랑의 관계의 어떤 반복적인 형식으로 변형시키고자 하는 저항이다. 그 관계를 통해서 피분석자는 정당하게 분석 그 자체의 과정들과 목표들을 포기한다. 부정적 전이의 경우의 예를 들면, 분석가는 비합리적으로 그리고 종종 무의식적으로 반항해야 하는 권위적 부모로 비추어진다. 일련의 변형들을 통해서, 그리고 피분석자에 의해 제공된 여러 가지 단서들을 참고하여, 그 대립은 분석가에 의해서 유아기와 아동기의 구강기, 항문기, 그리고 성기기적 투쟁들의 실연으로 재서술된다. 다시 말해서, 먹여지는 것이나 젖 떼는 것을 거부하거나 그렇지 않으면 깨무는 것으로, 또는 적절한 장소와 시간에 배변하는 것을 거부하고, 대신에 변비 형태로 억누르거나, 연상, 감정과 기억들을 설사하는 것 같이 방출하는 것에 의존하는 것으로, 또는 은밀한 자위행위, 원초경적 관음증, 그리고 노출증, 방어적이거나 유혹적인 자기 젠더의 변경 등과 같은 것으로 그 대립은 재서술 된다. 그러므로, 저항의 분석과 전이의 분석 사이의 구분은 경험적인 문제라기보다는 보통 이야기의 선택의 문제라고 말할 수 있다. 전이의 측면에서 서술될 때, 저항은 수동적 경험이라기보다는 거부된 반복적 행위이다. 그리고 전개되고 있는 삶의 역사적 상황들 속에서 가장 이해하기 쉽고, 일관되고, 변경할 수 있는 위치에 있는 활동이다. 저항(resist*ance*)은 저항하기(resist*ing*)가 된다.

저항의 이야기를 재서술할 수 있는 또 다른 전적으로 긍정적인 방법이 있다. 이 서술에서 피분석자는 자기 자신을 위해서 무엇인가를 하고 있는 것으로 묘사된다. 그것이 비록 분석가에 의해 아직 공감적으로 이해되지 않을 수 있지만 무의식적으로 의미가 있는 것이다. 그러면 분석가는 잘못된 시간에, 잘못된 방식과, 잘못된 내용으로 피분석자에게 직면과 해석들로 압박한다. 그러한 개입들에 대한 반응으로서 코헛의 자기애적 격노에 대한 설명은 피분석자가 분석가의 공감적으로 결여된 개입들로 인한 더 이상의 분열로부터 자신의 취약한 자기를 보호하고 있는 것으로 묘사한다. 또는 피분석자가 자기 자신의 예상되는 무자비하고, 파괴적이며, 혹은 적어도 영구적으로 소외시키는 사랑의 형태로부터 분석가를 보호하고 있는 것일 수도 있다. 개인적 자부심과 명예심의 문제들이 관련될 수도 있다. 어떤 경우에 있어서는 피분석자의 저항함은 자기-유산(self-abortion)의 한 형태로, 또는 다른 경우에는 성기기의 역할을 강요받는 것을 거부하는 것으로 이해되었다.

어떤 사례이든, 분명히 반대하는 어떤 태도이든, 피분석자는 자신 또는 분석가, 또는 모두를 보존하고 심지어 향상시키는 작업에 참여하고 있는 것으로 그려진다. 그 작업은 분석가가 다른 흐름을 따라서 그 분석에 대해 서술하려는 잘못된 시도들이 무엇이든 간에 피분석자가 그 순간에 정당하게 포기하기를 거부하는 어떤 것이다. 저항함에 대한 이러한 긍정적인 서술 속에서 분석가는 상황을 파악하지 못하는 동물 또는 의식하지 못하는 파괴자이다. 자신의 부모를 끈질기게 맹비난했던 한 젊은 여성의 자연스럽게 일어나는 반항적인 고집은 분석적으로 두 가지 방식으로 재서술 되어져야 했다. 그 하나는 그녀가 상상하는 내적 세계의 견딜 수 없는 공포를 외면하는 것으로, 그리고 다른 하나는 그 문제가 단순히 그녀의 유아기 환상들이나 소망들 속에 있는 것이 아니라 체계로서의 가족 속에 존재한다는 사실에 대한 그녀의 입장에서의 확고한 주장으로 재서술 되었다. 그녀가 어떤 순간에 "만약 내가 내 자신으로 하여금 나를 이해하고 모든 역경을 딛고 살아온 지금의 내 모습을 보게 된다면, 내 가슴은 찢어질 거예요"라고 말한 것에서 알 수 있듯이, 한편으로 그녀의 분명한 저항함 속에는 함축된 한 가지 중대한 자기예방의 전략이 들어 있었다. 다른 한편으로는, 거기에는 부모의 광기에 대한 자기가 확신할 수 있는 진실을 찾고자 하는 피분석자의 노력이 있었다. 그녀의 공격적인 분석적 활동을 단순히 저항하는 것으로 생각해왔던 것이 그것에 대한 잘못된 정신분석적 이야기를 시작하는 것이 될 뻔했다.

저항함에 대한 이야기를 재서술하는 세 번째 방법은 피분석자의 능력(ability)과 무능(inability)의 단어들 사용에 대해 철저하게 질문을 던지는 것이다. 그것은 다음과 같은 흐름을 따라 발전되어 왔다. "저항"은 내담자의 소망들과 결심들에 반대하는 것처럼 보인다. 피분석자는 무능력을 주장한다. 예를 들어 다음과 같이 말할 것이다. "무언가가 내가 솔직하게 털어놓는 것을 하지 못하게 해요," 또는 "나의 억압들이 너무 강해서 첫 걸음을 떼지 못해요," 혹은 "그 꿈과 관련해서 어떤 것도 연상할 수 없어요." 이러한 측면에서의 무능의 이야기 구조는 문화적으로 확실히 자리를 잡아서 너무나 자연스러운 객관적 표현의 하나 처럼 보인다. 그러나, 그것은 무의식적으로 신뢰하기 어려운 화자로서 피분석자의 또 다른 모습으로 여겨질 수 있다. 첫 번째의 예(솔직하게 털어놓지 못하는 것) 에서 재서술은 이런 흐름들을 따라 다음과 같이 만들어질 수 있다. "당신은 털어놓지 ***않고 있습니다***. 그리고 당신은 왜 당신이 그렇게 하려는 결심을 실천에 옮기지 ***않는지*** 아직 이해하지 ***못하고 있습니다***." 세 번째 예 (연상하지 못함)에서는 이렇게 만들어질 수 있다. "당신은 당신의 관점에서 적절하게 보이거나 수용할만한 것으로 보이는 것, 즉 정합성과 상식 (good sense), 또는 좋은 태도에 대한 당신의 규칙에 맞는 어떤 것을 생각***하지 않고 있고***, 당신이 ***실제로*** 생각하고 있는 것을 묵살하고 있습니다."

이러한 예들을 제시하면서 나는 실제 또는 권장할만한 분석적 개입들을 제안하고 있는 것이 아니라 그 논리를 분명하게 설명하려고 하는 것이다. 실제로, 이러한 개입들은 전형적으로 기술적, 잠정적, 우회적, 단편적 방식으로 개발된다. 아마도, 오랫동안 "하지 않는다"(don't)의 요소는 피분석자가 서술을 비판이나 요구로 잘 못 알아듣는 것을 제한하기 위해서 암시되었을 뿐이었다. 권고는 분석가의 개입들 안에는 차지할 자리가 없다. 나는 또한 분석가의 초기 서술들이 어떤 중요한 주제에 대한 결정적인 말들이라고 제안하고 있지 않다. 또 다른 종류의 이야기들이 이야기되어지고 그래서 또 다른 경험이 만들어지는 기본 규칙들을 세우기 시작한다는 점에서 그것들은 단지 그 주제에 대한 첫 번째 말들일 뿐이다. 이것들은 행위 언어(action language)의 규칙들이고 포기된 행동을 되찾는 것이다.

행동을 적합한 이야기의 언어로 선택하는 것은 분석가로 하여금 많은 무능력의 이야기들을 행동을 부인하는 것으로 재서술 하는 작업을 시작할 수 있도록 한다. 지금부터 저항함(resisting)이라고 지칭될 저항(resistance)을 분석하기 위해서, ***할 수 있다***(*can*)와 ***할 수 없다***(*can't*)라는 견지에서 내담자들이 제시한 많은 이야기들을 듣고, 그것을 ***한다***(*do*)와 ***하지 않는다*** (don't) 그리고 때로는 ***할 것이다***(*will*)와 ***하지 않을 것이다***(*won't*)의 언어로 재서술 해야만 한다. 일반적으로, 피분석자는 무의식적으로 그 행동을 거부한다. 이러한 사실은 그 부인 (방어, 저항)을 조금도 행동으로 옮기도록 만들지는 않으며, 또한 부인되고 있는 것을 조금도 행동으로 옮기도록 만들지 않는다. 분석적 서술 속에서는 행동을 의식적 의도와 연결 짓는 일상적 관습의 지배를 받지 않는다.

피분석자가 "당신에게 말할 수 없어요" 혹은 "그것에 대해 생각할 수 없어요"라고 말하는 것을 처음 듣게 되면, 분석가는 종종 면밀하고 지속적인 자유연상을 통해서 피분석자에게 골칫거리가 무엇이든 간에 왜 말하거나 생각하려고 하지 않거나 또는 않으려고 하는지에 대한 분명한 이유를 찾으려고 한다. 그것은 아마도 문제가 되는 그 행동이 모욕적이거나, 두렵거나, 혹은 보기에 일관성이 없어 보여서 미칠 정도로 견딜 수 없기 때문일지도 모른다. 무의식적으로 말하지 않거나 생각하지 않으려고 하는 것은 순수한 무력감으로 표현되는 항문기적 보유나 오이디푸스적 반항의 행동일 수도 있다. 두 개의 사건에 대한 중요한 연결이 이전에 명확하게 규명된 적이 없었기 때문에 피분석자가 적절한 이야기 구조를 가지고 있지 못하여 단순히 의식적으로 구성된 하나의 맥락 속에서 두 사건을 받아들일 수 없기 때문일 수도 있다. 연결들과 맥락들은 분석가의 해석적 활동을 통해서만 생길 수 있다. 또한 해석은 왜 그 맥락과 연결들이 아직 형성되지 않았었는지에 대한 이유들을 제공할 수도 있다. 그런 모든 사례들 속에서 문제가 되는 것은 능력이 아니라 통제된 행위에 대한 적절한 명명이다.

행동와 비행동에 대한 이야기들을 다루는 동일한 방식은 일상에서 흔한 것이다. "나는 나 자신을 통제할 수가 없었어요." "나는 공부에 집중할 수가 없어요." "나는 그를 사랑할 수가 없어요"와 같은 이야기를 듣게 된다. 이 이야기들에 함축되어 있는 것은 저항함의 이야기들 속에서처럼 이야기되어지고 있는 행위에 대한 부인(disclaiming)이다. 이러한 부인은 통제불능이나 비인격적인 힘의 용어들을 의지해서 이루어진다. 이러한 설명들도 분석적으로 재서술 될 수 있다. 예를 들어, 몇 번의 분석 후에 "나는 공부들에 집중할 수 없다"라는 말은 다음과 같이 (요약된) 이야기가 될 수 있다. "나는 내가 공부하기로 결심한 것에 집중하지 않고 있다. 나는 대신 다른 것들에 대해 생각한다. 나는 여자들에 대해, 나의 돌아가신 아버지에 대해, 그리고 나의 인생의 모든 실패들에 대해 생각한다. 이런 것들이 실제로 내가 관심을 가지고 있는 것들이고, 나는 그것들을 접어두고 기계처럼 읽기만 해야 한다는 생각에 대해 반항하고 있다. 그것은 마치 어떤 요구에 대해서 상관하지 않는 것과 같다. 더욱이, 공부를 하지 않음으로 해서 나는 내가 잘했을 때 우쭐해지는 두려운 느낌들이나 그저 통과했을 때 느끼는 평범함 때문에 수치심을 경험하는 위험을 감수하지 않게 된다. 게다가, 공부에 진짜로 빠져들게 되면 성적(性的)으로 흥분이 된다. 책을 읽어야만 한다면, 그 행간을 읽는 것은 마치 성적인 관음행동처럼 느껴지고 그렇게 하는 것이 옳지 않다고 느껴진다." 이런 방식으로 재서술 된다면 "나는 내 공부에 집중할 수 없다"는 "나는 어떤 이유들로 집중하지 않는다. 그 이유들 중 어떤 것은 이전까지 내가 감히 인식하려고 해보지 않은 것들이다. 대신 나는 실제로 다른 일들을 다른 이유로 하면서, 나 자신에게 나는 집중하려고 노력하였지만 그렇게 할 수 없었다"라고 말하고 있는 것이다. 그 이야기는 의식적으로 고통스러운 현 상황을 보호하기 위해서 고안된, 의식적으로 구성된 무능과 실패의 한 이야기로부터 또 다른 종류의 현실 속에서 무의식적으로 고안된 행동에 대한 하나의 이야기로 변화한 것이다. 한결 신뢰할 만한 화자에 의해서 지금 이야기되어진 그 새로운 이야기는 개인적 행동에 대한 이야기이다. 그렇기 때문에 그것은 변화를 위한 기초의 역할을 할 수 있을 것이다.

바로 앞부분 설명의 어떤 부분에서도 이야기의 목적을 위해서 ***무능력***의 말들 혹은, 그 문제 때문에, ***필연***의 말들은 분석의 법정에서 완전히 배제되어야 한다는 것을 의미하지는 않는다. 오히려 이러한 말들이 이전 보다는 훨씬 더 제한된 환경들의 상황 속에서 유용하고 적합한 것으로 밝혀졌다. 이러한 상황들은 특별한 육체적, 정신적 능력과 훈련들을 포함하고, 또한 다른 사람들의 강력한 독립적 행동들과 세상에서의 비인격적 사건에 대한 불가피한 직면들을 포함한다. 그러나 이러한 필연적인 것들도 피분석자가 어떻게 그것들을 수용하는지의 차원에서 분석적으로 의미를 가지게 되는 것이다. 어떤 경우에도 필연성 (혹은 사건)은 한 개인을 무력하게 만드는 정신적 힘과 구조를 포함하지는 않는다. 많은 무력함은 강요된다기 보다는 행해지는 것이다 (Schafer 1978, 강의5)

현실 검증

전통적으로 현실에 대한 공식적인 정신분석적 이해는 솔직히 실증주의적이었다. 현실은 '바깥에' 혹은 우리의 내면세계 '안에' 가지적이며 증명할 수 있는 본질로서 존재한다. 적어도 분석적 관찰자에게 주체와 대상은 분명히 구분된다. 현실은 순수하게 마주쳐서 알게 되는 것이다. 부분적으로는 그것은 단순하게 자기 자신을 드러내고, 부분적으로 이론으로부터 자유로운 탐구와 이성에 의해서 발견되어지거나 알려지는 것이다. 따라서 현실 검증은 한편으로 단순히 무엇이 현실적이고, 진실이며, 객관적인지, 또 다른 한편으로 무엇이 비현실적이고, 거짓이며, 주관적인 것인지 확립하기 위한 작업과도 같은 것이다. 이런 이해에 근거해서, 예를 들어 x는 환상(정신적 현실)이고 y는 사실(외적 현실)이라고 결론지을 수도 있고, 어머니는 항상 생각해 온 것처럼 사랑 많은 분일 뿐 아니라 증오에 가득 찬 사람일 수 있다거나, 또 어떤 상황이 심각하지만 절망적이지는 않다거나 혹 그 반대의 사실 등을 결론지을 수 있다.

그러나 이처럼 실증적 방식으로 이야기하는 것은 세상 안에 있는 주체(subject)에 대해 설명하거나 그 설명에 도달하는 한 가지 방식일 뿐이다. 그리고 그것은 우리로 하여금 항상 현실에 대한 여러 가지 해석들(*versions* of reality)만을 다루도록 제한하는 정신분석적 탐구에 내재된 인식론적 전제들과는 잘 맞지 않는다. 내가 제안하는 한 가지 설명은 반드시 어떤 사람으로 하여금 세상 안에 있는 주체에 대한 어떤 해석(version)이나 시각(vision)을 구성하는 것을 제한한다. 어떤 사람은 상황들을 정의하고, 사건들에 여러 가지 의미들을 부여한다. 이러한 의미들은 주체나 또는 다른 역할을 하고 있는 화자가 답을 얻기 원하는 여러 가지 질문들에 대해 어느 정도 적절하게 반응적인 것이다. 그 의미들은 또한 그 화자가 따르기 원하는 맥락의 규칙들과 그가 유지하기 바라는 추상의 수준에 적합하기도 하다. 예를 들어, 어떤 경우에는 특정한 상황에서 특정한 종류의 적극적인 행동은 동등한 근거에서 가학적이며 동시에 피학적인 것으로, 퇴행적인 동시에 적응적인 것으로 묘사될 수 있다. 이런 설명에서 현실은 항상 이야기에 의해서 매개된다. 현실은 순수하게 마주치거나 발견되기 보다는 규제된 방식으로 창조된다.

현실 창조를 규제하는 규칙들은 관습적일 수 있다. 이러한 규칙들 속에는 그 세계와 그 것을 우리가 어떻게 알 수 있는지에 대한 질문과 같은 것들은 제기되지 않을 것이고, 필요하다면 동의된 확인을 쉽게 얻을 수 있다. 하지만 실제는 다를 수 있다. 일단 어떤 규칙들이 정해지면, 그것들은 어떤 주어진 상황에서 일관되지 않거나 적어도 이해할 수 없는 방식으로 관습을 깨는 것으로 드러날 수도 있다. 이 경우에, 이런 규칙들이 있는 곳에 더 많은 조사와 해석이 요구된다. 진실로 독창적인 사고들에 영향을 주는 그러한 규칙들은 "반드시 지켜야만 하는" 규칙들과 흥미를 가지고 구축하기 원하는 종류의 현실에 대한 수용된 사고들의 개정을 아마도 필요하게 만들지 모른다. 프로이트는 여러 가지 꿈, 신경증, 도착, 정신증, 정상적 성적 발달의 과정 속에서 준수되고 있는 규칙의 독특한 체계에 대한 그의 고도로 개별화된 "지나치게 결정론적인" 설명을 제시함으로써 그의 천재성을 보여주었다.

혹자는 ***정신분석적 해석은 하나의 이차 현실*** (a *second reality*) ***에 대해서 서술한다***고 말할지도 모른다. 이 현실 속에서 사건들 혹은 현상들은 성과 공격성, 그리고 그런 다른 문제들과 관련된 유아적이고 가족 중심적인 상황들의 반복적인 재창조(re-creation)의 관점에서 생각되어질 것이다. 피상적으로만 이러한 이차 현실에 대한 분석적 구성은 투박한 환원주의적 작업으로 보인다. 그것이 투박하게 환원주의적인 경우는 분석가가 "이것이 당신이 ***실제로*** 하고 있는 일입니다"라고 말할 때처럼 주제넘고 어리석은 방식으로 분석을 수행할 때만 그러하다. 실제로 유능한 분석가는 이렇게 말할 것이다. "지금까지 분석 과정 속에서 비록 일관되지 않고 선택적으로지만 당신이 지금 현실이라고 부르는 것 속에 이미 포함되어 있는 상식적 요소들을 근거로 또 다른 현실에 대해서 말씀드리고 싶습니다. 우리는 당신과 당신의 과거와 현재의 삶 속의 다른 사람들을 특별한 관점에서 살펴보게 될 것입니다. 그리고 또한 이 관점에서 우리는 우리의 분석 작업과 우리의 관계를 이해하게 될 것입니다. 이 이차현실은 다른 어떤 것과 마찬가지로 현실적입니다. 여러 가지 점에서 그것은 당신이 지금 확신하고 있고 임시방편적으로 살려고 노력하는 그 현실보다 더 일관되고 포괄적이며, 당신의 활동에 대해서도 개방적입니다. 이것을 근거로, 그 현실은 또한 변화의 가능성을 더 분명하게 하고 조금 더 실현가능한 것으로 만들며, 그래서 당신의 현재의 문제들로부터 벗어날 수 있는 길을 열어줄 수 있을 것입니다."

이러한 새로운 설명을 수용하는 것으로부터, 과거와 현재, 유아기와 성인기, 상상된 것과 소위 현실적인 것, 그리고 분석적 관계와 그 외에 다른 중요한 관계들에 대해서 재서술하는 정신분석적 현실을 구성하는 체계적인 작업이 뒤따르게 된다. 어떤 사람은 이 모든 것들을 행동에 대한 정신분석학적 관점에서 점진적으로 초점을 맞추며 조화를 이루는 방식으로 재서술하고, 어떤 사람은 현실에 대한 이야기의 재서술을 해낸다. 이 재서술은 임상적 상황과 관계에 맞게 각색되고, 그 재서술의 목적은 문제가 되는 그 삶과 문제들을 새롭게 이해하는 것이다. 피분석자는 분석이 진행됨에 따라서 그 재서술(재기술, 재해석, 재맥락화, 환원)에 참여하게 된다. 그 이차현실은 협동작업과 협동경험이 된다. 그리고 만약 어떤 사람이 투박한 환원주의자와 같은 모습으로 등장한다면, 그것은 무의식적으로 너무 많은 사건들을 단순히 유아기의 성이나 공격성의 이야기들로 환원한 것으로 보이는 피분석자이다.

우리는 여기서 다시 한 번 더 신뢰할 수 없는 화자의 문제로 되돌아갈 수 있을 것이다. 왜냐하면, 이 문제는 해석의 타당성에 대한 많은 질문들과 관련되어 있기 때문이다. 신뢰할 수 없는 화자에 대해서 이야기하기 위해서, 우리는 타당성을 가진 신뢰할 수 있는 화자에 대해 개념적으로 이해해야만 한다. 하지만 나의 주장의 흐름은 하나의 확정적인 설명을 성취하는 것이 어렵다는 것을 시사하고 있다. 타당성은 그 자체로 타당해 보이고, 면밀한 고찰 후에 응집성, 일관성, 포괄성과 상식에 부합하는 특징을 가진 것으로 보이는 하나의 체계 안에서만 성취될 수 있는 것처럼 보인다. 이것이 정신분석에서 이차 현실을 형성하는 체계이다. 피분석자는 전이와 저항에 초점이 맞춰진 이러한 이차 현실 속에서 신뢰할만한 화자가 될 수 있도록 도움을 받는다. 하나의 관점이 유지되고 적용되어 그 요구되는 종류의 신뢰성과 가지성의 최대치를 성취할 수 있게 되고, 또한 해석학적으로 그 성취를 확인할 수 있게 된다.

규범적인 생의 역사

정신분석학적 연구자들은 정신분석가들이 분석적 대화에 참여하는데 가이드로 사용될 수 있도록 생후 첫 날로부터 시작하는 규범적이고 연속적인 정신분석적 생의 역사를 개발하는 것을 목표로 해왔다. 프로이트는 심리성적 단계를 전개하고, 그 본능적 변화들, 자기애적 단계들, 단계들 마다 해당되는 지향성과 갈등들(구강기, 항문기, 등), 자아와 초자와의 기원과 안정화, 그리고 그러한 다른 발달적 기간들, 문제들, 그리고 성취들을 정의함으로써 이러한 패턴을 수립했다. 하지만, 그가 제시한 생의 역사들은 오이디푸스 콤플렉스 시기, 즉 2세와 5세 사이의 시간 즈음에 대체로 형성된다고 말하는 것이 안전하다. 그의 설명에서 초기 시기들은 주관적 경험으로 접근하거나 증명하기 어려운 잘 알려지지 않은 선역사(prehistory) 또는 추정된 구조적 영향들로 남아 있다.

오늘날 정신분석 분야는 이러한 초기 정신발달의 잘 알려지지 않은 단계들에 대한 이론들의 경쟁에 의해서 지배되고 있다. 자폐, 공생, 그리고 분리 개별화의 단계, 기본적 신뢰와 불신의 단계, 자기의 일부가 아닌 대상이 거의 존재하지 않는 순수한 자기애의 단계, 거울 단계, 그리고 클라인적인 유아기의 편집－분열과 우울적 단계들 또는 "자리들"의 변형들이 그러한 예들이다. 대부분, 이러한 단계들은 비록 아동들에 대한 일부 직접적 관찰이 적용되기도 하지만, 소위 구성과 재구성들, 즉 성인들의 분석 과정에서 마주하게 되는 기억에 근거한 추측들, 상징적 읽기, 주관적 현상들을 통해서 정의되고 상세하게 설명되어진다. 이러한 추측들은 주관적 경험의 기원의 본성과 여러 다른 학자들에 의해서 다양하게 평가되어 온 환경이 그 경험에 미치는 형성적 영향에 관한 것들이다. 이 모든 것에서 개인의 선역사 전체를 없앨 정도로 그 주관적 역사 속까지 역추적하는 하나의 연합된 노력이 시도되고 있다.

이러한 작업들은 대체로 사실 탐구의 형태로 고안되고 제시된다. 현재를 이해할 수 있는 다른 방법이 없다는 전제 위에, 아주 먼 과거에 실제로 그것이 어떠했을지 밝혀내는 것은 필수적이라고 여겨진다. 그 내부적 차이점들에도 불구하고, 이 전체 프로그램은 치료적 가치와 함께 발견적 학습의(heuristic) 가치를 가지고 있다. 이런 주장을 논박하는 것이 나의 현재 의도는 아니다. 그러나 방법론적 관점에서 나는 이 프로그램이 잘못 고안되었다고 생각한다.

이러한 규범적 생의 역사에 대한 작업들이 단순히 사실 탐구의 여정들이라는 주장은 내가 앞에서 언급했듯이 매우 문제가 있는 것이다. 처음부터 그런 각각의 여정은 발견될 것들을 위해 준비된다. 그 여정은 그 자체의 지도들과 나침반들, 개념적 도구들, 그리고 예측할 수 있는 목적지를 가지고 있다. (경험주의자들의 순수함의 가식들을 반박하는) 이러한 준비들은 이야기의 계획, 형태, 규칙들의 체계까지 포함한다. 그렇게 고안되는 일련의 생의 역사적 이야기들은 임상적 분석의 이차적 재서술 이상은 아니다. 그러나 이 재서술은 혼란스럽게도 분석적 대화의 축적된 내용에 대한 언급을 지우려고 한다. 비유를 바꾸어, 그 재서술은 그 대화를 마치 역사를 파헤치는데 사용되는 단순한 삽 정도로 여긴다. 그래서 아마도 진실한 연대기들을 파헤치는 기술에 대한 매뉴얼을 제외하고는 그것을 중요한 것으로 생각하지 않는다. 그러므로 이론가들은 전형적인 전기의 간소한 형식인 사례사의 이야기 형태에 집중해왔다.

정신분석 상황에 방법론적으로 더 적합한 이야기 형식이 존재하는가? 나는 존재한다고 믿는다. 그것은 현재라는 중간에서 시작되는 이야기이다. 그 시작은 분석의 시작이다. 그 현재는 자서전적 현재가 아니다. 그 시작은 소위 피분석자가 호소하고 있는 문제들 또는 과거에 대한 일부 설명들을 포함한 초기 증상들로 이루어져 있다. 이 두 가지 자서전적 현재의 구성요소들의 신뢰성과 유용성은 분석 과정 속에서 밝혀지게 된다. 일단 분석이 진행되면, 자서전적 현재는 전혀 시간상의 명확한 하나의 지점이 아니라는 사실이 분명해진다. 한 개인은 심지어 그 현재에 대해 어떻게 마음속으로 적절하게 생각해볼 수 있는지 알지 못한다. 그것은 점점 더, 반복적이며 위기를 지속시키는 과거에 대한 부정확한 기억과, 과거의 모형에 근거해서, 가장 지장을 초래하는 방식으로, 두렵고 비합리적으로 상상되어진 미래에 대한 방어적인 삶의 방식으로 보인다.

곧 피분석자가 해석적으로 시간적 원(temporal circle) 안에서 작업을 하고 있다는 사실이 분명해진다. 그는 자서전적 현재에 대해 이야기되어진 것으로부터 시작하여 분석적으로 일관되고 유용한 과거에 대한 이야기를 분명히 밝히고, 그것을 가다듬고, 수정하고, 조직하고, 완성하기 위해서 과거로 향한 작업(work backward)을 수행한다. 그리고 그는 가장 중요하게 설명해야만 하는 현재와 그 예기된 미래를 구성하기 위해서, 과거에 대한 다양한 이야기들로부터 시작하여 미래로 전진하는 작업(works forward)을 수행해 간다. 과거와 현재와 미래가 분리 가능하다는 잠정적이고 의심스러운 가정 하에, 각각의 시간의 부분들은 타인들에 대한 일련의 질문들을 만들고, 다른 사람들에 의해 만들어진 그것에 대한 질문들에 대해 답하는데 사용되어진다. 그리고 이 모든 설명들은 정신분석적 대화가 계속되면서 지속적으로 변화해간다. 프로이트의 주요한 사례 연구들은 이러한 이야기의 형식을 따른다. '쥐 인간' (1909)에 대한 그의 보고는 적절한 하나의 좋은 사례이다. 우리는 프로이트가 이 남성에 대해서 어떤 다른 이야기들을 했고 또 할 수 있었는지 알기 위해서, 즉 그의 이 남성과의 분석 작업에 대해 알기 위해서, 단지 그 사례에 대한 그의 노트들과 그의 공식적 리포트들을 비교하면 된다.

나는 삶에 대한 분석적 역사가 이차적 역사라고 말했다. 일차적 역사는 분석적 대화의 그것이다. 이 이야기는 분석의 과정을 통해서 다양한 관점에서 서술되어왔고, 실제로 하나의 매끄러운 재서술의 형태로 표현될 수 없는 역사들의 모음과 더 비슷하다. 그럼에도 불구하고, 분석가들이 전형적으로 그렇게 묘사한다는 점에서, 나는 그것을 하나의 역사로 부를 것이다. 이 역사는 현재 안에 놓여 있다. 그것은 언제나 그리고 반드시 지금까지의 대화의 의미들과 사용들에 대한, 또는 다른 말로 전이와 저항함에 대한, 하나의 현재적 설명이다. 연구되고 있는 생의 기원들과 변형들에 대한 설명은 이 대화 속에서 그러한 전환을 설명하기 위해서 이야기적으로 반드시 강조되고, 전제되어야 하는 것에 의해 만들어지고, 확장되고, 제한되어 진다. 피분석자의 초기 어린 시절, 청소년기, 그리고 생의 다른 중요한 시기들에 대한 이야기들은 분석가가 지금 행하고 있는 종류의 분석적 작업을 수행하기 위해서 그에게 요구되어지는 것을 요약하고 정당화하는 방식으로 재서술 되어져야 한다.

그렇다면 분석가가 가진 일차적 이야기적 문제는 규범적인 연대기적 생의 역사를 어떻게 이야기하느냐가 아니라, 오히려 각각의 분석 속에서의 몇몇의 역사들을 어떻게 이야기하는가의 문제이다. 이러한 관점에서 볼 때, 모범적인 분석적 이야기를 시작하게 되는 사건은 생각이 떠오르는 첫 순간(예를 들어, 젖가슴의 부재에 대한 프로이트의 환상적 소망성취)이 아니다. 그 대신, 피분석자가 말한 것에 대한 정신분석가의 재서술과 그 이야기의 변형에 대한 피분석자의 반응의 이야기적 서술로부터 시작해야만 한다. 이러한 대화 순간에서의 서술 속에는 분석적 과거, 현재, 미래의 구조가 들어 있다. 초기 유아적 발달에 대한 설명들이 구성되는 것은 바로 이 시작점으로 부터이다. 지금까지 분석가들이 열심히 노력해서 만들어 온 그러한 전통적인 발달의 설명들은 지금 새로운 관점으로 조명되어질 수 있다. 즉, 정신 발달에 대한 사실 탐구와 같이 실증주의적인 것이 아니라, 좀 더 해석학적으로 채워진 이야기의 구조들로 보이게 될 것이다. 수용된 이야기 구조들은 피분석자의 생의 역사에 대한 많은 서술과 재서술들을 포함하여 분석의 사건들에 대한 서술들을 통제한다. 그 시간은 항상 현재적이다. 그 사건은 항상 진행되고 있는 대화이다.

참고문헌

Booth W: The Rhetoric of Fiction. Chicago, University of Chicago Press, 1961

Freud S: Notes upon a case of obsessional neurosis (1909), In The Standard Edition of the Complete Psychological Works of Sigmund 프로이트 [SE], Vol 10. Translated and edited by Starchey J. London, Hogarth Press, 1955, pp 153-318

Freud S: The dynamics of transference (1912). SE, 12:97-108, 1958

Freud S: Remembering, repeating and working-through (further recommendations on the technique of psycho-analysis II) (1914). SE, 12:147-156, 1958

Klein M: Contributions to Psycho-Analysis 1921-1945: Developments in Child and Adults Psycho-Analysis (1948). New York, McGraw-Hill, 1964

Kohut H: The Analysis of the Self: A Systematic Approach to the Psychoanalytic

Treatment of Narcissistic Personality Disorders. New York, International Universities Press, 1971

Kohut H: The Restoration of the Self. New York, International Universities Press, 1977.

Ryle G: The Concept of Mind (1943). New York, Barnes & Noble, 1965

Schafer R: Aspects of Internalization. New York, International Universities Press, 1968.

Schafer R: The psychoanalytic vision of reality (1970), in A New Language for Psychoanalysis. New Haven, CT, Yale University Press, 1976, pp 22–56

Schafer R: Internalization: process or fantasy? (1972), in A New Language for Psychoanalysis. New Haven, CT, Yale University Press, 1976, pp 155–178

Schafer R: A New Language for Psychoanalysis. New Haven, CT, Yale University Press, 1976

Schafer R: Psychoanalysis and common sense. The Listener, 10 November 1977, pp 609–610

Schafer R: Language and Insight: The Sigmund 프로이트 Memorial Lectures 1975–1976. University College London. New Haven, CT, Yale University Press, 1978

Schafer R: Action language and the psychology of the self. Annual of Psychoanalysis 8:83–92, 1980

Segal H: Introduction to the Work of Melanie Klein. New York, Basic Books, 1964.

에블린 알브레히트 슈와버 (Evelyne Albrecht Schwaber)

25

소개

에블린 슈와버(Evelyne Schwaber)는 매사추세츠 주 캠브리지에 있는 래드클리프 대학교와 뉴욕에 있는 알버트 아인슈타인 의과대학을 졸업했으며, 보스턴 정신분석학회와 연구소에서 교수직을 맡고 있다. 그녀는 매사추세츠 주 니덤에 있는 뉴잉글랜드 동부 정신분석연구소의 훈련 및 감독 분석가이며, 매사추세츠 정신분석연구소와 미네소타 정신분석연구소의 교수진이자 피츠버그 정신분석학회 명예회원이었다.

슈와버 박사는 임상적 경청(clinical listening) 분야에서 60개 이상의 저작을 펴내 상을 받았으며 그녀의 연구는 다양한 언어로 번역되었다. 그녀는 캐나다, 유럽, 남미, 호주 및 이스라엘에서 강의하며 가르쳤다. 특히 그녀는 분석가로서 런던대학교의 프로이트 기념 강연자, 로마대학교와 로마정신분석협회, 독일의 9개 정신분석연구소 컨소시엄, 리오 데 자네이로와 상파울루의 브라질정신분석학회, 우루과이정신분석학회, 호주 시드니대학교, 독일 프랑크푸르트의 정신분석연구회 연차 총회, 괴팅겐의 루 안드레아스 살로메 연구소 창립 50주년 기념일에 초청받는 영예를 누렸다. 그녀는 *Psychoanalytic Inquiry*의 자문편집위원, *Journal of Clinical Psychology*의 객원편집위원, *Israel Psychoanalytic Journal*의 전 편집위원이다.

슈와버 박사는 자기 자신에 대해 다음과 같이 말한다:

1960년대 후반 보스턴 정신분석연구소의 훈련생으로 있을 때, 나는 수석 연구원과 교수진이 임상자료를 놀랍고 영민하게 해석하는 것을 자주 보았다. 나는 그들이 내가 모르는 숨겨진 의미를 볼 수 있다는 사실에 놀랐다. 처음에 나는 배움에 대한 두려움 때문에 낙담했었다. 나는 "무의식"을 찾는 작업을 선배들이 하는 것처럼 그리고 동료들이 노력하는 것처럼 그렇게 깊이 있게 할 수 있는 능력을 갖지 못했다고 느꼈다. 그들은 어떻게 그런 것을 알았을까?

내가 처음 감독받은 사례의 경우, 환자의 비인격화 증상이 카우치에서 아주 놀라울 정도로 무작위로 분출하는 것 같았다. 감독은 내게 '그녀의 자아를 교육하라'고, 즉 그녀가 경험했다고 주장하는 것이 상상이나 환상이었다는 것을 그녀가 볼 수 있도록 도와주라고 제안했다. 그녀는 현실감각을 강화할 필요가 있었다. 두 번째 사례에서 다음 감독은 환자의 말에서 내적 타당성, 즉 환자의 관점을 찾아낼 수 있도록 도와주었다. 그는 이 방법을 분명하게 언급하지는 않았다. 하지만 나는 이것이 환자가 묘사하는 자신의 경험과 지각에 대한 논리문제를 다루는 것으로 인식했다. 나는 환자의 왜곡을 전제로 그 안에 숨겨진 의미를 찾고 있었다. 나는 이런 과정을 통해서 더 자연스러운 그러나 덜 마술적인 작업(경청) 방법을 찾았다. 나는 첫 환자를 이런 방식으로 경청하려고 노력했다. 놀라운 변화가 일어났다. 나는 비인격화 증상이나 상태가 어떤 순간에 어떻게 발생했는지 마치 환자가 보는 것처럼 보기 시작했다. 반드시 그렇지는 않더라도, 이 순간은 우리가 경청하지 않은, 판단하고 가정해 버린, 이해하지 못한 나의 지각과 관련되어 있었다. 환자가 자신의 과거를 더 깊은 관점에서 바라볼수록 증상은 덜 무작위로 더 낮은 빈도로 분출하는 것 같았다. 환자가 지금까지 무의식적이었던 것을 인식할 수 있게 되었을 때 바로 그곳에서 새로운 길이 열렸다. 환자가 나에 대한 경험과 과거 인물에 대한 환기 그리고 재현을 통해 의미 있는 타당성을 보게 되었을 때 기억이 저절로 떠올랐다. 나는 환자가 말하지 않은 의미를 추론하기 위해 더 이상 분투하지 않았다. 또한 이미 가정되어 있는 왜곡을 바로잡기 위한 미묘한 싸움도 하지 않았다. 나는 말속에 담긴 의미에 더 가깝게 다가갈 수 있었으며, 그녀가 할 수 있는 만큼 영향을 미칠 수 있었다.

두 감독은 유사한 이론 분야에서 높이 평가받고 있는 고전적 분석가들이다. 이들은 분명한 임상적 효과가 있는 각기 다른 경청 방법을 가르쳐 주었다. 나는 경청 방법이 이미 많은 사람들에게 인정받고 있는 이론을 초월한다는 사실을 인식하기 시작했다. 또한 시간이 지나면서 이러한 차이를 해결하려는 노력이 심오한 관점의 변화를 수반한다는 것도 알게 되었다.

나르시시즘에 관한 하인즈 코헛의 저술은 논란이 커진 기간만큼 영향력도 증가했다. 나는 F양에 대한 코헛의 저서(Kohut 1986)에서 이미 자신의 이론적 입장을 넘어서려는, 그렇게 함으로써 F양이 전달하고자 하는 다른 무언가를 그녀의 언어적 비언어적 의사소통에 주의를 기울이며 들으려는 시도에 충격을 받았다. 그 순간 나는 내가 무엇에 흥미를 느끼는지 알게 되었다. 코헛은 이론에 근거한 추론을 고집하기보다 F양에게 귀를 기울였다. 그때 그녀가 우울한 어머니와 경쟁적인 오빠에 대한 반응을 어떻게 재창조했는지 배웠다. 이렇게 코헛은 F양의 심리 경험 영역을 넓혀가며 또 다른 전이의 영역을 발견했다. 이러한 변화는 프로이트의 초기 임상적 발견들과 함께 내게 커다란 반향을 일으켰다. 코헛은 자신의 선(prior)가정을 초월해 환자가 무엇을 전달하는지 귀를 기울였다. 이것이 바로 ***발견의 순간***을 위해 우리의 선가정을 넘어서거나 진입한 길에서 우회할 수 있는 능력이다. 나는 그동안 이러한 발견의 순간의 영역에 들어가기 위해 노력해왔다.

자기심리학 이론이 확립되면서, 나는 이것 역시 널리 인정받는 다른 이론들처럼 환자의 의사소통을 이해하는 선점 지침이 되었다는 것을 발견했다. 특히 분석가가 분석하는 방향이나 환자에 대한 분석가의 관점과 일치하지 않는다면 말이다(Schwaber 1987, 1996 참조). 내가 보기에는 여기에 이론 사용에 대한 보다 큰 임상적이고 이론적인 함의가 있다. 이것은 내 작업의 중심 관점이 되었다. 우리의 이해나 임상자료에 대한 설명에서 분석적 대화 자체가 필수적이지 않았던 것처럼, 내가 주목했던 결과들 가운데도 환자와 분석가 사이의 언어적 비언어적 교환을 포함하는 임상자료가 단순히 역동적이고 이론적인 표현보다 더 자주 누락되었다(Schwaber 1986; Klumpner and Frank 1991 참고). 다행히 이런 보고양식은 전반적으로 사라졌다.

나는 항상 존재하는 주관성과 우리의 참여적 의견(participatory input)을 인정하는 추세에도, 분석가로서 우리가 우리 자신의 틀만을 고집하려고 하지 않는다는 관점을 한층 더 다른 사람들과 공유했다. 환자에게는 여전히 배워야 할 다른 것이 있을 수 있다. “우리는 유일한 주격(Subjective)이 아니다” (Schwaber 1998). 내가 표현한 우려의 또 다른 예는 “투사적 동일시” 에 대한 클라인학파의 관점과 관련되어 있다. 우리는 투사적 동일시가 환자뿐만 아니라 분석가에게도 심리적 동등성을 지닌다고 개념화한 것을 들어보지 못했다. 즉 역전이가 분석가의 투사적 동일시의 증거를 지니고 있다면, 전이가 분석가가 무의식적으로 환자에게 이러한 반응을 일으키고 있다는 것을 암시한다는 사실도 인정해야 한다. 우리가 이론적 일관성뿐만 아니라 공통성(환자의 관점을 찾는 데 필수적이라고 생각하는)의 공명을 찾으려면 모든 심리적 기제를 카우치의 한쪽이 아닌 양쪽에서 발견해야 한다(Schwaber 2005). 더 최근의 예는 많은 관심을 받고 있는 절차적 또는 ***암묵적*** 기억의 임상적 함의의 방향에 반영되어 있다. 나는 그러한 기억 형식(mnemonic forms)이 지워지지 않은 채로 남아 있다는 관점이 비언어적 단서에 대한 끊임없는 공동탐구를 간과하게 하는 위험에 처할 수 있으며, 분명히 ***밝혀낼 수 있고*** 새롭게 발견된 기억경로에 대한 앙뜨레(entrée, 메인 요리)를 ***제공할 수 있다***는 것을 알았다(다음 논문에서 보여주는 것처럼).

나는 종종 나 자신의 이론적 선호에 대한 질문을 받는다. 나는 나 자신을 전통적 분석가로 생각한다. 나는 심리적 현실에 대한 프로이트의 이론을 견지하고 있다. 프로이트의 이론은 그 이론의 키이자 닻인 전이를 가지고 탐구의 데이터베이스인 환자의 내적 경험에 대한 근본적 타당성을 제공한다. 나는 전이의 발견에 대한 내 관점을 설명했다. 관찰자의 참여는 관찰영역에 내재되어 있다. 이것은 마치 심층심리학적 관찰의 목록을 과학적인 상대성이론의 시대로 표시하는 것과 같다(Schwaber 1985). 이것은 집단적 공명에 대한 이해와 각자의 독특성에 대한 이해의 틀에서 우리가 세상을 보는 방식을 변화시켰다. 이렇게 어려운 변화와 함께 우리가 하는 고민은 겸손하게 보일지도 모른다. 그러나 이것은 우리 각자의 진실은 우리 자신의 것이지만 다른 사람의 진실은 우리가 찾으려고만 한다면 우리 자신 속에서 우리가 발견할 수 있는 것이라는 언뜻 보기에는 역설적인 사실을 인식할 수 있는 좋은 변화를 제공한다. 그래서 나는 "경청을 위한 투쟁"과 그것이 지니고 있는 "오랜 역설"에 대해서 쓰려고 한다.

이 논문을 선택한 이유

에블린 알브레히트 슈와버

나는 지난 30년 동안 어려운 정신분석적 경청이라는 분야에 대한 글을 개념적, 임상적, 역사적, 과학적, 철학적으로 쓰고 있다. 나에게 이것은 지속적인 진화의 과정이며 계속적인 자기교정의 과정이었다. 내가 쓴 모든 논문은 내가 전에 알지 못했거나 제대로 인식하지 못했던 어떤 것을 배우게 되었을 때 작성했다. 그러나 내가 어떤 것을 안다고 말할 수 있을 때도 배울 수 있는 것이 있었다. 그러므로 나는 가장 최근의 견해를 반영하기 위해, 내가 가장 근래에 발표한 "The Struggle to Listen"을 이 책에 포함하기로 했다. 물론 이 글도 일시적이고 제한적이다. 나는 여러분이 내가 보지 못한 것을 더 보았으면 한다.

이 논문이 이 책에 포함되어 영광이다.

참고문헌

Klumpner G, Frank A: On methods of reporting clinical material. J Am Psychoanal Assoc 39:537-551, 1991

Kohut H: The psychoanalytic treatment of narcissistic personality disorders. Psychoanal Study Child 23:86-113, 1968

Schwaber EA (ed): The Transference in Psychotherapy: Clinical Management. New York, International Universities Press, 1985

Schwaber EA: Reconstruction and perceptual experience: further thoughts on psychoanalytic listening. J Am Psychoanal Assoc 34:911-932, 1986

Schwaber EA: Models of the mind and data-gathering in clinical work. Psychoanalytic Inquiry 7:261-275, 1987

Schwaber EA: The conceptualization and communication of clinical facts in psychoanalysis: a discussion. Int J Psychoanal 77:235-253, 1996

Schwaber EA: The non-verbal dimension in psychoanalysis: "state" and its clinical vicissitudes. Int J Psychoanal 79:667-679, 1998

Schwaber EA: On: projective identification and consciousness alteration (letter). Int J Psychoanal 86:900-901, 2005

경청을 위한 투쟁

지속적 성찰, 오랜 역설 그리고 기억회복에 대한 몇 가지 생각[1)]

(The Struggle to Listen: Continuing Reflections, Lingering Paradoxes, and Some Thoughts on Recovery of Memory)

에블린 알브레히트 슈와버

내가 어느 것을 더 좋아하는지 모르겠다
음조의 아름다움인지 풍자의 아름다움인지
검은 새의 지저귐인지 그 이후인지

— Wallace Stevens,
"*검은 새를 보는 열 세 가지 방식*"

우리는 음조, 풍자, 톤, 단어 가운데 어느 것에 귀를 기울이는가? 아니면 그 다음에 이어지는 것에 귀를 기울이는가? 그 다음에는 무슨 일이 일어나는가?

우리는 어떻게 듣는가? 위의 운문이 보여주듯이, 우리는 각자가 지니고 있는 선호에 따라 미묘한 차이를 만들어낸다. 이것은 자명한 이치이다. 그러한 선호는 피할 수 없다. 우리는 우리가 믿고 있는 것을 따르며 보고 생각하는 법을 배운다. 이것은 또 다른 방식이 될 수 없다. 그렇다면 우리는 가던 길을 계속 가거나 그 길에서 벗어나기 위해, 길을 개방하거나 폐쇄하기 위해 우리가 선호하는 것을 어떻게 사용할까? 우리는 어떻게 우리 안에 일어날 수 있는 분노의 가능성에 대처할 수 있는 해답을 찾을 수 있을까? 그리고 우리는 어떻게 이론에 기초한 합리화("그 환자가 내게 그런 감정을 집어넣었어," "그 환자는 무의식의 환상에 사로잡혔어")에 방어적으로 의존하지 않고 우리 자신이 인식하지 못했던 선호, 보이지 않는 가정들을 발견할 수 있을까? 내

1) Evelyne Albrecht Schwaber 박사(M.D.)가 쓴 "The Struggle to Listen: Continuing Reflections, Lingering Paradoxes, and Some Thoughts on Recovery of Memory"는 *The Journal of the American Psychoanalytic Association,* 53:789-810, 2005에 처음 실렸다.

가 주장하는 바는 우리가 귀 기울이고 있는 그러한 질문과의 싸움이 아직 무의식적이거나 의식적이 아닌 무엇의 영역에 오랫동안 남아있는, 감추어졌거나 단순히 뒤에 남아있을 수 있는 의미와 역사로 미묘한 차이(음조, 풍자, "지저귐")에 대한 설명을 분명히 향상시킬 수 있을 것이라는 점이다.

이러한 문제들에 대한 성찰을 유지하려는 노력의 일환으로, 다르지만 평범한 임상적 순간들(다른 사람의 저술과 나의 저술에서 선택한 짧은 또는 약간 긴 사례들)을 나와 함께 살펴보자. 내가 바라는 것은 이런 짧은 성찰들이 축적된 메시지로 전달되는 것이다.

임상적 자료

워크숍에서 모임이 시작된 후 분석가가 대화를 진행했다. 그녀의 환자는 "나는 진짜 슬퍼요. 그런데 왜 그런지 모르겠어요"라고 말했다.

분석가는 "꼭 확실해야 하나요?"라고 물었다. 환자는 대답했다.

"아니요, 그렇게 생각하지는 않아요. 그러나 ...(그는 잠시 멈추었다) 그런데 나는 어제 내가 정말 혼자라고 느꼈어요... 나는 내가 무슨 말을 하고 있는지 모르겠어요."

분석가가 대답했다. "당신이 알아야 할 필요가 있나요?"

환자는 대화를 다시 시작하기 전에 한동안 침묵했다.

무슨 일이 일어났을까? 우리가 본 것처럼 분석가는 비언어적 근거에 예민하게 주의를 기울이면서, 일련의 과정에 대해 도드라진 의견을 제시했다. 외관상 환자는 분석가의 질문에 대답이 느려졌다. 처음에는 잠시 멈추었고, 자신이 말하고 있는 것에 대한 확신이 줄어들었을 때 침묵했다.

나는 분석가에게 그녀의 질문이 부드러운 제안인지 아니면 단순히 더 배우려는 시도인지 질문했다. 분석가는 "그렇게 확신하지 않아도 된다고 느끼도록 환자를 도우려는 제안이었습니다. 그렇게 하지 않는 것이 좋지요"라고 대답했다. 이것은 분석가의 친절한 열망이었다. 그러나 역설적으로 환자는 오히려 더 주저하는 모습을 보였다.

분석가는 환자가 더 잘 느낄 수 있는 방법을 안내하거나 제안하는 것을 선호했다. 그러나 이것은 환자에게 미묘하게 전달되었다. 우리는 이러한 궁금증을 가질 수 있다.

분석가의 이러한 선호가 자신으로 하여금 "지금 무슨 일이 일어났는지" 인식하지 못한 채, 환자에게 열린 질문을 못하게 하거나, 환자가 잠시 멈추었을 때 이것에 대해 질문하지 못하게 한 것은 아니었을까? 분명히 환자는 분석가의 질문에 답을 하지 못하거나 심지어 질문을 이해하지 못할 수도 있다. 그러나 분석가가 환자에게 의미를 제안하지 않고 지금 상황을 관찰하게 한다면, 환자는 더 오랜 과거에서 추론할 필요 없이, 정서적으로 가까운 현재에서 성찰할 수 있다(Busch 1999, 2003a; Gray 1994). 환자는 자신의 슬픔이 간과되었다고 느끼거나 분석가의 암묵적 선호를 따르지 않았다고 느꼈을지도 모른다. 어쩌면 환자는 자신의 슬픔을 천천히 제대로 느끼기를 원했을지도 모른다. 만약 분석가가 환자에게 질문했다면, 의식적 인식의 영역에서 주목받지 못했거나 기억되지 않았던, 환자나 우리가 미처 생각하지 못했던 무언가가 나타날 수도 있다.

물론 이것은 분석가와 환자 그리고 분석가와 내가 나눈 짧은 대화에 불과하다. 또한 보다 큰 맥락에서 떨어져 나온 하나의 임상적 단편일 뿐이다. 우리는 분석가로 하여금 이 순간에 "지금 무슨 일이 일어났나요?"라는 질문을 하지 않도록 만든 선택과 관련된 더 많은 자료들을 가지고 있지 않다. 질문을 하지 않거나 질문을 하지 않기로 한 선택을 숙고하기 위해서는 먼저 그러한 선택을 인식할 필요가 있다.

우리가 무슨 말로 표현하든, 우리가 질문을 하거나 다른 개입을 하더라도, 두 가지 경청 사이에는 근본적인 차이가 있다. 하나는 소크라테스의 방식처럼 환자를 인도하려는, 우리가 선호하는 방향으로 결정하려는, 또는 우리가 이미 알고 믿고 있는 심리적 의미를 알게 하려는 경청이고, 다른 하나는 우리의 방향과 맞지 않을 수는 있지만 우리가 듣지 못했던 것을 결국 우리에게 드러낼 수 있는 미묘한 차이에 계속 머무르는, 우리가 아직 모르는 것을 배우려는 경청이다. 후자는 열린 노력이 필요하다. 이것은 내가 뻔한 말을 되풀이하는 것처럼 보일 수 있다. 왜냐하면 우리의 노력이 배우기 위한 경청이 분명하기 때문이다. 그러나 우리는 미묘하게 또는 미묘하지 않게, 종종 자신도 모르는 무의식적인 방식으로 이런 중요한 관점에서 벗어난다. 그리고 환자에게 무의식적 의미를 알려주려는 인식론적으로 잘못된 개념으로 이동한다.

이것은 단순히 우리가 받은 훈련이나 우리에게 주어진 시간에 한정된 고유한 딜레마가 아니다. 밀란 쿤데라(1980)는 "세계 도처에 있는 사람들은 질문하기보다 대답하기를, 이해하기보다 판단하기를 더 좋아한다"(p. 237)[2]고 기록했다.

어느 날 분석가는 상담에 대해 다시 이야기하면서, 환자가 그녀에게 했던 말을 전해주었다. "선생님이 이해하지 못한 것처럼 느껴져요." 분석가는 잠시 후에 환자의 말을 성찰하고 나서 환자에게 "당신은 내가 이해하지 못할 것이라고 느꼈군요."라고 말했다.

"못한 것"인가 "못할 것"인가? 이 구분이 명확하지 않았기 때문에 환자의 인식은 확인되지 않았다. 아마도 방어적 해석이거나 왜곡된 전이였을 것이다(우리는 알 수 없다). 그러나 평서문에서 조건문으로 분석가의 표현이 바뀌면서 "내가 어떻게 또는 무엇을 이해하지 못한 것 같았나요?"라는 질문이 간과되었다.

마틴 스타인(1966)이 자주 인용하는 이 진술을 한번 생각해보자. "우리는 환자들에게 우리가 그들의 삶의 자리를 잘못 판단했다고 말할 필요가 없으며, 원칙적으로 우리가 분석한 사건에 대한 오해를 바로잡으려는 유혹에 굴복할 필요도 없다. 대신 우리는 분석상황에서 분명해진 자기관찰의 왜곡을 분석을 통해 바로 잡으려는 시도를 한다"(p. 276).

분석가는 옳은 것과 왜곡된 것 또는 오해된 것을 "알고 있는" 사람으로서 적절한(또는 중립적인) 기술을 사용하여 환자에게 "유사한 것이나 가까이에 있는 것"(Vico)을 안내한다. 최근에 이렇게 분석가를 지식 또는 진실에 대한 권위자로 보는 개념은 인식론적이고 철학적인 근거 위에서 더 적극적인 도전을 받고 있다. 그러나 내가 끊임없이 논쟁해온 것처럼, 이러한 도전과 이에 수반되는 이론적 변화가 일어남에도, 경청하는 방법에 대한 우리의 기본적 관점에 미치는 영향은 미미하며 오히려 그것에 대한 지속적인 성찰을 정당화한다.

이런 생각으로 내가 몇 년 전에 저술한 환자와의 사건을 새롭게 성찰하겠다(Schwaber 1995b). 호감있게 잘 생긴 싱글인 L씨는 두 여성 가운데 누구를 더 좋아

---

2) 1744년에 이탈리아의 철학자 Giambattista Vico가 비슷한 말을 했다. "인간 정신의 또 다른 속성은 사람들이 멀리 있는 알려지지 않은 사태에 대한 개념을 형성하지 못했을 때, 언제나 유사한 것이나 가까이에 있는 것으로 그것들을 판단한다는 것이다. 이 공리는 전체 국가와 모든 학자들이 선택한 인간성의 원칙이 포함하고 있는 모든 실수들의 무궁무진한 근원을 가리킨다."(p. 60; Vico 1968의 내용이 Corradi Fiumara 1990에서 인용함).

하는지 확신하지 못했다. 그는 다소 강박적인 방법으로 그들의 특성에 대한 "체크리스트"를 점검했다. 그의 묘사를 통해 나는 크리스가 사라보다 더 깊이 있는 사람이었다는 인상을 받았다. 그러나 가슴이 더 크지만 머리가 비어있는 사라는 반대로 느껴졌다. 나는 내가 크리스를 더 좋아하며 사라에 대한 그의 애정이 조금 줄어들었을 때 기분이 좋았다는 사실을 알게 되었다. 그래서 나는 나의 감정을 제쳐두고 스타인의 말을 따라 "적절한 분석적" 입장에서 그들에게 나쁜 영향을 주지 않으려고 했다.

여름이 다가오자 L씨는 자기가 매우 좋아하는 여자 사촌동생인 초등학생 둘을 데리고 가족들과 함께 시간을 보낼 계획을 이야기했다. 그는 나에게 꿈을 말해 주었다. "나는 티셔츠를 보았던 곳으로 갔어요. 그 티셔츠는 상자에 담겨 있었어요. 나는 질과 신디(사촌동생들의 이름)에게 그것을 가지러 간다고 말했어요. 내가 상자를 집어들었는데, 거기에는 같은 것이 두 개 들어 있었어요. 내가 하나를 꺼내보았는데, 그것이 내게는 크게 보였어요. 그런데 카운터 뒤에 있는 여자가 그건 너무 작아서 맞지 않는다고 말했어요."

L씨는 사촌동생들에서 대해 더 많은 이야기를 했다. 꿈에 나타난 요소 가운데 한 가지는 내가 분명히 납득하기 어려웠다. 그래서 나는 그에게 질문했다. "그 여자는 티셔츠가 맞지 않는다는 것을 어떻게 알았나요? 사촌동생들이 함께 있었나요?"

L씨는 대답했다. "아니요, 사촌동생들은 없었어요. 그 여자가 권위를 갖고 말했을 뿐이에요. 그것들이 너무 작다고요."

"그때 당신은 그 여자가 한 말을 사실로 받아들였군요." 나는 관찰을 통해 이 사실을 알 수 있었다.

"맞아요." 그는 지금 바로 그것을 보고 있는 것처럼 대답했다. "그 여자는 '그 티셔츠들이 절대 맞지 않을 거예요' 라는 식으로 말했어요."

나는 이것이 그 이야기의 마지막인 것 같다는 느낌에 주목했다. 나는 마치 지금 내가 보고 있는 것처럼, 그 여자가 그렇게 말한 것보다는 티셔츠가 맞지 않는 것이 사실인 것처럼 말하는 바로 그 방식이 비슷한 메시지를 지니고 있다고 말했다.

"맞아요!" L씨는 이 관찰에 충격을 받았다. 그는 이렇게 계속 말했다. "만약 당신이 그런 은유를 더 말하고 싶으면...," 나는 그에게 물었다. "만약 ***내가*** 말하고 싶으면요?"

비록 나에 대한 그의 관점에 대해 많은 대화를 나누지는 못했지만, L씨는 여기서 자신의 경험을 분명히 인식하면서 웃었다. "어머니는 옷가게에서 잠시 일했어요. 어머니는 손님이었지만, 때로는 판매도 했어요." 나는 그 사실을 몰랐다. "어머니는 옷이나 여자에 대한 내 취향을 절대로 인정하지 않았어요." 그는 어머니가 자신을 얼마나 빠르게 억압했는지 ***지금*** 기억나는 것을 마치 기억이 새롭게 떠오르는 것처럼 자세히 설명했다. 그는 더 생각했다. "그래요, 꿈속에 나오는 여자처럼, 어머니는 나도 모르는 사이에 나의 자발적인 독창적 생각을 억압했어요. 여기 그들의 이름이 적힌 티셔츠 2개가 있어요. 나는 '우연의 일치야! 미완성의 다이아몬드처럼' 이라고 생각했어요."

L씨는 계속해서 꿈의 이미지에 휩싸였다. 그때 나는 질문했다. "카운터 뒤의 그 여자는 당신도 모르는 사이 무엇인가를 억압하고 있는... 나도?" 내 질문은 대답을 전제로 하지 않았다.

L씨는 다음과 같이 회상했다. "내가 생각했던 범위까지만, 내가 사라에 대해 이야기하고 그녀에 대한 부정적 측면들을 나열했을 때, 당신은 '체크리스트가 부정적이라고 다시' 말하지 않았어요. 당신은 내 이야기를 받아들였지요. 그러나 내가 크리스를 그렇게 이야기했을 때, 당신은 내가 방어적이라고 지적했어요."

"아!" 나는 직감했다. 나는 내 선호가 이 작업에 영향을 미치지 않기를 바랐기 때문에 L씨가 사라의 결점을 이야기할 때 드러나지 않게 조용히 경청하려고 노력했다. 나는 분석적 중립을 유지하면서 그녀에 대한 내 감정을 내려놓았다는 사실에 안도했다. 그러나 L씨는 내 침묵을 다르게 경험했다. 나는 L씨에게 모든 것을 아는 억압하는 여자가 되었다. 우리는 이 사실을 이때 알게 되었고, 지금은 나도 내 자신을 그렇게 인식할 수 있다(Schwaber 1995b, pp. 561–562).

꿈은 신비롭게도 카운터 뒤의 여자를 알고 있었다. 그 여자가 아직 초등학생인 사촌동생들에게 티셔츠가 맞지 않을 것이라고 말한 것은 놀라운 은유이다.

시간이 지난 후 우리는 이것을 재현이라고 부를 수 있었다. 그때 재현된 것은 어느 여자를 선택하는 것이 더 좋은 선택인지 내가 알고 있다는 바로 그 생각이었다. 아마도 나에게 이러한 생각이 재현된 것은 L씨가 자신의 선택을 제시하는 방식에 의해서였을 것이다. ***비록 내 안에 그것을 유발했던 L씨의 역할과 관련된 무의식적 동기가 단***

지 추측에 근거했을지라도 말이다. 우리는 우리 안에 어떤 숨겨진 경향이 있는지와 환자의 경험을 더 잘 이해하기 위한 탐구의 끈을 놓지 말아야 한다.

나는 암묵적인 제시를 하지 않으려고 노력하면서 겉으로 드러난 그의 방어에 대한 내 견해를 밝혔다. 그것은 내가 편견없이 믿고 있던 것이었다. 비록 L씨가 나에 대한 그런 경험이 처음은 아니었을지라도, 나는 우리에게 그러한 경향이 있다는 것을 알게 되었다. 나/우리는 이것을 배웠다. 내/우리가 이것을 배울 수 있었던 것은 L씨의 꿈에 나타난 내용이나 나도 그에게 억누르는 어떤 것이 되었는지 등과 같이 내가 이해하지 못했던 것을 명확하게 하기 위해 암묵적인 의도 없이 내 입장을 바꿔 질문했기 때문이다. L씨가 감정을 인식했을 때, 그는 자신의 경험과 지각에서 오래된 친숙함을 감지하기 시작했다. 그리고 이전에는 눈에 띄지 않았거나 묻혀 있었던 기억과 방어양식이 되살아났다. 무의식적인 것들이 구별되었다. 이렇게 무의식적인 것들이 구별된 것은 잠재적 의미에 대한 추론적 비약이 아니라 공유된 관찰과 탐구를 통한 발견 때문이다(내가 기록한 바와 같이 나는 무의식적인 것을 강조한다[Schwaber 1996]. 왜냐하면 무의식적인 것은 우리나 환자에 의해 과거시제로 발견될 수 있기 때문이다). L씨의 역사는 그의 인식을 따라 자동적으로 출현했다. 여기서 인식은 ***치료적 행동양식으로서의 인식***이다.

나는 다시 임상과정의 한 단편만을 제시했다. 내가 추가 자료를 공유했다면, 당신은 환자의 전이경험이 나로 인한 것이라는 점을 더 빨리 알 수 있었을 것이다. 나는 내 관점이 부과되었다는 사실을 모를 수 있다. 그렇지만 당신은 그것을 인식할 수 있다. 나는 환자에게 배운 ***발견의 순간***과 그 목적을 향한 경청의 변화를 당신과 공유하고 싶다. 이것을 가능하게 한 것이 바로 경청의 변화이다.

만약 우리가 이미 보고 생각한 것을 결국 환자도 보게 되기를 원함에도 그것을 숨기려고 한다면, 그것은 공동작업의 기본 입장을 일방적으로 포기하는 것이며, 분석가가 환자의 심리세계에 대한 지식에 권위를 갖지 않는다는 개념을 무시하는 것이다. 게다가 드러나지 않는 우리의 이러한 자세는 환자가 자신이 지각한 것을 불확실하게 느끼도록 할 수 있다. 우리가 느낀 것이 명시화되어서는 안 되지만, 그럼에도 그것이 안내해야 한다는 생각을 우리가 가지고 있다면, 또한 자기 인식이 얼마나 힘들게 느껴지던지 간에, 그것이 우리와 동떨어져 움직이는 것을 더 성찰할 수 있는 붉은 깃발의 역할을 할 수 있다면, 나는 그것이 더 낫다고 생각한다.[3] L씨의 사례에서 나는 이러한 주의를 기울이지 못했다.

우리가 확신하는 무언가에 대한 우려가 환자의 외적 삶(예를 들어, 간과된 특별한 신체증상 또는 행동의 또 다른 잠재적 위험성 또는 우리가 임상적 노력을 방해하는 것처럼 보이는 사건)에 중요한 영향을 미칠 때, 그것을 직접적으로 말하는 것은 아주 다른 문제이다. 이러한 개입은 소위 "적절한" 분석기술이라는 표제 아래 위장되지 않았지만(아마도 해석 안에 숨겨져 있을 것이다), 내가 말한 관점과 본질적으로 상충되지 않는다. 이것은 전제없이 환자의 경험과 반응을 경청할 수 있는, 즉 ***우리가 미처 생각하지 못했을*** 의미의 가능성을 열어둘 수 있는 여지를 여전히 남겨둔다. ***비록 우리가 내적 의미에 대한 우리의 관점을 확실히 제공할 수는 있을지라도*** 우리가 내적 의미에 대한 진리의 결정자가 될 수는 없다. ***그렇지만 우리가 그것들을 단순히 우리의 관점으로만 인식할 때*** 우리는 외적 세계에 대한 다른 책임을 가정할 수 있다(내가 강조하는 차이).

워크숍에서 나눈 회기의 간략한 부분에서 다른 예를 살펴보자. 소개받은 환자는 몇 달 전에 업무관련 조치를 통해 치료를 그만두려고 했다. 그가 말했다. "제가 왜 지난주의 이틀을 그리워했는지 생각하고 있어요. 저는 선생님에게 몹시 화가 났어요. 저는 상담을 끝내려고 했어요. 선생님에게 아무런 도움도 받지 못했어요. 저는 진짜 화가 났어요. 그만두려고 했어요. 그러다 시간이 되었어요. 저는 선생님에게 제가 해야 할 일을 말했어요. 좋은 이유죠. 그렇지만 그렇든 말든 상관없이 저는 선생님에게 말했어요. 이제 시간이 다가올 거고 저는 더 나아지지 않을 거예요. 저는 선생님에게 말했어요. 제가 원하는 것은 이것인데, 저는 지지를 받지 못했다고. 제가 선생님에게 말했지만 선생님은 그 결정에 동의하지 않았어요. 제기랄! 저는 선생님에게 말했는데 선생님은 저를 진지하게 받아들이지 않았어요. 저는 도움을 요청했는데 선생님은 나에게 도움을 주지 않았어요."

"분명히, 진짜 저에게 화가 나셨군요." 분석가는 대답했다. "제가 실망시켰네요.

---

3) 이것은 Isakower(1957)의 수퍼비전 상의 주의를 연상하게 하는 것처럼 보일 수 있다. "만약 당신이 환자에게 이것을 말하지 않는다면, 이것은 생각을 하지 않으려는 당신에게는 더 좋을 수 있다"(p. 190; Schwaber 1995a, p. 276를 보라).

제가 속인 것 같네요. 저는 당신을 진지하게 받아들이지 않았고, 당신을 돕지 않았어요. 그래서 당신은 도움이 되는 어떤 일이 일어날 수 있다는 희망을 갖지 못했네요." 환자는 이 말에 동의했다.

여기서 분석가는 자신이 환자에게 들었던 이야기를 환자에게 다시 말해 주었다. 나는 분석가에게 모르는 것처럼 질문했다. "환자가 말한 선생님이 한 일을 환자에게 이야기했을 때 무엇을 얻으셨나요?" 분석가는 이 질문에 충격을 받았다. 분석가는 "아니요"라고 대답했고, 그녀가 진짜 얻은 것이 없다는 사실을 알고 동요되었다. 분석가는 친절하게 공감하는 것처럼 보이는 기술로 환자에게 반응했지만, 그녀에 대한 환자의 경험과 관련된 내적 타당성, 근거를 충분히 찾아내지는/상기시키지는 못했다. 분석가는 그것을 얻기 위해서, 그런 방법을 배우기 위해서 "나는 [환자를] 진지하게 받아들이지 않았고" 그래서 돕지 못했다고 하면서, 더 많은 탐구를 해야 했다(내 환자는 그런 상황에서 나에게 "박사님, 그냥 그 자리에 계세요"라고 말할 것이다).

다른 사례에서처럼, 나는 분석가가 마음에 품고 있었던 것들 가운데 내가 아직 모르는 것을 배우기 위하여 질문했다. 임상에서처럼, 이렇게 교훈적인 사례에서, 질문(단순히 물었던)을 숙고하는 것은 이미 만들어진 가정을, 간과되어 버린 경청하는 방법이 이론적 선호를 초월한다는 뉘앙스를 더 깊이 인식하도록 했다. "얻은 것"은 환자가 전달하는 감정과 지각에 대한 분석가 자신의 정서적 인식에 관한 무언가를 상기하게 한다. 이 사례에서 "얻은 것"은 분석가가 환자를 진지하게 받아들이지 않았다는 사실이다. "얻은 것"은 명백한 불일치성, 인지적 비약, 감정적 변화 또는 다른 방어들(이것들은 무엇을 가정하지 않고 "그냥 자리에 있지" 않을 때 상호관찰과 지속적 이해가 가능한 현상이다)의 의미를 더 지속적으로 탐색하게 할 수 있다. 그렇게 함으로써 우리는 우리가 "진지하게 받아들이지" 않았던 것에 대한 오래되고 익숙한 느낌을 처리하면서, 배제된 차원들(아마도 언어적 영역 밖의)에 대한 우리의 인식을 확장하게 된다. 어떤 환자들은 주로 감정을 통해서 그들이 갈등하고 있는 관심사를 전달할 수 있다. 다른 사람들은 직접적으로 말할 수 있다. "당신은 얻은 것이 없는 것 같아." 그때 우리는 궁금해 할 수 있다. "어째서 그렇지? 내가 얻지 못한 게 뭐지?" 그리고 이러한 질문으로부터 분석가와 환자는 학생과 교사[4]로서 많은 것을 배울 수 있다.

우리는 "얻기" 위한 경청이 수동적 자세가 아니라는 사실을 알 수 있다. 우리의 활동범위는 서로 다를 수 있다. 그러나 내가 전달하려고 노력했던 것처럼, 나는 "실시간"에 가까운 내 생각과 질문을 공유한다. 기다리는 동안 나는 최적의 순간까지 조용히 생각한다. 내 생각은 나를 다시 한 번 "아는 사람"이라는 고독한 자리로 이끈다. 그러나 아마도 이것은 실수이다. 안다는 관점은 본질적으로 더 많은 활동을 하지 않게 한다. 이것은 양적인 문제가 아니다. 나는 더 많은 질문을 하지 않으며, 연상의 흐름을 방해하는 것도 절대로 말하지 않는다. 연관된 흐름은 우리의 침묵에 의해서도 방해받을 수 있는 과정이다. 그러나 그 뒤에 있는 우리의 의도는 이야기한다. 답을 얻기 위해 질문하는 것(생각의 흐름을 유지하거나 생각의 방향을 안내하는 기술적 방법이 아닌)은 다른 질문의 필요는 제거하면서 우리의 후속적 이해를 확장할 수 있다. 그러한 탐구는 우리의 관심을 지식인에게 돌리기보다 오히려 우리가 더 밀접하게 관찰한 정서적으로 미묘한 지형(그리고 더 심오한 정서적 공명)에 접근할 수 있도록 허락한다.[5)]

다른 워크숍에서 한 회기가 시작되었다. 환자는 몇 분 동안 침묵을 지키기 시작했는데, 이것은 익숙한 시작이었다. 그때 환자는 "저는 생각하고 있어요... 선생님은 제가 여기 와서 아무 것도 말하지 않는 동안 지루하게 될 것이 분명해요."

분석가는 질문했다. "제가 어떻게 지루하게 될까요?"

"몰라요... 아마도 선생님은 그것에 익숙해져 있을지도... 아마도... 저는 궁금해요... 이것이 선생님이 저를 돕지 않고 있는 것처럼 느끼게 하는 것은 아닌지."

분석가는 대답했다. "당신이 침묵하고 있을 때 나에게 상처를 주고, 당신의 분석에 흠집이 날까봐 걱정하고 있군요."

"나는 오늘 오고 싶지 않았어요." 환자가 대화를 이어가자 회기가 계속되었다.

환자는 분석가가 지루하다고 인식했나요 아니면 분석가가 지루하게 될 것이 분명

---

4) Schindelheim(1995)은 그의 수퍼바이저가 보지 못하는, 뭔가 남겨진 듯한 느낌에 대해서 기록했다. 수퍼바이저의 참여는 주로 환자에게 초점이 맞춰져 있는 것 같다. 이러한 상황은 두 사람이 볼 수 있도록 그 사례를 공유하는 것이 허락되어 그 근거들이 드러날 때까지 계속되었다(내가 바로 그 수퍼바이저였다).

5) 확실히, 우리에게 일어나지만 환자에게는 필수적이 아닌 질문을 하거나 관찰을 할 때, 배우려는 노력에 고유한 몇 가지 지침이 항상 있다. 나는 지침과 배움 사이에 비논리적인 양극성이 존재하도록 제안하지 않고 우리의 개입을 알리는 그 관점을 강조한다.

하다고 가정했나요? 환자가 그것을 인식했다면 어떤 근거로요? 환자가 지각하기보다 가정했다면 어떤 기준으로요? 분석가는 적절하게 질문했다. "제가 어떻게 지루하게 될까요?" 환자는 자신의 침묵이 분석가로 하여금 환자를 돕지 못하고 있다고 느끼게 하는 것은 아닌지 궁금하다고 응답했다. 그때 이렇게 질문할 수 있다. 왜 분석가를 지루하게 하거나 상처를 준다고 생각하나요? 분석가의 설명에 분석가나 환자의 인격에 상처를 주었다는 느낌이 있었나요? 침묵하는 사람들을 자극하는 심리적 문제들의 기저에 무엇이 있든지 간에, 그 문제들은 분석가의 반응(즉 분석가가 근본적으로 환자를 위해 존재한다는 것을 직감하고 있는가?)에 대한 근거와 동기를 바라보는 환자의 관점과 복잡하게 얽혀 있을 수 있다.

내가 기억하는 한 환자는 자기가 너무 슬퍼하면 내가 상처받을까봐 걱정이라고 말했다.

나는 바로 이것을 고려하면서, (그리고 환자가 자신의 슬픔에 대한 내 반응에서 어떤 감정적 공명을 느낄 수 있는지 인식하면서) "당신의 슬픔이 제 감정에 상처를 줄까요? 당신이 의미하는 것은 당신의 슬픔이 당신을 위한 것이 아니라 제게 상처를 준다는 것인가요?"라고 물었다.

환자는 흥분하며 이렇게 말했다. "저는 제 슬픔이 저를 위한 것이라는 생각을 하지 못했어요. 이것은 주제넘은 일이잖아요."

환자에게 깊은 의미가 있는 새로운 방향이 열렸다. 이것은 환자 자신에 대한 평생의 감각과 관련된 것이었다. 그것은 또한 환자와 관련된 다른 사람들의 취약성과 기대에 대한 것이기도 하다. 즉 그녀가 슬플 때 누구의 감정이 상처를 받을까? 그것은 누구 때문일까? 환자는 나에게 상처를 줄까봐 걱정한다. 이 환자는 복잡한 또는 방어적인 차원을 지니고 있다. 이러한 차원의 "친숙한" 궤적(Vico)이 무엇이든지 간에, ***그녀를 위한, 그녀가 결코 생각하지 못했던***, 그리고 내가 몰랐던 이 생각이 내가 질문했을 때까지는 없었으며, 그들의 설명을 심화하고 상황화했다. 이때 비언어적 기억(Schwaber 1998)이 전면에 등장했다.[6] 비언어적 기억은 안전하지 않고 사랑이 없는

---

6) 기저에 있는 무의식적 수용의 결핍에 대한 이러한 핵심 감각은 유감스럽게도 비일상적인 감정이 아니라는 사실을 나는 발견했다.

세상에 대한 심오한 관점을 새롭게 인식했을지라도 결코 억압되지 않았다.

더 긴 사례 : A씨

> 나는 세상의 객관성을 인식하기 시작했다... 사물의 절대적 본질은 (내가 지각해야 할 모든 것인) 내 감각과 독립되어 있으며, 내가 인식하는 것은 다른 것이 아니라 내 심혼에 있는 이미지이다. 모두 좋다. 지적으로 공식화하고 수용하는 것은 그리 어렵지 않다. 그러나 이것을 ***아는 것***, 즉 이것을 일상생활로 가져 오는 것이 문제이다. 그리고 이것은 일반적으로 겸손으로 통하는 가짜 겸손이 아니라 진짜 겸손이 된다(Davies 1972, p.269).

우리와 가까운 일부 환자들은 우리가 모든 것을 아는 사람이 되어주기를 원한다. 환자들은 자신이 모른다고 느낄 수 있다. 그때 우리가 어떻게 그들을 이끌지 않고 배우기 위해 경청할 수 있을까? 폭넓은 의미에서, 환자들이 원하는 것은 정신분석적 모험에서 역설에 해당한다. 정신분석적 모험은 우리가 모른다는 것을 인식하고 그것을 알기 위하여 경청하는 것을 가리킨다.

아는 것 또는 모른 것과 관련된 나의 또 다른 차원의 임상적 딜레마를 강조하기 위하여 더 긴 사례를 살펴보자.

A씨는 30대 초반의 건축가로서 참여적이며 다른 사람들과 명랑하게 지낸다. 내가 처음 A씨를 만났을 때, 그는 기혼한 전문가였다. A씨는 일을 할 때 놀라울 정도로 지적이며 성취 지향적이고 창의적이며 자신감이 넘쳤다. 그러나 일상적인 상호작용이나 분석상황에서는 자신이 "어리석다"고 느꼈다. 그때 A씨는 아무것도 "얻지" 못했다. A씨는 비이성적 사고를 이해하지 못했다. 또한 방어도 이해하지 못했다. A씨는 과거와 인간관계에 다양한 수준의 복잡함이 있다는 것을, 또한 이것들이 하나의 차원이 아니라 연속적인 문제라는 것을 "얻지[이해하지]" 못했다. 결국 A씨는 결혼생활의 어려움 때문에 도움을 요청하게 되었다.

A씨의 어머니는 10대에 홀로코스트에서 살아남았다. 그러나 외할아버지와 외할머니는 그곳에서 돌아가셨다. A씨의 어머니는 미국에서 생각이 비슷한 사업가와 결혼

했다. 그러나 남편의 삶은 비극으로 가득 차 있었다. A씨의 부모님은 서로 만나기 전에 유대인으로서의 정체성을 포기하고 종교를 바꿨다. 어릴 때 A씨는 자신의 배경에 대해서 아무 말도 하지 않았으며, 의식적으로 궁금해 하지도 않았다. A씨는 10대 후반이 되었을 때 어머니가 눈에 띌 정도로 우울한 것을 목격했으며, 대학에 다닐 때 어머니가 자살했다는 전화를 받았다.

A씨는 부모님과 같은 행동패턴을 지니고 있었다. 그러나 A씨는 그것을 인식하지 못했다. 또한 그러한 모습이 쉽게 나타나지도 않았다. 어머니는 지극한 사랑과 지지로 A씨를 양육했다. 이것은 아버지도 마찬가지였다. 덕분에 A씨는 안정감을 느끼며 성장했다. 그러나 A씨의 가족은 합리적이고 실용적인 문제를 해결하고 필요한 업무를 수행해야 할 때 감정은 고려하지 않았다. A씨는 *Remains of the Day*라는 영화에서 앤쏘니 홉킨스가 연기한 "그의 마음에 무엇이 있는지 말하지도 못하고 심지어 느끼지도 못하는" 집사와 자신을 동일시했다.

(분석 초기에 A씨는 그렘린에 대한 꿈을 꿨다.[7] 그렘린은 이상한 집 지하에 있었고, 간혹 나타하기도 했다. A씨는 이 꿈을 꾸기 전까지 그렘린을 모르고 있었다. 그의 꿈속에는 "이상하고 끈적끈적한" 그렘린과 그것을 설명하는 작은 그렘린 관리인이 등장했다. 이때 내 사무실은 지하에 있었다.)

A씨는 근거를 제공하라고 나를 끌어당기는 듯 했다. 나는 유혹을 받았다. 나는 A씨의 마음작용을 보여주고 싶었고, 가슴 아픈 역사와 거리를 두는 그의 "명백한" 방어를 지적하고 싶었으며, "진짜" 거짓말하는 곳을 알려주고 싶었다. 만약 내가 이것을 제대로 인식하지 못했다면 나는 교사가 되었을 것이다. 그러면 그는 무엇인가를 "얻은 것"처럼 된다. A씨의 전이는 "교사"와 관련되어 있었다. 나는 그 회기가 끝날 때쯤 그가 나를 보지 않는다는 사실을 인식하기 시작했다.

다음 회기에서 A씨는 자신의 마음이 조금 분리되어 있는 것 같다고 말했다. A씨의 마음은 분석작업에서 "해야 하는" 연결을 하지 않거나 반응을 하지 않았으며, "해야 하는" 것을 할 수 없었다. A씨의 감각은 일정하지 않았으며, 조수처럼 밀려왔다 밀려갔다.

---

7) 기계에 고장을 일으키는 것으로 여겨지는 가상의 존재

나는 A씨의 관점과 거리를 두고 곰곰이 생각했다. 다음 시간에 이것에 대해 질문했지만 적절한 답을 얻지 못했다. 오히려 A씨 자신이 "얻지" 못한 다른 무엇인가가 있는 것은 아닐까라는 느낌을 갖게 했을지도 모른다. 그럼에도, 그의 시선의 전환은 인식할 수 없는 무엇의 근거가 된 것 같았다. 그 무엇은 들리지 않는, 아마도 지하로 내려가는 내면의 소리일 것이다.

A씨는 실용주의자로서 "정책 결정"을 하는 자신의 스타일에 대해서 종종 언급했다. 그의 결정방식은 선택사항들과 거리를 두고 그 사이에서 행동과정을 결정하는 것이다. 그는 한 시간 안에 여러 가지 경쟁적인 생각들 가운데 하나를 선택해야 할 때, 자신의 어려움에 주목하면서 건조하게 말했다. "관련이 있거나 없는 생각들이 무작위로 놓여 있어요. 나는 이것을 이해할 수 없어요. 거기에는 포인트가 없어요. 어떤 감각으로도 알 수 없을 거예요. 모두 달라요."

외견상 나는 그에게 분명한 관점을 지닌 사람처럼 보였을지도 모른다. 그렇지만 나는 다른 말을 덧붙여가며 "그게 모두 당신이에요"라고 말했다.

A씨는 "음…"이라고 하면서 망설이듯 말했다. "내가 수행의 연속으로 존재한다는 인식보다 나로서 존재한다는 인식이 더 근본적인 것 같아요. 나를 단순히 내가 하는 행동으로 정의할 수는 없어요. 내가 나를 만족해 할 때 나는 편안해요." 그는 눈에 띄게 동요되었다. 그리고 "어쨌든…"이라고 하며 멈췄다(우리는 그가 잠시 안정을 얻기 위해 이 단어를 사용하는 것에 친숙하게 되었다). "내가 '어쨌든' 이라고 말하면, 다시 그 주제로 돌아갈 거예요. 트랙을 벗어났다가 다시 돌아가는 것처럼요."

나는 A씨에게 말했다. "'그게 모두 당신이에요' 라고 내가 말한 후에, 당신이 있어야 할 자리에서 이탈한 걸 알았어요." (아마도 나는 A씨가 다시 이탈하기 시작했을 때 그 말을 반복하면서 나를 끌어당기는 그에게 반응하고 있었던 것 같다. 나는 다시 그를 제자리로 돌려놓았다.)

A씨가 말했다. "내가 느끼는 것은 너무 불명확해요. 나조차도 내가 존재한다고 생각하지 않아요. 그러나 위로하고 존중하는 말 안에는 존재 그 자체에 대한 무언가가 있어요. 그 개념에는 무언가 매우 강력한 것이 있어요."

A씨는 자기 자신을 새로이 발견했다. 그는 다음 시간에 이런 사실을 관찰했다. "나는 내게 중요한 무언가에 더 가까워진 것 같아요." 나도 그렇게 느꼈다. 그 회기가 끝

날 때쯤 A씨는 나를 직접 바라보았다.[8)]

나는 우선 A씨가 떠나는 모습에 주의를 기울였다. 또한 그의 목소리 톤에 묻어있는 정서적 분리를 인식하기 위해 최선을 다했다. 나는 A씨와의 상호작용에 일어난 변화에 감사하기 시작했다. (교사로서) 내가 알고 있거나 내가 하려고 생각한 것을 가지고 그를 "근거 지으려고 하든지" 아니면 "그러한 근거 없이" 느끼기 위해서 계속되는 "다른 것들"을 더 잘 배우려고 노력하든지 말이다. (전자의 경우, 나는 내 입장에서 반응하고 있다. 그리고 A씨에게 뿌리를 둔 행동을 하며 그에게 무언가를 제공하고 있다. 후자의 경우, 나는 구도자라는 느낌을 가지고 반응한다.) 사실, 나는 후자의 노력을 통해서 "그게 모두 당신이에요"라는 생각을 하게 되었다.

다음 회기에 비슷한 정지상태가 되었을 때("나는 어디로 가야할지 모르겠어요"), 나는 더 가까이에서 그를 보며, '자신을 근거 짓기 위해서 나를 탐구하는 그의 행위'에 담긴 힘에 대해 말할 수 있었다. 그때 바로 이 말이 그를 자극하여 그 이슈에 대한 더 깊은 이해를 가능하게 만들었다. 지금 내가 하는 성찰은 자명해 보인다. 그러나 내 내면에 일어난 변화는 주목할 만하다. 이 변화는 A씨가 나를 얻으려고[이해하려고] 노력하는 것을 돕다가 일어났다. 이전에 나는 방어를 일으키는 순간이나 그 뒤에 숨어있는 분명한 갈등을 지적하듯이, 분석적으로 친절하게 무언가를 평가하거나 외적으로 적절한 개입을 했을지도 모른다. 다시 말하지만, 내 의도는 방어나 갈등에 대한 분석이 아니다. 앞의 예에서, 내 질문에 대한 분석가의 반응처럼, "환자가 확실한 것을 요구할 때 당신은 더 배우기 위해서 질문하는가 아니면 제안하기 위해서 질문하는가(어떻게 하는 것이 더 좋다고 느끼는가)?" 나는 내가 "모르는 것처럼"의 자세로 더 배우려고 하기보다 A씨에게 "어디로 가라고" 제안하고 그곳으로 끌고 가려고 했다는 사실을 인식하기 시작했다. 우리가 하는 명백한 말이 환자로 하여금 그 이야기를 하지 못하게 할 수도 있다는 사실은 놀라운 일도 아니다.

다른 회기에 A씨가 이렇게 말했다. "나는 진짜 밧줄을 가지고 있다고 생각하지 않

---

8) 우리는 내 관점을 설명했던 부분에 주의할 수 있다. 내 관점은 환자가 자신을 본 것을 넘어서는 것에 대한 것이다. 이 관점은 내가 예상하지 못한 것이지만 환자의 마음을 움직였다. 다시 말해, 역설적일지도 모르지만, 이것은 내가 제안한 관점의 모순이 아니다. 내 의견은 그의 내면에 정서적 울림이 되었고, 진실에 대한 ***그의*** 지속적 탐구를 하게끔 나를 ***복귀***시켰으며, 그 결과 그가 그때 어떤 반응을 했던지 간에 그것으로부터 배울 수 있는 가능성이 열렸다. 나는 그가 그렇게 느꼈다고 생각한다.

아요. 그런데 나는 밧줄을 주려고 K(그의 아내)를 보았어요. 내 비서도요... 그들은 어떻게 반응해야 하는지 나보다 훨씬 잘 알아요." 밧줄에 끌려가는 것이 얼마나 쉬울까. 나는 조용히, 아마도 A씨가 인식하지 못하게 밧줄을 제공하고 있었을 것이다. 그때 우리는 우리가 지지하는 어떤 이론적 관점들이 ***분석가와 환자가 모르게*** 개입할 수 있다고 생각할 수 있다. A씨의 탐구를 자극하는 요소들("어리석은" 느낌, 트랙을 이탈하는 것에 대한 두려움, 무엇을 생각하고 어떻게 질문해야 하는지 모르는 것)과 뒤에 남겨둔 감정들은 내적 의미에 대한 추론을 제안하거나 비약하려는 경향을 간과하면 그대로 남아있게 된다.

그래서 우리는 A씨가 자유롭게 상상하는 것을 매우 어려워한다는 것을 알 수 있었다. 어떤 때 그는 나에게 직접 질문하기 위해 마음을 단단히 먹어야 했다. 내가 대기실 어디에서 사진을 찍었지? 내가 거기서 잡지를 읽었나? 그들은 내 정책을 생각하고 있나? 나는 어디로 나가야 하지? 내가 그 사람처럼 원자력의 재앙을 두려워했나? 다른 때 그는 무례한 사람이 되거나 어떤 면에서 분리되는 것을 두려워했다, 그리고 내가 명확하게 대답하지 않는 것을 두려워했기 때문에 질문들을 억압했다. 그는 꿈을 거의 떠올리지 않았고, 상상이나 환상을 말하지 않았다. 게다가 정신적 배회처럼 "어리석다"고 느꼈다.

A씨는 어느 날 이렇게 말했다(아마도 히스테리적 방어인데, 그렇다면 그 자체가 매우 복잡할 것이다). "나는 내가 할지도 모르는 질문에 대한 답을 알고 싶어요. 그러나 공손함은 필수지요. 나는 부적절하게 행동하고 싶지 않아요." 그는 나중에 이것이 "생각 통제" 같은 것을 수집하는 "생각 에티켓"이었다고 회상했다(이것은 분명히 역사적인 문제뿐만 아니라 아주 흔한 성적인 문제들도 포함했다).

나는 이렇게 말했다. "무엇을 질문해야 하는지도 알고 싶지만 감히 질문하지 않는 것, 이것이 바로 당신을 불편하게 만드는 미세한 것이지요."

그는 대답했다. "그것은 불편한 것 이상이고, 아주 절망적이에요."

우리는 내가 사용한 형용사인 "불편한"(더 창백한)과 그가 사용한 형용사인 "절망적"(아마도 내가 받아들이기 더 힘든) 사이에 존재하는 차이를 상기하는 데 주의를 기울일 수 있다.

우리는 거리를 두는 그의 목소리 톤을 성찰했다. 이 과정에서 A씨는 점차적으로 자신이 절망의 감정들과 거리를 둔다는 것을 알게 되었다. 그는 삶의 요구를 계속할 수 있도록 그러한 거리를 밀어내는 데 착수했다. 그때 어머니의 죽음 이후 처음으로 자신에게 주목했다. 그는 "어쨌든"이라고 말했다. "기본적으로 나는 엄마가 죽을 무렵 사태를 인식하지 못했어요." 여기서 사태는 날짜와 일정 같은 일상적인 문제들이었고, 그가 일찍이 "몰랐던" 것을 훨씬 뛰어넘는 것이었다. 그러나 A씨는 공동작업과정에서 도처에 있는 정서적으로 생생한 언어들로부터 자신이 어떻게 우회했는지, 그리고 어떻게 이것을 인식하지 못하고 완곡하게 진정시켰는지를 깨닫기 시작했다. "이상한", "터무니없는" 이라는 단어가 "테러", "비극적인"이라는 단어를 대체했다. 그는 이런 단어를 사용하는 것을 견디지 못했다. "어리석은"이라는 단어는 A씨가 성장한 어두운 저류이다. 이 단어는 절망, 분노 그리고 다른 강렬한 감정들로 가득한 힘에서, 그리고 A씨가 나중에 보게 될 것에서 그를 보호했다. 그리고 이 단어는 그러한 힘으로부터 나도 보호할 수 있었다. 그는 나에게 "가르쳐 달라는" 눈빛을 보냈는데, 나는 이것과 거리를 둘 수 있었다. 절망상태 그 자체는 라이트모티브(반복적으로 나타나는 주제)의 한 종류로서 방어적인 동시에 의미를 규정하고, 보호적이지만 부끄럽다.

생존과 존재의 한 형태. "어리석은"은 A씨의 가족사, 종교적 정체성, 조부모의 운명, 가정에서의 활동 밑에 묻힌 슬픔과 분노와 관련되어 있으며, 그가 몰랐던 다른 감정들 또는 성생활에 대해 말하는 방법과도 관련되어 있었다. 그러나 이것은 어머니나 아버지에게 묻지 말아야 했거나 감히 물을 수 없었기 때문에 근거가 없다. 아버지나 어머니는 미국에서 상처 난 과거에 대해서 분명히 더 이상 말하지 않았다. 누구도 실제로 이러한 사태에 대해서 말하지 않았다. 그는 단지 이것을 알았을 뿐이다. 역설적으로 그는 이것을 말했기 때문에, 어리석지 않았다.[9] *Memory Effects: The Holocaust and the Art of Secondary Witnessing*에서 도라 아펠(2002)은 생존자의 아들인 한 아티스트의 말을 인용한다. "내 삶에서 가장 중요한 사건은 내가 태어나기 전에 일어났다"(p. 11; Lipton 2003, p. 101에서 인용됨). A씨는 그 사건에 대해

---

9) 십대 때 그는 John Hersey의 *The Wall*에 흠뻑 젖어있었다는 사실을 발견했다. 그 책은 Warsaw ghetto에 대하여 실제 사건이 아니라 소설로 쓰여진 권위있는 책이었다. 그는 이것에 대해 아무에게도 말하지 않았다. 후에 내가 그와 함께 이 보고서를 공유할 때, 그는 나에게 이 부분을 수정했다. 그가 책을 읽었던 것은 4학년 또는 5학년 때였다. 이때는 어린이가 일상적으로 그것에 대해서 말할 가능성이 더 있었을 것이라고 느꼈다.

서 몰랐다. 또한 그가 태어나기 전에 일어났던 다른 사건에 대해서도 몰랐다. 그는 자신이 무엇을 알고 있는지 무엇을 모르고 있는지 알지 못했다. 어느 날 그는 새롭게 알게 된 유대인의 홀리데이 기간에 "나는 내 자신의 역사에서 표류하고 있는 느낌이었어요"라고 말했다.

여름이 끝나가는 어느 날 A씨는 특정 감정이 오래 가지 못하는 자신의 어려움을 더 분명하게 보았다. 그는 자신을 상기하면서 말했다. "나는 '이것은 영원한 것이 아니니 불평하지 마. 너는 대부분의 사람들보다 운이 더 좋아' 라고 배웠어요. 그런 모든 규칙들은 엄마에게 물려받은 것들이지요. 엄마는 절대로 이렇게 말하지 않았어요. 지금 알았어요. 감정은 장소가 없어요[그는 이것을 더 분명하게 인식하고 있었다]. 이것은 단지 내가 하고 있어야 하는 일이었어요... 일을 할 때, 때때로 사람들이 진짜로 나 자신에게 관심이 있는지 아니면 단지 내가 할 수 있는 일에 관심이 있는지 궁금해요... 당신과 함께 있으면 나는 돌봄과 수용을 받고 있다는 느낌이 들어요... 이것은 일종의 고통스러운 일이에요. 나는 그것을 [지금] 이용할 수 없어요. 나는 적절한 신호가 필요해요. 내가 당신을 판단하며 보지 않더라도 나는 나 자신의 판단을 스스로 버릴 수 없어요. [그리고 우리는 알았다. 그가 나를 판단하면서 볼 때 그 자신의 판단을 얼마나 더 많이 천명했는지를]... 나는 어머니와 함께 어머니의 가치도 나의 것으로 통합했어요."

A씨는 자신이 고립되어 있다는 더 심오하고 고통스러운 인식에 직접적으로 직면했다. 그 어려움은 우리의 연결, 즉 우리의 분리를 받아들이는 것이었다(우리가 들을 수 있듯이, 궁극적으로 그는 자신을 위해서 자기가 중요하다는 것을 확신하지 못했다). 나는 이렇게 물었다. "이 가운데 일부는 애착에 대한 두려움과 관련되어 있어요. 그렇지 않나요?" 그는 더 정서적이 되어 "예!"라고 소리쳤다(마치 단서를 얻은 사람처럼). "나는 아마도 엄마와 가장 많이 붙어있었어요. 어머니는 이런 모든 메시지들을 나에게 주신 후에, '그건 내가 복제하고 싶은 모델이 아니야' 라고 말씀하셨어요."

시간이 다되어 도중에 멈췄다. A씨는 애착을 신뢰하지만 애착을 두려워한다. A씨는 어머니의 고요한 규칙과 판단에 아직 정교하게 "근거하고 있는" 기억을 두려워한다. A씨는 감정상실을 두려워한다. 그렇지만 아마도 희박하게 나를 붙들고 있다. A씨는 지금 나를 뒤돌아보며 "얻는[이해하는]" 과정에 있다. 아마도 그렇게 역시 나는, 비

록 우리 둘을 위해서이지만, 항상 다시 일어나는 투쟁을 하고 있다.[10)]

기억회복에 대한 몇 가지 생각들

> 기억하는 것이 육체에서 분리된 "상처"를 심리적 거주지에 제공하는 것이라면, 그때 다른 사람들의 기억을 기억하는 것은 그들의 상처에 의해서 상처를 받는 것이다. 더 정확하게 말하면, 다른 사람들의 투쟁, 열정, 과거의 흔적이 자기 자신의 과거와 현재 안에서 울림이 되고, 그들을 불안정하게 한다(Silverman 1996, p. 189).

아직 탐색할 사례가 남아있다. A. R. 루리아(1972)의 *The Man With a Shattered World*의 서문에는 두부 총상으로 잃어버린 기억을 끊임없이 찾고 있는 한 남자에 대한 러시아 신경심리학자의 강력한 사례사가 등장한다. 올리버 색스(1987)는 이렇게 기록하고 있다. "아마도 우리 모두에게 적용되는 보편적인 것이 있다. 소크라테스, 프로이트, 프로스트가 가르친 다음과 같은 교훈도 그러하다. 삶, 인간의 삶은 검토되기 전까지 삶이 아니다. 정확히 기억되고 자기화 될 때까지 삶이 아니다. 그러한 기억은 수동적인 무언가가 아니라 능동적이며, 사람의 삶에 대한 적극적이고 창조적인 구성이며, 사람의 진실한 이야기를 찾아서 말하는 것이다"(p. xvii).

(어느 날 그러한 사실들을 발견하고 자신의 어린 시절의 정서적 고립에 대한 기억들을 스스로 회상했을 때, A씨는 이렇게 말했다. "나는 오늘 생각하고 있었어요. 판단하지 않는 유연함으로 사람들을 보니 꽤 열린 마음을 갖게 되는군요. 당신이 전해준 생각이 나에게도 들었어요. 나는 그것에 대해 감사함을 느껴요." 이 생각(그가 느끼는 모든 것에 대한 판단을 제거하고 수용하는 것["그게 모두 당신이에요"에 반향을 보이는])이 그에게는 새로웠다. 그는 전에 이런 대단한 생각을 가져보지 못했다.[11)]

---

10) 이 신문의 리뷰작성자는 내가 믿는 것을 효과적으로 말했다. "그래서 당신이 다른 분석가와 함께 제기한 질문, '당신은 얻었나요'에 대한 답변은 최종적이지 않다. 그러나 이것은 확실히 계속되는 질문이다."

11) Takeo Doi(1989, 1993)는 이러한 감정을 ***아마에***(*amae*)로 언급했다. 사적인 대화에서 Doi는 나의 돌봄을 "고통스러운 것"으로 느낀다는 A씨의 말이 아마에의 중추적 부산물을 묘사한다고 말했다.

그래서, 다시 말하면, 어떤 수준에서 방어로 나타날 수 있는 것은 또한 중심적 삶(요소를 긍정하는, 자기정의에 기초를 둔, 이것을 보유하는데 힘과 활력을 더하는)을 지닐 수 있다(Valenstein 1973을 보라). 이런 차원을 인식하는 것은 역전이에 대한 우리의 반응을 효과적으로 바꿀 수 있다. 우리가 이미 보고 믿고 있는 것을 환자가 볼 수 있도록 안내하고, 설득하고, 데려올 때, 우리는 환자와 투쟁하는 느낌을 더 많이 느낄 수 있다. 환자는 잘 견디는 것처럼 보이지만(물론 그는 그랬다) 이것을 표현한다. 그러나 단순히 대안적인 기술적 접근을 찾기보다는 우리가 의미에 대한 우리의 가정(그러나 그는 우리에게 말하고 싶은 다른 무언가를 가지고 있을 수 있다)을 향해 우리의 방향으로 환자를 움직이려고 노력해왔다는 것을 알리는 신호로서 (어떤 의도에 대한 또는 요구된 감정에 대한) 이런 감각을 우리 안에 가져올 수 있다. 아무리 이 회기가 우리와 함께 하는 그의 방식에 의해서 일깨워질 수 있다고 해도, 어느 것도 우리가 환자의 입장, 환자의 관점에서 벗어날 수 있는 중요한 단서로서 이것을 알 수 있는, 정서적으로 돌아오는 길을 찾을 수 있는, 뿌리깊은 정당성을 찾을 수 있는 우리의 역전이 딜레마를 덜어주지는 않는다(Schwaber 1992a, 1992b). A씨의 어리석음은 내가 아직 모르는 것을 경청하려고 노력하는 자리로 돌아갈 수 있는 길을 발견할 때까지, 그가 거리를 두어 방어하는 스타일이며, 일정을 파악하지 못하는 무능력이고, (내가 **그**의 역할에 관한 무의식적 동기를 가정할 수 없는 **나**의 반응 때문에) "밧줄"로 나를 데려간다고 하더라도 어떻게 사태가 작동하는지에 대한 지침을 내가 제공하고 싶은 것이다(그가 연결되는 것을 꺼릴 수도 있다는 사실은 어떤 수준에서 내가 그렇게 하지 못하게 하기를 원한다는 것을 의미할 필요는 없다). 나는 거리 감각을 완전히 인식하지 못했을 수 있다. 종종 후속 성찰에서만 나는 내가 지적하고 있는 것을 그에게 보여주어 방어를 포기하게 하고 싶었다는 사실을 인식할 수 있었다. 내가 실패에 대한 그의 느낌에 대해 들었을 때, 나는 그의 시선을 다른 곳으로 돌려 그러한 인식을 향할 수 있도록 도왔다.

물론 이러한 반응은 A씨의 전이에 대한 성찰이며, 세상 또는 나를 지각하고 경험하고 이해하는 그의 방식을 찾는 실제상황이다. 프로이트가 발견한 가장 심오한 것들 가운데 전이는 개인의 진실에 대한 탐색에서 역설을 설명한다. 이것은 단순히 환자가 모르는 사실을 알고 있는 우리에게 놓여지거나 투사되는 것이 아니다. 우리의 행동이

나 경험에 대한 우리 자신의 인식과 일치한다면, 전이는 실제보다 더 왜곡되거나 차이가 나지 않는다. L씨가 나를 그에게 선택하라고 말하는 통제하는 어머니로 느끼는 것은 더 이상 실제가 아니다. 왜냐하면 나는 이런 느낌을 일으키는 내 행동을 인식할 수 있기 때문이다. 마찬가지로 그에게 실패하는 느낌을 이끌어내는 나에 대한 A씨의 경험도 더 이상 실제가 아니다. 내가 볼 수 없었던 것은 단지 내가 "자리를 잡기" 위해서가 아니라 "이것을 얻기" 위해서 더 노력해야 한다는 것을 의미한다. A씨는 내가 ***그녀***의 이야기와 관련된 그녀의 슬픔에 의해서 상처를 받을 수도 있다고 가정했지만, 실제로 나는 상처받지 않은 것처럼, 확실히 우리에 대한 가정들은 우리 자신의 가정과 일치하지 않는 가정을 만들 수 있다. 그러나 그러한 가정은 검증되지 않은 채로 남아서 우리를 끌어들일 수 있다.

우리가 존재하는 방식에 대한 무언가는 초기 관계, 분위기 또는 그것을 둘러싸고 있는 상상의 산물에 대한 감각이나 원기(原基)를 떠올리게 할 수 있다. 나는 대모가 될 수 있으며, 다른 때는 마녀가 될 수도 있다. 그것을 듣는 것은 비공식적으로 각인될 수 있는(즉 명백히 알 수 없는) 경험이나 지각에 대한 공명을 찾을 수 있는 가능성을 열어준다. 우리는 추억하며 추억을 자극한다(브로이어와 프로이트[1893]가 히스테리성 고통이라고 말했던 것처럼). 그리고 무의식적이든 분명한 기억에 근거하든 그 뿌리는 아직 찾고 있을 수 있다.[12)]

서로 정서적으로 관찰할 수 있는 것과 같이 있으려고 노력하는 것은 아마도 보이지 않거나 무의식적인 것에 대한 탐색과는 조화를 이루지 않는 것처럼 보일 수 있다. 오히려 우리는 흐름에 결합되어 보이지 않는 억압과 더 밀접하게 움직이며, 종종 너무 반사적이어서 분석가나 환자도 이것(누군가의 봉인되지 않은 핵심에 대한 무엇)을 언급할 생각조차 하지 못한다. 환자는 나에게 이렇게 말했다. "당신이 내 마음이 작용하는 방식을 이해할 때 다른 방식으로 작용해야 한다고 말하지 않는다면, 나는 내 마음

12) 나는 여기서 기억형태와 기억회복의 영역으로 들어간다. 이 주제에 대해 최근에 많은 관심이 있었다. 이 논문의 영역을 넘어서는 세부적 고찰은 억압된 기억의 회복에 대한 가능성 그리고/또는 필요성에 관한 문헌에 있는 논쟁을 포함한다(Blum 2003a, 2003b; Fonagy 2003). 나는 Busch의 우려를 공감한다. "다양한 기능을 수행하는 역동적 구조를 지니고 있는 마음은 쉽게 범주화되지 않는다. 생각 과 감정의 복잡한 연속성이 비형식화된 경험을 대표하는지 아니면 갈등 때문에 초기 생각의 구조를 유지하는지 확인하는 것은 벅찬 작업인 것 같다" (Blum 2003b, p. 25 n).

이 작용하는 방법에 대해 더 많은 것을 경험하게 될 거에요... 부끄러움, 공포, 심지어 혼돈과 같은."

다른 역설이 있다. 무의식적***일 수 있는*** 것을 추론함으로써 우리는 그보다 더 심오한 발견을 빗겨갈 수 있다.

그때 이것은 단순히 내가 신경 쓰지 않았던 현상에 대해서 말할 때 언급하는 표현된 내용 자체의 억압이 아니라, "의식적이지 않은" 기억, 소위 "비선언적" 또는 "절차적" 기억이라고 불리는 "암시기억"과 명백한 인식 밖에 잔존하는 환자의 과거력에 포함된 심리적 경험과 과정에 대한 억압이다.[13] 몇몇이 다르게 논쟁했을지라도(예를 들어, Davis 2001; Fonagy 1999, 2003; Stern et al. 1998), 나는 그러한 기억과 경험에 우리가 경청하려고 분투하는 가운데 궁극적으로 알 수 있는 많은 내용이 있다고 믿는다(Schwaber 1998). 확실히 경험의 회복에서 역동적 결과에 관하여 고려할 수 있는 기본적인 질문이 있다. 여기서 경험은 명백한 기억에 들어가지 못한, 그리고 분석을 통해 지금만 의식이 가능한 경험이다. 어떻게 언어능력이 그것과 관련이 있을 수 있는가? 인식의 도달을 표시하는 뇌경로가 있는가? 그렇다면 우리는 오래된 길을 드러내거나 새로운 길을 놓을 수 있는가? 무의식적인 과정에 대한 우리의 이해가 이러한 문제들과 관련된 시각에서 어떻게 나올 수 있는가? (나는 공동제작하는 새로운 이야기에 대해서 말하는 것이 아니라 "거기에" 있었던 것을 발견하는 것에 대해서 이야기하고 있다. 물론 아무리 초기라고 해도 그것의 일시성과 규정하기 힘든 특성을 인식하고 있다.)[14]

L씨(티셔츠 꿈을 꾼 남자)의 사례에서, 분석이 진행됨에 따라 그는 더 차분해졌고, 다른 여자들에 대한 그의 감정도 덜 강박적이 되거나 덜 불안하게 되었다. 누구를 선택할 것인가라는 그의 질문에 대한 불안한 딜레마는 더 차분한 상태의 출현으로 서서히 물러갔다. 이러한 상태에 대한 과거력은 우리가 그것의 변화와 변천을 주목하기

---

13) 홀로코스트와 관련된 문학의 영역에서 L. Langer는 "일상적"이거나 이야기적인 기억 바깥에 남아 있는 전쟁경험에 대한 "심층기억"에 대해서 말한다(Apel 2002, p. 94에서 인용).

14) Edward Rothstein이 *New York Times*(March 27, 2004)에서 다른 말로 표현했을 때, Gerald Edelman(2004)은 주목했다. "어떤 뇌의 사건도 같은 방식으로 두 번 일어나지 않는다. 기억도 항상 변형된다. 그것은 재창조되는 것이지 절대 반복되는 것이 아니다."

시작했을 때 ***오직 분석에서만 드러났다***. 나의 차분함에 대한 그의 경험(분석 안에서의 움직임)은 그를 차분하게 만들었다. 그러나 이것이 그 순간에 어머니의 불안한 상태가 그의 성장기의 중심 환경이었다는 것을 새롭게 발견하여 인식할 수 있도록 했다는 것이 더 중요하고 축하할 만하다. 그것이 감정이 억압되었던 기억처럼 너무 위협적으로 나타났는가 아니면 이것이 처음에는 그의 의식에 결코 들어가지 못했었는가?

마찬가지로, A씨의 어리석음은 어느 정도의 수준에서 가지고 있었던(그리고 억압했던) 지식을 인정하는 것에 대한 두려움에 의해서 유발되었는가 아니면 그것을 결코 제대로 알지 못했었는가? 다른 환자는 의심없이 받아들인 자기 때문에, 자녀의 슬픔 때문에 상처를 받은 어머니라는 개념을 억압했는가 아니면 제안된 대안(자녀를 위해 상처를 받은)을 새롭게 인식했는가? 여기서 답변들은 무의식적이고 의식적이게 하는 질문과 어떻게 관련되어 있는가?

끝맺는 말

배우기 위하여 경청하려고 애쓰는 것은 우리가 기대하는 뭔가 뻔한 것처럼 보일 수 있다. 반면에 내가 임상적 순간을 이러한 모자이크로 설명하려고 노력하는 것은 아마도 분석가와 환자를 위해 이러한 관점(배우기 위한 경청)을 가정하는 것에 대한 정서적 거리낌과 같은 어려움이 있다. 이것은 화가 나거나 가혹한 감정을 덮어버리는 말랑말랑하게 부드러운, "유약한" 접근이 아니라 감정들의 출현과 감정에 대한 더 미묘한 인식을 촉진하는 것이다. 다른 방식으로 세상을 보고 경험하는 것이 힘든 만큼, 이것은 분명히 환자에게 현상을 관찰하고 성찰할 것을 요구한다. 여기서 현상은 관찰하고 성찰하지 않으면 빨리 지나칠 수 있는 또는 그/그녀가 지나치는 것을 더 좋아하는 현상이다.

그래서 끝으로, 처음으로 돌아가기 위해서(이 표현은 T. S. 엘리어트의 "처음으로 그곳을 알기 위하여"라는 말에서 온 듯하다), 나는 우리가 기억을 창조할 수 있는 선지식 없이 또는 욕구에서 자유로운 상태에서 경청하려고 노력할 때, 비록 이론에 매이지 않으려고 시도하더라도 실제로 그렇게 되라고 제안하지는 않는다. 우리는 그렇게 되어서도 안 된다. 우리는 아직도 검은새의 풍자나 지저귐 이후의 무엇보다 음조를 좋아할 수 있다. 보는 방식은 13가지가 있을지도 모른다. 우리는 항상 우리가 지지하는 이론, 우리가 가지고 있는 의제, 추론 그리고 단순히 우리가 세상을 보는 방식을 묘사할 것이다. 이렇게 되지 않을 수 없다. 그러나 만약 우리가 내가 근본적으로 정신분석적인, 철학적인 그리고 과학적인 개념이라고 믿는 것과 씨름한다면, 그것은 환자가 그러한 방식에 반응할 수 있으며, 우리의 "욕구"(이것은 우리뿐만 아니라 환자 자신에게도 알려지지 않을 수 있다)와 그 영향과 관련된 환자 자신의 근거를 우리에게 알려줄 수 있다는 사실을 변화시키지 않는다. 우리의 추론은 단지 우리의 것(가설)이며, 우리의 선호도 역시 우리의 것일 뿐이다. 이론은 우리의 범위를 넓히거나 좁힐 수 있다. 이론은 무력감이나 고양된 불확실성의 순간에, 아마도 무질서하게 느껴질 수 있는 것에 질서를 부여하거나 거리를 유지할 필요가 있을 때에 유일한 이론이 될 수 있다. 나는 철학자이자 정신분석학자인 코라디 피우마라(1990)가 묘사한 "취약성"(vulnerability), 데이비스가 말하는 "진정한 겸손"(real humility), L씨가 언급했던 "열린 마음"(open heart)을 얻기 위하여 그리고 그러한 순간을 배울 수 있는 친밀감과 즐거움을 얻기 위하여 이러한 계속된 투쟁을 옹호하고 있다. 우리가 우리의 전제조건을 뛰어넘을 때, 우리는 (우리의 환자가 그랬던 것처럼) 더 많은 뉘앙스를 듣게 될 것이며, 더 깊게 우리 자신의 공명을 발견하게 될 것이다.

*The New Yorker*의 한 부분인 "마음의 눈: 시각장애인이 보는 것"에서, 올리버 색스(2003)는 볼 수 있는 동료들과 함께 여행하고 있는 시각장애인 여성에 대해서 말한다. 그녀는 "볼 수 있는 사람들은 나와 함께 여행하는 것을 즐거워해요. 내가 질문했을 때 그들은 내가 그렇게 하지 않았으면 몰랐을 것을 보고 알게 되었어요. 시력을 가진 사람들은 너무 자주 아무 것도 보지 못해요! 이건 정반대의 과정이에요. 우리는 서로의 세상을 더욱 풍성하게 하지요"(p. 55)라고 말했다.

나는 우리가 경청하려고 노력한다면 서로의 세계를 풍성하게 할 수 있다고 믿는다.

참고문헌

Apel D: Memory Effects: The Holocaust and the Art of Secondary Witnessing. New Brunswick, NJ, Rutgers University Press, 2002

Blum HP: Repression, transference, and reconstruction. Int J Psychoanal 84:497–503, 2003a

Blum HP: Response to Peter Fonagy. Int J Psychoanal 84:509–513, 2003b

Breuer J, Freud S: On the psychical mechanism of hysterical phenomena: preliminary communication (1893), in The Standard Edition of the Complete Psychological Works of Sigmund Freud, Vol 2. Translated and edited by Strachey J. London, Hogarth Press, 1955, pp 3–17

Busch F: Rethinking Clinical Technique. Northvale, NJ, Jason Aronson, 1999

Busch F: Back to the future. Psychoanal Q 72:201–215, 2003a

Busch F: Telling stories. J Am Psychoanal Assoc 51:25–42, 2003b

Corradi Fiumara G: The Other Side of Language: A Philosophy of Listening. London, Routledge, 1990

Davies R: The Manticore (1972). New York, Penguin, 1976

Davis JT: Revising psychoanalytic interpretations of the past: an examination of declarative and non-declarative memory processes. Int J Psychoanal 82:449–462, 2001

Doi T: The concept of *amae* and its psychoanalytic implications. Int J Psychoanal 16:349–354, 1989

Doi T: *Amae* and transference love, in On Freud's "Observations on Transference-love." Edited by Person E, Hagelin A, Fonagy P. New Haven, CT, Yale University Press, 1993, pp 165–171

Edelman GM: Interview by Edward Rothstein. New York Times, March 27, 2004

Fonagy P: Memory and therapeutic action. Int J Psychoanal 80:215–223, 1999

Fonagy P: Rejoinder to Harold Blum. Int J Psychoanal 84:503–509, 2003

Gray P: The Ego and Analysis of Defense. Northvale, NJ, Jason Aronson, 1994 Isakower O: Preliminary thoughts on the analysing instrument (1957). J Clin Psychoanal 1:184–194, 1992

Kundera M: Afterword: a talk with the author, by Philip Roth, in The Book of Laughter and Forgetting. New York, Penguin, 1980, pp 229–237

Lipton E: Irrepressible. artjournal, Summer 2003, pp 100–102

Luria AR: The Man With a Shattered World (1972). Cambridge, MA, Harvard University Press, 1987

Sacks O: Foreword, in The Man with a Shattered World, by Luria AR. Cambridge, MA, Harvard University Press, 1987, pp vii–xviii

Sacks O: The mind's eye: what the blind see. The New Yorker, July 28, 2003, pp 48–59

Schindelheim J: Learning to learn, learning to teach. Psychoanalytic Inquiry 15:153–168, 1995

Schwaber EA: Countertransference: the analyst's retreat from the patient's vantage point. Int J Psychoanal 73:349–361, 1992a

Schwaber EA: Psychoanalytic theory and its relation to clinical work. J Am Psychoanal Assoc 40:1039–1057, 1992b

Schwaber EA: The psychoanalyst's mind: from listening to interpretation: a clinical report. Int J Psychoanal 76:271–281, 1995a

Schwaber EA: Toward a definition of the term and concept of interaction. Int J Psychoanal 76:557–564, 1995b

Schwaber EA: The conceptualization and communication of clinical facts in psychoanalysis: a discussion. Int J Psychoanal 77:235–253, 1996

Schwaber EA: The non-verbal dimension in psychoanalysis: "state" and its clinical vicissitudes. Int J Psychoanal 79:667–679, 1998

Silverman K: The Threshold of the Visible World. New York, Routledge, 1996

Stein MH: Self-observation, reality, and the superego, in Psychoanalysis: A General Psychology. Essays in Honor of Heinz Hartmann. Edited by Loewenstein RM, Newman LM, Schur M, Solnit AJ. New York, International Universities Press, 1966, pp 275–297

Stern DN, Sander LW, Nahum JP, Harrison AM, Lyons-Ruth K, Morgan AC, Bruschweiler-Stern N, Tronick EZ: Non-interpretive mechanisms in psychoanalytic therapy: the something more than interpretation. Int J Psychoanal 79:903–921, 1998

Valenstein A: On attachment to painful feelings and the negative therapeutic reaction. Psychoanal Study Child 28:365–392, 1973

Vico G: The New Science of Giambattista Vico. Translated by Bergin IG, Fisch MH. Ithaca, NY, Cornell University Press, 1968

씨어도어 샤피로 (Theodore Shapiro)

26

소개

씨어도어 샤피로(Theodore Shapiro)는 코네티컷 주 미들타운에 있는 웨슬리 대학교와 뉴욕에 있는 코넬대학교 의대를 졸업했으며, 벨뷰 병원센터에서 레지던트로 있었다. 1976년 이후 그는 뉴욕 장로교병원의 웨일 코넬 의대에서 정신과 교수와 아동청소년 정신의학과의 책임자로 재직해왔다. 그는 뉴욕 정신분석연구소에서 분석 훈련을 받았으며, 거기서 훈련 및 감독 분석가로 있다. 그는 전임교수로 재직하는 동안 아동장애와 정신분석의 중요한 공헌에 대한 연구를 수행했다.

경력을 보면, 그는 미국정신분석협회의 프로그램위원회, 미국아동청소년정신의학회의 관리위원회 위원장, 정신의학발전회의 아동위원회 회원, 국제정신분석협회 프로그램위원회 의장을 역임했다.

샤피로 박사는 다양한 편집위원회에 속해 있으며, 1984년부터 1993년까지 *Journal of the American Psychoanalytic Association*(*JAPA*)의 편집자였다. 편집자로서 그는 리서치와 혁신적 아이디어로 저널의 방향을 크게 바꾸었다. 그의 작품은 널리 인정받고 있으며, 뉴욕아동정신의학위원회의 울프 C. 헐스 기념상, 페인 휘트니 클리닉의 올해의 교사상을 받았고, 산도르 라도 강사, A. A. 브릴 강의, 뉴욕정신분석연구소의 하인즈 하르트만 기념강의, 미국정신분석협회의 보스턴 회의 기조연설 등의 업적이 있다. 그는 200편이 넘는 논문과 리뷰의 저자이며, 매우 중요한 책인 *Clinical Psycholinguistics*의 저자이기도 하다.

그는 자신에 대해서 다음과 같이 말했다:

> 정신분석에 대한 나의 초입은 약간 늦었다. 내가 정신의학과에서 레지던트를 할 때 *JAPA*의 편집자였던 존 프로쉬가 내 선생님이었다. 그는 내게 역사적 관점에서 프로이트의 사상을 소개했다. 나는 프로이트의 접근법을 통해 '발견'이 주는 흥분을 알게 되었다. 게다가 그 발견들은 내가 살아온 삶을 떠올리게 했다. 의미층에 대한 개념, 자기발견의 과정 그리고 자기기만에 대한 경향은 모두 사실처럼 여겨졌다. 또한 내가 이전에 지니고 있었던 현상과 실재의 문제에 대한 철학적 선입견과 우리가 상징과 언어로 우리의 세상을 표현하는 방식(모든 기호학)은 새로운 의미를 갖게 되었다. 후에 나는 뉴욕 정신분석연구소의 언어학 스터디그룹에서 빅터 로젠과 합류했다. 나는 이 그룹이 없어질 때가지 이 모임을 인도하는 기쁨을 누렸다. 나는 그 경험으로 지금은 절판된 *Clinical Psycholinguistics*를 저술하고 출판할 수 있었다. 나는 여전히 이 책을 정신분석과 언어학 과정을 가르칠 때 사용한다. 내 주장은 이 분야에 기여했다. 나는 정신분석을 하는 동료들에게 언어학의 동향(촘스키와 구문론, 서얼(Searle)과 언어행위, 소쉬르와 기호학)을 소개하려고 노력했다.
>
> 나는 의미 과학에 대한 프로이트의 중요한 공헌과 증상, 꿈 그리고 언어에 대한 문제가 언어학자들이 인간의 영향을 제거하고 꽤 건조한 형태로 연구한 것과 중첩된다고 생각했다. 프로이트의 언어학은 인상적이었고, "원시 언어의 대조적 의미(The Antithetical Meaning of Primal Words)", "부정에 관하여(On Negation)", "일상생활의 정신병리학(The Psychopathology of Everyday Life)", "은폐기억(Screen Memories)"처럼 일반적인 이름을 붙이지 않았다. 교차학문적 시도의 필요성은 보장된 것처럼 보였다. 왜냐하면 이것이 우리의 생각과 이론을 갱신할 것이고, 또한 많은 분야를 장악하고 있는 라캉의 재신화화(remystification)보다 오히려 프로이트의 합리주의에 새로운 길을 제시할 것이기 때문이다. 나는 '우리의 치료에서 이름붙이기의 역할에 대한 설명'(Shapiro 1970)으로부터 '유치원에서 계약협상에 이르기까지 자아통제와 공손의 발달에 대한 조절자로서 언어의 역할에 대한 더 최근의 논의'(Shapiro 2004)에 이르기까지 언어학적 주제들에 대한 논문을 계속 썼다. 또 다른 열정이 있었던 영역은 마음의 발달과 언어의 중재적 역할이었다. 내적 언어의 발달과 함께 가능해지는 선험적이고 무의식적인 환상의 형태는 많이 있다. 에릭

슨이 수줍은 듯이 "몸의 구멍에서 일어나는 비극과 희극"이라고 이름지었던 프로이트의 범주는 언어적 능력의 발달적 성취가 주는 이점에서 더 잘 이해될 수 있다. 따라서 나는 발달에 대한 우리의 관점이 어떻게 우리가 생활주기를 통해서 갈등과 고통과 방어를 계속적으로 표현하는가와 우리가 발달적 편견에 갇혀 있기 때문에, 우리가 한때 무기력하고 의존적이었기 때문에 어떻게 우리가 신경증에 빠지게 되는가에 대한 더 많은 지식을 지녀야 한다고 강하게 믿었다.

요약하자면, 그래서 나는 정신분석에서 언어와 상징적 기능에 대한 발달적이고 현대적인 관점을 가져왔으면 한다. 나는 10년 동안 *JAPA*를 편집하는 중요하고 의미있는 특권을 누렸다. 이것은 나의 공헌에서 빼놓을 수 없다. 나는 그 역할을 하면서 더 다양하고 폭넓은 아이디어가 자유로운 학문적 교류 공동체에서 넘쳐날 수 있도록 격려하는 일에 최선을 다했다. 정신분석적 공동체는 동료평가를 통해 더 많은 글들로 반응했다. 만약 내가 공헌했다고 믿고 있는 것에 다소 거창한 피날레를 장식할 수 있다면, 그것은 우리 분야를 더 많은 학문분야와의 폭넓은 상호작용에 개방하고, 우리 영역과 관련된 경험적 연구를 발표한 것이었다. 나는 자기, 마음 그리고 그것의 상징적 성향을 이해하는 학문으로서 정신분석의 초점을 유지하려고 노력했다. 이것은 비신화화하고 해석하는 사람인 우리의 직업적 도움을 필요로 한다.

이 논문을 선택한 이유

씨어도어 샤피로

1993년에 "회상에 대하여(On Reminiscences)"를 처음 출판했을 때, 나는 기뻐 놀랐으며, 내가 언급했던 이슈가 현재 우리의 정신분석적 선입견과 관련되어 남아있다는 사실에 또한 화가 났다. 나의 놀라움은 내가 최근에 쓴 글이 그때 내가 언급했던 주제와 연결되어 있었다는 사실에서 기인한다. 그리고 나의 화는 침체의 두려움과 관련되어 있다. 우리가 너무 진전이 없는 주제에 빠져 있었던 것은 아닌가?

내 생각의 연속성은 학문간 통합에 대한 관심을 보여준다. 나는 정신분석과의 관계에서 언어학과 신경과학의 상호작용에 대한 글을 계속 쓰고 있다. 이 논문은 과거에 발표한 것과 나중에 덧붙인 해석에 대한 언급으로 가득 차 있다. 해석과 이름붙이기(그리고 숙달과 함께)에 대한 관심은 그 제목을 가진 논문과 직접 연결되어 있다(Shapiro 1970). 신경과학의 다리와 같은 기억과 의미의 상호관계는 분명히 살아 있으며, 최근의 논문인 "Use Your Words!"(Shapiro 2004)에서 확장되었다. 마찬가지로 나는 해석학적 입장과 2인 심리학적 입장을 계속해서 의심하고 있으며, 약간의 객관성을 유지하는 데 찬성한다. 이러한 주제는 정신분석이 오늘날 무엇인가 그리고 프로이트가 정신분석을 소개했을 때는 무엇이었는가에 대한 나의 이해를 고집하고 있다. 플라톤을 언급하면서 나는 정신분석이 프로이트에 대한 일련의 각주라고 말함으로써 화이트헤드의 견해를 바꾸어 인용했다. 나는 그가 썼던 모든 것을 우리가 받아들인다고 말하려는 것이 분명히 아니다. 대신 나는 그의 작품의 범위가 다양한 형태의 치료적 만남에 한정되어 축소되고 좁아지기보다 포스트모던 세계에 포함되어야 한다고 주장한다. 예술이나 창조적 활동으로서 우리의 작품을 낭만적으로 다루기보다 "학문"에 대한 더 많은 연구가 필요하다. 프로이트는 일상사건을 비신화화하려고 했다. 나는 라캉의 재신화화가 맘에 들지 않는다.

나는 해석학적 전회와 구성주의자와 2인 심리학 접근들이 너무 편협해서 이론형성을 제한한다고 믿는다. 내가 두려워하는 것은 이것 때문에 우리가 침체에 직면하게 되고 진전이 약화되는 것이다. 그들은 이론을 확장하지 않고 이질적인 일련의 분석기록으로 이끌어가면서 분석회기의 "특별한" 측면과 "수행적" 측면에 대한 우리의 담론을 연장한다. 이것은 치료적 과정과 비유를 연구하고 분석하고 이해하기 위해 끊임없이 노력하는 세계에 뿌리를 내리고 있다. 여기서 비유는 인간의 마음이 인간을 반복과 고통으로 이끌어가는 무의식적 배열에 기초한 이야기를 구성하기 위해 사용하는 것을 가리킨다.

다시 읽어보니, 이 논문은 놀랍게도 프로이트 학파의 기획에 잠재된 범위에 대한 내 생각을 요약하고 있다. 나는 이것이 앞으로 나아갈 수 있는 자극이 되기를 바란다. 이것은 정신분석가가 몸과 마음, 욕동과 기억의 역할, 사고의 발달적 기원과 패턴화된 상호작용, 주관적 정신의 배열에 대한 개관적 연구와 정신분석적으로 가장 현저한 행동의 무의식적 결정을 고려함으로써 포괄적이 될 수 있다는 것을 가리킨다.

참고문헌

Shapiro T: Interpretation and naming. J Am Psychoanal Assoc 18:399–421, 1970

Shapiro T: Use your words! J Am Psychoanal Assoc 52:331–353, 2004

회상에 대하여[1)]

(On Reminiscences)

씨어도어 샤피로

정신신경증에 대한 프로이트의 최초의 공식은 "히스테리 발작은 주로 회상 때문에 고통을 겪는다"는 것이었다(Breuer and Freud 1895, p. 7). 이 개념은 곧 모든 신경증의 표어가 되었다. 프로이트는 또한 신경증환자가 기억의 어려움 또는 억압이나 동기화된 망상으로부터 고통을 받는다고 말했다. 이 모든 것은 동전의 양면을 나타낸다(Erdelyi 1990). 그러나 프로이트는 특별히 회상에 초점을 맞추었다. 왜냐하면 프로이트는 특정한 초기 경험에 대한 트라우마적 영향과 유년기 중기로 되돌아간 환자의 성폭력 에피소드를 믿었기 때문이다. 그 환자는 *Studies on Hysteria*에 등장하는 8살이 넘은 아이이다(Breuer and Freud 1895).

그때부터 정신분석은 신경증을 ***신경증환자가 내러티브로부터 고통을 받는다***는 형태로 바꾸어 말할 수 있었다. 이러한 내러티브는 우리가 병인인 회상에 이르는 것을 허락하지 않는다. 이 관점을 지지하는 사람들은 텍스트 해석과 비교되는 분석접근을 권장한다(Spence 1982, 1987, 1988). 셰이퍼(1988)는 다음과 같이 기록하고 있다. "텍스트, 특히 프로이트의 텍스트에 대한 해석은 끊임없이 계속되고 있다. 기록된 텍스트를 읽는 것은 어쩔 수 없이 해석적이다. 그리고 이것은 환자가 분석과정에서 언어와 비언어로 제시하는 텍스트 해석에도 동일하게 적용할 수 있다"(p. 296). 이러한 견해는 분석가와 환자의 관계적 틀인 지금 여기로 초점을 이동시키는데 기여했다. 나는 ***우리가 기억하는 방법***에 대한 문제를 재고하지 않고 이런 것 또는 이와 유사한 해석학적 공식에 단순히 동의하는 것은 현명하지 않을 뿐만 아니라 마음에 대한 기존의 이론과 모델을 쓸모없게 만들게 될 것이라고 주장한다. 또한 이것을 논리적으로 일관

---

1) 이 글은 1991년 4월 2일 뉴욕 콜럼비아 정신분석클리닉의 Rado 강의와 1991년 4월 5일 워싱턴 DC의 워싱턴대학교의 Prager 강의로 발표되었다. Theodore Shapiro(M.D.)의 "On Reminiscences"는 *The Journal of the American Psychoanalytic Association,* 41:395–421, 1993에 처음 게재되었으며, 허락을 받고 이곳에 실었다.

되게 적용하면 내가 정신분석이론과 결합되어 있다고 믿는 확실한 핵심 개념을 포기하게 될 것이라고 주장한다. 우리가 불완전하게 기억할 수 있는 동안에도 우리는 기억하고 있다. 나는 억압, 방어, 분열, 전이 그리고 구성에 대한 정신분석적 의존성이 해석학적 책략에서 논리적으로 관련성이 없으며, 인간의 마음과 뇌에서 기억의 역할에 대한 이해와 관련된 최근의 비정신분석적 발전이 정신분석과 관련이 있다고 주장한다. 그러나 나는 먼저 프로이트의 발견을 탐색해야 한다. 왜냐하면 비정신분석적 발전이 프로이트의 발견을 적용해서 보다 큰 이슈에 도달했기 때문이다.

프로이트는 환자로부터 성적 유혹이 담긴 말을 들었다. 그렇지만 프로이트는 1925년 자서전에서 최면에 걸린 환자에 대한 초기 그래픽 노트를 작성했다. "그녀가 일찍 눈을 떴을 때, 그녀는 팔로 나의 목을 감쌌다. 예상하지 못했던 하인의 등장이 고통스런 토론에서 우리를 구해 주었다. 그러나 그때부터 우리 사이에는 최면치료가 계속되면 안 된다는 암묵적 이해가 있었다. ***나는 그 사건이 저항할 수 없는 나의 개인적 매력에서 기인한 것이 아니라고 할 만큼 충분히 겸손했지만, 취면술 뒤에서 작용하는 신비한 요소의 본질을 지금(바로 그때) 파악했다고 느꼈다***" (Freud 1925, p. 27; 이탤릭체는 추가된 부분). 프로이트가 "이건 나와 상관이 없어"라고 주장했던 순간에, 결과적으로 전이라는 개념으로 발전할 수 있는 치료 변수의 새로운 관점의 문을 열었다 (G. Makari, 1991, 미발행). 같은 단락에서 더 일찍 프로이트는 "의사와 환자의 개인적인 정서적 관계는 결국 전반적인 정화과정보다 더 강했고, 이것은 모든 통제활동을 벗어난 요소였다"라고 언급했다. 따라서 현재에서 수행된 행동은 ***이전 관계에서 얻은 현재의 경험적 기준***이 되었다. 또한 현재의 상호작용은 환자들이 그들의 과거 경험을 다른 사람들에게 어떻게 표현하는지에 대한 표상이 되었다. *Studies on Hysteria*에서 묘사된 경험은 정동의 해리, 수의적으로 확장된 이야기에 대한 최면암시의 포기 그리고 불쾌한 과거 사건이나 생각을 방어적으로 잊는 방법으로서 억압의 발동이나 동기화된 망각을 포함한다. 이와 같이 망각은 역동적으로 동기화되었다.

다음 해에 프로이트는 심리적 현실(psychic reality)에 대한 개념 확립과 사고형성에 대한 정신내부의 변수에 대한 관심이 높아져 자신의 관심분야를 좁히기 시작했다. 또한 이에 상응하도록 그의 이론들은 ***마음이 작동하는 방식***으로 향하게 되었다.

프로이트는 병리학을 설명하는 모델들을 개발했으며, 그때 정상상태를 설명하는 모델도 함께 개발했다. 정상상태는 아동기가 성인기에 중요하며, 전희를 통한 전조에서 신경증에 이르는 성인기의 병들이 모두 다형도착적인(polymorphous perverse) 유아의 성행위와 관련되어 있으며, 오이디푸스 콤플렉스의 지배 하에서 이루어진 경험의 재구성과도 관련되어 있다는 전제를 포함하고 있다. 즉 소망형성의 초기 단계는 처음 두 명의 돌봄자가 보여주는 사랑과 증오의 태도를 중심으로 구성되었으며, 정신작용과 환상은 주요한 갈등해소에 의해서 잘 구조화되었다(Shapiro 1977, 1986). 이러한 구조들은 차례차례 자유연상과정에서 파생된 전이와 기억의 회복이 발생할 때 중심적인 역할을 한다. 따라서 프로이트는 현실에 의해 어느 정도 영향을 받는 보편적 경향성을 제시했다. 분명히 자극과 반응, 과거와 현재, 기억과 상기 사이에는 일대일 대응이 없었다. 우리가 분석한 것은 과거에 관한 현재의 경험이다. 우리는 현재 문제에 관한 구조화된 과거경험의 시대착오적 침범을 묘사한다. 그리고 우리는 현재의 태도, 행동 그리고 갈등으로서 사전에 구조화된 행동을 지적한다. 우리는 의도, 소망 그리고 욕동 구성요소에 대한 상징적 표현과 변형을 연구한다. 그것들은 정신기관들의 지배 아래서 모순되게 시작하여 표층 행동에 영향을 미친다. 안나 프로이트(1936)가 지적한 것처럼, 우리는 결코 순수한 형태로 욕동을 볼 수 없다. 우리는 단지 자아를 통해서 걸러진 욕동의 파생물을 볼 수 있을 뿐이다. 나중에 안나 프로이트는 우리가 사건을 연구하지는 않지만 사건이 마음에 미친 영향은 연구한다고 덧붙였다.

우리가 표층행동을 관찰하기 위해서 제한된 감각경험을 사용해 결론에 도달하는 한, 여러 가지 경험과 상호작용을 설명하는 다양한 이론을 도출하는 것은 확실히 그럴 듯하고 가능하다. 그러나 유용하고 일관성 있는 이론을 주장하기 위해서, 우리는 변형된 표층행동의 하부구조를 상세하게 묘사하는 얼마 안 되는 보다 깊은 기억기관을 상정해야 한다. 이 모델은 구조적 사고에 대한 20세기의 다른 학파와 우리를 연결해 준다(Shapiro 1991). 자아심리학은 보편적인 것들뿐만 아니라 행동의 의미와 관련된 독특하고 특이한 것을 설명하기 위해 경험된 과거를 사용한다. 인류학에서 표의적인 것과 명목적인 것을 구분하는 것은 분명히 이 생각과 결합되어 있다(Barratt 1990). 스펜스(1986)는 논의를 통해 구체적인 것(표층적인 것)에서 일반적인 것(명목적인 것)으로 이동해야 하며, 다른 사람들이 "개별적으로 확신을 가질 수 있도록" (p. 20) 반드시 논리적이지만 수사적이지 않은 방식으로 자료를 제시해야 한다고 주장한다. 기억에 관한 컨퍼런스에서 스펜스는 "'반복되는' 기억에서 일어나는 미묘한 변형들이 새로운 자료를 출현하게 한다"(p. 320)고 주장했다. 그리고 이어서 "[컴퓨터에서] 기억은 바뀌지 않으며, 기억을 사용하더라도 그 영향을 받지 않는다. 분명히 그것은 인간의 기억이 구조화된 방식이 아니다"(p. 321)라고 말했다. 같은 컨퍼런스에서 피버쉬(1988)는 자서전적 기억에 관하여 진술했다. "[이것은] 전에 겪은 사건에 대한 단순한 기억이 아니다. 이것은 그러한 활동에 참여하는 자기에 대한 기억이다"(p. 277). 더욱이 대상관계이론은 유아가 부모와 관계하는 발달과정에서 발생하는 소망들 간의 상호작용에 따라서 과거가 어떻게 마음에 의해 다시 주어지는가를 중요하게 여긴다. 스펜스와 다른 사람들도 역시 정신분석의 안팎에서 과거에 대한 지속적인 관심을 보여주고 있다. 그럼에도, 우리는 어떤 극단적 입장에서 논쟁함으로써, 과정을 방해하거나 혼란을 일으키는 개념들을 버리고 우리의 지식을 더해주는 주제들을 분리해 낼 수 있다.

흥미롭게도, 기억연구에 관한 학문적 심리학에는 여전히 약간의 동요가 남아있다. 그렇지만, 지난 15년 또는 20년 동안 정신분석은 우리가 기억하는 방식에 대한 이전의 고려사항에서 벗어나 중요한 초점의 변화를 가져왔다. 우리는 마음이론을 지속적으로 재작업하는 대신, 지금 여기에 있는 환자를 이해하는 과정에 대한 기술적 문제에 초점을 맞춘다. 이러한 변화는 우리가 소심한 메타심리학적 문제에 너무 함몰되어 있었기 때문에 매우 유익했다. 또한 다양한 방식으로 우리에게 활력을 제공했다. 분석가들은 이러한 최근의 기술적 관심사로 인해 역전이－전이 연속체(Jacobs 1986), 분석가와 환자의 조화(Kantrowitz et al. 1989) 그리고 예전에 실증주의적 과학이 부적절하게 부여한 것으로 간주된 중립성의 의미에 대한 재조명(Hoffer 1985; Shapiro 1984)과 같은 것이 포함된 상호작용과 과정변수에 관심을 갖게 되었다. 우리의 논문은 환자에게 몰입하여 공감하며 관찰하는 분석가의 독특한 관점과 분석가들이 분석에 사용하는 해석학적 방법이나 이해과정의 방법에 대한 탐험으로 가득 차있다. 이 방법은 본래 텍스트에 적용하던 것이다(Schafer 1985, Spence 1982, 1986 참조). 분석가는 환자가 지금 여기에서 하는 이야기에 주의를 기울이며 움직인다. 슈와버(1983)는 현재의 심리적 실재를 인식하기 위하여 경청하라고 권면한다. 이것은 그녀가 제시한 '발견하는 방법' 에 표현되어 있다. 그레이(1992)가 표층을 면밀히 평가하는 것은 자아심리학에 이러한 관점을 적용한 것이다. 분석가의 행동 역시 환자의 지각에 영향을 미치기 때문에 면밀히 조사하는 대상이 되었다(Jacobs 1986). 셰이퍼, 슈와버, 그레이 그리고 제이콥스는 현재에서 과거를 발견할 수 있는 능력을 인정했다. 그들은 이러한 입장에 충실하기 위해, 그들의 관점에 단순히 해석학적이 되지 않았다. 그들의 강조점은 지금 여기에 관한 보다 큰 의미에 있다. 대조적으로 우리는 반대 경향을 나타내는, 현재를 변하지 않는 과거로 만들어주는, 지금 여기에서의 공감의 단절이 어떻게 거의 변형되지 않은 과거 상호작용을 나타내는지에 대한 코헛(1977)의 관점을 지적할 수 있다. 이것은 해석학적 전제와 반대 경향을 나타낸다. 그렇지 않다면, 거기에는 과거를 포착하는 우리의 능력과 관련된 정신분석협회의 만연한 절망이 있는 것처럼 보인다. 사실 "공식적인 정신분석"은 마슨의 *Assault on Truth*(1984)와 *Final Analysis*(1990)를 완전히 무시했다. 그렇지만, 오히려 이 두 책은 해석학적 장벽들에 더 저항하게 만들었다. 1985년 미국정신분석협회 패널과 일부 서평에서 이 책들에 대한 약간의 반응이 있었다. 그렇지만, 대부분의 분석가들은 그의 논쟁적인 공격을 외면했다.

해석학적 논쟁의 강력한 형태는 과거 경험은 입증가능성이 없다는 주장이다. 왜냐하면 분석가는 환자와 함께 하며 현재에서 부딪히고, ***일어났던 일***에 대한 외부문서에 접근하거나 그 환경을 면밀히 조사하지 않기 때문이다. 데이터는 20~40년의 경험을 통해서 걸러진다. 질그릇 조각과 그 주변을 재구성하는 것에 대한 프로이트의 고고학적 은유는 역사적 사실에 대한 유추와 관련되었기 때문에 일축되었다(Spence 1982). 역사적 사실은 서사적 사실과 거의 일치하지 않는다. 그럼에도 일부는 이 입장을 지지했다. 그러나 정신분석은 그룬바움(1985)과 같은 과학철학자에게 더 많은 공격과 도전을 받았다. 우리가 정신분석을 과학이라고 부르기 때문에, 우리는 내부로부터 입증가능성을 증명하라는 도전을 받는다. 그 싸움이 내건 슬로건은 "내적 정직성은 실패한다!"이다. 해석학자들은 입증가능성을 주장하지 않았기 때문에 그러한 공격을 받아도 문제가 되지 않는다. 해석학자들은 텍스트를 다양하게 읽는 것만을 인정한다. 이런 면에서 해석학자들은 과학주의와 실증주의 같이 투덜거리는 말로 과학을 일축한다. 코헛의 추종자들은 피난처, 즉 19세기의 정신과학과 공감으로 숨어든다. 여기서 공감은 분석이 지니고 있는 적절한 과학적 이점을 어떻게 묘사할 것인가에 대한 도전에서 도망가는 방식이다.

지금까지 나는 기존의 논쟁을 내가 본 것처럼 제시했다. 또한 나는 우리가 검증되지 않은 해석학적 관점을 수용한다면, 회상이 아니라 내러티브를 통해 고통받는다는 사실도 수용해야 한다고 분명히 언급했다. 그리고 그 내러티브들이 너무 자의적이기 때문에 우리가 위험해 처해 있다는 것도 강조했다. 내러티브들은 형태심리학자와 같이 폐쇄(closure)와 절약(parsimony)의 규칙을 따른다. 폐쇄와 절약은 다음과 같은 것들이 없는 것처럼 우리를 설득하기 위해 고안된 일관된 이야기를 창조한다. 기억, 회상, 트라우마, 실제 과거, 기본적인 엄마 가슴 경험이나 요람 경험, 형제에 대한 분노, 재발견할 다형도착적 유아낙원과 어린 시절, 전이와 같은 개념들은 이전 대상과 기억에 대한 태도와 입장에 속하는 현재 상황에 무언가가 이동되고, 잘못 연결되고, 대체되고, 잘못 적용된다는 사실을 수용하지 않고서는 언급할만한 중요성을 지니지 않기 때문에 그 의미를 잃어버린다. 전이는 현재 참조(current reference)에 대한 은유이다. 게다가 성도착, 신경증, 성적 전회를 설명하기 위해 사용한 다형도착적 유아성욕(polymorphous perverse infantile sexuality)의 속성(Freud 1905)은 인간의 성적 행위나 이와 관련된 몇몇 행위들에 대한 흔한 반감을 다루는데 사용할 수 있는 다양한 관행을 이해하는 데 별로 도움이 되지 않는다. 또한 정신분석의 발달적 유전 개념들은 별 볼일 없는 호기심 때문에 역사의 책꽂이에나 적합한 쓸모없는 낡은 표현처럼 바람을 타고 지나갈 것이다. 우리가 이런 생각들을 탐구하는 동안, 다른 과학자들은 인과관계를 제시하며 기억과 회상을 중요하게 다룬다. 일부 정신분석 사상가들(Edelson 1985) 또한 정신분석가들을 위해 인과관계적 제안들을 회복하려고 노력하고 있다. 명시된 반기억 경향에 역행하는 몇 가지 비정신분석적 경향을 살펴보자.

최근 정신의학에서는 외상후 스트레스장애가 부활했다. 외상후 스트레스장애는 관찰가능한 현실로서 현실세계에서 입증된 스트레스원인에서 발생한다. 현대인의 사고에서 스트레스심리학 개념은 매우 중요하다. 생물학적으로 외상후 스트레스장애에 대한 정신생리학적 반응이 있고, 스트레스가 그 발병과 관련이 있다는 역학적 증거가 있다. 테르(1991)는 유년기에 관찰된 트라우마가 몇 년이 흐른 후 트라우마 사건을 연출하도록 이끈다는 것을 전형적으로 보여준다. 심지어 테르는 말을 하기 이전의 초기 성적 트라우마가 이후의 인생에서 외적으로 나타난 증거를 일화로 기록한다. 테르의 준거틀은 분명히 정신분석적이다. 파이누스와 다른 연구자들(Nader et al., 1990)은 외상 효과에 관한 용량 반응 곡선(dose response curve)을 보여 주었다. 학교운동장에서 총기를 난사하여 아이들을 죽인 사람이 있었는데, 그 사람과 가까웠던 아이들은 죄책감뿐만 아니라 다른 외상 후 영향을 경험했다. 죽은 아이들과의 우정은 그 당시 학교에 없었던 아이들에게도 스트레스를 가중시켰다. 그들 역시 죄책감을 경험했다. 이와 비슷하게, 홀로코스트 생존자들은 고난을 겪은 이후 기억이 하는 역할을 입증한다(Moskovitz 1985). 우리가 어떻게 이러한 발견에 주목하지 않을 수 있을까, 특히 이것이 그 연구를 이끈 명제를 낳은 전해석적(prehermeneutic) 정신분석 모델이었다면 말이다.

발달심리학자들(Bretherton et al. 1990; M.J. Ward et al. 1990)은 애착의 안정성을 측정하기 위해 출생 후 12개월에서 18개월 사이의 아이에게 사용하는 낯선 상황 패러다임이 아이가 태어나기 전 엄마가 어떻게 아이들을 돌보았는가에 따라 잘 예측될 수 있다는 것을 배웠다. 이러한 배움은 매우 발전적이다. 발달심리학자들은 이제 과거로 거슬러 올라가 초기 어머니 경험과 관련된 성인여자주제의 구조화된 내러티브를 살펴본다. 그리고 초기 애착 안정성을 측정하기 위해 이 내러티브를 주의 깊게 탐구한 결과를 사용한다(Main et al. 1985). 이것은 보울비(1969)의 개념을 확장한 것이다. 보울비는 모자상호작용의 "작동 모델"이라는 용어로 아이들을 다룰 수 있게 했으며, 이 모델이 삶에서 증명될 수 있다고 주장했다. 그래서 우리는 작동모델이 삶과 상관이 높기 때문에 외적 행동보다 오히려 심리학적 내용을 연구대상으로 삼거나 점검하는 것이 충분히 가능하다는 가정을 다룬다.

이와 비슷하게 영장류 박탈 연구(Suomi et al. 1972)는 삶의 초기 경험이 후기 행동에 미치는 영향을 입증한다. 보살핌을 제대로 받지 못한 어린 침팬지가 성장한 후에 보이는 모습은 태어나서 처음으로 콘라드 로렌츠를 보았기 때문에 그를 따라다니는 거위의 모습과는 다르다. 오히려 우리는 모욕영역에 나타난 특별한 변화와 함께 시간이 많이 지난 후의 모습을 본다. 고립되었거나 돌봄을 제대로 받지 못한 수컷 침팬지들은 발정기에 암컷 침팬지가 성적 접촉을 하려고 할 때 적합한 자세를 취할 수 없다. 사실 우리는 생물학적 체계에서 만들어진 기억과 유사한 개념 때문에 면역학, 분자생물학 또는 유전학을 하지는 않을 것이다. 실제로 우리는 자물쇠와 열쇠에 해당하는 가장 지속적인 기억체계에 의해, DNA 분자의 핵 펩티드 배열에 의해 낙인이 찍힌다. 게다가 캔들과 그의 동료들(1979)은 실제 외부자극의 도입효과로 바다 민달팽이의 신경말단에서 나타난 특별한 영구적 생화학적 변화를 보았다.

이러한 모든 명제는 과학적으로 연구될 수 있는 인과관계적 진술을 이끌어낸다. 하지만 동시에, 우리는 "내적 정직성이 없다"는 비난에 한 발짝 뒤로 물러섰으며 기술에 대한 질문들과 잘못 적용된 해체주의적 견해를 마음속 깊이 간직했다. 나는 기술연구에서 나타난 최근의 방종이 과학기술영역에서 유용한 명제들을 자세히 설명할 수 있는 우리의 능력에 대한 실망에서 나온다고 믿는다. 우리는 그것을 도전으로 받아들이기보다 우리의 책임에서 물러나고 있는 것처럼 보인다.

내가 이 영역을 고려하는 특별한 근거는 인간의 경험에 관한 언어의 지속적 영향에 대한 선행연구와 이론구축과 해석 모두에서 언어의 형성적 역할을 이해해야만 한다는 제안에서 비롯된다. 만약 그렇게 한다면, 우리는 마음이 작용하는 방법을 더 잘 이해하면서 환자와 분석가 사이의 상징적 교환을 추측하고 예견하고 이해할 수 있다. 현재 행동에 대한 핵심요소로 과거를 포함하는 것이 프로이트에게 중요했던 것처럼 우리에게도 중요하다. 분석가가 지정하거나 해석할 때 무엇을 하는가는 치료하는 동안 변화를 촉진하는 요인인 분석가의 마음에 달려있다. 나는 언어체계를 사용하여 해석을 이름짓기의 한 행동이라고 주장했다(Shapiro 1970). 이 주장의 핵심개념은 무의식적 환상들을 언어로 바꿔줌으로써 자아통제 아래 놓는다는 것이다. 우리는 이름붙이기를 통해서 이런 무의식적 환상들을 발견한다. 동시에 무의식적 갈등패턴을 우리의 적으로 지정함으로써, 현재 형태 안에 있는 과거와 과거의 파생물을 소망과 분리하는 발달과정을 모방한다. 이것은 또한 우리가 초기 대상과 초기 사건이 현재의 이슈로 전치되었다는 과정을 이해하는 데 도움이 된다.

나는 이름붙이기가 창조적일 수 있다는 개념을 생각해 보았다. 하지만 지금, 비록 다른 사람들이 최근 몇 년 동안 이 생각을 더욱 진지하게 수용했더라도, 나는 이 개념을 부인하고 싶다. 예를 들어, 셰이퍼(1977)는 해석되는 것과 말하는 것이 절대로 언어로 표현될 수 없기 때문에 모든 해석은 새로운 창조라고 말했다. "해석은 새로운 의미 또는 새로운 행동을 창조한다"(p. 419). 그러나 대담하게 스펜스(1982)는 언어화 과정을 통해서 표현된 것이 오히려 경험을 왜곡한다는 반대입장을 취했다. 내가 경험이 나타낼 수 없는 반이성적인 개념을 가지게 된 것은 이 주장 때문이다. 이러한 주장들은 그룬바움(1985)이 제안한 것처럼, 우리가 정직성의 문제를 피할 수 있도록 해준다. 즉, 우리는 점점 정신내부, 아이디어를 추출하는 방법과 기술은 강조하고, 우리가 하는 행동이 과거사건(이후 마음의 표현에 영향을 미치는)의 영향과 어떤 관계가 있는지를 결정하는 것에는 관심이 줄어든다. 그로스만과 스튜어트(1976)는 우리의 공식을 "진부한 이론적 표현"으로 간주할 때, 우리가 어떻게 잘못된 해석을 할 수 있는지를 설명한다(p. 210). 그들은 해석 상황에서 환자가 언어를 사용하여 자신의 경험을 언급할 수 있도록 해야 한다는 점을 강조한다. 그들은 "이것[페니스 선망에 대한 해석]은 자료에 대한 이론적 비개인적 형태를 강요하기 때문에 임상적 해석으로서 부정확하다"라고 언급한다(p. 210). 대신 그들은 말로 표현된 것을 확신하게 만드는 개인화된 참고체계를 권장한다. 이것은 언어왜곡의 한 가지 예일 뿐이다. 그러나 이것은 분명히 왜곡을 일으키는 잘못된 사용법이자 부주의한 전문용어이다. 이러한 문제들과 거리를 두고, 마음이 기억들을 어떻게 통합하는지에 대한 프로이트의 입장을 잠깐 살펴보자.

나는 프로이트가 처음부터 내러티브 형태를 기억의 한 특성으로 이해하고 믿었지만, 실제(actuality)를 희생한 것은 아니라고 생각한다. 1899년 초 "Screen Memories"에 대한 논문에서 그는 두 종류의 기억이 있다고 제안했다(Freud 1899). 프로이트는 생생한 기억들은 단순히 역사적 과거 사실의 회복이 아니라 일생 동안 개인에게 의미있는 사건들의 복합체를 나타내기 위해 반복적으로 구성되고 재구성되었다는 사실을 가리키는 V. 앙리와 C. 앙리(1897)의 논문을 인용했다. 고립된 초기 기억들이 있다는 앙리 부부의 발견은 계속해서 다른 현재의 생각들과 평행을 이룬다. 예를 들어, 윌리엄 제임스는 "모든 인간의 생각은 두 종류로서, 본질적으로 모든 독자의 경험이 뒷받침하게 될 것이라고 말할 수 있다. 이것은 한편으로는 추론이며, 다른 한편으로는 서사적, 서술적, 사색적 사고이다"(Bruner [1986]). 프로이트는 예센(1855)을 *The Interpretation of Dreams*에서 인용했다. "전체 건망증은 심각하지 않다. 그러나 부분 건망증은 기만적이다. 만약 우리가 잊어버린 것에 대한 설명을 계속하려고 하면, 우리는 기억에 의해서 만들어진 비일관적이고 분열된 조각들을 우리의 상상으로 채우기 쉽다... 우리는 본의 아니게 창조적인 예술가가 된다"(Freud

1900, p. 47n). 분석에서 이러한 조각들은 특히 중요하다. 예를 들어, 프로이트는 우리가 은폐기억(screen memories)을 기억하는 것이 단지 "더 깊은", 더 의미있고 잠재적으로 더 고통스러운 무언가의 기표라는 것을 가리키기 위해 황금 근처에 놓여 있는 거짓의 은유를 사용했다. 사실, 숨겨야 할 필요는 직접적인 표현이 야기할 예견된 고통 때문에 발생한다. 그리고 프로이트는 이것을 진짜에 대해 궁금하게 만드는 "허구의 작품들"이라고 했다. 프로이트는 우리가 어린 시절에 ***대한*** 기억이 아니라 어린 시절***에서 유래한*** 기억을 가지고 있다는 생각으로 1899년을 마무리했다.

생애 말년에 프로이트(1937)는 재구성의 문제에 접근했다. 프로이트는 재구성자인 분석가가 환자가 세상의 경험을 조직화하는 스토리를 만들기 위해 작은 자료조각들만을 사용한다는 점을 지적했다. 그래서 프로이트는 자기 경력을 시작할 때부터 끝날 때까지 "심리학적 구성주의자들"과 많은 것을 공유했다. 프로이트는 기억된 사건들의 사실 또는 과거에 대한 단순한 동형적 표현을 진짜로 믿지 않았다. 또한 프로이트는 히스테리의 유일한 병인으로 실제 외상을 계속 지지하지도 않았다. 크리스(1962)는 "The Recovery of Childhood Memories"라는 고전적 논문에서 "히스테리 모델은 무엇보다도 중요한 것을 잃었다[p. 55]. 드문 경우를 제외하고, 우리가 유혹이 일어난 계단에서 그날 오후의 '사건'을 발견할 수 있다는 것을 믿는다면, 우리는 잘못된 것이다"(p. 73)라고 말했다. 알로우(1969)는 "환상과 지각이 끊임없이 뒤섞여 있는 것은 기억이, 특히 어린 시절에서 유래한 기억이 그렇게 믿을 수 없는 이유를 분명하게 만들어준다"(p. 37)라고 기록했다. 블럼(1980)은 "분석가는 더 이상 기억에 의해서 유혹당하지 않을 것이다"(p. 40)라고 기록했다. 이전에 인용한 자서전적 기억에 관한 학술대회에서 나이써(Neisser and Winograd 1988)는 그 대회가 나중에 기억될 것이라고 말했다.

> 내가 생각하고 있는(또는 있었던) 사건들은 모두 실재이다. 그것들은 나 또는 당신의 상상으로 만들어진 허구가 아니다. 그것들은 가상적 구조물이나 매개변수가 아니다. 그것들은 코드 또는 심적 표상 또는 도식 또는 각본이 아니다. 그것들을 묘사할 때 나는 실제로 일어났던 무언가를 언급하고 있다. 물론 내 묘사는 하나만 가능한 것이 아니다. 다른 사람들은 같은 상황을 아주 다르게

> 볼 수 있다…
>
> [우리]는 많은 분석수준에서 사건들을 인식하고 기억한다. 우리는 대회, 대화, 문장을 기억한다. 우리는 지속적인 인간관계, 특별한 저녁과 임신한 순간을 기억한다. 우리는 대학원과 특별한 세미나, 기억할만한 말들을 기억한다. 자서전적 기억의 조직화는 분명히 기억된 사건들 자체의 계층적 조직화와 평행을 이룬다(p. 363).

그러나 아직 스펜스와 다른 사람들은 프로이트와 그를 따르는 사람들이 서사적 사실을 마치 역사적 사실인 것처럼 사용한다고 지적하면서 그들에게 잘못이 있다고 주장한다. 왜 사실만 존재한다고 제안한 사람들이 프로이트와 주류 자아심리학자들을 이렇게 오독하고 있을까? 일부는 회복된 사건들에 대한 최초의 히스테리 모델을 맹목적으로 공격하고 있는 듯하다. 나는 그렇게 하는 한, 그들이 개념대상을 마치 사람처럼 사용하고, 분석가와 피분석가가 탐색에서 함께 작업하지 않는 것처럼 정신분석적 과정을 구체화하려는 것 같다고 생각한다. 확실히 매슨은 우리가 보고된 사건의 진실을 충분하게 듣지 않았다고 비난한다. 이것은 마치 지각이 복잡하게 체계화한 계획이 아니었듯이, 결국 감각심리학으로 생각없이 돌아가는 것과 마찬가지이다.

상호비판이 실패하면, 우리 이론들 가운데 가장 나쁜 것을 선택하여 그것을 규범으로 사용하게 된다. 이때 이러한 규범들이 우리의 (때로는 새로운) 생각을 대신하게 된다. 나는 같은 실수를 하는 경향이 있다. 왜냐하면, 지금 여기서 양극을 오가는 실제 상호작용이 행동을 결정하는 중요한 요인으로 너무 과장되었다고 생각하기 때문이다. 이 요인은 독자들에게 다른 극단에 대한 경각심을 일으킬 수 있는 강한 논쟁에 정당성을 부여한다. 그러나 이것은 내가 허수아비를 다루는 것과 같은 방어반응을 보이게 한다. 내가 가장 강한 형태의 해석학적 위치를 제대로 들여다 볼 수 있다면, 나는 그것의 결함을 더 잘 다룰 수 있다. 또한 나는 더 미묘하고 덜 공격적인 위치에서 논쟁하는 사람들에게 사과해야만 한다. 나는 기억하고 반복하고 체화하는 것이 여전히 우리 작업의 중심적 표지이고, 이것이 갱신과 상기신호를 필요로 한다고 제안하는 것을 좋아한다.

뢰발트(1986)는 묘비명으로 "과거를 가지는 대신 환자가 그의 과거이다"를 제안한다. 그는 또한 저장된 대상 없이 저장된 상호작용을 불러낸다. 이것은 어느 정도 진실성이 있다. 그러나 이것은 타당성에 직면한다. 분석가로서 우리의 질문은 과거가 거기에 있느냐 없느냐가 아니라 상징적 과정이 시간이 흐름에 따라 이전 경험을 조직화하는 방법을 발견하기 위하여 분석가가 지금 여기에 있는 것과 어떻게 함께 일하는가이다. 어떤 경험들이 다른 경험들과 결합하는가 그리고 우리는 어떻게 환자가 확신할 수 있는 방법으로 우리의 조사결과를 제시하는가? 우리는 환자가 분석가와 함께 하는 모든 상호작용에서 자신의 과거를 분석가에게 제시한다고 가정한다. 우리가 이것을 믿지 않았다면 우리는 작업을 할 수 없었다.

우리가 제시된 것들 가운데 ***무엇이*** 과거와 관련되었는지 그리고 ***어떻게*** 이것이 현재에서 통합되었는지를 분리하게 하는 것은 행동의 상징적 표현 형태에 대한 이해와 언어의 사용이다. 간단히 말해, 단순히 과거가 과거 자체를 나타낼 것이라고 기대하는 것은 순진하다. 즉 사건과 주제 사이에는 경험적 중재가 없다. 어떤 이들(Schafer 1977; Stern 1983)은 분석가가 이전에 절대로 사용하지 않았던 단어를 새롭게 사용하는 것을 가리켜 창조적 순간이라고 한다. 그들은 이것이 발견의 순간 또는 지금 이해한 것의 ***묘사***라는 사실을 거부한다. 만약 분석가가 말한 것이 이미 묘사된 어떤 것과 ***일치하지*** 않는다면, 그때 우리는 우리의 단어로 모든 것을 묘사한다는 주장을 버릴지도 모른다. 그래서 우리는 카우치의 시인이 된다. 상징의 의미는 상징에 새겨지는 것이 아니라 상징을 만든 사람에게 새겨지며, 그것은 상징이 어떻게 사용되었는가에 대한 이해를 포함한다. 그러나 표현의 수단은 전이에서 또는 최근 언어 철학자들이 ***수행적 표현***(Austin 1962)이나 언어행위(Searle 1969)라고 한 것에서 일어날 수 있다. 이 용어들은 새로운 인지학자들이 서술기억(언어행위) 대신에 절차기억(수행적 표현)을 가리키는 것과 관련되어 있다(Clyman 1991). 우리는 말로 기억만 하는 것이 아니라 일도 한다. 우리는 해야 하는 말의 의미를 넘어서는 효과를 가지고 있는 창조적 상호작용과 행동을 수행한다. 거기에는 말뿐만 아니라 행동에도 힘을 실어주는 의도가 있다. 의도는 유혹하는 것이나 설득하는 것이 될 수도 있지만, 또한 묘사하는 것을 포함하는 알리는 것이 될 수도 있다. 이것들은 이름짓기의 유형들이다.

발달심리학자 칼 뷸러는 이런 더 새로운 형식적 개념들이 생기기 이전에, 호소가 언어의 표현적 기능을 대신하게 된다고 주장했다. 정신분석을 언급하는 뢰벤스타인

(1956)은 궁극적으로 호소가 정보의 성숙한 형태인 명제적 기능으로 대체되었다고 했다. 분석가의 직무는 어떻게 기억이 담론에 새겨지는지에 대한 규칙을 발견하는 것이다. 이와 같이 기억하기(remembering)는 범주적 언어사용에 의해서, 상호작용의 등급에 의해서, 단어에 의해서 그리고 수행적 표현에 의해서 구성된다. 이것들은 특유한 개인 시스템에서 일반화된 구두적 묘사로 바뀌었다(표의적 명제에서 입법적 명제로, 비구조적(etic) 형태에서 구조적(emic) 형태로).

우리는 경청할 때마다 중복된 주제들을 찾기도 한다. 주제별 범주는 표층의 세부사항보다 중요하다. 어린이 환자는 놀이치료에서 우리에게 차 사용하기, 크레용 사용하기, 점토 사용하기에 대해 "말한다." 같은 스토리는 다른 의사소통수단을 통해 표현되지만, 같은 참조 범주에 속한다. 그것들은 표현수단을 넘어서는 표현을 요구하는 무언가를 의미한다. 비슷하게, 상호작용 수준은 사람과의 '반복적으로 기억된 습관적 과거 상호작용'에 적용된다. 상담에 오지 않으려고 모든 변명을 늘어놓는 저항단계의 환자는 또한 그것을 말하지 않으려고, 무뎌지거나 계속 말하려고, 또는 말의 의사소통기능에 무관심하려고 변명을 늘어놓을 것이다. 수동적 환자는 모든 일을 분석가에게 떠맡길 수 있다. 즉, 스스로 아무런 표현도 하지 않을 수 있으며, 자아를 관찰하지 않으려는 것처럼 자유연상의 규칙에 따를 수 있고, 조금도 변하지 않으려고 할 수 있다.

말을 기억하는 것은 기억하기의 한 종류일 뿐이다. 프로이트도 우리에게 이것을 상기시켜준다. 우리가 사용한 말은 공통된 코드를 지정하고 있지만 더 개인적인 경험과 사용법을 나타내기 때문에 색다른 의미를 지니고 있다. 나는 아기들이 배설물에 사용하는 단어가 누군가의 얼굴을 붉게 만들 수 있는 것처럼, 대변을 가리키는 다양한 단어들 가운데 어떤 것이 충격이나 메스꺼움과 같은 감정을 더 강하게 끌어낸다는 사실을 알고 있다. 당신이 큰 소리로 배설물, 대변, 똥, 응가와 같은 단어를 공개적으로 말할 때 당신의 감정적 반응을 생각해보라.

최종적으로 수행적 표현들 가운데는 행동으로서의 말의 강요가 들어있다. 말의 의미는 그 말 자체가 의미하는 것뿐만 아니라 그 말이 역할을 하는 표현의 맥락에서도 의미하는 바가 있다. 신부가 "예(I do)"라고 말하는 것은 결합의 행위를 수행한다(Austin 1962). "내가 했던 생각은"이라고 말하는 환자는 생각과 자기 자신을 분리하는 것이 아니라 환자가 자기 생각을 말하기를 힘들어 한다고 주장하는 분석가에 대한 반응을 수행하는 것이다. "나는 붉은 것을 본다"는 말은 관찰을 묘사할 수 있다. 그러나 "그가 말할 때마다 나는 붉은 것을 본다"는 새로운 언어적 맥락이기 때문에 새로운 의미를 불러일으킨다.

분석의 맥락은 유일하지만, 이것은 또한 과거의 다른 대화와 연속선상에 있기도 하다. 이것은 개인이 분석가의 반응에 너무 집중하지 못하게 하는 특별한 형태를 지닌 2인 상황(a two-person circumstance)을 가리킨다. 이것은 환자가 분석가와 함께 하는 탐색과 상호작용을 투사할 수 있는 대화이다. 프로이트(1915)는 사랑 발달이 지닌 수사학적 힘이 해석이 수용되는 컨텍스트라고 주장했다. 프로이트는 이것이 진실을 유혹한다는 것을 인식했다. 그러한 감정들과 그것들이 지닌 발화수반적 힘(illocutionary force)은 환자가 분석가의 말을 받아들이는 정도를 왜곡시킬 수 있다. 그러나 모든 것이 그곳에 있고 이성적 기억하기가 추출되지 않는다면, 나는 결국 분석이 불안정해지고 엉망이 될 것이라고 생각한다. 왜냐하면 이것이 환자의 과거 경험의 영향으로부터 너무 멀리 떨어져 있기 때문이다. 환자의 동의는 강력한 전문가에 대한 항복으로만 받아들여질 수 있다. 젊은 여자가 프로이트의 목에 팔을 둘렀을 때, 프로이트는 자신이 "저항할 수 없는 개인적 매력"을 가지고 있다고 가정할 수 없었다고 말했다. 분명히 우리는 프로이트처럼 그렇게 매혹적이 되려고 하지 않는다. 분명히 우리가 받은 훈련은 자신만을 찬양하는 나르시시즘을 어느 정도 줄이기 위한 것이다. 분명히 분석 과정에 내포된 고통에는 정신과의사에 대한 짝사랑보다 더 큰 진실에 대한 어떤 희망이 있어야만 한다. 더구나 우리는 그러한 퇴행적 세력을 인식하고 있으며, 환자가 현실로 되돌아가는 데 주의를 기울인다. 프로이트는 이러한 근거 위에서 최면을 포기했다. 분명히 은폐기억은 구성된 내러티브를 구축하는 왜곡된 기억에 대한 실례이다. 환자는 자신이 큰 확신을 가지고 기억하는, 대개 생생하게 기억하는 스토리를 되풀이한다. 그때 환자는 자신이 사실이라고 생각했던 것이 무의식적 환상을 나타내기 위해 구성된 기억이라는 의미에서만 사실이라는 것을 기본적 연합(elemental association)에 통해 배우기 시작한다.

환자는 "아하", "그 말이 맞아요", "그것이 이해가 돼요"라고 말한다. 그 기억은 명시적 정확성을 잃어버리기 시작하며, 환자도 자신이 일어났다고 생각한 대로 모든 것이 일어났는지 확신을 잃기 시작한다. 이것을 부인하기 위해서는 그 이유를 찾다가 발견한 상호 대안적 공언이 있어야 한다.

엄격한 범주들의 결합은 재정리되고, 이질적인 연합은 관찰 자아가 더 잘 이해할 수 있는 새로운 장소로 이동한다. 이러한 생각들 가운데 일부는 사례 자료를 통해서 설명할 수 있다. 이렇게 하는 이유는 우리가 제시된 관용구를 점검할 때 기억이 회복되는 맥락을 토의할 수 있도록 하기 위함이며, 기억을 회복하는 과정을 명확하게 하기 위해서이다. 정신분석은 단순한 저장모델을 거부한다. 암묵적으로 학문적 심리학과 동일한 삽화적, 의미론적 또는 절차상의 서술적 분야를 사용할지라도, 우리는 지각이 이전 경험에 달려있는 것처럼 환자가 동기를 가지고 본질을 재배치한다고 믿는다. 다시 말하면, 기억은 감각, 즉 카메라, 테이프 레코더와 같은 수동적 수용처럼 단순하지 않다.

다음은 다른 발표에서 부분적으로 사용된 사례이다(Shapiro 1974). 나는 현재에 대한 과거의 영향을 결정하기 위해 환자의 표현과 상호작용의 중요성을 탐색할 목적으로 이것을 사용할 것이다. 이것은 다른 사례들과 매우 유사한 것 같지만, ***거짓 기억*** (*a false memory*)을 밝히는 데 도움이 되며, 환자가 고립되어 억압될 수 있는 역사적 저장의 일부에 접근하는 것을 돕고, 그때 현재의 왜곡을 보여주는 전이적 경험에 대한 근거를 제공한다. 진짜 기억을 알고 있는 것처럼 내가 거짓 기억을 기록한다는 데 주목하라. 이 앎은 진술기억(the stated memory)의 불가능성에서 나온다. 이 사례는 또한 분석가가 항상 과거의 것들과 함께 작업하고 있다는 것을 보여준다. 그렇지 않다면, 우리의 작업은 다른 종류의 일이 될 것이다.

> 20대 후반의 한 남자는 관계, 만성우울증, 낮은 자존감으로 마음을 진정하는 것이 어려워 치료를 받으려고 했다. 그는 결혼에 헌신할 수 없었기 때문에, 최근 몇 년 동안 지속된 한 여성과의 관계가 깨어졌다. 그는 몇 번이고 초기 아동기로부터 생생한 기억을 보고했다. 그는 셋 또는 네 명의 소년들과 신디라고 불리는 "나쁜 소녀" 한 명과 함께 뒷마당에 서 있었다. 그들은 모두 울타리 위로 소변을 보고 있었는데, 신디가 오줌이 제일 멀리 나가 소년들을 물리쳤다. 이 대회는 일어날 수 있는 일이었기 때문에 의심의 여지가 없었다. 이것은 실제 기억이었고, 환자가 관심을 갖고 있는 한 생생한 기억이었다. 이 일은 네 살

때 일어났다. 분석대상에게 그리 놀라운 일은 아니지만, 이 남자는 발기부전에 대한 지속적 불안을 가지고 있었다. 뿐만 아니라 그는 남근여성(phallic women)에 대한 많은 꿈과 환상을 보고했다. 자웅동체는 드문 경우이고 4세 아동에게는 거의 볼 수 없기 때문에 우리는 후자를 구성된 것으로 인식했다. 우리는 항상 진술의 진실성을 판단한다. 그래서 항상 알려진 기준과 다른 환자의 보고를 테스트한다.

분석하는 몇 년 동안 환자는 환상을 관련시켰다. 나는 잠시 동안 떠나 있으려 한다고 그에게 말했다. 그는 내가 대학교에 소속되어 있는 것을 알았기 때문에 의존감과 불평등감 그리고 늘어난 감사의 마음을 무효화할 수 있는 정신적 상황을 만들었다. 그는 초기 입원에서 알게 된 경험을 통해 내가 컨설턴트로서 병원에 가야하며, 의료학술대회에서 토론자가 되어야 한다는 환상을 가졌다. 그는 나를 도와줄 것이다. 그는 기억으로 지정된 사건에 연루되었다. 12살 때 그는 관찰이 필요해 병원에 입원했고, 결국 수술을 받았다. 그는 발표를 하려고 그룹 앞에 섰다. 그는 두려웠다. 누구도 그를 조사하지 않았지만, 그는 추운 기운과 추한 분위기를 기억했다. 그는 구경꾼인 의사그룹에게 노출된 것 때문에 굴욕감을 느꼈다. 그때 그는 옷을 반만 걸친 채 타일로 된 욕실바닥에 쭈그려 앉아 있는 여자 친구에 대한 현재 이미지를 보고했다. 그는 타일을 통해 환자로 있었던 병원 병실의 아이들을 떠올렸다. 그때 그는 변기에 쪼그리고 앉아 있는 소녀가 떠올랐지만 불확실한 것으로 여겨 받아들이지 않았다. 그러나 병실 끝에 화상을 입은 소녀의 이미지는 생생했다. 그 소녀는 몸 위로 커다란 곡선을 지닌 주석 덮개를 화상입은 다리에 닿지 않도록 텐트처럼 두르고 있었다. 그는 갑자기 한 생각이 떠올랐다. 그것은 그녀가 문란한 여자라는 환상이었다. "그녀는 야생형이었어. 네가 의사와 함께 놀 수 있는 사람이야." 그가 소년으로 돌아갔을 때 그렇게 하는 것이 항상 두려웠다는 사실을 기억했다. 텐트 밑에 있는 소녀는 화상을 보고 싶은지 물었다. 그가 그곳을 응시했을 때 소녀는 덮개를 들어 올렸다. 그러나 그는 화상을 보는 대신 소녀의 성기를 보았다고 회상했다. 화상은 우연히 보았을 뿐이다. 그는 거부감과 호기심을 느꼈다. 그는 재빠르게 간호사에게 혼나는 것을 연상했다. 그가 맹장수술을 받은 다른 어린 소녀의 침대 모서리에 앉아있었기 때문이다. 그때 그는 현재로 돌아와, 새 여자 친구가 그 더러운 작은 소녀와 닮았다고 생각했다. 이것은 새 여자 친구를 묘사하는 끔찍한 방법이었다. 그러나 그는 불안의 한 가운데에서도 소년들과 함께 소변을 보는 소녀를 기억하고 다시 생각했을 때 흥분되었다는 사실을 깨달았다. 이것이 몇 년 전에 형성된 기억의 뿌리에서 분리되었던 4살 때의 "오줌싸기 대회"를 기억하게 했다.

나중에 우리는 그 기억이 사실이 아닐 수 있다는 문제에 직면할 수 있었다. 그때 처음으로 그는 이것이 여자에 대한 두려움을 구체화하고 표현하는 구성된 정신적 이미지라는 개념을 가질 수 있었다. 현재 그가 자주 겪는 발기부전은 어머니와 숙모에 대한 초기 관점에서 유래한 통제적이고 강력하고 독단적인 여성 이미지가 불러낸 거세 환상과 관련된 불안 때문이었다.

이와 같은 간단한 연속적 분석작업으로 돌아가서 이러한 표현들에 나타난 ***기억작업***(*memory work*)을 찾아보자. 분명히 "오줌싸기 대회"에서 소년들을 물리쳤던 작은 소녀에 대한 기억은 이상하다. 우리가 남녀의 성기와 오줌을 뿜어내는 능력에 대한 해부학적인 본질적 차이를 받아들인다면 말이다.

분석 질문은 이 사람이 그러한 구성된 생각(construct)을 필요로 하는 이유가 무엇인가이다. 그의 삶의 맥락에서 그리고 나에게 보고해야 할 필요가 있을 때 구성된 생각은 무슨 소용이 있을까? 내가 믿기로, 답변은 미숙한 정신에 미친 실제 경험의 영향에서 그리고 오래되고 잘 융합된 인지적 정서적 배열에서 새로운 경험을 사용하는 정신 복합체를 개발할 때 시간 순서를 축소하는 과정에서 발견될 수 있다. 이 환자의 불안은 남근여성에 대한 반복적 꿈을 통해 자신의 결핍감을 보상해야 한다는 측면에서 장황하게 진술되고 있다. 또한 그때 거짓 기억은 여성들이 남성들과 같지 않다는 개념을 받아들이면서 그가 느낀 불안을 완화할 수 있었다.

또한 그가 여성들의 자기주장을 남자다움으로 분류하면, 그들은 그를 두렵게 만든다. 나는 이 문제의 원인이 되는 부모와의 관계를 장황하게 논하지 않겠다. 왜냐하면 그가 경험한 위험에 대해 나를 설득시켜야 하는 수사적 필요에서 이 자료가 반복되기 때문이다. 역사적 사실은 개인의 목적을 재구성한 실제에 대한 경험의 재연에 달려있다. ***외부 관찰자는 그가 본 것처럼 이것을 보지 못할 수 있다***. ***그러나 외부 시청자도 분석가처럼 자신이 경험한 세계에 대한 사실을 듣지 못할 수 있다***.

환자는 현재 분석상황에서 자신을 드러내기 위해 나와 동행하기를 간절히 원했다. 그는 나와 동등해질 수 있는 기회인 만남을 통해서 나와 동행하는 것을 경험했다. 그는 우리가 괜찮다는 것과 더 좋다는 것, 그와 내가 함께 좋아진다는 것, 심지어 나는 그가 필요하지만 그는 그렇지 않다는 것을 보게 되었다. 그런 생각에 그냥 얽혀있던 것은 환상에서 뒤집혔다. 또한 그는 나와 동행함으로써 상실에 대한 불안을 만회했다. 환상은 더 나아가 내가 떠났을 때 그가 혼자되어 버려지는 것을 두려워한다는 보장이 없다고 진술했다. 또한 그는 나의 성과를 위해 그가 얼마나 필요한지를 보여줌으로써 나에게 느낀 화를 다룰 수도 있었다. 이상한 일이지만, 우리가 여성과 남근, 분석가와 환자, 남자와 여자, 독립적 자웅동체와 같은 상호보완적 짝에서 평행구조를 보는 것은 다시 한 번 내 존재에서 그의 탁월함과 그의 중심성을 드러내는 것이다.

환자는 자신이 말했던 다양한 기억들의 가능성을 어떻게든 강화했다. 우리는 이러한 그의 제시에 역사적으로 정확한 요소들이 많다는 것을 반드시 기억해야 한다. 그는 화상텐트를 지어내지는 않았을 것 같다. 이것은 병원에서 실제로 사용한 장치와 아주 유사하다. 그가 병원에 가지 않은 것도 아닌 것 같다. 특히 그의 수술자국을 볼 때. 또한 그의 사례가 독특했기 때문에 그는 의료학술대회에서 발표했을 것 같다. 그러나 이것들 가운데 어느 것도 역사적으로 정확한 사실이라는 이유 그 자체로는 중요하지 않다. 다만, 그가 이것들을 자신이 표현한 것에 대한 해석을 위해 제시한 통일된 내러티브에 포함시키는 한 중요하다.

게다가 내가 분석을 시작한 전이의 순간은 과거의 회복에서 무작위적인 문제가 아니었다. 이것은 무의식에 대한 근거였다. 이것은 기억을 자극했다. 잘 생각해 보면, 나는 "창조했다"가 아니라 "표현했다"라는 단어를 사용한다. 여기서 프로이트는 기억이 기록***하는*** 것에 대한 사전(prior) 개념을 미래의 분석가들에게 제시했다. 기억은 정서로 가득한 정보를 코드로 기록한다. 이 코드는 적응할 목적을 위해 자아방어와 함께 상호작용하는 무의식적인 파생물의 변형에 대해 얻은 지식을 적용하여 분석가들이 반드시 해독해야 하는 것이다. 분석가들은 현재에 과거를 연결하기 위해 말을 사용한다. 분석가들은 또한 규정을 범주적 이해로 바꾸기 위해 말을 사용한다. 범주적 이해는 환자가 무산된 목표를 달성하기 위해 현재에서 과거를 사용하는 방식, 즉 환자가 현재의 삶에 영향을 주는 사건들을 시대에 맞지 않게 재연하는 방식에 대한 언어적 이해를 제공한다. 이것 역시 전이의 재료이다. 피분석가는 분석가와의 관계를 통해 삶의 실험실에 있다. 만약 이것이 단지 묘사된 전이관계의 창조이고 과거와 관계가 없거나 과거보다 더 좋다면, 만약 과거가 전이관계의 창조에 아무 역할을 하지 않는다면, 그때 우리는 지금 여기를 제외하고 무엇을 분석하고 있는가? 다시 말해, 우리는 회상 때문에 고통을 겪는다. 그리고 일관성을 창조하기 위해 고안된 지금 여기의 임의적 창조는 없다.

에델슨(1985)은 해석학이 주관성, 의미의 추구, 복잡성 그리고 독특성이라는 특징을 지니고 있다고 말한다. 다른 한편, 과학적 탐구는 객관성, 인과개념, 추상적 개념 그리고 일반화를 그 특징으로 한다. 나는 과거의 표현에서 사실을 찾는 것은 해석학적 목표인 텍스트에 대한 계속적인 또는 반복적인 재독서와 다르다고 믿는다. 왜냐하면 분석은 해석되고 재해석되거나 해체되는 고정된 사건이 아니기 때문이다. 분석은 환자가 상징적 표현에서 심리조직의 중요한 배열을 반복할 수 있는 수단을 사용한다. 여기서 상징적 표현들은 그것들이 현재 행동의 동기를 이해하기 위하여 사용될 수 있도록, 그리고 나중에 불필요한 반응패턴에 적용할 수 있도록 분석가가 발견하여 말로 표현한 것들이다.

서사적 호소와 설득은 기억에 대한 구성주의의 기본원리를 지지하는데 사용되어 왔지만, 과거가 현재에 영향을 주는 방식에 대한 분명한 참조적 중요성을 생략한다. 거기에는 루보스키(1984)의 핵심 갈등 관계 배치 또는 크리스(1956)의 개인 신화와 같은 구성된 생각들을 허용하는 기억하기에 대한 인색함이 있다. 거기에는 개인의 행동과 생각에 영향을 주는 심층구조들이 있고, 분석에서 밝혀질 요소들이 있다. 그것들은 개인의 행동을 미리 구조화한다. 그것들은 이러한 요소들이 현재의 행동을 부추기는 의미있는 과거의 침범을 끌어내기 때문에 인과적 영향도 지니고 있다.

우리는 사회심리학자들을 통해 누구도 "이것이 일어났던 것처럼 이것을 말하는" 사람은 없다는 사실을 알고 있다. 우리가 화자의 참조체계에 대해 어떤 것을 발견하는 것은 말하고 있을 때뿐이다. 화자가 독특하고 반복적인 방식으로 사건들을 경험하지 않는다면, 정신분석은 필요 없을 것이다. 우리는 인간 존재보다 행동주의자가 구성한 생각에 더 가까워질 것 같다. 우리가 붙잡고 있는 것은 말하기와 다시 말하기이다. 표현의 매체는 문제가 아니다. 다양한 형태로 표현된 것은 귀착된 기초의 불필요한 반복이며, 보호받는 환상이다.

나의 환자에게 있어서 소년들보다 더 멀리 오줌을 쌀 수 있었던 작은 소녀, 남근여성에 대한 꿈, 텐트 아래를 보는 불안, 발기부전의 문제, 좋은 소녀들과 나쁜 소녀들에 대한 염려와 같은 모든 것들은 불안을 표현하는 전면적인 문제를 고집스럽게 가리킨다. 여기서 불안은 환자가 가치있게 여기는 성 기관의 안전에 대해 더 잘 알지 못했을 때 자극을 받았던 것이다. 프로이트(1937)는 구성물(Constructions)에 관한 논문에서 "이것이 일어날 수도 있다"라고 말했다. 몇몇 사람들이 비판하기를 즐기는 프로이트의 고고학적 모델은 가짜나 조각에서 재구성된 것이 반드시 그것에 대한 상상적 요소를 가지고 있어야 한다는 개념을 포함하고 있다. 그렇다면, 이런 점에서 볼 때 무엇이 새로운가? 그 개념은 1899년부터 지금까지 가장 기본적인 정신분석이 되어왔다.

서사적 설득의 필요성은 기억이 만들어낸 교란된 평형상태와 관련된 힘에서 나온다. 우리는 우리 자신을 아주 좋게 느끼게 하거나 너무 나쁘게 느끼게 하는 것을 기억하려고 안간힘을 쓰고 있다. 이것은 마치 우리의 혀끝에 무언가를 가지고 있는 것과 같다. 사실 과거의 경험과 현재의 행동 사이에는 의미있는 연결고리뿐만 아니라 인과적 연결고리도 있다. 그러나 우리는 어느 연결고리가 차이를 만들어 내는지 앞을 내다보고 결정할 수는 없었다. 결과적으로 우리가 인과적 연결고리의 일부를 검증할 수 있는 가정으로 바꿀 수 있다면, 정신분석은 정직성 또는 독자나 독자의 상황에 따라 변하는 다의적 읽을거리를 찾는 사람들을 위한 허수아비가 되기보다 오히려 과학자들 사이에서 자리를 잡게 될 것이다.

나는 다소 강제적인 해석이 있으며, 더 강제적인 해석이 효과적이라고 본다. 왜냐하면 더 강제적인 해석이 과거가 마음속에 통합되는 방식을 언어로 정확하게 나타내기 때문이다. 강제적인 해석은 현재에서 재구성된 어린 시절에서 유래한 소망을 포착한다. 정신분석이 작업을 하려면, 의미체계가 동기체계에 연결되어 있어야 한다. 우리의 개념들은 역사적 사실에 그렇게 많이 들어있지 않고, 오히려 현재 내러티브에 미친 과거의 영향에 더 많이 들어있다. 이 부분에서 나는 스펜스(1982)의 의견에 동의한다. 우리의 스토리는 분석가를 위해 즉석에서 만들어진 것이 아니다. 오히려 그 스토리는 환자를 위해 만들어진 것이다. 그 스토리는 환자가 합리적이라고 느끼는, 자신의 삶에 대한 관점을 가질 수 있도록 한다. 또한 환자가 자신의 경험을 이해할 수 있도록 도와준다. 분석가들은 축적된 상징적 변형에 대한 이해를 통해서 그러한 진실들을 발견할 수 있도록 도와준다. 만약 함께 있는 것이 다라면, 지금 여기의 관계를 분석하는 것이 유일한 목표라면, 우리는 왜 그 분석가가 필요할까? 내가 의미하지 않는 것은 우리가 다시 중립성 뒤에 숨어야 한다는 것인데, 이것은 역행하는 것이 될 것이다. 내가 의미하는 것은 우리가 그러한 진리를 발견할 수 있는 다양한 매체에서 경험을 변형시킬 수 있는 규칙을 제공해야 한다는 것이다.

프로이트는 한 세기 동안 기억에 대한 주관적 부착물을 둘러싼 지적 탐구를 자극했다. 프로이트는 동료들 가운데 처음으로 앞서 시인들만이 표현했던 개념들에 대한 몇 가지 과학적 기초를 세웠다. 우리는 프로이트의 발견들을 문학비평의 다른 행위로 격하시키지 말아야 한다. 그 전에 우리는 ***기억하는 방식***에 대한 지식을 조직화하기 위해, 프로이트가 제공한 덕목들을 진지하게 시험하고 점검해야 한다.

게다가 모든 표현행위는 왜곡되어 있다. 그래서 변수 X와 Y의 관계를 묘사하는 그래프 위에 있는 모든 선들은 왜곡되어 있다. 각각의 선은 선험적인 분석 수학적 관계의 규칙을 따르는 절충안이지만 본질에 가깝다. 말로 표현된 모든 묘사는 경험의 직접성에서 한번 제거된다. 우리는 반드시 말이 지시적 상호주체적 비신비적 목적을 가지고 있다는 것을 기억해야 한다. 말이 의미하는 것은 공통된 인간부호에 내재되어 있다. 오이디푸스 갈등, 무의식적 환상, 방어, 전이를 포함하는 정신 지형에 대한 모든 묘사가 과학적 일반화의 법칙을 따른다면, 그때 우리는 저장된 과거가 어떻게 현재와 상호작용하는가에 대해 우리의 이해를 넓혀주는, 일반화할 수 있는 법칙과 예측치를 가지고 과학적으로 구성된 생각 안에서 작업하게 된다. 이것은 과학적 법칙이다. 이것은 거기에 있는 것의 발견이다. 이것은 합법적 범주화에 속한다.

우리는 무슨 일이 일어났는지 말할 수 있을까? 아니다! 우리는 일어났던 일이 어떻게 내면화되어 재현되는지 말할 수 있을까? 그렇다, 만약 우리가 우리 모두의 죄책감을 부인하는 억압과 동기화된 망각의 다양한 형태를 원상태로 돌리기 위해 분석적 방법을 사용한다면 말이다.

F. 스콧 피츠제럴드(1925)가 *The Great Gatsby*의 마지막 줄에 썼듯이, “그래서 우리는 현재를 두드리고, 현재를 거슬러 배를 젓고, 끊임없이 과거로 되돌아간다.”

참고문헌

Arlow JA: Fantasy, memory, and reality testing. Psychoanal Q 38:28–51, 1969

Austin JL: How to Do Things With Words. New York, Oxford University Press, 1962

Barratt BD: Reawakening the revolution of psychoanalytic method: notes on the human subject, semiosis, and desire. Psychoanalysis and Contemporary Thought 13:139–163, 1990

Blum HP: Reconstruction in adult psychoanalysis. Int J Psychoanal 61:39–52, 1980

Bowlby J: Attachment and Loss, I. Attachment. New York, Basic Books, 1969

Bretherton I, Ridgeway D, Cassidy J: Assessing internal working models of the attachment relationship, in Attachment in the Preschool Years. Edited by Greenberg T, Cichetti D, Cummings EM. Chicago, IL, University of Chicago Press, 1990, pp 273–310

Breuer J, Freud S: Studies on hysteria (1895), in The Standard Edition of the Complete Psychological Works of Sigmund Freud [SE], Vol 2. Translated and edited by Strachey J. London, Hogarth Press, 1955

Bruner J: Actual Minds, Possible Worlds. Cambridge, MA, Harvard University Press, 1986

Clyman RB: The procedural organization of emotions: a contribution from cognitive science to the psychoanalytic theory of therapeutic action. J Am Psychoanal Assoc 39:349–382, 1991

Edelson M: The hermeneutic turn and the single case study in psychoanalysis. Psychoanalysis and Contemporary Thought 8:567–614, 1985

Erdelyi MH: Repression, reconstruction, and defense: history and integration of the psychoanalytic and experimental frameworks, in Repression and Dissociation. Edited by Singer JL. Chicago, IL, University of Chicago Press, 1990

Fitzgerald FS: The Great Gatsby. New York, Scribner's, 1925

Fivush R: The functions of event memory: some comments on Nelson and Barsalou, in Remembering Reconsidered: Ecological and Traditional Approaches to the Study of Memory. Edited by Neisser U, Winograd E. New York, Cambridge University Press, 1988, pp 277–282

Freud A: The Ego and the Mechanisms of Defense (1936). Writings, Vol 2. New York, International Universities Press, 1966

Freud S: Screen memories (1899). SE, 3:301–322, 1962

Freud S: The interpretation of dreams (1900). SE, 4, 5, 1953

Freud S: Three essays on the theory of sexuality (1905). SE, 7:159–168, 1953
Freud S: Observations on transference–love: further recommendations on the technique of psycho–analysis, III (1915). SE, 12:157–173, 1958
Freud S: An autobiographical study (1925). SE, 20, 1959
Freud S: Constructions in analysis (1937). SE, 23:255–269, 1964
Gray P: Memory as resistance, and the telling of a dream. J Am Psychoanal Assoc 40:307–326, 1992
Grossman WI, Stewart WA: Penis envy: from childhood wish to developmental metaphor. J Am Psychoanal Assoc 24(suppl):193–212, 1976
Gronbaum A: The Foundations of Psychoanalysis. Berkeley, University of California Press, 1985
Henri V, Henri C: Enquête sur les premiers souvenirs de l'enfance. L'Année Psychologique 3:184, 1897
Hoffer A: Toward a definition of psychoanalytic neutrality. J Am Psychoanal Assoc 33:771–795, 1985
Jacobs TJ: On countertransference enactments. Psychoanal Q 34:289–307, 1986
Jessen P: Versuch einer wissenschaftichen Begrundung der Psychologie. Berlin, 1855
Kandel E: Psychotherapy and the single synapse. N Engl J Med 300:1028–1037, 1979
Kantrowitz JL, Katz AL, Greenman DA, Morris H, Paolitto F, Sashin J, Solomon L: The patient–analyst match and the outcome of psychoanalysis. J Am Psychoanal Assoc 37:893–920, 1989
Kohut H: The Restoration of the Self. New York, International Universities Press, 1977
Kris E: The personal myth: a problem in psychoanalytic technique. J Am Psychoanal Assoc 4:653–681, 1956
Kris E: The recovery of childhood memories in psychoanalysis. Psychoanal Study Child 9:54–88, 1962
Loewald HW: Transference–countertransference. J Am Psychoanal Assoc 34:275–287, 1986
Loewenstein RM: Some remarks on the role of speech in psychoanalytic technique. Int J Psychoanal 37:460–468, 1956
Luborsky L: Principles of Psychoanalytic Psychotherapy: A Manual for Supportive–Expressive Treatment. New York, Basic Books, 1984
Main M, Kaplan N, Cassidy J: Security in infancy, childhood, and adulthood: a move to the level of representation, in Growing Points in Attachment Theory and Research. Edited by Bretherton I, Waters E. Chicago, IL, University of Chicago Press, 1985, pp 66–106
Masson JM: The Assault on Truth: Freud's Suppression of the Seduction Theory. New

York, Penguin, 1984

Masson JM: The Final Analysis: The Making and Unmaking of a Psychoanalyst. New York, Addison-Wesley, 1990

Moskovitz S: Longitudinal followup of child survivors of the Holocaust. J Am Acad Child Psychiatry 24:401-407, 1985

Nader K, Pynoos R, Fairbanks L, Frederick C: Children's PTSD reactions one year after a sniper attack at their school. Am J Psychiatry 147:1526-1530, 1990

Neisser U, Winograd E: Remembering Reconsidered: Ecological and Traditional Approaches to the Study of Memory. New York, Cambridge University Press, 1988

Schafer R: The interpretation of transferences and the conditions for loving. J Am Psychoanal Assoc 25:335-362, 1977

Schafer R: The interpretation of psychic reality, developmental influences, and unconscious communication. J Am Psychoanal Assoc 33:537-554, 1985

Schafer R: Discussion of panel presentations on psychic structure. J Am Psychoanal Assoc 36(suppl):295-311, 1988

Schwaber EA: Psychoanalytic listening and psychic reality. Int J Psychoanal 10:379-392, 1983

Searle JR: Speech Acts: An Essay on Philosophy of Language. New York, Cambridge University Press, 1969

Shapiro T: Interpretation and naming. J Am Psychoanal Assoc 18:399-421, 1970

Shapiro T: Development and distortions of empathy. Psychoanal Q 43:4-25, 1974

Shapiro T: Varieties of oedipal distortions in severe character pathologies: developmental and theoretical considerations. Psychoanal Q 46:559-579, 1977 Shapiro T: On neutrality. J Am Psychoanal Assoc 32:269-282, 1984

Shapiro T: Nuclear conflict and the nuclear self. Psychoanalytic Inquiry 6:349-365, 1986

Shapiro T: Language structure and psychoanalysis. J Am Psychoanal Assoc 36:339-358, 1987

Shapiro T: Language structure and psychoanalysis, in The Concept of Structure in Psychoanalysis. Edited by Shapiro T. Madison, CT, International Universities Press, 1991

Spence DP: Narrative Truth and Historical Truth. New York, WW Norton, 1982

Spence DP: When interpretation masquerades as explanation. J Am Psychoanal Assoc 34:3-22, 1986

Spence DP: The Freudian Metaphor. New York, WW Norton, 1987

Spence DP: Passive remembering, in Remembering Reconsidered: Ecological and Traditional Approaches to the Study of Memory. Edited by Neisser U,

Winograd E. New York, Cambridge University Press, 1988, pp 311–325

Stern DB: Unformulated experience: from familiar chaos to creative disorder. Contemporary Psychoanalysis 19:71–99, 1983

Suomi S, Harlow HF, McKinney WT: Monkey psychiatrists. Am J Psychiatry 128:927–932, 1972

Terr LC: Childhood traumas: an outline and an overview. Am J Psychiatry 148:10–20, 1991

헨리 스미스
(Henry F. Smith)

27

소개

헨리 스미스(Henry F. Smith)는 1965년에 메사추세츠 케임브리지 소재의 하버드 대학교를 졸업하였고, 누구나 꿈꾸던 풀브라이트 장학금을 받아 런던에서 크리스토퍼 프라이[1]와 극작을 공부하기도 했다. 하버드 의과대학을 졸업한 후에는 메사추세츠 정신건강센터의 엘빈 셈라드 밑에서 성인과 아동 정신의학 레지던트 수련을 했다. 그는 현재 메사추세츠 보스턴 동부의 뉴잉글랜드 정신분석연구소에서 정신분석가 수련을 거쳐 정신분석 감독 및 교육 분석가로 있다. 스미스 박사는 많은 저술과 전문 프로젝트를 통해 임상 시간에 발생하는 미시과정(microprocess)에 대한 체계적 관심을 일으킨 핵심인물이다. 그는 *International Journal of Psychoanalysis*의 「활동중인 분석가」시리즈와 미국정신분석협회의 모임에서 진행한 과정과 기술에 관한 이틀 워크숍의 창시자였다.

80개가 넘는 논문과 책의 저자인 스미스 박사는 *Psychoanalytic Quarterly*의 편집인이다. 이전에는 *Journal of the American Psychoanalytic Association* (JAPA)의 부편집인이었다. 그는 또한 *International Journal of Psychoanalysis, Psychoanalytic Inquiry,* 그리고 *American Psychoanalyst*의 편집위원으로 활동하였다. 존경받는 스승이기도 한 그는 하버드 의과대학 뿐 아니라 다수의 정신분석

---

1) 크리스토퍼 프라이(1907~): 영국의 유명한 극작가로 영화 〈벤허 Ben hur〉, 〈바라바 Barabbas〉(1962)의 대본을 공동으로 쓰기도 했다. 역자 주.

교육기관의 교수진이기도 하다. 1999년 칠레의 산티아고에서 열린 국제정신분석협회의 프로그램위원회의 북미 공동대표였고, 수년간 미국정신분석협회의 프로그램위원으로 활동하고 있다.

스미스 박사의 많은 업적 중에는 보스턴정신분석학회와 연구소의 펠릭스와 헤렌 도이치상과 *JAPA*의 학술지상 수상이 있다. 그는 워싱턴정신분석연구소의 데이빗 래플링 기념강연, 윌리엄 앨런슨 화이트 연구소의 로베르타 헬드-와이스 기념강연과 뉴욕정신분석협회에서의 모리스 프렌드 강연, 플로리다정신분석협회에서 조셉 거리 강연, 그리고 2004년 캘리포니아주 샌프란시스코에서 열린 미국정신분석협회 연차대회의 전체강연을 하도록 초대를 받기도 했다.

다음은 미국 정신분석학에서의 그의 위상을 알 수 있는, 로렌스 프리드만이 2004년 총회에서 스미스를 소개한 말이다.

> … 현상학의 대가, 정신분석에서 두 마음이 만날 때 어떤 일이 일어나는지를 발견한 사람: 당신은 그를 정신분석 과정의 윌리엄 제임스[2]라고 할 수 있습니다.

스미스 박사는 대부분의 독자들이 자신을 이 시대의 갈등 이론가로 생각하지만, 어떤 사람은 클라인 학파로, 또 다른 사람들은 관계 학파라고 생각한다고 한다.

> 내가 생각하기에 사람들이 불편해하는 것은 내가 이론과 실제는 우리가 생각하는 것만큼 긴밀하지 않다는 것, 그리고 우리는 이론의 수준들과 우리가 사용하는 용어를 명확하게 할 필요가 있는 반면, 어떤 이론적인 접근들-한 예로 갈등 이론-은 무분별한 절충주의를 만들어내지 않고도 다양한 유형의 개입들 혹은 방법들을 수용할 것이라고 주장해왔다는 점이다.

---

2) 윌리엄 제임스(William James, 1842~1910): 미국 실용주의 철학의 선구자로 과학적 심리학에서, 사회이론과 사회철학 그리고 형이상학적 주제까지 폭넓은 실용주의적 철학자로, 자신의 의식개념을 통해 객관과 주관 사이의 간극을 없애려고 했으며, 그의 의식이론은 언어적 차원을 넘어 그 이면을 보게 하는 특징을 가지고 있다. 의식 심리학의 새로운 전기를 마련했다. 역자 주.

이 논문을 선택한 이유

헨리 스미스

이 논문은 *JAPA*에 발표된 논문을 요약한 것이다. 내가 시리즈 가운데 하나인 "Countertransference, Conflictual Listening, and the Analytic Object Relationship"을 선택한 것은 분석가의 갈등이 분석 작업을 촉진하는 동시에 방해하는 역할이 기존에 알려진 것보다 더 크다는 것을 설명하기 위함이다. 내가 말하는 갈등은 정신분석가의 욕망이나 원함, 방어기제, 자기비판과 고통스러운 감정들 간의 상호작용이다. 분석가가 환자와의 갈등적인 관계로부터 자유롭다고 가정하는 것은 잠재적으로 위험할 뿐 아니라, 분석가의 갈등을 통해서 분석가는 환자에게 그리고 환자와의 갈등적 대상관계에 다가갈 수 있고, 이런 갈등이 없다면 분석은 결코 이루어질 수 없다. 이미 용어 정의가 이루어졌기 때문에, 나는 분석가의 갈등과 ***신경증***을 구별하는 것에 큰 의미를 두지는 않는다. 그렇다고 갈등의 표출이 신경증의 표출과 동일하다고 말하려는 것은 아니며, 무의식적 갈등이 모든 정신적인 사건을 형성한다면 이런 질적 구별은 더 이상 좀처럼 간단하지 않을뿐더러 무모한 것일 수 있다는 것이다.

신호불안[3]에 대한 개략적인 유추를 통해 볼 때, 분석가의 무의식적 갈등이 어떠한 방식으로든지 항상 행동으로 표출되는 것을 피할 수 있다는 의미로 사용되지 않는다는 것을 전제로 나는 분석가가 분석 작업 중 자신의 갈등을 사용하는 것을 일종의 ***신호갈등***(signal conflict)이라고 볼 수 있다고 생각한다. 이 논문의 결론에서 나는 정신분석가의 무의식적 갈등이 세션이 진행되는 동안 어떻게 활성화되고 안정화되는지와 의식화된 징후들이 어떻게 환자를 이해할 수 있도록 하는지 예시를 들어 설명할 것이다. 나아가 나는 정신분석가가 한 세션 동안 행동하고, 말하고, 생각하는 모든 것이 정신분석가와 환자, 둘의 갈등에 의해 형성되며, 그것은 결과적으로 분석가의 모든 활동이 치료를 진행하는 동시에 방해한다는 의견을 제시할 것이다. 이것은 이미 논의

3) 프로이트가 불안에 대한 이론을 수정할 때 도입한 용어로 위험한 상황 앞에서 흥분이 쇄도하는 것을 피하기 위해 자아가 작동시키는 장치를 가리킨다. 역자 주.

가 되어왔다.

내가 환자에게 "어쩌면 로스먼 선생님이 당신의 엄마가 될 수 있었겠네요"라고 했던 말 역시 논쟁의 여지가 있다. 한 동료는 이것이 너무나도 모욕적이며 왜곡된 감정이입이어서 나와 이에 대해 말할 수 없을 정도라고 했다. 다른 동료는 나를 "갈등 이론가가 어떻게 대인관계 전문가처럼 행동할 수 있는지를 보여주려고 시도한 것"이라고 단정하기도 했다. 그래도 어떤 사람들은 이를 사랑의 표현이며, 다니엘 스턴과 Boston Change Group이 "지금 순간"이라고 한 것에 부합하는 것이라고 생각하기도 한다.

이런 평가들이 얼마나 정확하든지 간에, 이 글을 쓰는 나의 목적은 특정 기법을 옹호하려는 것이 아니며 내가 여기서 하는 것처럼 분석가가 자신의 동기를 회기 동안 즉각적으로 검증할 수 있다고 제안하는 것은 더더욱 아니다. 임상시간 동안 매 순간 발생하는 다수의 사건들을 글로 전달하는 것은 힘든 일이다. 나의 논문은 오히려 분석 작업의 상호작용적이고 상호주관적이라고 불리게 된 측면을 갈등이론의 견지에서 살펴보고자 하는 실험적인 노력이다. 단순하면서 임상적으로도 효과적 도구인 이 시대의 갈등이론에 덧붙여 분석가가 모든 분석 작업에서 자신이 어떻게 작업에 참여하고 있는지에 대해 솔직해질 수 있도록 돕는 데 특히 유용할 것이다.

역전이, 갈등적 경청 그리고 분석적 대상관계[4)]

(Countertransference, Conflictual Listening, and the Analytic Object Relationship)

헨리 스미스

어떤 현상에 대한 관찰과 묘사는 독자에게 저자가 본 것에 가까운 것을 볼 수 있게 해주지만, 불가피하게 작업 영역을 지나치게 단순화하기 때문에, 분석 작업은 언제나 글로 전달된 것보다 복잡하다. 이것은 과학적 글쓰기나 상상적 글쓰기 또는 시각예술에 상관없이 어떤 관찰 영역에 대해 기술하거나 묘사할 때 고려해야 할 사항이다. 하지만 시각적으로 관찰될 수 없는 수많은 현상이 일어나는 분석에서는, 관찰되어야 하는 것을 규정함에 있어서 저자의 선택이 매우 중요하고, 이러한 규정들에 따라서 우리의 이론과 기술이 발달하게 된다.

분석이 이루어질 때마다, 나는 나의 역전이 경험이 내가 알고 있는 것보다 더 복잡하고, 독자나 환자에게 전달할 수 있는 어떠한 문장보다도 다양하다는 것을 깨닫는다. 나는 이 복잡성과 모호성의 주된 이유가 분석가의 정신적인 삶에서 변화무쌍하게 드러나는 갈등 때문이라고 생각하는데, 이것은 분석 작업을 촉진하기도 하지만 지체시키기도 한다. 이 점은 최근 몇 년 동안 주목을 받기는 했지만, 여전히 분석에 대한 연구나 우리의 이해에서 벗어나 있다. 나는 이 사실에 대해 갈등을 정신분석 작업에 있어서 핵심이라고 생각하는 사람의 글에서도, 그렇지 않은 사람의 글에서도 발견했다. 무의식적인 갈등의 역할은 의식적 관점에서는 쉽게 간과된다.

나는 역전이에 대한 방대한 문헌은 역전이의 좁은 용어 정의 혹은 넓은 용어 정의를 지지하는 두 가지 입장으로 다소 임의대로 나누어져 있다는 것을 독자들에게 상기시키려는 것 이외에는 ***다루지 않을 것이다***. 지난 몇 년간 좁은 정의를 지지하는 입장에서 발달된 것을 포함하는 다양한 요인들로 인해서 좀 더 넓은 정의의 견해를 지지

---

4) *The Journal of the American Psychoanalytic Association*, 48:95–128, 2000에 처음으로 실렸던Henry F. Smith, M.D.의 "Countertransference, Conflictual Listening, and the Analytic Object Relationship"을 요약한 글임. 허락을 받고 사용함.

하는 경향이 있었다. 그것은 분석가의 정신적인 삶에서의 갈등의 편재성 그리고 분석가에게 일어나는 모든 정신적인 사건은 그 자체가 타협 형성이라는 관찰에 대한 지연된 평가이다(Brenner 1982).

사실, 논문들을 자세히 살펴보면 이것이 얼마나 복잡한지 알 수 있을 것이다. 가장 넓은 의미의 정의들은 무의식적 현상보다 의식적 현상에 더 중점을 두고 분석가의 갈등의 영향력을 무시하는 것처럼 보이기도 한다. 그 예로는 하이만이 역전이를 "환자가 만들어낸 것"이라고 언급한 것을 들 수 있다. 반면 역전이는 분석을 방해할 뿐이라는 좁은 정의의 견해는 불가피하게 스스로 그 정의를 확장하는 것처럼 보이는데, 우리는 이것을 애니 라이히의 작업에서 볼 수 있다. 상당한 영향력을 가졌던 1951년도의 논문의 결론에서 그녀는 자신의 임상적 관찰에 의거하여 그녀가 본래 알려져 있는 것보다 역전이에 대해 더 넓은 의미의 관점을 갖고 있음을 시사했다.

제이콥 알로우의 설득력 있고 명료한 글은 이러한 혼란에서 벗어나 있다. 알로우는 전이에 대한 유추에 의지해서, 보다 좁은 의미의 관점에서 "환자가 분석가에게 과거의 어떤 대상을 표상하거나," (Arlow 1979, p. 198) 분석가가 "환자를 자신의 감정적 반응의 대상으로 여기는" 상황에서만 역전이로 볼 수 있다고 주장했다(Arlow 1997a). 덧붙여 "분석가의 입장에서 역전이라고 하기 위해서는 환자가 분석가의 지속적인 무의식적 환상 소망의 대상이어야만 한다" (Arlow 1977a)고 주장했다.

알로우는 자기만의 예리한 방식으로 내가 역전이 경험의 핵심이라고 생각하는 부분에 우리의 관심을 집중시킨다. 나는 실제에서 이러한 상호 배타적인 구별을 하려고 할 때나, 알로우의 정의를 사용해 특정한 분석적 순간들을 다른 것들과 구별하려고 할 때 난항을 겪는다. 나는 어떤 분석에서든지 언제나 환자에 대한 나의 반응이 나만의 전이 경험이라고 불릴지도 모르는 것에 영향을 받고 있으며, 정도에 차이는 있지만 언제나 "환자를 나의 과거의 어떠한 대상으로 여기며" 환자에 대한 나의 관점이 "지속적이고 무의식적인 판타지적 갈망" 으로 다양하게 형성된다는 것을 시인할 수밖에 없다. 결정적인 차이가 분석가의 갈망의 표현의 강도나 형태에 반영된 양적 요소에 있을 수도 있겠지만, 나는 알로우처럼 엄격한 정의를 따른다 해도 역전이가 일어나지 않은 단 한 순간도 떠올릴 수가 없다. 나는 더욱이 분석과정을 촉진하는 역전이 현상과 방해하는 역전이 현상을 분리하는 것은 불가능하다고 생각한다. 모든 역전이는 언제나 두 가지 역할을 모두 담당한다. 브렌너(1982)와 마찬가지로 나는 전이가 분석가에 대한 반응으로 드러난 환자의 대상관계 현상인 것처럼 역전이 또한 환자에 대한 반응으로 드러난 분석가의 대상관계 현상이라고 말하고 싶다. 이러한 관점에서 분석적 관계는 여느 친밀한 관계와 다르지 않다.

오래 전부터 묻혀있었지만 현대의 작업에서 여전히 잠재하는 또 하나의 논쟁이 있는데, 그것은 타워(1956)가 "역전이 구조들(countertransference structures)"이라고 불렀고, 나중에는 그녀와 다른 분석가들이 "역전이 신경증"이라고 했던 것의 존재에 대한 논쟁이다. 나는 후자를 시대착오적이고 혼란스러운 용어라고 생각하기는 하지만 분석가가 그의 모든 환자들과 갖게 되는 경험은 지속적이고 끊임없는 신경증적 패턴을 포함하고 있으며 이것은 분석가에 의해 야기되지만 분석가와 환자 모두에 의해 형성되는 것이라고 생각한다. 또한 이러한 신경증적 패턴은 분석 작업에 영향을 주고 분석가의 개입을 위해서 뿐만 아니라 환자의 갈등에 대한 지속적이고 변화하는 이해를 위해서 매우 중요한 역할을 한다.

갈등적 경청과 신호갈등

지금부터는 내가 역전이를 활용했던 경험들에 대해 살펴보고자 한다. 이를 살펴볼 때 나는 역전이가 지속적이고 양가적인 현상, 즉 분석을 촉진하면서도 방해하는 현상이자 환자와 분석가 모두에 의해 조성되는, 다시 말해 환자에 대한 분석가의 경험과 분석가 자신의 갈등해결에 의해 조성된다는 관점에서 논의를 진행할 것이다.

넓은 의미에서 분석과정 중에 환자의 어떤 특징으로 인해 발생한 모든 의식적, 무의식적 반응을 포함하는 역전이는 많은 분석가들에게 환자에 대한 주요 정보를 제공하는 두 원천 가운데 하나이다. 다른 하나는 환자의 언어, 정서(affect), 그리고 행동에 대한 신중한 관찰이다. 여기서 나는 역전이를 자료의 원천이지 증거의 원천으로는 보지 않는다는 것을 명확히 한다. 역전이 경험을 통해 얻게 되는 환자의 자원에 대한 추측은 주의 깊은 관찰을 통해서만 명확한 증거를 얻을 수 있다.

두 원천에서 얻는 자료의 양은 엄청나며 한 쪽에서 얻은 자료를 통해서 다른 쪽에 대한 추측이 가능하다. 분석가가 분석 작업 중에 환자와 자기 자신 모두에게 귀 기울일 때 분석가는 실제로 세 가지 의사소통의 양식, 곧 언어 혹은 사고, 정서, 행동을 다루게 되는 것이다. 이 세 가지는 모두 통각적이고 의사소통적인 양식이다. 환자들은 그들의 말, 정서, 그리고 행동을 통해서 분석가에게 의사를 전달하고, 우리 분석가들은 환자의 소통뿐 아니라 우리 내면에서 일어나는 우리 자신의 감정, 행동경향과 생각, 말을 읽어냄으로써 그들의 의사를 전달받는다. 어떤 분석가들은 이 중 한 양식에 좀 더 의존하지만 나는 분석과정의 의사소통에서 이 세 양식이 모두 영향을 주며 그 중에서도 특히 감정이 가장 강렬하다는 것을 발견했다.

알로우는 역전이에 대한 좁은 견해를 지지하기는 하지만, 분석가가 자기 자신을 어떻게 활용할 수 있는지에 대한 방법론은 그(1997b)가 쓴 다음 문장에 가장 명료하게 표현되어 있다. "분석가가…분석 중에 자신의 사적인 문제로 완전히 주의를 빼앗기지 않는 한, 분석가에게 떠오르는 모든 생각, 모든 행동은 환자의 자료에 대한 해석이다."

나는 분석가와 환자가 강렬한 상호반응적 관계를 맺게 된다고 생각한다. 그들은 서로에게 연상들을 유발한다. 그들은 또한 서로에게 갈등을 유발한다. 분석가에게서 유발된 갈등들은 분석가 자신의 눈과 귀가 된다. 분석가로서 우리의 연상들은 우리 내면에서 유도되고 일깨워진 갈등을 의미하고 그것들 자체가 타협형성이다. 즉 연상들은 갈등으로 인해 형성되고 그 자체로 갈등 해결책이다. 우리 자신의 반응에 초점을 두든 또는 환자의 자료에 초점을 두든 분석가들은 역전이 준비성(countertransference readiness)이라고 부를 수 있는 상태에서 그들 자신의 갈등 구조를 통해서만 관찰할 수 있다. 분석가의 반응들은 환자의 갈등과 분석가 자신의 갈등 모두에 의해서 자극된다. 나는 샌들러(1976)가 역할 반응성(role responsiveness)에 대해 쓴 자신의 영향력 있는 논문에서 바로 이 과정을 말하고 있다고 생각한다. "***분석가의 비이성적인 반응은 자주 자신의 경향성과 환자가 그에게 강요하고 있는 역할에 대한 반사적 수용사이에서의 타협형성으로 유효하게 간주될 수 있다***"(p. 46). 나는 타협형성이라는 용어를 좀 더 내면적인 현상을 의미할 경우에만 사용하는 것을 선호하기는 하지만, 일반적인 작업 상태에 있는 분석가의 **모든** 생각, 감정, 행동은 환자와 자신의 갈등적 이슈에 의한 결과일 것이라고 말하고 싶다.

만약 분석가의 모든 반응이 정말 내적 갈등에서 기인된 타협이라면, 분석가의 갈등, 자신의 신경증은 곧 경청의 도구가 된다. 분석적 경청은 갈등적 경청이다. 그리고 갈등이 항상 우리의 지각에 영향을 미친다면 분석가로서 우리가 어느 정도까지 관찰할 수 있고 우리 자신의 갈등적인 반응을 데이터로 사용할 수 있는지가 매우 결정적인 사안이 된다. 나는 분석가의 이 능력을 막연히 ***신호갈등***의 능력(capacity for *signal conflict*)으로 생각하게 되었다. 신호불안이 타협과 방어를 일으키는 것과 마찬가지로 분석가의 통각적인 과정에 있어서 필수적인 신호갈등이 분석 작업을 시작하고 진행하는 바로 그 순간에 분석가에게 불안이나 우울한 정서의 형태로 불쾌함을 일으킨다. 이로 인해 분석가는 분석 작업을 할 때 어쩔 수없이 방어적이게 된다(Smith, 1995, 1997a).

베레스와 알로우(1974)는 분석가의 감정을 "신호감정(signal affect)의 형태, 곧 '환자가 바로 이렇게 느끼고 있겠구나'"라는 자각으로 인도하는 환자와의 순간적 동일시로 묘사한 바 있다(p. 35). 그들의 임상적 관찰에 전적으로 동의하기는 하지만, 정동(affect)은 분석가의 내면에서 발생된 갈등의 한 부분에 불과하다고 생각한다. 그렇기때문에 활성화된 신호갈등은 감정뿐만 아니라 갈망, 방어, 처벌에 대한 두려움 또한 포함한다. 베레스와 알로우가 말한 단순한 순간적 신호감정 상태에 대해 나는 이러한 순간적인 상태가 사실은 더욱 복잡하며, 순간적 상태처럼 감정적 신호뿐 아니라 모든 갈등의 요소들을 포함하고 있는 분석가의 지속적이고 갈등적인 반응에 속한다고 말하고 싶다.

분석가의 동일시와 투사의 사용

분석가가 환자의 말을 경청할 때는 소설을 읽거나 영화를 볼 때처럼 불신의 자발적 정지(willing suspension of disbelief)[5]에 들어간다. 우리는 몰입에서 관찰로 바뀌는 순간들을 설명하기 위해 실험적 동일시(trial identifications)에 대해 이야기해야

---

5) 문학이나 영화 등의 가상현실을 접하는 과정에서 지각·심리적 인식이 외부 세계와 거의 완전히 차단된 상태로 텍스트에 참여하는 상태를 몰입이라고 하는데, 그 중에 Samuel Taylor Coleridge의 '불신의 자발적 중지(willing suspension of disbelief)' 는 기술장치 없이 독자 스스로 자발적으로 갖게 되는 심리적 몰입을 말한다. 역자 주.

할지도 모르지만, 그 과정이 조금이라도 발생한다면 규명되어야 하는 몰입과 동일시의 확장된 상태가 있다. 우리는 분석가의 투사에 대해 이야기하는 것을 꺼려왔지만 나는 분석가의 몰입이란 분석가와 환자의 상호작용이 상호 투사 능력에 의해 형성되었거나, 어떤 이들의 생각처럼 상호 투사적 동일시라고 느낀다. 우리가 익숙함을 느끼는 환자의 어떤 것과의 동일시가 일어날 때, 나는 이 경험이 실제 투사로 인한 것이라고 생각한다. 이것은 모든 동일시에서 마찬가지이다. 우리는 모든 경우에 한 사람에 대한 환상 혹은 표상과 동일시하는데(Schafer, 1968), 환상은 기본적으로 우리 스스로 만들어 낸 것으로서 이런 의미에서 모든 동일시를 "투사적" 동일시라고 생각할 수 있다. 사실 환자에 대한 분석가의 동일시와 환자에게(onto)나 환자 안으로(into)의 투사는 분석가가 환자를 알 수 있는 핵심적인 방법일 수 있다. 이 확장된 상태는 종종 해석이 양쪽과 관계되는 것처럼 보이고, 가끔은 기생적 상태의 하나처럼 분석가가 환자를 이용하는 것 같은 경험을 하게 되는 결과를 낳는다.

한 환자가 그의 동성 애인에게 화가 나있다. 그는 있어야 할 곳에 없다. 내가 만약 그의 외로움을 감지했다면 그것에 대해 말했을 것이다. 그 감정을 나도 알고 있다. 나는 이렇게 말할 수 있다. "그가 없으니 어찌할 바를 모르겠다는 느낌이겠네요," 그리고 나 자신에게도 이렇게 말할 수 있다. 사실 그의 감정에 대한 나의 지각은 나의 관찰과 그와의 동일시, 그에게 투사한 나의 경험으로부터 온 것이다. 내가 정말 그를 안 것이 아니라 그와 내가 섞여 있는 것이다. 하지만 그가 화가 난 것이라고 말했던 것을 기억하며, 나 또한 그로 인해 짜증을 느껴왔다는 것을 감지했다. 그는 그가 부당한 대우를 받았다는 느낌에 어쩔 줄을 몰라 했다. 그는 그의 파트너에게 버림받았다고 느꼈고, 나는 그에게 버림받았다고 느꼈다. 여기서 나는 버림받은 그에게 나를 동일시하고 있다는 것과, 그와 동시에 그에 의해 버림받은 느낌을 느꼈다는 것을 알아차린다. 그의 짜증이 날 짜증나게 했고, 나는 그의 파트너도 짜증이 났을 것이라고 생각한다. 래커(1968)의 용어로 좀 더 개념적으로 말하자면 내가 일치적이고 상보적인 방법으로 동시에 동일시되고 있다고 할 수 있다. 일치적 동일시(concordant identification)는 환자에 대한 분석가의 공감을 보여주고 상보적 동일시(complementary identification)는 환자의 대상과의 동일시를 지칭한다는 것을 기억할 것이다. 나는 이 두 형태의 동일시를 분리된 현상으로 구분하기보다는 이 두 형태가 환자 내면에서와 마찬가지로 항상 분석가의 내면에서 역동적 균형 속에 동시에 존재한다고 생각한다. 다시 말하자면 우리가 관계를 환자와 그의 대상에 의해 형성된 것으로 보든지, 환자와 분석가, 또는 궁극적으로 환자의 자아와 대상표상으로 형성되었다고 보든지, 분석가는 대상관계 속에서 지속적으로 양쪽 모두와 동일시하고 있다는 것이다.

지금까지 이야기해온 것처럼 분석을 촉진하는 동시에 방해하는 역전이의 복잡한 영향력에 대한 또 다른 예를 들어보겠다. 앞서 언급한 환자는 자신의 파트너와 했던 성행위들을 가장 일반적인 표현을 사용하여 묘사하고 있다. 나는 그의 표현의 모호함에 대해 질문했다. 그는 "구체적으로 말하는 것이 무슨 소용이 있나요?"라고 말했다. 그는 전에도 이런 식의 반응을 자주 보였다. 그는 나를 성적으로 흥분시킬 것이라는 두려움을 갖곤 했었는데, 그것을 극복한 것처럼 보였다. 나는 그가 나에게 세세한 묘사를 하는 데 그리 조심하지 않았던 때도 있었다는 것을 상기시켜주었다. 그는 전에 그가 나에게 세세한 묘사를 했을 때 내가 평소보다 조용해져서 나를 화나게 한 것이 틀림없다고 생각했던 적이 있다고 말했다. 여기서 그는 나에게 이렇게 세세하게 설명해주는 것에 대한 그 자신의 불편함과 내가 좀 더 적극적으로 반응해주기를 원하는 그의 갈망을 드러내고 있는 것이다. 하지만 여기에는 무엇인가가 더 있다. 나는 그때 내가 침묵했던 것을 기억한다. 그것은 실제로 그가 내게 해주고 있던 말에 대한 반응이었다. 침묵 속에서 나는 그의 묘사가 내 안에서 일으키고 있는 놀라움, 호기심, 당혹스러움, 그리고 때때로 어떤 흥분과 불편－그것은 사실이었다－ 같은 반응들에 대해 생각하고 있었다.

여기에서 내가 말하고자 하는 것은 바로 역전이가 일어날 때 전형적으로 느끼는 복합적 감정이며, 환자는 이 감정들을 완벽하게는 아니지만 부분적으로는 정확하게 감지한다는 것이다. 이것은 우리 모두 안에는 환자들이 우리에게 기대하는 것을 충족시켜줄 수 있는 능력이 있고(Hoffmann, 1983), 우리가 항상 환자가 품고 있는 판타지들을 잠시 동안이지만 다양하게 현실화시키고 있기 때문이다. 그리고 나는 이 현실화가 우리가 어떤 일이 일어나고 있는지 관찰하고 구체화하려고 할 때 분석 작업을 촉진시킨다고 생각한다. 환자는 분석가가 경험하고 있는 것을 어느 정도 감지할 수는 있지만 그것이 반드시 같은 의미는 아니며(Smith, 1990), 환자의 갈등에 대한 분석은 계속해서 이러한 실연(enactment)에 의해 촉진되기도 하고 방해를 받기도 한다. 나는 실연에 관한 다수의 논문들이 역전이 경험의 복잡성을 지나치게 단순화하고 있다고 생각하며 그 결과 문헌에서나 실제에서 회고적 자기개방이 빈번히 순응적이고 인위적인 양상을 띠는데 이것은 분석 작업을 왜곡하고 실제에서는 지속적인 실연 과정의 또 다른 단계를 촉발한다고 믿는다.

나의 환자이야기로 돌아가 보자. 우리는 그가 또 다시 그의 성행위들에 대해 자세하게 말하는 것을 주저하고 있음을 알고 있다. 이번에는 내가 약간 짜증이 났다는 것을 감지했다. 나는 그가 나를 성적으로 흥분시킬까봐 두려운지를 물었다. 그는 그게 아니라 내가 불편함을 느끼고 자신에게 화를 낼까봐 두렵다고 했다. 이번엔 불편한 감정은 느껴지지 않았지만, 그의 회피적인 말에 대해 짜증을 느꼈다. 나는 그가 그의 잔혹했던 아버지와의 관계에서 힘겨워했던 것을 알고 있었고, 그에게 그 힘겨워했던 경험들을 지금 나와 재경험하기를 원하는지 물을 수 있었지만 나는 기다렸다. 그는 곧 그의 아버지가 자신에게 얼마나 화를 내곤 했었는지, 또 그의 아버지가 자신에게서 성적인 매력을 느꼈던 것 같다는 이야기를 하기 시작했다. 다시 한번 여기서의 나의 요지는 많은 일들이 동시에 일어나고 있지만, 한편으로 그의 저항을 불러일으켰을 수 있는 나의 짜증에 의해서 전이가 촉발되었고, 그래서 그의 아버지에 대한 가학-피학증적이고 에로틱한 대상관계의 재구성의 다른 측면을 촉진했다는 것이다.

양성 부정적 역전이

이렇게 말하는 것이 잔인하고 무례하게 보일 수 있지만 나는 어떤 적대적 감정을 느꼈다. 짜증이 났던 것으로 보아 이것은 명백한 사실이고 환자의 저항에 대해 분석할 때 익숙하게 동반되는 것이다. 나는 이것이 단순히 분석을 방해하기보다는 종종 분석을 촉진한다는 것을 발견했다. 나는 이것을 일종의 양성 부정적 역전이(Benign Negative Countertransference)라고 생각하게 되었다. 이것이 나 자신의 특성구조에 따른 독특한 분석의 한 측면이라고 할 수도 있지만, 나는 동의하지 않는다. 분석가의 공격성은 환자를 향한 애정만큼이나 가까이 있으며 유발될 수 있다.

나는 프로이트의 임상이론의 발전과정을 추적하면 그가 그의 환자들의 저항 때문에 느꼈던 좌절감-혹은 짜증-을 찾을 수 있을 거라고 생각한다. 나는 전이의 발생에 대해 강한 자기애적 방어를 일으켰던 어떤 환자들에 대한 나의 짜증이 앞서 언급한 나의 환자의 사례처럼 보다 성적으로 관여된 관계에 대한 첫 번째 징후일지 모른다는 것을 깨달았고 이런 관계는 대개 가학피학성 대상유대가 드러날 것을 예시한다(Smith, 1997b). 그러나 나는 환자가 참여하지 않고 물러서려할 때 짜증을 많이 느꼈는데, 이것은 이런 물러섬에 대한 나의 기질적인 성급함과 환자가 이러한 관계에 대해 더 인지하기를 바라는 나의 바람 모두에서 기인한다. 이런 짜증은 나 자신의 삶의 경험과 나와 환자와의 경험으로 형성된다.

만약 나의 짜증이 나 자신의 갈등에서 기인하고 환자에 대한 나의 인식에 갈등적인 요소를 더한다면 이것을 분명히 짚고 넘어가야 한다. 나는 이것이 관계의 현재 상태에 대한 유용한 신호이고 특히나 환자의 관계 수준을 알 수 있는 데 유용하다는 것을 발견했다. 내가 환자의 내면에 주의를 기울이는 것이 나에게 짜증스러운 감정을 일으킬 수 있지만, 나는 상당수 환자들이 전이 안에서 나를 배제하고 나의 말을 그 자체로 들으려하기보다 행위연속체(action sequence)의 부분으로 사용하며 특정한 종류의 대상유대를 정의하려고 하는 것을 보았다. 나는 전이 안에서 환자의 경험을 찾으려하기보다 함께 전이를 형성하고 있는 우리의 경험을 생각하게 되었다(Smith, 1997b). 여기서 전이와 역전이를 구분할 수 없게 된다.

나의 짜증스러운 감정에 주의를 기울이지 않고 넘어가는 것은 위험하다. 배제된 경험과 공격성이 유발된 것을 다루려고 할 때 나는 더 산만해지거나 졸음을 느낄 수도 있고 피학적 형태라고 불릴 수도 있는 경청의 태도를 취하거나 불필요하게 공감적이게 될 수 있다. 이러한 순간에 대해 내가 흥미롭게 여기는 것은 역전이 상황에서의 공격성의 특정한 양상과 이것이 어떻게 생산적으로 사용될 수 있는가이다.

확장된 임상적 설명

자신의 사업을 운영하고 있던 한 여성이 생각난다. 그녀는 나보다 9살이 많고 내가 그녀와 분석 작업을 하던 그 날은 그녀를 안지 막 10년이 넘을 즈음이었다. 출생 직후 버림받고, 생후 4개월 때 입양된 그녀는 자신의 양어머니가 죽어가고 있지만, 그 사실에 대해 전혀 슬픔을 느낄 수 없다는 이유로 날 찾아왔다. 좀 더 최근에는 암 때문에 병치레를 했었는데, 후에 예후가 좋음에도 그녀는 자신이 죽을 것에 대해 두려워하고 있었다. 그녀는 질식에 대한 지속적인 공포를 느끼고 있었고, 이 공포는 가끔 그녀가 카우치 위에 누울 때 심해졌다. 이 공포의 원인으로는 그녀가 계속 앓고 있는 점점 안 좋아지는 폐기종을 포함하여 여러 가지가 있는데 공포가 가장 극심할 때는 그녀가 자신의 감정 때문에 숨이 막힐 것 같은 두려움을 느낄 때였다. 이럴 때 그녀는 카우치에서 일어나 앉았다.

그녀가 일어나 앉는 또 다른 이유가 있었는데 나는 그것을 나의 역전이로 인한 짜증을 통해서 처음 감지했다. 그녀가 일어나 앉는 것은 도발적이고, 저항적이다. 그것은 나와의 특정한 가피학적 유대를 규정할 뿐만 아니라 그녀가 감정을 더 많이 표현하지 못하도록 하고 더욱 진솔한 관계를 맺지 못하도록 한다. 그녀는 나를 찾아와서 카우치에 앉으면 나의 반응을 살폈다. 나는 나를 짜증나게 하는 것이 무엇인지 겨우 알아냈다. 그녀가 마치 폭군에게 말하듯이 "나는 당장 눕겠어요"라고 말할 때, 나는 누군가 대본을 읽고 있는 것 같은 언쟁의 참여자가 된 기분이 들었다. 내가 "당신은 누군가와 언쟁하는 것처럼 보여요"라고 말하면 그녀는 "제가 누워야 하는 것을 알고 있는걸요"라고 대답했다. 일반적으로 나는 환자가 앉거나 눕거나 상관하지 않는데, 중요한 것은 그 행위의 의미이기 때문이다. 하지만 이 환자의 경우는 달랐다. 여러 가지 이유로 나는 그녀가 누워있기를 원했다.

나의 역전이로 인한 짜증이 그녀가 언쟁을 벌이고 있는 고집쟁이 폭군의 역할에 딱 들어맞는 것에 주목해야 한다. 그녀는 그녀의 어머니와 이런 상황을 많이 경험했었다. 그녀는 어머니를 한 번도 사랑한 적이 없다고 느꼈는데, 그것은 사실이었다. 그녀가 자신의 어머니, 또 나와 겪는 이 어려움의 이면에는 대상상실과 유기에 대한 극심한 공포가 자리 잡고 있었고, 그 안에서 우리는 반복적으로 투사와 그녀 자신의 분노에 대한 부정(denial)을 경험하게 되었다.

우리 둘 다 상실과 유기에 대한 투쟁을 하고 있지만, 내가 나의 짜증과 그것이 "함께 만들어낸 것(co-creation)"을 사용한 경우는 그녀를 잃었다는 순간적인 느낌을 방어하기 위한 온전한 나의 투쟁이었다. 나는 배신감을 느꼈고 나의 내면에 자리 잡고 있는 나 자신의 대상관계를 통해 나의 감정 상태를 이해할 수 있었다.

호기심을 유발하고 임상적으로도 의미가 있는 것은, 그녀가 누울 때 도발적이고 반항적인 그녀의 태도는 서서히 사라지고, 분석에 있어 새로운 단계로 들어서는데, 이때 그녀는 과거, 자기성찰, 그녀의 감정들, 나와의 달라진 관계, 그녀 자신과의 달라진 관계에 더 접근할 수 있다는 것이다. 간단히 말해 그녀는 누워있을 때 더 효과적으로 생각할 수 있고 나 또한 그렇게 할 수 있다는 것을 발견한다.

결국 그녀가 눕고 도발적 태도가 사라질 때, 나의 역전이는 변화한다. 나는 잠시 동안 우리가 순응과 통제에 대한 어려움을 단순히 또 다른 모습으로 드러내고 있다고 생각했었다. 시간이 지나면서 나는 그녀가 누워있을 때 혼자 있다는 느낌 때문에 눕는 것을 고통스러워한다는 것을 알았다. 앉아있을 때 그녀는 나를 볼 수 있었고, 나와 교류할 수 있었는데, 부분적으로는 그녀의 도발적이고 저항적인 행동을 통해 나와 교류할 수 있었다. 그러나 나는 그녀가 누워있을 때 느끼는 감정이 고통스러울수록 그녀가 더 정돈되는 것 같았고, 그녀의 눕는 행위 자체가 질식할 것 같거나 다른 사람에게 순응할 때 자신이 사라져버릴 것 같은 그녀의 환상에 대한 도전이 되었으며, 내가 더 이상 보이지 않으면 내가 사라질 것이라는 환상에도 도전이 되었다고 생각한다. 그 후 그녀가 눕는 것은 그녀와의 분석 작업에서 필수적 요소가 되었다. 이렇게 우리는 이 자세로 인해 발생하는 현상에 대해 많은 것을 배웠지만, 전반적으로 내가 느낀 것은 그녀의 눕는 행위가 나와, 그리고 그녀 자신의 감정과 더 깊은 수준으로 교류할 것이고 더 깊은 대상 유대로 들어가려는 그녀의 의지를 나타낸다는 것이었다.

이 환자와의 평소 분석시간이 어떠했는지를 이야기하고 싶다. 여기서 나는 그녀의 변덕스러운 상태, 전이, 그녀가 형성하고 나와 재형성하기도 하는 대상관계의 특징과 더 진솔한 관계에 대한 저항이 변화함에 따라서 나의 짜증을 포함하여 인지적, 정서적 상태가 어떻게 변화했는지를 보여주도록 노력할 것이다. 나는 단순한 신호감정보다는 나의 반응이 환자와의 복잡한 갈등적 관계의 일부로 어떻게 나타나는지를 보여줄 것이다.

그 날은 9월의 월요일 아침이었는데, 신년제(Rosh Hashanah)[6]를 이틀 앞둔 날이자 그 주의 첫 분석시간이었다. 밖에는 비가 강하게 내리고 있었다. 그녀는 7-8분 정

---

6) 로쉬 하샤나(Rosh Hashanah)는 유대교의 신년제로 나팔을 불어 알렸기 때문에 나팔절이라고도 했다. 이날은 일을 쉬고 성회를 열어 희생제사를 드리는 날이다. 역자주.

도 늦었다. 나는 몇 분의 시간이 있었다는 것을 좋게 느낀다는 점에 주목한다. 나는 사무실에서 일을 하다가 정리하면서 그녀가 모든 것을 어떻게 보고 있는지 인식하고 있었다. 이렇게 환자가 도착하기 전에 이미 실연(enactment)이 일어나고 있었다. 나는 대기실에서 그녀와 인사를 나눴는데, 그녀는 비 오는 날 길을 잃고 흠뻑 젖은 아이 같은 모습이었다. 그녀의 숨소리는 부자연스러웠다. 그녀는 도움이 필요한 눈빛으로 나를 바라보았다. 나는 그녀를 돌보고 싶은 충동과 함께 어떤 거리낌을 느꼈다. 행동으로 요구하고 분노를 숨기고 있는 그녀의 행동은 내게 익숙한 누군가를 떠오르게 했다. 우리는 사무실로 걸어 올라갔다. 내 환자는 내가 문을 열어 그녀를 맞아주길 요구하며 문 밖에서 잠시 멈추곤 했는데, 심지어 문이 열려 있을 때나 내가 그녀 뒤에서 계단을 올라갈 때도 그랬다. 우리는 그녀가 다른 사람의 세상에 들어가고 싶어 하는 갈망, 모든 것을 보길 원하고 금지된 방과 장소를 침범하고 싶은 갈망과 두려움에 대해 많이 살펴보았었다. 그녀는 책상 위에 쌓아둔 종이더미 때문에 제목이 잘 보이지 않는 책을 바라보았다. 나는 그녀가 그 책에 대해 내게 물어볼 것인지 그냥 입을 다물고 있을 것인지 고민하고 있다는 것을 알았다. 나는 침범 당했다고 느꼈고 약간 짜증이 났다. 그녀는 늘 내 책상에 대해 트집을 잡았다. 내 생각에는 그녀 자신의 짜증 때문에 발끈한 것 같았다. 그러나 그녀는 다른 사람들을, 특히나 별로 애정이 없었던 그녀의 어머니를 짜증나게 만들었고 현재는 그것을 나에게 하고 있다고 생각했다. 이것이 내가 매일같이 경험했고 수 없이 불쑥불쑥 개입하게 만들었던 "역전이 구조"이다.

그녀는 카우치의 저쪽 끝에 앉아서 "입이 말라요"라고 말했다. 이것 또한 그녀의 언쟁거리였다. 나는 그녀가 가야 한다고 느낄 때나 물을 한 잔 마셔야겠다고 느끼는 순간을 해석하려고 노력했다. 그녀는 보통 그것을 질책으로 들었다. 그녀가 "저의 주치의가 방사선 때문이라고 했어요."라고 말했다. 나는 그녀가 자신의 책임에서 벗어나기 위해, 분석가가 이의를 제기할 수 없는 문제라는 것을 명시하기 위해, 그리고 나를 재촉하기 위해 이 말을 했다고 생각한다. 내가 그녀의 갈증과 방사선 검사를 위해 오랜 시간 갇혀있을 때 느꼈을 공포에 대해 알고 있었음에도 불구하고 그녀가 원하는 대로 되었다. 나는 크고 무시무시한 방사선 기계와 그 옆에 있는 그녀의 주치의를 상상했다. 그리고 그와 동일시하며 그녀의 메마른 입에 대한 병리생리학적 관점에 대해 생각했다. 나는 내가 그와 논쟁하고 있고, 아무 근거 없이 그의 방사선과 전문의의 의견에 도전하고 있음을 알아챘다. 나는 그녀가 두 남자가 자신을 두고 싸우고 있다는 사실을 즐긴다고 생각했지만, 그 말을 할 준비는 되어있지 않았다. 그녀는 "금요일에 로스먼 선생님을 뵈었어요. 검사 결과가 나왔지요…" 나는 그녀의 말을 놓쳤다. 그녀는 부자연스럽고, 반사적이고, 조종하려는 듯이 들리고, 반응을 요구하지만 기대하지는 않는 투로 말했다. 그녀는 그 속에 없었고, 나와 이야기하고 있지도 않았다. 나는 "우리 어머니가 저런 식으로 이야기하곤 했었지. 그녀는 그녀의 엄마처럼 말하고 있는 걸까?"라고 생각했다. 때때로 나는 그녀에게 "당신이 ***나***에게 이야기 하고 있는 것 같지가 않네요. 다른 누군가에게 말하고 있는 것일 수도 있을까요?"라고 묻기도 했었다.

사실 그녀가 겪은 암이나 기종, 절박함, 죽음에 대한 공포를 포함해 많은 것들이 나로 하여금 나의 어머니를 떠올리게 했다. 그리고 이러한 자취로 인해서 나는 나에 대한 그녀의 성애적인 애착에 대해 불편함을 느꼈고, 그녀가 내게 거리를 두는 것에 대해 짜증이 났다. 나중에야 깨닫게 되었지만, 이 환자가 분석을 시작하기 직전 심리치료를 위해 날 처음 만났던 그 날이 나의 어머니의 10번째 기일을 앞 둔 날이었다. 나의 어머니는 신년제 당일 돌아가셨고, 나는 급히 사무실 문에 치료시간을 취소하는 메모를 남겨두고 떠나야했는데 그녀가 이미 사무실로 출발한 상태여서 연락이 안 되었다. 휴일을 지키는 나의 환자는 나에게 화가 났고, 나의 상황을 몰랐기 때문에, 그것에 대해 이 날까지 화가 나 있었다. 사실 우리 둘 다 분석시간에 죽음과 유기에 대한 공포를 이겨내기 위해 안간힘을 쓰고 있었던 것이다.

그녀는 "로스먼 선생님은 언제나 선생님을 잘 대해주지요. 선생님은 언제나— ***우리는*** 언제나— 제가 주치의에게 더 많은 것을 기대하고 있다고 말했죠."라고 말하고 있다. 나는 그녀가 나에게 무엇인가를 더 원하고 있다고 생각했다. 잠시 동안 나의 짜증은 덜해졌는데 "우리가" 그것에 대해 이야기 해볼 수 있을 것 같았기 때문이었다. 하지만 그녀가 안경을 쓰고 나의 책상 위를 다시 한 번 뚫어져라 보기 시작하자 재빨리 낙관적인 생각을 고쳐먹었다. 나는 다시 짜증이 났는데, 이번엔 짜증과 즐거움 사이 어딘가의 기분이었다. 그녀가 "여전히 보이지 않네요."라고 했다. 그녀가 나를 향해 미소 지었다. 또 다른 짜증이 치밀어 올라왔다. 놀림 받는 기분이었다. 지긋지긋했다. 날 내버려두라고 말하고 싶었다. 나의 짜증은 점점 심해졌다. 잠깐이지만 그녀가 미웠다. 이 감정에 대해 죄책감을 느끼기 직전, 나는 자신의 엄마를 향한 그녀의 증오, 그녀를 향한 그녀의 엄마의 증오에 대해 생각하게 되었다. 나는 그녀가 "로스먼 선생님에게 '만약 선생님이 환자들과 관계를 깊이 갖게 되면, 그들이 죽을 때 끔찍한 기분일 거예요.'라고 말했어요."라고 말하는 것을 들었다. 그녀는 나를 도발적으로 바라보며, "그분에게 그렇게 말했어요. 관계란 빤빤해야만 해요. 내가 그것에 대해 죄책감을 느껴야 하나요? 아니면 그에게 그런 식으로 얘기한 것에 대해 부끄러워해야 하나요? 그분과 그런 식으로-그분은 제 아들뻘이에요- 관계하면 안 되는 건가요, 그분의 의학적 소견에 대해서는 완전히 신뢰하지만, 그렇지만…" 그녀가 누웠다. 놀라웠다. 몇 단어를 놓쳤다. "그것이 궁금한 것 같아요." 그녀는 더 침착해진 목소리였다. 화가 가라앉았다. 나도 긴장이 풀리는 것을 느꼈다. 그녀가 말했다. "그리고 난 떠나면서 말했어요. '선생님, 저는 정말로 선생님을 사랑해요.'" 그리고 나에게 말했다. "난 그것에 대해 부끄러워하고 싶지 않아요. 그가 활짝 웃었어요." 그녀는 가끔 나의 사무실을 떠나면서 내게 "선생님, 저는 정말로 선생님을 사랑해요."라고 말하곤 했었다. 이제 그녀는 다른 사람에게 사랑을 주고있는 것이다. 그리고 마치 암시적 의사소통에 대해 알고 있다는 듯이 이렇게 덧붙였다. "이것에 대해 선생님과 얘기하고 싶어요."

이 일련의 과정 속에서 나의 감정이 그녀의 관계의 깊이와 관련된 갈등 경험에 따라 계속 변하고 있는 것에 주목하라. 그리고 그 변화를 처음 감지했을 때 나의 감정의 변화가 어떻게 일어났는지도 주목하라. 그녀는 금요일 저녁, 우리가 만난 이후 콜맨이라는 사람의 집에 갔었던 이야기를 했다. 어릴 때 알던 같은 이름의 아이가 생각났다. 그 아이는 늘 웃고 있었지만 다가가기는 힘들었다. 그 아이의 웃음은 그 때도 지금도 나로 하여금 외로움을 느끼게 했다. "모두 노래를 불러야했는데, 엄청나게 재밌고 즐거웠어요."라고 그녀가 말했다. 그것은 강요하는 것 같은 말투였고, 나는 그녀를 믿지 않았다. 나는 그녀가 무엇인가를 숨긴다고 생각했다. 그것은 그녀의 외로움일까 나의 외로움일까? 나는 그녀가 홀로 버려진 기분이었을거라고 생각했다. 확실한 것은 내가 그녀에 의해서, 그리고 그녀와의 동일시로 인해서 홀로 버려진 것처럼 느꼈다는 것이다. 나는 그녀가 자신이 느끼기 원하지 않는 감정을 내가 느끼도록 했다고 믿는다. 나는 내가 어린 시절 휴일에 가졌던 노래대회를 떠올렸다. 보통은 나에게 아주 행복한 기억들이다. 지금은 그 모든 것들이 공허하게 느껴진다. 그녀가 말했다.

"어떤 남자에게 내 연락처를 주었어요. 그가 전화했으면 좋겠어요." 그녀가 낯선 이에게 다가간 것이다. 그녀는 거의 조증 환자처럼 말했다. "그 미치광이가 날 Handlebar Harry's로 데려갔어요." bar. Harry는 나의 별칭이었다. 그녀가 지금 나를 대하는 것처럼 다가가려다가 곧바로 냉소적이 되었다. 보통은 그녀가 이렇게 방어적으로 변한 것에 대해 언급했을 것이다. 그녀는 계속했다. "내가 그렇게 늦게까지 깨어있었다니 믿을 수가 없네요. 지금은 아침 7시 20분이구요. 난 지금 선생님께 항의하고 있는 거예요. 난 지쳤어요. 그래도 늦게까지 깨어있어야겠다고 생각했어요. 우울한 사람들은 잠을 오랫동안 안 잘 수 있거든요" 나는 그녀의 숨소리가 부드러워진 것을 감지했다. "파울라와 나는 Lyric Stage에 갔어요." 그리고는 좀 더 자기성찰을 하듯이 말하기 시작했다. "주말에 있었던 일들을 선생님에게 얘기하고 있네요. 제가 왜 이 얘기를 꺼냈는지 잘 모르겠어요. 로스먼 선생님에 대한 것만 궁금한데, 궁금한 것이 또 있다면 나의 아이들에 대한 것일 거예요. 사람 사이에 어느 정도의 거리가 적절하고, 어느 정도가 부적절한 걸까요?" 이것은 그녀의 질문이었지만, 당연히 나의 질문이기도 했다.

나는—이것이 이 시간에 한 첫 코멘트였다— "어느 정도가 적절한 거리일까요, 다른 사람이 당신이 원하는 대로 행동하지 않았을 때 화가 나겠네요, 외로움이나 홀로 버려진 기분을 느낄 거예요." 나는 나와 그녀의 감정이라고 추정되는 것에 근거해 이 말을 뱉었다. 나는 여전히 내 책상을 살펴보고 있는 그녀에 대해 생각하고 있었지만, 분노와 외로움 사이에 머물러 있었고, 이 둘은 이야기 나누는 동안 서로 뗄 수 없는 관계가 되었다. "나는 파울라와 나누었던 대화에 대해 생각하기 시작했어요." 그녀는 징징거리듯 말하기 시작했는데 내 생각에는 그녀가 내게 꾸중을 듣는다고 생각해서 아픈 아이처럼 행동하는 것 같았다. 이것이 나의 짜증을 더했다. 나는 우리가 엄마와 딸처럼 싸우고 있는 것 같다는 것을 알아차렸다. "그녀는 더 이상 아이들을 봐줄 수 없다는 보모의 전화를 받았을 때 아이들과 어떻게 해야 할지를 모르겠다고 했어요. 그녀에게 필요했던 것은 엄마였던 것 같아요." 이것은 나와 그녀 사이의 오래된 주제였고, 그녀가 나와 로스먼 선생에게 원하는 것이라고 생각해 왔었는데, 이제 그것이 파울라에게 대입되었다.

로스먼 선생에 대한 그녀의 질문을 고려하고 그녀의 방어를 피하면서 나는 "어쩌면 로스먼 선생이 당신의 엄마가 될 수 있었겠네요"라고 말했다. 나는 나의 말에 살짝 놀랐다. 이것은 즉흥적으로 나온 말이었는데, 나는 이 말이 어느 정도 그녀를 놀라게 하기 위해 계획된 것임을 깨달았다. 만약 모든 개입이 분석가의 공격성을 끌어내고 그 결정요인에 분석가의 역전이를 포함한다면, 환자의 저항과 더 깊은 통찰의 촉진 모두에서 나는 일시적으로 그녀의 정교한 성적 관계방식, 그리고 그녀의 장난스러운 "조적(manic)" 방어에 동참했던 것으로 보인다.

분석가로서 우리는 우리 자신의 심리에서 행동의 역할에 너무도 관심을 기울이지 않는다. 이것의 중요성이 분석가마다 눈에 띄게 다르다는 것은 의심의 여지가 없지만 때로 이것은 말해지지 않은 생각, 느껴지지 않은 감정들, 그리고 역전이의 측면들이 의식적으로 알려지게 되는 것은 누군가의 ***말해진*** 생각들에 귀를 기울일 때에만 가능하다는 것을 알았다. 말하기(speech)는 당연히 관계의 일부분이고, 그렇기 때문에 환자와의 관계에 대한 모든 소통의 어감(tonality)을 전달한다. 말하기는 또한 행동을 통해서만 의식될 수 있는 심리내적 경험을 전달하는데, 분석가로서 우리는 오직 우리가 무슨 말을 하는지 듣고 나서야 우리 자신과 환자에 대해 정확히 알게 될 것이다.

"어쩌면 로스먼 선생이 당신의 엄마가 될 수 있었겠네요"라는 나의 말이 잠깐 동안 나를 분석해주었던 분석가, 그의 장난스러움, 그리고 그의 코멘트들이 가끔 내 입에서 나온다는 것에 대해 놀라워했던 것을 떠오르게 했다. 내가 그를 도우미로 이 상황에 끌어들이고 있는 것인가? 그녀가 너무 크게 "이런 제길, 스미스."라고 말해서 나는 화들짝 놀라 말했다. "우리 다시 시작인가요? 그래요. 또 시작한 것 같네요. 나는 이 상황이 그 멍청한 책, *Are you my mother?*[7]와 같이 느껴져요. 당신이 지금 엄마 노릇을 제대로 하도록 변하지 않는다면 나중에도 마찬가지 일거예요." 그녀는 보모의 손에 길러진 한 친구를 "돈이 많지만 불쌍한 꼬마"라고 말했지만, 그녀는 여전히 이 방에 나와 함께 하고 있는 것 같지 않았다. 나는 내가 그저 그녀의 저항을 강화한 것인지 궁금했다. 그리고 그녀는 내게 "너의 남편이 널 얼마나 사랑했는지, 네가 그와 보냈던 좋은 시간들은 다 잊어버렸구나."라고 말했던 그녀의 친한 친구에 대해 이야기했다. 그녀의 남편은 수년 전에 죽었다. 그녀의 친구는 지금 나와 동일한 저항

---

7) *Are you my mother?* 는 P. D. Eastman의 동화책으로 엄마가 곧 깨어날 아기 새의 먹이를 찾으러 나간 사이에 알에서 깨어난 아기 새가 엄마를 찾아다니면서 정체성을 확인한다는 내용이다. 역자 주.

을 하고 있었던 것이고, 아마도 나의 환자는 그녀의 친구에게서 덜 위협적인 내 목소리를 찾은 것 같다. "친구가 내게 말했어요. '그는 널 너무나 사랑했어.' 그게 사실이라는 걸 알아요." 처음으로 그녀가 온전히 나와, 그녀 자신과, 그녀의 감정과 함께 있는 것 같았다. 이것이 나의 코멘트로 인해 촉진된 것일까?

그녀는 계속 이야기를 이어갔다. "제가 그를 내 엄마로 만든 건가요? 분명히 나는 그에게서 많은 도움과 위로, 그리고 보호를 받았어요." 나는 이 분석시간 중 처음으로 그녀와 함께 대화하고 있다는 느낌이 들기 시작했다. 그녀는 이제 막 대학생이 된 아이의 이야기를 시작했는데 부모는 어버이주말을 보내기 위해 오는 길이었다. 그녀는 내가 처음 듣는 친척들 몇몇의 이름을 이야기했는데 내가 마치 가족의 일원인 것처럼 이야기했다. 그녀가 말했다. "우리는 모두를 위해 카주(kazoos)[8]를 샀어요." 그녀의 목소리는 한층 즐거워졌고, 덜 부산스러웠다.

내가 말했다. "당신은 누군가가 당신과 함께 카주를 사주기를 원하고 있고, 가끔은 그게 나이길 바라고 있어요. 적어도 당신이 중압감을 느끼지 않게 하도록 내가 그 책의 이름을 얘기해줄 수는 있답니다." 그 책과 나를 가족처럼 대하는 그녀가 내 마음속에서 연결되면서 나의 감정적 반응에 의해 그녀의 바람, 나의 일, 나의 삶, 그리고 그녀의 엄마의 삶에 포함되기를 원하는 그녀의 소망과 접합되었다.

"보이지가 않았었는데, 일어나면 보일 수도 있겠어요." 그녀는 나의 말을 초대로 받아들였다. 나는 나 자신에게 짜증이 났다.

그녀와 나의 반응을 난 계속 밀고 나갔다. "당신은 내가 주지 않는 이것들을 자세히 살펴보고 훔쳐 가야만 합니다." 나는 벽에 걸린 시계를 뚫어져라 쳐다보며 이미 돌아가신 내 아버지를 생각했다. 아버지는 암을 이겨내고 오래 사셨다. 나는 나의 아버지, 아버지의 몸, 아버지의 암, 그리고 ***그녀의*** 암으로부터 거리감을 느꼈다. 나는 암으로 벌집같이 되어버린 몸을 생각했다. 그녀도 분명 그녀의 몸을 이렇게 생각하고 있을 것이다. 그녀에 대한 마음이 더 누그러지기 시작했다.

그녀는 완전하고 명백한 확신을 갖고 얘기했다. "맞아요. 바로 그렇게 느끼고 있어

---

8) 입으로 부는 피리같이 생긴 악기로 다양한 연령층에서 특별한 교육 없이도 쉽게 사용할 수 있으며 흥을 돋게 하는데 유용하게 사용되는 악기. 역자 주.

요." 그래서 나의 짜증이 간섭의 형태로 나오기는 하지만 나의 감정을 사용해서 그녀를 탐색하곤 했다. 그녀가 말을 이었다. "그런데요 왠지 지금 나의 세상은 내가 원했던 모습이 아니에요. 난 화가 나요. 앤과 제인(서로 사이가 좋지 않은 두 며느리)은 함께 있지를 못해요. 그렇게 된 것이 너무나 화가 나요. 이것이 나의 가족과의 시간을 망쳐버려요. 난 두 며느리가 사이가 좋지 않아서 이번 주말에 케이프(the Cape)에 데려갈 수 없다는 것이 너무 유감스러워요."

"그것이 당신의 것을 빼앗았군요." 내가 말하기 시작했는데, 다시 생각해보니 이 시점에 이 말이 그녀에게 너무 비판적으로 들리지 않을까 걱정이 되었다. 하지만 그녀가 스스로 한 이야기는 날 놀라게 했다. "나는 내 손주들과 함께 할 때 느끼는 그 즉각적인 기쁨과 그들에게 멋진 휴일을 줄 수 있는 기회를 빼앗긴 기분이에요."

내가 뒤이어 말했다. "당신은 가족과 행복하게 보낼 수 있었던 가족과의 시간을 빼앗긴 기분이군요."

그녀는 자신을 다른 사람들의 가족들 속으로 밀어 넣고 싶다는 이야기를 하고는 일어나 앉았다. "오, 스미스" 그녀는 무릎에 닿도록 머리를 숙였다. "나는 평생 망할 고아같이 느꼈어요." 실제 그녀는 입양되기 전 4개월 동안 고아원에서 지냈다. 분석을 시작할 때 그녀는 그녀의 입양 서류를 가져왔고 그 서류에는 입양사유로 한 단어, '유기' 라고 적혀 있었다. 그녀가 생모와 양모 모두에게, 그리고 나에게 버림받았다는 느낌은 수년 동안 우리가 주의를 기울여 온 문제였다.

내가 말했다. "그것이 당신을 굉장히 화나게 하는군요."

"화나게 한다구요? 그것은 날 슬프게 해요. 물론 화가 나게도 하죠." 분석시간 내내 나와 그녀 안에서 역동하던 이 두 감정은 여전히 숨바꼭질을 하고 있다. "난 내 아이들에게 모든 걸 쏟아붓고 싶지 않아요. 난 내 인생을 원해요." 그녀는 내 책상 위의 책으로 눈길을 주었다가 안경을 쓰고 다시 바라보았다. 그것은 베티 조셉(1989)의 *Psychic Equilibrium and Psychic Change*였고; 나는 이 책을 막 읽기 시작했었다. "재미있을 것 같네요."라고 그녀는 비아냥거리고 떠났다.

분석시간에 대한 논의

나는 이 분석시간을 기법의 모델로서 제시하는 것이 아니라, 모든 환자들처럼 나와의 관계에서 잠시 머물다 간 특별히 생동감 넘치는 환자의 실례를 들어, 우리가 신호 갈등이라고 할 수 있었던 것의 발현인, 나의 역전이, 특히 나의 짜증이 그녀의 존재함(presence)와 부재함(absence)에 따라서 마치 지표처럼 어떻게 변화해 가는지를 설명하려고 제시한다. 나는 또한 그녀와 내가 그녀의 도발적인 행동 이면에 있는 감정들과 서로의 더 진실된 관계를 찾기 위해 애쓰면서 어떻게 나의 생각, 행동, 무엇보다 나의 감정이 그녀의 감정과 저항의 변화단계, 그녀가 지속적으로 창조하고 나와 재창조하기도 하는 대상 유대의 변덕스러운 특성에 대한 해설로써 어떻게 진행되었는지 보여주고자 하였다.

다른 모든 사례 보고와 마찬가지로 여기에서 다룬 사례도 첨가와 삭제를 통해 재구성된 것임을 밝힌다. 예를 들어, 나는 환자의 연상적 경향(associative drift)에 대한 나의 인지적 집중을 충분히 강조하지 않았고 그녀의 변화하는 방어 패턴에 대한 좀 더 인지적인 검토에 대해서도 충분히 다루지 않았다. 이것들은 나의 선택에서 제외되었다. 이와 동시에 나의 역전이 반응들을 설명하는 중에 분석시간에 보통 발생하는 많은 것들에 대해 인지하지 못했고, 분석시간이 본래 그래야만 하는 것보다 의식적 자기성찰로 부산스럽게 보였다. 그렇다고 해도 이 분석시간은 내가 보여주고자 하는 복잡성의 정도에 대한 힌트만 줄 뿐이고, 환자와의 지속적인 갈등적 관계는 분석을 촉진하기도 하고 지연시키기도 한다.

분석가의 지속적인 갈등적 참여에 대해 더 그려내기 위해서는, 어떤 순간이든 선택해서 그 순간의 분석가를 환자처럼－말하자면, 분석가를 카우치에서－분석하면 된다. 분석가가 사용하려고 선택하는 모든 기술, 분석가의 행동의 모든 측면은 갈등적 유대의 연계로 이어진다. 내가 앞서 묘사한 분석시간에서는 내게 자극이 되는 순간에 나 자신의 갈등이 명백히 드러났지만, 다른 모든 순간에서도 마찬가지였다.

"어쩌면 로스먼 선생이 당신의 엄마가 될 수 있었겠네요"라고 했던 나의 말을 들여다보자. 회기 중에 했던 이 말은 나를 분석했던 분석가를 떠오르게 했고, 나는 내가 그의 도움을 필요로 하고 있는 건지 자문했다. 조금 후에는 나의 아버지, 그의 몸과 암에 대해 생각했고 그것은 나의 환자가 자신의 몸에 대해 떠올리는 것에 대한 더 깊은 이해를 갖게 해주었다. 그러나 내가 이 순간을 더 주의 깊게 연구한다면 더 많은 것을 발견할 수 있을 것이다. 나에게 나의 어머니, 어머니의 병, 근심, 필요 그리고 어머니의 성적 욕망에 대해 떠올리게 했다고 언급했던 이 환자는 이따금 나를 자기 아들처럼 대했다. 전이의 성적인 요소는 나의 오이디푸스 콤플렉스적 불안을 희미하고 거의 인식할 수 없는 형태로 만들었고, 잠시 동안 내가 나의 환자의 병을 치료할 수 없고, 그녀의 어마어마한 필요와 갈망들을 해결해 줄 수 없는 작은 소년같이 느껴졌다. 이리하여 나는 나의 아버지에 대한 생각에까지 이르렀다. 아버지는 날 도와줄 수 있을지도 모른다. 아버지는 이 여자의 필요와 성적인 갈망들을 해결할 수 있을지도 모른다. 다시 말해, 유사한 오이디푸스 콤플렉스적 불안과 후퇴가 일어난 것이다. 그리고 내가 아버지를 끌어들였을 때, 나의 상태가 변하고 걱정이 덜해져서 나의 환자의 말을 더 집중해서 들을 수 있었다. 아버지를 떠올린 것은 환자에 대한 구체적인 어떤 것으로 날 이끌었을 뿐 아니라 나에게 분석적 역할을 이어가도록 도와주었다. 아버지에 대한 생각은 나의 분석가를 떠올렸던 것과 마찬가지로 환자의 걱정에 의해 생겨난 나의 불안뿐만 아니라 나의 환자의 걱정에 대한 나의 의식적, 무의식적 집중에서 기인했고, 이것이 나를 진정시키고 환자에게 집중하도록 이끌어주었던 것처럼 보인다. 따라서 내 생각들과 내 행동들은 환자의 자원의 여러 측면들과 나 자신의 갈등을 안정시키려는 욕구에 의해 복합적으로 결정되었다.

그렇다면 이것은 역전이 방해인가 역전이 촉진인가? 구체적으로 양극의 관점을 살펴본 이쯤에서 질문의 본질이 무의미해졌기를 바란다. 나는 이러한 모든 순간들에 두 가지가 셀 수 없이 다양한 형태로 혼합되어 있으며, 갈등이 발생하지 않는 것은 불가능하기 때문에 두 가지를 절대적 용어로 말하는 것은 이로울 게 전혀 없다는 것을 말하고 싶다. 분석가가 환자와의 분석 작업 중에 있고 그리하여 대상관계가 형성되었다면, 이 관계는 필연적으로 갈등적 관계에 있을 것이다. 사실 그것은 단지 관계에 갈등이 있다고 ***인식***할 때나, 분석가가 환자의 저항에 대한 역전이적 반응을 깨달았을 때이다. 예를 들어 대상관계가 형성된 것이 명확해지고 분석과정이 진행될 때 말이다. 환자의 분석에 유익이 되기 위해 자신이 의식적으로나 무의식적으로 인지하게 된 갈등을 어느 정도까지 사용할지는 분석가의 몫이 될 것이다. 이러한 관점에서 우리는 환자의 관점에 대한 공감적 추구마저도 복잡한 갈등적 현상이 되는 것을 볼 수 있다.

결론

분석가가 최선을 다한다는 것은 단순히 환자의 자원에 대하여 감정적으로, 인지적으로 반응하는 것이 아니라 불안, 우울함, 방어, 처벌에 대한 공포, 성적이고 공격적인 갈망을 포함한 갈등의 모든 요소들을 내포하고 있는 환자와의 복잡한 갈등적 관계로 들어가는 것을 의미한다. 이 요소들은 문헌에서 매우 간과되어 왔던 것들이고, 이것들은 병리적인 방해물이라기보다는 분석가가 환자와 갖는 지속적인 대상관계를 규정하는 것들이다.

분석가의 갈등들은 감정, 생각, 그리고 행동을 통해 표현된다. 분석가의 갈등들은 분석가를 환자에게서 멀어지게 할 뿐 아니라 가까워지게 하고, 분석가의 효과적인 작업을 방해하기도 하면서 유지시켜준다. 그것들은 환자의 갈등들과 함께 근본적인 갈등적 구조 안에서 다른 어떤 대상관계와도 다르지 않은 분석적 관계를 규정한다.

참고문헌

Arlow JA: The genesis of interpretation. J Am Psychoanal Assoc 27(suppl): 193–206, 1979.

Arlow JA: Discussion from the floor, panel on "Countertransference, Self-Examination, and Interpretation," Midwinter meeting, American Psychoanalytic Association, New York, December 19, 1997a.

Arlow JA: Personal communication, 1997b.

Beres D, Arlow J: Fantasy and identification in empathy. Psychoanal Q 43:26–50, 1974.

Brenner C: The Mind in Conflict. New York, International Universities Press, 1982.

Heimann P: On countertransference. Int J Psychoanal 31:81–84, 1950.

Hoffmann IZ: The patient as interpreter of the analyst's experience. Contemp Psychoanal 19:389–422, 1983.

Joseph B: Psychic Equilibrium and Psychic Change. London, Routledge, 1989.

Racker H: Transference and Countertransference. New York, International Universities Press, 1968.

Reich A: On Countertransference. Int J Psychoanal 32:25–31, 1951.

Sandler J: Countertransference and role responsiveness. Int Rev Psychoanal 3:43–48, 1976.

Schafer R: Aspects of Internalization. New York, International Universities Press, 1968.

Smith HF: Cues: the perceptual edge of the transference. Int J Psychoanal 71:219–228, 1990.

Smith HF: Analytic listening and the experience of surprise. Int J Psychoanal 76:67–78, 1995.

Smith HF: Resistance, enactment, and interpretation: a self-analytic study Psychoanalytic Inquiry 17:13–30, 1997a.

Smith HF: Richard and Cyrano: narcissistic resistances to transference love. Presented at the 40th IPA Congress, Barcelona, July 1997b.

Tower LE: Countertransference. J Am Psychoanal Assoc 4:224–255, 1956.

다니엘 스턴
(Daniel N. Stern)

28

소개

다니엘 스턴(Daniel N. Stern)은 메사추세츠 캠브리지에 있는 하버드대학교와 뉴욕에 있는 앨버트 아인슈타인 의과대학에서 수학하였고, 뉴욕정신의학연구소에서 레지던트 과정을 수련했으며, 뉴욕에 있는 콜롬비아정신분석센터에서 정신분석 훈련을 받았다. 스턴은 콜롬비아 의과대학 정신건강의학과 부교수, 코넬 의과대학 정신건강의학과 교수, 로드아일랜드의 프로비덴스에 위치한 브라운대학 정신건강의학 및 인간행동 교수와 스위스 제네바대학의 심리학과 교수를 역임하기도 했다. 유아 및 아동의 발달에 대한 연구에 매진하던 중 불가리아와 루마니아의 고아들을 향한 사명감을 얻어 국립정신건강연구소에서 여러 역할을 감당했고 그 후 전 세계를 무대로 강연을 해왔다.

정신분석의학협회 레비상(David M. Levy Award) 수상을 포함한 수많은 수상경력은 스턴 박사의 공헌이 얼마나 의미 있는지를 보여준다. 미국의학작가협회 대상, 벨기에 몬스-하이널트(Mons-Hainault)대학 명예박사, 프랑크푸르트정신분석협회 지그문트 프로이트 상과 교수직, 비엔나 지그문트 프로이트 상, 시실리 팔레르모 대학과 덴마크 코펜하겐 대학 명예박사학위를 받았다. 그는 런던에서 프로이트 기념강연, 덴버에서 르네 스피츠 기념강연, 뉴욕에서 카렌 호나이 기념강연, 시카고정신분석협회에서 헬렌 로스 교수직, 런던의 안나 프로이트센터에서 지그문트 프로이트 강의, 콜롬비아 정신분석센터에서 산도르 라도 강의, 런던에서 존 보울비 강연 등이 몇 가지 예이다. 그의 저서 *The First Relationship: Infant and Mother, The Interpersonal World of the Infant: A View from Psychoanalysis and Developmental Psychology, The Journal of a Baby*와 *The Present Moment in Psychotherapy and Everyday Life*을 포함한 그의 6개의 저서는 10개 이상의 언어로 번역되었다. 그는 수백여 개의 학술지 논문을 쓰거나 저술에 참여했다.

스턴 박사는 30년 이상 연구와 임상, 발달심리와 정신역동 심리치료, 유아관찰과 초기경험의 임상적 재구성 실험, 대인관계적 관점과 심리내적 관점 사이의 접점에서 일해 왔다. 그의 연구는 현대 정신분석의 합의를 이끌어내면서 연결하고 통합하는 기능을 해 왔다. 그는 유아의 삶의 가장 초기 단계에서 발달하는 복잡한 애착관계를 영화와 논문, 책을 통해서 보여준, 엄마와 유아의 상호작용에 대한 직접 연구의 선구자이다. 그는 우리가 조율(attunement)과 경험의 처리과정을 이해하는 데 새로운 빛을 던져주었다.

이 논문을 선택한 이유

다니엘 스턴

내가 이 책에 "유아관찰이 정신분석에 미치는 몇 가지 영향(Some Implications of Infant Observations for Psychoanalysis)"를 포함시킨 것은 이 논문이 내 연구의 여러 가닥들을 하나로 모으면서도 정신분석에 미치는 영향을 명확하게 설명하고 있기 때문이다.

상호주관적 관점을 온전히 이해한다면 그 의미는 매우 방대해진다. 대인관계는 심리내면의 문제만큼 중요해지고, 두 사람 심리학(two person psychology)이 한 사람 심리학(one person psychology)을 대체하기 시작하며, 정신분석가의 객관성이라는 개념과 중립적 상태에 대한 의문이 제기된다. 또한 전이와 역전이는 더 이상 일시적 현상이 아니며 상호주관성의 특징적 일부분으로 지속성을 갖는다. 이 관점은 점점 더 넓게 이해되면서(예를 들면, "관계적 정신분석가"에 의해) 패러다임의 전환에 다가가고 있다. 이러한 이유로 나는 이것에 대해 정확히 평가해보려고 상호주관성의 기초와 개체발생(ontogenesis)에 대해 연구해왔다.

두 번째 주요 주제는 "암묵적인 관계적 지식(implicit relational knowing)"이다. 내가 이 주제를 집중적으로 연구하게 된 것은 유아관찰자로서의 경력과 그 과정에서 유아들이 언어를 익히기 전에 이미 인지하고 배우는 능력(즉, 암묵적 이해)에 대한 놀라움 때문이었다. 이것이 정신분석에 시사하는 주요 의미는 그것이 무의식의 새로운 범주를 창조한다는 것이다. 무의식은 억압되어 있다는 관점에서 볼 때 역동적이지는 않지만, 전혀 다른 정신 체계 속에서 존재하며 대부분이 말로 표현될 수 없지만 귀중한 임상적 정보들을 포함하고 있다. 우리는 반드시 이 무의식의 영역에 더 민감해져야 하며, 방어분석으로 대체할 수 없다는 것을 알아야 하는데 그 이유는 그것이 방어적이지 않기 때문이다. 가능하다면 분석적 틀과 양립될 수 있는 다른 기법들이 사용되어야만 한다.

유아 관찰이 정신분석에 미치는 몇 가지 영향

(Some Implications of Infant Observations for Psychoanalysis)

다니엘 스턴

보스턴변화과정연구회[1)]

이 장에서는 두 개념, 상호주관성과 암묵적 지식에 대해서 자세히 살펴볼 것이다. 이 두 가지를 선택한 이유는 최근에 이 두 개념을 이해하는데 있어서 놀라운 진보가 있었기 때문인데 특히 초기 발달단계에서의 발견이 아주 놀랍다. 또 다른 이유는 이 발견이 정신분석의 흐름에 직간접적으로 영향을 끼쳐왔고 앞으로도 그럴 것이기 때문이다. 여기서는 관련된 발달의 배경 자료를 소개하고 이것이 정신분석에 갖는 함의들을 밝히는 데 강조점이 있다.

상호주관성

심리내적 측면에서 상호주관성/ 관계적 측면으로의, 즉 개별적인 것에서 사회적인 것으로의 진자운동이 있어 왔다. 이러한 일반적인 흐름은 정신분석만의 독특한 것이 아니라 철학, 언어습득, 문학비평, 심지어 "사회신경과학"과 같은 다양한 분야에서 나타난다. 사실 이것이 단지 진자운동인지 패러다임의 변화인지는 생각해 볼 문제이다. 유아기 연구가 이러한 변화에 공헌한 데는 몇 가지 이유가 있다. 가장 명백한 이

---

1) 보스턴변화과정연구회 회원(알파벳 순): *Nadia Bruschweiler-Stern, Karlen Lyons-Ruth, Alec Morgan, Jeremy Nahum, Lou Sander, Daniel Stern.*
이 글은 Daniel Stern의 *The Present Moment in Psychotherapy and Everyday Life*의 5장 "The Intersubjective Matrix"(copyright © 2004 Daniel N. Stern, M.D. 2004년 W. W. Norton & Company, Inc.의 허락을 받고 사용함)와 곧 나올 *The Journal of the American Psychoanalytic Association*의 "Response to Reviewers of The Something More Than Interpretation: Revisited"(copyright © American Psychoanalytic Association, 허락을 받고 사용함)을 각색한 것이다.

유는 유아가 자기 내면의 경험을 말로 표현할 수 없기 때문에 이것이 눈에 보이는 상호적인 행동을 통해 추론되어야만 하기 때문이다. 상호적인 행동에 초점이 맞춰지게 되면 자연스럽게 사회적인 관점으로 해석이 되고 유아들의 관계 능력에 관한 다양한 발견과 관점이 생겨나게 된다.

하지만 보다 근본적인 이유는 유아기 연구로 인해서 우리가 상호주관성 영역의 범위와 이것의 개체발생에 대한 개념을 재조정할 수밖에 없게 되었다는 것이다. 다양한 근거들로부터 우리는 우리가 상호주관적 모체(intersubjective matrix) 속에서 발달하며 살고 있다고 믿게 되었다. 자기/ 타인의 분화, 발달단계들, 공감, 동일시, 내면화에 대해 이것이 갖는 함의는 우리가 여기서 함께 살펴보면서 더 명확해질 것이다.

상호주관적 모체란 무엇인가? 우리 신경계는 타인의 신경계에 의해 포착되도록 구조화되어있어서 우리 자신으로서만이 아니라 타인의 내면 안에 있는 것과 같이 경험할 수 있다. 우리는 타인의 감정을 직접적으로 느낄 수 있고 타인의 경험에 공감하고 참여할 수 있는데, 다른 사람들도 우리에게 마찬가지이다. 이것은 이미 알고 있는 사실이지만 이제 이 사실을 뒷받침할 새로운 증거를 소개하도록 하겠다.

타인은 단순히 또 다른 대상이 아니라 즉각적으로 어떤 특별한 대상, 곧 우리 자신과 같으며 내면의 상태를 공유할 수 있는 대상으로서 인식된다. 사실 우리의 마음은 자연스럽게 우리가 공감할 수 있는 타인의 경험을 찾는다. 우리는 자연스럽게 우리가 붙잡고 느끼고 참여 할 수 있는, 즉 공유할 수 있는 내면의 상태를 드러낸 타인의 행동을 분석한다. 우리가 이 모든 것을 종합할 때 일종의 상호주관적 모체가 드러난다. 더 이상 우리의 정신들이 서로에게서 독립적이거나 분리되어있거나 고립되어있지 않은 것이다. 우리는 더 이상 우리의 주관성의 소유권자, 주인, 수호자가 아니다. 자기와 타인과의 경계는 여전히 명확하지만 좀 더 투과적이다. 사실 분화된 자기는 상호주관성의 전제조건이다. 이것이 없다면, 그냥 융합(fusion)되어 있을 뿐이다(Rochat, Morgan, 1995; Stern, 1985). 우리는 다른 사람들의 의도, 감정, 생각에 둘러싸여 있는데, 이것들은 우리 자신의 의도, 감정, 생각과 상호작용한다. 우리의 의도는 우리가 타인의 의도를 어떻게 느끼는지에 따라 대화를 주고받는 과정에서 수정되기도 하고 발생되기도 한다. 우리의 ***감정***은 타인의 의도, 생각, 감정에 의해 형성된다. 그리고 우리의 ***사고***는 대화를 통해서(심지어 타인처럼 행동하는 우리의 여러 자신들과 함께 할 때도) 함께 만들어진다.

간략히 말하자면 우리의 정신생활은 공동으로 창조된다. 다른 사람들의 정신과 지속적으로 공동으로 창조하는 이 대화가 우리가 ***상호주관적 모체***라고 부르고 있는 것이다.

앞서 개략적으로 설명된 이 관점은 임상적, 이론적 관점 모두를 갖고 치료를 바라보는 것의 중요성과 함께 전보다 더 유력한 관점이 되었다. 한 사람 심리학 또는 순수한 심리내적 현상들에 대한 생각은 점차 입지가 약해지고 있다. 최근 정신분석에서도 한 사람 심리학에서 두 사람 심리학적 관점으로의 큰 변화가 있었다(Renik, 1993). 이러한 변화는 정신분석의 상호주관성과 관계성을 강조하는 학파가 급격히 성장한 것을 볼 때 뚜렷이 드러난다(Aron, 1996; Beebe, lachmann, 2002; Benjamin, 1995, 2004; Ehrenberg, 1982, 1992; Jacobs, 1986; Knoblauch, 2000; Lichtenberg, 1989; Mitchell, 2000; Ogden, 1994; Stolorow, Atwood 1992; Stolorow 외, 1994). 우리는 여기에서 이보다 더 큰 관점의 변화를 제안한다. 우리는 상호주관성을 분리되어 있고, 독립적인 두 정신이 상호작용할 때 간혹 발생하는 일종의 부수적 현상으로써 여겨왔다. 이제 우리는 상호주관성의 체계를 두 마음이 현재의 상태가 되기까지 혹독한 시련의 과정을 겪는 곳으로 본다. 두 마음은 상호주관성을 만들어낸다. 하지만 동일하게 상호주관성도 두 마음을 형성한다. 무게중심이 심리내면에서 상호주관적 측면으로 옮겨진 것이다.

마찬가지로 임상 장면에서의 상호주관성은 더 이상 유용한 도구나 필요에 따라 취하고 버릴 수 있는 관계의 수많은 방식 중에 하나로 치부될 수 없다. 치료사나 환자 어느 한 쪽에서만 발생하는 것으로도 볼 수 없다. 그보다는 치료과정이 지속적인 상호주관적 모체 안에서 발생하고 있다고 볼 수 있다. 모든 신체적 그리고 정신적 활동은 중대한 상호주관적 결정요인을 갖고 있다고 볼 수 있는데 그것은 이 활동들이 상호주관적 조직 안에 깊숙이 자리하고 있기 때문이다. 물론 어떤 자료는 한 개인의 이야기(과거와 현재)에서 나오지만, 그때에도 그것이 겉으로 드러나는 순간이나 최종적 형태, 그 의미의 색채는 상호주관적 모체 안에서 형성된다.

그렇다면 이러한 상호주관성의 체계에 대한 증거는 무엇일까? 우리는 이것에 대해 심도 있게 살펴볼 것인데 그 이유는 이것이 정신분석적 사고에 대해 갖는 잠재적 중요성 때문이다.

거울 신경세포(*mirror neurons*)의 발견은 중대한 의미를 갖는다. 타인의 마음 상태 특히 의도를 읽는 것, 타인의 감정에 공명하는 것, 타인의 경험을 함께 하는 것, 관찰한 행동을 포착해 모방하는 것, 공감하는 것, 상호주관적인 관계를 형성하는 것, 동일시, 내면화와 같은 현상들을 뒷받침할 수 있는 신경생물학적 기제를 설명할 수 있는 것이 이 거울 신경세포이기 때문이다(Gallese, Godlman, 1998; Gallese 외, 1996; Rizzolatti, Arbib, 1998; Rizzolatti 외, 2001).

거울 신경세포는 전운동 피질 속 운동 신경세포에 인접해 있다. 이 신경세포들은 움직이지 않고 타인의 행동(예를 들어, 유리잔에 손을 뻗거나 얼굴을 찌푸리는 것)을 관찰하는 것만으로도 활동하기 시작한다. 그리고 행동을 관찰하는 사람의 뇌 속에서는 자신이 직접 유리잔에 손을 뻗거나 얼굴을 찌푸릴 때와 정확히 일치하는 패턴의 운동 신경세포 활동이 일어난다. 정리하면, 이 거울 신경세포들이 우리가 타인의 행동을 볼 때 받는 시각정보들을 우리의 뇌 속에서 그 행동과 동일한 운동 시연으로 연관시키게 된다는 것이다. 이렇게 우리가 타인의 행동을 꼭 따라하지 않더라도 직접적으로 그 행동에 참여할 수 있게 된다. 우리는 마치 우리가 행동하고 느끼는 것처럼 타인의 행동과 감정을 동일하게 경험할 수 있다. 다마시오(1999)와 갈레세(2001)는 '***마치~인 것처럼***'(*as if*)의 기제를 설명했다. 다른 사람의 정신생활에서의 이 "참여"는 다른 사람, 특히 그 사람의 의도나 감정을 느끼고/ 함께 공유하고/ 이해하는 감각을 만들어낸다. 여기에서의 ***감정***(*feelings*)이란 용어는 고전적 다윈의 영향에 따라 정조(sentiments)[2], 감각정서(sensory sentiments), 운동 감각(motor sensations)을 포함하기 위하여 ***정동***(*affects*) 대신에 의도적으로 사용되었다.

이 체계에는 또 다른 특성이 있다. 그것은 특히 목표지향적 행동(예를 들어, 의도성을 가진 것으로 추론될 수 있는 움직임)에 민감하다. 여기에 더해 원인이 되는 동기에 대한 지각은 특정 뇌 부위－일종의 의도－탐지 중추－에서 작동되는 것으로 보인다(Blakemore, Decety, 2001). 예를 들면, 의도－탐지 뇌 중추에는 어떠한 행동이 그

---

2) 정서라고 번역될 수 있지만, 민감성을 가진 용어인 정조(情操)가 더 적절해 보인다. 정조란 정신의 활동에 따라 일어나는 복잡하고 고상한 감정을 말한다. 역자 주.

맥락 안에서 의도성을 띤다고 보일 때 활성화될 것이다. 그와 동일한 행동이 의도성이 보이지 않는 다른 상황에서 발생한다면 이 뇌의 중추는 활성화되지 않을 것이다.

인간의 마음이 세상을 지각하고 해석할 때 의도(욕망, 소망)라는 측면에서 해석하는 경향이 있다는 오랜 견해는 이러한 발견들로 인해 힘을 얻었다. 그리고 다른 사람의 의도를 읽는 것은 상호주관성에서 가장 기본이 된다.

상호주관성을 신경계의 연결로 설명할 수 있는 또 다른 연구결과가 있다. 다른 사람과 공명하기 위해서는 두 사람이 인식하지 못한 채로 동조되어 있어야만 한다. 동조상태(synchrony)에서의 움직임은 마치 연인들이 커피 테이블 앞에 마주앉아 있을 때, 춤을 출 때 서로에게 얼굴을 가까이 했다가 떨어지고, 또는 동시에 함께 손을 움직이기 시작하는 것처럼 둘의 행동이 동시에 일어나는 것이다. 또는 두 사람이 공동으로 일상생활의 파드되(pas de deux)[3]—예를 들면 한 사람이 설거지를 하고 한 사람이 그릇의 물기를 닦는 것과 같이—를 만들어가는 움직임의 속도와 정도를 조정할 수 있다. 물에 젖은 그릇이 그릇을 씻는 사람의 손에서 물기를 닦는 사람의 손으로 부드럽게 멈춤 없이 넘어가는 한 동작처럼 말이다. 그리고 그 둘은 서로 마주보지 않아도 된다. 이런 양자간 협업을 설명하기 위해서 반드시 어떤 기제가 필요하다.

적응형 진동자(adaptive oscillators)의 발견이 힌트를 줄지도 모른다. 이 진동자는 우리 몸속에서 시계처럼 작동한다. 이것은 계속해서 재설정될 수 있고, 유입되는 자극의 정도에 맞추어 조정될 수 있다. 이 내면의 시계는 실시간으로 들어오는 신호들을(예를 들면, 당신에게 그릇을 건네주는 사람으로부터의) 사용해 당신의 적응형 진동자를 "설정"해서 즉각적으로 그들 스스로의 신경 활성 정도를 유입되는 신호의 주기성에 동조할 수 있게 한다(Port, van Gelder, 1995; Torras, 1985). 그 결과 그릇을 씻는 사람이 말리는 사람에게 그릇을 넘겨주기 위해 손을 뻗는 시간과 상대가 그것을 받기 위해 손을 뻗는 시간이 완벽하게 들어맞는 것이다.

이런 기제의 필요성은 인간이 할 수 있는 비범한 순간 협업(temporal coordination)을 생각하면 명백해진다. 우리가 뛰면서 축구공을 차는 것이나, 달리면서 날아오는 공을 잡는 것을 얼마나 쉽게 하고 있는지 생각해보라. 대인관계와 관련된 상호작용에

---

3) 발레에서 두 사람이 추는 춤. 역자 주.

서의 순간 협업에 관한 문제는 훨씬 복잡한데 그것은 우리가 예측할 수 없는 공의 궤적보다 더 빠르게 우리의 움직임을 변경할 수 있기 때문이다. 반면 두 사람이 키스를 하려고 고개를 움직일 때는 그것이 처음 하는 키스라 해도 갑작스럽고 열정적인 키스를 하면서 앞니가 부러지는 경우는 거의 없다. 보통은 아주 부드럽게 서로의 입술에 닿을 수 있다.

여기서 핵심은 사람들이 동시에 움직이거나 순간 협업을 통해, 서로의 경험에 참여하게 된다는 것이다. 그들은 그들 자신 뿐 아니라 부분적으로는 상대의 입장에서 살게 된다.

지금까지 살펴 본 모든 증거들은 일방적 상호주관성에 대해 적합하다("나는 당신이 무엇을 느끼는지 알고 있다"). 하지만 양방향 또는 온전한 상호주관성은 어떠한가? 뻔한 중복에 불과한가? ("나는 당신이 느끼는 것이 무엇인지를 내가 알고 있다는 것을 당신이 알고 있다는 것을 알고 있으며, 그 반대도 마찬가지다."). 이것은 또 다른 단계를 필요로 한다. 앞서 이루어진 기제에 대한 설명은 충분한가? 적어도 두 사람이 서로를 "읽는" 것이 양방향적 상호주관성을 위해서 필요하다. 첫째는 상대방이 경험하는 것이 무엇인지를 아는 것이다. 둘째는 상대방이 당신의 경험을 어떻게 경험하는지를 아는 것이다. 이때 계속해서 반복적으로 되풀이하여 상대방을 읽는다. 여기에서 맥락의 역할이 매우 중요하다. 일방적 상호주관성의 실재는 온전한 상호주관성에 이르기 위해 해석해야만 하는 상대방에 대한 두 번째 읽기가 일어나는 결정적인 맥락이다. 그럼에도 여전히 반복해서 말하는 것은 공명 기제 이상의 어떤 것이 필요할지 모른다는 것이다. 우리는 이것에 대해 더 발전된 주제로 계속 다뤄보도록 하겠다.

여기에 문제가 있다. 이 기제가 작동이 잘돼서 우리가 완전한 상호주관적 모체 속에서 살고 있다면, 우리는 왜 상대의 신경계에 의해 끊임없이 포착되지 않고 그런 경험(하품을 하는 것 같은)에 의해 투과되지 않는 것인가? 상호주관성을 갖게 하는 명백한 기제가 존재하고 있으므로 이제는 우리가 그것을 어떻게 ***하는가***(*do*)가 아니라 어떻게 그것을 ***멈추는가***(*stop*)의 문제가 된다. 분명히 그 체계에는 제동장치가 필요하다. 사실 세 개의 제동장치가 있다. 첫째는 선택(selection)이다. 여기에는 관심을 기울일지 여부를 결정하는 관문이 있어서 다른 사람을 충분히 받아들이고 마음으로 참여할지 이 과정에서 그를 제외할지를 선택해야만 한다. 다른 장치는 거울 신경세포들이 과도하게 활동을 일으켜서 반향동작, "모방행위"를 보이는 치매 환자들처럼 자동적이거나 반향적인 모방행동을 일으키는 운동 신경세포를 활성화시키지 않도록 하기 위해 필요하다(Gallese, 2001에서 인용). 세 번째 장치는 억제, 더 정확히 말하자면 상대와 일으키는 공명의 정도에 대한 것이다. 이 분야는 신경과학적으로나 임상적으로 엄청난 잠재력이 있다. 많은 정신질환자들을 생각해보면 공감이 부족하고 다른 사람의 관점을 수용하지 못하는 특성을 보인다. 여기서 말하는 정신질환은 심각한 자폐증이 아니라 자기애성, 경계성, 반사회성 성격장애를 가리키는 것으로, 이러한 질환을 앓고 있는 환자의 경우 공감능력의 부족이 두드러지고 문제를 일으켜 정신치료를 받으러 온다.

정상 수준의 사람들에게서도 상호주관성의 형태의 표현에는 큰 차이가 나타난다. 그렇다면 공명을 일으키는 그들의 기본기제가 제 기능을 발휘하지 못한 것인가? 아니면 상호주관성의 과도한 몰입에 제동을 걸거나 이것을 억제하는 시스템이 있는 것인가? 그리고 이러한 매개변수의 설정 과정에서 경험의 역할은 무엇인가? 이 질문들에 대한 답을 얻기 위해서는 많은 연구가 필요하다.

초기 상호주관성에 대한 발달상의 증거는 급격히 증가하고 있다. 상호주관성의 초기 형태는 출생 직후의 유아에게서도 관찰된다. 이 논의는 우리가 발달을 이루어가는 상호주관적 모체의 근본적인 특성에 부합한다. 몇몇 연구자들은 말과 상징을 사용하기 전 단계에 있는 유아들에게서도 관찰되는 상호주관적 행동에 대해 설명해왔다. 바로 상호주관성의 매우 초기 발현은 이것이 선천적이라는 것을 보여준다. 베아트리체 비브와 그의 동료들(2003)은 초기 상호주관성에 세 가지 유사한 접근법을 훌륭히 평가하고 비교하였다.

콜린 트레바덴은 자유놀이를 통해 유아의 친밀한 상호협응(mutual coordination)과 엄마의 태도 관찰을 통해 아주 어린 유아들이 갖고 있는 최초의 상호주관성을 발견하였는데, 바로 유아들의 움직이는 타이밍이라든지, 표정의 변화, 타인의 의도에 대해 갖는 기대들(Trevarthen, 1974, 1979, 1980; Trevarthen, Hubley, 1978)이었다. 예를 들어, 한 실험에서 엄마와 유아가 텔레비전을 통해 상호작용하는 것을 관찰하였다. 즉 엄마와 유아가 실제로는 분리된 방에 있지만 모니터를 통해 마주 앉은 것처럼 서로의 얼굴을 보고 목소리를 들을 수 있는 상황이었다. 의도적으로 엄마의 목소리나 행동을 송출하는데 아주 짧은 순간에 지연을 주었을 때, 유아는 재빠르게 이것을 알아챘고 상호작용이 깨졌다. 사람과의 접촉에서 이미 대응(correspondence)을 기대하고 있는 것이다. 대응은 트레바덴이 "초기 상호주관성"을 설명하는 핵심 단어이다.

발달 초기에 나타나는 모방도 상호주관성의 초기형태를 설명하기 위한 중요한 요소 중 하나이다(Kugiumutzakis, 1998, 1999, 2002; Maratos, 1973; Meltzoff, 1981, 1995, 1999; Meltzoff, Gopnik, 1993; Meltzoff, Moore, 1977). 멜초프와 그의 동료들은 실험자의 얼굴에 나타난 행동들(예를 들면 혀를 내미는 것)을 모방하는 신생아들에게 중점을 두었다. 유아가 아직 자신의 얼굴이나 혀를 인식하지 못함에도 불구하고, 시각적으로만 관찰한 실험자의 행동을 자기수용의 (시각적이지 않은) 반응에 의한 운동행동으로 반응하는 것을 어떻게 설명할 수 있을까? 그리고 이러한 (보이지 않는) 모방을 형성하려는 학습시도는 언제 시작되었을까? 이에 대한 대답은 형태와 시기의 감각교차 전달(cross-modal transfer)에 기초한 상호주관성의 초기 형태에서 찾을 수 있는데, 이것은 아마도 거울 신경세포에 기반하고 있을 것이다. 초기 모방에 대한 다른 예들도 밝혀졌다. 멜초프와 그의 동료들은 유아가 모방행동을 통해 다른 사람의 무엇인가를 습득하며, 이를 통해 다른 사람이 "나와 같다" 그리고 "내가 그들과 같다"라는 감각이 공고해진다는 결론을 내렸다. 그는 여기에 더해서 유아가 물체를 만져보고 입으로 물어 봐야만 물체에 대해 배울 수 있지만(즉, 내적 표상을 만들 수 있지만), 사람에 대해 배우는 것은(표상하는 것은) 사람의 행동을 모방하는 것을 통해서 가능할 것이라고 추측했다. 유아의 마음은 사람에 대해 배우기 위해 여러 경로를 사용한다.

우리는(Stern, 1977, 1985, 2000; Stern 외, 1984) 세 번째 요소를 발견했다. 우리는 두 사람이 어떻게 서로에게 자신의 내적 감정 상태에 대해 알려주는지에 더 관심이 있었다. 예를 들자면 유아가 어떤 상황에서 감정적 행동을 보였을 때, 엄마는 어떻게 자신이 유아의 행동만이 아니라 행동 뒤에 숨어 있는 감정을 감지했다는 것을 유아에게 알려줄까? 여기에서 초점이 외적 행동에서 그 뒤에 숨겨진 주관적 경험으로 옮겨간다. 우리는 외적 행동을 모방하는 것에 충실한 행위적 모방과 대조되는, 내적 감정 상태를 공유하는 통로로서의 선택적이고 교차식 전달 형식으로서의 ***감정조율***을 제안했다.

자페와 그의 동료들은(2001) 여기에 의미 있는 증거를 추가하였다. 그들은 말을 시작하기 전 단계의 유아(4−12개월)와 엄마가 소리대화 속에서 서로의 소리에 반응하고 쌍방향으로 조화를 이루기 위해 어떻게 소리를 내기 시작하고, 멈추고, 쉬는지를 보여주었다. 이는 유아와 엄마가 자신이 소리를 내는 타이밍을 조절할 뿐 아니라 서로가 소리를 내는 타이밍 또한 "포착한다"는 것을 암시한다.

협응된 타이밍이 동시성(synchronicity)과 상대의 경험을 공유하는 것에 있어 핵심이 되는 것이 명백하다. 왓슨(1994) 그리고 게르겔리와 왓슨(1999)은 유아가 다른 사람들의 행동과 타이밍에 민감해지는 굉장히 흥미로운 방법을 발견했다. 그들은 우리, 그리고 유아가 "만일의 사태를 감지하는 내재적 분석장치(innate contingency detection analyzers)"을 갖고 있다고 주장했다. 이러한 모듈들은 누군가의 행동이 자신의 행동과 얼마나 정확하게 동시 발생하는지를 계산한다. 연구자들은 3개월 이전에 유아들이 자신이 온전히 ***성공***(*contingent*) ***할 수 있는*** 사건에 더 흥미를 보인다는 것을 발견했다. 이것이 유아가 스스로를 가장 민감하게 느끼게 하는 요인일 수 있다(그러나 여전히 타인과 자신을 구별할 수 있다). 생후 4개월에서 6개월 사이에는 변화가 일어난다. 유아는 그들이 불완전하더라도 성공할 수 있는 사건에 더 관심을 갖게 된다. 그것은 정확히 다른 사람과 상호작용 할 때 일어나는 행동이다. 이 때 유아들은 자기 자신을 기준으로 삼아 다른 사람의 행동 타이밍에 흥미를 더 갖게 된다.

이 주제에 대한 의미 있는 연구들이 많이 있다(예를 들면, Emde, Sorce, 1983; Klinnert 외, 1983; Sander, 1977, 1995; Stern, Gibbon, 1978; Tronick, 1989; Tronick 외, 1979). 이상의 모든 연구자들이 동의한 가장 의미 있는 사실은 유아가 그들의 행동을 통해 드러나는 것처럼 특히 다른 사람의 마음에 맞춰 조율할 수 있는 마음을 갖고 태어난다는 것이다. 이 조율능력은 타이밍과 강도, 서로 전환될 수 있는 다양한 형태의 대응반응을 탐지하는 것에 기초를 둔다. 이 결과 태어나면서부터 갖고 있는 서로의 마음에 민감한 심리의 존재에 대해 이야기할 수 있다.

게다가, 이 연구자들은 말을 시작하기 전 단계의 유아들이 다른 사람들의 행동에 특히 민감하다는 사실에 의견을 함께한다. 이 시기의 유아들은 그들 자신이나 사물과 상호작용할 때와는 다른 지각적이고 예측적인 능력을 타인과의 상호작용에서 사용한다.

유아들은 다른 사람을 자신과 비슷한 존재로 기대하고 대하지만 똑같기를 바라지는 않는다. 유아들은 타인이나 타인과 함께 하는 것에 대한 전상징적 표상(presymbolic representations)을 형성한다. 그들은 타인의 마음 상태에 참여할 수 있다. 간략히 말하면 상호주관성의 초기형태가 존재한다는 것이다.

거울 신경세포나 적응형 진동자(adaptive oscillators)에 관한 실험은 윤리적 이유들로 이 시기의 유아를 대상으로는 아직까지 이루어지지 못했다. 그러나 이런 진동자, 또는 이와 비슷한 것들에 대한 실험은 꼭 필요하다.

대략 7개월에서 9개월 이후에는 장면이 조금 변한다. 유아는 보다 정교한 방식의 상호주관성을 사용할 수 있게 되는데, 트레바텐과 허블리(1978)는 이것을 "이차적 상호주관성"이라고 불렀다(Stern, 2000의 새로운 서론도 참조하라). 이차적 상호주관성의 방식들 또한 말과 상징을 사용하기 전 단계의 유아들에게서도 발견된다. 이때부터 목표지향적인 의도, 주의집중, 감정, 기호의 평가에 대한 집중을 포함하여 앞서 말한 것과 같이 행동경험이라는 정신적 상태를 공유할 수 있게 된다. 이런 각각은 부분적으로 상호주관성의 별개의 영역이다. 다른 사람의 감정에 참여하는 것은 하나의 영역에 불과하다. 유아가 "다른 사람을 지나쳐서" 대상에 도달하기 위해 주의에 집중을 나누는 상황에서는 더 많은 작업들이 이루어진다. 이것은 상징화와 언어를 위해 필수적인 상호주관성에 대한 보다 인지적인 측면이다(참조. Hobson, 2002).

우리의 관심은 상호주관성의 느낌/경험의 영역에 치중되어 있다. 이 영역에서 의도를 읽는 것은 특별한 의미를 갖는데, 의도는 임상적으로 우리의 관심을 끄는 가장 흥미로운 상호주관성의 방식에서 핵심이 되기 때문이다. 미리 요약하자면 이 논쟁은 의도를 읽는 능력이 매우 초기 유아기부터 나타난다는 것이다.

동기를 지닌 인간의 활동에 대한 모든 관점들의 핵심은 의도이다. 어떤 심리적 요인들은 밀고 당기고, 활성화시키거나 어떻게든 움직임이 나타나도록 할 필요가 있다. 의도는 다양한 모습으로 가장하여 나타난다. 민속심리학에서는 저널리즘과 가십을 예로 사용하여 이야기를 끌고 가는 것을 동기－왜?－라고 본다. 정신분석학에서는 이것을 소원 또는 욕망이라고 본다. 동물행동학(ethology)에서는 이것을 활성화된 동기라고 한다. 인공두뇌학(cybernetics)에서는 그것이 목적이고 그것의 가치이다. 이야기이론에서는 이것이 욕망, 신념, 목표, 동기 혹은 문젯거리가 될 수도 있다. 의도는 어떤 형태이든지, 완전한 상태이든지 그렇지 않든지 간에 항상 존재하며 우리를 행동, 이야기 또는 정신을 향해 움직이게 하는 엔진과 같은 역할을 한다.

우리는 인간 세계를 의도의 관점으로 바라본다. 그리고 우리는 우리 자신의 의도의 관점에서 행동한다. 당신은 다른 사람들의 동기나 의도를 읽거나 추론 하지 않고서는 그들과 기능적으로 함께 할 수 없다. 의도를 읽거나 파악하는 것은 우리가 어떻게 반응하고 행동을 취할지를 결정하게 하는 기본적인 요인이다. 인간의 행동을 통해 의도를 추론하는 것은 보편성을 띤다고 보여진다. 이것이 원시정신(mental primitive)이다. 이것은 우리가 주위 사람들을 분석하고 해석하는 방법이다. 다른 사람의 의도를 전혀 추론하지 못하거나 아예 그럴 마음이 없는 사람이 있다면, 그 사람은 인간적 도리를 벗어난 행동을 할 것이다. 자폐증 환자들이 이러한 상태에 있다고 추정된다.

원시정신활동의 하나로써 의도에 따라 다른 사람의 행동을 분석하는 것에 무게를 두는 데에는 또 다른 이유가 있다. 그것은 인간의 행동 속에서 의도를 지각하고 추론하는 것이 인생의 매우 초기단계부터 시작되기 때문이다. 멜초프(1995; Meltzoff, Moore, 1999)는 말을 시작하기 전 단계의 유아들이 어떤 사람의 행동의 의도를 완전히 파악한 두 가지 상황을 설명했는데, 이것은 심지어 의도가 완전히 달성되지 못해 유아가 의도의 결과로서의 행동을 보지 못한 상황이었다. 이런 상황에서 의도를 파악하기 위해서는 추론이 필요하다.

한 실험에서, 말하기 전 단계의 유아는 실험자가 어떤 물건을 용기 안에 넣으려고 “시도” 하는 것을 보았다. 하지만 실험자가 도중에 물건을 떨어뜨렸고 의도했던 목표가 달성되지 못했다. 나중에 유아가 다시 이 실험실로 돌아와 같은 상황에서 같은 물건을 받았을 때, 유아는 물건을 들어 바로 용기에 집어넣었다. 다른 말로 하자면, 이 유아는 자신이 본 대로가 아니라 추정한 의도대로 행동한 것이다. 이 유아는 자신이 본 실제 행동이 아니라 보지 못한, 추정된 의도를 행동화 한 것이다.

다른 실험에서는 말하기 전 단계의 유아가 실험자가 마치 아령처럼 생긴 물건의 손잡이를 떼어 내려는 것처럼 하다가 결국 성공하지 못한 장면을 지켜보았다. 나중에 유아에게 그 물건을 주었을 때(지연모방실험), 유아는 즉각적으로 손잡이를 잡아당겼다. 손잡이는 떨어졌고 유아는 만족한 것처럼 보였다. 하지만 만약 이 “실험자”를 로봇으로 대체하고 앞선 실험자와 똑같은 실패 행동을 보여주었다면 유아는 같은 기회가 주어지더라도 손잡이를 잡아당기려고 하지 않았을 것이다. 유아는 로봇이 아니라 오직 사람만이 추론하고 모방할 만한 의도를 갖고 있다고 추정하고 있는 것처럼 보인다.

브라텐(1998a, 1998b)은 상징을 사용하기 전 단계의 유아에게서 관찰 할 수 있는 앞서 언급한 발달적 증거들을 통합해 ***변화-중심의 참여***(*altero-centered participation*)라는 용어로 지칭하였다. 이 용어는 곧 유아기부터 보여 지는 상호주관성이 다른 사람의 경험을 함께 느끼고 참여 할 수 있도록 하는 선천적으로 갖고 태어나는 능력이라는 것을 의미한다. 그는 인간의 정신이 실제의 다른 사람은 물론 "가상의 타인"을 대면할 수 있도록 구조되어 있다고 주장한다. 그의 결론은 거울신경세포와 조절 가능한 진동자 저변에 있는 기제의 존재와 매우 잘 들어맞는다.

생후 9개월에서 12개월 사이의 유아에게서는 "사회적 참조(social referencing)"가 관찰된다(Emde, Sorce, 1983; Klinnert 외, 1983.) 이것에 대한 가장 일반적인 예시는 이제 막 걷다가 넘어지는 것을 배우고 있는 유아가 넘어졌을 때 그다지 아프지는 않지만 놀랐을 때 하는 행동이다. 유아는 무엇을 느껴야 하는지 "알기" 위해서 자기 엄마의 얼굴을 쳐다볼 것이다. 이때 만약 엄마의 얼굴에 공포나 걱정이 나타나면, 유아는 울음을 터뜨릴 것이다. 만약 엄마가 미소를 짓는다면, 아이는 아마 함께 웃을 것이다. 즉, 불확실하고 모호한 상황 속에서 타인이 드러낸 정서상태가 아이가 어떻게 느낄 지와 관련이 있는 것이다.

생후 18개월 이후, 아이가 말을 할 수 있게 되면 새로운 형태의 상호주관성이 재빨리 추가 된다(Astington, 1993). 유아가 스스로 행동하고, 느끼거나 무언가를 생각할 수 있게 되자마자 다른 사람의 행동과 느낌, 생각에 참여할 수 있게 될 것이다. 아이의 상호주관성의 폭은 이제 아이의 발달에 달려있다(여기에는 아직 답을 찾지 못한 흥미로운 질문이 있다. 과연 유아가 스스로 무언가를 할 수 있기 전에도 다른 사람의 경험에 참여할 수 있는가? 이것은 수용능력은 생산능력이 나타나기 이전에 나타난다는 발달규칙을 고려할 때 합당한 질문이다).

인지심리학에서는 몇 년이 지나서야 아동들이 다른 사람의 정신 상태를 표현하기 위해 필요한 좀 더 형식적 능력을 발달시키면서 좀 더 일반적인 "마음이론"을 획득한다고 추정한다. 아동의 마음 이론에 대한 몇 가지 다른 견해들은 현재 논의 중에 있다(예를 들면, Baron-Cohen, 1995; Gopnik, Meltzoff, 1997; Hobson, 2002; Leslie, 1987). 논쟁의 주요 쟁점은 어디까지가 타인의 마음을 표현할 수 있는 형식적 인지과 정인지와 다른 사람의 경험에 직접적인 감정의 접근이 가능하도록 하는 공명과 시뮬레이션이 어디까지인가이다. 의심할 바 없이 발달이 진행됨에 따라 각각 서로를 강화할 수 있다. 하지만 어떠한 기제를 통해서도 공명 없이는 상호주관성의 어떠한 기본적인 토대도 상상할 수가 없다. 최근의 분석에서 보았듯이 공명은 인지가 아니라 느낌에 관한 것이다(참조. Widlocher, 1996).

여기서 언급할 만한 가치가 있는 두 가지의 요점이 더 있다. 이자적(dyadic) 상호주관성은 다른 사람의 마음에 대한 어떤 반복적 관여나 표상을 요구한다. 마음이론은 최소한 유아기 이후의 이런 논의에 도움이 될 것이다. 예를 들면, 일방향 상호주관성("난 알아/ 당신을 느껴…")에서는 마음이론이 필요하지 않을 지도 모른다. 그러나 양방향 상호주관성("나는 내가 아는 것을 당신이 알고 있다는 것을 알아요" 또는 "나는 내가 느끼는 것을 당신이 느끼고 있다는 것을 느껴요")에 있어 필수적인 상호주관적 반복은 나중에 발달될 때 마음 이론에 의해 크게 향상될 수 있다.

간략히 말해, 발달적 증거들은 유아가 출생과 함께 상호주관성의 체계 안으로 들어간다는 것을 보여준다. 이것은 상호주관성의 기초적인 형태들이 바로 나타나는 것을 볼 때 확신을 준다. 새로운 능력이 발달되고 새로운 것을 경험하게 됨에 따라 유아는 스스로 개체발생(ontogenesis)하는 상호주관성의 체계 속으로 들어간다. 이 체계의 크기와 복잡성은 급격하게 확장되는데, 유아가 아직 상징과 말을 사용하지 못하는 생후 1년 동안에도 확장한다. 그리고 유아가 생후 2년이 되고 새로운 경험들, 곧 언어를 사용할 수 있게 되고, 수치, 죄책감, 부끄러움과 같은 "도덕적인" 감정들을 느낄 수 있게 되면서 이러한 경험들은 이제 유아가 자신 스스로와 다른 사람 안에서 경험하는 것으로써 상호주관성 체계 속으로 끌려 들어간다. 아동기에는 좀 더 발달된 인지적 능력의 출현과 함께 상호주관성도 더욱 다양하게 확장된다. 그리고 다시 각각의 인생의 발달 단계에서 상호주관성의 체계는 더 깊어지고 풍성하게 성장한다.

몇몇 임상질환들을 여기에 추가해 살펴볼 수 있다. 자폐증을 앓는 사람들이 경험하는 세상은 계속해서 우리를 놀라게 한다. 자폐증에 걸린 사람들이 매우 낯설기는 하지만 우리가 그들에게 매력을 느끼며 주의를 기울이고, 그들을 이해하려는 열망을 갖는 이유는 그들이 완벽한 인간처럼 보이지만, 인간다움에 대한 우리 기대의 상당부분을 무너뜨리기 때문이다. 그들은 우리에게 익숙한 상호주관성의 체계 밖에서 살고 있는 것 같다. 이 상태에 대한 몇 가지 감동적인 이야기들이 있다. 올리버 색스의 소개와 함께 템플 그랜딘(1995)의 자전적 묘사와 같은 몇몇의 이야기들은 자폐스펙트럼의 고기능성의 범주에 속하는 아스퍼거 증후군을 가진 성인들에 대한 이야기이다. 이런 설명들은 가장 효과적인 예시가 되는데, 아스퍼거 증후군에 대한 임상 사례들이 전반적 발달장애를 어느 정도 갖고 있기는 하지만, 다른 자폐증상의 환자들에게서 보이는 병리적 증상이나 정상생활이 불가능한 장애를 덜 보이기 때문이다.

다른 설명들은 다양한 형태의 자폐증을 갖고 있는 아동들에게 좀 더 초점을 두고 있다(참조. Baron-Cohen 외, 1995; Happé, 1998; Hobson, 1993; Nadel, Butterworth, 1999). 여기에서도 예외 없이 자폐 아동들이 눈 맞추기를 피하는 것(다른 사람의 상호주관성을 향하는 창문), 자폐 아동들의 신체적, 심리적 대인 접촉에 대한 상대적인 무반응(relative unresponsiveness), 그리고 언어적 또는 비언어적(도구적 방법은 제외) 소통에 대한 무능력 또는 무관심이 항상 언급된다. 마지막 특징을 고려하여 예시를 들려고 한다. 생후 1년이 다 되어가는 유아들은 손가락으로 가리키기를 시작하는데, 가리키기는 두 가지로 구분할 수 있다. 무언가를 얻기 위한 것과 흥미롭거나 신기한 것을 보여주기 위한 가리킴이다. 두 번째 가리킴만이 다른 사람과 동일한 경험을 나누려는 의도성을 지닌 것으로 볼 수 있기 때문에 상호주관적이다. 어떤 자폐아동들도 가리키기를 하지만, 보통 그들이 원하는 것을 얻기 위해서이고, 경험을 나누기 위한 것은 굉장히 드물다.

자폐증상을 가진 사람들의 가장 놀라운 점은 그들이 상호주관적 모체 안에 들어와 있지 않다는 것이다. 이들은 "마음 읽기"에 실패를 한 것 같다. 여기에 더해 어떤 사람들은 그들이 마치 다른 사람의 행동이나 마음을 읽는 것이 전혀 흥미롭지도 않고 불가능한 일인 것처럼 행동하며 다른 사람의 행동이나 마음읽기보다 움직이지도 않는 물체에 더 관심을 쏟는 듯한 인상을 받았다고 한다. 프랜시스 터스틴(1990)과 같은 어떤 사람들은 다른 사람에 대한 이들의 이런 "무관심"과 부주의가 방어적이며, 사람으로부터 받는 자극에 대해 고통스러울 정도로 취약하기 때문에 스스로를 보호하기 위한 것이라고 주장한다. 이 설명이 어떤 사례에서는 전체적으로, 다른 사례에서는 부분적으로 옳다고 해도 그 결과는 동일하다. 인간 세상은 그들에게 있어 특별히 여겨지지도, "그들과 같다고" 여겨지지도 않는다.

자폐증을 가진 사람들은 상호주관성에 있어 굉장한 실패경향을 보인다. 그들은 "마음의 장님"처럼 보인다. 이로 인해 자폐증 환자들은 자주 기이한 행동을 하거나 "다른 세상"에서 온 것처럼 보이는데, 색스는 템플 그랜딘을 묘사할 때 그녀를 둘러싼 다른 인류를 이해하기 위해 애쓰는 "화성에서 온 인류학자"라는 표현을 쓰기도 했다.[4] 그녀는 자기 전문분야의 박사학위를 소지한 세계적으로 유명한 인물로서 지적장애는 전혀 갖고 있지 않다. 그러나 그녀는 다른 사람이 배가 고픈지, 목이 마른지 물어보는 것을 잊지 않도록 노력해야만 하는데, 그것은 그녀가 이것을 직접적, 공감적으로 알 수 없고, 주어진 상황에 대한 논리적 가능성을 고려해야만 알 수 있기 때문이다. 사람들 사이의 일상 가운데 그녀를 가장 혼란스럽게 하는 것 중 하나는 아이들이 노는 것을 바라보는 것이다. 그녀는 무엇 때문에 아이들이 갑자기 모두 웃거나 싸우는지를 이해하지 못한다. 그녀는 친밀한 사회적 우정관계를 갖지 못한다. 이런 관계들은 그녀에게 너무나도 복잡하며 이해할 수 없는 것이다.

브라텐(1998b)은 이 점에 대한 이해를 돕는 임상적 일화를 소개했다. 엄마가 두 손을 들고 손바닥을 아이를 향하게 했을 때, 정상적인 그녀의 아이는 자신의 두 손을 똑같이 들어 엄마와 손을 맞댈 것이다(상대방 손바닥치기 놀이의 전 단계). 이것이 모방인가? 아이가 엄마의 행동을 했다는 점에서는 모방이다. 그러나 아이는 엄마의 손등이 아니라 손바닥을 보고 있다. 아이는 왜 자신의 손등을 엄마의 손바닥에 대지 않을까? 그렇게 하면 엄마의 손바닥을 보는 것처럼 자신의 손바닥을 볼 수 있는데 말이다. 이것은 많은 자폐아동들이 취하는 행동이다. 정상아동은 엄마의 관점에서 보는 행동을 모방하며 엄마의 행동에 참여한다. 자폐아동들은 자신의 관점에서의 행동을 모방하며 엄마의 경험에 오직 부분적으로만 참여한다.

---

4) 템플 그랜딘은 어릴 적부터 자폐증을 지닌 동물학자로 일리노이대학교에서 동물학 박사학위를 취득했다. 자신의 의지와 노력으로 자폐증을 이겨내고 자신의 꿈을 펼쳐나간 멋진 여성으로 현재 비학대적인 가축시설의 설계자이며 콜로라도 주립대학의 교수이며, 2010년 미국 타임지 세계에서 가장 영향력 있는 100인에 선정되기도 했다. 역자 주.

자폐증 그 자체는 상호주관성 체계의 근거가 되지는 않는다. 그러나 상호주관성의 체계 속에서 살지 않는 사람의 모습이 우리가 일반적으로 살아가고 있는 체계에 대한 관점을 주는 것은 사실이다. 이 체계는 산소와 같다. 우리는 그 존재를 인식하지는 못하지만 항상 숨을 쉬고 있다. 자폐증을 마주할 때, 우리는 마치 산소가 없는 세상을 경험하는 것과 같은 충격을 받는다.

역사적으로, 과학적으로 서구사회의 관점을 지향하는 우리 현대인들은 마음을 육체로부터, 본성(nature)으로부터, 다른 사람들의 마음으로부터 고립시켜왔다. 우리의 육체, 본성, 다른 사람의 마음에 관한 우리의 경험은 개인적으로 구조화되어야하며 우리 각자의 마음속에서 독특한 자기만의 구조를 이루어야한다. 최근까지도 이 관점이 지배적이었고 철학자들을 제외하고는 대개 이 관점을 받아 들여왔다.

우리는 이제 혁명을 경험하고 있다. 이 혁명은 많은 부분 현상학적 철학자 에드문트 훗설(1913, 1930a, 1930b, 1931, 1964)의 연구로부터 영감을 얻었다. 현상학적 접근은 현대 철학자들에 의해 새로운 활력을 얻으면서, 몇몇 과학자들의 협력으로 점점 많은 지지를 얻어가고 있는 인간 본성에 대한 현대의 대안적인 관점이 되고 있다(참조, Damasio, 1994, 1999; Freeman, 1999; Sheets-Johnstone, 1999; Stern, 2004; Thompson, 2001; Varela, 1996).

이 새로운 관점에서 인간의 정신은 항상 감각운동 활동으로 체화(embodied) 되고 가능해지며, 인간이 즉각적으로 둘러싸이게 되는 물리적 환경에 의해 공동 창조되고 뒤섞이며 다른 사람들의 마음과의 상호작용 방식을 통해 구성되는 것이라고 추정한다. 마음은 이러한 개방된 교통(traffic)으로부터 그 형태와 본성을 획득하고 유지한다. 마음은 다른 사람의 마음을 포함한 환경과 내재적 자기조직화된 뇌 과정과의 지속적인 상호작용을 통해서만 나타나고 존재할 수 있다. 이러한 지속적인 상호작용이 없다면 어떠한 마음도 우리는 알아챌 수 없을 것이다.

이 "체화된 인지(embodied cognition)"라는 현상학적 관점이 갖는 결론 중 하나는 마음이 부분적으로 다른 마음들과의 상호작용을 통해 구성되기 때문에 본질적으로 "상호주관적으로 개방" 되어 있다는 것이다(Husserl, 1931; Thompson, 2001; Zahavi, 2001). 이것이 의미하는 것은 인간이 "수동적(자발적이 아닌)이고, 상대가 된 것 같이 체화된 상대에 대한 사전 숙고된 경험" 으로 묘사되는 원시정신을 갖고 있다는 것이다(Thompson, 2001, 12).

신경생물학적으로 말하자면, 상호주관적 개방성의 이 사전 경험은 오래가지 않아 발견되는 거울 신경세포, 적응형 진동자, 그리고 다른 비슷한 과정과 같은 기제로부터 나타나는 것처럼 보일 수 있다. 하지만 경험적 수준에서 보자면, 이 상호주관적 개방성은 아주 초기 유아기에서 볼 수 있는 초기 상호주관성(동시성, 모방, 조율)과 더 나중에 관찰되는 이차적 상호주관성("진정한" 공감과 같은)의 발현을 위한 조건들을 형성한다. 우리는 스테인 브라텐(1988b)이 유아는 본성적으로 "가상의 타인들(virtual others)"과 대면하도록 창조되었다고 쓴 것이 이러한 관점에 의한 것이라고 믿는다. 우리는 인간됨의 조건인 상호주관성의 체계로 들어가기 전에 미리 준비되는 것이다.

심리치료 과정에 대한 논의는 언제나 앞서 말한 전제들을 고려해야만 한다. 상호주관성의 체계는 치료적 관계가 형성되는 심리학적 맥락을 정의한다. 전이와 역전이는 지속적 과정의 단지 특별한 경우일 뿐이다. 이 상황에서 한 사람 심리학이라는 것은 생각조차 할 수 없다.

상호주관성으로의 변화가 정신분석에 미치는 몇 가지 영향

치료과정의 개념과 특성

한 사람 심리학에서 두 사람 심리학으로의 변화에 관한 평론들은 앞서 언급한 작업들을 통해 가속화되었다. 인간의 마음이 다른 사람의 마음과 교통하는 환경 속에서 발달할 뿐 아니라 지속된다는 것이 이제는 명백해졌다. 위니캇의 말을 다르게 표현해서 말하자면, 단일한 마음이라는 것은 존재할 수 없다. 그리고 정신분석 치료에서 "객관적으로" 자신의 마음을 아는 사람은 없다고 한 것은 현대 정신분석에서도 받아들여지고 있다. 이런 자각으로부터 상호주관성과 관계적 정신분석학에 관한 학파가 출현했다. 더욱 흥미롭고 급진적인 상호주관론자들 중의 한 분파는 정신분석 회기를 정신분석의 실제 주제인 상호주관적 현상들을 공동 창조하는 두 주관성들 사이의 상호작용으로 본다. 이 현상들은 다른 방법들로 설명되어 왔었다. 이 현상들은 아론(1999)

의 정신분석적 대상(psychoanalytic object), 벤자민(2004)의 정신분석적 "제3자", 보스톤변화과정연구회(2002, 2005a)의 창발성(emergent properties)과 유사하다. 창발성이란 개념은 (역동적 체계이론의 영감을 받았을 뿐 아니라) 유아와 그 부모를 관찰한 것을 토대로 함께 만들어졌다. 부모와 유아의 놀이에 있어 경이로운 것 중 하나는, 계획적이지 않지만 어떠한 구조화된 틀 안에서 둘이 상호작용하는 동안에 양쪽의 정서상태가 드러나고, 사라지고, 강해지며 일련의 순서를 따라 진행되는 것을 볼 수 있다는 것이다. 주목할 만한 또 하나의 특징은 상호주관성 상태에서 일어나는 각각의 변화들은 대체로 예상이 불가능하다는 것이다. 이것은 분석가가 분석 회기 중에 있을 때 존재하는 불가측성과 유사한 것으로 밝혀졌다. 분석가는 환자가, 심지어 자기 자신도 다음에 무슨 말을 하게 될지 확실하게 알지 못한다. 회기가 끝난 후에 분석가가 그 시간을 돌아보면 회기의 흐름이 일관적이고 불가피하기까지 했다는 것을 알게 된다. 하지만 회기가 진행되는 동안(즉, 공동 창조되는 동안)에는, 그것의 즉각적 흐름은 예측할 수가 없다.

이런 상황은 궁금증을 유발한다. 회기가 종료 된 후 되짚어보면, 회기의 진행이 선형적이고 인과적으로 보인다. 그러나 분석가가 ***회기 중에 있을 때***는 과정의 대부분이 예측 불가능하고, 선형인과모델로는 그 과정을 묘사하거나 설명할 수 없다. 오히려 높은 강도의 복잡성이나 불가측성을 다룰 수 있는 역동체계이론을 따른 모델이 필요하다. 상호주관성으로의 변화는 또 다른 묘사의 모델을 요구한다. 현실적으로는 두 모델의 혼합이 필요할지도 모른다. 회기 과정의 해석은 선형인과모델로 적당히 묘사할 수 있지만, 어떤 과정을 묘사하기 위해서는 역동체계모델이 반드시 필요하다. 이 모든 것은 상호주관적 과정의 자발적이고 즉각적인 공동창조성 때문에 필수적이다.

이 회기의 진행 과정에서의 이런 관점은 치료자에게 필수적일 뿐 아니라 정신분석에 대해 배우는 입문자들에게도 굉장히 유용할 것이다.

자기/ 타자의 구별

어느 정도의 자기와 타자의 구별이 없다면 상호주관성은 존재할 수 없다. 모방은 두 주관성이 있어야 가능하다. 그러나 우리는 이것을 신생아에게서도 볼 수 있다. 매우 초기의 자기와 타인의 구별은 유아가 개체를 특징짓는 동시성, 일관성, 지속성과 의지와 의지의 결과를 확인할 수 있다는 증거를 기반으로 본질적으로는 출생 때부터 가능한 것으로 보고 있다(Stern, 1985). 이 모든 것을 자아가 행동하고 경험할 때는 타인이 그러할 때와 다르다. 이것은 구성주의자들의 접근으로써, 타자와 자기를 구별하는 다양한 조각들이 확립된 후, 유아가 명백하게 지각하는 핵심자아의 감각 속에서 통합된다는 것이다. 철학자들(Zahavi, 1999)은 좀 더 포괄적인 접근을 하는데, 간략히 말하자면 자신이 자신의 심적 단계, 또는 자신의 감각운동 경험의 체험자라는 것을 느끼는 것이 인간 조건의 한 부분이라는 것이다. 미래의 신경과학은 아마 대부분이 현재 연구자들이 공유하고 있는 이 같은 포괄적인 관점을 지지할 것이다.

이 관점은 외부세계, 특히 사람들을 인식하고 손을 뻗치는 신생아에 대한 모든 증거들과 함께 말러가 "정상적 자폐"(Mahler 외, 1975)나 생애 초기에 나타나는 배타적이고 자기애적인 몰두에 대해 답을 찾을 수 없는 문제를 제기한다. 이것은 또한 "정상적 공생"의 후속단계에 대한 의문을 던진다. 만약 이 두 단계가 더 이상 옹호될 수 없다면 분리−개별화 단계의 필요성은 해결되지 못할 것이다.

현재의 관점에서, 자기와 타자에 대한 개념은 생애 시작부터 형성되며 불가피하게 서로를 통해 구별이 가능한 것으로 볼 수 있다. 다른 말로 하자면, 애착/ "함께 함"과 분리/개별화는 평생에 걸쳐 지속적이고 동시적으로 일어나는 평행선과 같은 과업이라고 할 수 있다. 각각은 새로운 능력을 갖게 되었을 때 발달적인 도약을 필요로 하는 민감한 시기였을 것이다. 하지만 그 자체로는 단계를 형성하지 않는다.

일반적인 시기와 단계

전통적 자기/ 타자 구별 단계에 이의를 제기한 유아기 연구로 인해 발생된 문제는 프로이트의 발달과 정신병리에 있어 핵심적인 유아의 심리성적발달단계에 대해서도 유사한 문제를 발생시켰다(Freud, 1905, 1915, 1917−17). 프로이트의 유아기 성에 관한 이론이 발표된 지 백년이 흐른 지금까지 유아에 관한 체계적인 관찰과 실험을 통해서도 이러한 단계를 지지할 확정적인 증거는 발견되지 않았다. 그리고 신체의 한 부위에 집중되어 있다 다른 부위로 이동하는 심리 에너지에 대한 개념은 전반적으로 사장되었다. 이것은 구강애(orality), 항문애(anality) 같은 것이 앞으로 임상적으로 존재하지 않을 것이라고 말하는 것이 아니다. 이러한 특성들은 아동이나 성인, 어떠한 연령에서든지 각기 다른 정신 병리와 성격의 형태로 분명하게 관찰된다. 하지만 이러한 특성들이 심리 에너지의 양에 의해 잠잠해지거나 두드러진다든지 또는 트라우마나 왜곡에 대해 더 취약한 특정 발달시기가 있는 것은 아니다. 고착이나 퇴행의 자연적 시기가 미리 설계된 것은 아니기 때문에 유아기 성에 대한 관점이 심리성적발달단계에 적용되면서 본질적으로 그 기반을 고착과 퇴행의 발병모델로부터 분리시켜 버렸다. 그렇기는 하지만, 트라우마를 어떤 발달상의 나이에서 경험하든지 고착/ 퇴행이 일어날 수 있다. 일반적인 규칙으로는 트라우마를 어릴 때 겪을수록, 그것의 영향력은 더 크다. 하지만 프로이트가 본래 주장한 정밀한 발달적 특수성은 어디에서도 찾아볼 수 없다.

초기 구강 활동은 이런 면에서 좋은 예이다. 생후 한 달간은 무수한 구강 행동들을 관찰할 수 있다. 프로이트가 이를 단계화 한 이론은 많은 사람들로 하여금(수 십 년 동안) 유아들이 시각과 청각 또한 동시적으로 무수히 사용하면서 세상을 탐험하고 있다는 것을 알지 못하도록 눈을 멀게 했다. 에릭 에릭슨은 1978년(현재는 세계유아정신건강협회의 첫 번째 모임에서) 회의를 준비하면서 오랜만에 몇몇의 신생아들과 어린 유아들을 관찰하기로 했었다고 했다. 그리고 그에게 충격적이었던 사실은 그가 1950년대에 관찰했던 것과는 달리 유아들이 얼마나 맹렬하게 그들의 눈으로 세상을 먹어치우는가 하는 것이었다.

좀 더 최근에는 "구강애"에 대한 완전히 다른 방향의 견해가 제기됐다. 멜초프와 그의 동료들은 앞서 언급했듯이 유아들이 움직이지 않는 물체에 대해 알고자 할 때, 그것을 입으로 물어보거나 이리저리 만져본다고 하였다. 유아가 사람들에 대해 알고자 할 때는 실제로 그들을 모방하거나 거울 신경세포 활동을 통해 가상으로 모방을 한다고 주장했다(Meltzoff, Moore, 1999). 이제 인간에 대해 배우기 위해 하는 모방의 범위가 엄청나게 확장되었다(참조. Gallese, 2001; Nadel, Butterworth, 1999; Reddy, 2002).

오늘날 많은 정신분석가들은 지금 우리가 과거의 논쟁을 하고 있다고 할 것이다. 일부분은 그럴 것이라고 생각한다. 정신분석의 본래 이론들이 이미 구식이 되긴 했지만 그 기초적 개념이 더 이상 인정되지 않더라도 임상적으로 계속 사용되고 회자되고 있기 때문이다. 간략히 말해 이 이론들은 겉으로 드러나지는 않지만 근본적인, 그러나 (재)검토되지 않은 개념으로 남아있다.

암묵적 비의식과 역동적 무의식

일반적인 유아 연구와 특정한 애착 연구로 얻은 의미 있는 결론 중 하나가 암묵적 지식의 개념을 넓히는 것에 기여해왔다. 유아는 언어와 상징을 사용할 수 있게 되는 명시적 영역까지 성장하기 훨씬 이전부터 복잡한 사회적, 정서적 상황들에 대한 표상을 기억하고 형성할 수 있다는 사실이 발견되었다. 그래서 암묵적 관계적 지식(implicit relational knowing)이 "절차적" 지식의 감각운동적인 핵심을 완전히 넘어선다는 사실이 명백해졌다.

보스톤변화과정연구회(2005)에서 우리는 마음과 뇌 기능에 대한 현대 과학의 관점을 지지하면서 암묵적인 관계적 지식이 언어에 기반 하는 명시적 지식으로 인한 표상과는 별도의 형식을 갖는다는 이론을 발전시켰다. 암묵적인 관계적 지식은 언어의 습득으로 인해 변하지 않으며, 언어 습득 후 언어의 형태로 변환되는 것도 아니라는 것이다. 이것은 명시적인 의미론적 지식과 마찬가지로 평생에 걸쳐 발달하는 표상된 경험의 구별된 영역이다. 암묵적인 관계적 지식은 관계적인 행동에 대한 기대에만 국한되지 않고 그 행동과 연결된 감정과 의도에 대한 단서까지 포함한다. 암묵적 지식이 얼마나 풍성한지를 발견한 것은 지난 수 십 년간의 유아 관찰을 통해 얻은 가장 중요한 업적이다. 이러한 발견들은 암묵적인 관계적 지식이 과거를 현재로 가져오는 데 필요한 하나의 도구라는 사실을 명백히 한다. 암묵적인 관계적 지식은 오직 과거만을 표현(개인적 경험으로써)할 수 있는데 현재의 순간은 지금 그 사람의 반응을 형성하는 과거의 모든 것을 포함하고 있다(참조. Stern, 2004).

분석가들은 가장 중요한 수준의 정신역동적 의미가 비상징적 과정을 통해 전달되고 활성화되며, 표현될 수 있다는 가능성을 반드시 고려해야한다. 이런 주장이 초래하는 혼란은 아마도 의미가 상징을 통해서만 전달될 수 있다는 믿음에서 기인할 것이다. 마이클 바쉬(1975)는 ***의미***를 "행동에 대한 기질적 영향"이라고 정의했다. 이 정의는 명시적, 암묵적 의미 모두에 적용되지만, 특별히 의미의 암묵적 형식에 대한 좋은 설명이다.

관계적으로 새겨진(imbedded) 의미는 경험 중에 빠르게 오고가는 정서적 의사소통을 통해 교환되며, 이는 가장 근본적인 자신의 방향성(directions)을 결정하고, 이 방향성은 정신분석에 있어 핵심이다. 그러므로 우리는 각각의 인간이 다른 사람과 공유하는 기호학적 체계(semiotic system)의 매개를 통해서 의미를 찾는다는 생각에 반대한다.

기호학적 체계의 중요성에는 의심의 여지가 없지만, 그것은 서로와 세상을 향한 의도적 지향과 정서를 공유하는 것으로 시작되는 훨씬 더 포괄적인 상호주관적 모체의 한 부분에 불과하며, 이 지향을 공유하는 것은 대인관계적인 교류와 의미의 생성에 있어 핵심이 된다. 우리는 의미(그리고 매개)를 의미론적인 의미에 근간을 둔 것이 정신분석적 사고에 있어 계속 되어온 근본적 오류라고 믿는다. 언어와 사고의 추상적 형태는 의미를 표시하고 만들어내는 초기 방식으로 이해되었지만 이러한 초기 방식들은 상징적이지도, 상징으로 대체되지도 않는다. 유아가 이미 생물학적으로 상징을 사용할 수 있는 능력을 발달시킬 수 있다고 해도, 대부분의 인지 및 신경과학 논문들은 유아가 정교한 사고를 할 수 있게 될 것이라는 일반적인 기대감 뿐 아니라 여러 다른 사물의 모형을 통해 얻는 반복적인 경험으로부터 나타나는 일반적인 통각적 원형도 궁극적인 상징적 표상과 동일시 될 수 없다는 주장을 지지한다.

그리하여 우리는 풍성하고 구별된 일련의 경험들이 기억되고 기대되는 것이 상징적 또는 원형적 상징(protosymbolic) 과정들을 통해서 가능하다는 의견에 동의하지 않을 것이다. 대신, 상징적 기능에 관여하는 과정과는 구별된 인지적, 통각적 능력에 따른 과정과 관련되어 있다는 사실을 지지한다(Sabbagh, 2004, 타인의 사고와 감정을 표현할 때 두 곳의 신경체가 관여한다). 더욱이 상징화 기능은 생후 1년 6개월이 되기 전까지는 사용할 수가 없다. 이것이 유아가 생각하지 않는다는 것을 의미하지 않는다. 생각과 상징의 사용은 동의어도 아니고 동형도 아니라는 뜻이다.

암묵적 지식이 정신분석에 주는 의미

암묵적인 지식의 범위

암묵적 영역의 범위와 중요성 때문에 무의식의 공간에 대한 조정이 반드시 필요하다. 지형학적으로 생각한 무의식의 전체 영역을 ***비의식***(nonconscious)이라고 불러 보자. 이 비의식은 임상적, 이론적 목적으로 인해 다음의 세 영역으로 나누어질 수 있다: a) ***역동적 무의식***, 방어로 인해 의식하지 못하는 영역이다. b) ***전의식***, 주의를 기울임에 따라 의식하지 못하기도 하고 의식할 수도 있는 영역이다. c) ***암묵적 영역***, 비상징적, 비언어적인 다른 체계 속에 자리 잡고 있기 때문에 의식적이지 않지만 억압되어 있지는 않다.

암묵적 영역에는 유아가 생후 18개월이 되기 전까지 배운 인간관계에 대한 모든 것들이 담겨져 있다. 이 기본적인 관계에 대한 지식들은 누군가를 쳐다볼 때 눈을 어떻게 해야 하는지, 얼굴 표정을 어떻게 미묘하게 바꾸고 지어야하는지, 다른 사람들의 표정을 어떻게 읽을 것인지, 다른 사람의 목소리 톤을 어떻게 해석하고 상황에 맞게 자신의 목소리 톤을 조절 할 것인지, 어떤 정서가 적절하고 그러한 정서들을 어떻게 느낄 것인지, 다른 사람과 관계할 때 머리와 몸의 방향을 어떻게 하는지, 어떤 관계인지에 따라 어떻게 다르게 행동할 것인지, 가족들끼리 하는 일요일 저녁 식사는 어떤 모습인지, 할머니와 있을 때, 삼촌과 있을 때는 어떻게 해야 하는지 등에 관한 것들이다. 암묵적 지식의 이러한 자원은 생후 18개월 이후부터 계속해서 성장하고 풍성해지며 더 세밀해지고 유연해지는데, 평생에 걸쳐 이러한 발달을 이루어간다. 이것은 우리의 비의식의 굉장히 큰 부분을 차지하고 있다. 환자가 상담실로 걸어 들어오는 순간 이것이 작동한다. 이것이 전이의 발현을 이끄는데, 사실 이것이 전이의 생성을 돕는다.

암묵적 영역의 정신역동적 자료

보스톤변화과정연구회(출판예정)는 방대하고 임상적으로도 중요한 의미를 갖는 비의식의 부분으로서 암묵적 영역에 대한 큰 관심을 일으키기 위해 노력하고 있으며, "정신역동"의 얼마나 많은 부분이 비의식인지 강조하고 있는데 그 이유는 정신역동이 억압되어 있어서가 아니라 암묵적으로 조직화되어 있기 때문이다. 이전 논문에서 우리가 자세히 살펴 본 것처럼(Lyons-Ruth, 1999), 애착의 욕구를 둘러싼 유아의 방어적 행동은 우리가 감각운동 체계의 매개 이전에 이미 사용 가능한 암묵적(비반영적,

비상징적) 정서 과정에서 방어 과정이 시작한다는 사실에 대한 명백한 증거이다(초기 대화의 형식과 후에 분열성 과정의 관계에 대한 근거를 다룬 Lyons-Ruth, 2003와 Ogawa 외, 1997을 보라). 우리의 관점에서, 비갈등적 정서 교환과 이러한 교환에 속할 수 있는 좀 더 갈등적인 방어적 태도는 다른 사람들과의 생동감 있는 경험 중에 나타나는 암묵적 또는 절차적 형태에 근간을 두고 있다. 발달과 함께 증가된 언어적 교환이 다른 사람과의 상호작용의 일부가 된다. 하지만 이러한 상호작용을 지배하는 "규칙들"은 생애 초기부터 정서적 신호를 통해 조절되고 드물게 의식적 언어기술의 수준을 형성하기도 한다. 대신에 그것들은 우리의 암묵적 관계의 이해의 한 부분으로 남는다. 상호작용에 대한 이러한 규칙들은 해당 관계에서의 정서적 관계성이 어떤 형태로는 공개되어 표출될 수 있고, 어떤 형태는 오직 "방어적" 방식으로, 즉 왜곡되고 대체된 방식으로 표현되어야 하는지에 대한 기대를 포함한다. 언어 사용을 규정하는 통사론과 마찬가지로, 우리는 이러한 규칙들을 언어로 묘사할 수 있기 훨씬 전인 매우 이른 생애 초기에 우리의 절차적 지식의 부분으로서 습득하고 사용하기 시작한다.

정리하자면, 역동적 무의식은 정신역동적 자료의 중요한 원천 중 하나일 뿐이다. 다른 하나는 바로 암묵적인 관계적 지식이다.

방어분석의 역할

정신분석의 몇몇 전통적 학파들은 방어 분석의 중요성에 집중해 왔다. 방어 분석이 역동적 무의식을 드러내는 데 필수적일 수 있지만, 그것은 암묵적 비의식을 의식으로 끌어내는 것에 있어서 적절한 방법은 아니다. 여기에는 다른 기술들이 필요한데 특히, 공감을 더욱 강조하는 기술들과 안아주는 환경의 조성이 필요하다. 비의식적 자료의 두 가지 형식이 한 환자에게서 필연적으로 모두 존재할 것이기 때문에, 어떤 비의식적 자료에 해당하고 그것을 어떻게 다룰지에 대한 어느 정도의 유연성과 판단력이 필요하다.

무엇이 "심오"하고, 무엇이 "피상적"인가

정신분석은 전통적으로 해석이 가능한 정신역동적 힘의 명시적이고 언어로 표현 가능한 의미를 더 중요시해왔다. 이 수준은 "심오한" 의미를 제공한다. "피상적"이거나 "표면적"인 수준은 암묵적이고 내재적 의미(침묵, 얼굴표정, 몸짓, 자세의 변화, 그리고 아주 중요한 정신 내적 공간을 재조정하는 암묵적 의미의 단어)를 지닌, 대수롭지 않은 부차적 행동 정도로만 여겨졌다. 비언어적이고 암묵적으로 의미하는 것들은 지엽적인 수준에서의 사례를 통해서 얻을 수 있는 심오한 수준의 발현 정도로만 여겨졌다.

우리의 관점(Boston Change Process Study Group, 출판예정)에서 정신분석에서의 이전 작업들이 의미의 심오한 수준에서 다루어야 할 것과 피상적으로 다루어야 할 것이 개념적으로 뒤바뀌었다고 생각한다. 가장 심오한 의미-모든 최신 의미의 형태들에서 그들이 의미하는 것까지-는 다른 사람들과의 주요한 발달단계의 욕구에서 맺고 있는 관계의 수준이며 이런 관계들은 기억의 암묵적이고 절차적 형태로 표현된다. 우리가 말하고자 하는 중심 의미는 전통적으로 "깊이 있고", "심오한 것"으로 여겨진 것과 "피상적"으로 여겨진 것이 뒤바뀌어야 한다는 것이다. 우리의 제안은 갈등, 방어, 그리고 무의식적 환상이 생생한 상호작용 중에 얻어지는 암묵적 지식으로부터 생겨난다는 것이다. 우리는 정신역동을 이해하기 위한 원재료, 기초를 제공하는 이 지엽적 수준이 분석가에 의해 암묵적으로 응답되고 해석될 수 있는 것이라고 생각한다. 바로 여기, 지엽적 수준에서 과거는 현재로 옮겨지게 된다. 언어로 설명될 수 있는 갈등, 방어 등의 개념은 암묵적으로 표현되는 상호작용에서 갈등과 방어의 생생한 경험으로부터 나오는 유용한 개념이다. 이러한 관점에서 이러한 개념들은 부차적이다. 이런 오해의 이유들 가운데 하나는 분석에서 한 사람이 이 문제에 대해 너무 많이 이야기해서, 명시적 현상은 본래의 암묵적 경험으로부터 나온다는 사실을 망각하도록 했기 때문이다.

비록 관계적인 교류들이 이전의 분석적 이론에서 의미의 표면적 수준으로 여겨졌을지라도, 이러한 수준의 행동적 표상은 그것들의 갈등요소, 방어, 그리고 정서적 저항을 포함하는 인간 경험의 가장 심오한 측면들을 나타낸다. 그러므로 이 수준은 더 이상 "표면적" 이거나 피상적이라고 여겨질 수 없다.

우리는 앞으로 유아연구가 지속적으로 이루어져서 정신분석에 도움이 될 수 있는 질문들을 계속해서 제기할 수 있기를 바란다.

참고문헌

Aron L: A Meeting of Minds: Mutuality in Psychoanalysis. Hillsdale, NJ, Analytic Press, 1996.

Aron L: Clinical choices and the relational matrix. Psychoanalytic Dialogues 9:1–30, 1999.

Astington JW: The Child's Discovery of the Mind. Cambridge, MA, Harvard University Press, 1993.

Baron-Cohen S: Mindblindness: An Essay on Autism and Theory of Mind. Cambridge, MA, MIT Press, 1995.

Basch M: Toward a theory that encompasses depression, in Depression and Human Existence. Edited by Anthony EJ, Benedek T. Boston, MA, Little, Brown, 1975, pp. 485–534.

Beebe B, Lachmann F: Infant Research and Adult Treatment: Co-constructing Interactions. Hillsdale, NJ, Analytic Press, 2002.

Beebe B, Knoblauch S, Rustin J, Sorter D: I. Introduction: a systems view. Symposium on intersubjectivity in infant research and its implications for adult treatment. Psychoanalytic Dialogues 13:743–776, 2003.

Benjamin J: Like Subjects, Love Objects. New Haven, CT, Yale University Press, 1995.

Benjamin J: Beyond doer and done to: an intersubjective view of thirdness. Psychoanal Q 73:5–46, 2004.

Blakemore S-J, Decety J: From the perception of action to the understanding of intention. Nat Rev Neurosci 2:561–567, 2001.

Boston Change Process Study Group: The "something more than interpretation": sloppiness and co—construction in the psychoanalytic encounter. Int J Psychoanal 83:1051—1062, 2002.

Boston Change Process Study Group: The "something more" than interpretation revisited: sloppiness and co-creativity in the psychoanalytic encounter. Report Number 4. J Am Psychoanal Assoc 53:693–729, 2005.

Boston Change Process Study Group: Response to reviewers of "The 'Something More' Than Interpretation: Revisited." J Am Psychoanal Assoc (in press).

Braten S: Infant learning by altero—centric participation: the reverse of egocentric observation in autism, in Intersubjective Communication and Emotion in Early Ontogeny. Edited by Braten S. Cambridge, UK, Cambridge University Press, 1998a.

Braten S (ed): Intersubjective Communication and Emotion in Early Ontogeny. Cambridge, UK, Cambridge University Press, 1998b.

Damasio A: Descartes' Error: Emotion, Reason, and the Human Brain. New York, Putnam, 1994.

Damasio A: The Feeling of What Happens: Body and Emotion in the Making of Consciousness. San Diego, CA, Harcourt, 1999. Ehrenberg DB: Psychoanalytic engagement: the transaction as primary data. Contemporary Psychoanalysis 10: 535–555, 1982.

Ehrenberg DB: The Intimate Edge. New York, WW Norton, 1992.

Emde RN, Sorce JE: The rewards of infancy: emotional availability and maternal referencing, in Frontiers of Infant Psychiatry, Vol 2. Edited by Call JD, alenson E, Tyson RL. New York, Basic Books, 1983, pp 17–30.

Freeman WJ: How Brains Make Up Their Minds. London, Weidenfeld and Nicholson, 1999.

Freud S: Three essays on the theory of sexuality (1905), in The Standard Edition of the Complete Psychological Works of Sigmund Freud [SE], Vol 7. Translated and edited by Strachey J. London, Hogarth Press, 1953, pp 159–168.

Freud S: Repression (1915). SE, 14:141–158, 1957.

Freud S: Introductory lectures on psychoanalysis (1916–17). SE, 15/16, 1961, 1963.

Gallese V: The "shared manifold" hypothesis: from mirror neurons to empathy. Journal of Consciousness Studies 8(5–7):33–50, 2001.

Gallese V, Goldman A: Mirror neurons and the simulation theory of mind reading. Trends Cogn Sci 2:493–501, 1998.

Gallese V, Fadiga L, Fogassi L, Rizzolatti G: Action recognition in the premotor cortex. Brain 119:593–609, 1996.

Gopnik A, Meltzoff AN: Words, Thoughts and Theories (Learning, Development, and Perceptual Change). Cambridge, MA, MIT Press, 1997.

Grandin T: Thinking in Pictures. New York, Doubleday, 1995.

Happe F: Autism: An Introduction to Psychological Theory. Cambridge, MA, Harvard University Press, 1998.

Hobson P: Autism and the Development of Mind. Hillside, NJ, Lawrence Erlbaum,

1993.

Hobson RP: The Cradle of Thought. London, Macmillan, 2002.

Husserl E: Ideas Pertaining to a Pure Phenomenology and to a Phenomenological Philosophy (1913). First Book, General Introduction to Pure Phenomenology. Translated by Gibson B. New York, Collier, 1962.

Husserl E: Ideas Pertaining to a Pure Phenomenology and to a Phenomenological Philosophy, Second Book (1930a). Translated by Rojcewicz R, Schuwer A. Dordrecht, Germany, Kluwer Academic, 1989.

Husserl E: Ideas Pertaining to a Pure Phenomenology and to a Phenomenological Philosophy, Third Book: Phenomenology and the Foundation of the Sciences (1930b). Translated by Klein TE, Pohl WE. The Hague, Netherlands, Martinus Nijhoff, 1980.

Husserl E: Cartesian Meditations (1931). Translated by Cairns D. The Hague, Netherlands, Martinus Nijhoff, 1960.

Husserl E: The Phenomenology of Internal Time—Consciousness. Translated by Churchill JS. Bloomington, Indiana University Press, 1964. Jacobs TJ: On countertransference enactments. J Am Psychoanal Assoc 34:289–307, 1986.

Jaffe J, Beebe B, Feldstein S, Crown S, Jasnow, M: Rhythms of Dialogue in Early Infancy. Monographs of the Society for Research in Child Development, Vol 66, No 2, Serial No 264, 2001.

Klinnert MD, Campos JJ, Sorce JF, Emde RN, Svejda M: Emotions as behavior regulators: social referencing in infancy, in Emotion: Theory, Research, and Experience. Edited by Plutchik R, Kellerman H. New York, Academic Press, 1983, pp 57–86.

Knoblauch S: The Musical Edge of Therapeutic Dialogue. Hillsdale, NJ, Analytic Press, 2000.

Kugiumutzakis G: Neonatal imitation in the intersubjective companion space, in Intersubjective Communication in Early Ontogeny. Edited by Braten S. Cambridge, UK, Cambridge University Press, 1998, pp 63–88.

Kugiumutzakis G: Genesis and development of early human mimesis to facial and vocal models, in Imitation in Infancy. Edited by Nadel J, Butterworth G. Cambridge, UK, Cambridge University Press, 1999, pp 36–59.

Kugiumutzakis G: On human development, education and culture. Paper presented at the symposium "We Share, Therefore We Are" in honor of Jerome Bruner. Crete, Greece, October 2002.

Leslie AM: Pretence and representation: the origins of "theory of mind." Psychol Rev 94:412–426, 1987.

Lichtenberg JD: Psychoanalysis and Motivation. Hillsdale, NJ, Analytic Press, 1989.

Lyons-Ruth K: The two-person unconscious: intersubjective dialogue, enactive relational representation, and the emergence of new forms of relational rganization. Psychoanalytic Inquiry 19:576-617, 1999.

Lyons-Ruth K: Dissociation and the parent-infant dialogue: a longitudinal perspective from attachment research. J Am Psychoanal Assoc 51:883-911, 2003.

Mahler MS, Pine F, Bergman A: The Psychological Birth of the Human Infant. New York, Basic Books, 1975.

Maratos O: The origin and development of imitation in the first six months of life. Unpublished doctoral dissertation, University of Geneva, Switzerland, 1973.

Meltzoff AN: Imitation, intermodal coordination and representatioin in early infancy, in Infancy and Epistemology. Edited by Butterworth G. Brighton, UK, Harvester Press, 1981, pp 85-114.

Meltzoff AN: Understanding the intentions of others: re-enactment of intended acts by eighteen month-old children. Dev Psychol 3:838-850, 1995.

Meltzoff AN, Gopnik A: The role of imitation in understanding persons and developing a theory of mind, in Understanding Other Minds: Perspectives From Autism. New York, Oxford University Press, 1993, pp 335-366.

Meltzoff AN, Moore MK: Imitation of facial and manual gestures by human neonates. Science 198:75-78, 1977.

Meltzoff AN, Moore MK: Persons and representations: why infant imitation is important for theories of human development, in Imitation in Infancy. Edited by Nadel J, Butterworth G. Cambridge, UK, Cambridge University Press, 1999, pp 9-35.

Mitchell S: Relationality: From Attachment to Intersubjectivity. New York, Analytic Press, 2000.

Nadel J, Butterworth G (eds): Imitation in Infancy. Cambridge, UK, Cambridge University Press, 1999.

Ogawa JR, Sroufe L, Weinfield NS, Carlson EA, Egeland B: Development and the fragmented self: longitudinal study of dissociative symptomatology in a nonclinical sample. Dev Psychopathol 9:855-879, 1997.

Ogden T: Subjects of Analysis. Northvale, NJ, Jason Aronson, 1994.

Port R, van Gelder T (eds): Mind as motion: explorations in the dynamics of cognition. Cambridge, MA, MIT Press, 1995.

Reddy V, Williams E, Vaughan A: Sharing humor and laughter in autism and Down's syndrome. Br J Psychol 93 (pt 2):219-242, 2002.

Renik O: Analytic interaction: conceptualizing technique in the light of the analyst's irreducible subjectivity. Psychoanal Q 62:553–571, 1993.

Rizzolatti G, Arbib MA: Language within our grasp. Trends Neurosci 21:188–194, 1998.

Rizzolatti G, Fogassi L, Gallese V: Neurophysiological mechanisms underlying the understanding and imitation of action. Nat Rev Neurosci 2:661–670, 2001.

Rochat P, Morgan R: The function and determinants of early self–exploration, in The Self in Infancy: Theory and Research. Edited by Rochat P. Advances in Psychology No 112. Amsterdam, North—Holland/Elsevier, 1995, pp 395–415.

Sabbagh MA: Understanding orbitofrontal contributions to theory–of–mind reasoning: implications for autism. Brain Cogn 55:109–219, 2004.

Sander LW: Infant and caretaking environment: investigation and conceptualization of adaptive behavior in a system of increasing complexity, in Explorations in Child Psychiatry. Edited by Anthony EJ. New York, Plenum, 1975, pp 129–166.

Sander LW: The regulation of exchange in the infant—caretaker system and some aspects of the context—content relationship, in Interaction, Conversation and the Development of Language. Edited by Lewis M, Rosenblum LA. New York, Wiley, 1977, pp 133—156.

Sander LW: Paradox and resolution: from the beginning, in Handbook of Child and Adolescent Psychiatry. Edited by Noshpitz JD. New York, Wiley, 1997, pp 153–160.

Sheets—Johnstone M: The Primacy of Movement. Philadelphia, PA, John Benjamins, 1999.

Stern DN: The First Relationship: Infant and Mother. Cambridge, MA, Harvard University Press, 1977.

Stern DN: The Interpersonal World of the Infant. New York, Basic Books, 1985.

Stern DN: New Introduction to The Interpersonal World of the Infant: A View From Psychoanalysis and Developmental Psychology. New York, Basic Books, 2000.

Stern DN: The Present Moment in Psychotherapy and Everyday Life. New York, WW Norton, 2004.

Stern DN, Gibbon J: Temporal expectancies of social behavior in mother–infant play, in Origins of the Infant's Social Responsiveness. Edited by Thoman EB. Hillsdale, NJ, Lawrence Erlbaum, 1978, pp 409–429.

Stern DN, Hofer L, Haft W, Dore J: Affect attunement: the sharing of feeling states between mother and infant by means of intermodal fluency, in Social

Perception in Infancy. Edited by Field T, Fox N. Norwood, NJ, Ablex, 1984, pp 249–268.

Stolorow RD, Atwood GE: Contexts of Being: The Intersubjective Foundations of Psychological Life. Hillsdale, NJ, Analytic Press, 1992.

Stolorow RD, Atwood GE, Bandschaft B (eds): The Intersubjective Perspective. Northvale, NJ, Jason Aronson, 1994.

Thompson E: Empathy and consciousness. Journal of Consciousness Studies 8(5–7):1–32, 2001.

Torras C: Temporal–Pattern Learning in Neural Models. Amsterdam, Springer Verlag, 1985.

Trevarthen C: Conversations with a two–month–old. New Scientist 2:230–235, 1974.

Trevarthen C: Communication and cooperation in early infancy: a description of primary intersubjectivity, in Before Speech: The Beginning of Interpersonal Communication. Edited by Bullowa MM. New York, Cambridge University Press, 1979, pp 321–348.

Trevarthen C: The foundation of intersubjectivity: development of interpersonal and cooperative understanding in infants, in The Social Foundation of Language and Thought. Edited by Olson D. New York, WW Norton, 1980, pp 316–342.

Trevarthen C, Hubley P: Secondary intersubjectivity: confidence, confiders and acts of meaning in the first year, in Action, Gesture and Symbol. Edited by Lock A. New York, Academic Press, 1978, pp 183–229.

Tronick EZ: Emotions and emotional communication in infants. Am Psychol 44:112–119, 1989.

Tronick EZ, Als H, Adamson L: Structure of early face–to–face communicative interactions, in Before Speech: The Beginning of Interpersonal Communication. Edited by Bullowa M. New York, Cambridge University Press, 1979, pp 349–370.

Tustin F: The protective shell in children and adults. London, Karnac, 1990.

Varela FJ: Neurophenomenology. Journal of Consciousness Studies 3:230–249, 1996.

Watson JS: Detection of self: the perfect algorithm, in Self–Awareness in Animals and Humans: Developmental Perspectives. Edited by Parker S, Mitchell R, Boccia M. Cambridge, UK, Cambridge University Press, 1994, pp 131–149.

Widlocher D: Les nouvelles cartes de la psychanalyse. Paris, Odile Jacob, 1996.

Zahavi D: Self–Awareness and Alterity: A Phenomenological Investigation. Evanston, IL, Northwestern University Press, 1999.

Zahavi D: Beyond Empathy: Phenomenological Approaches to Intersubjectivity. Journal of Consciousness Studies 8: 151, 2001.

로버트 스톨로로우 (Robert D. Stolorow)

29

소개

로버트 스톨로로우(Robert Stolorow)는 메사추세츠 주 캠브리지의 하버드 대학교에서 생물학 학사 학위와 임상심리학 박사 학위를 받았으며, 뉴욕의 박사 후 정신건강 연구소(Postgraduate Center for Mental Health)에서 분석 훈련을 받았다. 그는 캘리포니아 주 로스엔젤레스의 현대정신분석연구소와 국제 정신분석적 자기심리학 협회의 창립 회원이다. 그는 정신분석학회의 특별회원이며 국제 관계적 정신분석 및 심리치료 협회 자문위원회의 위원이다. 그는 *Psychoanalytic Inquiry, International Journal of Psychoanalytic Self Psychology, Psychoanalytic Dialogues,* 그리고 *Psychoanalytic Review*를 포함해서 다수의 편집위원회에서 활동하였다. 그는 UCLA 의대에서 정신건강의학 분야의 임상 교수이고, 로스엔젤레스의 현대정신분석 연구소에서 교육 및 감독 분석가이다. 스톨로로우박사는 뉴욕의 정신분석적 주관성 연구를 위한 연구소의 교수이기도 하다. 그는 8권의 책을 저술(공저)하였는데, 가장 최근 작품은 *Worlds of Experience: Interviewing Philosophical and Clinical Dimensions in Psychoanalysis*이며, 180편 이상의 학술지 논문을 게재하였다.

스톨로로우박사는 연구 업적을 인정받아서 남캘리포니아 정신분석연구소의 탁월한 스승상, 박사 후 정신건강연구소의 작가인지도상, 미국심리학회 정신분석 분과의 탁월한 과학상을 수상하였다.

그는 다음과 같이 자신을 소개한다.

> 정신분석적 사상가로서 나의 발달은 지난 30년간 공동연구자들과 내가 ***상호주관적 체계이론***(*intersubjective systems theory*)이라고 부르게 된 정신분석적 관점의 발달과 그 궤적을 함께 한다(이러한 발달에 대한 기록을 위해서는 Stolorow 2004를 보라). 나는 1974년에 미국정신분석협회와 제휴가 되지 않은 정신분석연구소를 졸업했기 때문에, 이 시기에 정신분석 문헌에 기고를 많이 했음에도 불구하고 정신분석가로서의 초기 시절에 정신분석적 조직에 의해 대부분 주변화되었다. 이러한 주변화의 맥락에서 내가 1978년에 시작된 연례 자기심리학 학술대회에 참여한 것은 나에게 특히 중요했다(비록 코헛의 생각들 가운데 많은 부분에 대해 동의하지는 않았지만). 왜냐하면 이러한 모임들은 내가 나의 생각들을 발표하고 전국과 전 세계에서 온 분석가들과 대화할 수 있는 토론의 장을 제공해주었기 때문이다. 코헛의 연구는 나의 임상적 감수성에 지속되는 각인을 남겼다. 그러나, 내 자신의 상호주관적 관점은 미국에서의 소위 관계주의 운동보다 10년은 앞 선 것이었지만, 나의 일반적인 이론적 틀은 지금 ***관계적 정신분석***이라고 불리는 것에 더 가깝다(Stolorow et al. 1978을 보라).
>
> 내가 받은 인상은 나의 관점이 정서적 경험의 정교한 상황민감성과 상황의 존성을 강조하고 있는데, 이것이 많은 분석가들에 의해 그들의 임상적 사고와 실제에 통합되고, 많은 다른 사람들에 의해 활발하게 비평과 토론이 이뤄지면서 그 분야에 상당한 영향을 미쳤다는 것이다. 최근에, 나는 다양한 대륙의 철학들과 정신분석적 사고의 관련성에 대한 논문을 여러 편 쓰면서 철학과 정신분석 사이에서 통로의 역할을 하려고 해왔다. 이제 인생의 황혼기에 접어들면서, 나는 현대 정신분석의 이론과 임상 실제를 위한 철학적 토대를 연구하고 있는데, 결국 이것이 이 주제에 대한 한 권의 책이 되기를 소망하고 있다.

이 논문을 선택한 이유

로버트 스톨로로우

내가 "World Horizons"이라는 논문을 좋아하는 몇 가지 이유가 있다. 첫째, 이 논문은 나의 소중한 친구인 조지 앳우드와 도나 오렌지와 내가 함께 공동으로 연구했을 때 어떤 결과가 나올 수 있는가에 대한 하나의 예이다. 우리 각자의 경험적 세계들 사이에서 이뤄진 상호작용을 통해서 우리는 각자에게서 최선의 것을 끌어낼 수 있었고 결과적으로 철학적 질문, 이론적 이해, 그리고 임상적 감수성이 어우러진 독특한 융합물을 형성하였다.

둘째, 이 논문에서 우리는 프로이트 학파의 무의식에 대하여 다시 살펴보면서, 대부분의 분석가들이 모든 정신분석적 사고의 토대라고 동의하는 것을 재개념화 하려고 했다. 이 논문은 무의식의 다양한 형태들을 형성되고 있는 상호주관적 체계 안에 자리매김함으로써 그것들을 ***상황화 하려는*** 우리의 시도들 가운데 가장 최근의 것이다. 정신분석의 이론적 토대를 상황화하려는 어떤 시도도 필연적으로 정신분석의 다른 모든 측면을 실질적으로 상황화시킬 것이다. 따라서 이 논문은 우리의 최근 저서인 *Worlds of Experience: Interviewing Philosophical and Clinical Dimensions in Psychoanalysis*의 중심이 되었다.

셋째, 이 논문에서 우리는 무의식의 상황성(contextuality)을 담아내기 위해서 대륙의 현상학으로부터 빌려온 매우 환기적인 지평의 은유를 사용한다. 우리는 우리가 공간적으로 하나의 상황에서 다른 상황으로 공간적으로 이동할 때 시각적인 지평이 계속적으로 변화한다는 것을 알기 때문에 지평의 개념은 이러한 목적을 위해서 특별히 적합하다.

마지막으로, 이 논문은 치료하는 분석가(나 자신)가 수십 년 전에 치료를 안내했던 것과 전혀 다른 이론적 관점에서 성공적인 정신분석을 재검토하고 설명하는 정신분석적 문헌에서 내가 알고 있는 유일한 것이다. 따라서 논문 "World Horizons"은 지난 30년에 걸쳐서 나의 정신분석적 사고의 발달 과정을 고스란히 담고 있는 연대기라고 해도 과언이 아닐 것이다.

참고문헌

Stolorow RD: Autobiographical reflections on the intersubjective history of an intersubjective perspective in psychoanalysis. Psychoanalytic Inquiry 24:542-557, 2004

Stolorow RD, Atwood GE, Ross JM: The representational world in psychoanalytic therapy. Int Rev Psychoanal 5:247-256, 1978

세계의 지평들

프로이트의 무의식에 대한 데카르트 이후의 대안[1)]
(World Horizons: A Post-Cartesian Alternative to the Freudian Unconscious)

로버트 스톨로로우
도나 오렌지
조지 앳우드[2)]

신화는 그 지역을 반영한다.
—윌리스 스트레븐스

경계는 무엇이 존재하기를 시작하는 곳이다.
—마틴 하이데거

감성은 단순히 사실들을 기록하는 것이 아니다; 감성은 사실들이 벗어날 수 없는... 세계를 열어준다.
—에마뉘엘 레비나스

프로이트의 무의식의 "발견"은 데카르트의 철학과 계몽주의 사상의 중심이 되었던, 자기-의식적인 주체의 인식론적 지위를 철저하게 파헤쳤던 제2의 코페르니쿠스적 혁명으로 특징지어졌다. 프로이트의 관점에서 볼 때, 데카르트의 자기-의식적인 ***코기토***는 과대한 환상으로 드러났다; 의식은 인간이 완전히 파악할 수 없는 거대한 무의식의 힘들의 단지 일각인 것으로 보였다. 그럼에도 불구하고, 프로이트적인 무의식

1) D. Stolorow, Ph.D., Donna M. Orange, Ph.D., Psy.D., 그리고 Geroge E. Atwood, Ph.D.가 공동 저술한 "A Post-Cartesian Alternative to the Freudian Unconscious"은 *Contemporary Psychology* 37(1):43-61, 2001년)에 처음으로 게재되었다. Copyright © 2001 W. A. W. Institute, 20W. 74th Street, New York, NY 10023. 허락을 받고 사용함.

2) Donna M. Orange는 로마의 정신분석적 자기 및 관계적 정신분석 연구소와 뉴욕의 정신분석적 주관성 연구소에서 교수이자 감독 분석가이다. George E. Atwood는 러트거스 대학교의 심리학 교수이자 뉴욕의 정신분석적 주관성 연구소의 창립멤버 및 감독 분석가이다.

에는 여전히 그것이 도전했던 데카르트주의의 영향이 깊이 남아있다(Cavell 1993). 데카르트의 철학은 주관적인 세계를 외부 영역과 내부 영역으로 나누고, 두 영역 사이의 결과적인 분리를 구체화하였고, 마음을 다른 대상들 사이에서 일정한 위치를 차지하는 객관적 실체, 즉 내면에 내용물을 가지고 있으면서 본질적으로 그것으로부터 떨어져 있는 외부 세계를 내다보는 "생각하는 존재"로서 묘사했다. 프로이트적인 무의식과 그것의 내용물은 데카르트적인 고립된 마음속에 있는 봉인된 지하실이다.

그렇다면 데카르트 이후의, 프로이트 이후의, 관계적 정신분석의 대화에서 "무의식"과 관련하여 남아있는 것은 무엇인가? 프로이트의 기계론적이고 환원론적인 메타심리학적인 사고가 없다면, 본능적 욕동의 파생물들이 의식적 경험을 밀고 당기는 지하 영역인 역동적인 무의식을 더 이상 상상할 수 없다. 의식, 무의식 그리고 전의식의 지형학적 모델(Freud 1900)을 은유의 영역−여러 가지 면에서 모두 문지기가 있는 천국, 지옥, 그리고 연옥에 대한 이야기와 비교할 수 있는−으로 평가절하 한다면, 우리는 프로이트적인 무의식의 환기시키는 힘을 잃게 된다. 유사하게, 우리가 자아, 원본능, 그리고 초자아에 대한 구조적 이론(Freud 1923)을 일단 인간의 심리에 대하여 현상학적으로 생각하면 온전히 지지할 수 없는, 정교하고 치명적인 물화(物化, reification)로 이해한다면, 우리는 프로이트의 두 번째 코페르니쿠스적 혁명에서 벗어난 것인가?

어쩌면 그럴 수도 있다. 우리에게는 정신분석에서 가치를 본 모든 사람들이 공유하는 프로이트적인 직관이 있는데, 그것은 인간의 경험−우리 자신의 것을 포함하여−에는 "눈으로 보는 것보다 더 많은 것"이 포함된다는 것이다. 그러한 직관은 이러한 "더 많은 어떤 것"이 무엇이든 간에 그것이 우리를 가장 고통스럽게 하는 것에 대한 열쇠가 된다는 감각과 결합된 것이다.

프로이트적인 무의식

먼저 오늘날 우리의 관점에서 할 수 있는 정도까지 프로이트의 관점에서 무의식을 생각해 보자. 프로이트가 그토록 받아들여지기를 원했던 세계에서 지배적이었던 과학적 경험주의에 대한 역설적인 방식에서, 그의 무의식은, 결코 증명되거나 측정될 수 없지만, 그에게는 진리의 절대적인 기준이었다. 심지어 그는 영감을 얻기 위해서 칸트에게 호소하기까지 하였다(Freud 1915).

> 무의식적 정신활동이 존재한다는 정신분석적 전제는... 칸트가 고치려고 시도했던 것들을 외적 지각에 대한 우리의 견해들에 대해 확대시킨 것이다. 칸트가 우리에게 우리의 지각들은 주관적으로 조건지어진 것이고 알 수 없음에도 지각된 것과 동일한 것으로 간주되어서는 안 된다고 경고했던 것처럼, 정신분석은 의식을 통한 지각들을 그것들의 대상인 무의식적 정신 과정과 동일하게 취급하지 말라고 경고한다(p. 171).

프로이트는 더 나아가서 칸트적인, 혹은 초월적인 논쟁 형식을 사용해서 마음은 원래 무의식적이라는 그의 주장을 정당화하려고 했다. 그는 의식을 구멍투성이라고 보았다. 기껏해야 비생산적이고 최악의 경우 고통의 삶을 야기하는 증상들을 보이는 것은 정신분석을 받고 있는 곤경에 처한 사람들만이 아니다. 이들 외에도, 평범한 일상의 경험은 망각, 실언, 그리고 다른 실수들로 가득하다. 우리 모두는 해독하기 어려운 꿈들을 꾼다. 무엇보다도, 프로이트는 억압이 있어서 의식적인 경험에 많은 빈틈을 조성하고 우리의 삶을 이해하기 어렵게 만든다고 생각했다. 따라서, 프로이트는 우리가 정신적으로 "실재적인" 것은 무의식적이고 의식은 부수 현상일 뿐이라고 가정해야만 한다고 주장했다. 무의식-정의상 직접 경험될 수 없는 어떤 것-은 추론의 결과이다. 그것은 존재해야만 하고, 그렇지 않으면 우리는 우리의 삶에서 연관성들을 볼 수 없을 것이다. 그것은 잃어버린 연결고리들을 제공해준다.

프로이트가 말한 무의식의 특성을 몇 가지 살펴보겠다. 무엇보다 그 특성들은 인간의 본성에 대한 진실의 원천이다. 정통 프로이트 학파(클라인 학파와 함께)는 인간의 본성에 대해서 매우 비관적인 관점을 가지고 있는데, 그것에 따르면 원죄에 대한 그들의 판본에서 우리는 본성적으로 근친상간적인 욕망과 파괴적인 분노로 가득 차 있다. 이것들은 주로 무의식 속에 있고, 이것들이나 그 파생물들이 의식으로 분출되려고 할 때마다 억압하지만 그럼에도 불구하고 억압이 경험과 삶에서 만들어내는 왜곡들로 인해서 고통을 겪는 주체에 의해 알려져 있지 않다. 이러한 무의식적 영역의 보편적인 내용들에 대한 난해한 지식을 가진 분석가만이 환자의 개인적인 지옥으로 내려가는 길을 안내해주고, 위로를 해주고, 또는 적어도 요구되는 포기를 좀 더 의식적으로 수용하도록 해줄 수 있다. 또는, 객관적인 전문가에 대한 프로이트의 은유에서, 환자에게는 환자의 무의식적인 내면세계를 능숙하게 이해하고 재조정해주는 심리적인 외과의사가 필요하다. 이론적인 학설에 의해 좌우되고 어떤 공동의 탐색보다 먼저 분석가에 의해 "알려진" 내용들이 담겨있기 때문에, 프로이트적인 무의식 개념은 전통적인 분석의 권위주의적인 특징들의 많은 부분에 책임이 있다. 무의식에 대한 특권적인 지식 때문에 분석가는 흔히 ***아는 체 하는 사람*** 또는 "모든 것을 아는 사람"으로 이해된다. 분석가는 진리를 갖고 있으며, 환자는 왜곡하거나 인식하지 못할 뿐이다.

프로이트적인 무의식은 의식적인 주체가 허용할 수 없는 모든 것을 위한 구체화되고 실체화된 저장소로서 기능한다. 프로이트의 한 은유가 보여주었듯이, 우리가 무의식을 근친상간적이고 공격적인 본능적인 욕망들이 들끓고 있는 가마솥으로 상상하든, 뒤죽박죽 정리되지 않은 정신의 박물관으로 상상하든, 이 무의식적인 마음은 담아주는 것(container)이다. 당연히, 무의식에는 데카르트적인 ***코기토***보다 더 많은 것이 담겨 있고, 그것의 내용은 명확하지도 않고 뚜렷하지도 않다. 그것에는 또한 로크적인 개념들이 생생한 경험들의 표상들이나 정신적인 복사물의 형태로 존재하지만 그것들보다 더 많은 것이 담겨있다. 프로이트적인 무의식에는 정신적인 그림들 그리고 소망들, 충동들, 그리고 정서들과 같은 욕동의 파생물들이 담겨있는데, 프로이트가 보기에 모든 것은 적절한 방식으로 관련되어 있다. 가장 중요한 것은 무의식에는 억압되었던 모든 것이 담겨 있다는 점이다.

억압의 개념은 프로이트적인 무의식과 결코 분리될 수 없다. 무의식적인 것은 억압되었던 것이거나, 의식적인 자각 속으로 올라올 경우 억압될 것이고, 억압된 것은 자동적으로 무의식으로 들어가고 거기에 있게 된다. 억압된 것을 의식하게 되는 것은 프로이트의 초기 저작에서는 불쾌를 유발하고 후기 저작에서는 정신적 갈등을 유발하는 것으로 나타난다. 숨겨할 것은 언제나 많이 있다: 원래는 욕동의 파생물들 그 자체들이고 나중에는 은연중에 그것들을 지키기 위해서 형성했던 모든 타협들. 억압과 무의식은 모두 인간 본성에 대한 프로이트의 견해에 내재되어 있고, 그것에는 인간의 타고난 나쁨과 수치에 대한 기본적인 감각이 포함된다. 아동과 그/그녀의 유아기 본능적 소망들이 후기 문제들의 근본적인 원천이라는 점에서, 가족적인 그리고 다른 발달의 맥락들은 프로이트의 무의식에 대한 전체적인 이야기에 비하면 지엽적이다. 따라서 무의식은 타고나고, 무역사적이고, 탈맥락화된 악의 근거지이자 원천으로 그려진다.

데카르트적인 고립된 마음이라는 사고에 깊이 몰두하는 동안, 무의식에 대한 이러한 비전은 프로이트에게 강력한 심리적 기능들을 했던 것으로 이해될 수 있다. 프로이트의 메타심리학의 개인적이고, 주관적인 기원에 대한 우리의 심리전기적 연구(Atwood and Stolorow 1993)에서, 우리는 프로이트가 그의 고통들을 그 자신의 무제한적인 내면의 나쁨—즉, 그의 근친상간적 욕망과 살인적인 적대감—에 귀인시킴으로써 그의 어머니에 의해 주어졌던 일련의 초기의 고통스러운 실망들과 배신들의 심각한 정서적 영향을 인식하지 않으려고 했다는 것을 발견했다. 그것은 그의 임상적인 사례 개념화에 뿐만 아니라 플리쓰 그리고 그의 아내와의 관계들을 포함하여 중요한 성인 관계들에도 영향을 주었던 방어적인 전치(translocation)였다. 프로이트는 또한 이러한 방어적인 해결책, 즉 방어적인 과대함(grandiosity)을 심리성적 발달이론과 병인학, 즉 정신의 무의식적인 내부에 깊이 묻혀있는 통제되지 않는 본능적인 욕동들을 일차적인 병인들이라고 보는 이론에 들여왔다. 이러한 이론적 비전에서는, 프로이트(1933)의 놀라운 진술에서 나타나듯이, 어머니와 그녀의 아들의 관계를 "모든 인간관계에서 가장 완벽하고 양가감정으로부터 가장 자유로운 것(p. 133)"으로 특징짓고, 사건들의 비극적인 과정이 시작되는 데 있어서 아버지의 자식살해 충동의 중심적인 역할을 완전히 무시하는 방식으로 오이디푸스 신화를 적용하기 위해서 이상화된 부모, 특히 어머니의 이미지가 보존되었다. 이와 동일한 방어적인 원리 때문에 정신분석적 상황에 대한 프로이트의 견해가 운명적으로 형성되었다. 거기에서 그는 그가 부모를 감쌌던 ***차단선***(*cordon sanitaire*)으로 중립적인 분석가를 감쌌기 때문에, 환자의 전이 경험들은 분석가의 태도와 활동의 영향과 의미에 의해 함께 결정된다기보다, 환자의 고립된 마음 안에 있는 무의식적인 내용들로부터 생겨나는 것으로 이해될 수 있었다.

대안: 세계의 지평들

이제 인간의 심리적 삶에서의 무의식의 문제에 대해서 프로이트와는 다른 일련의 가정들을 제시해보려고 한다. 우선 의식, 전의식 그리고 무의식의 구획으로 이뤄진 데카르트의 고립된 마음이 아니라 다중적으로 상황화된 경험 세계—우리의 상호주관적 관점의 토대—라는 개념으로 시작해보자. 우리는 마음에 대한 프로이트의 지형학적이고 구조적인 이론들 대신에 생생한 개인의 경험의 조직화된 전체를 상상한다. 이것은 정서적이고 관계적인 경험들로 이뤄지는 일생동안 형성되는 정서적인 확신들이나 조직화하는 원리들에 따라서 어느 정도 의식적이고 어느 정도 윤곽이 있다. 우리는 담아주는 것 대신에 기대들, 해석 패턴들, 그리고 의미들, 특히 심리적 외상—상실, 박탈, 충격, 부상, 침해 등등—의 맥락에서 형성된 것들의 경험적인 체계를 상상한다. 그러한 확신들과 원리들은 대개 반성적인 자기인식의 영역 밖에서 작동하기 때문에, 우리는 그것들을 전반성적인 무의식(Atwood and Stolorow 1980, 1984)이라고 특징짓는다. 그러한 체계나 세계에서, 우리는 어떤 것들을 흔히 반복적으로 그리고 너무나도 확실하게 느끼고 알 수 있다. 우리가 느낄 수 없거나 알 수 없는 것은 무엇이든 담아주는 것을 필요로 하지 않기 때문에 자신의 경험세계의 지평들(Gadamer 1975)에 들어가지 않는다. 우리가 다양한 형태의 정신병리와 연결시키는 경직성은 다른 관점들을 이용할 수 없도록 자신의 경험적 지평들을 고정되게 하는 것으로 이해될 수 있다. 우리는 특정 상호주관적 맥락에서 수용할 수 없거나, 견딜 수 없거나, 너무 위험하다고 느껴지는 것은 무엇이든 배제하기 위해서 언제나 자신의 정서적이고 관계적인 경험들을 조직하고 있다.

이런 관점에서 보면, 정신분석은 더 이상 고립되고 실체화된 무의식적 마음의 깊은 층들에 대한 고고학적 발굴이 아니다. 오히려, 그것은 환자의 경험세계에 대한 대화적 탐구인데, 분석가의 경험세계가 지속되는 탐구에 불가피하게 기여할 수 있음을 인식하는 가운데 수행된다. 그러한 공감적-내관적 탐구는 환자의 세계가 어떻게 느껴지는지, 그것에는 어떤 정서적이고 관계적인 경험들이 포함되는지, 그리고 그것이 꾸준히 무엇을 배제하고 가로막는지에 대해 이해하려고 한다. 그것은 또한 확신들의 연결망, 전반성적으로 환자의 세계를 조직하고 환자의 경험을 고정된 지평들과 제한하는 관점들에 지속적으로 한정하는 규칙들이나 원리들을 이해하려고 한다. 정신분석은 대화 과정에서 그러한 원리들을 분명히 하고, 그것들의 생애사적인(life-historical) 기원들을 이해함으로써 환자의 경험적 지평들을 확장하고, 그렇게 함으로써 풍성하고, 보다 복잡하고, 보다 유연한 정서적 삶의 가능성을 열어가는 것을 목표로 한다.

이제 경험세계를 제한하는 지평이라는 측면에서 우리의 무의식 개념의 이론적 및 임상적 함의들을 좀 더 살펴보도록 하자. 무엇보다 먼저, 프로이트가 고립된 마음속에 있는 고정된 심리내적 구조로 보았던 억압 장벽과는 다르게, 세계의 지평들은 그것들이 한계를 정하는 경험세계들처럼 지속되는 역동적, 관계적 체계들의 창발적 특성들로서 개념화된다(Stolorow 1007). 경험 세계들과 그것들의 지평들은 살아있는 체계들의 연결 속에서 형성되고 발달하기 때문에 절묘하게 상황에 민감하고 상황에 의존적인 것으로 인식된다. 따라서 인식의 지평들은 개인의 독특한 상호주관적 역사 그리고 자신의 현재 삶을 구성하는 상호주관적인 영역들 안에서 알려지도록 허용되거나 허용되지 않는 것 모두의 유동적이고 끊임없이 변화하는 산물들이다. 상호주관적 체계들의 창발적 특성들로서의 세계 지평들이라는 우리의 개념은 거슨(1995)의 "관계적 무의식(relational unconscious)" 개념과 "개념화되지 않은 경험(unformulated experience)"에 대한 스턴(1997)의 토론과 유사하다. 우리의 관점과 비슷하게 가다머의 철학적 해석학의 영향을 강하게 받았던 스턴은 우리가 그러듯이 "앎의 가능성들—우리가 말하고 생각할 수 있는 것과 우리가 그렇게 할 수 없는 것의 가능성—을 구성하는 것은"(p. 31) 관계적인 영역이라고 주장한다.

세계의 지평들에 대한 우리의 생각들은 20여년의 세월을 거치면서 무의식의 다양한 형태들의 상호주관적인 기원들을 설명하려는 우리의 시도들로부터 발달해왔다(Atwood and Stolorow 1980, 1984; Stolorow and Atwood 1989, 1992). 우리의 진화하는 이론은 초기 환경의 확인해주는 조율을 통해서 아동의 의식적 경험이 점진적으로 분명해진다는 가정에 근거했다. 밀접하게 상호 관련되었지만 개념적으로 구별할 수 없는 두 가지 형태의 무의식은 심각한 부조율 상황에서 발달해온 것으로 묘사되었다. 아동의 경험들이 지속적으로 반응을 받지 못하거나 적극적으로 거부될 때, 아동은 자신의 경험의 측면들이 양육자에게 환영받지 못하거나 해를 끼친다고 지각한다. 아동의 경험 세계의 이러한 영역들은 필요한 관계를 보호하기 위해서 희생되어야만 한다. 여기에서 억압은 언제나 지속되는 상호주관적 상황들에 내재되어 있으면서 의식적 경험의 어떤 형태들이 완전한 존재가 되도록 허용되어서는 안 되는지를 결정하는 일종의 부정적인 조직 원리로 이해되었다. 게다가, 우리는 아동의 경험의 다른 특성들이 억압되었기 때문이 아니라 유효한 상호주관적 상황이 없는 가운데서는 그것들이 결코 표현될 수 없었기 때문에 무의식적인 것으로 남아있을 수 있다고 주장했다. 이러한 형태의 무의식은 스턴(1997)의 개념화되지 않은 경험(unformulated experience)—해석되지 않은 "결코 의식화되지 못했던 자료"(p. xii)—이라는 개념과 매우 비슷해 보인다. 두 가지 형태의 무의식으로, 인식의 지평들은 아동의 경험의 다른 영역에 대한 환경의 다른 반응성을 매개로 해서 형태를 갖게 되는 것으로 묘사되었다. 이러한 개념화는 환자의 "저항"이 환자의 경험에 대한 분석가의 다양한 수용과 조율을 어떻게 지각하는가에 따라서 변하는 것으로 보일 수 있는 정신분석적 상황에도 적용되는 것으로 이해되었다.

유아기의 전언어기 동안에, 아동의 경험에 대한 표현은 양육자와의 감각운동적인 대화에서 소통되는 조율을 통해서 이뤄진다. 아동의 상징 능력이 성숙하게 되면서, 상징들은 아동의 경험이 발달 체계 안에서 확인되는 수단으로서 감각운동적 조율과 함께 점진적으로 중요한 위치를 차지하게 된다. 따라서 우리는 의식이 점차 상징들로 표현되게 되는 경험의 영역에서 무의식은 상징화되지 않은 것과 공존하게 된다고 주장했다. 경험을 표현하는 행동이 불가피한 관계를 위협하는 것으로 지각될 때, 억압은 이제 그 경험을 상징으로 부호화하는 과정을 지속되지 못하게 함으로써 이뤄질 수 있다.

흥미롭게도, 억압에 대해 앞서 기술한 것은 해리에 대한 스턴의 견해와 매우 유사하다. 그는 해리에 대해 경험을 "해석하기를 거부하는 것"(p. xii), 즉 방어적으로 "언어적[상징적] 표현을 회피하는 것"(p. 114)으로 정의한다. 그리고 그는 해리를 개념화되지 않은 경험과 동등시 한다. 우리는 여기에서 ***개념화되지 못한***(*dysformulated*) 경험에 대해 말함으로써 너무나 위험하다고 믿어지는, 상징화 과정의 적극적인 중단을 상징화 과정이 처음부터 일어나지 않았던 상황과 구별하는 것이 나을 것이라고 생각한다.

특히 흥미로워 보이는 것은 역사적으로 정신분석가들이 억압과 해리를 예리하게 구별하려고 해왔던 반면에, 스턴은 우리가 **억압**이라고 했던 것과 사실상 동일한 과정—상징화의 중단—을 나타내기 위해서 ***해리***라는 말을 사용했다. 이것은 무엇을 의미하는가? 우리는 그것이 주체-객체의 분리도 없고, 인지-정서의 분열도 없고, 내용들을 담고 있는 고립된 무의식적 마음-실체들도 없는 데카르트 이후의 철학 세계에서는, ***억압, 해리, 분열, 부인***(*denial*), 그리고 ***부정***(*disavowal*)과 같은 용어들에서 암시되듯 예리하게 구별하는 것이 더 이상 필요하거나 강제적이지 않다는 것을 의미한다고 생각한다. 상황주의적 관점에서 볼 때, 우리는 그러한 용어들이 제한하는 세계의 지평들의, 드러냄과 숨김의 다양성을 언급하는 것으로 인식할 수 있는데, 그것들은 살아있는 상호주관적 체계들 안에서 형성되고 유지되는 조직 활동의 패턴들을 반영한다.

재고된 무의식의 사례

이제 상황화된 경험세계들과 그것들이 제한하는 지평들이라는 측면에서 무의식에 대한 우리의 견해를 설명하기 위해서, 우리는 거의 30년 전에 우리 중 한 명이 훈련을 받는 후보생이었을 때 수행했던 분석을 하는 동안 조명되었던 무의식의 극적인 예를 재고하려고 한다(Stolorow 1974). 그 당시에 이 사례는 프로이트적인 자아심리학의 가정들을 따라서 개념화되었는데, 그것들에는 우리가 앞에서 설명했던 프로이트적인 무의식의 특성들이 포함되었다. 여기에서 우리는 먼저 그때 이해되고 출판된 보고서에서 발췌된 대로 그 사례의 요약된 내용을 제시하려고 한다(Stolorow and Lachmann 1975). 그리고 나서 상호주관적 체계의 관점에서 재고해보려고 한다.

안나는 31세에 분석을 받게 되었고, 그 분석은 4년간 지속되었다. 그녀는 결혼한 지 12년이 되었고 경영자로서 일하고 있었다. 그녀는 만성불안과 극심한 공황상태를 호소하였는데, 그 내용은 그녀의 남편이 그녀를 떠나 다른 여성에게로 갈 것이라는 환상을 중심으로 한 것이었다.

안나는 부다페스트에서 출생하였는데, 그곳에서 2차 세계대전과 나치의 점령에 대한 공포 속에서 어린 시절을 보냈다. 그녀가 4세였을 때, 그녀의 아버지는 강제수용소로 끌려갔고 결국 그곳에서 죽었다. 분석 회기 중에 아버지와의 관계 경험의 측면들을 현재 남성들과의 경험에서 지속하고 있는 방식들을 탐색하면서, 안나는 그녀의 치료에서 중심이 되는 것으로 드러났던 놀라운 발견을 하였다. 그녀는 갑자기 그녀가 결코 아버지의 죽음을 현실로 받아들이지 않았었음을 깨달았다. 사실, 그녀는 절대적인 확신을 가지고 그녀가 지금도 아버지가 여전히 살아있음을 믿는다고 절규했다. 그녀의 나머지 분석의 많은 부분은 이토록 굳건한 확신의 발생론적인 근원들과 성격적인 영향들을 밝히는 데에 집중되었다.

4세였을 때, 안나는 그녀를 둘러싸고 벌어지고 있는 끔찍한 사건들, 특히 급작스럽고 이해할 수 없는 아버지의 실종의 의미를 스스로 이해할 수 있을 만큼 인지 능력이 발달하지 못했다. 안나 주변의 살아남은 어른들, 특히 그녀의 어머니는 안나에게 전쟁의 참혹한 현실 그리고 아버지의 투옥과 죽음을 통합할 수 있도록 충분한 도움을 주지 못했다. 어머니는 딸에게 폭탄이 터지는 것을 바깥에서 누군가가 발로 문을 쾅 닫는 것이라고 말하면서 전쟁의 현실을 왜곡했다. 그녀는 또한 안나에게 아버지가 강제수용소로 끌려가지 않은 것처럼 가장했고 아버지의 죽음에 대해 안나와 결코 직접적으로 얘기하지 않고 그의 죽음에 대해 결코 공개적으로 애도하지 않음으로써 아버지가 살아있다는 신화를 넌지시 영속화시켰다. 이러한 경험들 때문에 안나는 무엇이 실재이고 무엇이 실재가 아닌지에 대한 혼란스러운 느낌, 즉 그녀의 아버지가 여전히 살아있다는 그녀의 무의식적인 확신을 발견하게 되면서 그녀의 분석에서 다시 활성화되었던 느낌이 남겨졌다. 안나는 자신의 환상에서 어머니의 누락과 왜곡에 의해 남겨진 공백을 메워야 했고, 이렇게 함으로써 이러한 이해할 수 없고 비극적인 사건들을 어느 정도 이해하고 극복했다는 느낌을 어느 정도 회복할 수 있었다.

> 저는 어떤 이유를 찾아야만 했습니다. 모든 것이 미친 것처럼 보였어요. 저는 그런 일들이 일어날 수 있고 네가 할 수 있는 일은 아무것도 없다는 사실을 받아들일 수 없었습니다. 저는 일어나고 있었던 것들을 이해하려고 애썼습니다. 어른들 가운데 그 누구도 저에게 말해주지 않았습니다. 그 누구도 저와 함께 앉아서 저의 아버지는 강제수용소에 계시거나 돌아가셨다고 말해주지 않았어요. 그래서 저는 스스로 설명하려고 했습니다.

안나가 그녀의 아버지의 실종과 계속된 부재를 “설명하기” 위해서 만들어냈던 환상들의 구체적인 내용은 그녀의 자아 발달 수준, 아버지의 실종을 둘러싼 특별한 상황들, 그리고 아버지를 잃었을 때의 그녀의 심리성적 발달 수준을 포함하는 여러 가지 요인들의 복잡한 결과로서 발달하였다.

자아 발달과 관련해서는, 4세의 아동은 최종적이고 돌이킬 수 없는 삶의 정지로서의 죽음에 대한 추상적인 개념을 획득하지 못했다는 증거가 있다. 죽음이 인정될 때까지, 그것은 전형적으로 멀리 떨어진 지리학적 장소로 떠났지만 돌아올 수 있는 것으로 이해된다. 안나가 아버지의 부재를 설명했던 모든 의식적인 환상들에 있는 공통적인 요소는 아버지가 러시아 어딘가에서 살고 있고 언젠가 그녀에게 돌아올 수 있다는 생각이었다. 그녀의 아동기 내내 그리고 성인기까지, 처음에는 의식적으로 그리고 나중에는 무의식적으로 그녀는 아버지가 그녀에게 돌아올 것을 "기다리고 기다렸고" 그녀가 "잘못 판단하거나" "무엇인가 나쁜 짓을 해서" 아버지를 볼 수 있는 "마지막 기회"를 놓칠까봐 두려웠다.

자아와 초자아의 발달 수준에 일치하게, 안나는 그녀의 환상에 대한 설명에서 아버지의 실종과 계속된 부재에 대해서 그녀 자신을 비난했다. 아버지의 실종을 둘러싼 특별한 상황들은 그녀의 환상들의 내용에 영향을 주었다. 실제로는 아버지에게 강제수용소로 출두하라고 지시하는 통지서를 발견하고 그것을 아버지에게 가져다 준 사람은 안나 자신이었다. 그녀는 그것이 무엇인지 이해하지 못했고 따라서 그것을 매우 가볍게 받아들였다. 그녀는 아버지에게 무엇인가를 전달해줄 수 있는 기회에 대해 흥분이 되는 것을 느끼기까지 했다. 그녀는 통지서를 아버지에게 전해주면서 매우 행복하고 흥분된 분위기에서 춤을 추며 그의 주위를 돌았다. 나중에 그녀는 그 통지서가 아버지는 멀리 떠나야만 한다는 것을 의미했다는 사실을 알게 되었고, 그녀는 그토록 행복해함으로써 아버지에게 끔찍한 일을 저질렀다고 느꼈다. 아버지가 떠나고 난 뒤, 그녀는 자신이 통지서를 전달하면서 행복해 한 것 때문에 아버지가 그녀를 증오했을 것이라는 환상을 발달시켰다. 그녀의 행복은 그녀가 아버지를 신경 쓰지 않는다는 것을 의미하기 때문이었다. 그녀는 더 나아가서 만약 그녀가 통지서에 대해 "충분히 기분 나빠함"으로써 그녀의 사랑과 헌신을 표현했다면, 아버지가 돌아왔을 것이라는 환상을 발달시켰다.

분석이 계속되면서 아버지의 실종과 관련된 안나의 상상은 성격적 발달, 특히 심리성적 발달에 영향을 미치게 되었음이 드러났다. 안나가 4세 때에 아버지가 사라지게 되면서, 거세불안과 오이디푸스 단계와 관련된 심리적 파생물이 발생하게 되었다.

그녀는 아버지는 자신이 무언가 결함이 있고, 남을 불쾌하게 만드는 태도를 가지고 있어서, 무가치하게 여기고 떠났다는 상상을 품게 되었고, 그 상상이 발전하여 아버지가 러시아에서 다른 여성을 만나서 가정을 꾸리게 되었고 그 여성에게서 아버지를 뺏어서 되찾을 수도 있을지 모른다는 데까지 확대되었다.

아버지의 실종과 관련된 안나의 환상에 대한 설명들의 마지막 요소들—어쩌면 그녀의 성격 발달에 가장 중대한 것들—은 그녀의 심리성적 발달의 우여곡절에 의해 제공되었다. 안나의 아버지는 그녀가 4세였을 때 끌려갔기 때문에, 그의 부재에 대한 안나의 설명에는 거세 불안과 오이디푸스기와 관련된 심리적 파생물들이 포함되었다. 그녀는 자신이 아버지에게 부족하고, 매정하고, 전반적으로 하찮은 존재이기 때문에 아버지가 멀리 떠나갔다는 환상을 발달시켰다. 그리고 그녀는 더 나아가서 아버지가 러시아에서 다른 여자를 만났고 그곳에 머물면서 그녀와 사는 것을 선택했기 때문에 멀리 떠나갔던 것이고, 만약 안나가 아버지를 뺏어갔던 여자에게서 그를 빼앗을 수 있다면, 그는 돌아올 것이라는 환상을 발달시켰다.

분석 과정에서 드러난 자료는 거세와 관련된 심리적 파생물들이 그녀가 아버지의 부재를 해석하는 데 더 두드러진 역할을 하고 있음을 보여주었다. 아버지의 상실은 거세 불안 단계, 그녀의 전체감(feeling of wholeness)과 자존감을 위해서 아버지에게 기대하는 시기를 특징짓는 자기애적 굴욕감을 강화하고 "고착하였다." 아버지의 상실에 대한 안나의 반응에서 거세 불안의 중요성은 그녀의 발달에서 분명하게 환영적인 남근(illusory penis)이 하는 중요한 역할에 의해 지지가 된다. 초기 아동기부터 안나는 작은 남근이 그녀의 외음부로부터 튀어나온다는 충분히 의식적인 확신, 즉 자기상과 성적 정체감을 발달시키는 데 명백하게 부정적인 영향을 미치는 확신을 유지해왔다.

지금까지 기술적으로 논의된 다양한 설명적이고 보상적인 환상들이 방어적인 부인 환상들의 범주에 해당되는지는 의문의 여지가 있다. 일차적으로, 그것들은 4세 아동의 편에서 인지적으로 충분히 발달하지 않은 상태에 적응하려는, 즉, 그녀 주변에 있는 생존한 어른들에 의해 충분히 지지를 받지 못했던 미성숙한 자아에 의해 남겨진 인지적 공백을 그 단계 특유의 설명으로 메우려는 시도를 보여주는 것 같다.

전쟁이 끝난 어느 시점인, 그녀의 잠재기 동안에, 인지 및 자아가 성숙하고 정보의 원천이 확장되면서 안나는 아버지의 투옥과 죽음이라는 현실을 인식하고 이해하기 시작할 수 있게 되었고, 분석으로 해소되기 전까지 그녀의 아버지를 살아있는 것으로 유지하도록 기능했던, 정교한 방어적인 환상-속의-부인 체계(denial-in-fantasy system)를 구축하기 시작했다. 이 후기 시점에서의 그녀의 노력은 발달적으로 가능할 수 있게 되었던 애도 과정을 방해하는 일종의 부인으로서 적절하게 설명될 수 있다. 그 부인은 아버지에 대한 그녀의 복잡하고, 양가적인 애착의 리비도적이고, 공격적이고, 자기-보존적인 요소들에 의해 촉진되었다.

환상-속의-부인 체계를 구축하면서, 안나는 아버지의 부재를 설명하기 위해서 사용했던 이미 만들어놓은 환상들을 충분히 사용했다. 아버지의 죽음을 부인하기 위해서, 그녀는 이제 거세와 관련된 심리적 파생물들과 오이디푸스적인 패배의 환상들을 고수해야만 했다. 이러한 부인 체계를 유지하기 위해서, 안나는 아버지가 그녀를 평가 절하하고, 거절하고, 배제했던 부정적인 기억들을 선택해서 그것들을 고수하고, 아버지가 그녀를 사랑하고, 돌보고, 소중하게 여겼던 모든 긍정적인 기억들이 그녀의 부인 환상들에 모순되고 위태롭지 않도록 그것들을 억압해야만 했다. 성인이 된 이후에, 안나는 아버지를 대신하는 권위자가 그녀를 평가절하했거나 거부했거나 다른 여자에게 빠졌다는 실재적이거나 상상된 경험을 고수함으로써 그녀의 부인 체계를 한층 강화시켰다. 이것은 다시 아버지가 그녀를 거부하거나 다른 여자를 선택했지만 여전히 살아있다는 그녀의 확신을 강화시켰다. 게다가, 그녀는 그녀의 부인 환상들과 아버지에 대한 헌신과 충성이 위태롭게 되지 않도록 하기 위해서 한 남자에 의해 사랑받거나, 소중히 여김을 받거나 선택을 받았다고 느끼는 경험들을 차단하였다.

10세와 초기 청소년기 사이에는 상황들 때문에 안나의 부인 환상들을 거의 변화하지 않고 논박할 수 없는 체계로 강화하게 되었다. 안나가 10세였을 때, 그녀의 어머니는 재혼을 하였고, 안나의 부인 환상들은, 그녀의 계부가 상실한 아버지를 대신해줄 것이라는 안나의 소망에 의해 크게 강화되고 복잡해졌던, 많은 오이디푸스적-경쟁적이고 성적인 갈등들과 꼭 들어맞게 되었다. 이 시점에 실제로는 총명하고 예쁜 아이였던 안나는 자신이 못생기고, 어리석고, 결함이 있고, "괴상하다고" 느끼기 시작했고 그녀의 환영적인 남근에 강박적으로 몰두하게 되었다. 이것들은 분석에 의해서 제거될 때까지 그녀에게 계속되었던 증상들이었다.

어머니의 재혼은 안나 주변에 있는 어른들에 의해 그녀에게 아버지의 죽음이 처음 암묵적으로 인정되었던 일이었다. 이것은 돌연한 위협이 되었고 안나는 그녀의 부인 환상들을 지워야만 했다. 따라서 안나는 부인과 보상을 위한 노력들을 배가하고 그녀가 아버지를 살아있는 것으로 유지하고 있었던 모든 기제들을 강화해야만 했다. 게다가, 그녀는 계부에게 전적으로 사랑받지 못하고 학대당하고 있다는 느낌들을 만들어 내야만 했다. 왜냐하면 계부의 사랑과 돌봄을 인정하고 받아들이는 것은 그녀의 아버지 역시 그녀를 사랑했고 소중히 여겼고 따라서 아버지가 돌아가셨기 때문에 부재한다는 사실을 받아들이는 것이기 때문이었다. 거세와 관련된 다양한 심리적 파생물들로 계부를 차단함으로써, 안나는 그녀가 아버지의 죽음을 받아들이고 그녀의 계부를 받아들임으로써 "잘못 판단하지" 않았고, 그녀는 어머니와는 다르게 아버지가 돌아왔을 때 준비하고 아버지를 기다리고 있는 것이라고 확신했다.

안나의 사춘기 발달 때문에 계부와의 공공연한 성행위의 위협이 더욱 심해지면서 초기 청소년기에 그녀의 부인 체계가 최종적으로 공고화되었다. 계부의 성적인 침범과 유혹에 대해 반응하면서 안나는 스스로 "나의 진짜 아버지는 절대로 이런 일을 하지 않을 거야"라고 생각하면서 그녀의 진짜 아버지가 돌아오기를 간절히 고대하였다. 안나는 아버지가 러시아에서 돌아오고, 어머니는 계부와 사는 것을 선택하고, 안나는 친아버지와 함께 하면서 그의 돌봄과 보호를 누릴 것이라는 환상들을 정교화 하였다. 이렇게 해서 그녀가 아버지를 살아 있는 것으로 유지했던 부인 환상들은 마침내 안정적인 방어 체계로 공고화되었는데, 이것은 안나의 자기상, 자존감, 그리고 남성과의 관계 패턴에 불행한 영향을 미쳤다.

위의 이야기의 많은 부분은 당연히 전이에서 반복되었다. 분석 작업이 아버지의 죽음을 부인 환상들에 대한 적극적으로 직면하는 것과 안나가 아버지의 죽음을 현실로 받아들이도록 고무하는 것으로 이뤄지는 시기 동안에, 그녀는 분석가에게 친아버지에 대한 헌신과 충성을 파괴하려고 위협했던 성적으로 침범적인 계부의 이미지를 덧씌우면서 분노로 가득 찬 전이 투쟁에 몰입하게 되었다.

치료적 동맹은 이러한 전이라는 폭풍의 영향을 견뎌냈고, 안나는 결국 전이를 극복하고 그녀의 부인 체계를 포기할 수 있게 되었다. 가장 직접적인 영향은 그녀가 스스로 아버지가 나치의 손에 겪어야만 했었던 공포와 지속되고 고통스러웠던 죽음을 상상하는 것을 허용하게 되면서 뒤늦은 애도 과정을 경험했다는 것이었다. (이 시점에 그녀는 또한 분석가가 죽을까봐 두려워하기 시작했다). 안나는 애도 과정을 거치면서 아버지에 대한 긍정적인 기억을 극적으로 회복하게 되었고, 이러한 기억들과 함께 그녀는 다양한 남성들로부터 받았던 헌신적인 사랑에 대한 억압된 기억들을 회복하였다. 안나는 이제 아버지가 경험했음에 틀림이 없다고 인식하게 된 끔찍하고 괴로운 죽음으로부터 아버지를 보호하기 위해서 그녀가 그녀 자신을 결함이 있는 존재로 보고 아버지와 다른 남성들의 사랑에 대한 기억들을 희생시켰던 복잡한 부인 체계를 발달시켜왔다는 것을 분명히 깨닫게 되었다. 아버지를 살아 있는 것으로 지키기 위해서 그녀가 견뎌냈던 희생들이 아버지에 대한 그녀의 위대한 사랑이었듯이, 이제 그녀는 아버지가 어떻게 죽었는지를 뒤늦게 생각하면서 그녀의 고통을 견뎌내어야 한다.

예상된 일이지만, 안나가 아버지의 죽음을 받아들이고 애도하게 되면서, 그녀는 결함이 있고 탐탁지 않다는 느낌들도 내려놓기 시작했다. 그녀의 부인 체계와 아버지의 죽음을 극복해가는 과정에서 사랑하는 아버지에 대한 억압되고 분열된 이마고를 드러내고 통합하는 것이 가능해졌다. 이것은 다시 그녀의 자기상과 자존감 그리고 현재의 삶에서 남성들에 의해 소중하고 그럴듯하다는 점차 강렬해지는 느낌에서의 현저하고 지속적인 개선으로 이어졌다. (Stolorow and Lachmann, 1975, pp. 600-609).

앞에서 언급한 사례 보고서는 우리가 프로이의 이론에 스며들어 있는, 데카르트적인 고립된 마음의 전제들에 도전하지 않는 한 프로이트적인 무의식이 무의식의 극적인 사례에 대한 일관되고 강력한 설명을 제공해준다는 것을 보여준다. 그런데 만약 상호주관적인 체계적 관점에서 다시 생각해본다면 이 사례에 대한 이해가 어떻게 달라질까? 그렇게 함으로써 우리는 치료적 과정과 그 결과에 대한 보다 포괄적인 이론적 설명에 이를 수 있을까?

한편으로는, 이러한 분석에 스며들어 있는 심리성적 환상들—즉, 성기적 결함과 경쟁적 패배와 관련하여 되풀이 되는 이미지들—은 더 이상 타고난, 탈맥락화된, 본능적인 근저, 즉 모든 인간의 발달 궤적을 미리 결정한다고 가정되는 내장된 후성적인 기본계획이 드러난 것으로 이해될 수 없다. 대신에, 우리는 그러한 구체적인 이미지를 안나의 경험세계를 지배하게 되는 주제들, 즉 그녀의 발달 과정을 거치면서 안나와 그녀의 양육자들 사이에서 일어났던 상호주관적인 교류 패턴에서 구체화된 주제들의 극적인 상징화로 이해한다. 물론, 이러한 관계 패턴들과 그 결과로 생겨난 조직 원리들은 그것들이 포함되는 역사적이고, 문화적이고, 언어적인 맥락에 의해 영향을 받았다.

심지어 아버지의 죽음이라는 비극적 사건을 해석하는 데 결정적인 역할을 한 안나의 인지적 능력도 상황화 되어야만 한다. 아버지의 죽음에 대해 안나가 알 수 있었던 것은 그녀의 양육자들이 그녀가 무엇을 아는 것을 허용할 수 있었고 허용할 수 없었는가에 대한 그녀의 인식에 의해서 결정된다. 출판된 사례 보고서에서 언급된 "어머니의 누락과 곡해"는 단순히 전쟁과 아버지의 죽음이라는 참혹한 현실을 통합해야 하는 안나의 과제를 도와주는 데 실패한 것이 아니었다. 그것들은 또한 안나에게 어떤 인식과 지식이 발달 체계 안에서 허용될 수 있고 괜찮을 수 있는지에 대한 강력한 메시지였다. 안나가 아버지의 죽음과 나중에 그것을 부인한 것에 대해 알 수 없는 "무능력"은 부분적으로는 그녀가 알아서는 안 된다는 어머니의 요구에 대한 추종, 안나의 지각 세계의 구조로 밀접하게 엮이게 되었던 추종으로 이해될 수 있다. 그것은 그녀의 자존감 그리고 남성들과의 관계에서의 자신에 대한 인식을 확실하게 제한했던 경험의 지평들을 고착시켰다.

우리가 안나의 정서에 초점을 둘 때 그녀의 무의식에 대한 더 많은 상황화가 이뤄진다. 정신분석을 위한 중심적인 동기가 되는 원리가 본능적 욕동에서 정서로 전환된 것은 상호주관성이론의 특성들 가운데 하나이다. 이러한 전환은 이론적으로 매우 중요한데 왜냐하면 고립된 프로이트적인 무의식의 내부 깊은 곳에서 생겨나는 욕동과는 다르게, 정서는 태어날 때부터 지속되는 상호주관적 체계 안에서 조절되거나 잘못 조절된 어떤 것이기 때문이다(Stolorow and Atwood 1992). 따라서 욕동에서 정서로의 전환에는 자동적으로 인간의 동기와 무의식에 대한 상황화가 포함된다.[3)]

안나의 경험세계에 스며들어 있는 두드러진 정서 상태는 임상 과정에 대한 기록들에는 풍부하게 나타남에도 불구하고 출판된 사례 보고서에서 누락되었다. 즉, 그것은 안나가 "이름 없는 공포(nameless terror)"라고 했던 것이다. 위험하고, 멸절시키는

---

3) Aron(1996)이 언급하였듯이, 정서에 대한 초점은 많은 최근 정신분석이론의 특징이었다. 그런 초점이 상황화하는 함의들은 엄마와 자녀 사이에서 일어날 수 있는 불안의 전염에 대한 Sullivan(1953)의 토론에서 예상되었다.

세상에서 압도적인 외로움, 취약감, 그리고 무력감으로 파악되게 되는 이 정서 상태는 그녀가 전쟁과 나치의 점령 그리고 특히 그녀의 아버지의 실종과 죽음과 관련된 공포들을 기억하고 회상하면서 분석에서 자주 재활성화되었다. 여기에서 우리의 목적을 위해서, 이러한 외상화된 상태들을 특징짓는 가장 중요한 것은 그 공포가 "이름이 없다"는 점이다. 이것은 어떻게 이해되어야 할까?

분명히, 앞에서 논의된 "어머니의 누락과 곡해" 때문에 안나가 아는 것은 축소되었을 뿐만 아니라 그녀의 정서 발달은 강력하게 해로운 영향을 받게 되었다. 그녀는 어머니를 일반적으로 자신의 정서 경험을 거의 의식하지 못했던 것으로 묘사하였다. 분명히 매일 가족 주변에서 일어나는 공포들을 곡해할 필요가 있었던 어머니는 딸의 공포와 다른 고통스러운 감정들을 자세히 설명해주거나 확인해주는 조율을 제공할 수 없었다. 이런 이유로, 분석에서 자세히 설명될 때까지, 안나의 정서에서 가장 고통스럽고 놀라게 했던 영역들은 충분히 상징화되지 못하고 "이름 없는" 것으로 남게 되었다. 덧붙이자면, 안나는 어머니의 곡해들을 그녀의 감정이 환영받지 못한다는 암시로, 그녀 자신의 정서적인 고통을 느끼거나 그것에 이름 붙여서는 안 되고, 그녀의 가장 견딜 수 없는 정서적 상태들을 상징화된 경험의 지평들 바깥에 둬야 한다는 명령으로 경험하였던 것 같다. 따라서, 그녀의 아버지를 살아있는 것으로 유지하려는 부인 체계의 또 다른 원천—아마도 가장 중요한—은 그녀가 그녀 자신의 슬픔을 느끼거나 표현해서는 안 된다는 어머니의 요구를 따랐다는 점이다.

이제 안나의 심리성적 환상들을 경험세계적 관점에서 재고해보자. 안나의 경험 세계는 말로 표현할 수 없는 공포에 둘러싸여 있기 때문만이 아니라 아무도 그것을 인정해주지 않았기 때문에 소화될 수 없었던 외상적 상실에 의해 산산이 부서져 버렸다. 그녀의 환상들은 어머니의 거짓말들에 직면해서 초래된 재난의 파편들로부터 경험세계를 재통합하려는 필사적인 시도들로 이해될 수 있다. 그녀는 자신의 상실 경험과 타인들의 부인 사이의 확연한 불일치를 이해해야 할 필요가 있었다. 이러한 이해에는 외상적으로 파괴된 삶의 잃어버린 조각들을 채우기 위한 더욱 정교한 노력이 필요했다. 그녀의 환상들은 더 이상 무의식적인 본능적 욕동의 파생물들로 이해되지 않고 오히려 그녀의 경험을 조직하려는 근본적인 욕구의 창조적인 표현으로 이해된다. 우리가 살펴보았듯이 부인, 무관심 그리고 무효화의 맥락들이 포함된 외상적인 충격을 충분히 고려할 때, 그러한 환상들은 견고해지고 안나의 경우처럼 심한 손상을 가져올 수 있다. 그럼에도 불구하고, 아무리 기이하게 보인다 할지라도 그것들은 이름 없는 것에 이름을 붙이려는 시도로 이해될 수 있다.

마지막으로, 출판된 보고서에서 누락된 또 하나의 결정적인 요소를 고려함으로써 안나가 그녀의 분석에서 얻었던 이익들을 상황화 해보자: 분석가가 자신의 분석에서 탐색했던 환자와의 전이관계. 분석가는 자신의 어머니를 사랑했고, 아동기와 청소년기를 거치면서 어머니의 만성적이고 생기 없는 우울증의 벽 뒤에 갇혀 있던 정서적 생생함을 드러내는 방법을 찾을 수 있기를 갈망하였다. 이런 정서들은 안나와의 관계에서 강하게 되살아났는데, 그가 그녀를 깊이 돌봤기 때문이다. 언젠가 안나가 아버지의 죽음을 부인하고 있음이 드러났을 때, 분석가는 즉시 그녀의 무산된 애도가 그녀의 억압된 정서적 활력을 풀어줄 수 있는 열쇠라고 보았다. 만약 분석가가 안나의 슬픔에 닿을 수 있다면, 그는 그의 어머니를 위해서 결코 할 수 없었던 것을 안나를 위해서 할 수 있었을 것이다. 따라서 딸의 슬픔을 견딜 수 없었던 안나의 어머니와 달리, 분석가는 안나의 그것을 기대하고 환영했고, 이것은 그녀가 부인 체계를 내려놓고 그녀 자신에 대해 바람직하고, 소중하고, 사랑스러운 여성으로 볼 수 있도록 도와주었던 강력하게 치료적인 요소였다.

그녀가 부인 체계를 내려놓고 아버지에 대해 애도하기 시작하였던 시기 동안에 그녀의 생애사가 극적으로 수정되면서 치료적 관계 안에서 안나의 경험적인 지평들이 구체적으로 확장되었다. 안나는 어떤 회기를 시작하면서 분석가에게 아버지가 그녀에게 주어서 오랫동안 그녀에 대한 아버지의 애정이 결여되었음을 상징하는 것으로 남아있었던 "중고 노란색 인형 유모차"를 상기시켰다. 그녀는 자신이 "완전히 잊고 있었던" 어떤 것을 기억하게 되었다고 말했다. 원래 아버지는 "새로 나오고, 정말로 예쁜" 핑크색 인형 유모차를 사주었다. 그 회기에서, 그녀는 그녀의 가족이 그녀에게 가능한 선물로 세 발 자전거에 대해 의논하고 있었지만, 아버지가 반대하고, 예쁜 꼬마 숙녀에게는 예쁜 인형 유모차가 있어야 한다고 주장하고 있을 때 그것을 우연히 들었던 것을 기억했다. 그녀는 더 나아가서 어느 날 그녀가 자신의 소중한 유모차를 놀이터에 가져가서 다른 친구가 그것을 갖고 놀게 했는데, 그 친구가 그것을 가지고 사라져버렸고 그것을 다시 찾지 못했다고 회상하였다. 그녀의 아버지는 잃어버린 유모차 대신에 중고 노란색 유모차를 사주었다.[4] 그녀는 자신이 이제는 그녀의 아버지의 사랑의 상징이었던 첫 번째 예쁜 유모차를 "잊어버린 것"이 아버지가 왜 그녀에게 돌아오지 않았는지를 "설명해줌"으로써 그를 살아있는 것으로 유지시켰던 환상들로서 기능했음을 이해했고, 곧 그녀의 아버지가 그녀를 사랑했던 다른 많은 경우들을 떠올리게 되었다고 하였다. 예쁜 인형 유모차의 회복은 또한 그녀의 분석가와의 관계에서 일어나고 있었던 과정을 상징화했다. 그 과정에서 그녀는 그녀의 애도를 도울 수 있었던 어머니와 그녀의 아동기에 잃어버렸던 사랑하는 아버지를 발견했다. 세계의 지평들을 축소시키는 것과 마찬가지로, 인식의 지평들을 확장하는 것도 그것들이 형성되는 상호주관적 상황이라는 측면에서만 파악될 수 있다.

안나의 분석가는 그녀와 함께 이름 없는 공포에 대해 따뜻한 공간을 만들었다. 그는 그녀에게 애도할 필요가 있다는 것을 인식했기 때문에 그녀에게 자신이 고통스럽게 갇혀 있었던 초기의 외상적인 상실의 공포를 알고, 이름 붙이고, 재조직하게 할 수 있었다. 이러한 상실이 그녀의 어머니가 그녀에게 허용할 수 있었던 세계의 지평들 밖에 있었기 때문에 환상이라는 창조적인 작업이 필요했지만, 이러한 환상들에 대해서 대화하고 질문할 수 없었기 때문에 그것들은 단단하게 굳어버렸다. 심리적인 세계가 발달하고 확장되려면 그러한 질문과 대화는 필수적이다. 정신분석의 본질적인 작업을 구성하는 것은 고립된 무의식적 마음의 발굴이 아니라 이러한 질문과 대화이다.

안나의 분석에 대해 우리가 재개념화한 것에 대해 동료들이 질문을 제기하였다: 이러한 새로운 이해가 안나의 치료를 어떻게 바꾸었는가? 가장 분명한 치료적 함의들이 담긴 개념상의 변화는 아버지의 죽음을 알 수 없었던 안나의 무능력과 관련이 있는데, 우리는 이제 그것을 상실의 시기의 제한된 인식 능력들의 산물이라기보다는 안나의 슬픔이 이름 붙여지지 않아야 한다는 어머니의 요구를 따른 것으로 본다. 30년 전에 진행된 분석의 과정에서 일어난 변화에 대해 말하는 것이 쉽지 않겠지만, 안나의 무의식에 대해 다르게 이해함으로써 그녀의 분석가가 그녀의 부인 환상들에 적극적으로 직면하고 아버지의 죽음을 받아들이도록 격려했던 시기에 그녀의 "분노가 가

---

4) 예쁜 핑크색 인형 유모차를 잃어버리고 대신에 중고 노란색 인형 유모차를 얻게 되었던 기억은 반유대주의적인 박해에 대한 경험들의 충격적인 영향을 은유적으로 부호화하는 차폐 기억(screen memory)이었을 수 있다.

득한 전이 투쟁들"에 대한 분석적 접근이 현저하게 달라졌을 것으로 보인다. 이러한 새로운 이해의 도움을 받아서, 그는 이러한 투쟁의 시기 내내 그녀의 어머니가 그랬듯이 슬픔이 올라올 때 그가 그것을 견뎌내지 못할 것이라고 두려웠는지, 그녀가 그러한 기대에 도움이 되는 그의 어떤 것에든 반응하고 있는지를 반복적으로 질문할 수 있었을 것이다. 그녀는 그의 직면과 격려를 치료적 관계의 실패로 유인하는 것으로 받아들이고 있었는가? 분석적 변화에 대한 안나의 경험을 조직하는 이러한 정서적 확신을 분명히 하는 것은 치료적 관계를 더욱 깊게 만들고 애도할 수 있는 능력, 좀 더 넓게 말하자면, 고통스러운 정서를 경험하고, 이름 붙이고, 통합할 수 있는 능력을 더욱 확장할 수 있었을 것이다.

그러나 좀 더 반추해보면, 앞에서 말한 내용은 분석 시기에 분석가의 관점에서 이미 변화가 일어나기 시작하고 있었다는 인식에 의해 완화되어야만 한다. 안나의 젊은 분석가의 여전히 배아적인 형태였던 주된 틀은 아직 공식화되지 않았고, 전반성적이고, 이름 없는 것이었지만, 그는 이미 그녀와 상황적으로 작업하고 있었다. 몇 년이 지난 후에야, 그의 사고의 공동체주의적인 맥락으로 인해서 그의 세계의 지평들이 확장될 수 있었을 때, 그의 발달하는 임상 방식의 이러한 전이론적인 측면이 병인론과 치료 과정에 대한 상호주관적인 체계적 관점으로 자세히 설명이 되고 이름 붙여질 수 있었다. 분석가의 이론적 지평들이 그렇게 확장되면 그것 때문에 지금까지 모호했던 환자의 경험 세계의 특성들을 파악할 수 있는 분석가의 능력이 향상되는 만큼 치료 결과에도 유효한 영향을 미칠 것이라는 것이 우리의 믿음이다. 그러나 분석적인 2자관계가 복잡하고, 비선형적이고, 역동적인 체계(Stolorow 1997)로 기능하는 한, 그것의 요소들(분석가의 이론과 같은)의 어떤 한 가지에서의 변화가 가져올 구체적인 치료적 영향은 정확하게 예측될 수 없다. 우리가 처음으로 분석 과정의 상호주관적 맥락의 역할에 대한 우리의 생각들을 개발하기 시작했을 때(Stolorow et al. 1978), 우리는 이렇게 관점을 확장하는 것이 치료적 실제와 효과－예를 들면, 정신증적 상태의 치료에서－에 미칠 영향들을 모두 예측할 수 없었다(Stolorow et al. 2002). 따라서 우리가 치료적 행위에 대한 우리의 이론들을 대하는 태도는 그것들을 엄격하게 고수하기 보다는 가볍게 고수하는, 오류가 가능하다는 태도이다(Orange et al. 1997). 최근의 정신분석적 세계의 변화하고 있는 지평들에는, 여전히 알려지지 않은 것들이 많이 있다.

참고문헌

Aron L: A Meeting of Minds. Hillsdale, NJ, Analytic Press, 1996

Atwood GE, Stolorow RD: Psychoanalytic concepts and the representational world. Psychoanalysis and Contemporary Thought 3:267–290, 1980

Atwood GE, Stolorow RD: Structures of Subjectivity: Explorations in Psychoanalytic Phenomenology. Hillsdale, NJ, Analytic Press, 1984

Atwood GE, Stolorow RD: Faces in a Cloud: Intersubjectivity in Personality Theory, 2nd Edition. Northvale, NJ, Jason Aronson, 1993

Cavell M: The Psychoanalytic Mind: From Freud to Philosophy. Cambridge, MA, Harvard University Press, 1993

Freud S: The interpretation of dreams (1900), in The Standard Edition of the Complete Psychological Works of Sigmund Freud [SE], Vol 4–5. Translated and edited by Strachey J. London, Hogarth Press, 1953, pp xxiii–751

Freud S: (1915), The unconscious. SE, 14:159–204, 1957

Freud S: The ego and the id (1923). SE, 19:3–66, 1961

Freud S: New introductory lectures on psycho–analysis (1933). SE, 22:5–182, 1964

Gadamer H–G: Truth and Method (1975). Translated by Weinsheimer J, Marshall D, 2nd Edition. New York, Crossroads, 1991

Gerson S: The analyst's subjectivity and the relational unconscious. Paper presented at the spring meeting of the Division of Psychoanalysis, American Psychological Association, Santa Monica, CA, 1995

Orange DM, Atwood GE, Stolorow RD: Working Intersubjectively: Contextualism in Psychoanalytic Practice. Hillsdale, NJ, Analytic Press, 1997

Stern DB: Unformulated Experience: From Dissociation to Imagination in Psychoanalysis. Hillsdale, NJ, Analytic Press, 1997

Stolorow RD: A neurotic character structure built upon the denial of an early object loss. Graduation paper, Psychoanalytic Institute of the Postgraduate Center for Mental Health, New York, NY, 1974

Stolorow RD: Dynamic, dyadic, intersubjective systems: an evolving paradigm for psychoanalysis. Psychoanal Psychol 14:337–346, 1997

Stolorow RD, Atwood GE: The unconscious and unconscious fantasy: an intersubjective–developmental perspective. Psychoanalytic Inquiry 9:364–374, 1989

Stolorow RD, Atwood GE: Contexts of Being: The Intersubjective Foundations of Psychological Life. Hillsdale, NJ, Analytic Press, 1992

Stolorow RD, Lachmann FM: Early object loss and denial: developmental considerations. Psychoanal Q 44:596–611, 1975

Stolorow RD, Atwood GE, Ross JM: The representational world in psychoanalytic therapy. Int Rev Psychoanal 5:247–256, 1978

Stolorow RD, Atwood GE, Orange DM: Worlds of Experience: Interweaving Philosophical and Clinical Dimensions in Psychoanalysis. New York, Basic Books, 2002

Sullivan HS: The Interpersonal Theory of Psychiatry. New York, WW Norton, 1953

로버트 월러스타인 (Robert S. Wallerstein)

30

소개

로버트 월러스타인(Robert Wallerstein) 박사는 뉴욕의 콜롬비아대학교와 콜롬비아대학교 의과대학을 졸업하고 마운트 시나이 병원과 메닝거 정신건강의학 대학원에서 정신건강의학 수련을 받았다. 그는 토페카 정신분석 연구소에서 분석 수련을 받고 그곳에서 교육 및 감독 분석가로 임명되었다. 그는 또한 토페카에 있는 메닝거 재단의 선임연구원으로 활동하였다. 샌프란시스코로 옮긴 후에 마운트 시온 병원의 정신건강의학과장이 되었고, 샌프란시스코 캘리포니아 대학교 의과대학의 정신건강의학과 교수와 과장이 되었다. 그는 또한 샌프란시스코 정신분석 연구소에서 교육 및 감독 분석가로 활동하였다.

월러스타인 박사는 정신건강의학과 정신분석의 연구 및 교육에서 그의 공로를 인정받아서, 뉴욕 정신분석연구소의 하인즈 하르트만 상, 메닝거 정신건강의학대학원 I. 아더 마샬 동문 공로상, 샌프란시스코 캘리포니아대학교의 J. 엘리어트 로이어 상, 마운트 에어리 재단과 정신건강의학센터로부터 금메달, 그리고 정신분석에 대한 뛰어난 공헌 때문에 메리 시거니 상을 수여받았다. 그는 캘리포니아 스탠포드대학교 고등행동과학 연구센터에서 특별 연구원으로 두 번 근무했고, 이탈리아 코모 호수 부근의 벨리지오에 있는 록펠러재단 연구센터에서 특별 연구원으로 근무하였다. 그 외에 세계 여러 대학에서 방문교수로 활동하였고, 안나 프로이트 센터, 메닝거 재단 그리고 고등행동과학 연구센터의 이사 혹은 자문위원으로 활동했다.

월러스타인 박사는 미국정신분석협회 회장, 국제정신분석협회(IPA) 회장, 그리고 *International Journal of Psychoanalysis*의 북미 편집인을 역임했고, 미국지부 편집장 및 기타 여러 학술지의 고문위원을 거쳤다. 그는 *The Teaching and Learning of Psychotherapy, Forty-Two Lives in Treatment: A Study of Psychoanalysis and Psychotherapy, The Talking Cure: The Psychoanalyses and the Psychotherapies* 그리고 *Lay Analysis: Life Inside the Controversy* 등을 포함하여 16개 도서의 저자 혹은 공동저자이다.

월러스타인 박사는 연구자이자 지도자로서, 미국 및 국제 정신분석의 발달에서 한 획을 그은 인물이었다. 그는 협소한 이론적 문구들에 저항했고 오늘날 미국 정신분석의 특성을 이루는 다양한 이론적 관점들을 포용하였다. 그는 아래와 같이 자신을 소개한다.

> 실제로, 나는 두 가지 역할을 했다. 첫 번째는 공식적이고 체계적인 경험 연구자로서의 역할인데, 나는 평생 동안 메닝거 재단의 30년에 걸친 심리치료 연구 프로젝트를 개발하고 추진하고, 그 결과로서 또한 정신분석 조직(국제정신분석협회에서의 유사한 역할과 함께, 미국 연구훈련위원회 위원장, 그 조직의 과학활동위원회 위원장, 정신분석적 연구재단의 회장 등으로서)에서 정신분석적 연구의 옹호자이자 촉진자가 되었고 세계 곳곳에서 정신분석적 연구 프로그램들을 자문해주었다.
>
> 미국 정신분석에서 나의 두 번째 역할은 운이 좋게도 미국정신분석협회에서의 조직 활동을 통해서 "그 기관"의 중심적인 위치에 있게 되었던 것이다. 그곳에서 나는 나에게 중요했던 명분들이 항상 보편적으로 대중적인 것은 아니지만 그것들을 옹호했고 내 얘기가 경청이 되었다는 것을 알게 되는 위치에 있었다. 그것들에는 조직된 정신분석에서 거의 한 세기 동안 논쟁이 되었던 "일반 전문가에 의한 분석(lay analysis)"의 주제를 적절하게 해결하면서 협회 내에서의 위계질서를 보다 진보적으로 조직하는 것, 내가 소망하기에 이론적인 담론이든 조직의 구조이든 지적으로 그리고 조직적으로, 즉 이론적 담론에서나 조직의 구조에서나 통합적인 관점인 것-이것이냐 저것이냐 보다는 이것도 저것도의 입장-에 힘을 쏟으면서 연구사업을 세계적인 수준으로 촉진하는 것이 포함되었다.

나는 내가 다른 사람들이 경험했던 것보다 더 많은 성공과 함께, 오랫동안 우리 분야에 중요했다고 느꼈던 활동들을 촉진하는 데 있어서 일익을 담당했다는 점에서 나의 정신분석 경력에서 행운이라고 생각한다.

이 논문을 선택하게 된 이유

로버트 월러스타인

나는 이 논문이 내가 정신분석계에 기여한 것들 가운데 가장 영향력 있는 것일 수 있다고 생각한다. 비록 내가 분명히 정신분석적 연구에 대해 더 많은 논문을 썼고, 정신분석적 연구를 실행하고 장려하는 데 헌신하였지만, 나는 좋든 싫든(내가 의도하는 것은 싫어도) 나의 연구가 기여한 것들은 우리가 경험하고 있는 정신분석적 다원주의의 주제, 그리고 그 다원주의에서 우리를 공유된 분야의 지지자로 함께 묶어주는 공통된 기반을 추구하는 것에 대한 나의 생각보다 정신분석 전반에 영향을 덜 미쳤다고 생각한다. 바로 그 이유 때문에 나는 "하나의 정신분석인가 다수의 정신분석인가? (One Psychoanalysis or Many?)"를 이 책에 포함시키기 위해서 선택했는데, 결국 이것은 1987년 몬트리올 학술대회에 IPA의 회장으로 했던 기조연설이었다.

"하나의 정신분석인가 다수의 정신분석인가?"[1)]

(One Psychoanalysis or Many?)

로버트 월러스타인

회장으로서 국제정신분석협회(IPA) 학술회의 개회식 날 본회의에서 연설하는 특권은 전 세계 정신분석 공동체에 충분히 중요한 주제를 선정해야 한다는 상응하는 의무감 때문에 퇴색되었다. 나는 여기에서 시작되거나 발전된 그 주제에 대한 대화가 우리의 공유된 정신분석적 이해와 헌신을 고양시킬 수 있기를 소망한다. 내가 생각하기에 내가 오늘 선정했던 그런 주제는 우리의 점증하는 정신분석적 다양성, 혹은 우리가 다원주의라고 부르게 된 것, 즉 이론적 관점들, 언어적 및 사고적 관습들, 독특한 지역적, 문화적, 언어적 강조점들의 다원주의에 대한 것, 그리고 이러한 점증하는 다원성을 고려할 때 아직도 공유된 정신분석적 과학과 전문직의 공통된 지지자들로서 우리를 일치시켜주는 것은 무엇인가에 대한 것이다.

정신분석이 언제나 이러한 다원주의를 특징으로 한 것은 아니었다. 사실은, 바로 그 반대이다. 아마도 정신분석은 인간의 지식의 다른 어떤 분야 이상으로 독특하게 지그문트 프로이트라는 한 인간의 창조적인 재능의 산물일 것이다. 평생에 걸쳐 이뤄진 생산적 작업은 그야말로 엄청난 것이었고 만약 정신분석의 전체 체계가 프로이트의 저작 전집으로 구성된 것에 지나지 않다면, 내가 생각하기에 우리는 과학적이고 전문적인 활동을 온전히 움직이는 모든 근본적인 원리들과 본질적인 구조가 학생들이자 임상가로서 우리에게 유용하다는 점에 기꺼이 동의할 수 있었을 것이다.

그리고 프로이트는 마음에 대한 그의 새로운 과학의 조건들을 규정하고, 밖으로는 파괴하거나 가치를 희석시키는 압력 또는 유혹에 대항하고 안으로는 다루기 까다로운 인간의 불화들에 대항해서 그것을 통일된 기획으로 유지하기 위해서 평생에 걸쳐

---

1) 이 논문은 1987년 7월에 몬드리올에서 개최된 제35차 국제정신분석협회 학술회의에서 발표되었다. Wallerstein박사의 "One Psychoanalysis or Many?"는 처음에 *The International Journal of Psychoanalysis,* 69:5-21, 1988에 게재되었다.

서 부단한 노력을 기울였다. 그에게 정신분석은 단순히 하나의 과학과 전문직일 뿐만 아니라 그 말이 의미하는 헌신적이고 훈련된 충성을 요구하는 하나의 운동이었다. 다양한 경향들이 프로이트가 세우려고 애쓰고 있었던 통일된 체계를 분열시키려고 위협할 때, 그는 그의 중심적인 정신분석적 원리들의 안정성을 보장하기 위해서 반지를 가진 7명의 유명한 위원회를 조직했다. 그리고 우리는 프로이트가 1914년에 "On the History of the Psychoanalytic Movement"에서 기록했던, 중요한 점들에서 그와 달라지기 시작했던 가까운 동료인 아들러와 슈테켈 그리고 융이 각자 어떻게 1910년부터 1913년까지 3년에 걸쳐서 정신분석을 떠나야겠다고 생각했는지에 대한 이야기를 잘 알고 있다.

프로이트는 그의 입장에서 그가 그 시점에 정신분석의 근본적인 가설들을 수립했기 때문에 의견을 달리하는 이러한 사람들의 심리적 탈선들이 그것들과 전적으로 양립할 수 없다고 선언했고, 그들이 이러한 차이들 때문에 그 운동을 떠났을 때, 그는 그들이 원하는 어떤 심리학적 및 심리치료적 경향을 정신분석이라고 주장하지 않는 한 그들은 그것을 추구할 것이라는 사실에 자신 스스로 만족한다고 단언했다. 그들 가운데 두 사람은 그들 자신의 학파 혹은 운동을 수립했다; 아들러는 그의 것을 "개인심리학"이라고 불렀고 융은 "분석심리학"이라는 이름을 취했다. 프로이트는 두 가지의 새로운 이론 체계들 가운데 아들러학파가 더 중요하고(p. 60) 아마도 더 오래 지속될 것이라고 느꼈지만 여기에서 그의 예측은 잘못된 것으로 드러났다. 보다 최근에 스스로 정신분석이라는 명칭을 다시 사용하고, 대안적인 치료 체계로서 전 세계적으로 지속되었던 것은 융의 운동이다. 나는 뒤에서 그것과 IPA의 회원들에게서 대표되는 정신분석의 잠재적인 최근의 관계를 다룰 것이다.

프로이트는 아들러가 자아 그리고 적응에서의 그것의 역할에 대한 심리학에 그리고 정신적 삶에서의 공격적 욕동들의 중요성을 인식하는 데, 융은 유아의 충동들이 최상의 윤리적이고 종교적 관심들을 증진하기 위해서 사용되는 방식을 추적하는 데 기여함으로써 정신분석에 소중한 새로운 기여들을 했다고 선언하였다. 그러나 프로이트는 이 두 사람이 모두 각자의 방법에서 동시에 무의식과 억압, 저항과 전이와 관련된 정신분석의 중심 개념들을 포기했고, 따라서 그들이 프로이트가 정신분석의 운동에 대한 동일한 논문—실제로 프로이트가 그의 저작 여러 곳에서 언급했던 여러 진술들 가운데 첫 번째이자 가장 간결하고 가장 잘 알려진 것－에서 분석에 대해 제시했던 정의적인 진술을 벗어났다고 느꼈다. 우리 모두가 잘 알듯이, 그는 거기에서 다음과 같이 말했다. "전이와 저항이라는 사실. 이러한 두 가지 사실을 인정하고 그것들을 그 작업의 출발점으로 삼는 어떤 연구의 노선도 비록 그것이 나와는 다른 결론에 도달한다 해도 그 자체를 정신분석이라고 부를 수 있는 권리를 갖는다. 그러나 만약 이러한 두 가지 가설을 회피하면서 문제의 다른 측면들을 받아들이는 어떤 사람이 계속해서 그 자신을 정신분석가라고 한다면, 그는 어설픈 흉내 내기로 재산을 횡령했다는 혐의를 면하기 어려울 것이다"(Freud 1914a, p. 16). 물론 우리는 여기에서 ***전이***와 ***저항***이라는 말에는 또한 우리의 공유된 정신분석적 구조물의 중요한 석재들인 무의식, 정신적 갈등, 그리고 방어에 대한 개념들이 내포된다는 점을 덧붙여야만 한다.[2] 물론, 그 이후, 아들러의 중심적인 개념들－자아와 적응에 대한 것이나 공격성과 같이 동기적 힘에 대한 것들과 같은－ 가운데 어떤 것들은 먼저는 프로이트에 의해, 그 다음에는 하르트만처럼 이후에 나타나는 다른 사람들에 의해서 적극적으로 정신분석의 중요한 부분에 다시 포함되었는데, 이것은 아마도 분리된 치료적 기획이었던 아들러 심리학이 거의 실패한 것과 관련이 있을 것이다. 덜하지만 그럼에도 불구하고 융의 심리학은 여전히 실질적으로 다시 포함되었다. 혹은 인생 후반부에 대해 동등하게 관심을 가지는 것으로 강조점을 전환하는 에릭슨의 생애주기의 초점과 같이, 동기와 행동을 이해함에 있어서의 안내자로서 무의식적 환상 체계에 대한 우리의 초점과 같이, 융의 심리학과는 다른 방식이긴 하지만 적어도 정신분석적 틀 안에서 서로 관련이 있는 발달이 이뤄지고 있고, 융의 이론 체계에서 나온 개념들이 이렇게 다소 적지만 다시 전용된 것은 아들러학파와는 달리 분리된 심리학과 치료법으로서 융의 심리학이 가진 지속적인 보다 왕성한 활동력과 관련이 있을 수 있다.

한편, 아들러, 슈테켈 그리고 융이 떠난 후 10년이 채 지나지 않아서, 정신분석은

---

2) Freud 자신이 동일한 논문 "History"에서 이 추가적인 요점을 매우 분명하게 했다. 그는 더 추가된 이 지점에서 "정신분석에 직면하고 있는 첫 번째 과제는 신경증들을 설명하는 것이었다. 그것은 저항과 전이의 두 가지 사실을 출발점으로 사용했다. 기억상실증이라는 세 번째 사실을 고려하는 것은 그것들을 억압, 신경증에서의 성적 동기 세력 그리고 무의식에 대한 이론으로 설명한다"(Freud 1914a, p. 50)라고 말했다. 그가 ***갈등***이라는 말을 특별히 언급하지 않았지만, 그것은 전적으로 내재된 것이다. 그렇지 않으면 언급된 개념들은 모순이 있다.

페렌치와 랑크의 새로운 이탈로 인해서 위기에 처하게 되는데, 이것은 부분적으로는 그들의 *The Development of Psycho-analysis*(Ferenczi and Rank, 1924)라는 단행본과 관련이 있고, 부분적으로는 관계가 있음에도 불구하고 다른 방향으로 발달했던 페렌치의 능동적 치료(active therapy)와 랑크의 의지치료와 관련이 있다. 실제로 이러한 이론적 기법적 발달에 의해 유발된 긴장에도 불구하고, 페렌치는 결코 정신분석을 떠나지 않았지만, 랑크는 결국 떠났고 미국에서 정신분석보다는 사회사업에서 더 많은 영향을 미친 새로운 학파인, 소위 사회사업의 기능주의 학파를 발전시켰다. 그러나 랑크학파의 이탈과 성장은 이제는 아들러의 심리학처럼 역사 속으로 거의 사라졌다.

그러나 1920년대의 같은 10년 동안 프로이트의 정신분석에서의 첫 번째로 중요한 새로운 이론적 방향의 기원이 나타났다. 이 시기에는 동시에 프로이트 정신분석의 직접적인 후예라는 의식을 잃지 않으려는 치열한 노력이 이뤄졌다. 사실 어떤 면에서, 이러한 노력을 통해서 가장 문제가 되고 논쟁을 일으켰던 프로이트의 이론—1920년대에 발표한 "Beyond the Pleasure Principle"에서 죽음본능 이론을 소개한 것—이 확고하게 받아들여졌고 이것은 정신분석의 이론적 개념의 발달에서 중심적인 소재가 되었다. 여기에서 이것은 개인적으로는 프로이트와 더 가까웠지만 프로이트의 정신분석의 이러한 특별한 이론적 전환이 정신분석에 갖는 가치에 대해 급격하게 분열되었던 비엔나 학파 사람들보다 프로이트의 인격과 정신을 더 가깝게 추종했다고 주장할 수 있었다. 물론, 여기에서 나는 멜라니 클라인과 클라인학파의 분석의 발달에 대해 말하는 것이다.

리카르도 스타이너(1985)는 1943년과 1944년에 있었던 영국 학회의 소위 "논쟁을 일으키는 토론들"에 대한 그의 출판된 논평에서 영국에서 클라인학파의 이론적 발달의 정치적 역사를 분명하게 추적한다; 멜라니 클라인이 아동과 함께 했던 그녀의 작업에서 발전시켰던 이론과 기법에 대한 새로운 생각들에 대해 강의를 하기 위해서 베를린에서 런던으로 오도록 처음으로 초대를 받았던 것, 이러한 생각들에 의해 영국 집단에서 불러일으켜졌던 관심, 영구적으로 런던으로 오라는 초대 그리고 존스와 1세대 영국 분석가들의 뛰어난 집단이 클라인의 견해에 대해 초기에 지지하고 추종했던 것, 그리고 아동 정신분석의 적절한 이론적 기법적 발달에 대한 지속적인 논쟁에서 멜라니 클라인을 지지하는 존스와 자신의 딸 안나를 지지하는 프로이트 사이에서 오고 갔던 이것을 둘러싼 대립적인 편지들은 클라인학파와 안나 프로이트학파 사이의, 혹은 런던학파와 비엔나학파 사이의 불행한 분기(分岐)로 이해되었는데, 이것은 그 당시 유럽과 실제로는 세계에서 정신분석적 영향의 두 가지 주요 중심을 나타냈다.

그러나 여기에서 근본적인 차이는 클라인학파의 발달이 IPA라는 국제정신분석기구로부터의 분열과 이탈로 이어지지 않았다는 것이다. 오히려 그 이후 영국 학회가 클라인학파와 프로이트학파, 그리고 중간에 있는 독립 혹은 중도 학파로 운영되었던 정확한 조건들은 프로이트 사후 4~5년에 걸쳐서 일어났던 오랜 논쟁적 토론들이 있을 때까지 확정되지 않았지만, 내가 언급했듯이 클라인학파는 그들의 더욱 나무랄 데 없는 정신분석적 자격을 주장했고 그들의 운동은 영국의 조직적 틀 안에 그리고 IPA 안에 남아있었다.

여기에서 나의 요점은 프로이트의 생전에 그리고 정신분석에서 그의 개인적인 지도력이 의문의 여지가 없었을 때 그럼에도 불구하고 클라인주의가 발달하게 되면서 정신분석이 프로이트라는 천재적인 창시자의 창조적인 지적 체계를 중심으로 발달된 철저하게 통일된 이론적 구조였던 것—적어도 겉으로보기에는—에서 오늘날의 전 세계적인 이론적 다양성으로 점진적인 전환을 시작하게 되었다는 것이다. 그 다양성에는 미국의 자아심리학파(그리고 이제는 후기-자아심리학파)와 나란히 클라인학파, 비온학파, 영국의 대상관계학파(좁게는 위니캇학파를 뜻하기도 함), 라캉학파(유럽과 남미에 퍼져있지만 비중은 크지 않음)가 포함된다. 그러나 심지어 오랫동안 하르트만과 라파포트의 자아심리학적 메타심리학 패러다임의 확고한 획일적인 헤게모니의 본거지였던 미국에서도, 최근에 정신분석적 이론적 관점의 주요 대안으로서 코헛의 자기심리학의 부흥과, 정도는 덜하지만 말러의 발달적 접근과 셰이퍼의 새로운 목소리 혹은 새로운 표현방식이 목격되고 있다.

그리고 물론, 이러한 다양한 이론적 관점들을 통해서 우리 분야에서의 다양한 개념적 발달들이 모두 규명된 것은 아니다. 우리에게는 우리의 일차 자료, 즉 결국 상담실에서의 상호교류적인 내용들의 주관주의적인 특성과 충분히 조화를 이루는 방식으로 경험 과학의 표준을 따라서 우리의 추론적이고 예측적인 과정들에서의 증거와 타당성에 대한 조건들로 정신분석의 본질에 대한 전통적인 자연과학적 접근을 옹호하는 사람들이 있다. 이 모든 것은 정신분석을 그 이론의 논리에 있어서, 그것의 인식론적 토대에 있어서, 그리고 발견과 타당화의 방법에 있어서 다소 다른 사회적 혹은 역사적 과학으로, 즉 해리슨(1970)의 말에서 "독특한" 과학을 의미하는 "우리의 과학"인 다른 종류의 과학으로 보는 사람들과 반대되는 것이다. 그리고 정신분석을 결코 어떤 종류의 과학이 아니라 오히려 "해석학"이라는 용어가 처음으로 생겨났던 문학비평이나 성서 주석적 해석과 같은 하나의 해석학적 학문으로 보는 이러 저러한 사람들이 있었다. 이것은 단지 이유들, 즉 인간 행동의 "이유(why)"에 기반을 둔 하나의 심리학이지, 원인들, 즉 인간 행동의 "방식(how)"에 기반을 둔 과학과 같은 것이 아니다. 비록 자연과학적 관점은 미국과 영국에 주요 본거지를 두고 있고 가다머(1975), 하버마스(1968), 그리고 리쾨르(1970)와 같은 이들의 해석학적 관점은 독일과 프랑스를 중심으로 했지만, 이러한 정반대의 입장들을 각각 열정적으로 옹호하는 사람들은 어디에나 있고, 해석학적 캠프에는 다양한 해석학적, 현상학적, 배타적으로 주관주의적이고(거나) 언어적인 것에 기반하는 우리 분야의 개념화들이 있다. 하나의 학문으로서 정신분석의 ***본질***에 대한 이러한 모든 주제들은 내가 뉴욕에서의 프로이트 기념 강연(Wallerstein 1986)에서 충분히 다루었고 오늘 여기에서는 나의 목적을 위해서 더 설명할 필요가 없다.

나는 이러한 맥락에서 전 세계적으로 조직화된 정신분석을 특징짓는 다양한 독특성들에 주의를 기울이고 싶다. 나는 라캉을 제외하고 프랑스의(혹은 프랑스어권의) 분석을 영미권(혹은 영어권의) 분석과는 다른 분석적 "목소리"로 만드는, 지역적이고 문화적이고 언어적인 모든 강조점들에 대해 언급하고 있는 것이다. 이것은 프랑스의 베르게레가 "정신분석 세계에 존재하는 사고의 **모든** 흐름들"이라고 하는 것에 반응하는 것이 아니라 지배적인 하나의 형태에 분석을 제한하는 경향이 있을 수 있는 그것의 특정한 언어 및 사고의 관습들을 가진 "영어권 문화 모델"을 넘어서는 하나의 과학으로서 우리 학문의 본질에 대한 논쟁적인 개념들을 확장시켜줄, IPA의 보호를 받는 공식적인 학문적 협회를 요청할 때 염두에 둔 것이다(J. Bergeret, "Reflections on the Scientific Responsibilities of the International Association"(미출판 원고, 1986). 또한 최근에 시작된 프랑스와 미국 분석가들 사이의 모임들—1983년 파리에서 첫 모임이 있었음—에서 했던 것은 미국인들에게 "프랑스적인 분석적 사고의 개념들의 범위의 표본"(Poland and Major 1984, p. 145)을 제시하고 그 반대도 마찬가지로 하는 것이다. 이것으로 양쪽 모두에게 상대방과 관련된 만연한 고정관념을 뛰어넘는 대화가 가능해졌다. 연구되었던 이러한 차이들은 단지 스타일의 문제만이 아니라 관점의 문제이고 따라서 가치가 담겨져 있는 것이다. 예를 들면, 명시적인 사고 경계들의 신중한 표시(denotation)와 함께 의미의 정확성에 대해 반대하는, 은유와 시적인 암시를 통한, 담론의 유동적인 표현적인 자유에 대한 차별적인 충성들이 가치로서 담겨져 있는 것이다. 물론 이 모든 것은 스타이너가 영어권 책인 *Psychoanalysis in France* (Lebovici와 Widlöcher의 편집, 1980)에 대한 그의 서평에서 말했던 것, 즉 "무의식적 과정의 보편성에도 불구하고, 정신분석은 그것이 발달하고 있는 역사적, 문화적, 사회적 상황에 의해 상당히 영향을 받는다. 이것은 한 사람의 관점에 따라서 부정적인 또는 긍정적인 현상으로 이해될 수 있지만, 그것은 쉽게 반박될 수 없는 현실이다(p. 233)" 라는 점을 강조한다.

그러나 내가 지금까지 추적해왔듯이 프로이트가 그의 지도력의 지적인 카리스마를 중심으로 형성된 공유된 지적 운동에 대한 그의 구상에서 구체화하고 강화하려고 했던 정신분석의 이론적 통일성으로부터 우리가 오늘날 다양하게 쉽게 만족하거나 그렇지 하지 못하는 폭넓은 이론적 다양성으로의 전환은 순조롭고 평온한 여정이 아니었다. 우리의 학문과 그 기원들의 본질을 감안할 때, 정신분석에 중요한 사건은 프로이트의 죽음이었고, 그 이후의 부담은 그들의 분야를 너무나도 모험적이면서도 혼자의 힘으로 정신분석을 만들어냈던 한 사람의 천재성을 넘어서서 과거에 기초해서 형성되었지만 앞으로는 정신분석 공동체의 독립적인 연구에 의존하는 하나의 학문이자 과학으로 세워가야만 했던 분석가들에게 주어졌다.

이것은 정신분석에 정말로 힘겨운 과제였다. 프로이트의 이름과 저술은 너무나도 많은 것을 의미하게 되었고 그것은 단지 정신분석가들에게만 그런 것이 아니었다. 문학비평가 알프레드 카진(1957)은 프로이트의 혁명에 대한 평가에서 그것을 표현하였다. "그의 이름은 더 이상 한 사람의 이름이 아니다. 다윈처럼 그것은 자연의 일부가 되었다. 이것은 한 사람이 미칠 수 있는 가장 위대한 영향이다. 그것은 사람들이 그들이 믿기에 실제로 존재하는 자연 세계의 어떤 것을 나타내기 위해서 그의 이름을 사용한다는 것을 의미한다.... 매일 매시간... 사람들은 이름을 잊어버리거나, 말실수를 하거나, 우울하게 느낄 때, 사랑을 시작하거나 결혼생활을 끝낼 때, '프로이트적인'

이유가 무엇인가에 대해 생각하지 않을 수 없게 되었다"(p. 15).

프로이트가 거의 반세기 전인 1939년에 사망했지만, 우리가 여전히 집단적으로 그의 무상함과 그의 죽음을 받아들이는 것을 충분히 배우지 못하고 있다는 것은 어쩌면 그리 놀라운 일이 아닐 것이다(Wallerstein 1983a). 우리는 여전히 "Analysis Terminable and Interminable"(1937)이라는 그의 위대한 마지막 임상 논문에 대해 50년이 지난 후 재고하는 것을 중심으로 하는 바로 이 학술대회에서처럼 우리의 진보를 판단하는 기준으로 그의 기념비적인 공헌들을 사용한다. 분명히 우리 중 많은 이들에게 지그문트 프로이트는 여전히 우리의 상실한 대상, 우리의 다다를 수 없는 천재로 남아있고, 아마도 우리는 그의 죽음을 적어도 지적으로는 수용할 수 있을지 몰라도 감정적으로는 적절하게 애도하지 못한 것 같다. 나이트(1953)는 그것을 다음과 같이 표현했다. "아마도 우리는 여전히 지그문트 프로이트라는 거인의 영향 하에 있기 때문에 정신분석을 창시자의 교리라기보다는 마음의 과학으로 볼 수 있다"(p. 211). 곰바로프는 우리의 정신분석적 훈련의 주제에 대한 최근의 논문에서 프로이트를 "죽지 않은 아버지"라고 불렀다(M. Gombaroff, "Considerations of the Psychoanalytic Institution," 미출판 원고). 물론 이러한 지속되는 느낌이 의미하는 것은 다른 학문들과는 다르게 정신분석이 "창시자를 잊는 것을 주저하는 학문은 길을 잃는다"는 화이트헤드의 격언을 실제로 아직 받아들일 수 없었다는 것이다. 그의 논문들에서 연관된 구절을 인용함으로써 우리의 논의들을 매듭짓는 프로이트의 초기 추종자들에 의해 형성된 우리의 공통된 습관을 보라. 여전히 프로이트의 저술들을 중심으로 이뤄진, 대개 연대기적으로 학습되는 우리의 연구소들의 교육과정을 보라. 우리 모두는 라캉학파 운동의 결집지점, 즉 그들 자신을 은연중에 이러한 개인적 신앙(그리고 성격)을 충분히 견지하지 않는 우리 가운데 나머지 모두와 구별하는 자부심의 지점으로서, "프로이트에게로 돌아가라"는 라캉의 슬로건이 미친 충격적인 영향을 잘 안다.[3)]

---

3) J. Sandler는 1983년에 마드리드에서 열린 IPA 총회에서 발표된 그의 논문에서 동일한 요점을 제시했다: "Freud의 생각들은 기존 이론의 핵심으로 이해되고, 수용할 수 있는 이후의 발달들은 Freud의 사상과 일치하고-혹은 최소한 불일치하지는 않는- 확장되고 추가된 것으로 이해된다. 이러한 관점으로 사고하는 사람들은 그들이 다른 저자들에게 동의하지 않을 때 다른 사람들이 Freud의 사상을 잘못 이해하거나, 잘못 해석하거나, 잘못 적용했다는 이유로 그렇게 할 것이고, Freud의 저술들로 돌아가서 그들 자신의 생각들을 지지해주는 증거를 찾을 것이다"(p. 35).

나는 여기에서 우리 가운데 상상 속에서 계속적으로 존재하는 우리의 창시자와의 이렇듯 독특하게 지속되는 역사적이고 신화적인 관계가 우리의 학문에 미치는 다중적인 영향들을 추적하기 위해서 애쓰고 싶지는 않다. 나는 이 발표에서 나 자신의 중심적인 주제와 그것의 관계, 즉 융과 아들러와 같은 이들의 퇴출 과정을 통해서 정신분석의 이론적 통일성을 유지하려고 했던 노력과 자신들의 새로운 이론적 제안들이 그것들의 잠정적인 가치가 무엇이든 간에 중심적인 정신분석 개념들을 전적으로 포기하는 것은 아니라 할지라도 심각하게 희석시키거나 그런 것으로 보였던, 정신분석을 위한 보다 관대하고 융통성이 있는 전반적인 개념적 틀－우리 가운데 있는 이론에서의, 관점에서의, 그리고 문화적 언어적 강조점과 사고 관습에서의 다양성에도 불구하고 우리 모두가 공유하는 것을 어느 정도 규정할 수 있고 우리를 분석가로 함께 유지시켜주는(그리고 우리를 비분석가들과 구별시켜주는) 것이라 할지라도－ 속에서 다양한 이론적 관점들을 수용하려는 대위법적인 노력에 반대되는 것이었거나 그렇게 보였던 후속 세대들의 노력들 사이의 변증법에 대해 살펴보기를 원할 뿐이다.

프로이트의 죽음 이후 우리의 발달적인 역동의 주요 흐름은 두 가지 반대 방향, 즉 보다 엄격한 정통의 체계 혹은 한 가지 주류 정신분석적 교리에 요구되는 충성의 방향이나 결국 당혹스럽게 만드는, 경계선, 이탈, "무분별한 분석(wild analysis)"인 것, 그리고 전적으로 분석을 넘어서는 것과 관련된 문제들, 즉 프로이트 당시에는 모두 해결이 보다 단순해 보였던 문제들을 야기할 수 있었던, 이론의 다양성을 확장하는 방향으로 기울 수 있었다. 실제로 그리고 프로이트의 죽음 이후 오랫동안－사실 1970년대까지－ 그 기울기는 두 가지 방향, 즉 유럽 그리고 확장하자면 라틴 아메리카에서의 다양성을 향한 것, 미국에서의 하나의 "주류"에서 유지되는 통일성을 향한 것이었다.

다양성의 수용을 향한 유럽적인 발달의 철학과 정당화는 1943년 영국 학회의 논쟁적인 토론 동안에 수잔 아이작스(1943)가 그녀의 논문 "The Nature and Function of Phantasy" 에 대한 토론에 대해 반응하면서 분명히 설명하였다. 그녀는 이렇게 말했다. "이 토론에 대해 몇몇 기고자들에 의해 제공된 프로이트의 이론들에 대한 선택적인 설명들에 귀를 기울이고 그들의 독단적인 경향을 주목하면서, 나는 만약 어떤 이유로 프로이트의 저작이 자기애 그리고 애도와 우울증에 대한 그의 저술이 있기 전인 1913년 이후에 계속되지 않았다면, 혹은 *Beyond the Pleasure Principle*과 *The Ego and the Id*가 나오기 전인 1919년 이후에 계속되지 않았다면, 정신분석적 사상의 발달에 어떤 일이 일어났을지 의문을 가지지 않을 수 없다. 어떤 다른 대담한 사상가가 이러한 심오한 진리에 도달해서 감히 그것들을 주장했다고 생각해보라! 나는 그런 사람이 정신분석적 교리의 엄격한 방향에서 벗어난 배교자이자 그의 관점들이 프로이트의 그것들과 양립할 수 없는 이단이고, 그래서 정신분석을 전복시키는 것으로 취급되지 않을까 두렵다"(p. 151). 확실히 아이작스의 진심 어린 외침은 정신분석 체계 ***안에서의*** 다양한 이론적 관점들에 대한 관용을 요청하는 클라인학파의 호소로 읽혀질 수 있다. 그 관점들은 각각 그 자체를 동일하게 진심으로—그리고 어쩌면 동일하게 충분한 이유로— 프로이트의 전반적인 저작으로부터 직접적이고 발달적인 노선을 따르고 있다고 느끼고, 각각은 강조점에 있어서 평생에 걸쳐 인간의 마음을 이해하려고 했던 프로이트에 의해 제공된 주요 이론적 개념들 가운데 어떤 것에 더 중심을 두고 있으며, 이러한 개념들의 모든 것이 다른 학파들과 쉽사리 조화되는 것은 아니었다.

프로이트가 생존할 당시에도 영국에서의 이러한 클라인적인 발달의 성공, 즉 소위 "논쟁적인 토론들" 직후의 결과로 공고해졌던 성공에 의해 촉발되었고, 아마도 상당히 초기부터 계속되었던 유럽 대륙의 자연적인 국가 및 언어의 다양성에 의해 촉발되었기 때문에, 유럽에서의 정신분석의 발달은 다양하고 다원적이었다. 클라인적인 운동은 유럽의 다른 지역들과 인도나 호주까지 멀리 퍼져나갔고, 남미 대륙 전역에서 정신분석의 독자적인 성장에서 유력한 이론이 되었다는 것은 가장 의미심장하다. 물론, 이러한 다양한 국가에서 많은 정신분석적 선구자들을 위한 주요 훈련 센터로서 강력한 클라인학파가 있었던 영국학회의 역할은 그러한 발달에서 중심적인 요소였었다.

그러나 제2차 세계 대전이후에 수십 년 동안, 프랑스에서는 라캉과 그의 추종자들의 다른 이론적 작업이, 영국에서는 비온에 의해 클라인적인 사고의 확장이, 서티와 페어베언 그리고 건트립에 의해 개척되고 발린트와 보울비 그리고 위니캇과 다른 많은 이들에 의해 더욱 발달되었던 정신분석에서의 대상관계적 관점들을 가진 영국 독립학파의 전체적인 발달이 이루어지고 꽃을 피웠다. 유럽에서 내가 이미 언급했던 다양한 다른 독특하고 구별시켜주는 관점들, 즉 다양한 문화적 및 언어적 강조들뿐만 아니라 자연과학적이거나 해석학적인 강조들에 추가될 수 있는 것은 이러한 다원적인 이론적 발달이다. 정신분석을 프로이트의 저술에 대한 어떤 통일적인 관점과 조화되는 것으로 기대되는 이론 체계로 보려는 우리의 공공연한 욕구에도 불구하고, 결국 이 모든 것은 우리가 주로 의지하면서 상이하게 추종하는 다양한 정신분석적 이론 구조들을 가진 관점들로 이뤄진 오늘날의 다원주의가 되었다. 그것은 고유한 매력, 그럴듯함, 발견적인 유용성 때문이 아니라 우리가 어디에서 어떻게 훈련을 받았는가와 우리가 어디에서 살면서 실천하고 있는가에 근거해서 추가가 되어야만 한다. 지난 여름 와인셀 박사와 내가 다양한 남미의 정신분석 학회들을 돌아보는 여행을 할 때, 한때 클라인적인 분석의 획일적인 중심이라고 생각되었던 전 지역이 어떻게 유럽의 센터들과 미국으로부터 생겨난 분석에서의 모든 이론적 발달들의 근거지가 되었는지가 우리에게 분명해졌다.

전후 수십 년 동안 유럽에서의 이러한 발달들과는 대조적으로, 미국에서의 정신분석은 오랫동안 다른 길을 걷게 되었다. 유럽에서 히틀러가 등장하고 정신분석의 주요 거점들이 붕괴하면서, 물론 비록 일부는 유럽 대륙, 영국, 그리고 남미로 갔지만, 정신분석의 대부분의 지적인 힘은 미국으로 이전되었다. 그리고 미국에서 전후의 역사적인 기울기는 세계의 어느 곳과도 다르게 통일되고 통합하는 "주류"의 방향에 있었다. 이들은 반지를 받은 7명의 역할에 대한 자신의 구상에서 요약되고 미국에서의 자아심리학이라는 메타심리학 패러다임의 발달과 성취에서 표현되었던 프로이트의 정치적-행정적 야망이라는 점에서 계승자였는데, 이러한 흐름은 오랫동안 하르트만, 크리스, 로벤스타인, 라파포트, 제이콥슨 그리고 또 다른 많은 사람들의 후원 하에 전후 초기의 시기에 적어도 세계의 정신분석가들의 절반을 포함하는 무대에서 정신분석 영역에 대한 단일한 헤게모니를 유지했다.

그리고 다른 곳에서와 마찬가지로 1940년대 초에, 미국에서 다양한 이론적 방향들이 생겨났을 때—그리고 여기에는 호나이, 프롬, 톰슨, 설리반 그리고 떠오르는 다른 많은 이들의 이름이 있는데, 이들은 모두 정신분석의 대인관계 학파 혹은 문화주의 학파라는 느슨한 이름 아래 결합되었다—프롬-라이히만, 라도와 카디너와 같은 이들이 미국정신분석협회에 남아서 그 안에서 새로운 연구소들과 학회들을 세우려고 했음에 불구하고 마치 프로이트 시대 비엔나에서처럼 미국에서도 결과적으로 초래된 논쟁은 조직화된 정신분석과의 제휴의 결별과 독립적인 학파들과 훈련센터의 설립으로 이어졌다. 그러나 40년대 미국에서의 소동과 결별은 전반적으로 30년 전에 비엔나에서 있었던 아들러와 스테켈 그리고 융 학파의 소동과 결별을 연상시켰다.

그러나, 한정된 정신분석 주류의 이러한 균일한 특성은 결국 제1차 세계대전 이후 유럽에서보다 제2차 세계대전 이후 미국에서 손상되지 않은 채 더 잘 유지될 수 없었다. 자아심리학적 메타심리학 체계는 여전히 미국 정신분석의 주요 중요한 강점이지만 그럼에도 불구하고 점차적으로 오늘날 어떤 이들이 자아심리학 이후 시대라고 부르는 것으로 변화되었고, 대상관계적 관점들이 젯첼, 모델 그리고 컨버그와 같은 연구자들에 의해서 다양하게 그것과 통합되었다. 정신분석의 자연과학적 모델은 한때 가장 충실했던 옹호자들에 의해서 조지 클라인, 길, 세이퍼 그리고 스펜서에 의해 제공되었던 것들과 같은 다양한 해석학적, 현상학적, 전적으로 주관주의적이고/이거나 언어학적 기초를 가진 관점들이라고 강하게 공격받았다. 그리고 물론 분명하게 발달적인 관점으로 정신분석적 이론과 임상 실제를 만들어내기 위해서 그들의 아동발달 관찰을 활용했던 말러와 그녀의 추종자들의 수십 년에 걸친 연구—결코 그것 자체의 학파가 되지는 않았던—와는 별도로, 미국 내에서는 70년대에 시작된 코헛과 그의 많은 추종자들의 자기심리학이 발달하였다. 그것은 이중축의 자기 그리고 죄책감에 시달리는 인간보다는 비극적인 인간에 대한 비전이 담겨있는 독특한 메타심리학이자 대안적인 정신분석 이론이고, 그것 자체의 정신분석적 학파였다.

이 모든 것은 이제 최근에 미국 정신분석에서의 다양하고 다기한 발달의 상황으로 이어졌다. 그것이 유럽과 남미에서의 정신분석의 다원주의와 비교될 수는 없겠지만, 어쩌면 빠르게 그곳을 따라가고 있는지 모르겠다. 미국의 정신분석에서 이러한 점증하고 있는 이론적 관점들의 다양성에 전념했던 미국정신분석협회의 최근 패널에서 미국의 한 외부 단체의 대표는 논평을 하면서 만약 미국에서 50년 전의 분열이 치유되어서 모든 미국의 분석가들이 단일한 학문적 전문적 조직 안에서 그들의 다양한 견해들을 토론할 수 있다면 그것은 다행스러운 일일 것이라고 말했다. 결국 그는 이렇게 말했다. "정통 정신분석적 견해들과 실버버그, 라도, 설리반 그리고 호나이의 차이들은 오늘날 미국정신분석협회에서 편안하게 수용되는 코헛과 세이퍼의 그것들보다 실질적으로 크지 않다"(Post 1985, p.21).

이것은 나로 하여금 딜레마의 핵심으로, 또는 딜레마가 아니라면, 우리 모두에 의해서 고려되어야 할 것으로 제안하고 있는 주제로 이끈다. 정신분석은 그것의 창시자인 지그문트 프로이트의 모든 노력들에도 불구하고, 세계 다른 어느 곳에서보다 미국에서 매우 오랫동안 주류라고 불리며(그리고 소중하게 여겨지며), 실제적으로 통합되고 전반적으로 통일된 형태의 관점을 유지하는 데 성공했던 그의 가장 유능한 많은 추종자들의 뜻을 같이하는 노력들에도 불구하고, 오늘날 전 세계적인 정신분석과 IPA의 조직적인 틀 속에 있는 모든 것은 정신 기능, 발달, 병인론, 치료와 치유에 대한 다양한(그리고 다기한) 이론으로 구성되어 있다.

만약 이것이 그렇다면, 나의 연설의 제목에 관해 언급하기 위해서, 우리에게는 오늘날 여러 개의 혹은 많은, 그리고 하나가 아닌 정신분석이 있어야 한다, 그리고 우리는 두 개의 엄청난 질문에 직면하게 되는데, 그것은 인간의 경험의 일관되면서도 개별적인 부분을 조직하고 그것에 의미를 부여하려고 분투하는 어떤 학문, 어떤 이론 체계 혹은 그것에서 파생되는 실천 체계에 해당되는 질문이다. 첫 번째 질문은 이렇게 다양한 이론들이 근본적으로 공유된 가정들이라는 측면에서 모두 정신분석이기 위해서 공통적으로 갖고 있는 것은 무엇인가이다. 두 번째 질문은 어쩌면 동전의 다른 면과도 같은 것인데, 무엇이 그것들을 다른 모든 것들, 즉 정신생활에 대한 비정신분석적 이론들과 구별시켜주는가이다. 인간 행동에 대한 모든 심리학이 정신분석적인 것은 아니고, "무엇이든 가능하다" 혹은 무엇이든 정신적인 것이라면 여하튼 정신분석적인 것으로 해석될 수 있다는 태도에는 지적인 파괴성만이 있을 뿐이기 때문이다.

우선, 그것들이 모두 공통적으로 갖고 있는 것은 우리가 공유하고 있는 정신분석의 개념적 경계들이다. 나는 여기에서 우리가 프로이트와, 이 연설의 초반부에서 내가 인용했던 "전이와 저항이라는 사실들"에 대한 1914년의 그의 개념적인 언급으로 돌아가는 것이 적절하다고 생각한다. 정신생활을 이해하려는 프로이트의 혁명적인 방법의 중심 개념을 하나의 언급으로 담아내기 위한 많은 방법이 있다. 확실히 나는 우리가 프로이트의 근본적인 발견이 인간에게는 그들이 그들에게 있는지도 모르는 생각과 감정이 있다는 것, 이것들이 무의식적 환상과 무의식적 갈등에서 표현되는 무의식적인 정신생활을 구성한다는 것, 그리고 이러한 일련의 개념들은 정신생활에 대한 모든 정신분석적 심리학에 포함될 뿐만 아니라 그것의 구별의 기준이 되는 특징이라는 것이었다는 점에 모두 동의할 수 있다고 생각한다. 어네스트 크리스의 유명한 경구적 표현에서, 정신분석은 단지 갈등의 관점에서 고려된 인간의 행동일 뿐이다.[4)]

이러한 식으로 고려가 된다면, 누구의 연구와 누구의 이론적 견해가 정신분석의 범주에 속하는가에 대한 결정은 프롬-라이히만과 알렉산더와 같이 누가 IPA라는 조직된 제도적 정신분석적 틀에 남아있었고 프롬과 호나이와 같이 누가 그곳을 떠났는가라는 정치적-행정적 문제가 아니다(그리고 물론 IPA 안팎에는 상당수의 라캉 학파 사람들이 있다). 그러한 결정은 누군가가 멜라니 클라인과 코헛의 추종자들이 하듯이 프로이트의 전통을 주장하는지, 혹은 융이 분석심리학을 만들어낼 때 했듯이 그것을 부정하는지에 근거할 수도 없다. 사실, 융학파 분석가들은 적절한 예가 되는데, 최근 융학파의 추종자들은 자신들을 융학파의 정신분석가라고 부르고, 정치적이고 조직적인 문제들, 과거의 투쟁들에 대한 성찰만이 IPA에서 작용하고 있는 정신분석을 제외한 세상에서 그들을 지켜준다고 암시하면서, 정신분석이라는 명칭을 다시 사용했기 때문이다. 나 자신이 융학파 이론의 정신분석적 자격에 대하여 적절하게 평가할 위치에 있지는 않다. 여기에서 나는 미국의 융학파 분석가인 굿하트(1984)를 인용하려고 하는데, 그는융의 첫 번째 임상자료와 임상적 공식화가 제시되었던 1902년에 출판된 융의 박사 논문에 대한 세밀한 연구에서, 융이 어떻게 정신적 갈등의 상호작용적인 역동과 증거를 보지 않으려고 하면서 대신에 자율적인 정신현상에 대한 기계적인(그리고 비심리학적인) 설명의 틀을 찾으려고 했는지를 인상적으로 설명한다. 자율적인 정신은 결국 개인적인 경험이나 의미와 상관없이 존재하는 집단무의식에서 표현되는 것이었다. 굿하트는 어떻게 융이 그의 학위 논문의 여러 지점에서 갈등에

---

4) 비록 Kohut의 자기심리학은 그것 자체가 일차적으로 갈등과 그것의 해소보다는 결핍과 회복의 개념에 기초한 정신병리와 치료법이 있는, 상위의(supraordinate) 자기와 응집을 향한 그것의 발달적 투쟁에 대한 심리학이 되는 것을 거부하겠지만, 나는 누가 그리고 무엇이 적절하게 정신분석적인가에 대한 이런 개념에 Kohut의 자기심리학을 포함시킨다. 나는 Kohut과 다른 자기심리학자들에 의해 제출된 임상 자료에 대해 내가 읽은 것과 갈등이 있는 전이(그리고 역전이)의 상호작용을 계획적으로 다루는 것으로 제시된 임상 자료에 대한 나의 견해에 기초해서 이렇게 하는 것이다. 나는 자기심리학과 미국 주류 자아심리학 및 후기 자아심리학과의 관계에 대해 내가 출판했던 몇 가지 비판들에서 이러한 보고된 임상적 상호작용에 대해 내가 읽은 것을 제시한다(Wallerstein 1981, 1983b, 1985). 그러므로 나는 자기심리학을 새롭고 다른 정신분석의 이론적 학파로 보지 그것의 비평가들중 일부가 그것이 그렇다고 선언했던 비분석적인 심리치료로 보지 않는다(특히 Wallerstein 1985 참조).

대한 프로이트적인 개념들에 가까워졌지만 그때마다 뒷걸음쳤고, 어떻게 결국 "융이 그 자신의 주장을 건너뛰고 갑자기 이 모든 것이 대답되지 않은 채 남겨져야만 한다는 섣부른 결론을 포함시켰는지" 설명한다. "이것이 사실상 프로이트와 융의 첫 번째 분열이었다"(p. 12). 이 모든 것은 융학파 분석가에 의해 쓰였고 심지어 융이 프로이트를 만나기 전의 그의 사고를 설명하고 있다. 굿하트는 그것으로 프로이트와의 궁극적인 단절을 예감했다. 나는 결국 이러한 종류의 증거에 기초해서 융의 심리학이 정말로 ***정신분석적*** 심리학인지 아닌지 나 스스로 대답하려고 한다. 분명히 굿하트의 관점과 같은 것은 먼저 융의 학문적 전집에 대해 사려 깊고 정통한 다른 학자들에 의해 입증이 되어야만 할 것이다.

물론 이 모든 것 때문에 우리에게는 또 다른 딜레마나 문제가 생겨난다. 정신분석의 다원주의와 더불어 살게 되면서 우리 분야에서는 쿠퍼(1984)가 "열린 경계선들"(p. 255)이라고 불렀던 것이 생겨날 뿐만 아니라, 동시에 정신분석은 프로이트(1910)가 "무분별한(wild)" 분석이라고 규정하려고 했던 것보다 훨씬 더 어려운 것이 되었다. 셰이퍼(1985)는 "Wild Analysis"라는 제목의 논문에서 이 점을 언급했다. 1910년 프로이트가 그 주제에 대해 썼을 때 정신분석은 사실 더욱 단순했고, 게다가 한 가지였기 때문에, 그것과 동떨어진 것을 "무문별한" 분석이라고 말하는 것은 더욱 쉬웠다. 오늘날 우리는 마음에 대해 다원주의적 개념들, 다양한 이론적 관점들 그리고 모델들은 갖게 되었기 때문에, 하나의 관점에서 전통적이거나 적절할 수 있는 것은 또 다른 관점에서는 무분별한 것이 될 수 있다. 셰이퍼는 "비교 분석(comparative analysis)"이라는 어구를 소개하면서 그것에 대해 "무분별한 분석을 검토하는 나의 방법에 대한 적절한 이름은 비교 분석, 즉, 즉 사물들이 각각의 체계의 관점에서 어떻게 보이는지를 보는 것이다"(p. 276)라고 말했고, 이런 관점에서 멜라니 클라인, 코헛, 그리고 길의 이론적 체계들을 비교하려고 했다. 그런데 우리는 이와 관련하여 정확하지 않은 해석, 불완전한 해석, 그리고 불완전한 분석에 대한 글로버(1931)의 개념들이 이러한 맥락에서 얼마나 적절할지에 대해 의문을 가질 수 있다.

이제 다중이론적인 정신분석의 이러한 실체들을 수용한다면, 우리는 우리 모두가 흔히 일상적인 관찰을 통해서 아는 것, 즉 정신분석에 속하는 어떤 이론적 입장에 대한 지지자들로서 우리 모두가 상당히 비슷한 임상 작업을 하고 우리가 다루는 (충분히 비슷한) 환자들에게 상당히 비슷한 임상적 변화를 가져오고 있는 것을 어떻게 이해할 수 있을까? 코헛의 마지막 저서(1984)에 나오는 사례는 누구나 할 수 있는 질문을 제기한다. 그 책에서 코헛은 조만간 있을 회기의 예정된 취소에 대해 말한 직후 그 시간의 분석 작업에서 조용히 철수하는 환자에 대해 어떻게 자신이 해석적으로 반응했었는지를 그에게 말했던 남미 클라인학파의 한 동료와의 대화에 대해 자세한 설명(pp. 92ff)을 제시한다. 그 해석은 당연한 것으로 받아들여지는 표준적인 클라인적 형식을 따랐는데, 그 내용은 취소에 대한 얘기 때문에 분석가에 대한 환자의 기본적인 인식이 갑자기 변했다는 것, 분석가는 좋고, 따뜻하고, 양분을 공급하는 젖가슴이었다가 바쁘고, 냉담하고, 보류하는 젖가슴이 되었다는 것, 그리고 환자는 나쁜 가슴인 분석가에 대해 가학적인 분노, 즉 "말을 참는 것"과 같은 구강 활동의 특별한 금지와 함께 전반적인 금지를 통해 방어되는 분노로 반응했다는 것이었다.

코헛은 그의 설명에서 이것은 "따뜻하게 이해하는 말투"(p. 92)로 주어졌고 환자로부터 호의적인 반응을 끌어냈음에도 불구하고 그가 보기에는 "동떨어진 해석"(Kohut 1984, p. 92)이었다고 놀라움을 표현했다. 계속해서 코헛은 그 분석가가 자아심리학적인, 갈등-욕동-방어의 관점(즉, 취소가 부모의 침실을 잠궈서 아동-환자를 들어가지 못하게 했던, 오이디푸스적인 어머니에게 버림받은 것으로 경험되었다고)에서 해석을 하거나, 그것에 관해서는 코헛적인 자기심리학적 관점(자기를 지탱해주는 자기대상의 상실이 환자에게 공허하고 충분히 살아있지 않다는 느낌을 주었다고)에서 해석했을 수 있다고 말했다. 코헛이 이 모든 것에 대해 생각했던 것은 클라인학파 동료에 의해 제시된 임상적 상황이 이 사례의 경우 어떤 해석이 가장 정확할 것인가를 결정하기에는 불충분하다는 것이었고, 따라서 그는 다른 방법으로 검증되기 전까지는 이 세 가지를 모두 "무분별한 분석"의 예라고 하였다. 내가 말하려는 것—계속해서 더 분명하게 살펴보겠지만—은 임상적 상황 그 자체가 어떤 해석이, 어떤 이론적 틀이 가장 정확한지를 결정하지 못할 것이고, 실제로 그런 관점으로 본다면 문제는 적절하게 다뤄지지 못한다는 점이다.

이 시점에서 나는 코헛이 환자의 호의적인 반응으로부터 도출한 교훈은 해석의 (클라인적인) ***내용***이 잘못되고, 정확하지 않을 수 있겠지만(코헛적인 의미에서), 그럼에도 불구하고 그 분석가는 환자가 안내된 취소 때문에 몹시 힘들어했고 당연히 그것에 대해 불쾌하게 반응하고 있었다는 그녀의 이해를 전달하고 있었다는 점에서(사실은 제시된 대안적인 세 가지 해석 형태의 어떤 것에서도 전달이 되고 있었을 수 있다는 점에서) 그것은 "본질적으로 틀리기보다는 옳은 것"이기 때문에 그것은 글로버(1931)의 의미에서 치료적으로 효과적인 "정확하지 않은 해석"(p. 369)이었다는 점을 덧붙이고 싶다. 다시 말하자면, 환자의 호의적인 반응을 이해하는 나의 틀은 코헛의 그것과는 상당히 다르겠지만 수렴 지점도 있을 것이다.

내가 무엇을 염두에 두고 있는지, 그리고 코헛에 의해 제시된 전체 결과를 내가 어떻게 이해하고 해석하는지를 분명히 하기 위해서, 나는 먼저 조셉 샌들러와 앤-마리아 샌들러에 의해 과거 무의식과 현재 무의식에 대한 그들의 논문에서 제안된 유사한 개념들에 대한 어떤 새로운 관점들에 의존할 것이다. 이러나 연속적인 논문들(J. Sandler and A.-M. Sandler 1983, 1984; J. Sandler 1986)에서 설명되었듯이, "***과거 무의식***은 생애 초기에 형성되었던 개인의 직접적이고 결정적인 소망들, 충동들, 그리고 반응들 전반을 포함하고 있는 것으로 이해될 수 있다"(Sandler and Sandler 1984, p. 369); 이것들은 분명히 "본능적 소망들 이상인 것으로 진술되었고... 그것들에는 또한 어떤 주어진 심리적 상황에서, 어떤 순간에, 어떤 특별한 내적 또는 외적 상황에서의 직접적이고 자발적인 반응 양식들이 포함된다"(p. 369). 다시 말해서, 그것들은 "본능적일 수 있지만 반드시 그럴 필요는 없다. 따라서, 예를 들면, 위험한 상황을 피하고 안전함을 유지하는 것을 목표로 하는 모든 종류의 반응들이 그렇듯이, 초기 아동기에 고안되거나 만들어진 갈등 해결책들은 결정적인 특성을 갖게 된다"(p. 370). 말하자면, 과거 무의식은 "성인 내면의 아이"(p. 370), 즉 대략적으로 "발달적인 관점에서 생애 초기 4-6세에 상응하는"(p. 371) 정신생활의 총합을 나타낸다. 이 모든 것은 본질적으로 유아 기억상실증을 덮는 억압 장벽에 의해 봉인되고, "대부분 분석에서 재구성되는데, 재구성은 대개 생애 첫해부터 유효한 흩어졌던 기억들에 의해 강화되고, 기억들은 후기의 재구성에 비추어서 이해될 수 있을 뿐이다"(p. 371).

설사 이 "과거 무의식이 현재에서 작용하고, 지금-여기에서 발생하는 내적 혹은 외적 사건들에 의해 자극이 된다"고 하더라도, "[샌들러 부부]가 ***현재 무의식***이라고 했던 것은 매우 다른 조직으로 이해된다.... 과거 무의식은 과거에 따라서 작용하고 반응하는 데 비해서, 현재 무의식은 현재의 평정을 유지하는 데 관계되고 과거 무의식으로부터의 충동을 침범적이고 불쾌하게 하는 것으로 본다"(Sandler and Sandler 1984, p. 372). 그리고 "그 자체는 개인의 과거 발달의 산물이지만, 그것[현재 무의식]은 개인이 고통스럽고 통제할 수 없는 경험들에 의해서 압도되지 않도록 하기 위해서 ***과거가 아니라 현재를*** 지향한다. 그것은 내적 균형을 유지하는 데 도움이 되는 갈등-해결을 위한 타협들과 적응들을 지속적으로 만들어낸다. 이것들 가운데 가장 중요한 것은 현재의 ***무의식적 환상들과 사고들***을 지속적으로 창조하고 재창조하는 것이다. 물론 그것들은 과거의 그들의 역사를 반영하겠지만, 이것들은 현재에 기능하고, 지속적으로 수정되고 현재를 지향하고 있다"(J. Sandler 1986, p. 188). 물론 임상적 상황에서 그러한 환상들의 가장 중요한 예는 분석가에 대한 무의식적 전이 환상들이다.

물론 이 모든 것으로부터 분석 상황에서의 중심적인 해석 작업은 현재 무의식의 활동들을 직접적으로 나타내는 무의식적 전이 환상들에 관한 것이라는 점이 드러난다. 그리고 "***현재 무의식***에는 결국 ***과거 무의식***의 내용에 의해 불러일으켜진 갈등들과 불안들에 대한 현재의 적응인 오늘 지금-여기에서의 환상들과 사고들이 포함된다" (J. Sandler 1986, p. 191). 그러므로, 분명히 우리는 현재 무의식의 전이 환상들을 중심으로 하는 현재 무의식의 환상들의 분석을 통해서 근원적인 유아기 과거, 즉 샌들러가 과거 무의식이라고 부르는 것에 대한 이해에 도달할 수 있고 도달한다. 그것들이 우리에게 상기시켜주는 그 이해의 기제는 아동기 기억상실증에서 살아남은 모든 파편적인 기억들에 의해 뒷받침되는 재구성(reconstruction)이라는 창조적 행위이다. 그러나, 이런 기억들 역시 그것들에게 일관된 맥락을 제공하는 재구성 행위를 통해서만 의미가 부여된다.

물론, 위의 내용은 새로운 언어로 서술되어서 일상적인 분석 작업의 생생한 묘사로서 인식될 수 있다. 그렇다면 위의 내용은 모두 우리가 우리의 ***합의에 의하여 공유된*** 정신분석 작업을 하는 이론적 틀의 ***다원주의***라는 나의 중심주제와, 그리고 나의 주제의 패러다임적인 설명으로서 코헛의 설명에서 가져온 나의 실례와 어떻게 관련되는가? 나는 코헛에 의해 분석가의 전이 해석(비록 분석가의 클라인학파의 이론적 언어를 입고 있지만 코헛이 지적했듯이 대안적으로 자아심리학이나 코헛의 자기심리학의 설명 언어로 잘 설명될 수 있었던)에서 전달되는 것으로 설명된 환자의 현재 무의식의 주제, 즉 현재 무의식의 전이 환상이 환자는 다가온 취소 때문에 극심하게 고통을 겪었고 그 고지에 대해 불쾌하고 분개하여 반응하고 있었다는 의미—제시된 세 가지 가능한 이론적 설명 언어들에 모두 공통적인—에서 중심이 되었다고 제안하려고 한다. 여기에서 우리는 분석적인 상호작용의 실제 관찰 가능한 것들, 즉 낮은 수준의 경험에 가까운 "임상 이론"으로 만들어지게 되는 상담실의 임상 자료를 다루고 있다. 조지 클라인(1976)의 관점에서 보면, 이것은 모두 정신분석이 필요로 하는 이론이고 그 자료는 정말로 지지할 수 있고 검증할 수 있는 이론이다.

우리가 분석적 임상현장에서 상호작용을 넘어서서, 현재 무의식에 대한 설명을 넘어서서, 즉, 우리의 임상 이론으로 파악되고 설명되는 임상 현상을 넘어서서, 가장 초기의 통찰할 수 있는 기원들에서부터 정신생활에 대해 보다 포괄적으로, 보다 일반적으로 해명해주는 식으로, 보다 인과론적인 발달의 관점에서 설명하게 될 때, 우리는 그가 "이론절제술(theorectomy)"이라고 했던 행동으로 우리가 분리해서 배제해야만 하는 불필요한 ***일반*** 이론이라고 했던 다른 영역, 샌들러 부부가 ***재구성된*** 과거 무의식이라고 부르는 영역, 자아심리학, 대상관계이론, 클라인주의, 라캉주의 등등 정신분석의 다원주의적인 이론적 관점들의 영역으로 들어가고 있는 것이다. 코헛이 그의 사례에서 잘 보여주었듯이, 이것들은 동일한 임상적 상호작용을 설명하기 위해서, 즉 그것의 상세한 특성을 전체 이론의 맥락 안에 있는 일반적인 의미의 틀에 담기 위해서 ***각각*** 인용되고 각각 활용된다. 그리고 이러한 이론적인 설명의 맥락들인 클라인주의, 자아심리학, 그리고 자기심리학은 각각 실제로 그것을 현상, 즉 임상적 상호작용을 이해할 수 있는 유용하고 자연스러운 방법으로 보는 그 관점의 지지자들에게 설득력이 있을 것이다.

지금 내가 이 모든 것으로 제안하고 있는 것은 우리의 ***자료***가 현재 무의식의 자료이고 실제 의미를 부여하는 그것들에 대한 해석은 우리의 임상 이론에 근거한다는 것이다. 그 이론은 내가 이 발표를 시작할 때 언급했고 우리 모두를 정신분석가로 묶어주는 합의된 이해로서 강조했던, 프로이트가 1914년에 정신분석에 대해 내렸던 정의의 원래의 근본적인 요소들인 전이와 저항, 갈등과 방어에 대한 것이다. 또한 내가 추가적으로 제안하고 있는 것은 우리가 현재(현재 무의식)의 임상적인 자료에 전반적인 의미를 부여하고, 현재로 발달되어 온 과거(과거 무의식)를 ***재구성하려고*** 하는 이론적 관점의 다원주의이고, 이 관점의 다원주의는 우리가 완결성과 일관성 그리고 전반적인 이론적 이해에 대한 우리의 다양한 필요들을 만족시키기 위해서 만들어낸 과학적 ***은유들***을 나타낸다는 것이다.

샌들러 부부는 이미 유아의 과거에 대한 심층 해석들이 단지 은유적 재구성으로서 이해될 수 있다는 그들의 진술에서 이것과 동일한 개념에 접근했다. 예를 들면, "우리는 소위 '심층' 해석들은 그것들이 두 번째 체계의 환상들과 느낌들을 담아낼 수 있는 은유들을 제공하기 때문에 좋은 분석적 효과를 나타낼 수 있다고 굳게 확신한다. 환자는 이런 은유들을 이해하고 받아들이는 법을 배우고, 만약 그것들이 인지적으로 그리고 정서적으로 적합하다면, 효과적일 것이다. 이런 관점을 통해서 우리는 우리의 어떤 동료들의 해석적인 접근을 이해하는 방법을 얻을 수 있다" (Sandler and Sandler 1983, p. 424). 또는 "우리가 제안했던 모델의 관점에서 보면, 가장 초기의 과정들과 환상들이라는 관점에서 공식화될 때, 정서적으로 그리고 인지적으로 '접촉하고 있는' 클라인학파의 해석들이 현재 무의식에서의 과정들을 위한 '과거 무의식' ***은유들***을 제공한다" (Sandler 1984, p. 392). 나는 이렇게 생각하는 것을 우리의 모든 이론적인 관점들, 즉 클라인학파뿐만 아니라 자아심리학, 그리고 다른 모든 학파들이 우리 상담실의 일차적인 임상적 자료, 샌들러 부부의 용어로는 우리의 현재 무의식의 영역, 또는 조지 클라인의 용어로는 우리의 임상 이론의 영역을 설명함에 있어서, 즉 이해함에 있어서 다양한 지적 가치에 대한 헌신이라는 측면에서 경험적으로 우리에게 유용한 것으로 우리가 선택한 설명의 ***은유들***이라는 개념으로 넓히고 확장하려고 한다. 가장 단순하게 말하자면, 이런 개념화를 통해서 모든 거대 일반 이론(그리고 일반 이론의 모든 다원주의)은 단지 우리가 선택한 은유의 배열이 되는 것이다.

나의 의미들은 하나의 과학으로서의 정신분석의 자격에 대한 공격으로 오해되지 않는다는 것을 분명히 하기 위해서, 나는 이 지점에서 과학에 대한 은유의 관계, 또는 과학***에서의*** 은유의 역할에 대한 나의 관점을 분명히 말해야만 한다. 물론 은유는 대개 시와 예술의 분야이고 따라서 과학과 반대되는 것으로 간주된다. 과학적 이론화에서 하나의 자리를 찾고, 프로이트–다른 많은 사람들과 함께–가 은유를 사용한 것으로 유명했던 때, 그것은 적절한 시기에 실험 상황에서 또는 거의 동등한 어떤 엄밀함으로 그리고 유사한 통제로 조종되고 연구될 수 있는 관찰 가능한 현상에 조작적으로 연결된 이론으로 은유를 대체할 수 있게 될 특별한 과학적 수행의 미숙함에서 기인한다고 볼 수 있다. 그리고 셰이퍼와 같은 어떤 정신분석 이론가들은 우리의 이론적 진술에서 은유를 제거하기 위해서 치열하게 탐구해왔다.

나는 여기에서 은유와 과학에 대한 다른 관점을 제안하려고 한다. 나는 여기에서 뷔름저(1977)의 입장에 따라서 정신분석의 이론 형성에서 은유의 위치에 대해서 적극적으로 변호하고 싶다. 뷔름저의 입장은 우리가 정신분석에서 이론화 하는 도구로서 은유를 삼가고 제거하려고 하기 보다는 "어떤 과학도 은유 없이는 작동할 수 없다"(p. 472)는 점을 분명하게 받아들여야만 한다는 것이고, 그는 당대의 모든 물리학을 시간, 공간 그리고 질량의 기본 개념들로부터 추론해내려고 했던 물리학자 하인리히 헤르츠를 인용한다. 헤르츠는 특별히 은유에 대해 분명했기 때문에 "**모든** 과학의 기본 개념들, 그것이 질문들을 제기하고 그것의 해결책들을 공식화하는 수단들은 이미 존재하는 것을 수동적으로 복사하는 것이 아니라 스스로 창조해낸 지적 상징들(즉, 은유들)인 것 같다"(p. 472)라고 선언했다. 뷔름저는 계속해서 스스로 "결정적인 것은 다른 어떤 과학처럼 우리의 과학은 관찰이라는 날실로 엮여져있고 상징, 다양한 층의 추상적 개념들, 그리고 우리가 알기에 실제로 전혀 직접적이지 않은 '직접적인' 사실들을 우리를 위해서 '해석해주는' (우리에게 '설명해주는') 분명하면서도 색이 바랜 은유들이라는 복잡한 씨실로 묶여있다는 것이다"(pp. 476-477)라고 선언한다. 그는 더 나아가서 "은유들을 문자적으로 받아들이는 것은 비과학적이다. 그러나 만약 우리가 수학적인 상징들에 의존하지 않는다면, 상징으로 이해된 은유들은 우리가 갖고 있는 유일한 과학의 언어이다."(p. 483)라고 말한다.

결국 뷔름저는 이렇게 진술한다. "은유들(구체화되지 않고... 마치 그것들이 '기능'이 아니라 '실체'인 것처럼 다뤄지지 않는다면)은 과학적 생산성을 위해서 반드시 필요하다. 그것들은 악한 것이 아니고 회피되어서는 안 된다. 그것들은 추구되고 적용되어야 한다.... 우리는 정신분석에서 너무 많은 은유들을 갖고 있는 것이 아니다; 우리는 너무 적게 갖고 있다. 우리는 너무 은유적이라는 이유로 이론에서 그것들을 제거해서는 안 된다. 우리는 그것들을 그것 자체로 존중하고 그것들을 확장시켜야 한다"(p. 491). 그러나, 우리의 이론 형성에 있어서 은유의 필수적인 역할이 광범위하게 방어되고 있기 때문에, 나는 아직도 그것을 넘어 확장해서, 뷔름저가 "우리의 관심은 정신분석적 방법과 이러한 방법에 근거한 과학적 탐구에 의해 획득된 구체적인 경험들에 대한 ***상징적 표현들을 선택할 것인가 그리고 어떤 형태로 어떤 수준에서 할 것인가***이다”(p. 482)라고 말했을 때 그에게서 은연중에 나타나는 것을 보다 분명하게 발달시키고 싶다.

이러한 생각을 확장해서 내가 제안하고 싶은 것은 나는 정신분석가들이 정신분석의 일반 이론—정신분석에서 우리의 다른 이론적 관점들, 즉 우리의 이론적 다원주의를 구별해주는 모든 다른 메타심리학들—이라고 불렀던 것과 관련하여 은유의 역할을 이해하는 것보다 라파포트와 조지 클라인이 정신분석의 임상 이론—정신분석가들인 우리 모두가 공통된 의도와 공통된 영향력을 가지고 우리의 환자들에 대해 언급하는, 갈등과 타협, 저항과 방어, 전이와 역전이에 대한 임상적으로 가까운 이론—이라고 불렀던 것과 관련하여 은유의 역할을 (그것의 범위와 발달적인 위치에 있어서) 다르게 본다는 것이다. 임상 이론과 관련하여, 나는 이론 형성을, 그것이 개념화에 있어서 우리의 은유적 구성물들의 상징성에 의해 도움을 받기는 하지만, 그럼에도 불구하고 충분히 경험에 가깝고, 관찰 가능한 것들, 즉 우리의 상담실에서의 자료에 충분히 직접적으로 근거하는 것으로 본다. 그것은 정신분석 상황에서 나온 필수적인 자료의 주관적인 본질에 적용되는 방법들에 의해 다른 어떤 과학적 기획처럼 가설 형성, 실험, 그리고 검증의 똑같은 과정으로 다룰 수 있다. 따라서, 마음의 과학이면서 마음의 학문이라는 우리의 전체적인 주장은 그대로 두는 것이 좋겠다. 그리고, 이것, 하나의 과학으로서의 정신분석의 본질은 다른 곳에서 충분히 적극적으로 기술했던 것이다(Wallerstein 1976, 1986).

그러나 우리의 일반 이론 혹은 일반 이론들, 즉 우리의 메타심리학들—그리고 여기에서 나는 프로이트의 은유적 주석을 생각나게 하는 것, 우리의 ***마녀*** 메타심리학(Freud 1937, p. 225)을 덧붙인다—과 관련하여, 우리의 정신분석적 다원주의를 특징짓는 우리의 다르면서도 구별되는 이론적 입장들, 즉 자아심리학, 클라인주의, 대상관계이론 등등, 이 모든 것과 관련하여 나는 그것들을 적어도 역사적인 발달적 역동의 지금 단계에서는 일차적으로 은유들, 우리의 대규모 설명적 은유들, 또는 상징적 표현들이라고 본다. 그리고 우리는 그것들을 사용해서 우리의 심리학적 이해들에 그리고 우리의 정신분석적 개입들에 대해 일관성과 완결성을 부여한다. 따라서 그것들은 우리가 그것들에 의해 살아가는 은유들이고, 우리의 다원주의적인 정신분석적 신조들이고, 내가 느끼기에 우리의 최근 발달 단계에서 본질적으로 경험적인 연구와 과학적인 과정을 넘어선다.[5] 물론, 이것은 우리의 임상 이론과 우리의 일반 이론 사이에 전부-아니면-전무의 선을 긋는 것을 의도하지 않는다. 분명히 내가 우리의 대규모 설명적 일반 이론들이라고 하는 것의 어떤 측면들은 이미 과학적인 검증의 영역에 있는 것으로 관찰 가능한 것들과 충분히 연결되었을 수 있다. 그것은 정신분석적 관찰과 정신분석적 이론화에서의 미래적 발달들을 통해서 우리가 은유적 상징을 넘어설 수 있는 훨씬 더 진화된 일반 이론을 형성할 수도 있다는 점을 배제하지 않지만, 그때까지 우리는 현재의 서로 다른 이론들과 우리의 이론적 다원주의를 융합해서 포괄적으로 합의된 일반 이론의 구조를 만들어내는 적응과 번역의 과정을 목격하게 될 것이다. 그 날은 아직 오지 않았고 이 시점에서는 멀어 보인다. 정신분석에 대한 나의 현재 비전은 경험적으로 검증할 수 있는 통일된 임상 이론—우리를 정신분석가로 묶어주고 통합해주는 하나의 이론—에 대한 것이고 하나의 다원주의적인 일반 이론이자 설명적인 상징들, 즉 우리의 지적인 헌신들과 가치들을 구체화시키고 우리가 상이하게 고수하는 은유들에 대한 것이다.

우리가 선택하는 이론적 관점에 분명하게 삶의 가치들이 포함된다는 점은 비록 우리 모두가 동의할만한 형태로는 아니라 할지라도 게도(1984)에 의해서 분명하게 설명되었다. 그는 이 주제에 대해 "이러한 개념적 도식들[다양한 정신분석적 이론들]은 각각 인간 존재에 함축된 이러 저러한 일차적인 의미들을 부호화하는데, 불행하게도 다른 의미들이 배제되곤 한다. 따라서, 리비도 이론, 특히 1920년 이전에 취했던 형태로 구체화된 인간관에 따르면 욕구의 만족이 일차적으로 중요하다. 대조적으로, 멜라니 클라인의 정신분석적 체계는 인간의 기질적 약함에 대해 보상하려는 욕구에 대해 가르쳐준다.... 1970년대에 하인즈 코헛은 정서적으로 만족을 주는 환경에 대한

5) Freud는 자기애에 대한 논문(Freud 1914b)의 유명한 진술에서 정신분석의 관찰적 토대와 이론적 구조 사이의 관계에 대해서 같은 것을 강조했다: "이런 생각들[이론]은 모든 것이 의존하는 과학의 토대가 아니다. 관찰만이 그 토대가 된다. 그것들은 전체 구조의 바닥이 아니라 꼭대기이고, 그것들은 그것을 손상시키지 않고도 대체되고 폐기될 수 있다"(p. 77). 그는 "Instinct and Their Vicissitudes"(Freud 1915, p. 117)와 "Two Encyclopaedia Articles"(Freud 1923, p. 253, "Psycho-Anaysis an Empirical Science"이라는 부제가 붙음)에서 매우 유사한 진술을 하였다.

인간의 권리를 인정하면서 공감이 갖는 독특한 치유력에 대해 비슷하게 강조하는 견해들을 발표하였다.... 나는 내가 욕구들을 만족시키고, 인간의 파괴성을 억제하고, 우리 아이들을 위해 정서적으로 만족을 주는 환경을 제공하고 싶어 하는 필요에 대해 공감적으로 동의한다는 점을 덧붙이고 싶다. 그리고 나는 다른 욕망에 대해서도 지지한다. 모두가 그렇지 않은가?" (p. 159)라고 말했다.[6)]

이제 나는 오늘 이야기해왔던 것의 주의를 촉구하는 두 가지 함의를 제시함으로써 마무리하려고 한다. 하나는 치료와 기법의 문제들과 관계되고, 다른 하나는 이론과 과학의 문제들과 관계되고, 마지막 일반적인 진술로 마무리 할 것이다. 기법의 문제에 대한 첫 번째 주의는 그가 분석의 역사에서 환영해야 할 전환으로 제시하는 우리의 이론들에 대한 오늘날의 다원주의와 관련된 쿠퍼(1977)의 견해에 대해 반응하는 것이다. 그는 이 부분에 대해 "우리에게는 정신분석을 수행하는 여러 가지 방식[즉, 여러 가지 이론적 틀]이 있기 때문에 우리는 어느 방식이 특정 환자에게 가장 적합한

---

6) 우리의 정신분석의 이론적 입장들이 불가피하게 근본적인 사회적, 정치적, 그리고 도덕적 가치 경향에 근거한다는 이 동일한 요점은 정신분석의 대상관계적 관점들에 대한 Greenberg와 Mitchell (1983)의 책의 맺음말로서 강력하게 제시되었다. 이 책은 Melanie Klein, W.R.D, Fairbairn, 그리고 Harry Stack Sullivan과 같은 다양한 공헌자들을 시작으로 해서 다양한 주요 대상관계이론가들의 연구에 대한 비판적인 토론을 통해서 발달적으로 그리고 역사적으로 추적하고 있다. 그들은 책 끝부분에서 욕동 이론 관점과 관계 이론 관점이 인간 경험의 본질적 본성에 대한 다양한 견해들에 연결되어 있다고 요약한다: 욕동 이론은 사람은 본질적으로 개별적인 동물이며 인간의 만족과 목표는 근본적으로 개인적이고 개별적인 것이고, 국가의 역할은 "소극적 자유"라는 개념에 근거해서 개별적인 만족에 필수적인 어떤 것도 추가하지 않지만 개인적인 성취의 가능성을 보장한다는 개인의 만족 이외에 어떤 것도 추가로 부과하지 않고, 단지 개인적 이행의 가능성을 보장한다는 Hobbes와 Locke의 입장과 철학적으로 연결되어 있다: 관계 이론은 사람은 본질적으로 사회적 동물이고, 인간의 만족과 목표는 공동체 안에서만 실현할 수 있고, 여기에서 국가의 역할은 "적극적 자유"의 개념에 근거하고, 시민들이 고립 상태에서 스스로에게 제공할 수 없는 것을 그들에게 제공함으로써 필수적인 "긍정적" 기능을 제공한다는 Rousseau, Hegel 그리고 Marx의 입장과 철학적으로 연결된다. Greenberg와 Mitchell은 이것과 관련해서 "욕동/구조 모델과 관계/구조 모델은 비교적 최근에 발달하고 있는 정신분석적 사상의 지적인 장에서 서양 철학의 두 가지 주요 전통을 구체화하고 있다" (p. 402)고 진술한다. 그리고 이런 맥락에서 그들은 유명한 철학자이며 (자연)과학의 역사가인 Thomas Kuhn(1977)의 "다른 이론들의 지지자들 사이의 소통은 불가피하게 부분적이고.... 각각이 사실이라고 주장하는 것은 부분적으로 그가 지지하는 이론에 의존하고,... 개인이 이론에서 이론으로 충성을 옮기는 것은 흔히 선택이라기보다는 **회심**으로 더 잘 설명된다" (p. 338, 강조는 본인의 것임)는 말을 인용한다.

지를 결정하기 위해서 충분히 적절한 진단을 해야만 한다"(pp. 20-21)라고 했다. 나는 이러한 결론에 동의하지 않을 것이다. 왜냐하면 내가 보기에는 ***각각의*** 이론적 틀이 정신분석적으로 다룰 수 있는 전반적인 정신병리를 이해하고 치료할 수 있는, 포괄적으로 충분한 설명 체계가 되려고 시도하고 있고 임상 실제에 있어서도 그것들 모두 그렇게 하려고 애쓰기 때문이다. 우리에게는 ***동일한*** 환자들을 다루기 위한 다른 이론들이 있다. 우리의 설명적이고 치료적인 심리학들은 우리 환자들의 진단적인 범주들에 따라 바뀌지 않는다.

과학의 문제에 대한 두 번째 주의는 프로이트학파, 아들러학파 그리고 융학파의 이론가들이 모두 임상적 자료가 그들의 가설들을 지지한다고 주장하기 때문에 이론에서의 이러한 논쟁은 과학의 방법들에 의해 검증될 수 있고 그렇게 되어야만 한다는 에델슨(1985)의 견해에 대해 반응하는 것이다. 그는 이것에 대해 "만약 한 피분석자에 대한 양립할 수 없는 추론이 다른 이론들에 근거해서 다른 정신분석가들에 의해 이루어진다면, 어떤 추론이나 가설이 다른 것보다 잠정적으로 받아들여질 수 있는지 결정하기 위해서 내가 더 자세하게 설명하려고 하는 경쟁적이거나 대안적인 가정들과 증거 사이의 관계에 대한 동일한 종류의 과학적인 논증이 이 논문에서 사용되어야만 한다"(p. 584)라고 했다. 여기에서도 나는 동의하지 않을 것인데, 왜냐하면 우리의 다원주의적인 설명적 틀들을 구성하는 일반적인(메타심리학적인) 이론들은 나의 견해에 있지만 화려하고 매우 경험으로부터-먼 우리의 상징들 또는 은유들은 결코 이 시점에 우리의 환자들의 현재 무의식에 우리가 개입하는 상호작용적인 현상을 포함하는, 우리의 경험에-가까운 임상 이론의 영역에서만 작동할 수 있는 경험적인 검증의 영역이 아니기 때문이다.

결론적인 나의 일반적 진술은 과학적이거나 정치적인 관점에서 이해될 수 있다. 정신분석은 정신 발달과 인간 심리의 본질을 우선적으로 설명하기 위해서 이론적 관점들의 다원주의, 즉 내가 우리 내면의 알 수 없는 것들, 우리의 과거 무의식을 파악하고 그것들에 일관성을 부여하기 위해서 고안된 다양한 상징들과 은유들로 개념화했던 것을 발달시켰다. 바로 그러한 실제적인 의미에서, 오늘날 많은 정신분석들이 있다. 동시에 환자들의 현재 무의식, 즉 그들의 현재의 삶을 방해하고 그래서 그들을 우리에게 오도록 하는 심적 압박들에 공감적으로 도달하기 위해서 노력하기 때문에 정신분석가들은 그들의 일상적인 작업에서 전이와 역전이의 역동을 중심으로 형성된, 상호작용적인 기법들을 활용하는 우리 상담실의 공유된 현상을 다룬다. 그것과 동일하게 실제적인 의미에서 정신분석이라는 하나의 학문이 있을 뿐이다. 나는 국제정신분석협회가 우리의 이론적 관점의 다양성과 우리의 임상적 목적 및 치유 노력의 통일성을 당당하게 그리고 잘 나타낼 수 있다고 믿는다.

요약

이 논문은 지그문트 프로이트라는 한 천재의 비범한 산물로서, 그가 반대자들(아들러, 융 등등)을 규정하면서 통일된 기획으로 유지하기 위해서 평생토록 부단한 노력을 기울였던 정신분석이 그의 죽음 후 반세기 동안 이론적 관점들의, 언어 및 사고의 관습들의, 독특한 지역적, 문화적 및 언어적 강조들의 점증하는 다양성이나 다원주의를 특징으로 하는 하나의 과학이자 학문이 되었던 것으로 발달해왔던 역사적 과정을 설명한다.

나는 이러한 이론적 다양성에 대한 이해 그리고 그것에도 불구하고 우리를 공유된 정신분석적 과학과 전문직의 공통적인 지지자들로 함께 묶어주는 것에 대해 토론했다. 나의 논제는 우리를 묶어주는 것이 우리가 우리의 상담실에서 임상적인 상호작용들, 즉 "현재 무의식"(샌들러 부부) 또는 "임상 이론"(조지 클라인)에 포함되는 현상에 대해 공유하고 있는 초점이라는 것이다. 우리가 그것을 넘어서서 발생적-발달적 과정, 정상적 및 비정상적 정신 기능, 정신병리와 그것의 치료, 즉 "과거 무의식" 또는 "일반 이론"의 영역을 개념화하는 설명적 구조를 기대한다면, 우리는 우리의 다양한 이론적, 언어적 또는 사고적 관점들, 즉 —우리의 역사적 발달의 이 단계에서는— 우리의 ***은유들*** 또는 우리의 다양한 설명적 상징들을 가정해야 한다. 정신분석에서 우리의 다양한 이론적 관점들(자아심리학, 대상관계이론, 클라인학파, 비온학파, 라캉학파 등등)을 단지 은유적인 표현으로 보는 것의 어떤 함의들이 검토되었다.

참고문헌

Cooper AM: Clinical psychoanalysis: one method or more–the relation of diagnosis to psychoanalytic treatment. Presented at the fall meeting, American Psychoanalytic Association, 1977

Cooper AM: Psychoanalysis at one hundred years: beginnings of maturity. J Am Psychoanal Assoc 32:245–267, 1984

Edelson M: The hermeneutic turn and the single case study in psychoanalysis. Psychoanalysis and Contemporary Thought 8:567–614, 1985

Ferenczi S, Rank O: The Development of Psychoanalysis (1924). Madison, CT, International Universities Press, 1986

Freud S: "Wild" psycho-analysis (1910), in The Standard Edition of the Complete Psychological Works of Sigmund Freud [SE], Vol 11. Translated and edited by Strachey J. London, Hogarth Press, 1957, pp 159–168

Freud S: On the history of the psycho-analytic movement (1914a). SE, 14:7–66, 1957

Freud S: On narcissism: an introduction (1914b). SE, 14:67–102, 1957

Freud S: Instincts and their vicissitudes (1915). SE, 14:109–140, 1957

Freud S: Beyond the pleasure principle (1920). SE, 18:7–64, 1955

Freud S: Two encyclopaedia articles (1923). SE, 18:233–259, 1955

Freud S: Analysis terminable and interminable (1937). SE, 23:211–253, 1964

Gadamer HG: Truth and Method. New York, Seabury Press, 1975

Gedo J: Psychoanalysis and Its Discontents. New York, Guilford, 1984

Glover E: The therapeutic effect of inexact interpretation. Int J Psychoanal 12:397–411, 1931

Goodheart WB: C.G. Jung's first "patient": on the seminal emergence of Jung's thought. Journal of Analytical Psychology 29:1–34, 1984

Greenberg JR, Mitchell SA: Object Relations in Psychoanalytic Theory. Cambridge, MA, Harvard University Press, 1983

Habermas J: Knowledge and Human Interests (1968). Translated by Shapiro JJ. Boston, MA, Beacon Press, 1971

Harrison SI: Is psychoanalysis "our science"? Reflections on the scientific status of psychoanalysis. J Am Psychoanal Assoc 18:125–149, 1970

Isaacs S: Conclusion of Discussions in 1943 on her paper "The nature and function of phantasy" (1943). Sci Bull Br Psychoanal Soc 17:151, 153, 1967. Quoted in Steiner 1985, p 49

Kazin A: The Freudian revolution analyzed, in Freud and the 20th Century. Edited by Nelson B. New York, Meridian Books, 1957, pp 13–21

Klein GS: Psychoanalytic Theory: An Exploration of Essentials. New York, International Universities Press, 1976

Knight RP: The present status of organized psychoanalysis in the United States. J Am Psychoanal Assoc 1:197–221, 1953

Kohut H: How Does Analysis Cure? Chicago, IL, University of Chicago Press, 1984

Kuhn T: The Essential Tension. Chicago, IL, University of Chicago Press, 1977

Lebovici S, Widlöcher D: Psychoanalysis in France. New York, International Universities Press, 1980

Poland WS, Major R (eds): French psychoanalytic voices. Psychoanalytic Inquiry 4:145–311, 1984

Post S: Psychoanalytic rapprochement: a correspondence. Academy Forum (of the American Academy of Psychoanalysis) 30(2):21, 1986

Ricoeur P: Freud and Philosophy: An Essay on Interpretation. Translated by Savage D. New Haven, CT, Yale University Press, 1970

Sandler J: Reflections on some relations between psychoanalytic concepts and psychoanalytic practice. Int J Psychoanal 64:35–45, 1983

Sandler J: Reality and the stabilizing function of unconscious fantasy. Bulletin of the Anna Freud Centre 9:177–194, 1986

Sandler J, Sandler A-M: The "second censorship," the "three box model," and some technical implications. Int J Psychoanal 64:413–425, 1983

Sandler J, Sandler A-M: The past unconscious, the present unconscious, and interpretation of the transference. Psychoanalytic Inquiry 4:367–399, 1984

Schafer R: Wild analysis. J Am Psychoanal Assoc 33:275–299, 1985

Steiner R: Review of Psychoanalysis in France. Edited by Lebovici S, Widlöcher D. Int J Psychoanal 65:232–233, 1984

Steiner R: Some thoughts about tradition and change from an examination of the British Psycho-Analytical Society's Controversial Discussions (1943–1944). Int Rev Psychoanal 12:27–71, 1985

Wallerstein RS: Psychoanalysis as a science: its present status and its future tasks, in Psychology versus Metapsychology: Psychoanalytic Essays in Memory of George S. Klein. Edited by Gill MM, Holzman PS. Psychological Issues, Monogr No 36, Vol 9, 1976, pp 198–228

Wallerstein RS: The bipolar self: discussion of alternative perspectives. J Am Psychoanal Assoc 29:377–394, 1981

Wallerstein RS: Reflections on the identity of the psychoanalyst, in The Identity of the

Psychoanalyst. Edited by Joseph ED, Widlöcher D. New York, International Universities Press, 1983a, pp 265–276. [Also available in French as: Réflexions sur le symposium, l'identité du psychanalyste. Paris, Presses Universitaires de France, 1979, pp 273–283]

Wallerstein RS: Self psychology and "classical" psychoanalytic psychology: the nature of their relationship, in The Future of Psychoanalysis. Edited by Goldberg A. New York, International Universities Press, 1983b, pp 19–63. Reprinted in Psychoanalysis and Contemporary Thought 6:553–595, 1983

Wallerstein RS: How does self psychology differ in practice? Int J Psychoanal 66:391–404, 1985

Wallerstein RS: Psychoanalysis as a science: a response to the new challenges. Psychoanal Q 55:414–451, 1986

Wurmser L: A defense of the use of metaphor in analytic theory formation. Psychoanal Q 46:466–498, 1977

현대 정신분석

최근 주도적인 30인의 주요 논문

1판 1쇄 인쇄 2019년 9월 5일
1판 1쇄 발행 2019년 9월 10일

편저자 아놀드 쿠퍼(Arnold Cooper)
역 자 이만홍 강혜정 홍이화 강천구 이재호 김영은 김기철 이선이
현상규 송영미 문희경 김동영 김용민 여한구 김태형
발행인 문희경
발행처 도서출판 지혜와 사랑

출판등록 제 2015-000007호
등록일자 2015년 04월 14일
주소 서울시 동대문구 한천로58길 107 104-1101호
문의 070-8879-7731
E-mail headnheart@naver.com

ISBN 979-11-957392-4-0 (93180)

값 50,000원

이 도서의 국립중앙도서관 출판예정도서목록(CIP)은 서지정보유통지원시스템 홈페이지(http://seoji.nl.go.kr)와 국가자료종합목록 구축시스템(http://kolis-net.nl.go.kr)에서 이용하실 수 있습니다. (CIP제어번호 : CIP2019030626)